中国林业年鉴

CHINA FORESTRY YEARBOOK

2017

中国林业出版社
China Forestry Publishing House

2017

图书在版编目（CIP）数据

中国林业年鉴. 2017 / 国家林业局编纂. — 北京 : 中国林业出版社，2017.11
ISBN 978-7-5038-9325-4
Ⅰ. ①中… Ⅱ. ①国… Ⅲ. ①林业－中国－2017－年鉴 Ⅳ. ①F326.2-54
中国版本图书馆CIP数据核字（2017）第257027号

责任编辑：何 蕊 易婷婷 许 凯

出 版：中国林业出版社（100009 北京市西城区德内大街刘海胡同7号）
网 址：http://lycb.forestry.gov.cn
E-mail：cfybook@163.com 电 话：010-83143666
发 行：中国林业出版社
印 刷：北京中科印刷有限公司
版 次：2017年12月第1版
印 次：2017年12月第1次
开 本：880mm×1230mm 1/16
印 张：43. 25
彩 插：48
字 数：1850千字
定 价：300.00元

CHINA FORESTRY
YEARBOOK

中国林业年鉴
编辑委员会

委　员

王连志	国家林业局林业基金管理总站总站长
孟宪林	国家林业局濒危物种进出口管理中心常务副主任
金　旻	国家林业局天然林保护工程管理中心主任
张　炜	国家林业局西北华北东北防护林建设局局长、党组副书记
周鸿升	国家林业局退耕还林（草）工程管理中心主任
潘迎珍	国家林业局防治荒漠化管理中心主任
丁立新	国家林业局世界银行贷款项目管理中心（速丰办）主任
王焕良	国家林业局科技发展中心（新品办）主任
李　冰	国家林业局经济发展研究中心主任
樊　华	国家林业局人才开发交流中心主任
吴志民	国家林业局对外合作项目中心主任
崔洪浩	国家林业局森林防火预警监测信息中心副主任
王志高	国家林业局湿地保护管理中心主任
张守攻	中国林业科学研究院院长
刘国强	国家林业局调查规划设计院院长
周　岩	国家林业局林产工业规划设计院党委书记
李向阳	国家林业局管理干部学院党委书记
张连友	中国绿色时报社社长、总编辑
费本华	国家林业局国际竹藤中心常务副主任
鲁　德	国家林业局亚太森林网络管理中心常务副主任
陈幸良	中国林学会秘书长
李青文	中国野生动物保护协会秘书长
刘　红	中国花卉协会秘书长
陈　蓬	中国绿化基金会秘书长、办公室主任
王　满	中国林业产业联合会秘书长
邓　侃	中国绿色碳汇基金会副理事长兼秘书长
李国臣	国家林业局驻内蒙古自治区森林资源监督专员办事处（中华人民共和国濒危物种进出口管理办公室内蒙古自治区办事处）专员（主任）、党组书记
赵　利	国家林业局驻长春森林资源监督专员办事处（中华人民共和国濒危物种进出口管理办公室长春办事处）专员（主任）、党组书记，东北虎豹国家公园国有自然资源资产管理局（东北虎豹国家公园管理局）局长
袁少青	国家林业局驻黑龙江省森林资源监督专员办事处（中华人民共和国濒危物种进出口管理办公室黑龙江省办事处）专员（主任）、党组书记
陈　彤	国家林业局驻大兴安岭森林资源监督专员办事处专员、党组书记

2017

中国林业年鉴编辑委员会

CHINA FORESTRY YEARBOOK

中国林业年鉴

特约编辑

国家林业局驻黑龙江省专员办
（濒管办） 沈庆宇
国家林业局驻大兴安岭专员办 艾笃亢
国家林业局驻成都专员办（濒管办） 曹小其
国家林业局驻云南省专员办（濒管办） 李　洁
国家林业局驻福州专员办（濒管办） 宋师兰
国家林业局驻西安专员办（濒管办） 潘自力
国家林业局驻武汉专员办（濒管办） 李建军
国家林业局驻贵阳专员办（濒管办） 陈学锋
国家林业局驻广州专员办（濒管办） 李金鑫
国家林业局驻合肥专员办（濒管办） 夏　倩
国家林业局驻乌鲁木齐专员办
（濒管办） 张彦刚
国家林业局驻上海专员办（濒管办） 叶　英
国家林业局驻北京专员办（濒管办） 于伯康
国家林业局森林病虫害防治总站 柴守权
国家林业局北方航空护林总站 石凤莉
国家林业局南方航空护林总站 史　磊
南京森林警察学院 夏桂林
国家林业局华东林业调查规划
设计院 刘　强
国家林业局中南林业调查规划
设计院 齐建文
国家林业局西北林业调查规划
设计院 王义贵
国家林业局昆明勘察设计院 张凤仙 佘丽华
武警森林指挥部 管黎丽
中国水土保持学会 郑　慧
中国林业教育学会 田　阳
中国林业文联 李润明
北京市园林绿化局 齐庆栓
天津市林业局 王　浩
河北省林业厅 范明祥 袁　媛
山西省林业厅 冀瑞平
内蒙古自治区林业厅 牛喜山
辽宁省林业厅 董铁狮
吉林省林业厅 林彦明
黑龙江省林业厅 崔祥娟
上海市林业局（上海市绿化和市容管理局）
王永文
江苏省林业局 吴小巧
浙江省林业厅 谢　力
安徽省林业厅 刘　力
福建省林业厅 林　萍
江西省林业厅 谢利玉
山东省林业厅 王树军
河南省林业厅 孔令省
湖北省林业厅 彭锦云
湖南省林业厅 李绍平
广东省林业厅 欧阳学工
广西壮族自治区林业厅 李巧玉
海南省林业厅 慕立忠
重庆市林业局 刘洪平
四川省林业厅 张革成
贵州省林业厅 何　章 姚世超
云南省林业厅 秦洪锦
西藏自治区林业厅 陈　平
陕西省林业厅 吕旭东
甘肃省林业厅 赵　俊
青海省林业厅 宋晓英
宁夏回族自治区林业厅 马永福
新疆维吾尔自治区林业厅 主海峰
内蒙古大兴安岭重点国有林管理局 杨建飞
中国吉林森林工业集团有限
责任公司 吴在军
黑龙江省森林工业总局 姜东涛
大兴安岭林业管理局 陈广辉
新疆生产建设兵团林业局 贾寿珍
北京林业大学 肖　进
东北林业大学 雒文虎
南京林业大学 钱一群
中南林业科技大学 章元日

CHINA FORESTRY
YEARBOOK

中国林业年鉴

编辑说明

一、《中国林业年鉴》是一部综合反映中国林业建设重要活动、发展水平、基本成就与经验教训的大型资料性工具书。每年出版一卷，反映上年度情况。2017卷为第三十一卷，收录限2016年的资料，宣传彩页部分收录2016年和2017年资料。

二、《中国林业年鉴》的基本任务是为全国林业战线和有关部门的各级生产和管理人员、科技工作者、林业院校师生和广大社会读者全面、系统地提供中国森林资源消长、森林培育、森林资源保护、生态建设、森林资源管理与监督、森林防火、林业产业、林业经济、科学技术、专业理论研究、院校教育以及体制改革等方面的年度信息和相关资料。

三、第三十一卷编纂内容设28个栏目。统计资料除另有说明外，均不含香港特别行政区、澳门特别行政区、台湾省数据。

四、年鉴编写实行条目化，条目标题力求简洁、规范。长条目设黑体和楷体两级层次标题。全卷编排按内容分类。条头设【】。按分类栏目设书眉。

五、年鉴撰稿及资料收集由国家林业局机关各司（局），各直属单位承担；其中“各省、自治区、直辖市林业”由各省（区、市）林业厅（局）承担。

六、释文中的计量单位执行GB 3100—93《国际单位制及其应用》的规定。数字用法按GB/T 15835—2011《出版物上数字用法》的规定执行。

七、条目、文章一律署名。

中国林业年鉴编辑部

2017年12月

◎ 2016年3月22日，张建龙在北京会见芬兰农业和环境部部长凯莫·蒂卡宁一行

/蔡　鸿　摄/

◎ 2016年10月21日，张永利在北京会见乌拉圭东岸共和国牧农渔业部部长塔瓦雷·阿格雷·隆巴尔多一行

/蔡　鸿　摄/

◎ 2016年10月21日，刘东生在宁夏三北局调研三北防护林建设情况

/尚明磊　供稿/

◎ 2016年9月28日，彭有冬在北京会见2016年度中国政府“友谊奖”获奖者、罗马尼亚布拉索夫特伦西瓦尼亚大学校长、国际知名林业专家伊万·阿布鲁丹 /蔡　鸿　摄/

◎ 2016年11月4日，李树铭在北京会见捷克农业部副部长阿勒斯・肯迪克一行

/刘泽英　摄/

◎ 2017年4月18日，李春良在陕西调研大熊猫国家公园

/肖　昉　供稿/

◎ 2016年5月18日，谭光明在云南省丽江市进行血吸虫病防治春季检查

/焦　巍　供稿/

◎ 2016年11月1日，中美打击非法采伐和相关贸易双边论坛第七次会议在华盛顿举行，封加平会见美国国务院副国务卿凯瑟琳·诺维莉

/徐　斌　摄/

◎ 2016年4月26日，张鸿文在秘鲁首都利马出席中国-秘鲁第一次林业工作组会议时会见秘鲁林业和野生动物管理局局长多德罗 /赵 忻 摄/

◎ 2017年4月12日，马广仁带队视察吉林省航空护林中心春季森林航空消防工作 /防火办 供稿/

2016年中国野生动植物保护大事

一、新修订的《中华人民共和国野生动物保护法》审议通过

7月2日，新修订的《中华人民共和国野生动物保护法》经第十二届全国人大常委会第二十一次会议审议通过，于2017年1月1日起开始实施。

本次修订由国家林业局、农业部提出，于2013年列入十二届全国人大常委会立法规划，同年启动相关修订工作。修订期间，全国人大环资委、法工委会同国家林业局、农业部等有关部门，赴全国各地进行调研、组织座谈会，广泛听取各方意见和建议，两次向社会公开征求意见，经第十二届全国人大常委会三次审议，7月2日表决通过。

与1988年出台的原法相比，新法最大变化是将“加强资源保护、积极驯养繁殖、合理开发利用”的保护方针调整为“保护优先、规范利用、严格监管”的原则，并着重围绕这一原则对法律条款进行修订。新法新增栖息地、疫源疫病监测防控、抢救性遗传资源、标识、野生动物广告网络交易等内容。

▲ 新修订的《中华人民共和国野生动物保护法》审议通过（刘泽英　摄）

二、中央深改组审议通过大熊猫、东北虎豹国家公园体制试点方案

12月5日，习近平总书记主持召开中央全面深化改革小组第三十次会议。《大熊猫国家公园体制试点方案》《东北虎豹国家公园体制试点方案》在此次会议上获审议通过。

会议指出，开展大熊猫和东北虎豹国家公园体制试点，有利于增强大熊猫、东北虎豹栖息地的联通性、协调性、完整性，推动整体保护、系统修复，实现种群稳定繁衍。要统筹生态保护和经济社会发展、国家公园建设和保护地体系完善，在统一规范管理、建立财政保障、明确产权归属、完善法律制度等方面取得实质性突破。

▲ 中央深改组审议通过大熊猫、东北虎豹国家公园体制试点方案（李林海　提供）

三、中国禁止象牙贸易确定“时间表”

经国务院同意，3月20日，《国家林业局公告（2016年第3号）》宣布，从2016年3月20日起至2019年12月31日止，我国临时禁止进口《濒危野生动植物种国际贸易公约》（以下简称《公约》）生效前所获的象牙及其制品、《公约》生效后所获的非洲象牙雕刻品以及在非洲进行狩猎后获得的狩猎纪念物象牙。象牙文物回流和科研教学、文化交流、公共展示、执法司法等非商业目的需要进口象牙及其制品的情况，不在此次临时禁止进口范围。

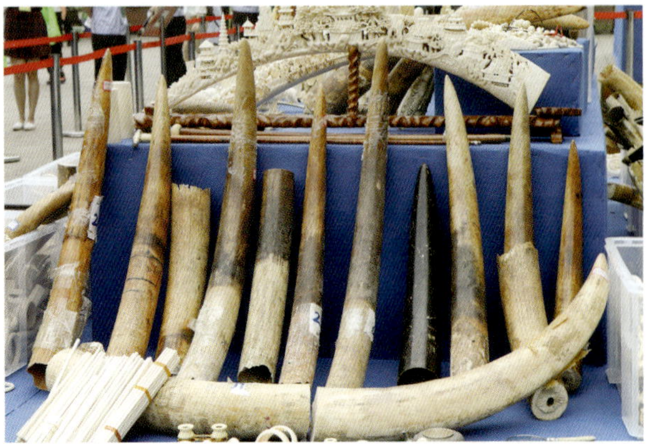

▲ 中国禁止象牙贸易确定“时间表”（刘泽英　摄）

12月29日，国务院办公厅发出《关于有序停止商业性加工销售象牙及制品活动的通知》。《通知》要求，2017年3月31日前先行停止一批象牙定点加工单位和定点销售场所的加工销售象牙及制品活动，2017年12月31日前全面停止。积极引导象牙雕刻技艺转型，文化部门要引导象牙雕刻技艺传承人和相关从业者转型。

四、中国自然保护区建设迎来60周年

3月30日，“全国野生动植物保护与自然保护区管理工作会议暨自然保护区建立60周年纪念大会”举办；5月22日，国家林业局、环境保护部等七部门在北京联合召开国际生物多样性日暨中国自然保护区发展60周年大会。在贵阳、北京王府井等地，国家林业局野生动植物保护与自然保护区管理司、中国绿色时报社、中国国家地理杂志社、鸟网等部门联合举办“中国自然保护区60周年生态摄影比赛”，举办了“中国自然保护区60年摄影巡回展”，赢得社会广泛关注。

▲ 中国自然保护区建设迎来60周年（刘泽英　摄）

▲ 中国自然保护区建设迎来60周年（高川　提供）

截至2015年年底，林业建立各级各类自然保护区2228处，总面积达1.24亿公顷，林业自然保护区数量、面积均占到全国80%以上，成为全国自然保护区的主体。

五、打击野生动物非法贸易部际联席会议机制形成

11月15日，国务院批准，建立由国家林业局牵头、22个部门参加的“打击野生动植物非法贸易部际联席会议制度”，旨在建立健全部门间联动长效机制，多环节强化野生动植物保护执法监管。

国家林业局将会同成员单位，研究打击野生动植物非法贸易重大问题和总体工作计划，明确分工职责，从栖息地源头到餐馆饭店、交易市场、运输路线、网络及广告等各个环节，形成齐抓共管、协同作战的良好态势，有效阻断野生动物非法交易链，坚决遏制破坏乱捕滥猎滥食野生动物和走私、非法经营野生动物产品的违法犯罪势头。

▲ 打击野生动物非法贸易部际联席会议机制形成

（李林海　提供）

▲ 中国首次当选CITES缔约方大会副主席国

（张　旗　提供）

六、中国首次当选《公约》缔约方大会副主席国

9月24日，《濒危野生动植物种国际贸易公约》（CITES）第十七届缔约方大会在南非约翰内斯堡开幕，中国首次当选CITES缔约方大会副主席国。

本次会议是《公约》签署43年来参加人数和议案规模最大的一次缔约方大会。来自全球170多个国家的政府、200多个政府间和非政府组织的约3000名代表参加会议，讨论由各缔约方提交的近120项政策性议题，涵盖濒危野生动植物的贸易管制、立法、执法以及发展战略、行政与财政等领域，并审议62项附录修订提案。

中国政府派出了以国家林业局副局长刘东生为团长，外交部、农业部、海关总署、国家林业局、国家濒危物种进出口管理办公室、国家濒危物种科学委员会等部门以及香港、澳门特别行政区《公约》管理机构组成的政府代表团参加会议。

9月26日，中国政府代表团举行了“中国履约工作展览”开幕式。

七、亚洲赏鸟博览会在中国首次举办

11月12日，第七届亚洲赏鸟博览会和2016年全国暨湖北省野生动物保护宣传月启动仪式同期在湖

▲ 亚洲赏鸟博览会在中国首次举办　（邓勇兵　摄）

北京山揭幕。来自22个国家和地区、国内17个省（区、市）的79个环保组织机构的爱鸟人士以及媒体记者数千人云集中国观鸟之乡，共赏珍稀鸟类，一品生态京山，分享观鸟、野鸟保护和自然保育成果。

此次鸟博会由中国野生动物保护协会、湖北省京山县人民政府、湖北省野生动植物保护协会、寸草心乡村环保促进会共同主办。

八、七部门联合进行全国“清网”打击野生动物的违法犯罪活动

10月1日，国家林业局召开电视电话会，对打击乱捕滥猎滥食和非法经营候鸟等野生动物违法犯罪活动作出部署，宣布自2016年10月18日至11月30日，在全国范围内部署开展保护候鸟等野生动物的“清网行动”。11月1日，国家林业局联合网信、公安、交通运输、工商、铁路等七部门发出《关于严厉打击乱捕滥猎滥食和非法经营候鸟等野生动物违法犯罪活动的紧急通知》。

11～12月，国家林业局、国家工商行政管理总局联合相关部门共派出6个督导组，前往重要的候鸟集群分布区、主要鸟类迁徙路线区域以及非法经营鸟类严重的地区，对各部门贯彻落实《通知》要求和会议精神情况进行监督检查。

▲ 七部门联合进行全国“清网”打击野生动物的违法犯罪活动

九、我国首次同时放归两只大熊猫

10月20日，在四川雅安栗子坪国家级自然保护区，经过培训的大熊猫“华妍”“张梦”被放归自然。在全球，这是首次尝试同时放归两只大熊猫。这也是迄今为止人工圈养放归自然的第六只和第七只大熊猫。此前，科研团队对放归自然成活的5只个体实施追踪监测，定期回捕，目前情况良好。

2016年，中国大熊猫人工繁育取得新进展，全国共繁育大熊猫40胎64只，成活54只（含境外），全国人工圈养种群总数达到464只，向维持种群高水平遗传多样性的目标继续迈进。

截至2016年年底，先后分11批次对25只人工繁育大熊猫进行野化培训。其中，有11只被淘汰，7只被放归野外，还有7只正在培训。今后还将继续扩大大熊猫放归自然的规模，促进野外大熊猫濒危小种群的恢复和发展。

▲ 中国首次同时放归两只大熊猫（刘泽英　摄）

▲ 八达岭野生动物园老虎伤人事件引发高度关注

十、八达岭野生动物园老虎伤人事件引发高度关注

7月23日，在北京八达岭野生动物园，两名自驾游女游客在猛兽区下车后，被老虎袭击，造成1死1伤。

事件发生后，延庆区全力组织救治伤员，并责成相关部门组成联合调查组在第一时间对事件原因进行调查。随着时间推进，调查组认定该事件不属于生产安全责任事故，受伤女游客赵女士接受记者面对面采访介绍情况，北京八达岭野生动物园老虎伤人事故完整视频首度曝光，事件当事人表示将起诉动物园并申请提级管辖，事件每一步进展，无不引起公众广泛关注。此次事件引发人们对人与动物关系的全方位思考。

（国家林业局保护司　供稿）

默默奉献30载 平凡岗位铸忠诚

—— 阜新市彰武县章古台林场护林员李东魁

辽宁省阜新市彰武县章古台林场清泉工区阿尔乡护林点护林员李东魁仅凭借一颗赤诚的心，守护林区30年，创造了连续30年无森林火灾和重大涉林案件的奇迹，成为了阿尔乡南坨子566.67公顷樟子松林的守护神。他先后被评为彰武县劳动模范、阜新市十大感动基层人物、阜新市道德模范。在辽宁省委宣传部、辽宁省总工会开展的“辽宁好人”评选活动中荣获“辽宁最美人物”荣誉称号。2015年11月，辽宁省林业厅专门下发通知，决定在全省林业系统开展向李东魁学习的活动。

一、不择其境，坚韧不拔

1987年，复员退伍的李东魁被分配到阜新市彰武县章古台林场工作，该林场地处“八百里沙海”的科尔沁沙地的南端，是三北防护林阻止风沙南侵的第一道防线和最重要的屏障，这里条件异常艰苦，没有自来水、没有电，到处都是沙坨子地，种菜长不出几棵苗来，蔬菜和日用品都要到5千米外的集市上去买。和李东魁一同被先后分配来的其他3名护林员都因为条件太艰苦很快离开了。他凭借朴实执着的顽强性格、高度负责的敬业精神以及对这片林子深刻的感情坚守下来，不畏艰难困苦，把自己全部的青春和热血都倾注于森林资源保护这一平凡的岗位上。

章古台地区极度干旱，一年四季森林防火任务都十分繁重。为确保管护区森林安全，李东魁每天至少用13个小时巡山，每年有2/3以上的时间都在沙丘上巡查巡护，他工作起来没有时间概念，防火期遇到大风天气，他更是24小时值守，就怕火进林中。不能按时吃饭司空见惯，忍饥挨饿习以为常，而他不管巡山巡护多晚回来，都要拖着疲惫的身体打水、做饭、喂马。章古台地区严重缺水，吃水要从几十米以下的井里打上来，到了冬天，吃水更是异常艰难，由于白天巡护，只能晚上顶着刺骨的寒风打水，手脚冻得钻心的疼，好不容易打上点水，还掺杂着很多沙子，要想喝到嘴，还得沉淀半天，往往一觉醒来水桶里的水早已冻成了冰。就是在这样孤独寂寞、单调乏味又耗费心力的环境里，李东魁还是始终如一、无怨无悔。30年来他独自一人，与马为伴，与林为伍，以山为家，像扎根在沙子里的樟子松一样，在荒凉的科尔沁沙地南端独自坚守，克服恶劣艰苦的

环境，忍受无处倾诉的寂寞，勇于担当，默默奉献，把自己的全部心血都献给了这片大漠深处的绿洲，一干就是30年！

二、坚定信念，敬业如山

森林防火是护林工作的重中之重，李东魁把责任看得比什么都重。每年的春节、春耕和清明时节都是野外火源管理难度最大的时候。在巡护过程中他处处留心、时时在意，与林地搭边的农户他家家送传单、凡进入林地的人他处处喊注意。每天天不亮，他就骑上马，沿着山路一边啃干粮一边巡山，等太阳出来的时候，他已经走遍了整个林区。顾不上休息，他又拿着护林防火宣传单到家家户户去宣传，耐心地给村民讲防火形势、讲防火知识，引导村民科学用火，使森林防火工作家喻户晓、人人皆知，森林防火警钟长鸣。同时他还加强了对外来游客的宣传教育，禁止游客野外露宿、野外用火、野外吸烟等行为，从源头上杜绝了火灾隐患。

森林火灾重防范，严控火源是关键。森林防火期的李东魁可以说是极度敏感的，不管是谁进林子，他都要将行人的火柴、打火机和香烟收缴，统一保管起来，等行人从林子里出来再还给人家。2006年一个寒冬的夜晚，李东魁结束了一天的巡护，正匆忙地往护林点赶，因为妻子来看望他了。在路过304国道的时候，他发现有一个人在路旁烧火取暖，而国道旁边不远处就是松林，他马上上前制止，他发现这是一名精神异常的男子，他不顾眼前这个人是否会对自己造成伤害，迅速地熄灭了火堆。随后李东魁哄着冻得发抖的男子把他送到乡里。回到护林点已经是半夜，妻子看他进屋一句话也不说，哭了半天，他跟妻子解释道，碰见一个精神病人在林旁烤火取暖，如果把林子点着了我这些年的心血就白费了。30年来，李东魁看山守林没有星期天、没有节假日，连续12年没有回家过年，每到大年三十晚上，他独自一人站在旷野间，望着远处的万家团圆，心里总是充满了对父母、妻儿的愧疚和思念。

三、无怨无悔，无私奉献

李东魁扎根深山，任劳任怨，恪守着清贫和信念。近年来，樟子松苗成了市场的"香饽饽"，一些人见有利可图，偷树、挖苗、采塔时有发生，由于管护面积大，李东魁自己顾不过来，就动员妻子、亲属上山一起护林，每天天没亮就出发，天黑透了才回来。随着农作物的行情“看涨”，附近村民非法占用国有林地现象时有发生。为了保护森林资源不受侵犯，确保管护的林内土地不被占用，李东魁挨家走访、游说，告诉他们不能抢占国有林地，那是违法的，不管村民欢不欢迎、爱不爱听，他都坚持着，他管护的林地没有丢失一亩*、没有被非法占用一分。也有些不法人员跟他讲，只要你睁一眼闭眼，我们挣到的钱少不了你的，可李东魁却严厉地说：集体财产谁都不许偷盗。由于他铁面无私，敢于负责，出言威胁、打击报复的人也不在少数。一些人怀恨在心，一心想把李东魁从这片林地赶出去，李东魁家里的玻璃半夜被砸过好几次，可他从未被威胁和报复吓倒。

为了守护山林，他把家里的事全部交给妻子，把思念和牵挂深深埋在心底。结婚近30年，两人却分居了十多年。老父亲病重，是妻子在床前尽孝，女儿出生后是妻子一手拉扯长大，家里的责任田，是妻子一人春种秋收。2002年，妻子来到山里，与他共同坚守。

30年对李东魁来说，正是人生干事创业的“黄金时段”，他却用默默的奉献在沙漠深处守护着这片弥足珍贵的防护林，用最平凡、最朴实的行动践行着一名基层共产党员忠贞的誓言，日复一日、年复一年，在平凡漫长的岁月里书写着对森林防火事业的无限热爱，在平凡的工作岗位上展现了护林人别样的风采！

（国家林业局森林公安局　供稿）

* 1 亩≈ 0.067 公顷

烈火铸真英

——攸县黄丰桥国有林场森林消防队队长谢勇建

谢勇建，中共党员，湖南省攸县鸭塘铺乡人。1996年8月参加工作，2004年8月担任黄丰桥国有林场森林消防队队长。自上任以来，在他的带领下消防队处置火情200余起，挽回火灾损失数千万元，被林区百姓誉为“森林卫士”。消防队多次被评为县级以上“先进单位”。他本人更是连年被评为工作先进个人。他2009年度被评为县劳动模范，2010年度被评为县青年岗位能手，2013年度被评为株洲市劳动模范，2013～2015年度被评为全国森林防火工作先进个人。

一、生死较量

攸县黄丰桥国有林场资源丰富，是湖南省重点国有林场之一，与江西萍乡市，湖南省醴陵、茶陵等多个县市毗邻，现有森林面积15万余亩，拥有活立木蓄积量90多万立方米，是县域经济中的“支柱产业、绿色银行”，也是全县生态建设的主阵地。近些年来，受气候变化、自然与人为等因素影响，每到防火期，森林资源随时受到火灾威胁。

“一个承诺、一份责任”。自林场消防队成立以来，在莽莽群山中，在熊熊烈火前，谢勇建和他的队友们一道不知熬过多少个通宵，饿过多少次肚子，烧焦多少根毛发，伤痛了多少次肢体，磨穿了多少双鞋袜……他们从没叫苦叫累，从没临阵退缩，总是默默奉献，无怨无悔，用他们的青春和汗水，经受住了生与死的考验，守住了一望无边的绿色森林。

二、“最难打的火有我们”

2013年2月13日上午，坪阳庙乡双松村发生了一起森林火灾，时遇6级以上大风，火势凶猛。当地政府组织了近200人扑救，火势仍难以控制，火头正向邻近的醴陵市边界林场蔓延，形势十分紧迫。接到县森林防火指挥部的增援命令后，他带领队伍立即扛上灭火器、背好工具包，在最短的时间内赶到火场，凭借多年来总结出的“跟着火打，与火赛跑”的扑救经验，在当地护林员的引领下，直扑火头，从下午2点钟

一直打到第二天凌晨3点钟，经过近14个小时顽强的拼斗，火魔终于被消灭了。但队友们已是一个个遍体鳞伤、筋疲力尽、席地而卧。醒来之时，围观的群众无不称赞地说："谢谢你们。"谢勇建平静地答道："不用谢，这是我们该做的工作，最苦最难我们也不怕，但拜托大家一定要注意安全用火。"

三、"消防队员就要不怕苦不怕累"

2013年夏季，湖南省遭遇了50年不遇的高温干旱灾害天气，全省各地森林火灾频发，攸县也多地发生火情。7月28日14时左右，谢勇建和他的队友们刚刚从漕泊乡扑火后下山，还没来得及休息片刻又接到命令：莲塘坳镇发生山火，火速前去支援。谢勇建和队友们顾不上疲劳，经过2个多小时驰援，终于抵达火场。当时火线长达数千米，气温高达40℃，火场山势陡峭，荆棘密布，形势刻不容缓。为截住火头，他们利用绳索牵引，徒手攀爬悬崖，滚山坡、劈火路，经过一个多小时的行进，终于接近火区，投入战斗。由于深入腹地，后勤无法跟上，每前进一步，都是生与死的较量，他与队友们只能靠喝山沟水、吞咽干粮补充体力。经过艰难险阻，终于在次日清晨6点多将火扑灭。当时，坐镇现场指挥的县委书记胡湘之大加赞赏："真不愧是林业部门一支出色的标兵队伍。"听到这句话，谢勇建和队友们个个笑开了花，腼腆地说："应该的，我们就得不怕苦不怕累。"

四、“我是队长就要冲锋在前”

“我们的队长总是拼在最前，撤在最后。”队友们异口同声地讲述着谢勇建一个个感人肺腑的故事……

黄丰桥国有林场修建防火隔离带320多千米，处处都浸润了他和队友们不畏艰辛的汗水，留下了他们一路欢歌的背影和足迹。在无数次扑火中，他被野猪夹子夹过，被毒蛇咬伤过，还掉进10多米深的天洞里九死一生……

在扑火中，火情时常突变，他和队友们常被熊熊烈火包围。但谢勇建都能临危不惧，化险为夷，带领队友们死里逃生，安全突围，而他却永远都是最后一个冲出来。在一次扑火中，山火引起石头爆裂，滚下山崖，不幸砸伤了一名正在扑火的队员，伤势严重，十万火急。山路崎岖，救援难以到位，谢勇建不顾自身伤痕累累，奋不顾身地背起这名队员爬行近两小时，终于将其送到医院抢救。队友们聊起这位年轻当家人时，无不竖起大拇指说：“在我们消防队没有不佩服谢队长的，他就像一盆火，时刻温暖着我们每个队员的心。”

谢勇建用他的智慧与汗水，带领队友们扑灭了一场又一场山火，为保护森林资源和人民生命财产安全作出了不可磨灭的贡献。从他的身上展现了热爱本职、尽职尽责、甘于奉献、朴实无华、勇于担当的时代精神。其实谢勇建只是千千万万个“森林卫士”普通的一员，诸多的荣誉和光环既是他个人光辉事迹的体现，更是林业战线广大干部职工的真实写照。

（国家林业局森林公安局　供稿）

世界防治荒漠化日全球纪念活动暨“一带一路”共同行动高级别对话

▲ 张建龙致辞

▲ 正式发布《“一带一路”防治荒漠化共同行动倡议》

2016年6月17日，国家林业局与《联合国防治荒漠化公约》秘书处在中国北京人民大会堂成功举办了“世界防治荒漠化日全球纪念活动暨‘一带一路’共同行动高级别对话”，发布《“一带一路”防治荒漠化共同行动倡议》。国务院副总理汪洋出席开幕式、发表讲话并会见出席活动的重要外宾。芬兰前总统、荒漠化公约旱地亲善大使哈洛宁发表演讲，联合国秘书长潘基文作视频致辞，荒漠化公约执行秘书巴布致辞。11位“一带一路”沿线国家的副部级以上官员和国际组织负责人，来自22个国家的80多位国际代表和中国防治荒漠化协调小组19个成员单位的副部级领导、10个主要沙区省级林业部门主要负责人、国内外专家、学者、民间组织和企业代表共约500人参加了活动。

此次活动以“推动‘一带一路’防治荒漠化共同行动，实现全球土地退化零增长”为主题，将建设绿色丝绸之路与落实联合国可持续发展议程相结合，突出绿色和共享发展理念，契合联合国“拯救地球、消除贫困”的宏伟目标。

▲ 张永利会见外国部长

▲ 潘迎珍介绍共同行动倡议

活动主要内容包括部长级高级别对话、共同行动倡议启动、技术和融资创新专题对话、中国绿化基金会防治荒漠化专项基金发布、全球土地潜力评估报告发布等7个环节和2个边会活动。与会各方分享和交流了成功案例、探讨了构建合作伙伴，实现土地退化零增长的战略、措施和途径。就“一带一路”沿线国家和国际组织筑牢生态命运共同体，建设绿色丝绸之路，改善民生福祉达成共识。这次活动规格高、规模大、引起了国内外各界的高度重视，反响热烈。

（国家林业局防治荒漠化管理中心　供稿）

第五次全国荒漠化和沙化监测

2015年12月29日，国家林业局在国务院新闻办公室召开新闻发布会，国家林业局局长张建龙出席发布会，并对外公布了第五次全国荒漠化和沙化监测结果。结果显示，全国荒漠化土地面积由262.37万平方千米减少到261.16万平方千米，净减少12 120平方千米，年均减少2424平方千米；沙化土地由173.11万平方千米减少到172.12万平方千米，净减少9902平方千米，年均减少1980平方千米。中国荒漠化土地和沙化土地面积自2004年出现缩减以来，已经连续10年保持了“双缩减”。

▲ 第五次全国荒漠化和沙化监测结果新闻发布会

第五次全国荒漠化和沙化监测工作于2013年启动，历时两年多，共有5000多名技术人员参与，综合运用了遥感、地理信息、全球定位和地面调查技术，获得了全国荒漠化和沙化土地现状及动态变化的最新数据。第五次荒漠化和沙化土地监测与历次监测工作相比，在工作的组织管理、技术手段等方面都取得了较大突破。

▲ 新疆库尔勒治理前

▲ 新疆库尔勒治理后

注意发挥多部门、多学科专业优势 这次监测工作既主要依托林业部门的技术力量，又充分发挥农业、水利、气象、中科院等部门和单位科研院所的重要作用，共有50多家单位参与监测，监测的内容除荒漠化和沙化外，还综合分析了与荒漠化相关的气候、生态、水资源、土地利用等因素，发挥了多学科的技术优势和特点，实现了多学科结合。

监测技术和手段上有新突破 这次监测采用遥感判读与地面调查相结合的技术路线，强化了高分辨率遥感、卫星定位和地理信息系统等技术的融合与应用。

努力丰富成果产出和增强成果实用性 为满足防沙治沙工作的实际需要，这次监测增加了治理状况的监测，同时对公众关心和熟悉的各大沙漠、沙地进行了详细区划和调查。

贯彻了监测质量第一原则 这次监测既强化了监测开展前的技术培训力度，又加大了监测工作中的指导和检查力度，保证了监测信息的客观准确。

（国家林业局防治荒漠化管理中心　供稿）

岩溶地区石漠化综合治理工程和京津风沙源治理二期工程

岩溶地区石漠化综合治理工程 2016年3月21日，国家发展改革委、国家林业局、农业部、水利部联合印发了《岩溶地区石漠化综合治理工程“十三五”建设规划》（发改农经〔2016〕624号）（以下简称《规划》），规划期为5年，即2016～2020年。《规划》范围涉及贵州、云南、广西、湖南、湖北、重庆、四川、广东8省（区、市）的455个石漠化县（市、区），岩溶面积45.3万平方千米，其中石漠化面积12万平方千米。

▲ 贵州省毕节市在石漠化土地种植的桃树

《规划》确定“十三五”期间，中央预算内专项资金每年将重点用于200个重点县的治理工作。对于其余的255个石漠化县，由于其石漠化面积较小（不足全国石漠化面积的17%），其治理投资主要由各地统筹防护林体系建设、退耕还林、水土保持等现有渠道投资，以及采取措施吸引社会资本等方式多渠道筹集。

2016年下达石漠化综合治理工程投资20亿元。截至2016年12月31日，8省（区、市）全面完成2016年林业建设任务29.41万公顷，其中，人工造林6.89万公顷，封山育林22.52万公顷。治理岩溶土地面积1.055万平方千米，治理石漠化土地3600平方千米。

▲ 北京市社会各界参加京津风沙源治理工程建设

（北京市治沙办　提供）

京津风沙源治理二期工程 2012年国务院通过了《京津风沙源治理二期工程规划（2013～2022年）》。工程建设范围包括北京、天津、河北、山西、陕西及内蒙古6省（区、市）138个县（旗、市、区），比一期工程增加了63个县（旗、市、区）。工程区总国土面积70.60万平方千米，沙化土地面积20.22万平方千米。工程规划建设任务为：现有林管护730.36万公顷，禁牧2016.87万公顷，退化、沙化草原围栏封育356.05万公顷。营造林586.68万公顷。工程固沙37.15万公顷。对25度以上陡坡耕地和严重沙化耕地，实施退耕还林还草。二期规划总投资为877.92亿元。

（国家林业局防治荒漠化管理中心　供稿）

国家出台《沙化土地封禁保护修复制度方案》

2016年12月，经国务院同意，国家林业局印发了《沙化土地封禁保护修复制度方案》（林函沙字〔2016〕167号），这是防沙治沙工作中具有标志性的重要改革措施，将有力地促进防沙治沙的生机活力进一步迸发。

▲ 沙化土地封禁保护

《制度方案》是党中央、国务院在新的历史时期为切实推进中国防沙治沙事业持续健康发展而作出的一项重要的基础性制度安排，是当前和今后一个时期开展防沙治沙工作的基本遵循。

《制度方案》共6个部分、22条，体现了以保护沙区生态为主线的总基调，通过建立健全强化保护、加快治理、规范利用的制度和政策体系，规范预防、治理和利用行为，调动社会力量参与防沙治沙积极性，推进防沙治沙工作。

《制度方案》明确提出，把防沙治沙作为生态文明建设的重要任务，到2020年，建立起较为完善的沙化土地封禁保护修复制度体系，适宜封禁保护的沙化土地得到有效保护，全国一半以上可治理的沙化土地得到治理，沙区生态状况得到明显改善。到21世纪中叶，全国可治理的沙化土地基本得到治理。

《制度方案》坚持问题导向、需求导向和改革导向，力求解决工作中存在的实际问题，力求满足基层沙区对政策和制度的迫切需求，力求明确相关法律和规定不明确但工作实践中又急需明确的事项。通过实施《制度方案》着力解决投入不足、机制不活、无序开发等问题。

▲ 新疆阿瓦提县沙化土地封禁保护区警示标牌

（吴　明 提供）

▲ 新疆阿瓦提县沙化土地封禁保护区瞭望塔

（吴　明 提供）

（国家林业局防治荒漠化管理中心　供稿）

国家沙漠公园发展规划

2016年10月8日，国家林业局印发《国家沙漠公园发展规划（2016～2025年）》（林规发〔2016〕139号），规划期为10年，分为一期（2016～2020年）和二期（2021～2025年）。重点规划区为河北、山西、内蒙古、辽宁、吉林、黑龙江、江苏、安徽、山东、河南、四川、云南、陕西、甘肃、青海、宁夏、新疆17个省（区）及新疆生产建设兵团共440个县（市、区）。本次规划重点建设国家沙漠公园359个，总面积142.7万公顷，包括已批复建设沙漠公园55个，约占全国沙区地理条件适合开展沙漠公园建设区域的1/3。

中国现有沙化土地面积172.12万平方千米，占国土面积的17.93%，聚居着45个民族，总人口约4.4亿人。由于区域内风沙、干旱和水土流失严重，自然灾害频繁，成为中国生态环境最脆弱和社会经济发展最落后的地区。另一方面，这些广阔的沙漠及石漠化土地也成为建设国家沙漠公园和石漠公园的基本资源。《规划》旨在有效保护和修复荒漠生态系统，规范国家沙漠公园建设和管理，科学规划国家沙漠公园，促进国家沙漠公园持续健康发展。

根据《规划》，沙漠公园建设范围涉及干旱半干旱地区、高寒区域、黄淮海平原半湿润和南方湿润沙化土地分布区。同时，鼓励符合沙漠公园建设条件、具有开展试点建设积极性的其他地区，积极推进沙漠公园试点建设工作。

2016年国家林业局批复了河北围场阿鲁布拉克等15个国家沙漠（石漠）公园试点。截至2016年年底，共批复国家沙漠（石漠）公园70个，涉及11个省（区）及新疆生产建设兵团。

2016 年新增国家沙漠（石漠）公园（试点）名单

序号	国家沙漠（石漠）公园（试点）名称
1	河北围场阿鲁布拉克国家沙漠公园
2	河北丰宁小坝子国家沙漠公园
3	山西左云鹊儿山国家沙漠公园
4	山西大同沙窝国家沙漠公园
5	山西天镇米薪关国家沙漠公园
6	山西大同南郊十里河国家沙漠公园
7	山西新荣五旗国家沙漠公园
8	甘肃民勤黄案滩国家沙漠公园
9	宁夏盐池沙边子国家沙漠公园
10	新疆布尔津萨尔乌尊国家沙漠公园
11	新疆玛纳斯土炮营国家沙漠公园
12	新疆昌吉北沙窝国家沙漠公园
13	新疆呼图壁马桥子国家沙漠公园
14	新疆英吉沙萨罕国家沙漠公园
15	湖南安化云台山国家石漠公园

▲ 新疆鄯善国家沙漠公园（新疆维吾尔自治区林业厅　供图）

▲ 山西大同南郊十里河国家沙漠公园（山西省林业厅　供图）

（国家林业局防治荒漠化管理中心　供稿）

大美湿地

—— 内蒙古额尔古纳国家湿地公园

内蒙古额尔古纳国家湿地公园地处大兴安岭西北麓，主要包括根河及其两岸的河谷地带，总面积12 072公顷，被誉为高纬度、低海拔木本类“亚洲第一湿地”。

科学保护、合理恢复

将生态保护放在首位，将湿地恢复落到实处。修建网围栏，加强管护及巡护，促进湿地自然修复；开展退耕还湿、退耕还林等地形整治工作，栽植本地原生乔木、灌木，恢复生境；对影响水质的胁迫因子加以整治，实现根河水质的有效保护；开展了生态固坡、滨岸带挺水植物的恢复，以减少砂质驳岸侵蚀；投放饵料、挂设鸟笼、促进植被恢复，人工营造鸟类栖息地。

▲ 鸟类栖息地

科普宣教、湿地百科

以宣传湿地文化为核心，打造北寒温带自然科普基地。营造“湿地学校”，积极开展湿地文化宣传，依托额尔古纳湿地得天独厚的生态环境组织开展湿地健步走、中小学生湿地科普课堂、爱鸟周、湿地日等活动；在宣教展示区及管理服务区设立科普宣教牌上百块，结合周边自然环境详细介绍了湿地文化及野生动植物知识，让人们走近湿地、了解湿地，从而爱上湿地、保护湿地。

▲ 湿地之秋

生态观光、智慧旅游

湿地风光有巧工难绘之妙，天然景色有观赏不尽之美。以湿地公园自然资源为基础，沿木质环线栈道打造绣线菊及苔草塔头群落、古甜杨群落、野猪林、榆树林、黑森林岛（甜杨、钻天柳、红瑞木群落）、鸟岛（天然鸟类栖息地）、白桦林、康大街湿地观光摄影平台等生态观光区，让游人感受原生态的自然风光，步入林间花海倾听鸟吟虫鸣，登高望远俯瞰大兴安岭森林向草原过渡带的壮美。

大美湿地，“醉”在额尔古纳，我们在这里等您来！

（内蒙古额尔古纳国家湿地公园管理局　供稿）

花绘北京　花会兴业
花汇兴城　花惠富民

——2016世界月季洲际大会成功举办

▲摄影：才姝娟

在北京市委、市政府的高位推动，大兴区委、区政府的精心组织及市有关部门的通力协作下，历经3年的精心筹备，2016世界月季洲际大会于5月18～24日在大兴区成功举办，为世界奉献了一届“高水平、有特色”的国际盛会，展示了“绿色中国、生态北京”的美好形象，实现了“花绘北京，花会兴业、花汇兴城、花惠富民”的办会目标。本届大会由世界月季联合会、中国花卉协会和北京市政

▼摄影：才姝娟

▲ 摄影：王 媛

▲ 摄影：才姝娟

府共同主办。世界月季联合会官员、各成员国协会代表以及来自全球40多个国家的800多位月季专家、行业人士、月季爱好者参加了大会。展会期间，举办了20余场高端国际学术会议，39个成员国代表、知名国际月季专家750人参加学术会议。

▲ 摄影：王 媛

一、花绘北京

“五洲月季园”内，来自中国、美国、德国、英国、法国、日本等15个国家的400多个月季品种竞相开放，争奇斗艳。“古老月季文化园”内，180余种珍贵的中国古老月季迎来了首秀，震惊了世界月季界。室内月季展中体量最大的“月季王”和仅由月季一种植物营造的完美景观“一木成景”，备受瞩目。世界首座月季博物馆，以高科技互动体验为主题，通过人体捕捉、全息动画、虚拟互动等技术，让游客寓教于乐，流连忘返。

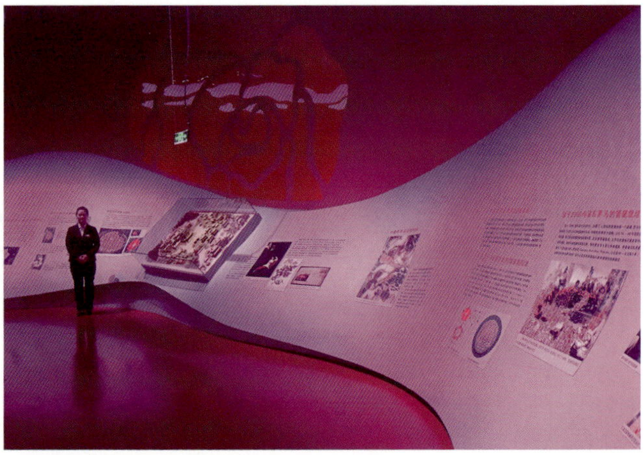

▲ 摄影：王 媛

二、花会兴业

月季大会的举办，通过市场化运作模式，吸引社会各界广泛参与月季产业发展，推动了第一产业与第二、第三产业融合发展，促进农业产业结构调整，形成了景观观赏与产业发展为一体的新型发展模式。月季产业面积达5000亩，引进国内外月季新品种2300余种。同时，借助月季产业园区的连带优势，吸引泰迪低碳乐园等中高端休闲旅游品牌入驻，带动了特色旅游业发展。

▲ 摄影：才妹娟

▲ 摄影：才妹娟

三、花汇兴城

借助月季大会，魏善庄镇基础设施逐步完善，生态环境明显改善。通过规划，把魏善庄镇的土地集中成片统一进行流转，发展了13个以月季为主题、各具特色的产业园区。以月季博物馆为支点，以文化为核心，辐射周边“四园一馆一中心”建设，并与周边月季园区以及钧天坊古琴基地、泓文博雅艺术馆等文化基地，共同构建“泛博物馆”城市多元体系，把整个月季小镇打造成为一个大的博物馆，形成了以“诗香茶花、琴棋书画”为主题的特色文化圈。由此魏善庄镇实现了由传统农业镇向“月季小镇”的华丽蜕变，成为首都新型城镇化建设的典范。

▲ 摄影：王　媛

▼ 摄影：才妹娟

▲摄影：才姝娟

四、花惠富民

▲摄影：王　媛

据统计，通过从事月季产业，农民人均年收入增长2.5万元。同时，由于镇域环境好了，游客多了，吸引泰迪低碳乐园等高端企业入驻，承租村民民居，各村出现了多家民俗旅游接待户，村民实现了增收。借助月季大会，农民逐渐从第一产业向第二、三产业转移，告别了“靠天吃饭”“面朝黄土背朝天”的历史。

▲摄影：才姝娟

▲摄影：才姝娟

（北京市园林绿化局　齐庆栓　供稿）

第三届中国林业产业突出贡献奖获得者罗侃

担任湖北福汉木业集团党委书记和总经理与湖北省林业产业促进会会长，兼任中航林业有限公司总经理、中俄托木斯克工贸合作区开发投资股份有限公司总经理的罗侃于2016年获得第三届中国林业产业突出贡献奖。福汉木业集团作为中国林业产业联合会与中国建材流通协会副会长单位获得了突出贡献集体奖项。作为经国务院批准的林业产业业界的唯一奖项，个人与集体同时获得，实属难得；他创造的佳绩，有口皆碑。

2015年，福汉木业重组到湖北省联投集团，这位“80后”当家人使一家濒临倒闭的企业跻身国内林业领军企业行列，他带领福汉木业完成了企业破茧重生的华丽蜕变。罗侃善学慎思，着眼实际，放眼全球，形成绿色资源与建材、建筑、家居、园区的五大绿色产业板块，使福汉产品市场占有率年年攀升，销售网络实现国内全覆盖，销量增幅270%，使“福汉”从区域品牌到全国品牌迈出坚实的步伐。仅用70天打造的华中最大单体木结构建筑花山绿建中心，创造出行业传奇。公司累计承接项目近20项，总项目面积超过2万平方米，成为了福汉木业扩充市场版图的又一王牌。

▲ 福汉木业罗侃

布局全球，解决“资源”难题。福汉木业斥资数十亿元人民币收购了中俄托木斯克州木材工贸合作区，该合作区两次入选国家“一带一路”建设优先推进项目和重点项目。拥有俄罗斯森林资源面积2.4万平方千米的该项目，木材资源采伐量每年可达400万立方米，使联投集团福汉木业成为中国在俄企业中拥有最大单体林业资源的企业。罗侃以“茶马互市”的贸易精髓，以“茶叶换木材”的思路，重振茶马古道赵李桥驿站辉煌。在国家级贫困县恩施土家族苗族自治州鹤峰县建立茶叶基地，帮扶鹤峰县7848人脱贫，使贫困户年增3000元收入。他所领导的团队于2016年9月在武汉承办了第六届世界木材与木制品大会，30多个国家、400余人共襄盛会。福汉木业与国外安哥拉政府、意大利SCM集团以及中国北新建材、中粮集团建立战略合作，扩大集团发展空间。在全国建立八大生产基地，实现福汉木业跨越式发展。建立产品检测室，为市场提供安全优质绿色产品，仅2016年就取得实用新型专利等12个，一举获批高新技术企业，从而实现福汉木业对人造板行业的引领地位。

（湖北省林业修志办　供稿）

大规模绿化全川 筑牢长江上游生态屏障

2016年7月，四川省委十届八次全会作出《关于推进绿色发展建设美丽四川的决定》，系统部署大规模绿化全川行动，到2020年全省森林覆盖率达到40%，国土绿化覆盖率达到70%。

一、推进有山皆绿，夯实屏障之基

以川西北、川滇、秦巴、大小凉山四大生态功能区为主战场，依托重点生态工程和社会造林，完成造林营林1113.6万亩，义务植树1.47亿株。

二、推进重点植绿，补齐生态之短

突出沙化、石漠化、退化湿地、干热干旱、工程创面地区生态修复，新增治理沙化土地4.3万亩，治理岩溶土地400平方千米，实施干旱河谷生态治理试点6000亩。

三、推进身边增绿，绘就生活之美

启动建设成都平原、川南、川东北、攀西四大森林城市群，新创建国家森林城市1个、省级森林城市1个，全国和省级绿化模范县7个，绿化覆盖率达66%。

四、推进机制助绿，激发市场之力

创新完善政策机制，“两证一社”改革覆盖到20个市（州）45个县，发放抵押贷款5.6亿元。大力发展木竹、经济林、花卉苗木等兼用林，林业总产值超过3000亿元，同比增长12.6%。

▲ 2016年3月24日，四川省委书记王东明（中）在成都市新都区参加义务植树，四川省林业厅厅长尧斯丹（右一）一同参加（范育红　摄）

▲ 四川省林业科技扶贫行动启动（周古鹏　摄）

▲ 巴中市退耕还林工程栽植的茶叶（张洪明　摄）

（四川省林业厅　供稿）

全民动员　绿化晋江

——晋江市林业工作成效显著

晋江以丘陵平原为主，林地资源相对匮乏。晋江市委、市政府历来高度重视造林绿化工作，全力打造生态绿城。近五年，累计植树造林5.3万亩，城区绿化覆盖率从40.22%提高到42.65%，人均公共绿地从9.17平方米提高到11.38平方米，先后获评国家园林城市、省级森林城市、国家级生态市。

一、在完善机制上抓推进

从2009年起，晋江出台实施“全民动员，绿化晋江”两个五年规划，编制绿地系统、沿海防护林体系、森林城市建设、林地保护利用等专项规划，实现总体规划与专项规划相结合、实施方案与造林项目相对应，有效提升造林绿化品质。建立多元绿化投入机制，财政绿化投入从2009年的1500万元增加到每年1亿元以上，充分调动了镇村、社会团体和个人的积极性。据不完全统计，2010年以来全市社会各界捐资超过2亿元用于造林绿化。

▲ 安平桥

二、在全民参与上造氛围

从2012年起晋江把每年3月确定为“活动月”、11月确定为“推进月”，并持续开展“人植两树，村（居）、企、校造一景，镇（街道）建一公园”活动，到2016年已建成23个镇级公园、220个村（居）景观、991个企业（校园）造景建设。成功打造世纪大道中轴线景观带、八仙山公园、安平桥公园、晋阳湖公园等园林绿化精品，带动一批企业、团体和个人，通过栽植纪念林和建绿化基地、投工投劳等形式参

▲ 锦绣河山（紫帽）（钟国华　摄）

▲ "绿化杯"艺术插花比赛

▲ 第四届紫帽山植树节

与造林绿化，逐步培育"人人动手、爱绿护绿"的绿色文化。

三、在占补平衡上促双赢

2014年10月以来，晋江市扎实推进全国林地占补平衡试点县建设，把原本分散、破碎的林地聚集连片，林地地块"化零为整"，建立补充林地储备库，建成补充林地1万多亩。在确保"占一补一"的前提下，晋江使用林地可以不受指标限制，试点实施以来，全市已累计使用林地近5000亩，是过去16年的指标总和，实现林地质量、林地总量、林分质量稳步提升，促进生态保护与经济发展双赢。

▲ 深沪湾海防林（黄海　摄影）

四、在管养保护中增效益

建立联席会议制度，法院、检察院、公安局、环保局、消防大队、森林公安分局等部门定期通报信息，研究案情，有效打击破坏森林和湿地资源的违法行为。建立森林资源保护巡查机制，通过人员巡查、视频预警、无人机巡查联动，形成空、地、网一体化实时监控。坚持"建、管、养"一体、"权、责、利"并重，出台造林绿化苗木管护导则，推行专业化、精细化管护，提高苗木成活率。特别是针对沿海风沙大、苗木难成活的特点，创新建设风障，根据不同地段风力特点，设置石墙、杉木挂渔网、混凝土预制柱挂竹帘、防腐木挂渔网等5种形式的风障，有效提高沿海植树造林效益。

▲ 晋江绿洲公园（黄海　摄）

▲ 晋江摩尼教发源地——草庵（黄海　摄）

（晋江市农业局　供稿）

江门，一座侨乡特色的森林城市

——广东省江门市创建国家森林城市

近年来，江门市积极响应党中央“建设美丽中国”的伟大号召，以创建国家森林城市为抓手，全力推动生态环境改善、生态文化发展和居民生活质量的提升，取得显著成效。2017年10月，江门市荣获“国家森林城市”称号。

▲ 新会区小鸟天堂湿地公园

▲ 开平市立园

▲ 台山市台城镇陈宜禧路绿道建设

江门市委、市政府高度重视生态环境建设工作，将创建国家森林城市作为各级一把手工程和全市一号民生工程，并立足江门特色，深入推进“创森”规划项目实施。一是与新一轮绿化大行动相结合。大力实施各项增绿工程，坚持绿色发展，加强生态文明建设和林业资源管护，全面加快城市森林四大体系建设。二是与公园城市建设相结合。充分利用农田林网、山水自然条件，统筹推进，构建市域公园体系。三是与文化建设、城市个性相结合。力争做到一村一韵、一镇一特、一城一品，如开平碉楼与村落世遗生态区、恩平冯如故居、航天育种文化公园等，都与当地文化建设、城市个性紧紧相扣，成为一个个具有侨乡特色的城市绿色生态名片。

经过多年的努力，如今，江门市已初步建成具有侨乡特色的森林城市。一是城市森林网络更健全。基本实现城乡居民“出门300米见绿、500米见园”的目标。市域森林覆盖率达到53.72%，城区绿化覆盖率达到44.08%；现有公园900多处，城市人均公园绿地面积17.78平方米，

▲ 鹤山市古劳水乡湿地公园

构建了总量适宜、分布合理、景观优美、丰富多样、人与自然和谐相处的城市格局。二是城市森林生态更健康。2016年，江门主城区环境空气质量达标天数为309天。主副城区饮用水源地水质达标率均为100%。三是城市林业经济更繁荣。2016年，全市林业产业总产值达354.1亿元，比2013年提高了43%。四是城市生态文化更丰富，全市公众对建设森林城市的知晓率、支持率和满意度均达95%以上。五是城市森林管理更高效。创新了管理体制，设立了专门机构和专业队伍，完善法规制度十多部，建立了“打防并举”的林区治安防控模式，有效地保护和巩固城乡绿化成果。

创建国家森林城市，让江门市民随处可见生态之美、绿色之魅，更让江门真正成为“看得见青山、记得住乡愁”的生态宜居之城、海外游子思归之地。

（文字、照片由江门市创森办　提供）

▲ 绘画爱好者在新会区古井镇慈溪村开展“创森”写生活动

▲ 年轻的朋友们到蓬江区潮连镇进行轻骑绿道游宣传江门“创森”

▼ 圭峰山国家森林公园

金佛山、银佛山，生态文明创新建设美佛山

佛山位于珠三角腹地，是中国先进制造业基地，是岭南文化名城，历史上也是中国天下四聚、四大名镇之一，佛山武术、陶瓷、家电享誉海内外。在探索城市发展的道路上，佛山坚持科学、和谐、绿色、低碳发展理念，实施城、产、人融合发展战略，用山水绿韵定义城市之美，用绿色引领工业城市的转型升级，让“工业文明+生态文明”在3797.72平方千米的土地上协调发展，走出一条以生态文明建设促转型升级、以转型升级保生态文明建设的有效路径。

▲ 绿染江义村（萧向勤　摄）

行动，才有绿城佛山。立足组团式城市格局，佛山积极开展城市林业的建设和探索，推进城乡绿化一体化建设，早在2007年就启动“三年促变，绿地佛山”，构建起佛山城乡绿网，并先后获得广东省林业生态市、全国绿化模范城市等荣誉称号。

自2013年启动“创森”以来，佛山按照中央和广东省的要求，将绿化建设上升到推动生态文明建设的战略层面，坚持以问题为导向，通过抓保障机制、抓工程建设、抓功能特色，狠抓“大地植绿”和“心中播绿”，为成功创建“国家森林城市”打下坚实基础。一是突出组织保障，举全市之力推动森林城市

▲ 西樵的多彩樵山路（郑国恒　摄）

▲ 美丽桂城（黎伟忠　摄）

▲ 鹭鸟天堂（陈家鸣　摄）

▲ 高波水乡远眺（龙江　摄）

▲ 休闲胜地——半月岛公园（霍广良　摄）

建设。搭建了市、区、镇（街）三级“创森”工作机构，在全市形成制度化、常态化、系统化的工作态势。强化项目带动，仅2016年“创森”攻坚以来，就组织实施了31项重点任务和150个重点建设项目，实现与总体规划有效衔接、相互补充，以项目落实推动“创森”落地。二是突出城乡统筹，千方百计拓展森林绿地空间。以森林生态体系和绿色生态水网建设为主线，实施带状森林建设、“公园化”战略、“绿城飞花”绿化景观项目、森林下乡与公园进村等具有佛山特色的生态工程，积极向河涌、道路、乡村拓展绿化空间。三是突出文化引领，丰富森林城市建设内涵。把“创森”宣传纳入全市宣传工作大局，并以国家森林城市生态标识试点工作为契机，推动森林文化渗透到社区、乡村、校园、企业。

2017年10月10日，在河北承德举行的2017森林城市建设座谈会上，国家林业局正式授予佛山市“国家森林城市”称号，这块沉甸甸的国字号牌匾凝聚了佛山人五年的心血。“创森”以来，全市累计投入“创森”资金86.15亿元，新增造林绿化面积7019.35公顷，建设生态景观林带758.82千米，新建区级以上森林公园12个、区级以上湿地公园11个、城市公园176处、乡村森林家园313个，完成林分改造1700公顷，推动市域森林覆盖率由34.16%提升到36.3%，人均公园绿地面积由12.37平方米提升到14.67平方米。绿化建设已经连续多年成为佛山市民满意度最高的项目，市民对“创森”工作支持率、满意度均超过97%。

（佛山市创建国家森林城市工作领导小组办公室　供稿）

保护绿水青山　促进绿色发展

——广西全力营造山清水秀的自然生态

广西是中国南方重要的集体林区，林地面积达2.37亿亩，占广西国土面积的66.75%，是耕地面积的近4倍，人均林地面积超过4亩。广西是中国生物多样性最丰富的省份之一，共发现陆生野生脊椎动物1150种，已发现和命名的野生维管束植物共9494种，有白头叶猴、黑叶猴、瑶山鳄蜥等特有物种，以及银杉、资源冷杉、元宝山冷杉等世界稀有和名贵的特有植物，生物多样性丰富度居全国第三位。

▲ 国家林业局局长张建龙在中国东盟林业合作论坛作主旨讲话　（雷超铭　摄）

2016年，广西林业系统按照中央和自治区的决策部署，凝心聚力、履职尽责、真抓实干，广西林业实现“十三五”良好开局，主要成效表现为“三稳四进”。

“三稳”——造林面积稳，木材产量稳，主要指标增长稳。广西共完成植树造林366万亩，连续九年稳定在350万亩以上，森林覆盖率达62.28%，人工林面积达1亿多亩，人工林面积、植被生态质量和植被生态改善程度均居全国第一。木材产

▲ 国家林业局副局长张永利（右二）、广西壮族自治区政府副主席张秀隆（左二）、自治区林业厅厅长黄显阳（左一）参观广西林木种苗成果展

▲ 2016年12月2日，国家林业局林改司司长刘拓（右一）出席中国东盟林木展开幕式

▲ 2016年5月16日，广西壮族自治区副主席黄日波（左一）在六万林场展馆参观莽草酸成品

▲ 2016年5月16日，广西壮族自治区副主席张秀隆（右六）到南宁树木园开展国有林场改革暨生态补偿机制调研。自治区林业厅副厅长邓建华、总工程师蒋桂雄陪同调研

量2955万立方米，稳居全国第一位；实现林业产业总产值4777亿元，同比增长11.1%；林业增加值同比增长5.9%，超出年度考核目标1.6个百分点。

“四进”——国有林场改革稳步推进，产业结构调整稳步推进，林业投融资稳妥推进，林业科技创新稳健推进。36家改革试点国有林场基本完成主体改革任务；创建各级现代林业示范区41个；广西国旭林业发展集团正式组建，环绿城南宁森林旅游圈建设全面启动；利用国开行贷款建设国家储备林一期项目放款42亿元，二期项目200亿元贷款正式签订协议；获得2016年度广西科技奖励9项，其中广西科技进步奖一等奖2项。

▲ 2016年8月31日，广西壮族自治区旅游发展委员会主任甘霖（前左二）、自治区林业厅厅长黄显阳（前左三）到南宁良凤江国家森林公园景区调研

围绕重点生态工程实施，全面推进林业生态建设。

五大造林工程任务全面完成 深入实施新一轮退耕还林、珠防林、海防林、石漠化综合治理、造林补贴等重点造林工程，完成人工造林130万亩、封山育林42万亩。特别是新一轮退耕还林在广西壮族自治区党委、政府的高位推动和相关单位的共同努力下，2014年度、2015年度任务全面完成。

五大商品林基地建设成效显著 加快建设油茶、特色经济林、速丰林、珍贵树种和国家储备林等商品林基地。其中：油茶新造高产示范林11万亩、低产林改造10万亩，营造特色经济林60万亩、速丰林94.7万

▲ 荔江造林全景图

▲ 梦里水乡——会仙湿地（赵积亮）

亩、珍贵树种9万亩，完成国家储备林基地新造林77万亩、抚育63万亩。

五大森林经营项目全面完成 森林抚育补贴项目完成162万亩；树种结构调整项目完成桉树纯林改造6万亩；森林景观改造、公益林提质增效、退化防护林修复项目均全面完成试点任务。各级各单位积极采用新技术提高林地经营集约利用水平，如七坡林场积极开展精品林建设和无节材培育。

生态城乡建设加快推进 全民义务植树8182万株。来宾市、崇左市被授予“国家森林城市”称号。荔浦县等6个单位被评为“全国绿化模范单位”；广西林科院、派阳山林场被评为“全国生态建设突出贡献奖先进集体”；灵川县九屋镇江头村等5个村被评为“全国生态文化村”，北海金海湾红树林被评为“全国生态文化示范基地”。古树名木普查工作加快推进。实施规模化大型沼气池工程43个，农村有机垃圾沼气化处理试点60处。

▲ 广西马尾松大径材

全力推进林业精准扶贫 共为54个贫困县安排中央和自治区涉林项目资金24.57亿元，占广西涉林资金的57.6%。实现生态补偿脱贫一批。广西33个滇桂黔石漠化片区县和国家扶贫开发重点县共选聘生态护林员25 391名，补助资金1.5亿元，带动6万名以上建档立卡贫困人口精准脱贫。发展特色产业脱贫一批。大力发展油茶、核桃和林下经济等特色产业，促进山区群众就业增收。广西林下经济产值达798.5亿元，同比增长11.7%；发展面积达5573万亩，惠及林农超过1300万人。龙胜、环江两县被国家林业局授予“服务精准扶贫国家林下经济及绿色产业示范基地”称号。精准帮扶成效显著。在隆林召开精准帮扶隆林工作动员部署会，15个自治区直属林业事业单位分别对口帮

▲ 会仙“诗地”（马红兵　摄）

扶6个贫困村，签订脱贫攻坚责任书，实现每个贫困村一名联系厅领导、一个帮扶团队、一个扶贫规划“三个一”精准扶贫；坚持以产业扶贫为主线，设立产业帮扶基金，引进龙头企业，培育示范项目，积极探索产业精准扶贫新路子，2016年3个村已按期实现脱贫摘帽。

2017年，广西林业工作的总体要求是：全面贯彻党的十八大、十八届历次全会精神，深入贯彻习近平总书记系列重要讲话精神，深入贯彻自治区第十一次党代会精神，紧紧围绕营造“三大生态”、实现“两个建成”目标，坚持以生态建设为主、保护和利用并重的林业发展战略，着力实施“金山银山”工程，力争全年完成植树造林280万亩，林业产业总产值达到5200亿元，重点推进林业与旅游业融合发展，全面实施森林旅游“510”工程，即建设10处森林公园、10处国家湿地公园、10处自然保护区生态旅游区、10处森林养生基地和10处花卉苗木观光基地。大力推进森林旅游重点项目建设，重点建设环绿城南宁森林旅游圈，打造3个森林公园和3个森林小镇（人家）等示范项目。森林、湿地、石漠化地区植被和野生动植物资源得到全面保护，全面开创现代林业强区建设新局面，为营造“三大生态”、实现“两个建成”作出更大的贡献！

（广西壮族自治区林业厅　供稿）

▲ 中越CITES（濒危野生动植物种国际贸易公约）履约执法交流会现场

▲ 降香黄檀

▲ 清湖村村屯绿化

▼ 七星伴月（春）（何利民　摄）

中国林业发展与生态建设资源库

—— 中国林业年鉴1986～2016 ——

新中国成立以来中国林业发展最权威、最详尽的记录。

30年来（1986～2016年）国家林业局（原林业部）各司（局）、直属单位及林业大学、森警部队、学会（协会）近110个单位逐年情况记录。

30卷《中国林业年鉴》，4200余万字，2500余幅彩色插图，10万余词条的海量信息涵盖于8G容量的U盘之中。

盛世修史　以启未来　薪火相传　再创辉煌

◎一个收录全面、出版及时的电子工具书资料库

◎一个涵盖林业各行各业，系统反映国情资讯的信息资源库

◎一个政策研究、决策前瞻的辅助资源库

◎一个市场分析、项目投资的竞争情报库

◎一个科研学习、科技查新的权威资源库

◎一个海外了解中国林业的平台和窗口

其内容权威、检索便捷、携带方便、随时查阅。定价：1988元/盒

这里包含了

历年中国林业概述、林业重点工程建设轨迹、森林培育、生态建设、林业产业、森林资源保护、森林防火、森林公安、森林资源管理与监督、林业法制建设、集体林权制度改革、林业科学技术、林业信息化、林业教育与培训、林业对外开放、国有林场建设、林业计划统计、林业财务会计与资金稽查、林业精神文明建设、各省（自治区、直辖市）林业、林业人事劳动、国家林业局直属单位及驻各地专员办、林业社会团体工作情况、林业大事记与重要会议等，内容全面、权威。

《中国林业 2011 ～ 2015》（英文版）

定价：280元/册

《中国林业》（英文版）自2000年起每五年出版一卷，至今已出版四卷。该书全面反映各时间段中国林业和生态建设的发展成就，全景展示中国林业发展历程及各地林业最新发展状况，具有知识性、实用性和权威性，是国外了解中国林业发展最准确、最全面的工具书。该书的出版扩大了中国与世界各国的林业信息交流，增进了国外对中国林业的了解，为引进国外资金、技术和智力创造了有利条件，是加强林业对外宣传的一个重要窗口和途径。

联系人：中国林业年鉴编辑部
何　蕊　易婷婷　许　凯

地　址：北京市西城区德胜门内大街刘海胡同7号　100009

电　话：010-83143580 83143666（传真）

CHINA FORESTRY
YEARBOOK

中国林业年鉴

栏 目

目　录

特　辑

中国林业概述

林业重点工程

森林培育

生态建设

林业产业

森林资源保护

森林防火

森林公安

森林资源管理与监督

林业法制建设

集体林权制度改革

林业科学技术

林业信息化

林业教育与培训

林业对外开放

国有林场建设

林业工作站建设

林业计划统计

林业财务会计

林业资金稽查

林业精神文明建设

各省、自治区、直辖市林业

林业人事劳动

国家林业局直属单位

国家林业局驻各地森林资源监督专员办事处工作

林业社会团体

林业大事记与重要会议

附　录

附表索引

索　引

CONTENTS

特　辑

01

林业专论

在全国林业科技创新大会上的讲话

汪　洋

（2016 年 9 月 23 日）

今年 5 月中央召开了全国科技创新大会，就加快实施创新驱动发展战略，建设世界科技强国作出了全面部署。今天，我们召开全国林业科技创新大会，就是要全面贯彻落实全国科技创新大会精神，总结近年来林业科技发展成就，表彰先进典型，交流经验做法，安排部署当前和今后一个时期的林业科技创新工作。

党中央、国务院历来高度重视林业工作。党的十八大将生态文明建设提升到新的战略高度，纳入中国特色社会主义事业总体布局，并作为党的重大行动纲领写入党章，明确提出了森林覆盖率提高、生态系统稳定增强、人居环境明显改善的目标任务。习近平总书记多次指出，“保护生态环境就是保护生产力，改善生态环境就是发展生产力”“林业建设是事关经济社会可持续发展的根本性问题”，要“全面深化林业改革，创新林业治理体系，充分调动各方面造林、育林、护林的积极性，稳步扩大森林面积，提升森林质量，增强森林生态功能，为建设美丽中国创造更好的生态条件”。李克强总理也多次强调，要深化林业体制改革，加快转变林业生产方式。

按照党中央、国务院的决策部署，这些年我们进一步加强了林业重点工程建设，深入开展造林绿化工作，全面停止了天然林资源商业性采伐，启动新一轮退耕还林工程，协调推进荒山造林、湿地保护、防沙治沙、森林防火、林业有害生物防治、野生动植物保护等，实施了一系列重大生态修复工程。目前，我国森林覆盖率达到 21. 66%，比“十一五”提高 1. 3 个百分点，成为全球森林资源增长最多的国家，其中人工林保存面积稳居世界首位。一大批森林公园、湿地公园的建设也取得了积极进展。与此同时，我们深入推进集体林权制度改革，开展了国有林场和国有林区管理体制改革，林业发展的体制机制进一步理顺，林区基础设施建设、棚户区改造不断加强，林农的生产生活条件不断改善，收入水平显著提升。林业的持续健康发展，不仅进一步增强了林业产业竞争力，更重要的是林业生态效益显著提升，为生态文明建设作出了巨大贡献。林业发展成果，得到中央的充分肯定，得到广大人民群众的广泛认可，也得到国际社会的高度评价。

林业建设发展的成就，是党中央、国务院正确领导的结果，是各地区、各部门共同努力和社会各界大力支持的结果，是广大基层干部、林业科技人员和农民群众辛勤劳动的结果。在此，我代表党中央、国务院，向受到表彰的先进集体和先进个人表示热烈的祝贺！向全国林业战线干部职工和科技人员表示衷心的感谢！向关心和支持林业发展的社会各界人士致以崇高的敬意！

当前，我国经济发展进入新常态、生态文明建设进入新阶段，社会各界对生态问题日益关注，林业建设发展在生态文明建设中的重要性日益提高。习近平总书记指出“森林是陆地生态的主体，是国家、民族最大的生存资本，是人类生存的根基，关系生存安全、淡水安全、国土安全、物种安全、气候安全和国家外交战略大局，必须从中华民族历史发展的高度来看待这个问题。”“良好生态环境是最公平的公共产品，是最普惠的民生福祉。”现在，人民群众的生态意识、健康意识越来越强，不仅要求富足的物质生活，更期待天蓝、地绿、水净的美好家园。良好的生态已经成为人民群众提高生活质量的刚性需求，这对林业建设和发展提出新的更高要求。

但也必须看到，目前我国森林覆盖率还低于 31% 的世界平均水平，人均森林面积仅为世界平均水平的 1/4，人均森林蓄积量只有世界平均水平的 1/7。森林资源总量相对不足、质量不高、分布不均的状况仍未根本改善，生态产品供给偏紧的态势仍未根本扭转，林区经济社会发展相对滞后的问题仍未根本解决，林业建设发展任重而道远。

新的历史条件下，加快林业建设发展，在增加投入、深化改革的同时，必须高度重视科技创新，深入实施创新驱动发展战略，切实转变林业发展方式。近些年林业发展取得巨大成就，科技进步作出了重大贡献。当前，林业发展对科技创新需求更加迫切、依赖更加强烈。只有加快科技创新，才能破解资源环境的瓶颈约束，拓宽林业发展的空间；只有加快科技创新，才能增加林业和生态产品的供给，满足人民群众的多样化需求；只有加快科技创新，才能提高林业发展的效率，提升生态保护能力和林业产业竞争力。我们一定要充分发挥科技第一生产力、创新第一驱动力作用，推动自主创新、协同创新、制度创新，努力使我国林业科技整体实力和水平得到明显提升，更好地支撑生态建设，引领产业升级，服务社会民生。

一要夯实基础研究，掌握林业科技竞争的战略主动权。基础性的科学技术是买不来的。我们必须认识到，我国林业科技发展基础仍然薄弱，科技创新能力特别是原始创新能力还有很大差距。习近平总书记在全国科技创新大会上强调，要加深对自然规律的认识，自觉以对规律的认识指导行动；不仅要研究生态恢复治理防护的措施，而且要加深对生物多样性等科学规律的认识。这为推进林业基础研究指明了方向。现在，有很多专家反映，土壤学、水土水关系等原来一些重要的基础研究正在萎缩，逐步被弱化和边缘化，而新能源、新材料等一些国际前沿领域又跟不上节奏。我们必须增强紧迫感，在夯实基础上下功夫。要围绕涉及生态安全、资源安全的重大基础理论，深入开展森林、湿地、荒漠等过程与功能，生物多样性维持机制，重大灾害调控机制，林木生物学特性等基础研究，厚植科学基础，提出更多原创理论，作出更多原创发现。要瞄准生物技术、信息技术、新能源、新材料等前沿领域，深入开展新兴技术研究，积极探索催生引领行业变革的颠覆性技术，前瞻布局新兴产业技术，力争实现“弯道超车”。

二要加强关键技术攻关，增加生态建设和林业产业发展的科技供给。服务经济社会发展和生态文明建设是林业科技发展的最终目标，也是推动林业科技进步的根本动力。要以生产实践和市场需求为导向，大力推进林业科技原始创新、集成创新和引进消化吸收再创新。要重点突破林业关键领域核心技术，努力攻克林业生态保护和修复、林木良种培育、木材高效加工利用、经济林栽培、现代林业装备等技术，服务生态建设和林业产业发展。要重视实用技术研发，加快科技成果组装配套和推广应用，加强林业科技培训，促进科技成果转化，努力使科技创新成为生态建设、林业发展、农民增收的强大动力。

三要深化体制机制改革，激发林业科技创新内在活力。这些年我们在林业科技体制改革方面，进行了一系列卓有成效的实践探索，取得了明显成效，但科技管理体制不顺的问题还没有完全解决，仍需进一步加大改革力度。要加快优化林业科技资源配置、提高科研产出效率、推进科研成果转化。要研究如何根据生态建设、林业生产需要和市场需求设立科技创新项目，发展技术市场，健全技术转移机制，使科技创新更好地服务生产实践。要深入推进科技资源共享，加强科研院所、企业和社会科研力量之间的相互协作，使各方面的科研资源得到更加有效利用。要着力构建以企业为主体、市场为导向、产学研相结合的林业技术创新体系，注重发挥企业家才能，加强产品创新、商业模式创新，提升科技有效供给，创造科技有效需求。

四要弘扬创新精神，加强林业科技人才队伍建设。加快科技创新，关键在人才。要切实加大林业科技投入，努力形成多元化、多层次、多渠道的林业科技投入机制。最近，为了更好激发广大科研人员的创新积极性，中央出台了一系列完善科技成果转移转化和评价、改革科研经费管理的政策措施。要用足用好这些政策，进一步精简程序、简化手续，把科研人员从繁琐的报告和表格中解放出来，少一些羁绊约束和杂事干扰，多一些时间去自由探索，让科技领衔专家有更大的技术路线决策权、经费支配权和资源调度权。要德才兼备，打破论资排辈，加强对青年科技人才的培养使用。要崇尚科学、尊重人才，认真听取专家的意见和建议，确保科学决策、民主决策。林业生产周期长，条件十分艰苦，获得一项科研成果往往需要几年甚至十几年、几十年的时间，要尊重科学规律，给林业科技创新提供足够的时间和空间，努力营造自由宽松的学术环境，最大限度地激发和保护科技人员的创新活力，保证科技人才心无旁骛地从事科技创新活动。

长期以来，大批林业科技人员胸怀报国富民之志，潜心钻研，致力创新，为我国林业发展和生态建设作出了巨大贡献。特别是很多老科学家，几十年如一日，把毕生精力献给了林业科技事业，他们扎根基层、刻苦钻研、严谨求实的精神，已凝刻成推动林业发展的精神动力。在建设世界科技强国新的历史使命下，这种精神依然焕发着时代的光芒。新时期共产党人的楷模、知识分子的优秀代表、太行山上的新愚公李保国同志，扎根太行山区35年，为群众脱贫致富呕心沥血、奔波忙碌，直至生命的最后一刻，用生命践行了一名林业科技工作者肩负的神圣使命和庄严承诺，赢得了百姓的由衷爱戴。科技工作要弘扬李保国精神，坚守科技工作者潜心研究、淡泊名利、甘于奉献、勇攀高峰的精神高地，多出成果，出好成果，将论文写在大地上，落实到实践中，转化为生产发展的强大动力。

同志们，科技支撑发展，创新引领未来。林业现代化建设是一项光荣而艰巨的任务，需要更多的优秀科技成果来支撑，需要更多像李保国同志那样的科技工作者来奉献。让我们紧密团结在以习近平同志为总书记的党中央周围，抓住机遇，乘势而上，锐意进取，再攀高峰，奋力开创林业科技创新新局面，为全面建成小康社会、建设生态文明和美丽中国作出新的更大贡献！

在三北防护林体系建设工作会议上的讲话

罗富和

（2016年10月9日）

（根据录音整理）

在中共十八届六中全会即将召开之际，国家林业局今天在这里召开三北工程建设工作会议，专题研究部署三北工程建设，非常有必要，意义十分重大。首先，我向受表彰的全国生态建设突出贡献先进单位和先进个人表示热烈的祝贺！向长期奋战在三北工程建设第一线的同志们致以崇高的敬意！

三北工程是在我国改革开放元年启动实施的第一个国家重点林业生态工程，是一项具有里程碑意义的伟大工程。38年来，在党中央、国务院的正确领导下，在三北地区各级党委、政府组织带领下，广大干部群众尤其是林业干部职工自力更生、艰苦奋斗，用勤劳和汗水在祖国北疆初步筑起了一道抵御风沙、保持水土、护农促牧的绿色长城，为全国乃至世界生态建设树立了成功典范。

2014年，我和全国政协人资环委的几位常委组成调研组，到宁夏、陕西、内蒙古对三北工程建设进行了专题调研。6天时间，行程近2000千米，考察了防沙治沙、水土流失治理、荒山绿化、特色林果业发展等多个现场，所到之处，我们为三北工程在如此恶劣自然条件下能够取得巨大成就而惊叹，为广大工程建设者锲而不舍、顽强拼搏、无私奉献的伟大精神而感动。我们考察的宁夏灵武白芨滩防沙治沙林场，年复一年固定流沙，累计治沙造林60多万亩，控制流沙近百万亩，不仅创造了“人进沙退”的奇迹，而且通过发展苹果、红枣等特色经济林，林场生产生活条件得到很大改观。陕西榆林曾经是我国土地沙化最严重的地区之一，30多年来，依托三北防护林等重点工程，沙区林草覆盖率提高40多个百分点，860万亩流沙全部得到固定和半固定，全市生态状况明显改善，经济、生态协调发展。有着“小三北”之称的内蒙古，通过长期不懈地努力，全区森林面积和森林蓄积量持续“双增长”，荒漠化土地和沙化土地持续“双减少”，生态状况呈现出“整体遏制、局部好转”的良好态势。

宁夏、陕西、内蒙古三省（区）虽然只是三北工程建设的一个缩影，但足以说明三北工程取得的成就是非常了不起的，也充分印证了中共中央、国务院当时启动实施三北工程的决策是十分英明的。三北工程的伟大实践还启示我们，发挥社会主义制度集中力量能够办大事的优势，通过实施重大生态修复工程，风沙弥漫、穷山恶水的生态状况是完全可以用勤劳的双手来改变的。

当前，以习近平同志为总书记的中共中央高度重视、强力推进生态文明和美丽中国建设。习近平同志对林业改革发展作出了一系列重要论述和批示指示，中共中央、国务院采取了一系列措施加快林业改革发展，把林业推向了一个前所未有的战略高度，全国林业发展面临前所未有的重大机遇。但是，缺林少绿、生态脆弱依然是我国的基本林情，全国人均森林面积和蓄积量仅为世界平均水平的1/4和1/7，森林覆盖率比全球平均水平低近10个百分点，林业建设和保护的任务仍然十分繁重。特别是三北地区，林草植被最稀少，生态问题最突出，生态产品最短缺，这一地区分布着全国84%的沙化土地、82%的荒漠化土地、70%的水土流失面积，植树造林，改善生态，任重道远。

进一步加强三北工程建设，有利于构建北方生态屏障。我国生态建设的重点难点在三北。三北地区既是老少边穷地区，又是生态建设战略区，还是我国重要粮食生产区，地理位置重要，生态区位关键。建好三北工程，筑牢我国北方生态安全屏障，对维护实现生态良好、推进生态文明和美丽中国建设有着决定性作用。有利于维护我国国土生态安全。21世纪以前，我国每年沙化土地扩展面积达3436平方千米，每年损失一个中等县的面积。通过三北工程建设，现在每年净减少1980平方千米，这对于稳定和拓展中华民族生存与发展空间、增加国土资源有效供给具有重要意义。有利于保障和改善民生。三北地区是我国集中连片的特困区和扶贫开发的攻坚区。充分发挥三北工程的经济和社会效益，对于改善农牧民生产条件、增加农牧民就业机会，促进区域经济社会发展都必将发挥重要作用。有利于培育我国后备森林资源基地和能源基地。三北地区地域广阔，土地资源丰富，开发利用潜力巨大。建设三北工程，因地制宜地发展用材林、木本油料林等，对于培育我国后备森林资源基地和能源基地、维护木材安全和能源安全具有独特作用。

刚才，张建龙同志、张永利同志对进一步加快三北工程建设作出了全面的安排部署。按此认真抓好贯彻落实，三北工程一定会开创新的局面，取得新的成效。针对当前工程建设面临的资金投入不足、科技贡献率偏低、造林难度加大等突出问题，为推动三北工程深入实施，我建议在以下五个方面进一步加大工作力度。

一是强化组织领导。三北工程是一项公益事业，离不开强有力的行政组织领导。工程建设之初，国务院成立了三北防护林建设领导小组，统筹各方面力量推进工程建设，起到了非常大的作用。内蒙古自治区林业建设之所以取得巨大的成就，其中很重要的一条就是自治区党委、政府建立森林资源目标责任制，逐级签订造林绿化责任状，把造林绿化真正扛到了各级领导肩上。去年，中共中央、国务院印发了《生态文明体制改革总体方案》，明确提出要完善生态文明绩效评价考核和责任追究制度，探索编制自然资源资产负债表、实行领导干部自然资源资产离任审计、建立生态环境损害责任终身追究制等，这些措施针对性很强。目前，中央深改组已选择一些地区开展试点。我们要结合三北工程实际情况，把中央的这些改革举措进一步细化量化，研究出台一些切实管用、管长远的具体办法和措施，进一步强化各级政府对工程建设的组织领导。

二是深化改革创新。随着三北工程建设的深入推进，工程建设立地条件越来越差，造林难度也越来越大，加之资金投入不足、保护压力加大等，要推动工程建设持续发展，必须要深化改革创新，激发和调动全社会、各方面的积极性。建议研究借鉴国际上“协议保护机制”的经验，把工程投资主体、建设主体、管护主体、国家、企业、个人等各方的责任和利益明确下来，既可监测投资的有效性，又能吸引全社会力量参与工程建设。要通过采取社会投资、捐赠赞助、森林认养和冠名、国际合作等形式，多方筹集资金，真正建立政府投入、社会参与的多元化投入机制。谋划启动一批林业碳汇项目，积极争取国内、国际资金投入工程建设。

三是加快产业发展。三北地区地域广阔，土地、光热等资源丰富，林业产业很有发展前景。特别是特色林果业，具有很大的发展优势，是广大农牧民增收致富的重要渠道。我们调研看到，三北工程发展了长柄扁桃、沙棘、山杏、油用牡丹等很多特色经济林，培育了一大批上规模的特色林果业基地，对带动当地林农增收致富发挥了重要作用。但由于缺乏相应产业政策、产业资金、产品营销、产品开发的扶持和带动，产品仍处在初级阶段，精深加工跟不上，产业发展质量不高，老百姓获得的只是初级林产品的收入。在三北工程的实施过程中，一方面要因地制宜发展特色林果业等绿色富民产业，推动工程建设协调发展；另一方面要充分运用现代信息技术手段，促进互联网与林业产业深度融合，构建新型林产品营销网络，让生产者足不出户，就能实现网上交易。要着力完善相关扶持政策，加大资金投入，加强科技、信息、品牌等服务，推进林业产业向标准化、集约化、规模化发展，促进一、二、三产业融合发展。

四是加强科技创新。三北地区自然条件严酷，造林十分困难，而且存在不少退化林分，必须通过加强科技创新，提高工程建设的科技含量和建设质量。树种选择、林种配置、育苗造林到管护、抚育、采伐等森林经营各个环节，都要体现科技创新。要着力攻克困难立地造林等重大关键技术难题，积极推广应用先进适用技术。特别要加强技术指导，加大对农牧民等造林主体的培训力度，推动新成果、新技术尽快运用到工程建设中。

五是注重总结宣传。三北工程是我国生态建设的一面旗帜，在国内外都有广泛深远的影响，一定要注重总结宣传。要深入挖掘、提炼广大干部群众投身三北工程建设创造的伟大精神，激励一代又一代的人为之不懈奋斗。要抓住2018年三北工程建设40周年的关键节点，精心策划，开展全面的总结宣传，不仅要大力宣传工程建设取得的巨大成就，更要总结30多年来工程建设创新探索的运行体制机制，包括动员人民群众参与建设的模式、成功案例等，向全世界展示我们改善生态的中国模式、中国力量。要在总结的基础上，进一步完善工程建设体制机制，推动解决工程建设中存在的突出问题，着力提高工程建设质量和效益。通过加强宣传，扩大国际国内影响，凝聚人心力量，为工程建设增添新的动力。

同志们，实施三北工程，筑牢我国北方生态安全屏障，是一项需要几代人、十几代人为之奋斗的伟大事业。站在新的发展起点上，我们肩负的责任更加重大，使命更加光荣。让我们紧密团结在以习近平同志为总书记的中共中央周围，高举中国特色社会主义伟大旗帜，以邓小平理论、“三个代表”重要思想和科学发展观为指导，统筹推进“五位一体”总体布局，协调推进“四个全面”战略布局，深入贯彻落实五大发展理念，继续发扬艰苦奋斗、顽强拼搏的精神，改革创新，扎实工作，把三北工程建设不断推向前进，为建设生态文明和美丽中国作出新的贡献！

深化改革创新 增进绿色惠民 全面开创林业现代化建设新局面

——在全国林业厅局长会议上的讲话

张建龙

（2016年1月10日）

这次全国林业厅局长会议的主要任务是：全面贯彻党的十八大和十八届三中、四中、五中全会精神，深入贯彻习近平总书记系列重要讲话精神，认真落实中央扶贫开发工作、中央经济工作、中央农村工作等会议精神，总结“十二五”林业工作，谋划“十三五”总体思路，部署2016年重点工作，大力推进我国林业现代化建设。下面，我讲三个问题，供大家讨论：

一、“十二五”工作简要回顾

党中央、国务院对林业工作高度重视，习近平总书记多次作出重要批示指示，把林业的地位作用提升到前所未有的战略高度，中央采取了一系列重大举措加快林业改革发展。五年来，全国林业系统认真贯彻落实中央决策部署，改革创新，扎实工作，圆满完成各项任务，林业改革发展取得明显成效，为推动经济社会发展和生态文明建设作出了重要贡献。

（一）林业改革全面展开。党中央、国务院出台了《国有林场改革方案》和《国有林区改革指导意见》，东北、内蒙古重点国有林区全面停止天然林商业性采伐，启动了森林资源管理与利用分开试点，批复了内蒙古重点国有林区改革方案，吉林、黑龙江的改革方案正在审批。国有林场改革全面启动，浙江、江西、山东、湖南、甘肃5个省完成国有林场改革试点，北京、内蒙古、广东等10个省（区、市）改革方案完成审批。集体林明晰产权、承包到户的改革任务基本完成，深化改革不断推进，发展活力明显增强，经营水平逐步提高。共取消下放和调整行政审批事项64项，比例达67%，提前完成国务院确定的改革任务。同时，开展了建立国家公园体制试点、编制林业自然资源资产负债表等工作。

（二）国土绿化加快推进。全国共完成造林4.5亿亩、森林抚育6亿亩，分别比“十一五”增加18%、29%；森林覆盖率提高到21.66%，森林蓄积量增加到151.37亿立方米，全面完成“十二五”规划任务，成为全球森林资源增长最多的国家。启动了新一轮退耕还林，共安排1500万亩退耕还林还草任务。三北工程开展了6个百万亩防护林基地建设和退化林分改造，完成造林4974万亩。长江、珠江、沿海防护林工程及太行山绿化工程完成造林3048万亩，工程区森林覆盖率提高1.2个百分点。石漠化治理工程、京津风沙源治理工程分别完成造林任务2113万亩、3200万亩。新增74个国家森林城市，2014年全国城市建成区绿化覆盖率达40.22%，人均公园绿地面积达13.08平方米。森林经营明显加强，修订了《森林抚育规程》。国务院办公厅印发了《关于加强林木种苗工作的意见》，林木种苗抽检合格率稳定在90%以上，2015年林木良种使用率达60.8%。出台了国家储备林制度方案，累计建设国家储备林和速丰林基地2990万亩。

（三）资源管理不断强化。林权统一登记发证工作平稳过渡。构建了国家、省、县三级林地保护利用规划体系，建成了全国林地“一张图”，启动了林地年度变更调查，初步实现了以规划管地、以图管地。严格实行林地用途管制和定额管理，开展了林地占补平衡试点，加大了建设项目使用林地监管力度。对重点国有林区开垦林地进行了清理回收，开展了非法侵占林地清理排查专项行动，涉及违法占用林地118.8万亩。取消了年度木材生产计划，简化了集体林采伐和运输审批程序，方便了林农自主经营。加强了古树名木保护，规范了天然大树移植行为。完成了第八次全国森林资源清查和“十二五”森林面积蓄积增长指标评估，开展了森林资源政府任期届中调查，完善了森林资源清查监测体系。

（四）生态保护更加有力。制定了《推进生态文明建设规划纲要》，划定了林地和森林、湿地、沙区植被、物种四条生态红线。天然林保护工程管护面积增加到17.32亿亩。完成了第二次全国湿地资源调查、第五次荒漠化和沙化监测、第四次大熊猫调查。开展了亮剑、清网、天网等专项行动，共查处林业刑事案件13.8万起、行政案件126万起，挽回经济损失上百亿元。新指定国际重要湿地12处，新建国家湿地公园561处，恢复退化湿地240万亩，自然湿地保护率提高到46.8%。新建国家级森林公园84处，累计达826处。启动了沙化土地封禁保护区补贴和国家沙漠公园建设试点，加大了沙区植被保护和沙化土地治理力度，治理沙化土地1000万公顷，土地沙化呈现整体遏制、重点治理区明显改善的态势。加强了象等野生动植物保护，暂停了非洲象牙雕刻品和狩猎纪念物象牙进口，建立了多部门联合协作的保护工作机制。新建林业自然保护区154处，总数达2189处，有效保护了我国野生动植物资源和典型生态系统，珍稀濒危物种野外种群数量稳中有升。

（五）灾害防控成效明显。森林防火基础设施、森林消防队伍、航空消防建设不断加强，防扑火能力明显提高。森林火灾受害率稳定控制在1‰以下，年均发生森林火灾4017起、受害森林面积25.5万亩、人员伤亡61人，比“十一五”分别下降58%、85%和43%。国务院办公厅印发了《关于进一步加强林业有害生物防治工作的意见》，全国林业有害生物成灾率为4.39‰，重大有害生物危害势头得到遏制。野生动物疫源疫病监测防控体系逐步完善，主动预警试点顺利推进，妥善处理40起突发疫情。沙尘暴监测预警和应急处置能力明显提升，有效应对42次沙尘天气。

（六）林业产业蓬勃发展。国务院办公厅印发了《关于加快林下经济发展的意见》和《关于加快木本油料产业发展的意见》。森林认证体系获得国际认可。编制了林业市场准入负面清单，开展了重点林业龙头企业评定、林业产业诚信体系建设等工作。举办了青岛世界园艺博览会、第三届中国绿化博览会等展会，林业会展经济不断壮大。特色经济林、林下经济、森林旅游、花卉苗木等绿色产业加快发展，林业电子商务迅速崛起。全国林业一、二、三产业的比例由2010年的39:52:9调整为33:51:16，产业结构逐步优化。2015年，林业产业总产值达5.81万亿元，林产品进出口贸易额达1400亿美元，分别是2010年的2.6倍和1.5倍，我国林产品生产和贸易跃居世界首位。

（七）政策体系逐步完善。“十二五”期间，中央林业投入4948亿元，是“十一五”的1.7倍。国家相继出台森林、湿地、荒漠等资源保护补贴政策，并逐年提高补助标准，累计安排财政补贴资金1925亿元，林业公共财政政策框架体系基本建立。林业棚户区（危旧房）改造工程实施以来，中央累计投入397亿元，完成改造任务167万户，惠及500多万人。国有林区（林场）道路、安全饮水等基础设施建设纳入相关行业投资计划。森林保险、林权抵押贷款全面推开，林业贴息贷款规模大幅增加，开发银行推出了支持国家储备林建设的长周期低利率开发性贷款，林业碳汇纳入国家碳排放权交易试点，金融资本和社会资本加快进入林业。符合标准的人造板产品继续享受增值税即征即退政策。调整了森林植被恢复费征收标准，提高了征占用林地成本。加强了林业项目储备、资金稽查管理和统计工作。

（八）保障能力不断提升。完成了种子法修订和森林法修改稿起草工作，野生动物保护法修订草案已提请全国人大常委会审议，湿地保护条例已报国务院审查，发布了《湿地保护管理规定》等14件部门规章，累计23个省份制定湿地保护法规，林业法治建设稳步推进。共取得重要科技成果4000多项、国家科学技术奖励21项，发布国家和行业标准661项，授权林业植物新品种593件，科技成果转化率达55%，科技进步贡献率提高到48%。加强了林业信息化顶层设计，建成了上下贯通的信息高速公路，打造了高效快捷的电子政务系统，中国林业网位列中央部委第二名，各级林业部门办公自动化水平明显提高，实现了从传统管理到网络服务的重大转变。中央主流媒体和网站累计刊播林业新闻5.7万条次，推出了一大批先进典型和生态文化精品，全社会生态文明理念不断增强。乡镇林业工作站等基层站所管理服务能力逐步提高。

（九）国际合作继续深化。认真履行涉林国际公约，积极推动全球生态治理，深度参与国际森林问题谈判，妥善应对了野生动植物非法交易、木材非法采伐、应对气候变化等热点敏感问题，与林业国际组织的合作不断深化，我国林业国际地位显著提升。广泛开展林业多双边合作，共签署政府间和部门间协议39项。推动了APEC林业部长级会议机制化，召开了首届世界生态系统治理论坛。与韩国、比利时等7个国家开展了大熊猫合作研究。国际竹藤组织、亚太森林组织国际影响力继续扩大。林业实际利用外资超过100亿美元，我国企业境外租用和购买林地面积逐步扩大，统筹两种资源、两个市场的能力有所提升。从资金投入、技术支撑、人员培训等方面，加大了对发展中国家的援助力度。

二、“十三五”工作总体思路

“十三五”是全面建成小康社会的决胜阶段，也是推进林业改革发展的关键时期。各级林业部门要准确把握林业的新形势新任务，切实增强加快林业改革发展的责任和信心，主动适应经济发展新常态，创新发展理念，完善发展举措，补齐发展短板，全面开创我国林业现代化建设新局面。

从国内来看，党中央、国务院对林业工作高度重视。党的十八大将生态文明建设写进《党章》，纳入中国特色社会主义事业“五位一体”总体布局，成为党的事业重要组成部分。2015年，中央专门出台《关于加快推进生态文明建设的意见》和《生态文明体制改革总体方案》，赋予林业重大使命和艰巨任务。习近平总书记指出，森林是陆地生态的主体，是自然生态系统的顶层，是人类生存的根基，关系生存安全、淡水安全、国土安全、物种安全、气候安全和国家外交战略大局；林业建设是事关经济社会可持续发展的根本性问题；林业要为全面建成小康社会、实现中华民族伟大复兴的中国梦不断创造更好的生态条件。这些重要论述，深刻阐述了林业的地位与作用，标志着我们党对林业重要性的认识产生了新的飞跃。在这些重要思想指引下，林业已成为实施国家战略的重要保障。推进“一带一路”建设，防沙治沙和林业“走出去”是重要内容；推进京津冀协同发展，生态是要求率先突破的三个领域之一；推动长江经济带发展，要求把修复长江生态环境摆在压倒性位置，把实施重大生态修复工程作为优先选项。十八届五中全会进一步明确，坚持绿色发展、绿色富国、绿色惠民。这些重大举措，既对林业工作提出了具体要求，又为林业改革发展创造了良好条件。

从国际上看，加快林业发展已形成广泛共识。随着生态问题的日益突出，国际社会对保护森林、改善生态的认识高度统一，发展林业已成为各国应对气候变化和治理全球生态的共同行动，联合国将林业全面纳入了未来15年新的可持续发展目标。习近平主席在气候变化巴黎大会上庄严承诺，到2030年我国森林蓄积量要比2005年增加45亿立方米左右。这对林业应对气候变化、服务国家大局提出了更高要求。同时，木材非法采伐、象和老虎等野生动物保护已成为国际热点敏感问题，必须积极妥善应对。这就要求林业在维护国家利益和全球生态治理中发挥更加重要的作用，也有利于倒逼和推动我国林业改革发展。

在看到这些发展机遇的同时，还要看到林业面临的挑战。经济发展新常态下，生态建设已成为重要的有效投资领域，国家将加大这方面投入力度，但随着经济下行压力的加大，生态投入难以明显增加。我国社会资本和金融资本虽然相对充裕并开始进入林业，但林业的体制机制需要继续改革创新，发展活力和吸引力有待进一步增强。同时，我国森林总量不足、质量不高的状况没有根本改变，难以维护国家生态安全和木材安全，也难以满足人民群众对良好生态的巨大需求；现有造林地大部分在干旱半干旱地区，造林绿化越来越困难；林区水电路等基础设施薄弱，林业物质装备技术落后，基层管理水平仍需提高，职工生活十分困难，技术人才大量流失。这些问题都严重制约林业现代化进程，需要引起高度重视并着力解决。

综合判断，我国林业发展的机遇大于挑战，有利条件多于不利因素，林业内涵外延正在发生深刻变化，未来5年是林业的黄金发展期。正如汪洋副总理指出的那样，当前和今后一个时期，是推动林业改革发展的最好时期之一。各级林业部门要牢牢抓住发展机遇，妥善应对各种挑战，加快推进林业现代化建设，全面提升林业发展的质量和效益，确保林业发展与国家发展相协调相适应，紧紧跟上全面建成小康社会的步伐。

根据这样的形势和任务，“十三五”全国林业工作的总体思路是：高举中国特色社会主义伟大旗帜，全面贯彻党的十八大和十八届三中、四中、五中全会精神，深入贯彻习近平总书记系列重要讲话精神，牢固树立创新、协调、绿色、开放、共享的发展理念，深入实施以生态建设为主的林业发展战略，以维护森林生态安全为主攻方向，以增绿增质增效为基本要求，深化改革创新，加强资源保护，加快国土绿化，增进绿色惠民，强化基础保障，扩大开放合作，加快推进林业现代化建设，为全面建成小康社会、建设生态文明和美丽中国作出更大贡献。力争到“十三五”期末，森林覆盖率提高到23.04%，森林蓄积量增加到165亿立方米以上，森林生态服务价值达到15万亿元，森林植被碳储量达到95亿吨，湿地面积不低于8亿亩，林业自然保护地面积占国土比例稳定在17%以上，治理沙化土地1000万公顷，2020年林业旅游休闲康养突破25亿人次、林业产业总产值达到9万亿元、林产品进出口额达到1800亿美元，林业现代化建设取得明显成效。

实现中国现代化是中华民族伟大复兴的奋斗目标，推进社会主义现代化建设是宪法确定的国家根本任务。林业作为国家事业的重要组成部分，虽然保持了多年持续快速发展，但仍然是国家现代化和全面小康社会建设的薄弱环节。林业如果不抓住机遇，加快发展，不仅很难跟上国家发展步伐，还会制约国家现代化进程，影响“两个一百年”奋斗目标的顺利实现。各级林业部门一定要站在战略全局的高度，充分认识到推进林业现代化建设，既是坚持绿色发展、建设生态文明的迫切需要，也是实现工业化、新型城镇化的重要保障，更是林业转型升级的必然选择，必须举全行业之力来谋划来部署来推动。

加快推进林业现代化建设，就是要紧紧抓住当前各种有利条件，全面提升林业可持续发展水平，切实增强生态产品和林产品综合生产能力，努力满足社会对林业的多样化需求。这是一项艰巨的任务和一个漫长的过程，既要坚持好的做法，常抓不懈，久久为功，又要坚持问题导向，改革创新，补齐短板。“十三五”要继续坚持大工程带动大发展，确保林业发展的速度和质量。林业发展“十三五”规划确定了9大重点工程，绝大多数已经列入国家规划，各级林业部门要认真组织实施，并着力抓好以下6项重点任务。

*（一）以改革创新破解发展难题。*习近平总书记强调，唯改革者进，唯创新者强，唯改革创新者胜。我国林业改革整体滞后，国有林区林场改革刚刚起步，集体林权制度需要继续完善，林业体制机制创新水平依然很低，已经成为制约林业现代化的最大瓶颈。改革创新是引领林业发展的根本动力，也是破解发展难题的有效途径，更是推进林业治理体系和治理能力现代化的必然选择。解决国有林区林场产权虚置、责权利脱节问题，创新森林资源管护机制和监管体制，需要大力推进改革。完善集体林权制度，提升林业发展活力和效益，需要继续深化改革。当前，我国正在加快完善生态文明制度，中央已经对林业改革作出顶层设计。各级林业部门要牢固树立创新发展理念，全力推进国有林区林场和集体林权制度改革，抓紧完善林业支持保护制度，着力解决制约林业发展的深层次问题，全面增强林业发展动力。

*（二）以加强保护落实生态优先。*坚持保护优先是中央确定的生态文明建设基本方针，坚持生态优先是中央确定的林业发展战略。推进林业现代化建设，必须把保护放在更加突出的位置，全面保护天然林，全面保护湿地，全面保护野生动植物，充分发挥林业生态功能。但是，长期以来一些地方重利用、轻保护，重造林、轻管护，资源保护和森林经营跟不上，形成了大量低质低效林，生态功能和经济效益都不明显，造林绿化成效与人民群众的期盼还有差距。尤其是在工业化、城镇化过程中，林地、湿地和野生动植物保护面临着越来越大的压力。要始终坚持保护优先、生态优先，组织实施国家生态安全屏障保护修复、天然林资源保护、湿地保护与恢复、濒危野生动植物抢救性保护等重点工程，着力建设国家公园，采取有效措施，加大保护力度，严守生态红线，让森林、湿地、荒漠生态系统和野生动植物充分休养生息，全面增强生态功能。

*（三）以加快绿化增加资源总量。*坚持绿色发展必须有绿色资源来支撑，实现林业现代化必须有资源总量作保障。经过多年努力，我国森林资源虽有明显增长，但总体上仍缺林少绿，森林生态安全问题依然突出。森林覆盖率只有21.66%，比世界平均水平低近10个百分点，居世界139位。人均森林面积、人均森林蓄积量分别只有世界平均水平的1/4和1/7。由于森林资源总量

不足，生态产品和木材严重短缺，生态脆弱区占国土面积60%，木材对外依存度高达48%，维护国家生态安全和木材安全任务十分繁重。十八届五中全会明确要求开展大规模国土绿化行动，这是党中央作出的重大决策部署。要牢固树立绿色发展理念，把加快国土绿化作为林业现代化建设的重中之重，紧紧围绕"一带一路"、京津冀协同发展、长江经济带建设，认真实施国土绿化行动、新一轮退耕还林、三北防护林、长江防护林、防沙治沙等重点工程，着力推进国土绿化，着力增加资源总量，着力提高森林质量。要创新产权模式和国土绿化机制，深入开展义务植树活动，吸引社会力量参与造林绿化。

（四）以共建共享增进绿色惠民。习近平总书记强调，良好生态环境是最公平的公共产品，是最普惠的民生福祉。林业是生态产品的主要提供者，推进林业现代化建设要牢固树立共享发展理念，坚持一切为了人民，一切依靠人民，发展成果由人民共享，全面提升绿色惠民水平。当前，良好生态环境已成为人民群众最强烈的需求，绿色林产品已成为消费市场最青睐的产品，就业增收已成为贫困人口最迫切的愿望。林业在这些方面都可以发挥重要作用，关键是要探索形成一种良好的共建共享机制，既能吸引群众积极参与林业建设，又能确保群众公平分享发展成果。要着力开展森林城市和森林乡村建设，使城乡适宜绿化的地方都绿起来，全面改善城乡人居环境，增加人民生态福祉。要高度重视发展林业产业，积极推进供给侧结构性改革，做大做强绿色富民产业，不断扩大林产品有效供给。要尽快提高森林生态效益补偿标准，吸纳有劳动能力的贫困人口就地转成护林员，让其通过保护生态实现稳定就业和精准脱贫。

（五）以强基固本推动协调发展。现代化的设施装备和高素质的人才队伍，是林业现代化的重要标志和根本保障。当前林区基础设施落后，装备水平不高，科技支撑不足，人才队伍紧缺，既与加快林业发展的要求不适应，也与国家整体发展水平不协调。全国4855个国有林场中，仍有486个林场不通公路，170个林场不通电，1575个林场存在饮水安全问题。五大森工企业施业区近80%的道路为低等级路，难以满足森林防火和林业生产的需要。林业技术装备水平较低，只相当于欧美发达国家20世纪80年代水平。林业高端人才缺乏，正面临后继无人的窘境。推进林业现代化建设，必须拉长基础薄弱这条短腿，全面提升林业协调发展水平。要实施林业支撑保障体系建设工程，积极完善林区基础设施，大力推进林业装备现代化，提高森林防火和有害生物防治技术装备水平。加快"互联网+"林业建设和基层站所建设，培养壮大专业人才队伍，增强林业基础保障能力。

（六）以开放合作拓展发展空间。随着生态问题政治化和生态治理国际化，林业开放合作的内涵越来越丰富，领域越来越宽广。推进林业现代化建设，必须牢固树立开放发展理念，全面提升林业对外开放水平，全力服务经济社会发展大局。面对木材供需缺口加大和国家生态依然脆弱的实际，既要把这种压力转变为推动林业发展的动力，积极培育国家储备林，尽快提高木材自给能力，又要增强统筹全球森林资源的能力，更好地用好两个市场、两种资源，努力解决国内木材供给不足的问题。要加强与发达国家、国际组织的林业合作，着力引进、消化和吸收国外先进技术，主动与欠发达国家分享我国林业发展经验。要认真履行涉林国际公约，积极参与全球生态治理，高度重视林业应对气候变化工作，全面增强森林、湿地碳汇功能，如期实现国家方案中的林业目标，为林业扩大开放合作创造良好条件。

三、2016年重点工作安排

2016年是"十三五"规划的开局之年，各级林业部门要按照党中央、国务院决策部署和"十三五"林业发展规划，重点抓好以下11项工作。

（一）全面深化林业改革。一是加快推进国有林区改革。认真细化落实省级改革实施方案，抓好改革试点工作，理顺森林资源管理监督职能。按照"卸包袱、保生存、求发展"的要求，剥离企业承担的社会职能，化解森工企业金融机构债务，推进全面停伐后的产业转型，妥善分流安置企业职工，确保职工基本生活有保障、林区社会和谐稳定。二是全面实施国有林场改革。认真落实省级改革实施方案，编制国有林场森林资源保护培育专项规划，制定国有林场森林资源监管办法，协调落实基础设施建设等支持政策。三是继续深化集体林权制度改革。出台完善集体林权制度的意见，进一步放活经营权。积极培育家庭林场、股份合作林场、专业合作组织等新型经营主体，健全林业社会化服务体系，促进多种形式的适度规模经营。同时，积极参与生态文明体制改革，认真落实中央确定的各项涉林改革任务，制订《党政领导干部生态环境损害责任追究办法》配套文件，出台《加强野生动植物类型国家公园建设指导意见》。

（二）大力开展造林绿化。一是加快造林绿化步伐。提高营造林中央投资补助标准，实施好《全国造林绿化规划纲要》和营造林生产3年滚动计划，推进义务植树和部门绿化，加快培育珍贵树种和能源林、碳汇林。全年计划完成造林任务1亿亩，其中，人工造林4300万亩，封山育林2500万亩，退化林分修复2700万亩，飞播造林200万亩，人工更新300万亩。二是抓好重点生态修复工程。扩大退耕还林规模，抓好退耕还林任务落实。推进三北工程丝绸之路经济带生态屏障和百万亩防护林基地建设。加快建设京津冀地区成片森林带。加强长江防护林体系建设和岩溶地区石漠化治理。出台国家储备林建设规划，推动实施一批重大贷款项目。三是强化森林经营。出台《全国森林经营规划（2016—2050年）》，制定省级、县级森林经营规划编制指南。抓好森林经营样板基地、示范林场、履约示范单位试点建设，加强森林抚育质量监管。编制重点国有林区中长期森林可持续经营方案，适当增加森林抚育任务。全国计划完成森林抚育1.2亿亩。四是培育良种壮苗。认真落实新修订的种子法，出台保障性苗圃建设指导意见，开展国家重点林木良种基地考核评选工作，建设国家种质资源保存库，加强林木种苗质量管理。

（三）加大资源保护力度。一是加强森林资源管理。抓好林地年度变更调查，加强建设项目使用林地审核审批，严厉打击毁林开垦、非法占用林地等行为。分解落实"十三五"年森林采伐限额。修订国家公益林管理办法，提高森林生态效益补偿标准。改进森林资源清查工作，优化监测体系，实现年度出数。二是全面保护天然林。扩大天然林保护范围，全面停止国有林场天然林商业性采伐，完善天然林保护政策，提高补助标准，巩固停伐成果。加强后备资源培育，恢复天然林生态功能。启动古树名木普查试点，严禁移植天然大树。三是全面保护湿地。开展湿地生态效益补偿试点、退耕还湿试点，新指定一批国际重要湿地，建立一批国家湿地公园，严厉打击破坏湿地行为。制订《湿地保护修复制度方案》和《湿地产权确权试点方案》。四是全面保护野生动植物。对东北虎、豹和亚洲象等濒危野生动物及其栖息地进行综合保护，完善极度濒危野生动物拯救保护实施方案和极小种群野生植物拯救保护工程规划，抓好第二次全国野生动植物资源调查工作。实施新一轮大熊猫保护工程，筹建北京、上海、广东大熊猫保护研究基地等野生动植物救护繁育中心和基因库。严厉打击破坏野生动植物资源的违法行为。五是加强荒漠植被保护。强化防沙治沙政府目标责任考核，抓好沙化土地封禁保护区补贴试点和国家沙漠公园建设，探索建立荒漠生态补偿制度和防沙治沙奖励补助机制。

（四）做好灾害防控工作。一是狠抓森林防火。落实森林防火地方行政首长责任制，编制实施森林防火二期规划，加强森林消防和航空消防队伍建设。引进适应高海拔地区飞行的直升机，开展无人机装备试点，加快配备以水灭火装备，严防发生重特大森林火灾。做好中俄、中蒙等边境防火隔离带建设和森林火灾预防。二是强化有害生物防治。严格执行突发林业有害生物事件处置办法和灾害责任追究认定标准，加强美国白蛾、松材线虫等林业有害生物防控。全面落实 2015～2017 年防治目标责任，强化重点地区、重大有害生物防治督导，确保有害不成灾。三是加强野生动物疫源疫病监测防控。推进疫源疫病主动预警，开展监测防控标准站建设，强化野外监测，确保第一时间发现疫情，第一现场控制疫情。四是妥善处置沙尘暴灾害。加强沙尘暴高发期监测和应急处置工作，及时发布相关预警信息。

（五）加快发展绿色产业。一是加强产业宏观指导。理顺管理机制，编制林业产业发展"十三五"规划，实施林业产业建设工程，加快传统产业转型升级，着力培育竹缠绕新技术新材料、森林生物质能源、森林生物制药、森林新资源开发利用、森林休闲康养等战略性新兴产业。二是大力发展特色产业。认真落实《关于整合和统筹资金支持贫困地区油茶核桃等木本油料产业发展的指导意见》，加快发展特色经济林、林下经济、竹藤花卉等绿色富民产业，增加就业岗位，促进农民增收。三是完善林产品市场机制。大力发展林产品电子商务，规范林权交易市场，推进森林碳汇交易。推进森林认证，开展木材合法性认定，加强森林生态标志产品品牌体系建设。建立重点林产品市场监测预警体系。完善林业产业投融资政策，推动建立林业特色贷款模式。

（六）增强科技支撑能力。一是加强林业科技创新。实施林业科技创新驱动战略，深化林业科技体制改革，优化科技资源配置，增强科技创新能力。启动"十三五"林业科技创新工程，争取在重点领域和关键技术上取得突破。启动新一轮森林生态服务价值核算。二是搭建科技创新平台。组建协同创新团队和产业技术创新战略联盟，完善林业科技创新体系。加强生态定位站、工程技术研究中心、重点实验室、质检中心、科研实验基地等平台建设。三是强化科技成果推广应用。出台加强林业科技推广工作的指导意见，健全林业科技推广体系，实施百项重大科技成果推广计划，推进林业科技特派员科技创业行动。四是完善林业标准和质量监管体系。健全林业标准化技术机构，开展林产品质量提升行动，抓好林业专利产业化试点。加强植物新品种和林业知识产权保护。

（七）提升依法治林水平。一是完善林业法律法规体系。修改完善《森林法》并报国务院审查，争取全国人大审议通过《野生动物保护法》修改草案，配合国务院法制办做好《湿地保护条例》审查工作。推动制修订《天然林保护条例》《国有林场条例》和《森林病虫害防治条例》。出台全面推进林业法治建设的实施意见。二是提升林业执法水平。加强执法人员培训，规范行政执法行为，实现公正文明执法。推进林业综合行政执法，提高执法效率和规范化水平。适应行政诉讼由审查制改为登记制的变化，认真做好行政复议和诉讼应诉工作。会同公安部出台深化森林公安改革的指导意见，理顺管理体制，强化执法能力，完善警务保障。三是规范改进行政审批行为。继续取消下放一批行政审批事项，进一步加强事中事后监管。推进行政审批标准化建设，建立国家林业局网上行政审批平台，实现行政审批一个窗口受理和网上审批。

（八）强化林业基础保障。一是改善林区基础设施。推进林业棚户区（危旧房）改造，加快森林防火应急道路、饮水、供电、管护站点建设，改善林区生产生活条件。二是提升林业装备水平。推动现代装备在生态保护与修复上的应用，配备一批适应林区特点的陆、水、空巡护交通运输工具。推进林业卫星等重点项目建设，构建天空地一体化监测预警评估体系。三是推进"互联网＋"林业建设。推动信息技术与林业深度融合，构建国有林场林区资源资产动态监管系统。建设林业大数据中心，强化林业信息公共服务。推进电子政务系统建设，提升林业行政效能。

（九）抓好林业宣传工作。一是突出宣传重点。围绕国有林场林区改革、天然林保护、退耕还林、湿地保护等工作，及时解读重大林业政策，为林业改革发展营造良好氛围。二是创新宣传方式。充分发挥报刊、广播、电视和微博、微信的特点和优势，不断扩大林业宣传的覆盖面和影响力。主动回应负面舆情和热点问题。三是打造宣传品牌。深入开展关注森林活动，命名一批森林城市。认真组织青少年生态文明教育体验活动，继续抓好植树节、湿地日等主题宣传。四是繁荣生态文化。出台《中国生态文化发展纲要》，开展生态文化主题创作活动，发掘林业先进典型，弘扬生态文明主旋律，增强全社会生态保护意识。

（十）扩大对外开放合作。一是积极参与全球生态治理。出席 CITES 第 17 届缔约方会议等重要国际会议。加强"一带一路"建设林业合作，推动召开首届中国—中东欧林业合作机制会议，共同举办首届大中亚地区林业部长级会议。做好中美战略与经济对话下林业对口磋商，加强与非洲在野生动植物保护、荒漠化防治、竹资源产业开发等方面的合作。二是妥善应对热点敏感问题。严厉打击老虎、象牙、犀牛角等野生动植物非法交易和木材非法采伐等犯罪活动，逐步停止国内象牙商业性利用。三是做好应对气候变化工作。认真落实应对气候变化分工方案，完成土地利用变化与林业碳汇计量监测，抓好中美气候变化工作组下林业适应气候变化合作试点，提出 2020 年林业应对气候变化目标方案。四是拓展对外合作平台。支持国际竹藤组织发展，落实中美共建中国园项目，推进亚太森林组织积极参与 APEC、亚欧会议等高层合作机制。办好 2016 唐山世界园艺博览会、第十届世界湿地大会，做好 2019 北京世界园艺博览会筹备工作。

（十一）加强机构队伍建设。一是认真落实全面从严治党责任。深化"三严三实"专题教育，巩固群众路线教育实践活动成果，重点抓好中央巡视意见整改落实。严明党的政治纪律和政治规矩，开展"两个责任"落实情况监督检查。加强项目和资金管理，加大违纪违法案件查办力度，促进党员干部廉洁从政、依法从政。二是加强人才队伍建设。实施全国林业人才发展规划和教育培训规划，开展海外高层次人才引进和第三批"百千万人才工程"省部级人选选拔。完善干部选拔任用和监督管理制度，加强对重点领域、环节和岗位的监督检查。推进事业单位分类改革，认真贯彻事业单位人事管理条例和干部教育培训条例。三是稳定基层林业机构队伍。加强森林公安、林业工作站、林木种苗站、基层推广站、木材检查站建设，稳定机构队伍，优化站所布局，强化职能作用，加强人员培训，不断提升公共管理和服务水平。

同志们，推进林业现代化建设任重道远。让我们紧密团结在以习近平同志为总书记的党中央周围，以改革创新的精神、科学严谨的态度、真抓实干的作风、扎实有效的工作，全面开创我国林业现代化建设新局面，为全面建成小康社会、建设生态文明和美丽中国作出新的更大贡献。

坚持绿色发展　推动精准脱贫
充分发挥林业在脱贫攻坚中的作用

——在全国油茶等木本油料产业开发脱贫现场会上的讲话

张 建 龙

（2015 年 12 月 28 日）

这次全国油茶等木本油料产业开发脱贫现场会，是在脱贫攻坚战全面打响的关键时刻召开的重要会议。会议的主要任务是，认真贯彻十八届五中全会和中央扶贫开发工作会议、中央经济工作会议、中央农村工作会议精神，深入落实习近平总书记 2015 年"两会"期间关于油茶扶贫工作的重要指示精神，部署推动油茶等木本油料产业发展，全力抓好林业脱贫开发工作，为打赢脱贫攻坚战、全面建成小康社会作出新的贡献。

长期以来，福建省林业发展改革一直走在全国的前列，林业扶贫开发工作也取得很大成绩。20 多年前，习近平同志担任宁德地委书记时，闽东还是福建比较贫困的地区之一。他当时许多讲话和文章的主题都是如何脱贫致富、加快发展，后来专门将这些文章和讲话编辑成《摆脱贫困》正式出版。这本书里有一篇文章叫做《闽东的振兴在于"林"》，其中首次提出"森林是水库、钱库、粮库"，也就是著名的"三库"理论。在这些重要思想的指引下，如今的闽东已经发生翻天覆地的巨大变化，彻底摆脱了贫困落后的面貌。12 月 7 日，汪洋副总理在东部地区扶贫工作座谈会上指出，"宁德模式"是精准扶贫、精准脱贫的成功实践，是中国特色扶贫开发道路的典范，值得认真总结学习。昨天，我们参观了霞浦县东山村脱贫典型和柏洋油茶基地，切身感受了发展油茶等林业特色产业实现脱贫的明显成效。国家林业局决定在这里召开会议，就是要认真学习领会习近平总书记系列重要讲话精神，按照汪洋副总理的指示要求，总结借鉴宁德等地发展油茶产业、推动精准脱贫的典型经验，不断提升林业脱贫开发水平。下面，我讲三点意见：

一、充分认识发展油茶等木本油料产业对脱贫攻坚的重要意义

油茶、核桃等木本油料在山区种植面积广、经济效益高、收益期长、品质优良，是推动山区经济发展的重要产业。油茶收益期可达80年以上，核桃收益期可达100年以上。充分利用贫困地区的林地资源和劳动力资源，大力发展油茶、核桃等木本油料产业，是加快山区经济发展、破解贫困人口脱贫难题的重要途径，可以实现精准脱贫、长期脱贫，且不返贫。

（一）木本油料产业发展空间广阔。我国木本油料树种达100多种，广泛种植的有油茶、核桃等6种。其中，油茶是我国特有的传统优质食用油树种，主要分布在湖南、江西等14个省份。核桃分布范围非常广，遍布全国27个省份。近10年来，国家林业局一直在积极推动油茶等木本油料产业发展。去年底，国务院办公厅专门出台了《关于加快木本油料产业发展的意见》，对木本油料产业发展作出了全面部署。各地发展木本油料产业的积极性明显提高，目前已有12个省政府办公厅出台了加快木本油料产业发展的实施意见。经过多年发展，全国油茶、核桃种植面积已分别达到6000万亩、8100万亩，木本油料产业产值达2000亿元。我国还有6亿亩宜林荒山荒地，加之油茶、核桃等木本油料树种适应性广，能耐干旱贫瘠土壤，增加油茶、核桃等木本油料种植面积的潜力很大。同时，我国食用植物油供应严重不足，自给率不到40%，每年需要大量进口。发展木本油料产业，既不与粮食争地，又能有效增加国内食用植物油供给，对于维护国家粮油安全具有重要意义。特别是随着生活水平不断提高，人民群众对绿色、营养、健康食品的需求越来越大，茶油、核桃等木本油料产品颇受广大消费者的青睐，发展市场前景好、空间大。

（二）贫困山区非常适合发展木本油料产业。我国60%的贫困人口分布在山区，林地资源是山区最重要的生产资料，是山区群众脱贫致富的希望和潜力所在。种植油茶、核桃等木本油料，技术要求和市场门槛都不高，农民也十分熟悉，非常适合在山区大面积发展。集体林分山到户后，农民拥有了承包林地的经营权，可以自主选择种植油茶、核桃或者其他木本油料，实现在家门口就业创业；也可以将林地流转给企业或大户发展木本油料产业，获得稳定的务工和租金收入。油茶、核桃等木本油料盛果期每亩产值都在3000元以上，按照人均收入低于2300元的贫困标准，种植1亩以上油茶或核桃可实现脱贫，而且长期受益。江西赣州瑞金县农民刘德基，一家7口，2008年以来种植油茶50亩，2014年茶籽收入3万多元，直接摘掉了贫困帽子，油茶进入盛产期后，每年收入将稳定在10万元以上。随着木本油料产业的集约化、规模化发展，产业链将会进一步拉长，附加值还会继续提升，对推动山区农民脱贫致富的作用将更加显著。

（三）发展木本油料产业可以改善贫困地区生态状况。木本油料既有乔木又有灌木，适应性强，抗灾力强，在中性、微酸性、微碱性、石灰质土壤中均可种植，不仅具有良好的经济效益，还有明显的生态功能，可以防风固沙、保持水土、改良土壤、净化空气、调节气候。大力发展木本油料产业，不仅可以直接增加农民收入，还可以增加森林资源总量，改善贫困地区生态状况和当地群众生产生活条件。此外，有的木本油料树种具有很高的观赏价值，如腾冲的红花油茶正在申请中国农业文化遗产。大力发展这些木本油料产业，还有利于带动当地旅游业发展，增加贫困人口就业增收的渠道。

二、全力抓好林业推动精准脱贫重点工作

消除贫困，逐步实现共同富裕，是社会主义制度的本质要求，也是让人民群众共享改革开放成果的现实要求。中央在全面建成小康社会的关键时期，向全党、全国、全社会发出了坚决打赢脱贫攻坚战的动员令。各级林业部门要紧紧围绕习近平总书记提出的“五个一批”脱贫工程，尤其是“生态补偿脱贫一批”、“发展生产脱贫一批”的要求，以高度的政治责任感、使命感，认真谋划，周密部署，发挥优势，切实做好林业脱贫这篇大文章。前不久，国家林业局、财政部、国务院扶贫办、国家开发银行联合出台了《关于整合和统筹资金支持贫困地区油茶核桃等木本油料产业发展的指导意见》，各地要抓好贯彻落实，以实际行动坚决打赢林业脱贫攻坚战。

（一）开展生态治理脱贫。贫困地区主要分布在山区林区沙区，大多处于江河上游、湖库水系源头，生态区位极为重要，但生态系统十分脆弱。加强林业生态建设和绿化苗木培育，既可以促进贫困地区农民就业增收，推动贫困人口如期脱贫；又可以改善当地生态状况，为经济社会发展提供良好的生态支撑。要结合开展大规模国土绿化行动，在实施新一轮退耕还林、京津风沙源治理、石漠化综合治理、防护林体系建设、湿地保护与恢复等重点生态工程，以及安排造林绿化、森林抚育等林业各项资金时，加大对贫困地区的倾斜支持力度。未来5年，贫困地区的林业投资规模和增幅要高于全省平均水平15%以上，新增退耕还林任务的80%要安排到贫困县，吸纳更多的贫困人口参与林业工程建设，让他们获得更多的劳务收入。同时，在确定造林绿化的林种树种时，要统筹考虑生态效益与经济效益，充分尊重林农的意见，为今后增加林业收入打好基础。

（二）发展木本油料脱贫。发展木本油料产业，是林业推动精准脱贫的重要切入点。按照《国务院办公厅关于加快木本油料产业发展的意见》，到2020年，要建成800个油茶、核桃、油用牡丹等木本油料重点县，木本油料种植面积发展到2亿亩，年产木本食用油150万吨左右。为实现这一目标，要坚定不移地狠抓良种育苗，科学制订计划，有序组织良种生产，防止种苗市场大起大落。加强种苗质量监督管理、加快育苗新技术的推广应用，不断提高良种苗木使用率。对2008年以来新种植的油茶、核桃林，要加大抚育管护，提高丰产水平，增加林农收入。林业部门要加强对农民发展木本油料产业的培训和服务，推广先进实用科技成果，帮助提高经营管理水平。

（三）加强生态保护脱贫。中央扶贫开发工作会议明确提出，要利用生态补偿和生态保护工程资金，使当地有劳动能力的部分贫困人口转为护林员或其他方式的生态保护人员，帮助他们通过参与生态保护实现精准脱贫。要结合全面保护天然林、全面保护湿地、全面保护野生动植物、全面保护沙区植被，争取提高生态公益林补偿标准。完善以购买服务为主的公益林管护机制，进一步加强国家公园、自然保护区、国有林场、森林公园、湿地公园、沙漠公园建设，努力为有劳动能力的贫困人口创造一些管理和公益性岗位。其中，通过退耕还林现有林管护和提高生态效益补偿标准，争取明后年安排20万名护林员就业。各地要抓紧编制《生态护林员扶贫方案》，将任务精准落实到贫困户、贫困人口，明确管护的公益林面积、范围和补偿标准，实现一人就业带动全家脱贫。

（四）培育绿色产业脱贫。通过防护林建设、造林补贴、农业综合开发、林业贴息贷款等资金，在贫困地区大力发展特色经济林、林下经济、花卉苗木等绿色产业，不断增加贫困人口的林业收入。通过改善林区基础设施，保护好野生动植物资源，提高贫困地区森林旅游档次，打造精品旅游路线和旅游人家，促进贫困人口就业增收。要推动木本油料种植与加工和销售的有效衔接，促进一、二、三产业融合发展，让从事种植业的农民获得更多的综合价值。要通过培育新型农业社会化服务组织，推动多种形式的适度规模经营，鼓励农村合作组织开展木本油料加工和销售，提高贫困人口参与度和受益面。要积极推广“企业＋专业合作组织＋基地＋农户”等经营模式，引导农民以土地承包经营权和劳动力入股，支持贫困地区发展加工业，让贫困户更多分享全产业链的增值收益。

（五）通过定点帮扶脱贫。龙胜、罗城、荔波、独山是国家林业局的定点帮扶县，帮助这些地方的贫困人口如期全部脱贫、贫困县如期全部摘帽，林业部门责无旁贷。截至2015年底，4个县约有贫困人口18.6万人，精准脱贫任务十分艰巨。目前，各省区已分县确定了脱贫时间表，其中罗城、荔波、独山3个县计划2018年退出贫困县，龙胜计划2019年脱贫退出。我局将组织编制《国家林业局定点扶贫规划》，把定点县脱贫目标细化成林业扶贫目标，制定分年度的实施计划和具体措施，分类确定林业工程项目帮扶内容。4个县要制定细化到山头地块、到贫困人口的实施方案，实现林业措施与扶贫目标精准对接。“十二五”期间，共安排4个县中央林业投资8.31亿元，“十三五”期间要争取翻一番。一是扩大天然林保护范围，将符合条件的711.42万亩天然林全部纳入天然林保护工程，优先保护38万亩国有天然林，吸纳更多贫困人口参与保护。二是优先安排4个县的退耕还林任务，将符合条件的16.6万亩25度以上坡耕地，在2018年前全部退耕还林，支持贫困人口利用退耕补助增收，在退耕地上发展林业特色产业。三是协调有关部门，争取将4个县全部列入新一轮石漠化综合治理重点县，提高投入标准，加大投入力度，改善当地生产生活条件，增加贫困人口就业机会。四是与国家开发银行合作，引进金融资本，创新扶贫模式，利用信贷资金优先支持吸纳贫困人口就业的龙头企业发展生产，并给予长期贷款等优惠政策。五是农业综合开发林业项目投入，优先支持贫困人口参与入股分红的龙头企业、合作社。六是珍稀树种培育等基建投资向4个县倾斜，调整树种结构，促进贫困人口增收。

三、全面落实林业脱贫攻坚的各项目标任务

打赢脱贫攻坚战，既是一项经济工作，更是一项政治任务。当前，脱贫攻坚的目标任务、政策措施已经明确，关键要真抓实干，确保工作部署全面落实。

（一）加强组织领导，完善扶贫机制。为加强对林业脱贫攻坚工作的领导，国家林业局调整了林业扶贫开发领导小组，由我任组长，各有关司局和单位主要负责人为成员，领导小组办公室设在计财司，负责日常工作。各省林业主管部门也要建立扶贫领导机制，由主要负责同志任组长，相关同志参加，全面抓好本地林业扶贫工作。要落实脱贫责任，细化任务分工，定期开展考核，狠抓工作落实。要坚持逐级督办制度，建立局省信息反馈系统，加强经常性联系，沟通情况，解决问题，制定措施，总结经验，共同推进林业脱贫攻坚工作。

（二）瞄准贫困人群，开展精准扶贫。深入分析涉林贫困人口的致贫原因和脱贫需求，按照中央要求，开展林业脱贫攻坚调查，摸清国有林场、湿地公园、森林公园、自然保护区能够吸纳贫困人口就业的底数，以及贫困人口可参与公益林管护、天然林保护、森林防火人员的底数，测算贫困人口参与生态工程建设受益情况、发展特色经济林增收情况、森林旅游带动就业情况。各地要根据实际情况，编制本省林业脱贫攻坚实施方案，确定目标任务，提出政策保障，确保精准帮扶、精准脱贫。要随时掌握脱贫进度，及时调整帮扶政策，既保证按时脱贫，又预防群众返贫，不断增强贫困人口自我发展能力，切实做到长期稳定脱贫。

（三）加强监督管理，扩大宣传力度。脱贫攻坚战涉及部门多、资金渠道多，很多政策要求超常规落实，各级林业部门一定要加强监督管理，确保财政资金使用规范、安全、有效，避免出现借此名义挪用资金的现象。要充分发挥审计部门、金融机构、社会中介机构以及新闻媒体和社会舆论监督的作用，确保资金安全有效运行。要加大宣传力度，树立工作典型，探索先进经验，推广先进模式，不断扩大林业脱贫攻坚的影响，为全国打赢脱贫攻坚战作出示范。

（四）落实中央要求，强化定点帮扶。国家林业局将按照习近平总书记、李克强总理、汪洋副总理关于定点扶贫工作的指示要求，把脱贫攻坚作为分内职责，建立对口帮扶机制，主要领导一年至少到定点县调研一次，定期召开定点扶贫工作会议，部署对口帮扶的重大事项；计财司要牵头落实相关政策，会同省级林业主管部门，制定帮扶具体措施和实施步骤；相关司局单位要抓好对口帮扶，加强业务指导；挂职干部要深入定点县扶贫一线，发现和研究问题，并提出政策建议。广西、贵州两省区林业厅要确定专人对口负责4个县扶贫工作，把4个县作为支持重点，落实林业扶贫资金项目，监督资金使用和项目实施，每个季度要向我局里报送一次信息。4个定点县要加强领导，认真实施林业工程项目，确保贫困人口脱贫进度，并与国家林业局扶贫办及对口帮扶单位建立经常性联系，确定专门联络员，半年报送一次任务进展情况，及时总结报送典型经验和存在问题。

同志们，林业脱贫开发工作责任重大、任务艰巨。希望大家按照中央坚决打赢脱贫攻坚战的要求，把福建的扶贫工作经验和本次会议的精神带回去，聚焦目标，攻坚克难，结合本地实际大力发展油茶等木本油料产业，全力推动林业精准脱贫工作，为确保全国如期实现全面建成小康社会目标作出新的贡献！

在机关两建工作和反腐倡廉工作会议上的讲话

张 建 龙

（2016年2月18日）

2015年，机关两建工作和反腐倡廉工作紧紧围绕林业改革发展中心任务，突出重点，狠抓落实，取得了显著成效。我们坚持强化思想理论武装，深入学习领会习近平总书记系列重要讲话精神，用党的最新理论成果武装思想，指导实践；我们坚持认真开展“三严三实”专题教育，自觉接受并积极配合中央巡视组巡视，不断加强作风建设，切实做到边查边改、即知即改，干部职工群众感受到了深刻教育；我们坚持党要管党、从严治党，认真落实党建工作责任，成立了党建工作领导小组和党风廉政建设领导小组，长期没有换届的基层党组织进行了换届，建立健全了分级负责、齐抓共管的党建责任体系；我们坚持贴近干部职工群众抓两建，成立了职工之家联委会，开展了服务型党组织建设，加强了群团工作，提升了基层党组织凝聚力和战斗力。总的来看，机关两建工作和反腐倡廉工作的扎实开展，为推动林业改革发展，实现“十二五”圆满收官，发挥了重要作用。

党的十八大以来，习近平总书记相继发表了一系列重要讲话，深刻回答了新的历史条件下党和国家发展的一系列重大问题，为全党全国在新的历史起点上实现新的奋斗目标提供了基本遵循，推动党和国家事业取得了快速发展。当前，全党全国正在深入贯彻落实习近平总书记系列重要讲话精神，坚持全面建成小康社会、全面深化改革、全面依法治国、全面从严治党的战略布局，统筹推进经济建设、政治建设、文化建设、社会建设、生态文明建设和党的建设。2016年，我局机关两建工作和反腐倡廉工作，要紧紧围绕学习贯彻习近平总书记系列重要讲话精神，以落实全面从严治党要求为主线，以服务林业改革发展大局为核心，以“两学一做”学习教育和“三强化两提升”学习实践为抓手，切实加强机关思想建设、组织建设、作风建设、制度建设、反腐倡廉建设，认真落实两个责任，严明政治纪律和政治规矩，坚决整改落实巡视反馈意见，坚定不移推进党风廉政建设和反腐败工作，为推进林业现代化建设奠定坚实基础。

第一，深入学习习近平总书记重要讲话精神。深入学习习近平总书记系列重要讲话精神，是当前全党最大的政治任务，也是我们林业系统和局机关党建工作的重中之重。各司局各单位党组织都要认真学习领会习近平总书记系列重要讲话精神，切实用讲话精神武装头脑、统一思想、指导实践。要深入学习关于治国理政系列重要讲话精神，毫不动摇地坚持和发展中国特色社会主义，切实增强道路自信、理论自信、制度自信，自觉在思想上政治上行动上与党中央保持高度一致，牢固树立政治意识、大局意识、核心意识、看齐意识。坚持正确的政治方向，坚决维护党中央权威；要深入学习关于全面从严治党系列重要讲话精神，加强党性锻炼，强化党员意识，深入落实“两个责任”，把纪律规矩摆在更加突出位置，坚持把作风建设抓到底，努力打造一支让党放心、人民满意的林业干部队伍；要深入学习关于生态文明建设和林业改革发展系列重要讲话精神，特别是关于绿水青山就是金山银山，森林是水库钱库粮库，着力推进国土绿化、着力提高森林质量、着力开展森林城市建设、着力建设国家公园，森林关系生存安全、淡水安全、国土安全、物种安全、气候安全和国际外交大局等系列重要论述，切实增强推动林业改革发展的自觉性和主动性，创新发展理念，完善发展举措，全面开创林业现代化建设新局面。

第二，全力抓好反腐倡廉工作。春节前，中央巡视组反馈了巡视意见，严肃指出了我们存在的问题。巡视整改工作是当前机关两建工作的首要任务，也是深入推进反腐倡廉工作的重要契机，我们一定要按照巡视工作要求，不折不扣，一件一件抓好落实。目前我们已成立了整改领导小组，制定了相应的问题清单、任务清单、责任清单，明确了任务分工，提出了进度要求。各司局各直属单位党政主要负责同志作为整改第一责任人，要对本单位整改工作负总责，向严处抓，向实处改，向深处落。既要处理违规违纪直接责任人，也要追究党政主要负责人的领导责任。要站在党要管党、从严治党的政治高度，真正把“两个责任”落到实处。各级党组织及其负责人要时刻绷紧党风廉政建设责任这根弦，敢抓敢管、真抓真管、严抓严管，切实把“两个责任”放在心上、扛在肩上、抓在手上。各级机关纪委要全面履行党章赋予的职责使命，切实发挥党内监督作用，聚焦党风廉政建设和反腐败主业，协助党委更好地落实主体责任，提高管党治党水平。进一步健全和完善落实“两个责任”的制度机制，扎紧制度的笼子，切实用制度机制规范权力的运行，从体制机制上堵塞滋生腐败的漏洞，构建起推动党风廉政建设和反腐败工作的制度体系。

第三，切实严明纪律规矩。习近平总书记反复强调，要加强纪律建设，时刻把纪律和规矩挺在最前面，要立“明规矩”、破“潜规则”，坚持用铁的纪律整治各种顶风违纪行为。各级党组织要引导广大党员干部认真贯彻执行《中国共产党廉洁自律准则》《中国共产党纪律处分条例》，严格遵守政治纪律、组织纪律、廉洁纪律、群众纪律、工作纪律、生活纪律等“六大纪律”。特别要引导广大党员干部，任何时候都要绷紧政治纪律这根弦，任何时候都不能在政治纪律上放松警惕、降低要求。春节前，我们结合年度考核、民主生活会，派出7个工作组对各单位进行了考核，党组专门听取了汇报。发现有的单位领导班子不团结、有的“两个责任”没有完全落实，有的在贯彻执行民主集中制、财务管理、遵守纪律和制度方面还存在漏洞和问题；发现个别班子成员不作为、不负责、纪律松弛等问题。职工群众意见大。对这些问题，我们要结合整改工作，坚持从严教育、从严管理，严肃查处各种违反纪律行为，切实解决执行纪律失之于软、失之于宽的问题。

第四，继续加强作风建设。今年是“十三五”规划开局之年，林业改革发展任务十分繁重，迫切需要更严更实的作风来保障。我们要切实加强作风建设，继续深入开展“三严三实”专题教育，把“三严三实”要求贯穿到修身做人、为官用权和干事创业的全过程，从严从实要求自己、要求班子、要求干部职工。要引导广大干部职工牢固树立大局意识，自觉融入大局、服务大局，以更加奋发有为的精神风貌，投身林业改革发展，不折不扣地执行中央和局党组的各项决策部署。要用更严更实的作风抓工作落实，严格按照全国林业厅局长会议部署，认真落实工作责任，列出时间表和路线图，一项一项抓落实，决不允许搞上有政策、下有对策，决不允许打折扣、搞变通，要用实实在在的工作业绩来检验作风建设成效。要继续抓好中央八项规定精神以及国家林业局十八项实施细则等制度措施的落实，驰而不息纠正四风，推动作风转变的常态化、长效化，着力打造风清气正、干事创业的良好氛围。

第五，扎实开展“两学一做”活动。中央决定，今年将在全党开展“学党章党规、学系列讲话，做合格党员”学习教育。这是党的群众路线教育实践活动和“三严三实”专题教育之后深化党内教育的又一次重要实践，也是从集中性教育活动向经常性教育延伸的重要举措。为进一步深化“两学一做”学习教育活动，确保“两学一做”学习教育活动取得实效，局党组决定有针对性地在全局党员干部中开展“三强化两提升”主题实践，强化学习、强化纪律、强化担当，提升政治素质，提升工作水平。这次主题实践不分批次、不划阶段、不设环节，而是要融入经常性的工作中去，作为一项长期工作抓严、抓实、抓细、抓出成效。各司局各直属单位党组织要高度重视，充分认识开展“三强化两提升”主题实践的重要意义，准确把握“三强化两提升”主题实践的重点内容和目标要求，结合本单位特色和职能，研究制定切实可行的工作方案，创新平台、搭建载体，推动“三强化两提升”主题实践扎实开展。要坚持统筹兼顾，合理安排，做到主题实践和业务工作两促进、两不误，确保“三强化两提升”主题实践取得实实在在的成效。

强化内审监管　确保林业资金真“谋”林

——在国家林业局内部审计工作联席会议上的讲话

张建龙

（2016年3月24日）

今天召开的内部审计工作联席会议，是局党组明确联席会议由以前的每2年召开一次改为每年召开一次后的第一次联席会议。我们选择在巡视反馈问题整改期间召开这个会议，将其作为整改工作的一项重要内容，目的是通过这次联席会议进一步推进对巡视、审计发现问题的整改，以此为契机，进一步完善制度建设，加强内审监管，确保资金安全。

刚才，计财司和基金总站分别汇报了2015年委托中介机构对11个直属单位的预算执行审计和整改情况、局内部审计工作开展情况、今年工作的安排意见及提请研究讨论的几项工作，研究讨论了《国家林业局直属单位领导干部经济责任审计实施细则》。从2015年审计情况看，基本将资金使用、中央八项规定执行等问题审计出来了，计财司和基金总站做了大量工作，取得了显著成效。另外，各成员单位发表了意见，提出了很好的建议，请基金总站和相关成员单位按会议要求抓好落实。下面，我讲三点意见。

一、适应改革要求，提高对内审监管工作重要性的认识

党的十八大以来，以习近平同志为总书记的党中央将惩治腐败作为执政兴国的重要举措，受到国际国内的一致赞誉，特别是对审计工作作出了一系列重要指示，赋予了更神圣的使命，提出了更高的要求。无论是从国情、党情、民情，还是我局工作实际看，审计工作事关重大，承担着监督、指导和管好、用好资金等的重任，我们一定要充分认识其重要性。通过审计查出的问题，揭示权力运行、制度建设、财务管理、资金使用等存在的问题，要让中央提出的“扯扯袖子、咬咬耳朵、红红脸、出出汗”成为工作常态。加强内部审计不仅是落实党风廉政建设和反腐败工作的必然要求，也是保护领导干部的重要措施。各司局、各直属单位的领导不仅要确保把国家给我们的资金、项目管好用好，更重要的是还要承担起反腐倡廉、教育干部的职责任务，时刻警醒做到依法行政、廉洁从政。

近年来，国家对林业资金的投入总量逐年增加，且涉林资金直接关系到千家万户，量大、面广、点多，管理难度大，社会关注度高。要保证财政资金的安全使用，要用在刀刃上，要合法合规，更好地推动林业改革发展。目前，各司局、各直属单位领导干部财经法纪意识明显增强，对财务管理工作越来越重视，但部分单位仍存在擅自调整预算支出、人员经费挤占公用经费、公用经费挤占项目经费、国有资产管理不规范、执行政府采购不严等违规违纪问题。对此，各单位要引起高度重视，切实加强项目和资金管理，严肃财经纪律，确保林业资金使用和项目审批管理合法合规。对审计出来的问题，计财、人事、纪检等部门要高度重视，充分运用审计成果，该问责的要进行问责，该处理的要进行处理，不包庇，不手软，形成高压态势，切实规范项目和资金管理。

二、把握重点，增强审计工作的针对性和时效性

内部审计不同于国家审计和社会中介审计，一定要定好位、把握好工作重点。审计“全覆盖”是基本要求，局计财部门和内部审计机构既要把握全局，又不能胡子眉毛一把抓，要盯住重点单位，找准重点内容。一要盯住重点单位，将屡审屡犯、财务管理混乱的单位和自主裁量权比较大的单位纳入重点审计范围。无论是全额、差额还是自收自支的事业单位，无论什么资金都要纳入本单位预算，实行收支两条线管理，不能走旁门左道，不能打擦边球，更不能搞下不为例。对这些单位要重点审计，帮助其更好、更健康地发展。二要抓住重点内容，将违反中央八项规定、违反“三公”经费管理、私设“小金库”等纳入重点审计内容，对于顶风违纪，无视财经法纪的从严从重处理，切实强化审计监督。做到及时揭示风险、消除隐患，当好直属单位发展的“安全员”。

在审计过程中，对发现的问题要以抓铁有痕、踏石留印的工作作风，将问题查深查透查实，不能敷衍了事。对领导重视、管理规范的单位，可以适当减少审计频次；对管理不规范、问题较多、落实整改不力的单位，就应该加大审计监督力度。通过内部审计，有问题可以早发现，有错误可以早遏制，有教训可以早汲取。将来林业发展规划与资金管理协商会商决策信息化系统建成后，基金总站可以商计财司等部门，将原来的事后审计变为结合依托数据信息平台的全程审计，实现监督关口前移、预防预警提醒，有效提升内部审计监督的主动性、时效性和常态化。

在督促整改方面，今年要进一步完善审计发现问题台账管理工作机制。对审计发现的问题进行分类梳理，深入分析问题背后的深层次原因，查找制度上和管理上的漏洞和薄弱环节。要让审计对象知道问题和不足在什么地方，并指导他们正确执行国家有关政策、法规，实现监督、预防与服务相结合，确保审计查出的问题都得到切实的整改纠正。审计发现问题整改要实行销号制，确实不能整改的要说明原因，对于能够整改但不愿意整改的提交联席会议讨论，对该单位领导进行约谈，必要时请相关单位予以调控。促进审计成果及时转化，使内部审计工作的整体水平和工作成效得到进一步提升。

三、完善制度与机制，提高监督工作成效

按照中央巡视组、审计署、财政部的要求，国家林业局下发了《关于部署开展行政事业单位内部控制建设工作的意见》和《关于布置开展政府资产报告工作的通知》等文件，今天讨论了《国家林业局直属单位领导干部经济责任审计实施细则》，会后要进一步细化完善，尽快印发。各单位要梳理本单位内部控制制度的建设情况，该建立的建立，该修改的修改，将规矩挺在前面，将权力关进制度的笼子。另外，按照中办、国办《关于完善审计制度若干重大问题的框架意见》提出的“实行审计全覆盖”的要求，有三级预算单位和经营实体的二级预算单位要切实承担起监管责任，配强配齐财务管理和内部审计人员，如：林科院、大兴安岭林业集团公司这种规模较大的单位一定要有内审，内审部门、内审人员一定要发挥应有的作用，对于玩忽职守的要追究责任；还要进一步明确职责范围，要与相关单位签订项目资金安全运行责任状，明确责权利，哪一级应该负什么样的责任，承担什么样的义务要予以明确。通过加强制度建设，不仅要实现审计对象的全覆盖，更要实现审计作用的全覆盖，真正形成上下联动、齐抓共管的资金管理新常态。

局内部审计工作是一项全局性工作，局办公室、计划财务、人事、机关党委、纪检监察和基金总站等单位既要各司其职，又要相互支持、加强配合。审计和纪检监察要相互配合、形成合力。基金总站作为内部审计工作的具体承办单位要切实承担起应有的工作职责，主动与计财、人事、纪检等部门沟通协调，了解工作重点，有重点、有步骤、有深度、有成效地开展工作。各成员单位也要积极支持基金总站的工作，让他们多参与、多了解相关业务工作。今后我们还要不断完善整体联动工作机制，增强成员单位之间的信息交流和业务沟通，形成局内部“联动监督”格局，最大限度发挥内部审计监督工作的作用，提高工作成效。

同志们，林业改革发展赋予我们新的使命和任务，新形势下，一定要筑牢思想防线、纪律红线，以“零容忍”的态度管好用好林业资金，强化政治意识、纪律意识和责任意识。相信在局党组的关心和支持下，在局内部审计各成员单位的辛勤努力下，内部审计一定能够迎难而上，取得新的更好的成绩，为林业改革发展和反腐倡廉建设取得新成效作出新贡献！

大力推进林业精准扶贫
全面促进滇桂黔石漠化片区精准脱贫

张 建 龙

（2016年4月18日）

刚才，文凯副主任作了讲话，接下来陈雷部长还要对片区精准脱贫作全面部署。下面，我从林业推动片区区域发展和脱贫攻坚方面，谈几点意见：

2015年11月，在中央扶贫开发工作会议上，以习近平同志为总书记的党中央，把脱贫攻坚作为全面建成小康社会的最艰巨任务，向全国人民郑重承诺，到2020年所有贫困地区和贫困人口一道迈入全面小康社会。滇桂黔石漠化片区是我国石漠化最集中的分布区，也是面积最大、贫困人口和少数民族人口最多的片区，片区的扶贫开发工作一向是党中央、国务院关注的重点。国家林业局作为片区联系单位之一，在片区区域发展和脱贫攻坚中，承担着艰巨的任务，肩负着神圣的使命，必须按照习近平总书记关于新时期扶贫开发的重要战略思想，进一步增强使命感和责任感，加强组织领导，狠抓工作落实，切实提高片区脱贫攻坚的精准度和有效性，为片区如期全面脱贫作出应有贡献。

自2012年片区区域发展与扶贫攻坚正式启动以来，林业部门认真落实《滇桂黔石漠化片区区域发展与扶贫攻坚规划》，不断加大对片区的扶持力度，林业在片区扶贫攻坚工作中取得了初步成效。昨天，我到了荔波县八烂村、独山县紫林山村进行调研，看了退耕还林、特色林果、生态旅游等现场，过去的贫困村、光棍村通过发展经济林、森林旅游等林业产业，村容村貌和生活水平有了很大变化，很多贫困户实现了稳定脱贫，林业扶贫得到了片区干部群众的普遍拥护。

从国家林业局层面来看，五年来，中央累计投入林业190亿元，片区累计完成营造林面积3300多万亩，森林管护面积9300万亩，治理石漠化面积近4000万亩，片区森林覆盖率平均提高近4个百分点，片区贫困人口通过参与林业生态建设和产业发展获得的收入占总收入的20%以上。2015年片区共安排中央林业投入33亿元，完成营造林626万亩，其中：退耕还林111万亩，治理石漠化土地701万亩，油茶核桃种植面积407万亩，林业产值达到2127亿元。我们加大林业智力帮扶，选派17名干部到片区挂职，加强对片区基层科技人员和农民的技能培训。我们着力强化定点帮扶，荔波、独山、龙胜、罗城4个定点县贫困人口由2010年的57.6万人减少到2015年底的18.6万人，降幅达68%。我们还加强与金融机构合作，针对片区和贫困户发展林业的资金短板，开发了符合片区和贫困户实际的长期低成本金融产品，首个国家开发银行金融扶贫项目已在广西落地。

从各地林业扶贫实践来看，各地林业部门积极探索创新林业精准扶贫机制和模式，推动各地走出了一条生态经济相得益彰的脱贫致富路子。一些地方依托当地特有资源，发展森林旅游产业推进精准脱贫。云南省丘北县普者黑村，依托喀斯特山水田园风光发展湿地旅游，全村农民人均纯收入达7629元，贫困人口由721户、3120人减少到301户、927人。一些地方活树变活钱，资源变资产，实现了长期收益与短期脱贫的有机结合。广西罗城县四拔镇里乐村，由当地能人牵头成立专业合作社，租用农民土地发展油茶8000多亩，涉及260多贫困户，农民将土地按30%入股，收益期按股分红，并参与油茶经营和林下种植养殖，每年仅劳务收入就达2.6万~3万元。一些地方将林业“普惠”补助重点向贫困户倾斜，通过购买服务等形式，提高贫困户收入。贵州省黔南州在实施天然林保护、公益林管护、石漠化治理等工程中，聘请护林员、防火队员3000多人，其中贫困人口551人。

虽然林业部门在滇桂黔石漠化片区的扶贫攻坚中取得了一定成绩，但我们也清醒地认识到，与中央的要求相比，与片区广大人民群众的期盼相比，与林业蕴藏的巨大潜力相比，仍然有较大差距。党的十八大以来，习近平总书记等中央领导同志高度重视林业和扶贫开发工作，并就发挥林业在扶贫开发中的重要作用发表了一系列重要讲话。2012年12月，习近平总书记在河北省阜平县考察扶贫时指出，要做到宜农则农、宜林则林、宜牧则牧、宜开发生态旅游则生态旅游。2015年6月，他在贵州考察扶贫时指出，要正确处理发展和生态环境保护的关系，实现发展和生态环境保护协同推进。2015年11月，他在中央扶贫开发工作会议上强调，要在山水上做文章，让贫困地区的土地、劳动力、资产、自然风光等要素活起来，让资源变资产、资金变股金、农民变股东，让绿水青山变金山银山，带动贫困人口增收；还明确提出，把生态补偿作为“五个一批”工程的重要内容，强调要探索一条生态脱贫的新路子。要加大贫困地区新一轮退耕还林还草力度，让有劳动能力的贫困人口就地转成护林员等生态保护人员，从生态补偿和生态保护工程资金中拿出一点，作为他们保护生态的劳动报酬。今年春节前夕，他在江西井冈山考察时，对红军烈士后代左秀发一家人立足本地资源、依靠竹木加工增收脱贫的做法给予肯定。李克强总理在中央扶贫工作会议上指出，加强生态保护和建设，既是当前治贫之举，也是长远固本之道，要因地制宜，分类施策。对生态遭到破坏的贫困地区，要大力恢复生态。在前不久召开的国务院第十次扶贫领导小组会上，汪洋副总理对林业精准脱贫思路和做法给予了高度肯定，指出林业局开展的生态护林员、退耕还林、木本油料等举措充分体现了精准。实践证明，植树造林、生态管护、绿色产业，进入门槛低，最适宜在山区、石漠化地区发展，最适合贫困户、贫困群体，贫困群众对此非常欢迎，积极性很高，林业脱贫的精准优势、比较优势正在日益显现，很多地方都把林业生态产业脱贫摆上重要日程。我们要坚定信心，不断提高林业精准扶贫、精准脱贫的成效。

习近平总书记等中央领导同志系列重要论述，为片区林业发展和脱贫攻坚工作指明了方向，提供了根本遵循。当前和今后一个时期，广大片区推进林业精准扶贫工作，就是要深入贯彻习近平总书记关于扶贫开发重要战略思想，认真落实中央扶贫开发工作会议精神和《中共中央 国务院关于打赢脱贫攻坚战的决定》要求，以提升林业可持续精准脱贫能力为核心，以创新贫困户利益联结机制为重点，以推进科技服务、金融服务平台为支撑，大力推进生态保护脱贫、特色产业脱贫，充分发挥林业在扶贫攻坚中的关键作用，不断提高林业精准脱贫成效。

一是突出抓好片区林业精准脱贫。第一，安排生态护林员精准脱贫。护林员实行“县管、乡建、站聘、村用”。从今年起，在滇桂黔石漠化片区安排护林员 4 万人左右，争取带动 16 万人脱贫。我局已制定《遴选办法》，编制技术方案。三省区要把好遴选关、公示关、培训关，县级人民政府要对遴选的真实性负总责。第二，推进退耕还林精准脱贫。2016 年安排三省区退耕还林任务 630 万亩，各省要把新增退耕还林任务的 80% 安排到贫困县，增量任务优先用于扶持建档立卡贫困户，发展适宜种植的生态林和特色经济林，并建立贫困户退耕还林档案。第三，发展木本油料精准脱贫。统筹用好国家林业重点工程、科技推广项目、农发经济林示范项目、优惠贷款等资金，支持片区木本油料产业发展。加快建立和完善利益联结模式，如：将林业补助资金、林地作为贫困户的股份，投向龙头企业、合作社，贫困户参与劳务，按股分红、按劳取酬。如：以专业合作社为平台，对贫困户土地实行统一规划、统一整地、统一购苗、统一栽植，栽植后分户管理，自行收益。如：科技推广项目向专家带动示范倾斜，培训贫困人口提高种植经营水平，获得更大收益。第四，抓好定点县精准脱贫。龙胜、罗城、荔波、独山是国家林业局的定点帮扶县，目前 4 个县约有贫困人口 18.6 万人，精准脱贫任务十分艰巨。我们将对这 4 个县贫困人口进行林业扶贫情况建档，一户一户地摸情况，一户一户地制订方案，一户一户地采取措施，帮助实现精确脱贫。“十三五”期间，争取定点县中央林业投资翻一番。主要举措有：将 4 个县符合条件的天然林全部纳入天然林保护工程，吸纳更多贫困人口参与保护；优先安排 4 个县的退耕还林任务，支持贫困人口利用退耕补助增收；将 4 个县全部列入新一轮石漠化综合治理重点县，提高投入标准，增加贫困人口就业机会；与国家开发银行合作，利用信贷资金优先支持吸纳贫困人口就业的龙头企业发展生产，并给予长期贷款等优惠政策；对 4 个县林业精准扶贫龙头产业项目，给予优惠信贷资金支持。选派优秀干部帮扶，开展扶贫技术培训，全力推进定点帮扶，实现精准脱贫。

二是切实巩固片区林业脱贫成果。第一，大规模植树造林。未来 5 年，片区的中央林业投资规模和增幅要高于全省平均水平的 15% 以上，吸纳更多的贫困人口参与国土绿化和林业重点工程建设。统筹生态效益与经济效益，科学确定造林绿化的林种树种，为贫困人口创造更多实惠。第二，搞好易地扶贫搬迁迁出地生态恢复。提供更多的生态保护就业岗位。片区有 537 处国家森林公园、国家湿地公园和国家级自然保护区，要进一步加强基础设施建设，吸纳贫困人口参与森林管护、防火和接待服务，增加劳务收入。扩大与旅游相关的种植业、养殖业和手工业发展，增加更多脱贫路子。第三，发展特色林果业和林下经济。充分发挥乡镇林业工作站的技术和组织优势，指导贫困户发展适合贫困地区种植、市场需求旺盛的特色林果。以森林资源为依托，通过林下种植、养殖等多种途径，提高林地综合利用效率和经营效益。大力发展林产品加工，延长产业链和价值链，促进贫困人口在多环节获得收益。

三是着力改善片区生态状况。滇桂黔石漠化片区地处长江和珠江分水岭，是澜沧江、红河等跨界河流的中上游地区，属国家重点生态功能区，生态区位十分重要。同时，滇桂黔石漠化片区属于典型的喀斯特地貌，是全国石漠化问题最严重的地区，土壤贫瘠，资源环境承载力低，生态环境也十分恶劣，这是贫困的根源，实现片区脱贫，必须要把加强生态保护修复摆在优先位置。深入实施天然林保护、防护林体系建设、湿地保护与恢复等重点生态工程，加大重点地区和江河源头植树造林力度，努力扩大片区森林面积，精准提升森林质量，提高森林覆盖率。要加快推进石漠化综合治理，强化林草植被的保护和恢复，全面保护天然林、湿地、重点物种和栖息地，不断提升生态功能。

同志们，做好林业精准脱贫工作责任重大，任务艰巨。我们将深入贯彻落实习近平总书记关于新时期扶贫开发重要战略思想，按照中央决策部署，聚焦目标，攻坚克难，以更加坚定的决心、更加精准的举措、更加务实的作风，坚决打赢滇桂黔片区脱贫攻坚战，为片区全面建成小康社会作出新的更大贡献。

着力推进国土绿化事业
努力维护国家森林生态安全

——在全国加快推进国土绿化现场会上的讲话

张建龙

（2016年8月26日）

2016年1月26日，习近平总书记主持召开中央财经领导小组第12次会议，专题研究国家森林生态安全问题。总书记明确指出，要着力推进国土绿化，着力提高森林质量，着力开展森林城市建设，着力建设国家公园。这"四个着力"，是党中央对林业工作的最新要求，是林业现代化建设的根本任务。为全面贯彻习近平总书记关于"四个着力"的指示精神，国家林业局将陆续召开会议，专门安排部署，逐项抓好落实。这次会议的主要任务就是，深入学习领会习近平总书记关于国土绿化的系列指示精神，按照"着力推进国土绿化"的要求，研究部署国土绿化工作，全面提升国土绿化水平，努力维护国家森林生态安全。

这次会议之所以在内蒙古召开，是因为内蒙古全区上下对国土绿化工作高度重视，强力推进，成效明显，取得的成绩值得充分肯定，积累的经验值得学习借鉴，锤炼的精神值得大力弘扬。"十二五"以来，内蒙古采取科学有效措施，克服造林难、成活难、保存难等许多难题，每年完成造林1000多万亩，约占全国的1/9，是造林面积最大的省份。全国第八次森林资源清查结果表明，内蒙古林地面积、森林面积均居全国之首，森林面积、森林蓄积净增量占全国1/10左右，发挥了很好的示范带动作用。通过昨天的现场参观，相信大家一定深受启发，收获不小。希望各地认真学习借鉴内蒙古的好做法、好经验，坚定信心，持之以恒，着力推进国土绿化工作，全面完成"十三五"国土绿化任务。下面，我讲三点意见：

一、深入学习领会习近平总书记关于国土绿化系列指示精神，充分认识着力推进国土绿化的重大意义

党的十八大以来，习近平总书记对国土绿化工作高度重视，先后作出一系列重要指示批示。习近平总书记强调：我们必须清醒地看到，我国总体上仍然是一个缺林少绿、生态脆弱的国家，植树造林，改善生态，任重而道远；植树造林是实现天蓝、地绿、水净的重要途径，是最普惠的民生工程。要坚持全国动员、全民动手植树造林，努力把建设美丽中国化为人民自觉行动；要充分发挥全民绿化的制度优势，因地制宜，科学种植，加大人工造林力度，扩大森林面积，提高森林质量，增强生态功能，保护好每一寸绿色；要发扬前人栽树、后人乘凉精神，多种树、种好树、管好树，让大地山川绿起来，让人民群众生活环境美起来；要全面深化林业改革，创新林业治理体系，充分调动各方面造林、育林、护林的积极性，稳步扩大森林面积，提升森林质量，增强森林生态功能；绿化只搞"奇花异草"不可持续，盲目引进也不一定适应，要探索一条符合自然规律、符合国情、地情的绿化之路。2016年1月26日，习近平总书记进一步强调，要着力推进国土绿化，坚持全民义务植树活动，加强重点林业工程建设，实施新一轮退耕还林。

这些重要论述，集中体现了习近平总书记关于国土绿化的重大战略思想，是着力推进国土绿化的根本遵循。各地区、各部门要深入学习领会，充分认识着力推进国土绿化的重大意义，更加自觉地把思想和行动统一到习近平总书记的重要指示精神上来，统一到中央关于生态文明建设和林业改革发展的重大决策部署上来，全力以赴做好国土绿化工作。

*（一）着力推进国土绿化是贯彻绿色发展理念的必然要求。*十八届五中全会把绿色发展作为五大发展理念之一，明确提出，要坚持绿色富国、绿色惠民，为人民提供更多优质生态产品，推动形成绿色发展方式和生活方式。习近平总书记强调，绿色发展和可持续发展是当今世界的时代潮流；要走生态优先、绿色发展之路，使绿水青山产生巨大的生态、经济和社会效益。森林本身就是绿色资源，是推动绿色发展的物质基础。着力推进国土绿化，一方面，可以增加绿色资源，增强生态系统功能，扩大生态容量，提高生态承载力，为绿色发展提供良好的生态支撑；另一方面，可以依托丰富的绿色资源，大力发展生物制药、森林旅游、木本粮油、经济林果等绿色富民产业，为社会积累更多绿色财富，满足人们对优质生态产品的巨大需求，充分享受绿色发展带来的实惠。

*（二）着力推进国土绿化是全面建成小康社会的重要内容。*习近平总书记指出，森林是水库、钱库、粮库；绿水青山就是金山银山；发展林业是全面建成小康社会的重要内容。良好的生态环境，是最公平的公共产品和最普惠的民生福祉，是全面建成小康社会的重要标志。着力推进国土绿化，可以不断增加森林、草原面积，有效改善城乡人居环境，为人民群众营造天蓝、地绿、水净的美好家园。同时，全国99%的国家级重点贫困县集中在山区、沙区，这些地方既是欠发达地区，又是重点生态功能区，发展经济受多种因素制约，是全面建成小康社会的难点所在。但是，这些地方通过发展林业实现精准扶贫的潜力巨大。通过着力推进国土绿化，围绕山水资源做文章，可以让土地、劳动力、自然风光

等要素活起来，让资源变资产、资金变股金、农民变股民，让绿水青山变成金山银山，使贫困人口实现精准脱贫，与全国人民同步全面建成小康社会。

（三）着力推进国土绿化是实施国家重大战略的坚实基础。习近平总书记强调，推动京津冀协同发展，要着力扩大环境容量生态空间；要把修复长江生态环境摆在压倒性的位置，共抓大保护，不搞大开发；要聚焦携手打造绿色丝绸之路，通过“一带一路”建设等多边合作机制，互助合作开展造林绿化，共同改善环境。目前来看，丝绸之路经济带主要集中于我国西北生态脆弱区，荒漠化较为严重；京津冀地区长期过度开发，生态空间明显不足；长江经济带局部地区水土流失和石漠化问题突出，生态承载力十分有限。实施好这三大国家发展战略，必须把生态保护和修复摆在突出位置，通过着力推进国土绿化，筑牢区域生态屏障，提高生态承载力，才能把“一带一路”建设成为绿色富民之路，把京津冀建设成为绿色发展示范区，把长江经济带建设成为承东启西的绿色纽带。

（四）着力推进国土绿化是维护森林生态安全的根本举措。习近平总书记指出，森林是陆地生态的主体，是国家、民族最大的生存资本，是人类生存的根基。目前，我国仍是一个缺林少绿、生态脆弱的国家，森林资源总量不足、分布不均、质量不高、功能不强的状况没有根本改变。全国森林覆盖率只有21.66%，远低于世界平均水平；人均森林面积和蓄积量仅为世界平均水平的1/4和1/7；65%的森林为中幼龄林。我国森林资源状况难以满足维护国家森林生态安全的需要。为此，党的十八大确定了到2020年“森林覆盖率提高，生态系统稳定性增强，人民环境明显改善”的奋斗目标。十八届五中全会进一步提出，筑牢生态安全屏障，开展大规模国土绿化行动。贯彻落实党中央的决策部署，必须着力推进国土绿化，增加森林面积，加强森林经营，提高森林质量，增强森林生态系统稳定性，为维护国家森林生态安全提供保障。

（五）着力推进国土绿化是积极应对气候变化的有效途径。森林是陆地上最大的储碳库和吸碳器，在维护气候安全中具有不可替代的作用。2015年气候变化巴黎大会上，习近平总书记庄严承诺，中国2030年森林蓄积量要比2005年增加45亿立方米左右。经测算，林木每生长1立方米蓄积，可吸收1.83吨二氧化碳，释放1.62吨氧气。据不完全统计，仅退耕还林一项工程，长江、黄河上中游的13个省区市每年就可固碳约3500万吨。近年来，我国森林面积增速放缓，要实现2020年我国森林植被碳储量达到95亿吨的发展目标和习近平总书记关于2030年森林蓄积量的庄严承诺，必须着力推进国土绿化，增加森林总量，提升森林质量，增强森林碳汇功能，充分展现我国应对全球气候变化的责任与担当。

二、准确把握国土绿化的新形势新任务，着力推进国土绿化事业科学发展

开展植树造林，推进国土绿化，是党中央、国务院长期坚持的一项重大战略。新中国成立以来，经过全国人民60多年的艰苦奋斗、不懈努力，我国国土绿化事业取得了举世瞩目的伟大成就。全国森林面积由新中国成立初期的12.4亿亩增加到现在的31.2亿亩，森林覆盖率由8.6%提高到21.66%，森林蓄积量由20世纪70年代中期的86.56亿立方米增加到151.37亿立方米，城市建成区绿化覆盖率由20世纪80年代中期的16.9%上升到40.22%，人工林保存面积10.4亿亩，位居全球第一。国土绿化事业的快速发展，为支持国家经济社会发展和改善城乡人居环境作出了重要贡献。

当前，我国正在全面推进生态文明建设，党中央、国务院对林业工作高度重视。党的十八大以来，习近平总书记亲自研究国家森林生态安全、国有林区林场改革、天然林保护、野生动植物保护等问题，多次深入基层视察指导林业工作，并提出了一系列重大战略思想，将林业上升到了前所未有的战略高度，成为建设生态文明和美丽中国、全面建成小康社会、打赢脱贫攻坚战等国家战略的重要内容。各级地方党委、政府对国土绿化更加重视，植树造林、绿色崛起成为各地的自觉行动。社会各界对国土绿化更加关注，青山绿水成为人民群众的普遍追求。社会力量积极参与生态建设和保护，国土绿化已由政府主导、群众投工投劳向政府发动、部门组织、全社会参与转变，多元投入机制正在形成。这些都为着力推进国土绿化创造了良好条件。

同时，我们也要看到，当前我国劳动力优势正在逐步消失，造林绿化用工短缺、劳动力成本上涨、资金投入不足等问题日益凸显；大部分宜林地分布在干旱半干旱地区，立地条件越来越差，造林难度越来越大；制约国土绿化的关键技术没有获得重大突破，科研和生产“两张皮”的现象依然存在；一些地方乱垦滥占林地的现象还比较突出，森林火灾、林业有害生物依然严重，巩固国土绿化成果越来越难。总的看，做好新形势下国土绿化工作，机遇大于挑战，有利条件多于不利因素。一定要统一思想，坚定信心，全力推进，确保落实好习近平总书记对国土绿化的新要求，实现好人民群众对良好生态的新期待。

按照这样的形势分析与判断，着力推进国土绿化的总体要求是：深入学习贯彻习近平总书记系列重要讲话精神，牢固树立创新、协调、绿色、开放、共享的发展理念，坚持全国动员、全民动手、全社会搞绿化的基本方针，以维护森林生态安全为主攻方向，以增绿增质增效为基本要求，以改革创新为内生动力，深入开展大规模国土绿化行动，全面提升城乡绿化美化水平，为全面建成小康社会、建设生态文明和美丽中国创造更好的生态条件。力争到2020年，完成营造林任务7333万公顷，修复湿地14万公顷，治理沙化土地1000万公顷，森林覆盖率达到23%以上，林木绿化率达到29%以上，森林蓄积量增加到165亿立方米，城市建成区绿地率达到38.93%，乡镇建成区绿化覆盖率达到30%，草原植被覆盖度达到56%。

要实现这样的国土绿化目标，必须按照习近平总书记的指示要求，找到薄弱环节，突出工作重点，明确主攻方向，做到精准发力：一是在统筹东西部地区国土绿化协调发展上精准发力。东南部地区要突出加大低质低效林改造力度，采取补植改造、树种替换、建设国家储备林等方式，将生态和经济效益低下的林分逐步改造为高质高效林，加大大径级用材林和珍贵树种资源等用材林培育力度，积极发展特色经济林、竹藤花卉等林业产业，提高生态产品供应能力。西北部地区要发挥土地资源优势，坚持科学造林、以水定林，采取人工造林、封山育林、飞播造林、退化林分改造等方式，加强沙化土地、水土流失治理，加大封禁保护力度，尽快恢复林草植被，提升生态承载力。二是在构建重点区域生态屏障上精准发力。丝绸之路经济带要以防沙治沙为重点，优先推进节点治理，分段施策、总体推进，推动沿路形成绿色珠链。海上丝绸之路要以红树林恢复保护、海岸基干林带修复合拢为重点，推动形成沿海防护林体系。京津冀地区要以构建环首都生态屏障为中心，着力巩固太行山、燕山和坝上生态防护区、水源涵养区，建设高品质城市森林。长江经济带要继续实施长江防护林体系建设，加强石漠化治理，强化天然林保护，推进退耕还林还湖还湿，全面保护与修复长江生态系统，夯实沿江绿色生态基础。三是在推进城乡绿化一体化上精准发力。城市绿化要以改善人居环境为宗旨，着力搞好城市内绿化，建设城市绿廊，推进屋顶绿化，使城市适宜绿化的地方都绿起来。疏解城市功能腾退的土地，要优先用于绿化。要搞好城市周边绿化，利用城市周边不适宜耕作的土地开展绿化造林。要着力推进森林城市群建设，扩大城市之间的生态空间。乡村绿化要大力推进森林村庄、森林小镇、森林人家建设，利用道路和水系两侧、村镇周边、村头巷尾、房前屋后，见缝插绿，美化环境。要鼓励营造经济林、珍贵用材林，扶持发展经济林果、森林旅游、苗木花卉等绿色产业，促进农民增收致富。四是在加快山区和平原绿化上精准发力。山区要继续推进荒山荒地绿化，加快工矿废弃地、破损山体和灾毁林地生态治理和植被恢复，真正全面消灭荒山，建设功能完备的森林生态系统。同时，要科学利用山区丰富的林地和森林资源，帮助农民就业增收、精准脱贫，以调动他们造林绿化的积极性。平原地区要紧紧围绕建设高标准农田、维护国家粮食安全的需要，加强农田防护林带建设和修复，构建完善的平原防护林体系，提高农田林网控制率，提升农田生态防护能力。

根据这样的要求，着力推进国土绿化要重点抓好以下五项工作：

（一）深入开展全民义务植树活动。目前的宜林地大多远离城镇、交通不便，组织义务植树的工作量大、成本高，适龄公民通过直接参加劳动履行植树义务也确有难度，需创新适应新形势的义务植树方式。要抓紧修改《国务院关于开展全民义务植树运动的实施办法》，创新种苗培育、认建认养、抚育管护、捐资捐物、宣传咨询等尽责形式，倡导“互联网+”义务植树模式，方便公民自觉履行植树义务，进一步提高义务植树尽责率。要改进义务植树考核办法，加强植树资金监管，确保植树活动成效。同时，要认真落实部门绿化责任制，稳步推进部门（系统）绿化，形成工作合力。

（二）认真实施重点生态工程。集中力量实施好国家生态安全屏障保护修复、国土绿化行动、国土综合整治、天然林资源保护、新一轮退耕退牧还林还草、防沙治沙和水土流失综合治理、湿地保护与恢复、濒危野生动植物抢救性保护等九大工程和100个区域重点生态保护修复项目，尽快改善全国生态状况。三北防护林工程要继续做好退化林分修复、黄土高原综合治理林业示范建设。京津风沙源治理工程要实施一批区域重点生态保护修复项目，努力建设成片混交森林带。加快建设国家储备林基地，努力保障国家木材供给。

（三）全力推进退耕还林。要把退耕还林作为一项长久、稳定、普惠的国家扶持政策来研究落实，不断扩大国土绿化空间。当前，退耕还林还存在图地不一致、地块难落实等问题，各地要加强与发展改革、国土等部门的沟通协调，明确退耕还林地块和范围后，再组织申报和实施。根据有关政策和要求，探索落实实行耕地轮作休耕制度试点，有些地下水严重超采、土壤污染严重的耕地可改为种树。要克服畏难情绪，积极主动作为，尽早把退耕还林计划落实到山头地块。抓紧编制《新一轮退耕还林还草实施方案》，坚决把25度以上的非基本农田陡坡耕地、严重沙化耕地、重要水源地等退耕还林。要积极协调修改土地分类标准，把林地作为提供生态产品的耕地看待，实行同耕地一样的严格保护。

（四）积极鼓励社会造林。完善造林绿化扶持政策，探索实行以奖代补、政府收购等政策，提高政策资金的导向作用，引导企业、大户、合作社等市场主体参与造林绿化。对于经济效益比较高、可规模造林的项目，原则上鼓励社会资本投入造林。创新产权制度，稳步推进林地流转，采取承包造林、合作经营、林地入股、“企业+农户+基地”等多种模式造林。加快推进政府和社会资本合作（PPP）造林，精心谋划一批营造林项目，吸引民营企业、社会资本、金融资金参与和支持造林绿化。

（五）切实加强森林资源管护。严格林地审核审批，严厉打击破坏和非法占用林地、绿地、草原、湿地等行为。完善天然林保护政策，强化检查核查和效益监测，确保天然林得到全面保护。认真实施湿地保护与恢复、濒危野生动植物抢救性保护及自然保护区建设等工程，抓好湿地生态效益补偿、退耕还湿和湿地产权确权试点。推进沙化土地封禁保护区补贴试点建设，强化防沙治沙政府目标责任考核。加强森林火灾和林业有害生物防控，维护森林资源安全。强化古树名木保护，严禁移植天然大树和古树名木进城。加强森林资源政府目标责任考核，推动完善生态问责制度，为巩固扩大国土绿化成果提供保障。

三、切实强化支持保障措施，为着力推进国土绿化事业创造良好条件

着力推进国土绿化，需要各方联动、形成合力，常抓不懈、久久为功。各地区、各部门务必高度重视，精心谋划，扎实推进，为国土绿化事业提供有力支持。

（一）加强组织领导。要把国土绿化放在经济社会发展全局中来谋划来部署，健全党政主要负责人抓国土绿化工作的领导机制。充分发挥绿化委员会机构职能，积极协调发展改革、财政等部门加大支持力度，形成林业部门牵头、相关部门各司其职国土绿化工作格局。健全地方政府森林资源增长目标责任制，细化落实任务，强化责任考核。完善以政府投入为主的国土绿化资金投入机制，逐步提高造林、抚育财政补贴标准，扩大补贴覆盖面，增加投入总量。

（二）科学规划布局。要认真实施《林业发展"十三五"规划》和《全国造林绿化规划纲要（2016～2020年）》，将规划确定的工程项目，落实到实施单位和山头地块。各地要把国土绿化任务体现到本地区国民经济和社会发展"十三五"规划中，加快研究编制省级规划，层层分解落实任务，省级规划务必今年年底前编制完成。各地要结合当地实际，组织实施一批地方性林业重点工程，与国家重点工程、重大项目形成呼应，构建科学合理的生态治理格局。

（三）加大科技支撑。要坚持适地适树，大力营造混交林、复层林、异龄林，确保形成稳定的森林生态系统。要学习应用已经印发的《旱区造林绿化技术指南》和《旱区造林绿化技术模式选编》，对照新修订的《造林技术规程》，制订地方标准或细化操作的实施细则，同时要及时修订现行其他相关技术标准，确保造林绿化技术标准全覆盖。积极推广测土配方施肥、节水滴灌微灌等实用技术，不断提升国土绿化精细化水平。抓好技术培训，通过专项轮训和岗位锻炼，打造一支结构合理、素质优良的专业绿化队伍。

（四）创新体制机制。国有林区和国有林场要在国土绿化攻坚战中当主力、做示范，积极开展森林经营，培育森林资源。可采用政府购买服务方式，激励林场职工安心从事造林、抚育、管护等工作。集体林权制度改革后要畅通流转渠道，规范流转行为，通过流转进一步释放林地生产力。要创新投融资机制，探索国土绿化企业的税费减免政策，逐步推出贷款期和宽限期长、利率优惠、手续简便的国土绿化政策性贷款。推动出台财政贴息政策，发挥"小资金撬动大投入"的杠杆作用，吸引社会资本投入国土绿化。鼓励专业队造林、公司造林和大户造林，注重提升造林绿化的专业化、机械化、规模化水平。

（五）强化监督管理。要实行造林全过程质量管理制度，将造林分解为若干个具体的工序，并对各工序进行检查验收。要推行造林工程项目招投标制度，重点造林绿化项目要由有相应资质的造林专业队承包造林，县级林业行政主管部门做好组织、指导、监督和技术咨询服务等工作。要实行造林成效检查验收制度，林业行政主管部门要依据有关标准、规定，对造林数量和质量，实行严格的质量监督和检查验收。原则上，国家投资造林的，由地方自查、国家抽查验收；地方投资和社会造林的，由地方检查验收。

（六）做好宣传发动。要广泛宣传国土绿化的方针政策、巨大成效和先进典型，大力弘扬新时期国土绿化精神，凝聚更多力量投入国土绿化事业。要充分发挥全国绿化先进集体、劳动模范、先进工作者和全国绿化模范单位、全国绿化奖章评选表彰的典型示范作用，扩大宣传覆盖面和认知度。要创新宣传载体，依托植树节、国际森林日、湿地日、防治荒漠化日等平台，开展形式多样的国土绿化主题宣传。要丰富宣传方式，既要用好报刊、广播、电视等传统方式，也要用好手机短信、微信公众号等新媒体，引导社会各界积极投身国土绿化事业。

同志们，着力推进国土绿化，任务艰巨，责任重大，使命光荣。让我们紧密团结在以习近平同志为总书记的党中央周围，深入学习贯彻习近平总书记系列重要讲话精神，按照党中央、国务院的决策部署，坚定信心，开拓进取，扎实工作，全面开创国土绿化事业新局面，为建设生态文明和美丽中国、全面建成小康社会作出新的更大贡献。

着力开展森林城市建设
为增进人民生态福祉作出新贡献

——在2016森林城市建设座谈会上的讲话

张建龙

（2016年9月19日）

这次森林城市建设座谈会的主要任务是，深入学习领会习近平总书记系列重要讲话精神，按照"着力开展森林城市建设"的指示要求，总结交流森林城市建设工作，对森林城市建设进行再动员再部署。下面，我讲三点意见。

一、深入学习领会习近平总书记重要指示精神，充分认识着力开展森林城市建设的重大意义

党的十八大以来，习近平总书记对城市生态建设高度重视，先后作出了一系列重要指示。习近平总书记指出，要增强城市宜居性，优化城市空间布局；城镇建设要体现尊重自然、顺应自然、天人合一的理念，依托现有山水脉络等独特风光，让城市融入大自然，让居民望得见山、看得见水、记得住乡愁。2016 年 1 月 26 日，习近平总书记在主持召开中央财经领导小组第 12 次会议时又特别强调，要着力开展森林城市建设，搞好城市内绿化，使城市适宜绿化的地方都绿起来；搞好城市周边绿化，充分利用不适宜耕作的土地开展绿化造林；搞好城市群绿化，扩大城市之间的生态空间。在这些重大战略思想的引领下，中央"十三五"规划《建议》、中央关于加强城市规划建设管理的《若干意见》、国家"十三五"规划《纲要》等重大决策部署，赋予了森林城市建设拓展区域发展空间、营造城市宜居环境、扩大生态产品供给等重要任务。着力开展森林城市建设，已成为习近平总书记对推动林业发展的新要求，已成为实施国家发展战略的新内容，已成为人民群众对享受良好生态服务的新期待。一定要从国家战略全局和人民生态福祉的高度，充分认识开展森林城市建设的重要性和紧迫性。

（一）着力开展森林城市建设是建设美丽中国的必然要求。党的十八大首次提出要建设美丽中国，描绘了全面建成小康社会的美好蓝图。习近平总书记强调，全社会都要按照十八大提出的建设美丽中国的要求，切实增强生态意识，切实加强生态环境保护，把我国建设成为生态环境良好的国家；要坚定不移爱绿植绿护绿，把我国森林资源培育好、保护好、发展好，努力建设美丽中国。森林，是建设美丽中国的核心元素和基本色调。美不美，看山和水；只有山青，才能水秀。没有森林，就没有青山绿水，就不会有良好生态。只有着力开展森林城市建设，才能有效增加城市森林绿地总量，完善城乡生态系统，扩大城市生态空间，提升森林质量和改善生态景观，为建设美丽中国奠定坚实基础。

（二）着力开展森林城市建设是增进民生福祉的重大举措。习近平总书记指出，良好生态环境是最公平的公共产品，是最普惠的民生福祉；环境就是民生，青山就是美丽，蓝天也是幸福；植树造林是实现天蓝、地绿、水净的重要途径，是最普惠的民生工程。当前，拥有更多的森林绿地和良好的生态环境，已经成为城乡居民追求幸福生活的新期待，也是各级党委、政府改善民生的重要内容。但是，我们国家本来就缺林少绿，而且森林大多分布在远离城市的山区林区，很难满足城市居民"推窗见绿、出门进林"的要求。着力开展森林城市建设，就是要在城市居民身边增绿，让居住环境绿树环抱、生活空间绿荫常在，更加便捷地享受造林绿化带来的好处，提升他们的幸福指数。

（三）着力开展森林城市建设是推动绿色发展的重要抓手。十八届五中全会把绿色发展作为五大发展理念之一，明确提出要坚持绿色富国、绿色富民，为人民提供更多优质生态产品，推动形成绿色发展方式和生活方式。习近平总书记强调，要走生态优先、绿色发展之路，使绿水青山产生巨大的生态、经济和社会效益；要紧紧围绕提高城镇化发展质量，高度重视生态安全，扩大森林、湖泊、湿地等绿色生态空间比重，增强水源涵养能力和环境容量。着力开展森林城市建设，一方面，可以有效地改善城市生态环境，提高城市生态承载力，扩大城市的环境容量，增强城市发展的吸引力和竞争力；另一方面，可以大力发展以森林资源为依托的绿色产业，壮大绿色经济规模，改变传统的产业结构和发展模式，促进城市转型升级和绿色增长。

（四）着力开展森林城市建设是实现森林发展目标的有效途径。2015 年气候变化巴黎大会上，习近平总书记代表中国政府庄严承诺，我国 2030 年森林蓄积量要比 2005 年增加 45 亿立方米左右。国家"十三五"规划《纲要》把森林覆盖率、森林蓄积量作为约束性指标，提出到 2020 年全国森林覆盖率提高到 23.04%，森林蓄积量增加 14 亿立方米。实现这些目标，任务十分艰巨，必须调动一切积极因素，挖掘一切有效潜力，扩大造林面积，增加森林总量。近年来，我国城市森林快速增加，已成为新增森林面积的一个亮点。根据对全国 180 多个创森城市的统计，创森期间，每个城市年均新造林面积 20 万亩左右，约占市域面积的 1 个百分点，大大高于全国同期平均水平。着力开展森林城市建设，有利于实现 2020 年我国森林发展目标，兑现 2030 年森林蓄积量增长的承诺。

（五）着力开展森林城市建设是全社会办林业的生动实践。习近平总书记强调，坚持全国动员、全民动手植树造林，努力把建设美丽中国化为人民自觉行动；绿化祖国，改善生态，人人有责。当前，我国经济处在发展阶段，财力还不是很雄厚，同时我国林业和生态建设欠账很多，投入需求巨大，这样造成了国家投入很难满足林业建设的实际需求。所以，中央确定了"全国动员、全民动手、全社会办林业"的林业建设方针。着力开展森林城市建设，可以为地方党委、政府提供一个很好的抓手，形成高位推动、部门互动、百姓联动的林业建设格局。同时，通过宣传发动，可以凝聚起全社会参与林业建设的正能量，特别是为社会资金投入林业搭建很好的平台，真正形成全社会办林业的良好局面。

二、准确把握森林城市建设的新理念和着力点，积极推动森林城市建设深入持久开展

建设森林城市，是加快城乡造林绿化和生态建设的创新实践。2004 年，在全国关注森林活动组委会的倡导下，国家林业局启动了国家森林城市创建活动。12 年来，这项活动得到了地方党委、政府的高度重视和城乡居民的衷心欢迎，呈现出良好发展态势。目前，已有 118 个城市被授予国家森林城市称号，有 80 多个城市正在创建国家森林城市，有 13 个省份开展了省级森林城市创建活动。国家森林城市创建的成功实践，探索形成了具有中国特色的森林城市建设新理念，这是着力开展森林城市建设的基本遵循。

一是坚持森林惠民。森林城市建设，要以人民群众的生态需求为出发点，来做好城市森林这篇大文章。在森林城市建设中，以人为本既是指导思想，更有具体要求，主要包括森林建在哪里，要以人为本；建什么样的森林，要以人为本；如何发挥森林的功能，仍然要以人为本。要把以人为核心的思想贯穿到森林城市建设的全过程，把增进居民生态福祉的要求体现到规划编制、工程实施、督促检查、绩效考核等各方面，切实把森林城市建设办成顺民愿、惠民生、得民心的德政工程。

二是坚持尊重自然。森林城市建设在造林绿化上突出的特点，就是要遵照自然规律，通过人工方式打造出近自然的城市森林。所以，在森林城市建设中，倡导以本地天然森林群落为参照，来选定造林树种、确定造林模式和管护措施，要求切实做到“三化”，即造林树种选择的本地化、森林绿地配置的多样化、管护措施的近自然化，避免过度的人为干预。

三是坚持综合治理。山水林田湖是一个有机的生命共同体，要充分体现在森林城市建设的指导思想中。从本质上讲，森林城市建设是对以森林为主体的自然生态系统进行修复和完善。这就决定了开展森林城市建设，既要将发展森林作为中心任务，摆在最为重要的位置，又要统筹兼顾湿地保护、河流治理、防沙治沙和野生动植物保护等方面，使各种自然生态系统通过森林城市建设实现有机统一、协调发展。

四是坚持共建共享。森林城市建设实质上是一个生产公共产品、提供公共服务的过程。各级政府必须承担起组织领导、规划编制、资金投入、指导监督、考核考评等责任，确保森林城市建设有序有效推进。同时，森林城市建设需要各个方面的关心、支持和参与，形成共建森林城市、共享美好家园的生动局面。

为贯彻落实习近平总书记的重要指示精神和中央的决策部署，国家林业局已经将森林城市建设列为林业发展“十三五”规划的重要内容。刚刚出台的《关于着力开展森林城市建设的指导意见》，明确了森林城市建设的总体要求，这就是：认真贯彻习近平总书记系列讲话精神，牢固树立创新、协调、绿色、开放、共享的发展理念，以改善城乡生态环境、增进居民生态福利为主要目标，以大地植绿、心中播绿为重点任务，构建完备的森林生态系统，打造便利的森林服务设施，建设繁荣的生态文化，传播先进的生态理念，力争到2020年，建成6个国家级森林城市群、200个国家森林城市、1000个示范森林村镇，为全面建成小康社会、建设生态文明和美丽中国作出新贡献。各地要进一步明确森林城市建设思路，找准方向，突出重点，精准发力，努力推进森林城市建设深入持久开展。

（一）着力推进城市内绿化，使城市适宜绿化的地方都绿起来。城市中心区经济活动频繁，人口高度密集，是最需要绿又最缺少绿的地方。推进城市内绿化，就是要将森林科学合理地融入城市空间，形成林在城中、城在林中的景象。要利用城市有限的土地最大限度地增加森林绿地面积，特别是利用好街边空地和裸露地块，积极发展以林木为主、便民实用的街心公园、小游园、小绿地，增加市民休闲活动空间。要开展森林单位、森林家园等形式多样的创建活动，推进森林进单位庭院、进居住区、进学校，实现居民身边增绿。要采取屋顶、墙体、桥体等立体绿化方式，拓展城市绿化空间，增添绿色景观效果。

（二）着力推进城市周边绿化，积极打造环城森林生态屏障。城市周边是发展城市森林的潜力所在。推进城市周边绿化，就是通过生态保护和植树造林，让森林真正拥抱城市。要加强城市周边自然山体、水体的生态保护和修复，因地制宜建设森林公园、湿地公园、郊野公园和树木园，形成环城森林绿地系统。要加强城市周边公路、铁路两旁以及沿江、沿河两岸的群落式林带建设，形成林路相依、林水相依的生态景观林带。要加强城市周边荒山荒地、矿区废弃地，以及城乡结合部不宜耕作土地的绿化造林，建设大尺度的环城片林，增加城市绿肺和生态空间。

（三）着力推进城市群绿化，充分发挥森林城市整体作用。随着城镇化进程的不断推进，我国各种类型城市群逐步形成。这些地区，一方面对生态承载力的要求越来越高，另一方面生态碎片化问题越来越突出，迫切需要通过推进城市群绿化，将城市之间散落的绿化区域和生态系统串联起来，强化城市之间的“生态联系”，充分发挥森林城市群的规模效应。推进城市群绿化，关键是要对跨城市的山脉、水系、道路、农地等进行一体化的生态修复，通过加强造林绿化和生态廊道、生态隔离带等建设，扩大城市之间的生态空间，实现区域自然生态系统的互连互通。国家层面要重点推进京津冀、长三角、珠三角等6大国家级森林城市群建设，各省区市也要选择一些森林城市建设具有一定基础、城镇密集度高的区域，着力开展森林城市群建设。今后，凡是申请国家森林城市称号的城市，所辖县市区原则上都要是省级森林城市，以有力促进国家层面、省级层面上的森林城市群建设。

（四）着力推进乡村绿化，打造乡土乡风浓郁的森林村镇。重点是要着眼统筹城乡、城镇造林绿化，提升城乡生态服务均等化水平，大力推进森林村庄、森林小镇、森林人家建设。要利用道路和水系两侧、房前屋后，见缝插绿添彩，提高村镇绿化水平。要结合村头巷尾的空地、村镇周边的林地和湿地，规划建设村镇公园，增加公共生态休闲空间。要保护好大树古树和传统围村林、风水林、景观林，传承乡村自然风貌。要发展以森林为依托的种植、养殖、旅游、休闲、康养、饮食等森林生态产业，促进农民增收致富。

（五）着力推进森林文化建设，提升城乡居民生态文明意识。要建立健全森林博物馆、标本馆、科普长廊、生态标识等生态文化基础设施，以及遍及城乡的绿道网络和生态服务设施，为城乡居民了解森林、享受森林提供方便。要深入挖掘竹文化、花文化、茶文化、古树名木文化的内涵，大力开展森林文学、音乐、书画、摄影等创作活动，传播森林文化知识，丰富人们文化生活。要广泛开展市树市花评选、植纪念林、树木认养认建等群众参与式、体验式活动，激发人们关注森林、保护森林、发展森林的责任感，让建设森林城市成为老百姓的自觉行动。

三、切实强化支持保障措施，努力开创森林城市建设新局面

着力开展森林城市建设，是中央赋予林业的历史任务，也是林业现代化建设的重要内容。完成好这一重大历史使命，需要统筹谋划，精心安排，创新工作举措，调动积极因素，形成工作合力，才能推进森林城市建设不断取得新的成效。

（一）加强组织领导。各级林业部门要把森林城市建设作为推动林业现代化的重要内容和有力抓手，健全组织领导机构，加强工作指导和服务。要强化组织协调力度，推动形成林业部门牵头，相关部门各司其职、各负其责的森林城市建设工作格局。要加大资金和政策支持，制定奖补政策，对获得国家级、省级森林城市称号的要给予奖励。同时，推动各级政府将森林城市建设纳入本级公共财政预算，落实好建设资金。要建立目标考核制度，推动地方党委、政府将森林城市建设纳入目标考核体系。要加强监督检查和指导服务，坚持务求实效，反对奇花异草，坚决打击大树古树进城和非法移栽行为。

（二）加强科学规划。国家林业局已经启动全国森林城市发展规划编制工作，各省区市林业厅局要抓紧组织编制本地区森林城市发展规划，要指导城市政府编制好森林城市建设规划。规划编制要结合城市经济社会发展水平实际，着眼人民群众对改善生态的需求，立足现有森林城市的标准要求，科学确定建设目标、任务和措施。要注重与国家和区域发展战略相结合，与城市建设规划、土地利用规划、绿地系统规划、产业发展规划相融合，与交通、水利、市政等专业规划相协调。

（三）加强机制创新。要创新资金投入机制，特别是要探索运用PPP（公私合营模式）和BOT（兴建营运后转移模式）等方式，吸引社会资本参与森林城市建设，以及通过认建认养等形式，引导企业、社会团体和个人捐资森林城市建设。要创新造林用地机制，鼓励通过“林苗一体”等方式，把城市的闲置土地、调整结构土地用于森林城市建设。要创新科技支撑机制，特别是要依托高等院校和科研院所，充分发挥森林城市建设专家的作用，确保森林城市建设的科学性。要创新管理监督机制，特别是要运用云计算、大数据和移动互联网等新技术，构建互联互通的管理和交流平台，实现森林城市建设管理的精细化、监测的智能化和决策分析的科学化。

（四）加强宣传发动。2016年下半年，国家林业局决定组织开展为期半年的“森林城市·森林惠民”主题宣传活动，各地要积极响应，共同掀起上下联动的森林城市建设热潮。要注重宣传对象的广泛性、宣传内容的丰富性和宣传手段的多样性，在用好报纸、广播、电视等传统媒体的同时，要更加重视广泛运用网络、微博、微信、手机客户端等新媒体，还要通过市民问卷调查、发放知识手册，投放车体广告，开展生态公益活动等多种形式，让政府重视森林城市建设，让公众了解森林城市，积极参与森林城市建设，为加快推进森林城市建设营造更好的舆论氛围和社会环境。

（五）加强示范引领。这些年来，我国森林城市建设之所以取得令人瞩目的成效，一个重要原因就是很好地发挥了国家森林城市创建的示范引领作用。今后要继续抓好创建活动，形成国家、省两级创建体系。要切实抓好国家森林城市创建，提高国家森林城市的创建水平。同时，要全面开展省级森林城市创建活动，对于尚未开展创建活动的省份，要创造条件抓紧启动。

同志们，着力开展森林城市建设，任务艰巨，责任重大，使命光荣。让我们紧密团结在以习近平同志为总书记的党中央周围，深入学习贯彻习近平总书记系列重要讲话精神，按照党中央、国务院的决策部署，坚定信心，开拓创新，扎实工作，努力开创森林城市建设新局面，为改善城乡生态面貌、增进人民生态福祉，建设生态文明和美丽中国作出新的更大贡献。

全面实施创新驱动发展战略
为林业现代化建设提供有力支撑

——在全国林业科技创新大会上的讲话

张建龙

（2016年9月23日）

刚才，汪洋副总理发表了十分重要的讲话，充分肯定了我国林业和林业科技工作取得的成就和经验，全面分析了林业建设和发展面临的新形势，对实施创新驱动发展战略、转变林业发展方式提出了明确要求。汪洋副总理的重要讲话，高屋建瓴，内涵丰富，针对性和指导性很强，对于加强林业科技创新和推动林业现代化建设具有重要意义。我们一定要认真学习领会，全面贯彻落实。下面，我就学习贯彻汪洋副总理讲话精神，全面实施创新驱动发展战略，讲四点意见。

一、认真总结“十二五”林业科技工作

“十二五”以来，林业科技工作紧紧围绕服务国家重大战略和林业改革发展大局，突出创新，强化应用，在支撑生态建设、引领产业升级、服务民生改善等方面取得了明显成效。转化了2200多项科研成果，制定了600多项国家行业标准，推广了500多个林木新品种和1000余项新技术，林业科技成果转化率达55%，科技进步贡献率达48%，林木良种使用率达60.8%。林业科技事业的快速发展，为推动林业改革发展和生态文明建设作出了重要贡献。

一是重大工程技术取得新突破，有效提升了林业生态建设水平。退化地植被重建等天然林保护与生态恢复技术取得突破，为保护好占我国森林面积70%的天然林提供了技术支撑。探索总结的低覆盖度治沙造林理论与技术模式，基本解决了干旱半干旱区中幼龄林衰败的问题，促进了该区域生态修复。松材线虫综合防控技术日益成熟，松褐天牛高效引诱剂推广面积达528万亩，防控效果超过95%。建立了森林资源综合监测技术体系，实现了大范围森林资源信息快速精准监测，效率提高20%～30%，精度提高5%～10%。

二是产业核心技术再上新台阶，有效推动了林业产业转型升级。竹缠绕复合管技术在绿色材料领域取得重大创新成果，竹基纤维复合材料制造技术使竹材的工业利用率从50%提高到90%以上，产品远销美国、德国等46个国家。农林剩余物热解气化技术达到国际先进水平，成套装备国内市场占有率达30%以上，并出口到英国、意大利、日本等10多个国家。人造板连续平压技术打破国外垄断，装备价格降低60%。木材改性增强处理技术取得新突破，有效改善了速生低质木材性能，产品附加值提高20%以上。

三是成果转化推广取得新成效，有效带动了林农增收致富。确立了林业科技示范村2321个、示范户78 481户，基本形成了省、市、县、乡林业科技推广和服务体系。共选派林业科技特派员1.3万名，培训林业基层骨干技术人员和林农60多万人次。建立了各类示范林3000多万亩，形成了示范带动、一县一品和企业集群的产业发展模式。48个高产抗逆油茶新品种得到广泛应用，良种示范林亩产茶油超过50千克，油茶低产林综合改造技术将油茶亩产由5千克提高到20千克以上，核桃优质高效栽培技术将核桃亩产由25千克提高到98千克。

四是重大前沿研究取得新进展，有效支撑了应用研究和科学决策。我国自主发起并完成了毛竹基因组测序，填补了世界竹类植物基因组学研究的空白。推进了林木转基因技术研究，转基因抗虫杨树开展了大田试验。揭示了森林调控空气颗粒物的作用和机理，明确了不同尺度植被对PM2.5的定量阻滞作用。攻克了高分遥感数据应用于森林、湿地和荒漠化监测等关键技术，提升了林业资源调查与监测智能化、自动化水平。创新森林生物量测算技术，开展了中国森林资源核算及绿色经济评价体系研究，核算出2013年全国林地林木价值21.29万亿元、森林年生态服务价值12.68万亿元，为编制森林资源资产负债表、完善生态效益补偿制度奠定了坚实基础。

五是条件能力建设得到新提升，有效夯实了科技创新基础。建立了林业行业首个国家重点实验室、产业技术创新战略联盟、林木种质资源平台、林业科学数据平台、创新人才培养示范基地等国家级科技创新平台。成立了国际标准化组织竹藤技术委员会，这是世界林业领域第一个将秘书处设在我国的国际标准化组织。新建生态定位站、工程技术研究中心、质检中心、新品种测试中心等部门科技平台238个。组建了一批国家、行业和地方科技创新团队，培养了一大批科技创新人才。同时，先进信息技术在林业领域得到广泛应用，云计算平台、物联网示范、北斗示范等项目建设积极推进，林业科技创新的条件能力明显提升。

在总结成绩的同时，也必须清醒地看到，我国林业科技创新能力和整体水平还不高，在生态文明和林业现代化建设等方面还存在许多瓶颈制约。如：人才队伍结构不尽合理；科技进步贡献率仍较全国平均水平和农业低近8个百分点，成果转化率比发达国家低近20个百分点；长期固定投入和多元化投入机制尚未形成，林业科技体制改革还有待深化。解决这些突出问题，必须加大科技创新力度，提升科技创新能力。

二、充分认识全面实施创新驱动发展战略的重大意义

习近平总书记强调：创新是民族进步的灵魂，是一个国家兴旺发达的不竭源泉，也是中华民族最深沉的民族禀赋。党的十八大作出了实施创新驱动发展战略的重大决策，十八届五中全会把创新发展作为五大发展理念之首，对实施创新驱动发展战略进行了安排部署。生态保护和修复是一门自然科学，建设生态文明，推动绿色发展，必须尊重自然规律，依靠科学技术。《中共中央国务院关于加快推进生态文明建设的意见》明确要求，加强重大科学技术问题研究，开展能源节约、资源循环利用、新能源开发、污染治理、生态修复等领域关键技术攻关，在基础研究和前沿技术研发方面取得突破。习近平总书记在全国科技创新大会上强调，要加深对自然规律的认识，自觉以对规律的认识指导行动。不仅要研究生态恢复治理防护的措施，而且要加深对生物多样性等科学规律的认识；不仅要从政策上加强管理和保护，而且要从全球变化、碳循环机理等方面加深认识，依靠科技创新破解绿色发展难题，形成人与自然和谐发展新格局。李克强总理也多次考察指导林业工作，并对尊重科学规律、创新平台手段作出重要指示。刚才，汪洋副总理又着重从夯实基础研究、加强关键技术攻关、深化体制机制改革、弘扬科学精神等4个方面，对推进林业科技创新提出了明确要求。

这些重要论述，充分体现了党中央、国务院和中央领导同志对科技创新的高度重视，是推进林业科技创新的根本遵循。各级林业主管部门一定要站在国家战略全局的高度，深入学习领会习近平总书记等中央领导同志的重要指示精神，充分认识全面实施创新驱动发展战略的重大意义。

*（一）破解生态难题，维护生态安全，迫切需要加快推进林业科技创新。*目前，我国生态产品供应不足，水土流失没有根本遏制，土地沙化荒漠化依然严峻，生态问题仍是制约经济社会可持续发展的突出问题。尤其是大部分宜林地集中在立地条件差的干旱半干旱地区，

造林难度越来越大。加快生态建设步伐，提高困难立地造林质量，扩大森林资源总量，增加生态产品供给，迫切需要发挥科技“啃硬骨头”的作用。关键要着力攻克困难立地造林、生态脆弱地区植被恢复等技术瓶颈，创新森林生态系统、湿地生态系统、荒漠生态系统和生物多样性保护与修复的关键技术，为维护国家生态安全提供技术支撑。

（二）提升森林质量，维护木材安全，迫切需要加快推进林业科技创新。虽然我国森林面积和森林蓄积量已连续多年实现“双增长”，但是森林质量不高、分布不均的状况仍未得到根本改变。人均森林蓄积量只有世界人均水平的1/7，每公顷森林蓄积量仅为世界平均水平的69%，既无法维护生态安全，又难以保障木材供给。目前，我国木材每年缺口2.5亿立方米，对外依存度接近50%。2015年，习近平总书记在巴黎气候变化大会上向全世界庄严承诺，到2030年我国森林蓄积量要比2005年增加45亿立方米。这既是增加森林碳汇、应对气候变化的重大举措，也是提高森林质量、维护木材安全的必然选择。要实现这一目标，必须加强林木良种选育，创新林木定向培育与高效利用技术，构建高水平的森林资源培育技术体系，尽快提升森林资源质量和经营水平。

（三）加快产业转型，促进就业增收，迫切需要加快推进林业科技创新。我国林业产业年总产值已接近6万亿元，成为林产品生产和贸易大国，但资源消耗型、劳动密集型、产品低端型企业所占比重大，产品附加值仅为发达国家的1/3左右，在全球产业分工中仍处于中低端水平。促进林业产业转型升级，推动由林产品生产大国向产业强国转变，必须加快木竹高效加工、特色资源开发利用、林产化工等技术的创新与集成，大力发展生物质材料、生物质能源等新兴产业，全面提升林业产业素质和产品附加值。尤其要根据生态扶贫、产业扶贫的需要，充分发挥林业科技在精准扶贫中的独特作用，加强实用技术研发、集成和推广，引导贫困群众积极发展特色经济林果业、竹藤花卉业，帮助他们依靠科技实现精准脱贫。

（四）加强装备建设，提升管理水平，迫切需要加快推进林业科技创新。我国林业装备制造业与国际先进水平差距很大，整体处于大而不强的局面，林业机械化、信息化程度远低于其他行业，约70%的装备只相当于林业发达国家20世纪80年代的水平。特别是森林防火装备落后，智能化水平低，很多地方防火只能靠人盯、靠手打。总的看，林业装备自主研发能力不强、发展不平衡、制造水平不高等问题，已成为制约我国林业现代化建设的主要瓶颈。迫切需要加快推进林业科技创新，重点攻克营造林抚育、森林灾害防控等装备制造的核心技术，并在资源监测、智能管理等方面加快现代信息技术的推广应用，以林业装备的现代化、管理的科学化和信息化，全面提升我国林业现代化水平，缩小与林业发达国家的差距。

三、准确把握全面实施创新驱动发展战略的目标任务

根据当前我国林业科技发展水平和面临的新形势新任务，“十三五”时期全国林业科技工作的总体思路是：全面贯彻落实党的十八大和十八届三中、四中、五中全会以及全国科技创新大会精神，认真学习领会习近平总书记系列重要讲话精神，坚持创新、协调、绿色、开放、共享发展理念，全面实施创新驱动发展战略，深化科技体制改革，推动自主创新、协同创新、制度创新，增强科技供给能力，加快成果转化推广，促进科学技术普及，充分发挥科技第一生产力和创新第一驱动力作用，更好地支撑生态建设、引领产业升级、服务社会民生，为推进林业现代化、建设生态文明和全面建成小康社会提供有力支撑。

按照这一总体思路，我们组织起草并正式印发了《国家林业局关于加快实施创新驱动发展战略 支撑林业现代化建设的意见》和《林业科技创新“十三五”规划》，确定了全面实施创新驱动发展战略的主要内容，包括：紧扣三大主题，坚持五大原则，推进六大任务，实施十大工程。力争到2020年，基本建成布局合理、功能完备、运行高效、支撑有力的国家林业科技创新体系，创新能力大幅提升，创新平台日趋完善，创新环境更加优化，重点研究领域跨入世界先进行列，科技进步贡献率达到55%，科技成果转化率达到65%。为此，重点要抓好以下六项工作。

（一）强化基础研究。加强林业基础研究和应用基础研究，是确保林业科技持续创新的重要前提。针对林业科技基础研究薄弱、原始创新能力亟待提升的问题，要开展陆地生态系统的过程与服务功能、森林植被与区域生态环境的关系、森林灾害生态调控等研究，突破林业生态建设与保护重大基础理论；开展木材生物学合成、生物质热裂解调控、生物降解与生物炼制等研究，突破生物质能源高效转化基础理论与方法；开展林木基因组学、植物学、植物生理学、森林土壤学等基础学科研究，揭示树木生长发育、木材形成、抗逆性和林地退化等机理，解决林业基础学科重大理论问题，提升基础学科原始创新能力。

（二）攻克关键技术。要重点突破天然林保育、退耕还林功能提升、荒漠化综合治理、重要湿地恢复等生态保护与修复关键技术，攻克用材林、经济林、竹藤、储备林建设等资源培育与经营关键技术，创新木材绿色加工、非木质资源高值化利用、生物质能源与材料制造等资源利用关键技术。尤其要根据习近平总书记着力推进国土绿化、着力提高森林质量的指示要求，高度重视影响林业建设成效的种业创新和旱区造林技术攻关问题，加快推进主要生态树种、速生用材树种、主要经济林树种的中长期育种和良种繁育技术攻关，该收集保存的种质资源保存好，能够良种化应用的要加快转化，全面提升林木种苗良种化水平。要针对目前我国67%的宜林地分布在干旱半干旱地区的现状，加强科技攻关，探索推广适合旱区的造林树种、技术手段和造林模式，尽快提高旱区造林质量和林草植被覆盖度。

（三）加快成果转化。科技成果不能只体现在论文上，而是要面向林业生产一线，更多地转化为生态建设和产业发展成效。要健全以国家公益性林业科技推广机构为主导，科研院校、企业、专业合作组织等社会力量广泛参与的新型科技成果转移转化体系，深入开展林业科技特派员科技创业行动。完善科技成果转移扩散机制，引导成果、政策、服务等科技要素深度融入林业生产建设全过程。要集成适合山区沙区的资源高效培育及林产品精深加工等实用技术，遴选成熟实用、简便易学的成果进行组装配套和推广应用，鼓励和支持科技人员深入林区乡村，开展多种形式的精准扶贫活动，使更多的贫困人口依靠科技脱贫。

（四）实施标准化战略。加快标准化在林业各领域的普及应用和深度融合，充分发挥“标准化＋”效应。推进林业政务服务标准化，加强林业行政审批、执法监管、电子政务等标准制定与实施，树立依法依标管理和服务的意识。建立执行标准清单制度，推进生态修复和保护按标准设计、施工、验收，加快标准化示范区建设。强化林下经济、林产工业、森林康养等领域的标准制修订，培育国家林业标准化示范企业。积极参加国际标准化活动，推动将木竹制品、荒漠化防治等领域的中国标准转化为国际标准，加快与主要林产品贸易国之间的标准互通互认。加强林产品质量监管，建立林产品质量安全追溯体系，完善质量监测制度，实施质量提升行动，加大对涉及人类健康和安全的林产品质量监测力度，保障消费者安全。

（五）加强能力建设。要以增强自主创新能力为目标，建设一批具有国际水平、突出学科交叉和协同创新的重点实验室、生态定位观测研究站、长期科研试验示范基地等科研平台。要优化布局林业工程中心，引导组建林业产业技术创新战略联盟，打造和构建产学研相结合的成果转化平台。以提高科技公共服务能力为目标，加强林业科学数据、林木种质资源库、林产品质检中心等技术服务平台建设。要充分运用新一代信息技术，构建集森林、湿地、沙地和野生动植物资源监管于一体的资源监管平台，推进应急监测预警物联网应用，提升应急管理效能和水平。

（六）推进科学普及。创新林业科普服务模式，实施“互联网＋林业科普”行动，利用植树节、森林日、林业科技周开展科普活动，普及科学知识，弘扬科学精神，倡导科学方法，不断提高全民的生态意识和林业从业人员的科学素养。依托国家公园、自然保护区、森林（湿地、沙漠）公园等，完善科普活动场所和科普设施。推动林业高校、科研机构等优质科普资源开放共享，通过开放论坛、科学沙龙、展览展示等形式，组织科学家与公众开展交流。要支持创作更多优秀的科普作品，增强其科学性和趣味性。

四、切实加强对林业科技工作的组织领导

全面实施创新驱动发展战略，是一项长期复杂的系统工程，必须加强组织领导，强化体制机制创新，提升人才队伍素质，加大林业科技投入，全面激发广大林业科技工作者的创新热情，为加快推进林业科技创新营造良好环境。

（一）加强组织领导。各级林业主管部门要把林业科技创新工作摆在突出位置，列上重要日程，精心谋划，勇于担当，强力推进，当好创新驱动发展战略的组织者、推动者和实施者。要成立林业科技创新工作领导小组，整合科技创新资源，加强横向和纵向的沟通协调，及时研究确定创新发展战略和重大决策，科学部署重大科技创新任务，妥善解决创新工作存在的突出问题。要建立产学研用的统筹协调机制，把科技创新贯穿林业生产全过程，确保科研成果及时转化。

（二）加大投入力度。积极主动做好与发展改革、财政、科技等相关部门的沟通与联系，争取政策和资金支持。进一步强化林业生态建设的科技支撑，在国家和地方林业重大工程中落实相应的科技支撑经费，用于新技术新成果的推广应用。落实研发费用加计扣除政策，鼓励林业企业加大创新投入。引导金融资本、风险投资等社会资金参与建立林业科技创新基金，推动林业科技与金融密切结合，构建政府、企业、社会多元化的林业科技投入体系。积极探索林木新品种应用后补助机制。

（三）强化队伍建设。要努力培养一批国际一流的科技拔尖人才和领军人物，积极培养林业青年后备人才，大力培养基层林业技术骨干人才，建设一支结构合理、业务素质高、爱岗敬业的林业科技创新队伍。要把尊重人才与保障人才权益结合起来，改革科研人员薪酬分配制度。要继承和发扬老一辈林业科技工作者的光荣传统，倡导严谨求实、勇攀高峰的创新精神，营造大胆质疑、宽容失败的创新氛围。同时，要积极开展对发展中国家的技术援助和人才培养。

（四）创新体制机制。要优化林业科技管理机制，完善科技评价机制，强化协同创新机制。积极发挥市场需求导向作用，建立林业公益性和市场化技术成果分类转移转化机制，研究探索政府购买公益性服务。推进林业科技成果处置和收益改革，科技人员获得的奖励比例不低于转化收益的50%。要建立以能力和贡献为导向的评价激励机制，完善科技人员评价和职称评定制度，对从事基础研究、应用研究、科技推广等科技人员实行分类评价。支持企业成为创新主体，引导各类创新要素向企业集聚。

同志们，全面实施创新驱动发展战略，责任重大，使命光荣。让我们紧密地团结在以习近平同志为总书记的党中央周围，改革创新，开拓进取，真抓实干，全面提升林业科技创新水平，为推进林业现代化、建设生态文明和美丽中国作出新的更大贡献！

扎实推进三北工程建设 努力筑牢北方生态安全屏障

——在三北防护林体系建设工作会议上的讲话

张建龙

(2016年10月9日)

这次会议是在三北五期工程规划建设时间过半的关键时期召开的，意义十分重大。刚才，会议对“十二五”期间作出突出贡献的先进单位和先进个人进行了表彰，在此，我代表国家林业局对受到表彰的单位和个人表示热烈的祝贺！张永利同志代表国家林业局党组全面总结部署了工作，黑龙江等3个单位作了典型发言，讲得都很好。接下来罗富和主席还要作重要讲话，我们要认真学习领会，切实抓好贯彻落实。

三北工程自1978年启动以来，已伴随改革开放的伟大事业持续走过38年，累计完成造林保存面积4.38亿亩，工程区森林覆盖率由1977年的5.05%提高到目前的13.02%，在我国北方构筑了一道坚实的绿色生态屏障。其中，治理沙化土地33.62万平方千米，土地沙化面积由上世纪末年均扩展2460平方千米转变为目前年均缩减1297平方千米，结束了沙化土地扩展的历史；工程区水土流失面积和土壤侵蚀强度实现“双下降”，重点治理的黄土高原60%的水土流失面积得到不同程度控制，年入黄河泥沙减少4亿吨左右；营造农田防护林4000万亩，工程区农田林网化程度达68%以上，基本根除了危害农业生产的“三刮四种”现象，保证了粮食稳产高产。同时，建成了一批用材林、经济林、薪炭林和饲料林基地，有效解决了木料、饲料、燃料、肥料短缺问题，三北地区年产干鲜果品4800万吨，年产值1200亿元，1500多万人依靠特色林果业实现稳定脱贫。

三北工程38年的探索实践，生动反映了我国追求经济与生态协调发展的奋斗历程。工程建设取得的伟大成就为生态文明建设树立了成功典范，积累的宝贵经验为生态文明建设提供了有益借鉴，铸就的伟大精神为生态文明建设注入了强大动力。实践证明，实施三北工程是党中央、国务院作出的英明决策，是在中国特色社会主义理论指导下建设生态文明的伟大实践，已成为我国生态建设领域的标志性工程，既充分展示了生态文明建设取得的重要成果，又全面体现了我国对全球生态安全和人类前途命运高度负责的大国形象，受到国际社会的普遍赞誉。

党的十八大以来，党中央、国务院高度重视生态文明建设和林业改革发展，将生态文明建设纳入中国特色社会主义事业“五位一体”总体布局，出台了《关于加快推进生态文明建设的意见》，印发了《国有林场改革方案》和《国有林区改革指导意见》。习近平总书记多次就生态文明建设和林业改革发展发表重要讲话，提出了一系列重大战略思想。总书记还先后深入内蒙古、新疆、宁夏、青海等地视察，对加强三北工程建设、筑牢北方生态安全屏障作出许多重要指示。所有这些，既为林业改革发展特别是三北工程建设提供了基本遵循，更是提出了新的更高要求。

应该看到，虽然三北工程建设取得了明显成效，但我国仍然是一个缺林少绿、生态脆弱的国家。尤其是三北地区分布着全国84%的沙化土地和70%的水土流失面积，依然是林草植被最稀少、生态问题最突出、生态产品最短缺的地区，与习近平总书记提出的筑牢北方生态安全屏障的要求还有很大差距，与满足人民群众对良好生态的新期待还有不小距离。没有三北地区生态状况的根本好转，建设生态文明和美丽中国的目标就难以如期实现，推进京津冀协同发展、丝绸之路经济带建设就缺乏足够的生态空间，维护国家生态安全、实现中华民族永续发展就没有牢固的生态支撑。当前和今后一个时期，工程区各级林业主管部门要深入学习领会习近平总书记系列重要讲话精神，全面贯彻落实中央关于生态文明建设和林业改革发展的决策部署，按照国务院批复的三北工程规划要求，完善工作思路，突出建设重点，创新发展举措，努力推动三北工程建设不断取得新的成效。关于三北工程“十三五”时期的主要工作，刚才永利同志已经作了安排部署，我完全赞同。这里，我再强调几个具体问题。

第一，要全力推进三北工程建设。随着许多新的生态工程的陆续实施，一些地方对三北工程认识有所淡化，出现了思想松懈、干劲滑坡的倾向，抓工程的劲头弱了、力度小了。大家知道，三北工程是我国第一个重点生态工程，上马时我国人均GDP只有381元。在这样的条件下，党中央、国务院决定实施三北工程，是从中华民族长远发展的高度考虑的，体现了老一辈无产阶级革命家的远见卓识。现在看，无论是建设成效还是国内外影响，三北工程都是其他工程无法替代的。尤其是随着工程的深入实施，造林难度越来越大，造林成本越来越高，农村劳动力也越来越少，工程建设已进入“啃硬骨头”的攻坚阶段。加之工程早期营造的防护林大多已进入成过熟期，老化退化问题十分突出。在这样的情况下，继续推进工程建设，难度之大，困难之多，前所未有。但是，决不能因为任务重、困难多就出现畏难情绪，也决不能因为期限长、范围广就产生松懈思想。越是紧要关头，越要鼓足干劲、全力攻坚；越是遇到困难，越要坚定信心、迎难而上。三北工程建设，只能加强，不能削弱，必须持之以恒地抓紧抓好。

第二，要更加注重保护自然生态。三北地区生态区位十分重要，生态状况十分脆弱，大多处于国家禁止开发区和限制开发区。现有的天然植被，是长期自然选择的结果，现有的人工林，凝聚了几代人的心血和汗水，都来之不易。这些林草资源是维系三北地区生态环境的基础，必须倍加珍惜，严加保护。要把保护自然生态放在更加重要的位置，加大封禁保护力度。要通过加强保护，既巩固好工程建设成果，又发挥好自然生态系统的自我修复功能，促进林草植被恢复更新。要在江河源头、风沙源区依法建立一批封禁保护区，促进自然生态休养生息，从源头上减少风沙危害和水土流失。要把三北地区防护林全部纳入森林生态效益补偿范围，确保治理一片，巩固一片。要严厉打击非法征占用林地、破坏森林资源的违法行为，依法保护建设成果。要加强森林火灾和林业有害生物防控，把灾害损失降低到最低限度。要推动建立领导干部自然资源资产和环境责任离任审计制度，强化问责力度，用制度保护好每一寸绿色。

第三，要全面提升工程建设质量。三北地区自然条件严酷，栽活一棵树很不容易，必须把提升工程建设质量放在突出位置，确保栽一棵、活一棵、成一棵。要根据当地立地条件，坚持适地适树，科学确定林种树种结构，实行多林种搭配，多树种组合，宜乔则乔、宜灌则灌，乔灌草结合，以灌草为主。要大力发展优良乡土树种，积极营造混交林、复层林、异龄林，确保形成稳定高效的林分结构。要从三北地区宜林地类型和水资源状况出发，科学确定造林密度和植被恢复方式，宜造则造、宜封则封、宜飞则飞，在条件适宜的地区，要加大封育和飞播造林力度。要推行全过程质量管理，对工程建设的各个环节严加管控，做到责任到人。要依靠科技进步，大力推广节水抗旱、低覆盖度治沙、不同类型区生态恢复模式等先进适用技术，努力提高科研成果的转化率和贡献率。要以退化林分修复为契机，科学开展森林经营，该更新造林的及时更新，该补植补造的尽快补造，该抚育复壮的尽快抚育，切实提升森林质量。

第四，要始终坚持生态惠民富民。三北地区多为老少边穷地区，生态脆弱，经济欠发达。三北工程建设要始终把改善生态，防治风沙和水土流失危害，为人民群众提供良好的生产生活条件作为根本任务，不断增进群众生态福祉，努力提高群众的满意度和幸福感。要对那些生态区位重要、生态问题突出和人口相对聚集的地区进行重点治理，着力改善人居环境，继续扩大生态空间，确保全面建成小康社会时生态状况有效改善，让群众更加便捷、充分地享受工程建设带来的实惠。同时，要充分发挥三北地区光热资源丰富、特色产业潜力大等优势，着力打造一批成规模、上档次的特色林果业基地，大力发展林下经济、森林旅游、森林康养和林产品加工等绿色富民产业，重点培育一批科技含量高、市场容量大的特色林产品品牌和林业产业龙头企业，促进农牧民增收致富和精准脱贫，调动群众投身工程建设的积极性。

第五，要积极创新工程建设机制。三北工程要焕发新的生机和活力，就要坚定不移地推进机制创新。要积极探索“开发式”“合作式”等政府与社会资本合作模式，引导社会资本投入工程建设，加快构建政府主导、多方参与的多元化投资机制。要积极推行专业队造林、招投标制管理，有条件的地方要探索“购买式”造林模式，切实提高资金使用效益。要进一步放活林地经营权，推动集体林权规范化流转，积极培育家庭林场、股份林场、林业经济合作社、造林大户等新型经营主体，推进林业适度规模化经营。要创新森林资源管护机制，落实利益主体和责任主体，优化管护模式，巩固和扩大工程建设成果。

同志们，实施三北工程，是一项功在当代、利在千秋的伟大事业，需要长期坚持、久久为功。让我们紧密团结在以习近平同志为总书记的党中央周围，深入学习贯彻习近平总书记系列重要讲话精神，继续弘扬自力更生、艰苦奋斗、攻坚克难、锲而不舍的精神，大胆创新，锐意改革，扎实工作，努力开创三北工程建设新局面，为建设生态文明和美丽中国、全面建成小康社会作出新的更大贡献！

在全国退耕还林突出问题专项整治电视电话会议上的讲话

张 建 龙

（2016 年 10 月 17 日）

这次会议是由国家林业局和中央纪委驻农业部纪检组联合召开的，非常重要。会议的主要任务是，深入贯彻习近平总书记系列重要讲话精神，坚持全面从严治党，启动林业重大工程专项整治行动计划，安排部署退耕还林突出问题专项整治工作。

中央纪委驻农业部纪检组新组建以来，聚焦中心任务，强化监督执纪问责，全面加强林业系统党风廉政建设。驻部纪检组对启动林业重大工程专项整治行动计划和这次会议高度重视，给予了有力指导，宋建朝组长亲自参加今天的启动部署会。在此，我代表国家林业局党组，对宋建朝组长和驻部纪检组全体同志，表示衷心的感谢！

刚才，四川、贵州、甘肃3省分别作了发言，介绍了本省退耕还林工程加强管理的好做法好经验，希望大家在实际工作中认真借鉴。下面，我讲3点意见。

一、切实增强林业开展专项整治行动的责任感和紧迫感

党的十八大以来，以习近平同志为总书记的党中央高度重视党的建设，把全面从严治党纳入“四个全面”战略布局，从制定实施中央八项规定，到开展党的群众路线教育实践活动、“三严三实”专题教育、“两学一做”学习教育，从强力反腐、正风肃纪，到完善各方面规章制度，坚定不移地推进全面从严治党、依规治党，取得了明显成效。习近平总书记指出，推进党风廉政建设，要落实党委的主体责任和纪委的监督责任，党委、纪委和其他相关职能部门都要对承担的党风廉政建设责任做到守土有责。林业开展专项整治行动是贯彻落实“主体责任”的重要体现。习近平总书记多次强调，以零容忍态度惩治腐败，保持惩治腐败的高压态势，做到有案必查、有腐必惩。要加强对权力运行的制约和监督，把权力关进制度的笼子里，形成不敢腐的惩戒机制、不能腐的防范机制、不易腐的保障机制。反腐倡廉必须常抓不懈，拒腐防变必须警钟长鸣。林业开展专项整治行动是保持高压态势、建立长效机制的重要抓手。习近平总书记深刻告诫，“微腐败”也可能成为“大祸害”，它损害的是老百姓切身利益，啃食的是群众获得感，挥霍的是基层群众的信任。林业开展专项整治行动是着力解决群众身边不正之风和腐败问题的有力举措。

党中央、国务院高度重视林业工作，赋予了林业新职责、新使命、新目标和新任务。在中央的亲切关怀下和各部门的大力支持下，林业各项改革稳步推进，林业重大工程深入实施，林业资金“蛋糕”不断做大，各项政策逐步落实，初步构建了林业重大工程建设和资金安全运行的制度体系。但是我们也要清醒地看到，林业系统党风廉政建设和反腐败斗争形势依然严峻，特别是林业工程建设和资金管理使用方面，仍存在一些突出问题和薄弱环节。从近些年中央专项巡视、审计以及群众信访举报的情况看，林业工程领域涉嫌违纪问题仍未杜绝，有的基层干部利用职权贪污、挪用、截留重点工程项目资金，有的骗取、冒领、克扣侵占老百姓的补助资金，有的涉嫌在落实相关政策过程中优亲厚友，还有个别地方涉嫌失职渎职和不作为、假作为、慢作为、乱作为，推诿扯皮，工程进展慢、落地难。这些违规违纪问题在一定范围内存在，其破坏力很大，有的直接损害了群众的切身利益，有的极大败坏了党和政府的名誉，有的抹黑了林业部门的形象，有的葬送了干部的前程，教训十分惨痛。

针对这些情况和问题，在驻部纪检组的指导下，国家林业局决定启动“林业重大工程专项整治行动计划”。用5年时间，每年一个重点，开展退耕还林、防沙治沙、林木种苗、野生动植物保护和湿地保护等专项整治行动。今年，先期开展退耕还林突出问题专项整治。

二、扎实做好退耕还林突出问题专项整治工作

退耕还林是党中央、国务院交给林业的一项重要任务，既是拓展生态空间、维护国家生态安全的生态工程，也是林业精准扶贫、精准脱贫的惠民工程。从1999年启动到2006年，累计退耕还林1.39亿亩，通过国家直补、森林管护、生态效益补偿、发展特色经济林等方式，显著增加了农民收入，惠及1.5亿农民。2014年启动新一轮退耕还林还草以来，总共安排了3010万亩，其中，2014年500万亩，2015年1000万亩，2016年1510万亩。退耕还林政策性强、投入量大、涉及面广、群众参与度高，实施得如何，直接关系到广大老百姓的切身利益。这次整治行动突出四个方面。一是重点检查信访案件落实情况。要坚持问题导向，对新一轮退耕还林，包括前一轮退耕还林，凡是有反映、有举报的，一定要有着落，该问责的问责，该处理的处理。二是重点检查任务落实情况。新一轮退耕还林已经安排的3010万亩完成情况如何，到户情况怎么样，有没有弄虚作假。三是重点检查资金使用情况。退耕还林资金是否按照资金用途和方向使用，补助资金到没到老百姓手里，是否存在资金挪用、侵占甚至贪污等。四是重点检查工程管理情况。整个工程执行情况怎么样，退耕还林成活率及保存率是否达到要求，档案管理是否规范等。

开展退耕还林专项整治行动，绝不能搞形式主义，做做样子、走走形式、报报数字，必须动真格、出真招、见实效，真查真整真改。要制定科学合理的专项整治工作方案，设计调查问卷、细化检查内容、明确工作程序，组织好检查督查，聚焦重点，解决问题。各地要制定科学合理的专项整治实施方案，采取“双随机、四抽查”方式开展工作。省级层面，要随机抽取县、乡、村、户，检查组要抽查到县、到乡、到村、到户，与退耕农户面对面、一对一交流，确保群众反映的问题件件有着落。国家林业局层面，要重点督办重大案件的查处、督促重要工作的推进、协调重大政策的落实，以及对省级“双随机、四抽查”真实性有效性进行核实。

衡量专项整治成果，关键是看有多少问题得到了根本纠正和彻底解决。要不折不扣落实整改责任，自己的问题必须自己“买单”，即知即改、立行立改、全面整改。对普遍性、共性问题，要提出改进完善的政策建议；对发现的薄弱环节和风险点，要完善规章制度，堵塞漏洞；对短期内不能解决的问题，要制定整改计划抓紧解决到位；对严重违反政策规定、损害群众利益的问题，要特事特办，从快从严从紧处理。整改情况要及时报送国家林业局和驻部纪检组，同时也要及时向社会公开。

三、加强组织领导，确保取得实效

国家林业局制定了专项整治工作方案，提出了总体要求、主要任务和保障措施，已经印发各地。各级林业主管部门要切实扛起专项整治的主体责任，以严肃问责推动责任落实，层层传导压力，强化日常管理监督，确保整治工作取得实实在在的成效。

要加强组织领导，落实主体责任。专项整治工作在国家林业局党组和驻部纪检组统一领导下，由计财司、退耕办共同牵头，机关纪委、基金总站、宣传办等单位参与。国家林业局负责专项行动的统一部署、监督指导，把专项行动作为“三强化两提升”学习实践的重要抓手。各省级林业主管部门负责本省专项行动的组织实施、整改问责、跟踪监督。县级政府负责本行政区专项行动的具体开展，自查自纠、整改落实。驻部纪检组负责监督、指导专项整治工作，按照职责权限，受理信访举报和查处违纪违规问题。各省级林业计财、退耕还林管理机构在专项整治过程中，要主动向省区市纪委驻林业厅(局)纪检组汇报，接受全程监督和指导。各级党政主要负责同志要把专项整治作为当前党风廉政建设和业务工作的重中之重，亲自安排部署，亲自统筹协调，切实履行第一责任人职责。

要严肃各项纪律，严厉追责问责。专项整治过程中，我局将会同驻部纪检组，及时受理群众举报，分级分类处理。对系统性的、典型的重大问题，在全国范围内通报；对严重侵害林农利益的典型案例，督促地方及时查处，并公开曝光；对推动专项整治行动不坚决不扎实、以形式主义应付糊弄蒙骗，不采取有效措施解决突出问题，发生违规违纪问题较多的单位和个人，要分级分类处理，严肃执纪问责；对涉及违法犯罪的，按程序移交处理。国家林业局派出的督导检查组，要严格执行中央八项规定，规范工作程序，严禁借检查之机接受宴请、收受礼品，一经发现要严肃处理。

开展林业重大工程专项整治行动，责任重大，任务艰巨。我们要以对党、对事业、对人民高度负责的态度，认真组织、严密实施，有效整治林业项目资金领域各种问题，加快构建科学完备的林业项目资金管理体系，为全面建成小康社会、推进林业现代化建设作出新的更大贡献！

着力提高森林质量　维护国家生态安全
为实现中华民族永续发展创造更好生态条件

——在全国森林质量提升工作会议上的讲话

张建龙

(2016年11月18日)

这次会议的主要任务是：认真学习贯彻习近平总书记重要指示精神，参观学习江西崇义森林经营的先进经验，研究部署森林质量提升工作，着力构建健康稳定优质高效的森林生态系统，为维护国家生态安全、实现中华民族永续发展创造更好的生态条件。

昨天和今天上午，与会代表们考察了江西崇义的森林质量提升工作，相信大家一定感受很深、收获不小。崇义是我国南方重点林业县，水热条件好，森林类型多样，造林空间有限，但森林提质增效潜力很大，在南方地区具有很强的代表性。崇义长期坚持森林经营，较早引入先进理念，大胆创新经营机制，积极探索森林经营的技术模式，森林质量明显提升。每公顷森林蓄积量近120立方米，比全国平均水平高1/3，是江西平均水平的2.25倍。崇义的做法和经验为全国提高森林质量作出了示范，值得各地认真学习借鉴。刚才，几位厅长和县(局)长作了交流发言，讲得都很好，听了很受启发。下面，我讲三点意见。

一、认真学习领会习近平总书记重要指示精神，充分认识着力提高森林质量的重大意义

党的十八大以来，习近平总书记对我国森林生态安全问题高度重视，今年1月26日主持召开中央财经领导小组第12次会议，专题研究森林生态安全问题，并发表重要讲话。他突出强调：要着力提高森林质量，坚持保护优先、自然修复为主，坚持数量质量并重、质量优先，坚持封山育林、人工造林并举；完善天然林保护制度，全面停止天然林商业性采伐；重视提升森林组成、结构、功能，宜封则封、宜造则造，宜林则林、宜灌则灌、宜草则草；要实施森林质量精准提升工程。习近平总书记的重要讲话，对着力提高森林质量提出了明确要求，指明了努力方向。各级林业主管部门要深入学习领会习近平总书记重要讲话精神，充分认识着力提高森林质量的重要性和紧迫性，切实担负起维护国家森林生态安全的重大责任。

*(一)着力提高森林质量是维护国家生态安全的迫切需要。*习近平总书记指出，森林关系国家生态安全，是陆地生态系统的主体，处于自然生态系统的顶层。在复杂的生态系统中，森林在维护生态安全和统筹山水林田湖综合治理中占有基础地位。只有高质量的森林，才能孕育出青山绿水，保护好良田沃土，人民也才能安居乐业。经过多年努力，我国森林面积和蓄积持续增长，但总体上我国仍然是一个森林总量不足、质量不高、生态脆弱的国家。全国森林质量好的只占19%，生态功能强的只占13%，有25%的森林处于亚健康和不健康状态。维护国家生态安全，不仅要重视扩大森林面积，更要着力提高森林质量，构建健康稳定优质高效的森林生态系统，充分发挥森林在陆地生态系统中的主体作用。

*(二)着力提高森林质量是促进经济社会可持续发展的必然要求。*习近平总书记指出，林业是事关经济社会可持续发展的根本性问题。森林是支撑经济社会发展

的重要自然资源。优质高效的森林，不仅可以提供良好的生态空间，而且可以提供丰富的绿色林产品，满足经济社会发展对林业的多样化需求。我国人口众多，资源环境约束趋紧，生态产品短缺，已成为制约经济社会发展的突出短板。尤其是随着木材等林产品刚性需求的持续增长，木材对外依存度越来越高，木材供需矛盾越来越突出。只有着力提高森林质量，充分挖掘森林潜力，努力提高林地产出率，才能充分发挥森林的多种功能，产出优质高效的生态产品，不断增加木材等林产品的有效供给，才能最终实现生态保护和木材生产双赢，为促进经济社会可持续发展提供坚实的生态和物质保障。

（三）着力提高森林质量是应对气候变化的战略选择。习近平总书记在巴黎气候变化大会上将增加森林碳汇作为中国应对气候变化国家自主贡献的三大目标之一，并向国际社会庄严承诺：到2030年，我国森林蓄积量要比2005年增加45亿立方米。森林是陆地生态系统最大的储碳库和最经济的吸碳器，在减缓气候变化中具有不可替代的作用。作为最大的发展中国家和第一大温室气体排放国，我国正面临着越来越大的减排压力。充分发挥森林碳汇功能，抵减工业能源排放，对争取国家排放空间、维护国家发展权益具有十分重要的战略意义。同时，气候变暖会导致极端气候事件增多，野生动植物栖息地缩小，森林火灾和林业有害生物危害程度加剧，对森林生态系统造成许多不利影响。只有着力提高森林质量，培育结构合理、健康稳定的森林生态系统，才能不断增强我国森林碳汇功能和森林适应气候变化的能力。

（四）着力提高森林质量是增进民生福祉的有效途径。习近平总书记指出，良好的生态环境是最公平的公共产品，是最普惠的民生福祉。近年来，随着生活水平的不断提高，对良好生态、森林景观、森林康养、森林文化等生态产品的需求，已成为人们追求美好生活的新期待，社会对绿色林产品的消费需求也与日俱增。着力提高森林质量，就是要创造优质的森林景观，增加生物多样性，提供更多更好的生态产品和绿色林产品，满足人民群众的物质和精神需求。同时，提升森林质量，加强生产经营活动，还可带动相关产业发展，促进林区群众和林业职工就业增收，助力精准扶贫和精准脱贫，为全面建成小康社会作出贡献。

（五）着力提高森林质量是林业现代化建设的重要内容。当前，森林质量差是制约我国林业发展的主要瓶颈，也是林业现代化建设的突出短板。只有着力提升森林质量，夯实林业发展的物质基础，才能走上资源增长、林业增效、林农增收、生态良好、林区和谐的可持续发展之路。加快转变林业发展方式，推进由以扩大森林面积为主的外延式发展向着力提高森林质量的内涵式发展转变，由追求森林的单一功能向发挥森林的多种功能转变，由粗放经营向集约化、精细化经营转变，着力培育健康稳定优质高效的森林生态系统，是实现林业现代化的必由之路。

二、准确把握着力提升森林质量的形势任务，全面实施森林质量精准提升工程

着力提高森林质量，既是党中央、国务院交给林业主管部门的一项重大任务，也是林业自身发展必须着力解决的一个突出问题，需要从政策措施、技术规程、检查核查等各个方面改革创新、协调推进，才有可能取得明显成效。各级林业主管部门要认真贯彻落实习近平总书记重要指示精神，紧紧抓住当前的良好机遇，科学谋划，明确思路，完善措施，综合施策，全力推进我国森林质量精准提升。

当前，提高我国森林质量面临着难得的有利时机。从国际看，面对全球生态危机，森林可持续经营已经成为国际社会共同关注的焦点和国际森林问题的核心。1992年世界环发大会上100多个国家政府签署的《关于森林问题的原则声明》，核心就是加强森林可持续经营。2007年联合国森林论坛第七次会议通过的《国际森林文书》，将森林可持续经营问题上升到与全球粮食危机、气候变化同等的高度。同时，有关森林问题的政府间行动也越来越多，先后推出了蒙特利尔、赫尔辛基等9个国际进程。2015年巴黎气候变化大会通过的《巴黎协定》，继续鼓励发展中国家通过森林可持续经营增加碳汇。从国内看，党中央、国务院对生态文明建设和林业改革发展高度重视。习近平总书记对林业生态建设、维护生态安全、增加森林总量、提高森林质量作出了一系列重要指示，把林业提到了前所未有的战略高度。各地认真落实中央决策部署，先后出台了许多加强造林绿化、提高森林质量的工程规划和政策措施，公共财政的支持力度不断加大。加快绿化步伐、提升森林质量，已成为各级政府和广大人民群众的共识。同时，各地开展试点示范也为做好森林质量提升积累了宝贵经验。

但同时也要看到，我国森林质量不高的问题十分突出，每公顷森林蓄积量不到90立方米，只有世界平均水平的70%；每公顷森林年均生长量只有4.23立方米；结构完整的森林只占63.5%，原始林或接近原始状态的森林只占4%；人工林树种单一，纯林多、混交林少。我国森林质量远低于世界平均水平，与林业发达国家有更大的差距，森林质量提升有着巨大空间。基于这样的认识，国家林业局已把提高森林质量作为重点内容列入林业发展"十三五"规划，编制印发了《全国森林经营规划(2016—2050年)》，并正在组织编制"十三五"森林质量精准提升工程规划。当前和今后一个时期，着力提高森林质量的总体要求是：深入学习贯彻习近平总书记系列重要讲话精神，牢固树立五大发展理念，以构建健康稳定优质高效的森林生态系统为目标，全面实施森林质量精准提升工程，着力提高森林质量与效益，充分发挥森林多种功能，为维护国家生态安全、实现中华民族永续发展创造更好的生态条件。力争到2020年，全国森林蓄积量达到165亿立方米以上，造林良种使用率达到75%，林业科技进步贡献率达到55%，乔木林每公顷蓄积量达到95立方米以上、年均生长量达到4.8立方米以上、混交林比例达到45%以上，珍贵树种大径级用材林比例达到15%以上，森林植被总碳储量达到95亿吨以上。

实现上述目标要求，要着力抓好以下五个方面的工作。

（一）全面提高造林质量。确保造林质量是提高森林质量的基础和前提。这些年我们发展油茶产业的成功实践表明，造林质量必须从良种壮苗抓起。要加大乡土树种、珍贵树种及适宜困难立地造林的抗逆性树种的繁育力度，积极培育良种壮苗，提倡使用实生苗、容器苗造林，确保造林成活率和保存率。要综合考虑立地适应性、区位功能要求等因素，科学确定造林树种和植被恢复方式，宜造则造、宜封则封、宜飞则飞，确保造一片、活一片、成林一片。干旱半干旱、石漠化、盐碱化等困难立地造林，要坚持以水定林、以地力定林，宜乔则乔、宜灌则灌、宜草则草。要大力营造混交林，重视培育阔叶林，推行针叶与阔叶树种混交、乔木与灌木树种混交，尽快扭转人工林树种单一、结构简单、林地退化的局面。

（二）切实加强森林经营。森林经营是提高森林质量、确保成林成材的重要手段，必须彻底改变目前重造林轻经营、重栽树轻管护的现象。针对过疏、过密、过纯等不同情况，要综合采取抚育间伐、补植补造、促进天然更新等措施，调整树种组成，优化森林结构。根据《林业发展"十三五"规划》，今后5年我国每年森林抚育任务在1.2亿亩以上，这些任务必须全面完成。森林经营既要关注森林面积、蓄积量、生长量等传统生产指标，又要重视森林的树种组成、年龄结构、径级结构、层次结构等生态系统健康指标，着力构建健康稳定的森林生态系统。在具体实施中，要树立多功能近自然经营的理念，既要充分利用自然力，也要合理采取人工措施，科学经营利用森林，不断提升森林的多种功能效益。要不断改进森林经营工艺技术，推动轮伐、皆伐等采伐利用方式向渐伐、径级择伐、单株木择伐等转变，实现森林恒续覆盖。要规范森林经营行为，保护好森林土壤，防止地力衰退，避免林地破坏和水土流失。

（三）积极推进退化林修复。目前，我国北方地区许多防护林已经退化，南方地区还有大面积的低质低效林，这些都是提升森林质量必须啃下的"硬骨头"。按照《全国森林经营规划（2016—2050年）》，到2020年，北方地区要修复退化林分7050万亩，南方地区要改造低质低效林7950万亩。对于这些任务，要科学认定，摸清底数，编好规划，确保如期完成。对于立地条件较差、生态极度脆弱，不具备修复和改造条件的退化林，要加强封育保护。对于立地条件较好、具备修复和改造条件的，要科学采取补植、抚育、封育、更替等综合措施，促进森林生态系统正向演替。实施退化林修复，要多做加法，少做减法，避免"大砍大造"，尤其要防止借修复之名乱砍滥伐、毁林造林。

（四）抓紧完善相关技术标准规程。提高森林质量关键要靠林业科技进步。要加快推进相关技术标准的"立、改、废"，建立以全国性标准为指导、区域性和地方标准为补充的森林质量提升技术标准体系。要加快制定主要树种经营技术标准，科学开展造林育林，精准提升森林质量。要加强林地立地质量评价、森林经营关键技术体系等基础研究，加快抗逆树种培育、旱区造林、退化林修复、营林机械设备研发等实用技术开发。要对抚育、低改、采伐、更新、保护等技术措施优化组合，建立健全森林作业法体系。要将森林作业法的技术要求、工艺流程细化落实到森林经营活动的技术规程、作业设计、施工监管、质量检查全过程，确保森林经营行为科学规范。要加强森林经营重点实验室、工程技术研究中心等创新平台建设，以林业科技创新推动森林质量全面提升。

（五）不断强化森林资源保护。着力提高森林质量，必须坚持保护优先，防止对森林生态系统造成破坏。要加强林地保护，划定林地红线，坚决打击非法占用林地等涉林违法犯罪行为。要完善天然林保护制度，全面停止天然林商业性采伐，划定天然林保护红线，明确各级政府和社会、公民保护天然林的责任，建立有效的天然林管护体系。要加强森林防火和林业有害生物防治，最大限度地减少森林资源损失，维护森林生态系统健康稳定。

三、切实完善政策措施，为着力提高森林质量提供坚强保障

着力提高森林质量，是一项复杂的系统工程，既需要从森林培育的全过程综合施策，又需要各地方各部门齐抓共管，形成合力，扎实推进，久久为功，确保取得实实在在的成效。

（一）加强组织领导。各级林业主管部门要把提升森林质量作为推进林业现代化建设的重大任务，积极争取党委政府的支持，推动出台提高森林质量的指导性文件，把森林质量提升作为约束性指标纳入政府目标考核体系，科学制定评价标准和考核办法，推动目标责任落实。国家林业局已经成立森林经营工作领导小组，并制定了工作制度。各地也要建立职责清晰、运行顺畅、统一规范的森林质量提升工作机制，林业主管部门要主动作为，相关部门要支持配合，共同推进森林质量提升目标如期实现。

（二）抓好规划编制。要强化县级以上人民政府依法编制和执行森林经营规划的职责，实行长期的森林经营战略。各地要根据《全国森林经营规划》，加快推进省级、县级规划编制工作，争取2017年上半年全部完成省级规划，2018年上半年完成县级规划，建立健全三级森林经营规划体系。省级森林经营规划应由省级林业主管部门编制，省级人民政府批准实施。要落实全国森林经营规划确定的目标任务，划分森林经营亚区和森林经营类型，明确各亚区经营策略，提出主要森林类型及作业法体系，并落实到县级单位。县（局）级规划要将国家、省级规划确定的目标、任务、技术措施落到山头地块。

（三）落实经营方案。要依法加快推进各类经营主体根据森林经营规划编制森林经营方案。国有林业局、国有林场要率先编制森林经营方案。2017年底，要完成40个国有林业局、3397个国有林场的森林经营方案编制；2019年底，要全面完成国有林业局和国有林场的森林经营方案编制。县级林业主管部门要组织指导农村集体经济组织以及林业专业合作组织、民营林场、经营大户等新型经营主体编制森林经营方案。要把提升森林质量的要求贯穿落实到森林经营方案编制和实施的全过程。要强化森林经营方案的执行力，落实依据森林经营方案开展经营活动的制度，采伐限额、计划任务、补助资金等要与森林经营方案挂钩。

（四）强化政策扶持。要积极争取提高天然林管护、造林、森林抚育补贴标准，完善中央财政林业补贴政策。要探索建立林业财政补贴动态调整和分级补偿机制。各地林业主管部门要积极争取地方政府加大资金投入力度，探索建立符合当地实际的森林经营财政补贴政策。要发挥公共财政引导作用，推进落实政府与社会资本合作机制（PPP），鼓励和引导各类经营主体自觉投资开展森林经营，形成中央、地方财政与经营主体共同筹资的多元投入机制。要依据国家有关规定，统筹使用森林公园门票和其他经营性收入，支持开展森林培育和保护，提高森林质量，优化森林景观。要推进林业产权交易制度建设，完善林业碳汇交易制度，拓宽森林质量提升工作的融资渠道。

（五）改革采伐管理。要正确处理森林采伐与森林培育的关系，通过科学合理的采伐利用促进森林质量提高。加快修改森林法，推进落实依据森林经营方案编制和执行森林采伐限额的管理制度。修订森林采伐相关技术规程，建立有利于培育健康稳定优质高效森林生态系统、有利于推行多功能全周期经营的森林采伐管理制度。要严格控制皆伐，倡导和鼓励渐伐、径级择伐、单株木择伐等采伐利用方式。要实行宽严相济、放管结合的采伐监管政策，简化采伐限额分解、林木采伐审批程序，做到公开透明、便民高效。要研究创新监管手段，引导经营主体自律，防止不合理采伐破坏森林资源。要科学制定并严格按照森林经营方案开展天然林抚育，该采伐的要采伐，该出材的应允许出材。

（六）创新经营机制。要改革国有林业局、国有林场内部管理方式和运行机制，加强技术培训和指导服务，组建以林业职工为主的营林专业队伍，调动他们参与造林、育林的积极性。要鼓励和培育林业专业合作组织、股份制林场、龙头企业、经营大户等新型经营主体，推动集体林由分散经营向适度规模经营转变。要探索推进政府购买服务，通过合同、委托等方式，引导营造林公司、专业队等社会主体参与森林经营。要鼓励企业利用森林抚育剩余物发展生物质能源，利用抚育产出的中小径材发展加工业，利用森林景观发展森林旅游、森林康养等产业，激发各类经营主体科学经营森林、提高森林质量的内生动力。

（七）抓好示范带动。要建立健全森林质量提升样板示范体系，力争到2018年底，全国建成20个国家级样板基地、100片示范林；到2020年底，建成国家级、省级样板基地100个、示范林1000片。要把森林经营方案编制和执行、森林采伐管理改革、多功能森林经营理论与技术探索等问题作为试点的重点内容，抓好和用足试点，充分发挥示范带动作用。对实践证明行之有效的好经验、好做法，要及时总结推广，带动森林质量全面提升。要加强森林经营专业人才培养，建立健全常态化的人才培训制度，逐级抓好技术培训，充实和稳定基层林业专业人才队伍，稳步推进森林质量提升。

同志们，着力提高森林质量，事关林业发展全局，事关国家生态安全，任务艰巨，责任重大。各级林业主管部门要深入学习领会习近平总书记系列重要讲话精神，认真贯彻落实中央的决策部署，抓住机遇，改革创新，扎实工作，全面提升我国森林质量，为维护国家生态安全、实现中华民族永续发展作出新的更大贡献！

全面开创林业产业发展新局面 为全面建成小康社会作出新贡献

——在第三届全国林业产业大会上的讲话

张建龙

（2016年12月23日）

这次大会的主要任务是：深入学习贯彻习近平总书记关于“绿水青山就是金山银山”等系列重要讲话精神，总结近几年林业产业工作，研究部署今后一个时期林业产业工作，加快推进供给侧结构性改革，为林业改革发展和全面建成小康社会作出新贡献。刚才，我们观看了精品展示片，签署了合作协议，颁发了突出贡献奖，宣布了一批龙头企业。下面，我再讲三点意见。

一、深入学习领会习近平总书记重要讲话精神，充分认识加快林业产业发展的重大意义

党的十八大以来，习近平总书记对林业改革发展高度重视，先后做出一系列重要指示。习近平总书记强调，林区转型发展，要按照绿水青山就是金山银山、冰天雪地也是金山银山的思路，摸索接续产业发展路子；要让绿水青山充分发挥经济社会效益；要把增加绿色优质农产品供给放在突出位置。这些重要论述，为加快林业产业发展指明了方向、提供了遵循。我们要认真学习领会，切实把思想和行动统一到习近平总书记重要指示精神上来，充分认识加快林业产业发展的重大意义，以更大的力度、更实的措施推动林业产业发展。

（一）加快林业产业发展，是将绿水青山变成金山银山的有效手段。绿水青山是一个地区的最大优势和潜力所在，但一些地方虽有绿水青山，经济社会发展却相对滞后，民生问题仍然突出，究其根本原因就是没有找到绿水青山就是金山银山的有效办法。许多成功实践表明，在坚持保护优先的前提下，科学利用森林景观资源，大力发展森林康养、森林旅游、林下经济等林业产业，完全可以将资源优势、生态优势转化为经济优势，不砍树能致富将绿水青山变成金山银山，实现保护生态和发展经济双赢。

（二）加快林业产业发展，是推进林业供给侧结构性改革的必然要求。目前，我国生态产品和林产品都十分短缺，木材对外依存度近50%，食用植物油依存度超过70%，天然橡胶依存度高达80%，其他绿色优质林产品也供不应求。推进林业供给侧结构性改革，必须加快林业产业发展，增强林产品供给能力，才能满足市场的多样化需求。我国有丰富的林地、湿地和物种资源，发展林业产业具有独特优势和巨大潜力，完全有条件通过做大做强林业产业，立足国内保障木材等林产品供给。要紧紧抓住推进供给侧结构性改革的良好机遇，借助林产品需求侧的强大拉动力，加快发展林业产业，调整优化产业和产品结构，努力增加优质林产品供给。

（三）加快林业产业发展，是林业现代化建设的重要内容。林业既是一项重要的公益事业，又是一项重要的基础产业，不仅要生产生态产品，而且要生产物质产品，保障林产品供给。在建设生态文明和美丽中国的新形势下，推进林业现代化建设，既要坚定不移地实施以生态建设为主的林业发展战略，全面保护各种林业资源，又要把发展林业产业摆在重要位置，坚持两手抓，二者不可偏废。保护生态和发展产业都是服务国家大局的需要，通过发展林业产业，让林业经营者获得适当的经济收入，也有利于更好地保护和培育森林资源，全面提升林业现代化建设水平。

（四）加快林业产业发展，是实现农民增收和精准脱贫的重要途径。我国山区、林区和沙区森林资源相对比较丰富，是发展林业产业的重点地区，这一区域集中了60%的贫困人口，森林资源是他们最重要的生产资料，林业产业是他们最适合从事的产业。林业具有涵盖范围广、产业链条长、产品种类多、就业容量大的优势。一些地方通过发展林业产业，已经帮助贫困人口实现精准脱贫、稳定脱贫。进一步做大做强林业产业，对于832个贫困县摘帽和农村贫困人口脱贫致富，确保与全国人民同步进入小康社会，意义十分重大。

（五）加快林业产业发展，是完成林业改革任务的重要保障。资源增长、收入增加、生态良好、林区和谐，是集体林权制度改革、国有林场改革和国有林区改革的主要目标。要实现这些目标，不仅要培育发展森林资源，而且要依托森林资源加快发展非林非木产业，促进职工群众就业增收，巩固和扩大改革成果。特别是国有林区，森林资源丰富，富余职工众多，产业结构单一，只有发挥绿色资源优势，大力发展特色产业、替代产业、接续产业，加快林区转型发展，改革目标才能顺利实现。

二、科学把握林业产业发展面临的新形势，着力适应林业产业创新发展的新要求

进入新世纪以来，党中央、国务院对加快林业产业发展做出了一系列重要部署。国家林业局先后召开了两次全国林业产业大会。经过全社会的共同努力，我国林业产业实现了快速、持续、健康发展。全国林业产业总产值已由2001年的4090亿元增加到2015年的5.94万亿元，15年增长了13.5倍，我国已成为世界上林业产业发展最快的国家和世界林产品生产、贸易、消费第一大国。

在我国林业产业发展的进程中，第一产业快速发展，2015年实现产值2万亿元，其中经济林产业异军突起，产值突破1万亿元，达到1.19万亿元。第二产业产值由2001年的1241.62亿元增加到2.98万亿元，增长23倍，这标志着我国林业工业化实现了跨越式发展。第三产业由2001年的145.16亿元增加到9262亿元。林业一、二、三产业结构由67∶30∶3调整为34∶50∶16，实现了显著优化。

总地看，我国林业产业发展取得了巨大成就，为7亿多农村人口脱贫致富做出了重要贡献，对“绿水青山就是金山银山”做出了很好的诠释。但同时，我们也要清醒地看到，我国林业产业还存在不少问题。主要表现在：区域发展不平衡，企业规模小，科技水平低，结构不合理，高精深少，高附加值产品少，整体效益还不高，林业产业发展还有着巨大的潜力和空间。

当前，世界经济复苏乏力，追求绿色发展、低碳发展、循环发展成为全球经济发展的新趋势。我国经济发展进入新常态，正处在转型升级的重要阶段，党中央、国务院明确提出了加快供给侧结构性改革的新要求和创新、协调、绿色、开放、共享的新发展理念。林业产业发展在连续十几年实现高速增长的情况下，也出现了许多新变化。一是市场需求出现了新变化。国际市场对我国林产品的需求有所下降，国内市场对绿色产品、生态服务和品牌化、个性化产品的需求日益增长。二是产业形态出现了新变化。林业产业与信息技术的融合发展，与金融业的融合发展，与现代物流业的融合发展，与能源产业、中医药产业、运动产业、教育产业和服务业的融合发展，呈现出许多新业态、新模式、新趋势。三是要素配置出现了新变化。林地价值价格逐年上升，劳动力成本明显增加，国家已允许科技人员和科技成果入股经营，股权收购、兼并重组、建立私募基金成为林业产业发展新动向，PPP模式越来越受到重视，生态建设和林业产业发展已成为企业履行社会责任、发展低碳经济、推动绿色增长的重要领域。四是国际贸易环境出现了新变化。纳入《濒危野生动植物种国际贸易公约》严格限制交易的树种增加到246个，全球已有90个国家限制或禁止原木出口。国际贸易保护主义抬头，在传统贸易壁垒依然存在的情况下，技术性贸易壁垒正在逐步增加，绿色壁垒已经成为常态。近5年我国仅人造板材一项就遭受到来自11个国家的“双反”调查。

这些新形势、新变化，既给林业产业发展提出了新挑战，又给加快林业产业发展带来了新机遇。站在新的历史起点上，要抓住新机遇，应对新挑战，实现林业产业转型升级，实现林业产业由大变强的历史性转变，关键在创新发展，潜力在创新发展，希望也在创新发展。这是世情国情林情对林业产业发展提出的最重要、最核心的新要求。

一要加强机制创新。深化集体林权制度改革，积极稳妥推进国有林场和国有林区改革，着力改变体制不顺、机制不活、产权界定不清等制约林业发展的深层次问题。健全完善林业发展财政金融扶持制度，加强林业金融创新，用活用好金融资金，采取多元融资模式筹措产业发展资金，破解融资难题。刚才，我们与中国建设银行签署全面战略合作暨林业产业发展投资基金合作协议就是要解决林业产业融资问题，特别是解决金融资本进入林业产业的问题。

二要加强产品创新。坚持以市场需求引领产品研发和服务创新，把增加绿色优质林产品放在突出位置，着力增强林产品与生态服务供给的适应性和针对性。坚持以创新拓展市场领域，推动林业产业由资源依赖型向创新发展型转变。深入挖掘、深度开发林产品的生物质功能、碳汇功能、保健功能和文化功能，充分发挥林业产业的多样性、多功能性、生态性和林产品的可循环性、可降解性，为推行绿色发展方式和生活方式做出新贡献。

三要加强组织创新。积极引导发展家庭经营、合作经营、企业经营，促进适度规模经营，着力提升劳动生产率、林地产出率和资源利用率。充分发挥龙头企业在产业发展中的引领作用，着力推进一、二、三产业融合发展。建设集研发设计、流程优化、市场营销、物流配送等于一体的产业园区，充分发挥其节能降耗、降低成本、优势互补的作用，提升产业整体效益。

四要加强科技创新。科技创新在林业产业发展、特别是中央提出的供给侧结构性改革中意义非常重大。我们刚才观看的精品展示片中的生动实践表明，凡是林业产业发展好的地方，科技创新都做得比较好，只有加强科技创新，才能把林业产业不断做大做强。要突出加强基础研究，对现有高新技术企业要鼓励做大做强。落实林业科技成果处置和收益政策，推动科研院所、高校、涉林企业建立协同研发体系和创新联盟。继续加大林业生物质能源、生物质材料、生物制药、生物提取物等关键技术攻关，以新技术突破带动形成新产业新业态。用好用足现代信息技术，大力发展“智慧林业”，以信息化带动林业产业现代化。

三、抓实抓好重点工作，努力开创林业产业发展新局面

加快林业产业发展，必须全面贯彻党的十八大和十八届三中、四中、五中、六中全会精神，深入学习贯彻习近平总书记系列重要讲话精神，牢固树立新发展理念，以推进林业供给侧结构性改革为主线，以市场需求为导向，以政策引导、示范引领、龙头带动为抓手，做强一产、做优二产、做活三产，努力增加绿色优质林产品供给，为绿色富国、绿色惠民、全面建成小康社会做出新的贡献。力争到2020年，全国林业总产值达到9万亿元，一、二、三产业结构比例调整为27:52:21，林业主要产业带动就业人数达到6000万。实现林业产业发展目标，要着力抓实抓好八项重点工作。

（一）大力发展新兴产业和富民产业。要充分利用林业高新技术，做大林业生物质新材料、生物质能源、生物制药和生物提取物等新兴产业。对林下经济、木本油料、竹藤花卉、森林药材、森林食品、特色经济林、森林旅游康养和沙产业等富民产业，要突出特色，避免产业趋同；要发挥规模效应，一个县做成一两个支柱产业；要改造提升传统产业和优势产业，把传统产业做精，把优势产业做强。

（二）实施重点工程带动产业发展。“十三五”期间，要实施一批林业产业重点工程，以大工程带动大发展。今年我们制定了《林业产业发展“十三五”规划》，规划了一批重点发展的林业产业，大家要高度重视。要加快实施国家储备林建设工程，在自然条件适宜地区，大力培育速丰林、珍贵树种和大径级用材林，逐步解决我国用材问题。要加快实施木本粮油发展工程，建设油茶等一批木本粮油基地，推进加工产业发展，种植面积达到2.7亿亩，年产量达2450万吨。要实施森林旅游休闲康养服务工程，构建林业生态服务体系，各类森林旅游康养休闲基地数量达到1万个，年接待人数突破25亿人次，要结合实际打造一批依托国有林场、森林公园、湿地公园和沙漠公园的森林旅游、森林休闲、森林康养基地。要实施特色经济林、林下经济和竹藤花卉苗木产业发展工程，推进规模化、产业化、标准化生产。要实施林业生物产业、林业碳汇和林业装备制造工程，把我国特有资源、特有技术转化为产业优势、市场优势，补齐林业产业发展短板。特别要加大林产品采摘机械的研发力度，降低劳动强度和人工成本。要加强跟踪对比研究，通过实验和长期对比，把小品种培育成大产业。

（三）加快林业产业集群发展和示范园区建设。优化人造板、家具、木浆造纸和林业循环经济等产业布局，依托资源禀赋和口岸优势，打造一批精深加工产业集群，发挥重点产业集聚效应和区域产业竞争优势。发展适度规模经营，优化经营结构，推动规模经营与脱贫攻坚和带动农户增收有机结合。依托特色林产品基地、森林食品基地和竹藤示范区，建立特色林业精品园和林业产业现代化示范园区。特别要加强竹子的开发利用示范。大力培育林业龙头企业，完善动态评价管理机制，推动组建国家林业重点龙头企业联盟。支持林业龙头企业跨区域合作，鼓励龙头企业与林业合作社参股经营。落实好返乡下乡人员创业创新政策，扩大林业产业就业容量。

（四）推进林业产业与互联网深度融合。建立健全以林产品电子商务为重点的林产品市场体系，减少流通环节、降低流通成本、提升林产品价值。加快上海自贸区中国林产品交易所建设，探索林产品现货交易和期货交易，逐步形成全球性的林产品交易市场，增强我国大宗林产品的定价权。全面推进林产品国家标准、行业标准和企业标准建设，推动林产品标准国际化。抓紧实施品牌发展战略，加快制定并实施国家林业品牌建设与保护计划，建立森林生态标志产品质量可追溯体系，逐步形成集保真溯源、产品升级和金融、保险于一体的电子商务系列化服务平台，打造名牌产品。编制全国林产品企业名录，完善产业基础数据库。建设国家重点林产品市场监测预警体系，为林业产业防范市场风险提供可靠信息保障。

（五）继续深化林业产业国际合作。以“一带一路”建设国家战略为依托，扩大和深化国际林业产业合作。加强林业产业对外合作重大问题研究，主动参与国际贸易规则制定。加快林业“走出去”步伐，鼓励有条件的企业建立海外森林资源培育基地和林业投资合作示范园区，提高资源供给能力。引导企业优化林产品贸易结构，巩固现有市场，拓展新兴市场。深化我国木材加工、林业机械制造等优势产能国际合作，推进林业调查规划、勘察设计等服务和技术模式输出。依托国内木材口岸，建设进口木材资源储备加工交易基地。健全政府、行业和企业“三位一体”的林业贸易摩擦应对和境外投资预警协调机制。中国林业产业联合会、中国林产工业协会要继续与有关方面共同做好贸易摩擦应对工作。

（六）着力完善林业产业扶持政策。建立林权市场化收储加补贴机制，完善林权抵押质押贷款制度。创新中央财政扶持政策，推进实施与林业发展特点相适应的财政贴息政策，积极鼓励政府与企业、民营资本合作，大力推广国家储备林等林业 PPP 项目建设。力争“十三五”期间，社会资本和金融资本投入林业生态建设和保护达到5000亿元。建立和完善全国性的林业产业发展基金，鼓励有条件的地方政府和社会资本共同发起区域性林业绿色发展基金。完善森林保险制度，推动建立森林巨灾保险基金和巨灾再保险。完善商品林采伐管理，大力推行林木采伐限额公示。构建林业机械技术创新和制造体系，提升林业装备现代化水平。

（七）切实加强指导和服务。各地要依托森林资源禀赋和区域特点，统筹规划林业产业发展，因地制宜确定主导产业。加快推进“放管服”改革，制定林业产业和市场准入负面清单。建立林业重点企业联系制度，完善产业统计和监测指标体系。发挥行业协会桥梁纽带作用，加强行业自律和企业合法权益维护。

（八）进一步加强组织领导。当前，中央提出了供给侧结构性改革和精准脱贫的重要部署，大力发展林业产业正当其时。这一点希望各省区市林业主管部门引起高度重视，在高举生态建设大旗的同时，也要把林业产业做大做强。没有产业的林业，是不完整的林业，也是不会引起社会重视的林业。我们这次召开第三届全国林业产业大会，就是要强调林业产业非常重要，各地不仅要提高认识，更要有具体的推进措施。各级林业主管部门要把发展林业产业摆上重要位置。国家林业局林业产业工作领导小组及办公室要发挥好统筹协调作用。要积极争取发展改革、财政、银监、保险、商务、质检、工商等有关部门对林业产业的支持。各级林业主管部门要加强林业产业管理队伍建设，为加快林业产业发展提供组织保障。

同志们，做大做优做强林业产业，是深化林业供给侧结构性改革、培育林业发展新动能的战略选择。我们要统一思想、提高认识，齐心协力、真抓实干，全面开创林业产业发展新局面，为推进林业现代化建设、全面建成小康社会作出新的更大贡献！

部门规章

国家林业局令

第40号

《林木种子生产经营许可证管理办法》已经2016年4月11日国家林业局局务会议审议通过，现予公布，自2016年6月11日起施行。

国家林业局局长　张建龙

2016年4月19日

林木种子生产经营许可证管理办法

第一章　总　则

第一条　为了规范林木种子生产经营许可证的管理，根据《中华人民共和国种子法》、《中华人民共和国行政许可法》的有关规定，制定本办法。

第二条　在中华人民共和国境内从事林木种子生产经营许可证的申请、审核、核发和管理等活动，适用本办法。

本办法所称林木种子生产经营许可证，是指县级以上人民政府林业主管部门核发的准予从事林木种子生产经营活动的证件。

第三条　本办法所称林木种子是指林木的种植材料（苗木）或者繁殖材料，具体是指乔木、灌木、藤本、竹类、花卉以及绿化和药用草本植物的籽粒、果实、根、茎、苗、芽、叶、花等。

第四条　从事林木种子经营和主要林木种子生产的单位和个人应当取得林木种子生产经营许可证，按照林木种子生产经营许可证载明的事项从事生产经营活动。

第五条　县级以上人民政府林业主管部门负责林木种子生产经营许可证的审核、核发和管理工作，具体工作可以由其委托的林木种苗管理机构负责。

第二章　申　请

第六条　从事林木种子经营和主要林术种子生产的单位和个人，应当向县级以上人民政府林业主管部门申请林木种子生产经营许可证。

第七条　申请林木种子生产经营许可证的单位和个人，应当提交下列材料：

（一）林木种子生产经营许可证申请表。

（二）营业执照或者法人证书复印件、身份证件复印件；单位还应当提供章程。

（三）经营场所、生产用地权属证明材料以及生产用地的用途证明材料。

（四）林木种子生产、加工、检验、储藏等设施和仪器设备的所有权或者使用权说明材料以及照片。

（五）林木种子生产、检验、加工、储藏等技术人员基本情况的说明材料以及劳动合同。

第八条　申请林木种子生产经营许可证属于下列情形的，申请人还应当提交下列材料：

（一）从事林木种子生产的，应当提供生产地点无检疫性有害生物证明。其中从事籽粒、果实等有性繁殖材料生产的，还应当提供具有安全隔离条件的说明材料、县级以上人民政府林业主管部门确定的采种林分证明以及照片。

（二）从事具有植物新品种权林木种子生产经营的，应当提供品种权人的书面同意或者国务院林业主管部门品种权转让公告、强制许可决定。

（三）从事林木良种种子生产经营的，应当提供林木良种证明材料。

（四）实行选育生产经营相结合的，应当提供育种科研团队、试验示范测试基地以及自主研发的林木品种等相关证明材料。

（五）生产经营引进外来林木品种种子的，应当提交引种成功的证明材料。

（六）从事林木种子进出口业务的，应当提供按照国家有关规定取得的种子进出口许可证明。

（七）从事转基因林木种子生产经营的，应当提供转基因林木安全证书。

第三章　审核和核发

第九条　申请林木种子进出口业务的林木种子生产经营许可证的，申请人应当向省、自治区、直辖市人民政府林业主管部门提出申请，经省、自治区、直辖市人民政府林业主管部门审核后，由国务院林业主管部门核发。

申请林木良种种子的生产经营和选育生产经营相结合的林木种子生产经营许可证的，申请人应当向所在地县级人民政府林业主管部门提出申请，经县级人民政府林业主管部门审核后，由省、自治区、直辖市人民政府林业主管部门核发。

申请前两款以外的其他林木种子生产经营许可证的，由生产经营者所在地县级以上地方人民政府林业主管部门核发。

只从事非主要林木种子生产的，不需办理林木种子生产经许可证。

第十条 申请林木种子生产经营许可证的，应当具备下列条件：

（一）具有与林木种子生产经营的种类和数量相适应的生户经营场所。从事籽粒、果实等有性繁殖材料生产的，必须具有晒场、种子库。

（二）具有与林木种子生产经营的种类和数量相适应的设施、设备等。从事籽粒、果实等有性繁殖材料生产的，必须具有种子烘干、风选、精选机等生产设备和恒温培养箱、光照培养箱、干燥箱、扦样器、天平、电冰箱等种子检验仪器设备。

（三）具有林木种子相关专业中专以上学历、初级以上技术职称或者同等技术水平的生产、检验、加工、储藏等技术人员。

第十一条 申请林木种子生产经营许可证从事籽粒、果实等有性繁殖材料生产的，除第十条规定外，还应当具备下列条件：

（一）具有繁殖种子的隔离和培育条件。

（二）具有无检疫性有害生物的生产地点或者县级以上人民政府林业主管部门确定的采种林。

申请林木种子生产经营许可证从事苗木生产的，除第十条规定外，还应当具有无检疫性有害生物的生产地点。

第十二条 负责审核的林业主管部门应当自受理申请之日起二十个工作日内完成审查：负责核发的林业主管部门应当自受理申请或者收至番审查材料之日起二十个工作日内作出行政许可决定，并将行政许可决定抄送负责审核的林业主管部门。二十个工作日内不能作出行政许可决定的，经本级林业主管部门负责人批准，可以延长十个工作日，并应当将延长期限的理由告知申请人。

核发林木种子生产经营许可证需要组织检验检测的，应当自受理之日起五个工作日内书面告知申请人。检验检测所需时间不得超过六十日。

检验检测所需时间不计入核发林木种子生产经营许可证工作日之内。

第十三条 对申请材料齐全、符合第十条以及第十一条规定条件的，林业主管部门应当核发林木种子生产经营许可证。对不符合第十条、第十一条规定条件的，林业主管部门应当作出不予核发林木种子生产经营许可证的行政许可决定，并告知不予许可的理由。

第十四条 林木种子生产经营许可证有效期限为五年，地方性法规、政府规章另有规定的除外。

第十五条 林木种子生产经营许可证有效期届满需要延续的，生产经营者应当在有效期届满三十日前向原发证机关提出延续的书面申请。申请者应当提交林木种子生产经营许可证延续申请表和上一年度生产经营情况说明。

林木种子生产经营许可证损坏、遗失的，生产经营者壶当在有效期届满前向原发证机关提出补发的书面申请并说明理由，同时将已损坏的林木种子生产经营许可证交回原发证机关。

原发证机关应当根据申请，在林木种子生产经营许可证有效期届满前作出是否准予延期或者补发的决定。

第十六条 林木种子生产经营许可证应当载明生产经营者名称、地址、法定代表人、生产经营种类、生产地点、有效期限、有效区域等事项。

从事林木良种种子生产经营的，林木种子生产经营许可证应当载明审（认）定的林木良种名称、编号。

林木种子生产经营许可证注明事项发生变更的，生产经营者应当自变更之日起三十日内，向原发证机关提出变更的书面申请。申请者应当提交变更申请和相应的项目变更证明材料，同时将林木种子生产经营许可证交回原发证机关。

有效期限和有效区域不得申请变更。

第十七条 林木种子生产经营许可证的有效区域由发证机关在其管辖范围内确定。生产经营者在林木种子生产经营许可证载明的有效区域设立分支机构的，专门经营不再分装的包装种子的，或者受具有林木种子生产经营许可证的生产经营者以书面委托生产、代销其种子的，不需要办理林木种子生产经营许可证：但应当在变更营业执照或者获得书面委托后十五日内，将拣木种子生产经营许可证复印件、营监执照复印件或者书面委托合同等证明材料报生产经营者所在地县级人民政府林业主管部门备案。

生产经营者在林木种子生产经营许可证载明的有效区域外设立分支机构的，应当重新申请办理林木种子生产经营许可证。

实行选育生产经营相结合的种子企业的林木种子生产经营许可证的有效区域为全国。

第四章 监督管理

第十八条 县级以上人民政府林业主管部门及其工作人员，不得参与和从事林木种子生产经营活动。

第十九条 县级以上人民政府林业主管部门应当按照公开、公平、公正的原则，开展对生产经营者林木种子生产经营活动的监督检查，并将监督检查情况立卷、归档，实行动态监督管理。监督检查的主要内容包括：

（一）开展林木种子生产经营活动情况。

（二）林木种子生产经营档案制度执行情况。

（三）生产经营的林木种子质量情况。

对监督检查中发现的问题，应当按照《中华人民共和国种子法》等规定予以处理。

第二十条 县级以上人民政府林业主管部门应当建立林木种子生产经营许可证管理档案，具体内容包括：申请材料、审核、核发材料及有关法律、法规规定的文件等。

林木种子生产经营许可证管理档案应当从林木种子生产经营许可证被注销或者自动失效之日起至少保留五年。

省、自治区、直辖市人民政府林业主管，部门应当于每年三月底前将上一年度林木种子生产经营许可证管理情况上报国家林业局。

第二十一条 生产经营者应当按照林木种子生产经营许可证的规定进行生产经营，建立林木种子生产经营档案。

第二十二条 申请者故意隐瞒有关情况或者提供虚假材料申请林木种子生产经营许可证的，申请人在一年内不得再次申请林木种子生产经营许可证。

生产经营者以欺骗、贿赂等不正当手段取得林木种子生产经营许可证的，生产经营者在三年内不得再次申请林木种子生产经营许可证。

第二十三条 有下列情形之一的，县级以上人民政府林业主管部门应当注销林木种子生产经营许可证，并予以公告：

（一）林木种子生产经营许可证有效期届满未延续的。

（二）林木种子生产经营许可证被吊销的。

（三）取得林木种子生产经营许可证后，无正当理由满六个月未开展相关生产经营活动或者停止相关生产经营活动满一年的。

（四）生产经营者的营业执照被吊销的。

（五）法律、法规规定的应当注销的其他情形。

第二十四条 林木种子生产经营许可证载明的林木良种被撤销审定或者认定到期的，生产经营者应当自公告发布之日起三十日内到原发证机关申请变更或者注销。

第五章 附 则

第二十五条 本办法中选育生产经营相结合企业，是指同时具备以下三个条件的林木种子生产经营企业：

1. 具有育种科研团队。
2. 具有试验示范测试基地。
3. 具有自主研发的林木品种。

第二十六条 林木种子生产经营许可证和申请表的格式由国家林业局制定。

第二十七条 本办法自2016年6月1日起施行。国家林业局于2002年12月2日发布、2011年1月25日第一次修改、2015年4月30日第二次修改的《林木种子生产、经营许可证管理办法》同时废止。

国家林业局令

第41号

《中华人民共和国主要林木目录（第二批）》已经2016年7月25日国家林业局局务会议审议通过，现予公布，自2016年9月20日起施行。

国家林业局局长 张建龙

2016年8月18日

中华人民共和国主要林木目录（第二批）

科	拉丁名	序号	属（种）	学　名
松科	Pinaceae	1	杉松（辽东冷杉）	*Abies holophylla* Maximowicz
		2	臭冷杉	*Abies nephrolepis* (Trautvetter ex Maximowicz) Maximowicz
		3	油杉	*Keteleeria* spp.
杉科	Taxodiaceae	4	日本柳杉	*Cryptomeria japonica* (Thunberg ex Linnaeus f.) D. Don
		5	水松	*Glyptostrobus pensilis* (Staunt.) Koch
		6	台湾杉	*Taiwania* spp.
柏科	Cupressaceae	7	台湾扁柏	*Chamaecyparis obtusa* Siebold & Zuccarini var. *formosana* (Hayata) Hayat
		8	岷江柏木	*Cupressus chengiana* S. Y. Hu
		9	干香柏	*Cupressus duclouxiana* Hickel
		10	西藏柏木	*Cupressus torulosa* D. Don
		11	墨西哥柏木	*Cupressus lusitanica* Miller
		12	沙地柏（叉子圆柏）	*Juniperus sabina* Linnaeus
		13	杜松	*Juniperus rigida* Siebold & Zuccarini
		14	祁连圆柏	*Juniperus przewalskii* Komarov
罗汉松科	Podocarpaceae	15	竹柏	*Nageia nagi* (Thunberg) Kuntze
		16	陆均松	*Dacrydium pienrrei* Hickel
三尖杉科	Cephalotaxaceae	17	三尖杉	*Cephalotaxus fortunei* Hooker
红豆杉科	Taxaceae	18	白豆杉	*Pseudotaxus chienii* (W. C. Cheng) W. C. Cheng
		19	榧树	*Torreya grandis* Fortune ex Lindley
		20	红豆杉	*Taxus* spp.

（续）

科	拉丁名	序号	属(种)	学　名
木兰科	Magnoliaceae	21	木莲	*Manglietia* spp.
		22	含笑	*Michelia* spp.
		23	木兰	*Magnolia* spp.
五味子科	Schisandraceae	24	五味子	*Schisandra chinensis* (Turczaninow) Baillon
樟科	Lauraceae	25	樟	*Cinnamomum* spp.
		26	天目木姜子	*Litsea auriculata* S. S. Chien & W. C. Cheng
		27	毛叶木姜子	*Litsea mollis* Hemsley
		28	木姜子	*Litsea pungens* Hemsley
		29	山苍子	*Litsea cubeba* (Loureiro) Persoon
		30	山胡椒	*Lindera glauca* (Siebold & Zuccarini) Blume
		31	香叶树	*Lindera communis* Hemsley
		32	乌药	*Lindera aggregate* (Sims) Kostermans
		33	三桠乌药	*Lindera obtusiloba* Blume
		34	黑壳楠	*Lindera megaphylla* Hemsley
		35	润楠	*Machilus* spp.
		36	新木姜子	*Neolitsea aurata* (Hayata) Koidzumi
		37	鸭公树	*Neolitsea chuii* Merrill
		38	楠	*Phoebe* spp.
		39	檫木	*Sassafras tzumu* (Hemsley) Hemsley
小檗科	Berberidaceae	40	小檗	*Berberis* spp.
蓼科	Polygonaecae	41	沙木蓼	*Atraphaxis bracteata* Losinskaja
		42	沙拐枣	*Calligonum* spp.
藜科	Chenopodiaceae	43	梭梭(琐琐)	*Haloxylon* spp.
蒺藜科	Zygophyllaceae	44	白刺	*Nitraria tangutorum* Bobrov
		45	四合木	*Tetraena mongolica* Maximowicz
酢浆草科	Oxalidaceae	46	阳桃(杨桃)	*Averrhoa carambola* Linnaeus
千屈菜科	Lythraceae	47	紫薇	*Lagerstroemia* spp.
瑞香科	Thymelaeaceae	48	土沉香	*Aquilaria sinensis* (Loureiro) Sprengel
紫茉莉科	Nyctaginaceae	49	叶子花(三角梅)	*Bougainvillea spectabilis* Willdenow
山龙眼科	Proteaceae	50	银桦	*Grevillea robusta* A. Cunningham ex R. Brown
海桐花科	Pittosporaceae	51	海桐	*Pittosporum tobira* (Thunberg) W. T. Aiton
大风子科	Flacourtiaceae	52	山桐子	*Idesia polycarpa* Maximowicz
天料木科	Samydaceae	53	红花天料木	*Homalium ceylanicum* (Gardner) Bentham
柽柳科	Tamaricaceae	54	柽柳	*Tamarix* spp.
山茶科	Theaceae	55	茶	*Camellia sinensis* (Linnaeus) Kuntze
		56	薄叶金花茶	*Camellia chrysanthoides* Hung T. Chang
		57	浙江红山茶(浙江山茶)	*Camellia chekiangoleosa* Hu
		58	大头茶	*Polyspora axillaris* (Roxburgh ex Ker Gawler) Sweet
		59	云南山茶(滇山茶)	*Camellia reticulata* Lindley
		60	大果核果茶	*Pyrenaria spectabilis* (Champion) C. Y. Wu & S. X. Yang
		61	红木荷(西南木荷)	*Schima wallichii* (Candolle) Korthals

（续）

科	拉丁名	序号	属(种)	学　名
猕猴桃科	Actinidiaceae	62	猕猴桃	*Actinidia* spp.
龙脑香科	Dipterocarpaceae	63	坡垒	*Hopea hainanensis* Merrill & Chun
		64	望天树	*Parashorea chinensis* H. Wang
桃金娘科	Myrtaceae	65	白千层	*Melaleuca cajuputi* subsp. *cumingiana*（Turczaninow）Barlow
		66	乌墨	*Syzygium cumini*（Linnaeus）Skeels
		67	蒲桃	*Syzygium jambos*（Linnaeus）Alston
		68	海南蒲桃	*Syzygium hainanense* Hung T. Chang & R. H. Miao
使君子科	Combretaceae	69	诃子(榄仁)	*Terminalia* spp.
红树科	Rhizophoraceae	70	木榄	*Bruguiera gymnorhiza*（Linnaeus）Savigny
		71	秋茄树	*Kandelia obovata* Sheue, H. Y. Liu & J. Yong
		72	红树	*Rhizophora apiculata* Blume
		73	红海兰	*Rhizophora stylosa* Griffith
藤黄科	Clusiaceae	74	木竹子(多花山竹子)	*Garcinia multiflora* Champion ex Bentham
		75	铁力木	*Mesua ferrea* Linnaeus
杜英科	Elaeocarpaceae	76	杜英	*Elaeocarpus* spp.
		77	猴欢喜	*Sloanea sinensis*（Hance）Hemsley
椴树科	Tiliaceae	78	蚬木	*Excentrodendron tonkinense*（A. Chevalier）Hung T. Chang & R. H. Miao
		79	椴树	*Tilia* spp.
梧桐科	Sterculiaceae	80	梧桐	*Firmiana simplex*（Linnaeus）W. Wight
		81	苹婆	*Sterculia monosperma* Ventenat
木棉科	Bombacaceae	82	木棉	*Bombax ceiba* Linnaeus
锦葵科	Malvaceae	83	木槿	*Hibiscus syriacus* Linnaeus
		84	木芙蓉	*Hibiscus mutabilis* Linnaeus
		85	黄槿	*Hibiscus tiliaceus* Linnaeus
		86	朱槿	*Hibiscus rosa – sinensis* Linnaeus
大戟科	Euphorbiaceae	87	重阳木	*Bischofia polycarpa*(H. Léveillé) Airy Shaw
		88	秋枫	*Bischofia javanica* Blume
		89	蝴蝶果	*Cleidiocarpon cavaleriei*（H. Léveillé）Airy Shaw
		90	橡胶树	*Hevea brasiliensis*（Willdenow ex A. Jussieu）Müller Argoviensis
		91	麻疯树(小桐子)	*Jatropha curcas* Linnaeus
		92	白茶树	*Koilodepas hainanense*（Merrill）Airy Shaw
		93	余甘子	*Phyllanthus emblica* Linnaeus
		94	山乌桕	*Triadica cochinchinensis* Loureiro
茶藨子科	Grossulariaceae	95	黑茶藨子(黑果茶藨子)	*Ribes nigrum* Linnaeus
虎耳草科	Saxifragaceae	96	东北山梅花	*Philadelphus schrenkii* Ruprecht
		97	大果绣球(绣球)	*Hydrangea macrocarpa* Handel-Mazzetti
蔷薇科	Rosaceae	98	桃	*Amygdalus* spp.
		99	杏	*Armeniaca* spp.
		100	山楂	*Crataegus* spp.
		101	樱桃	*Cerasus* spp.

（续）

科	拉丁名	序号	属(种)	学 名
		102	木瓜	*Chaenomeles sinensis* (Thouin) Koehne
		103	平枝栒子	*Cotoneaster horizontalis* Decaisne
		104	水栒子	*Cotoneaster multiflorus* Bunge
		105	枇杷	*Eriobotrya* spp.
		106	苹果	*Malus* spp.
		107	石楠	*Photinia* spp.
		108	李	*Prunus* spp.
		109	稠李	*Padus* spp.
		110	火棘	*Pyracantha fortuneana* (Maximowicz) H. L. Li
		111	风箱果	*Physocarpus amurensis* (Maximowicz) Maximowicz
		112	银露梅	*Potentilla glabra* Loddiges
		113	金露梅	*Potentilla fruticosa* Linnaeus
		114	悬钩子	*Rubus* spp.
		115	蔷薇	*Rosa* spp.
		116	绣线菊	*Spiraea* spp.
		117	珍珠梅	*Sorbaria sorbifolia* (Linnaeus) A. Braun
		118	水榆花楸	*Sorbus alnifolia* (Siebold & Zuccarini) K. Koch
蜡梅科	Calycanthaceae	119	蜡梅	*Chimonanthus* spp.
含羞草科	Mimosaceae	120	黑荆	*Acacia mearnsii* De Wildeman
		121	马占相思	*Acacia mangium* Willdenow
		122	厚荚相思	*Acacia crassicarpa* Cunningham ex Bentham
		123	大叶相思	*Acacia auriculiformis* A. Cunningham ex Bentham
		124	南洋楹	*Falcataria moluccana* (Miquel) Barneby & J. W. Grimes
苏木科	*Caesalpiniaceae*	125	洋紫荆	*Bauhinia variegata* Linnaeus
		126	紫荆	*Cercis chinensis* Bunge
		127	苏木	*Caesalpinia sappan* Linnaeus
		128	格木	*Erythrophleum fordii* Oliver
		129	皂荚	*Gleditsia sinensis* Lamarck
		130	铁刀木	*Senna siamea* (Lamarck) H. S. Irwin & Barneby
		131	任豆	*Zenia insignis* Chun
蝶形花科	Papilionaceae	132	沙冬青	*Ammopiptanthus mongolicus* (Maximowicz ex Komarov) S. H. Cheng
		133	树锦鸡儿	*Caragana arborescens* Lamarck
		134	中间锦鸡儿	*Caragana liouana* Zhao Y. Chang & Yakovlev
		135	降香黄檀	*Dalbergia odorifera* T. C. Chen
		136	黄檀	*Dalbergia hupeana* Hance
		137	刺桐	*Erythrina variegata* Linnaeus
		138	鸡冠刺桐	*Erythrina crista-galli* Linnaeus
		139	羊柴	*Hedysarum mougolicum* Jurcz
		140	胡枝子	*Lespedeza* spp.
		141	朝鲜槐(怀槐、山槐)	*Maackia amurensis* Ruprecht
		142	红豆	*Ormosia* spp.

（续）

科	拉丁名	序号	属(种)	学　名
		143	紫檀	*Pterocarpus indicus* Willdenow
		144	紫藤	*Wisteria sinensis* (Sims) Sweet
金缕梅科	Hamamelidaceae	145	细柄阿丁枫(细柄蕈树)	*Altingia gracilipes* Hemsley
		146	阿丁枫(蕈树)	*Altingia chinensis* (Champion) Oliver ex Hance
		147	檵木	*Loropetalum chinense* (R. Brown) Oliver
		148	红花檵木	*Loropetalum chinense* var. *rubrum* Yieh
		149	米老排(壳菜果)	*Mytilaria laosensis* Lecomte
		150	小花红花荷	*Rhodoleia parvipetala* Tong
		151	半枫荷	*Semiliquidambar cathayensis* H. T. Chang
		152	闽半枫荷	*Semiliquidambar cathayensis* H. T. Chang var. *fukienensis* H. T. Chang
桦木科	Betulaceae	153	桦木	*Betula* spp.
壳斗科	Fagaceae	154	栗	*Castanea* spp.
		155	青冈	*Cyclobalanopsis* spp.
		156	水青冈	*Fagus* spp.
桑科	Moraceae	157	榕树	*Ficus* spp.
		158	桑树	*Morus* spp.
榆科	Ulmaceae	159	朴	*Celtis* spp.
卫矛科	Celastraceae	160	卫矛	*Euonymus* spp.
鼠李科	Rhamnaceae	161	枳椇	*Hovenia acerba* Lindley
		162	鼠李	*Rhamnus davurica* Pall
		163	枣	*Ziziphus* spp.
胡颓子科	Elaeagnaceae	164	胡颓子(沙枣)	*Elaeagnus* spp.
		165	沙棘	*Hippophae* spp.
葡萄科	Vitaceae	166	地锦	*Parthenocissus* spp.
		167	葡萄	*Vitis* spp.
芸香科	Rutaceae	168	柑橘	*Citrus* spp.
		169	黄皮	*Clausena lansium* (Loureiro) Skeels
		170	千里香	*Murraya paniculata* (Linnaeus) Jack
		171	川黄檗(黄皮树)	*Phellodendron chinense* C. K. Schneider
		172	楝叶吴萸	*Tetradium glabrifolium* (Champion ex Bentham) T. G. Hartley
		173	青花椒	*Zanthoxylum schinifolium* Siebold & Zuccarini
苦木科	Simaroubaceae	174	臭椿	*Alianthus altissima* (Miller) Swingle
		175	苦树	*Picrasma quassioides* (D. Don) Bennett
橄榄科	Burseraceae	176	橄榄	*Canariumalbum* (Loureiro) Raeuschel
		177	乌榄	*Canariumpimela* K. D. Koenig
楝科	Meliaceae	178	桃花心木	*Swietenia mahagoni* (Linnaeus) Jacquin
		179	紫椿	*Toona sureni* (Blume) Merrill
		180	红椿	*Toona ciliata* M. Roemer
七叶树科	Hippocastanaceae	181	七叶树	*Aesculus chinensis* Bunge
		182	天师栗	*Aesculus chinensis var. wilsonii* (Rehder) Turland & N. H. Xia
无患子科	Sapindaceae	183	栾树	*Koelreuteria* spp.
		184	无患子	*Sapindus saponaria* Linnaeus

（续）

科	拉丁名	序号	属（种）	学 名
		185	文冠果	*Xanthoceras sorbifolium* Bunge
漆树科	Anacardiaceae	186	南酸枣	*Choerospondias axillaris* (Roxburgh) B. L. Burtt & A. W. Hill
		187	黄栌	*Cotinus coggygria* Scopoli
		188	芒果	*Mangifera indica* Linnaeus
		189	黄连木	*Pistacia chinensis* Bunge
		190	清香木	*Pistacia weinmanniifolia* J. Poisson ex Franchet
		191	盐肤木（盐麸木）	*Rhus chinensis* Miller
胡桃科	Juglandaceae	192	青钱柳	*Cyclocarya paliurus* (Batalin) Iljinskaya
		193	枫杨	*Pterocarya stenoptera* C de Candolle
山茱萸科	Cornaceae	194	红瑞木	*Cornus alba* Linnaeus
		195	毛梾	*Cornus walteri* Wangerin
		196	灯台树	*Cornus controversa* Hemsley
		197	四照花	*Cornus kousa* subsp. *chinensis* (Osborn) Q. Y. Xiang
蓝果树科（珙桐科）	Nyssaceae	198	喜树	*Camptotheca acuminata* Decaisne
		199	珙桐	*Davidia involucrata* Baillon
五加科	Araliaceae	200	辽东楤木（龙牙楤木）	*Aralia elata* var. *glabrescens* (Franchet & Savatier) Pojarkova
		201	刺五加	*Eleutherococcus senticosus* (Ruprecht & Maximowicz) Maximowicz
		202	刺楸	*Kalopanax septemlobus* (Thunberg) Koidzumi
杜鹃花科	Ericaceae	203	笃斯越橘	*Vaccinium uliginosum* Linnaeus
柿树科	Ebenaceae	204	君迁子	*Diospyros lotus* Linnaeus
安息香科	Styracaceae	205	赤杨叶（拟赤杨）	*Alniphyllum fortunei* (Hemsley) Makino
		206	秤锤树	*Sinojackia xylocarpa* Hu
醉鱼草科	Buddlejaceae	207	互叶醉鱼草	*Buddleja alternifolia* Maximowicz
木犀科	Oleaceae	208	流苏树	*Chionanthus retusus* Lindley & Paxton
		209	连翘	*Forsythia* spp.
		210	迎春花	*Jasminum nudiflorum* Lindley
		211	茉莉花	*Jasminum sambac* (Linnaeus) Aiton
		212	女贞	*Ligustrum* spp.
夹竹桃科	Apocynaceae	213	海芒果	*Cerbera manghas* Linnaeus
		214	夹竹桃	*Nerium oleander* Linnaeus
		215	络石	*Trachelospermum jasminoides* (Lindley) Lemaire
茜草科	Rubiaceae	216	咖啡	*Coffea* spp.
		217	香果树	*Emmenopterys henryi* Oliver
		218	栀子	*Gardenia jasminoides* J. Ellis
		219	龙船花	*Ixora chinensis* Lamarck
		220	团花	*Neolamarckia cadamba* (Roxburgh) Bosser
忍冬科	Caprifoliaceae	221	忍冬	*Lonicera japonica* Thunberg
		222	新疆忍冬	*Lonicera tatarica* Linnaeus
		223	金银木	*Lonicera maackii* (Ruprecht) Maximowicz
		224	蝟实	*Kolkwitzia amabilis* Graebner
		225	锦带花	*Weigela florida* (Bunge) Candolle Ann.

（续）

科	拉丁名	序号	属(种)	学　名
菊科	Asteraceae	226	沙蒿	*Artemisia desterorum* Sprengel
茄科	Solanaceae	227	枸杞	*Lycium* spp.
紫葳科	Bignoniaceae	228	凌霄	*Campsis* spp.
		229	灰楸(滇楸)	*Catalpa fargesii* Bureau
		230	梓树	*Catalpa ovata* G. Don
		231	蓝花楹	*Jacaranda acutifolia* D. Don
马鞭草科	Verbenaceae	232	紫珠	*Callicarpa* spp.
		233	柚木	*Tectona grandis* Linnaeus f.
		234	荆条	*Vitex negundo* L. var. *heterophylla* (Franchet) Rehder
百合科	Liliaceae	235	贝母	*Fritillaria* spp.
		236	百合	*Lilium* spp.
棕榈科	Arecaceae	237	海枣	*Phoenix dactylifera* Linnaeus

国家林业局办公室
2016 年 8 月 18 日印发

国家林业局令

第 42 号

《国家林业局关于修改部分部门规章的决定》已经 2016 年 7 月 25 日国家林业局局务会议审议通过，现予公布，自公布之日起施行。

国家林业局局长　张建龙
2016 年 9 月 22 日

国家林业局关于修改部分部门规章的决定

根据国务院关于清理不利于稳增长、促改革、调结构、惠民生、防风险的规章的要求，对下列部门规章进行修改：

一、《森林公园管理办法》(1994 年 1 月 22 日林业部令第 3 号，2011 年 1 月 25 日国家林业局令第 26 号修改)

(一)将第八条修改为：“县级以上地方人民政府林业主管部门应当在上级林业主管部门的指导和同级人民政府的领导下，加强省级森林公园和市、县级森林公园的建设和管理。省级森林公园和市、县级森林公园设立、撤销、改变经营范围或者变更隶属关系的审批，按照地方有关规定执行。”

“省级森林公园和市、县级森林公园可以按照有关规定晋升为国家级森林公园。”

(二)删除第九条。

另外，将条文顺序作相应的调整。

二、《普及型国外引种试种苗圃资格认定管理办法》(2005 年 9 月 23 日国家林业局令第 17 号)

将第五条第二项修改为：“从事主要林木种子生产和林木种子经营的，应当提供《林木种子生产经营许可证》复印件”，并删除第五条第四项。

三、《松材线虫病疫木加工板材定点加工企业审批管理办法》(2005 年 9 月 23 日国家林业局令第 18 号)

删除第五条第四项。

四、《引进陆生野生动物外来物种种类及数量审批管理办法》(2005 年 9 月 23 日国家林业局令第 19 号，2015 年 4 月 30 日国家林业局令第 37 号修改)

删除第五条第四项。

五、《大熊猫国内借展管理规定》(2011 年 7 月 25 日国家林业局令第 28 号，2015 年 11 月 24 日国家林业局令第 38 号)

删除第七条第八项。

六、《建设项目使用林地审核审批管理办法》(2015 年 3 月 30 日国家林业局令第 35 号)

将第七条第四项修改为：“建设项目使用林地可行性报告或者林地现状调查表。”

本决定自公布之日起施行。

根据本决定，对上述规章作相应修改，重新公布。

森林公园管理办法

（1994 年 1 月 22 日林业部令第 3 号，2011 年 1 月 25 日国家林业局令第 26 号修改，
2016 年 9 月 22 日国家林业局令第 42 号修改）

第一条 为了加强森林公园管理，合理利用森林风景资源，发展森林旅游，根据《中华人民共和国森林法》和国家有关规定，制定本办法。

第二条 本办法所称森林公园，是指森林景观优美，自然景观和人文景物集中，具有一定规模，可供人们游览、休息或进行科学、文化、教育活动的场所。

第三条 林业部主管全国森林公园工作。县级以上地方人民政府林业主管部门主管本行政区域内的森林公园工作。

第四条 在国有林业局、国有林场、国有苗圃、集体林场等单位经营范围内建立森林公园的，应当依法设立经营管理机构；但在国有林场、国有苗圃经营范围内建立森林公园的，国有林场、国有苗圃经营管理机构也是森林公园的经营管理机构，仍属事业单位。

第五条 森林公园经营管理机构负责森林公园的规划、建设、经营和管理。

森林公园经营管理机构对依法确定其管理的森林、林木、林地、野生动植物、水域、景点景物、各类设施等，享有经营管理权，其合法权益受法律保护，任何单位和个人不得侵犯。

第六条 森林公园分为以下三级：

（一）国家级森林公园：森林景观特别优美，人文景物比较集中，观赏、科学、文化价值高，地理位置特殊，具有一定的区域代表性，旅游服务设施齐全，有较高的知名度；

（二）省级森林公园：森林景观优美，人文景物相对集中，观赏、科学、文化价值较高，在本行政区域内具有代表性，具备必要的旅游服务设施，有一定的知名度；

（三）市、县级森林公园：森林景观有特色，景点景物有一定的观赏、科学、文化价值，在当地知名度较高。

第七条 建立国家级森林公园，由省级林业主管部门提出书面申请、可行性研究报告和图表、照片等资料，报林业部审批。

国家级森林公园的总体规划设计，由森林公园经营管理机构组织具有规划设计资格的单位负责编制，报省级林业主管部门审批，并报林业部备案。修改总体规划设计必须经原审批单位批准。

第八条 县级以上地方人民政府林业主管部门应当在上级林业主管部门的指导和同级人民政府的领导下，加强省级森林公园和市、县级森林公园的建设和管理。省级森林公园和市、县级森林公园设立、撤销、改变经营范围或者变更隶属关系的审批，按照地方有关规定执行。

省级森林公园和市、县级森林公园可以按照有关规定晋升为国家级森林公园。

第九条 森林公园的开发建设，可以由森林公园经营管理机构单独进行；由森林公园经营管理机构同其他单位或个人以合资、合作等方式联合进行的，不得改变森林公园经营管理机构的隶属关系。

第十条 森林公园的设施和景点建设，必须按照总体规划设计进行。

在珍贵景物、重要景点和核心景区，除必要的保护和附属设施外，不得建设宾馆、招待所、疗养院和其他工程设施。

第十一条 禁止在森林公园毁林开垦和毁林采石、采砂、采土以及其他毁林行为。

采伐森林公园的林木，必须遵守有关林业法规、经营方案和技术规程的规定。

第十二条 占用、征收、征用或者转让森林公园经营范围内的林地，必须征得森林公园经营管理机构同意，并按《中华人民共和国森林法》及其实施细则等有关规定，办理占用、征收、征用或者转让手续，按法定审批权限报人民政府批准，交纳有关费用。

依前款规定占用、征收、征用或者转让国有林地的，必须经省级林业主管部门审核同意。

第十三条 森林公园经营管理机构经有关部门批准可以收取门票及有关费用。在森林公园设立商业网点，必须经森林公园经营管理机构同意，并按国家和有关部门规定向森林公园经营管理机构交纳有关费用。

第十四条 森林公园经营范围内的单位、居民和进入森林公园内的游人，应当保护森林公园的各项设施，遵守有关管理制度。

第十五条 森林公园经营管理机构应当按规定设置防火、卫生、环保、安全等设施和标志，维护旅游秩序。

第十六条 森林公园经营管理机构应当按照林业法规的规定，做好植树造林、森林防火、森林病虫害防治、林木林地和野生动植物资源保护等工作。

第十七条 森林公园的治安管理工作，由所在地林业公安机构负责。

第十八条 在森林公园建设和管理工作中做出突出成绩的单位和个人，由林业主管部门或者森林公园经营管理机构给予奖励。

第十九条 破坏森林公园的森林和野生动植物资源，依照有关法律、法规的规定处理。

第二十条 本办法由林业部负责解释。

第二十一条 本办法自发布之日起施行。

普及型国外引种试种苗圃资格认定管理办法

(2005 年 9 月 23 日国家林业局令第 17 号，2016 年 9 月 22 日国家林业局令第 42 号修改)

第一条 为了防止外来林业有害生物传人国境，规范普及型国外引种试种苗圃资格认定活动，根据《中华人民共和国行政许可法》、《国务院对确需保留的行政审批项目设定行政许可的决定》(国务院令第 412 号)和国家有关规定，制定本办法。

第二条 实施普及型国外引种试种苗圃资格认定的行政许可，应当遵守本办法。

第三条 从事林木种子、苗木和其他繁殖材料生产、经营的单位或者个人，可以申请普及型国外引种试种苗圃资格认定。

第四条 申请普及型国外引种试种苗圃资格认定，应当具备以下条件：

(一)苗圃周围一定距离内无与所引种试种植物同科、同属的植物；

(二)具有围墙、防疫沟等引种试种隔离条件；

(三)具有检疫和除治病虫害的设施、设备；

(四)引种试种的管理措施和制度健全；

(五)配备林业有害生物防治专业技术人员；

(六)苗圃地使用权期限不少于 3 年。

第五条 申请普及型国外引种试种苗圃资格认定，应当提交以下材料：

(一)普及型国外引种试种苗圃资格申请表；

(二)从事主要林木种子生产和林木种子经营的，应当提供《林木种子生产经营许可证》复印件；

(三)符合本办法第四条规定条件的证明材料。

第六条 国家林业局应当在收到普及型国外引种试种苗圃资格认定申请后，对申请材料齐全、符合法定形式的，即时出具《国家林业局行政许可受理通知书》；对不予受理的，应当即时告知申请人并说明理由，出具《国家林业局行政许可不予受理通知书》；对申请材料不齐或者不符合法定形式的，应当的在 5 日内出具《国家林业局行政许可补正材料通知书》，并一次性告知申请人需要补正的全部内容。

第七条 国家林业局受理普及型国外引种试种苗圃资格认定的申请，需要对申请材料的实质内容进行核实的，应当指派两名以上工作人员进行调查，并告知申请人。

进行调查所需时间，不计算在作出行政许可决定的期限内。

第八条 国家林业局应当自受理申请之日起 20 日内作出是否准予行政许可的决定，出具《国家林业局准予行政许可决定书》或者《国家林业局不予行政许可决定书》，并告知申请人。

第九条 在法定期限内不能作出行政许可决定的，经国家林业局主管负责人批准，国家林业局应当在法定期限届满前 5 日办理《国家林业局行政许可延期通知书》，并告知申请人。

第十条 普及型国外引种试种苗圃资格的行政许可决定，应当以适当的方式公示、公告，公众有权查阅。

第十一条 国家林业局应当依法对被许可人从事行政许可事项的活动进行监督检查。

第十二条 被许可人违反法律、法规的规定，致使外来林业有害生物传播蔓延的，应当按照有关法律、法规的规定予以处罚。

第十三条 被许可人以欺骗、贿赂等不正当手段取得普及型国外引种试种苗圃资格的，国家林业局应当依法撤销，并予以公示、公告。

作出撤销行政许可决定的，国家林业局应当以书面形式通知被许可人，并告知其享有依法申请行政复议或者提起行政诉讼的权利。

第十四条 国家林业局的有关工作人员在实施普及型国外引种试种苗圃资格认定的行政许可中，滥用职权、徇私舞弊的，依法给予行政处分；情节严重，构成犯罪的，依法追究刑事责任。

第十五条 本办法自 2005 年 11 月 1 日起施行。

松材线虫病疫木加工板材定点加工企业审批管理办法

(2005 年 9 月 23 日国家林业局令第 18 号，2016 年 9 月 22 日国家林业局令第 42 号修改)

第一条 为了预防和除治松材线虫病，规范松材线虫病疫木加工板材定点加工企业审批行为，根据《中华人民共和国行政许可法》、《国务院对确需保留的行政审批项目设定行政许可的决定》(国务院令第 412 号)和国家有关规定，制定本办法。

第二条 实施松材线虫病疫木加工板材定点加工企业审批的行政许可，应当遵守本办法。

松材线虫病疫木，是指松材线虫病疫区内的松科植物。

松材线虫病疫区，由省、自治区、直辖市人民政府或者国家林业局依法划定。

第三条 从事木材经营加工的企业，可以申请松材线虫病疫木加工板材定点加工企业资格。

第四条 申请松材线虫病疫木加工板材定点加工企

业资格，应当具备以下条件：

（一）具有符合疫木加工板材要求和标准的生产设施；

（二）疫木板材加工工艺流程符合疫木除害处理要求；

（三）疫木板材加工管理措施和制度健全。

第五条　申请松材线虫病疫木加工板材定点加工企业资格，应当提交以下材料：

（一）申请报告；

（二）营业执照、木材经营加工资格批准文件的复印件；

（三）符合本办法第四条规定条件的证明材料。

第六条　国家林业局应当在收到松材线虫病疫木加工板材定点加工企业资格申请后，对申请材料齐全、符合法定形式的，即时出具《国家林业局行政许可受理通知书》；对不予受理的，应当即时告知申请人并说明理由，出具《国家林业局行政许可不予受理通知书》；对申请材料不齐或者不符合法定形式的，应当在5日内出具《国家林业局行政许可补正材料通知书》，并一次性告知申请人需要补正的全部内容。

第七条　国家林业局作出行政许可决定，需要组织专家评审论证的，应当自受理之日起10日内，出具《国家林业局行政许可需要听证、招标、拍卖、检验、检测、检疫、鉴定和专家评审通知书》，将专家评审论证所需时间告知申请人。

专家评审论证所需时间不计算在作出行政许可决定的期限内。

第八条　国家林业局应当自受理申请之日起20日内作出是否准予行政许可的决定，出具《国家林业局准予行政许可决定书》或者《国家林业局不予行政许可决定书》并告知申请人。

第九条　在法定期限内不能作出行政许可决定的，经国家林业局主管负责人批准，国家林业局应当在法定期限届满前5日办理《国家林业局行政许可延期通知书》，并告知申请人。

第十条　松材线虫病疫木加工板材定点加工企业资格的行政许可决定，应当以适当的方式公示、公告，公众有权查阅。

第十一条　国家林业局应当依法对被许可人的松材线虫病疫木加工情况进行监督检查。

第十二条　被许可人未按照法律、法规的规定或者有关标准加工松材线虫病疫木板材的，应当按照有关法律、法规的规定予以行政处罚。

第十三条　被许可人以欺骗、贿赂等不正当手段取得松材线虫病疫木加工板材定点加工企业资格的，国家林业局应当依法撤销，并予以公示、公告。

作出撤销行政许可决定的，国家林业局应当以书面形式通知被许可人，并告知其享有依法申请行政复议或者提起行政诉讼的权利。

第十四条　国家林业局的有关工作人员在实施松材线虫病疫木加工板材定点加工企业审批的行政许可中，滥用职权、徇私舞弊的，依法给予行政处分；情节严重，构成犯罪的，依法追究刑事责任。

第十五条　本办法自2005年11月1日起施行。

引进陆生野生动物外来物种种类及数量审批管理办法

（2005年9月27日国家林业局令第19号，2015年4月30日国家林业局令第37号修改，
2016年9月22日国家林业局令第42号修改）

第一条　为了加强陆生野生动物外来物种管理，防止陆生野生动物外来物种入侵，保护生物多样性，维护国土生态安全，根据《中华人民共和国行政许可法》、《国务院对确需保留的行政审批项目设定行政许可的决定》（国务院令第412号）和国家有关规定，制定本办法。

第二条　实施引进陆生野生动物外来物种种类及数量审批的行政许可事项，应当遵守本办法。

第三条　本办法所称陆生野生动物外来物种，是指自然分布在境外的陆生野生动物活体及繁殖材料。

第四条　引进陆生野生动物外来物种的，应当采取安全可靠的防范措施，防止其逃逸、扩散，避免对自然生态造成危害。

第五条　需要从境外引进陆生野生动物外来物种的，申请人应当提交下列材料：

（一）申请报告、进出口申请表及进口目的的说明；

（二）当事人签订的合同或者协议，属于委托引进的，还应当提供委托代理合同或者协议；

（三）证明具备与引进陆生野生动物外来物种种类及数量相适应的人员和技术的有效文件或者材料，以及安全措施的说明。

申请首次引进境外陆生野生动物外来物种的，申请人还应当提交证明申请人身份的有效文件和拟进行隔离引种试验的实施方案。

第六条　申请材料齐全且符合下列条件的，国家林业局应当作出准予行政许可的决定：

（一）具备与引进陆生野生动物外来物种种类及数量相适应的人员和技术；

（二）具备适宜商业性经营利用和科学研究外来物种的固定场所和必要设施；

（三）有安全可靠的防逃逸管理措施；

（四）具有相应的紧急事件处置措施。

第七条　国家林业局在收到引进陆生野生动物外来物种种类及数量审批的申请后，对申请材料齐全、符合法定形式的，即时出具《国家林业局行政许可受理通知书》；对不予受理的，应当即时告知申请人并说明理由，出具《国家林业局行政许可不予受理通知书》；对申请材料不齐或者不符合法定形式的，应当在5日内出具《国家林业局行政许可补正材料通知书》，并一次性告知申请人需要补正的全部内容。

第八条 国家林业局作出行政许可决定，需要举行听证或者组织专家评审的，应当自受理之日起10日内，出具《国家林业局行政许可需要听证、招标、拍卖、检验、检测、检疫、鉴定和专家评审通知书》，并将听证或者专家评审所需时间告知申请人。

听证和专家评审所需时间不计算在作出行政许可决定的期限内。

第九条 国家林业局应当自受理之日起20日内作出是否准予行政许可的决定，出具《国家林业局准予行政许可决定书》或者《国家林业局不予行政许可决定书》，并告知申请人。

在法定期限内不能作出行政许可决定的，经国家林业局主管负责人批准，国家林业局应当在法定期限届满前5日办理《国家林业局行政许可延期通知书》，并告知申请人。

第十条 准予首次引进境外陆生野生动物外来物种进行驯养繁殖的，应当进行隔离引种试验。

隔离引种试验由省、自治区、直辖市林业主管部门指定的科研机构或者专家进行评估，评估通过后方可继续引进和推广。

隔离引种试验应当包含中间试验。中间试验未获成功的，评估不得通过。

在自然保护区、自然保护小区、森林公园、风景名胜区以及自然生态环境特殊或者脆弱的区域，不得开展隔离引种试验。

第十一条 禁止开展陆生野生动物外来物种的野外放生活动。

因科学研究、生物防治、野生动物种群结构调节等特殊情况，需要放生陆生野生动物外来物种的，应当按照《中华人民共和国陆生野生动物保护实施条例》的相关规定执行。

第十二条 经批准从境外引进的陆生野生动物外来物种及其繁殖后代、产品应当依照国家有关规定进行标记。

第十三条 陆生野生动物外来物种发生逃逸的，被许可人应当立即向当地林业主管部门报告，由当地林业主管部门责令其限期捕回或者采取其他补救措施。被责令限期捕回或者采取其他补救措施而拒绝执行的，当地林业主管部门或者其委托的单位可以代为捕回或者采取其他补救措施，并由被许可人承担全部捕回或者采取其他补救措施所需的经费；造成损害的，依照有关法律法规承担法律责任。

第十四条 依法查没的陆生野生动物外来物种，应当由当地县级以上林业主管部门按照国家有关规定处理。

第十五条 国家林业局成立陆生野生动物外来物种咨询科学委员会，负责陆生野生动物外来物种管理的科学论证、评估和咨询。

第十六条 各级林业主管部门应当建立防范陆生野生动物外来物种入侵的预警和应急防范机制。

在野外发现陆生野生动物外来物种的，当地林业主管部门应当立即向同级人民政府和上级林业主管部门报告，并会同有关部门采取监测和防治措施。

第十七条 省、自治区、直辖市之间引进本行政区域内没有天然分布的陆生野生动物外来物种的，按照国家和省、自治区、直辖市的相关规定办理。

第十八条 引进的陆生野生动物属于中国参加的国际公约限制进出口的濒危物种的，必须向国家濒危物种进出口管理机构申请办理允许进出口证明书。

第十九条 本办法自2005年11月1日起施行。

大熊猫国内借展管理规定

（2011年7月25日国家林业局令第28号，2015年11月24日国家林业局令第38号修改，2016年9月22日国家林业局令第42号修改）

第一条 为了加强大熊猫保护，规范大熊猫国内借展管理，保障大熊猫圈养种群健康发展，提高公众保护野生动物意识，促进生态文明建设，根据《中华人民共和国野生动物保护法》等有关法律法规，制定本规定。

第二条 本规定所称借展是指以文化交流、科普宣传或者公众教育等为目的，借出或者借入大熊猫进行展览的行为。

第三条 借展大熊猫应当遵循科学、适度的原则，不得危及大熊猫圈养种群的发展，不得以单纯营利为目的。

第四条 借展大熊猫的借入方应当具备与驯养繁殖大熊猫相适应的资金、设施和人员等条件，取得具有大熊猫物种的国家重点保护野生动物驯养繁殖许可证。

第五条 用于借展的大熊猫应当是人工繁殖的健康个体，年龄在2岁以上25岁以下。

禁止将非人工繁殖或者野外救护的大熊猫用于借展；禁止将2岁以下和25岁以上的大熊猫用于借展。

第六条 借展双方应当签订书面协议，对大熊猫生活条件、医疗条件、应急保障条件及应急预案、借展期限、费用、借展结束后大熊猫送返以及违约责任等进行约定。

借展大熊猫的期限不得少于1年，但因不可抗力等特殊情况除外。

第七条 申请借展大熊猫，应当提交下列书面材料：

（一）野生动物保护管理行政许可事项申请表；

（二）借展双方的单位证明材料；

（三）借展双方具有大熊猫物种的国家重点保护野生动物驯养繁殖许可证；

（四）借展双方签订的借展协议；

（五）借出方大熊猫圈养种群状况说明材料；

（六）借展大熊猫个体谱系号、标记等身份证明材料；

（七）借入方借展活动及大熊猫饲养管理、科普教育方案。

第八条 申请借展大熊猫按照下列程序办理：

（一）由借出方向国家林业局提出申请。

（二）国家林业局依法受理后，应当对申请材料进行审查。经过审查，符合本规定条件的，国家林业局应当在20个工作日内作出准予行政许可的决定。必要时，国家林业局可以组织专家在30日内对借入方借展活动、大熊猫饲养管理方案以及场馆设施进行论证或者实地检验。

（三）国家林业局作出行政许可决定后，借出、借入方所在地省级人民政府林业行政主管部门分别在借展开始前和结束后依据国家林业局行政许可文书核发大熊猫离开借出方、借入方的运输证件。

第九条 借展期间，借入方应当提供满足大熊猫生活、生理健康的饲养和医疗条件。

借展期间，借入方应当建立大熊猫病例档案和饲养日志，载明大熊猫饲养管理、医疗健康情况等内容。

借展期间，禁止采集借展大熊猫的血液、精液等样品，但是对大熊猫进行健康检查的除外。法律法规另有规定的，从其规定。

借展期间，借入方不得将借展大熊猫转借第三方。

第十条 借展期间，借出方应当对借入方的借展大熊猫的饲养管理和疫病防治等进行指导，并应当每年对借展大熊猫进行一次以上健康检查。

第十一条 国家林业局和借展双方所在地人民政府野生动物行政主管部门应当对大熊猫借展活动的情况进行监督检查，督促借展双方完善应急处置机制。

借展双方应当配合监督检查，如实提供有关材料。

第十二条 借展期间，借展大熊猫发生受伤、患病等突发事件的，借入方应当通知借出方，及时采取救护措施，并报告所在地县级以上地方人民政府野生动物行政主管部门；借展大熊猫发生致残、死亡等重大突发事件的，借入方应当立即通知借出方并报告所在地省级人民政府林业行政主管部门和国家林业局。

有关人民政府野生动物行政主管部门应当监督借展双方在发生突发事件时按照应急预案进行妥善处理。

第十三条 在借展期间，借出方或者借入方违反本规定的，由县级以上人民政府野生动物行政主管部门依照野生动物保护法律法规给予处罚；野生动物保护法律法规没有规定的，可以根据情节轻重作出如下处理：

（一）给予警告、责令限期改正；

（二）有违法所得的，处以违法所得一倍以上三倍以下且不超过三万元的罚款；没有违法所得的，处以一万元以下的罚款。

经责令改正仍拒不改正的，国家林业局可以责令终止借展活动，限期将大熊猫送返借出方。

借展期间，借出方或者借入方有违法行为、构成犯罪的，依法追究刑事责任。

第十四条 借出方或者借入方存在下列情形之一的，国家林业局1年内不予批准开展大熊猫借展活动：

（一）申请行政许可过程中隐瞒有关情况或者提供虚假材料的；

（二）擅自借出或者转借大熊猫的；

（三）重大过失造成大熊猫死亡的；

（四）拒不配合各级人民政府野生动物行政主管部门监督检查或者拒不执行野生动物行政主管部门处罚决定的。

借出方或者借入方以欺骗、贿赂等不正当手段取得行政许可的，国家林业局3年内不予批准开展大熊猫借展活动。

第十五条 各级人民政府野生动物行政主管部门有关工作人员在大熊猫借展管理过程中，滥用职权、徇私舞弊的，依法给予处分；情节严重、构成犯罪的，依法追究刑事责任。

第十六条 本规定所称"以上"包括本数，"以下"不包括本数。

第十七条 本规定自2011年9月1日起施行。

建设项目使用林地审核审批管理办法

（2015年3月30日国家林业局令第35号，2016年9月22日国家林业局令第42号修改）

第一条 为了规范建设项目使用林地审核和审批，严格保护和合理利用林地，促进生态林业和民生林业发展，根据《中华人民共和国森林法》、《中华人民共和国行政许可法》、《中华人民共和国森林法实施条例》，制定本办法。

第二条 本办法所称建设项目使用林地，是指在林地上建造永久性、临时性的建筑物、构筑物，以及其他改变林地用途的建设行为。包括：

（一）进行勘查、开采矿藏和各项建设工程占用林地。

（二）建设项目临时占用林地。

（三）森林经营单位在所经营的林地范围内修筑直接为林业生产服务的工程设施占用林地。

第三条 建设项目应当不占或者少占林地，必须使用林地的，应当符合林地保护利用规划，合理和节约集约利用林地。

建设项目使用林地实行总量控制和定额管理。

建设项目限制使用生态区位重要和生态脆弱地区的林地，限制使用天然林和单位面积蓄积量高的林地，限制经营性建设项目使用林地。

第四条 占用和临时占用林地的建设项目应当遵守林地分级管理的规定：

（一）各类建设项目不得使用Ⅰ级保护林地。

（二）国务院批准、同意的建设项目，国务院有关部门和省级人民政府及其有关部门批准的基础设施、公共事业、民生建设项目，可以使用Ⅱ级及其以下保护林地。

（三）国防、外交建设项目，可以使用Ⅱ级及其以下保护林地。

（四）县（市、区）和设区的市、自治州人民政府及其有关部门批准的基础设施、公共事业、民生建设项目，可以使用Ⅱ级及其以下保护林地。

（五）战略性新兴产业项目、勘查项目、大中型矿山、符合相关旅游规划的生态旅游开发项目，可以使用Ⅱ级及其以下保护林地。其他工矿、仓储建设项目和符合规划的经营性项目，可以使用Ⅲ级及其以下保护林地。

（六）符合城镇规划的建设项目和符合乡村规划的建设项目，可以使用Ⅱ级及其以下保护林地。

（七）符合自然保护区、森林公园、湿地公园、风景名胜区等规划的建设项目，可以使用自然保护区、森林公园、湿地公园、风景名胜区范围内Ⅱ级及其以下保护林地。

（八）公路、铁路、通讯、电力、油气管线等线性工程和水利水电、航道工程等建设项目配套的采石（沙）场、取土场使用林地按照主体建设项目使用林地范围执行，但不得使用Ⅱ级保护林地中的有林地。其中，在国务院确定的国家所有的重点林区（以下简称重点国有林区）内，不得使用Ⅲ级以上保护林地中的有林地。

（九）上述建设项目以外的其他建设项目可以使用Ⅳ级保护林地。

本条第一款第二项、第三项、第七项以外的建设项目使用林地，不得使用一级国家级公益林地。

国家林业局根据特殊情况对具体建设项目使用林地另有规定的，从其规定。

第五条 建设项目占用林地的审核权限，按照《中华人民共和国森林法实施条例》的有关规定执行。

建设项目占用林地，经林业主管部门审核同意后，建设单位和个人应当依照法律法规的规定办理建设用地审批手续。

第六条 建设项目临时占用林地和森林经营单位在所经营的林地范围内修筑直接为林业生产服务的工程设施占用林地的审批权限，由县级以上地方人民政府林业主管部门按照省、自治区、直辖市有关规定办理。其中，重点国有林区内的建设项目，由省级林业主管部门审批。

第七条 占用林地和临时占用林地的用地单位或者个人提出使用林地申请，应当填写《使用林地申请表》，同时提供下列材料：

（一）用地单位的资质证明或者个人的身份证明。

（二）建设项目有关批准文件。包括：可行性研究报告批复、核准批复、备案确认文件、勘查许可证、采矿许可证、项目初步设计等批准文件；属于批次用地项目，提供经有关人民政府同意的批次用地说明书并附规划图。

（三）拟使用林地的有关材料。包括：林地权属证书、林地权属证书明细表或者林地证明；属于临时占用林地的，提供用地单位与被使用林地的单位、农村集体经济组织或者个人签订的使用林地补偿协议或者其他补偿证明材料；涉及使用国有林场等国有林业企事业单位经营的国有林地，提供其所属主管部门的意见材料及用地单位与其签订的使用林地补偿协议；属于符合自然保护区、森林公园、湿地公园、风景名胜区等规划的建设项目，提供相关规划或者相关管理部门出具的符合规划的证明材料，其中，涉及自然保护区和森林公园的林地，提供其主管部门或者机构的意见材料。

（四）建设项目使用林地可行性报告或者林地现状调查表。

第八条 修筑直接为林业生产服务的工程设施的森林经营单位提出使用林地申请，应当填写《使用林地申请表》，提供相关批准文件或者修筑工程设施必要性的说明，并提供工程设施内容、使用林地面积等情况说明。

第九条 建设项目需要使用林地的，用地单位或者个人应当向林地所在地的县级人民政府林业主管部门提出申请；跨县级行政区域的，分别向林地所在地的县级人民政府林业主管部门提出申请。

第十条 县级人民政府林业主管部门对材料齐全、符合条件的使用林地申请，应当在收到申请之日起10个工作日内，指派2名以上工作人员进行用地现场查验，并填写《使用林地现场查验表》。

第十一条 县级人民政府林业主管部门对建设项目拟使用的林地，应当在林地所在地的村（组）或者林场范围内将拟使用林地用途、范围、面积等内容进行公示，公示期不少于5个工作日。但是，依照相关法律法规的规定不需要公示的除外。

第十二条 按照规定需要报上级人民政府林业主管部门审核和审批的建设项目，下级人民政府林业主管部门应当将初步审查意见和全部材料报上级人民政府林业主管部门。

审查意见中应当包括以下内容：项目基本情况，拟使用林地和采伐林木情况，符合林地保护利用规划情况，使用林地定额情况，以及现场查验、公示情况等。

第十三条 有审核审批权的林业主管部门对申请材料不全或者不符合法定形式的，应当一次性书面告知用地单位或者个人限期补正；逾期未补正的，退还申请材料。

第十四条 符合本办法第三条、第四条规定的条件，并且符合国家供地政策，对生态环境不会造成重大影响，有审核审批权的人民政府林业主管部门应当作出准予使用林地的行政许可决定，按照国家规定的标准预收森林植被恢复费后，向用地单位或者个人核发准予行政许可决定书。不符合上述条件的，有关人民政府林业主管部门应当作出不予使用林地的行政许可决定，向用地单位或者个人核发不予行政许可决定书，告知不予许可的理由。

有审核审批权的人民政府林业主管部门对用地单位和个人提出的使用林地申请，应当在《中华人民共和国行政许可法》规定的期限内作出行政许可决定。

第十五条 建设项目需要使用林地的，用地单位或者个人应当一次申请。严禁化整为零、规避林地使用审核审批。

建设项目批准文件中已经明确分期或者分段建设的项目，可以根据分期或者分段实施安排，按照规定权限分次申请办理使用林地手续。

采矿项目总体占地范围确定，采取滚动方式开发的，可以根据开发计划分阶段按照规定权限申请办理使用林地手续。

公路、铁路、水利水电等建设项目配套的移民安置和专项设施迁建工程，可以分别具体建设项目，按照规定权限申请办理使用林地手续。

需要国务院或者国务院有关部门批准的公路、铁路、油气管线、水利水电等建设项目中的桥梁、隧道、围堰、导流（渠）洞、进场道路和输电设施等控制性单体工程和配套工程，根据有关开展前期工作的批文，可以由省级林业主管部门办理控制性单体工程和配套工程先行使用林地审核手续。整体项目申请时，应当附具单体工程和配套工程先行使用林地的批文及其申请材料，按照规定权限一次申请办理使用林地手续。

第十六条 国家或者省级重点的公路、铁路跨多个市（县），已经完成报批材料并且具备动工条件的，可以地级市为单位，由具有整体项目审核权限的人民政府林业主管部门分段审核。

大中型水利水电工程可以分别坝址、淹没区，由具有整体项目审核权限的人民政府林业主管部门分别审核。

第十七条 公路、铁路、输电线路、油气管线和水利水电、航道建设项目临时占用林地的，可以根据施工进展情况，一次或者分批次由具有整体项目审批权限的人民政府林业主管部门审批临时占用林地。

第十八条 抢险救灾等急需使用林地的建设项目，依据土地管理法律法规的有关规定，可以先行使用林地。用地单位或者个人应当在灾情结束后6个月内补办使用林地审核手续。属于临时用地的，灾后应当恢复林业生产条件，依法补偿后交还原林地使用者，不再办理用地审批手续。

第十九条 建设项目因设计变更等原因需要增加使用林地面积的，依据规定权限办理用地审核审批手续；需要改变使用林地位置或者减少使用林地面积的，向原审核审批机关申请办理变更手续。

第二十条 公路、铁路、水利水电、航道等建设项目临时占用的林地在批准期限届满后仍需继续使用的，应当在届满之日前3个月，由用地单位向原审批机关提出延续临时占用申请，并且提供本办法第七条第三项规定的有关补偿材料。原审批机关应当按照本办法规定的条件进行审查，作出延续行政许可决定。

第二十一条 国家依法保护林权权利人的合法权益。建设项目使用林地的，应当对涉及单位和个人的森林、林木、林地依法给予补偿。

第二十二条 建设项目临时占用林地期满后，用地单位应当在一年内恢复被使用林地的林业生产条件。

县级人民政府林业主管部门应当加强对用地单位使用林地情况的监管，督促用地单位恢复林业生产条件。

第二十三条 上级人民政府林业主管部门可以委托下级人民政府林业主管部门对建设项目使用林地实施行政许可。

第二十四条 经审核同意使用林地的建设项目，依照有关规定批准用地后，县级以上人民政府林业主管部门应当及时变更林地管理档案。

第二十五条 经审核同意使用林地的建设项目，准予行政许可决定书的有效期为两年。建设项目在有效期内未取得建设用地批准文件的，用地单位应当在有效期届满前3个月向原审核机关提出延期申请，原审核同意机关应当在准予行政许可决定书有效期届满前作出是否准予延期的决定。建设项目在有效期内未取得建设用地批准文件也未申请延期的，准予行政许可决定书失效。

第二十六条 《使用林地申请表》、《使用林地现场查验表》式样，由国家林业局统一规定。

第二十七条 本办法所称Ⅰ、Ⅱ、Ⅲ、Ⅳ级保护林地，是指依据县级以上人民政府批准的林地保护利用规划确定的林地。

本办法所称国家级公益林林地，是指依据国家林业局、财政部的有关规定确定的公益林林地。

第二十八条 本办法所称“以上”均包含本数，“以下”均不包含本数。

第二十九条 本办法自2015年5月1日起施行。国家林业局于2001年1月4日发布、2011年1月25日修改的《占用征收征用林地审核审批管理办法》同时废止。

国家林业局办公室
2016年9月22日印发

国家林业局令

第43号

《中华人民共和国植物新品种保护名录（林业部分）（第六批）》已经2016年10月14日国家林业局局务会议审议通过，现予公布，自2016年11月30日起施行。

国家林业局局长 张建龙
2016年10月26日

中华人民共和国植物新品种保护名录(林业部分)(第六批)

序号	种或者属名	学名(Latin name)
1	栀子属	*Gardenia* J. Ellis
2	悬铃木属	*Platanus* L.
3	蚊母树属	*Distylium* Siebold et Zucc.
4	南天竹属	*Nandina* Thunb.
5	火棘属	*Pyracantha* M. Roem.
6	红千层属	*Callistemon* R. Br.
7	羊蹄甲属	*Bauhinia* L.
8	红花荷属	*Rhodoleia* Champ. ex Hook.

国家林业局办公室
2016年10月26日印发

规范性文件

国家林业局关于印发《国家林木种质资源库管理办法》的通知

林场发〔2016〕4号

各省、自治区、直辖市林业厅(局),内蒙古、吉林、龙江、大兴安岭森工(林业)集团公司,新疆生产建设兵团林业局,国家林业局各司局、各直属单位:

为加强国家林木种质资源库建设和管理,保护好林木种质资源,根据《中华人民共和国种子法》、《国务院办公厅关于加强林木种苗工作的意见》(国办发〔2012〕58号)等有关规定,我局研究制定了《国家林木种质资源库管理办法》(见附件),现印发给你们,请遵照执行。

附件:国家林木种质资源库管理办法

国家林业局
2016年1月8日

附件:

国家林木种质资源库管理办法

第一条 为加强国家林木种质资源库建立和管理,保护好林木种质资源,根据《中华人民共和国种子法》、《国务院办公厅关于加强林木种苗工作的意见》(国办发〔2012〕58号)、《国务院办公厅关于深化种业体制改革提高创新能力的意见》(国办发〔2013〕109号)等有关规定,制定本办法。

第二条 国家林木种质资源库建立和管理应当遵守本办法。

第三条 国家林木种质资源库是指因科研、生产或保护的需要,利用原地保存、异地保存、离体保存等方式建设的特种林分或特殊设施。收集保存的林木种质资源具有丰富性和代表性,在国内外有重大影响,具有重要的保护和利用价值。

第四条 国家林木种质资源库由国家林业局建立,具体工作由其所属的林木种苗管理机构负责。

第五条 国家林业局组织编制全国林木种质资源调查收集与保存利用规划,制定国家林木种质资源库发展和管理的相关政策,指导国家林木种质资源库建设与管理,在政策和资金上给予扶持,开展有关技术培训和交流,建立国家林木种质资源库基础数据库,实现资源共享。

第六条 省级林业主管部门可以受国家林业局委托,对国家林木种质资源库的生产和建设情况进行监督。根据国家林木种质资源库发展规划和建设条件,推荐国家林木种质资源库建议名单。

第七条 国家林木种质资源库应当具备下列条件:

(一)收集、保存的林木种质资源具有多样性和代表性,具有重要生产或科研价值,知识产权明确。

（二）具备一定保存规模和发展潜力。

1. 异地保存种质资源库规模应当根据保存的种质份数综合决定，但面积原则上不小于15公顷。

2. 具有特殊保护利用价值的种质资源保存库（圃）或种子及其他离体材料的设施保存库规模可根据实际情况确定。

（三）土地权属清楚，具有较好的、长期稳定的保护管理基础。

（四）生产基础设施健全，符合林木种质资源保存需要。

（五）管理机构健全，人员配备合理，具备与开展林木种质资源收集与保存工作相适应的专业技术人员。

（六）管理规范，制度健全，档案资料齐全且保存完整。

（七）与科研、教学单位长期合作，有技术力量较强的科技支撑单位和专家。

（八）有能够保障开展林木种质资源收集与保存所需的经费。

第八条 国家林木种质资源库主要职责和义务：

（一）编制区域国家林木种质资源发展规划。

（二）完成国家林业局部署的各项建设和生产任务。

（三）建立并完善各项管理制度，健全各类生产经营和管理档案及信息数据库。

（四）与科技支撑单位、技术专家及其他林木种质资源库协作，合作开展林木种质资源评价、利用活动。

（五）对原地或异地保存的林木种质资源，加强抚育管护，保证保存的林木种质资源生长势。

（六）对收集保存的林木种质资源应当面向公众开放，开展科普教育。

（七）每年年底前向国家林业局上报工作总结和下一年度工作计划。

第九条 国家林木种质资源库保存的林木种质资源属公共资源，应当长期保存，并根据可供利用的林木种质资源目录依法开放利用。

第十条 国家林木种质资源库可以由林木种质资源保存单位向国家林业局提出申请，也可以由所在地省级林业主管部门推荐。

第十一条 申请单位应当提供以下材料，并保证材料的真实性和准确性：

（一）国家林木种质资源库申报书（略）。

（二）主要保护对象照片及资料。

（三）位置图和区界图等相关图件资料。

（四）土地使用证、林权证或土地等使用权属证明文件。

（五）技术人员证明材料。

（六）科技支撑协议书。

（七）申报单位法人证明材料。

（八）其他材料。

第十二条 国家林业局根据发展规划，组织专家对国家林木种质资源库申报材料进行评审，评审通过的，在国家林业局政府网站上进行公示，公示期限为7个工作日，无异议的由国家林业局向社会公告国家林木种质资源库名称。

第十三条 国家林业局对国家林木种质资源库实行动态管理，有下列情况之一的，调整出国家林木种质资源库目录清单：

（一）无正当理由未完成保存、建设任务的。

（二）管理混乱，导致保存的林木种质资源丢失的。

（三）不能履行国家林木种质资源库任务的。

（四）违规使用资金，挪用资金的。

（五）未经批准私自向境外提供林木种质资源或与外国投资者开展合作研究利用种质资源，造成林木种质资源流失的。

（六）其他违反有关规定的。

第十四条 规范国家林木种质资源库命名。命名方式统一为：林木种质资源保护库所在地名称或区域名称＋具有代表性的保护对象名称＋国家林木种质资源保护库。

第十五条 本办法自2016年3月1日起实施，有效期至2020年12月31日。

中华人民共和国濒危物种进出口管理办公室（被许可人监督检查办法）公告

濒管办公告2016年第1号

为加强对被许可人实施野生动植物进出口行政许可事项的监督检查，规范监督检查行为，根据《中华人民共和国行政许可法》和《中华人民共和国濒危物种进出口管理条例》的有关规定，我办对2013年发布的《国家濒管办允许进出口证明书行政许可被许可人监督检查办法》和《国家濒管办非〈进出口野生动植物种商品目录〉物种证明行政许可被许可人监督检查办法》进行了修订，自2016年3月1日起施行。

特此公告。

附件：1. 国家濒管办允许进出口证明书行政许可被许可人监督检查办法

2. 国家濒管办非《进出口野生动植物种商品目录》物种证明行政许可被许可人监督检查办法

国家濒管办

2016年1月25日

附件1：

国家濒管办允许进出口证明书行政许可被许可人监督检查办法

第一条 为了加强对被许可人实施允许进出口证明书行政许可事项的监督检查，规范监督检查行为，提高监督检查效率，根据《中华人民共和国行政许可法》、《中华人民共和国濒危野生动植物进出口管理条例》和《野生动植物进出口证书管理办法》的有关规定，制定本办法。

第二条 中华人民共和国濒危物种进出口管理办公室(以下简称国家濒管办)依法对被许可人从事允许进出口证明书所许可的濒危野生动植物及其产品进出口活动开展监督检查，适用本办法。

第三条 本办法所称允许进出口证明书，包括濒危野生动植物种国际贸易公约允许进出口证明书(以下简称公约允许进出口证明书)和中华人民共和国野生动植物允许进出口证明书。

本办法所称被许可人，是指依法取得国家濒管办核发的允许进出口证明书的公民、法人或者其他组织。

第四条 对被许可人实施允许进出口证明书行政许可事项的监督检查，由国家濒管办负责，具体监督检查工作可以由其各办事处承办。

第五条 监督检查的主要内容：

(一)被许可人是否按照允许进出口证明书所规定的进出口者、口岸、物种、货物类型、数量或重量、期限和其他特殊条件从事进出口活动；

(二)来源情况是否与被许可人出口和再出口所申报来源一致；

(三)申报价格与海关报关单价格是否一致；

(四)活体野生动植物运输条件是否符合国际航空运输协会(IATA)《活体动物规则》或《易腐货物规则》的有关规定；

(五)以非商业贸易为目的进口的实际用途是否与申报一致；

(六)以观赏、展演或人工繁育为目的进口的活体濒危野生动植物的生存、死亡、繁育(培育)及调离情况；

(七)以直接经营利用为目的进口的濒危野生动植物及其产品的用途、国内销售、加工利用或再出口情况。

(八)安置进出口活体野生动物设施是否存在缺陷，可能导致对动物的伤害或造成动物的逃逸。

第六条 国家濒管办可以采取书面监督检查和实地监督检查相结合的方式，履行对被许可人实施允许进出口证明书所许可的进出口活动情况的监督责任。

书面监督检查是指采取书面核查的方法对被许可人实施允许进出口证明书所许可的进出口活动情况进行监督检查。国家濒管办可以要求被许可人在规定时间内按监督检查的内容提交实施允许进出口证明书所许可的进出口活动情况的材料和其他有关材料。

实地监督检查是指采取实地查阅材料和现场核查相结合的方法对被许可人实施允许进出口证明书所许可的进出口活动情况进行监督检查。查阅的材料包括海关报关单、海关加工贸易手册、提货单和其他反映被许可人从事进出口活动情况的有关材料；现场核查可以先获知货物装柜、海关报关、到港提货或离港时间，到被许可人相关货场、个人收藏处、加工场点、销售场所、培植场或养殖场以及海关关区内等现场核查。

第七条 国家濒管办在向被许可人发放允许进出口证明书的同时，除个人以携带方式出口或再出口濒危野生动植物及其产品的情形外，应当书面通知被许可人在实施完成允许进出口证明书所许可的进出口活动后的30日内，将经海关签注的允许进出口证明书副本、公约允许进口证明书正本返还给国家濒管办，同时提交加盖被许可人单位印章的海关报关单复印件，以及境外公约(再)出口许可证或证明书的正本(如系进口公约附录物种)，由国家濒管办进行检查、注销、归档。

国家濒管办应当将海关签注的实际进出口物种标本数量录入到允许进出口证明书计算机管理系统中，并对海关签注内容、海关报关单复印件内容与原申报材料内容进行核对，检查许可内容与实施许可的实际情况的一致性。

对许可内容与实施许可的实际情况不一致的，国家濒管办应当予以记录，由经办人签字、负责人审核后归档，同时将监督检查情况录入数据库。如果实质性的许可内容与实施许可的实际情况不一致的，如物种、数量或重量、价格等，国家濒管办应当进行调查，并依照有关规定予以处理。

第八条 国家濒管办可以采取随机抽查或者指定许可事项的方式，对被许可人实施允许进出口证明书所许可的进出口活动情况进行实地监督检查。实地监督检查的频度根据实际进出口情况确定。

国家濒管办可以重点对大宗贸易物种和敏感物种的进出口活动以及濒危野生动物活体的进出口活动进行实地监督检查。

第九条 对已确定实施实地监督检查的事项，国家濒管办应当即时以书面形式通知被许可人进行实地监督检查的要求。被许可人应当至少在货物装柜、从关区提货或实施报关前3天通知国家濒管办。

第十条 对出口或再出口濒危野生动植物及其产品的，国家濒管办可以到存放拟出口或再出口濒危野生动植物及其产品的货物装柜或者发货现场进行检查，核实与相应许可内容的一致性。

对检查结果不符合许可内容的，国家濒管办应当即时向出口或再出口口岸所在地海关通报相关情况。

国家濒管办可以采取标记、缩短实地检查和报关的时间差等措施，防止被许可人更换拟出口或再出口的濒危野生动植物及其产品。

第十一条 对进口濒危野生动植物及其产品的，在被许可人履行完成通关手续后，国家濒管办应当及时对进口的濒危野生动植物及其产品进行检查，核实与相应许可内容的一致性。如系野生动物活体，还应当检查安置野生动物的笼舍条件是否与申请材料一致、饲养条件是否能够保证野生动物得到妥善的照管。

对检查结果不符合许可内容的，国家濒管办应当依照有关规定予以处理。

第十二条 国家濒管办应当积极协调当地海关，加强和海关的协作。必要时国家濒管办可以与海关联合对进出口的濒危野生动植物及其产品进行查验，核实与相应许可内容的一致性。

国家濒管办应当协助海关做好进出口濒危野生动植物及其产品的现场查验和鉴定工作。

第十三条 国家濒管办可以对本办法第五条第（五）项、第（六）项和第（七）项所列内容进行不定期的实地监督检查。

第十四条 国家濒管办根据履约工作的需要，可以对被许可人实施允许进出口证明书许可的进出口活动开展专项监督检查。

专项监督检查工作由国家濒管办统一部署安排。

第十五条 实地监督检查过程中，国家濒管办可以进行现场抽样检查反映被许可人实施允许进出口证明书所许可进出口的濒危野生动植物及其产品。必要时国家濒管办可以将样品委托有相关鉴定资质的机构进行检验。抽样检查的情况应当记录在案，并将结果反馈给被许可人。

检查抽取样品的数量不得超过合理的需要，结果确定后，需要退还的样品应当及时退还被许可人。样品需要留存的，应当征得被许可人同意。

第十六条 实地监督检查人员应当及时对监督检查的情况进行记录，签字并由负责人审核后归档；需要由被许可人在记录上签字的，交由被许可人确认后签字。被许可人有权查阅监督检查记录。监督检查记录内容主要包括：

（一）被许可人名称，监督检查地点、时间；

（二）准予许可的国务院野生动植物主管部门的行政许可决定书编号、允许进出口证明书编号和有效期；

（三）准予许可事项的实际实施情况；

（四）活体濒危野生动植物的生存、死亡、繁育（培育）及调离情况；

（五）价格情况；

（六）标记情况；

（七）抽样检查情况；

（八）其他必须记录的内容。

第十七条 国家濒管办进行实地监督检查时，不得少于2名监督检查人员。

第十八条 国家濒管办实施监督检查，不得妨碍被许可人正常的生产经营活动，不得索取或者收受被许可人的财物，不得谋取其他利益。

第十九条 被许可人应当接受并配合国家濒管办对其从事允许进出口证明书所许可的进出口活动情况的监督检查。

第二十条 公民、法人或者其他组织发现违法违规从事允许进出口证明书许可事项活动，有权向国家濒管办举报。国家濒管办可以通过公布举报电话、开设网站等形式开辟举报渠道，方便公民、法人或者其他组织的举报。

对公民、法人或者其他组织的举报，国家濒管办应当及时核实、处理。

第二十一条 被许可人以欺骗、贿赂等不正当手段取得允许进出口证明书的，国家濒管办应当予以撤销。

第二十二条 被许可人将公约禁止以商业贸易为目的进口的濒危野生动植物及其产品用于商业贸易的，国家濒管办应当依照有关规定予以处理。

第二十三条 国家濒管办应当建立对被许可人监督检查实施情况的立卷、归档、公开查阅制度，指定专人管理，并负责被许可人查阅的接待工作。归档主要包括以下材料：

（一）被许可人名称、地址；

（二）准予许可的事项；

（三）被许可人的申请、资质等有关材料；

（四）实施监督检查情况的书面记录；

（五）监督检查结果；

（六）其他相关材料。

第二十四条 被许可人应当对允许进出口证明书的申办和实施情况开展资料归档工作。国家濒管办及其办事处应当加强对被许可人允许进出口证明书资料管理的指导和培训。

第二十五条 国家濒管办及其办事处应逐步建立被许可人信用评估制度。

第二十六条 本办法自2016年3月1日起施行，有效期至2018年2月28日。

附件2：

国家濒管办非《进出口野生动植物种商品目录》物种证明行政许可被许可人监督检查办法

第一条 为了加强对被许可人实施非《进出口野生动植物种商品目录》物种证明（以下简称物种证明）行政许可事项活动的监督检查，根据《中华人民共和国行政许可法》和《野生动植物进出口证书管理办法》的有关规定，制定本办法。

第二条 中华人民共和国濒危物种进出口管理办公室（以下简称国家濒管办）依法对被许可人从事物种证明所许可的野生动植物及其产品进出口活动开展监督检查，适用本办法。

第三条 本办法所称被许可人，是指取得国家濒管办及其办事处核发的物种证明的公民、法人或者其他组织。

第四条 对被许可人实施物种证明行政许可事项的监督检查，由国家濒管办负责，具体监督检查工作可以由其各办事处承办。

第五条 监督检查的主要内容：

（一）被许可人是否按照物种证明所规定的进出口者、口岸、物种、货物类型、数量或重量、期限和其他特殊条件从事进出口活动；

（二）申报出口人工培植来源的与国家重点保护野生植物同名的野生植物及其产品的，是否与实际来源一致；

（三）再出口与国家重点保护野生动植物同名的野生动植物及其产品的，来源是否与实际来源一致；

（四）活体野生动物运输条件是否符合国际航空运输协会（IATA）《活体动物规则》的有关规定；

（五）安置进出口活体野生动物设施是否存在缺陷，可能导致对动物的伤害或造成动物逃逸。

第六条 国家濒管办应当采取实地监督检查的方式，对被许可人实施物种证明所许可的进出口活动情况进行检查。

实地监督检查是指采取实地查阅材料和现场核查相结合的方法对被许可人实施物种证明所许可的进出口活动情况进行监督检查。查阅的材料包括海关报关单、采伐证、运输证和其他有关材料；现场核查可以先获知货物装柜、海关报关、到港提货或离港时间，到被许可人相关货场、加工场点、销售场所、培植场或养殖场以及海关关区内等现场核查。

第七条 国家濒管办各办事处可以采取随机抽查或者指定许可事项的方式，对被许可人实施物种证明所许可的进出口活动情况进行实地监督检查。实地监督检查的频度根据实际进出口情况确定。

第八条 对已确定实施实地监督检查的事项，国家濒管办应当即时以书面形式通知被许可人进行实地监督检查的要求。被许可人应当至少在货物装柜、从关区提货或实施报关前3天通知国家濒管办。

第九条 对出口或再出口野生动植物及其产品的，国家濒管办可以到存放拟出口或再出口野生动植物及其产品的货物装柜或者发货现场进行检查，核实与相应许可内容的一致性。

对检查结果不符合许可内容的，国家濒管办应当即时向出口或再出口口岸所在地海关通报相关情况。

国家濒管办应当采取标记、缩短实地检查和报关的时间差等措施，防止被许可人更换拟出口或再出口的野生动植物及其产品。

第十条 对进口野生动植物及其产品的，在被许可人履行完成通关手续后，国家濒管办应当及时对进口的野生动植物及其产品进行检查，核实与相应许可内容的一致性。如系野生动物活体，还应检查安置野生动物的笼舍条件是否与申请材料一致、饲养条件是否能够保证野生动物能够得到妥善的照管。

如果实施进口的实际情况与许可内容不一致且涉及允许进出口证明书管辖的野生动植物及其产品的，国家濒管办应当依照有关规定予以处理。

第十一条 国家濒管办应当积极协调当地海关，加强和海关的协作，做好进出口野生动植物种及其产品的海关现场查验、鉴定工作。

第十二条 国家濒管办根据工作需要，可以对被许可人实施物种证明的进出口活动开展专项监督检查。

专项监督检查工作由国家濒管办统一部署安排。

第十三条 实地监督检查过程中，国家濒管办可以进行现场抽样检查反映被许可人实施物种证明所许可进出口的野生动植物及其产品。必要时国家濒管办可以将样品委托有相关鉴定资质的机构进行检验。抽样检查的结果应当记录在案，并将结果反馈给被许可人。

检查抽取样品的数量不得超过合理的需要，结果确定后，需要退还的样品应当及时退还被许可人。样品需要留存的，应当征得被许可人同意。

第十四条 实地监督检查人员应当及时对实地监督检查的情况进行记录，签字并由负责人审核后归档。被许可人有权查阅监督检查记录。监督检查记录内容主要包括：

（一）被许可人名称，监督检查地点、时间；

（二）物种证明编号和有效期；

（三）准予许可事项的实际实施情况；

（四）活体野生动植物的生存、死亡、繁育（培育）及调离情况；

（五）抽样检查情况；

（六）其他必须记录的内容。

第十五条 国家濒管办进行实地监督检查时，不得少于2名监督检查人员。

第十六条 国家濒管办实施监督检查，不得妨碍被许可人正常的生产经营活动，不得索取或者收受被许可人的财物，不得谋取其他利益。

第十七条 被许可人应当接受并配合国家濒管办对其从事物种证明所许可的进出口活动情况的监督检查。

第十八条 公民、法人或者其他组织发现违法违规从事物种证明许可事项活动，有权向国家濒管办举报。国家濒管办可以通过公布举报电话、开设网站等形式开辟举报渠道，方便公民、法人或者其他组织的举报。

对公民、法人或者其他组织的举报，国家濒管办应当及时核实、处理。

第十九条 被许可人以欺骗、贿赂等不正当手段取得物种证明的，国家濒管办应当予以撤销。

第二十条 国家濒管办应当建立对被许可人监督检查实施情况的立卷、归档、公开查阅制度，指定专人管理，并负责被许可人查阅的接待工作。归档主要包括以下材料：

（一）被许可人名称、地址；

（二）准予许可的事项；

（三）被许可人的申请、资质等有关材料；

（四）实施监督检查情况的书面记录；

（五）监督检查结果；

（六）其他相关材料。

第二十一条 被许可人应当对允许进出口证明书的申办和实施情况开展资料归档工作。国家濒管办及其办事处应当加强对被许可人允许进出口证明书资料管理的指导和培训。

第二十二条 国家濒管办及其办事处应逐步建立被许可人信用评估制度。

第二十三条 本办法自2016年3月1日起施行，有效期至2018年2月28日。

国家林业局关于切实加强“十三五”期间年森林采伐限额管理的通知

林资发〔2016〕24 号

各省、自治区、直辖市林业厅(局),内蒙古、吉林、龙江、大兴安岭森工(林业)集团公司,新疆生产建设兵团林业局:

《国务院关于全国“十三五”期间年森林采伐限额的批复》(国函〔2016〕32 号)对各省、自治区、直辖市人民政府和各级林业主管部门严格执行“十三五”采伐限额、确保森林资源持续稳定增长提出了明确要求,是指导“十三五”期间全国森林采伐管理的纲领性文件,各级林业主管部门要认真学习、全面抓好贯彻落实。现就有关事项提出如下要求,请认真执行。

一、扎实做好采伐限额的分解落实工作

国务院批准的“十三五”期间年森林采伐限额,是在采伐类型分项限额的基础上按照林分起源和采伐目的进行归类形成的,是贯彻落实党中央、国务院关于切实加强天然林保护、全面停止天然林商业性采伐要求的重要成果。各省级林业主管部门要依据我局审核同意的采伐限额(详见附件),按照本通知附件的式样,尽快以省人民政府的文件分解落实到各编限单位,东北、内蒙古重点国有林区由省级森工(林业)主管部门直接将限额分解落实到各编限单位。省、市级均不得截留。各地“十三五”期间年森林采伐限额的分解落实结果,包括文件和限额编制单位“十三五”期间年森林采伐限额电子文档(Excel 文档),请于 2016 年 3 月 31 日前报我局。

二、严格规范采伐限额管理

国务院批准的“十三五”期间年森林采伐限额,是每年采伐林地上胸径 5 厘米以上林木蓄积的最大限量,各地区、各部门必须严格执行,不得突破。不同编限单位的采伐限额不得挪用,同一编限单位分别权属、起源、森林类别、采伐类型的各分项限额不得串换使用。因重大自然灾害等特殊情况需要采伐林木且在限额内无法解决的,由省级人民政府上报国务院批准。要切实加强天然林保护,严禁移植天然大树进城,严禁对天然林实施皆伐改造,严禁天然林商业性采伐,东北、内蒙古重点国有林区天然林抚育采伐严禁生产规格材。

三、积极稳妥推进采伐管理改革

各级林业主管部门要进一步解放思想,创新采伐管理方式,稳妥推进采伐管理改革。要进一步简化采伐许可证办理程序,加快推行网上审批和尽量委托乡镇政府或县级林业主管部门派出机构核发采伐许可证,确保采伐审批更加便捷高效,切实解决林农反映的“办证难”问题。采伐非林地上的林木和经依法批准占用征收林地上的林木,不纳入采伐限额管理。各地可根据本区域森林资源现状和林木采伐管理实际,开展采伐管理制度改革试点。实行采伐公示制度,公示的范围和内容由县级林业主管部门确定。

四、强化采伐限额执行情况检查

2016 年是全面停止天然林商业性采伐的第一年,各地务必高度重视,采取有力措施,确保停伐要求落实到位。要完善采伐限额执行情况检查制度。地方各级林业主管部门要对本辖区采伐限额执行情况开展经常性检查,严厉打击乱砍滥伐行为,并将采伐限额年度执行结果报告同级人民政府和上一级林业主管部门。各省级林业主管部门于每年 3 月 31 日前,向我局书面报告上一年度采伐限额的执行情况,包括全省发证采伐量、实际采伐量、主要管理措施、存在问题和意见建议等。我局每年将组织对各地采伐限额执行情况进行检查,检查结果上报国务院并通报全国。

五、着力创新森林经营管理机制

各级林业主管部门要积极引导和鼓励森林经营者科学编制森林经营方案,并将其作为科学开展森林经营活动和采伐管理的重要依据。东北、内蒙古重点国有林区的森林经营方案由我局组织编制并监督实施;其他国有林的森林经营方案由省级林业主管部门组织编制并监督实施;鼓励、引导集体和个人规模经营森林并编制森林经营方案,逐步实现按依法编制批准的森林经营方案确定森林采伐,实现森林资源的可持续经营。

各省级林业主管部门要根据本通知精神,结合本地实际,进一步细化“十三五”期间年森林采伐限额管理措施。我局各派驻森林资源监督机构,要认真履行监督职责,切实加强对派驻区域内森林采伐限额执行情况的监督检查,为保障森林资源持续增长、森林质量不断提高、生态功能进一步增强作出新贡献。

特此通知。

附件:全国“十三五”期间年森林采伐限额汇总表(略)

国家林业局

2016 年 2 月 26 日

国家林业局关于进一步加强集体林地承包经营纠纷调处工作的通知

林改发〔2016〕38号

各省、自治区、直辖市林业厅(局)，新疆生产建设兵团林业局，国家林业局各司局、各直属单位：

为巩固集体林权制度改革成果，维护广大林农和林权权利人的合法权益、促进社会和谐稳定，现就进一步加强集体林地承包经营纠纷调处工作通知如下：

一、切实提高对集体林地承包经营纠纷调处工作重要性的认识

由于历史和现实原因，集体林地承包经营纠纷呈现多发频发态势。若处理不及时，或方式方法不得当，易引发集体性上访和群体性事件，成为社会安全稳定的隐患。及时解决集体林地承包经营纠纷，是一项十分艰巨、切不可懈怠的重要工作，是维护集体林区稳定、保障农民合法权益、巩固集体林权制度改革成果的重要任务，也是深化集体林权制度改革的重要保障。各级林业主管部门要高度重视，深刻认识这项工作的重要性、紧迫性，加强组织领导，加大工作力度，采取有力措施，保障集体林地承包经营纠纷调处工作依法有序推进。

二、准确把握集体林地承包经营纠纷调处工作的基本原则

做好集体林地承包经营纠纷调处工作，要把握好以下原则：一是坚持依法依规的原则，纠纷调解仲裁工作政策性强，必须严格按照相关法律法规办事，遵规守矩，依法调处，不得以权代法。二是坚持预防为主的原则，对集体林地承包经营可能出现的矛盾，要认真排查，尽量把矛盾化解在萌芽状态，及时做好防患工作。三是坚持调解优先的原则，充分发挥行政调处机制优势，以调解为主、仲裁为辅，切实减少纠纷解决的层次和环节，降低化解纠纷的成本。四是坚持属地化解的原则，把纠纷解决在当地，把矛盾化解在基层，尽量做到“户间纠纷不出村、村间纠纷不出乡、乡间纠纷不出县”。五是坚持依靠群众的原则，充分尊重农民意愿，发挥老党员、老干部、老同志的作用，利用他们在群众中的威信和影响促进纠纷解决。

三、健全集体林地承包经营纠纷调处工作制度

各地集体林地承包经营管理部门要建立健全纠纷调处工作规则和管理制度，积极推进县、乡、村林地承包经营纠纷调解仲裁体系建设，逐步建立健全乡村调解、县市仲裁、司法保障的集体林地承包经营纠纷解决机制。各经营主体之间发生承包经营合同纠纷的，应积极引导当事人自行和解。和解不成的，应当根据当事人的请求，由村民委员会、乡镇人民政府等进行调解。当事人和解、调解不成或者不愿和解、调解的，农村土地(林地)承包仲裁机构应当根据当事人申请，及时依法给予仲裁。当事人不愿意提请仲裁的，或对仲裁裁决不服的，可以向人民法院起诉。

四、建立集体林地承包经营纠纷调处应急处置机制

集体林地承包经营工作涉及面广，情况复杂，一旦出现利益纠纷，若不及时调处，容易引发群体性事件。各级林业主管部门要切实做好基础性工作，充分利用网站、新媒体等各种渠道，宣传林业基本政策，注意倾听群众呼声，及时解决群众合理诉求，做好群众来信来访工作，研究分析当前社情民情，注意发现苗头性、倾向性问题，及时妥善化解矛盾纠纷，把可能出现的群体性事件化解在萌芽状态。要制定完善重大突发事件应急预案。对于涉及面广、情况复杂、重大疑难、历史遗留的集体林地承包经营纠纷案件，林业主管部门要主动与相关部门共同协商，形成合力，及时处置，妥善解决。

五、加快集体林地承包经营纠纷调解仲裁机构队伍建设

以便民、利民、惠民为宗旨，积极争取地方政府的支持，建立健全集体林地承包经营纠纷仲裁体系。根据集体林地承包经营纠纷调解仲裁工作的实际需要，在集体林地面积较大的县(市、区)，积极争取设立集体林地承包经营纠纷仲裁委员会，或在县(市、区)农村土地承包经营纠纷仲裁委员会下设立集体林地纠纷仲裁办公室，负责集体林地承包经营纠纷调解仲裁日常工作。要积极参与仲裁委员会工作，并鼓励、推荐林农、熟悉林业工作的人员参加仲裁委员会。要宣传农业部与我局共同发布的《农村土地承包经营纠纷仲裁规则》，完善工作机制，健全工作规则，为农村集体林地承包纠纷仲裁工作做好服务。乡镇应结合农村便民服务中心，设立集体林地承包经营纠纷调解委员会，聘请纠纷调解员，明确专人负责集体林地承包经营纠纷调解工作。

六、努力提高调处集体林地承包经营纠纷的能力水平

建设一支专业性强、相对稳定的仲裁员、调解员队伍是确保妥善解决集体林地承包经营纠纷的基础。要建立仲裁员、调解员培训工作制度，着力提高仲裁员、调解员纠纷调处能力，切实提高纠纷调处工作质量。要积极组织编制农村集体林地承包经营纠纷仲裁员、调解员培训规划，定期组织农村集体林地承包经营纠纷仲裁师资骨干人员培训，指导各县(市、区)定期开展仲裁员、调解员培训工作。重点培训法律、法规、政策、业务知识，培训社会心理学常识及纠纷调处技能，提高法律意识和工作水平。要切实解决工作经费，配备基本办公设施，为集体林地承包经营纠纷调处提供强有力的保障。

本通知自发布之日起施行，有效期至2021年6月30日。

国家林业局

2016年3月16日

国家林业局公告2016年第3号
（临时禁止进口部分象牙及其制品）

为有效管控象牙及其制品进出口，经研究决定，从2016年3月20日起至2019年12月31日止，我国临时禁止进口下列象牙及其制品：

（一）《濒危野生动植物种国际贸易公约》（以下简称《公约》）生效前所获的象牙及其制品；

（二）《公约》生效后所获的非洲象牙雕刻品；

（三）在非洲进行狩猎后获得的狩猎纪念物象牙。

象牙文物回流和科研教学、文化交流、公共展示、执法司法等非商业目的需要进口象牙及其制品的情况，不在此次临时禁止进口范围。

临时禁止进口措施实施期间，我局暂停受理相关行政许可事项。

特此公告。

国家林业局

2016年3月20日

国家林业局关于全面推进政务公开工作的意见

林办发〔2016〕45号

各省、自治区、直辖市林业厅（局），内蒙古、吉林、龙江、大兴安岭、长白山森工（林业）集团公司，新疆生产建设兵团林业局，国家林业局各司局、各直属单位：

为加快推进林业行政职能转变，保障人民群众对林业政务工作的知情权、参与权、表达权、监督权，增强各级林业行政主管部门的公信力和执行力，健全完善林业治理体系，提升林业治理能力，根据中共中央办公厅、国务院办公厅《关于全面推进政务公开工作的意见》（中办发〔2016〕8号）要求，现就全面推进林业政务公开工作提出如下意见。

一、全面推进林业政务公开工作的总体要求

（一）指导思想。认真落实党的十八大和十八届三中、四中、五中全会精神，深入贯彻习近平总书记系列重要讲话精神，紧紧围绕“四个全面”战略布局，牢固树立创新、协调、绿色、开放、共享的发展理念，深入推进林业系统依法行政，全面落实党中央、国务院有关决策部署和政府信息公开条例，坚持以公开为常态、不公开为例外，推进林业行政决策公开、执行公开、管理公开、服务公开和结果公开，推进林业行政职能转变，打造法治政府、创新政府、廉洁政府和服务型政府。

（二）基本原则。紧紧围绕林业重点工作和人民群众关注关切，以公开促改革、以公开促落实，以公开促规范，以公开促服务。依法依规明确林业政务公开的主体、内容、标准、方式、程序，加快推进权力清单、责任清单、负面清单公开。坚持改革创新，务求公开实效，让群众看得到、听得懂、能监督。推行“互联网+政务”，扩大公众参与，促进政务公开便利化。

（三）工作目标。到2020年，林业政务公开工作总体迈上新台阶，依法积极稳妥推行林业政务公开负面清单制度，林业政务公开内容覆盖林业行政审批全流程、政务服务全过程，林业政务公开制度化、标准化、信息化水平显著提升，林业主管部门的服务意识、便民意识显著增强。

二、推进林业政务阳光公开

（四）推进决策、执行公开。把公众参与、专家论证、风险评估、合法性审查、集体讨论决定确定为林业重大行政决策法定程序。实行林业重大决策预公开制度，涉及群众切身利益、需要社会广泛知晓的林业重要改革方案、重大政策措施、重点工程项目，除依法应当保密的外，在决策前向社会公布决策草案、决策依据，通过网络媒体、听证座谈、专家评审等方式广泛听取公众意见。作出决策后，按照规定及时公开议定事项和相关文件。主动公开重点林业改革任务、重要政策、重大工程项目的执行措施、实施步骤、责任分工、监督方式，根据公众意见建议，加强和改进工作。各级林业行政主管部门要做好发现问题及整改落实情况的公开，增强抓落实的执行力。

（五）推进管理、服务公开。各级林业行政主管部门要全面推行权力清单、责任清单、负面清单公开工作，建立健全清单动态调整公开机制。推行林业行政执法公示制度，按照突出重点、依法有序、准确便民的原则，林业执法部门要公开职责权限、执法依据、裁量基准、执法流程、执法结果等，规范行政裁量，促进执法公平公正。推进监管情况公开，重点公开生态建设、建设项目使用林地信息。各级林业行政主管部门要把实体政务服务中心与网上办事大厅结合起来，推动政务服务向网上办理延伸。要全面公开服务事项，编制发布办事指南，简化优化办事流程，为办理涉林事项提供方便。

（六）推进结果、重点领域信息公开。各级林业行政主管部门都要主动公开重大决策、重要政策落实情况，要建立健全重大决策跟踪反馈和评估制度，引入第三方评估政策落实效果，及时将落实情况公布于众，接受社会监督。要加强森林火险、林业有害生物灾害、沙尘暴灾害、重大生态破坏事故等林业突发事件信息发布，负责处置的业务主管部门和有关地方是信息发布第一责任人，要快速反应及时回应社会关切。

三、扩大林业政务开放参与

（七）加强林业政策解读。各级林业行政主管部门要将政策解读与政策制定工作同步考虑、同步安排。要通过广播、电视、报纸、网站及新媒体等多种途径做好重要林业政策解读工作。遇有林业重大突发事件和重要社会关切等，主要负责人要带头宣讲林业政策，表明立场态度，发出权威声音，当好“第一新闻发言人”。要结合社会公众关注的林业重点热点，注重运用数字化、图表图解、音频视频等方式，提高政策解读的针对性、科学性、权威性。对涉及面广、涉及利益群体多、实施难度大、专业性强的林业政策法规，要通过新闻发布、政策吹风、接受访谈、发表文章等方式做好解读，深入浅出地讲解政策背景、目标和要点。

（八）推动林业数据开放，扩大公众参与。实施政府数据资源清单管理，制定开放目录和数据采集标准，加快建设林业政府数据统一开放平台。充分发挥互联网便捷、高效优势，研究探索公众参与林业政策制定的事项种类和方式，搭建互动平台，问需于民，问计于民，增进公众对林业工作的认可和支持。

（九）积极回应社会关切。各级林业行政主管部门要建立健全政务舆情收集、研判、处置和回应督办机制。对涉林重要舆情、媒体关切等热点问题，要按程序及时发布权威信息，讲清事实真相、处置措施以及处理结果等。各级林业行政主管部门要依法明确回应主体，落实相关责任，确保在应对林业重大突发事件及社会热点事件时不失声、不缺位。

四、提升林业政务公开能力

（十）完善制度规范。各级林业行政主管部门要依法及时修订完善政府信息公开制度和公开机制，对不适应形势要求的规定及时予以调整清理。推进林业政务服务中心建设，统一名称标识、办理事项、管理服务等。各级林业行政主管部门要依法积极稳妥制定政务公开负面清单，细化明确不予公开范围，及时进行调整更新。要健全公开前保密审查机制，规范保密审查程序，妥善处理好政务公开与保守秘密的关系，对依法应当保密的，要切实做好保密工作。

（十一）提高信息化水平。发挥中国林业网作为林业系统政府门户网站信息公开第一平台作用，整合各级林业行政主管部门政府网站信息资源，强化与主要媒体、主要网站的联动，充分运用新媒体手段拓宽信息传播渠道，将中国林业网打造成更加全面的信息公开平台、更加权威的政策解读平台和更加便民的政府服务平台。积极运用大数据、云计算、移动互联网等信息技术，加快推进“互联网＋政务”，提升林业政务公开信息化、集中化水平。逐步实行林业审批和服务事项网上办理。

（十二）抓好教育培训。各级林业行政主管部门要把政务公开列入公务员培训科目，加强对行政机关工作人员特别是领导干部的培训，增强政务公开意识，提高政务公开能力。要制定周密的培训计划，新任公务员和初次从事政务公开的工作人员必须参加政务公开培训，适应机关工作需要。

五、强化政务公开保障措施

（十三）加强组织领导。各级林业行政主管部门要高度重视政务公开工作，明确责任分工，健全协调机制，配齐配强专职工作人员，切实抓好工作落实。各级林业行政主管部门办公室是政务公开工作的主管部门，具体负责组织协调、指导推进、监督检查等政务公开工作。国家林业局各司局、各直属单位要确定一名领导同志分管，落实责任人员，每年12月31日前向国家林业局政务公开办报送本单位政务信息公开工作年度报告。国家林业局政务公开办将按要求开展监督检查。

（十四）加强考核监督。各级林业行政主管部门要把政务公开工作纳入绩效考核体系，加大分值权重。引入第三方机构对政务公开质量和效果进行独立公正评估，强化激励和问责，对政务公开工作落实好的，予以表彰，对公开工作落实不到位的，予以通报批评。对违反政务公开有关规定造成严重影响的，依法依规严肃追究责任。

本意见自发布之日起施行，有效期至2021年6月30日。

国家林业局
2016年4月7日

国家林业局关于印发《林地变更调查工作规则》的通知

林资发〔2016〕57号

各省、自治区、直辖市林业厅（局），内蒙古、吉林、龙江、大兴安岭森工（林业）集团公司，新疆生产建设兵团林业局，国家林业局各直属林业调查规划设计院、各派驻森林资源监督机构：

为加强林地保护管理基础支撑能力建设，建立年度林地变更调查工作制度，规范林地变更调查工作，我局研究制定了《林地变更调查工作规则》（见附件），现予印发，请遵照执行。

附件：林地变更调查工作规则

国家林业局
2016年5月4日

附件

林地变更调查工作规则

第一章 总 则

第一条 为规范林地变更调查工作，保障工作顺利开展，提升林地变更调查工作水平，根据《中华人民共和国森林法》、《中华人民共和国森林法实施条例》、《土地调查条例》等相关法律法规，制定本工作规则。

第二条 本规则中的林地变更调查，是指对自然年度内的全国林地利用状况、权属变化，以及各类森林经营活动（如造林、采伐、更新等）、自然灾害损害（如火灾、泥石流等）、非森林经营活动（如建设项目使用林地、违法毁林开垦等）等用地情况进行调查的活动。林地变更调查应当与土地调查及其变更调查数据有效衔接。

第三条 开展林地变更调查工作的目的，是掌握林地利用现状及其消长变化情况，保持林地调查数据和林地数据库（指林地“一张图”数据库，下同）的真实性、准确性和时效性，以支撑林地保护管理和生态建设的需要。

第四条 国家林业局与地方林业主管部门共同负责林地变更调查工作。按照统一组织、多方参与、分工协作、各司其职、分级实施、一查多用的原则，由国家林业局森林资源管理司（以下简称“资源司”）牵头组织，各省级林业主管部门具体组织，县级林业主管部门实施。

国家林业局各直属林业调查规划设计院（以下简称“局直属院”）和省级林业调查规划设计单位负责技术指导。国家林业局各派驻森林资源监督机构（以下简称“专员办”）负责督查督办林地变更调查中发现的违法使用林地重大案件。

第五条 林地变更调查工作所需经费，按照事权和支出责任，分别列入本级政府相应年度财政预算，确保按时足额到位。地方财政暂不能列入年度预算的，地方林业主管部门应当与同级财政主管部门共同制定调查经费从森林植被恢复费中列支的管理办法。重点国有林区所需经费由国家林业局协调解决。

第二章 调查内容和方法

第六条 林地变更调查应当以全国林地调查或上年度林地变更调查结果，利用林地管理档案信息和遥感技术，结合必要的现地调查，查清本年度内林地利用变化情况，更新林地利用现状图件和林地数据库，统计分析，编写成果报告，经审核论证后，逐级汇总上报林地变更调查成果。

第七条 林地变更调查以县级行政区域为基本调查单位。自然保护区、国有林场等国有林业企事业单位是否作为独立的调查单位，由省级林业主管部门确定。

统一变更时点为每年 12 月 31 日。鼓励有条件的省、自治区、直辖市实行实时变更。

第八条 省级林业主管部门按照国家统一要求，结合本地林地保护管理需要，负责本辖区林地变更调查工作的总体安排和进度控制。

第九条 林地变更调查包括下列内容：

（一）行政单位、国有森林经营单位和集体经济组织的界限变化状况；

（二）林地转为非林地（如建设用地、耕地、设施农用地等）、非林地（如耕地、废弃矿山等）转为林地的变化情况；

（三）林地内部地类、权属、林地保护等级、森林类别、林种、起源等变化情况；

（四）自然保护区、森林公园、国有林场、公益林以及退耕还林、天然林资源保护、国家储备林基地等林业工程的界线变化情况；

（五）自然灾害引起的林地利用状况变化情况；

（六）其他土地上的森林资源变化情况；

（七）国家林业局规定的其他内容。

第十条 林地调查成果包括数据库成果、统计数据成果、图件成果、成果报告。

林地调查成果实行逐级汇交、汇总统计制度。县级以上林业主管部门应当将林地调查成果报上一级林业主管部门汇总。

第十一条 林地变更调查应充分应用高分辨率遥感技术，强化日常档案管理，实现常态化林地变更监管，减少林地变更调查工作量，节约工作成本，提高工作效率。

第十二条 林地变更调查执行《林地保护利用规划林地落界技术规程》（LY/T1955）、《林地保护利用规划编制技术规程》（LY/T1956）等，采用标记的方法与《土地利用现状分类》（GBT 21010）相衔接。

第三章 工作内容

第十三条 建立林地变更调查工作图和林地管理档案信息系统。在上年度全国林地数据库的基础上，将造林、采伐、更新等森林经营活动和建设项目使用林地、毁林开垦等非森林经营活动中形成的日常档案管理信息及时落界并记录有关信息。

第十四条 统筹遥感数据。协调国务院相关部委共享遥感数据，补充购置部分遥感数据，获取当年覆盖全国的最新遥感数据，加工处理制作正射遥感影像图。

第十五条 开展遥感监测。内业提取林地范围内新增建设用地、耕地等图斑，形成遥感监测结果，辅助开展林地变更调查、卫片执法检查，建立违法使用林地档案，清理违法用地等。

第十六条 林地利用变化情况调查。全面调查林地利用变化情况，重点查清本年度林地范围内出现的建设用地、耕地和新增林地情况。

第十七条 国有森林资源产权变更调查。根据森林、林地权属等变化情况，随时记载或调查国有森林资源产权变化情况。

第十八条 林业经营管理情况调查。查清年度内工程建设合法使用林地，毁林开垦、违法占用林地等非法用地，以及人工造林、森林采伐、人工更新等森林经营引起的地类变化情况。已办理使用林地审核审批手续但未实施用地的，暂不变更。

第十九条 更新林地数据库。林地变更调查工作图，结合遥感监测结果，经检查和核实后，按照全国林地数据库和林地变更调查数据库建设标准和规范，更新林地数据库。地方各级林业主管部门每年按统一时点要求，上报本年度林地数据库和林地变化数据库，更新全国林地数据库。

第二十条 分析调查成果。对林地变更调查结果进行汇总统计，分析年度林地范围、林地利用状况和管理属性等变化情况及其原因，林地定额指标使用情况、违法使用林地查处情况等，剖析林地保护管理中存在的问题，提出对策与建议，编写成果报告。

第四章 工作程序

第二十一条 安排部署工作。国家林业局按照本规则，根据年度林地保护管理的具体需求，部署年度林地变更调查工作。

第二十二条 协调购置处理遥感数据。国家林业局负责与国土资源部等部门协调高分辨率遥感数据、遥感监测成果、年度土地变更调查成果。资源司负责组织，国家林业局调查规划设计院(以下简称"局规划院")具体承担，按照《森林资源调查卫星遥感影像图制作技术规程》(LY/T 1954)对遥感数据进行处理并下发到各省级林业主管部门。

需要补充购买遥感数据的，采用政府采购方式确定数据供应商。

各地自行购买高分辨率遥感数据的，数据正射校正等图像处理应当符合国家统一标准。不符合国家统一标准的，应交由局规划院统一处理。采用航片的，数据处理自行解决，但必须符合国家统一标准。

第二十三条 开展遥感监测。由资源司组织，有关林业调查规划设计单位具体承担遥感监测，监测结果下发至县级林业主管部门。

第二十四条 年度林地变更调查。各级林业主管部门应当加强统筹，强化有关林地档案信息化管理，将建设项目使用林地审核审批、各类林业重点工程、执法检查、森林经营活动等各类档案管理信息，及时更新到林地变更调查工作图和林地管理档案信息系统。充分利用林地管理档案等相关资料，对照遥感监测结果，辅以必要的现地调查，查清年度林地利用变化情况及相关林业经营管理情况。

县级林业主管部门负责组织对本辖区本年度林地变化地块逐块核实调查。通过遥感影像与林地管理档案等信息，内业核实林地变化图斑及其属性因子。内业无法核实的须进行现地核实调查。根据核实情况，对林地变更调查工作图上的林地变化图斑的地类、位置、界线进行确认或修正，如实转录或填写林地变化图斑属性信息记录表，标注林地变化原因等信息。

第二十五条 调查成果汇交。省级林业主管部门负责组织县级林业主管部门，按照国家统一的林地变更调查成果数据库标准要求，于每年年底逐级汇总年度林地变更调查成果。次年4月底前，将通过县级自检、省级复查的林地数据库和林地变化数据库报送各局直属院。

第二十六条 调查成果核查。资源司组织，局直属院具体负责，对各省级林业主管部门报送的林地数据库和林地变化数据库进行质量检查，重点借助遥感影像、遥感监测结果及林地档案等资料，对林地变化地块的地类一致性进行核查。其中，对林地转为建设用地、其他农用地的变化地块开展全面的地类一致性内业核查，对森林经营不当引起的森林或林地退化地块开展内业地类一致性核查。根据核查结果，根据森林、林地的退化数量、分布等特点，选择重点地区开展外业现地核查，重点抽查遥感影像特征变化明显，但未变更的图斑。

核查与重点抽查结果，及时反馈给省级林业主管部门。

第二十七条 完善林地变更调查成果。省级林业主管部门根据局直属院反馈的核查结果，统一组织各县级单位，在规定期限内，按各自职责分工，对疑问地块进行逐一对比核实，修改完善林地变更调查成果，经省级林业主管部门审查、汇总后报送国家林业局。

第二十八条 更新国家级林地数据库。资源司组织，局规划院具体负责，将各省级林业主管部门上报的、经检查合格的林地变更调查成果标准化处理后，更新国家级林地数据库，并将最终成果反馈给省级林业主管部门，由省级林业主管部门分发给县级林业主管部门。

第二十九条 汇总分析调查结果。地方各级林业主管部门按照国家林业局统一要求，在本辖区林地变更调查数据库汇总和数据分析的基础上，结合本地具体情况，编写成果报告，并逐级汇总报送上一级林业主管部门。

局规划院负责汇总形成年度全国林地数据库、年度全国林地变化数据库。

资源司组织起草年度全国林地变化情况分析报告。

第五章 质量控制与成果管理

第三十条 建立林地变更调查培训制度。各级林业主管部门应当根据事权划分和林地变更调查工作需要，加强对林地变更调查技术和管理人员的业务技能和管理培训，提高调查人员业务水平。国家每年举办一次基层管理人员与技术人员培训，各省级林业主管部门每年至少组织一次基层管理与技术人员培训。

第三十一条 设立专家库。全国林地变更调查工作设立专家库，根据需要从专家库中选择或抽取专家，成立专家组，负责对调查方案及有关成果的技术咨询、论证、审查等，解决调查工作中遇到的重大技术问题。

第三十二条 实行成果质量分级控制制度。采取县级自检、省级复查和国家级核查的质量分级控制制度。各专员办应加强对林地变更调查工作的监督。

第三十三条 实行奖惩制度。对调查成果质量高、在林地变更调查工作中贡献突出的单位和个人，国家林业局将按照国家有关规定给予表彰或者奖励。

对违法干预调查工作、虚报瞒报数据、未按时报送或拒不报送调查成果的，给予相应处罚或处分。

第三十四条 调查成果管理及保密。林地变更调查成果及相关资料应当按照国家档案及保密管理的有关要求，统一管理，及时存档。全国林地变更调查成果数据存放于国家林业局信息中心，并做异地备份，在国家林业局电子政务网（国家林业局涉密网）上发布，国家林业局各业务司局按照相关保密规定使用成果数据。需要公开使用未公布成果数据的，须向资源司提出书面申请，说明用途、范围、类型、因子及数据管理措施，资源司以书面方式通知局规划院。局规划院与申请数据使用单位按有关规定签署数据保密协议书，按相关程序和批准内容提供相关数据。

保管和使用林地变更调查成果数据的单位，须配备符合国家保密、消防及档案管理有关规定和要求的存放使用设施与条件，建立完善的数据保密管理制度；经批准复制的载体要进行编号与登记，按同等密级进行管理；进行经常性的保密教育和检查，确保保密措施落实到位。

从事林地变更调查的单位和个人，应当遵守国家有关保密法律法规。

第三十五条 调查成果应用。全国林地变更调查成果经确认公布后，由资源司组织，局规划院具体负责对林地变更调查成果进行脱密处理，经国家测绘地理信息局审核后，及时提交国家林业局信息中心，通过国家林业局政府网公布，服务于社会。

在严格执行相关保密管理的前提下，各地应积极拓展林地“一张图”数据应用，保证森林资源经营活动和日常管理等工作都在林地“一张图”及林地变更调查成果基础上开展。

第三十六条 全国林地变更调查成果由国家林业局公布。全国林地变更调查成果公布后，县级以上地方人民政府方可逐级依次公布本辖区林地变更调查成果。全国及省级林地变更调查成果数据统一在国家林业局政府网等渠道上公布。

第六章 附 则

第三十七条 本工作规则由国家林业局负责解释。

第三十八条 本工作规则自 2016 年 6 月 1 日起施行，有效期至 2021 年 12 月 31 日。

国家林业局关于光伏电站建设使用林地有关问题的复函

林资发〔2016〕62 号

河南、四川省林业厅：

你们关于光伏电站建设使用林地有关问题的请示（豫林资〔2016〕47 号、川林〔2016〕9 号）收悉。经研究，现函复如下：

《国家林业局关于光伏电站建设使用林地有关问题的通知》（林资发〔2015〕153 号）中的天然林资源保护工程区，是指在天然林资源保护工程二期实施范围内，已享受天然林资源保护工程相关资金补助的林地。对于天然林资源保护工程区的宜林地，可根据本地光伏产业发展规划用于建设光伏电站。

特此复函。

国家林业局

2016 年 5 月 9 日

国家林业局关于印发《林业行政案件类型规定》的通知

林站发〔2016〕67 号

各省、自治区、直辖市林业厅（局），内蒙古、吉林、龙江、大兴安岭森工（林业）集团公司，新疆生产建设兵团林业局，国家林业局各司局、各直属单位：

为推进我国林业行政执法、案件管理与统计分析工作的制度化、规范化，我局研究制定了《林业行政案件类型规定》（见附件），现印发给你们，请遵照执行。

特此通知。

附件：林业行政案件类型规定

国家林业局

2016 年 5 月 20 日

附件：

林业行政案件类型规定

第一章 总 则

为推进林业行政执法、案件管理与统计分析工作的制度化和规范化，根据《森林法》等法律、法规的规定，制定本规定。

本规定所列林业行政违法行为均系公民、法人或其他组织违反现行涉林法律、行政法规和部门规章尚未构成犯罪，应由林业主管部门或法律、法规授权的组织给予行政处罚的案件。

各级林业主管部门及有关机构在林业行政案件统计分析及相关管理工作中应执行本规定。

第二章　案件类型及违法行为

一、盗伐林木案件

1.01. 盗伐林木行为，是指违反《森林法》规定，以非法占有为目的，擅自采伐国家、集体、他人所有或者他人承包经营管理的森林或者其他林木，擅自采伐本单位或者本人承包经营管理的森林或者其他林木，以及在林木采伐许可证规定的地点以外采伐国家、集体、他人所有或者他人承包经营管理的森林或者其他林木，尚不需要追究刑事责任的情形。(参见《森林法》第三十九条第一款、《森林法实施条例》第三十八条、《最高人民法院关于审理破坏森林资源刑事案件具体应用法律若干问题的解释》)

二、滥伐林木案件

2.01. 滥伐林木行为，是指违反《森林法》规定，未经林业行政主管部门及法律规定的其他主管部门批准并核发林木采伐许可证，或者虽持有采伐许可证，但违反采伐许可证规定的时间、数量、树种或者方式，任意采伐本单位所有或者本人所有的森林或者其他林木；超过采伐许可证规定的数量采伐他人所有的森林或者其他林木，以及林木权属争议一方在林木权属确权之前，擅自采伐森林或者其他林木，尚不需要追究刑事责任的情形。(参见《森林法》第三十九条第二款、《森林法实施条例》第三十九条、《最高人民法院关于审理破坏森林资源刑事案件具体应用法律若干问题的解释》)

三、毁坏森林、林木案件

3.01. 非法开垦、采石等活动致使林木受到毁坏的行为，是指违反《森林法》规定，未经依法批准或者违反批准的内容以及违反操作技术规程，进行开垦、采石、采砂、采土、采种、采脂、挖笋、掘根、剥树皮及过度修枝等活动，致使森林、林木受到毁坏的情形。(参见《森林法》第四十四条第一款、《森林法实施条例》第四十一条第一款)

3.02. 砍柴、放牧致使林木受到毁坏的行为，是指违反《森林法》规定，在幼林地或者特种用途林内砍柴、放牧，致使森林或者其他林木受到毁坏的情形。(参见《森林法》第四十四条第二款)

3.03. 破坏林地地表植被的行为，是指违反退耕还林管理法规，在退耕还林项目实施范围内，从事滥采、乱挖等破坏林地地表植被的活动，尚不需要追究刑事责任的情形。(参见《退耕还林条例》第六十二条)

四、违法使用林地案件

4.01. 擅自开垦林地尚未毁林行为，是指违反《森林法》规定，擅自开垦林地，但未造成森林或者其他林木毁坏，或者在没有森林或者其他林木的林地上擅自开垦林地的情形。(参见《森林法实施条例》第四十一条第二款)

4.02. 擅自改变林地用途行为，是指违反《森林法》规定，未经县级以上人民政府林业主管部门批准或者审核同意，擅自改变林地用途，尚不需要追究刑事责任的情形。(参见《森林法实施条例》第四十三条第一款)

4.03. 临时占用林地逾期不归还的行为，是指违反《森林法》规定，临时占用林地超过规定的期限而不予归还的情形。(参见《森林法实施条例》第四十三条第二款)

4.04. 擅自复耕的行为，是指退耕还林者违反退耕还林管理法规，擅自复耕，尚不需要追究刑事责任的情形。(参见《退耕还林条例》第六十二条)

五、非法运输木材案件

5.01. 无证运输木材行为，是指违反《森林法实施条例》规定，货主未依法取得木材运输证，擅自运输木材的情形。(参见《森林法实施条例》第四十四条第一款)

5.02. 运输木材货证不符的行为，是指违反《森林法实施条例》规定，货主虽然依法取得木材运输证，但运输的木材数量超出木材运输证所准运的数量，或者运输的木材树种、材种、规格与木材运输证的规定不相符合又无正当理由的情形。(参见《森林法实施条例》第四十四条第二款)

5.03. 使用伪造、涂改的木材运输证运输木材的行为，是指违反《森林法实施条例》规定，货主使用伪造、涂改的木材运输证运输木材的情形。(参见《森林法实施条例》第四十四条第三款)

5.04. 承运无木材运输证的木材行为，是指违反《森林法实施条例》规定，擅自承运他人无木材运输证的木材的情形。(参见《森林法实施条例》第四十四条第四款)

六、非法经营加工木材案件

6.01. 非法收购盗伐、滥伐林木行为，是指违反《森林法》规定，在林区收购明知是盗伐、滥伐的林木，尚不需要追究刑事责任的情形。(参见《森林法》第四十三条)

6.02. 非法经营、加工木材行为，是指违反《森林法实施条例》规定，未经县级以上人民政府林业主管部门批准，未取得木材经营(加工)许可证，或者违反木材经营(加工)许可证规定的内容，在林区经营(收购、出售)、加工木材的情形。(参见《森林法实施条例》第四十条)

七、违反野生动物保护法规案件

7.01. 在禁猎区、禁猎期或者使用禁用的工具、方法非法狩猎的行为，是指违反野生动物保护法规，在禁猎区、禁猎期或者使用禁用的工具、方法狩猎非国家重点保护野生动物，破坏野生动物资源或者对野生动物资源构成威胁，尚不需要追究刑事责任的情形。(参见《野生动物保护法》第三十二条、《陆生野生动物保护实施条例》第三十四条)

7.02. 未取得狩猎证或者未按狩猎证规定非法狩猎的行为，是指违反野生动物保护法规，未依法取得狩猎证或者虽然取得狩猎证但违反其规定的内容狩猎非国家重点保护野生动物的情形。(参见《野生动物保护法》第三十三条、《陆生野生动物保护实施条例》第三十五条)

7.03. 破坏国家或者地方重点保护陆生野生动物主要生息繁衍场所的行为，是指违反野生动物保护法规，在自然保护区、禁猎区破坏国家或者地方重点保护陆生野生动物主要生息繁衍场所的情形。(参见《野生动物保护法》第三十四条、《陆生野生动物保护实施条例》第三十六条第一款)

7.04. 非法出售、收购、运输、携带国家或者地方重点保护陆生野生动物及其产品的行为，是指违反野生动物保护法规，未经依法批准或者违反批准的内容，擅自出售、收购、运输、携带国家重点保护陆生野生动物及其产品，尚不需要追究刑事责任；或者擅自出售、收购、运输、携带地方重点保护陆生野生动物及其产品的情形。（参见《野生动物保护法》第三十五条、《陆生野生动物保护实施条例》第三十七条）

7.05. 非法捕杀国家重点保护陆生野生动物的行为，是指违反野生动物保护法规，未取得特许猎捕证或者违反特许猎捕证规定的内容，猎捕或者杀害国家重点保护的陆生野生动物，尚不构成犯罪或者不需要判处刑罚、应给予林业行政处罚的情形。（参见《陆生野生动物保护实施条例》第三十三条）

7.06. 破坏非国家或者地方重点保护陆生野生动物主要生息繁衍场所的行为，是指违反野生动物保护法规，在自然保护区、禁猎区破坏非国家或者地方重点保护陆生野生动物主要生息繁衍场所的情形。（参见《陆生野生动物保护实施条例》第三十六条第二款）

7.07. 非法驯养繁殖国家重点保护陆生野生动物的行为，是指违反野生动物保护法规，未取得驯养繁殖许可证或者超越驯养繁殖许可证规定范围，驯养繁殖国家重点保护陆生野生动物的情形。（参见《陆生野生动物保护实施条例》第三十九条）

7.08. 外国人非法对国家重点保护陆生野生动物进行野外考察、标本采集或者在野外拍摄电影、录像的行为，是指外国人违反野生动物保护法规，未经地方林业主管部门批准，擅自在我国境内对国家重点保护陆生野生动物进行野外考察、标本采集或者拍摄电影、录像的情形。（参见《陆生野生动物保护实施条例》第四十条）

7.09. 违法借展大熊猫的行为，是指借出方或者借入方未按照大熊猫国内借展管理法规，在国内从事大熊猫借展活动的情形。（参见《大熊猫国内借展管理规定》第十三条）

八、违反防沙治沙法规案件

8.01. 在沙化土地封禁保护区内破坏植被的行为，是指违反《防沙治沙法》规定，在沙化土地封禁保护区内破坏植被，尚不需要追究刑事责任的情形。（参见《防沙治沙法》第三十八条）

8.02. 未采取防沙治沙措施造成土地严重沙化的行为，是指违反《防沙治沙法》规定，使用已经沙化的国有土地使用权人和农民集体所有土地承包经营权人，未采取防沙治沙措施，造成土地严重沙化的情形。（参见《防沙治沙法》第三十九条）

8.03. 造成土地沙化加重的行为，是指从事营利性治沙活动的单位和个人违反《防沙治沙法》规定，造成土地沙化加重的情形。（参见《防沙治沙法》第四十条）

8.04. 不按治理方案和要求治沙的行为，是指从事营利性治沙活动的单位和个人违反《防沙治沙法》规定，不按治理方案治理沙化土地，或者验收不合格、又不按要求继续治理的情形。（参见《防沙治沙法》第四十一条）

8.05. 擅自治沙或者开发利用沙化土地的行为，是指违反《防沙治沙法》规定，未经治理者同意，擅自在他人治沙范围内从事治理或者开发利用沙化土地的情形。（参见《防沙治沙法》第四十二条）

九、违反森林防火法规案件

9.01. 经营者未履行森林防火责任的行为，是指森林、林木、林地的经营单位或者个人违反森林防火法规，不依法履行森林防火责任的情形。（参见《森林防火条例》第四十八条）

9.02. 拒不接受森林防火检查或者不消除森林火灾隐患的行为，是指森林防火区内的有关单位或者个人违反森林防火法规，拒绝接受森林防火检查或接到森林火灾隐患整改通知书逾期不消除火灾隐患的情形。（参见《森林防火条例》第四十九条）

9.03. 擅自在森林防火区野外用火的行为，是指违反森林防火法规，在森林防火期内未经批准擅自在森林防火区野外用火的情形。（参见《森林防火条例》第五十条）

9.04. 擅自在森林防火区从事实弹演习、爆破的行为，是指违反森林防火法规，在森林防火期内未经批准，擅自在森林防火区从事实弹演习、爆破等活动的情形。（参见《森林防火条例》第五十一条）

9.05. 未设置森林防火警示宣传标志的行为，是指森林、林木、林地的经营单位违反森林防火法规，在森林防火期内，未在其经营范围内设置森林防火警示宣传标志的情形。（参见《森林防火条例》第五十二条第一项）

9.06. 机动车未安装森林防火装置的行为，是指违反森林防火法规，在森林防火期内，进入森林防火区的各种机动车辆未按照规定安装森林防火装置的情形。（参见《森林防火条例》第五十二条第二项）

9.07. 擅自进入森林高火险区活动的行为，是指违反森林防火法规，在森林高火险期内，未经依法批准擅自进入森林高火险区活动的情形。（参见《森林防火条例》第五十二条第三项）

十、违反林业有害生物防治检疫法规案件

10.01. 使用带有危险性病虫害的林木种苗育苗或者造林的行为，是指经营单位或者个人违反森林病虫害防治管理法规，使用带有危险性病虫害的林木种苗进行育苗或者植树造林的情形。（参见《森林病虫害防治条例》第二十二条第一项）

10.02. 对森林病虫害不除治或者除治不力的行为，是指森林经营单位和个人违反森林病虫害防治管理法规，对已发生的森林病虫害不除治或者除治不力，造成森林病虫害蔓延成灾的情形。（参见《森林病虫害防治条例》第二十二条第二项）

10.03. 隐瞒或者虚报森林病虫害实情的行为，是指森林经营单位或者个人违反森林病虫害防治管理法规，隐瞒、虚报森林病虫害情况，造成森林病虫害蔓延成灾的情形。（参见《森林病虫害防治条例》第二十二条第三项）

10.04. 未依法办理植物检疫证书的行为，是指违反植物检疫法规，在生产、经营或者调运应施检疫的森林植物及其产品之前，在应施检疫的森林植物及其产品运出发生疫情的县级行政区域之前，或者从国外引进林木种子、苗木和其他繁殖材料之前，未依法报请规定的森林植物检疫机构实施检疫、办理植物检疫证书的情形。（参见《植物检疫条例》第十八条第一款第一项、

《植物检疫条例实施细则(林业部分)》第三十条第一款第一项)

10.05. 弄虚作假报检森林植物及其产品的行为，是指违反植物检疫法规，采用虚构事实或者隐瞒事实真相等弄虚作假的手段，对应施检疫的森林植物及其产品，以及林木种子、苗木和其他繁殖材料进行报检，骗取《植物检疫证书》的情形。(参见《植物检疫条例》第十八条第一款第一项、《植物检疫条例实施细则(林业部分)》第三十条第一款第一项)

10.06. 未按规定调运应施检疫的森林植物及其产品的行为，是指违反植物检疫法规，未按规定办理植物检疫证书或者不按植物检疫证书的规定调运应施检疫的森林植物及其产品，以及林木种子、苗木和其他繁殖材料的情形。(参见《植物检疫条例》第十八条第一款第三项、《植物检疫条例实施细则(林业部分)》第三十条第一款第三项、《森林病虫害防治条例》第二十三条)

10.07. 未按规定隔离试种应施检疫的森林植物及其产品的行为，是指违反植物检疫法规，对国外引进的林木种子、苗木和其他繁殖材料，不按规定隔离试种的情形。(参见《植物检疫条例》第十八条第一款第三项、《植物检疫条例实施细则(林业部分)》第三十条第一款第三项)

10.08. 未按规定生产应施检疫的森林植物及其产品的行为，是指违反植物检疫法规，从事应施检疫的森林植物及其产品的生产单位未按规定建立无植物检疫对象的种苗繁育基地、母树林基地；未按规定试验、推广的种子、苗木和其他繁殖材料带有植物检疫对象；未按规定生产应施检疫的林木种子、苗木及其产品的情形。(参见《植物检疫条例》第十八条第一款第三项、《植物检疫条例实施细则(林业部分)》第三十条第一款第三项)

10.09. 擅自开拆森林植物及其产品包装的行为，是指违反植物检疫法规，擅自开拆已经检疫的待运或者调运过程中的森林植物及其产品包装的情形。(参见《植物检疫条例》第十八条第一款第四项、《植物检疫条例实施细则(林业部分)》第三十条第一款第四项)

10.10. 擅自调换森林植物及其产品的行为，是指违反植物检疫法规，擅自调换已经检疫的待运或者调运过程中的森林植物及其产品，以及引进森林植物及其产品的情形。(参见《植物检疫条例》第十八条第一款第四项、《植物检疫条例实施细则(林业部分)》第三十条第一款第四项)

10.11. 擅自改变森林植物及其产品的规定用途的行为，是指违反植物检疫法规，擅自改变申报调运、引进森林植物及其产品时的规定用途，以及改变带有危险性森林病、虫、杂草及其他有害生物的森林植物及其产品规定用途的情形。(参见《植物检疫条例》第十八条第一款第四项、《植物检疫条例实施细则(林业部分)》第三十条第一款第四项)

10.12. 非法引起林业有害生物疫情扩散的行为，是指违反植物检疫法规，擅自在非疫区开展森林植物检疫对象研究，或者违反国外林木种子、苗木和其他繁殖材料引进，生产、经营和调运应施检疫的森林植物及其产品，以及有关疫区、保护区等管理规定，引起森林植物疫情扩散，尚不需要追究刑事责任的情形。(参见《植物检疫条例》第十八条第一款第五项、《植物检疫条例实施细则(林业部分)》第三十条第一款第五项)

10.13. 在种子生产基地进行检疫性有害生物接种试验的行为，是指从事品种选育和种子生产经营以及管理的单位和个人违反植物检疫法规，在种子生产基地进行检疫性有害生物接种试验，引起植物危险性病、虫、杂草及其他有害生物的传播和蔓延的情形。(参见《种子法》第五十四条、第八十七条)

10.14. 运输或者邮寄未取得检疫证书的林木种苗的行为，是指违反《种子法》规定和植物检疫法规，运输或者邮寄未经过检疫和未取得《植物检疫证书》的林木种苗的情形。(参见《种子法》第四十三条、《植物检疫条例实施细则(林业部分)》第十四条、第三十条)

十一、违反林木种苗及植物新品种管理法规案件

11.01. 非法采集或者采伐林木种质资源的行为，是指违反《种子法》规定，侵占、破坏林木种质资源，私自采集或者采伐国家重点保护的天然林木种质资源的情形。(参见《种子法》第八条、第八十一条)

11.02. 非法提供或者引进林木种质资源的行为，是指违反《种子法》规定，擅自向境外提供或者从境外引进林木种质资源，与境外机构、个人开展合作研究利用种质资源；或者未取得林业主管部门的批准文件携带、运输种质资源出境的情形。(参见《种子法》第十一条、第八十二条第一款、第二款)

11.03. 非法推广、销售所谓林木良种的行为，是指违反《种子法》规定，作为良种推广、销售应当审定未经审定的林木品种，或者推广、销售应当停止推广、销售的林木良种的情形。(参见《种子法》第二十一条、第二十三条、第七十八条第一款二、三项)

11.04. 非法生产经营林木种子行为，是指违反《种子法》规定，未取得种子生产经营许可证生产经营种子；以欺骗、贿赂等不正当手段取得种子生产经营许可证；或者未按照种子生产经营许可证的规定生产经营种子的情形。(参见《种子法》第三十三条、第七十七条)

11.05. 非法采集林木种子的行为，是指违反《种子法》规定，抢采掠青、损坏母树，或者在劣质林内、劣质母树上采种的情形。(参见《种子法》第三十五条、第八十三条)

11.06. 未按规定建立、保存林木种子生产经营档案的行为，是指违反《种子法》规定，未按规定建立、保存包括林木种子来源、产地、数量、质量、销售去向、销售日期和有关责任人员等内容的生产经营档案的情形。(参见《种子法》第三十六条、第八十条第四项)

11.07. 生产经营者未依法备案的行为，是指林木种子生产经营者违反《种子法》规定，在种子生产经营许可证载明的有效区域设立分支机构、专门经营不再分装的包装种子，或者受具有种子生产经营许可证的种子生产经营者以书面委托生产、代销种子，未按规定当地林业主管部门备案的情形。(参见《种子法》第三十八条、第八十条第五项)

11.08. 非法收购林木种子的行为，是指违反《种子法》规定，未经省、自治区、直辖市人民政府林业主管部门批准，擅自收购珍贵树木种子和本级人民政府规定

限制收购的林木种子的情形。（参见《种子法》第三十九条、第八十四条）

11.09. 林木种子包装、标签违规行为，是指违反《种子法》规定，销售的林木种子应当包装而没有包装；销售的林木种子没有使用说明或者标签内容不符合规定；或者涂改林木种子标签的情形。（参见《种子法》第四十条、第四十一条、第八十条第一、二、三项）

11.10. 不按规定使用林木良种造林的行为，是指国家投资或者国家投资为主的造林项目和国有林业单位造林违反《种子法》规定，未根据林业主管部门制定的计划使用林木良种的情形。（参见《种子法》第四十五条、第八十六条）

11.11. 生产经营假劣林木种子行为，是指违反《种子法》规定，生产经营假林木种子或者劣质林木种子，尚不需要追究刑事责任的情形。（参见《种子法》第四十九条、第七十五条、第七十六条）

11.12. 拒绝、阻挠监督检查的行为，是指林木种苗生产经营者违反《种子法》规定，拒绝、阻挠林业主管部门依法实施监督检查的情形。（参见《种子法》第五十条、第八十八条）

11.13. 非法进出口林木种子的行为，是指违反《种子法》规定，未经许可进出口种子，或者进出口假、劣或者属于国家规定不得进出口种子的情形。（参见《种子法》第五十八条、第六十一条、第七十九条第一项、第四项）

11.14. 销售为境外制种的林木种子的行为，是指违反《种子法》规定，将为境外制种的种子在境内销售，或者将从境外引进林木种子进行引种试验的收获物作为种子在境内销售的情形。（参见《种子法》第六十条、第七十九条第二、三项）

11.15. 伪造林木种子测试、试验、检验数据或出具虚假证明行为，是指品种测试、试验和种子质量检验机构违反《种子法》规定，伪造林木种子测试、试验、检验数据或者出具虚假证明的情形。（参见《种子法》第七十二条）

11.16. 林木种子企业造假行为，是指违反《种子法》规定，实行选育生产经营相结合的种子企业对自主研发的主要林木品种试验数据造假的情形。（参见《种子法》第十七条、第八十五条）

11.17. 违法生产、加工、包装、检验和贮藏林木种子的行为，是指违反《种子法》规定和林木种子质量管理法规，未按照国家有关标准从事林木种子的生产、加工、包装、检验、贮藏等质量管理活动的情形。（参见《种子法》第三十四条、第四十一条第一款、《林木种子质量管理办法》第二十五条）

11.18. 销售、供应未经检验合格或未附质量检验合格证的林木种苗的行为，是指违反《种子法》规定和退耕还林管理法规，在退耕还林中，销售、供应未经县级林业行政主管部门检验合格的林木种苗、或者未附质量检验合格证的林木种苗的情形。（参见《种子法》第四十一条第一款、《退耕还林条例》第六十条）

11.19. 非法生产、繁殖或者销售授权品种的繁殖材料的行为，是指违反《种子法》规定和植物新品种保护管理法规，未经植物新品种权所有人许可，生产、繁殖或者销售授权品种的繁殖材料，或者为商业目的将该授权品种的繁殖材料重复使用于生产另一品种的繁殖材料的情形。（参见《种子法》第二十八条、第七十三条第五款、《植物新品种保护条例》第三十九条第三款）

11.20. 假冒授权品种的行为，是指违反《种子法》规定和植物新品种保护管理法规，生产、销售其他植物品种繁殖材料假冒授权品种的情形。（参见《种子法》第七十三条第六款、《植物新品种保护条例》第四十条）

11.21. 未使用注册名称销售授权品种的行为，是指违反植物新品种保护管理法规，在销售授权品种时，没有使用其注册登记的名称的情形。（参见《植物新品种保护条例》第四十二条）

11.22. 违法开展林木转基因工程活动的行为，是指违反《种子法》规定和林木转基因工程管理法规，未取得林木转基因工程活动行政许可决定书或者未按照林木转基因工程活动行政许可决定书的规定开展林木转基因工程活动的情形。（参见《种子法》第七条、《开展林木转基因工程活动审批管理办法》第二十四条）

十二、违反野生植物保护管理法规案件

12.01. 非法采集国家重点保护野生植物的行为，是指违反野生植物保护管理法规，未取得采集证或者不按采集证的规定采集国家重点保护野生植物，尚不需要追究刑事责任的情形。（参见《野生植物保护条例》第二十三条）

12.02. 非法出售、收购国家重点保护野生植物的行为，是指违反野生植物保护管理法规，未经依法批准或者违反批准的内容，擅自出售、收购国家重点保护野生植物，尚不需要追究刑事责任的情形。（参见《野生植物保护条例》第二十四条）

12.03. 外国人非法采集、收购国家重点保护野生植物的行为，是指外国人违反野生植物保护管理法规，在我国境内采集、收购国家重点保护野生植物，尚不需要追究刑事责任的情形。（参见《中华人民共和国野生植物保护条例》第二十七条）

十三、违反自然保护区管理法规案件

13.01. 擅自移动或者破坏自然保护区界标的行为，是指违反自然保护区管理法规，擅自移动或者破坏自然保护区界标的情形。（参见《自然保护区条例》第三十四条第一项）

13.02. 未经批准进入自然保护区的行为，是指违反自然保护区管理法规，未经批准擅自进入自然保护区的情形。（参见《自然保护区条例》第三十四条第二项）

13.03. 拒不服从自然保护区管理机构管理的行为，是指违反自然保护区管理法规，在自然保护区内不服从自然保护区管理机构管理的情形。（参见《自然保护区条例》第三十四条第二项）

13.04. 不向自然保护区管理机构提交科学研究、教学实习和标本采集活动成果副本的行为，是指违反自然保护区管理法规，经批准在自然保护区缓冲区内从事科学研究、教学实习和标本采集的单位和个人，不向自然保护区管理机构提交科学研究等活动成果副本的情形。（参见《自然保护区条例》第三十四条第三项）

13.05. 破坏自然保护区资源的行为，是指违反自然保护区管理法规，在自然保护区内进行砍伐、放牧、

狩猎、捕捞、采药、开垦、烧荒、开矿、采石、挖沙等情形。(参见《自然保护区条例》第三十五条)

13.06. 妨碍对自然保护区监督检查的行为，是指自然保护区管理机构违反自然保护区管理法规，拒绝环境保护主管部门或者有关自然保护区行政主管部门的监督检查，或者在被检查时弄虚作假的情形。(参见《自然保护区条例》第三十六条)

十四、其他林业行政案件

14.01. 买卖有关林木证件行为，是指违反《森林法》规定，买卖林木采伐许可证、木材运输证、批准出口文件、允许进出口证明书，尚不需要追究刑事责任的情形。(参见《森林法》第四十二条第一款)

14.02. 伪造、变造、涂改林木、林地权属凭证的行为，是指违反《林木林地权属争议处理办法》的规定，伪造、变造、涂改林木、林地权属凭证的情形。(参见《林木林地权属争议处理办法》第二十四条)

14.03. 伪造、倒卖、转让有关野生动物证件的行为，是指违反《野生动物保护法》规定，伪造、倒卖、转让特许猎捕证、狩猎证、驯养繁殖许可证或者允许进出口证明书，尚不需要追究刑事责任的情形。(参见《野生动物保护法》第三十七条、《陆生野生动物保护实施条例》第三十八条)

14.04. 伪造、涂改、买卖、转让森林植物检疫单证、印章、标志、封识的行为，是指违反植物检疫法规，伪造、涂改、买卖、转让森林植物检疫单证、印章、标志、封识，尚不需要追究刑事责任的情形。(参见《植物检疫条例》第十八条第一款第二项、《植物检疫条例实施细则(林业部分)》第三十条第一款第二项)

14.05. 非法提供种子生产经营许可证的行为，是指违反《种子法》规定，伪造、变造、买卖、租借种子生产经营许可证的情形。(参见《种子法》第三十三条、第七十七条)

14.06. 伪造林木良种证书行为，是指违反林木良种推广使用管理法规，伪造林木良种证书的情形。(参见《林木良种推广使用管理办法》第二十条)

14.07. 伪造、倒卖、转让有关野生植物证件、文件、标签的行为，是指违反《野生植物保护条例》规定，伪造、倒卖、转让国家重点保护野生植物的采集证、允许进出口证明书或者有关批准文件、标签，尚不需要追究刑事责任的情形。(参见《野生植物保护条例》第二十六条)

14.08. 伪造、倒卖或者转让濒危野生动植物进出口批准文件或者允许进出口证明书的行为，是指违反《中华人民共和国濒危野生动植物进出口管理条例》，伪造、倒卖或者转让濒危野生动植物进出口批准文件或者允许进出口证明书，尚不需要追究刑事责任的情形。(参见《中华人民共和国濒危野生动植物进出口管理条例》第二十七条)

14.09. 未完成更新造林任务的行为，是指采伐森林或者其他林木的单位或个人，未按《森林法》的要求完成更新造林任务，以及植树造林责任单位未按照所在地县级人民政府的要求按时完成造林任务的情形。(参见《森林法》第四十五条、《森林法实施条例》第四十二条)

14.10. 擅自移动或者毁坏林业服务标志的行为，是指违反《森林法实施条例》规定，擅自移动或者毁坏为林业服务的标志的情形。(参见《森林法实施条例》第四十五条)

14.11. 非法改变林种的行为，是指违反《森林法实施条例》，未经依法批准或者违反批准的内容，擅自将防护林或者特种用途林改变为其他林种的情形。(参见《森林法实施条例》第四十六条)

14.12. 弄虚作假、虚报冒领退耕还林补助钱粮的行为，是指国家工作人员以外的其他人员违反退耕还林管理法规，在退耕还林中弄虚作假，没有退耕还林或者超出退耕还林的实际面积，申请领取补助粮食、种苗造林补助费和生活补助费尚不够刑事处罚的情形。(参见《退耕还林条例》第五十七条第一款第二项、第五十七条第二款)

第三章　附则

省级林业主管部门可依据本行政区域内的地方性法规和规章，增补林业行政违法行为，纳入本规定相应的案件类型，并报国家林业局备案。

本规定由国家林业局负责解释，自2016年10月1日起施行，有效期至2021年12月30日。

附录：制定《林业行政案件类型规定》的主要依据(略)

国家林业局关于印发《林木种子生产经营档案管理办法》的通知

林场发〔2016〕71号

各省、自治区、直辖市林业厅(局)，内蒙古、吉林、龙江、大兴安岭、长白山森工(林业)集团公司，新疆生产建设兵团林业局，国家林业局各司局、各直属单位：

为规范林木种子生产经营档案的建立和管理，加强对林木种子生产经营行为的监管，实行林木种子可追溯性管理，根据《中华人民共和国种子法》的有关规定，我局研究制定了《林木种子生产经营档案管理办法》(见附件)，现印发给你们，请遵照执行。

特此通知。

附件：林木种子生产经营档案管理办法

国家林业局

2016年5月30日

附件：

林木种子生产经营档案管理办法

第一条 为了规范林木种子生产经营档案的建立和管理，加强对林木种子生产经营行为的监管，实行林木种子可追溯性管理，根据《中华人民共和国种子法》（以下简称《种子法》）的规定，制定本办法。

第二条 从事林木种子生产经营的单位和个人，应当依法建立、健全林木种子生产经营档案，保证可追溯。

第三条 本办法所称林木种子是指林木的种植材料（苗木）或者繁殖材料，具体是指乔木、灌木、藤本、竹类、花卉以及绿化和药用草本植物的籽粒、果实、根、茎、苗、芽、叶、花等。

第四条 县级以上人民政府林业主管部门负责林木种子生产经营档案监督管理工作，具体工作可以由其委托的林木种苗管理机构负责。

第五条 林木种子生产经营者应当健全档案管理制度，配备必要的设备，专人管理。

第六条 林木种子生产经营者应当建立和保存包括种子来源、产地、数量、质量、销售去向、销售日期和有关责任人员等内容的生产经营档案。

林木种子生产经营档案应当保存如下资料：

（一）生产经营记录。

生产记录，包括采种林或采穗圃的施肥、灌溉、中耕除草、病虫害防治，种子或穗条采集、调制、储藏、种子产量等；苗木整地、播种（扦插、嫁接等）、间苗、定苗、移植、施肥、灌溉、中耕除草、病虫害防治等。

经营记录，包括种子出入库记录表、树种（品种）、数量、销售去向、销售日期等。

（二）证明种子来源、产地、销售去向的合同、票据、账簿、标签等。

（三）自检原始记录、种子质量检验证书、检疫证明等。

（四）林木种子生产经营许可证。

（五）与林木种子生产经营活动相关的技术标准。

（六）其他需要保存的文件资料等。

生产经营林木良种的，还应当保存林木良种证明材料。

生产经营转基因林木种子的，还应当保存转基因林木安全证书或者其复印件。

生产经营植物新品种的，还应当保存品种权人的书面同意证明或者国家林业局品种权转让公告、强制许可决定。

实行选育生产经营相结合的企业，还应当保存林木品种选育的选育报告、实验数据、林木品种特征标准图谱（如叶、茎、根、花、果实、种子等的照片）及试验林照片等。

第七条 林木种子生产经营档案应当分类分年度归档，妥善保存。对破损或者变质的档案及时修复。档案毁损或者丢失的，应当及时补齐原有内容。

第八条 林木种子生产经营档案应当至少保存10年，林木良种、转基因林木种子生产经营档案应当永久保存。

第九条 林木种子生产经营档案记载的信息应当连续、完整、真实，不得用圆珠笔或者铅笔填写，不得随意涂改，签字、印章、日期等具有法律效用的标识要完备，并逐步实行电子化管理。

第十条 违反本办法规定，未建立、保存林木种子生产经营档案的，按《种子法》第八十条规定进行处罚。

第十一条 本办法自2016年7月1日起施行，有效期至2021年6月30日。《国家林业局关于印发〈林木种子生产、经营档案管理办法〉的通知》（林场发〔2008〕88号）同时废止。

国家林业局公告2016年第12号
（行政许可项目服务指南）

根据《国务院关于规范国务院部门行政审批行为改进行政审批有关工作的通知》（国发〔2015〕6号）和《国务院审改办关于贯彻落实〈国务院关于规范国务院部门行政审批行为改进行政审批有关工作的通知〉的指导意见》（审改办发〔2015〕1号）的要求，为了进一步规范和完善我局实施行政许可工作，我局对2006年8月22日发布的国家林业局公告（2006年第6号）进行了修改。现将修改后的27项林业行政许可项目的项目信息、适用范围、办理依据、办事条件、申请材料、办理基本流程、办理方式等内容（见附件）予以公告。国家林业局公告（2006年第6号）自本公告生效之日起废止。

本公告自发布之日起施行。

附件：国家林业局行政许可项目服务指南（略）

国家林业局

2016年6月24日

国家林业局办公室关于印发《国家林业产业示范园区认定命名办法》的通知

办改字〔2016〕127号

各省、自治区、直辖市林业厅(局)，内蒙古、吉林、龙江、大兴安岭、长白山森工(林业)集团公司，新疆生产建设兵团林业局，国家林业局各司局、各直属单位：

为规范国家林业产业示范园区认定命名工作，促进林业产业园区高端化、科学化、规范化发展，带动产业集聚融合和转型升级，我局研究制定了《国家林业产业示范园区认定命名办法》(见附件)，现印发给你们，请遵照执行。

附件：国家林业产业示范园区认定命名办法

国家林业局办公室
2016年7月1日

附件：

国家林业产业示范园区认定命名办法

第一章　总　则

第一条　为推动林业产业供给侧结构性改革，促进林业产业集聚融合发展，降低企业成本、发展循环利用、提高集群创新能力、提供社会化生产性服务，带动林业产业转型升级和提质增效。根据《国务院办公厅关于推进农村一、二、三产业融合发展的指导意见》(国办发〔2015〕93号)和国家有关产业政策，制定本办法。

第二条　国家林业产业示范园区是指符合国家产业政策，经国家林业局认定，林产品加工、贸易、服务规模大，集中度高，创新能力强，资源循环利用，服务优良，管理规范，物流高效快捷，具有重要的区域经济地位，在创新、协调、绿色、开放、共享方面发挥明显示范带动作用的林业产业园区。

第三条　国家林业局负责国家林业产业示范园区的认定命名，具体工作由国家林业局农村林业改革发展司(以下简称“林改司”)承担。

第四条　国家林业产业示范园区的认定和命名，坚持公开、公平、公正原则，坚持促进林业产业与区域经济协调发展原则，坚持一、二、三产业融合发展原则，坚持绿色发展原则，坚持提高和创新林产品供给原则。

第五条　省级林业主管部门应当加强对示范园区建设发展的指导，将国家林业产业示范园区纳入本级林业产业发展规划，协调解决与示范园区建设发展的相关事项，在林产品原材料供应、林地供给以及有关项目和资金安排上予以倾斜。

林业主管部门应当争取地方人民政府对本地区内的国家林业产业示范园区加强监督管理，给予有效扶持，保障示范园区持续健康发展。

第二章　申报与认定

第六条　申报国家林业产业示范园区应当具备以下条件：

(一)产业园区以林产品加工、贸易、服务为主。园区内从事林产品加工贸易及相关服务的企业户数占总户数的80%以上，年林产品加工、贸易、服务额在20亿元以上。园区内林业主导产业符合当地经济社会发展和林业产业发展的总体要求，创新能力强。

(二)产业园区在区域经济中地位突出，辐射带动能力强，有国家林业重点龙头企业1家以上或省级林业龙头企业3家以上。

(三)产业园区规模与环境承载能力、生产技术条件和管理水平相适应。园区内水、电、路、通讯、网络等基础设施配套齐全。加工、贸易、服务布局合理。

(四)产业园区具有健全的社会化服务体系，技术、物流、信息、法律、金融等服务组织体系完备、运行顺畅，能满足园区企业发展的需要。

(五)产业园区组织管理制度化、规范化、科学化。规章制度和组织机构健全，管理到位，服务优良。

(六)建设规划已由当地建设用地规划主管部门、政府批复，选址科学，规划合理，配套完备，用地完成“三通一平”等基础设施建设的产业园区，规划产值不低于100亿元，具备一定的产业发展基础条件和重大创新条件，也可以申报。

第七条　国家林业产业示范园区由省级林业主管部门(包括内蒙古、吉林、龙江、大兴安岭、长白山森工(林业)集团公司，新疆生产建设兵团林业局，下同)提出申报。申报材料包括：

(一)省级林业主管部门报送的申报文件(含评估报告)。

(二)县、市级人民政府向省级林业主管部门报送的申报文件。

(三)其他材料。主要包括：同意成立产业园区的政府批复文件，建设用地规划主管部门批复的产业园区建设规划，申报理由、基本情况、运行现状、园区内节能减排和环境保护情况，园区内主要产品服务情况，地方政府给予的优惠扶持政策以及拟发挥的示范效应等。

第八条　国家林业局按照以下程序认定国家林业产业示范园区：

(一)国家林业局组建专家组，依据本办法规定，进行全面系统科学评估，并提交评估意见。专家组由具备相应专业的副高以上（含副高）技术职称或具备相应专业素养的技术与管理人员组成。

（二）根据专家组评估意见，综合考虑全国产业布局、区域特色产业发展、国家经济社会发展需求等因素，由林改司提出建议名单，会签国家林业局办公室、政法司后报主管局领导审核。

（三）通过国家林业局主管局领导审核的名单为公示名单，在国家林业局网或有关媒体公示。公示期为7个工作日，公示期满，如无异议，提交国家林业局局务会议审定。通过国家林业局局务会议审定的名单由国家林业局发文确认，并授牌和颁发证书。

（四）国家林业产业示范园区采取下列命名方式：

1. 国家＋地名/产品名＋（林业）产业示范园区。

2. 国家＋地名＋木材加工贸易示范园区。

第三章　考核与管理

第九条　国家林业局每3年对国家林业产业示范园区运行情况进行一次全面考核。

第十条　全面考核采取材料考核与现场考评相结合的方式。具体程序为：

（一）示范园区应于考核周期届满后第二年10月底前向省级林业主管部门提交情况报告，包括可复制、可推广的经验和建议。同时，提交反映第六条、第七条规定内容的材料。

（二）省级林业主管部门对上报材料进行审核。并将本地示范园区建设运行总体情况、审核意见、工作总结报送国家林业局。

（三）国家林业局在审核材料的基础上，组织专家组对示范园区进行现场考核评估，确定是否通过全面考核。

第十一条　考核应当关注示范园区在创新、协调、绿色、开放、共享以及管理、新供给、辐射能力、科技创新、设施装备水平、信息物流、产业发展与带动等方面的示范作用。

第十二条　有下列情形之一的，应当取消其国家林业产业示范园区命名并摘牌：

（一）未通过全面考核的。

（二）园区内主导产业非林化严重，已基本丧失林产品加工贸易服务功能的。

（三）发生重大生产安全事故、产品质量安全事故、重大环保责任事故，以及造成其他重大社会不良影响的。

（四）存在其他严重违规违法行为造成严重后果的。

第十三条　国家林业局应当在国家林业局网及有关媒体上对被取消命名的国家林业产业示范园区进行公告，5年内不再受理其申报。被取消命名的国家林业产业示范园区不再享受相关优惠政策。

第四章　附　则

第十四条　国家林业局在每个国家五年规划期末向社会公布国家林业产业示范园区建设发展报告。

第十五条　本办法自发布之日起施行，有效期至2022年6月30日。

国家林业局关于印发《林木种子包装和标签管理办法》的通知

林场发〔2016〕93号

各省、自治区、直辖市林业厅（局），内蒙古、吉林、龙江、大兴安岭森工（林业）集团公司，新疆生产建设兵团林业局，国家林业局各司局、各直属单位：

为加强林木种子包装、标签和使用说明管理，规范包装、标签和使用说明的制作、标注和使用行为，保护林木种子生产、经营和使用者的合法权益，根据《中华人民共和国种子法》的有关规定，我局研究制定了《林木种子包装和标签管理办法》（见附件），现印发给你们，请遵照执行。

特此通知。

附件：林木种子包装和标签管理办法

国家林业局

2016年7月13日

附件：

林木种子包装和标签管理办法

第一章　总　则

第一条　为加强林木种子包装和标签管理，规范林木种子包装和标签的制作、标注和使用行为，保护林木种子生产经营者和使用者的合法权益，根据《中华人民共和国种子法》（以下简称《种子法》）的有关规定，制定本办法。

第二条　在中华人民共和国境内销售的林木种子包装、标签及使用说明的制作、标注、使用和管理，适用本办法。

第三条　本办法所称林木种子是指林木的种植材料（苗木）或者繁殖材料，具体是指乔木、灌木、藤本、竹类、花卉以及绿化和药用草本植物的籽粒、果实、根、茎、苗、芽、叶、花等。

第四条 销售的林木种子应当加工、分级、包装，并附有标签和使用说明。标签和使用说明标注的内容应当与销售的种子相符。林木种子生产经营者对标注内容的真实性和种子质量负责。

销售的林木种子应当符合国家或者行业标准；没有标准的要遵循合同约定。

第五条 本办法所称的标签是指印制、粘贴、固定或者附着在林木种子、包装物内外的特定图案及文字说明。本办法所称的使用说明是指对生产经营者信息以及主要栽培措施、适宜种植的区域、栽培季节等使用条件的说明和风险提示等。

第六条 县级以上人民政府林业主管部门负责林木种子包装和标签的管理工作，具体工作可以由其所委托的林木种苗管理机构负责。

第二章 包 装

第七条 籽粒、果实等林木种子，应当包装后销售。

下列林木种子可以不经包装进行销售：

（一）苗木。

（二）无性繁殖的器官和组织，包括根、茎、芽、叶、花等。

（三）其他不宜包装的林木种子。

第八条 大包装或者进口的林木种子可以分装；实行分装的，应当标注分装单位。

第九条 包装材料应当适宜林木种子的生理特性，坚固、耐用、清洁、环保，无检疫性有害生物。

第十条 林木种子包装应当便于贮藏、搬运、堆放、清点。

第三章 标签及使用说明内容

第十一条 标签应当标注：种子类别、树种（品种）名称、品种审定（认定）编号、产地、生产经营者及注册地、质量指标、重量（数量）、检疫证明编号、种子生产经营许可证编号、信息代码等。

（一）种子类别：应当填写普通种或者良种。

（二）树种（品种）名称：树种名称应当填写植物分类学的种、亚种或者变种名称；品种名称应当填写授权品种、通过审（认）定品种以及其他品种的名称。

（三）产地：应当填写林木种子生产所在地，应当标注到县。进口林木种子的产地，按照《中华人民共和国进出口货物原产地条例》标注。

（四）生产经营者及注册地：生产经营者名称、工商注册所在地。

（五）质量指标：

籽粒质量指标按照净度、发芽率（生活力或优良度）、含水量等标注。

苗木质量指标按照苗高、地径等标注，标签标注的苗高、地径按照95%苗木能达到的数值填写。

（六）重量（数量）：每个包装（销售单元）籽粒（果实）的实际重量或者苗木数量，籽粒（果实）以千克（kg）、克（g）、粒等表示，苗木以株、根、条等表示。包装中含有多件小包装时除标明总重量（数量）外，还应当标明每一小包装的重量（数量）。

使用信息代码的，应当包含林木种子标签标注的内容等信息。

第十二条 除第十一条标注的内容外，属于下列情况的，应当分别加注：

（一）销售授权品种种子的，应当标注品种权号。

（二）销售进口林木种子的，应当附有进口审批文号和中文标签。

（三）销售转基因林木种子的，必须用明显的文字标注，并应当提示使用时的安全控制措施。

第十三条 使用说明应当包括下列内容：

（一）种子生产经营者信息：包括生产经营者名称、生产地点、经营地点、联系人、联系电话、网站等内容。

（二）主要栽培措施。

（三）适宜种植的区域。

（四）栽培季节。

（五）风险提示：包括种子贮藏条件、主要病虫害、极端天气引发的风险等内容及注意事项。

（六）其他信息。

生产经营通过审（认）定品种的，使用说明中第二项至第四项规定的内容应当与审定公告一致。

第十四条 种子生产经营者向种子使用者提供的使用说明不得作虚假、夸大或者引人误解的宣传。

使用说明书应当加盖生产经营者印章。

第四章 标签制作和使用

第十五条 林木种子标签制作材料应当有足够的强度和防水性。

第十六条 标签标注文字应当清晰，使用规范的中文。

第十七条 标签印刷要清晰，可以直接印制在包装物表面，也可制成印刷品粘贴、固定或者附着在包装物外或者放在包装物内。

可以不经包装进行销售的林木种子，标签应当制成印刷品在销售时提供给购买者。

第十八条 林木种子标签样式分为种子标签和苗木标签两类。籽粒、果实、种球及根、茎、叶、芽、花等填写种子标签，苗木填写苗木标签。

第十九条 林木种子标签底色分绿色、白色两种。林木良种种子使用绿色标签，普通林木种子使用白色标签。标签印刷字体颜色为黑色。

第二十条 包装销售的林木种子，每个包装需附带一个标签和使用说明；不需要包装销售的林木种子，每个销售单元至少附带一个标签和使用说明。

第二十一条 林木种子标签可以由林业主管部门统一印制，免费发放，也可由种子生产经营者自行制作，但要符合本办法规定。标签使用时应当加盖生产经营者印章。

第五章 监督管理

第二十二条 各级林业主管部门应当加强对林木种子生产经营者执行林木种子包装、标签和使用说明等制度的监督管理。

第二十三条 销售的林木种子与标签标注的内容不符或者没有标签的，按照《种子法》第七十五条进行处罚。

第二十四条 销售的林木种子质量低于标签标注指标的，按照《种子法》第七十六条进行处罚。

第二十五条 有下列情况的之一的，按照《种子法》第八十条进行处罚：

（一）销售的种子应当包装而没有包装的。

（二）销售的种子没有使用说明或者标签内容不符合规定的。

（三）涂改标签的。

（四）种子生产经营者专门经营不再分装的包装种子，未按照规定备案的。

第六章 附 则

第二十六条 本办法中销售单元，是指销售过程中低于一个种批或者苗批的任何销售重量或者数量。

第二十七条 本办法自2016年8月1日起施行，有效期至2021年7月31日。《国家林业局关于印发〈林木种子包装和标签管理办法〉的通知》（林场发〔2002〕186号）同时废止。

2016年7月31日前已经制作的旧版种子标签和使用说明可以延用至2016年12月31日。

国家林业局关于用木材重量折算木材材积有关问题的复函

林资发〔2016〕97号

湖北省林业厅：

《湖北省林业厅关于用“木材重量折算木材材积”有关问题的请示》（鄂林策〔2016〕61号）收悉。经研究，现就有关问题函复如下：

立木材积表等林业数表是森林资源的“度量衡”，立木材积表是计量林木材积通常使用的基础计量工具。我国现有的林业数表中，尚无木材重量与材积的换算表。你厅可以自行组织编制、颁布本省不同树种的木材重量与材积换算表，并协调省标准化主管部门，推动地方标准出台，供司法鉴定等工作使用。

特此复函。

国家林业局

2016年7月21日

国家林业局公告2016年第15号（外国人对国家重点保护野生动物进行野外考察等审批事项服务指南）

为做好2016年7月2日修订的《中华人民共和国野生动物保护法》实施前的衔接工作，现将国家林业局实施的外国人对国家重点保护野生动物进行野外考察、标本采集或在野外拍摄电影、录像审批事项的项目信息、适用范围、办理依据、办事条件、申请材料、办理基本流程、办理方式等内容（见附件）予以公告。

本公告自发布之日起施行，有效期至2016年12月31日。

特此公告。

附件：外国人对国家重点保护野生动物进行野外考察、标本采集或在野外拍摄电影、录像审批事项服务指南（略）

国家林业局

2016年7月25日

国家林业局关于规范集体林权流转市场运行的意见

林改发〔2016〕100号

各省、自治区、直辖市林业厅（局），内蒙古、吉林、龙江、大兴安岭森工（林业）集团公司，新疆生产建设兵团林业局，国家林业局各司局、各直属单位：

随着林业改革不断深入，集体林权流转规模不断扩大、方式不断创新，推动了林业规模化经营，有力地促进了林业增效、农民增收。为使集体林权流转既顺畅，又切实避免“乱象”，现提出如下意见。

一、严格界定流转林权范围

集体林权流转是指在不改变林地所有权和林地用途的前提下，林权权利人将其拥有的集体林地经营权（包括集体统一经营管理的林地经营权和林地承包经营权)、林木所有权、林木使用权依法全部或者部分转移给他人的行为，不包括依法征收致使林地经营权发生转移的情形。集体林权可通过转包、出租、互换、转让、入股、抵押或作为出资、合作条件及法律法规允许的其他方式流转。区划界定为公益林的林地、林木暂不进行转让，允许以转包、出租、入股等方式流转。权属不清或有争议、应取得而未依法取得林权证或不动产权证、未依法取得抵押权人或共有权人同意等情况下的林权不得流转。

二、准确把握林权流转原则

林权流转应当坚持依法、自愿、有偿原则，流转的意愿、价格、期限、方式、对象等应由林权权利人依法自主决定，任何组织或个人不得采取强迫、欺诈等不正当手段强制或阻碍农民流转林权。坚持林地林用原则，集体林权流转不得改变林地所有权、林地用途、公益林性质和林地保护等级，流转后的林地、林木要严格依法开发利用。坚持公开、公正、公平的原则，保证公开透明、自主交易、公平竞争、规范有序，不得有失公允，流转双方权利义务应当对等。

三、切实规范林权流转秩序

对家庭承包林地，以转让方式流转的，流入方必须是从事农业生产经营的农户，原则上应在本集体经济组织成员之间进行，且需经发包方同意；以其他形式流转的，应当依法报发包方备案。集体统一经营管理的林地经营权和林木所有权流转的，流转方案应在本集体经济组织内提前公示，依法经本集体经济组织成员同意，采取招标、拍卖或公开协商等方式流转；流转给本集体经济组织以外的单位或者个人的，要事先报乡(镇)人民政府批准，签订合同前应当对流入方的资信情况和经营能力进行审查。林权再次流转的，应按照原流转合同约定执行，并告知发包方；通过招标、拍卖、公开协商等方式取得的林地承包经营权，须经依法登记取得林权证或不动产权证书，方可依法采取转让、出租、入股、抵押等方式流转。委托流转的，应当有林权权利人的书面委托书。

四、严格林权流入方资格条件

林权流入方应当具有林业经营能力，林权不得流转给没有林业经营能力的单位或者个人。《国家发展改革委　商务部关于印发市场准入负面清单草案(试点版)的通知》(发改经体〔2016〕442号)明确要求：租赁农地从事生产经营要进行资格审查，未获得资质条件的，不得租赁农地从事生产经营。鼓励各地依照该精神，依法探索建立工商资本租赁林地准入制度，实行承诺式准入等方式，可采取市场主体资质、经营面积上限、林业经营能力、经营项目、诚信记录和违规处罚等管理措施，对投资租赁林地从事林业生产经营资格进行审查。家庭承包林地的经营权可以依法采取出租、入股、合作等方式流转给工商资本，但不得办理林权变更登记。

五、努力完善林权流转服务

各地要完善县级林业服务平台功能，逐步健全县乡村三级服务和管理网络，为林业经营主体提供林权流转、惠林政策实施、生产信息技术、林权投融资等指导、服务。加强林权流转信息公开，重点公开流转面积、流向、用途、流转价格等信息，引导林权有序流转。可采取减免费用、政府购买服务等方式鼓励农户和其他林业经营主体拥有的林权到林权交易平台、公共资源交易平台等公开市场上流转交易。鼓励各地探索政府购买林业公益性服务，大力发展社会化林业专业服务组织，开展流转信息沟通、居间、委托、评估等林权流转中介服务。引导和规范森林资源资产评估行为，向社会公布评估机构不良行为，指导和监督森林资源资产评估协会工作。

六、强化流转合同管理

集体林权流转应当依法签订书面合同，明确约定双方的权利和义务，流转期限不得超过原承包剩余期。各地要加强林权流转合同管理，探索建立合同网签和面签制度，要求市场主体以规范格式向社会作出公开信用承诺，并纳入交易主体信用记录。县级林业主管部门要提供可编辑的合同示范文本网络下载服务，大力推广使用《集体林权流转合同示范文本(GF－2014－2603)》。在指导流转合同签订或流转合同鉴证中，发现流转双方有违反法律法规的约定，要及时予以纠正。对符合法律法规规定的，经流转公示无异议后，可出具书面意见，作为林权流转关系和相关权益的证明，并推动与不动产登记、工商、银行业金融等机构实时共享互认，协同不动产登记部门做好林地承包经营权转移登记工作。

七、加强林权流转用途监督

各地要加强对林权流转工作的指导，研究制定林权流转具体操作规程，切实履行好林权流转监督管理职责。要加强林权流转的事中事后监管，及时查处纠正违法违规行为。要实行最严格的林地用途管制，确保林地林用。切实做好抵押林权处置的服务工作，防范抵押风险。采取措施保证流转林地用于林业生产经营，探索建立奖惩机制，对符合要求的林业经营主体可给予林业生产经营扶持政策支持，对不符合要求的可依法禁止限制其承担涉林项目。鼓励和支持林业经营主体主动公示“林业生产经营改善计划”，以及林地、林木开发利用和流转合同履约等情况年度报告，自觉接受行政监督和社会监督。

八、推进林权流转市场信用体系建设

以县(市、区)为单位，逐步建立林权流转市场主体守合同、重信用信息采集归档工作，依法将其涉林违法违规行为的司法判决书、行政处罚书、农村土地承包经营纠纷调解书和裁决书、经查证属实的被投诉举报记录等情况记入其信用档案。各地要探索建立林权流转市场主体信用评级制度和信用评价成果运用机制，在实施财政性资金项目安排或授予荣誉性称号时，将信用状况作为参考条件，同等条件下优先考虑信用好的。

九、搭建集体林权流转市场监管服务平台

各地要建立林权数据动态管理制度，实行林权权源表管理模式，将林地承包合同和林权流转合同、林权登记、林业经营主体、流转交易、抵押担保、森林保险以及森林资源等涉及林权信息有序衔接集成，实现关联业务协同管理。加快推进林权流转市场监管服务平台建设，构建全国统一的“数据一个库、监管一张网、管理一条线”的网络监管体系，实现相关数据的互联互通和纵横信息共享。加快建立林权信息基础数据库和管理信息系统，实现网上办理，逐步实现林权管理的自动化、标准化和信息化。推广"林权 IC 卡"和手机 APP 服务做法，为林农各项经营活动提供实时更新、查询信息服务。

本意见自发布之日起实施，有效期至 2021 年 10 月 31 日，《国家林业局关于切实加强集体林权流转管理工作的意见》(林改发〔2009〕232 号)和《国家林业局关于进一步加强集体林权流转管理工作的通知》(林改发〔2013〕39 号)同时废止。

国家林业局

2016 年 7 月 29 日

国家林业局关于印发《三北防护林体系建设五期工程百万亩防护林基地建设管理办法》的通知

林北发〔2016〕138 号

北京、天津、河北、山西、内蒙古、辽宁、吉林、黑龙江、陕西、甘肃、宁夏、新疆、青海省(自治区、直辖市)林业厅(局)，新疆生产建设兵团林业局，国家林业局各有关司局、各有关直属单位：

为进一步规范和加强三北防护林体系建设五期工程百万亩防护林基地管理，提高建设质量和效益，我局制定了《三北防护林体系建设五期工程百万亩防护林基地建设管理办法》(见附件)。现印发给你们，请遵照执行。

附件：三北防护林体系建设五期工程百万亩防护林基地建设管理办法

国家林业局

2016 年 9 月 30 日

附件：

三北防护林体系建设五期工程百万亩防护林基地建设管理办法

第一条 为加强百万亩防护林基地建设管理，提高建设质量和效益，根据《三北防护林体系建设五期工程规划(2011—2020 年)》(发改农经〔2012〕2576 号，以下简称《三北五期工程规划》)、《重点防护林工程中央预算内投资专项管理办法(试行)》(发改投资〔2016〕719 号)、《三北防护林体系建设工程计划和资金管理办法(试行)》(林规发〔2014〕123 号)、《国家林业局关于深化三北防护林体系建设改革的意见》(林北发〔2014〕171 号)等，制定本办法。

第二条 本办法所称百万亩防护林基地是指纳入《三北五期工程规划》，以防风固沙、保持水土、涵养水源、护农促牧等为主体功能，以人工造林、封山育林、飞播造林、退化林分修复为主要建设内容，以新造林与现有林相结合的防护林基地。

第三条 百万亩防护林基地建设坚持统一规划，科学布局，分步实施；坚持突出重点，规模治理，按流域、山系、沙带等自然地理单元建设；坚持适地适树，科学配置林种树种；坚持生态优先，统筹生态与经济协调发展。

第四条 百万亩防护林基地建设实行分级管理。国家林业局西北华北东北防护林建设局(以下简称"三北局")负责指导、监督、考核等工作；省级林业主管部门负责组织协调、检查验收、技术指导和宣传发动等工作；县级林业主管部门负责基地建设的设计、施工、质量管理、抚育管护和信息报送等工作。

第五条 省级林业主管部门在编制三北防护林工程年度中央预算内投资建议计划和营造林生产 3 年滚动计划时，要优先安排百万亩防护林基地建设任务和投资，按程序上报。

第六条 省级林业主管部门负责组织编制百万亩防护林基地年度实施方案，明确建设目标、任务、地点、模式、措施等，经专家论证后，报三北局备案。

第七条 县级林业主管部门负责编制作业设计，并按程序报批。要突出规模治理，风沙区和山区集中连片造林面积原则不低于 1000 公顷，平原区集中连片造林面积原则不低于 100 公顷。

第八条 百万亩防护林基地建设实行法人制、合同制，推行招投标制、监理制。

第九条 百万亩防护林基地建设实行中央定额补助，地方配套，严格执行中央预算内投资计划程序管理，资金使用管理要按照《林业生态工程建设资金管理办法》(财建〔2007〕525 号)、《三北防护林体系建设工程计划和资金管理办法(试行)》、《防护林造林工程投资估算指标》(林规发〔2016〕58 号)等国家重点林业生态工程建设有关规定执行。

第十条 百万亩防护林基地建设要配套安排科技支撑项目，实行科技支撑与基地建设同步设计、同步实施、同步验收；严格执行相关技术规程、标准；大力推广先进适用技术和造林模式，建设科技示范区；积极推行技术承包制。

第十一条 百万亩防护林基地建设坚持科学造林。要因地制宜，宜乔则乔、宜灌则灌，营造乔灌、针阔结合的点状、行状、块状混交林，不造纯林；要合理确定造林密度；优先使用乡土树种和抗逆性强的品种。

第十二条 百万亩防护林基地建设实行全面质量管理。建立科学合理，行之有效的造林质量监管体系；对种苗选育、种苗质量检验检疫、造林整地、树种配置、栽植、抚育管护、有害生物防治、森林防火等营造林各环节要严加管控，责任到人；严格落实造林质量责任追究制度。

第十三条 百万亩防护林基地建设要推行专业队造林。探索灵活多样的建设管护模式，鼓励国有林场、企业、社团、林权所有人参与管护，落实管护责任，巩固建设成果。

第十四条 省级林业主管部门造林生产季节按月向三北局报送百万亩防护林基地造林进度数据，12 月 31 日前向三北局报送百万亩防护林基地建设年度工作总结，三北局审查汇总后报国家林业局造林司、计财司备案。

第十五条 百万亩防护林基地省级及县级林业主管部门必须按照《林业重点工程档案管理办法》（林办发〔2001〕540 号）的要求，建立健全建设档案。

第十六条 按照国家检查验收相关程序和要求，依据国家下达的年度投资计划，年度实施方案和作业设计等，分级开展百万亩防护林基地建设监督、检查工作，对检查结果进行通报。

第十七条 百万亩防护林基地竣工验收由省级林业主管部门提出申请，商三北局同意后，按照《重点防护林工程中央预算内投资专项管理办法（试行）》规定组织开展，按程序上报。

第十八条 建立百万亩防护林基地建设考核机制。三北局依据年度检查、计划资金管理、信息报送、档案管理和竣工验收等进行综合考核，作为计划调控、表彰奖励的重要依据。

第十九条 对自然灾害等不可抗拒因素造成的百万亩防护林基地营造林损毁，按照《未成林地自然灾害受损核定办法（试行）》（林造发〔2012〕323 号）规定执行。

第二十条 省级林业主管部门可依据本办法，结合本地实际，制定补充规定或实施细则。

第二十一条 本办法由国家林业局负责解释。

第二十二条 本办法自发布之日起施行，有效期至 2020 年 12 月 31 日。

中华人民共和国濒危物种进出口管理办公室（被许可人分级管理办法）

濒管办公告 2016 年第 3 号

为贯彻执行《濒危野生动植物种国际贸易公约》、《中华人民共和国行政许可法》、《中华人民共和国野生动物保护法》、《中华人民共和国野生植物保护条例》、《中华人民共和国濒危野生动植物进出口管理条例》和《野生动植物进出口证书管理办法》等有关法律、法规及规章的规定，鼓励被许可人守法自律，培育良好的信用，促进野生动植物进出口贸易活动依法、健康、有序开展，提高濒危物种进出口管理工作效能，为被许可人提供更好的服务，我办发布了《中华人民共和国濒危物种进出口管理办公室行政许可事项被许可人分级管理办法》，自 2017 年 1 月 1 日起施行。

特此公告。

附件：中华人民共和国濒危物种进出口管理办公室行政许可事项被许可人分级管理办法

国家濒管办

2016 年 10 月 27 日

附件：

中华人民共和国濒危物种进出口管理办公室行政许可事项被许可人分级管理办法

第一条 为贯彻执行《濒危野生动植物种国际贸易公约》、《中华人民共和国行政许可法》、《中华人民共和国野生动物保护法》、《中华人民共和国野生植物保护条例》、《中华人民共和国濒危野生动植物进出口管理条例》和《野生动植物进出口证书管理办法》等有关法律、法规及规章的规定，提高濒危物种进出口管理工作效能，为被许可人提供更好的服务，促进野生动植物进出口贸易活动依法、健康、有序开展，制定本办法。

第二条 对申请办理允许进出口证明书和非《进出口野生动植物种商品目录》物种证明（以下简称物种证明）的被许可人，适用本办法。

第三条 被许可人分级管理，是指国家濒管办根据被许可人遵守法律法规规章和《濒危野生动植物种国际贸易公约》的状况，以及行政许可监督检查结果等，对被许可人实行分级管理。

第四条 国家濒管办建立《行政许可事项被许可人分级管理系统》（以下简称《分级管理系统》）数据平台，开展对被许可人分级管理的审定和调整工作，并将分级结果在该数据平台向社会公开发布。日常信息的采集和录入工作由国家濒管办各办事处承办。

第五条 被许可人分级管理工作应当遵循客观、科学、公正、公开的基本原则。

国家濒管办与被许可人应当开展经常性信息交流；评价所依据的材料和事实必须真实、可靠。

第六条 管理等级从高至低分为 A、B、C、D 四个等级，主要采用评分方法来划分评定，初始分值为 100 分，“行政许可事项被许可人分级管理等级评定标准”由国家濒管办另行制定公布。

第七条 国家濒管办在发现被许可人出现分级管理等级评定表中评价项目情况时，应当在 10 个工作日内将相关信息录入《分级管理系统》。《分级管理系统》根据分级管理等级评定标准自动扣减分数或调整到更低管理级别。国家濒管办将等级调整情况书面通知被许可人。

第八条 每年一月根据上一年度的评分，对一年内未被下调级别的被许可人集中评定管理级别，并将级别评定结果书面通知被许可人。评定结束后，被许可人的分级管理等级评分值恢复到初始分值 100 分。

被许可人所在级别不满一年的，不予调整到较高管理级别。

第九条 被许可人对国家濒管办公布的分级管理等级存有异议的，可在收到书面通知之日起 60 个工作日内向国家濒管办提出复核，并提供相关资料或者证明材料。国家濒管办应当自收到复核申请之日起 20 个工作日内完成复核，将复核结果纳入《分级管理系统》，并书面通知被许可人。

第十条 适用 A 级管理的，一般是指一年办理允许进出口证明书和物种证明 10 份以上且一年评分大于等于 95 分以上的被许可人。

第十一条 适用 B 级管理的，一般是指首次申请国家濒管办核发的允许进出口证明书或者物种证明，并备案登记的；或一年评分大于等于 75 分且小于 95 分的被许可人。

第十二条 适用 C 级管理的，一般是指一年评分小于 75 分的，或有下列情形之一的被许可人：

（一）超过允许进出口证明书或者物种证明许可数量 20% 以内从事进出口活动的；

（二）以非商业贸易为目的进口的实际用途与申报不一致的；

（三）以观赏、展演或人工繁育为目的进口的活体濒危野生动植物调离的；

（四）标本实际来源与证书不一致的；

（五）装运活体野生动物设施存在缺陷，可能导致对动物的伤害或造成动物逃逸的；

（六）饲养活体野生动物设施存在缺陷，可能导致对动物的伤害或造成动物逃逸的。

第十三条 适用 D 级管理的，一般是指有下列情形之一的被许可人：

（一）以欺骗、贿赂等不正当手段取得允许进出口证明书或者物种证明的；

（二）涂改、伪造、倒卖或者以其他形式非法转让允许进出口证明书或者物种证明的；

（三）提供虚假申报材料的；

（四）超过允许进出口证明书或者物种证明许可数量 20% 以上的；

（五）用低级别附录物种及其产品的允许进出口证明书进出口高级别附录物种及其产品的；

（六）用物种证明进出口应办理允许进出口证明书的物种及其产品的；

（七）未取得允许进出口证明书进出口濒危物种及其产品的；

（八）执法机关通报的其他严重违反涉及野生动植物和濒危物种管理的法律、法规或行政许可决定的行为。

第十四条 国家濒管办应认真核实被许可人的各项资料，确保各项评定结果的准确性。

第十五条 被许可人仅名称发生变化的，其分级管理级别可以继续适用，但是有下列情形之一的，按照下列方式调整：

（一）被许可人发生存续分立，分立后的存续被许可人承继分立前被许可人的主要权利义务或者债权债务关系的，其分级管理级别适用分立前被许可人的管理级别；

（二）被许可人发生解散分立，其分级管理级别适用 B 级被许可人的管理级别；

（三）被许可人发生吸收合并，合并被许可人分级管理级别适用合并后存续被许可人的管理级别。

第十六条 自国家濒管办作出分级调整决定之日起，国家濒管办应当按照调整后的分级管理等级对被许可人实施相应的管理措施。

第十七条 国家濒管办对 A 级管理级别的被许可人采取以下管理措施：

（一）在法律法规允许范围内，简化行政审批程序和环节；

（二）简化申报材料；

（三）实施行政许可书面监督检查。适当实施行政许可实地监督检查。

第十八条 国家濒管办对 B 级管理级别的被许可人实施常规化的管理措施。

第十九条 国家濒管办对 C 级管理级别的被许可人应当实施以下严厉的管理措施：

（一）进口时对境外证书进行更严格的审查；

（二）作出行政许可决定前，视情况进行专家评审或实地核查。

第二十条 国家濒管办对 D 级分级管理级别的被许可人，应当视发生第十三条所列情形的情节轻重，分别实施以下严厉管理措施：

（一）所有濒危野生动植物及其产品的进出口申请不适用简化程序；

（二）进口时对境外证书进行更严格的审查；

（三）作出行政许可决定前，视情况进行专家评审或实地核查。

第二十一条 代理进出口的被许可人与进出口货物收发货的被许可人因不同的分级管理级别导致应当实施的管理措施不一致的，按照较低的管理级别实施相应的管理措施。

第二十二条 本办法中“一年”指公历年度。

第二十三条 本办法自 2017 年 1 月 1 日起施行，有效期至 2021 年 12 月 31 日。

中华人民共和国濒危物种进出口管理办公室
(广东自贸区野生动植物进出口行政许可改革)
濒管办公告2016年第5号

为支持中国(广东)自由贸易试验区(以下简称广东自贸区)建设,积极探索濒危物种履约管理模式创新,深入推动内地与港澳履约合作,着力促进野生动植物进出口贸易的便利化,根据《中华人民共和国濒危野生动植物进出口管理条例》和《野生动植物进出口证书管理办法》的有关规定,我办决定推出广东自贸区野生动植物进出口行政许可改革措施。现将有关事宜公告如下:

一、适用对象

适用对象应具备以下条件:

(一)在广东自贸区注册的企业;

(二)在广东境内口岸以自理或代理方式报关进出口野生动植物或其产品的;

(三)货物进出广东境内口岸。

二、具体措施

(一)简化许可程序

属于下列情形之一的,符合本公告第一条条件的申请人可以凭国务院野生动植物主管部门批准文件和其他申报材料,直接向国家濒管办广州办事处申办允许进出口证明书:

1. 对港澳贸易

1) 出口

非CITES附录的国家重点保护野生动植物及其产品;

2) 进口、出口或再出口

①以参展为目的进出口CITES附录I、II野生动物产品;

②来源于在秘书处注册的人工繁殖单位的CITES附录I野生动物及其产品;

③CITES附录II野生动物及其产品(活体除外;穿山甲属 *Manis* spp.、非洲象 *Loxodonta africana*、白犀指名亚种 *Ceratotherium simum simum*、犀鸟科 *Bucerotidae* spp.、砗磲科 *Tridacnidae* spp. 除外);

④CITES附录III野生动物及其产品;

⑤CITES附录I、II和III野生植物及其产品。

2. 对其他国家或地区贸易

1) 出口

①非CITES附录的国家重点保护野生动植物及其产品;

②出口人工繁殖所获的CITES附录II猕猴(*Macaca mulatta*)和食蟹猴(*Macaca fascicularis*)的生物学样品;

③人工培植所获的CITES附录II石斛属植物(*Dendrobium* spp.)干花。

2) 出口或再出口

附有"中国野生动物经营利用管理专用标识"的CITES附录II蟒科(Pythonidae spp.)物种皮制二胡。

3) 进口

①来源代码为"D"的CITES附录I美丽硬仆骨舌鱼(*Scleropages formosus*)活体;

②人工培植所获的CITES附录II石斛属植物(*Dendrobium* spp.)茎。

4) 进口或再出口

①属加工贸易方式的CITES附录II野生动物及其产品;

②CITES附录I、II、III野生动物皮张及其产品(其中附录I仅指来源代码为"D"的);

③CITES附录II羊驼(*Lama guanicoe*)、小羊驼(*Vicugna vicugna*)的毛、织物及其制品;

④人工繁殖所获的CITES附录II猴科(Cercopithecidae)物种的生物学样品;

⑤以参展为目的的CITES附录I、II和III野生植物及其产品;

⑥CITES附录III木材物种及其产品。

5) 进口、出口或再出口

①人工繁殖所获的CITES附录III花龟(*Mauremys sinensis*)、乌龟(*Mauremys reevesii*)、蓝孔雀(*Pavo cristatus*)的活体、死体、部分及其产品;

②CITES附录III鼬亚科(Mustelinae)物种的活体、死体、部分及其产品;

③人工培植所获的CITES附录I云木香(*Saussurea costus*)及其产品,以及人工培植所获的CITES附录II蝴蝶兰属植物(*Phalaenopsis* spp.)、大花蕙兰(*Cymbidium hybrids*)、仙人掌科植物(*Cactacea* spp.)、仙客来属植物(*Cyclamen* spp.)、天麻(*Gastrodia elata*)、西洋参(*Panax quinquefolius*)、芦荟属植物(*Aloe* spp.)及其产品;

④人工培植所获的CITES附录II卡特兰属植物(*Cattleya* spp.)、文心兰属植物(*Oncidium* spp.)、捕蝇草(*Dionaea muscipula*)活体;

⑤人工培植所获的CITES附录II大戟属肉质植物(*Euphorbia* spp.)、棒锤树属植物(*Pachypodium* spp.)、猪笼草属植物(*Nepenthes* spp.)、瓶子草属植物(*Sarracenia* spp.)活体;

⑥人工培植所获的CITES附录II火地亚属植物(*Hoodia* spp.)及其产品;

⑦以参展为目的的CITES附录I、II和III野生植物及其产品。

(二)放宽许可条件

国家濒管办广州办事处在办理本条第(一)款第2项相关内容的允许进口证明书行政许可时,除存在疑问或者应相关出口国、秘书处要求的情况外,不需要就境外CITES许可证或证明书进行核实确认。

(三)缩短许可时限

在相关法律法规及规章所规定的时限要求基础上,

对办理本条第（一）款内容的允许进出口证明书行政许可时限予以进一步压缩。其中，受理时间上限由五个工作日缩短为二个工作日；审查决定时间上限由二十个工作日缩短为十个工作日。

三、承办单位

承办本公告所述允许进出口证明书行政许可业务的单位为中华人民共和国濒危物种进出口管理办公室广州办事处。

四、其他事宜

本公告自2016年12月1日起施行，由国家濒管办负责解释。

特此公告。

国家濒管办

2016年11月8日

国家林业局　财政部关于运用政府和社会资本合作模式推进林业生态建设和保护利用的指导意见

林规发〔2016〕168号

各省、自治区、直辖市、新疆生产建设兵团、各计划单列市林业厅（局）、财政（务）厅（局），内蒙古、吉林、龙江、大兴安岭、长白山森工（林业）集团公司：

森林是陆地生态系统的主体，是国家、民族最大的生存资本。林业是重要的公益事业和基础产业，承担着生态建设和林产品供给的重要任务。加快产权模式创新和金融创新，大力推广运用政府和社会资本合作（PPP）模式，吸引社会资本和金融资本进入林业生态建设和保护利用领域，积极扩大增量，努力盘活存量，有利于优化资金结构，建立健全林业投入多渠道筹措机制，大规模推进国土绿化；有利于深化国有林区林场改革和完善集体林权制度，加快林区经济转型发展，保障林区社会和谐稳定；有利于加快转变林业发展方式，推进林业供给侧结构性改革，提升林业发展质量效益；有利于调动各方面发展林业生产经营的积极性，推进精准扶贫精准脱贫，促进林农就业增收。根据《国务院关于创新重点领域投融资机制鼓励社会投资的指导意见》（国发〔2014〕60号）和《国务院办公厅转发〈财政部 发展改革委 人民银行关于在公共服务领域推广政府和社会资本合作模式的指导意见〉的通知》（国办发〔2015〕42号）有关要求，结合林业实际，现就扎实推进林业生态建设和保护利用领域运用政府和社会资本合作模式提出如下指导意见。

一、总体要求

（一）指导思想。全面贯彻党的十八大和十八届三中、四中、五中、六中全会精神，坚持“五位一体”总体布局和“四个全面”战略布局，牢固树立创新、协调、绿色、开放、共享的新发展理念，按照党中央、国务院决策部署，借鉴国内外成熟经验，立足林业发展实际，充分发挥市场在资源配置中的决定性作用和更好发挥政府作用，创新林业产权模式和投融资机制，引导鼓励社会资本积极参与林业生态建设和保护利用领域建设，为广大人民群众提供优质高效的林业生态产品和生态公共服务，不断提升林业现代化水平，为维护森林生态安全和增绿增质增效做出积极贡献。

（二）基本原则。

——坚持政府组织，社会参与。各地要根据国家有关规定和本地区林业发展实际，组织合适的林业生态建设和保护利用领域PPP项目，择优选择社会资本参与投资建设和管理。积极创新开发性、政策性金融产品，为PPP项目建设提供金融支持。

——坚持因地制宜，保护优先。在保护好自然生态系统的基础上，充分考虑不同地区自然条件差异和比较优势，因地制宜遴选成熟的规模化项目、具备成长性特征和具有长远盈利预期的项目，开展政府和社会资本林业生态建设和保护利用合作模式试点。

——坚持公开透明，规范运行。按照国家相关规定组织项目论证、选择合作伙伴，制定和履行各类项目合同，组织绩效评价，完善相关制度设计，营造良好政策环境，接受各方监督，确保项目实施决策科学、程序规范、过程公开、责任明确、稳妥推进。

（三）发展目标。探索运用政府和社会资本合作模式推进林业生态建设和保护利用，吸引社会资本和金融资本投入林业，发挥政府和社会资本各自优势，实现合作各方风险分担、利益共享、权益融合；加强林业财政资金等政策引导，建立公平公正的社会资本投资环境，拓宽林业生态建设和保护利用资金投入渠道；加强制度规范建设和顶层设计，推动形成有效促进政府和社会资本合作模式推进林业生态建设和保护利用项目规范运行、健康发展的机制。“十三五”期间，力争林业生态建设和保护利用项目社会资本和金融资本投入达到5000亿元。

二、重点领域

（一）支持创新产权模式，引导各方面资金投入植树造林和国土绿化。按照国家有关规定，对尚未确定经营者或其经营者一时无力造林的国有宜林荒山荒地荒沙，鼓励社会资本进行植树造林，所造林木及相关收益根据合同约定合理分配。鼓励社会资本参与混交林、珍贵树种培育以及山体和灾毁林地生态治理和植被恢复。对社会资本利用荒山荒地荒沙进行植树造林、防沙治沙以及荒漠化石漠化等生态脆弱区综合治理的，在保障生态效益、符合相关规定和约定的情况下，积极发展森林旅游、生态产业和新材料、新能源等。鼓励面向社会购买公益林管护服务。

(二)支持金融创新和产品开发，大力推进国家储备林建设合作。按照“政府引导、市场运作、项目管理、持续经营”的总体思路，充分发挥政府组织优势和开发性、政策性金融优势，加快创新金融产品，支持开展国家储备林贷款建设模式创新，加强木材储备和生态储备，着力培育大径级材和珍贵树种，增强高品质木材等林产品和优质生态产品供给能力，逐步解决困扰林业现代化建设的周期性和结构性、数量型和质量型、整体性和局部性等突出问题。

(三)支持精准扶贫精准脱贫，大力推进木本油料产业发展合作。贯彻落实《中共中央 国务院关于打赢脱贫攻坚战的决定》(中发〔2015〕34 号)、《国家林业局 财政部 国务院扶贫办 国家开发银行关于整合和统筹资金支持贫困地区油茶核桃等木本油料产业发展的指导意见》(林规发〔2015〕150 号)精神，支持社会资本和金融资本在贫困地区、革命老区大力发展木本油料产业，加强政策支持与机制创新，鼓励社会资本参与贫困地区产业结构调整，通过建立不同形式的利益联结机制，保障建档立卡贫困户得到利益，吸纳建档立卡贫困人口就业，努力增加贫困人口收入，逐步形成林业扶贫攻坚长效机制。

(四)支持深化林业改革，加快推进林区经济转型发展。全面推进国有林区和国有林场改革，继续深化集体林权制度改革，配合全面停止天然林商业性采伐，在保持自然生态系统完整性和稳定性的前提下，支持社会资本与国有林区和国有林场合作发展森林旅游、特色养殖种植、花卉苗木等接续替代产业，鼓励社会资本参与兼并重组，充分发挥国有林区和国有林场各类自然资源和人力资源优势，通过规模化经营、市场化运作，切实将林区资源优势转化为经济优势，推进林区经济转型发展。

(五)支持开展林业旅游休闲康养服务。在保护好自然生态系统的前提下，鼓励社会资本与国有林区、国有林场、森林公园、湿地公园、沙漠公园等合作，充分利用森林、湿地、荒漠及野生动植物等自然景观资源开展森林旅游和休闲康养，推进森林旅游和休闲康养服务基础设施建设，打造生态体验精品旅游线路和休闲度假、峡谷漂流、探险拓展、房车露营等林业特色旅游品牌，为社会提供更好的生态公共服务。

(六)支持开展野生动植物保护及利用。鼓励社会资本参与野生动植物野外资源保护公益事业，探索引入专业民间组织新建或托管自然保护小区，在政府监管下发展民间自然保护小区(地)。鼓励社会资本参与野生动物园、野生植物园建设、运营和管理，增强生态保护宣传、科普、教育等功能。

三、完善扶持政策

(一)保障社会资本合法权益。除法律、法规、规章、政策等特殊规定的情形外，林业生态建设和保护利用项目积极向社会资本开放，并优先考虑社会资本参与。社会资本投资建设的项目，与政府投资项目享有同等政策待遇，不另设附加条件，并可按协议约定依法转让、转租、抵押其相关权益；征收、征用或占用的，要按照国家有关规定或约定给予补偿或赔偿。

(二)充分发挥公共财政投入的引导带动作用。加快林业投融资机制改革和创新，整合使用中央和地方财政资金支持社会资本参与的项目。积极开展森林保险工作，引导保险机构完善投保程序、简化投保手续、降低保险费率，降低林业 PPP 项目建设成本，增强抗风险能力。

(三)鼓励社会资本出资设立林业产业投资基金和发行企业债券。鼓励社保基金、保险基金等大型机构投资者投资林业，探索利用信托融资、项目融资、融资租赁、绿色金融债券等多种融资方式和工具，为社会资本投资林业提供投融资平台，拓宽社会资本参与林业建设的途径和渠道。鼓励一般生产经营类企业和实体化运营企业，经有关部门批准，发行企业债券等，用于林业生态建设和保护利用领域政府和社会资本合作项目建设。

(四)积极推进林业体制机制创新。发挥国有林场在绿化国土中的示范带头作用，鼓励国有林场与社会资本合作，大力开展多种形式的场外合作造林和森林保育经营；加快推进集体林地三权分置，稳定承包权放活经营权；社会资本投资建设生态林等连片面积达到一定规模的，允许在符合土地管理法律法规和土地利用总体规划、依法办理建设用地审批手续、坚持节约集约用地的前提下，利用一定比例的土地开展观光和休闲度假旅游、加工流通等经营活动。

四、规范项目管理

(一)建立遴选机制。根据国家政策要求，严格项目评估论证、财政承受能力论证，按照国家 PPP 项目筛选通行方法筛选林业 PPP 项目，必要时委托专业机构评估论证，明确提高服务质量和运营效率的产出标准、关键绩效指标，明确责任风险分担、支付方式、融资方案等要素，平衡项目财务效益和社会效益，确保实现激励相容。

(二)严格合同管理。根据合同指南要求，加强对项目合同的起草、谈判、履行、变更、解除、转让、终止直至失效的全过程管理，充分运用法律、投资、财务、保险等专业机构力量，规范合同条款，正确表达意愿、合理分配风险、妥善履行义务、有效主张权利。

(三)开展绩效评价。加强工程质量、运营标准的全程监督，确保公共产品和服务的质量、效率和延续性。鼓励推进第三方评价，对公共产品和服务的数量、质量以及资金使用效率等方面进行综合评价，评价结果向社会公示，作为价费标准以及合作期限等调整的参考依据。

(四)健全退出机制。项目合作遇不可抗力或违约事件导致项目提前终止的，项目实施机构要及时做好接管，保障项目设施持续运行，保证公共利益不受侵害。政府和社会资本合作期满后，要按照合同约定，妥善做好项目移交。依托各类产权、股权交易市场，为社会资本提供多元化、规范化、市场化的退出渠道。

(五)落实监管责任。各部门加强沟通协调，积极运用政府和社会资本合作模式推进林业生态建设和保护利用领域项目建设，建立项目运营、项目效果监督和评价团队，督促企业完善法人治理结构和管理制度，认真履行投资经营权利义务，对项目运行进行有效监管，保证项目实施效果。及时向社会公开发布林业规划、行业政策、技术标准、建设项目等信息，保障社会资本投资主体及时享有相关信息。

五、抓好组织实施

（一）加强组织领导。各地要结合本地区实际情况，抓紧制订鼓励和引导社会资本参与林业生态建设和保护利用领域的具体实施办法和配套政策措施，组织实施好林业 PPP 项目，搞好国家相关政策措施落实工作。

（二）推进试点示范。各地要结合本地区实际情况，选定一批国家支持的重点项目开展试点示范，加强跟踪指导，及时总结经验，推动完善相关政策，发挥示范带动作用，争取尽快探索形成一批可复制、可推广的典型经验。

（三）积极宣传引导。各地要大力宣传吸引社会资本参与林业生态建设和保护利用领域的政策措施，宣传社会资本在促进生态修复、国土绿化，特别是在重大林业工程建设运营方面的积极作用，引导市场预期，为社会资本参与林业建设营造良好的社会环境和舆论氛围。

本通知自发布之日起实施，有效期至 2021 年 12 月 31 日。

国家林业局 财政部

2016 年 11 月 18 日

国家林业局关于贯彻实施《野生动物保护法》的通知

林护发〔2016〕181 号

各省、自治区、直辖市林业厅（局），内蒙古、吉林、龙江、大兴安岭、长白山森工（林业）集团公司，新疆生产建设兵团林业局，国家林业局各司局、各直属单位：

2016 年 7 月 2 日，第十二届全国人大常委会第二十一次会议审议通过了修订后的《中华人民共和国野生动物保护法》（以下简称“新保护法”），并定于 2017 年 1 月 1 日起实施。这不仅为进一步加强野生动物保护奠定了更坚实的法律基础，也对各级林业主管部门依法强化保护、推进生态文明建设提出了新的更高的要求，必将产生重大而深远的影响。为指导各级林业主管部门依法履行保护职责，确保新保护法在全行业得以迅速、准确、全面的执行，现就贯彻实施有关工作通知如下：

一、提高思想认识，加强组织领导。新保护法按照大力推进生态文明建设的形势要求，确立了国家对野生动物实行“保护优先、规范利用、严格监管”的基本原则，并围绕这一原则充实、调整、完善了系列保护制度和措施，为破解保护难题、创立保护管理新机制指明了方向。各级林业主管部门要深刻认识新保护法对进一步加强野生动物保护、推进生态文明建设的重大历史性意义，把贯彻实施新保护法作为当前野生动物保护工作的头等大事，在各级党委政府的领导下，明确负责领导，组织专门力量，制定贯彻落实工作方案，主动协调各有关部门，从学习培训、宣传教育、规章制度、执法监管等各个方面入手，多头推进新保护法的贯彻实施；要针对本区域保护领域存在的突出问题和主要矛盾，尽快依法开展重大行动和采取重大举措，扩大影响、壮大声势，树立依法保护新气象。

二、开展全行业学习培训，更新保护观念和思路。正确理解、把握新保护法的原则要求和内涵，是全面贯彻实施的首要条件。各级林业主管部门要把开展新保护法学习培训作为贯彻实施的第一道工序，将其列入林业普法教育的重点内容，分期分批组织广大保护工作者进行专题学习培训，深入领会新保护法的核心要义，准确理解各项法律规定和要求，并结合保护工作实际，正确把握今后加强保护的方向和准则，更新保护观念，调整工作思路，创新保护模式，改进工作作风；还要全面、系统地加强对野生动物繁育利用从业单位和人员的培训教育，向他们详细讲解新保护法实施后须依法执行的有关管理程序、规定和要求，增强其守法遵规意识，共同维护行业的规范发展。

三、加快配套法规和规章制度建设，稳妥推进保护管理工作的顺利过渡。新保护法从适应经济社会发展和生态文明建设形势的角度，对野生动物保护管理规定进行了一系列修改、完善和充实，使得许多原有配套法规和规章制度出现了与新保护法规定不一致等问题。对此，我局正组织力量进行全面梳理，争取在短期内完成系列配套规章和制度的制定或修改工作。各级林业主管部门也要积极推进地方配套法规和规章制度建设，争取将地方配套法规的制定或修改列入立法计划，科学调整地方保护野生动物名录，并全面梳理现有的部门规章制度，对依法需要新增的规章制度尽快研究制定和发布，对以往规章制度中与新保护法规定不一致或要求不到位的情况，尽快修改完善。由于配套法规和规章制度的建设需要一定的时间和过程，在 2017 年 1 月 1 日新保护法实施后至相关配套法规和规章制度发布前，对新保护法规定的《有重要生态、科学和社会价值的陆生野生动物保护名录》暂按我局 2000 年发布的《国家保护的有益的或者有重要经济、科学研究价值的陆生野生动物名录》（国家林业局令第 7 号）执行，非原产我国的野生动物在我国境内的保护管理暂按《林业部关于核准部分濒危野生动物为国家重点保护野生动物的通知》（林护通字〔1993〕48 号）执行；对现行有关野生动物收容救护、驯养繁殖、标识管理等规章制度中符合新保护法原则、规定和要求的内容，可继续参照执行，对其中与新保护法原则、规定和要求不一致或存在冲突的，一律按新保护法规定执行。

四、规范行政许可行为，强化监督检查。按照新保护法的相关规定，2017 年 1 月 1 日新法实施后，部分行政许可事项须依法进行调整。各级林业主管部门要严格按照法律规定，周密部署，细致安排，确保调整工作规范、有序进行。一是对新保护法未列入行政许可项目的原行政许可事项一律停止审批。对 2016 年 12 月 31 日前已经受理、但尚未作出行政许可决定的，应及时告知申请人行政许可项目业已取消等情况，并将其申请退回。二是对行政许可审批机关发生变化的，原审批机关须一律停止审批。对2016年12月31日前已经受理、但尚未作出行政许可决定的，应及时告知申请人行政许可审批机关变化情况，并将其申请移交新的审批机关审批。三是已实行委托审批且行政许可项目及审批机关未发生变化的，原委托行为继续有效。四是对大熊猫、朱鹮、虎、豹类、象类、金丝猴类、长臂猿类、犀牛类、猩猩类、鸨类十种(类)国家重点保护野生动物的人工繁育许可证核发和出售、购买、利用上述10种(类)野生动物及其制品，以及出售、购买、利用天然麝香、赛加羚羊角、穿山甲片的行政许可，在国务院对审批机关作出规定后按规定办理。五是2016年12月31日前依法作出的行政许可决定和核发的行政许可证件在其有效期内仍然有效，已核发的《国家重点保护野生动物驯养繁殖许可证》在换发新证前应视同为《国家重点保护野生动物人工繁育许可证》。六是依法做好行政许可信息公开，每半年汇总并通过网站、官方微博等渠道向社会主动公开本机关受理的各类行政许可申请的件数、涉及的物种种类、许可决定情况等。对申请公开有关信息涉及国家秘密、商业秘密或者个人隐私的，应当征求所涉单位或个人的意见，经其同意后方可公开。在切实规范野生动物保护管理行政许可行为的同时，各级林业主管部门还要加强对行政许可审批过程及后续执行情况的监督检查，及时查找问题，改进工作方式，大力提高野生动物保护管理行政许可工作规范化水平。

五、编制保护规划，强化执法协调。当前正处于我国“十三五”建设开局之际，各级林业主管部门要抓住新保护法实施这一有利时机，认真研究野生动物保护现状，积极争取本级政府将野生动物保护纳入本行政区域国民经济和社会发展“十三五”规划内容，或制定专项规划，并将野生动物保护经费纳入预算，大力促进保护基础设施和管理体系建设，为全面强化野生动物及其栖息地保护奠定基础；还要针对乱捕滥猎滥食野生动物及走私、非法经营其产品等现象，主动会同公安、网信、交通运输、海关、工商、邮政等各有关部门依法建立健全部门间执法协调长效机制，形成从栖息地源头到餐馆饭店、交易市场、运输路线、网络及广告等各个环节齐抓共管、协同作战的良好态势，有效阻断野生动物非法交易链，坚决遏制乱捕滥猎滥食野生动物和走私、非法经营野生动物产品的违法犯罪势头。

六、改变对野生动物及其制品运输、携带、寄递等活动的查验要求，切实加强监督管理。新保护法明确了运输、携带、寄递国家重点保护野生动物及其制品出县境的各类凭证。各级林业主管部门要主动会同交通运输、铁路、民航、邮政等部门，依法强化对上述运输活动的查验，对运输、携带、寄递依法猎捕的国家重点保护野生动物或其制品的，查验其特许猎捕证；对运输、携带、寄递经批准出售、购买、利用的国家重点保护野生动物或其制品且属于专用标识管理范围的，查验其专用标识；对不属于专用标识管理范围的，查验省级以上野生动物保护主管部门批准相应活动的行政许可决定文书；对经批准进出口野生动物及其制品需要将野生动物及其制品运往出口口岸或进口目的地的，查验其允许进出口证明书；对人工繁育场所搬迁的，查验其国家重点保护野生动物人工繁育许可证；对救护和执法查没的国家重点保护野生动物的运输等特殊情况的，查验县级以上野生动物保护主管部门出具的救护、查扣证明或公安、海关、工商、质检等部门出具的查扣证明；对运输、携带、寄递非国家重点保护野生动物或其制品的，须根据来源情况查验狩猎证、允许进出口证明书或批准进口文件、合法购买凭证或野生动物保护主管部门出具的相应证明文件。此外，对运输、携带、寄递野生动物及其制品的，还应当依法办理检疫证明。对查验过程中发现运输凭证与上述要求不相符的，应当依法进行调查处理。

七、广泛开展宣传教育，营造良好的社会氛围。为提高全社会依法保护的法制观念和意识，各级林业主管部门在新保护法实施之际，要集中开展为期一个月的系列宣传，一是充分利用广播电视、报纸杂志、网络媒体等渠道，采用发布野生动物保护公益广告、组织专家专题讲解等方式，普及野生动物保护的法律规定和科学知识。二是举办专题宣传活动，散发新保护法单行本、宣传册页，引导公众了解野生动物保护新要求和新举措。三是在野生动物重要栖息地和集贸市场、餐馆饭店等重点区域，要有针对性地设置宣传展牌和张贴海报，发挥警示教育作用，告诫公众自觉抵制违法破坏野生动物及其栖息地等行为。四是主动协调教育行政部门和学校，依法加强对青少年学生野生动物保护知识教育，引导他们从小树立保护新观念。五是密切关注和监测野生动物舆情动态，对公众关心的野生动物保护热点和焦点问题及时回应和解说，有效争取公众和社会各界的理解和支持，推动更广泛的社会力量参与到保护行动中来，开创政府主导、全民参与、共同保护的良好局面。

本通知自2017年1月1日起施行，有效期至2021年12月31日。

特此通知。

国家林业局

2016年12月26日

国家林业局关于印发《国家林业局林木种子生产经营许可随机抽查工作细则》的通知

林场发〔2016〕185 号

各省、自治区、直辖市林业厅(局)，内蒙古、吉林、龙江、大兴安岭、长白山森工(林业)集团公司，新疆生产建设兵团林业局，国家林业局各司局、各直属单位：

为加强对林木种子生产经营许可的事中事后监管，创新监管方式，提升监管效能，规范随机抽查，依据《中华人民共和国行政许可法》、《中华人民共和国种子法》、《国务院办公厅关于推广随机抽查规范事中事后监管的通知》(国办发〔2015〕58 号)和《林木种子生产经营许可证管理办法》(国家林业局令第 40 号)的有关规定，我局研究制定了《国家林业局林木种子生产经营许可随机抽查工作细则》(见附件)，现予印发。

附件：国家林业局林木种子生产经营许可随机抽查工作细则

国家林业局

2016 年 12 月 28 日

附件：

国家林业局林木种子生产经营许可随机抽查工作细则

第一条 为加强对林木种子生产经营许可的事中事后监管，创新监管方式，提升监管效能，规范随机抽查，依据《中华人民共和国行政许可法》、《中华人民共和国种子法》、《国务院办公厅关于推广随机抽查规范事中事后监管的通知》和《林木种子生产经营许可证管理办法》，制定本细则。

第二条 本细则所称林木种子生产经营许可随机抽查，是指对领取国家林业局核发的林木种子生产经营许可证(包括林木种子经营许可证)的企业(以下简称“被许可企业”)进行事中事后随机监督检查的活动。

第三条 随机抽查工作的全过程必须符合法律、法规的规定，确保事中事后监管依法有序进行，实现抽查工作公平公正。

第四条 被许可企业均应当接受随机抽查，被抽查的企业和检查人员应当随机产生。

第五条 随机抽查工作的依据、程序、内容、法律责任、处理结果和监督方式等，除依法需要保密的信息以外，应当向全社会公开。

第六条 随机抽查工作应当尽可能减轻企业负担，不得干扰企业正常的生产经营活动。

第七条 国家林业局负责林木种子生产经营许可随机抽查工作，具体工作由国有林场和林木种苗工作总站(以下简称“国家林业局场圃总站”)实施。

国家林业局法制工作机构负责对随机抽查工作进行监督。

第八条 对被许可企业进行监督检查，内容包括：(一)现有资质、条件是否符合国家林业局核发林木种子生产经营许可证的有关规定；(二)是否按照行政许可登记的范围、方式、有效期和生产经营种类等从事林木种子生产经营活动；(三)林木种子生产经营业务登记、档案等制度建立和执行情况；(四)执行包装、标签、广告情况；(五)生产经营的林木种子质量情况；(六)是否有违法或者被处罚记录；(七)其他遵守国家法律、法规、政策的情况。

第九条 国家林业局建立林木种子生产经营许可随机检查人员名录库。名录库人员由国家林业局场圃总站和国家级林木种子质量检验机构有关管理和技术人员组成。

第十条 检查人员名录库应当录入检查人员基本信息、专业信息、检查信息等情况，实行动态管理。

第十一条 国家林业局建立被许可企业名录库，实行动态管理。

第十二条 开展随机抽查工作应当从被许可企业名录库、检查人员名录库中分别随机抽取检查对象和检查人员，检查组必须由 2 名以上检查人员组成，其中 1 人应当是国家林业局场圃总站检查人员。抽取结果产生后 7 日内不实施检查的，抽取结果自动失效，需重新抽取。

第十三条 检查人员与被检查对象有利害关系的，应当依法回避。

第十四条 同一自然年度内，原则上不对同一被抽查对象因同一检查内容实施重复检查。

第十五条 参与随机抽查的有关人员应当对随机配对结果信息保密。实施检查前随机配对的信息不对社会和被抽查对象公开。

第十六条 实施抽查前应当向随机抽中的被检查对象开具《国家林业局随机抽查通知书》，提前 3 天告知被检查对象。《国家林业局随机抽查通知书》应当包括检查依据、检查时间、检查内容、检查方式等。

第十七条 国家林业局场圃总站每年应当至少开展一次随机抽查，随机抽查比例应当不低于检查对象的 3%，抽查工作和下一年度抽查计划应当在每年 11 月底前完成。

第十八条 因投诉举报、上级机关交办或者开展专项执法行动等监管工作需要，可以不受随机抽查计划和频次的限制。

第十九条 检查人员在检查过程中应当填写随机抽查记录表，如实记录检查情况并签字。随机抽查记录表由企业负责人签字并由企业盖章确认；无法取得签字盖章的，检查人员应当注明原因，并邀请有关人员现场见证。检查时应当采取录音、录像或者拍照等方式记录抽查过程。

第二十条 国家林业局场圃总站可以根据抽查工作需要，依法委托第三方开展检验、检测、鉴定等工作，并承担相关费用。

第二十一条 抽查活动结束后，在20个工作日内形成包括抽查过程、抽查结果等内容的抽查工作报告，经国家林业局场圃总站主要负责人批准后，报国家林业局领导审阅，并将抽查结果及时告知抽查对象。除依法需要保密的信息外，应当根据工作需要将抽查结果抄送各有关部门和向社会公布。

第二十二条 国家林业局场圃总站建立被许可企业高风险市场主体名录，根据随机抽查结果，将生产经营假、劣种子的，以及以欺骗、贿赂等不正当手段取得林木种子生产经营许可证的企业列入高风险市场主体名录，并在国家林业局官网上予以公布。对列入该名录内的企业可加大检查力度。

第二十三条 抽查过程中遇到被抽查对象不予配合的，要告知其履行法定义务。拒绝、阻挠检查人员依法实施监督检查的，要做好记录和留取相关证据，根据具体情形，按照《中华人民共和国种子法》第八十八条的规定追究相关法律责任。抽查对象有以下情形之一的，视为不予配合。

（一）拒绝检查人员进入生产经营场所进行现场检查的；

（二）拒绝检查人员对种子进行取样测试、试验或者检验的；

（三）拒绝检查人员查阅、复制有关合同、票据、账簿、生产经营档案及其他有关资料，或者不如实提供相关资料的；

（四）其他阻挠、妨碍抽查工作正常进行的。

第二十四条 在检查中发现企业有涉嫌违反《中华人民共和国种子法》及有关法规规章规定情形的，应当及时向有关部门移交。

第二十五条 国家林业局场圃总站分年度建立林木种子生产经营许可随机抽查档案，档案应当包括相关文件、随机抽查记录表、抽查工作报告和影音资料等。

第二十六条 被检查企业对抽查结果有异议的，可以向国家林业局场圃总站申请复查。

第二十七条 国家林业局场圃总站接到复查申请后组织复查，并在20个工作日内予以书面答复。复查从检查人员名录库随机抽取检查人员，进行书面审查，必要的时候可现场检查。如情况属实，履行相关审批程序后予以更正。

复查结论不再接受复查申请。

第二十八条 本细则第九条、第十一条规定的被许可企业名录库、检查人员名录库以及随机抽查过程的管理办法由国家林业局场圃总站另行发布。

第二十九条 本细则由国家林业局负责解释。

第三十条 本细则自2017年2月1日起施行，有效期至2021年12月30日。原《国家林业局林木种子经营行政许可监督检查办法》（林策发〔2005〕98号）同时废止。

国家林业局关于印发修订后的《林业行政案件类型规定》的通知

林稽发〔2016〕183号

各省、自治区、直辖市林业厅（局），内蒙古、吉林、龙江、大兴安岭、长白山森工（林业）集团公司，新疆生产建设兵团林业局，国家林业局各司局、各直属单位：

根据第十二届全国人民代表大会常务委员会第二十一次会议修订的《中华人民共和国野生动物保护法》，我局对《林业行政案件类型规定》（林站发〔2016〕67号）第二章“七、违反野生动物保护法规案件”和“十四、其他林业行政案件”中14.03作了相应修订，现将修订后的《林业行政案件类型规定》（见附件）印发给你们，请遵照执行。

特此通知。

附件：林业行政案件类型规定（略）

国家林业局

2016年12月28日

（政法司政策处供稿）

国家林业局公告

国家林业局公告

2016 年第 1 号

国家林业局批准发布《退耕还林工程生态效益监测与评估规范》等 73 项林业行业标准(见附件)，自 2016 年 6 月 1 日起实施，现予以公布。

附件：《退耕还林工程生态效益监测与评估规范》等 73 项林业行业标准目录

国家林业局

2016 年 1 月 18 日

附件

《退耕还林工程生态效益监测与评估规范》等 73 项林业行业标准目录

序号	标准编号	标准名称	代替标准号
1	LY/T 2573—2016	退耕还林工程生态效益监测与评估规范	
2	LY/T 2574—2016	国家沙漠公园总体规划编制导则	
3	LY/T 2575—2016	国家沙漠公园建设导则	
4	LY/T 2576—2016	雷击森林火灾调查与鉴定规范	
5	LY/T 2577—2016	森林消防车辆外观制式涂装规范	
6	LY/T 2578—2016	森林火险预警信号分级及标识	
7	LY/T 2579—2016	森林火险监测站技术规范	
8	LY/T 2580—2016	森林防火通信车通用技术要求	
9	LY/T 2581—2016	森林防火视频监控系统技术规范	
10	LY/T 2582—2016	森林防火视频监控图像联网技术规范	
11	LY/T 2583—2016	森林防火避火罩	
12	LY/T 2584—2016	森林防火 VSAT 卫星通信系统建设技术规范	
13	LY/T 2585—2016	森林火灾信息处置规范	
14	LY/T 2586—2016	空气负(氧)离子浓度观测技术规范	
15	LY/T 2587—2016	空气负(氧)离子浓度监测站点建设技术规范	
16	LY/T 2588—2016	林业有害生物风险分析准则	
17	LY/T 2589—2016	珍稀濒危植物回归指南	
18	LY/T 2590—2016	珍稀濒危野生植物种子采集技术规程	
19	LY/T 2591—2016	长白山林区森林抚育技术规程	
20	LY/T 2592—2016	东北东部山地森林抚育技术规程	
21	LY/T 2593—2016	大兴安岭森林抚育技术规程	
22	LY/T 2594—2016	西北林区人工林抚育技术规程	
23	LY/T 2595—2016	黄土丘陵沟壑区水土保持林营造技术规程	
24	LY/T 2596—2016	植物新品种特异性、一致性、稳定性测试指南 榆属	
25	LY/T 2597—2016	植物新品种特异性、一致性、稳定性测试指南 崖柏属	

（续）

序号	标准编号	标准名称	代替标准号
26	LY/T 2598—2016	植物新品种特异性、一致性、稳定性测试指南 松属	
27	LY/T 2599—2016	植物新品种特异性、一致性、稳定性测试指南 蛇葡萄属	
28	LY/T 2600—2016	植物新品种特异性、一致性、稳定性测试指南 桉属 双蒴盖亚属	
29	LY/T 2601—2016	中国森林认证 生产经营性珍贵濒危野生动物饲养管理 审核导则	
30	LY/T 2602—2016	中国森林认证 生产经营性珍稀濒危植物经营	
31	LY/T 2603—2016	中国森林认证 生产经营性珍稀濒危植物经营审核导则	
32	LY/T 2604—2016	中国森林认证 森林生态环境服务自然保护区操作指南	
33	LY/T 2605—2016	中国森林认证 森林公园生态环境服务操作指南	
34	LY/T 2606—2016	枣实蝇防治技术规程	
35	LY/T 2607—2016	锈色棕榈象检疫技术规程	
36	LY/T 2608—2016	竹产品分类	
37	LY/T 2609—2016	旋切竹单板	
38	LY/T 2610—2016	马占相思树皮	
39	LY/T 2611—2016	对孟烷	
40	LY/T 2612—2016	氢过氧化蒎烷	
41	LY/T 1302—2016	五倍子	LY/T 1302—1999
42	LY/T 2613—2016	蒎烷	
43	LY/T 2614—2016	室内竹质门	
44	LY/T 2615—2016	木质活性炭试验方法 铅含量的测定原子吸收光谱法	
45	LY/T 2616—2016	生物防火林带经营管护技术规程	
46	LY/T 2617—2016	红椎目标树选择技术规程	
47	LY/T 2618—2016	红椎大径级目标树经营技术规程	
48	LY/T 2619—2016	岩桂育苗技术规程	
49	LY/T 2620—2016	西南桦无性系组培育苗技术规程	
50	LY/T 2621—2016	乌桕育苗技术规程	
51	LY/T 2622—2016	天麻林下栽培技术规程	
52	LY/T 2623—2016	太行山石灰岩山地造林技术规程	
53	LY/T 2624—2016	笋用丛生竹培育技术规程	
54	LY/T 2625—2016	纸浆用丛生竹培育技术规程	
55	LY/T 2627—2016	沙冬青平茬技术规范	
56	LY/T 2628—2016	柠条播种育苗技术	
57	LY/T 2629—2016	楠木栽培技术规程	
58	LY/T 2630—2016	南京椴容器苗培育技术规程	
59	LY/T 2631—2016	毛叶木姜子育苗技术规程	
60	LY/T 2632—2016	绿化全冠苗木栽植技术规程	
61	LY/T 2633—2016	龙胆林下栽培技术规程	
62	LY/T 2634—2016	榉树大田扦插育苗技术规程	
63	LY/T 2635—2016	降香黄檀轻基质容器育苗技术规程	
64	LY/T 2636—2016	灰木莲育苗技术规程	
65	LY/T 2637—2016	华南厚皮香大苗培育技术规程	
66	LY/T 2638—2016	华北落叶松种子园营建技术规程	

（续）

序号	标准编号	标准名称	代替标准号
67	LY/T 2639—2016	华北地区河溪植被缓冲带建设技术规程	
68	LY/T 2640—2016	胡杨播种育苗及造林技术规程	
69	LY/T 2641—2016	杜仲雄花园营建技术规程	
70	LY/T 2642—2016	杜仲嫁接育苗技术规程	
71	LY/T 2643—2016	刺楸播种育苗技术规程	
72	LY/T 2644—2016	柏木林抚育技术规程	
73	LY/T 1169—2016	森林工程 林业架空索道 架设、运行和拆转技术规范	LY/T 1169—1995

国家林业局公告

2016 年第 2 号

按照《国务院关于第二批清理规范 192 项国务院部门行政审批中介服务事项的决定》(国发〔2016〕11 号)要求，现将我局清理规范的行政审批中介服务事项(见附件 1)予以公布。中介服务事项设立依据的有关规定停止执行，有关规章按程序修改，有关规范性文件的清理情况见附件 2。

特此公告。

附件：1. 国家林业局清理规范的行政审批中介服务事项目录

2. 国家林业局修改或废止的相关规范性文件

国家林业局

2016 年 3 月 18 日

附件 1

国家林业局清理规范的行政审批中介服务事项目录

序号	中介服务事项名称	涉及的审批事项项目名称	审批部门	中介服务设定依据	中介服务实施机构	规范处理意见
1	拟建机构或设施对自然保护区自然资源、自然生态系统和主要保护对象影响评价	在林业部门管理的国家级自然保护区建立机构和修筑设施审批	国家林业局	1.《森林和野生动物类型自然保护区管理办法》(1985 年 7 月 6 日林业部发布)第十一条 自然保护区的自然环境和自然资源，由自然保护区管理机构统一管理。未经林业部或省、自治区、直辖市林业主管部门批准，任何单位和个人不得进入自然保护区建立机构和建筑设施 2. 国家林业局公告(2006 年第 6 号)第二十四项 申请人需提供的材料：(六)由具有甲级咨询资质单位编制、省级林业主管部门组织专家论证通过的拟建机构或建筑设施对自然保护区自然资源、自然生态系统和主要保护对象的影响的评价报告，包括影响及减轻影响、生态恢复措施等	具有甲级咨询资质的编制单位	申请人可按要求自行编制拟建机构或设施对自然保护区自然资源、自然生态系统和主要保护对象影响评价报告，也可委托有关机构编制，审批部门不得以任何形式要求申请人必须委托特定中介机构提供服务；保留审批部门现有的影响评价报告技术评估、评审

（续）

序号	中介服务事项名称	涉及的审批事项项目名称	审批部门	中介服务设定依据	中介服务实施机构	规范处理意见
2	建设项目使用林地可行性报告编制	勘查、开采矿藏和各项建设工程占用或者征收、征用林地审核	国家林业局	《建设项目使用林地审核审批管理办法》(国家林业局令第35号)第七条第四款 具有相应资质的单位做出的建设项目使用林地可行性报告或者林地现状调查表	具有林业调查规划设计资质的单位	申请人可按要求自行编制建设项目使用林地可行性报告，也可委托有关机构编制，审批部门不得以任何形式要求申请人必须委托特定中介机构提供服务；保留审批部门现有的建设项目使用林地可行性报告技术评估、评审
3	转基因林木植株检测	开展林木转基因工程活动审批	国家林业局	《开展林木转基因工程活动审批管理办法》(国家林业局令第20号)第九条 转基因林木中间试验结束后，需要进行环境释放，或者同步进行环境释放和生产性试验的，以及在环境释放结束后需要转入生产性试验的，试验单位应当向国家林业局提出申请，并提交下列材料：(五)国家林业局指定的检测机构出具检测报告	具有转基因检测能力的科研机构和公司	不再要求申请人提供转基因林木植株检测报告，改由审批部门委托有关机构开展转基因林木植株检测

附件2

国家林业局修改或废止的相关规范性文件

序号	文件名	清理意见
1	国家林业局关于印发《使用林地可行性报告编写规范》的通知(林资发〔2002〕237号)	废止
2	国家林业局关于印发《建设项目使用林地审核审批管理规范》和《使用林地申请表》、《使用林地现场查验表》的通知(林资发〔2015〕122号)	修改 将第四部分第10条中的“有林业调查规划设计资质的单位”修改为“编制单位”

国家林业局公告

2016年第4号

根据《国务院关于第一批取消62项中央指定地方实施行政审批事项的决定》(国发〔2015〕57号)和《国务院关于第二批取消152项中央指定地方实施行政审批事项的决定》(国发〔2016〕9号)的要求，现将我局取消的中央指定地方实施行政审批事项(见附件)予以公布，项目设立依据的有关规定停止执行，有关规章按照程序修改。

特此公告。

附件：国家林业局取消的中央指定地方实施行政审批事项目录

国家林业局

2016年3月24日

附件

国家林业局取消的中央指定地方实施行政审批事项目录

序号	项目名称	审批部门	设定依据
1	对国家林业局松材线虫病疫木加工板材定点加工企业审批的初审	省级林业行政主管部门	《松材线虫病疫木加工板材定点加工企业审批管理办法》(国家林业局令第18号)第五条 申请松材线虫病疫木加工板材定点加工企业资格，应当提交以下材料：(四)所在地省、自治区、直辖市林业主管部门的书面意见
2	对国家林业局普及型国外引种试种苗圃资格认定的初审	省级林业行政主管部门	《普及型国外引种试种苗圃资格认定管理办法》(国家林业局令第17号)第五条 申请普及型国外引种试种苗圃资格认定，应当提交以下材料：(四)所在地省、自治区、直辖市林业主管部门的书面意见
3	外国人进入林业系统自然保护区审批	省级林业行政主管部门	《中华人民共和国自然保护区条例》(国务院令第167号，2011年1月8日予以修改)第三十一条 外国人进入地方级自然保护区的，接待单位应当事先报经省、自治区、直辖市人民政府有关自然保护区行政主管部门批准；进入国家级自然保护区的，接待单位应当报经国务院有关自然保护区行政主管部门《国务院关于第三批取消和调整行政审批项目的决定》(国发〔2004〕16号)附件3 国务院决定下放管理层级的行政审批项目目录(46项)第27项 外国人进入林业系统国家级自然保护区审批
4	外国人对国家重点保护野生植物进行野外考察审批	省级林业行政主管部门	《中华人民共和国野生植物保护条例》(国务院令第204号)第二十一条 外国人在中国境内对国家重点保护野生植物进行野外考察的，必须向国家重点保护野生植物所在地的省、自治区、直辖市人民政府野生植物行政主管部门提出申请，经其审核后，报国务院野生植物行政主管部门或者其授权的机构批准；直接向国务院野生植物行政主管部门提出申请的，国务院野生植物行政主管部门在批准前，应当征求有关省、自治区、直辖市人民政府野生植物行政主管部门的意见 《国务院关于第三批取消和调整行政审批项目的决定》(国发〔2004〕16号)附件3 国务院决定下放管理层级的行政审批项目目录(46项)第29项 外国人对国家重点保护野生植物进行野外考察审批
5	林木种子(苗木)进口初审	省级林业行政主管部门	国家林业局公告2006年第6号 第三十项 林木种子苗木进口审批 四、条件(二)申请人需提交的材料 2. 进口单位所在地省级林业行政主管部门林木种苗管理机构的审核文件，并附《种用证明》
6	省、市、县级森林公园设立、撤销、合并、改变经营范围或者变更隶属关系审批	省、市、县级林业行政主管部门	《森林公园管理办法》(林业部令1993年第3号)第八条 建立省级森林公园和市、县级森林公园，由相应的省级或者市、县级林业主管部门审批。经批准成立省级森林公园和市、县级森林公园，由省级林业主管部门将有关材料报林业部备案。第九条 森林公园的撤销、合并或者变更经营范围，必须经原审批单位批准。未经林业部批准，不得将林业主管部门管理的森林公园变更为非林业主管部门管理
7	对国家林业局负责的引进陆生野生动物外来物种种类及数量审批初审	省级林业行政主管部门	《引进陆生野生动物外来物种种类及数量审批管理办法》(国家林业局令2005年第19号)第五条 需要从境外引进陆生野生动物外来物种的，申请人应当提交下列材料：(四)所在地省、自治区、直辖市林业主管部门的书面意见 国家林业局公告2006年第6号 第二十二项 引进陆生野生动物外来物种种类及数量审批 四、条件(七)所在地省级林业行政主管部门的书面意见
8	对国家林业局负责的出售、收购、利用国家一级保护陆生野生动物或其产品审批初审	省级林业行政主管部门	国家林业局公告2006年第6号 第十一项 出售、收购、利用国家一级保护陆生野生动物或其产品审批 四、条件(二)申请人须提交的材料 5. 出售、收购、利用国家一级保护陆生野生动物活体的，须提交有关省级林业主管部门审核意见

国家林业局公告

2016 年第 5 号

按照《国家林业局关于进一步加强象牙及其制品规范管理的通知》(林护发〔2008〕258 号)要求，同时根据有关单位的申请及其场所变更的实际情况，现将允许从事象牙加工及象牙制品销售活动的单位及场所变更予以公告，有效期至 2016 年 12 月 31 日。自本公告发布之日起，国家林业局 2015 年第 9 号公告公布的指定加工、销售场所进行以下相应变更(见附件 1、2)，原场所自动作废。

特此公告。

附件：1. 象牙制品指定加工场所变更表(略)

2. 象牙制品指定销售场所变更表(略)

国家林业局

2016 年 3 月 29 日

国家林业局公告

2016 年第 6 号

根据《植物检疫条例》和《全国林业检疫性有害生物疫区管理办法》(林造发〔2013〕17 号)的有关规定，现将我国 2016 年松材线虫病疫区公告如下：

江苏省：南京市玄武区、浦口区、栖霞区、雨花台区、江宁区、六合区、溧水区、高淳区，无锡市惠山区、滨湖区、宜兴市，常州市金坛市、溧阳市，苏州市常熟市，连云港市海州区、连云区，淮安市盱眙县，扬州市仪征市，镇江市京口区、润州区、丹徒区、新区、句容市。

浙江省：杭州市西湖区、富阳区、桐庐县、临安市，宁波市江北区、北仑区、镇海区、鄞州区、宁海县、象山县、余姚市、慈溪市、奉化市，温州市平阳县、泰顺县※(※表示 2015 年松材线虫病新发生县级行政区，下同)、乐清市，嘉兴市海盐县、平湖市，湖州市吴兴区、长兴县、德清县，绍兴市越城区、柯桥区、上虞区、新昌县、诸暨市、嵊州市，舟山市定海区、普陀区，台州市黄岩区、三门县、天台县、临海市、温岭市，丽水市莲都区、缙云县。

安徽省：合肥市肥东县、庐江县、巢湖市，芜湖市无为县，马鞍山市博望区、当涂县、含山县，安庆市宜秀区、怀宁县，滁州市明光市、全椒县、来安县，六安市霍邱县※、舒城县、霍山县，池州市东至县，宣城市宣州区、宁国市、广德县。

福建省：福州市仓山区、马尾区、晋安区、闽侯县、连江县、长乐市，厦门市思明区、翔安区、同安区，莆田市涵江区、仙游县※，三明市梅列区、三元区、沙县、泰宁县，泉州市丰泽区、安溪县、永春县※，漳州市云霄县、东山县、诏安县、南靖县，南平市延平区，宁德市霞浦县。

江西省：南昌市湾里区、新建区※、安义县※、进贤县，景德镇市浮梁县，九江市庐山区、星子县※、彭泽县、湖口县、都昌县、共青城市※，新余市渝水区，赣州市章贡区、南康区、赣县、大余县※，吉安市吉州区、安福县※，宜春市丰城市※，抚州市广昌县、南丰县，上饶市信州区、婺源县。

山东省：青岛市黄岛区※、崂山区、李沧区※、城阳区※，烟台市芝罘区※、福山区※、牟平区※、莱山区※、长岛县，威海市环翠区※、文登区、荣成市、乳山市※。

河南省：信阳市新县。

湖北省：武汉市洪山区、黄陂区，宜昌市点军区、猇亭区、夷陵区、长阳县、宜都市，咸宁市赤壁市，恩施州恩施市。

湖南省：衡阳市石鼓区、衡南县，邵阳市邵东县、绥宁县，岳阳市云溪区、临湘市，常德市桃源县※，张家界市慈利县，益阳市赫山区※，郴州市苏仙区。

广东省：广州市天河区、白云区、黄埔区、花都区、从化区、增城区，韶关市武江区、曲江区，汕头市濠江区，惠州市惠城区、惠阳区、惠东县、博罗县、龙门县，肇庆市封开县，梅州市梅江区、梅县区、蕉岭县※、丰顺县※，汕尾市海丰县※，河源市源城区※、紫金县、东源县※，清远市清城区，东莞市。

广西壮族自治区：梧州市万秀区、苍梧县，贵港市桂平市，玉林市兴业县。

重庆市：巴南区、万州区、涪陵区、长寿区、云阳县、忠县。

四川省：自贡市富顺县，宜宾市翠屏区、宜宾县、高县、屏山县※，广安市邻水县，达州市通川区，凉山州西昌市。

贵州省：遵义市仁怀市、遵义县，毕节市金沙县，黔西南州安龙县，黔东南州凯里市。

陕西省：汉中市洋县，安康市汉滨区、石泉县，商洛市柞水县。

特此公告。

国家林业局

2016 年 4 月 8 日

国家林业局公告

2016 年第 7 号

根据《植物检疫条例》和《全国林业检疫性有害生物疫区管理办法》(林造发〔2013〕17 号)的有关规定，现将我国 2016 年撤销的松材线虫病疫区公告如下：

福建省：泉州市鲤城区、石狮市。

湖南省：长沙市岳麓区。

广西壮族自治区：百色市西林县。

云南省：昭通市盐津县。

特此公告。

国家林业局

2016 年 4 月 8 日

国家林业局公告

2016 年第 8 号

根据《植物检疫条例》和《全国林业检疫性有害生物疫区管理办法》(林造发〔2013〕17 号)有关规定，现将我国 2016 年美国白蛾疫区公告如下：

北京市：东城区、西城区、朝阳区、丰台区、石景山区、海淀区、门头沟区、房山区、通州区、顺义区、昌平区、大兴区、怀柔区、平谷区、密云区。

天津市：和平区、河东区、河西区、南开区、河北区、红桥区、东丽区、西青区、津南区、北辰区、武清区、宝坻区、滨海新区、宁河区、静海区、蓟县。

河北省：石家庄市长安区、桥西区、新华区、裕华区、藁城区、鹿泉区、井陉县、正定县、行唐县、灵寿县、高邑县、深泽县、无极县、平山县、元氏县、新乐市，唐山市路南区、路北区、古冶区、开平区、丰南区、丰润区、曹妃甸区、滦县、滦南县、乐亭县、迁西县、玉田县、遵化市、迁安市，秦皇岛市海港区、山海关区、北戴河区、抚宁区、青龙县、昌黎县、卢龙县，邯郸市复兴区、邯郸县、临漳县、成安县、大名县、肥乡县、永年县、邱县、广平县、馆陶县、魏县、曲周县，邢台市桥东区、邢台县、临城县、柏乡县、隆尧县、任县、南和县、宁晋县、广宗县、平乡县、威县、清河县、临西县、南宫市、沙河市，保定市竞秀区、莲池区、满城区、清苑区、徐水区、涞水县、定兴县、唐县、高阳县、容城县、望都县、安新县、易县、曲阳县、蠡县、顺平县、博野县、雄县、涿州市、安国市、高碑店市，承德市兴隆县、平泉县、宽城县，沧州市新华区、运河区、沧县、青县、东光县、海兴县、盐山县、肃宁县、南皮县、吴桥县、献县、孟村县、泊头市、任丘市、黄骅市、河间市，廊坊市安次区、广阳区、固安县、永清县、香河县、大城县、文安县、大厂县、霸州市、三河市，衡水市桃城区、枣强县、武邑县、武强县、饶阳县、安平县、故城县、景县、阜城县、冀州市、深州市，定州市，辛集市。

内蒙古自治区：通辽市科尔沁左翼后旗※(“※”表示 2015 年美国白蛾新发生县级行政区，下同)。

辽宁省：沈阳市苏家屯区、浑南区、沈北新区、于洪区、辽中县、康平县、法库县、新民市，大连市甘井子区、旅顺口区、金州区、普兰店区、长海县、瓦房店市、庄河市，鞍山市千山区、台安县、岫岩县、海城市，抚顺市顺城区、抚顺县，本溪市平山区、溪湖区、明山区、南芬区、本溪县、桓仁县，丹东市振兴区、元宝区、振安区、合作区、宽甸县、东港市、凤城市，锦州市太和区、黑山县、义县、凌海市、北镇市，营口市鲅鱼圈区、老边区、大石桥市、盖州市，阜新市清河门区、细河区、彰武县、阜新县，辽阳市文圣区※、宏伟区、弓长岭区、太子河区、辽阳县、灯塔市，盘锦市大洼县、盘山县，铁岭市银州区、清河区、铁岭县、西丰县、昌图县、调兵山市、开原市，葫芦岛市连山区、龙港区、南票区、绥中县、兴城市。

吉林省：长春市双阳区、长春经济技术开发区、长春汽车经济技术开发区、长春高新技术开发区※，四平市铁西区、梨树县、双辽市，辽源市龙山区、东辽县※、东丰县※，通化市梅河口市、集安市。

江苏省：南京市建邺区※、鼓楼区※、六合区※，徐州市云龙区、鼓楼区、贾汪区、泉山区、铜山区、睢宁县、沛县、丰县、邳州市、新沂市，连云港市连云区、海州区、赣榆区、灌云县、东海县、灌南县，淮安市清河区、淮安区、淮阴区、清浦区、涟水县、洪泽县、盱眙县※、金湖县※，盐城市亭湖区※、盐都区、响水县、滨海县、阜宁县、射阳县、建湖县，扬州市宝应县、仪征市※、高邮市※，泰州市兴化市※，宿迁市宿城区、宿豫区、沭阳县、泗阳县、泗洪县。

安徽省：合肥市巢湖市※，芜湖市鸠江区、三山区、繁昌县、无为县，蚌埠市龙子湖区※、蚌山区※、禹会区※、淮上区※、怀远县、五河县、固镇县※，淮南市田家庵区※、潘集区※、毛集区※、凤台县※，淮北市杜集区、相山区、烈山区、濉溪县，铜陵市铜陵县※，滁州市全椒县※、凤阳县※、天长市※、明光市※，阜阳市颍州区、颍东区、颍泉区、临泉县、太和县、阜南县、颍上县※、界首市，宿州市埇桥区、砀山县、萧县、灵璧县、泗县，六安市寿县※、霍邱县※，亳州市谯城区※、涡阳县※、蒙城县※、利辛县※。

山东省：济南市历下区、市中区、槐荫区、天桥区、历城区、长清区、章丘市、平阴县、济阳县、商河县，青岛市市南区、市北区、黄岛区、崂山区、李沧区、城阳区、胶州市、即墨市、平度市、莱西市，淄博市周村区、张店区、淄川区、博山区、临淄区、桓台县、高青县、沂源县，枣庄市市中区、薛城区、峄城区、台儿庄区、山亭区、滕州市，东营市东营区、河口区、垦利县、利津县、广饶县，烟台市芝罘区、福山区、牟平区、莱山区、长岛县、龙口市、莱阳市、莱州市、蓬莱市、招远市、栖霞市、海阳市，潍坊市潍城区、寒亭区、坊子区、奎文区、临朐县、昌乐县、青州市、诸城市、寿光市、安丘市、高密市、昌邑市，济宁市任城区、兖州区、微山县、鱼台县、金乡县、嘉祥县、汶上县、泗水县、梁山县、曲阜市、邹城市，泰安市泰山区、岱岳区、宁阳县、东平县、新泰市、肥城市，威海市环翠区、文登区、荣成市、乳山市，日照市东港区、岚山区、五莲县、莒县，莱芜市莱城区、钢城区，临沂市兰山区、罗庄区、河东区、沂南县、郯城县、沂水县、兰陵县、费县、平邑县、莒南县、蒙阴县、临沭县，德州市德城区、宁津县、庆云县、临邑县、齐河县、平原县、夏津县、武城县、陵城区、乐陵市、禹城市，聊城市东昌府区、临清市、阳谷县、莘县、茌平县、东阿县、冠县、高唐县，滨州市滨城区、沾化区、惠民县、阳信县、无棣县、博兴县、邹平县，菏泽市牡丹区、曹县、单县、成武县、巨野县、郓城县、鄄城县、定陶县、东明县。

河南省：郑州市金水区、惠济区、郑东新区、中牟县，开封市龙亭区、顺河回族区、鼓楼区、禹王台区、祥符区、开封新区、杞县、通许县、尉氏县，安阳市文峰区、北关区、安阳县、汤阴县、内黄县，鹤壁市山城区、淇滨区、浚县、淇县，新乡市红旗区、卫滨区、新乡县、原阳县、延津县、封丘县、卫辉市，濮阳市华龙区、濮阳经济开发区、清丰县、南乐县、范县、台前县、濮阳县，许昌市东城区、许昌县、鄢陵县，商丘市梁园区、睢阳区、民权县、夏邑县※，周口市川汇区※、沈丘县※、淮阳县※、项城市※，信阳市浉河区※、平桥区※、罗山县※、光山县※、潢川县※、淮滨县※、息县※，驻马店市驿城区※、上蔡县※、平舆县※、正阳县※、确山县※、泌阳县※、汝南县※，滑县，兰考县，长垣县，固始县※，永城市※，新蔡县※。

特此公告。

国家林业局
2016 年 4 月 8 日

国家林业局公告
2016 年第 9 号

根据《植物检疫条例》和《全国林业检疫性有害生物疫区管理办法》(林造发〔2013〕17 号)的有关规定，现将我国 2016 年撤销的美国白蛾疫区公告如下：

河北省：石家庄市赵县，承德市双桥区，邢台市桥西区，邯郸市磁县。

河南省：郑州市中原区、二七区、管城回族区、郑州新郑综合保税区，鹤壁市鹤山区，许昌市魏都区、襄城县、禹州市、长葛市，周口市太康县。

特此公告。

国家林业局
2016 年 4 月 8 日

国家林业局公告
2016 年第 11 号

根据《中华人民共和国行政许可法》、《中华人民共和国种子法》、《林木种子生产、经营许可证管理办法》和《国家林业局林木种子经营行政许可监督检查办法》规定，我局决定对有效期届满未延续的威海恺霖园艺有限公司等 6 家公司的林木种子经营许可证予以注销(详见附件)。从即日起，被注销的林木种子经营许可证(正本、副本)和许可证编号停止使用，由省级林木种苗管理机构将被注销的许可证(正本、副本)予以收回。

特此公告。

附件：注销林木种子经营许可证的企业名单(略)

国家林业局
2016 年 6 月 8 日

国家林业局公告
2016 年第 13 号

根据《国家林业局 卫生部 国家工商行政管理总局 国家食品药品监督管理局 国家中医药管理局关于进一步加强麝、熊资源保护及其产品入药管理的通知》(林护发〔2004〕252 号)有关规定，并经征求国家食品药品监督管理总局意见，现将允许使用人工繁育麝类所获天然麝香生产、销售含天然麝香成分中成药的企业及其产品(见附件)予以公告。

特此公告。

附件：生产、销售含天然麝香成分中成药的企业及其产品名称(略)

国家林业局

2016年7月1日

国家林业局公告

2016年第14号

根据《中华人民共和国种子法》第十九条的规定，现将由国家林业局林木品种审定委员会审定通过的苏柳172等31个品种和认定通过的天楸1号等8个品种作为林木良种(详见附件)予以公告。自公告发布之日起，这些品种在林业生产中可以作为林木良种使用，并在本公告规定的适宜种植范围内推广。

特此公告。

附件：林木良种名录(英文略)

国家林业局

2016年7月4日

附件

林木良种名录

(中英文)

审定通过品种

苏柳172

树种：柳树

学名：*Salix* ×*jiangsuensis*‘172’

类别：品种　　通过类别：审定

编号：国S－SV－SJ－001－2015

品种特性

雌株。分枝角较大，树冠开阔，卵圆形。在长江中下游滩地5年生材积可达生长量93.25m^3/ha，基本密度0.409g/cm^3，6年生木材纤维长度1.33mm，宽度0.025mm，纤维素含量50.7%。可作纸浆材、四旁绿化品种。

栽培技术要点

成片造林可用1年生苗，苗高2.5~3.0m，高径比为100∶1，四旁植树宜用2年生大苗，苗高4~5m。5年轮伐期纸浆林密度宜为1667株/ha。

适宜种植范围

江苏、安徽、湖北等柳树适宜栽培区。

苏柳932

树种：柳树

学名：*Salix* ×*jiangsuensis*‘932’

类别：品种　　通过类别：审定

编号：国S－SV－SJ－002－2015

品种特性

雌株。多数分枝角大于45°，树冠开阔、较稀疏，树干多处微弯曲。在长江中下游、淮河下游等地蓄积年均生长量可达22.5~30m^3/ha，基本密度0.484g/cm^3，可作纸浆材、四旁绿化品种。

栽培技术要点

在春季发芽前造林。选用1年生、苗干通直，高2.5~3.0m，高径比为100∶1的苗木造林。淹水深的地方用2年生、高4~5m的大苗造林。根据造林目的需要，造林密度可从1.5m×3m到3m×4m，4~7年采伐。

适宜种植范围

江苏、安徽、湖北等柳树适宜栽培区。

洛南古城油松一代种子园种子

树种：油松

学名：*Pinus tabulaeformis*

类别：种子园种子　　通过类别：审定

编号：国S－CSO(1)－PT－003－2015

品种特性

种子园种子千粒重45.8g，种子园混合种子造林，22年生平均树高为4.92m，胸径6.11cm，树高、胸径、材积遗传增益分别为10.3%、8.2%、22.0%，木材基本密度0.39g/cm^3。可作为用材林、生态防护林品种。

栽培技术要点

低山丘陵宜选择在阴坡、半阴坡造林；高山宜选在半阴坡、半阳坡和植被较好的阳坡造林。起苗前必须浇水，保持土壤湿润。栽植时要求根展、苗端、深栽实埋不伤须根，用表土和湿土分层埋填，分层踏实，最后覆一层虚土。

适宜种植范围

陕西、甘肃、河南等油松适宜栽培区。

陈山红心杉一代种子园种子

树种：杉木

学名：*Cunninghamia lanceolata*

类别：种子园种子　通过类别：审定

编号：国S－ CSO(1)－CL－004－2015

品种特性

树干通直圆满。前期生长缓慢，后期生长快。8年生平均树高8.6m，平均胸径9.2cm，木材基本密度0.3240g/cm^3。18年生胸径处红心比例为50.5%，晚材率24.1%，纤维长度3602μm。用于营造速生丰产林，防护林及城市绿化等。

栽培技术要点

适宜冬末春初雨后阴天栽植，初植株行距为2m×2m，抚育管理第1~3年，每年2次，松土深度10cm左右；第4年只清除妨碍幼树生长的杂灌、草和藤蔓；幼林以枯饼、有机肥和钙镁磷肥150~180kg/ha，8~10年生时施尿素300~375kg/ha，钙镁磷肥750~900kg/ha，沿树蔸环状开沟；在林龄8~10年时，采用一次性间伐，间伐后密度为1200株/ha。

适宜种植范围

江西、浙江、福建、广东等省杉木适生区。

中林1号湿加松

树种：湿地松×洪都拉斯加勒比松

学名：*Pinus elliottii* × *P. caribaea var. hondurensis* 'zhonglin 1'

类别：引种驯化品种　　通过类别：审定

编号：国S－ETS－PE－005－2015

品种特性

中国林业科学研究院林业研究所从澳大利亚昆士兰州林业所引种。干型圆满通直，尖削度小，在广东江门10年生平均树高12.3m，平均胸径17.5cm。6年生木材基本密度0.414g/m^3，木质素含量29.61%，综纤维素含量69.49%，α-纤维素含量41.56%。可作为建筑用材、纸浆材品种。

栽培技术要点

选择酸性土壤，土层深厚，排水良好，海拔800m以下的山地丘陵地带造林。苗高要达到15~20cm，顶芽饱满，地径达到0.3cm以上。株行距2.5m×3.0m。春季造林，华南地区适宜在清明节前后造林。定植一个月后要进行查看和补苗；定植后的第一年要分别在7~8月份和11~12月份进行2次抚育除杂，防止因杂草杂木遮阴而影响生长。

适宜种植范围

广东、福建等湿加松适宜栽培区。

白桦家系1－7

树种：白桦

学名：*Betula platyphylla* '1－7'

类别：家系　　通过类别：审定

编号：国S－SF－BP－006－2015

品种特性

树干通直，自然整枝能力强，树皮洁白，纸状分层剥离，春夏两季白绿相间，秋季叶子金黄色，冬季树干洁白，枝条颜色深红。在黑龙江帽儿山实验林场11年生树高10.68m，胸径达10.01cm，材积0.0386m^3，通直度达2.01。可作用材林和城市绿化品种。

栽培技术要点

造林地宜选择在火烧迹地、小块皆伐迹地、林缘坡地或林中空地。行距为2m×2m为宜。栽植前，穴面腐殖土全部回穴底，苗木居穴正中，严格按照"三埋两踩一提苗"的方法进行，培土深度应高于地面4cm左右。造林后1~3年内每年抚育2~3次。

适宜种植范围

黑龙江、吉林等白桦适宜栽培区。

白桦家系4－7

树种：白桦

学名：*Betula platyphylla* '4－7'

类别：家系　　通过类别：审定

编号：国S－SF－BP－007－2015

品种特性

树干通直，自然整枝能力强，树皮洁白，纸状分层剥离，春夏两季白绿相间，秋季叶子金黄色，冬季树干洁白，枝条颜色深红。在黑龙江帽儿山实验林场11年生树高10.48m，胸径达10.21cm，材积0.0402m^3，通直度2.09。可作用材林和城市绿化品种。

栽培技术要点

造林地宜选择在火烧迹地、小块皆伐迹地、林缘坡地或林中空地。行距为2m×2m为宜。栽植前，穴面腐殖土全部回穴底，苗木居穴正中，严格按照"三埋两踩一提苗"的方法进行，培土深度应高于地面4cm左右。造林后1~3年内每年抚育2~3次。

适宜种植范围

黑龙江、吉林等白桦适宜栽培区。

白桦家系4－13

树种：白桦

学名：*Betula platyphylla* '4－13'

类别：家系　　通过类别：审定

编号：国S－SF－BP－008－2015

品种特性

树干通直，自然整枝能力强，树皮洁白，纸状分层剥离，春夏两季白绿相间，秋季叶子金黄色，冬季树干洁白，枝条颜色深红。在黑龙江帽儿山实验林场11年生树高11.00m，胸径9.78cm，材积0.0377m^3，通直度2.03。可作用材林和城市绿化品种。

栽培技术要点

造林地宜选择在火烧迹地、小块皆伐迹地、林缘坡地或林中空地。行距为2m×2m为宜。栽植前，穴面腐殖土全部回穴底，苗木居穴正中，严格按照"三埋两踩一提苗"的方法进行，培土深度应高于地面4cm左右。造林后1~3年内每年抚育2~3次。

适宜种植范围

黑龙江、吉林等白桦适宜栽培区。

白桦家系3-12

树种：白桦

学名：*Betula platyphylla*'3-12'

类别：家系　　通过类别：审定

编号：国S-SF-BP-009-2015

品种特性

树干通直，自然整枝能力强，树皮洁白，纸状分层剥离，春夏两季白绿相间，秋季叶子金黄色，冬季树干洁白，枝条颜色深红。在黑龙江帽儿山实验林场11年生树高10.52m，胸径10.10cm，材积0.0392m^3，通直度1.99。可作用材林和城市绿化品种。

栽培技术要点

造林地宜选择在火烧迹地、小块皆伐迹地、林缘坡地或林中空地。株行距为2m×2m为宜。栽植前，穴面腐殖土全部回穴底，苗木居穴正中，严格按照"三埋两踩一提苗"的方法进行，培土深度应高于地面4cm左右。造林后1~3年内每年抚育2~3次。

适宜种植范围

黑龙江、吉林等白桦适宜栽培区。

长岭岗日本落叶松家系

树种：日本落叶松

学名：*Larix kaempferi*'Changlinggang'

类别：家系　　通过类别：审定

编号：国S-SF-LK-010-2015

品种特性

树冠塔形，树干通直。在湖北省17年生平均胸径17.2cm，树高16.8m；11年生树平均基本密度为0.451g/cm^3，平均纤维长度2.762mm，平均纤维宽度41.819μm，α-纤维素41.16%，木质素30.87%，综纤维素67.97%，可作为速生丰产林和纸浆材品种。

栽培技术要点

造林地适宜在海拔1200~1900m的山地，土层厚度在50cm以上，土壤为山地棕壤或黄棕壤，pH在6.0左右，坡度不超过45°以上。2年生Ⅰ级播种苗或2年生生长优良的扦插苗上山造林，采用落叶松常规栽植和抚育技术管理。

适宜种植范围

湖北、湖南、重庆等日本落叶松适宜栽培区。

大孤家27

树种：日本落叶松

学名：*Larix kaempferi*'Dagujia 27'

类别：家系　　通过类别：审定

编号：国S-SF-LK-011-2015

品种特性

树冠塔形，树干通直，树皮褐色，块状深裂，鳞片状剥落。在辽宁省22年生平均胸径24.95cm，树高23.33m，材积0.5339m^3。30年生家系平均基本密度为0.402g/cm^3，平均单根纤维长度2.791mm，平均单根纤维宽度44.885μm，弹性模量14.03Gpa，抗弯强度101.58Mpa，抗压强度58.96Mpa。可用于营建结构材培育目的工业用材林。

栽培技术要点

造林地宜选在阴坡、半阴或半阳坡土壤肥沃的山地，土层厚度在50cm以上，土壤为山地棕壤或黄棕壤，pH在6.0左右。2年生Ⅰ级播种苗或2年生生长优良的扦插苗上山造林，采用落叶松常规栽植和抚育技术管理。

适宜种植范围

辽宁、河北、河南等日本落叶松适宜栽培区。

燕山短枝

树种：板栗

学名：*Castanea mollissima*'Yanshan duanzhi'

类别：品种　　通过类别：审定

编号：国S-SV-CM-012-2015

品种特性

树体矮小，树冠紧凑，树姿半开张。1年生枝均长20.8cm，粗0.77cm，结果母枝长20.5cm，粗0.77cm。嫁接第4~5年进入盛果期，盛果期产量3000kg/ha。坚果椭圆形，深褐色，茸毛少，平均单粒重8.3g，含水量48.7%，可溶性糖含量23.04%，淀粉含量49.52%，蛋白质含量5.23%。适宜炒食或食品加工。

栽培技术要点

建园时选择背风向阳、排水良好的山坡中、下部或者平地建园。树形宜选用自然开心形，土壤条件较好，株行距可按2m×4 m定植，土壤条件差可按2m×3 m定植，间伐后密度保持4m×4 m~4m×6 m。授粉树按照1/8~1/4配置，该品种雄花花期与雌花花期一致。

适宜种植范围

北京、河北、山东等板栗适宜栽培区。

燕山早丰

树种：板栗
学名：*Castanea mollissima*‘Yanshan zaofeng’
类别：品种　通过类别：审定
编号：国 S－SV－CM－013－2015

品种特性

树体高度中等，树冠紧凑度一般，树姿半开张。嫁接第4年即进入盛果期，盛果期产量3780kg/ha。坚果椭圆形，深褐色，茸毛较多，平均单粒重7.8g，含水量51%，可溶性糖含量20.2%，淀粉含量46.1%，蛋白质含量5.02%。适宜炒食或食品加工。

栽培技术要点

建园时选择背风向阳、排水良好的山坡中、下部或者平地建园。树形宜选用自然开心形，土壤条件较好，株行距可按2m×4m定植，土壤条件差可按2m×3m定植，间伐后密度保持4m×4m～4m×6m。授粉树按照1/8～1/4配置，雄花花期与该品种雌花花期一致品种。

适宜种植范围

北京、河北、山东等板栗适宜栽培区。

森淼

树种：沙棘
学名：*Hippohae rhamnoides*‘Senmiao’
类别：品种　通过类别：审定
编号：国 S－SV－HR－014－2015

品种特性

灌木，树冠椭圆形。定植3～4年进入结果期，1年生枝10cm枝长平均2～5个棘刺。果实8月底成熟，果实呈黄色，近圆形，平均单果重0.25g，盛果期果实产量可达5000kg/ha。果实VC含量695.69mg/100g鲜重，VE含量4.15mg/100g，水解总黄酮含量215.45mg/100g；叶片水解总黄酮含量高达3362.4mg/100g。生态、经济兼用树种。

栽培技术要点

选择2年生扦插苗造林。人工管理的地块可选择株行距1.5m×3m，如果选用机械管理的地块可选择2m×4m。选用8:1的方法配置雌雄株，栽植时按“田字排列法”定植。适时中耕除草，中耕深度为4～5cm，每年3～4次。

适宜种植范围

辽宁、内蒙古等沙棘适宜栽培区。

草新2号

树种：沙棘
学名：*Hippohae rhamnoides*‘Caoxin 2’
类别：品种　通过类别：审定
编号：国 S－SV－HR－015－2015

品种特性

灌木，树冠椭圆形。少刺，1年生枝10cm枝长平均0～1个棘刺。定植3～4年进入结果期，5年进入盛果期，果实呈黄色，果实卵圆形，平均单果重0.38g，盛果期平均单株产量3.6kg以上，果实VC含量284.59mg/100g，VE含量3.34 mg/100g，水解总黄酮含量18.07mg/100g；叶片水解总黄酮含量3727.20mg/100g。生态、经济兼用树种。

栽培技术要点

选择2年生扦插苗造林。人工管理的地块可选择株行距1.5m×3m，如果选用机械管理的地块可选择2m×4m。选用8:1的方法配置雌雄株，栽植时按“田字排列法”定植。适时中耕除草，中耕深度为4～5cm，每年3～4次。

适宜种植范围

辽宁、内蒙古等沙棘适宜栽培区。

黑绥4号

树种：沙棘
学名：*Hippohae rhamnoides*‘Heisui 4’
类别：品种　通过类别：审定
编号：国 S－SV－HR－016－2015

品种特性

灌木，树冠椭圆形。少刺，1年生枝10cm枝长平均0～1个棘刺。定植3～4年进入结果期，5年进入盛果期，果实呈黄色，果实卵圆形，平均单果重0.38g，盛果期平均单株产量4.0kg，果实VC含量86.25mg/100g，水解总黄酮含量22.55mg/100g；叶片水解总黄酮含量达2970.60mg/100g。生态、经济兼用树种。

栽培技术要点

选择2年生扦插苗造林。人工管理的地块可选择株行距1.5m×3m，如果选用机械管理的地块可选择2m×4m。选用8:1的方法配置雌雄株，栽植时按“田字排列法”定植。适时中耕除草，中耕深度为4～5cm，每年3～4次。

适宜种植范围

辽宁、内蒙古等沙棘适宜栽培区。

宁杞9号

树种：枸杞
学名：*Lycium barbarum*‘Ningqi 9’
类别：品种　通过类别：审定
编号：国 S－SV－LB－017－2015

品种特性

落叶灌木，三倍体。叶片长椭圆形，叶长平均52.48mm，宽平均8.83mm，厚0.95～1.65mm，平均单叶重0.17g，五叶一芽平均鲜重0.89g，七叶一芽平均鲜重1.19g。根据木质化程度芽菜种植采摘以五叶一芽到七叶一芽为标准，宁夏壤土地栽培产量可达到1500kg/亩，五叶一芽中氨基酸总量7.33g/100g；矿质元素含量钾、钙、铁、锌含量分别为4170mg/kg、1170mg/kg、73.48mg/kg、12.28mg/kg；枸杞多糖、甜菜碱含量分别为3.4 g/100g，0.62g/100g；蛋白质含量6.74g/100g，总膳食纤维含量6.56g/100g；脂肪0.57g/100g；能量为191 KJ/100g。适宜做枸杞芽菜。

栽培技术要点

选择土层深厚、土壤质地肥沃的沙壤、轻壤或中壤土，4月下旬至8月上旬都可进行苗木定植，株行距15～20cm×70cm，每亩定植4800～6400株。基肥结合春耕翻入土内15～20cm，施肥量有机肥1000～1500kg/亩，尿素10kg/亩，过磷酸钙50kg/亩，硫酸钾20kg/亩。全年进行中耕除草6～8次。

适宜种植范围

宁夏、陕西、河南、重庆、北京等枸杞适宜栽培区。

夏至早红

树种：桃

学名：*Prunus persica* ‘Xiazhi zaohong’

类别：品种　　通过类别：审定

编号：国S－SV－PP－018－2015

品种特性

树姿半开张，树冠较大。属早熟油桃品种，果实发育期67天。果实近圆形，果面全红。平均单果重138g，最大果重163g，盛果期树亩产可达1700kg；果实可溶性固形物含量12.6%，总糖含量11.19%，可滴定酸含量0.15%，VC含量13.45mg/100g新鲜果肉。鲜食品种。

栽培技术要点

“Y”字形整枝采用株行距2－3 m×5－6 m，三主枝自然开心形整枝株采用株行距3～4 m×5～6m。合理留果，产量每亩控制在2200kg左右为宜。加强肥水管理。

适宜种植范围

北京、甘肃等桃适宜栽培区。

早玉

树种：桃

学名：*Prunus persica* ‘Zaoyu’

类别：品种　　通过类别：审定

编号：国S－SV－PP－019－2015

品种特性

树姿半开张。中熟白肉桃品种，果实发育期93天左右。平均单果重195g，最大果重304g，盛果期亩产2000kg。果皮底色为黄白色，果面1/2以上着红色晕。可溶性固形物含量13.0%，总糖含量11.2%，可滴定酸含量0.18%，VC含量16.16mg/100g新鲜果肉。鲜食品种。

栽培技术要点

三主枝自然开心形整枝，可采用株行距3～4m×5～6m进行定植；“Y”型整枝株行距可选用2～3m×5～6m。合理留果，产量每亩控制在2200kg左右。秋后增施有机肥，并加强春季肥水管理，花后适当追施磷钾肥，果实上色早，需注意适时采收。

适宜种植范围

北京、河北、甘肃等桃适宜栽培区。

瑞蟠4号

树种：桃

学名：*Prunus persica* ‘Ruipan 4’

类别：品种　　通过类别：审定

编号：国S－SV－PP－020－2015

品种特性

树姿半开张。晚熟白肉蟠桃品种，果实发育期134天左右。平均单果重221g，最大果重350g，盛果期亩产2000kg。果皮底色为淡绿至黄白色，果面1/2以上着暗红细点或晕。可溶性糖含量16.4%，可滴定酸含量0.13%，VC含量14.83mg/100g新鲜果肉。鲜食品种。

栽培技术要点

“Y”字形整枝采用株行距2～3m×5～6m，三主枝自然开心形整枝采用株行距3～4m×5～6m。合理留果，亩产量控制在2000kg左右。秋后施用有机肥，硬核期追施速效肥，果实成熟前20～30天保证灌水充足并适当增施速效氮肥和钾肥。加强夏季修剪。

适宜种植范围

北京、河北、山东等桃适宜栽培区。

锦园

树种：桃

学名：*Prunus persica* ‘Jinyuan’

类别：品种　　通过类别：审定

编号：国S－SV－PP－021－2015

品种特性

树姿开张。中晚熟黄桃品种，果实发育期125天左右。平均单果重206～225g，最大果重316g，盛果期亩产1500kg。果实金黄，可溶性糖含量11.2%，可滴定酸含量0.33%，VC含量6.58mg/100g新鲜果肉，可溶性固形物含量13.2%～14.5%。可鲜食、制作罐头、制汁。

栽培技术要点

选择地势高、排灌设施良好且土层肥沃的地块建园，无需配置授粉树。采用开心形树形时，株行距4.0m×5.0m，采用主干形整形，株行距2.5m×5.0m。适时适量疏果，盛产期亩产控制在1200～1500kg。加强肥水管理。

适宜种植范围

上海、浙江等桃适宜栽培区。

鲁星

树种：桃
学名：*Prunus persica* 'Luxing'
类别：品种　通过类别：审定
编号：国 S－SV－PP－022－2015

品种特性

树势强健，树姿开张。早熟油桃品种，果实发育期80天左右。果实圆形，果面全红，平均单果重228.4g，最大单果重317.7g，四年生平均亩产1931.9kg。可溶性固形物含量12.0%，总糖含量8.96%，可滴定酸含量0.43%。鲜食品种。

栽培技术要点

在山岭地或土层较薄的地区采取挖通壕或大坑的栽植方式，粘土地采用起垄结合生长季覆草的栽植模式。树形一般采用开张形或主干型。在果实的2次膨大期要加强肥水管理，在花前、花后及幼果期，注意防治蚜虫危害。

适宜种植范围

山东、山西、河北、辽宁等油桃适宜栽培区。

巨玫

树种：葡萄
学名：*Vitis vinifera* 'Jumei'
类别：品种　通过类别：审定
编号：国 S－SV－VV－023－2015

品种特性

在华北地区，成熟期一般在9月中下旬，较巨峰晚7～10天，属中晚熟葡萄品种。每果含1～3粒种子。果粒近圆形，深紫色，果穗重500～750g，平均单果重9.4g。盛果期亩产量2000～2500kg。可溶性固形物含量18%。鲜食或酿酒。

栽培技术要点

棚架、篱架栽培均可，篱架栽培一般行距1.5～3m、株距1m。棚架栽培一般行距6m、株距1m。夏季新梢及时摘心，副梢及时处理，冬剪以中短枝修剪为主。喜高水肥。

适宜种植范围

河北、河南等葡萄适宜栽培区。

秋艳

树种：石榴
学名：*Punica granatum* 'Qiuyan'
类别：品种　通过类别：审定
编号：国 S－SV－PG－024－2015

品种特性

小乔木，树姿开张。在山东枣庄地区，果实成熟期为10月中下旬，为晚熟品种。果实近圆形，果型指数0.9，果实底色为黄色，表面着鲜红色，平均单果重450g，最大单果重600g；籽粒大，平均百粒质量76g，最大百粒质量90.6g；果实可溶性固形物含量16.8%，鲜果出汁率为49.6%。鲜食或制汁。

栽培技术要点

落叶到翌年萌芽前均可定植，株行距2～3m×4m。花前施速效氮磷肥，7月中旬施果实膨大肥，秋季新梢停长后施有机肥。树形为小冠疏层形。定干50～80cm；第2年剪选2～4个旺枝短截1/3，其余枝条缓放；第3年及以后，开张主枝角度，促生有效短壮枝条，培养树形和结果枝组。

适宜种植范围

山东、河北等石榴适宜栽培区。

中农秋梨

树种：梨
学名：*Pyrus bretschneideri* 'Zhongnong Qiuli'
类别：品种　通过类别：审定
编号：国 S－ SV－PB－025－2015

品种特性

树体生长势强。中熟品种，果实发育期约130天。果实卵圆形，成熟时果面金黄色，平均单果重约250g，最大果重350g，盛果期平均亩产在2450kg。果实可溶性固形物含量13.0%，可滴定酸含量0.14%。VC含量10.95mg/100g鲜果重。鲜食或加工。

栽培技术要点

选择排水良好，土层深厚，阳光充足的地块建园。春秋季栽植均可，提倡春季定植，株行距2.5m×4.0m。以'早酥梨''秋白梨''鸭梨'等作为授粉树。自由纺锤形修剪，树体高度保持在3.5m左右。常规土、肥、水管理。

适宜种植范围

北京、河北、辽宁等梨适宜栽培区。

龙丰

树种：苹果
学名：*Malus pumila* 'Longfeng'
类别：品种　通过类别：审定
编号：国 S－ SV－MP－026－2015

品种特性

树势中庸。在黑龙江地区9月中旬成熟，晚熟品种。平均单果重45.1g，最大果重70g，北京地区盛果期亩产1600kg。果皮紫红色，可溶性固形物含量14.2%，可溶性糖含量12.12%，可滴定酸含量6.34g/kg，VC含量202mg/kg。鲜食或加工。

栽培技术要点

选择排水良好的地块建园，株行距 2m×4m，3m×4m 为宜。选择小冠形或纺锤树形。适宜授粉品种有金红、龙冠，K9 等，雌雄比 4∶1 或 6∶1。加强水肥管理，增施基肥，以有机肥为主，配合施磷钾肥。

适宜种植范围

北京、吉林、黑龙江、内蒙古等苹果适宜栽培区。

玉铃铛

树种：枣

学名：*Ziziphus jujuba* 'Yulingdang'

类别：品种　　通过类别：审定

编号：国 S－SV－ZJ－027－2015

品种特性

树姿半开张。在安徽阜阳地区 9 月中旬完熟，果实生育期 90 天，中熟品种。果实圆形，果型指数 96%，平均单果重 19.88g，最大单果重 34.62g，盛果期亩产 1200kg。鲜枣可溶性固形物含量 30%，可食率 98.2%，可滴定酸含量 0.256%，VC 含量 328mg/100g 鲜果重。鲜食。

栽培技术要点

选择土层肥厚、有机质含量高的砂壤土栽植，株行距 2～3m×3～4m。矮化密植型的枣园的树形可选用小冠疏层形、开心形等，树高控制在 2～2.5m。施肥以有机肥为主，化肥为辅，盛果期亩产量控制在 1500kg 内。

适宜种植范围

山西、安徽等枣适宜栽培区。

金傲芬

树种：无花果

学名：*Ficus carica* 'Orphan'

类别：引种驯化品种　　通过类别：审定

编号：国 S－ETS－FC－028－2015

品种特性

山东省林科院于 1998 年从美国加州农业部引进。果皮金黄色、光泽艳丽，果肉淡黄色，平均单果重 95g，盛果期亩产可达 1300kg。果实可溶性固形物 16.1%，VC 含量 12.52mg/kg 鲜重。鲜食或制干。

栽培技术要点

定植密度一般可采用 2～3m×4～5m，以含磷钾的混合肥等作基肥，定植适期在清明前后。采用多主枝自然开心形整枝方式，全株保留 3～5 条主枝。秋施基肥，生长季追肥 2～3 次。一般宜在晴天的早晨或傍晚进行采摘。

适宜种植范围

山东、河南、陕西等无花果适宜栽培区。

卡那迪亚

树种：无花果

学名：*Ficus carica* 'Conadria'

类别：引种驯化品种　　通过类别：审定

编号：国 S－ETS－FC－029－2015

品种特性

山东省林科院于 1998 年从美国加州农业部引进。果皮绿黄或浅绿色，果肉红色，平均单果重达 61g，最大单果重 80g，盛果期亩产可达 1600kg。果实可溶性固形物 14%，VC 含量 16.39mg/kg 鲜重。鲜食或制干。

栽培技术要点

定植密度一般可采用 2～3m×4～5m，以含磷钾的混合肥等作基肥，定植适期在清明前后。采用多主枝自然开心形整枝方式，全株保留 3～5 条主枝。秋施基肥，生长季追肥 2～3 次。一般宜在晴天的早晨或傍晚进行采摘。

适宜种植范围

山东、河南、陕西等无花果适宜栽培区。

阿美尼亚

树种：无花果

学名：*Ficus carica* 'Armerian'

类别：引种驯化品种　　通过类别：审定

编号：国 S－ETS－FC－030－2015

品种特性

山东省林科院于 1998 年从美国加州农业部引进。果皮金黄色，果肉淡粉色，平均单果重达 60g，最大单果重 100g，盛果期亩产可达 900kg。果实可溶性固形物 16.3%，VC 含量 15.42mg/kg 鲜重。鲜食或制干。

栽培技术要点

定植密度一般可采用 2～3m×4～－5m，以含磷钾的混合肥等作基肥，定植适期在清明前后。采用多主枝自然开心形整枝方式，全株保留 3～5 条主枝。秋施基肥，生长季追肥 2～3 次。一般宜在晴天的早晨或傍晚进行采摘。

适宜种植范围

山东、河南、陕西等无花果适宜栽培区。

紫苏蕾斯

树种：无花果

学名：*Ficus carica* 'Violette solise'

类别：引种驯化品种　　通过类别：审定

编号：国 S－ETS－FC－031　－2015

品种特性

山东省林科院 1998 年从日本福岛日商株式会社引进。果皮深紫红色，果肉鲜红色、致密多汁，平均单果重 58g，盛果期亩产可达 800kg。果实可溶性固形物

17.5%，VC含量5.27mg/kg鲜重。鲜食或制干。

栽培技术要点

定植密度一般可采用2～3m×4～5m，以含磷钾的混合肥等作基肥，定植适期在清明前后。采用多主枝自然开心形整枝方式，全株保留3～5条主枝。秋施基肥，生长季追肥2～3次。一般宜在晴天的早晨或傍晚进行采摘。

适宜种植范围

山东、河南、陕西等无花果适宜栽培区。

认定通过品种

天楸1号

树种：楸树

学名：*Catalpa bungei*'Tianqiu 1'

类别：无性系　　通过类别：认定(5年)

编号：国R－SC－CB－001－2015

品种特性

落叶高大乔木，主干通直。在甘肃省天水市试验点9年生时胸径和树高分别为14.45cm和11.23m，材积为0.342m^3，5年生基本密度和气干密度分别为0.32g/cm^3和0.34g/cm^3，纤维长度为591.40μm。可用于制作家具、贴面板材、装饰材等。

适宜种植范围

植树穴呈方形或圆形，穴径50～60cm，深50cm；一般为3月至4月上旬栽植，栽植1～－3年在树木进入生长旺季时，及时抹除主干上萌生的所有侧芽，以保证主干培育生长。

适宜种植范围

河南、甘肃、陕西等楸树适宜栽培区。

天楸2号

树种：楸树

学名：*Catalpa bungei*'Tianqiu 2'

类别：无性系　　通过类别：认定(5年)

编号：国R－SC－CB－002－2015

品种特性

落叶高大乔木，主干通直。在甘肃省天水市试验点9年生时胸径和树高分别达到12.34cm和9.87m，材积为0.224m^3，5年生基本密度和气干密度分别为0.414g/cm^3和0.477g/cm^3。可用于制作家具、贴面板材、装饰材等。

适宜种植范围

植树穴呈方形或圆形，穴径50～60cm，深50cm；一般为3月至4月上旬栽植，栽植1～3年在树木进入生长旺季时，及时抹除主干上萌生的所有侧芽，以保证主干生长。

适宜种植范围

河南、甘肃、陕西等楸树适宜栽培区。

湘杉300

树种：杉木

学名：*Cunninghamia Lanceolata*'Xiangshan 300'

类别：无性系　　通过类别：认定(5年)

编号：国R－SC－CL－003－2015

品种特性

常绿乔木，树冠尖塔形，主干通直圆满。在16m立地指数时胸径年平均生长量1.0～1.5cm，树高年平均生长量1.0m，单株材积年平均生长量0.01～0.02m^3，15年生木材基本密度0.23g/cm^3。可作为用材林、生态防护林品种。

适宜种植范围

选择12地位指数以上立地，采用一年生无性系扦插苗造林。株行距2m×2m或2m×1.5m。造林后前3年每年抚育2次，第4年抚育1～2次。施肥以磷肥为主，可一次性施入作基肥，亦可分作基肥和追肥施入；追肥采用沟施方法。

适宜种植范围

江西、广西等杉木适宜栽培区。

湘杉88

树种：杉木

学名：*Cunninghamia Lanceolata*'Xiangshan 88'

类别：无性系　　通过类别：认定(5年)

编号：国R－SC－CL－004－2015

品种特性

常绿乔木，树冠尖塔形，主干通直圆满。在16m立地指数时胸径年平均生长量0.95～1.20cm，树高年平均生长量0.75m，单株材积年平均生长量0.01～0.025m^3，15年生木材基本密度0.26g/cm^3。可作为用材林、生态防护林品种。

适宜种植范围

选择12地位指数以上立地，采用一年生无性系扦插苗造林。株行距2m×2m或2m×1.5m。造林后前3年每年抚育2次，第4年抚育1～2次。施肥以磷肥为主，可一次性施入作基肥，亦可分作基肥和追肥施入；追肥采用沟施方法。

适宜种植范围

江西、广西等杉木适宜栽培区。

湘杉68

树种：杉木

学名：*Cunninghamia Lanceolata*'Xiangshan 68'

类别：无性系　　通过类别：认定(5年)

编号：国R－SC－CL－005－2015

品种特性

常绿乔木，树冠尖塔形，主干通直圆满。在16m立地指数时胸径年平均生长量0.95～1.20cm，树高年平均生长量0.80m，单株材积年平均生长量0.01～0.02m^3，15年生木材基本密度0.279g/cm^3。可作为用材林、生态防护林品种。

适宜种植范围

选择12地位指数以上立地，采用一年生无性系扦插苗造林。株行距2m×2m或2m×1.5m。造林后前3年每年抚育2次，第4年抚育1～2次。施肥以磷肥为主，可一次性施入作基肥，亦可分作基肥和追肥施入；追肥采用沟施方法。

适宜种植范围

江西、广西等杉木适宜栽培区。

福建柏湖南道县种源

树种：福建柏

学名：*Fokienia hodginsii*

类别：种源　　通过类别：认定(5年)

编号：国R－SP－FH－006－2015

品种特性

常绿乔木。在福建省16年生时平均树高、平均胸径和平均单株立木材积分别为9.95m、15.05cm、0.092 485m^3，木材气干密度0.425g/cm^3、全干密度0.398g/cm^3。可作为用材林品种。

适宜种植范围

造林时间以12月至翌年2月为宜，造林地选择土层深厚，质地疏松、富含腐殖质，酸性反应，湿润而又排水良好的Ⅰ、Ⅱ类地。地形以山洼、山坡中下部半阳坡为宜。初植密度3100株/ha。造林当年锄草培土2次，施复合肥(50g/株)肥2次；第2至第3年，每年锄草抚育2次，施复合肥(100g/株)1次；第4年劈草抚育2次，不施肥；第10～14年抚育间伐，强度15%～20%。

适宜种植范围

江西、福建等福建柏适宜栽培区。

福建柏福建龙岩种源

树种：福建柏

学名：*Fokienia hodginsii*

类别：种源　　通过类别：认定(5年)

编号：国R－SP－FH－007－2015

品种特性

常绿乔木。在福建省16年生时平均树高、平均胸径和平均单株立木材积分别为10.11m、14.71cm、0.093590m^3，木材气干密度0.419g/cm^3、全干密度0.392g/cm^3。可作为用材林品种。

适宜种植范围

造林时间以12月至翌年2月为宜，造林地选择土层深厚、质地疏松、富含腐殖质、酸性反应、湿润而又排水良好的Ⅰ、Ⅱ类地。地形以山洼、山坡中下部半阳坡为宜。初植密度3100株/ha。造林当年锄草培土2次，施复合肥(50g/株)肥2次；第2至第3年，每年锄草抚育2次，施复合肥(100g/株)1次；第4年劈草抚育2次，不施肥；第10～14年抚育间伐，强度15%～20%。

适宜种植范围

江西、福建等福建柏适宜栽培区。

四川6号

树种：慈竹

学名：*Bambusa emeiensis*'Sichuan 6'

类别：无性系　　通过类别：认定(3年)

编号：国R－SC－BE－008－2015

品种特性

合轴丛生型竹种。竹秆顶梢细长作弧形下垂，秆高16～19m，竹秆胸径7.4～8.2cm，平均节间长度41～46cm，中部最长节间可达65cm。竹材木质素含量低于32%，纤维素含量高于33%，灰分含量低于0.6%。可作为用材品种。

栽培技术要点

造林时间2～3月为宜，造林密度630～900株/ha，采用正方形或长方形配置。大面积造林以育苗造林为主，分蔸为辅。幼林抚育管理包括施肥、浇水、除草、松土、培土；成林抚育管理包括扒土晒目、施肥、留养母竹、伐竹、加土。

适宜种植范围

四川、重庆、贵州等慈竹适宜栽培区。

注：通过认定的林木良种，认定期满后不得作为良种继续使用，应重新进行林木品种审定。

国家林业局公告
2016年第18号

根据《中华人民共和国植物新品种保护条例》、《中华人民共和国植物新品种保护条例实施细则(林业部分)》规定，经国家林业局植物新品种保护办公室审查，“拉德迪科”等80项植物新品种权申请符合授权条件，现决定授予植物新品种权(名单见附件)，并颁发《植物新品种权证书》。

特此公告。

附件：国家林业局2016年第一批授予植物新品种权名单

国家林业局
2016年8月31日

附件

国家林业局2016年第一批授予植物新品种权名单

序号	品种名称	所属属(种)	品种权号	授权日	品种权人	申请号	申请日	培育人
1	拉德迪科(RADTKO)	蔷薇属	20160001	2016.8.8	玫兰国际公司(MEILLAND INTERNATIONAL S.A.)	20100035	2010.06.29	威廉拉德勒(William RADLER)
2	玫俏妮(MEITRONI)	蔷薇属	20160002	2016.8.8	玫兰国际公司(MEILLAND INTERNATIONAL S.A.)	20120002	2012.01.05	阿兰·安托万·玫兰(Alain Antoine MEILLAND)
3	奥斯博柯丝(AUSBOXER)	蔷薇属	20160003	2016.8.8	大卫奥斯汀月季公司(David Austin Roses Limited)	20120033	2012.03.31	大卫·奥斯汀(David Austin)
4	奥斯切瑞特(AUSCHARIOT)	蔷薇属	20160004	2016.8.8	大卫奥斯汀月季公司(David Austin Roses Limited)	20120034	2012.03.31	大卫·奥斯汀(David Austin)
5	奥斯佩丝特(AUSPASTOR)	蔷薇属	20160005	2016.8.8	大卫奥斯汀月季公司(David Austin Roses Limited)	20120036	2012.03.31	大卫·奥斯汀(David Austin)
6	粉晶石	蔷薇属	20160006	2016.8.8	昆明杨月季园艺有限责任公司	20120083	2012.06.14	高俊平、张常青、马男、杨玉勇、蔡能、赖显凤、伙秀丽
7	天河石	蔷薇属	20160007	2016.8.8	昆明杨月季园艺有限责任公司	20120086	2012.06.14	张启翔、罗乐、程堂仁、蔡能、白锦荣、赖显凤、杨玉勇
8	萤石	蔷薇属	20160008	2016.8.8	昆明杨月季园艺有限责任公司	20120088	2012.06.14	蔡能、张启翔、罗乐、程堂仁、胡庆红、杨玉勇、白锦荣
9	瑞云	蔷薇属	20160009	2016.8.8	昆明杨月季园艺有限责任公司	20120090	2012.06.14	白锦荣、杨玉勇、蔡能、赖显凤、尚宏忠、伙秀丽
10	天枢星	蔷薇属	20160010	2016.8.8	昆明杨月季园艺有限责任公司	20120097	2012.06.14	张启翔、潘会堂、王佳、罗乐、杨玉勇、蔡能
11	少女之心	蔷薇属	20160011	2016.8.8	云南尚美嘉花卉有限公司	20120221	2012.12.10	赵家清、王其刚、王丽花、周宁宁、刘辉
12	瑞0643a(Ruia0643a)	蔷薇属	20160012	2016.8.8	迪瑞特知识产权公司(De Ruiter Intellectual Property B.V.)	20130001	2012.12.19	汉克·德·格罗特(H.C.A. de Groot)
13	香恋	蔷薇属	20160013	2016.8.8	中国农业大学	20130070	2013.06.19	俞红强、游捷、刘青林
14	凯茜丝托迪(KEISHISUTOKI)	蔷薇属	20160014	2016.8.8	玫兰国际公司(MEILLAND INTERNATIONAL S.A.)	20130100	2013.07.25	武内俊介(SHUNSUKE TAKEUCHI)

（续）

序号	品种名称	所属属（种）	品种权号	授权日	品种权人	申请号	申请日	培育人
15	吻别	蔷薇属	20160015	2016.8.8	通海锦海农业科技发展有限公司	20130102	2013.07.29	董春富、毕立坤、胡颖
16	纳波湾	蔷薇属	20160016	2016.8.8	北京纳波湾园艺有限公司、中国农业大学	20140180	2014.10.28	俞红强、游捷、王波
17	约定	蔷薇属	20160017	2016.8.8	北京纳波湾园艺有限公司、中国农业大学	20140181	2014.10.28	俞红强、游捷、王波
18	粉花毯	蔷薇属	20160018	2016.8.8	北京市园林科学研究院	20140230	2014.12.09	巢阳、勇伟、冯慧、周燕、王茂良、丛日晨
19	德瑞斯红四(DrisRaspFour)	悬钩子属	20160019	2016.8.8	德瑞斯克草莓联合公司(Driscoll Strawberry Associates, Inc., USA)	20150024	2015.02.03	卡洛斯·D·费尔(Carlos D. Fear)、理查德·E·哈里森(Richard E. Harrison)
20	金蝴蝶构树	构属	20160020	2016.8.8	河南名品彩叶苗木股份有限公司	20130074	2013.06.21	王华明、石海燕、邵明丽、孟献旗、王华昭、袁向阳、方圆圆、刘鹏辉、闫立静、牛文魁、王秀娟、刘宪林、寇新良、贾涛、李冰、申东亮、刘阳、王娟、宋建文、李颖华、田原、田耀华、刘中平、王花、申东升 、孟庆明
21	玫瑰蜜果桑	桑属	20160021	2016.8.8	山东省林业科学研究院、夏津县古椹研究所	20140021	2014.01.14	韩传明、孙蕾、李正阔、王翠香、王家国、张连忠、贾明、王开芳、孙道英
22	玫瑰香果桑	桑属	20160022	2016.8.8	山东省林业科学研究院、夏津县古椹研究所	20140022	2014.01.14	孙蕾、韩传明、李正阔、王家国、王翠香、张连忠、赵登超、王小芳、宋翠环
23	丹霞含笑	含笑属	20160023	2016.8.8	中南林业科技大学	20140047	2014.04.01	曹基武、刘春林、郭超、赵翔、徐永福
24	天然红一号	接骨木属	20160024	2016.8.8	马荣申	20140082	2014.06.04	马荣申、马学忠
25	天然红二号	接骨木属	20160025	2016.8.8	马荣申	20140083	2014.06.04	马荣申
26	莘庄蝶恋	李属	20160026	2016.8.8	上海西郊园艺有限公司	20140085	2014.06.04	李慧群、陆魏荣、孙冬
27	鲁丰一号	忍冬属	20160027	2016.8.8	平邑县昌鑫金银花专业合作社	20140128	2014.08.11	闫彩金、崔现付、孟庆华、徐百国
28	金陵锦桃	桃花	20160028	2016.8.8	江苏省农业科学院	20140137	2014.08.27	沈志军、马瑞娟、俞明亮、许建兰、蔡志翔、周懋
29	松泰	松属	20160029	2016.8.8	广西壮族自治区林业科学研究院	20140167	2014.10.14	杨章旗、黄永利、陈桂金
30	雪粉	杜鹃花属	20160030	2016.8.8	杭州植物园	20140183	2014.10.29	邱新军、余金良、朱春艳、吕敏、朱剑俊
31	雪翠	杜鹃花属	20160031	2016.8.8	杭州植物园	20140184	2014.10.29	邱新军、朱春艳、余金良、吕敏、朱剑俊
32	彩红	枫香属	20160032	2016.8.8	浙江森禾种业股份有限公司	20140191	2014.10.30	郑勇平
33	彩紫	枫香属	20160033	2016.8.8	浙江森禾种业股份有限公司	20140192	2014.10.30	郑勇平
34	金云	拟单性木兰属	20160034	2016.8.8	浙江森禾种业股份有限公司	20140197	2014.10.30	郑勇平

（续）

序号	品种名称	所属属（种）	品种权号	授权日	品种权人	申请号	申请日	培育人
35	世植 2017	含笑属	20160035	2016.8.8	深圳市仙湖植物园管理处、棕榈生态城镇发展股份有限公司	20140211	2014.11.27	王亚玲、张寿洲、杨建芬、赵珊珊、赵强民、严丹峰、符秀玉
36	雨后彩虹	芍药属	20160036	2016.8.8	北京林业大学、北京东方园林生态股份有限公司	20140215	2014.12.01	袁涛、王莲英、孙湘滨、李清道、王福、马钧、左淳
37	山川霞光	芍药属	20160037	2016.8.8	北京林业大学、北京东方园林生态股份有限公司	20140216	2014.12.01	袁涛、王莲英、孙湘滨、李清道、王福、马钧、左淳
38	四季春 2 号	紫荆属	20160038	2016.8.8	河南四季春园林艺术工程有限公司、鄢陵中林园林工程有限公司	20140243	2014.12.10	张林、刘双枝、张文馨
39	四季春 3 号	紫荆属	20160039	2016.8.8	河南四季春园林艺术工程有限公司、鄢陵中林园林工程有限公司	20140244	2014.12.10	张林、刘双枝、张文馨
40	四季春 4 号	紫荆属	20160040	2016.8.8	鄢陵中林园林工程有限公司、河南四季春园林艺术工程有限公司	20140245	2014.12.10	张林、刘双枝、张文馨
41	金背丹心	山茶属	20160041	2016.8.8	南宁市金花茶公园	20140249	2014.12.19	黄连冬
42	冬月	山茶属	20160042	2016.8.8	南宁市金花茶公园	20140250	2014.12.19	黄连冬
43	彩虹	桂花	20160043	2016.8.8	株洲市云田彩桂园林开发有限责任公司、湖南省森林植物园	20150005	2014.12.26	易剑雄、吴思政、易屈意、柏文富、易进觉、梁文斌、何志强、聂东伶、李建挥
44	绿玥	核桃属	20160044	2016.8.8	会理县林业局、中国林业科学研究院林业研究所、凉山彝族自治州林业局	20150019	2015.01.28	沙德伟、杨利民、贾建、张继勇、裴东、何波、文明、谭兴荣、罗斌、苏德忠、张俊佩
45	紫玥	核桃属	20160045	2016.8.8	中国林业科学研究院林业研究所、会东县林业局、凉山彝族自治州林业局	20150020	2015.01.28	叶春富、郭成林、刘忠华、裴东、杨利民、张继勇、文明、张俊佩、朱永朝
46	黄金贞 2 号	女贞属	20160046	2016.8.8	潘常智	20150022	2015.01.31	潘常智
47	金枝玉叶	朴属	20160047	2016.8.8	浙江滕头园林股份有限公司	20150033	2015.02.09	傅剑波、朱锡君、刘济祥、林富平、程雪梅
48	易丰	女贞属	20160048	2016.8.8	杭州市园林绿化股份有限公司、浙江理工大学	20150036	2015.03.13	胡绍庆、吴光洪、沈柏春、魏建芬
49	金凤	构属	20160049	2016.8.8	河南名品彩叶苗木股份有限公司	20150042	2015.03.21	王华明、王华昭、饶放、郑芳、李春枝、石海燕、刘翠鸽、王敏、张玉民、李亚菲、张喜强、钟业勤、寇新良、王花、曹倩、任甸甸、田原、冯记轩、魏奎娇、田耀华、刘中平、孟庆明
50	京玉 1 号	悬钩子属	20160050	2016.8.8	北京市农林科学院林业果树研究所	20150043	2015.03.23	张玉平、潘青华、鲁绍伟、许奕华、李少宁、金万梅、陈波
51	盛春 7 号	杜鹃花属	20160051	2016.8.8	金华市永根杜鹃花培育有限公司	20150044	2015.03.23	方永根
52	盛春 8 号	杜鹃花属	20160052	2016.8.8	金华市永根杜鹃花培育有限公司	20150045	2015.03.23	方永根

（续）

序号	品种名称	所属属（种）	品种权号	授权日	品种权人	申请号	申请日	培育人
53	盛春9号	杜鹃花属	20160053	2016.8.8	金华市永根杜鹃花培育有限公司	20150046	2015.03.23	方永根
54	仙鹤	杜鹃花属	20160054	2016.8.8	金华市永根杜鹃花培育有限公司	20150047	2015.03.23	方永根
55	金馨	含笑属	20160055	2016.8.8	杭州植物园、中国林业科学研究院亚热带林业研究所	20150057	2015.03.30	俞仲辂、余金良、刘军、莫亚鹰、黎念林、申屠立棠
56	浙竹1号	刚竹属	20160056	2016.8.8	浙江省林业科学研究院、安吉竹子博览园有限责任公司	20150058	2015.03.30	王波、汪奎宏、李琴、李楠、周昌平、华锡奇、周文伟、胡娇丽、沈鑫
57	浙竹2号	刚竹属	20160057	2016.8.8	浙江省林业科学研究院、安吉竹子博览园有限责任公司	20150059	2015.03.30	汪奎宏、王波、李琴、周昌平、华锡奇、周文伟、梁一品、胡娇丽、沈鑫
58	昌辉	苹果属	20160058	2016.8.8	山东省林业科学研究院、昌邑海棠苗木专业合作社、昌邑市林木种苗站	20150071	2015.04.09	胡丁猛、韩友吉、许景伟、王立辉、朱升祥、明建芹、囤兴建、王圣仟、张航燕、董伟刚
59	蕊沁	苹果属	20160059	2016.8.8	山东省林业科学研究院、昌邑海棠苗木专业合作社、昌邑市林木种苗站	20150072	2015.04.09	许景伟、韩友吉、胡丁猛、王立辉、朱升祥、囤兴建、明建芹、王圣仟、李姗、袁燕荣
60	丽辉	苹果属	20160060	2016.8.8	山东省林业科学研究院、昌邑海棠苗木专业合作社、昌邑市林木种苗站	20150073	2015.04.09	明建芹、王立辉、胡丁猛、许景伟、韩友吉、朱升祥、囤兴建、王圣仟、李姗、袁燕荣
61	昌红	苹果属	20160061	2016.8.8	山东省林业科学研究院、昌邑海棠苗木专业合作社、昌邑市林木种苗站	20150074	2015.04.09	胡丁猛、韩友吉、许景伟、王立辉、朱升祥、囤兴建、明建芹、王圣仟、齐伟婧、姚兴海
62	香云	苹果属	20160062	2016.8.8	山东省林业科学研究院、昌邑海棠苗木专业合作社、昌邑市林木种苗站	20150075	2015.04.09	胡丁猛、王立辉、明建芹、许景伟、韩友吉、朱升祥、囤兴建、王圣仟、刘浦孝、徐伟红
63	亚特1号	忍冬属	20160063	2016.8.8	山东亚特生态技术股份有限公司、山东省中新金银花合作研究中心	20150076	2015.04.15	李圣波、王晓、袁春玲、周洁、李秀花
64	亚特2号	忍冬属	20160064	2016.8.8	山东亚特生态技术股份有限公司、山东省中新金银花合作研究中心	20150077	2015.04.15	李圣波、王晓、袁春玲、周洁、李秀花
65	四季春5号	紫荆属	20160065	2016.8.8	河南四季春园林艺术工程有限公司、鄢陵中林园林工程有限公司	20150083	2015.04.29	张林、刘双枝、张文馨
66	少红	忍冬属	20160066	2016.8.8	北京农业职业学院	20150091	2015.05.22	石进朝
67	华蝶	丁香属	20160067	2016.8.8	中国科学院植物研究所	20150092	2015.05.26	崔洪霞、石雷、臧淑英
68	绯虹	槭属	20160068	2016.8.8	宁波城市职业技术学院	20150100	2015.06.06	祝志勇、林乐静、林立

（续）

序号	品种名称	所属属（种）	品种权号	授权日	品种权人	申请号	申请日	培育人
69	徽雅一号	冬青属	20160069	2016.8.8	黄山市徽雅园艺有限公司、许献文	20150116	2015.06.19	詹以成、许献文、詹大勤、詹小勤、许莉丽、詹成民、徐年顺、卢金仙
70	蝶恋	杜鹃花属	20160070	2016.8.8	江苏省农业科学院	20150122	2015.07.06	苏家乐、何丽斯、刘晓青、李畅、肖政
71	胭脂蜜	杜鹃花属	20160071	2016.8.8	江苏省农业科学院	20150123	2015.07.06	刘晓青、李畅、苏家乐、何丽斯、肖政
72	幻彩	锦带花属	20160072	2016.8.8	中国科学院植物研究所、青岛中科景观植物产业化发展有限公司	20150124	2015.07.07	唐宇丹、安玉来、白红彤、李霞、李慧、尤洪伟、石雷、惠学娟、法丹丹
73	妖姬	木瓜属	20160073	2016.8.8	河东区金盛海棠种植专业合作社、山东农业大学	20150129	2015.07.08	刘宗钊、刘明广、赵英豪、徐兴东、马燕、臧德奎、孙居文
74	醉杨妃	木瓜属	20160074	2016.8.8	山东农业大学、河东区金盛海棠种植专业合作社	20150130	2015.07.08	臧德奎、马燕、孙居文、刘宗钊、刘明广、赵英豪、徐兴东
75	湘水粉彩	山茶属	20160075	2016.8.8	湖南省林业科学院	20150133	2015.07.17	王湘南、陈永忠、彭邵锋、王瑞、陈隆升、罗健、杨小胡、马力
76	素颜	山茶属	20160076	2016.8.8	湖南省林业科学院	20150134	2015.07.17	王湘南、陈永忠、彭邵锋、王瑞、陈隆升、罗健、马力、杨小胡、彭映赫、王保明、许彦明
77	早丰	越橘属	20160077	2016.8.8	山东省林业科学研究院、沃林农业（青岛）有限公司	20150135	2015.07.28	孙蕾、廖甜甜、王开芳、赵登超、董克锋、刘翠兰、郑建立、王小芳、岳清华、高勇、高继鑫
78	晚丰	越橘属	20160078	2016.8.8	山东省林业科学研究院、沃林农业（青岛）有限公司	20150136	2015.07.28	王开芳、廖甜甜、孙蕾、赵登超、刘翠兰、董克锋、王小芳、高勇、岳清华、郑建立、高继鑫
79	盆仙	松属	20160079	2016.8.8	中国林业科学研究院林业研究所、北京市美昌然园林工程有限责任公司	20150153	2015.08.19	李斌、郑勇奇、林富荣、郭文英、袁宝庆、刘浦云、刘建明、刘凤芸、李少安
80	粉黛	槭属	20160080	2016.8.8	宁波城市职业技术学院	20150195	2015.09.28	祝志勇、叶国庆、陈锦元、冯传余、林乐静

国家林业局公告

2016年第19号

国家林业局批准发布《自然资源（森林）资产评价技术规范》等33项林业行业标准（见附件），自2017年1月1日起实施，现予以公布。

特此公告。

附件：《自然资源（森林）资产评价技术规范》等33项行业标准目录

国家林业局

2016年10月19日

附件

《自然资源(森林)资产评价技术规范》等33项行业标准目录

序号	标准编号	标准名称	代替标准号
1	LY/T 2735—2016	自然资源(森林)资产评价技术规范	
2	LY/T 2736—2016	经济林名词术语	
3	LY/T 2737—2016	古树名木鉴定规范	
4	LY/T 2738—2016	古树名木普查技术规范	
5	LY/T 2739—2016	植物新品种特异性、一致性、稳定性测试指南 罗汉松属	
6	LY/T 2740—2016	植物新品种特异性、一致性、稳定性测试指南 红豆杉属	
7	LY/T 2741—2016	植物新品种特异性、一致性、稳定性测试指南 油桐	
8	LY/T 2742—2016	植物新品种特异性、一致性、稳定性测试指南 油茶	
9	LY/T 2743—2016	碳汇造林项目设计文件编制指南	
10	LY/T 2744—2016	碳汇造林项目监测报告编制指南	
11	LY/T 2482.3—2016	东北、内蒙古林区森林抚育技术要求 第3部分：长白山林区	
12	LY/T 2745—2016	仁用杏品种鉴定技术规程——SSR分子标记法	
13	LY/T 2746—2016	果岭式绿地草坪建植与养护技术规程	
14	LY/T 2747—2016	芍药无土栽培生产技术规程	
15	LY/T 2748—2016	楸树扦插育苗技术规程	
16	LY/T 2749—2016	桉树速丰林配方施肥技术规程	
17	LY/T 2750—2016	油茶施肥技术规程	
18	LY/T 2751—2016	金花茶育苗技术规程	
19	LY/T 2752—2016	林木轻基质无纺布容器育苗技术规程	
20	LY/T 2753—2016	白蜡造林技术规程	
21	LY/T 2754—2016	无花果硬枝扦插技术规程	
22	LY/T 2755—2016	果桑栽培技术规程	
23	LY/T 2756—2016	白蜡品种分子鉴定方法 SRAP分子标记法	
24	LY/T 2757—2016	山茶扦插苗生产技术规程	
25	LY/T 2758—2016	皂荚栽培技术规程	
26	LY/T 2759—2016	枳椇栽培技术规程	
27	LY/T 2760—2016	牛心柿培育技术规程	
28	LY/T 2761—2016	七叶树栽培技术规程	
29	LY/T 2762—2016	毛竹林下多花黄精复合经营技术规程	
30	LY/T 2763—2016	无核君迁子培育技术规程	
31	LY/T 2764—2016	西南亚高山退化森林恢复与可持续经营技术规范	
32	LY/T 2765—2016	南亚热带马尾松人工林碳增汇减排经营技术规程	
33	LY/T 2766—2016	银杏核用品种选育程序与要求	

国家林业局公告

2016 年第 20 号

国家林业局批准发布《野外大熊猫救护及放归规范》等 19 项林业行业标准(见附件),自 2017 年 3 月 1 日起实施,现予以公布。

附件:《野外大熊猫救护及放归规范》等 19 项行业标准目录

国家林业局

2016 年 12 月 21 日

附件

《野外大熊猫救护及放归规范》等 19 项行业标准目录

序号	标准编号	标准名称	代替标准号
1	LY/T 2767—2016	野外大熊猫救护及放归规范	
2	LY/T 2768—2016	建设项目对大熊猫影响评价方法	
3	LY/T 2769—2016	大熊猫国内借展场馆设计规范	
4	LY/T 2770—2016	南方有色金属矿区废弃地植被生态修复技术规程	
5	LY/T 2771—2016	北方地区裸露边坡植被恢复技术规范	
6	LY/T 2772—2016	地被菊繁殖技术规程	
7	LY/T 2773—2016	绿地月季栽培养护技术规程	
8	LY/T 2774—2016	板栗生产技术规程	
9	LY/T 2775—2016	黑木耳块生产综合能耗	
10	LY/T 2776—2016	木质颗粒燃料生产综合能耗	
11	LY/T 2777—2016	单宁酸生产综合能耗	
12	LY/T 2778—2016	扶桑绵粉蚧检疫技术规程	
13	LY/T 2779—2016	薇甘菊检疫技术规程	
14	LY/T 2780—2016	松疱锈病菌检疫技术规程	
15	LY/T 2781—2016	桉树枝瘿姬小蜂检疫技术规程	
16	LY/T 2782—2016	全缘栾树苗木培育技术规程	
17	LY/T 2783—2016	油橄榄采穗圃营建技术规程	
18	LY/T 2784—2016	油橄榄高接换优技术规程	
19	LY/T 2785—2016	文冠果播种育苗技术规程	

国家林业局公告

2016 年第 21 号

根据《中华人民共和国植物新品种保护条例》《中华人民共和国植物新品种保护条例实施细则(林业部分)》规定,经国家林业局植物新品种保护办公室审查,“北林橙星”等 115 项植物新品种权申请符合授权条件,现决定授予植物新品种权(名单见附件),并颁发《植物新品种权证书》。

特此公告。

附件:国家林业局 2016 年第二批授予植物新品种权名单(略)

国家林业局

2016 年 12 月 23 日

国家林业局公告

2016年第22号

根据《国家沙化土地封禁保护区管理办法》(林沙发〔2015〕66号)有关规定，现将内蒙古自治区新巴尔虎左旗嵯岗等61个沙化土地封禁保护区(名单见附件)，统一划定为国家沙化土地封禁保护区。

特此公告。

附件：国家沙化土地封禁保护区名单

国家林业局

2016年12月28日

附件

国家沙化土地封禁保护区名单

序 号	名 称
1	内蒙古自治区新巴尔虎左旗嵯岗国家沙化土地封禁保护区
2	内蒙古自治区扎鲁特旗乌力吉木仁国家沙化土地封禁保护区
3	内蒙古自治区奈曼旗苇莲苏国家沙化土地封禁保护区
4	内蒙古自治区翁牛特旗松树山国家沙化土地封禁保护区
5	内蒙古自治区鄂尔多斯市造林总场万太兴国家沙化土地封禁保护区
6	内蒙古自治区鄂托克旗沙日塔拉国家沙化土地封禁保护区
7	内蒙古自治区杭锦旗独贵塔拉国家沙化土地封禁保护区
8	内蒙古自治区杭锦旗双庙国家沙化土地封禁保护区
9	内蒙古自治区乌拉特后旗获各琦国家沙化土地封禁保护区
10	内蒙古自治区阿拉善左旗额尔克哈什哈国家沙化土地封禁保护区
11	内蒙古自治区阿拉善右旗曼德拉国家沙化土地封禁保护区
12	内蒙古自治区额济纳旗温图高勒国家沙化土地封禁保护区
13	西藏自治区噶尔县念久桑国家沙化土地封禁保护区
14	西藏自治区定结县林塘切姆国家沙化土地封禁保护区
15	西藏自治区仲巴县岗珠国家沙化土地封禁保护区
16	陕西省靖边县长城沿线国家沙化土地封禁保护区
17	陕西省横山县黑疙瘩恍惚沙国家沙化土地封禁保护区
18	陕西省榆阳区五十里沙国家沙化土地封禁保护区
19	陕西省定边县北部风沙滩区国家沙化土地封禁保护区
20	甘肃省敦煌市鸣沙山国家沙化土地封禁保护区
21	甘肃省金塔县巴丹吉林沙漠西缘国家沙化土地封禁保护区
22	甘肃省临泽县北部干旱荒漠国家沙化土地封禁保护区
23	甘肃省民乐县东滩国家沙化土地封禁保护区
24	甘肃省民勤县梭梭井国家沙化土地封禁保护区
25	甘肃省永昌县清河绿洲北部国家沙化土地封禁保护区
26	甘肃省玉门市红柳泉国家沙化土地封禁保护区
27	甘肃省金川区腾格里沙漠西部边缘国家沙化土地封禁保护区
28	甘肃省凉州区夹槽滩国家沙化土地封禁保护区
29	甘肃省古浪县麻黄塘国家沙化土地封禁保护区
30	甘肃省景泰县翠柳沟国家沙化土地封禁保护区
31	甘肃省环县甜水镇国家沙化土地封禁保护区

（续）

序　号	名　　　　　称
32	青海省都兰县夏日哈国家沙化土地封禁保护区
33	青海省乌兰县卜浪沟国家沙化土地封禁保护区
34	青海省海西州茫崖行委国家沙化土地封禁保护区
35	青海省贵南县木格滩国家沙化土地封禁保护区
36	青海省大柴旦行委国家沙化土地封禁保护区
37	青海省格尔木市乌图美仁国家沙化土地封禁保护区
38	青海省海晏县国家沙化土地封禁保护区
39	青海省共和县塔拉滩国家沙化土地封禁保护区
40	宁夏回族自治区灵武市白芨滩防沙林场国家沙化土地封禁保护区
41	宁夏回族自治区红寺堡区酸枣梁国家沙化土地封禁保护区
42	宁夏回族自治区同心县马高庄乡国家沙化土地封禁保护区
43	宁夏回族自治区中卫市沙坡头区长流水国家沙化土地封禁保护区
44	宁夏回族自治区盐池机械化林场国家沙化土地封禁保护区
45	新疆维吾尔自治区沙雅县盖孜库木国家沙化土地封禁保护区
46	新疆维吾尔自治区哈密市南湖乡南部国家沙化土地封禁保护区
47	新疆维吾尔自治区墨玉县喀瓦克乡西北部国家沙化土地封禁保护区
48	新疆维吾尔自治区且末县河东国家沙化土地封禁保护区
49	新疆维吾尔自治区玛纳斯县柳舍国家沙化土地封禁保护区
50	新疆维吾尔自治区鄯善县库木塔格国家沙化土地封禁保护区
51	新疆维吾尔自治区吉木萨尔县 S239 线国家沙化土地封禁保护区
52	新疆维吾尔自治区阿瓦提县和田桥国家沙化土地封禁保护区
53	新疆维吾尔自治区岳普湖县绿洲北缘国家沙化土地封禁保护区
54	新疆维吾尔自治区吉木乃县库木托拜国家沙化土地封禁保护区
55	新疆维吾尔自治区策勒县策勒乡国家沙化土地封禁保护区
56	新疆维吾尔自治区若羌县国道 218 罗布庄段国家沙化土地封禁保护区
57	新疆维吾尔自治区博湖县阿克别勒库姆国家沙化土地封禁保护区
58	新疆维吾尔自治区木垒县鸣沙山国家沙化土地封禁保护区
59	新疆维吾尔自治区洛浦县杭桂乡北部国家沙化土地封禁保护区
60	新疆维吾尔自治区英吉沙县布谷拉木国家沙化土地封禁保护区
61	新疆维吾尔自治区布尔津县萨热库木国家沙化土地封禁保护区

其他主要文件

文件名	文号	发文时间
国家林业局关于大力推进森林体验和森林养生发展的通知	林场发〔2016〕3 号	2016 年 1 月 7 日
国家林业局关于印发《国家林木种质资源库管理办法》的通知	林场发〔2016〕4 号	2016 年 1 月 8 日
国家林业局关于加强春季鸟类禽流感等野生动物疫源疫病监测防控工作的紧急通知	林护发〔2016〕17 号	2016 年 2 月 4 日

（续）

文件名	文号	发文时间
国家林业局关于印发2016年国家林业局会议和节庆展会活动计划的通知	林办发〔2016〕20号	2016年2月22日
国家林业局关于切实加强“十三五”期间年森林采伐限额管理的通知	林资发〔2016〕24号	2016年2月26日
国家林业局关于印发《全国林业信息化工作管理办法》的通知	林信发〔2016〕25号	2016年3月1日
国家林业局关于开展2016年度退耕还林工程管理实绩核查工作的通知	林退发〔2016〕27号	2016年3月4日
国家林业局关于废止《森林资源资产评估咨询人员管理办法》和《森林资源资产评估咨询人员继续教育制度》的通知	林规发〔2016〕29号	2016年3月3日
国家林业局关于深入学习贯彻习近平总书记关于森林生态安全重要讲话精神的通知	林办发〔2016〕31号	2016年3月8日
国家林业局关于做好2016年林区禁种铲毒工作的通知	林安发〔2016〕37号	2016年3月16日
国家林业局关于进一步加强集体林地承包经营纠纷调处工作的通知	林改发〔2016〕38号	2016年3月17日
国家林业局关于下达“十三五”林业有害生物防治工作“四率”指标任务的通知	林造发〔2016〕55号	2016年4月28日
国家林业局关于印发《林地变更调查工作规则》的通知	林资发〔2016〕57号	2016年5月4日
国家林业局关于印发《林业发展“十三五”规划》的通知	林规发〔2016〕60号	2016年5月6日
国家林业局关于印发《林木种子生产经营档案管理办法》的通知	林场发〔2016〕71号	2016年5月30日
国家林业局关于印发《林木种质资源普查技术规程》的通知	林场发〔2016〕77号	2016年6月8日
国家林业局关于加强贫困地区生态保护和产业发展促进精准扶贫精准脱贫的通知	林规发〔2016〕78号	2016年6月12日
国家林业局关于印发《国家林业局定点扶贫帮扶计划》的通知	林规发〔2016〕87号	2016年6月30日
国家林业局关于印发《全国森林经营规划(2016－2050年)》的通知	林规发〔2016〕88号	2016年7月6日
国家林业局关于印发《林木种子包装和标签管理办法》的通知	林场发〔2016〕93号	2016年7月14日
国家林业局关于印发《林业科技创新“十三五”规划》的通知	林规发〔2016〕129号	2016年9月14日
国家林业局关于印发《林业重大项目资金审议工作规程(试行)》的通知	林规发〔2016〕133号	2016年9月18日
国家林业局关于印发《全国林业系统法制宣传教育第七个五年规划》的通知	林策发〔2016〕134号	2016年9月22日
国家林业局关于印发《国家沙漠公园发展规划(2016—2025年)》的通知	林规发〔2016〕139号	2016年10月9日
国家林业局关于印发《甘肃宁夏等地湿地产权确权试点方案》的通知	林湿发〔2016〕144号	2016年10月14日
国家林业局关于学习贯彻汪洋副总理在全国林业科技创新大会上讲话精神的通知	林科发〔2016〕151号	2016年10月26日
国家林业局关于印发《全国林业工作站“十三五”发展建设规划》的通知	林规发〔2016〕154号	2016年10月31日
国家林业局关于印发《林业科技扶贫行动方案》的通知	林科发〔2016〕164号	2016年11月22日
国家林业局关于印发《林业标准化“十三五”发展规划》的通知	林规发〔2016〕172号	2016年12月9日
国家林业局关于印发《全国杜仲产业发展规划(2016—2030年)》的通知	林规发〔2016〕175号	2016年12月20日
国家林业局关于印发修订后的《林业行政案件类型规定》的通知	林稽发〔2016〕183号	2016年12月29日
国家林业局 国家开发银行关于加强合作共同推进国家储备林等重点领域建设发展的通知	林规发〔2016〕15号	2016年1月28日
国家林业局 国家发展改革委 财政部关于印发《全国森林防火规划(2016—2025年)》的通知	林规发〔2016〕178号	2016年12月21日
国家林业局办公室关于印发《林业行业遏制重特大事故工作方案》的通知	办改字〔2016〕136号	2016年7月12日
国家林业局办公室关于印发《2015年林业应对气候变化政策与行动白皮书》的通知	办造字〔2016〕219号	2016年10月9日
国家林业局办公室关于印发《中国落实2030年可持续发展议程国别方案——林业行动计划》的通知	办规字〔2016〕302号	2016年12月27日

（韩建伟）

中国林业概述

02

2016 年的中国林业

2016 年，全国林业系统深入贯彻落实习近平总书记系列重要讲话精神，按照党中央、国务院的决策部署，自觉践行新发展理念，坚持紧盯大事要事，既注重整体谋划，又加强分类指导，出台了一批规划和文件，对“十三五”林业工作逐项安排并狠抓落实，实现了“十三五”良好开局。全年完成造林 680 万公顷，超过三年滚动计划年均任务；完成森林抚育 840 万公顷，为年度计划任务的 105%；林业产业总产值达到 6.4 万亿元，同比增长 7.7%，林产品进出口贸易额达到 1340 亿美元。

落实“四个着力” 坚持将学习贯彻习近平总书记“四个着力”要求，作为推进林业现代化建设、维护森林生态安全的根本任务，逐项安排部署，全力抓好落实。着力推进国土绿化方面工作，在内蒙古自治区召开全国加快推进国土绿化现场会，出台《全国造林绿化规划纲要(2016～2020 年)》，对国土绿化进行科学谋划和全面部署，明确了下一步工作的总体思路、目标任务和重点举措。着力提高森林质量方面，在江西省召开全国森林质量提升工作现场会，印发《全国森林经营规划(2016～2050 年)》，着手实施森林质量精准提升工程，构建健康稳定优质高效的森林生态系统。着力开展森林城市建设方面工作，在陕西省召开森林城市建设座谈会，发布《关于着力开展森林城市建设的指导意见》，对森林城市建设进行安排部署。新授予 22 个城市“国家森林城市”称号，还有 80 多个城市正在积极创建。着力建设国家公园方面工作，会同有关部门完成了国家公园体制试点实施方案审查工作，东北虎豹、大熊猫国家公园体制试点方案获中央深改组审议通过，雪豹、亚洲象、环首都等国家公园筹建工作积极推进。

服务“三大战略” 立足林业优势，认真谋划布局，在服务“一带一路”建设、京津冀协同发展、长江经济带发展上迈出实质性步伐。围绕“一带一路”建设，确定了防沙治沙和野生动植物保护两大重点，建立了中国—中东欧国家(16+1)、大中亚地区、中国—东盟等林业合作机制，成功举办世界防治荒漠化日全球纪念活动暨“一带一路”高级别对话，发布了《“一带一路”防治荒漠化共同行动倡议》。围绕京津冀协同发展，召开京津冀协同发展生态率先突破推进会，明确了准备重点突破的 7 个方面，建立了局省市共同推进工作机制。印发《京津冀生态协同圈森林和自然生态保护与修复规划》，力争在林业生态建设方面率先实现突破。围绕长江经济带发展，召开首次长江经济带“共抓大保护”林业工作会议，确定抓好“三大行动、九项工作”，推动长江沿线各省市形成保护生态的合力。印发了《长江经济带森林和湿地生态系统保护与修复规划》，重点加强森林、湿地生态系统保护与恢复。

林业改革 国有林区改革省级实施方案全部批复。260 亿元金融债务清理完成，其中与木材停伐相关的 130 亿元，中央财政将从 2017 年起每年安排利息补助 6.37 亿元；分离企业办医院、学校、“三供一业”等工作扎实推进，多渠道安置富余职工 9.7 万人，87 个林业局单列纳入国家重点生态功能区范围。国有林场改革完成了省级实施方案批复和试点省验收，近 1/3 市县实施方案已获批复，260 个市县、634 个国有林场完成改革任务。国务院办公厅出台了《关于完善集体林权制度的意见》。全国集体林权流转 1886.67 万公顷，林权抵押贷款 850 多亿元，县级以上林权管理服务机构 1800 多个，家庭林场、农民专业合作社等新型经营主体 18.4 万个，森林保险参保面积 14 493.33 万公顷。同时，积极推进生态文明体制改革，认真做好涉林相关工作。《湿地保护修复制度方案》通过中央深改组审议并由国务院办公厅印发，《甘肃、宁夏等地湿地产权确权试点方案》正式出台，《沙化土地封禁保护修复制度方案》已经国务院批准发布。启动了国有森林资源有偿使用试点和林业自然资源资产负债表编制工作，参与起草了划定并严守生态保护红线的若干意见，提出了纳入红线的林地范围及管控措施。林业行政审批事项大幅减少，审批效率明显提高，审批行为更加规范，事中事后监管逐步加强。

生态修复 林业重点工程深入实施，三北工程启动两个百万亩防护林基地建设；京津风沙源治理和长江、沿海等防护林体系建设工程完成年度任务；开展了退耕还林突出问题专项整治和工作督导，退耕还林进度明显加快，2015 年度任务全部完成，2016 年度任务进展顺利；组织了“十二五”省级政府防沙治沙目标责任考核，启动了新一轮石漠化综合治理工程，在重点沙区开展了灌木林平茬抚育试点，新增沙化土地封禁保护试点县 10 个。建设国家储备林 82.47 万公顷。发布了《造林技术规程》《旱区造林绿化技术指南》，新增 5 个全国森林经营样板基地，开展了森林可持续经营新一轮试点。全年生产林木种子 4600 万千克、苗木 404 亿株，满足了造林绿化苗木供应。湿地面积指标纳入国家“十三五”规划纲要，出台了《退耕还湿实施方案》，退耕还湿 1.33 万公顷，恢复退化湿地 2 万公顷。

资源管护 天然林保护实现全覆盖，商业性采伐全面停止。加强了建设项目使用林地审核审批管理，林地变更调查试点有序推进，“林地一张图”日益完善。国务院批准建立了打击野生动植物非法贸易部际联席会议机制，临时禁止进口象牙及其制品的禁令延期实施 3 年，并扩大了禁止进口范围。新增林业国家级自然保护区 16 处、国家森林公园 21 处、国家沙漠公园 15 处、国家湿地公园 134 处。森林资源清查、野生动植物资源调查取得阶段性成果，启动了第三次石漠化监测工作。与公安部联合出台了《关于深化森林公安改革的指导意见》，积极推进森林公安正规化建设。健全了森林资源监督机制，开展了森林资源管理情况检查，对存在突出问题的自然保护区进行了督查整改。组织开展了“清网行动”、打击非法占用林地等涉林违法犯罪专项行动。全国共查处林业行政案件19.48万起、刑事案件近3万起。

精准扶贫 根据林业特点和优势，确定了“四精准、三巩固”的林业扶贫工作思路。中央财政安排补助资金20亿元，全国落实生态护林员28.8万人，带动108万贫困人口脱贫。退耕还林、国家储备林建设等工程和项目重点向贫困地区倾斜，帮助贫困人口就业增收。通过统筹整合资金、落实银行贷款，对贫困地区发展木本油料、森林旅游、经济林、林下经济等绿色富民产业给予积极支持，35万户、110万贫困人口依托森林旅游实现增收。印发《林业科技扶贫行动方案》，开展送科技下乡等林业科技扶贫行动，一批贫困人口依靠科技实现精准脱贫。加强了定点扶贫、片区扶贫工作指导，4个定点扶贫县落实贷款15亿元。

灾害防控 国务院批复《全国森林防火规划(2016～2025年)》。各地认真落实森林防火责任制，全面加强森林防火能力建设，森林航空消防省份扩大到19个。全国共发生森林火灾2034起，受害森林面积6213.33公顷，因灾伤亡36人，取得了多年来的最好成绩。开展了林业有害生物防治政府购买服务试点，强化了京津冀、长江经济带、黄山等重点区域重大外来有害生物防控。全国林业有害生物发生面积1133.33万公顷，防治面积800万公顷。野生动物疫源疫病监测防控正式纳入国家生物安全保障体系，全年妥善处置野生动物疫情24起。有效应对8次沙尘天气过程，林业系统未发生大的安全生产事故。

产业发展 召开了第三届全国林业产业大会，大力推动产业转型升级。电子商务、森林康养等新业态快速发展，产业质量和效益稳步提升。启动了森林体验基地、森林养生基地建设试点，各类森林旅游地接近9000处，年接待旅游人数12亿人次，较2015年增长15%。全国林产品电子商务平台正式上线运行。开展了重点林产品质量安全监管和建材市场秩序专项整治，启动了林业企业信用等级评价和国家森林生态标志产品体系建设试点，认定了第二批国家级林业重点龙头企业。参加了2016土耳其安塔利亚世界园艺博览会并获最高奖项，成功举办唐山世园会、中国森林旅游节、中国竹文化节等节庆展会。

科技和信息化支撑 召开了全国林业科技创新大会，出台了《林业科技创新“十三五”规划》《主要林木育种科技创新规划》和加强林业科技创新驱动发展的意见。启动了2个国家重点研发专项，竹子、杨树、落叶松、牡丹纳入国家转基因生物新品种培育重大科技专项“十三五”规划。3项成果获得国家科技进步二等奖，推广了一批先进实用技术。高分四号卫星投入使用，陆地生态系统碳监测卫星工程启动立项。全国生态定位站达到179个，新批建工程中心8个、质检机构3个。成立了国际标准化组织竹藤技术委员会，发布国家标准29项、行业标准215项。确定了第二批国家林木种质资源库、首批国家花卉种质资源库，公布了第六批林业植物新品种保护名录，授予新品种权196件。出台了《“十三五”林业信息化发展规划》，制定了林业大数据、物联网、电子商务等指导意见，开展了中国林业移动互联网发展战略研究。“金林工程”、电子政务内网等项目批准立项，启动了全国林业信息化率测评，国家林业局网上行政审批平台、濒危物种进出口审批与联网核销系统投入使用。与国家发展改革委开展了生态大数据应用与研究战略合作，建立了有关林业数据协同共享平台和机制。中国林业网站群超过4000个，访问总量突破20亿人次，在部委网站绩效排名中保持第二名。

政策法治保障 印发《林业发展“十三五”规划》和30个专项规划。中央林业投入1133亿元，与2015年同口径相比增长19%。提高了天然林保护工程、造林投资补助标准，新增了物种国家公园、国有林区防火应急道路、国家森林公园等资金渠道。金融创新取得突破，发布了林业领域PPP项目指导意见，与国家开发银行、中国农业发展银行签署合作协议，40多个项目签订贷款合同755亿元，已经落实152亿元；与中国建设银行签署全面合作协议，拟设立1000亿元的林业产业发展投资基金，首期260亿元已开始对接项目。建立了林业贴息贷款多部门联合监管机制，落实贴息贷款240亿元。中国绿化基金会和中国绿色碳汇基金会募集资金超过1亿元，正在履行项目备案和交易程序的林业碳汇项目83个。出台了《关于全面推进林业法治建设的实施意见》，修订了野生动物保护法，制定和修改10件部门规章，湿地保护条例已上报国务院审查。林业综合行政执法改革、林业普法、行政复议和诉讼等工作扎实有效。

宣传出版和国际合作 围绕林业中心工作和重要时间节点，开展了系列主题宣传活动，各主要新闻单位和网站刊播林业报道1.2万多条(次)。《中国绿色时报》发行量首次突破7万份。发布了《中国生态文化发展纲要(2016～2020年)》，出版了《中国湿地资源》等系列图书，《绿色发展与森林城市建设》入选2016年国家主题出版重点出版物。积极实施林业“走出去”战略，深化国际交流与合作，与11个国家签署了林业合作协议。深度参与了应对气候变化、中美战略与经济对话等国际谈判，成功完成了作为习近平主席特使出席中非共和国新任总统就职仪式等重大外交活动，有效化解了世界自然保护大会期间个别国家南海紧急动议危机。获得联合国防治荒漠化公约第13次缔约方大会举办权，在《濒危野生动植物种国际贸易公约》第17次缔约方大会上当选公约常委会副主席国。中美共建中国园项目正式开工。成功举办首届国际森林城市大会、第十届国际湿地大会等重要会议。国际竹藤组织和亚太森林组织国际影响力不断提升。林业利用外资、境外森林资源利用与培育合作、对外援助等工作取得新进展。

党的建设 认真学习贯彻十八届六中全会精神，按照全面从严治党的要求，狠抓主体责任和监督责任落实，健全党建工作责任制，扎实推进党风廉政建设和反腐败工作。加强了基层党组织建设和党内教育，开展了“两学一做”学习教育和“三强化两提升”学习实践，党员干部学习教育“灯下黑”问题专项整治、党员组织关系集中排查、党费专项检查等工作取得实效。严格落实中央八项规定精神，开展了集中整治“四风”问题专项检查。完成了中央巡视整改任务，加大了涉林案件查办、资金稽查审计和问题线索处理力度，林业资金不谋林、侵害林农利益等问题得到严肃查处，林业系统党风政风行风持续改进。加强了林业干部队伍建设和高层次人才引进培养，统战、群团、工青妇、机关后勤、老干部等工作都取得新成效。

(韩建伟)

林业重点工程

03

天然林资源保护工程

【综　述】 2016年，天保工作紧紧围绕"把全国的天然林都保护起来"总体目标，以"扩大天然林保护范围，全面停止商业性采伐，完善保护政策，巩固停伐成果，提高森林质量，确保生态安全"为核心工作，较好地完成年度各项任务，并取得实效。主要推进了以下5个方面工作。

扩大天然林保护范围　一是起草停伐通知。会同有关部门起草并完善《关于加强天然林保护　停止天然林商业性采伐的通知》和说明材料，研究提出了扩大天然林保护范围的基本政策措施建议，并专题汇报国务院办公厅，但由于时机不成熟等原因，《通知》暂缓或不出台。二是开展风险评估。会同有关部门开展停止天然林商业采伐风险评估工作，从停伐对木材供给和加工业、对国有林业职工就业和收入、对集体和个人天然林所有者收入三方面影响，提出评估结论和建议，并报送国家发改委。三是草拟停伐协议。经多次调研和征求局内各司局单位及有关省（区）意见，研究起草停伐协议文本草案。四是提出政策建议。会同发改委赴江西等省（区），针对全面停伐难点问题开展专题调研，对集体和个人所有天然林经营大户进行量化分析，为降低停伐政策风险、增强政策吸引力、妥善解决难点问题提出政策建议。五是提高补助标准。通过沟通协调，将国有林管护费补助标准由每公顷90元提高到120元，社保补助测算基数由2008年当地社会平均工资的80%提高到2011年的80%。同时，公益林建设等基建投入标准逐步提高。六是扩大保护范围。在2014年、2015年先后停止东北、内蒙古重点国有林区天然林商业性采伐的基础上，2016年实现全国国有林场天然林停伐，启动福建、广西、江西、湖南、河北、云南等重点省（区）集体和个人天然林停伐补助试点，扩大天然林保护范围工作有重大进展。

天然林保护精细化管理　一是编制投资计划。配合国家发改委、国家林业局计财司编制完成天保工程2016年中央预算内投资计划，配合造林司编制完成2016年天保工程区中幼林抚育年度计划，加大对东北国有林区的投资。二是强化森林管护。完成《天然林资源保护工程森林管护管理办法》修订初稿编制工作和天保工程森林管护站建设总体规划、智能化管护技术方案初稿编制工作。指导各地建立了省、市、县、乡、村五级责任体制，指导新增省（区）完善制度建设和规范管理工作，指导天保工程区森林抚育工作，助推地方森林管护。配合计财司对全国国有林区和国有林场管护站现状及需求进行统计汇总。据统计，"十三五"期间共需要建设森林管护站34 465个，面积413.58万平方米。三是加强核查工作。完成2015年度核查任务和"四到省"考核工作，并发布考评结果。优化核查指标，规范核查程序，完善核查机制，充实核查队伍，强化业务培训，注重结果应用，扎实开展2016年度核查和考核工作。四是发挥监测效应。完成《天然林保护工程生态效益评估规范》的编制论证和专家评审工作。出版《天然林资源保护工程东北、内蒙古重点国有林区效益监测国家报告》，发挥工程监测作用。五是加快信息化建设。印发《国家林业局关于加强天然林保护管理信息系统建设的通知》和《国家林业局天保办关于做好天保信息系统建设近期工作的通知》，完成系统软件开发升级，开展业务技术培训，不断强化天保工程信息化和档案管理工作。2016年利用数据信息平台，完成东北、内蒙古重点国有林区数据统计，得到国家林业局局长张建龙充分肯定和批示。

天然林保护制度研究　一是积极推进《天然林保护条例》制定工作。通过一年多时间收集资料、调研分析、听取意见和不断修改完善，形成了《天然林保护条例》（征求意见稿），同时开展了有关专题研究并征求全国各省份及有关部门意见。二是组织开展天保工程中期评估工作。在各省（区）评估的基础上，正着手组织专家开展咨询和评估，全面总结天保二期实施以来的成效和经验，提出天保工程下阶段政策建议。三是提前谋划天然林保护长远政策，加强调查研究，做好建立天保长效机制的前期工作，谋划天保工程二期结束后相关政策研究工作。

天保宣传和国际合作　一是扩大宣传覆盖面。强化天保网站信息更新和发布工作。配合央视完成《绿色中国》——"天保工程"：母亲河的守护者采访并在新闻频道播出；与央视网合作完成13集《天保故事》制作。在《中国绿色时报》发行全国林业厅局长会议特刊：天然林保护专版。推出天然林保护微信公众号平台，扩大宣传范围。二是提早谋划宣传工作。提出《关于加大天保宣传工作力度的建议方案》，制作完成天保工程宣传标识，提前谋划2017年天然林保护宣传工作，为党的"十九大"和天保工程实施二十周年献礼。三是积极推动国际合作。完成天保工程区第一大树种栎类示范经营区建设，取得联合国开发计划署项目——退化天然林生态恢复与管理项目初步批复，与中国林学会、欧洲专家共同完成天然林区栎类经营方案编制工作，为科学经营天然林提供技术支持。

党的建设和机关建设　一是强化党员教育。以"三会一课"为载体，深化"两学一做"学习教育及"三强化两提升"学习实践，不断提升党员干部政策理论水平。二是加强组织建设。加强对新入党四名同志的培养，根据预备期表现酌情办理转正手续。同时，认真落实党建工作责任制，进一步加强党组织建设。三是注重队伍建设。在局党组的关心支持下，人事司于3月批复同意中心11名同志晋升职务，并从西安专员办交流一名同志到天保办工作，干部队伍结构、人员配备进一步充实和优化。四是继续开展干部素质能力提升培训。在总结前两年内部培训经验的基础上，6月，结合"两学一做"专题教育在山西省古县国营林场举办了"2016年干部素质能力提升培训"，全体干部综合素质明显提高。

【天然林保护宣传】 一是印发《关于启用中国天然林保护标识的通知》(天综通字〔2016〕41号),包括标识说明。二是完成《中国绿色时报》2016年全国林业厅局长会议特刊——天然林保护专版宣传工作。对天保工程实施取得的综合效益及3个典型省(区)进行了宣传。开展了2017年全国林业厅局长会天保特刊准备工作。三是研究提出《关于加大天保宣传工作力度的建议方案》。根据局领导的指示精神,研究起草了2016至2017年十九大期间扎实开展天保宣传的工作方案,提交天保办和局领导。四是协助宣传办和央视,完成《绿色中国》之"'天保工程':母亲河的守护者"采访,并在央视13套播出。五是组织报道天保办主任会议。联系局宣传办、中国林业网、绿色时报社、央视老故事频道生态中国栏目组,以及请陕西有关部门联系驻西安记者站、陕西媒体等,对会议开展新闻报道,就会议情况、天保情况、天保标识等内容进行了宣传报道。六是更新维护天保子站及"中国天然林保护"微信公众平台图文信息。七是组织了天保宣传工作座谈交流。在银川举办的天保信息化建设和宣传培训班上,套开了宣传工作座谈会,听取了各省(区)天保宣传工作开展情况,讨论了《国家林业局办公室关于加强天然林保护宣传工作的通知》稿及《中国天然林保护标识使用管理办法》稿。八是完成《国家林业局办公室关于加强天然林保护宣传工作的通知》文件准备工作。九是推进《天保故事》纪录片拍摄制作和播出。与中央电视台老故事频道及有关省(区)天保办合作,完成13集《天保故事》的策划和外拍及后期制作,从12月24日开始,每周在中央电视台老故事频道连续播出。

【天然林保护信息化建设】

天保工程业务管理应用系统 一是完成系统和采集软件完善和升级。组织规划院汇报系统建设情况,提出各业务处完善系统意见,结合各省(区)在使用中提出的意见和建议,完成了系统和数据采集软件版本升级。二是完成报表与系统并轨。在统计分析子系统里开发了天保工程报表系统相关流程、逻辑计算及指标含义等内容,进入数据采集上报、运行阶段。三是完成电子档案子系统开发,进入运行测试阶段。四是开展系统运行维护和技术支持。安排5名专门的技术人员进行软件操作指导和日常问题处理,保持全国天保工程工作群、各省的天保工作群、个人QQ及电话咨询等渠道畅通。安排专门人员每周跟进一次数据更新进度,汇总分析人员机构和社保数据情况。

培训工作 一是在银川组织开展天保信息化与宣传培训班。在天保工程报表运行测试、完善升级系统及采集软件的基础上,组织对工程区信息化技术、管理及宣传工作人员开展了培训,来自工程区的100人参加了培训。同时,各省(区)天保办交流了信息化建设工作的进展、问题和建议。二是继续开展现有系统建设培训,督促开展数据采集。在四川、陕西、西藏、贵州等地及林干院组织的国有林区天保班培训班上,组织规划院专家一起对430多信息化管理技术人员开展了系统培训;组织专家对重庆市3个区(县)的采集数据情况进行了检查和调研。三是检查督促人员机构社保系统数据更新工作。年初督促完成五大森工的数据更新,提交社保人员统计数据与对比分析材料。四是印发《国家林业局关于加强天然林保护管理信息系统建设的通知》(林天发〔2016〕106号)。在征求各有关省(区)、信息办意见的基础上,经过反复研究修改,印发天保信息化建设的纲领性文件,进一步规范和加强了天保的信息化建设工作。五是印发《关于做好天保信息系统建设近期工作的通知》(天综通字〔2016〕33号)。明确了天保信息化建设近期工作部署和要求,发布《天保管理系统2.2版本更新及说明》,扎实推进系统建设工作。六是开发国家级用户网卡地址绑定功能。为了数据安全,开发了独立客户端程序,获取客户端地址与天保系统登录用户名绑定,并开展安装部署和使用指导。七是参加信息办组织的智慧林业培训班。进一步提高了信息化管理理论和技术水平。

(天保办由徐鹏供稿)

退耕还林工程

【综 述】 2016年,国务院总理李克强在《政府工作报告》中要求:"制定新一轮退耕还林还草方案,今年退耕还林还草1500万亩,这件事一举多得,务必抓好。"按照党中央、国务院部署和国家林业局党组的安排,有关部门密切配合,各级工程管理部门精心组织,扎实抓好退耕还林各项工作,全年新增退耕还林还草任务100.67万公顷,中央投入新一轮退耕还林还草补助资金132.30亿元和前一轮退耕还林完善政策补助资金124.68亿元,退耕还林成果得到进一步巩固和扩大。

退耕还林各项改革措施稳步推进 ①国家林业局退耕还林办公室(以下简称退耕办)根据《关于扩大新一轮退耕还林还草规模的通知》(财农〔2015〕258号)要求,督促、指导有关省(区、市)提出扩大退耕还林规模及调整耕地保有量和基本农田保护指标的方案。经多次沟通协调,国家发展改革委员会、国家林业局等五部门联合向国务院上报《关于核减基本农田保护面积 扩大新一轮退耕还林还草规模的请示》,拟将有关省(区、市)符合条件的陡坡基本农田调整为非基本农田,扩大新一轮退耕还林还草规模。②积极参与编制印发《耕地草原河湖休养生息规划(2016~2030年)》,并参加规划印发实施专题新闻发布会。③配合有关部门起草《探索实行耕地轮作休耕制度试点方案》,正式印发该方案后启动试点工作,并带队赴湖南开展试点工作督导。④加强政策调研协调。配合全国人大农业与农村委员会(简称全国人大农委)、新华社云南分社、中国老科学技术工作者协会(简称中国老科协)林业分会赴8个省(区、市)进行调研，向国务院报送了调研报告，引起中央领导的高度重视，促进退耕还林有关问题的解决。⑤一些地方结合本地实际提高退耕还林补助标准。山西省2016年10月下发的《关于提前启动2017年度新一轮退耕还林还草的实施方案》规定，除国家退耕还林补助外，省级财政对58个贫困县实施的退耕还林工程每公顷配套12 000元，补助额达到每公顷34 500元；对其他非贫困县实施的退耕还林工程每公顷配套7500元，补助额达到每公顷30 000元。

2015年退耕还林计划任务 国家林业局退耕办制订计划和措施，加快新一轮退耕还林任务实施进度。①严格执行工程进展情况月报、周报制度，37次向各工程省(区、市)通报周报进展情况，并每个月向国家林业局领导报告进展情况。②督促各工程省(区、市)按照《退耕还林条例》要求落实好“四到省”责任，对进展缓慢的工程省(区、市)经常进行电话督办，随时掌握情况、介绍经验、提出建议。③派出6个督导组对15个省(区、市)进行实地督导。④各工程省(区、市)采取时间倒逼、工期倒排等方式，确保工程进度。截至2016年年底，各工程省(区、市)全面完成2015年退耕还林计划任务。

2016年退耕还林任务 ①经过反复协调，有关部门于5月27日联合下达2016年年度计划任务，安排13个省(区、市)和新疆生产建设兵团退耕还林还草任务100.67万公顷(其中还林89万公顷，还草11.67万公顷)，比2015年增加34万公顷。②为总结交流经验、分析研究问题、安排部署工作，国家林业局于6月30日至7月1日在云南省临沧市召开全国退耕还林经验交流现场会。③国家林业局与各工程省(区、市)和新疆生产建设兵团签订2016年退耕还林责任书。④各地按要求认真完成地块落实、合同签订、作业设计、苗木准备、整地栽植及信息调度等工作，加快工程建设进度。截至2016年年底，各工程省(区、市)已将2016年计划任务分解下达到县，并完成年度计划任务的40.2%。

扶贫力度 按照中央要求，国家林业局加大贫困地区的退耕还林力度，并利用新一轮退耕还林政策，探索一条生态脱贫与产业脱贫相结合的新路子。①指导各地在制定新一轮退耕还林实施方案时，将符合退耕还林条件的集中连片特困地区和重点贫困县纳入实施范围，并根据退耕还林的需要调整耕地保有量和基本农田保护指标，做到应退尽退。②年度任务安排上优先向贫困地区、贫困人口倾斜，使建档立卡贫困人口尽快享受政策补助。③坚持稳步推进与巩固成果并举，狠抓后续产业发展，并搞好各项配套措施建设，使之成为退耕区农民脱贫致富的有效途径。据监测，新一轮退耕对建档立卡贫困户的覆盖率达18.73%。一些贫困地区覆盖面更高，如重庆市城口县、甘肃省环县和会宁县新一轮退耕还林对建档立卡贫困户覆盖率分别达到48%、49%和39%。2016年全国退耕还林(草)户人均可支配收入实际增速高于全国农村平均水平0.8个百分点。陕西省至2016年年底已完成退耕还林后续产业项目建设446万亩，形成了一大批核桃、花椒、山地苹果等栽植专业村、专业户，为林业产业发展和群众脱贫致富奠定了坚实基础。

工程管理 ①国家林业局退耕办根据各方面意见修订《退耕还林条例》，并按国务院法制办要求公开征求社会意见。②组织记者现场采访，在《中国绿色时报》开辟退耕还林模式创新系列报道、从退耕还林看精准扶贫等专栏，宣传推广各地涌现出来的新机制、新模式、新经验和新成效。③组织编写退耕还林工程经济林发展年度报告，为各地发展后续产业提供指导。④通报各省办理2015年群众举报办理情况，并认真抓好2016年11件群众举报办理工作。⑤按照国家林业局党组和中央纪委驻农业部纪检组的要求，制订专项整治工作方案，启动全国退耕还林突出问题专项整治工作。

工程检查验收 ①国家林业局退耕办连续举办3期新一轮退耕还林检查验收培训班，对20个工程省(区、市)的200名工程管理和技术人员进行系统培训。②安排部署各地对2014年退耕还林任务开展省级复查、对2015年任务开展县级自查。③完成新一轮退耕还林检查验收管理与应用系统研发的招标及合同签订。④组织开展2016年退耕还林工程管理实绩核查，形成21个分省核查报告并进行汇总分析。⑤配合财政部开展2016年退耕还林绩效评价。

生态效益监测 ①国家林业局退耕办组织编写并发布《退耕还林工程生态效益监测国家报告(2015)》。②修订退耕还林工程生态效益监测评价国家标准，举办效益监测培训班，加强工作指导，首次在所有工程省(区、市)全面开展生态效益监测并对数据进行汇总分析。③积极争取将退耕还林专项监测站纳入陆地生态系统定位研究网络整体规划，并完成湖南省慈利县国家级退耕还林专项监测站外业专家考证。 (退耕办)

【全国退耕还林经验交流现场会】 于6月30日至7月1日在云南省临沧市召开。国家发展改革委、财政部、国土资源部、农业部及国家林业局有关单位领导，各工程省(区、市)林业厅(局)分管领导及退耕办主任，以及典型经验交流单位代表共95人参加会议，国家林业局副局长张永利出席会议并作主旨报告。张永利强调，要进一步做好调查摸底和实施方案编制等前期工作，按时完成2015年和2016年的退耕还林任务，切实做好退耕还林精准扶贫工作，创新发展模式，激发工程建设活力。同时，进一步强化工程管理，全面落实责任，保质保量完成退耕还林各项任务，继续扩大退耕还林规模，为全面建设小康社会和打赢脱贫攻坚战作出更大贡献。新华社、《中国绿色时报》《云南日报》等对会议进行了报道。 (高立鹏)

【退耕还林重大问题调研】 4～5月，国家林业局退耕办配合中国老科协林业分会赴广西、重庆、四川、甘肃、辽宁5省(区、市)进行调研，起草调研报告，以中国老科协林业分会会长杨继平的名义向国务院领导报送了退耕还林调研报告，得到国务院总理李克强、副总理汪洋的高度重视，国务院副秘书长江泽林召集有关部门专门进行研究，促进退耕还林有关问题的解决。8月，配合全国人大农委赴陕西、青海两省进行实地调研，有关调研报告得到全国人大常委会委员长张德江和国务院副总理汪洋的高度重视。 (高立鹏)

【全国人大重点督办建议办理】 全国人大常委会办公厅将十二届全国人大四次会议期间代表提出的涉及新一轮退耕还林还草的7件建议(第1547号、第1895号、第4823号、第5606号、第6721号、第6945号、第8810号)列入全国人大重点督办建议，由国家林业局主办，国家发展改革委、财政部、国土资源部、农业部协办，全国人大农业与农村委员会督办。①国家林业局退耕办及时明确专人负责，制定并向全国人大常委会办公厅报送了重点建议办理工作方案。②6~8月，会同全国人大常委会办公厅、全国人大农委和有关部门赴云南、陕西、青海等省进行实地调研，并对河北、四川、贵州3省进行书面调研，当面听取代表建议，及时回应各方关切。有关调研报告得到张德江和国务院领导的高度重视。③及时对建议逐一进行研究和答复，并与有关人大代表进行沟通交流，尽量做到让代表们满意。截至8月底，7件重点建议全部办结，并及时向全国人大常委会办公厅、全国人大农委报送2016年重点督办建议办理工作总结。 (高立鹏)

【年度退耕还林工程责任书】 11月，国家林业局与各工程省(区、市)人民政府和新疆生产建设兵团签订2016年度退耕还林工程责任书，主要内容有：①明确2016年国家下达的退耕还林工程建设任务；②明确省级人民政府责任，主要是巩固前一轮退耕还林成果、做好新一轮退耕还林实施、强化工程管理和监督等；③明确国家林业局责任，主要是研究政策、制定管理措施、组织检查监督等。 (吴转颖)

【退耕还林工程责任书执行情况通报】 国家林业局根据2016年组织开展的退耕还林工程管理实绩核查、全国营造林综合核查结果，以及2014年组织的阶段验收结果和2014年度工程实施情况的调度以及日常工作记录、统计情况，印发《国家林业局关于2014年度退耕还林工程责任书执行情况的通报》(林退发〔2016〕170号)，对各工程省(区、市)和新疆生产建设兵团在计划任务落实、前期工作准备、主体责任明确、造林质量、政策兑现，以及专项资金完成、成果巩固、确权发证、群众举报办理、档案管理、信息统计与培训、效益监测等情况进行通报。 (吴转颖)

【退耕还林工程群众举报办理情况通报】 2016年5月，国家林业局退耕办印发《国家林业局退耕还林(草)办公室关于2015年度群众举报办理情况的通报》(退工字〔2015〕15号)，对有关工程省(区、市)2015年办结的全部23件群众举报进行通报。 (吴转颖)

【退耕还林工程管理实绩核查】 为进一步掌握退耕还林工程建设管理情况，加强工程管理，确保工程建设质量，切实巩固和发展好退耕还林成果，3月3日，国家林业局向有关省(区、市)林业厅(局)、新疆生产建设兵团林业局印发《关于开展2016年度退耕还林工程管理实绩核查工作的通知》(林退发〔2016〕27号)，于3~5月开展2016年度退耕还林工程管理实绩核查工作。

(曹海船)

【全国新一轮退耕还林检查验收培训】 为学习贯彻《新一轮退耕地还林检查验收办法》(办退字〔2015〕111号)和相关政策，根据国家林业局2016年度培训计划，4~7月，国家林业局退耕办先后在甘肃省天水市、湖南省娄底市和新疆维吾尔自治区昌吉市举办三期"新一轮退耕还林检查验收工作培训班"，对19个工程省(区、市)和新疆生产建设兵团的200名退耕还林管理人员和技术骨干进行系统培训。 (曹海船)

【退耕还林工程生态效益监测与评估规范】 1月1日起，退耕还林工程生态效益监测工作的首个指导性林业行业标准——《退耕还林工程生态效益监测与评估规范》(LY/T 2573—2016)正式颁布实施，该标准由国家林业局退耕办提出并与中国林业科学研究院森林生态环境与保护研究所、北京市农林科学院林业果树研究所共同完成。 (段　昆　郭希的)

【《退耕还林工程生态效益监测国家报告2015》】 《报告》以《退耕还林工程生态效益监测与评估规范》(LY/T 2573—2016)为技术依据，以黑龙江等北方10省(区、市)和新疆生产建设兵团实施退耕还林工程的沙化土地为评估范围，面积共计401.10万公顷，评估指标包括森林防护、净化大气、固碳释氧等7个方面共15类。结果表明，截至2015年年底，北方沙化土地退耕还林工程每年防风固沙9.19亿吨、涵养水源9.15亿立方米、固土1.17亿吨、保肥445.47万吨、林木积累营养物质12.20万吨，生态效益价值量为1263.07亿元。

(段　昆　郭希的)

【《退耕还林工程经济林发展报告2015》】 为引导各地退耕还林产业建设，国家林业局退耕办委托国家林业局经济发展研究中心编写《退耕还林工程经济林发展报告2015》。《报告》分工程篇、产业篇和产权创新篇，集中反映18个工程省(区、市)退耕还林工程建设情况和经济林种植面积，并对各工程省(区、市)主要经济林树种种植及产销情况进行统计分析，报告还介绍了有关工程省(区、市)8个产权模式创新典型案例。(陈应发)

【退耕还林模式创新系列报道】 为宣传推广退耕还林工程中涌现出来的新机制、新模式，进一步推动退耕还林工程产业发展，国家林业局退耕办在全面调查研究的基础上，选择四川、贵州、湖南、甘肃、重庆5省(市)的8个创新模式，组织记者现场采访，并在《中国绿色时报》开辟"退耕还林模式创新系列报道"专栏，专题报道退耕还林工程建设实践中探索出的BOT(建设—经营—转让)、互联网营销、合作社、股份制、托管经营、先租后股等产权模式创新典型。 (陈应发)

【"从退耕还林看精准扶贫"专栏宣传】 11月7日至12月2日，国家林业局退耕办在《中国绿色时报》开设"从退耕还林看精准扶贫"专栏，先后发表《互促互进，甘肃开启退耕还林"绿富"模式》《各施所长，湖南释放退耕还林新能量》《一个小山村的脱贫致富样本——辽宁省北票市退耕还林助推精准扶贫纪实》《有的放矢，河北退耕还林紧锁精准扶贫》《退耕还林为山城重庆带来

"绿富美"》5篇文章，宣传各地退耕扶贫取得的好经验、好做法，为新一轮退耕还林工程顺利实施提供经验和借鉴。 （刘　青）

京津风沙源治理二期工程

工程概况　2012年，国务院通过了《京津风沙源治理二期工程规划(2013～2022年)》。工程建设范围包括北京、天津、河北、山西、陕西及内蒙古6省(区、市)138个县(旗、市、区)，比一期工程增加了63个县(旗、市、区)。工程区总国土面积70.60万平方千米，沙化土地面积20.22万平方千米。工程规划建设任务为：现有林管护730.36万公顷，禁牧2016.87万公顷，退化、沙化草原围栏封育356.05万公顷。营造林586.68万公顷。工程固沙37.15万公顷。对25度以上陡坡耕地和严重沙化耕地，实施退耕还林还草。二期规划总投资为877.92亿元。

工程进展情况　截至2016年12月31日，六省(区、市)共完成2016年林业建设任务25.14万公顷，工程固沙0.98万公顷，占年度计划任务的100%。其中：人工造林13.16万公顷，封山育林9.38万公顷，飞播造林2.6万公顷。2016年中央下达京津风沙源治理工程投资21亿元，其中林业建设项目投资9.3亿元。工程营造林投资标准提高，人工营造乔木林由6000元/公顷提高到7500元/公顷、人工营造灌木林由1800元/公顷提高到3600元/公顷、封山育林由1050元/公顷提高到1500元/公顷、飞播造林由每亩1800元/公顷提高到2400元/公顷。

在京津风沙源治理工程区推广应用容器苗造林、节水抗旱造林等技术，内蒙古"两行一带"、山西"6＋1"灌草结合等48种治理模式得到广泛应用。下发《关于进一步加强京津风沙源治理工程质量管理工作的通知》(林沙综字〔2016〕6号)，对工程作业设计、造林施工、抚育管护、资金管理、检查验收等工作提出明确要求。

制订《京津风沙源治理工程固沙项目核查及综合评价办法》，开展工程固沙项目外业核查工作，抽调专业技术人员，历时32天完成核查外业工作，提交工程固沙项目核查报告。 （江天法）

三北防护林体系工程建设

【综　述】　2016年，三北各地牢固树立新发展理念，坚持以增绿增质增效为主线，突出重点，规模治理，推进造林育林与修复提高协同发展，实现了"十三五"工程建设的良好开局。据调度统计，全年完成造林育林1000多万亩，修复退化林分近5.67万公顷，均超额完成计划任务。其中，北京、天津、内蒙古、新疆超额完成计划任务，其他省(区)全面完成了计划任务。工程建设整体呈现出稳中有进、内涵拓展、质量提升的良好态势。

高位推动　各地全面推进生态文明建设，"绿水青山就是金山银山"正在成为各级党委、政府执政为民最鲜明的特征，林业生态建设从顶层设计、战略布局到政策支持、制度约束等，都得到了全面强化，发展动力更加强劲。宁夏回族自治区党委全会审议通过了《落实绿色发展理念 加快美丽宁夏建设的意见》，明确提出划定森林、湿地等5条生态保护红线，建设引黄灌区平原绿洲、中部荒漠草原防沙治沙、南部黄土丘陵水土保持等四大生态功能区，实施森林、荒漠、湿地等十大生态保护工程的战略布局，勾画出推进美丽宁夏建设的时间表和路线图。青海省委、省政府把保护高原绿水青山摆在压倒性的位置，省人大审议通过《青海省生态文明建设促进条例》，通过划定生态保护红线、强化重点生态功能区封禁保护、增加生态考核指标、实行重大生态问题"一票否决"等措施，坚守保护生态底线，确保"一江清水向东流"。天津市坚持"拓空间"与"守红线"相结合，积极协调国土部门，调整7.2万公顷基本农田用于生态建设，拓展了生态空间；在全国率先出台《生态用地保护红线划定方案》，划定2980平方千米生态空间，占市域国土总面积的25%。

创新驱动　各地坚持问题导向，以深入推进林业供给侧结构性改革为突破口，破难题、补短板，工程建设新动能日益彰显。辽宁省适应人民群众日益增长的绿色、生态需求，调整优化林种、树种和产业结构，大力推进森林中药材、森林食品、森林体验、森林疗养基地建设，增强林业有效供给，以新动能拉动林业生态建设。甘肃省出台《示范性家庭林场评选认定办法(试行)》，对家庭林场在财政补贴、税收优惠、信贷支持、抵押担保、森林保险等方面给予倾斜支持，引导集体林权由"两权分离"向"三权分置"转变，吸引社会资本发展适度规模经营。天津市充分利用国开行和农发行贷款平台，探索出了"分贷分还、借用管还、政府回购、委托代建"贷款模式，2015年落实"两行"贷款49.3亿元，支持发展生态储备林4726.67万公顷。山西岚县开展"购买式"造林试点，引导农民按规划设计自主购买苗木栽植管护，经第三方验收合格后政府回购造林成果，2015年高质量完成试点任务10万亩。

身边增绿　各地顺应人民群众对生态宜居环境的新期待，在加快面上造林的同时，更加注重身边增绿，人居环境大为改观。陕西省延安市突出交通沿线、河流水系两岸及县城、乡镇、社区、村庄等重点区域绿化，人居环境质量全面提升，2016年荣获"国家森林城市"称号。吉林省围绕"城区园林化、村屯林围化、道路林荫化、农田林网化、庭院花园化"的建设目标，深入实施《第二个绿化美化吉林大地规划》，"十二五"期间新增城市绿地4446.67万公顷，绿化美化村屯1.09万个。青海省西宁市斥资1.89亿元绿化南绕城高速公路沿线重点区域，栽植大规格常青树和花灌木，沿线绿量大幅增加，西宁市南绕城高速成为一条"四季有绿，两季有花"的生态绿线。北京市充分利用城市拆迁腾退地、边角地、废弃地、闲置地，通过小微绿地、街心公园、立体式绿化、郊野公园等方式，增加市民公共生态休闲空间供给。

规模治理 各地在抓好百万亩防护林基地建设的同时，坚持"山、水、林、田、路"统一规划，突出重点，规模推进，打造了一批高质量的优质示范工程。内蒙古阿拉善盟坚持不懈开展造林治沙，2015年完成飞播造林43万公顷，人工种植梭梭3.27万公顷，全盟人工梭梭林面积达到18万公顷，其中建成20万公顷以上规模3处，1.33万公顷规模2处，0.67万公顷规模1处。山西平顺县按照"规模治理、整体推进、自然恢复与人工修复相结合"的治理模式，每年集中治理一条流域，打造了黄土高原小流域整体推进的样板，连续3年在国家林业局开展的督查中综合排名第一。新疆在全区筛选出39个生态区位重要、领导重视、社会参与度高、有一定资金配套能力和水土资源条件的重点项目，实行统一规划，统一论证，分步实施，39个重点项目共完成人工造林8.53万公顷，占全区人工造林面积的63.6%。新疆兵团集中力量开展"防护林整团推进示范团场工程"，建成示范样板团场21个。

绿色惠民 各地坚持将工程建设与精准扶贫、精准脱贫紧密结合，不断提升传统产业，壮大特色产业，培育新兴产业，有力带动农民脱贫致富。新疆通过推进林果业提质增效、转型升级、实施品牌发展战略、推进精深加工等综合措施，延长产业链，提高附加值，全区特色林果面积突破146.67万公顷，农民实现人均林果业纯收入2200元，占农民收入的25%以上。宁夏把"小葡萄"当"大产业"来培育，目前在贺兰山沿线建成葡萄种植基地5.33万公顷，葡萄小镇10个，葡萄酒庄82家，年产量20多万吨，综合产值达65亿元以上，葡萄产业成为继枸杞之后的又一支柱产业。黑龙江省依托湿地、森林、界江等优质生态资源，积极发展森林旅游、森林康养、森林人家，扩大林果种植业、林下养殖业规模，促进了一、二、三产业融合发展。山西省出台《关于扶持发展扶贫攻坚造林专业合作社的指导意见》，造林合作社直接带动28.8万贫困人口实现生态治理脱贫。河北围绕脱贫攻坚目标，将符合条件的建档立卡贫困人口就地转为生态护林员，以生态保护助推精准扶贫，聘用1.3万名护林员，带动4万人脱贫。

【2016年三北防护林站(局)长会议在宁夏银川召开】 1月26日，2016年三北防护林站(局)长会议在宁夏银川召开。会议认真学习十八届五中全会精神，深入贯彻全国林业厅局长会议精神，全面总结了2015年工程建设工作，分析了当前的形势和任务，安排部署了"十三五"工程建设和2016年的重点工作。表彰了2015年度三北工程信息工作先进单位和优秀信息员，通报了三北工程封山育林专项督查情况和2014年黄土高原综合治理林业示范项目督查情况，听取了三北各省(区)工程主管部门的工作汇报，分析了工程建设面临的形势和任务，对认真学习贯彻全国林业厅局长会议精神，扎实推进三北工程持续健康发展作出了安排部署。

会议要求，各地要认真贯彻落实全国厅局长会议精神，全面落实工程年度计划任务；全力做好五期工程中期总结评估工作；开好"十二五"总结表彰暨"十三五"动员大会；加强百万亩防护林基地建设；科学稳妥有序推进退化林分修复；提升黄土高原综合林业示范县建设水平；大力发展特色林果业基地；进一步夯实工程发展基础；切实改进工作作风。

【三北局学习贯彻习近平总书记关于森林生态安全重要讲话精神的报告】 3月15日，三北局传达学习习近平总书记关于森林生态安全重要讲话精神，并对贯彻落实讲话精神进行安排部署。

会议指出，三北工程阶段性建设成就充分印证了"森林关系国家生态安全""绿水青山就是金山银山"等科学论断。习近平总书记强调指出的要着力推进国土绿化，加强重点林业工程建设；要着力提高森林质量，坚持保护优先、自然修复为主，坚持数量和质量并重、质量优先，坚持封山育林、人工造林并举，实施森林质量精准提升工程；要着力开展森林城市建设，搞好城市内绿化，使城市适宜绿化的地方都绿起来。搞好城市周边绿化，充分利用不适宜耕作的土地开展绿化造林等重要指示精神，切准了三北地区生态建设的要害，指明了三北工程建设未来发展方向，具有极其重要的指导意义。

会议要求，要坚定持续推进三北工程建设的决心不动摇，坚定持续推进三北工程体制和机制创新的步伐不停滞，坚定持续开辟三北工程发展新领域的动力不换挡，牢固树立创新、协调、绿色、开放、共享的发展理念，坚持以规模治理为突破口，以提质增效为重点，以重点项目为抓手，深化改革创新，加快造林营林，增进绿色惠民，努力构建"一圈两区三带"防护林体系，为加快推进林业现代化、建设生态文明和美丽中国作出更大贡献。

【"网上三北"全新改版亮相】 5月18日，全新升级改版的中国三北防护林体系建设网正式上线运行，标志着"网上三北"建设迈上了新台阶。新版三北工程网站在设计理念、风格、内容、功能等方面都取得了新突破。新版网站以板块化为主线，设计了"走进三北""信息发布""工程动态""在线服务""互动交流""生态文化"六大板块，高度浓缩和反映了三北工程建设的过去、现在、未来，成为对外宣传三北工程建设的综合平台。

【三北五期工程中期评估报告通过专家审议】 6月13日，三北防护林体系建设五期工程中期评估报告审定会在北京举行。国家林业局副局长张永利出席会议并作讲话。与会专家审议通过了三北防护林体系建设五期工程中期自评估和后评估报告。专家们认为，三北五期工程统筹生态建设和改善民生协调发展，坚持突出重点、规模治理，大力推动重点区域建设、百万亩防护林基地、黄土高原综合治理林业示范建设等重点支撑项目；工程建设质量与效益进一步提升，取得了阶段性成果。

【三北工程飞播造林座谈会】 6月21日，三北工程飞播造林座谈会在内蒙古阿拉善盟召开。河北、内蒙古、陕西、甘肃、新疆五省（区）林业厅分管领导、三北站（局）长以及部分重点地（市）、县（旗）林业局的负责人参加了会议。

会议强调，飞播造林是行之有效恢复林草植被的重要方式，为加快培育三北地区森林资源、遏制生态灾害、改善区域生存和发展环境作出了重要贡献。

会议要求，一要精心编制飞播工作方案，将任务落实年度，落实到建设单位，作为安排年度投资计划的重要依据。二要做积极做好统筹协调工作，主动做好同民航、气象、农业、畜牧等部门的沟通协调，超前谋划，打好主动仗。三要科学组织实施好飞播造林，把好飞播造林种子关，为飞机播种造林提供数量充足、品质优良的树种和草种。要把好飞播造林时间关，选择最佳的飞播期，能保证种子落地后迅速生根发芽，尽快木质化。要把好飞播造林的管护关，要对播区采取封禁围栏措施，要建立管护队伍，落实管护责任制，巩固飞播成果。四要修订完善飞播造林技术规程，使飞播造林技术规程更加贴近生产实际。

【生态文明贵阳论坛——全球干旱半干旱区生态系统治理主题论坛】 7月8日，由国家林业局、世界自然保护联盟联合主办的生态文明贵阳国际论坛2016年年会之干旱半干旱区生态系统治理主题论坛在贵阳召开。全国政协副主席罗富和出席。国家林业局局长张建龙、世界自然保护联盟主席章新胜在论坛上致辞。论坛围绕“生态治理、生态服务、生态减贫”主题邀请中外嘉宾进行了高端交流与对话，发表了干旱半干旱区生态系统治理主题论坛宣言，国家林业局与世界自然保护联盟亚洲区签署了《加强干旱半干旱区生态修复技术合作框架协议》。

【三北局参加中国林业年鉴工作会议】 7月14日，中国林业年鉴工作会议在宁夏银川市召开。国家林业局副局长彭有冬参会并讲话，三北局局长张炜参加会议，并就三北工程建设进展情况及年鉴编撰工作进行了经验交流。

【三北局传达学习习近平总书记来宁视察重要讲话精神】 8月22日，三北局传达学习习近平总书记来宁视察重要讲话，对做好当前和今后一个时期工作作出安排部署。

会议要求，要把学习贯彻习近平总书记重要讲话精神与“两学一做”学习教育结合起来，与贯彻落实中央的重大决策部署结合起来，深入系统学、反反复复学、联系实际学，全面准确领会习近平总书记重要讲话精神的核心要义，准确把握总书记对宁夏工作的总要求，准确把握总书记提出的“三个着力”重点任务等要求。要认真贯彻落实习近平总书记“建设天蓝、地绿、水美的美丽宁夏”的要求，紧盯年度中心工作，认真梳理下半年工作重点，采取有效措施扎实推进，确保全年各项任务顺利完成；要认真贯彻落实习近平总书记“补齐民生短板”的要求，瞄准脱贫攻坚的具体任务，认真贯彻落实习近平总书记新时期扶贫开发战略思想，注重发挥贫困地区和贫困群众的主观能动性，通过实施帮扶项目、技能培训、产业配套建设、援助困难群众等，最大限度地激发贫困群众的内生动力，使结对帮扶的内容和领域不断拓展，保证结对帮扶村按时脱贫。

【三北局同西安航天基地管委会座谈航天育种技术合作等事宜】 9月9日，三北局同西安航天基地管委会在银川座谈航天育种技术合作事宜。

会议认为，三北地区土地沙化、盐渍化严重，治理难度大，迫切需求适合三北地区造林绿化的优良品种、造林技术支撑。西安航天育种科技产业示范园的研究成果在三北地区存在广阔的推广前景，双方应积极沟通交流，拓展合作的方式和渠道。

会议指出，一是针对三北地区绿化树种单一、品种退化、对耐寒耐寒要求高的现实情况，西安航天育种科技产业示范园筛选部分树种开展航天育种试验。二是进一步开展三北地区种质资源保存、防护林树种和景观树种的品质改良方面的研究和应用，积极筹建以黄土高原地区为主、涵盖三北地区树种资源保存和研究的种质资源库。三是探讨合作共建模式，组建三北防护林航天育种试验研究中心，加快三北工程主要造林树种的改良。

【三北防护林体系建设工作会议】 10月9日，国家林业局在北京召开三北防护林体系建设工作会议，总结三北工程建设成效与经验，分析形势与任务，科学部署当前和今后一个时期工程建设。全国政协副主席罗富和出席会议并作重要讲话，高度评价了工程建设取得的巨大成就，深刻阐述了加强三北工程建设的重大意义，明确提出了强化组织领导，深化改革创新、加快产业发展、加强科技攻关等五项要求。国家林业局局长张建龙指出，实施三北工程是党中央、国务院作出的英明决策，全力推进三北工程建设要更加注重保护自然生态，始终坚持生态惠民富民，全面提升工程建设质量。国家林业局副局长张永利总结了“十二五”工程建设成效，安排部署了“十三五”工程建设。

【三北局迈入无纸化办公时代】 11月1日，三北局内部综合办公系统正式上线运行，实现了内外部公文流转、信息联络的电子化运行，标志着三北局正式步入了无纸化办公时代。该系统在全面实现机关公文等办公信息的流转、签批、传输、存档等基础应用的同时，还实现了会议通知、事务办理等工作系统内程序化办理。

【“制度建设年”活动】 为强化机关建设的制度化、规范化管理，三北局将2016年确立为“机关制度建设年”，成立了领导小组，制订了工作方案，对现有制度进行了清理整顿，并与时俱进地新建了一批制度，共修订、新建制度36项，使机关制度的笼子越织越密。涉及工作职责、议事规则、会议制度、政务管理等方方面面，基本形成了内容协调、程序严密、配套完备、有效管用的制度体系。

【"两学一做"学习教育有序开展】 三北局党组认真贯彻国家林业局党组和宁夏回族自治区党委关于开展"两学一做"学习教育的部署和要求，坚持学在先、做在前，立足于经常性教育，有针对性地解决问题，把全面从严治党的要求落实到每个党支部、落实到每名党员，有力有序推进学习教育开展，取得了重要阶段性成效。通过学习教育，唤醒了全体党员党章党规意识，强化了党的意识、党员意识和纪律意识，把握了为人做事的基准和底线，进一步坚定了理想信念，提高了党性觉悟，凝聚了奋发有为、干事创业的强大动力，开创了工程建设和机关建设的新局面。

【三北工程云档案馆项目总体设计方案通过专家论证】 12月7日，三北工程云档案馆项目总体设计方案专家论证会在宁夏银川市召开。与会专家一致审议通过《三北工程云档案馆项目总体设计方案》《三北工程档案数字化技术规范》。《总体设计方案》和《技术规范》的原则通过，标志着三北工程建设在搭建档案工作大平台、推动档案资源大整合、实现档案服务大拓展、促进信息资源大共享目标上迈出了实质性的一步。

（刘冰供稿）

长江流域等防护林工程建设

【综　述】 2016年，长江流域、珠江流域、沿海防护林、太行山绿化、全国平原绿化工程共完成中央预算内投资14.55亿元，造林50.65万公顷。圆满完成中央预算内年度工程建设计划任务，为构筑中国"江、河、山、海、原"重点区域生态屏障打下坚实基础。

长江流域防护林建设工程 完成中央投资6.2亿元，造林23.75万公顷，重点加强"两湖两库"（洞庭湖、鄱阳湖、三峡库区、丹江口库区）和南水北调沿线水源涵养林、水土保持林建设。工程区森林覆盖率达到了38.8%，土壤侵蚀量减少了2.3亿吨，洪涝、滑坡、泥石流灾害明显减轻，生物多样性明显改善。

珠江流域防护林建设工程 完成中央投资2亿元，造林5.83万公顷，重点加强南北盘江、左右江水源涵养林、水土保持林建设。流域森林面积不断增加，工程区森林覆盖率达到57.4%，保水固土、涵养水源的能力大大增强。西江流域（包括南盘江、北盘江）、北江流域土壤侵蚀量下降尤为明显。东江、西江、北江中上游水质持续保持在一、二类以上，珠江三角洲和港澳地区的饮用水安全得到有效保证。

沿海防护林 完成中央投资4.8亿元，造林16.16万公顷，重点加强了沿海灾害频发区段、薄弱环节基干林带建设；工程区森林覆盖率达38.5%，基干防护林带已基本合拢，以消浪林、海岸基干防护林、纵深防护林为重点的沿海防护林体系的主体框架已初步形成，有效提升了沿海地区台风、海啸、海雾等灾害抵御能力。

太行山绿化 完成中央投资1.55亿元，造林4.91万公顷，重点加强了太行山北段和海河流域防护林带建设。工程区内森林覆盖率提高到22.7%，水土流失面积和流失强度大幅度降低，地表径流量减小，干旱、洪涝等自然灾害也明显减少，基本改变了过去"土易失、水易流"的状况，林种树种结构进一步优化，森林生态系统稳定性增强，生态环境显著改善，不少地区重现山清水秀、生态优美、人居和谐的景象。

全国平原绿化工程 完成3.09万公顷，重点加强了平原农区农田防护林体系建设。平原地区的基本农田林网控制率已达到了90%，比工程伊始提高14.4个百分点，初步建立起比较完善的点、带、片、网平原农区综合防护林体系。

【《退化防护林修复技术规定》专家评审会议】 11月17日，国家林业局造林司委托局调查规划设计院在北京市组织召开《退化防护林修复技术规定》专家评审会。会议邀请了中国林科院、国家林业局华东院、国家林业局西北院等有关单位的7位专家组成专家评审委员会进行评审。专家评审委员会指出，《技术规定》确定了退化防护林的界定标准、改造方式与适用对象、改造方法及技术要求等，编制基础可靠、技术路线正确，切合当前退化防护林修复实际，针对性、适用性及可操作性强，对指导退化防护林修复活动具有较高的实用价值，并具有一定的前瞻性。会议原则通过了《技术规定》，并要求起草组根据专家评审委员会提出的简化生境保护章节、增加因地制宜选择改造方式内容、进一步完善改造质量评价指标等意见，对《技术规定》进行完善修改，尽快按程序报批。

【河北省张家口市坝上地区退化防护林改造试点】 为贯彻落实国务院批复的《河北张家口坝上地区退化林分改造试点实施方案》，加快推进改造试点工作，2016年5月10~13日，国家林业局造林司牵头，与资源司、科技司、计财司、治沙办、规划院、林科院等相关司局单位联合开展了坝上试点第三次督导工作。督导组实地检查了项目区尚义、康保、沽源、张北4个县和察北、塞北2个管理区共11个改造点的2015~2016年改造任务完成情况。包括中央预算内年度计划任务6.4万公顷下达分解，省市县三级资金落实，施工和监理招投标，作业设计与实际衔接，栽植和改造质量，效益监测点建设和科研点布置等。根据现场查看情况，查找存在的问题，有针对性地提出指导意见。在此基础上，组织召开了有张家口市政府及林业、农业、水利、发改、财政部门负责人，项目县（区）主管副县长、林业局长等参加的座谈会，系统听取了林业、农业、水利等部门及项目实施区(县)工作情况汇报及工作建议。督导组根据现场查看、规划院监测等情况，反馈了发现的问题，提出了意见和建议。督导工作取得了明显成效，有力推动了河北张家口坝上地区退化林分改造试点工作开展，为按时完成试点任务打下坚实基础。

【2016年度长江流域等防护林体系工程建设技术培训班】 11月29日至12月1日，国家林业局造林司在广西壮族自治区南宁市组织举办了长江流域等防护林体系工程建设技术培训班，全国各省(区、市、计划单列市)，以及森工集团、新疆生产建设兵团主管防护林工程工作的处长，数据报送负责人共80多人参加了培训。培训班以深入贯彻落实十八届六中全会、习近平总书记关于着力推进国土绿化指示精神为指导，系统总结了2016年防护林工程建设情况，科学部署了2017年防护林工程建设任务。同时，培训班特邀多位专家，为培训学员系统讲解了中国多功能森林经营理论与技术体系和应用案例、国内外防护林建设与发展战略、防护林工程数据报送系统应用、全国退化防护林改造规划编制等内容，有效加强了全国各地工程建设技术交流，推动提升工程建设技术水平。

【2016年引资造林专题调研】 为认真落实党的十八届五中全会提出"创新产权模式，引导各方面资金投入植树造林"的精神，按照国家林业局局领导批示要求，2016年4~6月，造林司与计财司、治沙办、经研中心、三北局等单位组成联合调研组，分三组赴山西、内蒙古、湖北、重庆、广西、贵州6省(区、市)开展专题调研。调研组采取现场调查、资料收集、座谈交流等方式，深入了解各地中央预算内林业重点工程投资和中央财政造林补贴等中央投入情况，地方各级政府制定出台的造林扶持政策、全额投入或补助性质的造林绿化工程及组织实施情况，各类企业、农村合作组织、造林大户和个人等社会资金投入造林情况，以及信贷、金融等其他资金投入情况等。在分析各类社会资本投入造林绿化遇到的困难和障碍，找准引资造林工作中存在的主要问题的同时，调研组与基层同志共同研究，提出解决引资造林问题的对策措施、意见和建议等，并签报局领导。调研成果为下一步制定引资造林政策，吸引社会资本投入造林绿化事业提供了依据。

(覃庆锋)

速丰林基地工程建设情况

【综　述】 中国重点地区速丰林建设工程自启动以来，在国家林业局党组的正确领导下，以支撑林业生态建设为主线，在政府推动、市场拉动、林农主动、企业带动等多因素作用下，不断深化集体林权制度改革，初步形成了多主体投资、多形式建设、多功能利用的总体格局，取得了明显成效。据18个重点省区的不完全统计，截至2016年年底，累计完成速丰林基地建设1181.65万公顷，其中，2016年完成速丰林工程建设各类造林47.39万公顷，包括荒山荒地造林15.34万公顷，更新造林14.71万公顷，非林业用地造林1.92万公顷，完成改培面积15.42万公顷。速丰林工程建设对于缓解中国的木材供需矛盾，特别是珍稀大径材极其短缺的结构性矛盾发挥了重要作用。 (马　藜)

林业血防工程

【综　述】 2016年开展林业血防工程建设成效评估，编写完成《十二五全国林业血防工作总结》。"十二五"期间，血防林工程建设总投资16.81亿元，累计完成血防工程区造林31.87万公顷。组织林业血防抑螺成效提升改造试点省，配合卫生血防部门在试点区域开展试点成效螺情调查，完成试点情况报告。参加全国预防控制血吸虫病中长期规划(2004~2015)终期评估工作、参与《全国血吸虫病防治规划(2016~2020年)》编制工作，修改完善《抑螺防病林造林质量检查验收办法》，完成林业血防工程"十三五"工作方案制订、内容细化等工作。赴安徽、江西、湖北等5个省份，完成《长江经济带林业生态血防工程纪实》专题宣传片的取景拍摄制作、审查和修改等工作。 (马　藜)

森林培育

04

林木种苗生产

【综　述】 2016年林木种苗供需和林木种苗生产情况总体保持平稳，林木种苗生产供应能力稳步提升，据统计，全国2016年共采收林木种子3182万千克，苗木生产总量704亿株。可供2017年造林绿化林木种子3695万千克，苗木总量为419亿株。从数量上看，基本满足全国造林绿化需求。

林木种苗供需与生产特点　在苗木需求上，种苗繁育的树种结构根据市场需求进一步调整并趋于优化。在保障主要生态造林树种供应的基础上，对绿化美化、珍贵乡土树种、经济林树种的苗木需求高于往年，特别对容器苗、良种苗需求量加大，供应数量逐渐呈现增加趋势，常规生态苗木过剩。

在种苗生产上，大多数省份育苗面积和育苗总量呈现逐步减少趋势。一是常规生态树种和主要造林树种育苗面积及苗木产量逐渐趋于市场需求，育苗面积逐渐在减少。过剩的主要生态造林树种苗木逐步被消化，但还需要一个育苗周期的过渡。二是绿化美化经济林等珍贵树种育苗生产呈现逐渐增加态势，育苗面积特别是容器育苗量不断增加，三是只有单一特殊发展区域或政策性支持的区域，育苗面积和育苗总量增加，如新疆的喀什地区，沙枣、杨树、核桃增加幅度较大。四大森工兴安落叶松、樟子松、云杉等树种和造林苗木也供应不足。

林木种苗生产情况

种子生产　全国共采收林木种子3182万千克，比2015年增加了538万千克，增幅达20%。其中，林木良种1091千克，增加了427万千克。良种穗条66.3亿条(根)，减少79.7亿条(根)。

苗木生产　全国共完成育苗面积140.73万公顷，比2015年增加4.33万公顷，增加3.2%。其中，新育面积18.93万公顷，占育苗总面积的13.45%；苗木生产总量704亿株，比2015年增加4.9%。其中，容器育苗产量为104.4亿株，良种苗211.5亿株。

育苗单位　全国实有苗圃总数365 199个，其中国有苗圃为4863个，占苗圃总数的1.33%；国有苗圃育苗面积7.07万公顷，占全国育苗总面积的5.02%。

与2015年相比，2016年全国苗圃总数减少6430个，减少1.73%。其中，国有苗圃减少6407个，减少22.44%；国有苗圃育苗面积减少1.07万公顷，减少13.1%。

林木种苗使用和库存情况　2016年实际用种2458万千克，比2015年增加了11.2%。其中良种895万千克，增加43%；良种穗条79亿条(根)，减少47.6%；除留圃苗木外，实际用苗量为169亿株，同比增加3.2%。其中使用容器苗32.1亿株，良种苗58.1亿株。用于经济林和用材林苗木68.5亿株，同比增加1.5亿株；用于防护林等其他类型苗木100.5亿株，同比增加5.9亿株。用于防护林、用材林、经济林和其他林分苗木分别占2016年造林绿化使用总量的28.5%、20.3%、19.5%、31.7%。

截至2016年种子采收前，全国库存林木种子513万千克，其中良种102万千克。

林木种苗投资完成情况　2016年完成投资16.92亿元，其中中央预算内投资完成7.4亿元。林木种质资源项目中央预算内投资完成1.62亿元，地方配套0.65亿元。国家补助资金完成5.76亿元，用于国家重点良种基地的良种培育和良种苗木繁育等。　（于滨丽）

【林木种质资源保护工程项目】 国家继续支持全国林木种苗工程建设，建设重点是林木良种基地和林木种质资源保存库、地县级林木种苗质检能力续建项目建设。中央预算内投资计划下达林木种苗工程建设投资10亿元，投资规模比2015年减少1000万元，共安排河北等12个省份续建项目16个，其中：地县级林木种苗质检能力建设项目6个，投资4705万元，林木良种基地建设项目7个，投资2740万元，林木种质资源收集保存库项目2个，建设投资2129万元，其他项目1个，投资426万元，依次占该项目中央预算内投资的47.05%、27.4%、21.29%、4.26%。　（赵　兵）

【印发《中华人民共和国主要林木目录(第二批)》】 随着中国林业的快速发展，主要造林绿化树种向多树种多品种发展，《中华人民共和国主要林木目录(第一批)》已经不能满足造林绿化需要。为此，2016年8月18日，国家林业局印发《中华人民共和国主要林木目录(第二批)》(国家林业局令第41号)。该目录根据造林树种结构的调整，将林业生产中使用量大、对林业经济发展有重大影响、具有推广基础的树种纳入目录，共79科237个属种。　（李世峰）

【印发《林木种子生产经营许可证管理办法》】 为贯彻落实《种子法》，规范林木种子生产经营许可证管理，严把林木种苗生产经营准入关，依法管理林木种苗市场，2016年4月19日，国家林业印发《林木种子生产经营许可证管理办法》(国家林业局令第40号)。《办法》根据新修订的《种子法》，对林木种子生产经营许可证核发制度做了较大调整。《办法》将林木种子生产许可证和林木种子经营许可证合并为林木种子生产经营许可证；规范了林木种子生产经营许可证核发程序，明确和精简了申报材料；细化了林木种子生产经营许可证记载事项；强化了林木种子生产经营许可证事后监督检查。《办法》自2016年6月1日起施行。国家林业局于2002年12月2日发布、2011年1月25日第一次修改、2015年4月30日第二次修改的《林木种子生产、经营许可证管理办法》同时废止。　（李世峰）

【印发《林木种子包装和标签管理办法》】 为加强林木

种子包装、标签和使用说明管理，规范包装、标签和使用说明的制作、标注和使用行为，保护林木种子生产、经营和使用者的合法权益，2016 年 7 月 13 日，国家林业局印发《关于印发〈林木种子包装和标签管理办法〉的通知》(林场发〔2016〕93 号)。《通知》进一步明确了销售的林木种子应当加工、分级、包装，并附有标签和使用说明，同时要求标签标注的内容应当与销售的种子相符，林木种子生产经营者要对销售的种子质量负责；对标签标注的内容进行调整；增加生产经营者向种子使用者提供使用说明的内容；增加违反林木种子包装和标签使用规定的处罚的内容等。（李世峰）

【印发《林木种子生产经营档案管理办法》】 为了规范林木种子生产经营档案的建立和管理，加强对林木种子生产经营行为的监管，实行林木种子可追溯性管理，2016 年 5 月 30 日，国家林业局印发《关于印发〈林木种子生产经营档案管理办法〉的通知》(林场发〔2016〕71 号)。《通知》将林木种子生产档案和林木种子经营档案合并为林木种子生产经营档案；明确了林木种子生产经营档案监督管理机构；细化了林木种子生产经营档案的内容；延长了林木种子生产经营档案的保存期等内容。（李世峰）

【印发《国家林业局林木种子生产经营许可随机抽查工作细则》】 为加强对领取国家林业局核发的林木种子生产经营许可证企业的事中事后监管，规范随机抽查，按照《国务院办公厅关于推广随机抽查规范事中事后监管的通知》和《国家林业局推广随机抽查实施方案》的要求，国家林业局印发《关于印发〈国家林业局林木种子生产经营许可随机抽查工作细则〉的通知》。《通知》明确了对领取国家林业局核发的林木种子生产经营许可证的企业进行事中事后双随机监督检查，国家林业局建立随机检查人员名录库、被许可企业名录库。《通知》还规定了随机抽查的原则、实施主体、监督主体、抽查内容、双随机程序、抽查结果处理以及建立被许可企业高风险市场主体名录制度、抽查档案、复查程序等内容。（李世峰）

【下发《国家重点林木良种基地干部挂职锻炼管理办法(试行)》】 为了进一步提高国家重点林木良种基地干部队伍素质，加强国家重点林木良种基地之间交流协作，切实提升基地生产管理水平，2016 年 11 月 29 日，国家林业局国有林场和林木种苗工作总站印发《国家重点林木良种基地干部挂职锻炼管理办法(试行)》。《办法》共十七条，对挂职人员需要满足的基本条件、挂职时间、挂职工作组织实施以及挂职期间工作安排等相关事宜做出了明确的规定。（丁明明）

【出台《国家林木种质资源库管理办法》】 为加强国家林木种质资源库建立和管理，保护好林木种质资源，2016 年 1 月 8 日，国家林业局印发《国家林木种质资源库管理办法》(林场发〔2016〕4 号)。《办法》规定国家林木种质资源库由国家林业局建立，具体工作由其所属的林木种苗管理机构负责；分别规定了国家林业局和省级林业主管部门的管理职责；明确了国家林木种质资源库的概念，应当具备的条件，主要职责和义务，申请和确定、违规处理等内容，为相关工作的开展提供了重要依据。（薛天婴）

【印发《林木种质资源普查技术规程》】 为了进一步规范林木种质资源普查工作，国家林业局对 2008 年印发的《林木种质资源调查技术规程(试行)》进行了修订，下发《国家林业局关于印发〈林木种质资源普查技术规程〉的通知》(林场发〔2016〕77 号)。新修订实施的规程将名称修改为《林木种质资源普查技术规程》与《中华人民共和国种子法》表述一致。将原来的 6 类调查对象合并为 4 类；对调查表格进一步细化，针对不同调查对象设计了新的调查表格，在原试行稿 2 张表格的基础上增加到 7 张，并增加了详细的填写说明；为配合调查数据的处理，开发了配套的信息管理系统。（丁明明）

【深入宣传贯彻新修订《种子法》】 自 2016 年 1 月 1 日起，新修订《中华人民共和国种子法》(以下称《种子法》)实施以来，在全国范围内采取有效措施开展宣传贯彻《种子法》工作。一是国家林业局印发《关于学习宣传贯彻落实〈种子法〉的通知》，全面部署贯彻落实新修订《种子法》。各地按通知要求制定并上报了宣传贯彻《种子法》的实施方案。二是广泛深入宣传《种子法》。《种子法》实施当日，在《中国绿色时报》发表评论员文章，就《种子法》修改主要变化和如何贯彻实施问题对国家林业局副局长张永利进行了专访，刊印了专版，详细解读了新修订《种子法》主要规定。组织设计印制《种子法》宣传画，配合全国人大农委编写印发《种子法导读》。三是加大新《种子法》培训力度。在北京、湖南举办了两期《种子法》专题培训班，解读《种子法》主要规定。各地也加大了新修订《种子法》的宣传培训力度，28 个省(区、市)举办了多层次、多形式的培训班。据统计，全年全国共举办各类培训班 200 多期，共培训各级种苗管理人员 10 000 余人次。四是修订完善《种子法》配套法规。印发《林木种子生产经营许可证管理办法》《主要林木目录(第二批)》《林木种子生产经营档案管理办法》《林木种子包装和标签管理办法》。（周景莉）

【全国林木种苗质量抽查】 2016 年，国家林业局委托国家林业局林木种苗质量检验机构对北京、河北、山西等 16 个省(区、市)的林木种苗质量进行重点抽查，印发《国家林业局关于 2016 年全国林木种苗质量抽查情况的通报》(林场发〔2016〕119 号)，通报了 2016 年全国林木种苗质量抽查情况。抽查主要针对林木种子、苗木质量情况；林木种子生产经营许可、标签制度执行情况；林木种苗生产、经营档案情况；林木种苗质量自检情况；林木种子来源情况；采种林确定和采种期公告情况、造林作业设计中是否对使用林木良种和种苗质量提出要求及是否按设计使用种苗情况等进行抽查。

2016 年共抽查林木种子样品 57 个、苗木苗批 732 个，涉及 134 个县、370 个单位(含个人)。林木种子样品合格率为 86%。苗圃地苗木苗批合格率为 91.2%，造林地苗木苗批合格率为 84%。各地基本建立了许可证、标签、档案和自检制度。（李世峰）

【批复国家重点林木良种基地"十三五"发展规划】 2016年3月28～31日，国家林业局场圃总站组织召开国家重点林木良种基地发展规划评审会，对30个省(区、市)林业厅(局)，内蒙古、吉林、龙江、大兴安岭森工(林业)集团公司，新疆生产建设兵团林业局报送的222处国家重点林木良种基地的发展规划进行了评审。6月6～8日，根据评审结果下发文件，对规划进行了批复。 (薛天婴)

【国家重点林木良种基地考核】 为了加强国家重点林木良种基地建设与管理，按照《国家重点林木良种基地考核办法》的相关要求，国家林业局办公室下发《关于开展国家重点林木良种基地考核工作的通知》(办场字〔2016〕37号)，再次部署开展第一批国家重点林木良种基地考核工作，国家林业局成立由国有林场和林木种苗工作总站、林业基金管理总站组成的考核组，通过实地检查、查阅账目、座谈等形式对北京、山西、内蒙古等10个省份和内蒙古森工、新疆生产建设兵团的48个第一批国家重点林木良种基地进行了考核，对考核中发现的问题向考核对象所在地的林业主管部门进行了反馈，并要求存在问题的基地进行整改。 (丁明明)

【确定第二批国家林木种质资源库】 林木种质资源是林木良种选育的原始材料，是国家的重要战略资源，也是遗传多样性和物种多样性的基础。为了进一步贯彻落实国务院办公厅《关于加强林木种苗工作的意见》(国办发〔2012〕58号)、《关于深化种业体制改革提高创新能力的意见》(国办发〔2013〕109号)和《全国林木种质资源调查收集与保存利用规划(2014～2025年)》，对重要乡土树种、珍贵树种、经济树种、沙生植物、名特花卉的种质资源进行重点收集、保护、研究、利用，在省级林业主管部门组织推荐和有关科研单位自行申报的基础上，经组织专家评审和社会公示后，确定了第二批86处国家林木种质资源库。 (丁明明)

【开展林木种质资源普查情况】 截至2016年，全国共有23个省(区、市)已经完成或正在开展林木种质资源普查工作。2016年分别支持山西、辽宁、山东、湖北、湖南、新疆、甘肃、安徽、广西9省(区)开展林木种质资源普查。一是湖北省调查优良林分694块，发现了罗田甜柿、板栗、红椿、银杏、锐齿槲栎等古树群，珙桐、南方红豆杉、金钱松等原始群落及一批优良乡土、珍稀种质资源。二是湖南省调查了江永、江华等130处林木育种基地的种质资源，发现18个疑似新物种，其中7个已通过鉴定，调查还发现水丝梨木、长叶石硕林等8个新种群，以及长叶榧、黄山紫荆等32个省级新分布。三是安徽省通过对牯牛降、万佛山两个自然保护区调查，基本掌握了五针松、银缕梅、天目铁木等国家一级保护植物的种质资源(野生种质资源)的分布及生长情况。同时，对一些目的树种进行了选优。四是新疆维吾尔自治区在喀什地区初步查明有高等植物共计58科205属314种33变种203个品种或变型。发现15个新疆新记录或珍稀濒危植物树种，新命名1个树种。五是甘肃省完成了60多个国有林场、300多个乡镇(街道)、3个森林公园、70多个保护站辖区的外业调查工作，采集标本32 850份、照片52 390份。六是山西省全部完成了关帝山地区外业调查工作，完成了林木种质资源普查报告，太行山地区已完成外业调查。七是山东省基本完成了对优树调查数据的汇总，同时整理收集了优树资源的原始数据资料，完成了普查结果的分析和普查报告的撰写，补充采集野生树种标本1200份，全部纳入山东省林木种质资源标本室，初选优树260株，普查数据导入全省林木种质资源信息系统。 (郝 明)

【主要林木品种审定】 2016年，国家林业局林木品种审定委员会对2015年申报的林木品种进行了审定，审(认)定通过39个林木良种。北京、河北、山西等25个省级林木品种审定委员会审(认)定通过包括用材树种、经济林树种及观赏品种在内的林木良种共538个。 (丁明明)

【良种基地技术协作组工作】 为加强重点林木良种基地建设，2016年，全国油松、樟子松、落叶松、杉木良种基地技术协作组分别组织了培训和技术交流会议，300余人参加培训和交流的。一是全国油松、樟子松良种基地技术协作组，于7月在黑龙江大兴安岭举办了樟子松良种基地建设培训班，全国8个省(区)的80多位良种基地技术人员参加了培训；二是全国落叶松良种基地技术协作组，于8月2～4日在黑龙江省林口县青山国家落叶松良种基地召开了2016年度全国落叶松良种基地工作交流及培训会议，全国10个省(区)的6个教学科研单位、9个种苗管理部门、30个国家级良种基地的100余名代表参加了会议。三是全国杉木良种基地技术协作组，于8月18～22日，在福建洋口林场举办了国家杉木良种基地技术人员研讨班，全国12个省份的林业单位、科研院所和杉木重点良种基地的技术人员、管理人员共110多人参加。 (丁明明)

【油茶良种生产供应】 2016年全国14个油茶产业发展省份定点苗圃共繁育油茶良种苗木6.38亿株，其中2016年新育苗3.90亿株，留床苗2.48亿株。容器苗3.13亿株，裸根苗3.25亿株，出圃合格苗3.22亿株。育苗总量和苗木出圃量比2015年略有减少，但由于各地新造林面积趋于稳定，全国每年造林面积16.67万公顷左右，需苗量约2.8亿株，加上补植补造约需苗木3亿株，苗木出圃量完全能够满足油茶新造林对种苗的需求。 (张超英)

【国有苗圃普查】 根据《国家林业局关于开展国有苗圃现状普查工作的通知》(林场发〔2016〕8号)精神，2016年2～10月，开展全国国有苗圃普查工作。普查内容包括国有苗圃名称、隶属关系、苗圃性质，以及人员、土地、资产、生产等方面的真实详细状况。全国各级林业主管部门和有关单位参与普查工作。工作分为普查、各省汇总、统计上报、数据整理与分析复核、撰写普查报告等6个阶段。通过普查摸清了全国国有苗圃的现状，全国现有国有苗圃1458个，其中全额财政拨款318个，差额拨款549个，自收自支591个。全国经营总面积为8.81万公顷，可育苗面积为3.36万公顷，苗木年生产能力为376 501万株。在职职工共25 946人。固定工18 449人，合同工7037人。固定资产总额为2 471 738.8万元，负债金额789 126.4万元。（布日古德）

【林木种苗信息工作】 2016年，林木种苗信息工作稳步推进林木种苗事业发展。一是进一步推进场圃总站信息化建设，提升信息化率水平。2016年被评为国家林业局信息化工作“十佳单位”。一方面加强自有网站建设。通过国家种苗网站建设，开发完成了国家种苗网手机版，加大了政务信息和政务公开和宣传工作，为广大林木种苗从业者提供种苗供求和有关工作信息服务，包括提供国家重点林木良种基地、国家级品种审定、行政许可事项等查询功能。截至12月31日，网站高级用户累计874户，发表作品38286篇。本年发表作品12430篇，实现日均点击率4.6万次。另一方面结合业务职能建设种质资源数据库，完善国有林场、森林公园和林木种苗数据库系统，同时积极筹建林木种苗质量检验员网络培训、林木种苗生产经营许可证查询和打印、种苗项目管理系统平台等建设、品种审定等系统，不断提高工作信息化率水平。此外，在保障网络安全上，组织国家种苗网等网站，开展关键信息基础设施网络安全检查和自查工作。在2016年全国林业信息化率评测工作中，被评为“全国林业信息化建设十佳司局单位”。二是采取有效措施进一步加强林业政务信息工作。通过组建总站信息组，召开例会，加强沟通协调。紧紧围绕林业改革发展大局，针对场圃总站林木种苗生产和管理、国有林场改革和管理、森林公园和旅游等重点工作，积极组织报送信息，针对问题提出建议和经验总结。共报送信息182条，其中林情快报179条，林业要情2篇，林情专报1篇。场圃总站被评为国家林业局2016年度林业政务信息报送工作先进单位，于滨丽被评为“十佳”政务信息员，张志被评为政务信息突出贡献人员。三是依托信息统计，掌握林木种苗生产和供应的现状，预测种苗供需发展趋势。通过完善林木种苗数据库和加强业务人员培训等方式，提高林木种苗统计年报质量，完成2016年林木种苗生产情况和2017年林木种苗供需情况预测报告，为保证造林绿化顺利进行提供依据。四是发挥简报信息宣传作用，进一步带动和推动重点工作进程。编辑国有林场改革专刊、种子法和打假专刊、森林旅游专刊。推进新修订《种子法》宣传和实施，国有林场改革向地县级推进，森林公园与旅游工作进一步创新。2016年，编辑和印发简报13期。五是加强培训，切实加强林木种苗信息员队伍建设。通过举办全国林木种苗信息培训班，邀请有关专家作专题讲座，培训各省级主管负责人和信息员78人，提升了林木种苗统计工作水平和政府信息质量数量。六是完成《全国林木种苗工作“十二五”总结及“十三五”展望》汇编工作。总结了“十二五”期间全国各省级林木种苗部门的工作成绩和突出亮点，以及“十三五”期间的工作思路，并汇编成册。七是完成场圃总站承担的年鉴工作。主要有《中国林业年鉴2016》《中国林业2011～2015》(英文版)中文稿件撰写工作。涉及林木种苗生产、国有林场、森林公园建设与管理、森林旅游产业、油茶产业、中国国有林场协会等部分，共75条，近5万余字，特约编辑于滨丽被评为国家林业局2016年度中国林业年鉴优秀工作者。（于滨丽）

【全国林木种苗质检员网络培训平台正式运行】 从2013年起，历时3年，全国林木种苗质检员网络培训平台完成开发工作。2016年9月26日，场圃总站在国家林业局管理干部学院举行了全国林木种苗质检员网络培训平台启动仪式，并对省级平台管理员进行了培训。培训平台正式在全国推广运行，将统一学习内容，统一学习方法，提高学习效率，便于检验人员自由地学习，同时也降低基层培训工作的成本，开辟一条新的培训路径。（李世峰）

【林木种子生产经营许可证核发】 2015年，全国共发放林木种子生产许可证25 040个，经营许可证25 100个，其中国家林业局核发经营许可证48个。截至2015年年底，全国在有效期内的生产许可证98 002份，经营许可证97 961份，其中国家林业局核发的经营许可证162份。截至2016年年底，持有国家林业局核发的林木种子生产经营许可证的企业共199家。2016年，初步开发完成全国林木种子生产经营许可证打印、查询管理平台，启用后将实现许可证发放、查询全国联网，实行跟踪管理。（苏琳琳）

【林木种子苗木进出口】 2016年，国家林业局共审批免税进口林木种子28 672.08吨、苗木2086.96万株、种球16 891.36万粒，分别占年度免税进口计划的82.6%、97.4%和69.5%，均未超过财政部、海关部署和国家税务总局下达的2016年度免税进口计划指标。截至2016年12月31日，各单位共从美国、加拿大、澳大利亚、荷兰、比利时、日本、丹麦等国家实际进口林木种子28 563.18吨，苗木2086.96万株，种球16 891.36万粒。进口完成率分别为82.3%、97.4%、69.5%。实际进口金额为78 593.12万元，免税金额达10 152.83万元。（郝　明）

【向捷克和塞尔维亚赠送苗木】 为习近平主席访问捷克、塞尔维亚，先后3次组织苗木分别向捷克和塞尔维亚赠送，取得了满意的效果，完成了重大外交任务。根据捷克和塞尔维亚气候特点，在咨询有关专家意见基础上，选择确定了银杏、珙桐、苹果、枫树、枣5个树种。在组织苗木赠送过程中，选择了有资质、有信誉、有经验的北京林大林业科技股份有限公司和中国林木种子公司负责具体苗木选择、修剪、假植、清洗、包装、国内运输、检疫、国际托运等一系列工作。（周景莉）

【林木种苗先进集体和先进个人被授予全国生态建设突出贡献奖】 为弘扬在林木种苗建设从业单位的先进事迹和广大从业人员艰苦奋斗、无私奉献的精神，严于律己、克己奉公的优良品德，脚踏实地、爱岗敬业的工作态度，进一步激发广大干部职工的工作热情和奋斗精神，激励全社会关心支持林业事业发展，推动林业改革发展和生态建设再上新台阶，国家林业局下发《关于表彰全国生态建设突出贡献先进集体和先进个人的决定》，授予北京市黄垡苗圃等61个单位“全国生态建设突出贡献先进集体”荣誉称号；授予姜英淑等98名同志“全国生态建设突出贡献先进个人”荣誉称号。（周景莉）

【全国林木种苗工作会议】 于2016年5月12日在广西桂林召开，全国各省（区、市）林业厅（局），内蒙古、吉林、龙江、大兴安岭森工（林业）集团，新疆生产建设兵团林业局等分管领导、种苗站（局）负责人，国家林业局有关司局领导以及受表彰的先进集体和先进个人代表200多人参加了会议。国家林业局副局长张永利出席会议并作讲话。会议回顾总结了“十二五”林木种苗工作，谋划和部署“十三五”林木种苗工作。表彰了一批先进集体和先进个人。会后，21个省份和龙江森工等单位先后召开了林业厅（局）党组会或厅（局）长办公会，对如何贯彻落实全国林木种苗工作会议精神作出了明确的部署和安排。（周景莉）

【林木种子丸粒化包衣技术座谈会】 于2016年4月6～8日在北京召开。座谈会上交流了有关省份造林绿化用种情况，特别是飞播造林任务用种情况，了解种子丸粒化包衣技术，研究推广应用该项技术，并提出了落实措施。北京、河北、山西等省（区、市）林木种苗站（局）有关负责同志约30人参加了座谈会。（丁明明）

【林木种苗行政执法和质量管理人员培训班】 于2016年7月12～14日在国家林业局北戴河培训中心举办。国家林业局北方、南方种子检验中心、国家林业局林木种苗质量检验检测中心（长沙、呼和浩特、石家庄、沈阳）等6个质检中心，全国31个省（区、市）林业厅（局）林木种苗管理站，内蒙古、龙江、大兴安岭森工（林业）集团公司营林处（种子站），新疆生产建设兵团林业局林木种苗站和计划单列市林业局林木种苗站主要负责林木种苗行政执法和质检的人员共140余人参加了培训。培训的主要内容是讲解林木种苗行政处罚和执法程序，解读行政强制法、国家赔偿法等相关法律，通报2016年全国林木种苗质量抽查情况，讲解林木种苗许可、档案等制度。（李世峰）

【《种子法》专题培训班】 于2016年1月14～16日、9月27～30日分别在湖南省林业种苗中心、北京国家林业局管理干部学院举办。各省（区、市）、森工（林业）集团、新疆生产建设兵团、各计划单列市种苗站的负责同志和执法科长共约220余人参加了培训。培训班邀请来自全国人大农委、国家林业局政法司及北京林业大学的相关人员从修法背景、主要修改内容、如何执法及相关法律法规等各个层面解读《种子法》。（李世峰）

【全国林木种苗信息员培训班】 于2016年11月25～27日在江苏南京举办。来自全国各省（区、市），内蒙古、吉林、大兴安岭和龙江森工（林业）集团，新疆生产建设兵团的林木种苗站负责人和信息员共80余人参加了培训。培训班传达了国家林业局关于林业信息化的决策部署，解读了“互联网＋”林业行动计划具体实施方案，科学分析了面临的新形势，研究部署了2017年重点任务，讲解了国家种苗网信息报送、发布要求以及林木种苗信息数据填报要求，并现场填报2017年种苗统计数据。培训期间，国家林业局场圃总站总站长杨超对全国林木种苗信息工作作了总结，并提出下一步要求，培训班还邀请了国家林业局信息办、数据库技术人员和网站编辑进行了授课和指导。（苏琳琳）

【“互联网＋”种苗花卉产业高级研修班】 于2016年7月25～28日在国家林业局管理干部学院举办。培训主要目的是加快促进种苗花卉产业升级转型发展，进一步掌握互联网思维，了解先进技术，拓展经营模式，塑造企业品牌。全国40多家林木种苗龙头企业负责人参加了培训。（苏琳琳）

【召开国家林木种质资源设施保存库（主库）建设领导小组会议】 2016年1月29日，国家林业局副局长张永利主持召开了国家林木种质资源设施保存库（主库）（以下简称“国家主库”）建设领导小组会议，局保护司、计财司、科技司、人事司、场圃总站、科技发展中心、中国林科院等成员单位参加，会议专题研究“国家主库”建设事宜。

会议听取了场圃总站总站长杨超代表“国家主库”建设领导小组办公室作的关于《“国家主库”建设前期工作方案》情况汇报。

会议强调国家林业局党组和局长张建龙对“国家主库”建设高度重视，该会议标志着“国家主库”建设项目正式启动。

会议决定增加科技发展中心为“国家主库”领导小组成员单位，专家咨询组增加西北农林科技大学、西南林业大学和中南林业科技大学。最后，会议对“国家主库”建设和国家设施保存分库布局提出四点具体要求。

（马志华　刘　丹）

【学习借鉴国内外种质资源设施保存库建设经验】 国家林木种质资源设施保存库（主库）建设领导小组办公室多次组织有关人员通过文献、网络、电话、邮件等多种方式，收集了国内外先进种质资源设施保存库的相关资料，并实地考察部分种质资源设施保存库。国际上，重点收集了美国国家遗传资源中心、英国千年种子库、挪威末日种子库、韩国农作物种质库、韩国林木种子与品种中心种子库、日本农作物种质资源库等国家设施保存库的相关资料，并实地考察了英国、日本和韩国的种质资源库，了解了国外在种质资源设施保存技术、自动化操作、研究开发、科普展示等方面的优势。国内，实地考察了中国农科院作物种质资源库、中国科学院西南野生生物种质资源库、深圳国家基因库、国家中药材种质资源库等国内重点种质资源设施保存库，学习了种质资源的收集、保存、开发、利用、对外合作交流、基因测序、信息处理与管理、分子育种及种质资源库建设等方面的经验和做法。（马志华　刘　丹）

【邀请英国皇家植物园千年种子库专家来华交流】 国家林木种质资源设施保存库（主库）建设领导小组办公室组织有关专家学者在中国林科院华林中心，与应邀来访的英国皇家植物园邱园千年种子库研究部负责人休·

普理查德教授就“国家主库”建设进行了交流讨论。休·普理查德教授作了题为“林木种子保存技术创新”的专题讲座，重点介绍了不同类型种子对低温保存的响应、全球范围种子保存的进展、种子低温保存相关的生物学特性研究以及低温保存技术的发展等问题。与会专家就“国家主库”建设、种子保存技术、优先树种选择等问题进行了广泛的交流。休·普理查德教授认为中国林木种质资源设施保存库的建成，能够使中国引领东亚地区林木种质资源保存事业发展，对全球林木资源保存具有决定性意义。（马志华　刘　丹）

【成立国家林木种质资源设施保存库（主库）建设领导小组和专家咨询组】 2016年7月29日，国家林业局办公室印发《关于成立国家林木种质资源设施保存库（主库）建设领导小组和专家咨询组的通知》（办场字〔2016〕156号文），明确了各成员单位的主要职责和组成人员。“国家主库”建设领导小组组长为国家林业局副局长张永利，副组长为场圃总站总站长杨超、中国林科院院长张守攻，成员单位有国家林业局保护司、计财司、科技司、人事司、场圃总站、科技中心、中国林科院、华林中心等；建设领导小组办公室设在场圃总站，办公室主任为场圃总站总站长杨超，副主任为中国林科院副院长孟平、场圃总站副总站长张周忙、华林中心主任孙长忠、场圃总站处长马志华，成员由各成员单位相关处长组成。专家咨询组组长为中国工程院副院长、中国工程院院士、研究员刘旭，副组长为北京林业大学原校长、中国工程院院士、教授尹伟伦和中国林科院院长、研究员张守攻，成员由东北林业大学校长、教授杨传平和南京林业大学校长、教授施季森等23人组成。

（马志华　刘　丹）

【国家林木种质资源设施保存库（主库）专题研讨会】 于2016年6月2日召开，国家发改委、财政部、科技部及各成员单位应邀参加。会议讨论了《“国家主库”项目建议书》，提出了“国家主库”的定位、选址、建设规模、保存资源份数、投资概算以及建成后达到的五大功能等内容建议。8月22日，下发关于征求《“国家主库”项目建议书》意见的通知，征求专家咨询组各位专家的修改意见。根据专题研讨会研究内容及项目咨询组各位专家意见，完成《“国家主库”项目建议书》的编制。

（马志华　刘　丹）

【国家林木种质资源设施保存库（主库）工程项目专家咨询会】 于10月11日召开，对《“国家主库”项目建议书》进行咨询论证。专家组由中国农科院刘旭院士、北京林业大学尹伟伦院士、中国林科院张守攻院长等12名专家组成。专家组认为林木种质资源是国家的重要战略资源，当前中国林木种质资源流失、破坏严重，必须加大林木种质资源的保护力度，加快林木种质资源的保护进度。“国家主库”建设是中国林木种质资源保护体系的核心工程，是一项重要的基础性、长期性、战略性和公益性工作。专家组一致同意建设一座库容100万份、设施先进、功能完善，兼顾种质资源长期保存、科学研究、科普展示与共享利用的“国家主库”，建成世界一流的林木种质资源保存中心、研究中心、科普展示与培训中心和资源信息共享中心。

（马志华　刘　丹）

森林经营

【综　述】 2016年，各级林业部门认真学习贯彻习近平总书记关于森林生态安全问题特别是“着力提高森林质量”的重要指示，落实党的十八大和十八届三中、四中、五中、六中全会精神，按照全国林业厅局长会议部署，积极推进森林经营，促进森林质量提升，全国完成森林抚育面积836.7万公顷，实现了“十三五”森林经营工作良好开局。

加强森林经营工作组织领导　国家林业局调整成立了森林经营工作领导小组，局长张建龙任组长，副局长张永利、刘东生任副组长，造林司、资源司、林改司、计财司、科技司、场圃总站、工作总站、基金总站（稽查办）、天保办、规划院10个相关司局单位为成员单位。领导小组办公室设在造林司。造林司司长王祝雄兼任领导小组办公室主任。召开了领导小组第一次会议，经会议审定并由国家林业局办公室印发《国家林业局森林经营工作领导小组工作制度》《关于启用国家林业局森林经营工作领导小组发文代字的通知》，进一步强化了森林经营工作组织领导，规范和强化了森林经营工作协调机制。各省（区、市）林业厅局也先后成立了森林经营工作领导小组。

全国森林经营长远规划　国家林业局印发《全国森林经营规划（2016～2050年）》，明确了未来35年（与“两个一百年”相衔接）中国森林质量提升的目标任务、战略布局和经营策略。以局文下发了贯彻实施《规划》的通知，并通过报刊评论员文章、专家访谈以及森林经营研修培训等形式，全面开展《规划》解读宣贯。印发《省级森林经营规划编制指南》，制定《县级森林经营规划编制规范》，指导各地依据全国规划编制省级、县级规划，细化落实规划目标任务和经营策略，加快推进建立三级规划体系。编制完成《全国退化防护林改造规划》（初稿），科学布局退化防护林改造建设任务。

全国森林质量提升工作会议　11月16～18日，国家林业局在江西省崇义县召开了全国森林质量提升工作会议，各省（区、市）林业厅（局）负责人和营造林处长、国家有关部委和国家林业局森林经营工作领导小组成员单位领导参加会议。局长张建龙出席会议并作讲话，认真学习贯彻了习近平总书记关于“着力提高森林质量”重要指示精神，系统阐述了着力提高森林质量的重要性和紧迫性，深刻分析了森林质量提升的新形势新任务，突出强调了实施森林质量精准提升工程的五个着力点和七项主要措施，对“十三五”和今后一个时期森林质量提升工作进行了全面部署。落实会议部署，组织编制了《“十三五”森林质量精准提升工程规划》，提出“十三五”森林质量精准提升建设布局、建设任务、重点项目。

森林经营相关政策 出台《国务院办公厅关于完善集体林权制度的意见》，明确了推进集体林权规范有序流转、促进集体林业适度规模经营、完善扶持政策和社会化服务体系、创新产权模式和经营机制等目标任务。针对制约科学经营森林、精准提升质量的瓶颈问题，起草完成《国务院办公厅关于着力提高森林质量的意见》(代拟稿)及其相关配套材料，征求了有关部门和各省(区、市)人民政府意见，经局务会审定，积极争取国办印发执行。会同财政部出台《林业改革发展资金管理办法》。积极推进制定《天然林保护条例》，形成了征求意见稿。

森林经营标准制度建设 贯彻执行国家标准《森林抚育规程》，编制出版《森林抚育规程解读》，指导各地制定符合当地实际的森林抚育地方实施细则。研究提出了“十三五”森林经营相关技术标准体系框架，发布了新修订的《造林技术规程》。发布涉及低效林改造以及人工林、天然林主要树种经营的森林经营相关行业标准24项，立项14项。制订《林业改革发展资金预算绩效管理暂行办法》，进一步规范森林抚育等林业补助资金管理。编制《东北、内蒙古重点国有林区森林经营方案编制指南》《森林经营方案大纲》《森林可持续经营试点实施方案编制提纲》，组织东北、内蒙古重点国有林区开展二类调查和森林经营方案编制。指导开展国有林场森林经营方案编制修订工作。巩固东北、内蒙古重点国有林区停止天然林商业性采伐成果，启动集体和个人天然林停伐补助试点。

森林抚育实施和质量监管 制定2016～2018年营造林三年滚动计划，细化落实2016年森林抚育计划任务。加强督导调度，2016年全国森林抚育工作进展顺利，全面完成年度计划任务。完成2015年度中央财政森林抚育补贴国家级抽查，共抽查191个县级单位、2014个抚育小班，抽查面积38 694.27公顷。形成了国家级抽查报告，通报了检查结果：全国森林抚育补贴面积核实率为98.8%，核实面积合格率为98.2%，作业设计合格率为93.7%，森林抚育补贴质量继续保持较高水平。部署开展2014～2015年度森林抚育补贴资金稽查，9个受查省级单位资金到位率为100%，针对检查出的资金滞拨、进度缓慢、扩大开支范围、会计核算不规范、大额使用现金支付等问题，提出了整改意见，确保资金安全和使用效益。完成了2015年度天保工程核查和“四到省”考核工作，发布《天保工程东北、内蒙古重点国有林区效益监测国家报告》。开展天保工程二期中期评估。继续组织开展森林抚育成效监测，完成110多组固定样地数据复测，新设固定样地20多组，开发了样地数据统计分析软件。

森林经营科研推广 依托“林业资源培育及高效利用技术创新”国家重点研发项目和林业公益性行业科研专项等现有科技计划，新启动经营措施对人工林地的影响机制、材用竹林高效培育及规模经营等关键技术研究。推进森林立地质量、树种适宜性评价和生产力评估研究，初步提出全国主要林地的立地质量分级与评价技术方案，研发了主要林地立地质量评价指标和模型，形成了主要立地类型立地质量评价方法、适宜树种建议以及生产力预估模型。发布森林经营领域重点推广林业科技成果15项，构建了杨树、油茶等主要树种适地适树一张图信息系统。依托中央财政林业科技推广示范资金项目和国家级林业科技成果推广项目，重点开展了人工林抚育采伐及修枝技术、水保型栎林目标树近自然培育技术、人工林多功能经营及模拟预测技术、落叶松疏林地提质增效技术、竹林综合效益提升关键技术等森林经营技术集成与示范推广。

森林经营示范样板建设 组织开展全国森林经营样板基地建设中期评估，召开中期评估总结会，总结3年来样板基地建设阶段性成果，形成中期评估国家报告和经营技术模式、经营组织管理、政策机制创新3个分报告。根据评估结果指导各样板基地修编了实施方案。统筹考虑森林可持续经营试点、国有林场森林经营实验示范区等，经局森林经营工作领导小组会议审定同意，增补了5个样板基地，全国森林经营样板基地达到20个，进一步优化了样板基地布局，示范样板体系更加完善。指导12个单位开展森林可持续经营试点。继续开展森林经营方案实施示范林场建设，指导河北省木兰围场国有林场管理局完成森林经营方案编制。支持湖南省攸县黄丰桥国有林场、甘肃省小陇山林业实验局百花林场开展森林经营模式探索，编写《杉木大径材培育技术指南》《国家储备林林下改培示范模式探讨》和《栎类阔叶林培育示范林建设阶段性总结》。总结推广山西等省国有林场“精细化管理、资产化管护”等森林经营新模式、新机制。

加强技术培训和人才队伍建设 落实《全国森林经营人才培训计划(2015～2020年)》，2016年举办4期南方、北方森林经营管理技术研修暨师资培训班以及森林抚育补贴国家级抽查人员技术培训班，培训500多人次。在前3年重点开展省级森林经营管理技术研修培训的基础上，进一步将重心下移，以国有林业局、国有林场、林业大县管理技术人员及省级师资队伍为培训重点，为各地全面科学经营森林、精准提升森林质量进一步夯实了人才技术基础。结合现场案例教学，组织摄制《森林抚育规程》系列视频解读片，并在中国森林经营网在线播放，进一步扩大研修培训范围和效果。组织举办森林经营方案编制技术培训班，进一步提高东北、内蒙古重点国有林区编案能力。抓好国有林场、林业工作站等基层林业职工技能提升，举办2016年中国技能大赛——全国国有林场职业技能竞赛，为生产一线的广大国有林场技术人员搭建了展示技艺风采的国家竞技平台。继续把森林经营作为乡镇林业工作站站长能力测试的重点，充分利用“全国乡镇林业工作站岗位培训在线学习平台”，加强森林经营课程设计，方便基层林业职工学习。

务实推进森林经营国际合作 落实第七轮中美战略和经济对话成果清单，召开了中美森林减缓和适应气候变化技术与政策研讨会。按照中美林业工作组第六次会议纪要及中美森林健康合作计划，出版《森林健康在中国》(中英文版)。组织有关省区和相关业务司局人员赴美国开展森林健康经营培训，学习借鉴美国森林经营政策、管理和技术。积极协调将多功能森林经营、林地立地质量评价等内容纳入中德林业工作组第二次会议纪要，推动森林经营双边务实合作。认真做好《联合国森林文书》履约工作，召开履约示范单位建设工作会议。与联合国粮农组织、美国林务局、中国科学院联合举办亚太地区棕榈科植物有害生物及入侵性林业蛀干害虫防治研讨会暨培训班。参加联合国粮农组织亚太林委会第26次会议，积极参与森林减缓与适应气候变化、森林与自然灾害、森林和景观修复等相关议题磋商。作为东道主召开《蒙特利尔进程》第26次工作组会议，通过多边合作跟踪森林经营国际进程，借鉴林业发达国家经验，推动中国森林经营水平不断提高。　（蒋三乃）

【调整成立国家林业局森林经营工作领导小组】　7月22日，国家林业局局长张建龙主持召开国家林业局森林经营工作领导小组第一次会议，调整成立了国家林业局森林经营工作领导小组，局长张建龙任组长，副局长张永利、刘东生任副组长，造林司、资源司、林改司、计财司、科技司、场圃总站、工作总站、基金总站（稽查办）、天保办、规划院10个相关司局单位为成员单位。领导小组办公室设在造林司。造林司司长王祝雄兼任领导小组办公室主任。8月24日，国家林业局办公室印发《国家林业局森林经营工作领导小组工作制度》，明确了领导小组主要职责、领导小组办公室主要任务以及各成员单位的职责分工。11月1日，国家林业局办公室印发《关于启用国家林业局森林经营工作领导小组发文代字的通知》，进一步加强森林经营工作组织领导，规范和强化了森林经营工作协调机制。　（蒋三乃）

【全国森林经营规划（2016～2050年）】　7月6日，国家林业局印发关于贯彻执行《全国森林经营规划（2016～2050年）》的通知。《规划》针对中国森林经营理论和技术滞后的突出问题，吸纳借鉴国际先进森林经营理念和技术，结合中国森林分类管理和森林经营生产实践，确立了多功能森林经营理论为指导的经营思想，树立了全周期森林经营理念，明确了培育健康稳定优质高效森林生态系统的核心目标，是相对于传统森林经营方式的重大变革。专家委员会认为，该《规划》是中国继“三北”防护林工程规划之后又一个具有里程碑意义的林业建设长远规划，是指导全国森林经营工作的纲领性文件。　（蒋三乃）

【全国森林质量提升工作会议】　11月16～18日，国家林业局在江西省崇义县召开了全国森林质量提升工作会议，各省（区、市）林业主管部门负责人和营造林处长，国家发改委和国家林业局森林经营工作领导小组成员单位的领导参加会议。局长张建龙出席会议并发表了讲话，认真学习贯彻了习近平总书记关于“着力提高森林质量”重要指示精神，系统阐述了着力提高森林质量的重要性和紧迫性，深刻分析了森林质量提升的新形势新任务，突出强调了实施森林质量精准提升工程的五个着力点和七项主要措施，对“十三五”和今后一个时期森林质量提升工作进行了全面部署。会议现场考察了崇义县开展多功能近自然经营的林分现状、经营历史和未来培育目标，用现实案例充分展示了通过持续科学经营提升森林质量取得的明显成效。江西省林业厅、吉林省林业厅、内蒙古森工集团、甘肃省小陇山林业实验局、福建省永安市人民政府、河北省木兰围场林管局作典型发言，从党委政府高位推动、注重规划规程引领、吸收运用先进理念、结合林改创新机制、强化经营制度规范等方面交流了经验。与会代表对会议给予了充分肯定和高度评价，张建龙表示“会议很有新意，效果非常好，具有创新性、标杆性”。　（蒋三乃）

【2015年度中央财政森林抚育补贴国家级抽查】　根据财政部、国家林业局印发的《中央财政林业补助资金管理办法》以及《国家林业局规范检查核查工作规定》《森林抚育检查验收办法》有关要求和相关规定，国家林业局组织开展了2015年度中央财政森林抚育补贴国家级抽查。共抽查了32个省级单位、191个县级单位，2014个抚育小班，抽查上报面积38 694.27公顷，占2015年度全国中央财政森林抚育补贴计划任务的1.08%。抽查结果显示：2015年度全国森林抚育补贴面积核实率98.8%，核实面积合格率98.2%，作业设计合格率93.7%，县级综合评价平均得分92.4分，省级综合评价平均得分94.1分，森林抚育补贴质量继续保持较高水平。抽查也发现，一些突出问题依然存在：包括抚育补贴标准低、资金来源单一、资金管理办法不完善等资金政策问题；涉及抚育间伐的技术规定不适应实际需求、地方出台的相关政策限制森林抚育科学开展等采伐管理问题；抚育方式不科学、抚育对象不合理、抚育强度偏低、调查因子漏项等作业设计审核把关问题；以及自查存在漏洞、小班区划不合理、保护措施不到位、施工质量不高、任务安排不合理、完成进度滞后等监督管理问题。　（蒋三乃）

【森林经营标准制度建设】　贯彻执行国家标准《森林抚育规程》，编制出版《森林抚育规程解读》，指导各地制定符合当地实际的森林抚育地方实施细则。全国26个省级林业主管部门编制完成地方森林抚育实施细则。研究提出了“十三五”森林经营相关技术标准体系框架，积极推进栎类等主要树种经营、退化林修复规程等标准列入立项计划，指导修订《低效林改造技术规程》，进一步完善森林质量提升技术标准体系，强化技术管理制度。发布森林经营相关行业标准24项，立项14项，内容涉及低效林改造以及人工林、天然林主要树种经营等。　（刘　羿）

【全国森林经营样板基地建设】　完成全国森林经营样板基地建设中期评估，召开了中期评估总结会，总结了3年来样板基地建设取得的阶段性成果，形成了中期评估国家报告和经营技术模式、经营组织管理、政策机制创新3个分报告。根据评估结果组织各样板基地修编了实施方案。积极推进点面结合，从15个样板基地总结提炼出10个主要森林类型的一系列经营技术模式，总结提出7种森林作业法，并被吸收运用于《全国森林经营规划（2016～2050年）》，指导全国面上森林经营工作。进一步优化了样板基地布局，经国家林业局森林经

营工作领导小组会议审定同意，增补了 5 个样板基地，样板示范体系更加完善。 （刘　昇）

【森林经营人才培训】 认真落实《全国森林经营人才培训计划(2015～2020 年)》，2016 年分别在云南石屏、广东肇庆、山西灵石、黑龙江丹清河林场举办了 4 期南北方森林经营管理技术研修培训班，培训 500 多人次，为全面科学经营森林、精准提升森林质量进一步夯实了人才技术基础。组织申报并完成了由科研、教学、生产、行政等多领域专家组成的全国森林经营师资库，举办两期森林经营师资培训班，为省级森林经营培训工作奠定了重要的人才储备。 （刘　昇）

森林培育工作

【综　述】 2016 年，各地区、各部门(系统)认真贯彻党的十八大和十八届三中、四中、五中、六中全会及中央经济工作会议、中央农村工作会议精神，深入落实习近平总书记系列重要讲话精神，坚定不移推进“四个着力”，组织动员全社会力量开展大规模国土绿化行动，全国完成造林 678.8 万公顷，森林抚育 836.7 万公顷。

各级领导率先垂范 4 月 5 日，习近平、李克强、张德江、俞正声、刘云山、王岐山、张高丽等党和国家领导人，同首都群众一起参加义务植树活动。习近平总书记在植树时强调，发展林业是全面建成小康社会的重要内容，是生态文明建设的重要举措。各级领导干部要带头参加义务植树，身体力行在全社会宣传新发展理念，发扬前人栽树、后人乘凉精神，多种树、种好树、管好树，让大地山川绿起来，让人民群众生活环境美起来。全国绿化委员会、国家林业局组织了“共和国部长植树”活动，中央和国家机关各部委、单位及北京市的 150 位省部级领导参加。举办了“全国人大机关义务植树”“全国政协机关义务植树”“将军义务植树”“国际森林日植树”等活动。

组织发动广泛深入 3 月 18 日，全国绿化委员会召开第 34 次全体会议，认真总结“十二五”时期国土绿化成绩，研究部署“十三五”时期和 2016 年国土绿化工作，汪洋国务院主持会议并发表重要讲话，高位推动国土绿化。全国绿化委员会、人力资源和社会保障部、国家林业局联合表彰全国绿化先进集体 300 个、全国绿化劳动模范 141 名、全国绿化先进工作者 148 名，用先进代表、先进事迹激励广大干部职工为国土绿化作出更大贡献。创建了全民义务植树网，积极推行“互联网 + 义务植树”试点。北京、河北、山西、吉林、浙江、河南、湖南、广东、广西、四川、贵州、甘肃等省(区、市)党委、政府组织召开造林绿化和生态建设工作会、动员会、现场会等，出台相关政策文件，动员部署造林绿化工作。

活动形式务实丰富 各地注重突出义务植树的法定性、义务性、公益性和全民性，开展各类植树活动。贵州省组织春节后上班第一天植树活动，120 万人参加，植树 896 万株，造林绿化 4600 公顷。北京市全年认建认养绿地 583 公顷、树木 8.3 万株，募集认建认养资金近 8000 万元。天津市组织高层次外国专家及留学回国人员代表开展“海外人才友谊林集中植树活动”。辽宁省利用省妇联官方微博和微信平台，发出“栽树去，种幸福”号召，广泛征集妇女及志愿家庭参与植树绿化。江苏、山东、湖北、重庆、西藏、宁夏、海南等省(区、市)结合本地生态建设实际，不断创新机制，丰富完善尽责形式，通过营建主题林、纪念林，拓展抚育管护树木、绿地认建认养、捐资造林绿化、参加绿化宣传等多种途径，引导广大群众履行植树义务，义务植树人数和尽责率明显提升。

大规模国土绿化行动迅速开展 8 月 26 日，国家林业局在内蒙古专题召开全国加快推进国土绿化现场会，深入贯彻落实习近平总书记关于“着力推进国土绿化”重要指示精神，对今后一个时期国土绿化工作进行部署，全面开展大规模国土绿化行动。京津冀协同发展生态率先突破，高标准实施 2022 年冬奥会赛事核心区绿化工程，完成京津保生态过渡带建设 6.7 万公顷。四川省启动“大规模绿化全川行动”，完成营造林 74.2 万公顷。广东省新建和完善生态景观林带 1658 千米，新建森林公园 265 个、湿地公园 36 个。贵州省深入推进山地特色新型城镇化建设、“多彩贵州 · 最美高速”“五个一百”工程等。安徽省扎实开展“创新型生态强省建设 · 千万亩森林增长工程”。

国家重点生态工程稳步实施 天然林资源保护工程完成造林 25.6 万公顷，中幼龄林抚育 175.3 万公顷，后备森林资源培育 12.1 万公顷，1.15 亿公顷森林得到有效保护。全面停止天保工程区外所有天然林商业性采伐。退耕还林工程新增退耕还林还草任务 100.7 万公顷，完成造林 79.6 万公顷。京津风沙源治理工程完成造林 25.1 万公顷、工程固沙 0.98 万公顷。三北防护林体系建设工程完成造林 66.7 万公顷，长江、珠江、沿海、太行山绿化等防护林工程完成造林 50.6 万公顷。国家储备林建设完成建设任务 82.5 万公顷。

国土绿化政策扶持和激励机制不断完善 中央林业投入 1133 亿元，林业重点生态工程人工造林、封山育林、飞播造林补助标准分别提高到 7500 元/公顷、1500 元/公顷和 2400 元/公顷。国有林管护和补偿标准由每年每公顷 90 元提高到 120 元。新增了物种国家公园、国有林区防火应急道路、国家森林公园等保护利用设施建设资金渠道。建立林业贴息贷款多部门联合监管机制，落实贴息贷款 240 亿元。全国森林保险签单面积 1.4 亿公顷，签单保费 30.3 亿元。2016 年，中央财政安排草原补奖政策资金 187.6 亿元，落实新一轮退耕还草任务 11.6 万公顷，补助标准从每公顷 12 000 元提高到 15 000 元。

【印发《全国造林绿化规划纲要(2016～2020年)》】

为科学指导"十三五"时期造林绿化工作，全国绿化委员会、国家林业局在认真总结"十二五"造林绿化工作成就和经验、深入分析当前和今后一个时期造林绿化面临的形势和任务的基础上，编制印发《全国造林绿化规划纲要(2016～2020年)》(以下简称《纲要》)。

《纲要》明确了今后五年造林绿化的指导思想和基本原则，指导我国造林绿化事业健康发展；调整了造林绿化的目标和任务，提出到2020年，实现森林面积、蓄积量稳步增加，区域分布更加合理，林种树种结构趋于优化，森林质量明显提高，森林碳储量显著增加，森林功能大幅增强，土地沙化、荒漠化、草原退化趋势得到基本遏制，全国生态状况明显改善；《纲要》依据分类指导、分区政策总方针，按照"一圈三区五代"林业大战总体格局，科学规划全国造林绿化布局，因地制宜推进生态文明建设。

【全国绿化委员会办公室发布《2016年中国国土绿化状况公报》】 为大力宣传2016年各地区、各部门在造林绿化和林业生态建设上的重大举措和取得的显著成绩，进一步激发社会各界支持和参与造林绿化事业，推进生态林业、民生林业发展，建设生态文明和美丽中国，3月11日，全国绿化委员会办公室发布《2016年中国国土绿化状况公报》。公报全面反映全民义务植树、国家重点生态工程造林、部门绿化、防沙治沙、森林保护等实际进展、取得成绩和经验做法，指出了当前存在的困难和问题，提出了2017年造林绿化总体思路。新华社、《人民日报》《中国日报》《中国绿色时报》，以及中国网、央视网、人民网、中国林业网、凤凰网、新浪、易网等上百家新闻媒体全文登载或摘要登发公报，取得良好的宣传效果。

【印发《造林技术规程》】 国家质量监督检验检疫总局、国家标准化管理委员会发布2016年第8号公告，批准新修订的《造林技术规程》(GB/T 15776—2016代替GB/T 15776—2006)(以下简称《新规程》)，自2017年1月1日起实施。《新规程》根据新形势、新要求，注入突出尊重顺应保护和利用自然、培育健康稳定森林生态系统和更加注重造林成效等新的造林理念。引入造林新技术，修订并丰富造林方法、整地方法、林冠下造林、苗木处理、施肥、未成林抚育管护等各环节的适用条件和技术要求。调整了造林密度，从影响密度因素、密度确定方法和造林密度确定结果等三方面对造林密度进行规定。完善了造林分区，将全国划分为热带、亚热带、暖温带、中温带、寒温带、半干旱、干旱、极干旱、高寒区9个造林区域。修订了纯林概念和界定标准，避免大规模的纯林化，提高混交林界定标准，引导营造混交林。注重造林地生境保护，将生境保护理念贯穿于造林全过程的各个环节。突出造林成效考核评价，按不同阶段不同造林地类型分别确定造林成效考核评价指标与标准，突破了旱区等特定区域造林成效考核评价与成林挂钩的规定。

【印发《旱区造林绿化技术指南》和《旱区造林技术模式选编》】 国家林业局印发《旱区造林绿化技术指南》(以下简称《指南》)、《旱区造林技术模式选编》(以下简称《选编》)，加快旱区造林绿化步伐，科学指导旱区造林绿化工作，推广成熟有效的造林技术模式。《指南》根据我国旱区水、热、地形地势等自然条件，采用多因素综合指标法，对旱区进行造林类型区划，共分为3个造林类型区(一级区)，11个造林类型亚区(二级区)和125个造林类型小区(三级区)。通过总结旱区造林绿化成功经验、技术措施，对整个旱区不同的造林类型区和造林类型亚区提出了造林绿化原则和技术方法。《选编》是根据《指南》区划成果，以造林类型小区为单位，收集筛选符合自然科学规律，经济社会发展规律，经多年实践证明行之有效的造林技术模式，为各造林类型小区提供具体的科学造林借鉴和案例。

【中央财政造林补贴】 2016年，中央财政造林补贴安排资金295 128万元，其中，直接补贴280 372万元，间接补贴14 756万元。截至2016年年底，完成造林71万公顷，其中，人工造乔木林37.33万公顷，灌木林2.8万公顷，木本油料林9.27万公顷，水果、木本药材等其他经济林5.53万公顷，新造竹林0.33万公顷，迹地更新6.47万公顷，低产低效林改造9.27万公顷。

7月11日，国家林业局造林绿化管理司印发《关于组织开展2014年中央财政造林补贴省级验收工作的通知》(造造函〔2016〕35号)，对2014年度中央财政造林补贴省级验收进行安排部署。9月28日，国家林业局造林绿化管理司印发《关于开展2014年中央财政造林补贴国家级核查的通知》(造造函〔2016〕49号)，部署北京、河北、内蒙古、吉林、安徽、福建、湖南、广西、四川、云南、新疆、甘肃省(区、市)，2014年度中央财政造林补贴国家级核查工作。7月29日，国家林业局办公室印发《关于2013年中央财政造林补贴试点国家级核查结果的通报》(办造字〔2016〕155号)，对2013年度中央财政造林补贴国家级核查结果进行通报。

【珍贵树种培育】 中央预算内基本建设投资下达珍贵树种培育示范基地建设资金6000万元，安排全国18个省(区、市)的84个单位，建设珍贵树种示范基地7866.67万公顷，其中，新造4666.67万公顷，改培3200公顷，主要培育树种有福建柏、楠木、杜英、厚朴、鹅掌楸、黄菠萝、樟子松、降香黄檀、香榧、枫香、桢楠、花榈木、紫楠、闽楠等60余种。开展《中国主要栽培珍贵树种参考名录》修订工作。

【未成林地自然灾害受损核定】 6～9月，甘肃省天水等地区发生了严重旱灾，2014～2016年度造林的未成林地遭受重大损失。国家林业局接到甘肃省林业厅报送的《甘肃省林业厅关于认定小陇山林业实验局人工造林未成林地旱灾受灾面积的请示》(甘林造函〔2016〕685号)，依据《未成林地自然灾害受损核定办法(试行)》(以下简称《办法》)，组织国家林业局中南院对甘肃省未成林地因灾受损情况进行了国家级核定，共抽查面积206.72公顷。核实甘肃省小陇山林业实验局未成林地重度受损面积467.82公顷，其中，天然林资源保护工程373.19公顷、中央财政造林补贴94.63公顷。

(森林培育由牛牧供稿)

经济林建设

【综 述】 2016 年，各地、各部门认真贯彻党中央、国务院的部署，紧紧围绕林业产业建设和精准扶贫，进一步加大经济林的扶持力度，措施更加扎实，成效更为明显。据统计，2016 年新造经济林面积 140.8 万公顷。截至 2016 年年底，全国经济林总面积已达 3700 万公顷，各类经济林产品产量达 1.8 亿吨。干鲜果品、茶、中药材等经济林种植与采集业实现产值 1.29 万亿元，占林业第一产业比重 60%。

政策扶持 各级党委、政府把发展木本粮油等特色经济林作为推进生态建设的重要抓手，保障山区民生的有效途径，给予高度重视，普遍加大扶持力度。国家层面推动力度加大，2016 年中央 1 号文件明确提出，优化产业结构，大力发展特色经济林、木本油料、竹藤花卉、林下经济产业。国务院印发《"十三五"国家科技创新规划》(国发〔2016〕43 号)，明确提出大力发展高效、安全、生态的现代农林技术，以种植规模较大的果树、花卉、茶叶、木本(草本)油料、热带经济作物、特色经济植物等为对象，重点突破增产提质增效理论和方法，形成产业集群发展新模式。国务院办公厅《关于完善集体林权制度的意见》(国办发〔2016〕83 号)提出，推进集体林业多种经营，加快林业结构调整，充分发挥林业多种功能，以生产绿色生态林产品为导向，支持林下经济、特色经济林、木本油料等规范化生产基地建设。国务院发布《"十三五"生态环境保护规划》(国发〔2016〕65 号)，要求扩大生产产品供给，推进绿色产业建设，发展一批增收带动能力强的木本粮油、特色经济林、林下经济，并打造一批竞争力强、特色鲜明的产业集群和示范园区。国家林业局印发《林业"十三五"发展规划》(林规发〔2016〕22 号)，将经济林作为林业产业工程重点建设内容，提出要建设一批特色杂果、木本调料、木本药材基地。地方层面扶持力度不减，吉林省林业厅编制吉林九大产业工程规划，从 2016 年开始，利用 5 年时间，在全省实施百万公顷红松果林、百万亩林下参、百万亩榛子果林、百万亩森林中药材等九大工程建设；福建林业厅制定《关于推进供给侧结构性改革 加快林业产业发展的意见》；河南省政府下发《关于加快木本油料产业发展的实施意见》，增强木本油料等经济林供给能力；四川省出台《林业产业发展"十三五"规划》，加快推进特色经济林基地建设。

资金投入 从中央到地方各级财政加大了特色经济林良种繁育、科技推广、培育示范建设。2016 年，中央财政继续增加名优经济林示范项目投入，扶持名优经济林示范项目 264 个，安排示范资金 5.4 亿元，与 2015 年相比增长 1.9%，对经济林发展起到了重要的资金保障作用。经济林信贷支持力度加大。林业贴息贷款继续加大对经济林的投放，其中，2016 年度全国共落实新增经济林贴息贷款 24.4 亿元，推动完成经济林新造 10.93 万公顷、改培 2.4 万公顷，发挥了很大作用。商业银行与林业的合作逐年拓展，继中国农业银行之后，国家林业局与中国建设银行共同签署林业产业建设合作框架协议，加强对经济林等信贷支持。各地也积极完善投入办法，增加经济林发展资金。2016 年，北京市安排果树基金 1.23 亿元，支持林果项目 27 个、建设果园 940 万公顷。河北省设立京冀林果产业发展基金，与北京市园林绿化局、北京市农业投资公司、北京农业投资担保公司、北京银行共同设立每年投资总额超过 1 亿元的京冀林果产业基金。辽宁继续推进千万亩经济林建设工程，新发展的经济林按照地类、树种及建设方式给予补助，补助标准为 4500 ~ 9000 元/公顷。四川出台系列激励扶持政策，广安市对集中连片营造 33.33 公顷以上的特色林果基地，给予每公顷 3300 元的补助；开江县每年预算安排油橄榄、银杏产业发展专项资金 2000 万元。湖北实施"高效经济林工程"，安排中央财政现代农业项目资金 1.1 亿元、省级财政木本油料专项资金 1000 万元、省级财政油用牡丹专项资金 500 万元，支持木本油料经济林产业发展，新建油茶、核桃高产示范基地 7666.67 万公顷。随州市财政拿出 400 万元专项资金，奖励木本油料成效突出的县、乡、村和大户。崇阳县政府对新造油茶、水果、毛茶基地达到一定规模的每公顷分别补助 12 000 元、3000 元和15 000元。江西与银监局、国开行、中行、农行合作，专门设立了"金穗油茶贷"，累计发放贷款超过 20.17 亿元，支持油茶产业主体 8000 多家。

发展机制 为通过先进典型示范，推动各地通过互联网新渠道开展经济林和竹藤花卉产品营销，促进经济林和竹藤花卉产业提质增效、精准扶贫，国家林业局造林司公布河北省临城县等 43 个单位为全国首批"互联网 + 经济林、竹藤花卉产品营销模式示范单位"。突出绿色、有机、无公害核桃栽培，认定河北省沙河市白塔镇核桃基地等 35 个基地为第二批"国家级核桃示范基地"，发挥经济林产品绿色化生产的示范作用。河北推广以"矮密化栽培、机械化耕作、规模化经营、生态环保、节本高效"为主要特征的现代林果种植模式，以及绿色病虫防控技术，加快林果产业提质增效步伐。山东省自上而下在地方各级经济林主管部门中健全经济林产品质量安全监管机构，加强质检专业队伍建设，并将经济林产品质量安全指标纳入各地市政府领导目标考核体系。省财政每年安排专项经费，由经济林主管部门委托食品安全指标第三方检测机构定期开展核桃、大枣、板栗、苹果等大宗经济林产品质量抽检，依据抽检结果实行质量追溯与问责。湖北推行"一乡一品"产业发展战略，打造了十堰核桃、恩施茶叶、黄冈板栗、三峡柑橘、咸宁油茶、神农中药等区域特色品牌。内蒙古森工集团根据林区气候与资源特色，深入挖掘当地特色干果、小浆果、森林药材经济林，积极培育榛子、果用红松、蓝莓、蓝靛果、沙棘、北五味子等适生林木，在制订布局规划、加强种苗基地建设基础上，实施创新推动，不仅将营造经济林纳入林区各级领导、职工义务植树尽责形式，而且列入辖区内各国有林业局主要领导考核的否定性指标，林区转型发展起步有力。

科技支撑 特色经济林新品种研发和良种繁育步伐加快，2016年有41个经济林新品种通过国家林业局授权，占当年授权林木新品种195个的21.03%。截至2016年年底，已有171个经济林新品种通过国家林业局授权，占已授权林木新品种1198个的14.27%。有20个经济林良种通过国家级审(认)定，截至2016年年底，已有256个经济林良种通过国家级审(认)定，占林木良种通过国家级审(认)定总数418个的61.24%。特色经济林工程技术研究继续推进，新挂牌成立国家林业局文冠果等特色经济林工程技术研究中心1处，国家林业局已挂牌成立特色经济林工程技术研究中心24处。森林食品、森林药材质量检测受到进一步重视，国家林业局在江西省林科院新成立经济林产品质量检验检测中心各1处。经济林技术标准制订步伐加快，2016年经济林领域新颁布《冬枣》等国家技术标准32项，以及《经济林名词术语》(LY/T 2736—2016)、《油橄榄高接换优技术规程》(LY/T 2784—2016)、《杜仲嫁接育苗技术规程》(LY/T 2642—2016)、《笋用丛生竹培育技术规程》(LY/T 2624—2016)等林业行业技术标准42项。截至2016年年底，已颁布经济林领域国家技术标准66项、林业行业技术标准224项。各地也普遍加强特色经济林发展的科技支撑。吉林省发挥企业在科技创新方面的主体作用，积极引导企业开展红松子、松塔皮、松子壳等在食品和饲料领域的产品研发，增加经济林产品附加值。浙江省推行经济林立体种植、复合经营，实现林业发展高效富民。甘肃省狠抓林果产品生产标准、质量认证和产地认证体系建设，并发挥经济林产品质量检测中心兰州分中心作用，提升经济林质量认定与检验技术水平。四川狠抓科技创新，加强核桃科研技术攻关，核桃工厂化快速繁育关键技术，核桃果实害虫综合防治技术研究、秦巴山区核桃标准化栽培及丰产培育技术研究与应用等，有力地推动了该地区核桃产业发展。盐源县核桃产业化技术协会发明了核桃高位嫁接新技术“鸭舌嫁接法”，该技术成果的推广应用，使古老的核桃产业焕发出新的生机，助农增收效益显著。 (周力军)

【国家林业局造林绿化管理司公布全国首批“互联网＋经济林、竹藤花卉产品营销模式示范单位”】 为通过先进典型示范，推动各地通过互联网新渠道开展经济林和竹藤花卉产品营销，促进经济林和竹藤花卉产业提质增效、精准扶贫，推动林业供给侧结构性改革，落实党中央、国务院的决策部署，在各省级林业主管部门和全国经济林、花卉、竹产业协会推荐基础上，经认真筛选，国家林业局造林司公布了河北省临城县等43个单位为全国首批“互联网＋经济林、竹藤花卉产品营销模式示范单位”。示范单位名单及其主要亮点如下。

表4-1 互联网＋经济林、竹藤花卉产品营销模式示范单位(经济林)

序号	示范单位	推荐部门	主要亮点
1	河北省临城县	中国经济林协会	确定主导产业和优势品种，扶持龙头企业，通过互联网营销基地绿色产品，打造“绿岭核桃”知名品牌，网络实现销售占核桃产品销售额的近三成
2	山西省临汾市蒲县	山西省林业厅	扶持发展绿色有机核桃生产，推动产业转型升级，发挥龙头企业作用，加强与社会知名电商合作，积极开辟互联网营销新渠道，确保农户经营收益
3	辽宁省铁岭市	辽宁省林业厅	政府高度重视，着力发展无公害绿色有机产品，积极打造电子商务平台，广泛吸纳农民合作社推动建立网络营销联盟，2016年榛子等相关特色农产品网上销售额1300多万元，促进精准扶贫
4	浙江省临安市	浙江省林业厅	有效借助社会知名电商资源优势，政府引导与服务到位，网络营销农村普及率高，农民种植经营山核桃成效好
5	山东省枣庄市山亭区	山东省林业厅	政府高度重视，建立五大电子商务园区。“电商园区—电商小镇—电商村庄”三位一体发展，与精准扶贫深度融合发展。2015年电子商务交易额达24.6亿元
6	山东省邹城市	山东省林业厅	有效借助社会知名电商资源优势，政府引导与服务到位，网络营销农村普及率高，农民种植经营红枣成效好
7	山东省肥城市	山东省林业厅	政府高度重视，纳入科学发展考核，签订目标管理责任书。突出打造知名品牌，注重发展绿色产品。精准扶贫效果好
8	湖南省宜章县	湖南省林业厅	政府高度重视，突出主导产品，坚持网上营销绿色产品，打造“宜章脐橙”知名品牌
9	四川省青川县	四川省林业厅	政府积极整合电商企业、个体网商资源，引导推动网上营销竹荪、香菇等经济林产品，精准扶贫作用好
10	四川省雅安市汉源县	四川省林业厅	领导高度重视，出台政策予以扶持。建设了全国首家调味品网上交易交割平台——花椒交易中心。与多家社会知名电商合作，实施电子商务乡村工程，推动偏远山区经济林产品营销
11	贵州省天柱县	贵州省林业厅	政府高度重视，积极引进电商，完善配套服务体系建设，推动油茶产业精准扶贫，实现贫困人口增收致富效果好
12	甘肃省陇南市成县	甘肃省林业厅	政府高度重视，农村电子商务发展氛围浓厚、基础设施完善、电商运营水平高。多平台联动推动核桃等产品销售，精准扶贫作用大，获农村电子商务多项殊荣
13	宁夏中宁县	宁夏回族自治区林业厅	局政府高度重视，出台扶持政策，充分应用社会知名电商，建设多元化新型营销体系，扶贫效果好

（续）

序号	示范单位	推荐部门	主要亮点
14	新疆阿克苏市	新疆维吾尔自治区林业厅	政府高度重视，建立电子商务产业园，积极借助知名电商，各部门联动，促进红枣、核桃等特色林果转型升级
15	新疆吐鲁番市高昌区	新疆维吾尔自治区林业厅	实施葡萄标准化生产，积极发展绿色、有机产品。积极借助知名电商拓展销路，精准扶贫作用大
16	新疆兵团第二师三十四团	新疆兵团林业局	师部高度重视，重点扶持。借助知名电商发展红枣产业，对促进就业、增收致富作用大

表 4-2　互联网＋经济林、竹藤花卉产品营销模式示范单位(花木)

序号	示范单位	推荐部门	主要亮点
1	辽宁省凌源市	中国花协	政府高度重视，出台优惠政策予以扶持。通过自建交易平台，以及社会知名电商等多种网络渠道促进花木销售
2	江苏省沭阳县	中国花协	政府高度重视，建立网络交易诚信监管制度。通过自建或与知名电商合作开展花木销售，花木电商占全县电商约 8 成，带动增收致富效果好
3	江苏省常州市武进区	中国花协	政府高度重视，措施有力。电商企业多，多平台数据互通，用户多，效果好
4	浙江省杭州市萧山区	中国花协	积极打造电商平台，企业自建电商网站较多。充分应用现代科技，通过资源共享和大数据分析、预警，进一步保障花农、花商的利益
5	浙江省海宁市	中国花协	以家庭园艺为发展理念，通过自建电商平台，以及与知名电商合作，推动产品销售。通过网络了解客户需求，提供个性化产品。着力推动品牌化、差异化发展
6	福建省连城县	中国花协	领导高度重视，出台了扶持政策，将其作为主导产业。推动建立"互联网＋基地零售＋精品连锁"等立体销售模式，形成了多元的互联网销售渠道
7	福建省清流县	福建省林业厅、中国花协	政府高度重视，创立了"政府引导、企业主体、市场运作、平台聚集、模式创新、产业融合"的发展思路。创建自有电商平台，并借助知名电商拓宽销售渠道
8	山东省潍坊市青州市	山东省林业厅、中国花协	政府高度重视，探索发展了"产业支撑，电商拉动，集群发展"的思路。通过自建电商平台，并借助知名电商拓宽销售渠道

（续）

序号	示范单位	推荐部门	主要亮点
9	山东省泰安市泰山区	山东省林业厅	打造区级电子交易平台，花卉从业人员多，增收致富效果好
10	河南省郑州市惠济区	河南省林业厅	创建花卉交易市场网站，及时发布各类服务信息，线上线下共同开拓销售市场
11	河南省洛阳市嵩县	河南省林业厅	创建中国花木网，服务全国花农；创立"花总管"，服务家庭养花；运用大数据，预测市场
12	重庆市北碚区	重庆市林业局	政府高度重视，推动建立"互联网＋企业＋合作社＋农户"的经营模式，完善了电子商务物流配送体系，通过自建电商平台或与第三方合作平台拓宽销路
13	四川省成都市温江区	中国花协	政府高度重视，出台政策予以扶持。建立成都花木交易所。通过自建电商平台或与知名电商合作拓宽销路，增收致富效果好
14	云南省昆明市呈贡区	中国花协	建设运营的昆明国际花卉拍卖交易中心鲜切花交易量亚洲第一。2016 年花卉电商销售总额 50 亿元左右，占鲜切花总交易的一半，惠及花农 10 万余人

表 4-3　互联网＋经济林、竹藤花卉产品营销模式示范单位(竹子)

序号	示范单位	推荐部门	主要亮点
1	浙江省安吉县	中国竹协	政策引导，重点扶持产业园建设、电商公共服务体系、农村电商物流平台和电商示范。主要借助知名电商发展，带动就业效果好
2	浙江省庆元县	浙江省林业厅	主要是龙头企业带动，借助知名电商促进销售。从事竹木网上销售的人员多，辐射带动作用明显
3	安徽省阜南县	中国竹协	新建电子商务产业园，被安徽省列为重点产业集群。通过精心扶持电商示范企业，与多家知名电商合作拓宽销路
4	福建省永安市	福建省林业厅	企业电子商务应用率高。通过自建多家电商平台，以及与多家知名电商合作，促进产品销售
5	福建省政和县	福建省林业厅	政府高度重视，专门出台文件予以扶持。网店总数多，规模大。主要通过与知名电商合作促进发展
6	江西省奉新县	中国竹协	龙头企业示范，设立品牌网店，销售业绩逐年上升
7	江西省弋阳县	中国竹协	政府高度重视，出台优惠政策予以扶持。实体与网络营销双翼齐飞，促进精准扶贫效果好

（续）

序号	示范单位	推荐部门	主要亮点
8	湖北省咸宁县	中国竹协	建立咸宁林业生态文化产权交易中心，着力打造生态金融产业融合平台。持续运营推广，强化品牌影响力
9	湖南省桃江县	中国竹协	领导高度重视，出台优惠政策予以扶持。通过龙头企业示范，电商协会带动，带动就业人数多，精准扶贫效果好
10	广东省广宁县	广东省林业厅	建立了“公司 + 合作社 + 农户 + 互联网”的发展模式，与各大知名电商平台合作，线上线下协同发展，示范带动作用大
11	重庆市荣昌区	重庆市林业局	政府高度重视，出台扶持政策。建立电商产业园，完善物流配送体系和基础设施建设。与知名电商合作发展，带动就业、致富效果好
12	四川省泸州市江阳区	中国竹协	政府高度重视，制定优惠政策扶持。与知名电商合作共同发展，增加农民收入效果好
13	四川省青神县	中国竹协	成立竹编产业电子商务运营中心，统一品牌、价格、市场运营管理机制。通过自建电商平台，以及与知名电商合作开拓销路。带动增收致富效果好

（周力军）

【国家林业局认定第二批“国家级核桃示范基地”】 为贯彻落实国务院办公厅《关于加快木本油料产业发展的意见》、国家林业局《关于加快特色经济林产业发展的意见》《全国优势特色经济林发展布局规划(2013～2020年)》，通过示范，推动核桃科学化、标准化和适度规模化发展，积极培育与生产绿色、有机、无公害核桃产品，实现核桃产业提质增效，维护国家粮油安全，并促进山区脱贫，在各地推荐基础上，经严格组织筛选，国家林业局认定河北省沙河市白塔镇核桃基地等35个基地为第二批“国家级核桃示范基地”。截至2016年年底，“国家级核桃示范基地”已达63个。（周力军）

【第十六届中国·中原花木交易博览会】 国家林业局与河南省人民政府共同主办的第十五届“中国·中原花木交易博览会”于9月25～28日在河南省鄢陵县举办。国家林业局局长张建龙出席开幕式。本届博览会突出服务农民的根本宗旨，精心打造花农的花博会，活动成果丰硕，综合效益明显。据统计，各类花木产品交易总额达42.5亿元，共签约项目29个，总投资达196.4亿元；花博会和十一黄金周期间，花博园日均接待游客14.9万人次，旅游综合收入达5.4亿元。（徐　波）

【第九届中国竹文化节】 10月11～13日，由国家林业局、四川省人民政府、国际竹藤组织共同主办的第九届中国竹文化节在四川省青神县举办。国家林业局党组成员谭光明主持竹文化节开幕式并讲话。本次竹文化节现场参观人数29.8万人次，现场交易额9093.7万元，协议成交额2.1亿元，成功签约了21个竹产业重点招商引资项目，有力促进了竹产品经贸合作与竹文化交流。（徐　波）

【造林司组织完成全国竹产业发展情况专项调研】 11月24日至12月5日，经局领导批示同意，造林司牵头组织计财司、科技司、国际竹藤中心、林业产业联合会、华东院、中南院等单位组成6个调研组，分赴浙江、安徽、福建、江西、湖北、湖南、广东、广西、重庆、四川、贵州、云南12个全国竹主产省(区、市)，开展全国竹产业发展情况专项调研。各组认真开展调研工作，摸清了情况，并组织起草《全国竹产业发展情况综合调研报告》。（徐　波）

林业生物质能源

【综　述】 2016年，林业生物质能源建设取得积极进展。林业生物质发电、成型燃料生产均已基本实现了产业化，生物柴油和燃料乙醇转化利用已开始进入产业示范阶段。截至2016年年底，全国共完成能源林以及良种繁育和培育示范基地建设513万公顷，占《全国林业生物质能发展规划(2011～2020年)》建设任务的30%。木竹热解产品(木炭、竹炭、活性炭等)产量176.67万吨，比2015年增长8.35%；木质生物质成型燃料产量81.03万吨，比2015年增长67.04%。一是抓顶层设计，大力推进能源林建设。依据《全国林业生物质能发展规划(2011～2020年)》，结合能源树种资源分布状况和生物学特性，采取选择宜林地、未利用地等各类边际土地新造，原有低产低效能源林改造等方式，深入推进能源林建设。编制完成《林业生物质能源产业发展模式研究报告(2016年)》，着手制订《国家林业生物质能源示范基地管理办法》，进一步促进林业生物质能源产业健康发展。二是抓标准规范，着力构建技术标准体系。以局文印发刺槐、油棕能源林可持续培育指南，进一步规范能源树种可持续培育。组织制修订《林区木材生产 综合能耗》等林业生物质能源相关标准9项，涉及能源生产、能耗要求、能耗测量、节能监测、合理用能、检测检验等林业生物质能源的各个环节。三是抓科技创新，重点突破关键技术环节。组织北京林业大学等科研院所，以及林业生物质能龙头企业，重点针对生物质能转化等关键技术环节，开展基础技术研发。继续开展“林油一体化”产业可持续发展模式及相关因素研究等科技攻关，推动建立“生物质气化发电联产炭、热、肥”的多种产品联合生产模式，积极探索林业生物质能产业健康、持续发展道路。四是抓国际合作，引进吸收先进工艺技术。依托中芬、中法、中德等林业工作组会议平台，积极开展林业生物质能双边合作。组织国内龙头企业赴芬兰等国家开展学习考察，邀请斯里兰卡生物质能源考察

团对我国林业生物质能建设情况进行实地交流，增强中国林业能源相关企业的市场竞争力。　（程志楚）

【林业生物质能源产业发展模式研究报告】　为提供林业生物质能源管理决策参考，促进林业生物质能源产业健康持续发展，国家林业局造林绿化管理司组织编制完成《林业生物质能源产业发展模式研究报告（2016年）》。报告系统梳理了林业生物质能源整体状况，分析了林业生物质能源发展环境和产业现状，总结了重点示范样板基地建设进展，提出了林业生物质能源发展意见建议。　（高俊峰）

【刺槐能源林和油棕原料林可持续培育指南】　5月31日，国家林业局下发《关于印发刺槐能源林培育技术指南和油棕原料林可持续培育指南的通知》（林造发〔2016〕72号），从种苗培育、整地造林、经营管理、收获更新等环节，规范刺槐能源林和油棕原料林的培育活动，保障林业生物质能源原料的可持续供应，促进林业生物质能源产业的健康发展。　（高俊峰）

【"林油一体化"产业可持续发展模式及相关因素研究】

为推进中国林业生物质能源建设，丰富和完善"林油一体化"发展模式，自2015年开始，国家林业局造林绿化管理司委托北京林业大学牵头，联合福建省林业厅、中国科学院过程工程研究所、西南林业大学等科研院所，以及源华能源、福建源华、内蒙古金骄、云南神宇、湖南未名创林、北京纽斯德特等生物质能源企业，启动了"林油一体化"产业可持续发展模式及相关因素研究项目。截至2016年年底，项目研究进展顺利，初步形成了"林油一体化"发展模式现状、产业链相关因子影响分析、产业链效益分析、产业工艺技术、林业生物质能源产业扶持政策体系等4个专题报告和1个总报告。　（程志楚）

生态建设

05

全民义务植树

【中央领导义务植树活动】 4月5日，中共中央总书记、国家主席、中央军委主席习近平等中央领导参加首都义务植树活动。习近平强调，发展林业是全面建成小康社会的重要内容，是生态文明建设的重要举措。各级领导干部要带头参加义务植树，身体力行在全社会宣传新发展理念，发扬前人栽树、后人乘凉精神，多种树、种好树、管好树，让大地山川绿起来，让人民群众生活环境美起来。中共中央政治局常委，在京中共中央政治局委员、中央书记处书记、国务委员等参加了首都义务植树活动。 （聂海平）

【"国际森林日"植树纪念活动】 3月19日，全国绿化委员会、国家林业局、首都绿化委员会在北京市海淀区园外园二期中坞地块举办了以"保护发展森林 共享绿水青山"为主题的2016年"国际森林日"植树纪念活动。全国绿化委员会副主任、国家林业局局长张建龙参加活动并讲话，首都绿化委员会副主任、北京市人民政府党组成员夏占义，联合国粮农组织驻华副代表张忠军发表致辞。来自有关国际组织和部分国家驻华使馆的代表，中央和北京市、海淀区相关部门的干部职工及当地群众、人民解放军官兵约200人参加植树劳动，共栽植山桃、丁香、银杏、旱柳等各类苗木700多株。 （聂海平）

【全国绿化委员会第34次全体会议】 3月18日，全国绿化委员会第34次全体会议在北京召开，中共中央政治局委员、国务院副总理、全国绿化委员会主任汪洋在会上强调，要认真贯彻落实党中央、国务院关于加快推进生态文明建设的决策部署，坚持以创新、协调、绿色、开放、共享的新发展理念为引领，加快造林绿化，提升森林质量，发展绿色产业，筑牢国家生态安全屏障，为促进经济社会持续健康发展提供有力支撑。全国绿化委员会全体成员参加会议。 （聂海平）

【共和国部长义务植树活动】 3月26日，全国绿化委员会、中共中央直属机关绿化委员会、中央国家机关绿化委员会、首都绿化委员会在北京市通州区台湖镇文化旅游区绿化地块组织举办了以"开展大规模国土绿化 加快林业现代化进程"为主题的共和国部长义务植树活动。来自中央直属机关、中央国家机关各部委、单位和北京市的150名省部级领导干部参加了植树活动，共栽植苗木1400余株。自2002年开展此项活动以来，2016年已经是第15次，累计有2607人次参加义务植树，共栽植苗木31500多株。 （聂海平）

【全国人大机关义务植树活动】 4月8日，全国人大常委会部分领导和全国人大常委会、全国人大专门委员会部分组成人员，在北京市丰台区北宫国家森林公园全国人大机关绿化基地参加义务植树活动，共栽植槭树、海棠、元宝枫、油松等200多棵。自2005年以来，全国人大机关已在此地进行了10次义务植树活动，累计种植养护各类树木7700余棵，绿化面积达到16余公顷。 （聂海平）

【全国政协机关义务植树活动】 4月6日，全国政协部分领导和全国政协机关工作人员约400人，来到北京市朝阳区将台乡将府郊野公园参加义务植树活动，栽下白皮松、华山松、元宝枫、银杏等适合北京环境条件的树木30多种，共计2000余株。全国政协历来重视生态环境建设，已经连续多年在春季组织开展义务植树活动。 （聂海平）

部门绿化

【综　述】 2016年，在以习近平同志为核心的党中央的领导下，各部门（系统）全面贯彻落实党的十八大和十八届三中、四中、五中、六中全会及中央经济工作会议、中央农村工作会议精神，深入落实习近平总书记系列重要讲话精神，牢固树立和自觉践行新发展理念，坚定不移推进"四个着力"，组织动员全社会力量积极开展大规模国土绿化行动，部门绿化取得新成效。

中央直属机关、中央国家机关各单位积极组织干部职工参加首都义务植树劳动，以及以认建认养、植纪念树建纪念林、委托代劳等多种形式履行植树义务。深入推进"生态型、节约型、功能完善型"机关庭院绿化建设，采用新理念、新技术、新材料开展绿化美化。继续抓好"首都花园式单位"创建，开展市花"月季"进社区、进单位等活动，提高机关庭院绿化美化质量。新栽、更新乔灌木79.3万株，新增、改建绿地面积49.7万平方米。

住房城乡建设部门持续拓展城市绿色空间，将园林绿化与道路、交通等市政基础设施同步规划建设，全国城镇绿地系统结构和功能进一步优化完善，人均公园绿地面积等指标稳步提高。截至2016年年底，全国城市建成区绿地率达36.4%；人均公园绿地面积达13.5平方米。城市建成区绿地达197.1万公顷，城市公园绿地达64.1万公顷。

教育部门将校园绿化基础设施建设纳入学校整体规

划，因地制宜地开展校园绿化工作。通过校园广播、网络、微信微博等各类媒介，充分利用植树节、国际森林日等生态节日，组织广大师生参加保护自然、改善生态环境的绿色实践活动。全国各级各类学校绿化用地面积占学校总面积的比例达22.9%。

交通运输系统不断加大公路绿化资金投入，深入开展公路沿线植树造林，改善沿线生态环境，完成绿化里程10.3万千米。截至2016年年底，国道绿化里程26.5万千米，绿化率达86.9%；省道绿化里程22.6万千米，绿化率达81.3%；农村公路（县、乡、村道）绿化里程206.5万千米，绿化率达59.9%；各类专用公路绿化里程3.6万千米，绿化率达63.8%。

水利系统坚持以小流域为单元，开展水土流失综合治理，加大林草植被建设力度，大力推进生态自然修复。完成水土流失综合治理5.4万平方千米，实施封育保护1.6万平方千米，水土流失区植被覆盖度显著提高。新建水利工程将绿化作为配套工程纳入总体规划，水土保持设施与水利主体工程同步建设同步实施，做到“渠成、堤成、绿化成”。

农垦系统以农田防护林网和城镇绿化为建设重点，整体推进垦区环境绿化美化。建立了领导干部任期绿化目标责任制，造林绿化任务落实到地块，责任落实到人。按照耕作模式和地形特点设计防护林，完善垦区防护林体系。提档升级垦区城镇区绿化，合理配置乔灌草花，垦区人居环境持续改善。投入绿化资金2.7亿元，新建农田林网9730公顷，绿化垦区矿山184公顷、庭院7110公顷、道路2901千米、江河沿岸614千米。

中国人民解放军印发关于做好植树造林和森林防火工作、驻京部队生态环境建设等通知，制定《营区绿化工程建设和维护经费估算标准》。与驻地群众共同开展春秋季植树绿化，共出动兵力60余万人次、动用机械车辆2.5余万台次，种植乔灌木480余万株，种草300余万平方米，造林绿化面积达5300公顷。

武警部队按照“武化、绿化、正规化”营区环境建设要求，优化空间布局和树种配置，进一步提高营区绿化美化水平，种植乔灌木约30万株。

共青团组织积极动员青少年参与国土绿化和国家生态建设。辽宁、江西等11个省份的县级团组织开展保护母亲河青年林示范项目。京津冀晋蒙5省份92个县级团组织，以“增绿减霾 共迎冬奥”为主题，广泛动员青少年和社会公众参与“绿色办奥”。各级团组织广泛开展“我与小树共成长”“立体植树节”等主题植树活动，制作专题电视节目、举办公益广告创意大赛、书画摄影展等活动，多种方式倡导绿色发展理念。各级团组织动员青少年参与植树护绿活动共424.1万人次。

妇联组织扎实推进“巾帼绿色家园行动”，以城乡生态建设及家庭绿化、美化、净化为主题，组织城乡妇女和家庭开展义务植树、积极参与庭院、社区、公共场所的绿化、美化，进一步强化妇女的生态意识和造林绿化意识。

铁路系统以建设绿色通道为重点，实行路地协作联动，推动新线绿色通道同步建设，实现铁路绿化新增长。栽植乔木234.4万株、灌木571.3万穴，完成运营铁路绿化里程4.6万千米，线路可绿化地段绿化率达83.3%。

中国石化着力建设“绿色低碳企业”、创建“现代国内一流石油石化生态园林化企业”，因企制宜、建管并重，加强科技兴绿，突出专业化、标准化、市场化，绿化水平显著提高。完成绿化3200余公顷，所属企业绿化覆盖率达到35%。

中国石油系统深入实施办公生活区绿化、矿区厂区绿化、道路广场绿化、防护林建设等重点造林绿化工程，持续改善矿区生态环境，普遍建成了以居住区、办公区绿地为基础，以公园广场绿地为重点，以道路绿地为框架，以防护林带为屏障的绿化体系，油田生态环境和居民生活质量进一步改善。组织职工参加义务植树64.7万人次，栽植乔灌木388.9万株，矿区绿地面积达2.9万公顷，绿化覆盖率26.9%，生活基地绿化覆盖率达43.3%。

中国冶金系统继续实施一系列造林绿化和矿山复垦工程，提升企业绿化美化水平和质量。钢铁企业大多数成员单位的厂区绿化覆盖率达40%以上，绿地率达35%以上，大多数矿山企业绿化覆盖率达35%左右，绿地率达30%左右。 （聂海平）

古树名木保护

【综　述】 为深入贯彻落实党的十八大关于建设生态文明的战略决策，深入挖掘古树名木的深层重要价值，充分发挥其在传承历史文化、保护绿色基因等方面的独特作用，全国绿化委员会、国家林业局采取了一系列措施加强古树名木保护工作。在深入基层调研和广泛征求意见的基础上，全国绿化委员会印发了《关于进一步加强古树名木保护管理的意见》（全绿字〔2016〕1号），并切实抓好贯彻落实工作。按照《意见》精神，全国绿化委员会办公室组织有关单位开展了多项古树名木保护政策研究，为今后进一步健全古树名木保护政策做好准备。全国绿化委员会办公室连续组织开展古树名木资源普查第二批、第三批试点，出台了《古树名木鉴定规范（LY/T 2737－2016）》《古树名木普查技术规范LY/T 2738－2016》两个行业标准，组织10多个省份开展了古树名木资源普查工作试点。全国绿化委员会办公室指导中国林学会从7月份开展了“寻找最美树王活动”，各地踊跃响应，不断加大古树名木保护宣传力度，有力地激发了广大群众关心、参与和支持古树名木保护工作的热情。 （聂海平）

【关于进一步加强古树名木保护管理的意见】 2月2日，全国绿化委员会印发了《关于进一步加强古树名木保护管理的意见》(全绿字〔2016〕1 号),要求各地、各有关部门充分认识加强古树名木保护的重要性和紧迫性,并提出了到 2020 年古树名木保护工作的主要目标、任务和保障措施。《意见》下发之后,各省(区、市)认真组织学习贯彻,纷纷进行转发或印发,结合本地区实际情况,提出具体目标任务,创新工作举措,扎实推进古树名木资源普查和抢救复壮等工作,取得显著成效。

(聂海平)

【全国古树名木资源普查试点】 为扎实推进古树名木资源普查工作,全国绿化委员会办公室继 2015 年在全国组织古树名木资源普查第一批试点以来,第一批试点省份高度重视,努力争取资金,积极开展普查工作,到 2016 年年底基本完成普查工作,为下一步试点积累了经验。2016 年,全绿委办先后组织开展了第二批、第三批试点工作。将山西、吉林、浙江、山东、湖南等 5 个省列为第二批试点,将北京、河北、辽宁、湖北、广东、广西、重庆、新疆等 8 个省(市)列为第三批试点。截至 2016 年年底,全国已有 19 个省份列入了古树名木资源普查试点。

(聂海平)

防沙治沙

【综　述】 2016 年,完成沙化土地治理面积 192.88 万公顷。

2016 年是"十三五"开局之年,中国防沙治沙工作进展顺利,全面完成各项任务。一是全面完成了防沙治沙重点工程项目建设任务,协调相关部门落实京津风沙源治理工程投资 21 亿元,启动了石漠化综合治理二期工程,石漠化综合治理工程投资 20 亿元,两项工程共完成营造林 54.55 万公顷,均 100% 完成年度任务。实施了重点沙区灌木林平茬抚育试点,安排资金 2000 万元,完成建设任务 1.33 万公顷。二是新增沙化土地封禁保护区试点县 10 个,试点县总数已达 71 个,封禁保护总面积 133.24 万公顷。三是成功举办了"世界防治荒漠化日全球纪念活动暨'一带一路'防治荒漠化高级别对话",来自国内外的 400 多位代表参加了活动,国务院副总理汪洋出席开幕式并发表主旨演讲,芬兰前总统哈洛宁和公约执秘巴布出席活动并致辞,发布了《"一带一路"防治荒漠化共同行动倡议》,产生了积极影响。四是全面完成了深化改革任务,组织制订了《沙化土地封禁保护修复制度方案》,经国务院批准后印发实施。五是编制印发《国家沙漠公园发展规划(2016 ~ 2025 年)》,审议批复了 15 个国家沙漠公园,国家沙漠(石漠)公园总数达 70 个。六是深入参与公约活动,加强国际交流合作,中国成功获得了 2017 年联合国防治荒漠化公约第 13 次缔约方大会举办权。七是精心组织了防沙治沙目标责任考核,国家林业局牵头会同国家发展改革委、国土资源部、环境保护部、水利部、农业部等有关部门对 12 个省级政府和新疆生产建设兵团开展了"十二五"防沙治沙目标责任期末综合考核工作。八是启动了岩溶地区第三次石漠化监测,制订了监测技术规定和工作方案,组织开展了多层次的技术培训,完成了内业区划,各地积极推进外业调查工作。九是加强与气象部门会商合作,认真做好沙尘暴灾害应急处置工作,有效应对沙尘暴灾害,2016 年春季共发生沙尘天气 8 次,其中强沙尘暴 1 次,沙尘暴 2 次,没有造成重大灾害。九是围绕落实习近平总书记等中央领导同志批示精神和纪念世界防治荒漠化与干旱日,集中开展了系列宣传,讲好中国治沙故事,产生了良好的社会影响。

(张德平)

【沙化土地封禁保护区补助试点建设情况】 2016 年,在总结沙化土地封禁保护区试点建设工作的基础上,积极协调落实年度补助资金 3 亿元,新增沙化土地封禁保护区试点县 10 个,试点县总数已达 71 个,封禁保护总面积 133.24 万公顷。实时跟踪沙化土地封禁保护区补助试点建设进展情况和资金支付情况。组织举办了沙化土地封禁保护区政策技术培训班,对各有关省区林业厅和 71 个试点县的管理人员进行了专题培训并交流了经验。督促各试点县加快工程建设和资金支付进度,明确具体时间表,按时保质完成建设任务。

《沙化土地封禁保护修复制度方案》 按照中央全面深化改革领导小组的部署,2016 年,国家林业局牵头组织制订《沙化土地封禁保护修复制度方案》。在组建起草工作组、制订工作方案、开展专题调查研究的基础上,组织有关人员起草《沙化土地封禁保护修复制度方案》并进行了多轮修改。初稿形成后,先后征求了专家意见和省区意见以及国家发展改革委、科技部、财政部、人力资源社会保障部、国土资源部、环境保护部、水利部、农业部、人民银行、税务总局、中国银监会、中国保监会等 12 个单位的意见,并根据各方面意见进行认真修改完善。12 月,经国务院同意后,《沙化土地封禁保护修复制度方案》由国家林业局印发实施。

《沙化土地封禁保护修复制度方案》共 6 个部分内容,分别是总体要求、实行严格的保护制度、建立沙化土地修复制度、建立多元化投入机制、推行地方政府责任制、健全工作推进机制。(张德平)

【岩溶地区石漠化综合治理工程】

工程概况 3 月,国家发展改革委、国家林业局、农业部、水利部联合印发《岩溶地区石漠化综合治理工程"十三五"建设规划》(以下简称《规划》),规划期为 5 年,即 2016 ~ 2020 年。《规划》范围涉及贵州、云南、广西、湖南、湖北、重庆、四川、广东 8 省(区、市)的 455 个石漠化县(市、区),岩溶面积 45.3 万平方千米,其中石漠化面积 12 万平方千米。"十三五"期间,中央预算内专项资金每年将重点用于 200 个石漠化综合治理重点县。计划治理岩溶土地面积 5 万平方千米,治理石漠化面积 2 万平方千米,林草植被建设与保护面积 195

万公顷。

工程进展情况 2016年，下达石漠化综合治理工程投资20亿元。截至2016年12月31日，8省（区、市）全面完成2016年林业建设任务29.41万公顷，其中，人工造林6.89万公顷，封山育林22.52万公顷。治理岩溶土地面积1.01万平方千米，治理石漠化土地3600平方千米。

组织中南院有关专家并会同8省（区、市）林业厅（局）编写完成《石漠化治理中的造林树种选择与模式》，已正式出版。（江天法）

【国家沙漠（石漠）公园进展情况】

国家沙漠（石漠）公园试点建设 国家林业局组织专家对拟申报的新疆昌吉北沙窝国家沙漠公园、甘肃民勤黄案滩国家沙漠公园进行了现场考查评估。9月21日，国家林业局组织有关专家召开了国家沙漠（石漠）公园专家评审会，对甘肃、宁夏、新疆、湖南、山西、河北6省（区）的15个国家沙漠（石漠）公园申报材料进行了专家评审。经过公示无异议，国家林业局正式下发《国家林业局关于同意河北围场阿鲁布拉克等15个国家沙漠（石漠）公园开展试点工作的通知》。截至2016年年底，共批复国家沙漠（石漠）公园70个，涉及11个省（区）及新疆生产建设兵团。

为提高国家沙漠公园试点建设和管理水平，10月9日下发《国家林业局关于印发〈国家沙漠公园发展规划（2016－2025）〉的通知》。重点规划区为河北、山西、内蒙古、辽宁、吉林、黑龙江、江苏、安徽、山东、河南、四川、云南、陕西、甘肃、青海、宁夏、新疆17个省（区）及新疆生产建设兵团共440个县（市、区）。本次规划重点建设国家沙漠公园359个，包括已批复建设的沙漠公园。

10月18～22日在云南省昆明市举办了国家沙漠公园试点建设培训班。相关省份林业厅局分管国家沙漠公园工作的主管人员、国家沙漠公园的技术管理人员、相关设计单位人员共计120人参加了培训。

复函同意山西铁路线路通过国家沙漠公园 对于山西省林业厅关于铁路项目穿过国家沙漠公园的请示进行审核，发布了《国家林业局办公室关于同意山西省林业厅关于建设原大客运专线通过山西怀仁金沙滩国家沙漠公园请示的复函》（办沙字〔2016〕114号），对在该国家沙漠公园内建设铁路的事项提出具体要求。

探索国家石漠公园管理规范 2016年，国家林业局批复了第一个国家石漠公园——湖南安化云台山国家石漠公园。目前与国家林业局中南院对国家石漠公园的建设管理规范进行联合研究，进一步加强国家石漠公园的管理、推进国家石漠公园的发展。（付 蓉）

表5-1 2016年新增国家沙漠（石漠）公园（试点）名单

序号	国家沙漠（石漠）公园（试点）名称
1	河北围场阿鲁布拉克国家沙漠公园
2	河北丰宁小坝子国家沙漠公园
3	山西左云鹊儿山国家沙漠公园
4	山西大同沙窝国家沙漠公园
5	山西天镇米薪关国家沙漠公园
6	山西大同十里河国家沙漠公园
7	山西新荣五旗国家沙漠公园
8	甘肃民勤黄案滩国家沙漠公园
9	宁夏盐池沙边子国家沙漠公园
10	新疆布尔津萨尔乌尊国家沙漠公园
11	新疆玛纳斯土炮营国家沙漠公园
12	新疆昌吉北沙窝国家沙漠公园
13	新疆呼图壁马桥子国家沙漠公园
14	新疆英吉沙萨罕国家沙漠公园
15	湖南安化云台山国家石漠公园

【沙尘暴灾害及应急处置工作情况】 2016年，春季中国北方地区共发生8次沙尘天气过程，影响范围涉及西北、华北、东北等13省（区、市）364个县市，受影响土地面积约223万平方千米，人口近0.9亿人。其中，按沙尘类型分，强沙尘暴1次，沙尘暴2次，扬沙5次；按月份分，3月份3次，4月份3次，5月份2次；按影响范围分，超过200万平方千米的有2次，100万～200万平方千米的5次，100万平方千米以下的1次。据不完全统计，3～5月北方地区受大风和沙尘灾害影响，造成的直接经济损失约1.66亿元。总体而言，2016年春季沙尘天气次数较少，强度较弱，影响范围较小；次数少于2015年同期（11次），强度偏弱，次数和强度均低于近15年（2001～2015年，下同）同期均值。

按照局领导批示精神和《重大沙尘暴灾害应急预案》要求，2016年主要采取了以下应对措施。

一是1月7日联合中国气象局组织开展2016年春季沙尘天气趋势预测分析会商，并将预测结果上报国务院，指导有关部门和地方政府开展沙尘暴应急处置工作。并在年初趋势会商的基础上，进一步完善会商机制，自2016年春季起加强重点预警期滚动会商，及时掌握沙尘天气预警信息。同时，要求各地加强与气象等部门沟通与协作。二是以国家林业局名义下发《关于认真做好2016年春季沙尘暴灾害应急处置工作的通知》（林沙发〔2016〕23号），全面分析春季沙尘天气趋势，部署应急处置工作。三是充分发挥卫星遥感监测、沙尘暴地面站、短信平台等现有监测设施和平台的作用，科学开展预警监测。四是3月22～24日在内蒙古呼和浩特市举办沙尘暴灾害监测技术和信息管理培训班，重点学习沙尘暴观测、监测和预测知识，讲授掌上报送系统APP、短信平台、管理平台以及地面监测设备使用与维护等，切实提高了各地信息员灾害监测技术和信息管理水平。五是沙尘暴重点预警期加强应急值守，国家林业局和北方地区各级林业主管部门均安排专人值守，及时掌握沙尘天气趋势和灾害信息。根据防灾减灾需要，提前向下游地区发出预警信息，指导地方及时调整工作方案，做好应急准备。六是加强灾害信息报送管理，重点推广沙尘天气掌上报送系统APP软件，及时调整和优化信息员队伍，认真抓好沙尘暴灾害信息日报、周报、月报、季报、半年报和年报工作。严格执行日报告和零报告制度，及时通报各省零报告执行情况以及各沙尘暴地面站、信息员报送灾情信息情况。七是加强沙尘暴预警信息和应急处置措施宣传，广泛宣传国家林业局在沙尘暴应急方面所做的工作及采取的措施。利用新闻媒体广泛宣传沙尘暴基本知识及应急避险知识，提高全社会防范灾害和开展自救互救的能力。利用防灾减灾日加强宣传，利用短信平台给应急处置管理人员、信息员发送短信近2000条，宣传防灾减灾主题和沙尘暴灾害预防常识。新疆和田、阿克苏等地发放《沙尘暴科普知识》及《荒漠化科普知识》宣传单，普及沙尘暴防范和荒漠化防治知识。八是重点研发沙尘天气掌上报送系统APP软件，继续筹建沙尘暴灾害处置综合平台，完善应急处置短信平台，规范沙尘暴地面站管理，提高监测仪器使用和维护水平，提高沙尘暴灾害监测预警能力水平。

（潘红星）

【荒漠化生态文化及宣传】 一是围绕6月17日国际会议，集中开展了为期3个月的系列宣传活动。《人民日报》刊发国家林业局局长张建龙署名文章，新华社推出张建龙局长权威访谈。在《中华英才》推出防沙治沙特别报道，刊发国家林业局副局长张永利和7位林业厅长的专访文章。组织12家媒体前往"一带一路"沿线6个主要沙区省份采访，推出"走进风沙源"记者采风活动，5~6月，30多家中央级媒体、157家网站参加采访报道，刊播相关报道476条(次)，转发910多条(次)，推送微博百余条，发送手机公益短信2亿条。中央电视台《新闻联播》《晚间新闻》《朝闻天下》等栏目报道治沙达10多分钟。系列宣传在国内外引起了强烈反响，取得了较好效果。二是围绕落实习近平总书记等中央领导同志批示精神，集中开展了"防沙治沙·中国故事"为主题的系列宣传活动。组织有关新闻媒体大力宣传中国防沙治沙的成绩与经验。

（林　琼）

【荒漠化公约履约和国际合作】

"世界防治荒漠化日全球纪念活动暨'一带一路'共同行动高级别对话" 6月17日，国家林业局与《联合国防治荒漠化公约》秘书处在人民大会堂成功举办了"世界防治荒漠化日全球纪念活动暨'一带一路'共同行动高级别对话"，发布《"一带一路"防治荒漠化共同行动倡议》。国务院副总理汪洋出席开幕式、发表讲话并会见出席活动的重要外宾。芬兰前总统、荒漠化公约旱地亲善大使哈洛宁发表演讲、联合国秘书长潘基文发布视频致辞，荒漠化公约执秘巴布致辞。11位"一带一路"沿线国家的副部级以上官员和国际组织负责人，来自22个国家的80多位国际代表和中国18个相关部门的副部级领导、10个主要沙区省级林业部门主要负责人、国内外专家、学者、民间组织和企业代表共约500人参加了活动。

汪洋副总理在讲话中指出，应对荒漠化挑战，是人类共同的责任，"一带一路"沿线推进荒漠化防治共同行动更为重要和紧迫，应全面加强沟通协商，广泛凝集共识，深化务实合作，促进防治荒漠化技术难题攻克、创新经验共用、治理成果共惠，加快筑牢生态命运共同体，建设绿色丝绸之路。

此次活动以"推动'一带一路'防治荒漠化共同行动，实现全球土地退化零增长"为主题，将建设绿色丝绸之路与落实联合国可持续发展议程相结合，突出绿色和共享发展理念，契合联合国"拯救地球、消除贫困"的宏伟目标。议程包括：开幕式和主旨讲话、部长级高级别对话、共同行动倡议启动、技术和融资创新专题对话、中国绿化基金会防治荒漠化专项基金发布、全球土地潜力评估报告发布等7个环节和2个边会活动。与会各方分享和交流了成功案例、探讨了构建合作伙伴，实现土地退化零增长的战略、措施和途径。就"一带一路"沿线国家和国际组织筑牢生态命运共同体，建设绿色丝绸之路，改善民生福祉达成共识。国内外各界高度重视，反响积极。

活动当天，新华社、中央电视台、《中国日报》《中国绿色时报》等30多家媒体进行了报道，中央电视台晚间新闻播报了汪洋副总理出席活动的消息；《中国日报》分别于6月17日和6月20日以中国防治荒漠化成效和中国走入全球土地退化防治的舞台中心为主题发布了两个专版英文报道，并全文刊载《"一带一路"防治荒漠化共同行动倡议》全文。

荒漠化公约履约 一是成功申办《联合国防治荒漠化公约》第十三次缔约方大会，认真做好筹备工作。经国务院批准，2016年9月中国成功申办2017年荒漠化公约第十三次缔约方大会，并于同年10月18日在荒漠化公约第十五次履约审查委员会上对外宣布，于10月31日至11月4日通过了公约秘书处第一次会议评估。荒漠化公约缔约方大会是迄今为止中国举办的第一个联合国公约缔约方大会。为做好各项筹备工作，经国务院批准成立了缔约方大会组织委员会和执行委员会，由汪洋副总理担任组委会主任委员。开展了专项研究，进行了专家咨询，编制了《大会总体方案》。二是深入参与全球荒漠化治理，推动设立全球目标和制定公约新战略框架。代表亚太区域参加公约2018~2030新战略框架、土地退化零增长指标制定工作，推动将土地退化零增长目标纳入公约十年战略。参加履约审查委员会第十五次会议，代表亚洲组提出国家报告周期调整方案，协调落实荒漠化公约亚太区域办事处来华落户东道国谈判，加强中国在亚太区域履约进程中作用。三是落实荒漠化公约第十二次缔约方大会决议，制定国家履约自愿目标。参加荒漠化公约土地退化零增长国家履约自愿目标项目，召开了专家咨询会，启动制定国家履约目标及其行动方案。

国际合作 一是继续推动中埃防治荒漠化示范和培训中心项目新址可行性评估；加强与伊朗、吉尔吉斯斯坦、土耳其等国的交流，深入推进"一带一路"防治荒漠化国际合作。二是服务国内建设重点，成功组织15人赴美国开展为期14天的沙漠公园引智培训，学习国外荒漠地区公园建设和管理经验。三是启动与全球环境基金及联合国粮农组织可持续土地管理决策支持项目。四是全方位推动荒漠化履约和国际合作交流工作，全年共派出44人次13个团组，赴10个国家执行任务，请进22个国家的40余人来华参加培训和考察，促进防治荒漠化交流合作。

（曲海华）

森林公园建设与管理

【综　述】 2016年是全国实施“十三五”规划的开局之年，森林公园呈现强劲发展的势头。全国新建各级森林公园160处，森林公园（含国家级森林旅游区）总数达3394处，森林公园保护总面积1886.67万公顷。全国森林公园共接待游客9.17亿人次（其中海外游客1497.69万人次），占国内旅游总人数的20.8%，旅游收入781.61亿元，接待游客数量和旅游收入分别比2015年度增长15.3%和10.8%。

森林公园建设　一是相继出台相关规划、方案、各类办法以及森林公园考核办法。浙江森林公园建设分别被纳入浙江省人民政府的“森林浙江”建设目标责任考核指标和“浙江省现代国有林场建设”考核范畴；重庆经市人民政府同意，印发《重庆市森林公园发展规划（2016～2030）》，规划2030年全市森林公园数量达到170个，森林公园总面积占国土面积的2.91%；云南省红河州人民政府出台《关于加快森林公园和湿地公园建设的决定》，计划在全州13个县（市）规划区内或城市周边建设11处森林公园；广西壮族自治区林业厅与自治区旅发委联合印发《加快林业与旅游产业融合发展实施方案》，明确提出共同重点建设10处森林公园。二是以项目建设和资金投入支持森林公园各类建设。山西省以城郊森林公园建设、林相改造以及森林公园步道建设三大类项目，共申请该省乡村旅游富民工程投资2.4亿元，并争取将6处森林公园纳入了全省林业“两区”增绿工程；浙江省2处国家级森林公园获得省级财政森林公园改造提升建设项目补助资金各1000万元，经陕西省人民政府常务会审议通过，陕西省林业厅、省发改委、省财政厅联合印发了《陕西省重点林区管护站“十线百站”提升改造工程规划》，规划使用省财政资金3亿元在全省范围建设100个森林管护站（其中中心管护站40个、生态驿站60个），承担森林资源保护和为森林公园提供旅游服务的任务，2016年已经下达计划2000万元。据统计，2016年全国森林公园共投入建设资金537.95亿元，比2015年增长近30%。其中用于环境建设方面的投资达57.04亿元，营造景观林8.95万公顷，改造林相15.52万公顷。截至2016年年底，森林公园共拥有游步道9.07万千米，旅游车船3.4万台（艘），接待床位102.94万张，餐位197.1万个，从事管理与服务的职工达18.02万人，其中导游人员1.66万人。

森林公园管理　北京、河北、内蒙古、黑龙江等地的省级森林公园审批被再次确认为行政许可项目，福建省林业厅依据《福建省森林管理办法》制订并下发实施《福建省森林公园认定办法》，浙江绍兴、丽水、金华、台州市林业局相继出台了市级森林公园认定办法，为森林公园建设发展奠定了坚实基础。广东省编制委员会批准组建广东省国有林场和森林公园管理局，并在13个省属国有林场全部加挂森林公园管理处牌子，云南省林业厅在审核各地上报的国有林场改革方案时明确要求涉及森林公园的林场加挂森林公园管理机构的牌子，为森林公园建设管理提供有力保障。7月13～15日，中国林学会森林公园分会在甘肃省天水市召开以“森林公园主体功能与国家公园建设”为主题的学术研讨会，内蒙古、黑龙江、浙江、河南、广西、海南、四川、贵州、新疆、云南等省（区）以及内蒙古、龙江、大兴安岭森工（林业）集团纷纷举办培训或召开会议，深化对森林公园性质功能的理解，凝聚加强森林公园保护管理的共识。江西省林业厅由分管厅长牵头成立领导小组，通过编制下发实施细则、举办技术培训班、实行联合督导检查，扎实开展全省森林风景资源调查与评价工作，摸清森林公园保护对象的家底。广东省林业厅组织制定并发布施行《森林公园建设指引》地方标准，福建省林业厅印发《福建省森林公园旅游景区安全生产标准化评定标准》，积极推动森林公园建设的标准化和规范化。江西省林业厅印发《江西省省级示范森林公园创建办法》，湖南省林业厅制定《湖南省森林公园质量管理检查办法暨评分标准》，广东省林业厅启动森林公园质量等级评定试点工作，促进森林公园建设发展水平的整体提高。安徽省林业厅、龙江森工集团公司专门下发加强森林公园管理的通知，陕西将森林公园监督检查列入省人民政府下达的林业系统每年开展的十九项检查内容之一。贵州省林业厅对全省森林公园监督检查的情况予以通报，要求15处森林公园进行整改，取得了较好的整改落实成效，有力强化了森林公园的行业管理。

森林公园宣传工作　山西省林业厅编印了《山西森林公园集锦》画册，收集了全部国家级、省级森林公园的资料。内蒙古森工集团公司征集近年来国内外作者撰写的有关散文、图片等，出版了《内蒙古大兴安岭图画》。陕西省林业厅与省电视台录制了大型纪录片《绿色陕西》，对7处森林公园的风景资源和特色活动进行着重介绍，并在陕西卫视8个频道和10个地市的卫视进行了播放。广东省先后举办了“森协杯”2016最美森林公园景区景点评选暨摄影优秀作品大赛、2016优秀论文/规划设计评比大赛、走进广东“最美生态”等系列活动，黑龙江、浙江、江西、山东等省相继开通森林公园微信公众号，多途径展示森林公园的优美景观、保护成果和建设成就。

森林公园教育功能　2016年，北京北宫、福建福州、湖南天际岭、贵州百里杜鹃国家森林公园实施了国家级森林公园自然教育示范点建设，内蒙古森林公园共建成各类博物馆8处、各类标本室4处，江苏黄海海滨国家森林公园建成森林课堂、空中栈道、少儿营地、森林驿站等项目，吉林红石国家森林公园依托东北传统伐木文化开发建设了老木帮基地，森林公园自然教育设施不断完备。北京市林业局首次启动自然讲解师培训，来自本市各森林公园、国有林场、自然保护区的学员参加了培训。黑龙江长寿国家森林公园联合哈尔滨市多所学校开展森林体验活动，近万名学生分批次走进森林，参与登山、植物识别等活动项目。河南白云山国家森林公园积极开展各类科普教育活动，2016 年免费接待青少年游客达 6 万人次。

森林公园社会效益 森林公园尤其是位于城近郊的森林公园成为城乡居民日常休闲游憩的最佳场所，山西逾百处城郊型森林公园日接待游客达 50 多万人次，全年约有 2400 多万人次、占全省半数以上的居民享受着便利的森林公园生态休闲公共服务。统计显示，2016 年全国共有 1083 处森林公园免收门票，享受免费服务的游客达 2.18 亿人次，占全年游客总数的 23.8%。森林公园建设极大带动了当地社区的共同发展，湖南穿岩山森林公园吸纳了当地 1700 余名贫困人口常年务工，安排了 107 名贫困家庭子弟就业，并拿出近 500 万元扶持 56 户贫困户建起了农家客栈，扶持 80 户贫困户开展生态养殖、种植，组织 12 支 530 多人的民俗文化表演队，发动 275 户贫困户以老木房和山林等资源入股参与开发，帮助 3000 多贫困人口实现了脱贫。据测算，2016 年全国森林公园创造的社会综合产值超 8200 亿元。

（许　晶）

【国家林木(花卉)公园和国家生态公园(试点)建设】 据不完全统计，2016 年 14 处国家生态公园试点和 8 处国家林木(花卉)公园共投入建设资金 7.14 亿元，接待游客 946.59 万人次，综合收入达 4.22 亿。其中，山东枣庄环城国家生态公园(试点)建成全长 27.8 千米的凤凰绿道，设 2 米宽行人自行车道和 4 米宽自驾车旅游道，道路两侧根据地形等实际情况各设 1.5 ~5 米宽的绿化带，沿途配套建设 6 处驿站、8 处休闲健身场所，每年在绿道及周边休闲游憩游客 300 万人次以上。

【发布施行《国家级森林公园设立、撤销、改变经营范围或者变更隶属关系审批事项服务指南》】 2016 年 6 月 24 日，国家林业局公告第 12 号发布施行《国家级森林公园设立、撤销、改变经营范围或者变更隶属关系审批事项服务指南》。该服务指南包括项目信息、适用范围、办理依据、受理机构、办理机构、审批数量、办事条件、申请材料、申请接收、办理基本流程、办理方式、审批时限、审批收费依据及标准、审批结果、结果送达、申请人权利和义务、咨询途径、监督和投诉渠道、办公地址和时间、公开查询 20 项内容，制度更为明确，说明更为具体，进一步提升了国家级森林公园行政审批工作的规范化和标准化。（许　晶）

【国家级森林公园行政审批】 2016 年，国家林业局先后做出行政许可决定，准予设立四川鲜水河大峡谷国家森林公园，准予江西阁皂山等 14 处国家级森林公园改变经营范围，准予浙江富春江等 5 处国家级森林公园变更名称、面积或地理坐标。同时，对逾期未补正的河北黄龙山国家森林公园设立申请材料予以退回，并依请求退回云南九龙山等 16 处国家级森林公园的设立申请材料。截至 2016 年年底，全国共建立 827 处国家级森林公园，资源保护总面积达 1153.58 万公顷。（许　晶）

【森林公园培训班】 2016 年，根据国家林业局年度培训计划先后举办了两期培训班。“国家级森林公园申报培训班”于 3 月 28 ~31 日在云南省普洱市举办，来自 30 个省级林业主管部门、49 个国家级森林公园申报单位、39 个规划设计单位的相关人员共 270 余人参加。该培训班课程专门编印了《森林公园管理法规规定汇编》，重点解读了国家级森林公园审批与申报、国家级森林公园管理和总体规划编制的政策规定，还特别讲解了江苏东台海滨国家森林公园申报、江苏张家港暨阳湖国家生态公园建设以及云南普洱国家公园建设的典型案例。“国家级森林公园主任培训班”于 12 月 12 ~18 日在云南省昆明市举办，来自 133 个国家级森林公园、8 个省级林业主管部门的相关人员共 160 余人参加。该培训班课程涵盖生态旅游、自然保护、自然解说、生态文化等多方面，课堂讲授了森林风景资源管理新方法与森林旅游体验新技术，森林公园自然体验、教育、康养的规划设计，森林公园自然解说的理论与实践，中国森林体验基地申报及建设思路等内容，讲解了森林公园管理运营及智慧旅游的新技术新产品，开展森林公园建设及野生动物科普教育、植物解说实践两次现场教学活动。

（许　晶）

【森林公园研讨班】 2016 年，根据国家林业局年度培训计划先后举办了两期研讨班。“森林公园建设管理研讨班”于 6 月 6 ~9 日在山东省邹城市举办，来自 2012 年度设立的 18 处国家级森林公园及其所在地的党政部门、所属 11 个省级林业部门的相关人员共 90 余人参加。本次研讨班采取课堂研讨、专题讲座、现场教学等形式，研究分析了新形势下森林公园建设管理和监督检查的新情况，学习了解了新技术在森林公园建设管理中的应用。“国家级森林公园管理高级研讨班”于 12 月 12 ~18 日在云南省昆明市举办，来自 30 个省级林业主管部门的相关人员近 40 人参加。此次研讨班上不仅讲授了森林风景资源管理新方法与森林旅游体验新技术、自然保护地理念与云南的探索等内容，8 个省级林业部门主管人员还分享了各自地区森林公园森林旅游旅游管理实践经验。（许　晶）

【对 53 处国家级森林公园下发限期督办通知】 2016 年 3 月，国家林业局场圃总站分别向安徽、福建、江西、湖南、广东、陕西省林业厅下发限期督办通知，要求安徽黄山等 53 处国家级森林公园自通知之日起 18 个月内完成国家级森林公园总体规划的编制并按程序报国家林业局审批。通知指出，国家级森林公园总体规划是国家级森林公园建设经营和监督管理的依据，有关的国家级森林公园需按照《国家级森林公园管理办法》的规定编制或修编总体规划。通知要求各省林业厅采取有效措施，督促各国家级森林公园按时按要求完成总体规划的编报工作，对逾期仍未上报国家级森林公园总体规划、导致国家级森林公园主体功能无法发挥的，将依照《国家级森林公园管理办法》相关规定撤销该国家级森林公园。

（许　晶）

【下发《国家林业局关于省级以下森林公园审批有关事项的通知》】 2016 年 4 月 15 日，国家林业局下发《关于省级以下森林公园审批有关事项的通知》(林场发〔2016〕47号)。通知要求，要深刻领会和准确把握《国务院关于第二批取消152项中央指定地方实施行政审批事项的决定》(国发〔2016〕9号)的精神，各地实施省、市、县级森林公园行政审批，不能以原林业部发布施行的部门规章《森林公园管理办法》为依据。通知同时指出，省级以下森林公园是中国森林公园建设发展体系的重要组成部分，各地要把省级以下森林公园审批作为各自地区森林公园建设发展工作的重要环节，认真抓实做好。通知要求，实施省、市、县级森林公园行政审批，已经有地方性法规规定或者省(区、市)人民政府规章设定临时性行政许可的，要按行政许可法的规定加强规范；尚未出台地方性法规或者省级人民政府规章的，要加快推进立法，依法实施省、市、县级森林公园行政审批。 (许 晶)

【出版《城郊森林公园理论与实践》】 2016年10月，国家林业局森林公园管理办公室、福建农林大学、福建省社会科学研究基地生态文明研究中心共同编著的《城郊森林公园理论与实践》一书，由中国林业出版社正式出版发行。论书属“森林公园理论与实践系列”丛书之一，内容包括理论篇、实践篇、国(境)外案例篇、支撑篇，共29章，对城郊森林公园运用的基础理论知识进行了梳理和提炼，对各地在城郊森林公园建设发展中的实践经验、具体做法、发展模式进行了研究和总结。 (许 晶)

【59人获得国家级森林公园森林解说员证书】 2016年5月16～21日，国家林业局场圃总站主办、中南林业科技大学承办的2016年度国家级森林公园自然教育研讨班在湖南长沙举办。研讨班课程内容分为理论篇、设计篇、实践篇和经验篇4部分，包括自然教育的发展和内涵、自然教育设施设计和活动组织技巧、自然教育活动课程设计的课堂授课，湖南天际岭国家森林公园自然教育活动的现场教学，以及台湾森林游乐区、北京八达岭国家森林公园自然教育的经验介绍，并通过课堂表现和综合考核相结合的考核方式，使学员较为全面了解自然教育的基础理论，掌握了自然教育活动设计和组织的原则和技巧。经过全程培训和综合考核，59人获得国家级森林公园森林解说员证书。 (许 晶)

林业应对气候变化

【综　述】 2016年，按照党中央、国务院决策部署和国家林业局党组统一安排，林业应对气候变化工作扎实推进，取得了新进展，为减缓和适应气候变化，实现林业“双增”目标，促进绿色低碳发展作出了重要贡献。

【加强应对气候变化宏观指导】 紧紧围绕国家《“十三五”控制温室气体排放工作方案》《强化应对气候变化行动——中国国家自主贡献》和国家应对气候变化规划确定的林业应对气候变化行动目标，结合实际，制定实施《林业发展“十三五”规划》《林业应对气候变化“十三五”行动要点》《林业适应气候变化行动方案(2016～2020年)》和《2016年林业应对气候变化重点工作安排与分工方案》，细化任务安排和工作措施，狠抓目标任务落实。配合国家发改委完成对各省(区、市)“十二五”二氧化碳排放强度降低目标考核(含森林碳汇增长目标)，有力促进了地方林业增汇减排工作。

【森林碳汇】 按照习近平总书记“着力推进国土绿化，着力提高森林质量”的重要指示精神，修订印发《全国造林绿化规划纲要(2016～2020年)》，及时出台《全国森林经营规划(2016～2050年)》，成功召开全国加快推进国土绿化现场会和全国森林质量提升工作会议，着力推进国土绿化和森林质量提升工作，将目标任务细化分解落实到各有关地区和部门，全力抓好组织实施。2016年，全国完成造林680万公顷、森林抚育840万公顷，森林面积持续扩大，森林质量明显提升，森林碳汇功能不断增强。同时继续强化森林资源保护和林业灾害防控工作，努力减少林业领域碳排放。全面停止天然林商业性采伐，天然林保护实现全覆盖。开展林地变更调查试点，完善“林地一张图”。全国新增林业国家级自然保护区16处、国家森林公园21处、国家沙漠公园15个，76处试点国家湿地公园通过验收。全国共查处林业行政案件19.66万起。全国森林火灾次数、受害森林面积分别比2015年下降32.9%、53.1%。全国林业有害生物防治面积达800万公顷。

【林业碳汇计量监测体系】 集中全国五大林业碳汇计量监测中心、各省(区、市)及有关科研单位力量，进一步加快推进全国林业碳汇计量监测体系建设。印发《2016年全国林业碳汇计量监测体系建设工作方案》，举办体系建设培训班，部署年度工作。突出强化计量监测成果管理，出台了LULUCF碳汇计量监测成果质量检查方案、数据核实方案，完成首轮(2014～2016年)全国LULUCF碳汇计量监测数据的查验核实，形成1.64万个监测样地1.8亿组监测数据，进一步完善了基础数据库和参数模型库，建立了成果展示系统。组织有关单位完成第三次国家信息通报2012年林业温室气体清单编制。

【碳汇交易】 进一步加强林业碳汇交易专业人才队伍建设，组织举办了3期林业碳汇项目开发交易专题培训班，培训247人次。完成全国林业碳汇开发交易工作摸底调研，编制《林业碳汇项目开发交易指南》。加强林业碳汇开发政策咨询和技术指导，对30多个林业碳汇交易项目提出了备案审查意见。完成对东北地区8个森林经营碳汇项目的专项调查研究，形成专题报告。截至

2016年年底，正在履行项目备案和交易程序的林业碳汇项目近90个，交易试点取得积极进展。同时组织完成林业碳排放配额及其政策研究报告，提出了配额管理的总体思路和制度框架。

【科技支撑能力】 组织完成《林业碳汇计量监测技术指南》等5项林业行业标准制定，编制完成《湿地碳汇计量技术方案》《湿地碳库建模调查技术方案》，多项林业碳汇相关标准列入新一期林业行业标准制修订计划。高分四号卫星林业应用内容完成在轨测试并投入使用，"陆地生态系统碳监测卫星"工程完成立项并启动实施。开展了新一轮中国森林资源核算研究和负离子监测试点。科技创新平台进一步完善，全国生态定位站总数达到179个。进一步加强指导，规范要求，清洁发展机制基金支持开展的林业项目进展顺利。中国绿化基金会和中国绿色碳汇基金会募集资金超过1亿元，积极支持开展林业应对气候变化领域有关课题和项目。

【国际合作】 认真组织谈判对案研究，派员参与马拉喀什气候变化林业议题谈判，发挥了建设性作用。与国际竹藤组织(INBAR)等联合主办"生态治理提升人类福祉"主题边会，向国际社会介绍中国林业为全球生态安全和气候安全作出的努力与贡献。完成巴黎协定林业议题解读，开展相关研讨交流。认真落实第七轮中美战略与经济对话的成果清单，组团赴美就国家层面林业温室气体清单编制、碳汇调查方法、计量模型等开展交流。在广西召开了中美森林减缓和适应气候变化的技术与政策研讨会，就应对气候变化政策、森林经营技术和试点示范经验等进行了深入交流，取得丰硕成果。中美森林适应气候变化试点取得重要阶段性进展。完成中德低碳土地利用项目合作，相关成果已在安徽、湖南、福建等地推广。推荐IPCC第六次评估特别报告相关专家14人次，展现了中国林业专家在IPCC中所发挥的作用和所作的贡献。

【宣传工作】 发布《2015年林业应对气候变化政策与行动白皮书》(中英文)。先后配合国家发改委、中国气象局编制完成《中国应对气候变化的政策与行动2016年度报告》及《应对气候变化——中国在行动(2016)》电视宣传片和画册，展示中国及林业应对气候变化的风采。紧扣全国节能宣传周、全国低碳日时间节点，在《中国绿色时报》刊发《绿色发展 中国林业大有作为》专版。连续第六次举办"绿化祖国，低碳行动"植树节。利用中国林业应对气候变化网，及时更新政策信息，加大对社会大众宣传。认真编报《气候变化、生物多样性和荒漠化问题动态参考》，向中央有关部门和领导提供有参考价值的信息40多条。在杭州低碳科技馆，与有关方面联合承办2016年G20杭州峰会碳中和项目启动仪式，取得积极反响。

【公共机构节能】 把贯彻落实中央国家机关节约能源资源工作部署作为国家林业局节能工作重点，狠抓落实，制定《国家林业局公共机构节能工作实施意见》《国家林业局公共机构能源资源消费统计制度实施方案》，完善工作制度，形成长效机制。参照节约型公共机构创建标准，着力抓好建筑节能、节能技术和产品推广、节水和资源循环利用、可再生能源应用、绿色消费以及管理监督等节约能源资源工作，确保2016年度国家林业局水、电、气、油等能源资源降耗指标的完成。

（章升东）

林业产业

06

林业产业发展

【第三届全国林业产业大会】 于2016年12月23日在北京举行。会议总结了"十二五"期间中国林业产业取得的成就和基本经验，分析了"十三五"期间中国林业产业面临的机遇和挑战，对"十三五"时期林业产业发展做出了全面部署。会上颁发了第三届中国林业产业突出贡献奖和创新奖，为第二批国家林业重点龙头企业和国家花椒产业示范园区授牌，播放了《创新发展中的中国林业产业——中国林业产业发展精品展示》电视专题片，以视频和图册形式展示林业产业新产品、新技术、新模式。

【建立林业产业发展投资基金】 为拓宽林业产业融资渠道，2016年，国家林业局与中国建设银行总行经过多次商谈谋划和深入调研，共同发起设立总规模1000亿元的林业产业发展投资基金。在第三届全国林业产业大会上，国家林业局局长张建龙与中国建设银行行长王祖继签署了《国家林业局与中国建设银行全面战略合作暨林业产业发展投资基金合作协议》。

【评定第二批国家林业重点龙头企业】 坚持公开、透明、规范、公正的原则，组织开展第二批国家林业重点龙头企业评定工作，严格履行省级林业主管部门推荐、初审、专家评审、公示等程序，通过专家组针对企业规模、带动能力、竞争能力、盈利能力、社会诚信、持续经营能力、资源环保等八大类26个指标的认真评审，最终认定唐山蓝猫饮品集团有限公司等166家企业为第二批国家林业重点龙头企业。印发《国家林业局关于公布第二批国家林业重点龙头企业名单的通知》，要求各级林业主管部门加强对国家林业重点龙头企业的指导和服务，落实中央关于支持龙头企业发展的扶持政策，实行动态评价管理，不断提高龙头企业素质，增强辐射能力和带动能力。

【认定国家林业产业示范园区】 2016年7月，印发《国家林业产业示范园区认定命名办法》，对国家林业产业示范园区的定义、标准、申报、认定、考核、管理做出了具体规定，促进林业产业园区高端化、科学化、规范化发展。根据《国家林业产业示范园区认定命名办法》，经过地方申报、专家评审、社会公示、国家林业局局务会研究等严格程序，认定陕西省韩城市花椒产业园为国家花椒产业示范园区。

【2016年国家级林业重点展会新闻发布会】 于5月11日在北京国际竹藤大厦召开。为提高林业形象、带动林业产业结构调整、促进供给侧改革、展示林业产业发展成就，不断增强林业品牌影响力。2016年国家林业局与各相关省份联合举办了6个林产品博览会，分别是：中国中部家具产业博览会(赣州)、第4届中国(东北亚)森林博览会(伊春)、第十二届中国林产品交易会(菏泽)、第九届中国义乌国际森林产品博览会、第十二届海峡两岸林业博览会暨投资贸易洽谈会(三明)、2016中国——东盟博览会林产品及木制品展(南宁)。

【第三届中国中部家具产业博览会】 于5月28日在江西省赣州市南康区赣南汽车城隆重举办。家博会以"中国实木家具，健康走向世界"为主题，展览总面积达160万平方米，其中设在赣南汽车城的主展馆1.34万平方米，吸引经销商和采购商9.5万人次，交易额(含全年定单)6.2亿元，展会共吸引经销商和采购商28.05万人次，签约金额(含全年定单)21.58亿元，与2015年家博会相比，采购商人数增长68.98%，交易额增长43.3%。为期5天的展会期间还开展了赣州港首趟家具专列发车仪式、中国实木家具和中国家居发展高峰论坛、全国家具产业创新发展学术研讨会、招商引资恳谈会、阿里巴巴+南康家具跨境电商论坛、木材价格指数发布仪式等一系列活动。

【第四届中国(东北亚)森林博览会】 于7月17日在伊春市汇源国际会展中心举办。国家林业局局长张建龙，黑龙江省副省长孙永波等领导参加了开幕式。这届森博会主会场展览总面积达4.7万平方米，其中：室内展示面积3万平方米，室外展示面积1.7万平方米；参展企业总计600余家。展馆内特装区总面积6075平方米，主要有森林食品、木艺(北沉香)、实木家具、海派大师玛瑙玉石作品、森林生态旅游、森林文化等特装展区。室外林业机械装备展区主要展示森林消防设备、道路除雪设备、旅游房车、移动木屋、辽宁大山木艺产品以及爱飞客热气球、动力伞等设备。这届展会展品以森林食品为主，辅以工艺品、实木家具、森林旅游产品、森林文化产品以及东北亚森林食品等，森林食品展品占全部展品25%以上。参展展品有60多个系列，6000多种产品。

【第十三届中国林产品交易会】 于9月19日在山东省菏泽市中国林展馆开幕。中国林交会组委会副主任、国家林业局总工程师封加平宣布开幕并讲话。这届林交会参会人数达15.3万人次，交易总额15.8亿元，其中，签订销售合同及协议891个，总金额12.1亿元，现场交易额1.2亿元，网上交易额达到2.5亿元。这届林交会共举办9项配套活动。"中国质造菏泽家居产业带"上线启动仪式暨中国"互联网+安全林产品"高峰论坛，阿里集团旗下中国质造、极有家、北京联创众合、敦煌网、苏宁易购网等电商及专家、教授到会演讲，近500名企业负责人参加，共同探讨林产品电子商务发展思路。第十三届中国林交会参展产品评出奖项235个，其中金奖129个，银奖106个。召开了中国林交会组委会座谈会，举办了山东省“互联网＋林业产业”升级研讨会暨山东林业产业联合会与北京林创众合互联网有限公司签约仪式，听取专家、教授的办会意见和建议，探讨创新办会模式和思路。

【第九届中国义乌国际森林产品博览会】 于11月1日在义乌国际博览中心开幕。这届森博会以“绿色引领，共享发展”为主题，有来自45个国家和地区的1595家企业参展，展品主打“绿色，低碳，环保”，涵盖家具及配件、木结构木建材、木竹工艺品、木竹日用品、森林食品、茶产品、花卉园艺、林业科技与装备等八大类10万种以上。设国际标准展位3736个，展览面积8.5万平方米；来自43个国家和地区的31.66万人次采购商、参观者到会参观采购；实现成交额47.79亿元，其中内贸成交额35.55亿元，外贸成交额12.24亿元。

【第十二届海峡两岸林业博览会暨投资贸易洽谈会】 于11月6日在三明会展中心举行。这届林博会展馆面积2万平方米，参会参展嘉宾和客商3632人，其中台商316人。共布设展区13个，参展企业556家、展品3071种。这届展会共签约项目101项，总投资146.7亿元，其中台外资项目19项、利用台外资2.2亿美元。展会现场实现贸易订单和销售总额3396万元；“一带一路”投资贸易对接会吸引了来自上海等地的5家供方企业与匈牙利等7个“一带一路”国家和其他国内外需方达成木材供货协议9.6万立方米。

【2016中国－东盟博览会林产品及木制品展】 于12月2日在南宁国际会展中心举办，广西壮族自治区政协副主席彭钊出席并宣布开幕。这届林木展以中国和东盟建立对话关系25周年为契机，贯彻落实了中央关于推进国际产能和装备制造合作的指示精神和2016中国－东盟林业合作论坛的合作共识，进一步发挥了中国与东盟林业经贸合作与交流的平台作用。这届展会展览内容包括林业装备、人造板、木制家具、特色森林绿色食品、花卉苗木、先进种养殖技术、灌溉设备技术、东盟各国特色红木家具、竹藤制品、木制工艺品等。其中为切合东盟国家林业装备发展需求，林业装备展示面积超过4000平方米，较2015年增加了30%，集中展示砂光机械、刃磨机械、封边机械、锯切机械、制板机械、铣削机械、喷涂及干燥机械等木制产品初加工阶段机械，受到了东盟客商的普遍欢迎，现场成交额超过2000万元。这届林木展还首次在国家进境种苗（景观树）指定口岸广西东兴市举办首届东兴进口景观树展览会作为分会场，展示面积达到了5000平方米，充分展示了各种中国与东盟特色景观树和种苗，推动了景观树产业化发展，提升了中国与东盟在景观树和种苗产业方面的合作。 （林业产业发展由缪光平、胡耀升供稿）

油茶产业

【油茶产业发展宣传】 2016年1月11～29日在国家林业局主楼大厅举办全国油茶产业发展成就展，成就展通过130余幅图片和循环播放的14个省份影像视频材料全面反映了2008年以来油茶产业发展成就，大力宣传了油茶等木本油料的健康保健知识，提高了大家对茶油等木本油料的认知度。继续同《粮油市场报》合作，围绕油茶产业发展工作重点开展系列宣传，分别于2016年4月9日和2016年11月19日刊出两个专版，集中宣传油茶产业发展成效和进展，刊出油茶产业发展新闻稿件80篇，54 000多字。指导木本油料分会通过网络媒体、微信公众号等新媒体大力宣传油茶产业发展政策、油茶产品及企业发展情况，不断扩大社会影响力。

（张超英）

【全国油茶产业发展技术培训班】 于2016年10月10～14日在河南省光山县举办，来自全国15个油茶产业发展省份的行政管理部门、油茶基地及企业技术负责人共141名正式学员、80余名旁听学员参加了培训。培训班重点围绕油茶良种的结构调整和优化、油茶林经营管理、整形修剪、产品开发与质量管理、木本油料标准体系建设等10个方面进行专题培训，并组织学员到油茶基地进行现场参观实习。经评估，学员对培训班平均满意率达99.5%。 （张超英）

【全国油茶品种优化调整】 2016年8月19日下发《国家林业局关于进一步加强油茶良种使用和管理工作的通知》，要求15个油茶发展省份林业主管部门针对油茶产业发展过程中使用品种过多、适用范围缺乏科学界定的问题，组织科研、管理、生产部门专家，通过实地调查等方式，对各自辖区内目前生产上使用的油茶品种逐一进行摸底调查登记，在广泛听取管理部门、育苗专业户、种植大户及种植企业意见的基础上，对各品种在生产上的表现情况作出科学评价和判定。各有关从事油茶良种选育的林业科研院所对本单位选育并审（认）定通过的油茶品种进行认真梳理，对每个品种进行形态特征描述，按品种的优良程度进行排序，优中选优，并提出栽培品种的配置及推广应用的意见和建议。省级林业主管部门根据调查摸底情况和专家推荐意见，提出各自辖区不同生态区域主栽品种意见和品种栽植模式。同一个生态区域主栽品种原则上不超过3～5个（含受粉品种）。国家林业局将汇总各省份不同生态区域确定主栽品种名录印发全国，指导造林育苗生产者科学使用品种。

（张超英）

森林旅游

【综 述】 2016年，全国森林旅游实现了较快发展，组织机构进一步完善，发展环境进一步改善，产业规模进一步增长，社会影响进一步扩大，行业地位进一步提升，森林旅游在提高森林等自然资源多功能利用水平、巩固林业改革成果、服务经济社会发展中发挥了越来越重要的作用。

基本情况 截至2016年年底，全国森林旅游人数达12亿人次，同比增长14.3%，占国内旅游人数的27%；创造社会综合产值超过9500亿元，同比增长约21.8%。在全国森林旅游人数中，森林公园接待的人数约占76%，湿地公园和林业系统自然保护区接待的人数超过20%。各类森林旅游地总数达到9000处。森林旅游管理和服务人员数量超过25.3万人，其中导游和解说人员数量约4.1万人。森林旅游接待床位总数200万张，接待餐位总数420万个。

工作进展 2016年，森林旅游各项工作稳步推进。一是加强森林旅游组织领导。国家林业局下发成立国家林业局森林旅游工作领导小组的通知，并明确把国家林业局森林旅游管理办公室设在国有林场和林木种苗工作总站；国家林业局召开全国森林旅游工作座谈会，研究森林旅游发展的问题与对策。二是加强森林旅游宣传和推介。国家林业局与吉林省人民政府共同举办"2016中国森林旅游节"；出版发行《2015中国森林等自然资源旅游发展报告》；组织开展2016"中林杯"国家森林公园风光摄影大赛；召开2016年森林旅游投资与服务洽谈会；依托网站、报纸等加大森林旅游宣传。三是开展森林旅游助推精准扶贫工作。国家林业局组织开展全国森林旅游助推精准扶贫摸底调查；组织编写森林旅游助推精准扶贫调研报告，总结出一批典型案例。四是加强森林旅游行业引导和示范。在江苏省、湖南省开展智慧森林旅游建设单位；命名第二批35个"全国森林旅游示范县"和1个"全国森林旅游示范市"；引导森林养生和森林体验发展，确定第一批共18家全国森林体验基地和全国森林养生基地建设试点；开展国家森林步道建设前期工作，编制国家步道科普读本，出版专著《国家森林步道——国外国家步道建设的启示》；引导生态露营地建设；开展森林旅游吸纳社会投资摸底调查、全国森林人家和森林小镇发展情况调查。五是促进森林旅游与体育运动融合发展。开展中国森林马拉松等体育赛事活动。六是落实国家森林公园中央预算内投资，启动40个国家森林公园的保护利用设施项目建设。七是加强森林旅游标准化体系建设。编制"全国森林旅游标准化体系框架"；组织启动多项行业标准的制修订工作；《森林体验基地质量评定》《森林养生基地质量评定》《国家森林步道建设规范》《生态露营地建设与管理规范》4项林业行业标准并通过审定。八是开展森林风景资源调查和评价工作试点，将江西省作为2016年试点省份。九是强化森林旅游信息化建设。建立运行全国森林旅游精准统计系统，按月份和节假日统计报送森林旅游游客量；加强中国森林旅游网及其微信公众号的建设与管理。十是促进森林旅游对外合作交流。参加2016年中韩林业工作组会议，就推动森林养生发展等领域进行深入交流。

【成立国家林业局森林旅游工作领导小组及其办公室】 9月14日，国家林业局印发《关于成立国家林业局森林旅游工作领导小组的通知》(林场发〔2016〕131号)。国家林业局副局长张永利任领导小组组长，小组成员由国家林业局12个司(局)和单位相关负责人组成。国家林业局森林旅游管理办公室设在国有林场和林木种苗工作总站。

【森林旅游列入《"十三五"旅游业发展规划》】 2016年12月26日，国务院印发《"十三五"旅游业发展规划》，明确国家林业局牵头森林旅游工作，主要任务是要拓展森林旅游发展空间，以森林公园、湿地公园、沙漠公园、国有林场等为重点，完善森林旅游产品和设施，推出一批具备森林游憩、疗养、教育等功能的森林体验基地和森林养生基地。鼓励发展"森林人家""森林小镇"，助推精准扶贫。加强森林旅游公益宣传，鼓励举办具有特色的森林旅游宣传推介活动。

【举办"2016中国森林旅游节"】 2016年9月24～26日，国家林业局与吉林省人民政府在长白山举办2016中国森林旅游节，活动主题是"绿水青山就是金山银山·冰天雪地也是金山银山"。全国政协副主席罗富和，国家林业局、局长张建龙、副局长张永利、总经济师张鸿文，吉林省政府副省长隋忠诚、副秘书长于强，吉林省政协副主席赵吉光，世界自然保护联盟高级顾问杰弗里·麦克尼里出席开幕式，出席开幕式的还有国家林业局相关司局、单位领导，中国林业集团公司领导，全国31个省(区、市)林业厅(局)和各森工(林业)集团公司领导。来自全国林业行业和政府、企业、社团、高校、科研机构、媒体等的5000余人参加了开幕式。2016中国森林旅游节的主要内容包括"一个开幕式""二个展示"(全国森林旅游风光展示、全国生态休闲产品展示)、"三个论坛"(长白山国际生态论坛、森林休闲与健康高峰论坛、吉林省国土绿化与绿色发展高层论坛)、"五个仪式"(新设立国家森林公园、全国森林旅游示范市和示范县、中科院长白山院士工作站授牌、"2016'中林杯'国家森林公园风光摄影大赛""中国人与生物圈长白山保护奖"获奖者颁奖)、"六个会议"(全国森林旅游推介会、全国森林旅游投资与服务洽谈会、全国森林旅游座谈会暨《中国森林旅游产业理论与实践研究及信息化管理平台》课题中期报告会、中国林业产业联合会森林旅游分会常务理事会、3D+VR技术应用演示会、

“国际自然保护区联盟”第四次成员大会）、“一项赛事”（长白山森林马拉松赛事）。全国300余家生产企业、300余家旅行社到场观摩并参与了相关活动，近100家媒体对活动进行了跟踪报道。在2016中国森林旅游投资与服务洽谈会和签约仪式上，实现签约金额230亿元。

【森林旅游助推精准扶贫】 2016年3月28日，国家林业局印发《关于开展森林旅游助推精准扶贫情况摸底调查的通知》（林场发〔2016〕42号），调查范围面向全国，重点是向中央签署了脱贫攻坚责任书的中西部22个省（区、市）。据初步统计，全国依托森林旅游实现增收的建档立卡贫困人口约35万户、110万人，年户均增收3500元。通过摸底调查掌握了贫困人口依托森林旅游实现增收的4条主要途径，分别是通过就业实现增收，通过开展个体经营实现增收，通过发展种养殖实现增收，通过资源出租、入股经营等实现增收。同时，在摸底调查工作中总结了一批森林旅游在助推精准扶贫中成效卓著的典型案例。

【“森林旅游扶贫工程”列入《“十三五”脱贫攻坚规划》】 2016年12月，国务院印发《“十三五”扶贫攻坚规划》，将“森林旅游扶贫工程”列入脱贫攻坚重要工程。《规划》明确，森林旅游扶贫工程要推出一批森林旅游扶贫示范市、示范县、示范景区，确定一批重点森林旅游地和特色旅游线路，鼓励发展“森林人家”，打造多元化旅游产品。

【部署推进森林体验和森林养生】 2016年1月7日，国家林业局印发《关于大力推进森林体验和森林养生发展的通知》（林场发〔2016〕3号），要求各地充分认识发展森林体验和森林养生的重要意义，重点就大力推进森林体验和森林养生发展做出了总体部署。7月7日，国家林业局森林旅游管理办公室确定第一批共18个全国森林体验基地和全国森林养生基地建设试点单位，其中，森林体验基地试点为：辽宁枫林谷、吉林红叶岭、吉林红石石峰、江苏黄海、湖南杜家冲、四川玉屏山、云南磨盘山、甘肃秦州，森林养生基地试点为：河北六里坪、江苏铁山寺、安徽马仁山、安徽丫山、福建旗山、湖北潜山、湖北太子山、湖南青羊湖、广西龙胜温泉、陕西黄陵。

【《2015中国森林等自然资源旅游发展报告》】 于2016年9月正式出版。该报告全面反映了2015年中国森林等自然资源旅游发展的动态和主要热点，内容包括：组织管理与工作部署、政策与法制建设、规划与标准化建设、目的地建设、目的地保护与管理、产业发展、示范建设、人才培训、宣传推介、国（境）内外交流与合作。

【智慧森林旅游建设】 在江苏省、湖南省的20个国家级森林公园开展智慧旅游建设。主要建设内容包括：信息管理系统建设、服务基站系统建设、网络平台建设、移动客户端软件和游客服务内容开发建设。

【全国森林风景资源调查与评价试点】 开展全国森林风景资源调查与评价试点工作，将江西省作为2016年全国森林风景资源调查与评价工作试点省份。组织编写《江西省森林风景资源调查与评价工作方案》《江西省森林风景资源调查与评价实施细则》，启动江西省森林风景资源的野外调查与质量论证工作。

【全国森林旅游示范县、示范市】 2016年9月24日，第二批35家“全国森林旅游示范县”和1家“全国森林旅游示范市”正式发布。全国森林旅游示范市为湖南省张家界市；全国森林旅游示范县为河北省兴隆县、山西省宁武县、内蒙古自治区克什克腾旗、辽宁省桓仁满族自治县、辽宁省本溪满族自治县、吉林省集安市、吉林省抚松县、吉林省长白山保护开发区管委会池北区、黑龙江省伊春市汤旺河区、黑龙江省通河县、黑龙江森工大海林林业局、黑龙江省亚布力滑雪旅游度假区、江苏省盱眙县、浙江省安吉县、安徽省潜山县、安徽省青阳县、安徽省歙县、福建省泰宁县、福建省建宁县、江西省南昌市湾里区、山东省邹城市、山东省枣庄市山亭区、湖北省宜昌市夷陵区、湖北省神农架林区、湖南省新化县、广东省平远县、重庆市江津区、云南省景洪市、四川省九寨沟县、贵州省施秉县、贵州省荔波县、贵州省习水县、陕西省眉县、宁夏回族自治区泾源县、新疆维吾尔自治区巴楚县。

【国家森林公园风光摄影大赛】 组织开展了以“森林公园·绿色瑰宝”为主题的2016“中林杯”国家森林公园风光摄影大赛。活动由国家林业局森林旅游管理办公室组织，中国林业产业联合会森林旅游分会、中国绿色时报社主办，《森林与人类》杂志承办，中国林业集团公司赞助。活动共收到800余组约10 000张摄影作品，经过专家评审等环节，评出特殊贡献奖1名、金奖2名、银奖4名、铜奖8名、优秀奖20名、入围奖72名。摄影作品全面反映了中国各类森林旅游地的风景资源特点，包括森林动植物景观、地貌景观、水体景观、冰雪景观、日出云海以及人文景观和民俗活动等。

【开展全国森林旅游游客量精准统计工作】 2016年4月，国家林业局森林旅游管理办公室在中国森林旅游网上正式建成并开启全国森林旅游游客量精准统计板块。统计报送依托中国森林旅游网，面向全国各类、各级森林旅游地。第一批确定了166家单位为信息采集点，在每月、每节假日结束次日填报游客量统计数据。

【森林旅游标准化和基础研究】 2017年5月，国家林业局森林旅游管理办公室完成“森林等自然资源旅游标准框架体系”，启动了多项林业行业标准的起草工作。12月26日，《森林体验基地质量评定》《森林养生基地质量评定》《国家森林步道建设规范》和《生态露营地建设与管理规范》4项林业行业标准通过专家审定。依托中南林业科技大学研究绘制了全国森林风景资源分布和评价图，初步构建了森林风景资源管理信息系统。

【国家森林步道建设】 2016年7月，国家林业局森林旅游管理办公室组织编写了《国家森林步道》读本。12月，国家林业局森林旅游管理办公室编著出版《国家森林步道——国外国家步道建设的启示》书籍，该著作系统介绍了国外国家步道发展历程和建设经验，其中对美国、英国、日本、澳大利亚、阿根廷等10个有代表性国家的国家步道发展历程、步道特点、法律法规、管理运营等进行了详细介绍。同时，对中国国家森林步道建设提出了基本思路。

【召开森林旅游工作座谈会】 2016年12月28日，国家林业局在北京组织召开森林旅游工作座谈会。中国工程院原副院长、北京林业大学原校长沈国舫院士应邀出席并发言，来自相关高校和研究机构的权威专家、学者、森林旅游行业管理和基层管理人员、县级政府负责人、投资商等代表参加了座谈会。会议主要分析了当前森林旅游发展的突出问题，并研究提出了对策与建议。

【中国森林马拉松】 2016年9月26日，2016中国森林马拉松系列赛第一站在长白山西景区门区广场鸣枪起跑，来自全国各地的700余名选手参加比赛。赛事由北京梅珑体育文化股份有限公司主办。12月17日，2016中国森林马拉松系列赛第二站在海南兴隆侨乡国家森林公园举行，500余名马拉松运动员及爱好者参加了比赛及相关活动。

【国家森林公园纳入中央预算内投资项目】 国家发展改革委确定了113处国家森林公园的保护利用设施建设项目纳入“十三五”自然和文化遗产保护利用设施建设项目库，2016年共有40处国家森林公园获得中央投资3.35亿元。

（森林旅游由李奎供稿）

森林资源保护

07

林业有害生物防治

【综　述】 2016年，全国主要林业有害生物发生1211.34万公顷(含有害植物)，比2015年减少0.58%，但仍属偏重发生状态，松材线虫、美国白蛾等重大林业有害生物呈扩散态势。其中，重度发生面积68.68万公顷，比2015年下降15.09%。森林虫害、有害植物发生面积857.02万公顷、19.92万公顷，分别比2015年上升1.23%、11.66%；森林病害、森林鼠(兔)害发生面积138.89万公顷、195.51万公顷，分别比2015年下降0.12%、8.99%。

2016年，全国深入贯彻落实《国务院办公厅关于进一步加强林业有害生物防治工作的意见》(国办发〔2014〕26号，以下简称《意见》)，林业有害生物防治工作得到进一步加强。据统计，全年共采取各种防治措施防治833.82万公顷，主要林业有害生物成灾率控制在4.5‰以下，无公害防治率达到85%以上。

【落实国办《意见》】 认真执行《意见》贯彻落实情况月报制度，每月及时向国办报告重大措施和重要成果。督促全国31个省(区、市)人民政府均印发了贯彻落实文件。13个省级及部分市、县级林业有害生物防治检疫机构落实了有毒有害岗位津贴政策。

【外来有害生物】 与联合国粮农组织、美国林务局、中科院动物所等单位，联合在海南举办了亚太地区棕榈科植物有害生物及入侵性林业蛀干害虫防治研讨会暨培训班；积极协调农业部、质检总局，充分依靠科研院所、大专院校的专家，有效应对新疆葡萄蛀果蛾、苹果枝枯病等重大入侵生物灾害事件。

【有害生物灾害预防】 组织开展2016年全国林业有害生物和美国白蛾等重大单一种类的发生趋势会商，印发《警惕夏季气候异常导致林业病害暴发成灾》《警惕松材线虫病疫情北扩》等警示通报，并在央视气象栏目播报了"持续干旱将引发杨小舟蛾危害加重"等林业有害生物发生趋势预报信息3次，向社会发布松材线虫、美国白蛾疫区，提高了灾害预防的针对性。

【依法行政】 配合公安部、最高人民法院，开展了林业有害生物防治检疫领域"妨害动植物防疫、检疫罪"立案追诉标准的研究。完成了"国内林业植物检疫管理信息系统"研发和培训，初步实现了林业植物检疫的全网络化网上审批与管理。全年查处刑事案件4件，行政案件2731起。此外，湖北省还出台《湖北省林业有害生物防治条例》。

【防治机制】 加强皖赣鄂川、蒙陕青新等8个松材线虫病、鼠(兔)害防治国家级试点示范工作，积极推广社会化防治机制。落实国务院关于政府向社会力量购买服务的政策精神，在广州市举办全国推进林业有害生物社会化防治高级研修班，全面总结和研讨了社会化防治工作，部署了当前和今后一个时期的社会化防治工作。

【重大林业有害生物治理】 以局文向各地下达"十三五"林业有害生物防治工作"四率"指标任务，印发《2016年全国林业有害生物防治工作要点》，加强全国重大林业有害生物防治工作指导。印发《关于开展2016年重点地区重大林业有害生物防治工作督导的函》，督促各地加快推进落实《2015～2017年重大林业有害生物防治目标责任书》，截至2006年年底，全国有27个省(区、市)健全了地方政府间和林业部门间的"双线"责任制。

【第三次全国林业有害生物普查】 初步完成第三次全国林业有害生物普查成果汇总工作，基本摸清了本土林业有害生物和外来入侵物种的种类及发生分布情况。经统计，2006年年底已累计发现国内、省内新记录病虫种类300余种。

(林业有害生物防治由王金利、邱爽供稿)

野生动植物保护与自然保护区建设

【综　述】 2016年是实施全国野生动植物保护及自然保护区建设工程实施的第16个年头，中央在野生动植物保护与自然保护区建设方面全年总投入为8亿多元，主要用于自然保护基础设施及能力建设、野生动植物的栖息地保护及野外巡护、东北虎豹国家公园建设、野生动物疫源疫病监测防控 、自然保护法规建设、监督检查及生物多样性保护宣传教育工作。

野生动物保护法修订、配套法规及培训 国家林业局配合、参与全国人大法工委、环资委野生动物保护法修改调研和条款研讨，按进度完成8项专题研究报告，为全国人大常委会审议修改野生动物保护法做好基础工作。2016年7月2日，第十二届全国人大常委会第二十一次会议审议通过新修订的野生动物保护法后，为做好新法2017年1月1日正式实施的前期准备，国家林业局迅速开展学习培训活动，组织配套规章制度研究，完成6项配套规章草案并征求意见，及时发出通知，明确贯彻落实各项要求，确保各项工作顺利过渡。

编制野生动物保护专项规划 起草了大熊猫、东北虎豹、亚洲象专项保护规划和“十三五”野生动物救护繁育体系建设实施方案(草案)，推动建立北京、上海、广东大熊猫保护研究基地。

推动国家公园体制试点 主动协调、积极推进大熊猫、东北虎豹国家公园试点方案编制工作，于12月5日获中央深改组第三十次会议审议通过；积极开展雪豹国家公园前期研究，初步提出雪豹国家公园建设草案，并组织专家论证，启动本底调查；配合国家发改委审核批复了6个省(市)国家公园体制试点方案；开展对云南香格里拉普达措等3个国家公园体制试点的督促检查。

打击野生动植物非法贸易 国务院于2016年11月25日正式批准建立由国家林业局牵头、22个部门参加的“打击野生动植物非法贸易部际联席会议制度”，研究象牙贸易管控专项政策措施，提出了停止商业性加工销售象牙及制品活动的方案，并经国务院审批同意；与海关总署达成《海关执法查没象牙等野生动植物制品移交处理工作方案》，在东北林业大学森林博物馆基本建成北方野生动植物制品储备展示中心，在湖南启动南方野生动植物制品储备展示中心建设。针对社会强烈关注的网捕、毒杀候鸟等恶劣现象，联合中央网信办、公安部、交通运输部、工商总局、铁路局、铁路总公司开展了以保护候鸟等野生动物的“清网行动”，媒体曝光的(天津、河北、内蒙古)重大案件均已告破。

自然保护区建设 2016年，国务院批准林业系统新增16处国家级自然保护区，重点优化了东北虎、大熊猫等珍稀濒危野生物种保护网络。

自然保护区监督管理。巩固“绿剑行动”整治成效，对问题突出的甘肃祁连山、宁夏贺兰山等30处国家级自然保护区进行重点整改，并对省级以下自然保护区内开发建设活动全面部署监督检查。着手建设《林业自然保护区监督管理平台》，强化自然保护区管理科技支撑。

野生动物疫病监测防控 野生动物疫源疫病监测防控工作正式纳入国家生物安全保障体系，列入国家重点科技攻关项目。正式启动了野生动物疫源疫病监测防控标准站建设，有序推进野生动物疫病主动预警，累计采集样品10 349份，发现70余株H5N8等野鸟源禽流感病毒。强化日常监测，第一时间发现并妥善处置了75起野生动物异常死亡情况，妥善处置了野生鸟类H5N6、H5N8高致病性禽流感等22起野生动物疫情。

国际交流与合作 参与中美战略与经济对话打击野生动植物非法贸易对口磋商，有效管控中美分歧，强化双方共识；参与IUCN世界自然保护大会、CITES公约缔约国大会、生物多样性公约大会和打击野生动植物非法贸易河内会议，宣传中国立场和主张，妥善应对争议和分歧；推动和落实中韩大熊猫、中丹大熊猫、中印尼大熊猫、中日朱鹮等国际合作项目；推进濒危物种、国家公园、自然保护区、野生动物疫病防控等领域专项合作交流，扩大合作范围和渠道，引进先进理念和经验。

(张云毅)

野生动物保护与繁育

【新修订《野生动物保护法》出台】 《中华人民共和国野生动物保护法》于2016年7月2日经中华人民共和国第十二届全国人民代表大会常务委员会第二十一次会议修订通过，于2017年1月1日起开始实施。本次保护法修订是由国家林业局、农业部提出，并于2013年列入了十二届全国人大常委会立法规划，同年即启动了相关修订工作。修订期间，全国人大环资委、法工委会同国家林业局、农业部等有关部门赴全国各地进行了调研，组织了多次座谈会，广泛听取了各方意见和建议，两次向社会公开征求意见后，经第十二届全国人大常委会三次审议，于2016年7月2日第十二届全国人大常委会第二十一次会议表决通过。 (李林海)

【多项象牙管控措施相继出台】 为有效管控象牙及其制品进出口，经国务院同意，国家林业局于2016年3月20日以《国家林业局公告2016年第3号》宣布，从2016年3月20日起至2019年12月31日止，中国临时禁止进口《濒危野生动植物种国际贸易公约》(以下简称《公约》)生效前所获的象牙及其制品、《公约》生效后所获的非洲象牙雕刻品以及在非洲进行狩猎后获得的狩猎纪念物象牙。象牙文物回流和科研教学、文化交流、公共展示、执法司法等非商业目的需要进口象牙及其制品的情况，不在此次临时禁止进口范围。

为加强对象的保护，打击象牙非法贸易，国务院办公厅于2016年12月29日发出《关于有序停止商业性加工销售象牙及制品活动的通知》，确定中国停止商业性加工销售象牙及制品活动的时间表，旨在进一步打击象牙等野生动植物非法贸易。《通知》要求，一是2017年3月31日前先行停止一批象牙定点加工单位和定点销售场所的加工销售象牙及制品活动，2017年12月31日前全面停止。二是积极引导象牙雕刻技艺转型，文化部门要引导象牙雕刻技艺传承人和相关从业者转型。三是严格管理合法收藏的象牙及制品，禁止在市场摆卖或通过网络等渠道交易象牙及制品。四是加强执法监管和宣传教育，各部门要按照职责分工，加强执法监管和开展保护宣传和公众教育，大力倡导生态文明理念，营造有利于保护象等野生动植物的良好社会环境。

(李林海)

【海关执法查没野生动植物制品移交、处理工作全面启动】 为妥善处理多年来海关执法过程中查没的野生动植物制品，国家林业局和海关总署共同研究制订了《海关执法查没象牙等野生动植物制品移交、处理工作方案》，确保海关执法查没的野生动植物制品得以稳妥、有序、高效移交处理，并以此为基础研究制定规范管理办法，建立健全长效机制，为严厉打击濒危野生动植物制品非法贸易，强化野生动植物保护，推进生态文明建设，发挥积极作用。方案要求，移交、处理海关执法查没野生动植物制品工作，务必坚持分类处置、坚持安全为先、坚持账目管理、坚持正面宣传4个原则。方案还专门设立领导小组、工作小组和鉴定专业委员会分别负责研究、审议、落实以及专业技术层面鉴定野生动植物制品真伪工作；同时该方案还对移交范围、移交程序、查验验收、登记造册和封存保管等均专门作出要求。

（李林海）

【七部门联合行动，严厉打击乱捕滥猎滥食和非法经营候鸟等野生动物的违法犯罪活动】 为严厉打击乱捕滥猎滥食和非法经营候鸟等野生动物违法犯罪活动，国家林业局于2016年10月1日召开电视电话会，对打击乱捕滥猎滥食和非法经营候鸟等野生动物违法犯罪活动做出部署，并宣布自2016年10月18日至11月30日，在全国范围内部署开展保护候鸟等野生动物的“清网行动”，并联合网信、公安、交通运输、工商、铁路等部门于2016年11月1日发出《关于严厉打击乱捕滥猎滥食和非法经营候鸟等野生动物违法犯罪活动的紧急通知》(林护发〔2016〕157号)。为确保各项措施落到实处，国家林业局联合各有关部门于2016年11～12月共派出6个督导组，前往上海、江苏、浙江、福建、山东、河南、广东、海南、云南、贵州、陕西等区域重要的候鸟集群分布区和主要鸟类迁徙路线区域，以及非法经营鸟类严重的地区，对各部门贯彻落实《通知》要求和会议精神情况进行了监督检查。（李林海）

【第八轮中美战略与经济对话在北京举行】 6月6日，第八轮中美战略与经济对话打击野生动植物非法交易对口磋商在北京市举行。中美双方就打击野生动植物非法交易达成共识。

双方已经开展行动履行元首会晤关于几乎完全禁止象牙进出口贸易、并停止各自国内象牙商业性贸易的承诺；加强执法合作，包括应对加州石首鱼、海龟等海洋物种的非法交易；加大各自国内执法力度，努力消除引发野生动植物盗猎和非法贸易的市场驱动因素；在培训、信息共享和公众教育等领域加强合作；与其他国家政府、政府间国际组织、民间组织、私营部门和当地社区开展合作，打击野生动植物非法贸易。

会后，中国野生动植物保护协会在中华世纪坛举办了珍稀野生动植物摄影作品暨打击野生动植物非法贸易查没实物巡回展的启动仪式。（陈涤非）

【全国候鸟同步调查启动】 1月8～17日，按照国家林业局统一部署，全国各地2700多名调查人员开展了首次全国冬季水鸟同步调查，共记录到各种鸟类381种，总数量为2 037 375只。10月23日和11月6日，国家林业局再次部署了在水鸟迁徙通道和停歇地点开展全国秋季迁徙水鸟同步调查。（陈涤非）

【打击野生动植物非法贸易部际联席会议制度获得批准建立】 11月15日，国务院批准建立由国家林业局牵头，22个部门参加的“打击野生动植物非法贸易部际联席会议制度”，旨在建立健全部门间联动长效机制，多环节强化野生动植物保护执法监管。（陈涤非）

【中国与新西兰签署双边候鸟保护备忘录】 3月18日，中国和新西兰两国政府在新西兰北岛米兰达湿地保护区签署谅解备忘录，携手保护在两国间长途迁徙的红腹滨鹬、斑尾塍鹬等26种水鸟及其栖息地，中国国家林业局副局长陈凤学与新西兰环境部总监卢·桑森代表双方签署备忘录，中国驻新西兰大使馆政务参赞屈光洲出席签字仪式。

越冬于新西兰的候鸟一般需要飞过1.2万千米抵达北极附近繁殖，中国是其重要的停歇地，其中渤海湾附近的滦南湿地是红腹滨鹬的主要停歇地，而鸭绿江口湿地是斑尾塍鹬的主要停歇地。根据备忘录，中新两国将合作保护、管理和重建候鸟迁徙过程中经过的湿地，并以此为桥梁，推进双方的友好交往。（陈涤非）

野生植物保护管理

【第二次全国重点保护野生植物资源调查进展顺利】 截至2016年12月底，全国大部分省份完成了野生植物资源调查的内外业工作。江苏、青海、山西等12个省份通过了国家林业局野生动植物保护与自然保护区管理司组织的专家检查。（王晓洁）

【出台了《珍稀濒危植物回归指南》和《珍稀濒危野生植物种子采集技术规程》】 国家林业局保护司组织编制的《珍稀濒危植物回归指南》和《珍稀濒危野生植物种子采集技术规程》两个行业标准规范，历时两年，于2016年1月18日《国家林业局公告》(2016年第1号)正式对外发布。（王晓洁）

【取消了“外国人对国家重点保护野生植物进行野外考察审批”行政许可事项】 2月3日，国务院发布了《国务院关于第二批取消152项中央指定地方实施行政审批事项的决定》(国发2016年9号)，“外国人对国家重点保护野生植物进行野外考察审批”列入取消事项名单。

（王晓洁）

自然保护区建设

【林业自然保护区建设取得新进展】 据统计，全国新建林业系统自然保护区达73处。目前，中国林业系统自然保护区总数达2301处，总面积12 553万公顷，占中国国土总面积的13.08%，经国务院批准的国家级自然保护区达359处。

【自然保护区总体规划和可行性研究报告审查】 国家林业局保护司组织专家对国家级自然保护区总体规划进行了实地考察和评估论证，2016年国家林业局批复了辽宁青龙河、海南鹦哥岭等14处国家级自然保护区总体规划；对国家级自然保护区基础设施建设组织审查，批复了黑龙江老爷岭东北虎、甘肃祁连山等10个国家级自然保护区可行性研究报告。

【自然保护区行政许可审查】 严格依法开展行政许可工作，2016年，批复同意在四川海子山国家级自然保护区实验区建设高海拔宇宙线观测站、在江苏大丰麋鹿国家级自然保护区建设科研监测中心等17项涉及林业国家级自然保护区的行政许可，不同意4项行政许可。

【林业系统国家级自然保护区晋升和调整评审】 围绕珍稀物种和重点生态区域，开展国家级自然保护区晋升、调整工作。2月，召开林业系统国家级自然保护区评审委员会会议，评审通过了辽宁五花顶、吉林圆池、黑龙江仙人洞梅花鹿、四川南莫且湿地、四川黄龙、贵州大沙河、陕西红碱淖、新疆额尔齐斯河科克托海8处自然保护区晋升国家级自然保护区，并已上报国务院；同时，对浙江乌岩岭、甘肃尕海则岔2处申请国家级自然保护区功能区调整进行了评审。5月，经国务院批准，16处林业自然保护区晋升为国家级自然保护区；11月，经国务院批准，同意调整河北小五台山、吉林雁鸣湖、黑龙江五大连池和黑龙江东方红湿地4个国家级自然保护区的范围，并将黑龙江东方红湿地国家级自然保护区更名为黑龙江东方红国家级自然保护区。

【自然保护区管理培训】 9月，国家林业局保护司举办了第二十期国家级自然保护区一把手培训班，利用一周时间集中对80多名国家级自然保护区管理局局长、行政一把手进行了培训；会同世界自然基金会（瑞士）北京代表处等单位在吉林长白山国家级自然保护区共同组织开展了“首届东北虎栖息地巡护员竞技赛暨第三届中国东北虎栖息地优秀巡护员评比活动”；与IUCN中国代表处共同举办了IUCN东北亚区域自然保护地管理“自然保护地专题培训”。

【保护区违规建设活动的监督检查】 2016年，国家林业局采取有力措施，严厉打击自然保护区内违法违规情况，要求各地对“绿剑行动”检查中发现的问题高度重视，进一步巩固整治成效，加大整治力度，继续整改到位。对此次行动中查出突出问题的甘肃祁连山、宁夏贺兰山等30处国家级自然保护区，进一步加强督促指导，做好重点整改工作，对省、市、县级自然保护区内存在的开发建设活动，进行一次全面检查；会同国家林业局驻各地森林资源监督办，对内蒙古大青山等重点督办的国家级自然保护区进行了整改验收工作。同时，对青海祁连山、新疆卡拉麦里山有蹄类、西藏珠穆朗玛峰等重点自然保护区进行调研。

【推动自然保护区立法和制度建设】 研究制订《在林业部门管理的国家级自然保护区内修筑设施审批管理办法（征求意见稿）》，现已完成在“中国政府法制信息网”公开征求意见；为规范国家级自然保护区生态旅游规划审批取消后续监管和管理，将《自然保护区生态旅游监督管理办法》纳入局立法计划，组织力量起草该办法；研究制定《自然保护区建设项目生物多样性影响评价报告编制指南》，已征求各省林业厅（局）意见；落实中办督查精神，会同法规司赴新疆对卡拉麦里山省级自然保护区制定条例进行研讨。

【中国自然保护区60周年系列纪念活动】 2016年是中国自然保护区事业60周年。为纪念中国自然保护区发展60周年，全面展示林业自然保护区取得的巨大成就，国家林业局组织开展了一系列活动。召开了自然保护区60年媒体吹风会，向社会介绍了中国自然保护区保护成就；召开了3月30日全国野生动植物与自然保护区管理工作会议暨自然保护区建立60周年成立大会；5月22日，国家林业局等七部委在人民大会堂联合召开国际生物多样性日暨自然保护区发展60周年的活动，国家林业局副局长陈凤学到会并代表行业主管部门发言，会上表扬了31个林业先进集体和78个先进个人；国家林业局野生动植物与自然保护区管理司、中国绿色时报社、中国国家地理杂志社等单位共同举办了“中国自然保护区60周年生态摄影比赛”，举办中国自然保护区60年巡回展，8月在王府井步行街进行了展览；制作了《中国自然保护区60年》宣传片。

【国际合作与国际履约】 积极推动国际双边和多边合作，2016年，参加了中俄环保分委会跨界自然保护区与生态多样性保护工作组第十次会议和中俄兴凯湖保护区混委会第二次会议；8月26～30日，“中韩野生动植物和生态系统保护合作专家研讨会”在韩国首尔举办，受韩国环境部自然保护局和国家公园管理局邀请，国家林业局、四川省、重庆市负责自然保护区管理相关工作的人员参加了此次研讨会。研讨会围绕保护区和国家公园政策研讨、最佳案例交流、实地调研韩国无等山国家公园和智异山国家公园进行交流和讨论；12月，赴墨西哥参加《生物多样性公约》第十三次缔约方大会，就生物多样性可持续利用、外来入侵物种等多个议题谈判。（自然保护区建设由贾恒供稿）

国家公园建设

【深入指导和督查国家公园体制试点】 2016年，云南香格里拉普达措等8个国家公园体制试点方案先后获得国家批复同意。国家林业局作为国家公园体制试点工作的重要参与部门，认真履行作为自然资源主管部门职责，发挥专业、技术和管理优势，主动加强与试点省林业部门的工作联系和沟通，深入现地开展专题调研。认真审查云南香格里拉普达措等8个国家公园体制试点方案，广泛听取专家意见，提出行业部门审查意见。国家林业局牵头对云南香格里拉普达措国家公园体制试点区开展专项督查，积极参加三江源、浙江钱江源国家公园的督查工作。

【大熊猫、东北虎豹国家公园体制试点方案获得审议通过】 4月8日，中央经济体制和生态文明体制改革专项小组召开专题会议，研究部署在四川、陕西、甘肃三省大熊猫主要栖息地整合设立大熊猫国家公园，在吉林和黑龙江两省东北虎主要栖息地整合设立东北虎豹国家公园，并要求国家林业局在技术性、管理性方面发挥更多的作用。12月5日，中央全面深化改革领导小组召开第三十次会议，审议通过了大熊猫和东北虎豹国家公园体制试点方案。会议指出，开展大熊猫和东北虎豹国家公园体制试点，有利于增强大熊猫、东北虎豹栖息地的联通性、协调性、完整性，推动整体保护、系统修复，实现种群稳定繁衍。要统筹生态保护和经济社会发展、国家公园建设和保护地体系完善，在统一规范管理、建立财政保障、明确产权归属、完善法律制度等方面取得实质性突破。

【探索建立祁连山雪豹国家公园】 为进一步加强雪豹及祁连山区生态保护，10月，国家林业局组成专门调研组，由国家林业局副局长陈凤学带队，深入祁连山区进行实地调研，并先后组织召开了雪豹监测调查技术研讨会和祁连山雪豹国家公园建设研讨会，在此基础上起草形成了祁连山区雪豹保护情况的调研报告，提出了建立祁连山雪豹国家公园的建议。

【举办国家公园建设与绿色发展高峰论坛】 7月9日，在生态文明贵阳国际论坛2016年年会上，国家林业局与贵州省人民政府和世界自然保护联盟(IUCN)联合举办了“国家公园建设与绿色发展”高峰论坛，全国政协副主席罗富和、中央财经办副主任杨伟民、国家林业局局长张建龙和副局长陈凤学等领导参加了活动，重要国际组织代表和部分国家公园管理者及国内外知名专家学者，分享了自然保护和国家公园建设管理经验。

（国家公园建设由宋天宇供稿）

野生动物疫源疫病监测与防控

【启动野生动物疫源疫病监测防控标准站建设】 为深入贯彻落实“全国陆生野生动物疫源疫病监测防控十周年总结会”精神，国家林业局启动实施了“野生动物疫源疫病监测防控标准站”建设工作。编制印发《野生动物疫源疫病监测防控标准站建设指南》(护动函〔2016〕14号)，从机构队伍建设、设施设备建设、运行机制建设、核心能力建设等方面，对标准站建设作出明确要求。经各省级林业主管部门评选、推荐，审核确定了北京百花山国家级野生动物疫源疫病监测站等34处标准站建设试点单位(办护字〔2016〕215号)。在海口市举办了全国野生动物疫源疫病监测防控标准站建设培训班，就监测防控工作面临的形势和任务等内容做了重点安排部署，有关专家讲授了标准站建设指南、样品采集技术、个人防护及应急处置等关键内容，同时开展了突发野生动物疫情应急演练；各省级监测防控管理机构和标准站建设试点单位的主要负责人共89人参加了培训。

【防控野生鸟类H5N8禽流感等突发野生动物疫情】 2016年，全国共18个省(区、市)报告野生动物异常情况86起，发生湖北狮H5N1高致病性禽流感、西藏野生鸟类H5N8高致病性禽流感和新疆北山羊小反刍兽疫等12种26起一般野生动物疫情，死亡野生动物51种6818只(头)。疫情致死野生动物种类和数量有所下降，但起数同比增加30%，仍呈现高发态势及病种多样、点多面广、局部连片等突出特点。

为有效应对防控形势变化，及时研究印发《国家林业局关于加强春季鸟类禽流感等野生动物疫源疫病监测防控工作的紧急通知》等3个规范性文件，完成监测防控信息管理系统和移动采集系统的功能优化和推广应用准备，督促强化基层监测防控机构的风险意识、责任意识，节假日值守率同比提高3个百分点、达88.3%，各地报告监测信息4.4万余份次。举办4期国家层面、20余期省级层面、2200余人次的技能培训和应急演练，切实提高了基层人员的监测防控能力，派出专项工作组

20余人次开展流行病学调查，督促指导疫情发生省份有效落实各项监测防控措施，“第一时间发现、第一现场控制”突发野生动物疫情。

【野生动物疫病主动预警】 认真总结、吸收前期主动预警试点工作经验，适度拓展预警实施范围，完善并制订《2016年重要野生动物疫病主动预警试点工作实施方案》。各相关单位加强沟通协作，主动采集野生动物样品22 209份，样品采集数量质量明显提高；监测发现13个亚型禽流感病毒84株，综合监测到的毒株来源发现，雁鸭类候鸟携带多亚型禽流感病毒的情况复杂，带毒率远大于鸻鹬类候鸟；指导北京、上海、湖北、江苏等省份探索开展主动监测、预测预警等工作，促进形成中央—地方上下联动的重要野生动物疫病主动监测预警格局。以主动监测预警为基础，结合中期及年度趋势预测，深入分析研判国内外野生动物疫病流行动态、发生趋势和疫情风险，为科学决策提供了重要依据和参考。

【野生动物疫源疫病监测防控科技支撑】 深入开展《野生鸟类禽流感主动监测技术规程》等标准的制修订工作，促进提高监测防控工作规范化、标准化水平。有序推进《野鸟H7N9禽流感病毒溯源与流行趋势研究》《藏羚羊传染性胸膜肺炎传播机理与风险研究》等林业公益性行业科研工作。加强与科技部等部门的积极沟通、协调，野生动物疫源疫病监测防控科技项目首次上升为国家级重点项目，《迁徙野生动物疫源疫病传播风险研究项目》《野生动物和媒介的病原微生物本底调查》《重要新发突发病原体发生与播散机制研究》《生物安全监测网络系统集成技术》4个生物安全领域的国家重点研发计划项目获得批复。

【举办首届野生动物与公共健康研讨会】 在近年来非典、埃博拉、候鸟高致病性禽流感等各类新发传染性疾病不断涌现的背景下，为推动落实“同一个世界、同一个健康”理念，有效应对野生动物源人畜共患病对公共健康的危害，国家林业局保护司联合生态健康联盟，于4月19日在北京市举办首届野生动物与公共健康研讨会。中国科学院、军事医学科学院、中国疾病预防控制中心及联合国粮农组织、生态健康联盟等有关专家参加研讨会并作专题交流。

（野生动物疫源疫病监测与防控由孙贺廷供稿）

大熊猫保护管理

【大熊猫圈养种群繁育】 根据2016年全国圈养大熊猫优化繁育配对计划指导，本着“优生优育”的原则，全国共繁育大熊猫40胎64只，成活54只（含境外），全国人工圈养种群总数达到464只，向维持种群高水平遗传多样性的目标继续迈进。（陈　浩）

【大熊猫野化放归】 10月20日，由国家林业局和四川省人民政府共同举办的大熊猫“华妍”“张梦”放归自然活动在四川雅安栗子坪国家级自然保护区举行。此次放归是全球首次尝试同时放归两只大熊猫，也是人工圈养放归自然的第六和第七只大熊猫。国家林业局副局长陈凤学、总经济师张鸿文参加活动并致辞。

圈养大熊猫经过野化培训放归，补充野外种群，增加野外种群的遗传多样性，是恢复和重建野生种群的重要手段，也是重要的科学探索。中国从2003年开始进行大熊猫野化培训工作，探索形成了母兽带仔野化培训、熊猫伪装服、录音项圈、放归笼等技术，也借鉴美国黑熊放归的经验，探索性采用人工辅助放归野化训练的方法。在培训的基础上，2006年开始实施大熊猫放归自然活动。截至2016年年底，先后分11批次对25只人工繁育的大熊猫进行野化培训。其中有11只被淘汰，7只被放归野外（2只死亡），还有7只正在培训。目前对放归自然成活的5只个体都在实施追踪监测，定期回捕，情况良好。（刘德望）

【中韩启动大熊猫合作研究项目】 3月3日，中韩大熊猫合作项目的一对大熊猫顺利抵达韩国，正式启动中韩两国为期15年的大熊猫合作研究项目。4月21日，以中国国家林业局党组成员谭光明为组长的团组，赴韩国出席了中韩大熊猫合作项目大熊猫馆开幕式，并出席了在韩国举办的大熊猫保护艺术展。（张　玲）

【中印尼签署大熊猫合作协议】 8月1日，中国国家林业局副局长陈凤学参加了中国印尼副总理级人文交流机制第二次会议。在中国国务院副总理刘延东和印尼人类发展与文化统筹部部长布安见证下，陈凤学与印尼环境与林业部环境与自然资源司总司长塔克瑞·法瑟尼共同签署了中国印尼共同推进大熊猫保护合作谅解备忘录。同日，陈凤学在贵阳会见了法瑟尼一行，并见证了中国野生动物保护协会与印尼野生动物园关于中国印尼大熊猫保护研究合作技术协议的签署。（张　玲）

【形成《大熊猫保护国际会议都江堰共识》】 10月19～20日，由国家林业局主办、中国大熊猫保护研究中心承办的2016年大熊猫保护国际会议在四川省都江堰市举行。来自全球70余家大熊猫相关机构及国际组织的130余名代表和专家，共同探讨大熊猫保护问题，会议通过了《2016年大熊猫保护国际会议都江堰共识》，赞同今后每年举办一次同类会议，并倡议搭建一个国际信息互动平台，促进大熊猫保护和研究的信息沟通。

（陈　浩）

【大熊猫濒危等级被“降级”】 9月，IUCN在第六届世界自然保护大会上宣布将大熊猫的濒危等级从“濒危”降为“易危”，引起学界、管理部门及舆论媒体等方面的高度关注。对此，国家林业局迅速做出了回应，强调大熊猫保护级别不会降低，保护力度不会减弱，使社会公众和有关方面在第一时间看到和了解到国家政府主管部门对此变化的态度和看法。大熊猫被“降级”也从侧面反映了中国政府对大熊猫保护所做出的努力和积极的成效。 （刘德望）

【中央政府赠送澳门大熊猫“心心”产下双胞胎】 中央政府赠送澳门的大熊猫“心心”于6月26日产下一对双胞胎。来自成都大熊猫繁育研究基地的大熊猫育幼专家与澳门大熊猫馆团队全力协助“心心”24小时精心照顾宝宝，大熊猫双胞胎健康状况良好。中央再次赠送澳门的这一对大熊猫“开开”（乳名“娅林”）、“心心”（乳名“蜀蓉”）落户澳门已逾一年，深受澳门市民喜爱。一年来，澳门大熊猫馆月均接待游客逾万人次。

（张 玲）

濒危野生动植物进出口管理和履约

【综 述】 2016年，濒危野生动植物进出口管理和履行《濒危野生动植物种国际贸易公约》（以下简称《公约》或CITES）工作不断发展，成效显著。

野生动植物进出口管理 一是完善行政许可机制。联合海关总署修订《进出口野生动植物种商品目录》，修订发布允许进出口证明书和物种证明被许可人监督检查管理办法，制定行政许可服务指南、工作细则。研究并适时简化了进出口申报材料。开展行政许可业务辖区调整，正式启动贵阳、长沙、武汉等地许可办证工作。会同农业部渔业局继续深化欧洲鳗鲡溯源管理、鲟鳇鱼管理，开展了大鲵养殖单位在《公约》秘书处的注册登记工作，落实刺猬紫檀列入公约附录Ⅲ的进口贸易管理措施；组织开展许可证样式改革研究，完善许可证类型；开展《公约》个人或家庭财产豁免政策研究。二是深化行政许可改革创新。继续完善上海自贸区濒危物种及其产品贸易审批和监管政策措施，颁布实施“广东自贸区”动植物进出口管理新政，组织对福建、天津等新设立自贸区的地区以及“一带一路”“长江经济带”涉及重点区域的贸易监管和配套政策措施开展研究。围绕东盟博览会等国家举办的园艺博览、展览等重点活动，实施便利审批措施，并开展现场服务和监管。三是加强能力建设。组织编制中国履行CITES公约“十三五”发展规划（报审稿），组织开展大宗贸易和敏感物种贸易监测、欧洲鳗鲡贸易溯源体系建设和限额监管试点工作，开展穿山甲、兰花、重楼、匙叶甘松、小鲵等公约关注的贸易物种的资源状况、贸易利用情况、管理措施等评估研究，开展涉及象、犀牛、虎豹等执法热点物种问题研究。开展野生动植物进出口网上审批系统试运行。在东北林业大学、南京森林警察学院、林业管理干部学院以及竹子研究中心等地建立濒危物种进出口管理培训基地，组织开展年度履约管理综合培训、证书办理和年度报告专题培训、贸易调查与监测培训、行政许可检查培训等活动；同时会同海关、公安、边防、工商、质检、海警等相关监管部门开展一线执法人员的监管和执法知识及能力培训。举办2016世界野生动植物日座谈会，借助爱鸟周、野生动物保护宣传月开展履约管理宣传活动。开展发送“手机提醒”服务，对赴外劳务、商务和旅游人员进行宣传教育。启动濒危物种履约国家示范区设立研究，编印履约管理系列培训教材，出版《常见非法贸易濒危物种识别手册》和《常见贸易濒危与珍贵木材识别手册》英文版，开发“查获动植物产品网上鉴别系统”。

2016年，共核发野生动植物进出口证书69 439份，涉及野生动植物出口贸易额63.99亿元人民币（动物22.26亿元，植物41.73亿元），进口贸易额89.12亿元人民币（动物17.91亿元，植物71.21亿元）。

履行濒危野生动植物种国际贸易公约 一是积极参与国际谈判。先后派团出席《公约》第66次常委会、《公约》第17次缔约方大会以及有关公约生计等各专门政策或物种议题会议，在《公约》第17次缔约方大会中，中国成功当选《公约》常委会副主席国。参与打击野生动植物和森林犯罪问题以及象、犀牛、虎、高鼻羚羊、穿山甲、木材等热点物种问题等会议以及相关应对工作，配合做好中美战略与经济对话、中国－欧盟履约交流对话、中非合作论坛、东亚峰会等相关议题研究和处置准备。二是加强多双边履约管理合作。保持与《公约》秘书处、国际刑警组织、世界海关组织、联合国毒品和犯罪问题办公室等国际机构以及东盟、南盟、非洲野生动植物执法网络组织的联系合作；执行与美国、欧盟、德国、印尼、越南、老挝等双边履约合作项目，分别在华组织开展中－老、中－越履约管理执法交流研讨活动。组织海关、森林公安等部门赴莫桑比克、南非开展履约宣讲活动。协助海关缉私局与卢萨卡议定书执法特遣队建立双方合作关系，推进与津巴布韦开展履约交流活动。三是深化与港澳台管理交流。组织参加年度中央政府与香港、澳门履约管理协调会议，邀请港、澳同行到内地参加综合培训会议；派团赴港进行履约管理培训；组织开展海峡两岸野生动植物贸易管理交流活动。四是推进履约执法协调工作。参与“打击野生动植物非法贸易部级联席会议”相关工作，召开“第12次敏感物种执法联席会议”和“部门间CITES履约执法协调小组第6次联席会议”；协调和配合海关、海警、工商、公安（包括森林公安）等开展执法检查和监督活动，加大对走私虎、豹、犀、象、穿山甲、木材、海龟等濒危物种大案要案侦破查处工作；组织和协调对网上非法交易濒危物种活动的管控。会同农业、工商、海关和海警等部门联合美国鱼类及野生动物管理局、墨西哥联邦环境检察署，召开“石首鱼识别技术和非法贸易管理培训研讨会”。配合公安部与国际刑警组织、联合国毒品和犯罪问题办公室、世界海关组织沟通交流，就开展打击野生动植物犯罪全球控制下交付联合行动磋商；举办对越南、老挝边境一线管理和执法人员培训班。组织2016年打击野生动植物非法贸易卫士奖活动，为全国20个单位和个人颁发“打击野生动植物非法贸易卓越卫士奖”“优秀卫士奖或倡导卫士奖”。（张 旗）

【濒危野生动植物种国际贸易公约第17届缔约方大会】 2016年9月24日至10月5日，以国家林业局副局长刘东生为团长，由国家林业局、国家濒管办、国家濒科委、外交部、农业部、海关总署、国家工商总局及香港渔农自然护理署、澳门经济局等部门组成的中国代表团，出席了在南非约翰内斯堡举行的《公约》第17届缔约方大会。来自160个缔约方、40多个政府间国际组织以及200余个非政府间国际组织的3000多名代表、观察员和记者出席了会议。此次会议为《公约》签署43年来规模最大的一届缔约方大会。南非总统祖马出席开幕式并讲话，联合国环境规划署执行主任索尔海姆在开幕式致辞。会议审议了120多项政策性议题和62项附录修订提案，作出30多项决议、近300项决定，并将400多个物种列入《公约》附录。

会议期间，中国代表团本着“加强联络、积极参加、扩大影响、维护利益”的原则，主动和各方交换意见，积极参加各项讨论，明确阐述中国立场，广泛团结发展中国家，较好地处理了与中国有关的各项议题，维护了国家权益。中国代表团在会议期间开展的重要工作及取得的主要成果有：一是积极开展高层对话。在“可持续发展目标和《公约》关系部长级对话会”和“中国履约工作展览”开幕式中，就中国履约情况进行了全面介绍，明确提出各国作为保护野生动植物的主体，应携手应对野生动植物犯罪问题，保护资源与发展民生并重，得到了会议代表的广泛认同。与英国、南非、美国、欧盟、老挝、斯里兰卡、孟加拉国、津巴布韦、马达加斯加等国有关部门部长或代表团团长以及《公约》秘书长、野生物贸易研究委员会全球执行总裁进行会晤会谈，沟通协调，阐述立场，表达合作意愿。二是妥善应对，维护权益。特别是在议事规则、大象、老虎、穿山甲、水生物种、非法贸易、生计、木材以及遵约等议题上，与美国、欧盟、墨西哥及其他相关缔约方展开多轮艰苦磋商，主动发表观点，合理提出对策，促使议题结论客观公正。中国提交的一份决定草案以及两份附录修订提案均获广泛支持，并获一致通过。三是扩大影响，树立形象。首次在缔约方大会上举办“中国履约工作展览”，全面系统展示中国在履约立法、贸易监管、执法行动、能力建设、公众意识、国际合作和可持续发展方面的成绩；积极参加“全球野生动植物执法网络第二次会议”和“打击网络非法交易边会”等一系列会议，主动介绍中国工作经验，全面推介中国加强履约管理工作、推动生态文明建设的治理理念。四是中国当选《公约》常委会副主席国及常委会亚洲地区代表，为进一步扩大影响力、提高履约话语权奠定基础；五是海关总署缉私局集体和北京市森林公安局政委孙磊分别获得野生动植物执法奖项——克拉克·巴文奖。（史蓉红）

【行政许可事项被许可人分级管理】 在对国家濒管办驻北京、福州、广州、云南省、成都和长春办事处推广试行《国家濒管办行政许可事项被许可人信用评估管理办法(试行)》的基础上，2016年，经过对有关流程和指标进行修改，将原试行办法更改为《国家濒管办行政许可事项被许可人分级管理办法》，并发布国家濒管办2016年第3号公告，于2017年1月1日起施行。同时，国家濒管办组织开发了与该办法配套的“行政许可事项被许可人分级管理系统”数据平台，与“野生动植物进出口证书管理系统”实行了链接。（鲁兆莉）

【国家旅游局加入部门间CITES执法工作协调小组】 部门间CITES执法工作协调小组第6次联席会议于2016年12月15日在北京召开。公安部治安局、农业部渔业渔政管理局、海关总署监管司和缉私局、国家工商总局市场司、国家质检总局动植司、海警局司令部、国家林业局保护司和森林公安局、国家濒管办、国家邮政局市场监管司等协调小组成员单位领导及联络员出席会议，最高人民检察院法律政策研究室、外交部条法司、公安部边防局、司法部鉴定管理局、海关总署稽查司、国家旅游局监督管理司和国家濒科委等单位，以及国家濒管办驻云南省、福州、西安、武汉、贵阳、合肥和北京办事处等单位代表列席会议，国家林业局副局长刘东生到会发表重要讲话。会议审议通过了2016年协调小组工作总结和2017年协调小组工作安排意见，交流了各部门单位和部分省级协调小组履约执法工作开展情况，就履约执法协调工作中存在的问题和挑战进行了广泛深入的研讨。会议一致同意接纳国家旅游局监督管理司为“部门间CITES执法工作协调小组”成员单位。至此，“协调小组”扩展为9个部门12个司局。（吴 倩）

【加利福尼亚湾石首鱼和黄唇鱼保护与履约国际合作】 2016年12月1日，在自然资源保护协会和野生救援组织支持下，国家濒管办会同农业部渔业局和国家工商总局市场司，组织广东省渔政、工商、海关以及海警近100人在广州举办加强加利福尼亚湾石首鱼贸易监管培训研讨会。会议邀请墨西哥联邦环境检察署、美国鱼类及野生动物管理局以及香港渔护署和海关代表参加。会间，世界自然保护联盟石首鱼首席专家与国家濒科委专家为执法一线人员讲授石首鱼和黄唇鱼识别特征和技术，为执法人员安装运用手机识别应用软件，交流分享石首鱼保护管理和非法贸易以及墨西哥、美国和香港加强石首鱼非法贸易管控情况，探讨进一步强化石首鱼走私管控措施，筹划在广东开展非法销售石首鱼清理专项行动，落实《公约》第17届缔约方大会有关石首鱼决议以及中美打击野生动植物非法交易成果。（吴 倩）

【濒危物种进出口管理培训基地挂牌】 为整合全国资源，发挥各自优势，合理开展培训，2016年，国家濒管办分别在东北林业大学野生动物资源学院、南京森林警察学院、国家林业局管理干部学院以及竹子研究中心设立濒危物种进出口管理培训基地，落实识别鉴定、执法技能、综合管理和对外宣教等培训活动，推动履约执法培训向专业化发展。（吴 倩）

【中老 CITES 履约执法交流会】 于2016年7月11～15日在云南西双版纳召开。来自老挝自然资源环境部、CITES管理机构、北方四省自然资源管理机构、海关稽查等部门和中国国家林业局森林公安局，云南省林业厅，国家濒管办及其云南省办事处，云南边防、森林公安局，昆明海关，西双版纳州森林公安、林业、保护区等单位及国际野生生物保护学会、国际野生物贸易研究组织、国际爱护动物基金会等方面代表共计50人参加了会议。这次交流会是为了进一步执行2015年9月中老签署的关于加强《公约》履约事务的谅解备忘录有关内容，特别是为了加强在边境一线开展宣教、非贸监控、执法互助等合作事项，规范合法、打击非法贸易，解决当前国际关注热点问题。（吴　倩）

【中越 CITES 履约执法交流会】 于2016年10月24～28日在广西召开。中越CITES履约管理机构组织两国林业、环境、海关、边防、森林公安和打私等执法监管部门以及有关非政府组织和科研机构代表参加会议。交流会按照双方《关于加强CITES履约事务的谅解备忘录》有关内容，并为推动CITES缔约方大会有关决议、决定和常委会有关要求的落实，商讨通过强化双方邻近省级保护管理和执法监管部门直接沟通，加强两国间濒危物种跨境非法贸易管控，强化信息分享，开展执法协作，携手应对野生动植物犯罪活动。（吴　倩）

【引进出版濒危物种执法和识别等技术指南】 为进一步解决濒危物种执法专业性强、制品识别鉴定难等执法难题，国家濒管办推动组织翻译了国际打击野生动植物犯罪同盟《野生动植物和森林犯罪工具包》《野生动植物和森林犯罪指标框架》和《象牙采样分析鉴定技术和程序指南》等有关CITES履约执法技术指南。与相关大专院校合作出版了《常见贸易濒危物种识别手册》并发送国内各执法机关，做好履约执法技术支撑服务。（吴　倩）

【2015～2016年度大宗贸易敏感物种监测评估项目实施计划】 2016年1月22日，国家濒管办向各办事处、国家濒科委及有关行业协会发布《2015～2016年度大宗贸易敏感物种监测评估项目实施计划》，以做好2015～2016年度大宗贸易敏感物种监测评估项目的组织实施工作，持续监测和评估大宗贸易物种及敏感物种的资源和贸易状况。（任志鹏）

【欧洲鳗鲡溯源管理暂行办法】 2016年12月27日，国家濒管办、农业部渔业渔政管理局联合发布《欧洲鳗鲡溯源管理暂行办法》。该办法严格执行CITES有关履约要求，进一步对欧洲鳗鲡实施有效溯源管理，规范从苗种进口、养殖、加工利用到产品再出口的所有环节，促进中国欧洲鳗鲡产业持续健康稳定发展。（任志鹏）

【防止交趾黄檀非法采伐与贸易第二次地区对话会】 于2016年4月2～5日在泰国曼谷举行。会议主旨是在2014年防止交趾黄檀非法采伐与贸易第一次地区对话会形成行动计划基础上，进一步细化行动计划落实步骤，促进交趾黄檀相关国家间对话，以更好地保护该物种、打击非法贸易。国家濒管办代表中国参加该会议。

泰国自然资源和环境部部长出席开幕式并致辞，各国代表分别介绍了2014年第一次会议以来在防止交趾黄檀非法采伐和贸易方面的主要工作进展，CITES秘书处等国际组织各自介绍了交趾黄檀项目研究、管理、附录升降、各国法律完善以及打击犯罪项目的情况。会议分成3个小组，分别讨论回顾了2014年第一次对话会在政策和法律框架的修订、提高执法和跨国合作以控制非法采伐及其贸易以及加强能力建设、需求减少、信息收集和分享3个方面形成的目标文件，对如何采取进一步具体措施来推进尚未完成目标做了讨论。会议一致认为当前交趾黄檀盗伐滥采现象还非常严重、非法走私活动异常猖獗、保护形势相当严峻，各方应通力合作、共同努力，为保护这一濒危物种作出贡献。

会议期间中国代表介绍了中国近年来在木材履约和执法上的主要工作，并就修订交趾黄檀的注释、交趾黄檀工作网络、需求和非法采伐的关系、交趾黄檀的相似种列入、库存处理等中国重点关注问题表达了观点。（黄晓珍）

【国家濒管办支持广东自贸区建设行政许可改革措施发布会在广州举行】 2016年11月30日，国家濒管办在广州举行发布会，发布中国(广东)自由贸易试验区野生动植物进出口行政许可改革措施。国家林业局副局长刘东生出席发布会。

发布会上，国家濒管办人员宣读了广东自贸区行政许可改革措施的公告，国家濒管办驻广州办事处报告了前期政策调研论证以及今后落实改革措施的打算，刘东生作了总结讲话。

国家濒管办发布的广东自贸区野生动植物进出口行政许可改革措施主要有3个方面特点：一是将范围明确为在自贸区注册并在广东境内口岸实施进出口的企业，提高政策实施的可操作性，放宽适用对象的限制；二是将对港澳贸易的允许进出口证明书行政许可权限大幅下放给国家濒管办驻广州办事处，促进内地与港澳野生动植物合法贸易，突出便利对港澳贸易的自贸区特色；三是将允许进出口证明书行政许可法定办理时限缩短一半，进一步压缩审批时间，保障政策的有效实施。上述政策措施从2016年12月1日起正式实施。

刘东生在讲话中指出，国家濒管办出台广东自贸区野生动植物进出口行政许可改革措施，是濒危物种进出口管理机构支持广东自贸区建设，深入推动内地与港澳履约合作，着力促进野生动植物进出口贸易便利化的具体举措。（黄晓珍）

【赴印度尼西亚开展履约合作交流】 2016年11月7～11日，国家濒管办率中国CITES代表团赴印度尼西亚参加了中－印尼履约管理研讨会。研讨会上，双方交流了野生动植物资源管理和进出口监管的情况和经验，就《公约》第17届缔约方大会上形成的决议决定以及新列入附录物种的执行问题深入交换了意见，就进一步加强履约合作进行了深入的交流和沟通。代表团还与印尼CITES科学机构、水产协会及沉香协会等进行了会谈和业务交流。会后，代表团考察了沉香种植基地、沉香产品加工企业等。（黄晓珍）

湿地保护管理

【湿地保护修复制度方案】 国家林业局牵头制订《湿地保护修复制度方案》。2015年，中共中央、国务院印发的《生态文明体制改革总体方案》明确，“建立湿地保护修复制度”，此项改革任务列入了中央深改组2016年工作要点任务书。国家林业局牵头组建了国家发展改革委、财政部、国土资源部、环境保护部、水利部、农业部、国家海洋局等8个部门参加的“湿地保护制度方案领导小组及办公室”，制订了工作方案，明确了工作任务。湿地办与经研中心组成专家起草组，起草《湿地保护修复制度方案》，并征求了部门意见。2016年11月1日，中央深改组第二十九次会议审议通过《湿地保护修复制度方案》，11月30日，国务院办公厅以国办发〔2016〕89号文件印发《制度方案》。这是继2004年国办下发《关于加强湿地保护管理的通知》作出“抢救性保护湿地”重大举措以来，党中央、国务院关于湿地保护的最新顶层制度设计，开启“全面保护湿地”的新篇章。12月12日，新华社刊载了采访国家林业局局长张建龙解读《制度方案》的专题报道——《生态文明体制改革的最新成果》，取得了良好宣传效果。 （王福田）

【湿地保护工程项目】 编制完成《全国湿地保护“十三五”实施规划》。按照规划，“十三五”期间，拟在全国实施一批湿地保护重大工程和项目，力保8亿亩湿地面积不减少，维护和提升湿地生态系统功能。国家林业局牵头编制并印发《退耕还湿实施方案(2016～2020年)》，作为《耕地草原河湖休养生息规划》的3个子规划之一。安排湿地保护工程项目31个，完成中央预算内投资3亿元。提出了中央财政湿地补贴项目建议方案，中央财政湿地补贴资金16亿元由财政部切块下达到省。 （刘　平）

【湿地调查监测】 完成《中国湿地资源》系列图书和《中国湿地资源电子图集》的编撰、出版，系列图书共32卷，参编作者550多人，总字数达1200多万字，电子图集共2500多幅，7月11日，举办发布会向全社会发布。第二次全国湿地资源调查成果对生态保护相关规划、政策制定，以及湿地保护管理的支撑度进一步提升。指导黑龙江省完成了泥炭沼泽碳库调查任务，组织开展了云南省、贵州省的调查。完成国家重要湿地确认10处、国际重要湿地监测15处、湿地生态系统评价15处。 （姬文元）

【湿地保护立法】 配合国务院法制办对《全国湿地保护条例》征求了79个单位的意见，将意见整理反馈给国务院法制办。与国务院法制办共同研究了湿地立法调整范围、湿地保护管理体制、湿地红线、湿地征占用审批、湿地公园建设等立法中的重点难点问题，研究答复国务院法制办提出的有关问题。起草了14个湿地保护立法背景和论证材料。指导地方开展湿地立法工作，3个省(市)新出台了湿地保护条例，全国共有26个省(区、市)出台了地方湿地保护条例。 （俞　楠）

【湿地公园建设】 2016年，新批准建立国家湿地公园试点134处，新增国家湿地公园试点面积34.3万公顷，新增湿地保护面积21.0万公顷。新增验收并正式授牌的国家湿地公园76处，取消国家湿地公园试点资格3处。举办国家湿地公园专项培训班4期，长江、黄河、沿海湿地网络培训3期，培训国家湿地公园管理人员1000余人次。启动编制国家湿地公园建设指南，完成《国家湿地公园生态监测技术指南》《国家湿地公园湿地修复技术指南》《国家湿地公园宣教指南》等指南的编制。推进湿地公园信息系统平台的建设。 （闫晓红）

【国际重要湿地管理】 组织开展国际重要湿地预警方案监测数据汇总，完成15处国际重要湿地数据更新工作。举办国际重要湿地培训班。派员参加在韩国顺天市举办的东亚和东南亚区域湿地管理人员培训研讨会。 （胡昕欣）

【湿地公约履约】 组织参加湿地公约第52次常委会会议。组织完成公约历届缔约方大会有效决议翻译及汇编。 （胡昕欣）

【国际合作与交流】 继续推进GEF5期《加强中国湿地保护体系，保护生物多样性规划型项目》，GEF6期《中国水鸟迁徙路线保护网络》项目申请工作取得实质性进展。召开北戴河滨海湿地及水鸟保护国际研讨会。参加世界自然保护联盟(IUCN)第六届世界保护大会。组织5期香港湿地保护管理研讨会。完成中美自然保护议定书附件12互访交流活动，举办首届中美湿地保护研讨会。与英国野禽及湿地基金会(WWT)签署合作备忘录。与天津滨海新区、美国保尔森基金会签署三方合作协议。积极参加各类国际合作谈判。组织参加在中国台湾召开的第二届海峡两岸湿地保护交流研讨会。 （胡昕欣）

【宣传活动】 结合世界湿地日主题“湿地与未来——可持续的生计”，策划宣传活动方案，参与《中国经济周刊》特刊的主题宣传报道。在江苏省常熟市成功召开第十届国际湿地大会，72个国家近1200人参加了大会，是近40年来首次独立在亚洲国家举办此类会议。 （胡昕欣）

森林防火

08

森林防火工作

【综　述】 2016年，全国共发生森林火灾2034起(其中，一般火灾1340起，较大火灾693起，重大火灾1起)，受害森林面积6218公顷，因灾伤亡36人(其中死亡20人)，未发生特大森林火灾、火烧连营和重大伤亡事故。与2015年相比，火灾次数、受害森林面积分别下降30.7%、51.9%，人员伤亡上升38.5%(死亡人数下降13%)。

安排部署工作　国务院及时召开会议，对森林防火作出研究部署，为做好森林防火工作指明了方向。李克强、张高丽、汪洋、郭声琨等领导对森林防火作出10余次重要指示和批示。国务院办公厅调整充实了国家森林防火指挥部领导和成员，进一步增强国家森林防火指挥部力量。在清明、"五一"、国庆等节假日和G20峰会、党的十八届六中全会期间等重点时段，国家森林防火指挥部组织专家提前会商火险形势，通过及时召开视频调度会、下发通知等，强调落实森林防火措施。

基础设施建设　国务院批复同意《全国森林防火规划(2016～2025年)》，未来十年，国家将重点实施"六大建设任务"(林火预警监测系统、通信和信息指挥系统、森林消防队伍能力、森林航空消防、林火阻隔系统、森林防火应急道路)，建立健全"五大机制"(森林防火责任、消防队伍建设、经费保障、科学防火和依法治火机制)，形成较为完备的预防、扑救、保障体系。2016年全年投入14亿元基本建设资金，新批复建设126个森林防火项目，首次启动林区应急道路和无人机试点建设。开展国家森林防火储备物资的招标采购，规范招标采购工作。推进东北、西南重点林区森林防火视频监控、大型装备、以水灭火等3类试点项目建设工作，分析和评价项目实施效益。

督导检查　在森林防火紧要期以及重大活动等关键时段，国家森林防火指挥部总指挥张建龙等带队到基层督查《森林防火条例》落实情况。在国家森林防火指挥部领导带动下，地方各级森林防火指挥部领导纷纷下到基层，督促落实森林防火责任，排查整改火灾隐患，帮助解决实际问题。春防及春防后期，重点省区、重点林区防火检查严、火险预警早、火情掌握细、奖励兑现实，推进防火工作扎实开展。

火灾应急机制　分级推进《森林火灾应急处置预案》(以下简称《预案》)的编制和修订工作，对各省(区、市)《预案》制修订情况进行了督促检查；首次联合黑龙江省森林防火指挥部，组织开展火情应急处置实战演练；督促各地按照《预案》规定，规范扑火指挥工作。举办中俄第四次、中蒙第三次边境地区森林防火联防会晤，提升边境地区联防工作水平。在辽宁省举办"中欧森林火灾应急管理自主工作坊"，交流分享森林防火工作经验。国家森林防火指挥部密切关注加拿大等国森林火灾发展态势和扑救进程，举办"加拿大森林大火对中国森林防火的警示"专家座谈会并形成启示报告。

应急处置水平　发挥预警监测系统作用，提前研判火险形势，增强工作针对性。严格执行"有火必报"和热点核查"零报告"制度，先后跟踪热点3000余个，调度火情300余起(重特大森林火灾1起)。做好卫星林火监测，制作发布监测图像8865幅，共报告热点3010个，热点核查反馈率达99.73%。支持辽宁、福建两省新开展航空护林作业，扶持山东省引进1架M－26直升机。合理布防航空消防飞机，增加了数量、改善了机型。指导地方森林消防队伍、武警森林部队靠前驻防，投重兵、扑小火。成功处置了全国"两会"期间发生在甘肃省迭部县的"3·02"森林火灾，指导大兴安岭林区加强夏季雷击火防范扑救工作，发生的数十起雷击火24小时扑灭率达100%，确保了有火不成灾。

森林防火新手段　落实习近平总书记军民融合重要指示精神，指导武警森林部队与内蒙古森林防火指挥部开展"五联"机制试点，在军民联防、联训、联指、联战、联保方面整合优势资源，实现深度共享。目前，试点工作取得了"一个指导意见"(《关于加强森林草原防火工作"五联"机制建设试点的指导意见》)、"一个规范"(《森林草原防火工作预警响应规范》)和"五个办法"(森林草原防火工作联合预防办法、联合指挥办法、联合作战办法、联合训练办法、联合保障办法)等阶段性成果。结合军民融合发展大局，依托武警甘肃总队组建森林扑火应急队，为试点部队配发了扑火装备。

(李新华)

森林火灾

【全国森林火灾情况】 2016年森林火灾情况(见表8-1)如下。

火灾次数情况　2016年，全国共发生森林火灾2034起，比前三年(2013～2015年，下同)均值下降1489起，降幅达42.3%。其中一般森林火灾1340起、较大森林火灾693起、重大森林火灾1起，未发生特别重大森林火灾。一般火灾、较大火灾、重大火灾分别比前三年均值下降了34.1%、53.3%和62.5%。与2015年相比，火灾次数下降902起，降幅达30.7%，其中一般火灾、较大火灾分别下降20.0%、44.7 %。

火灾损失情况　2016年，全国森林火灾受害森林面积6224公顷，比前三年均值相比减少9034公顷，降幅达59.2%。与2015年相比，减少6716公顷，降幅达51.9%；2016年，因森林火灾造成人员伤亡36人，比前三年均值减少28人，降幅为44.0%。与2015年相比，增加10人，增幅为38.5%。其中，轻伤9人、重伤7人、死亡20人，分别比前三年下降47.1%、25%、47.7%，轻伤、重伤人数分别比2015年增加350%、600%，死亡人数比2015年下降13%。2016年，因森林火灾死亡的20人中，广西、四川各3人，山西、福建、江西、山东各2人，辽宁、浙江、湖南、广东、云南、陕西各1人。

火灾扑救情况 2016年，全国扑救森林火灾共出动25.4万个人工日，出动车辆2.4万辆(台)次，分别比前三年均值下降61.4%和58.8%，比2015年下降29.9%和44.9%；出动飞机438架次，比前三年均值增加38.2%，比2015年增加262.0%；投入扑救森林火灾经费约1.2亿元，比前三年均值增加51.4%，比2015年增加150.7%。

火灾原因分析 2016年发生的森林火灾中，已查明火源的森林火灾1646起，占全部森林火灾次数的80.9%，未查明火源的森林火灾388起，占全部火灾次数的19.1%。在已查明火源的森林火灾中，人为因素引起的森林火灾占95%，其中烧荒烧炭376起、野外吸烟92起、上坟烧纸576起、小孩玩火29起、雷击火45起，分别占已查明火源的森林火灾的22.8%、5.6%、35.0%、1.8%和2.7%。

森林火灾“三率”情况 2016年森林火灾发生率(起火灾/10万公顷森林)为0.98，森林火灾控制率(公顷受害森林面积/每起森林火灾)为3.06，森林火灾受害率(受害森林面积/森林总面积)为0.03‰(按全国森林面积20 769万公顷计算)。 (金博)

【甘肃省迭部县达拉林场“3·02”森林火灾】 3月2日，甘肃省甘南藏族自治州迭部县达拉林场温泉沟管护区发生森林火灾。经过4308名参战军警民奋力扑救，3月11日火场明火全部扑灭，3月15日扑火人员撤离火场，扑火救灾取得决定性胜利。据初步统计，过火面积约220公顷，无人员伤亡。经森林公安机关侦查，此次森林火灾系非法盗伐林木人员违规用火引发。此次森林火灾，是中国西北林区近10年以来持续燃烧时间最长、过火面积最大的一起火灾。火灾发生正值全国“两会”召开，引发社会公众和媒体的广泛关注。在党中央、国务院的坚强领导下，国家森林防火指挥部会同扑火前线指挥部紧急制定应对措施，全力以赴、科学指挥，完全依靠人力把大火扑灭，把灾害损失降到了最低。

各级领导高度重视 火灾发生后，党中央、国务院高度重视，国务院领导同志连续多次作出重要批示，对扑火救灾工作提出了明确要求。国家森林防火指挥部总指挥张建龙坐镇指挥中心，认真传达学习国务院领导同志重要批示、指示精神，加强火情研判，指导火灾扑救；先后派出由专职副总指挥杜永胜、森防指办公室副主任王海忠带领的两个工作组，分别于3月5日、7日赶赴火场一线，协调扑火工作。武警森林指挥部主要负责同志亲临火线参与指挥战斗，强化了组织领导，有力振奋了部队士气。

应急响应快速高效 接到甘肃火情报告后，国家森林防火指挥部立即启动应急预案，加强值班调度和预警监测；紧急从四川省调动200名武警森林部队官兵、从陕西省调动2架直升机跨省支援灭火战斗；紧急调拨100多万元扑火物资，连夜送抵火场，满足扑火急需；联合气象部门及时提供火场气象服务，首次在国家突发事件预警信息平台发布高森林火险预警信息。甘肃省委、省政府高度重视火灾处置工作，成立了由副省长杨子兴担任总指挥的扑火前线指挥部，快速集结省内武警森林部队、内卫部队及周边地区扑火力量赶赴火场，为尽快扑灭森林火灾奠定了坚实基础。

前线指挥科学有力 扑火前线指挥部精心研判、科学决策、果断指挥，选取最接近火场一线的达拉林场场部作为指挥基地，为全面掌控火情、迅速采取措施、合理部署兵力赢得了先机。

相关部门配合密切 公安机关积极承担火案查处、安全保卫和交通疏导等任务；气象部门及时提供火场天气信息，组织实施人工增雨作业；民航空管部门为扑火救灾提供全面飞行保障；工信部门派出无人机参与火场侦查，协调移动、联通、电信三大运营商提供火场应急通信保障；新华社、中央电视台等主要新闻媒体及时跟踪报道扑火进展情况，及时回应社会关切。各有关部门、单位众志成城、顾全大局、通力合作，形成了扑火救灾强大的支撑力量。

参战人员英勇顽强 参战的1000多名森林部队官兵，始终攻险段、打火头，发挥了火场生力军作用；紧急调动的2架直升机(K－32、S－92)超负荷作业，累计飞行24架(次)，洒水173桶、350多吨，成为此次特殊地形条件下灭火作战的决胜关键。所有参战的武警官兵、民兵预备役人员、公安消防和森林公安干警、地方专业队、林业职工和广大群众，为成功扑灭火灾作出了重要贡献。 (王永坤)

表 8-1　2016 年全国森林火灾分月统计

月份	森林火灾次数					火场总面积（公顷）	受害森林面积（公顷）			损失林木		人员伤亡（人）				其他损失折款（万元）	出动扑火人工（工日）	出动车辆（台）		出动飞机（架次）	扑火经费（万元）
	共计	一般火灾	较大火灾	重大火灾	特大火灾		共计	其中：原始林	其中：人工林	成林蓄积量（立方米）	幼林株数（万株）	共计	轻伤	重伤	死亡			共计	其中汽车		
全年累计	**2034**	**1340**	**693**	**1**	**0**	**18 161**	**6223.8**	**897.66**	**3974.40**	**60 846.23**	**13 764.53**	**36**	**9**	**7**	**20**	**4135.69**	**254 591.9**	**24 334**	**19 560**	**438**	**30 352.00**
一月	52	43	9	0	0	127.98	54.72	3.97	50.75	79.05	4.82	0	0	0	0	4.98	3973	425	304	0	31.72
二月	714	530	184	0	0	6193.70	1437.3	130.11	1241.60	16 001.69	149.38	16	8	5	3	915.55	51 934	5340	4130	48	749.02
三月	528	311	217	0	0	4742.3	1691.1	161.55	1219.60	28 849.08	499.61	10	0	1	9	1446.27	98 053	8636	7354	286	20 190.00
四月	384	233	151	0	0	3222.4	1254.3	130.28	861.92	4833.72	13 038.57	3	0	0	3	610.90	48 547.88	5126	3935	10	574.82
五月	80	51	28	1	0	1875.6	1097.1	378.14	69.15	715.80	28.52	2	1	0	1	987.10	20 830	1557	1213	27	541.09
六月	36	28	8	0	0	357.1	133.32	51.20	82.12	907.34	0.84	0	0	0	0	1.85	10 712	1165	1124	0	199.3
七月	15	7	8	0	0	100.76	51.57	3.50	10.58	56.21	3.18	1	0	0	1	2.20	3109	197	74	17	303.19
八月	17	9	8	0	0	39.121	26.596	4.53	20.64	914.36	0.03	1	0	0	1	7.75	3435	345	325	44	260.19
九月	25	13	12	0	0	167.89	42.006	6.98	31.03	1320.53	1.39	0	0	0	0	38.23	1541	185	105	0	19.21
十月	115	70	45	0	0	839.48	280.74	5.33	273.43	4452.62	15.81	3	0	1	2	61.82	6297	869	594	0	7328.70
十一月	19	16	3	0	0	95.261	37.89	0	37.89	89.60	16.60	0	0	0	0	1.60	936	95	91	0	13.44
十二月	49	29	20	0	0	399.91	117.16	22.07	75.76	2626.23	5.78	0	0	0	0	57.45	5224	394	311	6	140.76

森林防火重要会议及活动

【全国春季农业生产暨森林草原防火工作会议】 3月20~21日，全国春季农业生产暨森林草原防火工作会议在江苏省泰州市召开。中共中央政治局常委、国务院总理李克强作出重要批示。批示指出：毫不放松抓好农业农村工作特别是当前的春季农业生产，对于经济社会发展全局至关重要。各地区、各部门要牢固树立新的发展理念，按照党中央、国务院决策部署，通过深化改革，着力转变农业发展方式，加强现代农业建设，引导农民以市场为导向优化种养结构，加快发展多种形式农业适度规模经营，积极推进一、二、三产业融合发展，不断提高农业的综合效益和竞争力，多渠道增加农民收入。要抓住农时，扎实开展春耕备耕，强化政策扶持，统筹做好森林草原防火、脱贫攻坚、农田水利建设和防汛抗旱等各项工作，确保实现“十三五”农业农村发展良好开局。中共中央政治局委员、国务院副总理汪洋出席会议并讲话。他强调，要认真贯彻李克强总理重要批示精神，周密部署，精心组织，扎实抓好春季农业生产各项工作，不断开创农业农村发展新局面。要全面落实森林草原防火责任，强化防控措施，坚决避免发生重大森林草原火灾和重大人员伤亡。 （李新华）

【全国秋冬季森林防火工作电视电话会议】 9月14日，国家森防指、国家林业局召开全国秋冬季森林防火工作电视电话会议。国家林业局党组成员、副局长李树铭出席会议并讲话，国家森林防火指挥部专职副总指挥杜永胜主持会议。李树铭要求，各地秋冬季森林防火工作要抓好5项工作。一是逐级落实责任，确保防火有人管。二是加大宣传力度，提高群众自觉性。三是狠抓火源管控，力争做到不着火。四是加强预警监测，确保有火早发现。五是强化应急处置，力争快扑不成灾。

（李新华）

【森林防火视频调度会】 4月28日，国家森林防火指挥部召开森林防火工作视频调度会，对春防紧要期、特别是五一节期间森林防火和林区安保工作进行再动员、再部署、再强调、再落实。国家森林防火指挥部专职副总指挥杜永胜出席会议并讲话，武警森林指挥部副司令员郭建雄出席会议。国家森林防火指挥部办公室副主任、国家林业局森林公安局局长王海忠主持会议并通报了全国五一期间森林火险形势。 （李新华）

【林区安保维稳和森林防火电视电话会议】 8月19日，国家林业局森林公安局、国家森林防火指挥部办公室组织召开“全力做好近期林区安保维稳和森林防火工作电视电话会议”。会议指出，9月4~5日，中国将在浙江省杭州市举办20国国际经济合作论坛(G20峰会)，该峰会是中国今年最重要的主场外交，也是全球最受瞩目的经济盛会。做好近期、特别是G20杭州峰会期间的全国林区安保维稳及森林防火工作，是当前最重要的一项任务。国家森防指专职副总指挥杜永胜出席会议并讲话，国家森防指办公室副主任、森林公安局局长王海忠主持会议。 （李新华）

【开展应急处置森林火情实战演练】 4月20日15时，国家森林防火指挥部举行应急处置森林火情实战演练。国家森林防火指挥部总指挥、国家林业局局长张建龙，武警森林指挥部司令员沈金伦，国家森林防火指挥部专职副总指挥杜永胜在国家森林防火指挥中心观摩了实战演练。此次演练内容为国家森防指应急处置森林火情程序，黑龙江省、伊春市和红星区等各级森防指应急响应、火场前指工作规范等。参演单位包括国家森防指办公室、国家林业局预警中心、北方航空护林总站、黑龙江省防火办、伊春市政府、红星区森防指、武警森林部队等。演练分为应急准备、火情初发与扑救力量调度、火势蔓延与组织扑救、地空配合与火势控制、火灾扑灭与清理火场5个阶段。 （李新华）

【中俄第四次、中蒙第三次边境地区森林防火联防会晤】 11月16日，中俄第四次边境地区森林防火联防会晤在北京市举办，国家林业局副局长李树铭、俄联邦林务局副局长潘菲洛夫·亚历山大分别致辞并全程参与会晤，双方就如何加强边境火源管理、增设森林防火联防联络站、完善联防机制等进行了充分讨论，达成了多项共识。11月22日，中蒙第三次边境地区森林防火联防会晤在北京市举办，国家林业局副局长李树铭、蒙古国紧急事务管理局副局长阿荣宝音·官布扎布分别致辞并全程参与会晤，双方就修订联防协定、指定联络人、建立信息共享平台、增加联防站、完善跨境扑火机制和加强对蒙方的扑火物资装备援助等具体事宜达成了一致，并签署了会议纪要。通过两次联防会议的召开边境地区森林防火实现了新跨越：扩大了联防的范围，新疆维吾尔自治区正式加入中俄、中蒙联防；加强了部委间的合作，中央军委国防动员部、外交部、公安部和农业部首次参加了会晤，为将会晤纪要(如：跨境扑火、边境防火隔离带的打烧)落到实处打下良好基础；外交部将边境森林防火工作列入中俄、中越边(陆)界联合委员会重要工作内容。12月13~15日，国家森林防火指挥部办公室副主任王海忠应邀带队参加在俄罗斯莫斯科举行的中俄边界联委会第十九次会议，边境森林防火第一次写入了联委会的《会议纪要》(第十条：双方同意就界河航道管理养护及边境森林防火等加强交流合作，推动建立双方主管部门间合作机制)。 （王永坤）

森林消防体系建设

【国务院批复实施全国森林防火规划】 在征求各省(区、市)人民政府、国家森防指22个成员单位意见以及国家林业局科技委专家论证的基础上，3月4日，国家林业局党组会审议通过《全国森林防火规划(2016～2025年)》。4月25日，国家林业局局长张建龙致信国务院副总理汪洋，提请由国务院审批。8月28日，国家林业局会同国家发展改革委、财政部向国务院上报审批规划的请示。10月18～22日，国务院总理李克强、副总理张高丽、副总理汪洋、国务委员郭声琨签批同意。12月19日，国家林业局、国家发展改革委、财政部正式印发。规划重点突出林火预警监测、通信和信息指挥、专业队伍能力、森林航空消防、林火阻隔系统、防火应急道路六大建设任务，进一步巩固和提升三大体系建设，全面提高森林火灾综合防控水平。规划资金450.95亿元，其中中央资金375.33亿元，地方资金75.62亿元。 (卢　渊)

【全国森林防火规划培训】 12月28～29日，国家森防指办公室在南京森林警察学院举办全国森林防火规划培训班。国家林业局副局长李树铭要求，要以规划为统领，坚持问题导向，突出重点，将规划任务落到实处，完善森林防火长效机制，全面促进森林防火长远发展，为生态文明建设提供安全保障。在培训班上，国家森防指办公室副主任、国家林业局森林公安局局长王海忠对全国森林防火规划进行了解读，来自全国各省(区、市)、有关单位近130名代表参加了培训。 (卢　渊)

【中欧森林防火国际合作交流】 2月，依托中欧应急管理合作项目，国家森林防火指挥部办公室副主任柳学军带队组团赴欧盟总部参观学习，先后走访了欧盟委员会紧急反应协调中心(ERCC)、法国内政部公民保护与危机管理总局应急指挥中心、普罗旺斯大区马赛消防指挥中心、民事保护培训中心、民事保护部队、航空基地和消防站等单位，了解当地森林防火的组织体系、运作机制、管理方法及扑救队伍建设等情况，与欧方开展了深层次业务交流，开辟了中欧防火合作的新途径，国家森防指领导在考察报告上专门作出批示，给予充分肯定。10月17～21日，国家森林防火指挥部办公室会同国家行政学院应急管理培训中心，在辽宁省举办“中欧森林火灾应急管理自主工作坊”，围绕跨国火灾救援机制、林内可燃物清理、扑火装备发展趋势、以水灭火系统工程、区域联防、森林城市防火等具体专题展开了研讨，交换了经验，达成了共识。11月17日，国家林业局副局长李树铭在北京接见了来访的法国内政部公民保护与危机应对总局局长、中欧应急管理项目联合体主席洛朗·普雷沃斯特一行，双方深入探讨森林防火工作的合作，达成了共识。 (王永坤)

【总结加拿大森林大火警示】 加拿大森林火灾发生后，国家森林防火指挥部密切关注火灾发展态势和扑救进程，搜集整理资料，结合中国第八个防灾减灾日，于5月12日举办了“加拿大森林大火对中国森林防火的警示”专家座谈会，围绕加拿大森林大火的发生蔓延、应对处置、救助救灾和损失危害等进行了分析研讨，并从预防、扑救和能力保障等方面对加强中国森林防火工作提出具体建议，形成《加拿大森林大火对我国森林防火工作的启示》呈报国务院领导，得到李克强、张高丽、汪洋等中央领导同志的高度重视。 (王永坤)

【森林防火指挥员培训】 7月11日至10月21日，国家森林防火指挥部办公室举办了2期全国地市级森林防火指挥员培训班、1期森林防火培训师资及管理人员培训班、1期地方党政领导干部森林防火专题研究班，共培训学员338人，其中地市级政府分管领导及林业局长等正处级以上领导干部132人，地市级专职指挥、林业局副局长等副处级领导干部163人。培训工作创新点：培训层次高，将森林防火专题研究班第一次列入中组部调训班，提高了森林防火培训的地位；着重培养森林防火师资力量，通过师资培训班将做好培训工作的思路、技能和做法传授给基层，起到星火燎原的作用；培训与实践进一步贴近，现场教学、案例教学、桌面推演、实战演习等培训手段更加成熟。适应新形势下的森林防火培训的机制已初步形成，并得到广泛认可。 (王永坤)

【“五联”机制建设试点】 国家森林防火指挥部牵头协调武警森林部队和内蒙古自治区，总结探索军民联防、联训、联指、联战、联保方面的经验、机制和举措，开展森林防火“五联”机制建设试点，整合优势资源，实现深度共享。国家森防指领导和国家森防指办公室领导多次赴内蒙古自治区对接调研，研究试点方案，下发《国家森林防火指挥部关于开展森林防火“五联”机制建设试点工作的通知》，指导举办中蒙边境地区“五联”机制灭火作战演练，形成了“一个指导意见”(《关于加强森林草原防火工作“五联”机制建设试点的指导意见》)、“一个规范”(《森林草原防火工作预警响应规范》)和“五个办法”(《森林草原防火工作联合预防办法》《森林草原防火工作联合指挥办法》《森林草原防火工作联合作战办法》《森林草原防火工作联合训练办法》《森林草原防火工作联合保障办法》)的阶段性成果。

(王永坤)

【森林消防标准制定工作】 2016年，国家林业局发布《雷击森林火灾调查与鉴定规范》《森林消防车辆外观制式涂装规范》等森林消防行业标准18项，有《直升机消防吊桶通用规范》《森林火灾扑救训练规程》等8项森林防火标准已经科技司批准立项。9月1日，在山东省召开了全国森林消防标准化技术委员会2016年年会暨标准审查会，国家森林防火指挥部专职副总指挥杜永胜、国家森防指办公室副主任柳学军、国家林业局科技司副司长黄发强和科院所、大专院校、企业、管理部门等委员及有关专家共25人参加会议，会议审查并通过了《森林防火宣传教育设施设置规范》等6项林业行业标准。

（卢　渊）

【2013～2015年度全国森林防火工作先进单位和先进个人表彰】 为表彰奖励在森林防火工作中作出突出贡献的单位和个人，调动广大干部职工和林区群众参与森林防火工作的积极性，推动中国森林防火事业的发展，根据《森林防火条例》和《全国森林防火工作先进单位和先进个人表彰奖励办法》，国家森林防火指挥部办公室组织开展2013～2015年度全国森林防火工作先进单位和先进个人的表彰工作。8月，人力资源社会保障部、国家林业局授予谢勇建、李东魁2名同志“全国林业系统先进工作者”荣誉称号，享受省部级先进工作者和劳动模范待遇；3月，国家森林防火指挥部、国家林业局授予北京市平谷区森林防火指挥部办公室等110个单位“2013～2015年度全国森林防火工作先进单位”称号，授予韩彦斌等280名同志“2013～2015年度全国森林防火工作先进个人”称号，向连续从事森林防火工作20年以上的曹刚等1916名同志颁发“全国森林防火工作纪念奖章”。

（刘　萌）

【中国森林防火微信公众号】 为充分利用现代新媒体传播信息技术宣传森林防火，进一步探索和丰富森林防火宣传的新形式，打造森林防火宣传的新载体、新平台，提高森林防火传播效果，国家森林防火指挥部办公室与中国绿色时报社联合开通中国森林防火微信公众号，并于1月26日正式启用。中国森林防火微信公众号是一个及时发布森林防火权威信息、实时掌握全国森林防火动态的移动信息平台。在传播权威信息、推动指导工作、鼓舞提升士气、典型经验交流、团结凝聚力量、争取公众支持等方面发挥了重要作用，为森林防火工作营造了良好的社会舆论。开通至2016年年底共推送信息1400条，注册粉丝用户已突破8.5万余人。

（刘　萌）

【森林火险预测预报工作】 2016年，组织相关专家分别对元旦、春节、清明、五一、端午、中秋、国庆等节日期间和G20会议期间等高森林火险时段的森林火险形势进行会商，并召开春、夏和秋冬季三次全国森林火险形势会商会，对全国气候变化、森林火险形势进行综合分析、预测，形成了全国中长期火险形势分析报告，为各地森林火灾预防、扑救工作提供科学依据。同时，根据扑火工作需要，及时与中国气象局专家进行会商。制作发布重点时段（节假日）森林火险情况研判报告16期、森林火险气象等级预报365期、高森林火险天气警报56期、未来一周全国森林火险预测52期、未来一月全国森林火险预测12期、甘肃迭部县火场气象专报16期、高森林火险红色（橙色）警报8期，在国家林业局网站每日头条栏目中发布高森林火险警报等近10期，并协调中央电视台及时进行播报，提醒各地立即采取分级响应措施。

（张英男）

【火险预警示范系统和信息系统运维】 为进一步加强全国森林火险气象等级预报的准确性和时效性，克服系统的不稳定性因素，在召开专家研讨会、实地调研的基础上，以现有“全国森林火险预警示范系统”为基础，充分利用现有信息资源，引入气象部门提供的森林火险气象等级预报，全国气象专业降水、温度、干旱指数等数据（含实时和预报两种），结合全国森林资源分布，卫星监测热点信息等林业专题数据，编制森林火险等级预测预报专用软件，对森林火险监测站进行标定、巡检和维护，及时解决运行中发现的问题，确保系统正常运行，使森林火险等级预报更加准确、直观，满足不同的使用需要。

（张英男）

【大兴安岭北部林区雷击火监测预警调研】 5月24～28日，会同中国气象局减灾司有关同志及气象探测中心雷电监测专业技术人员组成调研组到黑龙江省大兴安岭就大兴安岭北部林区雷击火监测预警工作情况进行调研。调研组观看了雷电监测预警系统的演示，实地查看了野外雷电监测设备。先后3次召开了有关省区防火办以及当地气象部门同志参加的座谈会，听取了有关情况介绍，并就发现的问题提出了四点工作建议：一是切实强化雷电监测预警；二是切实加强雷击火的防控；三是切实加强东北、内蒙古北部林区的扑救雷击火的基础设施和手段；四是切实加强雷击火的基础研究和防控手段。

（张英男）

【参加2016年世界移动大会】 6月28日至7月1日，赴上海参加2016年世界移动大会，并前往上海东方明珠新媒体股份有限公司（上海广电通讯网络有限公司）、中国科学院上海微系统与信息技术研究所就VSAT卫星通信系统在全国森林防火应急通信的应用情况和自动森林火险因子数据采集设备的研发情况进行了考察调研。调研组与中国移动公司政企客户分公司总经理戴忠举行了座谈，听取了中国移动公司在森林防火方面技术应用情况的汇报，并就双方行业发展机遇和挑战、战略转型和业务布局、合作契机和前景等几方面内容进行深入交流和讨论。分别与各公司领导及相关人员进行座谈，并与各公司就森林火险预警、火场指挥决策、智慧林业以及火场应急通信保障的稳定性、新技术、新装备的应用等方面的深化合作达成了共识。

（张英男）

【参加第十届气象灾害预警服务部际联络员会议】 9月20～21日，参加由中国气象局联合国家林业局以“气象灾害联动联防·森林防火篇”为主题的第十届气象灾害预警服务部际联络员会议。国务院应急办、公安部、民政部等22个部门31位联络员和代表参加了会议。会上，回顾了气象、林业在森林防火领域多年合作的经验和成效，肯定了各级森林防火部门与气象部门建立的良好机制，为各部门深化与气象部门的合作提供借鉴。同时，各与会代表针对做好气象灾害监测预警服务、推进联络员会议制度更好发挥成效、强化部门预警应急联动等方面提出了意见和建议。此外，在中国气象局减灾司和国家森林防火指挥部办公室的组织协调下，在黑龙江省气象局和省防火办的积极配合下，大兴安岭地区气象局和地区防火办在会议期间共同组织了一次较大规模的

"森林防火应急扑救训练"。训练以气象森林火险预警服务、雷击森林火灾突发为起点，整个演练过程始终贯穿各种气象服务要素，最后以火场人工增雨成功作为结束点，本次训练动用各种型号的飞机9架，装甲车、全道路运兵车等车辆30余台，气象部门出动大、小型应急通信指挥车各1辆，人工增雨车3台，参练人员近300人，各与会联络员观摩了演练，取得了很好的效果。

（张英男）

森林航空消防

【2016年森林航空消防基本情况】 2016年，森林航空消防在加大飞行费投入、增加飞机数量、扩大巡护面积和提升灭火飞机直接灭火能力等方面取得了有效进展。一是航护面积有所增加。河北、内蒙古、辽宁、吉林、黑龙江、浙江、福建、江西、山东、河南、湖北、湖南、广东、广西、重庆、四川、云南、陕西、新疆等19个省（区、市）开展了森林航空消防工作，总航护面积达331.61万平方千米，占国土总面积的34.5%，与2015年相比增加3.3%。二是飞行费投入略有增加。中央财政补助飞行费为49 206万元，同比增加2.5%。三是租用飞机数量有所增加。全国共租用飞机262架次，其中直升机188架次，固定翼飞机74架次，同比增加8.7%。四是灭火能力显著提高。主要执行巡逻报警、火场侦察、火场急救、空投空运、吊桶灭火、机（索）降灭火、化学灭火、防火宣传等任务。据统计，2016年累计飞行6073架次、11 719小时，空中发现火灾和参与处置火灾112起，其中吊桶灭火飞行377架次、477小时，洒水6948吨；机降飞行126架次、177小时，机降扑火队员2050人次，抛洒防火宣传单31万份。

（刘国珍）

武警森林部队

【综　述】 2016年，在党和国家统筹推进"五位一体"总体布局和协调推进"四个全面"战略布局，持续深化国防和军队改革、深入推进正风肃纪的大背景下，各级坚持以习主席系列重要讲话精神为指导，牢牢把握稳中求进总基调，突出围绕"四个扎实"工作重点，正确处理改革、稳定、发展三者关系，着力保一致、保中心、保本色、保稳定，全面建设在经受多种考验后得到进一步加强，以防火灭火为中心的各项任务圆满完成，部队呈现出平稳健康、向上向好的发展局面。

"四个意识" 坚持把深入贯彻古田全军政工会精神、大力加强思想政治建设作为首要任务，不断强化政治引领。深入学习习近平主席系列重要讲话，三级联动同步组织党委中心组带机关理论学习，举办两期团以上干部理论集训，运用"五学一进入"模式向基层延伸渗透，官兵维护核心、看齐追随意识更加坚定自觉。立根固本抓教育，充分运用"四个抓手"（基层理论武装试点、光荣感教育、文化创安教育、"坚定改革强军意志、投身改革强军实践"主题实践活动）和"七学"方法，坚持试点引路，扎实开展改革强军主题教育和"两学一做"学习教育，在军委督导组2次抽查中受到充分肯定。注重抓实经常性月课教育和一人一事思想工作，组织优秀"四会"政治教员评比竞赛，评选表彰第四届"绿色卫士"，大力宣扬"身边好样子"先进事迹，创办"中国森警"微信公众号，着力打造强军文化凝聚精气神，官兵思想根基更加牢固。涌现出全军优秀共产党员四川总队班长侯正超、全国拥政爱民模范西藏总队班长梅建波等先进典型。破立并举抓肃清，层次多回合展开清理清查，推动了肃清工作走深抓实。筑牢防线抓纪律，严格政治纪律和政治规矩，加大形势政策教育和"四反"力度，加强手机和网络舆情监控，强化纪律约束，保持政令军令畅通和部队高度集中统一。服务中心抓保证，坚持"八个到现场"，紧贴任务搞好表彰奖励和宣传报道，落实"一战一评"机制，政治工作作战功能得到强化。

练兵备战 认真贯彻习近平主席练兵备战重大战略思想，越是面临调整改革，越是强化职能使命意识，始终坚持抓中心保中心不动摇。加强党委对中心工作领导，落实议训议中心制度，将全年防火灭火任务划分为"三场战役"，推动建立军民融合深度发展"五联"机制，各级抓中心谋打赢更加聚焦有力。严格军事训练"八落实"，加大野外化、模拟化训练力度，严密组织"卫士－16"演习和首长机关集中训练，全程抓紧抓实新兵教育训练，组织建制班比武竞赛和冬季野营拉练，开建改建97个基层单位训练棚（馆），对军事训练实施覆盖式监察，部队实战化训练水平明显提升。4名个人被评为武警部队"优秀教练员"。直升机支队飞行训练和执行任务圆满完成。加强装备体系建设，研究制定装备编制标准，注重装备引进和技术革新，配发168套无人机，列装全地形草原灭火车，主战装备逐步更新。推进战备"三化"（体系化、实案化、精确化）建设试点，规范落实作战勤务联合值班、整建制战备拉动和前进指挥组备勤工作，部队战备状态保持良好。加强遂行任务组织指挥，派出5474名兵力、6架直升机，进驻96个高火险区实施"三靠前"（人员、装备、指挥）；动用兵力11万余人次，扑救森林火灾187起、执行防火执勤2721次、参加抢险救灾32次，特别是成功扑救西藏山南、甘肃迭部和大兴安岭雷击火等重大森林火灾，圆满完成全国"两会""文博会"安保、抗击台风和抗洪抢险等多样化任务，受到各级高度赞誉。2个单位、4名个人受到武警部队表彰奖励。

政治自觉 把教育引导官兵正确对待调整改革贯穿全年紧抓不放。坚持用习近平主席改革强军重大战略统一思想、凝聚意志，及时传达中央军委两次改革会议精神，针对部分官兵存在的焦虑、纠结、急躁和观望情绪，坚持及早抓、集中抓、跟进抓，采取集中学习、宣讲辅导、制作漫画读本等办法，引导官兵深刻理解习近平主席改革强军重大战略思想内涵，用大道理管住小道理，自觉强化大局观念，较好地端正了看待改革得失的基点。坚持抓改革强军主题教育不断线，跟进了解官兵思想，专题组织"四个正确对待"（正确对待调整改革、正风肃纪、进退走留、组织和自己）教育，灵活运用"五化"（集中辅导强化、小课串讲细化、班排讨论消化、个人领悟内化、岗位践行转化）教育模式，配合开展演讲征文、知识竞赛、讨论辨析等活动，坚决服从、坚定信心、干好本职、谋好发展的"四种正确态度"在部队上下达成共识。坚持以稳住团以上领导和机关为重点，着力抓好党委班子学习教育，带头保持定力、以上率下；逐级开展谈心活动，公道正派选人用人，大力表彰宣扬先进典型，积极解决实际困难，不断激发内在动力；面对各种改革传言干扰影响，各级自觉以党的事业为念、以部队建设大局为念、以认真履职尽责为念，总体保持思想稳定。

法治化建设 着眼实现"三个根本性转变"（努力实现从单纯依靠行政命令的做法向依法行政的根本性转变，从单纯靠习惯和经验开展工作的方式向依靠法规和制度开展工作的根本性转变，从突击式、运动式抓工作向按条令例办事的根本性转变），认真贯彻依法治军、从严治军方针，扎实开展"学法规、用法规、守法规"活动，强化法规制度执行力，官兵法治思维、法治理念进一步强化。严格落实条令条例和各项规章制度，注重规范化干工作、精细化抓落实、经常化促养成，各级按条令管、按大纲训、按纲要建、按制度办更加自觉，部队"四个秩序"（学习、训练、工作、生活）进一步正规。扎实开展基层风气专项整治和密切内部关系教育整训，加强监督检查和警示教育，严肃查处反面典型，着力纠治发生在士兵身边的不正之风，基层风气进一步纯正。紧盯安全建设不放松，定期分析安全工作形势，深入推进重难点问题专项整治，严密组织安全工作大检查，扎实开展百日安全竞赛和"严纪律、治'四涉'、刹'三松'"专题教育整顿，探索建立"三结合"查铺查哨机制，专题研究预防自杀问题，严密组织武器弹药移交自管，"一征两选两退"工作安全顺利，新兵教育训练实现"五不"目标，部队总体保持安全稳定。

基层建设 紧紧围绕"四个坚持扭住"，深入贯彻《森林部队依法抓建工作机制》，全程盯紧落实按纲抓建"八件事"（制定按纲抓建计划、靠前驻防分队动中抓建、《纲要》学习培训、领导机关精准帮建、住班当兵落实、基层落实组织生活制度、"双跟双查"（跟会跟课、查会查课）、"双争"（争创先进中队、争当优秀士兵（干部、学员、义务兵）活动），各级抓建秩序更加规范。坚持重心下移，三级党委机关实施联动蹲点帮建、精准帮建，常态落实住班当兵、代职锻炼制度，下发靠前驻防分队动中抓建《意见》，推动基层建设全面建整体上。突出"三个一线"（一线指挥部、一线战斗堡垒、一线带兵人）"三个源头"（生长干部、士官、新兵）建设，扎实组织《纲要》学习培训和干部骨干经常性应用性培训，落实基层主官换岗锻炼，着力强化基层党支部功能，基层自主抓建能力得到提升。建立健全"双争"［争创先进基层中队、争当优秀基层官兵（干部、士官、学员、义务兵）活动］活动激励机制，制订先进支队排名争位、标兵单位和进步明显中队评比表彰2个《实施办法》，有效调动不同层级、不同基础单位争先创优积极性。对基层实际困难进行专项调查和重点攻关，组织优秀基层主官疗养、救济特困官兵，不断激发基层官兵工作动力。1人获全军优秀士官人才奖一等奖，1个支队党委、2个中队党支部、1个教导队受到武警部队表彰。认真贯彻全军和武警部队后勤工作会议精神，突出保任务保基层，严格经费管理使用，投入3300余万元解决边远艰苦地区部队用水、取暖等实际困难，抓好农副业生产和伙食标准化精细化管理，依托军地专业机构培训后勤骨干队伍，落实重点方向战备物资前置储备，应急保障及时到位，昆明直升机场和西三旗干部住房等重点工程推进有力，后勤综合保障能力不断提升。

管党治党 深入贯彻习近平主席全面从严治党指示要求和党的十八届六中全会精神，不断推进管党治党由宽松软转向严紧硬。突出理论武装，跟进学习习近平主席系列重要讲话和上级重要会议、重要文件和重要指示精神，着力改造思想、转变观念，紧跟形势发展步伐。制定《抓好调整改革中党委班子民主集中制建设的意见》，组织民主集中制专题学习研讨，坚持按原则、按法规、按职责、按程序议事决策，落实重要情况通报和请示报告制度，各级纪律规矩意识不断强化，工作运行更加顺畅。严肃党内政治生活，坚持从上党课、交党费、过组织生活等基本制度严起，规范秩序、搞好培训，严督实导开好民主生活会，党内生活的政治性、原则性、时代性、战斗性得到增强。积极配合上级审计、巡视和专项调查，主动认账领账，坚持"日对账、周查账、月结账"强力抓整改，反馈移交问题基本整改到位。坚持挺纪在前，运用执纪监督"四种形态"（咬耳朵，扯袖子，红红脸、出出汗成为常态；党纪轻处分组织调整成为大多数；重处分重大职务调整是少数；严重违纪涉嫌违法立案审查的只是极少数），认真核查移交问题线索和信访举报反映问题，扎实开展行业风气清理整顿教育，常态组织明察暗访，查处通报倾向性、典型性问题，严肃追责问责，狠刹顶风违纪，99人次受到党纪政纪处分、75人次受到组织处理。压实主体责任，研究制定落实全面从严治党"两个责任"的《措施》，合理调配优化两级党委班子，组织覆盖式考察帮建，各级党委班子凝聚力战斗力有新增强。

【武警森林指挥部警史馆开馆】 1月28日，指挥部警史馆正式开馆，指挥部司令员沈金伦、政委戴建国为史馆揭牌。开馆仪式由指挥部政治部主任郭小平主持，指挥部党委常委以及指挥部退休军师职老干部参加开馆仪式。

【扑救迭部森林火灾】 3月2日13时，甘肃省甘南藏族自治州迭部县达拉林场温泉沟管护区发生森林火灾。甘肃省森林总队紧急调动800名兵力，鏖战14昼夜，累计扑打火线24.3千米，清理烟点6700余处，清理火线18.3千米，处理站杆倒木800余根，紧急疏散转移群众500余人，疏通道路1.5千米。扑灭迭部森林大火。指挥部司令员沈金伦、副司令员郭建雄、政治部副主任朱金跃亲临火场一线检查指导灭火行动，慰问参战官兵。

【扑救蒙古国入境森林火灾】 4月7日18时，内蒙古锡林郭勒盟东乌旗边境方向发生蒙古国草原大火。火场迅速向中国方向蔓延，珠恩嘎达布旗口岸设施和边境地区牧民生命财产受到严重威胁。内蒙古森林总队锡林郭勒盟支队150名官兵连续奋战36小时，点烧火线80千米，扑灭入境火10余千米，清理烟点300余处，巡护火线400千米。

4月21日9时，蒙古国境内发生火情，向中国边境方向蔓延。内蒙古森林总队兴安盟支队、锡林郭勒盟支队调集370名官兵，历时40小时，随同联指勘察边防线5次，累计行程200余千米，瞭望观察火场近26小时，点烧火线17. 5千米，完成火灾堵截任务，得到驻地党委政府和人民群众的高度赞誉。

【森林防火“五联”机制动员部署会】 4月15日，国家森林防火指挥部在内蒙古自治区呼伦贝尔市召开森林防火“五联”机制动员部署会。国家森林防火指挥部副总指挥杜永胜、内蒙古自治区人民政府副主席王玉明、自治区林业厅厅长呼群、武警森林指挥部副司令员郭建雄、内蒙古森林总队总队长曹龙等领导及各盟(市)领导、防火指挥部相关人员参加会议。杜永胜充分肯定森林部队作出的突出贡献。并从要形成新的格局、要承担新的责任、要实现新的目标3个方面提出要求。

【流村镇抢险】 7月20日，北京市昌平区流村镇因降暴雨导致多村屯发生山洪、山体滑坡、泥石流等自然灾害。指挥部机动支队先后出动388名官兵，连续奋战3天，转战4个自然村，累计协助解救7名群众，搬运沙袋5000余袋，清理淤泥10 000余吨，疏通道路1000余米，运送救灾物资3吨，受到驻地党委政府和人民群众的肯定和赞誉。

【参加“莫兰蒂”台风抢险】 9月15日凌晨3时，台风“莫兰蒂”正面登陆厦门市翔安区，造成多地树倒屋塌和内涝灾害，严重威胁人民生命财产安全。福建省森林总队500余名官兵连续奋战9昼夜，打通16条交通主干道，帮助清理15个公共社区，7所学校，保证8112名学生的正常复课，官兵搬运沙袋2000余个，堵塞漏水点3处，加固河堤300余米，清淤约150余立方米，清理垃圾105吨，完成厦门市同安区、思明区、集美区3个方向的抢险救灾任务。

【保护野生动物】 10月10日上午11时，云南森林总队西双版纳州大队接到“有三头野象在普文镇勐旺乡大龙山村小组被困，其中有一头小象危在旦夕，请求部队支援”的电话通知后，大队30名官兵长途跋涉赶往现场将小象救出。

【指挥部领导和指挥部各部门正职领导】

司令员	沈金伦	少将
第一政治委员	张建龙(国家林业局局长兼)	
政治委员	戴建国	少将
副司令员	郭建雄	少将
	尤寒波(3月免职)	少将
副政治委员	聂增龙	少将
参谋长	彭小国	少将
政治部主任	郭小平	少将
后勤部部长	魏奕泉(3月免职)	大校
	钱祖桥(11月任，武警黄金指挥部原副参谋长)	大校

(武警森林指挥部由管黎丽供稿)

森林公安

09

森林公安工作

【综　述】 2016年，全国各级森林公安机关深入贯彻落实全国公安厅局长会议、全国林业厅局长会议精神，不断强化森林公安执法打击能力，积极推进森林公安队伍正规化建设，全力保护森林和野生动物安全，维护了林区社会和谐稳定。2016年，全国森林公安机关共办理森林和野生动物刑事案件2.98万起、行政案件近18万起，收缴林木木材23.7万立方米、野生动物57.5万头(只)，打击处理违法犯罪人员54.3万人(次)，涉案价值26.42亿余元。

严打各类涉林违法犯罪　开展严打专项行动，有力地遏制了涉林违法犯罪高发势头。先后组织开展“2016打击破坏野生动物资源违法犯罪活动专项行动”“净网行动”和“严厉打击非法占用林地等涉林违法犯罪专项行动”。其中，以国家林业局名义组织开展“严厉打击非法占用林地等涉林违法犯罪专项行动”是近年来国家林业局组织的规格最高、声势最大、要求最严、任务最全面的一次专项打击行动。行动期间共出动林业执法人员60万余人次(其中森林公安民警27万余人次)，查处涉林刑事案件5769起、林政案件4.7万起，打击处理违法犯罪人员5.4万余人、打掉犯罪团伙168个、行政处罚涉案单位1647个，收缴林地10 361公顷、野生动物56余万头(只)、林木木材4.8万立方米，涉案总值9515万元；清理非法占用林地项目1.2万个，清理、检查木材、野生动物非法交易场所、加工经营场所和野生动物活动区域5.8万处，打击战果十分突出。进一步强化案件指导督办工作，重点指导侦破“湖南猎鸟炫照案”“天津万米网海捕鸟案”“云南近千棵红豆杉被盗伐案”“内蒙古天鹅被毒死案”等涉林违法犯罪热点案件，及时抓捕涉案犯罪嫌疑人，向社会澄清网络谣言。全年共挂牌督办案件126起，其中，最高人民检察院对由国家林业局挂牌的15起案件进行了联合挂牌督办，为各地森林公安机关尽快结案、移送起诉提供了支持。积极扩大与国际社会执法合作，先后派员参与在泰国国际执法学院举办的野生动物调查员培训、在莫桑比克和南非开展的遏制野生动植物非法贸易和履行国际公约宣讲和CITES履约管理执法研讨会，以及国际刑警组织第27次野生动植物工作组会议等，对外树立了中国在野生动植物保护工作方面负责任大国的形象。

维护林区社会稳定　按照公安部和国家林业局统一部署，结合林区实际，及时安排部署元旦、春节、“两会”“五一”、国庆、G20峰会和十八届六中全会期间以及敏感时段的林区安保维稳等工作，确保了全年林区没有发生重大突发事件、涉林群体性事件和重大涉林违法犯罪，林区社会治安大局持续稳定。认真组织全国森林公安机关开展缉枪治爆专项行动，共收缴各类枪支315支、子弹10万多发、炸药及黑火药近900千克、炮弹7枚、手榴弹10枚。由于成绩突出，2个集体、2名个人受到公安部通报表扬。深入开展林区禁种铲毒，组织云南、广西、广东等省区森林公安机关开展“绿剑”毒品查缉专项行动，在“5·14堵源截流”专项行动中查获大量毒品，铲除一批罂粟和大麻植株，林业系统多个单位、个人受表彰。按照公安部“大连会议”“全国公安机关社会治安防控体系建设推进会”要求，研究部署森林公安系统林区治安防控体系建设，指导全国五大区域召开警务合作联席会议，顺利完成轮值换届，共组织召开县级以上警务合作联席会议953次，协同查处案件6980起，警务合作能力及实战化水平大幅提升。着力推进“森林公安区域警务合作平台”系统研发及应用培训，实现信息合作共享与实时沟通互联。

森林公安队伍建设　按照中央深化公安和林业改革部署，经征得中央组织部、中央编办、最高人民法院、最高人民检察院、国家发展改革委、财政部、国家公务员局同意，制定出台了《国家林业局 公安部关于深化森林公安改革的指导意见》，明确森林公安机关深化改革40多条具体措施。组织开展“两学一做”学习教育，各级森林公安机关通过讲授专题党课、理论辅导报告、在线知识竞答等多种形式，教育引导广大民警进一步增强政治意识、大局意识、核心意识、看齐意识，打牢高举旗帜、听党指挥、忠诚履职的思想根基。强化干部管理监督，全面实施干部档案“凡提必审”、个人有关事项“凡提必核”、纪检部门意见“凡提必听”、信访举报“凡提必查”、招考调人“凡进必核”，民警警衔晋升、立功受奖必须公示，征求纪检部门意见，切实加强对干部选拔任用、晋升奖励工作的监督。推进森林公安机关领导任前考察和“进班子”工作，对11个省区、17名拟任领导进行了任前考察，2016年年底，已有21个省级森林公安局局长进班子或高配，地(市、州)176位、县(区)级762位森林公安机关主要领导任林业部门副职或“进班子”。推动招录培养机制改革政策落地，2016年全国森林公安实际招录1575人，其中公安院校公安专业毕业生535人，从公安院校招录比例大幅上升达34%；南京森林警察学院2016年毕业1087人，就业入警率88.22%，创历年新高。积极推动职业保障制度改革，99%的市级、99%的县级森林公安机关兑现警衔津贴新标准。进一步加强警务培训工作，全国投入训练经费6.7亿余元，举办入警培训72期、1542人参训，举办警衔晋升培训239期、5053人参训；举办警务训练623期、17 722人参训，举办警务专业训练733期、20 380人参训，有效提升了警务人员的能力素质。实施2016年“双千计划”，21名教师和一线业务骨干到相关省区和南京森林警察学院任教、挂职锻炼。认真落实从优待警政策，走访慰问公安烈士和牺牲民警家属、公安英模、因公致残民警562人次，看望慰问2584人次，发放慰问金520万元，推荐3名英烈子女保送到中国人民公安大学、南京森林警察学院学习，共有680余个集体和3460余名个人立功受奖。云南省森林公安局荣获中华宝钢环境奖，受到国家领导人的接见。组织58名英模和家属在北戴河开展为期一周的疗养，推荐1名英烈母亲参加中国公安民警英烈基金会组织的疗养活动、1名南京森林警察学院民警参加中国公安民警英烈基金会组织的G20峰会安保工作优秀民警健康休整班，2名英模及家属参加公安部组织的疗养活动。

执法规范化建设 配合最高人民法院、国务院法制办、公安部、国家林业局有关部门完成部分法规和文件的学习培训和制修定工作，提出相关反馈意见29件。推进县级森林公安机关独立执法，22个省(区、市)全面理顺了县级以上森林公安机关刑事、治安执法权限，25个省级单位按要求全面履行林业行政执法职能，全国县级以上独立履行执法权限的森林公安机关占单位总数的54%，全国已开通运行执法办案信息系统并实现网上办案的占84%。组织完成2016年全国森林公安民警基本级、中级、高级执法资格考试。全系统共有16 299名民警参加考试(其中基本级5811人、中级8079人、高级2409人)。共设考点98个、考场510个，全国共有2866名民警通过了基本级执法资格考试，3853名民警通过了中级执法资格考试，高级执法资格考试试卷正在评阅中。组织开展第四轮执法示范单位遴选工作，四川省江油市森林公安局、陕西省延安市森林公安局桥北分局张家港派出所、云南省大理州祥云县森林公安局清华洞林区派出所3个单位被公安部命名为全国公安机关执法示范单位；北京市大兴区榆垡森林公安派出所等57个单位被国家林业局森林公安局命名为“全国森林公安机关执法示范单位”。组织编写《林区禁种铲毒工作手册》和《林区禁种铲毒宣传图册》，帮助基层一线森林公安民警熟悉并掌握林区禁种铲毒工作要求。

党风廉政和纪检督察 加强对敏感时段、重要节假日林区安保和森林公安机关及其民警依法履职遵守纪律情况常态化的明察暗访，共发现问题833个，提出督察建议800条，扣留武器23件，纠正警容风纪1468次。组织开展为期3个月的减轻基层森林公安机关接处警工作负担专项治理工作，减轻基层森林公安机关接处警工作负担。按照公安部的部署要求，对中央巡视组指出的有关问题开展专项督察。强化对群众投诉事项的核查督办，及时转办群众投诉信116件，对10余件实名投诉进行督办。贯彻全国政法队伍建设工作会议和全国公安机关党风廉政建设电视电话会议精神，印发《2016年森林公安机关党风廉政建设和反腐败工作要点》，举办森林公安纪检督察培训班。转发《公安机关领导干部责任追究规定》，提出监督执纪要求。落实公安部领导关于加强行业公安纪检工作的批示精神，完成了在国家林业局森林公安局分党组设立纪检组长、在督察处加挂纪检办公室牌子工作。定期对森林公安民警违法违纪情况进行统计分析、内部通报曝光，发挥警示教育作用。针对黑龙江林业地区多名民警违法情况，专门约谈黑龙江林业公安局局长、政委和纪委书记。开展涉警负面舆情监测，编发舆情信息监测109期、舆情线索202条。

森林公安现代化水平 召开信息化应用推进会，组织编制基础设施和警用装备“十三五”建设方案，明确相关建设任务。推进基础信息化建设，全国森林公安金盾网络总体接入率达到97%，信息采集室建成率达到64%，执法场所视频监控建成率达到68%，刑事案件网上流转率达到83%，北京、河北、内蒙古等29个省区刑事案件实现网上办案，其中17个省区实现刑事案件网上流转率达100%。协调争取中央财政森林公安转移支付资金6.2亿多元，保障水平进一步提升。部署开展2016年森林公安派出所等级评定工作，向公安部申报一级公安派出所20个，申请重新命名一级公安派出所157个；新命名二级公安派出所60个，重新认定二级公安派出所722个。全国4397个森林公安派出所中，一级派出所总数为157个，占派出所比例3.57%；二级派出所总数为782个，占派出所比例17.78%。指导各地开展森林公安监管信息统计，完成森林公安2016年度看守所等级评定。

森林公安主旋律 以公安部、全国公安文联组织开展的“三微”大赛，纪念红军长征胜利80周年书法、美术、摄影展作品创作征集以及《中国公安文学史》资料征集等文化活动为依托，丰富基层森林公安机关和森林公安民警文化活动。组织15名森林公安文化骨干到公安部文化建设示范基地湖州市公安局实地考察、交流、培训，遴选森林公安文化体系建设示范点。配合全国林业厅局长会议，中美战略与经济对话、全国森林公安工作会议、2016打击破坏野生动物资源违法犯罪专项行动和打击非法占用林地等涉林违法犯罪专项行动等，在《人民公安报》《中国绿色时报》、新华网、法制网 、中国警察网、公安部网站、森林公安管理信息系统开展集中宣传，全国森林公安在中央主流媒体的宣传数量达698条。开通运行“中国森林公安”微信公众号和《人民日报》政务发布厅森林公安栏目，已发布各类资讯700多条。举办森林公安微视频大赛，并在“中国森林公安”微信公众号进行了展播。 (李新华)

森林公安重要活动

【全国森林公安工作会议】 于3月29日，在北京召开。会议传达学习了习近平总书记等中央领导同志重要讲话精神和中央政法工作会议、全国林业厅局长会议、全国公安厅局长会议精神，对做好“十三五”期间和2016年森林公安重点工作进行谋划部署。会议指出，要努力按照精简、统一、效能原则，优化机构设置，加快空编缺编问题解决进度。要落实全面从严治警主体责任和监督责任，进一步严明政治纪律和政治规矩，严格执行各项警规警纪，努力建设一支政治过硬、业务过硬、纪律过硬、作风过硬的公安队伍。会议强调，要牢固树立大局观念、责任意识，努力为林业改革平稳顺利推进保驾护航。要始终保持严打高压态势，适时组织开展打击毁林开垦、非法占用林地、破坏天然林资源等专项行动，形成声势，震慑犯罪。要进一步加大对大要案件的督办督查力度，全面落实林区社会治安和安全监管各项措施，全力保障林区群众生命财产安全，严密防范林区消防、道路交通、大型活动等领域事故。会议要求，以深化执法规范化建设为抓手，不断健全执法制度、改进执法管理、强化执法监督，不断提升执法公信力。主动顺应改革趋势，逐步推行由森林公安统一行使主要林业行政处罚职能的林业综合行政执法模式，争取执法权限进一步落实。进一步完善执法质量考评和执法过错责任追究办法，建立冤假错案责任终身追究制，确保执法权力规范运行。会议还就深化森林公安信息化建设应用、推进基础设施和装备建设、加强宣传文化工作作出具体部署，并对先进单位和个人进行了表彰奖励。（李新华）

【国家林业局启动打击非法占用林地等涉林违法犯罪专项行动】 9月1日，为深入贯彻落实习近平总书记等中央领导同志重要指示精神，坚决打击违法占用林地行为，切实加强森林资源保护管理，国家林业局召开严厉打击非法占用林地等涉林违法犯罪专项行动电视电话会议，全面部署加强林地和森林资源保护管理工作，启动严厉打击非法占用林地等涉林违法犯罪专项行动。国家林业局党组书记、局长张建龙出席会议并作重要讲话。会后，国家林业局印发《严厉打击非法占用林地等涉林违法犯罪专项行动方案》（以下简称《方案》），决定自2016年9月1日至11月30日，在全国范围内组织开展严厉打击非法占用林地等涉林违法犯罪专项行动。《方案》明确了专项行动的工作目标：按照“预防为主、标本兼治，打防并举、健全机制”的原则，通过集中查处一批大案要案，依法打击处理一批长期作案、团伙作案、顶风作案的违法犯罪分子和团伙，着力整顿一批破坏严重、管理混乱的重点地区，坚决彻底地将非法占用林地、肆意破坏森林和野生动物资源的违法犯罪势头打下去，进一步提高森林资源保护管理水平，增强全社会生态安全保护意识，巩固林业改革和生态文明建设成果，维护森林资源安全。（李新华）

【国家林业局召开打击非法占用林地等涉林违法犯罪专项行动督查动员部署会】 9月2日，受国家林业局局长张建龙的委托，副局长刘东生、李树铭在北京组织召开打击非法占用林地等涉林违法犯罪专项行动督查动员部署会，就赴重点省区开展督查工作进行动员部署。刘东生在讲话中指出，国家林业局党组对此次专项行动高度重视，局长张建龙亲自担任领导小组组长，由2名副局长、1名专职指挥和6个司局直属单位的主要负责人承担整个专项行动的领导指挥，并决定从9月3日起派出5个工作组到重点省区开展专项行动督查，工作的重要性、紧迫性不言而喻。督查组全体人员要迅速把思想认识统一到局党组国家林业重要决策部署上来，认真履职、扎实工作，敢于担当、勇于负责，以对党负责、对工作负责的精神敢于直面督查中发现的问题，真正做到督在点子上、查到要害处，确保督查事项件件有落实、事事有回音，确保专项行动顺利推进、取得实效。此次督查共分5个组：国家林业局副局长刘东生带队负责督查青海省，副局长李树铭带队负责督查云南省，国家林业局森林公安局局长王海忠、政委焦德发、副局长张萍分别带队负责督查四川、广西、河南省，国家林业局资源司、森林公安局、驻省区专员办及西北林业调查设计院、昆明勘察设计院，以及省级森林公安机关的刑侦部门抽调的骨干人员参加了此次动员部署会，并分别到各组开展工作。（李新华）

【召开全国严厉打击非法占用林地等涉林违法犯罪专项行动推进会】 10月25日，全国严厉打击非法占用林地等涉林违法犯罪专项行动推进会在云南省昆明市召开，国家林业局副局长、专项行动领导小组副组长刘东生强调，各级林业部门要牢记职责使命，强化责任担当，进一步加大对各类涉林违法案件的查办和打击力度，做到不查清线索不放松、不查实案件不放手、不抓获嫌疑人不放弃、不依法追究责任不放过，全力将专项行动向纵深推进。国家森林防火指挥部专职副总指挥、专项行动领导小组副组长杜永胜主持会议，云南省副省长张祖林出席会议并致辞。国家林业局专项行动领导小组办公室主任、森林公安局局长王海忠在会上通报：专项行动开展近2个月来，全国共出动林业执法人员41万余人次（其中森林公安民警26.3万余人次），查处涉林案件2.06万起，打击处理违法犯罪人员23 367人、打掉犯罪团伙94个、行政处罚涉案单位845个，收缴林地2647公顷、野生动物21余万头（只）；清理、检查木材、野生动物非法交易场所、加工经营场所和野生动物活动区域2.87万处；新闻媒体对专项行动跟踪报道1200多次，接收群众举报线索6780条，根据群众举报破获案件3661起；国家林业局督办的15起重特大案件，已依法采取强制措施13人，移送检察机关起诉3人，上网追逃2人。（李新华）

【重点省市专项行动推进会】 9月21日，专项行动领导小组在北京召开第一批重点省市专项行动推进汇报会，传达落实局长张建龙指示精神，总结专项行动阶段性成果，研究分析存在的问题，对深化专项行动进行再动员、再部署。国家林业局党组成员、副局长、专项行动领导小组副组长李树铭出席会议并讲话。专项行动领导小组成员单位以及国家林业局派驻北京、长春、黑龙江、福州、武汉、广州、成都森林资源监督办有关负责人，共同听取了山西、吉林、黑龙江、江西、湖北、广东、重庆7省（市）林业厅（局）专项行动开展情况汇报，并就向纵深推进专项行动进行了研究。专项行动领导小组办公室主任、森林公安局局长王海忠主持会议。9月28日，国家林业局召开第二批重点省（区）专项行动工作推进会，要求各地集中力量、强化措施，确保全面实现专项行动“打击整治”目标。国家林业局党组成员、副局长，专项行动领导小组副组长李树铭在会上强调：要深化认识、加强领导，攻坚克难，全力推进，以决战决胜的勇气担当，坚决把专项行动打出声势、打出效果，坚决夺取专项行动全面胜利。会议听取了河北、内蒙古、辽宁、福建、湖南、海南、贵州、陕西8省（区）林业厅开展严打专项行动进展情况的汇报。副局长李树铭对8省（区）取得的战果予以肯定。（李新华）

【国家林业局挂牌督办案件】 为有针对性地加大对非

法占用林地等违法犯罪活动打击查处力度，坚决遏制涉林案件的多发态势，有效打击犯罪分子的嚣张气焰，在全国各级林业部门和森林公安机关集中摸排、梳理各类涉林违法犯罪线索的基础上，国家林业局国家林业局森林公安局决定对各地侦办的重特大案件予以挂牌督办。9月26日，国家林业局印发《国家林业局挂牌督办15起非法占用林地等涉林违法犯罪案件的通知》，决定对15起重特大涉林违法犯罪案件予以挂牌督办。9月29日，国家林业局森林公安局印发《国家林业局森林公安局关于对严厉打击非法占用林地等涉林违法犯罪专项行动60起案件挂牌督办的通知》，决定对60起案件进行挂牌督办。（李新华）

【第六届泛西南地区森林公安警务合作联席会议】 于10月26日，在昆明市召开。国家林业局森林公安局局长王海忠、副局长张萍出席会议并讲话，泛西南林区"6+2"警务合作成员单位贵州、四川、重庆、广西、西藏、福建、广东和云南8省（区）森林公安局的主要领导以及刑侦、治安等部门负责人共35人参加会议。

（李新华）

【森林防火暨林区维稳工作视频调度会】 2月2日，国家森防指、国家林业局召开2016年春节期间森林防火暨林区维稳工作视频调度会，对春节期间森林防火和林区维稳工作进行强调和部署。国家森防指专职副总指挥杜永胜、武警森林指挥部副司令员郭建雄出席会议。会议由国家森防指办公室副主任、国家林业局森林公安局局长王海忠主持。会议调度听取河北、四川、云南、南方航空护林总站，以及广东、内蒙古大兴安岭森林公安局6个省（区）和单位工作情况，国家林业局森林公安局政委焦德发通报了2016年春节期间全国森林火险形势及林区社会治安形势。国家林业局办公室、资源司、公安局、计财司、信息办、宣传办的有关负责同志，以及北京专员办、云南专员办负责同志等在主会场出席会议。各省（区、市）林业厅（局），内蒙古、龙江、大兴安岭森工（林业）集团公司，新疆生产建设兵团林业局分管负责人、专职指挥，武警森林总队、防火办、森林公安局主要负责人，国家林业局派驻各地森林资源监督办和国家林业局北方、南方航空护林总站主要负责人等在各分会场参加会议。（李新华）

【公安部领导检查指导南京森林警察学院增援G20峰会安保工作】 8月28日，公安部党委委员、政治部主任夏崇源在公安部副巡视员陈延超，浙江省公安厅党委委员、政治部主任刘静，杭州市公安局党委委员、政治部主任朱伟静等陪同下，到南京森林警察学院增援G20峰会安保工作驻地浙江省老年活动中心，检查指导工作，慰问安保学警并亲切接见"最帅托举哥"南京森林警察学院学警王佳铭。（李新华）

【国家林业局领导指导南京森林警察学院增援G20杭州峰会安保工作】 8月27日，国家森林防火指挥部专职副总指挥杜永胜率国家林业局森林公安局副局长李明、浙江省林业厅、南方航空护林总站相关领导，检查指导南京森林警察学院增援G20杭州峰会工作，慰问安保师生，接见优秀学警代表，与带队教师代表座谈。学院党委书记王邱文，院长张高文，党委副书记、学院增援G20峰会安保工作总指挥林平等陪同。杜永胜先后会见了浙江省公安厅党委委员、副厅长金伯中，杭州市公安局党委委员、政治部主任朱伟静，副主任杨辉及交管部门领导，对杭州警方为南京森林警察学院学生提供宝贵的学习历练机会和强有力的后勤保障表示感谢。省市两级公安机关对学院增援安保工作给予高度评价和充分肯定，认为南京森林警察学院"增援学警数量多、质量好、素质高，从严管理到位，文化育警亮点纷呈，是一支纪律好、肯吃苦、战斗力强的队伍"，希望从实践、实习等方面与学校建立长期战略合作关系。杜永胜来到安检点、交警岗，实地看望慰问安保执勤学警，与岗点师生亲切交谈，并深入学生驻地，详细了解安保学警后勤保障、内务管理和警营文化建设情况。在警院增援峰会安保指挥部驻地，杜永胜听取工作汇报，并与安保师生代表座谈。（李新华）

【森林公安信息化应用工作南方片区推进会】 1月26日，国家林业局森林公安局在江西省南昌市召开南方片区森林公安信息化应用工作推进会。国家林业局森林公安局局长王海忠出席会议并讲话，强调全国森林公安机关要加快信息化基础建设与实战应用步伐，建立现代警务工作机制，提升森林公安核心战斗力。"十二五"期间，国家林业局森林公安局为强化顶层设计，印发了《关于加强森林公安信息化建设的指导意见》，编制了《全国森林公安信息化建设规划》，出台了基层基础信息采集和数据库建设规范，为信息化工作提供了统一遵循。中央转移支付等森林公安经费重点向信息化倾斜，各地共投入建设资金20多亿元。全国森林公安金盾网络接入率超过97%，较2011年年底提升30多个百分点。全国各级森林公安共配备计算机7万台、网络配套设备4万多台，基本满足工作需要。民警数字身份证书配备率由5年前的不到10%，提高到现在的97%。江西、云南、内蒙古等25个省（区、市）建立了视频会议系统。县级以上单位标准化信息采集室建成率、执法场所视频监控系统建成率均超过了一半。国家林业局森林公安局组织研发的全国森林案件报表管理系统、森林公安区域警务合作平台、警务资源综合管理系统等业务系统将陆续投入使用，在全国部署开展了信息采集大会战，各地上报基础数据量超过6亿条。30个省（区）建立了警务信息综合应用平台，浙江、广西积极研发配备掌上警务通，南京森林警察学院建立案件远程会诊和鉴定系统，全国涉林刑事案件网上办理率超过80%。

（李新华）

【云南省森林公安局荣获第九届中华宝钢环境奖】 1月15日，第九届中华宝钢环境奖颁奖典礼在人民大会堂举行。全国人大常委会副委员长沈跃跃、全国政协副主席罗富和出席典礼并为获奖单位颁奖。第九届中华环境奖评选表彰工作由环保部联合全国人大环境与资源保护委员会、全国政协人口资源环境委员会等10个部门和单位共同开展，定位为中国环境保护领域最高的社会性奖励。2000年评选启动至今已举办9届，共表彰了195个为生态环境保护作出突出贡献的集体和个人。本届评选主题是“推进生态文明、引领绿色发展”，围绕城镇环境、环境管理、企业环保、生态保护和环保宣教5个方面设立奖项。云南省森林公安局、甘肃省兰州市环境保护局、山东省威海市、卡特彼勒再制造工业(上海)有限公司、江苏省环保宣教中心5家单位荣获第九届中华环境奖，另有19个单位和个人荣获中华宝钢环境优秀奖。中华宝钢环境奖组委会主任委员曲格平、全国政协人口资源环境委员会副主任齐让、国家林业局副局长李树铭、环保部副部长翟青、国家质检总局原副局长蒲长城出席。云南省森林公安局荣获本届中华宝钢环境奖生态保护类大奖。近5年来，云南省森林公安坚持“我们和森林同在，我们和生态共存”的态度，把握机遇、攻坚克难、科学谋划，共查处破坏森林和野生动物资源案件9.7万起，打击处理违法犯罪人员11.5万人次，收缴林木15.6万立方米，收缴野生动物9.7万只，其中国家重点保护动物3.5万只，挽回直接经济损失达8亿多元。 (李新华)

森林公安队伍建设

【森林公安机构及人员】 截至2016年12月，除上海市外，全国30个省级行政区域(包括22个省，5个自治区、3个直辖市)共建立森林公安机构7200个。实有警力6.2万余人，同比增加0.26个百分点。30岁以下占18.04%、31~50岁占58.80%，51~60岁占23.16%。大专及以上文化程度占总警力的90.67%，同比增加1.01%。 (胡潇潇)

【森林公安机关主要领导进班子】 《森林公安机关领导干部实行双重管理暂行规定》要求“积极推进具备条件的森林公安机关主要领导进入同级林业主管部门领导班子或实行高配”。2016年年底，已有21个省级森林公安局局长进班子或高配，地(市、州)176位、县(区)级762位森林公安机关主要领导任林业部门副职或“进班子”。从省级层面看，辽宁、吉林、黑龙江大兴安岭、江苏、河南、海南、云南、陕西、甘肃、青海10个省级森林公安局局长为林业厅(局)党组成员，河北、山西、内蒙古、内蒙古大兴安岭、江西、山东、湖北、湖南、广东、广西、四川11个省级森林公安局长明确为副厅(长)级。 (胡潇潇)

【森林公安警衔评授工作】 2016年，共审核审批森林公安人民警察警衔12 781人次，其中，首次授予警衔2040人，按期晋升警衔9535人，取消警衔22人，不予保留警衔278人。根据《公安部关于做好制发公安机关人民警察证准备工作有关问题的通知》《公安机关人民警察证使用管理规定》的要求，为广西、辽宁等28个省(区、市)9256人的警察证进行了换发、补办。 (胡潇潇)

【森林公安教育训练】 2016年，全国森林公安机关共组织各类培训2000多期(次)，培训民警52 982人(次)。一是落实“三个必训”情况：国家林业局森林公安局在南京警官培训中心和长春林业公安培训中心举办司晋督训练班9期1454人，领导干部首任训练班4期506人。政工干部、政工信息系统和警务实战教官训练班各一期，共280人；省(区、市)新录用民警初任训练班72期1542人；基层一线实战训练623期17 722人(次)；警员、警司、警督晋升训练249期6494人。二是各种业务训练情况：省、市、县三级组织警种专业训练共738期20 769人次，新增实战兼职教官1128人，教育训练基地78个。积极推进森林公安政治工作信息系统，为各地培训100名业务骨干。从全国森林公安系统抽调100名警务实战技能教官在南京森林警察学院参加为期10天的集训。 (陈国保)

【森林公安立功创模】 2016年，全国森林公安系统共有687个集体受到奖励。云南省森林公安局荣获“中华宝钢环境奖”；北京市园林绿化局森林公安局“5·21”专案组荣立集体一等功、55个森林公安集体荣立二等功；280个森林公安集体荣立三等功，350个单位受到嘉奖。3461名民警受到奖励。其中，北京市森林公安局1名同志获得CITES公约秘书处“克拉克巴文奖”，19名民警荣立一等功，156名民警荣立二等功，1057名民警荣立三等功，2228名民警受到嘉奖。 (陈国保)

【森林公安招录体制改革】 认真贯彻落实人社部、公安部、国家公务员局《关于加强公安机关人民警察招录工作的意见》(人社部发〔2015〕97号)和中央编办、人社部、公安部、教育部、财政部、国家公务员局《关于公安院校公安专业人才招录培养制度改革的意见》(人社部发〔2015〕106号)精神，加强沟通协调，狠抓工作落实，积极推动公安民警招录培养机制改革政策落地，及时举办培训班解读相关政策，对森林公安招警和南京警院招生作出对接和部署，2016年全国森林公安机关面向公安院校招录毕业生560多人，比例大幅上升至37%，南京警院毕业生入警率达到88.2%，均创历年新高。 (陈国保)

【森林公安优抚工作】 2016年，按照公安部、财政部《因公牺牲公安民警特别补助金和特别慰问金管理暂行规定》(公通字〔2004〕49号)等有关规定，对符合1980~2002年特别慰问金条件的207名因公牺牲民警的家属发放特别慰问金103.5万元，对符合2003年以来特别补助金发放条件的18名因公牺牲民警的家属发放了特别补助金180万元。根据公安部、民政部、财政部联合印发了《关于发给公安机关做出特殊贡献的牺牲病故人民警察家属特别抚恤金的通知》规定，对1995年1月1日以来符合一次性特别抚恤金发放条件的23名牺牲病故民警家属发放了一次性特别抚恤金24万元。发放G20峰会奖金9.7万元，为53个省局共发放2016年全年表彰奖励经费283万元。积极协调有关部门做好森林公安英烈子女保送生推荐工作，2016年有1名符合条件英烈子女被推荐保送到中国人民公安大学，2名符合条件英烈子女被推荐保送到南京森林警察学院。积极协调中国公安民警英烈基金会，争取并推荐1名英烈母亲参加基金会组织的2016年全国公安烈士母亲疗养活动。按照公安部要求推荐2名英模及家属参加公安部组织的公安英模及家属赴福建厦门和辽宁大连休养活动。做好1名南京警院民警参加基金会组织的G20峰会安保工作优秀民警健康休整班的服务工作。推荐9名森林公安英模母亲或妻子参加“中国贫困英模母亲建设银行资助计划”，接受资助金额2.5万元。为28名森林公安英模申报领取公安部报刊赠阅。组织森林公安系统54名英模及家属赴北戴河休养。推荐并申报广西等3省(区)先进派出所(队)参加评选公安机关2015～2016年度全国青年文明号工作。2016年是实施全国公安民警人身意外伤害保险工作的第二年，督促各省协调做好保险理赔工作。全年共有15名森林公安民警因公牺牲，4名森林公安民警因公负伤，68名森林公安民警在职病故。

（张　卫）

【减轻基层接处警工作负担专项治理】 为深入推进全面深化公安改革和“四项建设”，认真贯彻落实全国公安机关党风廉政建设电视电话会议精神，切实减轻基层森林公安机关和一线民警工作负担，提高森林公安机关整体战斗力，促进森林公安工作及队伍建设长远发展，根据公安部的统一部署，全国森林公安机关自2016年5至7月组织开展了减轻基层森林公安机关接处警工作负担专项治理工作。通过集中分类梳理近年来的警情信息，重点排查整改恶意报警扰警、非警务类警情多发的问题，非警务类警情不能及时合理分流的问题，接处警过程中不作为、慢作为、乱作为问题，进一步明确和细化森林公安机关报警求助职责范围、常见警情处置流程和接处警工作规范，完善接处警工作运行机制和勤务模式，建立健全分流工作机制和社会应急联动机制，促进了接处警工作规范化进程，实现了非警务类警情及时、科学、合理流转，基层接处警工作减负效果初步显现，有力推进了森林公安执法规范化、处警标准化、打击精准化，提升了维护林区社会治安、打击违法犯罪的能力和成效。（耿淑芬）

【对中央巡视反馈问题专项督察】 针对中央巡视组反馈的“有的基层干警刑讯逼供、滥用强制措施，侵犯群众合法权益；日常管理偏松偏软，公安系统有的基层党组织好人主义盛行，对不良作风听之任之，一些干警逐渐淡忘初心，警风警纪涣散”等问题，2016年年底，国家林业局森林公安局按照公安部的统一部署，在全国森林公安系统迅速启动和推进专项督察工作，以最坚决的态度、最有力的措施抓好整改工作。12月，森林公安局抽调局机动警务督察分队组成5个督察组，分赴江西、广西、海南、贵州、龙江森工等省(区)，突出执法办案、内部管理、基层党建、群众举报投诉等环节，开展集中督察工作。各地紧紧围绕专项督察的重点，将各项工作落实和执行法规纪律情况的督导检查贯穿到公安工作和队伍建设的全过程和各个环节，上下联动，严查严纠，对发现的问题不回避、不遮丑、不拖延，把整改任务目标和责任分解到部门、量化到个人、具体到措施，有效推动相关问题隐患的整改。通过抓思想、挖根源、查问题、促整改，进一步规范了履职行为，增强了民警警容风纪意识，强化了纪律作风养成，减少了森林公安工作中存在的隐患，对强化队伍管理、规范执法办案起到了积极的推动作用。（耿淑芬）

【森林公安新媒体建设应用工作】 按照公安部宣传局的部署精神，国家林业局森林公安局组织开展了全国森林公安系统新媒体建设情况摸底调研活动。据统计，截至2016年4月初，全国森林公安机关(含南京森林警察学院)共建立两微账号272个，其中，森林公安机关官方新媒体217个、公开认证的森林公安民警(含辅警、文职、公安院校在校生等)新媒体账号11个，内蒙古、浙江、四川、贵州4个省(区)开通了手机客户端。为及时主动地宣传森林公安工作和队伍建设成效，提高宣传效果，扩大网络影响力，国家林业局森林公安局借助《中国绿色时报》《人民日报》的媒体优势，先后于2月和9月，开通启用“中国森林公安”微信公众号，并入驻人民日报客户端“政务发布厅”，第一时间对外推送公安和林业方面的重要信息、森林公安权威资讯、各地森林公安警务动态以及相关社会热点、重大案事件等，加强清明节、三八节、母亲节和父亲节等重要节点的专题策划，先后推出《苟利国家生死以 岂因祸福避趋之——清明祭英烈》《向警中玫瑰致敬》《当警花为人母……》和《献给警察爸爸和警察的爸爸》等专题宣传活动，充分运用新媒体，积极拓展森林公安新闻宣传和舆论引导的阵地，大力加强正面宣传，树立新形象，弘扬正能量。截至2016年年底，已发布各类资讯近800条。

（耿淑芬）

【三微大赛等评选活动】 按照公安部第二届“我奉献·我快乐”公安民警微信、微博、微电影大赛的参赛要求，国家林业局森林公安局组织全国森林公安机关开展了作品征选工作，收到河北等12个省区和南京森林警察学院作品69件，经过多轮评选，共有2个微博作品(《露林公安颂》和《我是森林警察 我为自己代言》)、1个微信作品(《中国最牛红树林的守护神!》)、1部微电影(《守护》)、1部纪实微视频(《我奉献 我快乐》)获得二、三等奖；组织专家完成全国森林公安系统“快乐工作 幸福生活”微视频大赛评选工作，从基层民警创作的49部微视频作品中评选出了十佳获奖微视频作品，挖掘了宣传文化人才，激发了队伍创作热情；根据公安部的统一部署，组织开展了全国公安机关改革创新大赛参赛项目遴选报送工作及大赛活动标识、主题口号和卡通形象征集工作，各地共上报参赛项目15个，按照突出自主原创性、实用实效性和可推广易展示性，且已投入实际应用并产生较好效果的要求，向大赛办选报项目4个，最终南京森林警察学院的案件移动会诊系统项目获优秀奖；利用公安部组织评选、宣传“公安楷模”的机会，广泛发动、深入挖掘、择优推荐符合条件的民警，首批向公安部推荐了两名民警参选，凝聚了警心，鼓舞了士气，发挥了先进典型的示范引领作用；按照公安部、全国公安文联的工作要求，组织各地开展了第二届全国公安诗会评奖推选、《中国公安文学史》资料征集和纪念红军长征胜利80周年全国公安书法、美术、摄影展征稿工作，组织开展"维护生态安全·森林公安在行动"征文活动，极大地丰富了警营文化生活，切实激发了森林公安民警的荣誉感、使命感、责任感。

（耿淑芬）

森林公安执法办案

【全国森林公安刑事案件情况】 2016年度，全国森林公安机关共立刑事案件33 342起，破案26 248起（含地方刑事案件）。其中，共立森林和野生动物刑事案件31 094起，与2015年相比略微下降，破刑事案件24 452起；打击处理违法犯罪人员29 532人（次）；收缴林木73 244.82立方米、野生动物268 214头（只），涉案金额达22.11亿元。全年共立刑事案件数较2015年同期下降10.6%，几种主要森林刑事案件的立案数与2015年相比均有下降。其中，盗伐林木案立案数下降12%，滥伐林木案立案数下降11%，失火烧毁森林或者其他林木案立案数下降10%，非法采伐毁坏珍贵树木案立案数下降14%，非法收购运输盗伐滥伐林木案立案数下降30%，非法收购运输加工出售珍贵树木及其制品案立案数下降43%。盗伐滥伐林木案件持续高发，是森林刑事案件的主要形式。非法占用农用地案件仍然较为突出，呈持续上升趋势，成为第三大森林刑事案件。森林火灾案件持续下降。2016年度，全国森林公安机关共立野生动物刑事案件3275起。野生动物刑事案件主要以三类犯罪为主，案件数呈大幅上升趋势。非法猎捕杀害珍贵濒危野生动物案造成的野生动物损失位于首位。野生动物刑事案件呈现地域性特点，部分案件发案地点相对集中。

（袁　润）

【森林公安办理行政案件情况】 2016年，全国森林公安机关共查处行政案件18万余起（其中，查处森林和野生动物行政案件17万余起，治安案件7000余起），同比下降10%；共处理违法人员51万人次，收缴林木树木和木材16万立方米、野生动物30万头（只），涉案金额5.5亿元。森林和野生动物行政案件呈现以下特点：一是森林行政案件数量持续下降态势，是近五年内案件总量降幅最大的一年，滥伐林木、盗伐林木和违法运输木材三类案件降幅较为突出。二是森林行政案件主要发案类型较为固定，源头性涉林违法案件比重较大。三是野生动物行政案件发案数量与2015年基本持平，预防违法驯养等方面工作措施得力。四是破坏野生动物资源案件类型较为集中，主要为违法出售运输携带野生动物及其制品、违法猎捕野生动物和非法狩猎三类案件，占到野生动物行政案件总量的77.5%。

（冯沛涵）

【挂牌督办大案要案】 2016年，国家林业局森林公安局共督办27省（区、市）128起案件，其中专项行动期间以国家林业局名义督办案件16起，重点有湖南双峰县"12·03"系列非法占用林地、非法采矿案件、福建衢宁铁路沿线蕉城段非法占用林地案、辽宁省沈阳市辽中县特大滥伐林木案、湖南省张家界市天门山旅游股份有限公司非法占用林地案和青海沈家沟万金亿利仓储有限公司非法占用农用地案等一批社会影响重大的案件。涉林违法案件由公安和最高人民检察院共同挂牌督办，为各地森林公安机关尽快结案，移送起诉提供了很大的帮助，保障了森林公安机关办案的效率。通过挂牌督办，各地在案件办理效率和质量上都取得了较好效果。

（袁　润）

【"净网行动"】 自2015年年底以来，天津、辽宁、河南、广东相继侦破4起利用互联网非法收购、运输、销售象牙等珍贵、濒危野生动物制品特大案件，国家林业局森林公安局对涉案信息汇总研判后，发现多条互联网非法交易珍贵、濒危野生动植物的违法犯罪利益链条，对野生动植物资源造成了严重威胁。为坚决打击野生动植物违法犯罪活动，经国家林业局和公安部领导同意，国家林业局森林公安局于7月1～15日在全国范围内开展了"净网行动"。各级森林公安机关充分发挥职能作用，紧紧围绕天津、辽宁、河南、广东查获的4起案件进行深挖扩线，经过半个月的集中侦查和抓捕，成功打掉了一批互联网非法交易野生动植物及制品的地下网络，战果显著。

（袁　润）

【湖南双峰县"12·03"系列非法占用林地、非法采矿案件】 12月3日，中央电视台13新闻频道《新闻直播间》栏目以《湖南双峰小砖厂违法采矿 毁林数百亩》为题报道了双峰县蛇形山镇、杏子铺镇的天井砖厂、白竹砖厂、光耀砖厂、群力砖厂、宜家砖厂5家砖厂在未办理林地征占用许可的情况下，大肆毁林开矿。12月4日，国家林业局组成督查组赶赴双峰，实地查看林地被毁情况。12月4日，湖南省森林公安局组成"12·03双峰县系列非法占用林地案"专案组，全力开展案件侦破工作。12月12日，国家林业局办公室以办函安字〔2016〕662号《关于商请对双峰县非法占用林地案件进行查处的函》正式致函湖南省人民政府办公厅，商请省政府协助督促娄底市、双峰县政府全力配合案件的调查工作。

（袁　润）

【部署重点时段林区维稳安保工作】 按照公安部和国家林业局统一部署，国家林业局森林公安局结合林区实际相继下发紧急通知部署元旦、春节、"两会"、清明节、"五一"、端午节、中秋节、国庆节、十八届四中全会、G20峰会期间的林区安保维稳等工作。在国庆节、G20峰会期间森林防火、林区安保维稳工作视频调度会和环京重点省区座谈会等会议对林区维稳安保工作进行了部署。派出工作组赴内蒙古大兴安岭、黑龙江森工等大面积国有林区开展了安保维稳工作专项督导检查，了解了森林公安机关突发事件处置预案编制和群体性事件预警机制修订完善情况。2016年重大节假日特别是G20峰会会议期间林区没有发生重大突发事件、涉林群体性事件和重大涉林违法犯罪，林区社会治安大局和谐稳定。（李荣华）

【缉枪治爆、查缉收缴枪爆物品管制刀具等专项行动战果显著】 认真贯彻落实国家林业局、公安部关于加强社会治安整治工作的部署，国家林业局森林公安局组织开展了缉枪治爆专项行动，取得了显著战果，有效维护了林区特别是大面积国有林区的社会稳定。据统计，全国森林公安机关共收缴各种枪支334支（其中军用枪支5支）、子弹10 986发（其中军用弹334发）；手榴弹21枚、炮弹7枚；炸药880.5千克、剧毒易燃易爆物品9036千克、导火索150米、雷管581枚；共检查涉枪涉爆单位300余家，发现并整改安全隐患50余处。全国森林公安机关共出动警力57 770余人次，车辆15763台次；发放宣传材料、悬挂横幅等共计365 000余份；开展专题宣传报道1495余场。（李荣华）

【林区禁毒工作取得明显成效】 按照国家禁毒委员会的统一部署，国家林业局森林公安局组织各级林业主管部门和森林公安机关先后开展了“天目-16”铲毒行动、“绿剑”毒品查缉等专项行动，林区禁毒工作取得扎实成效。全国林业系统共发现并铲除非法种植的罂粟11.19万株，大麻19.02万株；各级森林公安机关共破获非法种植毒品原植物等各类涉毒刑事案件26起，治安案件97起，共计抓获、处罚涉案人员121人；共缴获海洛因、冰毒、鸦片等毒品26.07千克。林区发现铲除的毒品原植物数量持续保持历史低位，河北、黑龙江、内蒙古大兴安岭等传统种植区域基本实现“零种植”。全年林业系统共有20个单位、30名个人被评为2016年度全国禁种铲毒工作优秀组织单位和先进个人，1名同志被评为2016年度全国毒品案件信息管理先进个人。（冯沛涵）

【组织全国森林公安系统年度执法资格等级考试】 2016年上半年，组织实施了2016年度森林公安民警基本级、中级执法资格考试。全系统共设置49个考点、511个考场，共有9117名民警参考，其中5338名民警参加基本级考试，7547名民警参加中级考试。经公安部审定，2016年度全国森林公安系统共有2892名民警通过基本级考试，合格率为54.18%；3751名民警通过中级考试，合格率为49.70%。国家林业局森林公安局共向各考点派驻72名监考负责人。考试结束后，公安部执法资格等级考试办公室对其中83个考场的监考录像进行抽查。配合公安部组织了2016年度全国公安民警高级执法资格考试，森林公安系统共设置27个考点、131个考场，2403名民警参考。经公安部通报，截至2016年年底，森林公安系统通过高级执法资格等级考试人数达到1320人，在全国37个省（区、市）以及行业公安中排名第十，在5个行业公安中排名第一。（李荣华）

森林公安警务保障

【森林公安信息化建设】 2016年，全国森林公安机关通过使用中央财政森林公安补助资金等，投资6.13亿元推进信息化建设应用工作。全国森林公安金盾网络总体接入率达到并稳定在98%以上；信息化基础装备配备稳中有升，25个省（区、市）数字证书配备率达到100%，配备执法记录仪近3.4万台，一线民警配备率达100%，其中8个省区超过100%；19个省（区、市）完成警综平台建设并全面投入应用；信息采集室建成率65%，2016年采集各类涉林警务信息4873万条；执法场所视频监控建成率达到69%，刑事案件网上流转率达到88%，30个省（区、市）刑事案件实现网上办案，其中17个省（区、市）实现刑事案件网上流转率100%。建立全国森林公安信息化建设应用进展季度通报机制，委托云南省森林公安局，启动全国森林公安信息数据中心建设。信息化水平的提升，为森林公安执法办案和队伍建设管理提供了有力支撑。（敖孔华　陈建明）

【森林公安基础设施和警用装备建设管理】 2016年，国家林业局森林公安局继续推进《全国森林公安基础设施和警用装备建设方案》编制工作，完成方案文本起草并征求了省级林业主管部门意见。完成“涉林案件专用现场勘查箱研究与开发”项目验收，确定合作单位生产样品，为开始选点试用奠定基础。组织森林公安系统代表参观第八届中国国际警用装备博览会和2016年全国警用装备推介活动，为各地加强警用装备交流合作，提升警用装备服务实战的能力提供交流平台。以国家林业局名义发文，对车改后执法执勤用车配置管理提出要求，进一步规范警车管理工作。重新报备《全国森林公安经费与装备统计报表》。指导各地落实《公安单警装备配备标准（修订）》，做好2016年公务用枪（弹药）需求申报及购置工作，加强警用武器及单警装备供应管理。（敖孔华　陈建明）

【南方片区森林公安信息化应用工作推进会】 为进一步提升森林公安信息化建设应用水平，1月，国家林业局森林公安局在江西省南昌市召开南方片区森林公安信息化应用工作推进会，内蒙古自治区及江苏等南方16个省（区、市）森林公安局、南京森林警察学院、浙江省临安市森林公安局等27个市县级森林公安信息化示范单位派代表参加了会议。国家林业局森林公安局局长王海忠出席会议并讲话，强调全国森林公安机关要加快信息化基础建设与实战应用步伐，建立现代警务工作机制，提升森林公安核心战斗力；要求“十三五”期间，全国森林公安机关要以加快建立信息化支撑的现代警务工作机制为目标，全力构建森林公安信息化工作体系，为打击涉林违法犯罪活动和队伍建设管理提供更加坚实的信息支撑保障。会议期间，与会代表在江西省森林公安局指挥中心现场观摩了江西省森林公安信息化建设应用成果演示，10个单位交流了信息化工作经验。

（敖孔华 陈建明）

【全国森林公安信息化建设应用培训班】 为进一步提升全国森林公安信息化人员综合素质，全面推进信息化建设应用工作，11月20～25日，国家林业局森林公安局在国家林业局管理干部学院（北京）举办了全国森林公安信息化建设应用培训班。各省（区、市）以及计划单列市森林公安局分管信息化工作的领导和信息化部门负责人参加培训。培训班邀请国家林业局森林公安局副局长柳学军作了专题讲座，对举办这次培训班的重大意义和目的作了说明，着重从思想认识、规划建设、日常管理、深度应用、组织落实5个方面，系统阐述了如何推进森林公安信息化建设应用工作，并对2017年工作任务作出安排。培训班还邀请中科院软件中心、南京森林警察学院、公安部科技信息化局、国家林业局信息中心等单位的专家，讲授了云计算与雾计算、公安信息化顶层设计、公安大数据发展与应用、智慧林业建设等方面的知识，北京、吉林、浙江、云南、湖北、黑龙江大兴安岭森林公安局等6个单位以案例形式介绍了森林公安信息化实践应用情况。参训学员还就如何修改完善《关于加快推进森林公安信息化建设的意见》《森林公安信息化建设应用指南》等进行了讨论。

（敖孔华 陈建明）

【启动全国森林公安无人机建设应用试点工作】 在深入开展摸底调研，初步掌握全国森林公安系统无人机配备应用现状的基础上，12月，国家林业局森林公安局确定黑龙江省森林公安局作为北方片区、江西省德安县森林公安局作为南方片区、内蒙古大兴安岭森林公安局作为国有林区森林公安机关无人机建设应用试点单位。试点时间为2016年12月至2017年8月，试点目的为了解掌握无人机产品性能，研究提出森林公安工作对无人机产品性能和业务需求，拓展无人机应用范围，积累实战应用经验，制定出台相关制度规范，为在全国森林公安系统普及推广无人机探索道路，奠定基础。

（敖孔华 陈建明）

【推进落实县级森林公安机关独立执法】 按照公安部、国家林业局对森林公安执法规范化建设的工作部署，国家林业局森林公安局对全国省、市、县三级森林公安机关实际行使刑事、治安、林业行政执法权限情况、执法机构及执法信息化建设等情况进行专项统计分析，印发了《国家林业局森林公安局关于全国森林公安机关执法权限落实情况的通报》，进一步推动了全国森林公安机关执法权限的落实。截至2016年年底，全国共计22个省（区、市）全面理顺了县级以上森林公安机关刑事、治安执法权限，25个省级单位按要求全面履行林业行政执法职能，全国县级以上独立履行执法权限的森林公安机关占单位总数的54%，全国已开通运行执法办案信息系统并实现网上办案的占84%。（冯沛涵）

【评选命名森林公安机关新一轮执法示范单位】 按照公安部统一部署要求，国家林业局森林公安局于2016年4月下发《国家林业局森林公安局关于组织申报新一轮执法示范单位的通知》，启动第四轮全国公安机关执法示范单位的遴选工作。经过4个月的申报、评选工作，四川省江油市森林公安局、陕西省延安市森林公安局桥北分局张家港派出所、云南省大理州祥云县森林公安局清华洞林区派出所等3个单位被公安部命名为“全国公安机关执法示范单位”。北京市大兴区榆垡森林公安派出所等57个单位被国家林业局森林公安局命名为“全国森林公安机关执法示范单位”。（冯沛涵）

【森林公安派出所等级评定】 按照公安部对派出所等级评定工作的部署，国家林业局森林公安局组织全国森林公安机关对全国4397个派出所开展了2015年度森林公安派出所等级评定工作。一是要求各级森林公安机关通过制订和完善评定工作方案，落实考核评定、申报审批工作，层层公示，逐级申报；二是根据53条评定标准，通过听取汇报、实地检查、开展座谈等方法，对各省申报材料逐一审核、严格把关；三是按照公安部要求，组织开展了一级派出所复核工作，经多次沟通协调，森林公安系统向公安部申报的一级派出所全部通过审查。截至2016年年底，全国森林公安系统共有一级公安派出所169个，占全国森林公安派出所总数的3.84%；二级公安派出所763个，占派出所总数的17.3%。（李荣华）

【深化森林公安区域警务合作】 按照公安部对区域警务合作的总体部署，国家林业局森林公安局指导全国森林公安机关深化合作、注重实效，森林公安整体防控能力不断提升。指导全国五大区域召开警务合作联席会议，顺利完成轮值换届。31个省（区）森林公安局局长、政委参加了警务合作联席会议并进行了理论研究，参会总人次达162人。全国五大区域警务合作组织不断创新思维、打破壁垒，进行了一系列强有力、全方位的合作，共组织召开县级以上警务合作联席会议953次，建立合作机制、章程、规范860个，联合开展区域性专项行动2987次，出动警力61 492人次，协同查处案件6980起，警务合作能力及实战化水平大幅提升。着力推进“森林公安区域警务合作平台”系统研发及应用，指导有关人员完成功能设计、模块编辑等工作，开展系统安装、调试及部分省区试运行，实现全国34个省级、近300个地市级、约2000用户的合作信息共享与实时沟通互联。（朱晓玉）

森林资源管理与监督

10

森林资源管理与监督工作

【综　述】 2016年，森林资源管理与监督工作紧紧围绕局党组中心工作，坚持发展生态林业民生林业，不断推进各项改革，取得了明显成效。

国有林区改革进入全面实施阶段　完成了对内蒙古、吉林、黑龙江三省(区)和大兴安岭重点国有林区改革总体方案的审查批复，开展了重点国有林区改革督察。协调发改委、财政部、中编办等相关部门，推进国有林管理机构组建，研究支持林区改革的财政、金融和加强基础设施建设方面的政策措施。按照“分类指导、分步实施”原则，督促指导各地有序推进改革。

参与国家生态文明体制和自然资源产权制度改革　根据中央总体部署和要求，积极配合开展生态文明体制改革相关工作，参与起草《关于划定并严守生态系统红线的若干意见》和《市县空间规划编制技术规程》，研究提出纳入生态保护红线的林地范围及管控措施。将国有森林资源资产纳入国家宏观体系，参与顶层设计和制度研究，在内蒙古阿尔山开展国有森林资源有偿使用试点工作。联合国土资源部调研并印发国家所有的重点林区不动产登记事项通知，保持重点林区林地登记的稳定性和连续性。

林地保护利用规划体系　出台《林地变更调查工作规则》，推进2016年6省(区、市)林地变更调查工作和16个县级林地保护利用规划修编试点工作。强化林地定额管理，实行差别化政策，严格执行网上申报制度，规范建设项目使用林地审核审批。进一步规范和支持光伏电站建设使用林地问题。2016年，全国共审核审批使用林地项目15 216项，面积9.81万公顷，收取植被恢复费105.47亿元。

林木采伐管理和森林可持续经营　贯彻国务院批准的“十三五”期间年森林采伐限额通知精神，指导各省分解落实森林采伐限额，细化森林采伐限额管理措施。加大对停伐林区的监督检查，坚持并执行东北、内蒙古重点国有林区天然林抚育采伐严禁生产规格材的政策。按照全面停止天然林采伐要求，加强集体个人所有天然林商业性停伐相关政策的研究。组织开展《国家级公益林区划界定办法》和管理办法的修订工作。

制定了《东北内蒙古重点国有林区森林经营方案编制指南》和编制大纲，指导各地开展森林经营方案编制工作。在12个试点单位开展森林可持续经营试点，探索建立形式多样的森林经营管理模式。指导浙江、江西等省开展林木采伐管理改革试点。在吉林省举办第26次蒙特利尔进程工作组会，来自美国、澳大利亚、加拿大等9个成员国来华参会。编制完成《中国森林可持续经营状况》白皮书。

全国森林资源调查和监测工作　组织北京、河北等6省(市、区)完成第九次全国森林资源清查工作，共调查地面样地53 734块，覆盖国土面积370万平方千米。组织开展东北、内蒙古重点国有林区16个企业局二类调查和森林经营方案编制工作。进一步优化和完善全国营造林综合核查工作，切实减轻基层负担，将工作重心转向调查监测，将调查对象转向重点工程。继续推进基于遥感大样地的森林资源宏观监测工作。

森林资源执法监督　各专员办认真落实《国家林业局关于进一步加强森林资源监督工作的意见》，努力创新和完善监督工作机制，自觉履行督查督办破坏森林资源案件“第一职责”，积极推动林地清理排查和严打专项行动纵深开展。2016年，各专员办共督查督办案件3180起，共处理各类违法违纪人员2660人，收回林地2046.67万公顷，罚款(金)2.25亿元。

加大重点案件的查办督办力度，派出检查组重点对《焦点访谈》报道的云南省毁林采石和林权流转不规范问题、黑龙江木兰县严重违法采伐林木问题等案件进行督办。积极推动全国严厉打击非法占用林地等涉林违法犯罪专项行动的开展。

落实中央监管制度改革要求，整合调整全国林地、林木采伐和保护发展森林资源目标责任制三项检查为全国森林资源管理情况检查，并对全国149个县、63个重点国有林业局开展了森林资源管理情况检查。加大森林资源管理监督队伍建设，修订出台了《国家林业局森林资源管理检查十项纪律》。　　(梁永伟)

林地林权管理

【全国林地变更调查】　2016年，全国林地变更调查稳步推进。为适应生态文明制度改革新形势的需要，根据《森林法》《森林法实施条例》《土地调查条例》(国务院令 第518号)的要求，组织研究制定了《林地变更调查工作规则》，明确了林地变更调查的目标、变更时点、调查内容与方法、工作程序、质量控制与成果管理等内容。组织第一轮最后一批省份内蒙古、辽宁、上海、西藏、宁夏、新疆、新疆生产建设兵团7个省级单位开展林地变更调查，组织内蒙古、吉林、龙江、大兴安岭四大森工开展林地年度变更调查，充分利用森林资源档案信息和现地核实，结合遥感等高新技术手段，查清林地保护利用现状及林地变化情况，并更新到林地“一张图”数据库中，为林地保护管理乃至有关林业生态建设提供基础支撑和决策依据。第一轮全国林地变更调查，

全国各省分4批分4年开展，将于2017年5月全部完成第一轮变更调查。 （韩爱惠）

【下发《国家林业局关于光伏电站建设使用林地有关问题的复函》(林资发〔2016〕62号)】 2016年，国家林业局下发《关于光伏电站建设使用林地有关问题的复函》(林资发〔2016〕62号)，对《关于光伏电站使用林地有关问题的通知》(林资发〔2015〕153号)中天然林资源保护工程区进行了解释，在天然林保护工程二期实施范围内，已享受天然林资源保护工程相关资金补助的林地，明确天然林资源保护工程区的宜林地，可根据本地光伏产业发展规划用于建设光伏电站。 （胡长茹）

【落实调整森林植被恢复费征收标准有关情况】 2015年，财政部联合国家林业局下发《关于调整森林植被恢复费征收标准引导节约集约利用林地的通知》(财税〔2015〕122号)(以下简称《通知》)，提高了森林植被恢复费征收标准，要求各省在2016年3月底前，将调整森林植被恢复费征收标准政策落实到位。截至目前，全国有29个省出台了调整文件，其中，北京的征收标准提高得最多，在《通知》的基准标准基础上提高了15倍，吉林、黑龙江、浙江、安徽、福建、广东、西藏、陕西、甘肃9省(区)与《通知》的基准标准基础上提高了1.2~2倍；天津、河北、山西、内蒙古、辽宁等19省份与《通知》的基准标准一致。 （胡长茹）

【2016年全国建设项目使用林地审核审批情况】 2016年，全国(不含台湾省，下同)共审核使用林地项目16 791项，审核同意面积130 257.93公顷；批准临时占用林地和直接为林业生产服务的工程设施使用林地项目10 554项，批准面积55 750.47公顷；征收森林植被恢复费188.71亿元。其中，国家林业局审核使用林地项目584项，审核同意面积62 709.54公顷，征收森林植被恢复费72.74亿元。各省(区、市、新疆生产建设兵团)林业主管部门审核使用林地项目16 207项，审核同意面积67 548.39公顷；征收森林植被恢复费115.97亿元。 （胡长茹）

【国家林业局建设项目使用林地行政许可被许可人监督检查】 2016年，国家林业局继续组织15个派驻森林资源监督机构(以下统称专员办)开展了国家林业局建设项目使用林地行政许可被许可人监督检查工作。经统计，监督检查工作共投入398名检查人员，检查了227项国家林业局2011~2015年审核同意或批准的使用林地建设项目，涉及235个县级单位。

检查的227项使用林地建设项目，实际使用林地面积15 836.02公顷，其中，189项依法使用林地；38项存在超审核(批)范围使用、异地使用、未按用途使用等问题，违法使用林地面积61.24公顷。有29项建设项目配套的附属工程存在未经审核同意或批准违法使用林地情况，面积70.90公顷。

各专员办已对检查出的违法违规使用林地项目进行了督查整改，基本整改到位。 （付长捷）

表10-1　2016年度国家林业局审核审批建设项目使用林地情况统计表

省(区、市)、集团、兵团	审核使用林地		
	项目数	面积(公顷)	森林植被恢复费(万元)
总　计	584	62 709.54	727 418.47
北　京	12	253.97	74 006.56
天　津			
河　北	6	330.39	2619.90
山　西	16	2305.48	14 163.04
内蒙古	47	5043.65	52 251.41
辽　宁	6	701.17	9647.72
吉　林	34	1644.48	13 394.86
黑龙江	5	1117.03	8231.45
上　海			
江　苏	7	604.69	7196.68
浙　江	11	1432.15	18 243.53
安　徽	10	925.92	14 228.88
福　建	21	2464.22	53 412.58
江　西	20	1881.10	18 504.99
山　东	17	2352.25	25 520.92
河　南	17	2716.44	23 662.54
湖　北	20	2686.46	19 210.16
湖　南	14	2263.62	30 256.06
广　东	29	5247.69	64 889.15
广　西	21	4155.26	33 340.13
海　南	4	1168.10	11 352.33
重　庆	8	532.05	6306.27
四　川	18	3935.19	43 899.94
贵　州	57	5348.45	52 249.38
云　南	35	3937.87	42 257.84
西　藏	8	1068.63	10 382.41
陕　西	37	2476.13	25 284.90
甘　肃	3	330.62	3377.73
青　海	6	612.90	7649.34
宁　夏	5	786.21	9448.48
新　疆	15	1873.33	9501.93
新疆兵团	10	274.50	2482.34
内蒙森工	14	119.37	3539.88
大兴安岭	12	66.22	462.83
龙江森工	39	2054.01	16 442.32

表 10-2　2016 年度各省(区、市)、新疆生产建设兵团审核审批建设项目使用林地情况统计表

省(区、市)、集团、新疆兵团	审核使用林地			审批临时占用林地			审批直接为林业生产服务使用林地	
	项目数	面积(公顷)	森林植被恢复费(万元)	项目数	面积(公顷)	森林植被恢复费(万元)	项目数	面积(公顷)
总　计	16 207	67 548.39	855 917.59	5964	48 589.61	303 763.11	4590	7160.86
北　京	152	303.98	50 555.92	67	227.27	15 786.38	22	13.05
天　津								
河　北	228	1478.34	9022.90	1	17.93	179.05	17	76.96
山　西	140	877.15	6671.92	147	1274.03	7383.05	30	77.23
内蒙古	471	2645.73	25 813.76	153	2175.21	11 949.61	105	1196.02
辽　宁	153	755.98	9730.79	47	211.04	2008.24	6	2.99
吉　林	151	555.23	6063.59	83	411.65	3094.58	15	57.84
黑龙江	209	608.38	9349.06	111	469.04	7339.46	20	66.12
上　海	4	1.28	57.30					
江　苏	157	672.12	9733.82	27	377.46	4858.83	30	29.96
浙　江	1382	3035.85	41 431.85	140	286.59	3229.48	1557	1152.45
安　徽	548	2435.23	43 484.18	225	1209.76	11 140.39	333	184.31
福　建	1291	4282.79	65 175.14	138	603.81	10 032.02	126	161.44
江　西	1085	5412.98	60 377.41	735	1376.81	45 600.38	391	346.87
山　东	169	887.53	7231.48	55	685.12	3207.74	62	149.77
河　南	291	1635.92	18 235.27	70	2980.46	12 272.06	5	10.94
湖　北	1308	4014.06	45 076.05	471	1560.22	10 100.45	48	70.81
湖　南	1679	5362.54	92 651.56	331	892.82	11 553.50	99	83.35
广　东	676	4026.98	53 457.82	430	1454.66	16 348.15	36	47.49
广　西	634	3673.63	31 241.41	194	958.84	7178.23	80	297.73
海　南	242	1188.67	15 265.02	48	200.65	634.64	4	5.28
重　庆	378	1796.94	30 048.10	121	235.53	2080.47	597	453.75
四　川	926	3571.30	56 004.91	425	1435.57	13 469.34	390	400.67
贵　州	1276	5705.65	52 179.87	212	918.91	8466.41	77	64.89
云　南	1211	6896.25	64 493.17	992	23 070.09	50 956.47	313	699.58
西　藏	43	132.35	1507.17	16	303.38	2967.30		
陕　西	432	1645.72	19 015.67	46	661.59	8392.80	20	46.90
甘　肃	134	789.94	6820.20	154	234.76	1936.94	31	34.24
青　海	96	309.43	3105.27	36	121.05	746.20		
宁　夏	178	917.88	9465.92	168	784.31	4206.02	2	1.40
新　疆	344	1476.37	8659.70	213	1705.23	8432.46	17	19.92
新疆兵团	219	452.20	3991.37	13	100.86	897.82	26	4.71
内蒙古				8	149.89	2446.41	73	999.79
大兴安岭				40	924.65	10 710.73	22	230.92
黑森工				47	570.42	4157.52	36	173.51

【自然资源资产产权制度改革】　党的十八届三中全会以来，加快生态文明制度建设和健全自然资源资产产权制度被提上重要日程。2015 年 9 月，中共中央、国务院印发了《生态文明体制改革总体方案》，对健全自然资源资产产权制度提出了更明确的要求。一是要建立统一的确权登记系统，对国土空间内各类自然资源资产进行统一确权登记；二是建立权责明确的自然资源产权体系，全面建立覆盖各类全民所有自然资源资产的有偿出让制度，严禁无偿或低价出让；三是健全国家自然资源资产管理体制。按照所有者和监管者分开和一件事情由一个部门负责的原则，整合分散的全民所有自然资源资产所有者职责，组建对全民所有的各类自然资源统一行使所有权的机构，负责全民所有自然资源的出让等；四是要探索建立分级行使所有权的体制。围绕这项改革，2016 年，国家陆续出台了《国务院关于全民所有自然资源资产有偿使用制度改革的指导意见》《自然资源统一确权登记办法(试行)》《关于健全国家自然资源资产管理体制试点方案》《关于扩大国有土地有偿使用范围的意见》。

【自然资源统一确权登记】 2016年年底，经中央深改组和国务院审定，国土资源部联合国家林业局以及中央编办、财政、环保、水利、农业等7个部门联合下发《自然资源统一确权登记办法(试行)》及《自然资源统一确权登记试点方案》。该《办法》是要对全民所有(即国有)的水流、森林、山岭、草原、荒地、滩涂等自然资源的所有权进行登记的指导性文件。文件明确提出了将黑龙江大兴安岭地区和吉林延边州作为重点国有林区统一确权登记试点区域，以便进一步明确重点林区的国家所有权界限，确保重点林区的完整性和稳定性。

(王晓丽)

森林资源利用监管

【国务院批复全国"十三五"期间年森林采伐限额】 2月4日，《国务院关于全国"十三五"期间年森林采伐限额的批复》(国函〔2016〕32号)印发省、自治区、直辖市人民政府和国家林业局，这是指导全国"十三五"期间森林采伐管理的纲领性文件。文件一是充分肯定了采伐限额管理的重大意义，明确了原则同意国家林业局审核确定的全国"十三五"期间年森林采伐限额(见表10-3)，要求各地认真贯彻执行。二是对采伐限额分解落实和审批管理作了严格规定，指出："十三五"期间年森林采伐限额是每年采伐消耗森林、林木蓄积量的最大限量，各地区、各部门必须严格按照森林法等有关法律法规执行，不得突破。因重大自然灾害等特殊情况需要采伐林木且在采伐限额内无法解决的，应上报国务院批准。三是要求各级人民政府要健全领导干部森林资源保护发展目标责任制，把森林覆盖率、森林蓄积量、林地保有量和天然林保护情况纳入政府年度目标考核体系。对因保护不力致使森林资源受到严重破坏的，要追究有关人员的领导责任。四是要求国家林业局要进一步细化年森林采伐限额管理措施，并对各地执行情况组织定期检查，检查结果向国务院报告。国函〔2016〕32号文件下发后，国家林业局立即部署贯彻落实，于2月26日印发《国家林业局关于切实加强"十三五"期间年森林采伐限额管理的通知》(林资发〔2016〕24号)；及时组织认真学习领会文件精神，于3月2~5日在福建省厦门市举办了全国"十三五"采伐限额管理培训班。通过培训，对各地扎实做好省(区、市)"十三五"采伐限额分解落实工作和把国家关于"十三五"采伐限额管理的要求和规定全面、准确贯彻落实到基层发挥了重要指导和保障作用。

(谢守鑫)

表10-3 全国"十三五"期间年森林采伐限额汇总表

单位：万立方米

单位	合计	人工林			天然林
		计	商业性	非商业性	非商业性
全　国	25403.6	20453.5	14343.3	6110.2	4950.1
北　京	42.0	41.0	8.1	32.9	1.0
天　津	13.0	13.0	3.2	9.8	0.0
河　北	289.9	245.1	121.8	123.3	44.8
山　西	140.7	88.2	9.9	78.3	52.5
内蒙古	588.4	414.0	160.0	254.0	174.4
辽　宁	515.0	461.3	184.9	276.4	53.7
吉　林	634.7	479.7	141.3	338.4	155.0
黑龙江	533.9	356.3	80.2	276.1	177.6
上　海	3.4	3.4	0.0	3.4	0.0
江　苏	177.3	177.3	108.5	68.8	0.0
浙　江	513.1	363.3	238.3	125.0	149.8
安　徽	826.5	747.9	473.8	274.1	78.6
福　建	2173.3	1895.5	1474.6	420.9	277.8
江　西	1274.4	765.0	476.9	288.1	509.4
山　东	978.5	978.5	847.0	131.5	0.0
河　南	593.6	539.3	249.1	290.2	54.3
湖　北	1020.3	692.6	457.0	235.6	327.7
湖　南	1117.8	946.0	598.8	347.2	171.8
广　东	1536.0	1501.6	1366.2	135.4	34.4
广　西	4460.9	4418.3	4109.9	308.4	42.6
海　南	400.0	398.0	224.7	173.3	2.0
重　庆	149.2	101.2	62.5	38.7	48.0
四　川	1629.6	1099.6	685.2	414.4	530.0
贵　州	1010.0	830.3	515.8	314.5	179.7
云　南	3259.6	2190.3	1597.5	592.8	1069.3
西　藏	44.3	5.6	0.6	5.0	38.7
陕　西	605.8	227.3	31.0	196.3	378.5
甘　肃	110.7	76.2	3.3	72.9	34.5
青　海	19.2	12.7	0.0	12.7	6.5
宁　夏	13.0	11.7	4.5	7.2	1.3
新　疆	122.8	112.2	5.7	106.5	10.6
新疆生产建设兵团	63.7	63.5	4.6	58.9	0.2
中国林科院	13.2	12.7	8.2	4.5	0.5
中国林业集团	50.0	50.0	49.4	0.6	0.0
内蒙古森工集团	142.1	51.5	19.1	32.4	90.6
吉林森工集团	50.6	22.4	11.4	11.0	28.2
长白山森工集团	57.7	18.6	7.9	10.7	39.1
龙江森工集团	128.0	38.5	2.4	36.1	89.5
大兴安岭林业集团	101.4	3.9	0.0	3.9	97.5

【国家林业局印发关于切实加强“十三五”期间年森林采伐限额管理的通知】 为贯彻落实《国务院关于全国“十三五”期间年森林采伐限额的批复》(国函〔2016〕32 号)要求，进一步细化“十三五”期间年森林采伐限额管理措施，2 月 26 日，国家林业局印发了《关于切实加强“十三五”期间年森林采伐限额管理的通知》(林资发〔2016〕24 号)。

通知要求，一是扎实做好采伐限额的分解落实工作。二是严格规范采伐限额管理。三是积极稳妥推进采伐管理改革。四是强化采伐限额执行情况检查。五是着力创新森林经营管理机制。 (谢守鑫)

【全国“十三五”采伐管理培训班】 3 月 2～5 日，国家林业局在福建省厦门市举办全国“十三五”采伐限额管理培训班，来自全国 57 个单位 100 余人参加了此次培训。培训班在总结回顾“十三五”采伐限额编制、审核审批工作的基础上，认真学习解读了国务院国函〔2016〕32 号和国家林业局林资发〔2016〕24 号文件精神，深入分析了全面停止天然林商业性采伐所面临的问题，探讨解答了大家所关心、疑惑的采伐管理政策问题。

(王鹤智)

【国家林业局审批增加安徽、吉林等四省 2016 年度受灾林木专项采伐限额】 依据《国务院关于全国“十三五”期间年森林采伐限额的批复》(国函〔2016〕32 号)关于“因重大自然灾害等特殊情况需要采伐林木且在采伐限额内无法解决的，应上报国务院批准”的规定，2016 年，因采伐清理受灾林木的需要，安徽、吉林、福建和云南四省人民政府向国务院提出了增加 2016 年采伐限额专项用于采伐清理受灾林木的请示，并由国务院办公厅批转国家林业局研究办理。经国家林业局审核并报请国务院批准后，共审批增加上述四省 2016 年专项采伐限额 569.8 万立方米。其中，8 月，分别增加安徽省和吉林省 2016 年采伐采伐限额 1.44 万立方米和 4.16 万立方米，专项用于霍邱县和珲春林业局采伐清理病虫害林木；11 月，分别增加福建省和云南省采伐清理受灾木专项采伐限额 94.2 万立方米和 470 万立方米。

(王鹤智)

【2016 年度全国木材运输情况】 据统计，2016 年使用全国木材运输管理系统办理木材运输证 498.83 万份，运输木材 1.14 亿立方米、竹材 0.22 亿株。各省办理木材运输证、运输木材情况(详见表 10-4)。与统计的 2015 年木(竹)材运输量相比，木材运输量增加 800 万立方米，竹材运输量锐减 1.12 亿株，竹材运输量锐减主要是各地执行竹材运输暂不实行凭证运输政策规定的结果。 (张厚武、杨雪清)

表 10-4 2016 年全国木(竹)材运输量统计表

单位：份、万立方米、万株

省 份	签发运输证	木材运输量	竹材运输量
合 计	4 988 291	11 438.11	2229.60
北 京	1719	8.27	40.00
天 津	6724	35.04	0.00
河 北	21 967	64.46	2.01
山 西	4335	5.17	0.00
内蒙古	53 243	244.67	0.00
辽 宁	160 478	394.49	0.11
吉 林	70 908	349.44	0.55
黑龙江	123 545	582.89	0.04
上 海	63 467	361.19	0.00
江 苏	426 219	2120.01	179.27
浙 江	264 744	462.71	232.95
安 徽	188 099	454.27	39.70
福 建	304 599	667.64	0.00
江 西	120 836	243.42	18.56
山 东	187 647	683.49	17.79
河 南	97 693	413.90	66.09
湖 北	98 262	152.66	927.18
湖 南	95 862	187.55	137.35
广 东	453 920	879.48	24.25
广 西	1 652 152	1915.48	1.26
海 南	131 137	252.41	3.96
重 庆	29 034	77.68	1.06
四 川	226 238	390.94	166.47
贵 州	45 576	103.01	78.81
云 南	131 831	259.45	0.02
西 藏	311	2.51	0.00
陕 西	5112	6.27	0.09
甘 肃	5547	11.15	292.08
青 海	367	30.58	0.00
宁 夏	153	0.50	0.00
新 疆	3896	27.49	0.00
内蒙古森工	7125	30.81	0.00
龙江森工	5091	17.69	0.00
大兴安岭	454	1.39	0.00

【森林可持续经营试点工作】 2016 年，各试点单位结合本单位实际，按照试点方案设定的试点内容，进行了大量实践探索，建立了形式多样的森林经营管理模式。主要包括：一是乌尔旗汉等 5 个东北、内蒙古重点国有林区的试点单位，积极开展试点工作。据统计，2016 年，5 个试点单位共完成试点作业面积 5862 公顷，占年度总计划的 90% 以上。建立不同类型的示范林和模式林 40 多处，树立了良好的森林可持续经营形象，为推进国有林区改革打下了基础。二是河北省塞罕坝机械林场等 7 个省(区、市)的试点单位，按照培育健康稳定优质高效的森林生态系统的目标要求，逐步落实各项试点任务，基本上做到了有组织、有规划、有目标、有制度、有监测，真正体现了森林可持续经营的理念和经营思路。2016 年，共完成各种类型的林分改造和提质增效作业面积 2000 多公顷，研究出台多个森林经营地方标准、技术规程和管理办法。

【跟踪蒙特利尔进程森林经营标准指标体系的应用】 蒙特利尔进程的标准与指标框架已经成为《联合国森林文书》的核心要素，是履行好《联合国森林文书》的重要组成部分。中国作为进程标准和指标体系推广应用的成员国，在这项工作中发挥了重要引领作用。2016 年，撰写并向工作组会议提交《中国森林可持续经营状况简要报告》，得到进程成员国参会代表的一致好评。2016 年，在吉林省延吉市承办了蒙特利尔进程工作组会议，倡导和推动包括美国、加拿大、澳大利亚、新西兰和俄罗斯在内的 12 个成员国修订出台了《延吉宣言》，并在 2017 年的《联合国森林论坛》会议上正式发布，充分展示了中国负责任大国的形象，为推动全球森林可持续经营发挥了积极作用。

【《东北内蒙古重点国有林区森林经营方案编制指南》】 为贯彻落实《中共中央 国务院关于印发〈国有林场改革方案〉和〈国有林区改革指导意见〉的通知》(中发〔2015〕6 号)精神，积极推进东北、内蒙古重点国有林区改革，国家林业局办公室于 8 月 30 日印发《关于做好东北、内蒙古重点国有林区森林经营方案编制工作的通知》(办资字〔2016〕181 号)，就做好方案编制工作提出有关要求，并随通知下发《东北内蒙古重点国有林区森林经营方案编制指南》。

《指南》规定，重点国有林区森林经营方案以国有林业局为编制单位。森林经营方案编制年限(规划期)为 10 年，起始年限为基准年的后一年，基准年为森林资源规划设计调查(以下简称"二类调查")完成年份。森林经营方案编制主要内容应包括：森林经营方针、目标、经营组织、森林培育、森林经营采伐、森林多资源经营利用、生态与生物多样性保护、经营能力建设，以及与森林经营活动相关的基础设施修建维护等。森林经营方案应将前 5 年的森林经营类型和森林经营措施类型分年度落实到小班。

【国家级森林抚育成效监测工作】 在 2015 年工作的基础上，复测了龙江森工的东方红、大海林、方正、带岭、朗乡、友好 6 个林业局的 112 组森林抚育成效监测固定样地；在林口林业局新设置了 20 组森林抚育成效监测固定样地；在福建永安市的 3 组固定样地建立了径流场 6 处，并开展了年度数据观测；在雅安市雨城区的 7 组森林抚育成效监测固定样地上设置了测定水土流失效应的测定桩，同时对土壤容、毛管孔隙度、储水能力等的物理性质进行了第一次测定；在敦化林业局对 10 组森林抚育成效监测固定样地的测定桩进行了年度观测。继续完善森林抚育成效监测工作的体系化建设。完成了样地数据统计分析软件开发，实现了国家级用户、县级用户的分级管理和网上数据传输。 (靳爱仙)

森林资源监测

【第九次全国森林资源清查工作】 2016 年，有北京、河北、江西、西藏、甘肃和新疆 6 省(区、市)开展清查工作，清查面积 370 万平方千米，共调查地面样地 53 734个。全年完成的主要工作包括：一是提前做好清查任务的安排部署。二是认真抓好清查方案的审核审批。三是积极督导清查工作的组织实施。四是最终抓好清查成果的审核把关。2016 年 6 省(区、市)清查工作总体进展顺利，首次实现了在清查当年年底发布数据，比往年要提前 3 个月以上。 (曾伟生 闫宏伟)

【国家林业局发布北京等 13 个省(区、市)的全国森林资源清查数据】 按照第九次全国森林资源清查的总体部署，国家林业局于 2015 年组织完成了山西、辽宁、黑龙江、广西、贵州、宁夏 6 省(区)及中国龙江森林工业集团总公司和大兴安岭林业集团公司的清查工作，于 2016 年组织完成了北京、河北、江西、西藏、甘肃和新疆 6 省(区、市)的清查工作，并分别于 4 月和 12 月发文公布了清查结果。主要结果如下。

北京等 13 省(区、市)森林资源清查主要结果 北京市森林面积 72 万公顷，森林覆盖率 43.77%，提高 7.93 个百分点(与第八次全国森林资源清查本行政区域同一指标相比，下同)。森林蓄积量 2437 万立方米，增加 1012 万立方米。河北省森林面积 503 万公顷，森林覆盖率 26.78%，提高 3.37 个百分点。森林蓄积量 13 738万立方米，增加 2963 万立方米。山西省森林面积 321 万公顷，森林覆盖率 20.50%，提高 2.47 个百分点。森林蓄积量 12 923 万立方米，增加 3184 万立方米。辽宁省森林面积 572 万公顷，森林覆盖率 39.24%，提高 1.00 个百分点。森林蓄积量 29 749 万立方米，增加 4703 万立方米。黑龙江省森林面积 1990 万公顷，森林覆盖率 43.78%，提高 0.62 个百分点。森林蓄积量 18 4704万立方米，增加 20 217 万立方米。江苏省森林面积 156 万公顷，森林覆盖率 15.20%，下降 0.60 个百分点。森林蓄积量 7045 万立方米，增加 575 万立方米。江西省森林面积 1021 万公顷，森林覆盖率 61.16%，提高 1.15 个百分点。森林蓄积量 50 666 万立方米，增加 9825 万立方米。广西壮族自治区森林面积 1430 万公顷，森林覆盖率 60.17%，提高 3.66 个百分点。森林蓄积量 67 752 万立方米，增加 16 816 万立方米。贵州省森林面积 771 万公顷，森林覆盖率 43.77%，提高 6.68 个百分点。森林蓄积量 39 183 万立方米，增加 9106 万立方米。西藏自治区森林面积 1491 万公顷，森林覆盖率 12.14%，提高 0.16 个百分点。森林蓄积量 228 254 万立方米，增加 2047 万立方米。甘肃省森林面积 510 万公顷，森林覆盖率 11.33%，提高 0.05 个百分点。森林蓄积量 25 189 万立方米，增加 3735 万立方米。宁夏回族自治区森林面积 66 万公顷，森林覆盖率 12.63%，提高 0.74 个百分点。森林蓄积量 835 万立方米，增加 175

万立方米。新疆维吾尔自治区森林面积802万公顷，森林覆盖率4.87%，提高0.63个百分点。森林蓄积量39 222万立方米，增加5567万立方米。

龙江森工集团和大兴安岭林业公司森林资源清查主要结果 龙江森工集团森林面积816万公顷，森林覆盖率81.16%，提高1.15个百分点。森林蓄积量85 107万立方米，增加8649万立方米。大兴安岭林业公司森林面积679万公顷，森林覆盖率81.35%，提高2.99个百分点。森林蓄积量54 739万立方米，增加4042万立方米。（曾伟生 闫宏伟）

【无人机技术应用研究试验】 2016年，重点开展了无人机视频、摄影测量和激光雷达测量技术在森林资源调查监测和监督管理工作中的应用研究和实地测试。一是组织国家林业局规划院和中南院，结合西藏自治区的森林资源清查工作，在昌都地区重点对人力难以到达的灌木林等非测树样地，开展了样地定位、复位、影像判读等实验。二是组织国家林业局规划院、龙江森工和苇河林业局等单位，围绕二类调查、监督管理等工作，在苇河林业局开展了无人机综合应用试验。结果表明无人机能极大提高森林资源调查区划和判读精度，在二类调查、大样地调查、监督执法工作中具有实际应用能力。（闫宏伟 曾伟生）

【国家林业局发布8个树种组的立木生物量模型及碳计量参数行业标准】 森林生物量和碳储量是评估森林碳汇等生态功能的主要指标。为建立全国森林生物量和碳储量计量标准，国家林业局资源司着力推进中国主要树种的立木生物量调查建模工作。继2014年颁布实施第一批杉木、马尾松、云南松、油松、湿地松5个树种的《立木生物量模型及碳计量参数》行业标准后。2016年，颁布实施了第二批落叶松、云杉、冷杉、柳杉、栎树、桦树、木荷、枫香8个树种（组）的行业标准，并完成了东北地区人工杨、西南地区山杨和高山松3个树种（组）的生物量建模样本采集任务，为下一步编制和颁布相关行业标准奠定了基础。（曾伟生）

【全国森林资源宏观监测，推进森林资源清查体系优化工作】 为落实全国政协副主席罗富和关于改进和完善国家森林资源连续清查体系、适应领导干部任期目标考核需求的建议，2015年全面部署开展了全国森林资源宏观监测工作。2016年完成的主要工作包括，一是全面完成了2015年的后续工作，编制产出了首次全国森林资源宏观监测成果。从2015年底至2016年上半年，各直属院组织开展了遥感判读结果的实地验证工作，编制产出了31个省（区、市）及全国的森林资源宏观监测成果。全国的综合正判率为94.7%，乔木林正判率为96.3%，灌木林正判率为89.3%，均达到了预期要求。二是系统分析了各省的抽样估计效率，提出了2016年抽样设计的改进方案。基于2015年全国森林资源宏观监测结果的测算和分析，提出了在满足各省抽样精度要求的基础上，进行适度加密并将群团内样地数从25个减少至9个的改进方案，对2016年的全国森林资源宏观监测抽样设计进行了优化。三是完成了遥感数据购置及图像处理，全面部署了遥感判读和实地验证工作。2016年全国森林资源宏观监测的遥感数据总量达500 TB。共处理和裁切大样地遥感影像52 654块，图像处理工作量累计达1.2万个工作日。截至2016年底大样地判读工作已基本完成。（闫宏伟 曾伟生）

【营造林综合核查】

基本情况 2016年，营造林综合核查办法进一步优化，核查工作全面转向调查监测，调查对象从全部营造林转向重点生态建设工程（以下简称重点工程）人工造林，抽样方法从统计数据抽样改变为小班抽样，调查年限从单个年度造林扩展到多个年度造林。本次调查监测对象为全国和各省2012～2015年4个年度重点工程人工造林实施情况。全国共抽取197个县级单位，实地调查小班2.5万个、面积12.29万公顷。共投入工程技术人员200余名，历时约3个月。

主要结果

造林实施情况

①小班实际造林面积。共抽取2012～2015年度重点工程造林小班面积122 937.57公顷，经现地调查，小班实际造林面积120 037.47公顷，占抽取小班面积的97.6%；实际未造林的面积2900.09公顷，占2.4%。

实际未造林的面积中：小班内未施工的面积2634.89公顷，占抽取小班总面积的2.1%；不同工程捆绑实施面积37.54公顷，占0.1%；不同年度间重复面积227.67公顷，占0.2%。

②地类结构。林地造林方面，2012～2015年度重点工程造林调查小班中，按实际造林面积统计，在林地上造林的面积比例（简称林地造林比例，下同）64.5%，其中公益林地造林比例44.7%，商品林地造林比例19.8%。

非林地造林方面，非林地造林比例35.5%，具体为：耕地占32.3%（退耕地5.3%），其他用地、未利用地、牧（草）地等分别占1.3%、1.1%、0.8%。

③造林类别。依据作业设计和县级自查验收成果，本次抽取的均为重点工程人工造林小班；经调查，抽取小班的实际造林类别有以下四种。

人工造林：包括宜林地、疏林地、一般灌木林地及非林地造林，占实际造林总面积的93.2%。

更新造林：包括采伐迹地和火烧迹地的更新造林，占实际造林总面积的4.6%。

有林地补植和林冠下造林：分别占0.6%、0.3%。

单行林带：占1.3%。

造林（更新）情况

①面积比例。本次调查的2012～2015年度重点工程实际造林面积中，人工造林与更新造林[简称造林（更新），下同]面积共计117 279.25公顷，占重点工程实际造林面积的97.8%。

②造林（更新）质量。2012～2015年度重点工程造林（更新）调查面积中，合格面积100 946.81公顷，占86.1%；待补植面积5967.42公顷，占5.1%；失败面积9866.07公顷，占8.4%；损失面积493.63公顷，占0.4%。

③幼树生长状况。本次对全国和各省2012年度重点工程造林保存状况一并调查，经调查，2012年度全

国重点工程造林(更新)保存合格面积比例为78.3%。保存合格面积中，幼树生长状况为“好”的面积比例为60.3%；“中”和“差”的面积比例分别为33.9%、5.8%。

④混交林比例。2012～2015年度重点工程造林(更新)混交林面积比例为27.0%，生态公益林混交林面积比例为36.9%。

⑤造林林种、权属。林种：以防护林为主，占66.7%；经济林、用材林、薪炭林、特用林分别占21.0%、11.1%、1.0%、0.2%。

权属：林地权属以集体为主，占87.4%；国有占12.6%。林木权属以个人为主，占62.4%；集体、国有、其他分别占24.8%、10.3%、2.5%。

⑥造林树种。共76个树种(组)，其中油松、核桃、杨树、杉木、梭梭、柏木、柠条、软阔类、樟子松所占比例较大，分别为11.2%、9.6%、8.4%、7.1%、7.0%、6.9%、4.2%、3.9%、3.4%；比例达到1%的树种还有硬阔类、云杉、阔叶混、针阔混、桉树、油茶和藤本植物(葡萄等)。 (杨净、闫宏伟)

【东北、内蒙古重点国有林区森林资源规划设计调查】 为了扎实推进东北、内蒙古重点国有林区改革，国家林业局决定利用3年的时间，全面开展一次东北、内蒙古重点国有林区森林资源规划设计调查(即二类调查)，本次二类调查工作第一次由中央财政全额投入，标志着东北、内蒙古重点国有林区以二类调查为代表的森林资源管理工作已纳入了中央财政投入范围。2016年是二类调查工作开局之年，对明、后两年二类调查工作至关重要，本次二类调查由资源司直接组织，主要抓了以下几方面工作。

一是全面统筹二类调查技术、管理工作。制订并下发《东北、内蒙古重点国有林区二类调查工作方案》《国家林业局办公室关于开展东北、内蒙古重点国有林区2016年森林资源规划设计调查工作的通知》《东北、内蒙古重点国有林区森林资源规划设计调查补充技术规定》以及《2016年东北、内蒙古重点国有林区森林资源规划设计调查国家级质量检查暂行办法》。审查了7个承担任务规划院的工作方案、技术方案。先后两次组织专家对7个规划院外业数据采集软件进行了测评。3月15日，在哈尔滨市组织召开东北、内蒙古重点国有林区二类调查启动培训会，国家林业局副局长刘东生在二类调查启动培训会上作了《真抓实干，扎实开展好东北、内蒙古重点国有林区二类调查工作，为推进国有林区改革打下坚实基础》的讲话，对二类调查工作进行了总体部署。

二是抓好二类调查工作落实的每一个环节。2016年，完成了16个单位(15个林业局，1个保护区)二类调查工作。下发了《国家林业局森林资源管理司关于进一步加强2016年东北内蒙古重点国有林区森林资源规划设计调查工作的通知》(资调函〔2016〕35号)文件。7月，分别在加格达奇、吉林省敦化市、黑龙江省绥化市召开了二类调查中期工作座谈会，部署了工作，提出了要求。下发《国家林业局资源司关于进一步明确2016年东北、内蒙古重点国有林区二类调查有关要求的通知》(资调函〔2016〕45号)文件。为了按期完成二类调查内业，下发《国家林业局森林资源管理司关于做好2016年东北、内蒙古重点国有林区二类调查内业相关工作的通知》(资调函〔2016〕60号)文件。

三是把握工作进度和动态，狠抓调查质量工作。建立了检查机制，建立了二类调查信息上报和内部通报机制，定期下发六期二类调查情况交流，表扬先进，促进工作，确保二类调查工作进度和质量。组织东北、内蒙古重点国有林区二类调查培训班，对东北、内蒙古7个森工规划院外业骨干进行了培训，国家林业局副局长刘东生在二类调查培训班上作了《真抓实干无私奉献攻坚克难优质高效地完成东北、内蒙古重点国有林区二类调查阶段性工作任务》的讲话。

2016年，二类调查外业工作自4月20日开始进点，至10月31日最后1个小班结束外业调查，承担调查任务的7个森工规划院共投入1200多人，组建外业调查工组421个，历时190天，深入47万个小班，实测73万个角规样地，调查面积549万公顷，同时，还完成了5000余个控制样地调查。国家林业局规划院也投入了30多人分赴外业第一线开展技术指导和质量检查工作。在各单位的共同努力下，按计划顺利完成了16个林业局(经营单位)的二类调查工作。 (闫宏伟 苏乙奇)

林政执法

【全国森林资源案件管理培训班】 9月28～29日，资源司(监督办)在四川省成都市举办2016年度全国森林资源案件管理培训班。各省(区、市)林业厅(局)，内蒙古、龙江、大兴安岭森工集团，新疆生产建设兵团，国家林业局各派驻森林资源监督机构，各直属林业调查规划设计院，均派出森林资源案件管理的主要负责人参加了培训。

本次培训邀请了资源司(监督办)副司长徐济德、北京市第二中级人民法院行政审判厅厅长王志军和北京市园林绿化局执法监察大队队长孔令水等专家进行授课。 (陈 昱 段秀廷)

【全国森林资源管理情况检查情况】 2016年，资源司(监督办)组织14个专员办和5个直属院(下称“各办院”)对30个省(自治区、直辖市、新疆生产建设兵团，下同)的149个县(市、区、旗、团，下同)的林地管理情况和其中36个县的林木采伐管理情况进行了检查。

工作开展情况 2016年，为落实中央监管制度改革的总体要求，资源司(监督办)将全国林地管理情况检查、林木采伐管理情况检查和保护发展森林资源目标责任制建立执行情况检查整合为全国森林资源管理情况检查，由各办院共同承担。整合效果明显，一是提高了检查效率。改变了以往检查结果先通报再督办的做法，变为即时通报检查出的问题，各办即时开展督办。各项工作集中到了外业检查期间，提高了效率，充分发挥了检查、监督震慑违法行为的作用。二是提高了检查质量。检查人员更加重视检查结果与地方意见、林地“一张图”与国土调查资料、图面与现地等方面的对比论证，减少了检查结果偏差。（陈昱 王鹏）

【检查主要结果及问题】

林地管理 共查出各类违法违规项目（包括建设项目、土地整理、非法开垦林地三类）2208 项，面积 5070.7 公顷。其中，各办院查出违法违规项目 520 项，面积 2839.1 公顷；各省根据各办院移交的遥感判读图斑，查出违法项目 1688 项，违法面积 2231.6 公顷。

从检查结果看，林地管理中有几个问题应引起重视。一是违法使用林地高发态势尚未得到根本遏制。国家林业局检查发现 2013 年 295 起、面积 1564.8 公顷，2014 年 316 起、面积 1256.3 公顷，2015 年 425 起、面积 3485.9 公顷，2016 年查出的违法项目尽管面积下降到 2839.1 公顷，但仍处在高位，且违法项目数量有所增加，达到 520 项，2016 年抽查的 149 个县中，有 130 个存在违法占用林地问题，呈点多面广的态势。二是非法开垦林地与土地整理破坏林地势头不减。2016 年查出开垦与土地整理破坏林地项目 116 项，破坏林地面积 1333.1 公顷，占违法使用林地面积的 47.0%。与 2014 年 51 项、534.2 公顷和 2015 年 63 项、823.9 公顷相比，上升趋势明显。三是超审核使用林地现象多。2016 年有 17 个省存在超审核（批）使用林地问题，四川、云南超审核（批）使用林地的项目比例分别达到 51.9%、39.4%。四是挖沙采石项目点多面广，违法比例大。检查发现挖沙采石项目违法占用林地 101 起，占挖沙采石类项目的 65.2%，面积 220.4 公顷，涉及 50 个县。

林木采伐管理 共查出违法采伐林木蓄积量107 463 立方米，其中各办院查出 60 727 立方米，各省根据办院移交的遥感判读图斑，查出 46 736 立方米；各办院抽查的 351 个有证伐区中，有 45 个伐区存在超证（含改变采伐方式、串树种采伐）采伐问题，占检查伐区的 12.8%，共超采 8713 立方米；各办院共查出 285 个无证成片伐区、采伐蓄积量 52 014 立方米。其中，单纯采伐的 78 个、采伐蓄积量 21 105 立方米，因违法使用林地（含非法开垦林地、毁林种参等）造成违法采伐的 207 个、采伐蓄积量 30 909 立方米。

【全国林业行政案件统计分析情况】

林业行政案件统计结果 2016 年，全国共发现林业行政案件 19.66 万起，查处林业行政案件 19.48 万起，收回林地 3327.43 公顷，没收苗木 81.63 万株、木材 20.18 万立方米、种子 3.51 万千克、野生动物 36.82 万只；涉案金额 11.43 亿元，责令补种树木 890.84 万株，行政处罚 20.37 万人次。案件造成损失林地 7970.51 公顷、林木 18.65 万立方米、竹子 110.68 万根、幼树或苗木 2974.98 万株、种子 3.25 万千克，野生动物 24.90 万只。

林业行政案件发生特点 2016 年，全国林业行政案件呈现四大特点：一是林地案件持续上升。全国共发现违法占用征收林地案件 36717 起，较 2015 年增加 4638 起，上升 14.46%，连续四年呈现上升趋势。二是林木案件数量减少。全国涉及林木案件 11.22 万起，较 2015 年减少 1.41 万起，下降 11.18%。三是野生动物案件高发。全国涉及野生动物案件 6498 起，较 2015 年增加 1624 起，上升 33.32%。物种主要为蛙类、鸟类和蛇类；四是其他案件增幅较大。2016 年，全国共发现其他类型案件 3.7 万起，较 2015 年增加 5479 起，上升 17.38%，主要以在森林防火期（区）内擅自野外用火或非法带入火种、自然保护区内擅自采集种源、封山禁牧区违规放牧和违法买卖林业证件文书案件为主。

主要原因

①多种因素促使林地案件数量上升。一是部分地方政府违规使用林地情况比较严重。二是土地供需矛盾依旧突出。三是复耕现象难以杜绝，毁林开垦情况依旧严重。②政策调整加大林木案件下降幅度。一是“国有重点林区全面停止天然林商业性采伐”“育林基金征收标准降为零”等政策落实，非法采伐、运输、收购经营和加工木材现象明显减少。二是林木权属落实到户，林农对自有财产加强了管理。三是木材采伐审批管理简化，群众办理林木采伐证的主动意识增强。四是案件发生但未被及时发现或未及时查处等情况依旧存在。③高额利润驱使野生动物案件依然高发。一是食用野生动物的陋习仍然存在。二是涉案动物多为小型野外生存物种或“三有”动物，且作案地点不固定、作案时间短，难以实现及时、精准打击。三是非法收购、出售国家重点保护珍贵、濒危野生动物制品案件有所增加。四是部分地区集中开展野生动物违法专项行动，及时发现和查处了大批案件。④“其他”案件占比趋高。一是防火期（区）内野炊、烤火、烧纸、吸烟等野外违规用火行为屡禁不止。二是烧秸秆、撂荒或禁牧区域放牧等民间劳作行为高发频发。三是其他案件类型包含违法行为种类较多，林业行政案件类型细化程度不够。

【举报林业行政案件办理情况】

案件受理情况 1～12 月，稽查办共接听群众举报、咨询电话 886 个。从案件类型看，举报盗伐林木案件 63 起，占 7.11%，举报滥伐林木案件 91 起，占 10.27%，毁坏林木和苗木案件 223 起，占 25.17%，非法征占用林地案件 104 起，占 11.74%，举报非法运输木材案件 1 起，占 0.11%，举报非法收购加工木材案件 6 起，占 0.68%，反映其他林业行政案件 398 起，占 44.92%。从行为主体看，举报政府行为违法案件 29 起，占 3.27%，举报企业法人违法案件 51 起，占 5.76%，举报村组负责人违法案件 110 起，占 12.42%，举报其他行为主体 696 起，占 78.56%。

特点和存在问题 一是举报案件总体数量呈下降趋势。2016 年接听群众举报、咨询电话与 2015 年同期相比减少了 400 多个，呈持续下降趋势。二是其他行为主体违法情况严重。从案件行为主体看，其他行为主体违法行为占全部违法行为的 78.56%，是违法行为主体的重灾区。三是举报毁坏林木、苗木案件突出。从接听举报电话和受理举报信件情况看，毁坏林木、苗木案件占总量的25.17%，案件占比较大，情况较为突出。

（班　奇）

森林资源监督

【综　述】 2016年，在国家林业局党组的正确领导下，在有关司局及各省（区、市）地方党委政府大力支持下，国家林业局派驻各专员办立足实际，勇于创新，各项工作进展顺利，取得了良好成效。

破坏森林资源案件督查督办　为深入贯彻局领导对案件督查督办工作的重要指示精神，各专员办以保护森林资源为根本宗旨，以督查督办破坏森林资源案件为第一职责，扎实开展案件督查督办工作。据统计，各专员办共督查督办案件3180起，案件办结2321起，办结率达72.64%。共处理各类违法违纪人员2660人，其中：刑事处罚390人，行政处罚1395人，党纪政纪处分875人。收回林地2046.67公顷，罚款（金）2.25亿元。

打击涉林违法专项行动　各专员办扎实开展督查，在推进地方深入开展严打专项行动方面发挥了重要作用。黑龙江专员办将森林资源管理情况检查与专项行动结合起来，派出3个督导组和5个检查组先后深入黑龙江省7个县、30个重点国有林区林业局进行检查和督导，共排查发现破坏森林资源案件801起。云南专员办参加国家林业局督查组开展检查指导，对9个州市18个县（市、区）进行了重点督查，督促地方政府和相关部门提高认识，扎实开展严打专项行动。长春专员办主动监督检查，严肃查处了白河林业局违法占地案、通化县毁林种参等系列案件，并启动了问责机制，停止了涉事单位的林业行政审批事项，给予了严厉的行政制裁；北京、云南、贵阳等专员办主动协调有关部门，对重点案件扭住不放，确保专项行动各项要求深入落实。

森林资源管理情况检查　为适应行政监管制度改革以及事业单位分类改革的总体要求，2016年，国家林业局创新检查方式，将原来分别由各专员办和各规划院承担的全国林地管理情况检查、森林采伐管理情况检查和保护发展森林资源目标责任制检查合并为全国森林资源管理情况检查，由各专员办和各直属调查规划院共同承担。6～10月，对全国150个县（区）保护发展森林资源目标责任制建立和执行、林地管理、林木采伐管理情况进行了集中检查。经过检查，150个县保护发展森林资源目标责任制建立和执行情况平均得分为76.98，其中“优秀”评级33个、“合格”评级107个、“不合格”评级8个，分别占被检数量的22.3%、72.3%，和5.4%。发现并监督地方查处整改违法占用林地和违法采伐林木案件1500多起。整合后的检查充分发挥了专员办的行政监督优势和规划院的技术支撑优势，充分应用了卫星遥感技术和现场督办方法，检查结果更加客观准确，问题查处和整改更加及时有效。

各项检查　一是组织开展占用征收林地行政许可执行情况检查。2016年，各专员办对国家林业局审核同意的227个占用征收林地项目被许可人使用林地情况进行了监督检查。检查涉及28个省（区、市）、森工集团和新疆生产建设兵团的235个县级单位，发现并监督地方查处了67起未按行政许可规定使用林地的违法违规问题。二是组织开展国有重点林区森林资源管理情况检查和森林综合抚育伐区调查设计及作业质量核查。按照国家林业局统一部署，内蒙古、黑龙江、长春和大兴安岭4个专员办组织开展了重点国有林区森林资源管理情况检查和森林综合抚育伐区作业设计检查工作。重点国有林区森林资源管理情况检共检查了14个森工局的139个林场、1828个小班，检查出毁林开垦地块118块、违法占用林地95块、无证采伐地块17块、滥伐地块9块，并及时进行了督办整改；国有林区森工企业局伐区调查设计和作业质量（两个1%）核查共核查调查设计小班1053个、作业小班763个，提出监督建议602条，督促相关部门对发现的问题给予了严肃处理。三是组织开展其他专项督查和巡查。为监督地方落实国家林业局安排部署的重点工作，各专员办精心组织开展专项督查和巡查，总结经验，发现问题并提出建议，监督地方落实各项具体措施。北京专员办与国家林业局规划院合作，应用卫星遥感影像及手持智能终端等高科技手段，对河北省兴隆县森林资源管理情况开展专项巡视督查，查实13起变化图斑涉嫌违法并全部立案。西安专员办配合国家林业局保护司，组织对宁夏和甘肃的4个国家级自然保护区“绿剑”行动发现问题整改工作进行了验收，按期提交了验收报告。

（张　敏　聂大仓）

【森林资源监督报告】 2015年，国家林业局15个派驻森林资源监督机构分别向33个省（含自治区、直辖市、集团公司、新疆兵团）提交了《森林资源监督报告》。

森林资源保护管理工作总体情况　截至2014年年底，全国2732个应当建立目标责任制的县级政府已有2698个建立；全国省、县两级林地保护利用规划编制和批复工作全面完成；巩固全国非法侵占林地清理排查行动成果，进一步规范林地林权管理；各地探索建立涉林案件的协同工作机制；继续加强林木采伐管理，控制源头消耗；各省级林业主管部门按照有序停止天然林商业性采伐的要求，组织完成了“十三五”期间年森林采伐限额的编制和审核工作。

主要问题　非法侵占林地仍然是最突出的问题，并且政府主导、法人主体的特点更加突出，案件查处不到位大量存在；林权纠纷多发，国有林地遭到侵蚀，成为林权管理的突出问题；林木采伐管理执行制度不严，非法采伐问题仍然突出；县级政府保护发展森林资源目标责任制工作存在虚化问题，基层基础工作薄弱。

（董　冶）

【森林资源管理三项检查实现整合】 2016年，林地管理检查、林木采伐管理检查和目标责任制检查整合为全国森林资源管理检查，由专员办牵头、直属院提供技术支撑，这既是推进监管制度改革、规范行政执法检查工作的要求，也是全面推开“双随机、一公开”监管的重要举措。通过整合三项检查任务，叠加了专员办和直属院在监督执法和技术外业等方面的各自优势，提高了检查质量和效率，同时也减轻了基层负担。这一改革得到了国家林业局党组、各省及相关单位的充分肯定。

【保护发展森林资源目标责任制检查】

检查基本情况 与往年比较，2016 年的责任制检查工作有 4 个特点：一是院办协同配合。2016 年是三项检查整合的第一年，各办院高度重视，密切配合，圆满完成了检查工作。二是评价更重实际。2016 年首次将全国林地管理检查和林木采伐管理情况检查发现的破坏森林资源案件直接作为责任制检查的评价依据；发生重大破坏森林资源案件(100 公顷以上林地)的一票否决。三是检查更加严格。2016 年 150 个检查县平均分为 76.98，较 2014 年的 94.08 分、2015 年的 85.01 分大幅下降，责任制检查结果更加趋于客观、真实。四是加强交流互动。专员办和直属院之间，各专员办之间在技术支撑、卫片执法等方面加强交流合作。12 月 1～2 日，资源司监督办在福州市举办了责任制检查工作研讨班，请各办分管专员、直属院负责同志参会，提出了很多宝贵的意见和建议，对于进一步完善目标责任制检查工作有很大的帮助。

检查结果及主要问题 全国 150 个检查县平均分为 76.98，其中“优秀”评级 33 个，占被检数量的 22.3%；“合格”评级 107 个，占被检数量的 72.3%；“不合格”评级 8 个，占被检数量 5.4%。从近三年的目标责任制检查结果来看，平均分逐年下降，“优秀”等次比例逐年下降，“合格”与“不合格”比例逐年上升，责任制检查结果更加趋于客观、真实。

各地在目标责任制方面存在的突出问题主要是 3 个方面：一是部分省级层面责任制建立工作止步不前，全国仍有 12 个省级政府没有建立规范的责任制工作机制；二是县级层面责任制执行力度弱化，近 50 个被检查县由于存在多起违法占地、乱砍滥伐等问题，使得“基本保障措施情况”项目得分为 0；三是考核结果运用虚化，问题整改流于形式，大部分县在干部考核评价上并没有将目标责任制的考核结果作为依据。

(张　敏　李　磊)

【保护发展森林资源目标责任制检查工作研讨】 12 月 1～2 日，国家林业局资源司监督办在福建省福州市举办了保护发展森林资源目标责任制检查工作研讨班，参加研讨班的有各专员办、各直属院负责责任制检查工作的分管领导和相关同志共 50 余人。资源司监督办副主任丁晓华、司长助理缪杰出席了研讨班。本次研讨班安排了中纪委中央巡视组原成员，监察部派驻人民银行监察局原局长王辛敏、局规划院监测二处处长黄国胜专题讲座。大家也围绕完善责任制检查工作，结合实际检查过程中发现的问题，提出了一些具有可操作性的宝贵意见和建议。(张　敏　李　磊)

【国家林业局各派驻监督机构扎实开展案件督查督办工作】 2016 年，国家林业局各派驻森林资源监督机构以督查督办破坏森林资源案件为第一职责，完善制度，创新手段，多措并举，严格督办，做到案件不查清不放过、问题不整改不放过、责任人处理不到位不放过，确保案件督查督办取得成效。2016 年，各专员办共督查督办案件 3180 起，其中：国家林业局批转 1142 起(局领导直接批转及其他 42 起、调查督办 96 起、检查核查通报 1004 起)、监督发现 1939 起、媒体曝光、信访及其他 99 起；案件办结 2321 起，办结率达 73 %。共处理各类违法违纪人员 2660 人，其中：刑事处罚 390 人，行政处罚 1395 人，党纪政纪处分 875 人。收回林地 2046.67 公顷，罚款(金)2.25 亿元。

(张　敏　聂大仓)

【监督工作机制不断创新】 《国家林业局关于进一步加强森林资源监督工作的意见》(林资发〔2016〕13 号)下发以来，各专员办认真落实，主动作为，并在实践中争相创新，效果显著。约谈工作广泛开展，据监督办统计，2015 年至 2016 年 8 月，各专员办共开展约谈 161 次，涉及案件 154 起，督促地方对 555 人进行了行政问责，对 317 人进行了行政或刑事处罚，发挥了威慑作用。

(张　敏　聂大仓)

国有林区改革

【国有林区改革取得实质性进展】 一是改革方案批复全部完成。继 2015 年 11 月 30 日，批复内蒙古国有林区改革方案后，2016 年 1 月 27 日和 4 月 26 日，相继批复了吉林省、黑龙江省、大兴安岭的国有林区改革方案。三省区改革方案批复工作全部完成，标志着重点国有林区改革进入了实质性的推动阶段。总体上看，按照中央 6 号文件要求，三省(区)改革总体方案，结合各省(区)实际，在体制机制上提出了明确的改革目标，突出了保生态、保民生，实行政企、政事、事企、管办分开，构建重点国有林管理局、管理分局和林场(所)的三级管理体系，加快产业转型发展，妥善安置好林业职工生产生活。

二是开展国有林区改革督察。三省(区)改革方案批复工作完成后，按照中改办关于及时启动和扎实开展已出台改革举措落实情况的督察工作要求，2016 年 4 月 19 日至 5 月 22 日，由国家林业局副局长刘东生带队，中央编办、发改委、财政部等部门共同组成督察组，分为 3 个阶段，对内蒙古、吉林、黑龙江三省(区)大兴和安岭重点国有林区改革进行了督察，了解改革进展情况，存在的困难和问题，提出推进改革的措施和建议，为指导和推进改革发挥了重要作用。

三是多渠道安置富余职工。重点国有林区全面停伐后，各林业局通过发展特色产业、鼓励自主创业、劳务输出等途径安置富余职工。内蒙古将1.6万名富余职工全部转岗到森林管护等一线岗位。吉林省安置富余职工1.8万人。龙江森工安置富余职工3万余人。大兴安岭安置富余职工0.54万人。

四是推进"四分开"改革。内蒙古社会管理职能已全部剥离，2008年，剥离了森工集团承担的教育、卫生、广电等社会管理职能，2016年5月，在上次剥离的基础上，森工集团与呼伦贝尔市、兴安盟分别签署了"三供一业"及市政环卫、计生、社保、公积金管理等移交协议，剥离移交机构22个、涉及人员4369人、资产6.05亿元。自治区和呼伦贝尔市、兴安盟财政累计投入资金超过100亿元。吉林省重点林区的教育、公检法等社会职能已剥离完成。龙江森工集团承担的检法移交完成，教育、公安纳入财政预算，其余社会职能还未移交。大兴安岭属政企合一管理体制，暂不具备剥离条件，首要任务是理顺松岭、新林、呼中三区财政投资体制，为承接政府管理和公共服务职能创造条件。

五是积极开展改革调研。为深入了解改革进展情况，存在的困难和问题，国家林业局多次组成工作组赴林区开展调研。2016年3月12～15日，由副局长刘东生带队，相关司局组成联合调研组，深入黑龙江的鹤北、方正等林业局开展调研，指导督促龙江森工集团加快推进改革工作。改革督察期间，同时对国有林管理机构设置和编制情况、国有林区扶持政策落实等情况开展了调研。2016年7月11～15日，资源司派员赴龙江森工集团开展调研，了解改革情况，指出存在的问题，提出有关建议。

六是协调组建管理机构。按照局党组工作要求，将协调推进国有林管理机构的建立作为全年工作的重点。2016年以来，多次协调相关部委，协商讨论建立国有林管理机构相关事宜。2016年7月26日，副局长刘东生带队赴中央编办，与中央编办副主任李晓全专题研究机构建立问题。2016年8月15日，按照局领导的指示，组织召开了重点国有林区改革座谈会，专题研究讨论组建国有林管理机构问题，局长张建龙作出指示。2016年8月16日，局党组会对组建国有林机构进行了研究讨论，并对下一步工作提出了明确要求。

（刘　义　沙永恒）

林业法制建设

11

林业政策法规

【规范性文件】

规范性文件管理工作 按照国务院简政放权、“五证合一”登记制度改革、公平竞争审查等要求，对制定发布的规范性文件进行了重点审查。2016 年，审查发布规范性文件共 23 件，内容涉及政务公开、林木种质资源、林权流转、野生动物保护等方面。

按照国务院办公厅《关于进一步加强文件审核把关的通知》(国办函〔2016〕44 号)，启动了上报国务院文件的合法性审查工作，设计了合法性审查意见表，重点对 10 项内容进行审查。2016 年共完成审查上报文件 6 件。

规范性文件清理工作 按照国务院办公厅要求，对不利于稳增长、促改革、调结构、惠民生的 15 个国务院文件进行清理，提出了初步清理意见。按照《国务院办公厅关于做好行政法规部门规章和文件清理工作有关事项的通知》(国办函〔2016〕12 号)的要求，对现有政策性文件进行了全面清理。在清理的基础上，以局发文的形式发布了《国家林业局关于废止〈森林资源资产评估咨询人员管理办法〉和〈森林资源资产评估咨询人员继续教育制度〉的通知》(林规发〔2016〕29 号)和《国家林业局关于废止部分规范性文件的通知》(林策发〔2016〕54 号)，宣布废止了相关文件。

维护更新规范性文件数据库 做好规范性文件查询系统的日常维护工作，将制定发布的规范性文件及时纳入数据库，并对废止的文件状态予以调整。根据用户反馈意见，定期对数据库进行更新升级，进一步优化用户体验，提升服务质量。

政策研究工作 开展了生态环境损害赔偿制度改革试点研究工作，起草了开展试点工作的实施方案，并跟踪有关单位研究进展情况；部署开展了生态环境损害赔偿制度框架研究工作，为推进林业系统相关方面的试点提供理论储备；同时，继续对上海自贸区等先行先试地区涉林政策调整进行研究，优化程序，提升服务。

(颜国强)

【林业立法】

法律法规的修改 一是加快推进森林法修改工作，进一步明确了森林经营、林地用途管制等修改的重点，对提高森林质量措施、木材运输与经营加工等方面进行了专题调研，在国家林业局网站公开征求社会公众意见，参加了中国法学会召开的专家座谈会，形成较为完善的《森林法(修订草案报送稿)》；二是配合做好《野生动物保护法》修订工作，2016 年 7 月 2 日，十二届全国人大常委会第二十一次会议修订通过了《中华人民共和国野生动物保护法》，将于 2017 年 1 月 1 日起施行。新修订的野生动物保护法，对于维护生物多样性和生态平衡、促进人与自然和谐发展，将发挥重要作用。三是配合国务院法制办按照程序对《湿地保护条例(送审稿)》的审查工作，配合做好征求意见、重点问题调查研究等工作；四是指导参与有关行政法规起草工作，提前介入天然林保护条例、国有林场条例、三北防护林管理条例等行政法规草案的研究、调查和起草工作。

规章制定和审查工作 做好《种子法》配套规章审查工作，重新制订发布了《林木种子生产经营许可证管理办法》《主要林木目录》；开展法规规章清理工作，对过去特别是改革开放以来的行政法规、部门规章进行清理，修改了(《松材线虫病疫木加工板材定点加工企业审批管理办法》《普及型国外引种试种苗圃资格认定管理办法》《引进陆生野生动物外来物种种类及数量审批管理办法》、《森林公园管理办法》《大熊猫国内借展管理规定》《建设项目使用林地审核审批管理办法》)6 件部门规章。

与林业立法有关的其他工作 一是制定并发布了《国家林业局 2016 年立法工作计划》；二是探索建立基层林业立法联系点，制定发布《国家林业局基层林业立法联系点工作规则》(办策字〔2016〕251 号)，建立了 21 个基层立法联系点；三是制定并发布了《国家林业局关于全面推进林业法治建设的实施意见》(林策发〔2016〕155 号)；四是配合全国人大农委推进农民专业合作社法、农村土地承包法修改工作；五是对全国人大、国务院法制办、国务院有关部委征求意见的法律法规草案提出意见，共办理了全国人大征求意见的标准化法等 64 件法律、行政法规和规章草案，在相关法律法规草案中体现了林业的职能和职责。

(法规处)

【林业执法监督】

林业行政复议诉讼工作 2016 年，共收办行政复议案件 46 起，依法按期办结了 45 起；办理行政诉讼应诉案件 22 起，其中一审诉讼案件 16 起，二审诉讼案件 6 起，涉及北京、河北、吉林、黑龙江、江苏、浙江、福建、江西、安徽、湖南、广东、陕西共 12 个省(市)，一审诉讼案件已全部按照法院要求提交答辩状及相关证据材料，法院已经作出判决或裁定 12 起，二审诉讼案件 6 起，案件法院都已经作出终审判决；举办国家林业局行政诉讼专题绿色大讲堂，传达学习新行政诉讼法的主要精神和当前应诉工作形势，提高了各单位对行政诉讼工作的重视。

执法检查工作 按照国务院有关开展依法行政督察工作的要求，完成国家林业局贯彻落实《法治政府建设实施纲要(2015～2020 年)》情况的报告；做好张德忠再审案件的有关工作，密切关注案件进展情况。

举办林业行政执法人员培训班 举办林业行政执法骨干人员培训班，传达学习国务院有关进一步加强行政诉讼应诉工作的要求，介绍了行政诉讼典型案例及败诉风险防范经验；在政务公开工作培训班上，完成信息公开行政诉讼典型案例的专题讲座工作。 (吕 振)

【林业普法】

举办林业普法骨干培训班 完成林业系统“七五”普法规划的起草工作，并正式下发各级林业主管部门；完成了林业系统全国“六五”普法先进单位和先进个人的推荐工作，经全国普法办审定后，林业系统共有4个单位、6名个人获得全国“六五”普法先进称号；完成了《关于完善国家工作人员学法用法制度的意见》的落实工作；举办了全国林业普法骨干人员培训班，总结了“六五”普法工作，并对开展“七五”普法工作进行了动员和部署。 （吕 振）

【林业行政许可】

继续清理行政审批事项 一是继续取消下放行政审批事项，2016年，国家林业局制定行政审批事项调整计划，上报国务院审改办拟进一步取消下放调整11项，拟保留实施行政许可事项19项；二是清理中央指定地方实施的行政审批事项，2016年国家林业局共取消中央指定地方实施行政许可事项13项，上报国务院审改办进一步取消15项，拟保留23项。

进一步整合简化建设项目报建行政许可事项 按照国务院关于进一步简化整合投资建设项目报建手续清理规范工作的要求，国家林业局将现有的3项报建手续事项，即“勘查、开采矿藏和各项建设工程占用或者征收、征用林地审核”“在林业部门管理的自然保护区建立机构和修筑设施审批”和“在沙化土地封禁保护区范围内进行修建铁路、公路等建设活动审批”整合为1项。明确以上3项审批合为1项后，审批主体由国家林业局1个内设机构承担，统一受理，一体化办理，再造审批流程，进一步规范和优化审批工作。

“一个窗口”和网上审批平台建设 一是国家林业局行政许可受理中心已于2016年7月1日投入使用，并以国家林业局公告(2016年第16号)对社会公布，实现了行政许可“一个窗口”受理，并为申请人提供国家林业局实施的行政许可事项的业务咨询、材料接收和审批结果送达等服务；二是国家林业局网上审批平台已经于2016年7月1日上线试运行，初步建设完成了行政许可网上审批平台，为申请人提供网上审批服务；三是编制完成了行政许可事项服务指南，以国家林业局公告(2016年第12号、第15号)对社会公布，为申请人提供办事指引，为具体事项的审批提供标准，加强了行政审批规范化建设。

推广随机抽查加强后续监管 按照国务院的要求，国家林业局制订了《推广随机抽查加强后续监管工作方案》，公布《国家林业局开展随机抽查事项清单》，就全面推开和细化“双随机、一公开”监管模式、完善随机抽查事项清单、建立检查对象名录库和执法检查人员名录库、制定随机抽查工作细则等工作进行了部署，制定颁布了《国家林业局林木种子生产经营许可随机抽查工作细则》。

清理规范行政审批中介服务 一是取消了国家林业局的3项行政审批中介服务事项，即“转基因林木植株检测”“建设项目使用林地可行性报告编制”和“拟建机构或设施对自然保护区自然资源、自然生态系统和主要保护对象影响评价”；二是按照国务院审改办的要求，制定了后续监管的具体措施和办法，完成了有关法律法规规章和规范性文件的修改工作。

行政审批标准化工作 按照国务院审改办和国家标准委的要求，启动了国家林业局行政许可标准化建设工作，成立了国家林业局行政许可标准化建设工作领导小组，制订了《国家林业局推进行政许可标准化建设方案》。

行政许可日常程序审查工作 完成了行政许可的程序审查、许可决定统一送达和许可结果网上公示工作，2016年，共办理林业行政许可事项4553件。其中，准予许可4282件、不予许可等271件。 （姚 萍）

集体林权制度改革

12

集体林权制度改革

【综　述】 2016年是“十三五”的开局之年，也是集体林权制度改革的攻坚之年。深化集体林权制度改革有序推进，在完善政策、放活经营、强化服务、提升效益等方面取得积极进展，为建立健全集体林业良性发展机制，实现集体林区森林资源持续增长、农民林业收入显著增加、国家森林生态安全得到保障奠定了良好基础。

【集体林权制度改革工作】 截至2016年，全国确权集体林地面积1.80亿公顷，占纳入集体林改林地面积的98.97%；发放林权证1.01亿本，发证面积达1.76亿公顷，占已确权林地总面积的97.65%。一是增加了农民财产性收入。1.8亿多公顷集体林地有森林蓄积46亿立方米，经济价值达10万多亿元，分林到户后，仅此一项，1亿多农户户均获得10多万元财产的承包经营权，实现了“山定权、树定根、人定心”。二是盘活了森林资产。放活经营权后，集体林业资源变资产、资产变资金的速度明显加快。2016年，集体林地流转面积达0.19亿公顷，林地租金由林改前的每公顷15～30元提高到每公顷约300元，南方省区达到每公顷450～750元，有的地方甚至达到每公顷1500元。林权抵押贷款累计3000多亿元，贷款余额从2010年的300亿元增长到2016年的1300多亿元，增长了3倍多。三是提高了集体林业经营效益。林业新型经营主体不断涌现，全国家庭林场、农民林业专业合作社等新型经营主体达22万多个，经营林地0.24亿公顷，集体林地年产出率由林改前的每公顷1260元提高到每公顷约4500元，增长了3倍多。四是维护了农村社会稳定。随着集体林改的深入推进，林业管理和服务水平有效提升，大量林权纠纷得到妥善调处，农村不稳定因素明显减少。集体林改已经成为干部密切联系群众的重要纽带，广大基层干部与农民群众一起参与林改、投身林改，大大改善了干群关系，进一步巩固了党的执政根基。

【顶层设计】 为巩固和扩大改革成果，深化集体林权制度改革，2016年11月，国务院办公厅出台《关于完善集体林权制度的意见》，进一步明确深化集体林改的指导思想、基本原则和总体目标，对稳定集体林地承包关系、放活生产经营自主权、引导适度规模经营、加强集体林业管理和服务等重点工作进行了全面部署。在稳定集体林地承包关系方面，《意见》提出，要进一步明晰产权，仍由集体经济组织统一经营管理的林地要建立股份合作经营机制；加强林权权益保护，确因生态保护需要的，可探索采取市场化方式对林权权利人给予合理补偿，着力破解生态保护与林农利益间的矛盾；加强合同规范化管理，切实保护当事人合法权益。在放活生产经营自主权方面，《意见》提出，要落实分类经营管理，建立公益林动态管理机制；科学经营公益林，探索公益林采取合资、合作等方式流转；放活商品林经营权，完善森林采伐更新管理制度；优化管理方式，减少政府对集体林微观生产行为的管制。在引导集体林适度规模经营方面，《意见》提出，要积极稳妥流转集体林权，建立健全对工商资本流转林权的监管制度；培育壮大规模经营主体，鼓励地方开展林业规模经营主体带头人和职业森林经理人培训行动；建立健全多种形式利益联结机制，鼓励工商资本与农户股份合作经营；推进集体林业多种经营，加快林业结构调整，促进碳汇进入碳交易市场。《意见》提出，要加强集体林业管理服务，搭建全国互联互通的林权流转市场监管服务平台，提供林权流转交易确认服务；探索建立纠纷调解激励办法，开设林业法律救助绿色通道；完善社会化服务体系，研究探索政府购买林业生产性服务，实施林业社会化服务支撑工程。国家林业局要加强统筹协调，推动完善集体林权制度的各项政策措施落到实处；各有关部门要按照职责分工，继续完善相关政策；各省（区、市）要制定完善集体林权制度实施方案。

【林权流转】 为进一步规范集体林权流转秩序，促进林权流转市场健康有序发展，制定出台《国家林业局关于规范集体林权流转市场运行的意见》，从流转原则、程序、资格、服务、加强用途监督等9个方面做出具体规定。同时，配合国家发改委制度出台《公共资源交易平台管理暂行办法》。

【纠纷调处】 为稳定林区秩序，加强纠纷调处工作，经协调中央综合治理委员会，将集体林地承包经营纠纷调处纳入了综治工作考核评价范围，组织编制《2016年集体林地承包经营纠纷调处考评实施方案》，扎实推进考核评价工作，以考评促调处。印发了《国家林业局关于进一步加强集体林地承包经营纠纷调处工作的通知》，提出新的工作要求，切实维护林区社会稳定。会同农业部联合印发了《农村土地承包经营纠纷仲裁法律文书示范文本》，推进承包经营纠纷仲裁规范化建设。

【新型主体】 积极参与国家农民合作社示范社评选活动，有117家林业专业合作社入围。将85家农民林业专业合作社纳入国家林下经济示范基地建设支持范围。参与了《农民专业合作社法》修改工作。通过加强指导、完善服务、强化扶持，进一步促进合作社发展壮大，提高市场竞争能力和带动农户能力。

【示范引领】 2016年6月，在湖北省襄阳市召开全国集体林业综合改革试验示范区现场会，交流典型经验做法，部署集体林业改革试验示范工作。挖掘各类林改典型案例，汇编形成《集体林业改革典型案例集》供各地参考。

【林下经济】 争取中央财政林下种植中药材补助试点资金2亿元，支持范围涉及20个省。引导和推动全国28个省(区、市)出台了关于推进林下经济发展的意见和规划，16个省份出台林下经济省级财政资金扶持政策。发挥林下经济在精准扶贫中的重要作用，在全国832个国家级贫困县和集中连片特困县开展了“服务精准扶贫国家林下经济及绿色产业示范基地”认定工作，将225家带动力强、扶贫作用明显的单位认定为示范基地。举办了林下经济示范基地培训班。与芬兰有关部门开展了林下经济方面的国际交流。

（由缪光平、胡耀升供稿）

林业科学技术

13

林业科技

【全国林业科技创新大会】 于9月23日在北京召开。国务院副总理汪洋出席会议并讲话，国家林业局局长张建龙主持会议并作工作报告。大会总结了“十二五”林业科技成就，部署了“十三五”林业科技创新的思路和重点任务，表彰了林业科技工作先进集体75个、先进个人120人。（科技司综合处）

【出台《国家林业局关于加快实施创新驱动发展战略支撑林业现代化建设的意见》】 9月18日，国家林业局印发《意见》（林科发〔2016〕132号）。《意见》以国家关于实施创新驱动发展战略的部署要求和一系列重要文件精神为依据，结合行业相关的政策、规划，提出了加强林业科技创新、增强创新有效供给、加大成果推广转化、深化体制机制改革等方面的具体意见。

【发布三项规划】 8月19日，联合科技部印发《主要林木育种科技创新规划（2016～2025）》；9月23日，发布《林业“十三五”科技创新规划》；12月9日，发布《林业标准化“十三五”规划》。三项《规划》提出了今后增强林业科技创新能力、释放创新活力、提高创新效率，全面引领中国林业现代化建设的目标任务。

（科技司综合处）

【成立国家林业局科技创新领导小组】 11月15日，国家林业局办公室印发《关于成立国家林业局科技创新领导小组的通知》，成立国家林业局科技创新领导小组。局长张建龙任组长，副局长彭有冬任副组长，局机关及有关直属单位作为成员单位。（科技司综合处）

【启动新一轮中国森林资源核算研究】 在过去两次核算研究的基础上，联合国家统计局启动开展新一轮中国森林资源核算研究，于7月5日召开了项目启动会，国家林业局局长、项目领导小组组长张建龙，国家统计局局长、项目领导小组组长宁吉喆，全国政协人口资源环境委员会副主任、项目专家指导委员会主任江泽慧出席会议并讲话。（科技司综合处）

【3项成果获得国家科技进步二等奖】 在2016年国家科学技术奖励中，由国家林业局推荐的3项成果获得国家科技进步二等奖。

表13-1 获得国家科技进步奖项目名单

项目名称	主要完成单位	奖项
生物质定向转化制备液体燃料多联产关键技术	中国林业科学研究院林产化学工业研究所、江苏悦达卡特新能源有限公司、金骄特种新材料（集团）有限公司	国家科技进步二等奖
三种特色木本花卉新品种培育与产业升级关键技术	北京林业大学、中国林业科学研究院亚热带林业研究所、广东省林业科学研究院、丽江得一食品有限责任公司、棕榈园林股份有限公司、泰山林业科学研究院、长兴东方梅园有限公司	国家科技进步二等奖
林木良种细胞工程繁育技术及产业化应用	南京林业大学、福建省林业科学研究院（福建省林业技术发展研究中心、福建省林业生产力促进中心）、江西省林业科学院、福建金森林业股份有限公司、福建省洋口国有林场	国家科技进步二等奖

（科技司综合处）

林业科学研究

【国家重点研发计划】 2016年，国家重点研发专项“林业资源培育及高效利用技术创新”“典型脆弱生态修复与保护研究”“生物安全关键技术研发”3个专项中的12个项目通过评审立项，总经费达3.66亿元。重点围绕杨树、桉树、杉木及南方主要珍贵用材树种高效栽培，人工林生产力形成结构与环境效应，林木次生生长的分子调控和环境胁迫机制方面开展集成关键技术创新研究和集成示范。（科技司计划处）

【人才创新推进计划】 围绕国家生态建设和现代林业发展对科技人才的需求，向科技部推荐中国林科院、国际竹藤中心等单位的陈帅飞、刘毅华、何彩云、栾军伟、李志强5名同志为国家“万人计划”青年拔尖人才，“林业气象研究创新团队”为重点领域创新团队，庞勇、杨汉奇、何彩云、高志民、漆良华5名同志为中青年科技创新领军人才。（科技司计划处）

【制定基本科研业务费专项资金管理实施细则】 指导中国林科院、国际竹藤中心制定《中国林业科学研究院中央级公益性科研院所基本科研业务费专项资金管理实施细则（试行）》《国际竹藤中心中央级公益性科研院所基本科研业务费专项资金管理实施细则（试行）》，重点支持科技工作者在代表学科发展方向的领域内自由选题，开展基础性、支撑性、应急性的科学研究。

（科技司计划处）

【国家林业公益性行业科研专项项目】 完成2015年度到期行业专项项目的验收工作，通过验收87项。依托林业公益性行业科研专项，共计申请获得专利76件，行业及地方标准39项、论文918篇（其中125篇SCI/EI收录）、专著25部。

表13-2 2016年度国家林业公益性行业科研专项验收项目认定成果一览表

序号	成果名称
1	干热河谷主要树种适应性评价及造林技术集成
2	黄淮海平原农田防护林体系多尺度水分利用同步监测技术
3	薄壳山核桃品种配置技术
4	麻竹林下竹荪仿野生栽培技术
5	促进土沉香高效结香的技术
6	南方林木专用微生物肥料关键技术
7	森林火灾碳释放估算技术
8	濒危和珍贵热带木材快速识别与DNA条形码识别技术
9	重组竹地板坯料应力释放及浸胶技术
10	实木地板坯料尺寸稳定处理技术
11	基于纤维素乙醇副产物的木材胶黏剂制备技术
12	助焊剂用松香树脂制备技术
13	BYJ－800型油茶苗木嫁接机
14	活立木/结构材层析成像设备
15	刺槐无性系丰产林集约栽培配套技术
16	高效泡桐林网复合生态系统构建技术
17	木竹材常规CT无损检测技术
18	基于碳水耦合的华北地区森林经营管理技术体系
19	四倍体刺槐诱导及繁殖技术
20	退耕还林工程生态效益评价监测技术
21	小叶杨抗极端温度分子标记辅助育种技术
22	油松第二育种周期种子园建设技术
23	云杉矮槲寄生害综合防控技术
24	自然保护区生物多样性保护价值定量评估技术
25	低施胶量环保木质单板复合材料制造技术
26	花用桂花繁殖技术
27	气化供热活性炭生产联产生物质液体肥新技术
28	上阔下竹复合生态系统经营技术
29	石漠化山地森林植被恢复集成技术
30	银杏叶芽孢杆菌培养物的制备技术
31	银杏叶及外种皮加工产业化关键技术
32	桦褐孔菌丰产栽培技术
33	红松果材兼用林定向培育技术
34	木塑复合门窗制造技术
35	木塑门窗型材挤出成型制造技术
36	钩栗种子储藏及苗木培育技术
37	林药单面针高效繁育技术
38	山苍子精油和核仁油高效提制及饲料添加剂制备技术
39	水松、南方红豆杉、观光木、伯乐树保育技术
40	湘鄂石漠化地区常绿阔叶林恢复集成技术
41	油茶新造林水土保持与地力维护关键技术
42	油桐SSR标记引物开发技术
43	油桐纯合体的创制与应用
44	橡胶籽高值化综合利用技术
45	城郊森林空间配置关键技术与优化模式
46	杜仲分子育种关键技术
47	陕西秦岭林区锐齿栎多代萌生低效林改造技术
48	板栗矮干多主枝开心树形巢式修剪技术
49	珍贵阔叶树种质资源保育利用技术
50	内蒙古地区华北落叶松与兴安落叶松丰产栽培技术
51	长白山林蛙高效养殖技术
52	天女木兰繁育技术
53	机械应力分等法规格锯材弹性模量检测技术
54	柳树环境修复技术
55	江苏沿海困难立地造林关键技术
56	APF－Ⅰ型系列松墨天牛高效诱剂、ZM型系列诱捕器及配套技术的研发与应用
57	木通繁育技术
58	程控高强度油料预榨制油技术
59	国外松高世代良种培育关键技术
60	秃杉大径级材人工林培育技术
61	河西荒漠区沙地云杉引种繁育及造林技术
62	宁夏干旱风沙区退化植被恢复技术
63	抗重茬生物制剂及应用技术

（科技司计划处）

【引进国际先进林业科学技术计划项目（"948"项目）和局重点项目】 完成2015年度到期"948"项目和局重点项目的验收工作，通过验收171项。依托"948"项目和局重点项目，开发出具有自主知识产权的新产品、新技术、新工艺、新装置128项，认定成果31项，专利126件，标准23项，论文414篇（其中82篇SCI/EI收录）、专著5部。

表13-3 2016年度"948"、局重点验收项目认定成果一览表

序号	成果名称
1	'脐红'猕猴桃优质高效规范化栽培技术
2	3GF50型灌木仿形平茬机
3	4株高效降解园林废弃物微生物菌株
4	班克木四种植物种子繁殖技术
5	鹅掌楸属植物活性组分提取方法及其应用
6	非洲竹子资源及重要种的遗传多样性与种质发掘
7	灌溉用高矿化地下水磁化脱盐技术
8	几种有机废弃物的基质化处理及应用

（续）

序号	成果名称
9	卡西亚松优良种质资源选择及扦插快繁育苗技术
10	林木采育装备用林木自动测量系统
11	林特产品超声波雾化干燥技术
12	林用有机－无机复合肥生产技术
13	零排放柳树人工湿地处理生活污水工艺
14	毛竹生态环保型质粒载体构建
15	木本油脂风味评价技术
16	木材干燥及浸注的压缩预处理技术
17	木质素酚醛泡沫及连续化生产工艺技术
18	南亚松种质资源引进、收集与保存
19	漆器家具用纳米改性生漆及其 UV 数码喷印技术
20	日本无籽梨品种苗木繁殖与无公害栽培技术
21	实木智能化在线检测与分选系统
22	松褐天牛信息素鉴定和应用技术
23	松节油丙烯酸酯改性水性聚氨酯生产技术
24	松香脂肪酸封端非离子表面活性剂
25	新型氧肥生产技术

（续）

序号	成果名称
26	一种手动植物种子研磨器
27	一种中华猕猴桃的组培快繁方法
28	尹氏杀线真菌规模化生产与应用技术
29	油松、华北落叶松和栓皮栎容器苗底部渗灌技术
30	竹林地土壤有机碳摇杆估测技术
31	自走式蓝莓自动采摘机
32	榛子花果调控技术体系
33	无患子皂苷提取物同步发酵精制技术
34	杉木诱变技术

（科技司计划处）

【陆地生态系统定位观测研究网络建设】 2016 年新建生态站 13 个，生态站总数达到 179 个，其中森林站 102 个、竹林站 8 个、湿地站 37 个、荒漠站 24 个、城市站 8 个，为开展生态效益考核与生态服务功能评估等搭建了重要的科技创新平台。修编发布《国家陆地生态系统定位研究观测网络中长期发展规划（2008～2020 年）》（修编版）。启动实施“岩溶石漠生态系统定位观测技术规范”林业行业标准制订工作。 （科技司计划处）

林业科技推广

【发布 2016 年重点推广林业科技成果包】 3 月 17 日，为促进林业科技成果转移转化，以局办文形式发布了 2016 年重点推广林业科技成果 100 项，围绕国土绿化、生态建设、国有林权改革、产业发展以及扶贫富民等方面对科技成果的现实需求，重点示范推广用材林良种丰产栽培、经济林良种高效栽培、生态修复及植被恢复、森林经营、竹藤花卉及林下经济、木竹材加工与林特产品加工、森林灾害防控与林业装备等技术领域最新林业科技成果。 （科技司推广处）

【林业科技成果国家级推广项目】 5 月 23 日，在黑龙江省哈尔滨市组织签订了 2016 年林业科技成果国家级推广项目合同，共立项 53 项。项目主要由中国林科院、国际竹藤中心等国家林业局直属科研单位以及北京林业大学、东北林业大学、南京林业大学、西南林业大学、中南林业科技大学、西北农林科技大学等林业高校承担。

表 13-4 2016 年度林业科技成果国家级推广项目

项目名称	承担单位
核桃优良品种及配套技术推广	中国林科院林业所
细菌肥料对不良立地土壤改良的推广应用	中国林科院林业所
甜柿优良新品种及园艺化栽培技术示范	中国林科院亚林所
毛竹林下药用植物复合生态系统构建技术示范	中国林科院亚林所
竹加工剩余物液化技术在聚氨酯泡沫的应用推广	中国林科院亚林所

（续）

项目名称	承担单位
南洋楹优良无性系及快繁技术推广	中国林科院热林所
热带天然林植被保育与恢复技术推广	中国林科院森环保所
长江三峡库区退耕还林工程技术模式及其效益监测与评价推广应用	中国林科院森环保所
杀线虫真菌淡紫拟青霉制剂生产及应用	中国林科院森环保所
芯片通量病原检测技术在杨树病害防控中的应用	中国林科院森环保所
野外伺服仪远程檀香图像监测分析技术推广	中国林科院资信所
地涌金莲新品种繁殖栽培技术应用示范	中国林科院资昆所
漆树新品种高效繁育新技术与割漆示范推广	中国林科院资昆所
阻燃 MUF 胶黏剂制备技术的推广应用	中国林科院木工所
林业剩余物制备生物质燃气技术推广应用	中国林科院林化所
竹材原态重组制品制造技术与设备推广	国家林业局北林机所
多功能林内作业机配套装备集成应用示范	国家林业局哈林机所
林火应急指挥管理三维 GIS 平台技术在林火/湿地火灾中的推广应用	中国林科院新技术所
脱毒泡桐苗轻基质网袋工厂化育苗技术推广	中国林科院亚林中心

（续）

项目名称	承担单位
观赏彩色针叶树苗木高效繁育技术示范与推广	中国林科院华林中心
‘华仲12号’杜仲良种繁育与栽培技术推广	国家林业局泡桐中心
竹笋加工剩余物高效加工利用技术推广与示范	国家林业局竹子中心
毛竹关键生理期施肥技术推广与示范	国际竹藤中心
“生态林－苜蓿”复合植被配置模式推广示范	国家林业局林产工业规划设计院
计算机技术在重组装饰材制造中的应用推广	国家林业局林产工业规划设计院
大豆胶刨花板应用示范推广	国家林业局林产工业规划设计院
松杉灵芝近自然栽培技术推广	大兴安岭林业集团公司农林科学院
高产优质毛白杨新品种推广	北京林业大学
基于物联网的经济林智慧管理技术平台推广示范	北京林业大学
蓝莓高效培育技术示范与推广	北京林业大学
高抗逆性优良宿根花卉繁育及应用示范推广	北京林业大学
功能化木塑复合材料挤出成型技术推广	东北林业大学
环保型多功能集材机推广	东北林业大学工程学院
人造板多层压机层间数据融合优化控制关键技术推广	东北林业大学机电学院
森林生态系统碳循环遥感模型技术的推广	东北林业大学林学院
东北林区主要树种（组）林木及林分动态模拟技术推广示范	东北林业大学林学院
洪泽湖河湖交汇区湿地生态修复技术推广与示范	南京林业大学
优良乡土树种南京椴繁育技术示范推广	南京林业大学
桉树人工林土壤质量维护技术集成示范推广	南京林业大学
小型飞机病虫害防治静电喷雾及生物农药喷洒技术推广	南京林业大学
高品质4-乙烯基愈创木酚生物制备技术的应用推广	南京林业大学
速生材低温等离子体改性及应用技术推广	南京林业大学
陕北无公害核桃施肥及配套生产技术推广	西北农林科技大学
青皮核桃气调贮藏技术示范与推广	西北农林科技大学
生态经济型林木杜仲等良种繁育与栽培示范	西北农林科技大学
秦岭林药植物资源挖掘及开发技术中试推广	西北农林科技大学
鲜食核桃新品种‘西林3号’优质丰产栽培技术示范与推广	西北农林科技大学
竹材利用关键技术研究与应用	中南林业科技大学

（续）

项目名称	承担单位
松树人工林林下植被生态经营技术示范推广	中南林业科技大学
高活性β-葡萄糖苷酶应用技术示范	中南林业科技大学
木塑托盘制造技术示范与推广	中南林业科技大学
有害生物测报GIS平台及监测预警新技术的推广应用	西南林业大学
林业科技推广管理系统	中国林科院

（科技司推广处）

【中央财政林业科技推广示范资金专项】 2016年中央财政林业科技推广示范资金4.5亿元，共支持443个项目，支持方向包括：良种繁育、生态修复、林特资源、生物质能源、生物防治以及标准化类。在全国31个省（区、市），推广应用林木优良品种繁育、特色经济林果丰产栽培、生态修复与病虫害治理、林特资源开发与高效加工利用、林下复合经营等技术，大幅提升了林业新成果应用示范效应，强化了科技对林业创新发展的支撑。（科技司推广处）

【构建林业科技成果转化平台】 按照《林业工程技术研究中心发展规划(2013～2020)》，2016年，批复组建了樟子松、竹资源培育、东北乡土树种、野生动物保护与利用、竹缠绕复合材料、活性炭、文冠果和古树名木保护与繁育8个工程技术中心。按照《国家林业生物产业基地认定办法》，批复认定浙江安吉毛竹和新疆温宿红枣2个国家林业生物产业基地。

表13-5　2016年度批复的林业工程技术研究中心和生物产业基地

工程中心名称	依托单位
国家林业局樟子松工程研究中心	辽宁省固沙造林研究所
国家林业局竹资源培育工程技术研究中心	南京林业大学
国家林业局东北乡土树种工程技术研究中心	东北林业大学
国家林业局野生动物保护与利用工程技术研究中心	东北林业大学
国家林业局竹缠绕复合材料工程技术研究中心	浙江鑫宙竹基复合材料科技有限公司 国际竹藤中心
国家林业局活性炭工程技术研究中心	中国林科院
国家林业局文冠果工程技术研究中心	内蒙古林科院赤峰分院
国家林业局古树名木保护与繁育工程技术研究中心	西北农林科技大学
浙江安吉毛竹国家生物产业基地	浙江省安吉县人民政府
新疆温宿红枣国家生物产业基地	新疆维吾尔自治区温宿县人民政府

（科技司推广处）

林业标准化

【《林业标准化“十三五”发展规划》】 根据国务院《深化标准化工作改革方案》《国家标准化体系建设发展规划（2014～2020年）》《林业发展“十三五”规划》和《林业科技创新“十三五”发展规划》，国家林业局编制完成了《林业标准化“十三五”发展规划》，提出六大重点任务：一是完善林业标准体系，建立由政府主导制定的标准和市场自主制定的标准共同构成的新型标准体系。二是强化标准实施示范，推进林业标准化生产管理。三是完善林业标准化服务体系，提升标准化服务水平。四是推进林业标准国际化，促进中国林业标准走出去。五是健全林业标准监督体系，提高林业建设质量与效益。六是加强林业标准化机构队伍建设，夯实标准化工作基础。

（科技司标准处）

【国际标准化组织（ISO）竹藤技术委员会成立大会】 4月26日，国际标准化组织竹藤技术委员会成立大会暨首届年会在北京召开。国家林业局局长张建龙，国家质检总局党组成员、标准委主任田世宏，国际标准化组织主席张晓刚，全国政协人口资源环境委员会副主任、国际竹藤组织董事会联合主席江泽慧出席成立大会并致辞。国家林业局副局长彭有冬主持会议，国际竹藤组织总干事费汉斯、哥伦比亚驻华大使卡尔门萨·哈拉米略出席。来自国际标准化组织中央秘书处、法国、荷兰等国的官员和专家参加会议。会议邀请相关专家围绕科技创新推动竹产业可持续发展、竹藤产品国际贸易、东南亚藤产业及标准化工作、中国竹藤标准现状及标准国际化等问题作了报告。 （科技司标准处）

【2016年林业国家标准】 经国家质量监督检验检疫总局、中国国家标准化管理委员会批准，2016年发布林业国家标准29项。

表13-6 2016年发布的林业国家标准目录

序号	标准号	中文名称	代替标准号
1	GB/T 10283—2016	林业机械 便携式风力灭火机 振动的测定	GB/T 10283—2008
2	GB/T 10284—2016	林业机械 便携式风力灭火机 噪声的测定	GB/T 10284—2008
3	GB/T 15776—2016	造林技术规程	GB/T 15776—2006
4	GB/T 20448.2—2016	自行式林业机械 滚翻保护结构实验室试验和性能要求 第2部分：回转平台上安装驾驶室和起重臂的机械	
5	GB/T 32530—2016	林业机械 锯链甩射防护系统 试验方法和性能要求	
6	GB/T 32767—2016	木材防腐剂性能评估的野外地上L连接件试验方法	
7	GB/T 32768—2016	拉丁美洲热带木材树种鉴定图谱	
8	GB/T 32769—2016	非洲热带木材树种鉴定图谱	
9	GB/T 32770—2016	竹子名词术语	
10	GB/T 32771—2016	白桦造林苗木质量分级	
11	GB/T 32772—2016	红松人工林松梢象甲防治技术规程	
12	GB/T 32773—2016	南方红豆杉紫杉醇原料林丰产栽培技术规程	
13	GB/T 32774—2016	木质门内部结构特征X射线检测方法	
14	GB/T 33021—2016	有机型木材防腐剂分析方法 三唑及苯并咪唑类	
15	GB/T 33022—2016	改性木材分类与标识	
16	GB/T 33023—2016	木材构造术语	
17	GB/T 33024—2016	柳编制品	
18	GB/T 33025—2016	松脂掺杂评估方法	
19	GB/T 33027—2016	森林生态系统长期定位观测方法	
20	GB/T 33028—2016	松脂中工业盐掺杂物鉴别方法	
21	GB/T 33029—2016	松节油及相关萜烯产品组成 毛细管气相色谱分析方法	
22	GB/T 33030—2016	松脂中淀粉类掺杂物鉴别方法	
23	GB/T 33039—2016	人造板生产用回收木材质量要求	
24	GB/T 33040—2016	热处理木材鉴别方法	
25	GB/T 33041—2016	中国陆地木材腐朽与白蚁危害等级区域划分	
26	GB/T 33042—2016	木质地板饰面层中铅、镉、铬、汞重金属元素含量测定	
27	GB/T 33043—2016	人造板甲醛释放量测定大气候箱法	
28	GB/T 4812—2016	特级原木	GB/T 4812—2006
29	GB/T 5849—2016	细木工板	GB/T 5849—2006

（科技司标准处）

【2016年林业行业标准】 经国家林业局批准，2016年共发布林业行业标准234项。

表 13-7　2016 年发布的林业行业标准目录

（续）

序号	标准编号	标准名称	代替标准号
1	LY/T 2573—2016	退耕还林工程生态效益监测与评估规范	
2	LY/T 2574—2016	国家沙漠公园总体规划编制导则	
3	LY/T 2575—2016	国家沙漠公园建设导则	
4	LY/T 2576—2016	雷击森林火灾调查与鉴定规范	
5	LY/T 2577—2016	森林消防车辆外观制式涂装规范	
6	LY/T 2578—2016	森林火险预警信号分级及标识	
7	LY/T 2579—2016	森林火险监测站技术规范	
8	LY/T 2580—2016	森林防火通信车通用技术要求	
9	LY/T 2581—2016	森林防火视频监控系统技术规范	
10	LY/T 2582—2016	森林防火视频监控图像联网技术规范	
11	LY/T 2583—2016	森林防火避火罩	
12	LY/T 2584—2016	森林防火 VSAT 卫星通信系统建设技术规范	
13	LY/T 2585—2016	森林火灾信息处置规范	
14	LY/T 2586—2016	空气负(氧)离子浓度观测技术规范	
15	LY/T 2587—2016	空气负(氧)离子浓度监测站点建设技术规范	
16	LY/T 2588—2016	林业有害生物风险分析准则	
17	LY/T 2589—2016	珍稀濒危植物回归指南	
18	LY/T 2590—2016	珍稀濒危野生植物种子采集技术规程	
19	LY/T 2591—2016	长白山林区森林抚育技术规程	
20	LY/T 2592—2016	东北东部山地森林抚育技术规程	
21	LY/T 2593—2016	大兴安岭森林抚育技术规程	
22	LY/T 2594—2016	西北林区人工林抚育技术规程	
23	LY/T 2595—2016	黄土丘陵沟壑区水土保持林营造技术规程	
24	LY/T 2596—2016	植物新品种特异性、一致性、稳定性测试指南　榆属	
25	LY/T 2597—2016	植物新品种特异性、一致性、稳定性测试指南　崖柏属	
26	LY/T 2598—2016	植物新品种特异性、一致性、稳定性测试指南　松属	
27	LY/T 2599—2016	植物新品种特异性、一致性、稳定性测试指南　蛇葡萄属	
28	LY/T 2600—2016	植物新品种特异性、一致性、稳定性测试指南　桉属　双蒴盖亚属	
29	LY/T 2601—2016	中国森林认证　生产经营性珍贵濒危野生动物饲养管理　审核导则	
30	LY/T 2602—2016	中国森林认证　生产经营性珍稀濒危植物经营	
31	LY/T 2603—2016	中国森林认证　生产经营性珍稀濒危植物经营审核导则	
32	LY/T 2604—2016	中国森林认证　森林生态环境服务　自然保护区操作指南	
33	LY/T 2605—2016	中国森林认证　森林公园生态环境服务操作指南	
34	LY/T 2606—2016	枣实蝇防治技术规程	
35	LY/T 2607—2016	锈色棕榈象检疫技术规程	
36	LY/T 2608—2016	竹产品分类	
37	LY/T 2609—2016	旋切竹单板	
38	LY/T 2610—2016	马占相思树皮	
39	LY/T 2611—2016	对孟烷	
40	LY/T 2612—2016	氢过氧化蒎烷	
41	LY/T 1302—2016	五倍子	LY/T 1302—1999
42	LY/T 2613—2016	蒎烷	
43	LY/T 2614—2016	室内竹质门	
44	LY/T 2615—2016	木质活性炭试验方法　铅含量的测定　原子吸收光谱法	
45	LY/T 2616—2016	生物防火林带经营管护技术规程	
46	LY/T 2617—2016	红椎目标树选择技术规程	
47	LY/T 2618—2016	红椎大径级目标树经营技术规程	
48	LY/T 2619—2016	岩桂育苗技术规程	
49	LY/T 2620—2016	西南桦无性系组培育苗技术规程	
50	LY/T 2621—2016	乌桕育苗技术规程	
51	LY/T 2622—2016	天麻林下栽培技术规程	
52	LY/T 2623—2016	太行山石灰岩山地造林技术规程	
53	LY/T 2624—2016	笋用丛生竹培育技术规程	

（续）

序号	标准编号	标准名称	代替标准号
54	LY/T 2625—2016	纸浆用丛生竹培育技术规程	
55	LY/T 2627—2016	沙冬青平茬技术规范	
56	LY/T 2628—2016	柠条播种育苗技术	
57	LY/T 2629—2016	楠木栽培技术规程	
58	LY/T 2630—2016	南京椴容器苗培育技术规程	
59	LY/T 2631—2016	毛叶木姜子育苗技术规程	
60	LY/T 2632—2016	绿化全冠苗木栽植技术规程	
61	LY/T 2633—2016	龙胆林下栽培技术规程	
62	LY/T 2634—2016	榉树大田扦插育苗技术规程	
63	LY/T 2635—2016	降香黄檀轻基质容器育苗技术规程	
64	LY/T 2636—2016	灰木莲育苗技术规程	
65	LY/T 2637—2016	华南厚皮香大苗培育技术规程	
66	LY/T 2638—2016	华北落叶松种子园营建技术规程	
67	LY/T 2639—2016	华北地区河溪植被缓冲带建设技术规程	
68	LY/T 2640—2016	胡杨播种育苗及造林技术规程	
69	LY/T 2641—2016	杜仲雄花园营建技术规程	
70	LY/T 2642—2016	杜仲嫁接育苗技术规程	
71	LY/T 2643—2016	刺楸播种育苗技术规程	
72	LY/T 2644—2016	柏木林抚育技术规程	
73	LY/T 1169—2016	森林工程　林业架空索道 架设、运行和拆转技术规范	LY/T 1169—1995
74	LY/T 2645—2016	乡村绿化技术规程	
75	LY/T 2646—2016	城乡结合部绿化技术指南	
76	LY/T 2647—2016	通道绿化技术规程	
77	LY/T 2648—2016	林用药剂安全使用准则	
78	LY/T 2649—2016	自然保护区生物多样性保护价值评估技术规程	
79	LY/T 2650—2016	自然保护区自然资源适应性经营方案编制导则	
80	LY/T 2651—2016	退化森林生态系统恢复与重建技术规程	
81	LY/T 2652—2016	极小种群野生植物保护与扩繁技术规范	
82	LY/T 2653—2016	大熊猫栖息地适宜性监测与评估规范	
83	LY/T 2654—2016	立木生物量模型及碳计量参数——落叶松	

（续）

序号	标准编号	标准名称	代替标准号
84	LY/T 2655—2016	立木生物量模型及碳计量参数——云杉	
85	LY/T 2656—2016	立木生物量模型及碳计量参数——冷杉	
86	LY/T 2657—2016	立木生物量模型及碳计量参数——柳杉	
87	LY/T 2658—2016	立木生物量模型及碳计量参数——栎树	
88	LY/T 2659—2016	立木生物量模型及碳计量参数——桦树	
89	LY/T 2660—2016	立木生物量模型及碳计量参数——木荷	
90	LY/T 2661—2016	立木生物量模型及碳计量参数——枫香	
91	LY/T 2662—2016	森林防火安全标志及设置要求	
92	LY/T 2663—2016	森林防火地理信息系统技术要求	
93	LY/T 2664—2016	森林防火数字超短波通信系统技术规范	
94	LY/T 2665—2016	森林火险因子采集站建设及采集技术规范	
95	LY/T 2666—2016	东北、内蒙古边境森林防火阻隔系统建设技术要求	
96	LY/T 2667—2016	森林防火　滴油式点火器通用技术条件	
97	LY/T 2668—2016	森林防火人员佩戴标志	
98	LY/T 2669—2016	林内空气颗粒物监测技术规程	
99	LY/T 2670—2016	植物排放挥发性有机物测定技术规程	
100	LY/T 2671. 1—2016	林业信息基础数据元 第 1 部分：分类	
101	LY/T 2671. 3—2016	林业信息基础数据元 第 3 部分：命名和标识原则	
102	LY/T 2672—2016	林业信息数据库数据字典规范	
103	LY/T 2413. 403—2016	林业物联网　第 403 部分：对象标识符解析系统通用要求	
104	LY/T 2673—2016	森林植被对空气颗粒物的影响评价技术规程	
105	LY/T 2674—2016	野生植物资源调查数据库结构	
106	LY/T 2675—2016	石斛种质鉴定技术规范	
107	LY/T 2676—2016	半干旱地区灌木林平茬与复壮技术规范	
108	LY/T 2677—2016	油茶整形修剪技术规程	
109	LY/T 1528—2016	湿地松速生丰产林栽培技术规程	LY/T 1528—1999
110	LY/T 2678—2016	油茶栽培品种配置技术规程	

（续）

序号	标准编号	标准名称	代替标准号
111	LY/T 2679—2016	油茶高接换冠技术规程	
112	LY/T 2680—2016	油茶主要有害生物综合防治技术规程	
113	LY/T 2681—2016	东京野茉莉播种育苗技术规程	
114	LY/T 2682—2016	中国四照花播种育苗技术规程	
115	LY/T 2683—2016	松阿扁叶蜂防治技术规程	
116	LY/T 2684—2016	榉树大苗培育技术规程	
117	LY/T 2685—2016	航空静电喷雾设备应用技术规范	
118	LY/T 2686—2016	草履蚧防治技术规程	
119	LY/T 2687—2016	栗山天牛防治技术规程	
120	LY/T 2688—2016	白杨透翅蛾防治技术规程	
121	LY/T 2689—2016	貂、狐、貉繁育利用规范	
122	LY/T 2690—2016	野生动物饲养管理技术规程 红腹锦鸡	
123	LY/T 2691—2016	山杏栽培技术规范	
124	LY/T 2692—2016	榉树育苗技术规程	
125	LY/T 2693—2016	白术栽培技术规程	
126	LY/T 2694—2016	青冈栎造林技术规程	
127	LY/T 2695—2016	钩栗造林技术规程	
128	LY/T 2696—2016	大白杜鹃育苗技术规程	
129	LY/T 2697—2016	马尾松抚育经营技术规程	
130	LY/T 2698—2016	铁皮石斛杂交育种技术规程	
131	LY/T 2699—2016	大叶冬青育苗技术规程	
132	LY/T 2700—2016	花木栽培基质	
133	LY/T 2701—2016	黄褐毛忍冬育苗技术规程	
134	LY/T 2702—2016	榛坚果贮藏技术规程	
135	LY/T 2703—2016	薄壳山核桃坚果和果仁质量等级	
136	LY/T 2704—2016	杜仲种仁质量等级	
137	LY/T 2705—2016	樟脑磺酸	
138	LY/T 2706—2016	改性松香树脂酸气相色谱分析方法	
139	LY/T 2707—2016	载硫脱汞颗粒活性炭	
140	LY/T 2708—2016	长叶烯	
141	LY/T 2709—2016	木蜡油	
142	LY/T 2710—2016	木地板用紫外光固化涂料	
143	LY/T 2711—2016	单板用竹集成材	
144	LY/T 2712—2016	竹单板胶合板	

（续）

序号	标准编号	标准名称	代替标准号
145	LY/T 2713—2016	竹材饰面木质地板	
146	LY/T 2714—2016	木塑门套线	
147	LY/T 2715—2016	木塑复合外挂墙板	
148	LY/T 2716—2016	聚氯乙烯片材饰面复合地板	
149	LY/T 2717—2016	人造板产品包装通用技术要求	
150	LY/T 2718—2016	人造板剖面密度测定方法	
151	LY/T 2719—2016	人造板制造企业清洁生产审核指南	
152	LY/T 2720—2016	胶合面木破率的测定方法	
153	LY/T 2721—2016	结构用定向刨花板力学性能指标特征值的确定方法	
154	LY/T 1171—2016	单板用湿粘性胶纸带	LY/T 1171—2006
155	LY/T 1787—2016	非结构用集成材	LY/T 1787—2008
156	LY/T 2722—2016	指接材用结构胶黏剂胶合性能测试方法	
157	LY/T 2723—2016	林业机械　电动鼓式枝丫切碎机	
158	LY/T 2724—2016	车载式高压细水雾灭火机	
159	LY/T 2725—2016	林业机械　便携式油锯反弹试验	
160	LY/T 2726—2016	林业机械　便携式油锯机油泵	
161	LY/T 1196—2016	林业机械　便携式脉冲烟雾机	LY/T 1196.1—2004、LY/T 1196.2—2004
162	LY/T 2727—2016	林业机械　以汽油机为动力的杆式棕榈果采摘机	
163	LY/T 2728—2016（ISO 21299:2009）	坐骑式草地养护设备　滚翻保护结构（ROPS）试验程序和认定准则	
164	LY/T 1188—2016	林业机械　链锯　导板	LY/T 1188—2007
165	LY/T 1187—2016	林业机械　链锯　锯链	LY/T 1187—2006
166	LY/T 2729—2016	数控门扇四边锯	
167	LY/T 2730—2016	连续平压式热压机	
168	LY/T 1605—2016	园林机械　以汽油机为动力的手扶随进滚动式草坪打孔机	LY/T 1605—2002
169	LY/T 2731—2016	蜂窝板热压机	
170	LY/T 2732—2016	数控裁板机	
171	LY/T 2733—2016	木门门锁、铰链孔槽组合加工机	

（续）

序号	标准编号	标准名称	代替标准号
172	LY/T 2734—2016	单板堆垛机	
173	LY/T 1470—2016	纵向刨切机	LY/T 1470—1999、LY/T 1471—1999、LY/T 1472—1999
174	LY/T 1568—2016	指榫开榫机	LY/T 1568—1999
175	LY/T 1602—2016	无卡轴旋切机	LY/T 1602—2002
176	LY/T 1005—2016	热磨机	LY/T 1005—1991、LY/T 1107—1993、LY/T 1313—2002、LY/T 1314—2002、LY/T 1315—2002、LY/T 1342—2002
177	LY/T 1100—2016	链式刮板运输机	LY/T 1100—1993、LY/T 1099—1993
178	LY/T 1373—2016	光环投影定心机	LY/T 1373—1999
179	LY/T 1377—2016	电磁振动器	LY/T 1377—1999
180	LY/T 1126—2016	筛环式打磨机	LY/T 1126—1993
181	LY/T 1303—2016	鼓式削片机通用技术条件	LY/T 1303—2002
182	LY/T 1467—2016	多排钻孔机	LY/T 1467—2001
183	LY/T 2735—2016	自然资源（森林）资产评价技术规范	
184	LY/T 2736—2016	经济林名词术语	
185	LY/T 2737—2016	古树名木鉴定规范	
186	LY/T 2738—2016	古树名木普查技术规范	
187	LY/T 2739—2016	植物新品种特异性、一致性、稳定性测试指南　罗汉松属	
188	LY/T 2740—2016	植物新品种特异性、一致性、稳定性测试指南　红豆杉属	
189	LY/T 2741—2016	植物新品种特异性、一致性、稳定性测试指南　油桐	
190	LY/T 2742—2016	植物新品种特异性、一致性、稳定性测试指南　油茶	
191	LY/T 2743—2016	碳汇造林项目设计文件编制指南	
192	LY/T 2744—2016	碳汇造林项目监测报告编制指南	
193	LY/T 2482.3—2016	东北、内蒙古林区森林抚育技术要求　第3部分：长白山林区	

（续）

序号	标准编号	标准名称	代替标准号
194	LY/T 2745—2016	仁用杏品种鉴定技术规程——SSR分子标记法	
195	LY/T 2746—2016	果岭式绿地草坪建植与养护技术规程	
196	LY/T 2747—2016	芍药无土栽培生产技术规程	
197	LY/T 2748—2016	楸树扦插育苗技术规程	
198	LY/T 2749—2016	桉树速丰林配方施肥技术规程	
199	LY/T 2750—2016	油茶施肥技术规程	
200	LY/T 2751—2016	金花茶育苗技术规程	
201	LY/T 2752—2016	林木轻基质无纺布容器育苗技术规程	
202	LY/T 2753—2016	白蜡造林技术规程	
203	LY/T 2754—2016	无花果硬枝扦插技术规程	
204	LY/T 2755—2016	果桑栽培技术规程	
205	LY/T 2756—2016	白蜡品种分子鉴定方法　SRAP分子标记法	
206	LY/T 2757—2016	山茶扦插苗生产技术规程	
207	LY/T 2758—2016	皂荚栽培技术规程	
208	LY/T 2759—2016	枳椇栽培技术规程	
209	LY/T 2760—2016	牛心柿培育技术规程	
210	LY/T 2761—2016	七叶树栽培技术规程	
211	LY/T 2762—2016	毛竹林下多花黄精复合经营技术规程	
212	LY/T 2763—2016	无核君迁子培育技术规程	
213	LY/T 2764—2016	西南亚高山退化森林恢复与可持续经营技术规范	
214	LY/T 2765—2016	南亚热带马尾松人工林碳增汇减排经营技术规程	
215	LY/T 2766—2016	银杏核用品种选育程序与要求	
216	LY/T 2767—2016	野外大熊猫救护及放归规范	
217	LY/T 2768—2016	建设项目对大熊猫影响评价方法	
218	LY/T 2769—2016	大熊猫国内借展场馆设计规范	
219	LY/T 2770—2016	南方有色金属矿区废弃地植被生态修复技术规程	
220	LY/T 2771—2016	北方地区裸露边坡植被恢复技术规范	
221	LY/T 2772—2016	地被菊繁殖技术规程	
222	LY/T 2773—2016	绿地月季栽培养护技术规程	

（续）

序号	标准编号	标准名称	代替标准号
223	LY/T 2774—2016	板栗生产技术规程	
224	LY/T 2775—2016	黑木耳块生产综合能耗	
225	LY/T 2776—2016	木质颗粒燃料生产综合能耗	
226	LY/T 2777—2016	单宁酸生产综合能耗	
227	LY/T 2778—2016	扶桑绵粉蚧检疫技术规程	
228	LY/T 2779—2016	薇甘菊检疫技术规程	
229	LY/T 2780—2016	松疱锈病菌检疫技术规程	
230	LY/T 2781—2016	桉树枝瘿姬小蜂检疫技术规程	
231	LY/T 2782—2016	全缘栾树苗木培育技术规程	
232	LY/T 2783—2016	油橄榄采穗圃营建技术规程	
233	LY/T 2784—2016	油橄榄高接换优技术规程	
234	LY/T 2785—2016	文冠果播种育苗技术规程	

（科技司标准处）

【2016 年林业国家标准计划项目】 国家标准化管理委员会批准林业国家标准计划项目 8 项。

表 13-8 2016 年度林业国家标准计划项目汇总表

序号	计划编号	项 目 名 称
1	20160457 - T - 432	林业物联网面向视频的无线传感器网络媒体访问控制和物理层规范
2	20160458 - T - 432	林业物联网面向视频的无线传感器网络技术要求
3	20160459 - T - 432	林业物联网标识分配规则
4	20160460 - T - 432	小径原木
5	20160461 - T - 432	针叶树锯材
6	20160462 - T - 432	阔叶树锯材
7	20161570 - T - 432	免洗红枣
8	20161916 - T - 432	国家森林城市评价指标

（科技司标准处）

【2016 年林业行业标准计划项目】 2016 年，国家林业局批准林业行业标准制修订计划项目 190 项。

表 13-9 2016 年度林业行业标准计划项目汇总表

序号	项目编号	项目名称
1	2016 - LY - 001	林业及相关产业产品目录
2	2016 - LY - 002	直升机消防吊桶通用规范
3	2016 - LY - 003	森林扑火指挥员岗位培训考核规范
4	2016 - LY - 004	森林扑火队员岗位培训考核规范
5	2016 - LY - 005	森林火灾扑救训练规程
6	2016 - LY - 006	森林火灾扑救安全规程

（续）

序号	项目编号	项目名称
7	2016 - LY - 007	森林防火视频监控系统测试规范
8	2016 - LY - 008	麻核桃坚果评价技术规程
9	2016 - LY - 009	经济林品种区域试验技术规程
10	2016 - LY - 010	常见宿根花卉栽培技术规程
11	2016 - LY - 011	艺术拼花地板
12	2016 - LY - 012	红松容器苗基质
13	2016 - LY - 013	木质浴桶
14	2016 - LY - 014	春笋冬出毛竹林高效培育技术规程
15	2016 - LY - 015	竹马赛克
16	2016 - LY - 016	扬子鳄饲养繁殖通用技术规程
17	2016 - LY - 017	手用农具、清洁工具木柄
18	2016 - LY - 018	霍山石斛枫斗加工及检测技术规程
19	2016 - LY - 019	无患子培育技术规程
20	2016 - LY - 020	杉木人工林经营技术规范
21	2016 - LY - 021	森林旅游景区低碳化建设技术规范
22	2016 - LY - 022	红楠育苗技术规程
23	2016 - LY - 023	苦楝育苗和造林技术规程
24	2016 - LY - 024	红掌切花日光温室生产技术规程
25	2016 - LY - 025	白蜡已知品种 SSR 指纹图谱鉴定方法
26	2016 - LY - 026	主要木本油料树种苗木质量等级
27	2016 - LY - 027	野生动物饲养管理技术规程　雉鸡类
28	2016 - LY - 028	南方型黑杨速生丰产林培育技术规程
29	2016 - LY - 029	闽楠培育技术规程
30	2016 - LY - 030	毛金竹鞭笋两用林丰产培育技术规程
31	2016 - LY - 031	厚朴培育技术与种苗质量等级
32	2016 - LY - 032	丝棉木培育技术规程
33	2016 - LY - 033	森林防火指挥信息中心建设技术标准
34	2016 - LY - 034	楸树栽培技术规程
35	2016 - LY - 035	龙脑樟培育技术规程
36	2016 - LY - 036	任豆培育技术规程
37	2016 - LY - 037	格木丰产栽培技术规程
38	2016 - LY - 038	山桐子育苗技术规程
39	2016 - LY - 039	四川桤木播种育苗技术规程
40	2016 - LY - 040	红椿育苗技术规程
41	2016 - LY - 041	大树移植技术规程
42	2016 - LY - 042	绿竹笋用林栽培技术规程
43	2016 - LY - 043	方竹笋干加工及检测技术规程
44	2016 - LY - 044	棕榈栽培技术规程
45	2016 - LY - 045	石漠化综合防治工程效益监测技术规程
46	2016 - LY - 046	辣木栽培技术规程及辣木籽质量等级

（续）

序号	项目编号	项目名称
47	2016 - LY - 047	滇牡丹栽培技术规程
48	2016 - LY - 048	油橄榄嫁接育苗技术规程
49	2016 - LY - 049	流动沙地沙障设置技术规程
50	2016 - LY - 050	沙鼠防治技术规程
51	2016 - LY - 051	野生动物饲养场卫生防疫技术规程
52	2016 - LY - 052	人造板木片
53	2016 - LY - 053	林区木材生产绞盘机装车燃料消耗量
54	2016 - LY - 054	阔叶树原条
55	2016 - LY - 055	浸渍纸层压木质地板生产线节能技术规范
56	2016 - LY - 056	长白落叶松种子园营建技术规程
57	2016 - LY - 057	黑木耳块生产技术规程
58	2016 - LY - 058	东北虎野外种群监测技术规程
59	2016 - LY - 059	自然保护区管理计划编制指南
60	2016 - LY - 060	无患子皂素
61	2016 - LY - 061	森林公园自然教育系统建设技术规程
62	2016 - LY - 062	林业规划生态环境效益评价指标体系
63	2016 - LY - 063	林业行政许可审批规范
64	2016 - LY - 064	华北地区防护林体系建设技术规程
65	2016 - LY - 065	沟眶象防治技术规程
66	2016 - LY - 066	野生动物收容救护指南
67	2016 - LY - 067	林业企业能源审计规范
68	2016 - LY - 068	羚羊角及其制品鉴定技术规范
69	2016 - LY - 069	主要绿化苗木质量分级
70	2016 - LY - 070	人造板工业生产性粉尘控制技术规程
71	2016 - LY - 071	柳杉扦插育苗技术规程
72	2016 - LY - 072	流苏树播种育苗技术规程
73	2016 - LY - 073	冬青播种育苗技术规程
74	2016 - LY - 074	小叶榄仁育苗技术规程
75	2016 - LY - 075	生态公益林多功能经营技术规程
76	2016 - LY - 076	国家级森林公园总体规划规范
77	2016 - LY - 077	常青白蜡培育技术规程
78	2016 - LY - 078	森林休闲基地建设与服务规范
79	2016 - LY - 079	富贵籽育苗技术规程
80	2016 - LY - 080	林木种子资源调查、编目与登记规范
81	2016 - LY - 081	林木种子资源采集技术规范
82	2016 - LY - 082	野生动物资源调查　栖息地分类及代码
83	2016 - LY - 083	陆生野生动物资源调查区划
84	2016 - LY - 084	空气负氧离子监测站点构建技术规范
85	2016 - LY - 085	荒漠区生物多样性评估规范
86	2016 - LY - 086	国家森林公园设施标识规范
87	2016 - LY - 087	国家公园总体规划技术规范
88	2016 - LY - 088	国家公园资源调查与评价规范

（续）

序号	项目编号	项目名称
89	2016 - LY - 089	木雕及其制品通用要求
90	2016 - LY - 090	天然林资源保护工程社会经济效益监测与评价
91	2016 - LY - 091	天然林保护实施规范
92	2016 - LY - 092	林业植物新品种特异性、一致性、稳定性(DUS)测试指南　皂荚属
93	2016 - LY - 093	林业植物新品种特异性、一致性、稳定性(DUS)测试指南　雪松属
94	2016 - LY - 094	林业植物新品种特异性、一致性、稳定性(DUS)测试指南　木麻黄属
95	2016 - LY - 095	林业植物新品种特异性、一致性、稳定性(DUS)测试指南　金露梅属
96	2016 - LY - 096	林业植物新品种特异性、一致性、稳定性(DUS)测试指南　方竹属
97	2016 - LY - 097	林业植物新品种特异性、一致性、稳定性(DUS)测试指南　紫荆属
98	2016 - LY - 098	林业植物新品种特异性、一致性、稳定性(DUS)测试指南　珍珠梅属
99	2016 - LY - 099	林业植物新品种特异性、一致性、稳定性(DUS)测试指南　叶子花属
100	2016 - LY - 100	林业植物新品种特异性、一致性、稳定性(DUS)测试指南　香椿属
101	2016 - LY - 101	林业植物新品种特异性、一致性、稳定性(DUS)测试指南　山核桃属
102	2016 - LY - 102	林业植物新品种特异性、一致性、稳定性(DUS)测试指南　青檀属
103	2016 - LY - 103	林业植物新品种特异性、一致性、稳定性(DUS)测试指南　苹果属(苹果除外)
104	2016 - LY - 104	林业植物新品种特异性、一致性、稳定性(DUS)测试指南　楠属
105	2016 - LY - 105	林业植物新品种特异性、一致性、稳定性(DUS)测试指南　木槿属
106	2016 - LY - 106	林业植物新品种特异性、一致性、稳定性(DUS)测试指南　流苏树属
107	2016 - LY - 107	林业植物新品种特异性、一致性、稳定性(DUS)测试指南　李属 - 樱花
108	2016 - LY - 108	林业植物新品种特异性、一致性、稳定性(DUS)测试指南　李属 - 欧李
109	2016 - LY - 109	林业植物新品种特异性、一致性、稳定性(DUS)测试指南　李属 - 扁桃
110	2016 - LY - 110	林业植物新品种特异性、一致性、稳定性(DUS)测试指南　金丝桃属
111	2016 - LY - 111	林业植物新品种特异性、一致性、稳定性(DUS)测试指南　金缕梅属
112	2016 - LY - 112	林业植物新品种特异性、一致性、稳定性(DUS)测试指南　接骨木属
113	2016 - LY - 113	林业植物新品种特异性、一致性、稳定性(DUS)测试指南　枫香属
114	2016 - LY - 114	林下经济术语
115	2016 - LY - 115	卫星林火监测报告编制规范
116	2016 - LY - 116	枣大球蚧防治技术规程
117	2016 - LY - 117	野生鸟类新城疫病毒主动监测技术规程
118	2016 - LY - 118	杨树烂皮病防治技术规程

（续）

序号	项目编号	项目名称
119	2016－LY－119	杨干象防治技术规程
120	2016－LY－120	落叶松鞘蛾防治技术规程
121	2016－LY－121	林业有害生物发生与成灾分级指南
122	2016－LY－122	动物园疫病防控技术规范
123	2016－LY－123	磨刀机
124	2016－LY－124	单板挖孔机
125	2016－LY－125	摆动筛
126	2016－LY－126	园林机械型号编制方法
127	2016－LY－127	园林机械　以汽油机为动力的手持式绿篱修剪机
128	2016－LY－128	园林机械　高尔夫球场用半挂车
129	2016－LY－129	园林机械　以汽油机为动力的便携杆式动力修枝锯
130	2016－LY－130	林业机械　以汽油机为动力的轴向振动钩式长杆采摘机
131	2016－LY－131	林业机械　以汽油机为动力的便携组合式吹吸机
132	2016－LY－132	林业机械　步道沟松土除草机
133	2016－LY－133	林业机械　便携式油锯润滑油性能评估试验方法
134	2016－LY－134	林业机械　便携式油锯　锯链制动器性能测试方法
135	2016－LY－135	林业机械　便携式风力喷水灭火机
136	2016－LY－136	东北、内蒙古林区低效林改造技术要求和工程实施指南
137	2016－LY－137	棕榈藤材轴向抗压强度试验方法
138	2016－LY－138	竹质活性炭
139	2016－LY－139	竹丝装饰材料
140	2016－LY－140	竹林碳计量规程
141	2016－LY－141	竹产品碳计量规程
142	2016－LY－142	竹材生物质固体燃料堆积密度测试方法
143	2016－LY－143	毛竹林健康经营与评价规程
144	2016－LY－144	金镶玉竹观赏栽培养护技术规程
145	2016－LY－145	林业有害生物分类与代码
146	2016－LY－146	林业有害生物调查统计规范
147	2016－LY－147	岩溶石漠生态系统定位观测技术规范
148	2016－LY－148	基于主导功能的高寒沙地防护林服务功能评估技术规范
149	2016－LY－149	戈壁分类指标体系
150	2016－LY－150	长柄扁桃育苗技术规程
151	2016－LY－151	油用牡丹种子园建设技术规程
152	2016－LY－152	西北地区天然林经营技术规程
153	2016－LY－153	森林土壤铜、锌、铁、锰的测定
154	2016－LY－154	日本落叶松纸浆林定向培育技术规程

（续）

序号	项目编号	项目名称
155	2016－LY－155	热带兰栽培技术与质量等级
156	2016－LY－156	林木种子包装
157	2016－LY－157	核桃标准综合体
158	2016－LY－158	树脂浸渍改性木材生产通用技术要求
159	2016－LY－159	森林旅游景区木（材）产品使用技术要求
160	2016－LY－160	人造板防腐性能评价及通用技术规程
161	2016－LY－161	木结构－销类连接件屈服力矩试验方法
162	2016－LY－162	结构和室外用木质材料产品标识
163	2016－LY－163	古建筑木结构材质性能与残损等级分级
164	2016－LY－164	地采暖用木质地板
165	2016－LY－165	崖柏扦插和种子育苗技术规程
166	2016－LY－166	天然林保护工程生态效益评价数据获取方法
167	2016－LY－167	林木引种检疫审批风险评估指南
168	2016－LY－168	中国森林植被分类、调查与制图指南
169	2016－LY－169	燃油挥发控制炭罐用颗粒活性炭
170	2016－LY－170	活性炭苯吸附率的测定
171	2016－LY－171	竹卵圆蝽防治技术规程
172	2016－LY－172	薄壳山核桃遗传资源调查编目技术规程
173	2016－LY－173	红豆树人工林栽培技术规程
174	2016－LY－174	棕榈藤植物标本制作规程
175	2016－LY－175	五倍子寄主树种培育技术规程
176	2016－LY－176	马鹿花育苗技术规程
177	2016－LY－177	辣木种子及苗木质量分级
178	2016－LY－178	精白蜡
179	2016－LY－179	翠柏用材林培育技术规程
180	2016－LY－180	杜仲标准综合体
181	2016－LY－181	红树林湿地生态系统服务评估技术规程
182	2016－LY－182	家具用竹质板方材通用技术条件
183	2016－LY－183	金裳凤蝶和裳凤蝶人工繁育技术规程
184	2016－LY－184	旋切单板干燥质量检测方法
185	2016－LY－185	大叶相思容器育苗技术规程
186	2016－LY－186	甜柿栽培技术规程
187	2016－LY－187	毛竹林氮素精准施肥技术
188	2016－LY－188	林木种子生活力测定技术规范
189	2016－LY－189	麻栎和栓皮栎林抚育经营技术规程
190	2016－LY－190	三北防护林退化林分修复技术规程

（科技司标准处）

【2016 年全国林业标准化示范区项目】 加强林业标准化工作，积极推进林业标准化生产示范区建设工作，2016 年建设 37 个林业标准化示范区建设项目。

表 13-10 2016 年林业标准化示范区项目汇总表

序号	省份	项目名称	项目承担单位
1	北京	北京山区森林文化基地标准化示范区建设	北京市林业碳汇工作办公室
2	河北	平欧杂交榛子繁育及优质栽培标准化示范区	承德市林业技术推广站
3	河北	优质葡萄丰产栽培标准化示范区建设	张家口市林业科学研究院
4	浙江	香榧定砧嫁接技术标准化示范区建设	浙江省景宁畲族自治县林业技术推广中心
5	福建	马尾松森林抚育标准化示范区建设	福建省上杭白砂国有林场
6	福建	清流县多花黄精标准化示范区建设	清流县林业科技推广中心
7	福建	柳杉丰产林培育标准化示范区建设	福建省霞浦杨梅岭国有林场
8	福建	福建柏标准化示范区建设	安溪白濑国有林场
9	江西	雷竹标准化示范区建设与鲜食枣丰产栽培示范	江西农业大学、江西省林业科技培训中心
10	江西	奉新县毛竹标准化示范区与竹材全循环利用技术产业化示范	奉新县林业技术推广中心
11	江西	上饶县油茶标准化示范区建设	上饶县林业技术推广站
12	江西	定南县油茶标准化示范区建设	定南县林业技术推广站
13	江西	于都县油茶标准化示范区建设	于都县林业技术推广站
14	江西	安福县毛竹林丰产培育标准化示范区建设	安福县林业技术推广站
15	山东	经济林产品质量安全管理系统标准化示范区建设	山东省林业科学研究院
16	山东	良种核桃标准化丰产栽培技术示范区建设	昌邑市林木种苗站
17	河南	核桃标准化示范区建设	淅川县林业工作站
18	河南	优质核桃标准化种植示范区建设	辉县市林业技术推广站
19	河南	郏县核桃标准化示范区	郏县英姿林果种植专业合作社
20	湖北	咸宁市桂花栽培标准化示范区建设	咸宁市林科院
21	湖北	石首市杨树标准化示范区建设	湖北省林科院石首杨树研究所
22	湖南	湖南省邵阳县油茶标准化示范区建设	邵阳县林业局
23	湖南	湖南省冷水江市矿区废弃地生态修复标准化示范区建设	湖南省林业科学院
24	湖南	湖南省苏仙区矿区废弃地生态修复标准化示范区建设	湖南省林业科学院

（续）

序号	省份	项目名称	项目承担单位
25	湖南	湖南省耒阳市毛竹标准化示范区建设	衡阳市林业科技推广站
26	广东	广东省梅县“中大一号红豆杉”标准化示范区	梅州市林业科学研究所
27	广西	广西桂平肉桂栽培标准化示范区建设	广西林科院
28	广西	广西闽楠标准化栽培示范区建设	大桂山林场
29	四川	柳杉丰产林标准化示范基地建设	北川县忻园种植专业合作社
30	四川	美姑县核桃标准化基地建设示范	美姑县牛牛坝林场
31	四川	珍珠花菜基地建设标准化示范	万源市诚信珍珠花菜专业合作社、万源市林业科技推广中心
32	贵州	贵州省贵定县刺梨标准化示范区	黔南州林业科学技术推广站
33	贵州	七星关区核桃标准化示范区	毕节市林业科学技术研究所
34	新疆	新疆早实核桃提质增效标准化生产示范	新疆林科院经济林研究所
35	新疆	库尔勒香梨优质高效标准化示范园建设	巴州林业科学技术推广中心
36	新疆	大果沙棘标准化示范区建设	阿勒泰地区林业工作站
37	新疆	新疆梭梭人工接种肉苁蓉标准化示范区建设	沙雅县林业局、沙雅县漠鑫开发有限公司、昌吉州林业技术推广中心

（科技司标准处）

【2016 年国家林业标准化示范企业】 为推动林业企业标准化生产和管理，2016 年，国家林业局联合国家标准化管理委员会，共同认定了 30 家国家林业标准化示范企业。

表 13-11 2016 年国家林业标准化示范企业汇总表

序号	企业名称	所在地区	类别
1	承德华净活性炭有限公司	河北	林化产品
2	满洲里联众木业有限责任公司	内蒙古	林木制品
3	吉林中信美来木业集团有限责任公司	吉林	林木制品
4	浙江世友木业有限公司	浙江	林木制品
5	杭州华海木业有限公司	浙江	林木制品
6	德华兔宝宝装饰新材料股份有限公司	浙江	林木制品
7	东阳市明堂红木家具有限公司	浙江	林木制品
8	宁波士林工艺品有限公司	浙江	林木制品
9	浙江升华云峰新材股份有限公司	浙江	林木制品
10	浙江森宇实业有限公司	浙江	林木种苗
11	安庆永大体育用品有限公司	安徽	林木制品
12	安徽交建远见园林有限公司	安徽	林木种苗

（续）

序号	企业名称	所在地区	类别
13	安徽新远大木业有限公司	安徽	林木制品
14	泉州市泉美生物科技有限公司	福建	林木种苗
15	福建省建瓯市华宇竹业有限公司	福建	林木制品
16	福建森美达生物科技有限公司	福建	林化产品
17	莆田标准木业有限公司	福建	林木制品
18	周宁县华篁竹木制品有限公司	福建	林木制品
19	江西飞尚林产有限公司	江西	林化产品
20	临沂市韩宇东来木业有限公司	山东	林木制品
21	山东菏泽福林木业有限公司	山东	林木制品
22	山东省曹普工艺有限公司	山东	林木制品
23	湖南松本林业科技股份有限公司	湖南	林化产品
24	广西高林林业股份有限公司	广西	林木制品
25	广西祥盛木业有限责任公司	广西	林木制品
26	广西浩林人造板股份有限公司	广西	林木制品
27	四川发荣林业产业有限公司	四川	林木制品
28	乐山吉象人造林制品有限公司	四川	林木制品
29	四川顺达人造林制品有限公司	四川	林木制品
30	云南林缘香料有限公司	云南	林化产品

（科技司标准处）

【林业领域强制性标准整合精简工作】 2016年，按照《深化标准化工作改革方案》和国务院办公厅《贯彻实施〈深化标准化工作改革方案〉行动计划(2015～2016年)》《强制性标准整合精简工作方案》的要求，国家标准委印发《强制性标准整合精简评估方法》和《强制性国家标准项目清单》，全面启动了强制性标准整合精简工作。根据国家标准委的要求，国家林业局积极推进林业领域强制性标准整合精简工作，对现行林业领域强制性标准进行了全面梳理，重点对林业领域涉及的41项强制性标准进行了整合精简工作。并根据当前林业领域对强制性标准的需求，提出了林业领域强制性标准体系。

（科技司标准处）

【新成立1个国家林业局质量检验检测机构】 2016年，根据《行政许可法》和《国家林业局产品质量检验检测机构管理办法》的要求，按照行政许可审批有关规定，国家林业局批准依托中国林业科学研究院资源昆虫研究所成立了国家林业局林化产品质量检验检测中心(昆明)，授权开展林化产品质量检验检测工作。

（科技司标准处）

【林产品质量安全监测工作】 按照《国家林业局关于开展2016年林产品质量安全监测工作》(林科发〔2016〕64号)要求，围绕林产品质量和安全，加强了林产品质量监管工作。2016年，共监测了林木制品、经济林产品、林化产品和花卉四大类，浸渍胶膜纸饰面人造板、核桃、松香、月季鲜切花等22种产品，涉及北京、河北等24个省份，总抽检林产品2326批次。其中，监测木质林产品企业1024家1098批次产品，经济林产品956批次，林化产品企业140家162批次产品，月季鲜切花企业(基地)29家110批次鲜切花产品。

（科技司标准处）

【2016年林业标准化培训班】 2016年4月，国家林业局科技司在福建厦门举办全国林业标准化培训班，来自2016年度新立项林业行业标准项目负责人、归口管理单位科技处负责人、各标准委员会秘书长等单位的200多人参加了培训。会议重点解读了《国务院关于印发深化标准化工作改革方案的通知》《国务院办公厅关于印发国家标准化体系建设发展规划(2016～2020年)的通知》精神，开展了《林业标准编制方法》《林业标准项目管理》《林业标准项目经费管理办法》等文件学习。

（科技司标准处）

【2016年国家林业局质检机构管理和检测技术培训班】 于2016年11月在广东省广州市举办。重点培训了林产品质量监管相关管理规定，林木制品质量提升工作概况，林产品质检机构能力建设和管理，林产品抽样和检测技术，并开展了林产品质量管理及质检机构情况交流。各质检机构负责人和技术专家80多人参加培训，通过培训提高了质检人员的业务水平，为下一步做好林产品质量监管工作打下基础。 （科技司标准处）

【2016年国际标准化工作】 2016年，中国承办了国际标准化组织木材及木制品产销监管链(ISO/PC 287)标准化技术委员会2016年年会，推进森林认证领域国际标准ISO 38200的制修订工作。组建中国代表团参加了国际标准化组织(ISO)森林认证、木材、林业机械3个技术委员会全体成员国年会。加快推进了中国负责的ISO 13061《木材物理力学性质试验方法》等5项国际标准研制；开展《木制品术语和定义》国际标准提案工作。启动《竹地板》等3项国际标准研制，并经ISO竹藤技术委员会同意，由中国负责牵头《竹地板》《竹术语》《竹炭》3项国际标准的研制工作，成立了竹地板等3个标准工作组。 （科技司标准处）

林业知识产权保护

【加快建设知识产权强国林业实施计划】 《2016年加快建设知识产权强国林业实施计划》以实施《国家知识产权战略纲要》为目标，重点围绕提高林业知识产权创造质量、提升林业知识产权运用效益、提高林业知识产权保护效果、提升林业知识产权管理和服务水平、提高林业知识产权基础能力、促进知识产权宣传和国际交流6

个方面，提出了15项重要任务和工作措施，分别由国家林业局相关司局和直属单位牵头完成。（龚玉梅）

【林业知识产权试点合格单位】 2016年7月在上海组织召开了第三批全国林业知识产权试点单位验收会，内蒙古自治区通辽市林业科学院等19家试点单位通过考核验收，成为第三批全国林业知识产权试点工作合格单位。（龚玉梅）

表13-12 第三批全国林业知识产权试点合格单位名单

序号	单位
1	内蒙古自治区通辽市林业科学院
2	黑龙江省森林与环境科学研究院
3	上海市植物园
4	江苏红豆杉生物科技股份有限公司
5	江苏富祥木业股份有限公司
6	无锡市博大竹木业有限公司
7	安徽亿佳鑫木业有限公司
8	安徽龙华竹业有限公司
9	江西艺竹实业有限公司
10	山东省烟台市林业科学研究所
11	山东新港企业集团有限公司
12	重庆市林业科学研究院
13	四川省林业科学研究院
14	吉林森工金桥地板集团有限公司
15	黑龙江省牡丹江林业科学研究所
16	大兴安岭神州北极木业有限公司
17	长白山森工集团和龙人造板有限公司
18	宁波市林业局林特种苗繁育中心
19	深圳市兰科植物保护研究中心

【林业知识产权试点评估】 2016年，委托第三方对3批共75家全国林业知识产权试点单位的试点工作进行绩效评估，完成了《全国林业知识产权试点工作评估报告》。评估为优秀(90分以上)的试点单位13个，占试点单位总数的17%；评估为良好(80～89.9分)的试点单位36个，占试点单位总数的48%；评估为合格(60～79.9分)的试点单位23个，占试点单位总数的31%。试点验收评估为优秀的单位是：中国林业科学研究院木材工业研究所、国际竹藤中心、北京林业大学、上海市林业总站、上海植物园、河北林业科学研究院、湖南省林业科学院、广东省林业科学研究院、广西壮族自治区林业科学研究院、江西省林业科学研究院、大亚科技集团有限公司、深圳市燕加隆实业发展有限公司和浙江森禾种业股份有限公司。（龚玉梅）

【林业专利产业化推进】 国家林业局科技发展中心2016年组织实施了“木材湿热压缩增强处理技术产业化示范”等11项林业专利技术产业化推进项目。组织专家组分别对2012～2014年实施的11项林业专利产业化项目进行了实地查定和验收。委托第三方机构对2011～2014年度实施的15个林业专利产业化项目进行总结和绩效评估，完成了《2011～2014年林业专利产业化项目评估报告》。（龚玉梅）

表13-13 2016年林业专利技术产业化推进项目

序号	项目名称	承担单位
1	木材湿热压缩增强处理技术产业化示范	中国林业科学研究院木材工业研究所
2	竹缠绕复合压力管的产业化加工技术	国际竹藤中心
3	无患子提取物除草制剂加工与应用示范	国际竹藤中心
4	山桐子食用油加工技术产业化	四川省林业科学研究院
5	异色瓢虫人工饲料专利技术产业化	山西省林业科学研究院
6	红花荷矮化盆栽产业化示范推广	广东省林业科学研究院
7	新型花盆扦插红叶石楠专利技术产业化	芜湖市雨田润农业科技股份有限公司
8	天然右旋龙脑提取设备产业化推广应用	江西林科龙脑科技有限公司
9	杜仲系列专利技术推广应用	国家林业局泡桐研究开发中心
10	竹材原态重组技术产业化推广	国家林业局北京林业机械研究所
11	防火耐水生态秸秆复合材料低碳制造关键技术示范	中南林业科技大学

表13-14 2016年通过验收的林业专利技术产业化推进项目

序号	实施年份	项目名称	承担单位
1	2012	炭化木地板系列专利技术转化	浙江世友木业有限公司
2	2012	环保增白型纤维板专利技术产业化	山东东营正和木业有限公司
3	2013	户外高耐竹材专利技术产业化推进	浙江大庄实业集团有限公司
4	2013	环保型木材防腐剂的推广和应用	广东省林业科学研究院
5	2013	平衡根系轻基质容器育苗专利技术产业化开发	山东省林业科学研究院
6	2013	林用专化性白僵菌菌剂产业化关键技术研发与示范	福建省林业科学研究院
7	2013	压力升降式育苗床产业化示范	广西壮族自治区林业科学研究院
8	2014	竹林专用钢渣肥加工及应用示范	国际竹藤中心
9	2014	新型竹地板专利技术产业化推进项目	安徽龙华竹业有限公司
10	2014	环保型重组竹专利技术应用与推广	江西康替龙竹业有限公司
11	2014	树皮粉酚醛树脂胶粘剂科技成果转化项目	内蒙古森工栲胶制品有限责任公司

【林业专利荣获中国专利优秀奖】 2016年2项林业专利荣获第18届中国专利优秀奖，分别是南京林业大学的发明专利“一种松材线虫检测试剂盒及其检测方法”和“结构用刨花板为芯层材料的复合集装箱底板及其制造方法”。中国专利奖是中国唯一专门对授予专利权的发明创造给予奖励的政府部门奖，得到联合国世界知识产权组织(WIPO)的认可。该奖在评价内容上突出了专利的质量导向，注重专利的技术先进性，强调专利运用的实际效益及其对经济社会发展的贡献和对行业发展的引领作用。 (龚玉梅)

【林业知识产权宣传培训】 组织开展了2016年全国林业知识产权宣传周系列活动，在中国政府网、人民网、新华网、中国林业网、国家知识产权局官网、中国林业植物新品种保护网等主要网站登载或转载有关林业知识产权的报道500多篇；在新华网、中国网、《南方日报》、《中国绿色时报》和《中国知识产权报》上发表林业知识产权重点报道50多篇；出版了《2015林业知识产权年度报告》《木地板锁扣技术与采暖木地板技术专利分析报告》和《人造板连续平压机专利分析报告》，编印《林业知识产权动态》6期。 (龚玉梅)

林业植物新品种保护

【林业植物新品种申请和授权】 2016年，国家林业局植物新品种保护办公室共受理国内外品种权申请400件，授权植物新品种2批共195件。全年共完成6批共389个新品种权申请的初步审查，组织对189个申请品种进行了特异性、一致性、稳定性的专家现场审查，转田间测试1批19个月季品种，购买国外DUS测试报告5份；完成了157件实审材料的补正工作。截至2016年年底，共受理国内外植物新品种申请2188件，其中国内申请1808件，占总申请量的82.6%；国外申请380件，占17.4%。共授予植物新品种权1198件，其中国内申请授权数量1017件，占84.9%；国外申请授权数量181件，占15.1%。授权的植物种类中，观赏植物759件，占63.3%；林木255件，占21.3%，果树115件，占9.6%，木质藤本7件，0.6%；竹子6件，0.5%；其他占56件，4.7%。 (王琦)

表13-15 1999~2016年林业植物新品种申请量和授权量

单位：件

年度	申请量			授权量		
	国内申请人	境外申请人	合计	国内品种权人	境外品种权人	合计
1999	181	1	182	6		6
2000	7	4	11	18	5	23
2001	8	2	10	19		19
2002	13	4	17	1		1
2003	14	35	49	7		7
2004	17	19	36	16		16
2005	41	32	73	19	22	41
2006	22	29	51	8		8
2007	35	26	61	33	45	78
2008	57	20	77	35	5	40
2009	62	5	67	42	13	55
2010	85	4	89	26		26
2011	123	16	139	11		11
2012	196	26	222	169		169
2013	169	8	177	115	43	158
2014	243	11	254	150	19	169
2015	208	65	273	164	12	176
2016	327	73	400	178	17	195
合计	1808	380	2188	1017	181	1198

(续)

【林业植物新品种保护名录】 2016年，发布了第六批中华人民共和国植物新品种保护名录(林业部分)，把栀子属等8个属列入名录，以国家林业局令第43号公布，自2016年11月30日起施行。国家林业局先后分6批公布的植物新品种保护名录已达206个属(种)。 (王 琦)

【林业植物新品种权行政执法】 2016年，组织开展了贯彻实施《林业植物新品种保护行政执法办法》活动，要求各省份明确执法机构、培训执法人员、集中打击侵犯植物新品种权行为，切实保护品种权人和林农的合法权益。 (周建仁)

【植物新品种权行政执法工作考核】 按照全国打击侵权假冒办公室《关于开展2016年度省(区、市)打击侵犯知识产权和制售假冒伪劣商品违法犯罪活动绩效考核的通知》(打假办发〔2016〕12号)和《关于印发2016年度省(区、市)打击侵犯知识产权和制售假冒伪劣商品违法犯罪活动绩效考核办法的通知》(打假办发〔2016〕9号)文件要求，国家林业局科技发展中心根据各省(区、市)报送的2016年度林业植物新品种行政执法材料进行了部门考核和打分。 (周建仁)

【林业植物新品种测试机构能力评估】 国家林业局先后建立了1个植物新品种测试中心及3个分中心、2个分子测定实验室和5个专业测试站。2016年，开展了林业植物新品种测试机构能力评估工作，赴各测试机构进行了现场调查评估。（周建仁）

【林业植物新品种测试评估指标体系】 2016年，组织起草了《林业植物新品种测试机构能力评估办法》及其评估指标体系。评估指标体系分基础条件、测试设施、测试相关人员和制度建立4个方面，主要包括测试用地情况、收集栽种已知品种情况、建立已知品种数据库情况；测试用温室、拍照设施设备情况；测试技术人员情况、技术专家组情况；测试管理制度、技术操作手册、测试流程等情况。（周建仁）

【植物新品种保护测试指南】 按照国际植物新品种保护联盟（UPOV）对品种测试的要求，组织国内相关科研院所起草不同植物种（属）的测试指南（标准）37项。组织专家，对油茶、油桐属、罗汉松属、红豆杉属、黄栌属、忍冬属、白蜡树属、榉属8个已完成的测试指南进行了审查。（周建仁）

【植物新品种测试指南编制培训班】 2016年，举办林业植物新品种测试指南编制培训班。请专家讲授国际植物新品种保护联盟（UPOV）测试指南编制要求、已知品种数据库建立方法，并请承担过UPOV国际测试指南编制任务的有关人员讲解国际测试指南编制经验，请专业测试机构测试人员介绍测试指南在测试实践中的应用。来自林业系统的70多人参加了培训。（周建仁）

【林业植物新品种宣传推介】 汇编出版了《中国林业植物授权新品种（2015）》。编译出版了国际植物新品种保护联盟（UPOV）信息类文件汇编和国际植物新品种保护联盟（UPOV）解释类文件汇编。举办了"林业植物新品种保护管理培训班"，来自林业主管部门、林业科研院所、育种企业的相关人员和育种者等共110余人参加了培训。在《中国绿色时报》2016年1月25日头版头条发表了《我国林业植物新品种授权数量破千件》。促进林业植物新品种权转化应用，四季茶花新品种10年的独家经营权转让2900万元。（王　琦）

林业生物安全管理

【转基因林木安全行政许可】 2016年，国家林业局受理并准许了"转*AhDREB*1毛白杨环境释放试验和生产性试验"1项行政许可，申请单位为北京林业大学。专家组到试验现场进行了实地查验，并按照《开展林木转基因工程活动审批管理办法》及《转基因森林植物及其产品安全性评价技术规程》要求，进行了严格评审。国家林业局根据专家组评审结果和相关规定，做出了许可决定。（李启岭）

【转基因林木安全监测】 2016年，国家林业局批准1项转基因林木的安全监测项目，名称为转Vgb基因、转Roseal和Delila基因地被菊中间试验安全性监测，项目由北京林业大学承担。（李启岭）

【召开林业外来物种调查与研究中期评估会议】 2016年6月，国家林业局科技发展中心在山东省济南市召开林业外来物种调查与研究项目中期评估会议。来自中国林科院、华南农业大学、山东林科院、江苏林科院、北京林业大学、东北林业大学、上海园林科学研究院等单位的专家和部分省份林业科技主管部门的负责人参加了会议。会议主要研究了在北京、上海、山东、浙江、江苏、黑龙江和广东7个省（市）开展林业外来物种调查与研究事宜，并邀请中国林科院的专家，对项目实施工作进行了中期评估。（李启岭）

【《开展林木转基因工程活动审批管理办法》修订】 为适应新形势下行政审批工作的需要以及林业转基因安全管理需求，国家林业局科技发展中心，在国家林业局政策法规司的支持下，对2006年开始施行的《开展林木转基因工程活动审批管理办法》启动修订工作，2016年征求了各省级林业主管部门、局有关司局和直属单位的意见，并召开专家咨询会，逐条进行认真研究，提出了修订意见，形成了《办法》的修订稿。（李启岭）

【转基因林木试验行政许可检查】 根据国家林业局的有关要求，2016年8月，国家林业局科技发展中心组织人员对由国家林业局准许的转基因林木中间试验行政许可进行了检查。重点对东北林业大学正在进行的转基因林木中间试验进行了安全性检查，检查组听取了东北林业大学的工作汇报，对试验地、实验室等进行了实地检查，并调阅了试验档案记录。（李启岭）

林业遗传资源保护与管理

【油茶遗传资源调查编目工作】 2016年，完成全国油茶遗传资源调查编目工作。通过调查，在全国17个油茶省份，发现特异性状个体资源2000多份，完成性状观测调查1700多份，收集保存1200多份，全国油茶遗

传资源信息库收录1600多份。并对已经完成的《中国油茶遗传资源状况报告》和《中国油茶编目》进行了专家审定。（李启岭）

【开展全国核桃遗传资源调查编目工作】 2016年国家林业局在24个省份继续推进全国核桃遗传资源调查编目工作。2016年7月，在四川省凉山彝族自治州西昌市召开了全国核桃遗传资源调查编目培训暨工作会议，邀请中国林科院的专家，对各省份的核桃遗传资源调查编目工作进行技术培训，并听取了各省份项目进展工作汇报。（李启岭）

【核桃遗传资源调查编目工作检查】 2016年，国家林业局科技发展中心组织有关人员分别到云南、河南、辽宁、四川、山西等省份对正在开展的核桃遗传资源调查编目工作进行了检查。检查组针对检查中发现的问题，进行了认真研究，并提出解决方案。（李启岭）

国际林业科技交流合作与履约

【林业植物新品种履约与国际合作】 2016年，国家林业局科技发展中心派员参加了国际植物新品种保护联盟（UPOV）技术委员会第52次会议、行政和法律委员会第73次会议、顾问委员会第91次和92次会议、理事会第33次特别会议和第50次常规会议，参加了UPOV公约框架下繁殖材料及收获材料研讨会等会议。依据会议的内容和国际发展趋势，结合国内情况，就了解UPOV发展动态、研究UPOV信息文件、应对新情况等方面提出了建议。（王　琦）

【中韩植物新品种保护交流】 2016年9月，为了执行中韩植物新品种保护合作谅解备忘录，国家林业局科技发展中心组团赴韩国进行了技术交流，对提升中国林业植物新品种保护管理水平有现实意义。（王　琦）

【自贸区谈判与涉外知识产权工作】 2016年，分别提供了“中日韩自贸区协定”和“中格自贸区协定”谈判中植物新品种保护条款的谈判对案或案文；参加了中欧知识产权合作研究项目——促进中国加入UPOV91文本可行性研究（IPK项目）北京圆桌会议，参加了中欧互联网知识产权保护（电子商务）专家圆桌会议，参加了中美知识产权工作组会议等。（王　琦）

【第九届东亚植物新品种保护论坛】 2016年9月，国家林业局科技发展中心派员参加了在越南召开的第九届东亚植物新品种保护论坛，来自东亚植物新品种保护论坛成员国及日本和韩国等方面的代表参加了会议。参加论坛对于加强中国与论坛成员国的交流合作、提升中国在植物新品种保护方面的国际影响均有重要作用。（王　琦）

【林业生物安全和遗传资源管理国际履约】 2016年5月，国家林业局科技发展中心派员参加了在加拿大蒙特利尔召开的生物多样性公约附属机构第一次会议，会议共讨论了包括生物安全议定书成效在内的18项议题。2016年12月2~19日，参加了生物多样公约第13次缔约方大会、生物安全议定书第8次缔约方会议和名古屋议定书第2次缔约方会议，这是公约会议改革后3个会议首次并行召开，会议在墨西哥的坎昆市举行，来自196个缔约方的6400多人参加了会议。（李启岭）

森林认证

【森林认证标准建设】 制定了“十三五”森林认证标准体系表，系统构建“十三五”期间标准建设的总体布局、结构和优先排序，完成了《中国森林认证　产销监管链》国家标准的修订工作，发布了《中国森林认证生产经营行珍稀濒危植物经营》等6项行业标准，组织编写《中国森林认证　生产经营行珍贵濒危野生动物饲养管理操作指南》等3项标准，参与ISO产销监管连认证要求的编制工作。（于　玲）

【森林认证试点】 进一步完善森林认证试点示范工作，依据科学经营要求编制森林经营方案，将森林认证机制应用于森林资源管理全过程，试点开始进入实施阶段；非木质林产品认证试点取得实效，经认证的林产品提升了产品附加值，拓展了市场份额，提升了产品的市场竞争力，促进了认证产品走向国际市场，提高了经营者收益。通过森林认证调动了各利益方的积极性，有效监督、检验森林经营作业，提高生产效率和管理水平，使森林的经济效益、生态效益和社会效益得到更好的发挥。社会效益方面，开展森林认证，促进了林产品生产经营者树立森林可持续经营和绿色发展理念，促进了林区社区和谐发展。为林区居民提供了多样化的就业机会，提升了企业形象和社会责任感。特别是在国有林场改革和东北国有林区停止商业性采伐的新形势下，非木质林产品认证的开展在保障职工利益，提供就业机会，保障林场职工基本生活方面发挥了重要作用。为国有林区停止木材商业性采伐后解决生存发展问题，提供了一条有效的路径。通过开展森林认证，向全社会传递了森林可持续经营理念，提升了森林认证的社会认识度，带动了全社会绿色消费意识的提高。启动了生产经营性珍稀濒危野生物种(包括动物和植物)认证试点。

(于 玲)

【森林认证能力建设】 组织召开森林认证机构座谈会，指导江苏致远、吉林松柏、BV、SGS、云南国林、新世纪等机构建立内部管理体系，开展认可工作；协助中国合格评定国家认可委员会(CNAS)开展评审员培训及提高相关单位和企业对认证机构的认可度；联合 CNAS 编制了森林认证审核员考试大纲。 (于 玲)

【森林认证宣传推广】 组织 10 家企业发布了森林认证倡议书；与全国绿化基金会合作，将森林认证纳入“绿色公民”活动。通过制作宣传片、印发宣传材料、举办媒体见面会、在报刊及网络等媒体开展不同形式的宣传报道，召开国际研讨会、举办认证产品展览展示活动，中国森林认证运作模式已经得到国际广泛认可，加载中国森林认证管理委员会(CFCC)和森林认证体系认可计划(PEFC)联合认证标识的产品已经得到 43 个国家的接受和认同。 (于 玲)

林业智力引进

【综 述】 2016 年获国家外国专家局批准引进国外技术、管理人才项目 4 项，获批经费 90 万元；国家林业局科技发展中心组织实施示范推广项目 7 项，经费 70 万元；执行出国(境)培训项目 12 项，选派 139 人出国培训；推荐 1 名外国专家获得中国政府“友谊奖”。

(陈 光)

【引进专家】 实施引进国外技术、管理人才项目 2 项，共引进国外专家 40 人次，共计在华工作 343 天，使用项目资金 50 万元，经费执行率达到 100%。

(陈 光)

【示范推广】 承担国家外国专家局“国外主要特色经济树种及栽培技术引进与示范”等示范推广项目 2 项，使用国家外国专家局项目资金 40 万元；国家林业局科技发展中心筛选 7 项引智成果，安排 70 万元项目经费进行示范推广。 (陈 光)

【出国培训】 2016 年，执行出国(境)培训项目 12 项，培训林业管理和技术人员 139 人，共计使用财政资金 756 万元，其中国家外国专家局资助经费 109 万，国家林业局科技发展中心财政经费 647 万。 (陈 光)

【典型专家】 推荐罗马尼亚籍专家伊万·阿布鲁丹获得中国政府“友谊奖”。阿布鲁丹教授 20 多年来积极致力于促进中国和罗马尼亚在森林可持续经营、森林认证、林业政策等领域的合作交流，多次来华就森林可持续经营的理念、规程、技术等进行专题交流和现场指导，促进建立和完善中国森林认证体系；阿布鲁丹教授利用自身在中东欧国家林业界的影响力，为中国林业与其他中东欧国家开展科研教育合作牵线搭桥，促进了中国“一带一路”国家战略实施。 (陈 光)

【宣传推广】 整理出版“十二五”期间的林业引智成果汇编，参加“服务‘一带一路’建设·2016 中国(杨凌)现代农业引智成果展”，组织“支持林业引智，共创绿色未来”主题签名活动，集中展示了国家林业局“十二五”期间有代表性的 5 个重点引智示范推广基地的建设情况和取得的成效。 (陈 光)

林业信息化

14

林业信息化建设

【综　述】 2016年，林业信息化深入贯彻党中央、国务院关于建设网络强国、推进“互联网+政务服务”等战略部署，全面落实全国林业厅局长会议和第四届全国林业信息化工作会议精神，坚定不移推动林业现代化建设，重点抓好“互联网+”林业建设开篇布局，圆满完成各项建设任务，取得多项成果和荣誉，为“十三五”林业信息化建设打下坚实基础。

制定发布《“互联网+”林业行动计划——“十三五”林业信息化发展规划》等林业信息化顶层设计，“十三五”林业信息化发展蓝图全面确定。组织召开2016年国家林业局信息化工作领导小组会，审议通过《全国林业信息化工作管理办法》，进一步完善林业信息化管理制度。中国林业网新建各类子站1000多个，形成中国林业网主站、4000多个子站、“三微一端”于一体的全媒体格局，网站访问量突破20亿人次，蝉联部委网站总分第二名。国家林业局网上行政审批平台建设完成，国家重大信息化项目“金林工程”得到国家发展改革委正式批复，“互联网+”、生态大数据等国家信息化重大项目进展顺利。与国家发改委开展生态大数据战略合作，开启“一院一室一中心”建设模式；精准对接国家三大战略，全面启动“一带一路”、京津冀协同、长江经济带林业数据共享平台建设；与吉林省人民政府开展战略合作，积极探索国有林管理现代化新思路；“吉林林业一号”卫星成功发射，填补了中国林业卫星的空白。开展林业信息化率测评，督导各地林业信息化建设。构建一体化、智慧化的网络安全和运维体系，全年实现网络安全和运维保障零事故。推动林业信息化全员培训，国家和省级培训20 000多人次。

“互联网+”数据开放入选中国“互联网+”行动百佳实践；“互联网+”生态旅游成果——“明天去哪儿”获得“互联网+”公共服务先进单位称号；“互联网+”数据开放项目——中国林业数据开放共享平台、中国林业网智慧网站群建设获得电子政务优秀案例称号。中国林业网荣获2016年中国政府部委网站总分第二名、中国最具影响力政务网站、中国政务网站领先奖、部委政府优秀网站。中国林业网官方微信获得“2016年政府网站政务微信卓越奖”称号。

【总体进展】

编制印发《“互联网+”林业行动计划》等顶层设计　完成“十三五”林业信息化顶层设计，确定“十三五”林业信息化发展蓝图。《“互联网+”林业行动计划——“十三五”林业信息化发展规划》《中国林业大数据发展指导意见》《中国林业物联网发展指导意见》《中国林业电子商务指导意见》等相继发布，《中国林业移动互联网发展指导意见》《中国林业云发展指导意见》即将出台。广东、甘肃等省出台“互联网+”林业省级行动计划。

站群智慧化建设　中国林业网新建各类子站1000多个，形成中国林业网主站、4000多个子站、“三微一端”于一体的全媒体格局，共编发信息30多万条，转发信息80多万条，百度累积收录量达76万多条，微博、微信、微视、移动客户端用户达90万人，热点信息点击量超过10 000人次，网站访问量突破20亿人次，获中国最具影响力政务网站、中国政务网站领先奖、部委政府优秀网站等荣誉，中国林业网官方微信获得2016年政府网站政务微信卓越奖，中国林业网智慧网站群建设获得电子政务优秀案例，显著提升林业互联网影响力。创新信息发布机制，充分利用中国林业网主站、各子站、新媒体之间的优势，打造矩阵式立体发布方式。积极推进网络文化建设，举办第三届美丽中国作品大赛。利用中国林业网站群优势，将重要文件、重要信息及时转发各子站，使林业各级部门能够在第一时间获得学习贯彻。建设中国林业网智慧决策系统，全面提升辅助决策能力。采用大数据技术对中国林业网站群用户访问数据进行全面收集和整理分析，精确跟踪用户需求和关注热点趋势变化，全面提升基于网站群数据的决策支撑能力。开展大数据分析，进一步提高林业事前事中事后监管能力，及时发现苗头性、倾向性和潜在性问题，从互联网抓取海量数据进行林业态势分析，编发《林业大数据》专报和《林业信息化》《今日网情》简报，为林业重大决策提供大数据依据。

重大项目　林业信息化首个亿元级国家重大信息化项目“金林工程”（生态环境保护信息化工程）得到国家发展改革委正式批复，将建成森林生态系统、湿地生态系统、荒漠生态系统、生物多样性、生态功能监测与保护5类业务应用，实现与工信、国土、水利、环保、住建、气象等9部门的互联互通和信息共享，林业辅助决策和管理能力将明显提高。“互联网+”、生态大数据等国家信息化重大项目进展顺利，国家林业局电子政务内网和高清视频项目获得批复，基础设施服务能力将显著提高。国有林场林区智慧监管平台建设进入建设阶段，林业北斗卫星导航系统在林业中的示范应用项目完成《初步设计》并通过评审。完成林业财政专项资金信息管理系统项目开发、部署和安全测试，组织实施林木种苗工程项目管理系统建设，完成全国竹藤资源培育与产业发展管理平台的开发建设，完成中国林业网络博览会花卉馆、中国林业数据库二期、“明天去哪儿”生态旅游平台等项目验收并部署上线运行。

基础保障　着力加强运维能力建设，完善统一运维平台，建立了智慧化一体化运维机制，克服多地办公给上门运维带来的困难，保障网络和信息系统稳定运行。实行7×24小时值班，全年呼叫中心共计接听有效电话近10 000个，用户反馈故障上门服务2000多件。完成全国性视频会议技术支持。着力加强网络安全防范，提高网络安全防护能力。推进信息安全等级保护，复测

26个信息系统。强化网站和信息系统测评，对新上线系统一律进行安全测试。升级内外网病毒防范系统，全年抵御各类网络攻击9000多万次，全年零事故。圆满完成国林宾馆、兴安宾馆、中林商务楼、宝能中心、三号楼等5处临时办公区的内外网布设。

信息化培训及标准建设 制订《"十三五"林业信息化培训方案》，推动林业信息化全员培训。启动林业信息化培训专用教材编写工作，举办"智慧林业"等系列培训，国家和省级培训20 000多人次。完成林业信息数据库数据字典规范等5个行业标准的审查、报批和发布工作。密切联系相关部委，合作交流跨入新阶段。30多家部委单位先后到国家林业局参观、调研、学习，受邀在中国电子商务创新发展峰会、第17届国际数字政府会议、政务服务与国家治理现代化论坛等重要会议、论坛上介绍林业信息化经验，多次作为专家研讨相关行业顶层设计。参加林业资源多层次信息服务等四项国际交流培训。参与中国开放对象标识（OID）应用联盟工作。

政务服务 贯彻落实《国务院关于加快推进"互联网+政务服务"工作的指导意见》和国家林业局党组部署，建设完成国家林业局网上行政审批平台，整合国家林业局25项行政审批事项，实现全部网上受理，审批过程公开透明，办理过程电子监察，全程留痕，实现了审批业务一体化管理，向企业和公众提供高效优质、规范透明的"一站式"服务，标志着"互联网+"林业政务服务迈上了新台阶，进一步推动了简政放权、放管结合、优化服务。综合办公系统共进行了60多万次操作，提供了5000多次技术支持，编发各类信息50多万条，移动办公系统逐步扩展到处级干部。全国林业OA群不断扩大，实现京内单位办公全面联通，基本建成新型智能电子收发系统。完成以树树"一扫通"、人人"一卡通"、处处"一网通"为核心的智慧机关建设。

林业大数据 完成《中国林业大数据发展战略研究》，印发《中国林业大数据发展指导意见》与国家发改委签署《关于联合开展生态大数据应用与研究工作的战略合作协议》，在建立高效的信息共享、合作研发和沟通交流机制的基础上，充分运用大数据技术、理念和资源服务于生态建设，发挥林业在生态建设中的主体作用，提高林业在维护国家生态安全中的基础作用，开启"一院一室一中心"建设模式，政、产、学研相结合推进国家生态大数据建设。精准对接国家三大战略，全面启动"一带一路"、京津冀协同、长江经济带林业数据共享平台建设。制订《"一带一路"林业数据资源协同共享平台工作方案》，发布《长江经济带林业数据资源协同共享工作机制》《京津冀一体化林业数据资源协同共享工作机制》《京津冀生态信息资源共享管理暂行办法》。中国林业数据开放平台入选中国"互联网+"行动百佳实践。

林业信息化率测评 编制印发《全国林业信息化率评测工作实施方案》，开展2016年全国林业信息化率评测工作，推动全国林业信息化整体进步，确保完成《林业发展"十三五"规划》确定的全国林业信息化率80%的目标，推动全国林业信息化整体进步。开展2016年全国林业网站绩效评估，以评促建进一步提高中国林业网站群建设水平。

国有林管理现代化 国家林业局与吉林省人民政府签署了《推进国有林管理现代化局省共建示范项目战略合作协议》，积极探索深化林业改革、提升国有林管理水平和林业现代化建设新思路。"吉林林业一号"卫星成功发射，填补了中国林业卫星的空白，实现了空天地一体化信息网络的互联互通，标志着局、省共建项目取得重大突破。积极推进国有林场林区智慧监管平台建设，完成方案设计、专家论证、项目招投标工作。积极协调沟通，推进北斗卫星导航系统在林业中的示范应用项目，完成《初步设计》并通过评审。

网站建设

【站群建设】 优化网站功能，围绕服务型政府建设，按照国办关于政府网站建设的相关要求，主动为公众提供便捷、精准、高效的服务，全面提升国家林业局网上公共服务的能力和水平，不断提升网站互联网影响力。开展用户行为分析，梳理优化中国林业网主站各个栏目，对走进林业、信息发布、在线服务及互动交流4个板块的结构功能进行了调整优化，增加了专题文化板块。同时对照2016年部委网站评估指标，对中国林业网主站存在的问题进行全面整改，新增三公经费栏目、答复满意度评价功能、网上调查栏目，优化整合在线服务"场景式服务"栏目，对网站各栏目上万条的面包屑路径进行梳理修改，保证了中国林业网主站以更为完善的面貌呈现。新建各类子站1035个，站群规模超过4000个，成为中国拥有子站最多的政府网站。其中，世界林业40个，市级43个，县级194个，乡镇69个，国有林区9个，国有林场254个，种苗基地89个，森林公园90个，湿地公园87个，自然保护区30个，主要树种30个，珍稀动物55个，重点花卉45个。对计财司、森林经营网、基金总站、昆明院、中国花协、政研会、竹藤中心、经济林协会8个单位的子站进行了改版，新建大兴安岭专员办和现代林业产业网两个子站。通过网络解答相关子站信息员问题10 000多人次，通过电话解决子站咨询900余次。完成了林业重点龙头企业和林业科研院校网站群的网站设计。

【信息发布】

政务信息主动发布 中国林业网主站共编发信息58 291条，其中专题12 427条、视频1153件、图片242幅、公示公告166条、重要文件116件、自编信息53篇。制作《全面加快林业信息化 为实现林业现代化找准突破口和切入点》《〈“互联网＋”林业行动计划〉正式发布 实施8大行动48项重点工程》等5期图解。回复公众有效留言106件。配合防火办发布防火应急响应信息31条(次)，配合计财司完成了2016年国家林业局部门预算等重大信息公开工作。

热点专题及时发布 为配合2016年局重点工作，中国林业网及时制作推出了《森林关系国家生态安全》《全国林业种苗工作会议》《热烈祝贺中国林业网访问量突破20亿人次》及《防沙治沙·中国故事》4个热点专题。搜集整理发布来自各大网站、报纸等媒体的信息，以撰写信息、转载信息、信息推介等多种方式，扩大专题的网络宣传效果。制作发布了《第二十个世界湿地日》《第三个世界野生动植物日》《第六届‘绿化祖国 低碳行动’植树节》《国家林业局专题部署防沙治沙工作》等热点信息共计33个。

访谈直播互动发布 为积极回应社会关切，组织制作了“《第五次全国荒漠化和沙化监测》解读”“深化林业改革 促进绿色发展”“践行绿色发展理念 引领森工企业转型”“发展碳汇林业 助力绿色发展”“建立国家公园体制推动自然保护建设”“以新发展理念引领现代林木种苗发展”6期在线访谈，审核转发“打造木材战略制高点保障生态安全”和“绿色发展是通往人与自然和谐境界的必由之路”两期在线访谈。按照国家林业局有关活动安排，组织野生动物专项调查新闻发布会、2016年国家级林业重点展会新闻发布会、全国林业种苗工作会议、全国林业法治工作会议、2016中国森林旅游节新闻发布会、2016中国森林旅游节长白山国际生态论坛等重要会议或活动的网络直播共6次。新媒体信息协同发布。林业新媒体“三微一端”协同发布，扩大林业互联网影响力。中国林业网微博、微信、微视、移动客户端用户达90万人，热点信息点击量超过10 000人次。内网共编发各类信息50多万条。利用中国林业网站群优势，将国办相关文件及时转发至各子站，使林业各级主管单位能够及时接触并贯彻落实国务院文件。

【网站管理】

建立矩阵式立体发布机制 为充分发挥中国林业网的行业信息公开第一平台作用，进一步扩大中国林业网互联网影响力，将林业行业的好做法、好经验向社会推广，充分利用网站信息发布优势和良好工作机制，将林业重要信息通过中国林业网主站、各子站和林业新媒体向社会公众发布，形成矩阵式立体发布态势，不断提升林业政府信息的影响力。

加强网站技能培训 举办“2016年全国乡镇林业群建设培训班”“全国林业网站群培训班”“2016年中国林业网信息员能力提升培训班”，培训各级网站信息员约920人，显著提升信息员的业务水平。编写完成林业信息化系列培训教材《网站建设》，对政府网站的建设过程、现状形势、发展趋势进行了总结和分析，对中国林业网站群的建设要求、运维规范进行了梳理和修改，为全国林业网站信息员熟悉网站运维工作、提升能力水平提供了参考指南。

开展通报评优活动 对各个季度中国林业网主站信息采用情况和中国林业网站群建设情况进行总结通报，评选出了2016年优秀信息报送单位、优秀信息员、优秀信息及优秀微信公众号。对2017年网站群建设保障工作提出了具体要求，进一步加强中国林业网建设保障工作。评选全国林业信息化十件大事。全面梳理全国林业信息化建设的重要事件和主要成就，在中国林业网上采用网络投票的方式，让公众投出对林业信息化建设工作的满意一票，评选出年度全国林业信息化十件大事。

强化站群监控 按照国办对政府网站检查的指标要求，与第三方合作，采用“机器＋人工”方式，对中国林业网主站、特色、纵向及横向站群的4000个子站进行24小时监控，对发现的问题及时整改。中国林业网通过国办全年政府网站抽查，四个季度均达到合格。

【内网建设】 国家林业局办公网以加强信息内容维护为重点，进一步丰富各栏目信息内容，及时做好出国人员信息公示，为广大干部职工工作、生活提供了有力保障和优质服务。2016年，内网共编发信息6000多条，为广大干部职工及时了解和学习各类重要会议、重要文件及生活信息提供了快捷渠道。更新电子阅览室数据40多万篇，电子大讲堂数据6万多条。新增加论文、期刊、学术报告等内容，进一步丰富内网栏目内容，满足了全局干部职工的信息需求和知识需要，增强了办公网整体吸引力。新建公文办理参考指南专栏，有助于规范公文办理程序，显著提升了全局公文办理效率。按照有关要求，配合国际司公示出国人员信息。

【网络文化】 为进一步增强公众对古树名木的保护意识和责任感，加大对古树名木的保护力度，弘扬生态文化，建设美丽中国。在前两届美丽中国征文大赛成功举办的基础上，2016年中国林业网、国家生态网、美丽中国网主办了“寻找‘最美古树名木’”——第三届“美丽中国”作品大赛。通过初评、复评两轮评选，从“古树之冠”“异木之奇”“名木之秀”“世界之贵”四大类作品中，各评选出一等奖3篇、二等奖5篇、三等奖7篇以及优秀奖35篇。同时，为感谢各参赛作者和单位对大赛的支持和鼓励，特评选出2位特殊贡献奖、5家优秀报送单位。本次大赛共征集国内古树名木作品2555篇、国外古树名木作品134篇。参赛作者包括全国各级林业工作者、古树名木研究者、古树名木文化学者与爱好者，从各个角度以丰富的文学手法及表现形式，对中国古树名木做了鉴赏说明与文化介绍。从整体作品分布来看，遍布全国31个省(区、市)及港澳台地区和除南极洲外的各大洲。国内的河南、浙江、贵州、北京、湖北、湖南、陕西、河北、甘肃、四川为作品最多的前10个省(市)，国外的美洲和欧洲为作品最多的两个大洲，参赛作品来源分布非常广阔。经过与近年古树名木普查结果的对比，本次大赛的获奖作品(前三等奖)，基本属于各地的具有代表性的古树名木，一定程度上反映出本次大赛作品质量高代表性强。

网络运维

【综　述】 网络安全与运维是保证全国林业系统信息化工作正常运行的生命线。2016 年，围绕“服务大局，全力保障全国林业信息安全稳定运行”这条主线，抓好林业中心机房、网络安全和综合运维工作，定期巡检设备运行情况，及时解决各种故障和问题。努力做好网络安全工作，全年无网络安全事故发生。有力保障了网络安全畅通、信息系统和网站稳定运行，有力支撑了国家林业局各项业务工作的开展。

【基础建设】 宽带网络作为实现林业信息化的重要载体，是信息化发展的关键基础设施。2016 年，全国林业骨干传输专网线路已升级至 8 兆，保障了视频会议系统以及公文传输系统网络畅通及安全稳定运行。同时，扩展互联网出口带宽至 400 兆，实现互联网出口热备，提高互联网线路性能和可靠性。为了进一步保障网络和信息安全，扩展了网页防篡改系统，提升了网站安全性。增加了服务器、存储、虚拟带库等设备，解决了长期以来存在的数据备份隐患，提升系统服务能力。在服务端安装了防病毒管理平台，所有终端安装了防病毒软件，有效保护电脑系统安全。

【信息安全】 根据《国家林业局中心机房管理办法》《中国林业网运行维护管理制度》的要求，遵循“统一标准、统一监控、统一运维、统一管理”的原则，运维工作人员均签署了保密协议，做到了 5×8 小时一线人员现场服务、7×24 小时业务系统监控。举办 2016 年全国林业网络安全培训班，邀请了多位资深专家进行专题授课。下发《国家林业局信息办关于开展软件正版化工作检查的通知》(信网函〔2016〕52 号)，部署本年度软件正版化检查工作，确保机关和直属单位主要负责人是使用正版软件工作的第一负责人，并组织技术力量对软件正版化工作进行抽查，对检查出问题的电脑终端当场进行办公软件激活和杀毒软件安装处理，努力建立健全软件正版化工作长效机制。强化新信息系统上线前准入、安全测试工作，对新上线系统一律进行安全渗透测试，并对运行系统不定期进行检测，加强安全隐患检测整改，及时发现和修复网站及信息系统漏洞。做好应急响应工作，对值班值守、重大情况及时报告等方面工作进行部署。根据《信息安全等级保护管理办法》的要求，国家林业局定期对信息系统安全等级状况开展等级测评，2016 年完成了《国家林业局网上行政审批平台》定级备案，《中国林业网》《国家林业局办公网》等 4 个三级信息系统的等级复测，24 个二级信息系统渗透测试工作，保障业务系统的安全正常运转，提高信息安全保障能力和水平。按照《国家林业局网络信息安全应急处置预案》要求，组织运维人员开展系统攻击防护演练、数据丢失恢复演练、重要业务系统紧急故障处理演练，以防网络恶意攻击、中心机房突发事件、网络中断等突发事件的发生，防止数据的丢失。在重大节假日特别是 G20 峰会期间，运维中心工作人员安排值班 92 人次，保障中国林业网的网络安全及业务系统的正常运行。建立林业行业网络安全联络员通报机制，各司局、直属单位、各省(区、市)100 多名负责网络安全的人员作为网络安全联络员，及时通报各类网络安全情况。积极开展全国林业关键信息基础设施网络安全检查工作并认真填写《关键信息基础设施登记表》，准确掌握林业关键信息基础设施的安全状况，摸清家底加强风险评估和防范。

【运行维护】 国家林业局应用系统抵御各类攻击 9000 多万次。其中 WAF 抵御攻击 5000 多万次，IPS 抵御攻击 3 万多次，防火墙抵御攻击 10 万多次，政府网站防护系统进行应用系统防护 365 000 次。特别是在重大会议或活动期间，攻击量明显增加，增加值班监控人员加强安全防护，确保应用系统安全稳定运行。配合林业计财报表管理系统、财政林业专项资金管理系统、行政审批平台系统、三北局子站系统、竹藤资源培育与产业发展基础数据平台系统、国家林业标准管理系统、国家防护林工程中央预算内投资建设数据管理系统、乡镇林业网站群系统、新品种信息管理系统、林业科研单位站群系统、林业外网微门户、京津冀一体化信息共享资源系统实施升级及配合运维工作，保证了各个应用系统安全、稳定地运行。完成国家林业局中心机房存储、带库设备硬件故障的处理，备份数据完整的检查及监控工作。搭建礼堂及国林宾馆临时视频会议室，完成全国性视频会议技术支持 19 次，每次会议均做好现场指挥、技术保障、会场专责人员、传输、交换、电源等相关岗位的具体安排，确保电视电话会议系统的安全、可靠、稳定、高效运行。

项目建设

【生态环境保护信息化工程(国家林业局)】 生态环境保护信息化工程(国家林业局)项目建设重点面向森林、湿地、荒漠、生物多样性和生态(林业)功能保护五大业务需求，依托国家电子政务外网和互联网，实现与环保、工信、国土、水利、住房和城乡建设等部门的互联互通和信息共享，建成林业、湿地、荒漠、生物多样性、生态(林业)功能保护类5类业务应用系统和1个应用支撑平台，以各级林业业务管理数据为基础，建设包括林业公共数据信息资源、林业基础信息资源和林业业务信息资源的林业信息资源库，通过集约化整合与云计算等新技术应用形成具有支撑林业业务信息化长期发展能力的林业统一信息基础设施，构建基于平台和内容的政务、业务与服务体系，实现信息化与林业业务领域应用、服务的深度融合，使信息共享、业务协同和数据开放水平大幅度提升，林业决策和管理信息化能力明显提高，惠民公共服务网上运行普及率显著提升。通过生态环境保护信息化工程项目建设，以维护国家生态安全、充分发挥林业生态建设主体功能为宗旨，以林业基础信息资源为核心，以建设林业资源监测分析和对策措施信息能力为重点，通过3年左右建设，建成覆盖林业主体业务的、贯穿上下的政务信息化体系和规范、科学的网络化林业资源管理流程，全面提高林业支撑国家宏观决策、协同其他业务部门、服务社会和林农的基本能力。中央级主要业务信息化覆盖率从30%提升至70%；建立林业信息资源体系，核心业务信息覆盖率达95%以上、主要数据项准确率达90%以上。通过信息化手段支撑森林生态系统、湿地生态系统、荒漠化生态系统、生物多样性和生态(林业)功能保护的监管业务为核心，将有效促进国家林业局业务管理效能和信息化支撑效率的提升。

【生态大数据基础平台体系项目】 1月，国家发展改革委下发《关于组织实施促进大数据发展重大工程项目的通知》(发改办高技〔2016〕42号)，2月，国家林业局信息办向国家发展改革委报送了《国家林业局办公室关于促进大数据发展重大工程项目的函》(办函信字〔2016〕67号)，将“生态大数据共享开放服务体系建设项目”等3个项目提交国家重大建设项目库，由多家企业参与建设。后续按照国家发展改革委要求，国家林业局信息办重新提交了资金申请报告并参加了国家发改委组织的项目答辩。

【国家林业局网上行政审批平台】 为深入贯彻落实《国务院关于加快推进“互联网+政务服务”工作的指导意见》(国发〔2016〕55号)精神，将行政审批工作落到实处，国家林业局按照国务院的部署进行深入研究，制订《国家林业局规范和改进林业行政审批工作总体方案》，明确了规范和改进林业行政审批工作的总体要求、工作机构、工作范围、工作任务、完成时限和有关要求。7月1日，国家林业局网上行政审批平台正式上线。国家林业局25项行政许可事项全面实行“一个窗口”受理、一站式服务，打破时空界限，解决了行政审批环节多、时间长、随意性大、公开透明度不够等问题，审批过程公开透明，整个办理过程实施电子监察，全程留痕，实现了审批业务一体化管理，向企业和公众提供高效优质、规范透明的“一站式”服务。标志着“互联网+”林业政务服务迈上了新台阶，进一步推动了简政放权、放管结合、优化服务，为加快林业现代化作出了新贡献。

【国有林场林区智能监管平台】 为全面加强国有林场、国有林区信息化建设，加快建立适应国有林场、国有林区监管工作需要的信息化体系，进一步提升国有林场、国有林区监管信息化水平，结合国有林场、国有林区改革的实际需求，建设国有林场(林区)智慧监管平台。实现对国有林场(林区)人员、资产、资源、综合信息的智能采集、智慧监管、效果评价。为国有林场、国有林区改革提供决策依据，深化国有林场、国有林区的改革，推进林业现代化建设。紧紧围绕“智能采集、智慧监管、效果评价”这条主线，建设“两库一平台”，两库指国有林场数据库、国有林区数据库，一平台指国有林场(林区)智慧监管平台。实现对国有林场(林区)人员、资产、资源、综合等数据的智能采集，通过智慧监管掌握资源资产的变化情况，最终通过国有林场(林区)改革绩效评价指标的制定，评价每个国有林场(林区)的改革效果。

【三大战略林业数据资源协同共享项目】 以国家大数据战略和长江经济带发展战略为依据，以国家林业局信息化顶层设计为规范，结合森林保护和林业发展的实际工作需要，以沿江11省(市)林业信息一体化为目标，以“创新、协调、绿色、开放、共享”为理念，以全面整合长江经济带林业数据资源为重点，建设长江经济带林业数据资源协同共享平台，推进长江经济带林业信息化向智慧化发展，共同推动长江经济带生态大保护。收集整理“一带一路”沿线重点地区森林、湿地、荒漠化和生物多样性的基础数据，利用大数据技术，建立“一带一路”林业数据资源协同共享平台，为“一带一路”的生态安全提供大数据技术支持。为领导决策、业务处理、社会公众、国际合作、科学研究提供数据支持和服务。为贯彻落实国家林业局加快京津冀生态建设协同发展、一体化建设的要求，结合京津冀三地林业部门工作实际，开展建设京津冀一体化协同共享林业数据资源平台建设，按照全国林业信息资源目录体系标准进行目录梳理，对京津冀三地各自拥有的各类遥感地理数据资源、规划统计数据进行整合，形成统一的数据服务体系，建立统一、规范的京津冀三地数据资源体系，探索研究跨区域的数据共享模式，满足实现决策支持服务、部门数据共享服务和社会公众信息服务的需求。

林业大数据

【生态空间大数据】 为促进政府科学决策，满足社会对林业信息资源的需求，信息中心建设国家自然资源和地理空间基础信息库林业数据分中心，采用先进的技术手段和信息处理技术，形成系列化的标准信息产品，在保障信息安全的前提下，基本满足广大企业和社会用户对规模化、高质量基础性信息资源的需求，为中国地理空间信息产业高起点发展创造必要的条件。国产遥感卫星数据源在林业应用方面具备现实而巨大的应用潜力，通过国家卫星林业遥感数据应用平台建设，以国产遥感卫星数据为主要数据源，兼顾业已投入应用的国外遥感卫星数据，基于现有的国产卫星运行管理体系与林业资源监测业务运行体系，建设集业务运行管理、卫星遥感数据标准化处理与应用产品生产、数据存档与信息管理、数据产品分发服务、数据质量评价、数据资源整合于一体的国家林业遥感卫星数据平台系统，为林业遥感应用的业务化和规范化提供重要的技术和系统支撑，提高荒漠化、湿地、林地、森林蓄积量、林火等林业监测业务的效率和时效性，推动林业数据资源的共享和系统整合。

【生态产品大数据】 通过广泛收集林业和互联网相关的生态旅游数据信息，对大数据应用于生态旅游领域进行有效的探索和尝试，运用大数据关键技术，构建生态旅游智慧化预测平台——“明天去哪儿”生态旅游大数据平台，建立林业大数据应用示范试点，为用户提供一站式生态旅游配套服务，也为后继林业大数据的深入拓展及广泛应用积累建设经验、奠定基础。“明天去哪儿”生态旅游平台的建设内容分为数据采集、业务逻辑、可视化呈现3个部分，数据采集通过开发采集接口实现对林业数据源、公共数据源和互联网数据源的数据抽取、噪声清洗、数据归一化等操作，完成数据的采集、存储、加载，为大数据分析做好准备工作；业务逻辑主要包括主体指数、节日拥堵指数、关联信息挖掘、应急处理；用户界面主要是将大数据分析的结果以可视化的方式呈现给用户，采用地图模式直观的显示推荐给用户的生态旅游行程规划，以报表模式显示数据挖掘的统计分析结果。运用大数据分析应用技术，建设“果子熟了”生态采摘平台，为用户提供一站式采摘服务，帮助林果生产企业发现客户需求；广泛收集林业领域应用数据与外部相关数据，研究大数据对林果成熟的关联关系并可视化展示；选择有代表性的林果生态园，开展“果子熟了”应用示范。

【生态共享大数据】 中国林业数据库作为林业数据资源集大成，以大数据理念为指导，扩充林业数据库的范围，加强数据的分析处理，完善林业数据库系统，建设中国林业数据开放共享平台，从现有的分散环境中提取相关的、可靠的、全面的数据和信息，整合各种林业资源，形成涵盖数据全面的林业数据库，消除林业信息孤岛，解决海量信息集成应用需求，为各类用户提供有效、便捷、全面的林业信息数据支撑，提升林业信息化水平。中国林业数据开放共享平台建设依据全国林业信息化建“四横两纵”的总体框架，结合林业数据库系统的需求，基于SOA框架体系，采用云计算技术、大数据技术、在线分析处理技术以及数据中心和数据仓库技术，以林业数据库为核心，以互联网和林业专网为依托，进行林业数据库系统构建。基础设施层主要包括网络、硬件和软件平台。数据层即林业数据库建设，主要包括5类林业信息资源数据库建设：文字数据库、结构化数据库、图片数据库、视频数据库、语音数据库。支撑层主要提供林业数据库系统建设的平台的运行保障技术支撑服务，并提供各类应用支撑服务组件，包括数据访问引擎、用户管理、权限管理、元数据管理、数据存储、信息管理、信息检索、统计分析等等。应用层主要包括面向全国各级林业管理、业务、技术以及公众提供的林业数据库门户应用、面向系统维护人员提供的数据管理系统以及面向信息更新维护人员提供的数据定制化采集系统。

技术合作

【战略研究】 组织开展中国林业移动互联网发展战略研究工作，通过资料分析法、座谈讨论法、问卷调查法、价值工程研讨法、态势分析法等多种研究方法，分析国内外移动互联网和林业移动互联网的发展现状，预测发展趋势，确定发展思路，研究发展战略，明确重点任务，形成中国林业移动互联网发展战略研究初稿。中国林业移动互联网建设围绕林业现代化发展的主要任务，以促进转变林业发展方式、提升林业质量效益为宗旨，以林业核心业务的移动互联网应用为重点，以保障和改善民生、维护国家生态安全为目标，坚持统筹规划、协同共享、政府主导、安全至上，加快推进林业移动互联网建设与应用，为建设生态文明和美丽中国作出积极贡献。

【标准建设】 2016 年，国家林业局和各级林业主管部门在标准建设方面迈出坚实的一步，为林业现代化发展提供了重要保障力量。

国家标准建设 为支撑和规范智能林业物联网应用示范工程建设，开展了林业物联网相关国家标准制订工作。共有 7 项林业信息化国家标准正式立项，其中 3 项已经完成并报批国标委，3 项于 2016 年正式立项。

行业标准建设 1 月 15 日，由国家林业局科技司主持召开的林业信息化标准审查会在北京市召开，《林业信息基础数据元 第 1 部分：分类》等 5 项林业信息化行业标准通过审定，并正式发布。林业有害生物分类与代码、林业有害生物调查统计规范等两个林业信息化行业标准正式立项。同时，为加强林业信息化标准建设，满足智慧林业建设需求，启动了林业行政审批系统建设技术规范、树木二维码标签制作技术规范等两项林业信息化行业标准的编制工作。对林业信息服务集成规范、林业数据采集规范等 13 项林业信息化行业标准开展征求意见工作。

地方标准建设 各省级林业信息化主管部门积极参照执行相关信息化标准，努力提高建设、应用和管理水平，同时结合本地区实际，也制定了一些信息化标准，为规范数据库和应用系统建设、推进信息安全工作等发挥了积极作用。

【合作交流】 国家林业局和各级林业部门不断扩大和深化交流合作，充分借鉴先进国家、先进行业、先进单位的成功经验与做法，取得了明显成效，成为紧跟时代潮流、有效汇聚和充分利用各类资源的重要抓手。

国家林业局合作交流 积极与国外有关科研单位、国内各部委、科研院校、IT 企业等单位开展合作交流，并采取多种举措，充分发挥有关专家和业务骨干的作用，促进信息化科研成果尽快转化为现实生产力。积极与国外有关单位开展交流合作。先后派遣有关人员参加赴芬兰生态功能监测与评价培训、赴美国森林健康经营培训、赴美国林业资源多层次信息服务技术交流、赴俄罗斯疫源疫病防治培训，在与国外林业信息化相关单位交流合作的道路上不断前行，为科学推进全国林业信息化建设提供了有力支撑。积极与国家有关部委开展交流合作。与多个部委进行了信息化交流，在国内有关交流会、研讨会、座谈会上，国家林业局信息办与商务部、农业部、环保部、国标委等部委就政府网站建设、网络信息安全、信息化标准建设、新一代信息技术应用等进行了广泛交流，增进相互间的了解与学习。3 月 9 日，19 个国家部委的政府网站负责人到国家林业局学习调研中国林业网建设管理情况，共同探讨、剖析“十三五”智慧政府网站建设。积极与教学科研单位、知名 IT 企业及媒体开展交流合作。国家林业局信息办先后到复旦大学、北京林业大学、浪潮集团等教学科研单位和 IT 企业进行了调研交流，并采取多种举措，充分发挥有关专家和业务骨干的作用，促进信息化科研成果尽快转化为现实生产力。

地方林业部门合作交流 国家林业局信息办积极推动地方林业部门之间相互交流学习，浙江、上海等林业信息化发展较好的省份，接待了多批次其他省级林业主管部门的信息化考察团。

林业信息化培训

【综　述】 国家林业局和各级林业信息化主管部门认真贯彻落实《“十三五”林业信息化培训方案》，多方式、多层次、多角度推进人员培训，培养一支层次合理、结构科学、素质优良的干部队伍，为事业发展提供了良好的人才支撑。

国家林业局培训 4 月 6 ~ 14 日，在国家林业局管理干部学院举办第二届智慧林业培训班，培训对象为国家林业局各司局、各直属单位业务处室主要负责人共 300 人参加了培训。国家信息中心、中国传媒大学等单位的知名专家，围绕智慧林业、云计算、物联网、移动互联网和大数据等新一代信息技术进行了讲解与分享。4 月 17 ~ 23 日，举办全国乡镇林业网站群建设培训班，培训对象为中国林业网统一平台新建全国重点乡镇林业工作站网站的负责人和运维技术人员，共 300 多人参加了培训。6 月 19 ~ 23 日，在复旦大学举办第四届林业 CIO 高级研修班，各省级林业主管部门和国家林业局有关单位信息化处室负责人和有关同志共 60 人参加了培训。培训班邀请了复旦大学和中国浦东干部学院多位信息化领域知名专家，围绕国内外信息化发展宏观政策、“互联网 + 林业”、大数据、物联网、人工智能等新一代信息技术进行讲解。8 月 21 ~ 23 日，举办全国林业网络安全培训班，培训对象为全国各省级林业主管部门、五大森工集团及国家林业局有关直属单位林业网络安全负责人，共 70 余人参加了培训。培训班以“加强林业网络安全建设”为主题，邀请了来自中央网信办、北京林业大学、国家信息中心的多位资深专家进行专题授课。10 月 18 ~ 20 日，在厦门市举办第三届智慧林业培训班，全国各省级林业主管部门各业务处室主要负责人共 170 人参加了培训。国家发改委互联网大数据分析中心、中国传媒大学、厦门大学等单位和高校的知名专家，围绕智慧林业、云计算、物联网、移动互联网和大数据等新一代信息技术进行了讲解与分享。11 月 23 ~ 26 日，在四川省成都市电子科技大学举办林业信息化基础知识暨 OA 系统培训班，国家林业局各司局、各直属单位的综合文书负责人共 90 余人参加了培训。12 月 8 ~ 9 日，在北京市举办中国林业网信息员能力提升培训班，中国林业网国家林业、省级林业站群各子站，信息化示范市县和示范基地子站，中国林业网世界林业、主要树种、珍稀动物、重点花卉站群及美丽中国网、中国植树网、中国信息林网等信息采编和发布人员，共 135 名参加了培训。

地方林业部门培训 地方各级林业部门高度重视林业信息化培训工作，结合林业信息化建设与实际应用需求，开展了多形式、多类型的培训工作，有效提高了林业干部职工的信息化素质和能力，为实现林业现代化提供了重要的人才支撑。湖南省林业厅于5月19～27日举办了三期林业信息化应用培训班，全省各市县林业局信息办(中心)主任或信息技术骨干共124人参加培训。湖南省林业厅于4月举办全省林业产业电子商务培训班，各市州林业局产业办负责同志和相关企业负责人参加了培训。特邀电子商务领域营销专家、淘宝网专职培训老师为大家讲授课程。吉林省林业厅举办省智慧林业培训班，这是吉林省智慧林业首期培训，也是林业信息化方面规模最大、参训人员层次最高的一次培训。全省各级林业行政主管部门和林业企事业单位的主要领导、分管领导和厅机关副处级以上领导干部300余人参加了培训班。培训班邀请了中国林业科学研究院、北京林业大学等科研院所的专家，进行了系统的培训讲解。辽宁省林业厅举办全省林业协同办公系统培训班，厅机关各处室、厅直各单位和各市、县(区)林业局相关人员共计120余人参加培训。培训班对新升级的辽宁省林业协同办公系统的主要功能和操作方法进行了详细讲解。江苏省林业局举办林业信息化工作培训班，各市县林业信息化负责人、江苏林业网信息员、省林业局各处室(单位)分管信息化工作的负责人及信息员共138人参加了培训。贵州省林业厅举办省电子政务网深化应用培训班，介绍了省电子政务网的快传、公文处理与事务办理系统，重点讲解了公文发文和收文流程中的难点和重点，并现场解答使用过程中遇到的问题。

办公自动化

【全国林业OA群推广建设】 启动2016年全国林业OA群(第二期)建设工作，对中国林业科学研究院、国家林业局管理干部学院、中国林业出版社、国际竹藤中心、中国林学会共5家单位的办公自动化需求进行集中建设。根据各单位调研反馈情况，对各单位的办公自动化需求进行了集中整理。通过梳理各单位网络建设情况、信息系统建设情况、公文办理情况等，整理出了用户单位的升级需求，并结合国家林业局综合办公系统的建设升级经验，制订了全国林业OA群(第二期)建设方案。方案重点涉及了收文管理、发文管理、签报管理、简报办理、意见征求办理等日常办公的重点环节，并兼具移动办公系统的调整、行政审批与办公系统的整合和林业基础建设项目审批平台待办事宜与办公系统的整合，设计出了一套更加方便的综合办公系统。结合需求调研情况和设计方案，为各单位进行了表单定制、流程定制、模板定制和印章定制，并为单位办公人员进行人员新增、岗位设置等，共计增改用户261个。开展了国家林业局京外直属单位OA系统建设试点工作，选定三北局、西北院两家单位进行建设试点，成功地解决了专网容量、需求定制、个性化服务等难题。截至2016年年底，全国林业OA群覆盖的单位已达63家，87.5%的司局、直属单位实现了无纸化办公。

【综合办公系统运维与优化】 2016年是综合办公系统正式运行的第七年，为保证系统安全稳定，做好运维服务工作，安排专职技术人员进行5天×8小时的技术服务，通过电话支持、上门服务的方式，对用户日常使用的问题进行及时响应，解决日常调整、业务变动等方面问题。2016年，综合办公系统服务对象已经增加至14个司局、28个直属单位、15个专员办事处共计2000多户用户。全年共进行了530多项支持服务，进行了67 228项文件的办理。为提升服务水平，保证服务质量，做好各司局、各直属单位电子文件办理技术支持，国家林业局信息办围绕OA系统运维开展了多项工作。一是整合运维团队。对综合办公系统运维团队进行了全面整合，将分散在不同处室的运维人员进行了统一调配、统一管理，运维人员增加至5人，提升了运维响应速度，增强了团队协作能力。二是提供技术支持。为2016年国家林业局办公室搬迁工作进行全程技术支撑，组织技术人员为各司局、有关直属单位进行公文传输设备拆卸和重新安装，顺利完成设备的平稳转移，实现了零故障、零损坏，有效地保障了搬家前后各单位文件的正常运转。三是开展系统优化。针对运行维护过程中用户反馈的问题，对系统进行多次优化，其中重要的优化事项有：国家林业局简报呈批调整，行政审批与办公系统整合，公文归档调整，林业基础建设项目审批平台待办事宜与办公系统整合，领导日程安排及局签报主送调整，移动办公调整，直属单位发文调整，直属单位收文调整，其他功能优化。四是构建统一平台。整合了国家林业局行政审批平台(内网)、林业基础建设项目审批平台等，实现了多系统统一平台运转、统一平台审核、统一平台办理。

【移动办公系统运维服务】 截至2016年年底，移动办公系统共进行了144次运维服务，及时、高效地为局领导、司局领导解决了紧急文件的办理问题，提升了国家林业局公文流转速度，提高了机关办事效率。对移动办公系统进行了新一轮的巡检和优化工作，通过为局领导、司局领导配发移动办公系统操作手册和现场培训的方式，解答了局领导、司局领导操作中遇到的新问题，提升了移动办公系统的服务水平。为实现手机、平板电脑等移动设备在移动办公系统中更安全便捷的处理公文，进一步调整优化移动办公系统，使移动办公系统的运行更加流畅、更加稳定。重要的优化事项有：增加直属单位发文、直属单位收文，增加司局发文、司局收文，增加行政审批，增加行政审批材料查看，修改所有待办文件中的处室意见可操作项等。

【OA 系统培训保障】 为进一步提高 OA 系统操作能力，规范业务流程，按照局统一安排，于 9 月举办三北局 OA 系统操作培训，于 11 月举办全国林业信息化基础知识暨 OA 系统培训班，组织局内单位其他普通培训 20 余次。

【公文传输系统升级改造】 启动《国家林业局公文传输系统升级改造项目》，项目建设内容主要有：整合办公平台、升级加密算法、印章集中管理、提升软件兼容性等，从而建成操作智能、算法先进、管理集约、软件国产的新型智能电子收发系统，为各司局、各直属单位、各省级林业主管部门提供安全、方便、高效的电子文件交换系统，进一步加强各单位沟通，提高办公效率。

【数字档案系统全面覆盖】 2015 年底直属单位电子档案系统建设项目正式启动，经过为期 9 个月的建设，项目于 2016 年 8 月正式验收完成。此项目由国家林业局办公室、国家林业局信息办联合建设，为国家林业局尚未实现档案数字化的 32 家直属单位统一建设电子档案系统，建成了公文立卷、报表打印、预归档查询、电子档案浏览等功能，实现了电子文件全闭环流转、公文档案一体化管理、数字档案永续利用等目标。

【林业大事】

2 月 19 日 中国林业数据开放共享平台(data. forestry. gov. cn)正式上线，标志着中国林业政府数据开放取得突破性进展。2 月 26 日，基于大数据分析的中国林业网智慧决策系统正式上线，标志着中国林业大数据建设和中国林业网站群智慧化建设又迈出坚实一步。

2 月 25 日 国家林业局信息化工作领导小组会议召开，全面推进“互联网 +”林业建设。会议审议通过了《“互联网 +”林业行动计划——全国林业信息化“十三五”发展规划》和《全国林业信息化工作管理办法》，研究部署了 2016 年林业信息化重点工作。

3 月 11 日 第六届“绿化祖国 · 低碳行动”网络植树节启动。通过中国林业网(www. forestry. gov. cn)和碳汇基金会网站(www. thjj. org)向社会发布。

3 月 22 日 国家林业局印发《“互联网 +”林业行动计划——全国林业信息化“十三五”发展规划》。《中国林业大数据发展指导意见》《中国林业物联网发展指导意见》《中国林业电子商务指导意见》等也陆续发布，浙江、安徽等省纷纷出台林业信息化“十三五”规划，“十三五”林业信息化发展蓝图全面确定。

4 月 21 日 国家林业局信息办组织召开“一带一路”林业数据资源协同共享平台项目建设会，标志着围绕“一带一路”、京津冀、长江经济带国家三大战略的林业数据资源协同共享平台项目正式启动。

7 月 1 日 国家林业局网上行政审批平台(xzsp. forestry. gov. cn)正式上线。国家林业局 25 项行政许可事项全面实行“一个窗口”受理、一站式服务，打破时空界限。

9 月 23 日 国家林业局与吉林省政府在长春市签署《推进国有林管理现代化局省共建示范项目战略合作协议》。国家林业局局长张建龙、吉林省省长蒋超良代表双方签署协议。国家林业局信息办、吉林省林业厅分别牵头成立国家林业局工作组办公室和吉林省工作组办公室，将大力提升林业信息化发展水平，推动“互联网 +”林业建设，为全面推进国有林管理现代化奠定实践基础。

11 月 15 日 国家林业局办公室印发《全国林业信息化率评测工作实施方案》。启动 2016 年全国林业信息化率评测工作，推动全国林业信息化整体进步，确保完成《林业发展“十三五”规划》确定的全国林业信息化率达到 80% 的目标。

11 月 24 日 中国林业网荣获 2016 年中国政府部委网站总分第二名。在 74 个部委网站中，中国林业网以 75. 5 分蝉联总分第二名，商务部以 76 分排名总分第一名。2016 年，中国林业网全新改版，网站访问量突破 20 亿人次，网站群规模进一步扩大，互联网影响力显著提升。

11 月 25 日 国家发展改革委、国家林业局共同签署了《关于联合开展生态大数据应用与研究工作的战略合作协议》。双方计划在建立高效的信息共享、合作研发和沟通交流机制的基础上，充分运用大数据技术、理念和资源服务于生态发展，发挥林业在生态建设中的主体作用，提高林业在维护国家生态安全中的基础作用。

12 月 “金林工程”项目获得批复。国家发展改革委正式下发《关于生态环境保护信息化工程可行性研究报告的批复》(发改高技〔2016〕2528 号)，国家林业局获得项目投资 9905 万元，占总投资的 22% ，批复额度位列 10 个共建部委第二名。这是国家林业局信息化工作的历史性突破，也标志着林业信息化建设迎来了战略发展的新时期。 (林业信息化由张会华供稿)

林业教育与培训

15

林业教育与培训工作

【初任培训】 为使国家林业局新录用人员了解和掌握基本知识与技能，提高工作能力，尽快完成角色转变，适应新的工作岗位，9月1～12日，国家林业局在北京组织举办新录用人员初任培训。培训班安排了林业发展形势、林业工作实务、林业法律法规、廉政建设以及机关工作方法等培训内容，采取专题讲座、案例教学、交流研讨以及现场教学等灵活多样的教学形式。来自国家林业局司局及事业单位的85名新录用人员参加了培训。（邹庆浩）

【在职培训】 国家林业局公务员在职培训分别于4月11～22日、10月10～21日在北京举办。培训班安排了习近平治国理政思想解读、习近平关于生态文明建设相关讲话精神解读、国家公园建设、野生动物保护法解读、领导干部法治思维等专题讲座；开展了音乐艺术欣赏与实践、个体应急救助与防护常识等参与式体验式教学；组织了立足本职工作，结合专题学习谈感受等学员论坛以及团队建设、结业测试等活动。两期培训班共培训国家林业局直属机关学员87名。（邹庆浩）

【处级领导干部任职培训】 为进一步提高局直属机关新任处级领导干部综合素质和胜任能力，更好地履行岗位职责，5月9～20日，国家林业局在北京举办了第二十一期处级领导干部任职培训班，设置了林业专业课程、廉政建设、个人能力提升、现场教学等学习模块。来自国家林业局各司局和直属单位的46名处级领导干部参加培训。（吴友苗）

【司局级领导干部任职培训班】 为进一步提升司局级领导干部合格履职的水平和能力，10月23～29日，国家林业局在北京举办了第九期司局级领导干部任职培训班，国家林业局40位未参加任职培训的司局级领导干部参加了培训，培训班采取专题讲座、学员论坛、结构化研讨等形式，取得良好效果。（吴友苗）

【司局级干部选学及网络学习】 根据中央组织部和国家机关工作委员会要求，组织国家林业局50名司局级干部参加中央组织部专题培训，总计1760学时，100名司局级干部参加网络学习，总计2302学时通过选学和网络学习，广大司局级干部充分认识到选学的重要意义和积极作用，充分发挥学习主动性，进一步增强了党性修养，提高了理论水平，拓宽了知识范围，提升了解决实际问题的能力。（邹庆浩）

【林业知识培训】 为进一步加强林业干部队伍建设，国家林业局于6月16～29日举办了第六期林业专业知识培训班。培训班针对学员非林专业背景精心设置课程，开设了林业政策法规、森林经营、生物多样性保护、森林资源调查、森林资源管理、有害生物防治等林业基础专业知识，还组织学员赴山东原山国有林场，学习其艰苦创业的林业精神。来自全国各有关省（区、市）林业厅（局）和国家林业局直属机关单位共102名学员参加了培训。（邹庆浩）

【地方党政领导干部林业专题培训】 受中央组织部委托，7月11～20日，国家林业局在北京举办了地方党政领导干部森林防火专题研究班，全国44名县级人民政府分管林业工作的领导干部参加了培训。国家林业局党组高度重视，局党组书记、局长张建龙亲自研究审定方案，专职副总指挥杜永胜作了《森林防火工作现状及发展趋势》的主题报告。国务院应急管理专家组、武警新疆森林总队及有关领导以及国家林业局相关司局级领导上讲台授课或与学员座谈交流。专题研究班针对参加研究班领导干部的履职需要，合理设置课程，综合运用专题讲授、学员认坛、座谈交流、案例教学、情景模拟、现场教学、结构化研讨等教学方式，确保了培训实效，达到了预期目的。培训效果综合评价连续4年在中央组织部委托部委办班所有班次中名列前茅。（邹庆浩）

【地县林业局长培训】 为加强基层林业领导干部队伍建设，国家林业局于8月1～10日在北京举办地县林业局长培训班，全国89位地县林业局长参加专题培训。本期培训紧紧围绕当前国有林场改革发展实际，针对学员岗位要求，合理设置内容，创新教学方式，为学员搭建了学习、交流、研讨的平台，为宣传林业改革政策，指导基层落实中央决策发挥了应有作用，取得了良好效果。（邹庆浩）

【林业学科建设和高校共建】 国家林业局会同教育部做好第二届全国林业硕士专业学位研究生教育指导委员、第三届风景园林硕士专业学位研究生教育指导委员会组建工作，国家林业局副局长张永利、刘东生分别被国务院学位委员会等聘任为林业硕士、风景园林硕士教指委新一届主任委员。公布了国家林业局重点学科名单，北京林业大学林学等59个一级学科点被评为国家林业局重点学科，北京林业大学科学技术哲学（生态文明建设与管理）等15个学科方向被评为国家林业局重点（培育）学科。指导召开了第二届全国林业硕士专业学位研究生教育指导委员会第一次全体会议、林业硕士培养模式改革研讨会，加强林业硕士专业学位研究生教育指导。协调召开浙江农林大学"竹资源与高效利用"服务国家特殊需求博士人才培养项目指导委员会会议。协调完成了海南省人民政府、国家林业局合作共建海南大学热带农林学院工作。（吴友苗）

【中国林业教育学会第五届会员代表大会】 11月15～17日，中国林业教育学会第五届会员代表大会在福州召开，选举产生了中国林业教育学会第五届理事会。国家林业局党组成员、副局长彭有冬当选为中国林业教育学会第五届理事会理事长，北京林业大学校长宋维明当选为常务副理事长，国家林业局管理干部学院党委书记李向阳当选为副理事长（法人代表），国家林业局人事司副司长王浩等19人当选为副理事长，179人当选为理事，57人当选为常务理事。中国林业教育学会第四届理事长杨继平致开幕词。（吴友苗）

【中国林业教育学会职教分会第四届委员会成立】 11月3～4日，中国林业教育学会职业教育分会第四次会员大会在武汉召开，南京森林警察学院院长张高文当选为中国林业教育学会职业教育分会第四届委员会主任委员，12人当选为副主任委员，65人当选为委员。会议重新设置了内设机构，修改了工作条例，进一步规范了该职教分会的运行。（邹庆浩）

【林业教材建设】 2016年，在院校林科教材建设方面，中国林业出版社牵头组建了全国高等农林院校教材建设战略联盟。国家林业局开展了普通高等教育及职业教育“十三五”规划教材的申报和遴选工作，启动了《生态文明读本》《林业政策学》《林业经济学》《森林资源经济学》教材编写工作。

在干部学习培训教材建设方面，国家林业局组织编写的《林业改革知识读本》《林业政策与法规知识读本》2本教材书稿已交出版社出版。（邹庆浩）

【林业援疆培训】 实施林业培训援疆计划，于6月14～28日和8月30日至9月13日分别针对林业厅系统和兵团林业系统举办党政领导干部培训班，通过组织专家授课、开展现场教学培训等形式，有针对性地开展培训工作，教学内容涵盖林业政策法规、森林生态旅游、林业产业发展、湿地生态保护等林业专业知识，以及领导能力建设、个人素质提升等。两期培训班共培训学员127人。（吴友苗）

林业教材管理

【国家林业局生态文明教材及林业高校教材建设项目】

2016年，由国家林业局人事司牵头，依托局教材建设专家委员会，联合全国农林院校教材建设战略联盟，在局院校教材建设办公室的指导下，以中国林业出版社作为项目承担单位的“国家林业局生态文明教材及林业高校教材建设项目”获批立项。该项目于2016年起组织开展生态文明教材的规划、编制、出版及现有林业类教材的修订更新等工作，建设周期为3年，计划新编生态文明相关教材150种、修订更新现有林业类教材390种、出版数字教材150种。

【卓越农林人才教育培养计划与教育出版研究项目】 2016年，由国家林业局院校教材建设办公室和中国林业出版社牵头，联合全国5所主要农林院校申报的“卓越农林人才教育培养计划与教育出版研究项目”获批立项。该项目将对第一批卓越农林人才教育培养计划试点高校中相关专业的培养方案、课程设置以及配套教材使用等基本情况进行调研，通过汇总、分析与讨论，完成“卓越农林人才教育培养计划三种不同改革试点项目教育出版研究报告”，并建设相关教材。

【国家林业局普通高等教育“十三五”规划教材选题目录确定】 为深入贯彻《教育部 农业部 国家林业局关于推动高等农林教育综合改革的若干意见》等文件精神，进一步加强林业院校教材建设工作，国家林业局院校教材建设办公室与中国林业出版社于2015年11月下发了《关于申报“普通高等教育‘十三五’规划教材”的通知》，在集中申报、专家审核的基础上，最终确定了586种教材选题列入国家林业局普通高等教育“十三五”规划教材选题目录（本科、研究生）（第一批），并于2016年9月正式下发立项通知。

【国家林业局职业教育“十三五”规划教材申报启动】 为贯彻落实《国家中长期教育改革和发展规划纲要（2010～2020年）》《国务院关于加快发展现代职业教育的决定》《教育部关于深化职业教育教学改革全面提高人才培养质量的若干意见》等文件精神，促进职业教育的内涵建设，进一步推动职业教育课程改革和信息化建设的发展，国家林业局院校教材建设办公室与中国林业出版社于2016年4月启动了“国家林业局职业教育‘十三五’规划教材”申报工作。

【高等职业教育食品类专业“十三五”规划系列教材编写工作会】 由国家林业局院校教材建设办公室和中国林业出版社共同主办的高等职业教育食品类专业“十三五”规划系列教材编写工作会，于2016年1月16日在北京召开。来自内蒙古农业大学职业技术学院、内蒙古商贸职业学院的老师参加了会议。

【高等院校大学生创新创业教学研究与教材建设工作会议】 由国家林业局院校教材建设办公室和中国林业出版社主办，福建农林大学协办的“高等院校大学生创新创业教学研究与教材建设工作会议”，于2016年3月26～27日在福建省安溪县举办。来自全国30余所农林高校的负责人及相关人员等共约120人参加会议。

国家林业局党组成员、副局长彭有冬，福建省政协副主席陈绍军，教育部高教司副巡视员张爱龙，国家林业局人事司副司长王浩，国家林业局教材建设工作领导小组副组长、中国林业出版社党委书记、社长金旻，福建农林大学校长兰思仁，福建省林业厅副厅长王宜美，福建省安溪县县长高向荣出席大会开幕式，开幕式由国家林业局院校教材建设办公室主任、中国林业出版社总编辑刘东黎主持。

彭有冬、陈绍军、张爱龙、兰思仁、金旻分别讲话，从不同层面指出深化农林高等院校创新创业教育改革，推动农林高等教育教材建设和林业人才培养的重要性。

【国家林业局职业教育教材建设专家委员会预备会议暨国家林业局职业教育“十三五”规划教材立项专家评审会议】 6月21日，由国家林业局院校教材办公室、中国林业出版社主办，辽宁林业职业技术学院承办的“国家林业局职业教育教材建设专家委员会预备会议暨国家林业局职业教育‘十三五’规划教材立项专家评审会议”在沈阳召开。来自辽宁、黑龙江、甘肃、山西、北京、广西、福建、云南、湖南、湖北、江苏、江西等的14所农林类职业院校及行业学会的专家学者参加了会议。

【全国高等农林院校教材建设战略联盟成立大会】 由国家林业局院校教材建设办公室、中国林业出版社举办的全国高等农林院校教材建设战略联盟成立大会，于2016年6月24日在北京召开，来自32所农林院校和相关单位的60余位代表参加了会议。会议讨论通过了联盟章程及联盟理事长、副理事长、理事、秘书长、副秘书长人选；中国林业出版社与北京林业大学、河北农业大学等31所农林高校作为首批联盟成员，共同签署了《战略合作框架协议》。

国家林业局党组成员、副局长彭有冬，国家林业局人事司副司长王浩，国家林业局教材建设工作领导小组副组长、中国林业出版社党委书记、社长金旻，中国绿色时报社党委书记、总编辑厉建祝，教育部高教司处长张庆国出席了会议，会议由国家林业局院校教材建设办公室主任、中国林业出版社总编辑刘东黎主持。

北京林业大学副校长骆永庆，南京林业大学副校长王浩，西南林业大学副校长胥辉，福建农林大学副校长林文雄，河北农业大学副校长申书兴，内蒙古农业大学副校长王春光，辽宁林业职业技术学院党委书记邹学忠等学校领导，以及各院校教务处和相关学院负责人等参加会议。

彭有冬副局长在成立大会上作讲话，同时就切实发挥联盟作用提出3点要求：一要不断完善联盟组织运行机制。二要注重调动联盟成员协同创新活力。三要积极引领林业高等教育教材发展方向。下午，与会专家评审了“2015年度林业教材建设管理先进工作者”，并对中国林业出版社“十三五”教材规划进行了研讨。

【2016年高职园林类专业教学工作会】 由国家林业局院校教材建设办公室、全国林业职业教育教学指导委员会共同组织召开的2016年园林类专业教学工作会议，于7月9～10日在衡阳召开。江苏农林职业技术学院、湖南环境生物职业技术学院、广西生态工程职业技术学院、云南林业职业技术学院等25所农林职业学院和相关单位的近百名代表参加了会议。会议由全国林业职业教育教学指导委员会园林生态类专业分委员会主任周兴元主持。各学院分别就园林技术、园林工程技术、风景园林设计专业、森林旅游专业的课程设置进行了讨论和交流。专家组召开会议，讨论、确定了高职园林类专业的课程设置，并初步拟定有关教材的主编。

【2016年农林高等教育教材工作研讨会】 2016年7月28～29日，2016年农林高等教育教材工作研讨会在贵州铜仁召开，来自全国各地46所农林院校及相关单位的约110位代表参加了会议。

会议由国家林业局院校教材建设办公室主任、中国林业出版社总编辑刘东黎主持。开幕式上，贵州省林业厅人事处处长龙云碧、贵州梵净山国家级自然保护区管理局党委书记杨劲松致欢迎辞。教育部高等教育司副巡视员张爱龙就中国高等教育现状与“十三五”规划进行了介绍。国家林业局人事司副司长王浩发表了讲话，而后，对2015年度林业教材建设管理先进工作者进行了表彰。

【国家林业局职业教育教材建设专家委员会公共基础组工作会议】 7月28日，由国家林业局院校教材建设办公室和中国林业出版社共同组织的国家林业局职业教育教材建设专家委员会公共基础组工作会议，作为分会与2016年农林高等教育教材工作研讨会同期举办，出版社简要介绍了“十三五”期间在职业教育方面的工作思路以及已经取得的成绩；与会的13所职业院校分别就目前各个学校公共基础课设置与专业的衔接及如何开展信息化教学资源建设和信息化教学模式改革等五个问题进行了研讨。与会代表对公共基础课的课程建设提出了意见和建议，这对国家林业局职业教育教材建设专家委员会公共基础组的下一步工作安排提出了建议和指导意见。同时，参会代表对于“生态文明教育读本”和“大学生创新创业基础”教材建设，提出了初步想法。与会代表就“生态文明建设及生态文明教材建设专题”进行了研讨。

【2016年林业工程类专业教学指导委员会工作会议】 为深入贯彻《国务院关于大力发展职业教育的决定》等有关文件精神，充分发挥全国林业职业教育教学指导委员会和国家林业局院校教材建设办公室对林业职业教育的指导和服务职能，进一步加强和完善林业工程类专业建设，不断提高人才培养质量，增强专业服务产业和经济社会的能力，于2016年11月27日在江西省赣州市召开林业工程类专业指导委员会工作会议。

【生态文明教材建设培训班】 7月27～29日，由国家林业局院校教材建设办公室举办、中国林业教育学会承办的“生态文明教材建设培训班”在贵州铜仁举办。此次培训班主要对象是各院校教务处处长和教材科负责人，共计84人参加。培训班上，南京森林警察学院陶珑教授、辽宁林业职业技术学院邹学忠教授等12位专家分别就“培育精品资源，提高教学质量”“弘扬生态文明　传承林业精神　培养绿色人才”等专题进行了讲座，培训班学员就生态文明建设及生态文明教材建设进行了专题交流与研讨。

（杨长峰供稿）

林业教育信息统计

表 15-1　2016～2017 学年初普通高、中等林业院校和其他高、中等院校林科基本情况　单位:人

名　称	学校数(所、个)	毕业生数	招生数	在校学生数	毕业班学生数	教职工数	
						合计	其中:专任教师
总　计	**—**	**148 577**	**142 210**	**494 008**	**152 177**	**29 745**	**15 373**
一、研究生教育	**92**	**7085**	**8814**	**24 722**	**9888**	**—**	**—**
1. 普通高等林业院校	6	5161	6267	18 179	7469	18 357	7379
2. 其他高等院校(林科)	85	1641	2186	5478	1981	—	—
3. 林业科研单位	1	283	361	1065	438	—	—
二、本科教育	**228**	**50 087**	**51 150**	**210 227**	**51 530**	**—**	**—**
1. 普通高等林业院校	7	25 484	27 035	109 563	27 866	19 094	7659
2. 其他普通高等院校(林科)	221	24 603	24 115	100 664	23 664	—	—
三、高职(专科)教育	**231**	**44 065**	**42 634**	**140 461**	**47 123**	**—**	**—**
1. 高等林业(园林)职业学校	16	32 431	32 916	106 830	35 454	7280	5345
2. 其他高等职业学校(林科)	214	11 058	9127	31 901	11 088	—	—
3. 普通林业高等学校专科	1	576	591	1730	581	3814	1541
四、中职教育	**285**	**47 340**	**39 612**	**118 598**	**43 636**	**—**	**—**
1. 中等林业(园林)职业学校	19	16 004	10 527	34 982	13 293	3371	2369
2. 其他中等职业学校(林科)	266	31 336	29 085	83 616	30 343	—	—

注:本表研究生教育、本科教育、高职(专科)教育中普通林业高等院校教职工数以本科教育数为合计数。

表 15-2　2016～2017 学年初普通高等林业院校教职工情况

单位:人

学校名称	教职工数											另有其他人员						
	合计	校本部教职工										科研机构人员	校办企业职工	其他附设机构人员	聘请校外教师	离退休人员	附属中小学幼儿园教职工	集体所有制人员
		计	专任教师						行政人员	教辅人员	工勤人员							
			计	正高级	副高级	中级	初级	无职称者										
总　计	**19 094**	**11 531**	**7659**	**1374**	**2772**	**2974**	**328**	**211**	**2053**	**1274**	**545**	**69**	**124**	**270**	**2039**	**4930**	**33**	**98**
北京林业大学	3046	1782	1193	294	527	341	1	30	309	221	59	0	55	38	309	829	33	0
东北林业大学	4083	2266	1404	300	541	492	20	51	396	337	129	2	54	191	287	1185	0	98
南京林业大学	3333	1905	1291	245	433	550	62	1	355	163	96	36	15	30	276	1071	0	0
中南林业科技大学	3814	2364	1541	238	513	658	63	69	405	257	161	0	0	0	265	1185	0	0
西南林业大学	2157	1199	894	98	294	384	85	33	168	101	36	12	0	0	509	437	0	0
浙江农林大学	1924	1578	1056	171	365	448	45	27	307	161	54	12	0	11	304	19	0	0
南京森林警察学院	737	437	280	28	99	101	52	0	113	34	10	7	0	0	89	204	0	0

表 15-3　2016～2017 学年初普通高等林业院校资产情况

学校名称	占地面积(平方米)			图书资料		拥有教学用计算机(台)	多媒体教室座位数(个)	语音实验室数(个)	固定资产总值(万元)	
	总面积	其中:绿化用地	其中:运动场地	合计(万册)	其中:当年新增(万册)				计	教学、科研仪器设备资产
一、学校产权	**5 131 917.3**	**2 320 607.4**	**335 125.0**	**801.3**	**36.3**	**25 552.0**	**877.0**	**0.0**	**784 620.1**	**205 618.4**
北京林业大学	463 739	124 750	56 505	186.28	1.73	4744	174	0	198 373.8	61 965.27
东北林业大学	1 287 559	526 424	100 291	219.37	9.02	8023	245	0	234 234.51	77 335.62
南京林业大学	3 734 733.3	2 915 600	53 726	183.4	5.3	6320	215	0	167 591.09	76 227.26
中南林业科技大学	876 445.2	429 458.15	52 316	198.86	10.83	7502	267	0	188 064.6	35 355.83
西南林业大学	793 754.43	343 593	68 605	168.23	16.43	6823	124	0	132 200.23	24 335.48
浙江农林大学	1 858 234.3	920 906	101 198	163.18	6.09	4018	265	0	150 120.68	31 176.92
南京森林警察学院	728 630.59	404 934.4	8526	64.2	3	1944	69	0	69 690.89	10 805.11
二、非学校产权	**510 629**	**26 000**	**15 000**	**5**	**0**	**700**	**350**	**0**	**35 100**	**8700**
北京林业大学	0	0	0	0	0	0	0	0	0	0
东北林业大学	0	0	0	0	0	0	0	0	0	0
南京林业大学	0	0	0	0	0	0	0	0	0	0
中南林业科技大学	33 300	6000	15 000	5	0	700	350	0	35 100	8700
西南林业大学	437 329	0	0	0	0	0	0	0	0	0
浙江农林大学	0	0	0	0	0	0	0	0	0	0
南京森林警察学院	40 000	20 000	0	0	0	0	0	0	0	0

表 15- 4　2016～2017 学年初普通高等林业院校和其他高等院校、科研院所林科研究生分单位情况

单位:人

学校名称	毕业生数	招生数	在校学生数	毕业班学生数
总　计	**7085**	**8814**	**24 722**	**9888**
一、博士生	**580**	**998**	**4929**	**2940**
1. 高等林业院校	354	678	3517	2176
北京林业大学	181	267	1242	710
东北林业大学	92	193	1053	669
南京林业大学	56	133	870	604
浙江农林大学	0	6	16	3
中南林业科技大学	25	61	297	181
西南林业大学	0	18	39	9
2. 林业科研单位	88	129	484	236
中国林业科学研究院	88	129	484	236
3. 其他高等院校(林业学科)	138	191	928	528
二、硕士生	**6505**	**7816**	**19 793**	**6948**
1. 高等林业院校	4807	5589	14 662	5293
北京林业大学	1384	1500	3896	1548
东北林业大学	1177	1315	3436	1284
南京林业大学	984	1197	2984	1140
浙江农林大学	481	589	1638	498
中南林业科技大学	704	757	1962	484
西南林业大学	474	490	1247	501
2. 林业科研单位	195	232	581	202
中国林业科学研究院	195	232	581	202
3. 其他院所(林科)	1503	1995	4550	1453

表 15-5　2016～2017 学年初普通高等林业院校和其他高等院校、科研院所林科研究生分学科情况

单位：人

学科名称	毕业生数	招生数	在校学生数	毕业班学生数
总　计	**7085**	**8814**	**24 722**	**9888**
一、博士生	**580**	**998**	**4929**	**2940**
1. 林业学科小计	501	896	4398	2643
森林工程	15	22	161	120
木材科学与技术	35	63	310	180
林产化学加工工程	18	61	223	106
林业工程学科	21	57	321	205
林木遗传育种	43	66	276	152
森林培育	50	77	392	241
森林保护学	32	44	217	125
森林经理学	37	27	190	126
野生动植物保护与利用	36	30	153	92
园林植物与观赏园艺	15	40	219	142
水土保持与荒漠化防治	37	84	371	213
林学学科	10	42	169	76
林业经济管理	32	52	350	246
风景园林学学科	17	49	198	102
土壤学（森林土壤学）	31	25	112	65
植物学（森林植物学）	26	40	216	137
生态学（森林生态学）	46	117	520	315
2. 林业院校和科研单位其他学科	79	102	531	297
二、硕士	**6505**	**7816**	**19 793**	**6948**
1. 林业学科小计	4024	4913	12 733	4376
森林工程	60	43	158	62
木材科学与技术	143	165	486	150
林产化学加工工程	73	104	282	84
林业工程学科	87	124	297	86
林木遗传育种	151	154	453	149
森林培育	264	256	779	276
森林保护学	182	214	594	188
森林经理学	187	162	505	163
野生动植物保护与利用	118	108	345	138
园林植物与观赏园艺	333	327	1016	378
水土保持与荒漠化防治	317	420	1142	338
林学学科	102	198	490	130
风景园林	1019	1546	3460	1247
林业	441	551	1088	426
林业经济管理	70	42	134	50
其他林科专业	477	499	1504	511
2. 林业院校和科研单位其他学科	2481	2903	7060	2572
材料加工工程	9	5	18	7
材料物理与化学	6	7	22	7
材料学	11	13	33	10
草学学科	13	12	37	12
测试计量技术及仪器	0	6	14	4
茶学	1	1	2	1
车辆工程	21	10	37	13
城乡规划学学科	41	44	145	53
道路与铁道工程	22	25	66	19
地理学学科	0	10	20	5
地图学与地理信息系统	45	42	130	45
动物学	23	30	80	27
动物遗传育种与繁殖	4	5	14	4

（续）

学科名称	毕业生数	招生数	在校学生数	毕业班学生数
俄语语言文学	8	4	13	5
发酵工程	2	4	12	5
发育生物学	18	20	47	11
法律	0	24	42	18
法学理论	9	13	30	11
法学学科	29	26	77	24
翻译	60	110	206	72
防灾减灾工程及防护工程	0	0	1	1
概率论与数理统计	5	6	14	5
高分子化学与物理	11	10	32	11
工程	687	874	1741	753
工程管理	0	7	13	6
工商管理	94	123	341	181
工商管理学科	38	32	107	37
公共管理	0	40	69	29
管理科学与工程学科	44	34	92	24
国际贸易学	14	15	44	14
国际商务	7	14	23	9
果树学	6	4	13	5
汉语言文字学	6	5	14	4
行政管理	30	28	81	29
化学工程	0	6	12	0
化学工程与技术学科	10	9	27	4
化学工艺	13	8	26	8
环境工程	19	15	48	15
环境科学	20	17	55	19
环境科学与工程学科	39	43	126	42
环境与资源保护法学	23	21	68	25
会计	53	56	114	58
会计学	31	28	78	21
机械电子工程	19	21	60	19
机械工程学科	11	11	37	14
机械设计及理论	22	18	65	25
机械制造及其自动化	20	21	61	21
计算机科学与技术学科	0	4	17	7
计算机软件与理论	17	11	38	15
计算机系统结构	4	4	13	4
计算机应用技术	29	23	85	32
技术经济及管理	5	5	9	1
检测技术与自动化装置	9	5	21	9
建筑学学科	16	16	51	19
交通信息工程及控制	5	4	13	5
交通运输规划与管理	6	12	35	9
结构工程	23	21	63	16
金融	0	12	23	11
金融学(含:保险学)	5	4	13	5
精密仪器及机械	0	2	8	4
科学技术哲学	0	2	3	0
控制理论与控制工程	20	23	63	20
伦理学	11	8	27	9
旅游管理	20	23	65	27
马克思主义发展史	2	3	12	6
马克思主义基本原理	7	5	20	10
马克思主义哲学	0	4	9	3

（续）

学科名称	毕业生数	招生数	在校学生数	毕业班学生数
马克思主义中国化研究	25	18	55	21
美学	4	5	16	6
民商法学(含:劳动法学、社会保障法学)	13	7	30	14
模式识别与智能系统	5	5	15	5
木材科学与技术	116	134	407	128
农产品加工及贮藏工程	15	12	39	12
农业电气化与自动化	4	3	13	6
农业机械化工程	8	5	25	10
农业经济管理	29	27	74	22
农业生物环境与能源工程	4	0	2	2
农业推广	526	597	1341	396
农业资源与环境学科	9	22	48	6

表 15-6　2016～2017 学年初普通高等林业院校和其他高等院校林科本科学生分学校情况

单位:人

学校名称	毕业生数	招生数	在校学生数	毕业班学生数
总　计	**50 087**	**51 150**	**210 227**	**51 530**
一、普通高等林业院校	**25 484**	**27 035**	**109 563**	**27 866**
北京林业大学	3211	3306	13 271	3397
东北林业大学	4561	4815	18 809	4516
南京林业大学	3862	4366	17 140	4381
南京森林警察学院	1069	1430	5753	1464
浙江农林大学	3577	3471	14 419	3725
中南林业科技大学	5656	5913	23 866	6020
西南林业大学	3548	3734	16 305	4363
二、其他高等院校(林科)	**24 603**	**24 115**	**100 664**	**23 664**

表 15-7　2016～2017 学年初普通高等林业院校和其他高等院校林科本科学生分专业情况

单位:人

专业名称	毕业生数	招生数	在校学生数	毕业班学生数
总　计	**50 087**	**51 150**	**210 227**	**51 530**
一、林科专业	**28 972**	**28 338**	**118 183**	**28 320**
1. 林业工程类	2691	2202	9976	2765
森林工程	349	310	1275	319
木材科学与工程	1860	1511	6825	1901
林产化工	482	381	1876	545
2. 森林资源类	3745	3960	15544	3977
林学	2720	2874	11332	2962
森林保护	718	716	2897	693
野生动物与自然保护区管理	307	370	1315	322
3. 环境生态类	17 660	18 251	75 600	17 023
园林	12 586	10 607	46 697	12 704
水土保持与荒漠化防治	1108	917	4130	1050
风景园林	3966	6727	24 773	3269
4. 农林经济管理类	4876	3925	17 063	4555
农林经济管理	4876	3925	17 063	4555
二、林业院校非林科专业	**21 115**	**22 812**	**92 044**	**23 210**
包装工程	178	149	677	185

（续）

专业名称	毕业生数	招生数	在校学生数	毕业班学生数
保险学	39	68	247	58
材料成型及控制工程	60	64	284	88
材料化学	160	176	654	161
材料科学与工程	0	117	262	0
财务管理	150	57	440	161
草业科学	64	30	133	49
测绘工程	175	190	740	207
测控技术与仪器	44	30	162	51
茶学	0	27	107	29
产品设计	42	267	1184	270
朝鲜语	27	41	135	28
车辆工程	231	208	1091	336
城市地下空间工程	0	53	236	62
城市管理	40	75	237	30
城乡规划	199	243	1209	275
地理科学	0	41	165	43
地理科学类专业	48	0	0	0
地理信息科学	223	269	1012	243
电气工程及其自动化	206	123	696	210
电气类专业	0	338	712	0
电子科学与技术	88	117	488	121
电子商务	101	61	425	111
电子信息工程	342	193	1278	380
电子信息科学与技术	36	39	195	57
电子信息类专业	0	179	179	0
动画	137	62	315	90
动物科学	98	122	486	129
动物医学	89	122	475	104
俄语	77	100	344	69
法学	426	460	1793	406
法语	79	91	355	80
翻译	0	58	58	0
服装与服饰设计	41	0	138	43
高分子材料与工程	251	307	1039	245
给排水科学与工程	117	123	441	137
工程管理	262	250	1082	282
工程力学	42	32	157	48
工商管理	392	285	1153	332
工商管理类专业	0	769	1239	0
工业工程	72	91	347	84
工业设计	457	395	1529	338
公安管理学	0	156	593	156
公安情报学	0	295	151	0
公共事业管理	179	53	374	161
公共艺术	0	49	160	19
管理科学与工程类专业	0	55	55	0
广播电视学	39	31	137	42
广告学	284	213	818	197
国际经济与贸易	590	400	1897	620
国际商务	72	79	334	87
过程装备与控制工程	39	0	141	41
汉语国际教育	0	63	218	41

（续）

专业名称	毕业生数	招生数	在校学生数	毕业班学生数
汉语言	36	0	0	0
汉语言文学	156	198	753	182
行政管理	43	84	263	47
化学	46	0	95	54
化学工程与工艺	190	236	855	208
化学类专业	0	119	211	0
化学生物学	31	39	150	34
环境工程	246	381	1299	284
环境科学	216	227	987	286
环境设计	765	642	3115	809
会计学	1082	605	3809	1134
会展经济与管理	0	47	121	0
机械电子工程	193	51	595	212
机械类专业	0	668	1080	0
机械设计制造及其自动化	676	446	2647	805
计算机科学与技术	570	486	2329	703
计算机类专业	0	181	353	0
建筑环境与能源应用工程	0	57	241	61
建筑学	164	131	716	213
交通工程	82	58	335	101
交通运输	394	141	1075	425
交通运输类专业	0	120	230	0
金融工程	0	151	480	74
金融学	305	325	1448	332
经济统计学	0	0	118	62
经济学	62	70	301	78
经济学类专业	0	129	276	0
警务指挥与战术	0	151	526	71
酒店管理	0	92	302	58
粮食工程	0	17	106	34
旅游管理	509	363	1770	526
能源与动力工程	202	161	677	193
农村区域发展	35	34	118	40
农学	131	110	434	102
农业机械化及其自动化	30	0	0	0
农业资源与环境	61	60	255	64
汽车服务工程	84	78	486	154
轻化工程	161	178	635	162
人力资源管理	154	70	408	114
人文地理与城乡规划	102	113	451	106
日语	196	147	693	169
软件工程	123	291	902	138
商务英语	55	85	273	47
设计学类专业	0	435	435	0
社会工作	72	88	324	84
社会体育指导与管理	31	30	124	29
摄影	33	24	48	24
生态学	106	128	473	107
生物工程	138	127	448	111
生物技术	338	346	1506	328
生物科学	127	92	451	126
生物科学类专业	0	94	95	0

（续）

专业名称	毕业生数	招生数	在校学生数	毕业班学生数
生物制药	0	30	120	31
食品科学与工程	364	416	1587	396
食品质量与安全	139	163	448	97
市场营销	299	98	963	353
视觉传达设计	138	183	1037	313
数学与应用数学	99	111	425	107
数字媒体技术	58	0	57	0
数字媒体艺术	47	25	367	83
泰语	38	33	159	45
体育教育	39	32	190	57
通信工程	203	142	693	182
统计学	138	28	118	29
土地资源管理	115	71	387	127
土木工程	931	754	3501	991
土木类专业	130	0	0	0
外国语言文学类专业	0	173	173	0
网络安全与执法	0	113	427	114
网络工程	32	0	59	31
文化产业管理	60	69	236	48
舞蹈学	0	45	45	0
物理学	34	58	207	52
物联网工程	0	90	210	0
物流工程	187	242	872	216
物流管理	157	175	690	202
物业管理	51	0	153	53
消防工程	47	158	552	109
新能源科学与工程	0	73	132	0
信息工程	42	84	231	45
信息管理与信息系统	298	207	1320	387
信息与计算科学	243	320	1149	271
刑事科学技术	204	229	927	231
艺术设计学	241	0	0	0
音乐表演	50	61	271	51
印刷工程	74	27	123	33
英语	504	349	1814	531
应用化学	138	97	482	152
应用生物科学	100	70	325	106
应用统计学	0	58	225	55
应用物理学	0	43	149	38
应用心理学	72	69	301	85
园艺	235	258	1143	302
越南语	32	27	97	40
侦查学	406	300	1468	454
政治学与行政学	47	60	225	51
植物保护	111	92	376	91
治安学	459	75	1333	388
中药学	29	63	242	56
种子科学与工程	29	0	26	26
自动化	262	229	1061	300
自然地理与资源环境	92	90	349	84

表 15-8　2016～2017 学年初高等林业职业院校教职工情况　　单位：人

学校名称	教职工数											另有其他人员						
	合计	校本部教职工										科研机构人员	校办企业职工	其他附设机构人员	聘请校外教师	离退休人员	附属中小学幼儿园教职工	集体所有制人员
		计	专任教师						行政人员	教辅人员	工勤人员							
			计	正高级	副高级	中级	初级	无职称者										
总　计	**7280**	**7150**	**5345**	**314**	**1270**	**1911**	**1443**	**360**	**735**	**526**	**544**	**0**	**130**	**54**	**1718**	**2383**	**0**	**0**
山西林业职业技术学院	288	288	220	4	46	87	54	29	35	13	20	0	0	21	55	83	0	0
辽宁林业职业技术学院	440	440	320	32	87	117	52	32	60	4	56	0	0	0	70	228	0	0
黑龙江林业职业技术学院	640	640	326	54	85	111	76	0	155	81	78	0	0	5	156	506	0	0
黑龙江农垦林业职业技术学院	528	503	374	41	68	188	77	0	50	39	40	0	25	0	13	156	0	0
黑龙江生态工程职业学院	493	493	246	38	82	97	22	7	74	97	76	0	0	0	211	218	0	0
安徽林业职业技术学院	132	132	100	2	27	38	31	2	9	9	14	0	0	0	116	66	0	0
福建林业职业技术学院	356	356	315	8	70	88	137	12	15	20	6	0	0	0	184	91	0	0
江西环境工程职业学院	797	797	644	35	108	165	260	76	52	23	78	0	0	0	110	0	0	0
河南林业职业技术学院	325	325	235	4	59	96	67	9	19	47	24	0	0	0	63	94	0	0
湖北生态工程职业技术学院	667	667	510	15	115	122	176	82	91	37	29	0	0	0	138	155	0	0
湖南环境生物职业技术学院	913	913	748	27	202	330	167	22	77	72	16	0	0	0	172	344	0	0
广东林业职业技术学院	0	0	0	0	0	0	0	0	0	0	0	0	0	0	0	0	0	0
广西生态工程职业技术学院	535	430	296	18	80	133	27	38	51	27	56	0	105	28	226	237	0	0
云南林业职业技术学院	569	569	505	12	112	205	172	4	20	15	29	0	0	0	103	106	0	0
甘肃林业职业技术学院	462	462	402	21	129	134	82	36	13	37	10	0	0	0	96	65	0	0
宁夏葡萄酒与防沙治沙职业技术学院	135	135	104	3	27	20	43	11	14	5	12	0	0	0	5	34	0	0
上海农林职业技术学院	210	210	117	2	17	54	44	0	41	48	4	0	0	0	102	10	0	0
江苏农林职业技术学院	781	758	547	43	133	212	121	38	64	120	27	18	5	0	394	114	0	0

表 15-9　2016～2017 学年高等林业职业教育及普通专科分学校情况　　单位：人

学校名称	毕业生数	招生数	在校学生数	毕业班学生数
总　计	**44 065**	**42 634**	**140 461**	**47 123**
一、高等林业职业学校	**32 431**	**32 916**	**106 830**	**35 454**
山西林业职业技术学院	1743	1240	4453	1656
辽宁林业职业技术学院	1878	2189	6625	2179
黑龙江林业职业技术学院	2108	2129	6603	2140
黑龙江生态工程职业学院	2007	2128	5527	1492
上海农林职业技术学院	1040	1024	3654	1217
江苏农林职业技术学院	3766	3458	11460	4007
安徽林业职业技术学院	1031	905	3171	1123
福建林业职业技术学院	2322	1922	6280	1994
江西环境工程职业学院	2446	2737	10301	3613
河南林业职业学院	257	1457	3502	483
湖北生态工程职业技术学院	3543	2819	9293	3456
湖南环境生物职业技术学院	3279	3488	11294	3811
广西生态工程职业技术学院	2031	2418	7480	2464
云南林业职业技术学院	2052	2336	7450	2472
甘肃林业职业技术学院	2732	2191	8697	3082
宁夏葡萄酒与防沙治沙职业技术学院	196	475	1040	265
二、普通林业学校专科	**576**	**591**	**1730**	**581**
中南林业科技大学	576	591	1730	581
三、其他高等学校（林科）	**11058**	**9127**	**31901**	**11088**

表 15-10　2016～2017 学年高等林业(生态)职业技术学院和其他高等职业学院林科分专业情况

单位:人

专业名称	毕业生数	招生数	在校学生数	毕业班学生数
总　计	**44 065**	**42 634**	**140 461**	**47 123**
一、林科专业	**17 607**	**14 950**	**52 345**	**18 325**
林业技术	1702	2145	6871	2199
园林技术	13 048	10 317	36 822	13 071
森林资源保护	257	289	738	243
经济林培育与利用	27	125	230	15
野生植物资源保护与利用	69	76	205	42
野生动物资源保护与利用	22	43	91	15
森林生态旅游	220	470	1310	316
森林防火指挥与通讯	57	14	38	10
自然保护区建设与管理	27	130	355	113
木材加工技术	148	150	475	133
林业调查与信息处理	58	37	153	62
林业信息技术与管理	258	161	441	166
林业类专业	502	7	1224	721
园林工程技术	1185	861	3162	1204
经济林培育与利用	27	125	230	15
二、非林科专业	**26 458**	**27 684**	**88 116**	**28 798**
包装策划与设计	41	27	99	39
包装工程技术	13	0	14	7
保险	0	0	3	0
表演艺术类专业	28	12	61	34
财务管理	482	293	1237	511
财务会计类专业	317	0	335	228
茶艺与茶叶营销	42	52	153	49
城市轨道交通工程技术	0	45	83	0
城市轨道交通供配电技术	0	9	9	0
城市轨道交通运营管理	0	357	576	0
城乡规划	236	174	546	225
宠物养护与驯导	153	230	755	171
畜牧兽医	252	315	830	243
传播与策划	43	0	327	46
导游	35	42	107	22
道路桥梁工程技术	435	211	1057	449
道路运输类专业	40	71	230	77
地图制图与数字传播技术	111	94	287	101
电气自动化技术	174	97	469	196
电子商务	314	1112	2847	556
电子商务技术	0	231	231	0
电子信息工程技术	100	75	303	119
雕刻艺术设计	34	0	37	26
动漫设计	0	12	12	0
动漫制作技术	147	125	533	172
动物防疫与检疫	20	38	96	30
动物医学	229	182	566	227
房地产检测与估价	15	0	10	10
服装与服饰设计	26	22	123	36
高尔夫球运动与管理	66	86	208	65
高速铁路客运乘务	0	100	100	0

（续）

专业名称	毕业生数	招生数	在校学生数	毕业班学生数
给排水工程技术	32	32	131	53
工程测量技术	485	354	1445	525
工程造价	1227	905	3848	1457
工商企业管理	36	38	104	23
工业分析技术	21	0	0	0
工业机器人技术	0	18	18	0
工业设计	12	0	7	6
供用电技术	0	26	68	0
广告设计与制作	171	190	607	183
国际商务	44	0	0	0
国际邮轮乘务管理	0	189	189	0
国土资源调查与管理	0	15	15	0
焊接技术与自动化	19	0	15	11
互联网金融	0	18	18	0
护理	1971	1424	6130	2391
环境保护类专业	101	0	163	97
环境工程技术	220	345	879	253
环境监测与控制技术	313	299	1085	389
环境评价与咨询服务	92	57	249	108
环境艺术设计	928	526	2118	859
会计	2472	2196	7199	2459
会计信息管理	0	63	63	0
会展策划与管理	76	110	301	96
婚庆服务与管理	0	82	82	0
机电设备类专业	0	0	3	0
机电设备维修与管理	0	13	30	5
机电一体化技术	617	520	2124	858
机械设计与制造	58	70	234	90
机械设计制造类专业	205	339	750	163
机械制造与自动化	82	74	155	49
计算机网络技术	287	858	2104	470
计算机系统与维护	5	0	0	0
计算机信息管理	119	90	257	112
计算机应用技术	396	934	2083	511
家具设计与制造	122	176	454	134
家具艺术设计	181	235	553	187
家政服务与管理	36	51	136	48
建设工程管理	74	104	353	114
建设工程管理类专业	0	20	52	32
建设工程监理	276	80	472	212
建筑工程技术	2164	1122	3915	1727
建筑设备工程技术	0	24	24	0
建筑设备类专业	23	0	29	18
建筑设计类专业	200	145	612	174
建筑室内设计	789	911	2799	871
建筑智能化工程技术	0	26	26	0
建筑装饰工程技术	77	107	306	121
金融管理	80	131	312	95
金融类专业	141	13	335	140
经济信息管理	42	20	67	29

（续）

专业名称	毕业生数	招生数	在校学生数	毕业班学生数
精密机械技术	477	0	655	372
景区开发与管理	19	39	116	32
酒店管理	529	558	1832	554
康复治疗技术	0	81	135	25
空中乘务	0	186	314	2
口腔医学技术	46	65	208	67
连锁经营管理	20	54	90	0
旅游管理	258	367	1241	382
旅游英语	22	22	82	38
绿色食品生产与检验	40	58	158	49
民航安全技术管理	0	36	36	0
模具设计与制造	67	37	178	73
酿酒技术	74	135	342	98
农产品加工与质量检测	48	108	280	60
农业经济管理	56	74	233	68
农业生物技术	0	56	56	0
农业装备应用技术	91	31	235	88
烹调工艺与营养	0	126	163	0
汽车电子技术	75	135	330	79
汽车检测与维修技术	256	641	1627	420
汽车营销与服务	329	194	878	272
汽车运用与维修技术	153	111	641	293
汽车制造类专业	25	17	111	41
汽车制造与装配技术	40	58	187	47
嵌入式技术与应用	1	0	95	30
青少年工作与管理	0	17	17	0
软件技术	125	396	868	152
商务管理	54	78	200	40
商务日语	47	76	180	50
商务英语	85	73	318	76
设施农业与装备	71	72	227	52
社区管理与服务	48	34	114	46
摄影测量与遥感技术	0	69	69	0
生物技术类专业	149	4	297	132
食品加工技术	52	51	132	45
食品检测技术	32	0	22	22
食品生物技术	101	79	372	168
食品药品管理类专业	35	0	121	55
食品营养与检测	259	265	763	230
食品质量与安全	0	2	2	0
市场营销	549	821	2169	657
市场营销类专业	103	61	323	121
市政工程技术	152	109	383	109
视觉传播设计与制作	120	62	350	127
室内环境检测与控制技术	0	6	11	0
室内艺术设计	0	34	73	27
兽药制药技术	12	0	64	37
数控技术	138	147	473	137
数控设备应用与维护	29	24	57	11
数字媒体艺术设计	50	36	239	81

（续）

专业名称	毕业生数	招生数	在校学生数	毕业班学生数
数字媒体应用技术	232	155	648	246
水产养殖技术	18	70	215	73
水利工程	70	0	210	73
水土保持技术	71	91	243	76
水文与工程地质	0	30	104	46
铁道机车	33	0	55	22
通信技术	107	206	706	192
投资与理财	45	42	114	28
微电子技术	18	0	0	0
文秘	92	76	246	97
污染修复与生态工程技术	0	19	19	0
物联网应用技术	107	122	409	112
物流管理	565	602	1726	551
物业管理	0	0	28	28
西餐工艺	40	69	173	41
现代农业技术	86	90	386	150
新闻采编与制作	15	0	15	15
信息安全与管理	0	64	68	0
休闲服务与管理	18	45	97	28
休闲农业	86	120	294	84
学前教育	216	273	734	206
药品经营与管理	17	40	77	5
药品生产技术	44	353	648	71
药品生物技术	96	154	402	129
药品制造类专业	42	0	117	45
药品质量与安全	0	68	68	0
药学	211	206	673	207
医学检验技术	120	197	547	170
移动互联应用技术	0	59	69	0
艺术设计	192	121	493	255
艺术设计类专业	18	0	109	48
英语教育	25	0	1	1
影视动画	33	17	57	14
应用电子技术	84	109	366	117
应用俄语	6	0	0	0
应用韩语	15	0	18	18
应用化工技术	16	42	115	38
园艺技术	927	833	2745	897
展示艺术设计	0	21	21	0
证券与期货	0	35	35	0
智能产品开发	0	6	6	0
中草药栽培技术	21	53	137	37
中药学	54	130	266	65
种子生产与经营	21	33	98	20
助产	177	192	614	207
资产评估与管理	65	117	348	105
资源综合利用与管理技术	0	2	2	0
作物生产技术	71	155	364	107

表 15-11　2016～2017 学年初普通中等林业(园林)职业学校教职工情况　单位:人

学校名称	教职工数总计	校本部职工数										校办厂(场)职工	附设机构人员	兼任教师(不在教职工数中)
		合计	专任教师						教辅人员	行政人员	工勤人员			
			计	正高级	副高级	讲师	助理讲师	教员						
总　计	**3371**	**3100**	**2369**	**1368**	**5**	**418**	**449**	**319**	**177**	**286**	**268**	**269**	**2**	**187**
北京市园林学校	131	117	97	63	2	14	28	19	0	12	8	14	0	0
天津市园林学校	78	69	58	33	0	12	15	6	0	6	5	9	0	5
涿鹿县宝峰寺林业中学	27	25	25	23	0	10	10	3	0	0	0	2	0	0
内蒙古大兴安岭林业学校	254	212	178	102	0	62	36	4	0	11	23	42	0	0
沈阳市园林学校	44	43	39	33	0	9	21	3	0	4	0	1	0	1
黑龙江省林业卫生学校	841	802	461	237	0	25	24	32	156	81	104	39	0	0
朗乡林业局职业中学	32	30	27	22	0	2	15	5	0	3	0	2	0	0
黑龙江省伊春林业学校	246	234	193	79	0	41	13	24	1	15	25	12	0	62
黑龙江省齐齐哈尔林业学校	232	192	170	108	0	40	24	44	0	15	7	40	0	0
上海市城市建设工程学校(上海市园林学校)	297	278	206	104	0	21	62	19	2	33	37	19	0	13
福建三明林业学校	246	239	206	120	1	42	40	37	0	16	17	7	0	46
河南省驻马店农业学校(汝南园林学校)	382	340	272	173	1	63	59	39	11	36	21	40	2	0
广西壮族自治区桂林林业学校	129	126	106	83	0	13	49	21	0	11	9	3	0	0
贵州省林业学校	332	306	250	126	1	40	34	44	7	38	11	26	0	49
普洱林业学校	100	87	81	62	0	24	19	19	0	5	1	13	0	0
陕西省榆林林业学校	250	231	184	108	0	45	47	16	0	11	36	19	0	10
甘肃省庆阳林业学校	137	130	121	105	0	27	48	30	0	8	1	7	0	0
新疆林业学校	230	210	166	109	0	39	37	25	8	20	16	20	0	1

表 15-12　2016～2017 学年中等林业(园林)职业学校和其他中等职业学校林科分学校学生情况　单位:人

学校名称	毕业生数	招生数	在校学生数	毕业班学生数
总　计	**47 340**	**39 612**	**118 598**	**43 636**
一、中等林业(园林)职业学校	**16 004**	**10 527**	**34 982**	**13 293**
北京市园林学校	153	87	338	147
天津市园林学校	132	120	608	48
涿鹿县宝峰寺林业中学	104	80	188	50
内蒙古大兴安岭林业学校	130	152	266	48
沈阳市园林学校	12	0	0	0
黑龙江省林业卫生学校	2013	2757	8056	2032
朗乡林业局职业中学	15	5	25	11
黑龙江省伊春林业学校	2164	1882	4168	1958
黑龙江省齐齐哈尔林业学校	890	857	1794	796
上海市城市建设工程学校(上海市园林学校)	486	470	1520	481
福建三明林业学校	2034	1246	4955	1789
河南省驻马店农业学校(汝南园林学校)	1506	664	2460	1230
广东省林业职业技术学校	1458	360	1999	1079
广西壮族自治区桂林林业学校	653	466	1897	735
贵州省林业学校	3424	136	4131	2169
普洱林业学校	49	277	511	77
陕西省榆林林业学校	68	23	80	36
甘肃省庆阳林业学校	498	364	1091	395
新疆林业学校	215	581	895	212
二、高职院校及其他中等专业学校(林科)	**31 336**	**29 085**	**83 616**	**30 343**

表 15-13　2016～2017 学年初普通中等林业(园林)职业学校和其他中等职业学校林科分学校学生情况

单位:人

专业名称	毕业生数	招生数	在校学生数	毕业班学生数
总　计	**47 340**	**39 612**	**118 598**	**43 636**
一、林科专业	**36 150**	**32 191**	**94 723**	**35 118**
现代林业技术	4585	3080	10 855	4729
森林资源保护与管理	597	547	1947	955
园林技术	22 126	20 178	60 545	22 498
园林绿化	5516	6186	14 940	4993
木材加工	3184	2004	6000	1764
生态环境保护	112	101	341	179
林产化工	30	0	0	0
其他林业专业	0	95	95	0
二、非林科专业	**11 190**	**7421**	**23 875**	**8518**
城市轨道交通运营管理	59	65	203	69
宠物养护与经营	15	10	42	16
畜牧兽医	307	84	258	109
道路与桥梁工程施工	16	5	19	9
电气运行与控制	65	14	57	11
电子技术应用	51	0	0	0
电子商务	228	157	659	256
电子与信息技术	52	3	90	45
服装设计与工艺	70	33	133	47
给排水工程施工与运行	29	0	54	31
工程测量	57	94	245	77
工程机械运用与维修	87	13	227	77
工程造价	199	110	302	132
工艺美术	66	2	14	12
古建筑修缮与仿建	0	6	6	0
果蔬花卉生产技术	1	138	185	47
焊接技术应用	0	0	2	2
护理	3988	2365	10 195	3308
会计	528	357	1020	615
会计电算化	397	167	696	322
机电技术应用	137	55	265	140
机电设备安装与维修	57	23	56	21
机械加工技术	9	5	16	0
计算机动漫与游戏制作	27	35	176	124
计算机平面设计	132	296	481	118
计算机网络技术	181	246	562	192
计算机应用	726	609	1416	601
家具设计与制作	372	301	323	8
建筑工程施工	136	71	322	139
建筑装饰	0	0	30	29
景区服务与管理	10	14	25	11
康复技术	22	51	86	11
客户信息服务	0	79	157	0
口腔修复工艺	61	191	441	92
旅游服务类专业	17	12	29	7
旅游服务与管理	101	285	451	69
美发与形象设计	30	1	26	18
美术设计与制作	45	29	97	34

（续）

专业名称	毕业生数	招生数	在校学生数	毕业班学生数
民族民居装饰	39	98	136	0
模具制造技术	182	2	104	71
农村经济综合管理	51	88	271	135
农村医学	722	52	123	30
农业机械使用与维护	14	42	46	2
汽车电子技术应用	1	0	0	0
汽车美容与装潢	0	47	47	0
汽车运用与维修	841	441	1521	641
市政工程施工	234	91	366	116
数控技术应用	206	53	223	94
水利水电工程施工	0	150	244	38
太阳能与沼气技术利用	0	0	120	120
土建工程检测	1	0	12	0
土木水利类专业	0	79	109	0
文化艺术类专业	18	34	56	22
文秘	8	0	0	0
物流服务与管理	9	2	52	30
现代农艺技术	81	7	108	65
橡胶工艺	12	0	4	4
学前教育	217	146	450	148
眼视光与配镜	43	77	261	66
药剂	50	0	0	0
药品食品检验	24	0	0	0
植物保护	42	0	12	0
中草药种植	14	0	158	137
中药制药	63	0	0	0
助产	0	60	60	0
其他类专业	40	26	26	0

（人事司教育培训处供稿）

北京林业大学

【概　况】 2016年，北京林业大学设有15个学院、47个博士点、123个硕士点、60个本科专业及方向，7个博士后流动站，1个一级学科国家重点学科（含7个二级学科国家重点学科），2个二级学科国家重点学科，1个国家重点（培育）学科、6个国家林业局重点学科（一级）、3个国家林业局重点培育学科、3个北京市重点学科（一级）（含重点培育学科）、4个北京市重点学科（二级）、1个北京市重点交叉学科。校本部校园面积46.4公顷，实验林场占地面积765.2公顷，学校总占地面积847.6公顷。图书馆建筑面积23 400平方米，藏书186.28万册，电子文献48 900GB，数据库61种。建有1个国家工程实验室、1个国家工程技术研究中心、1个国家级研发中心、2个国家科技示范园、1个国家野外台站、3个教育部重点实验室、3个教育部工程技术研究中心、5个国家林业局重点实验室、6个国家林业局定位观测站、1个国家林业局质检中心、1个国家林业局工程技术研究中心、1个北京市高精尖创新中心、1个北京实验室、8个北京市重点实验室、3个北京市工程技术研究中心。有教职工1892人，其中专任教师1193人，包括教授294人、副教授527人；中国工程院院士3人，中组部“千人计划”入选者3人，“万人计划”领军人才入选者2人，青年拔尖人才入选者1人，国家特聘专家1人，教育部“长江学者奖励计划”入选者6人，国家“973”首席科学家1人，“863”首席专家1人，国家社科基金重大项目首席科学家1人，国家百千万人才工程（新世纪百千万人才工程）入选者10人，中宣部文化名家暨“四个一批”人才入选者1人，科技部“中青年科技创新领军人才”入选者1人，环保部“国家环境保护专业技术青年拔尖人才”入选者1人，“国家杰出青年科学基金”获得者4人，“国家优秀青年科学基金”获得者4人，“中国青年科技奖”获得者7人，“中国青年女科学家奖”获得者1人，“科技北京”百名领军人才入选者1人，北京市优秀青年人才入选者1人，北京市高创人才支持计划青年拔尖人才入选者1人，北京高校青年英才计划入选者50人，北京市优秀人才支持计划入选者20人，北京市教学名师20人，国家有突出贡献专家8人，省部级有突出贡献专家23人，享受政府特殊津贴专家140人，教育部“创新团队发展计划”2支。在校学生28 734人，其中普通本科生13 240人，全日制研究生5138人，在职攻读硕士学位1142人，各类继续教育学生9214人。毕业学生7816人，其中普通本科生3195人，研究生1423人，成人教育本专科生3198人。招收学生7344人，其中普通本科生3294人，研究生1777人，成人教育本专科生2273人。

【为习近平主席出访捷克选育银杏树苗】 3月28日，习近平主席在对捷克共和国进行国事访问期间，与捷克总统泽曼在布拉格拉尼庄园里种下一株来自中国的银杏树苗。这株“友谊之树”，由学校精心培育挑选，并采用一系列技术手段成功运送到捷克。

【教育部部长陈宝生到校调研】 7月28日，教育部党组书记、部长陈宝生来学校调研。陈宝生听取了学校整体工作汇报，详细了解了党建和意识形态工作情况，深入学校博物馆、园林学院和风景园林规划设计研究院进行实地调研，了解学校人才培养、学科建设、科学研究等有关情况。陈宝生在讲话中指出，学校坚持立德树人，注重本科教育教学质量和研究生创新能力培养，在服务社会等方面形成了规律性认识。校党委重视提升基层党组织生活质量，加强党支部建设，抓牢意识形态工作，体现了学校的特色和创见。陈宝生强调，现在的产业发展对高等教育提出了许多新的要求，要努力探索多种形式的联合，探索高校为产业、为行业服务的新路，为实施创新驱动发展战略做出更大的贡献。要贯彻质量建党思想，积极探索新时期加强党建的新路径，在强化“三会一课”制度等方面加大研究力度，切实加强基层党组织建设。意识形态工作要在研判和追责上下功夫。

【国家林业局局长张建龙来校作形势政策报告】 12月13日，“部长进校园”首都大学生形势政策报告会在北林举行，国家林业局局长张建龙为首都22所高校的师生作题为《中国林业形势与任务》的形势政策报告。张建龙在报告中总结了“十二五”特别是党的十八大以来中国林业发展的总体概况，分析了新时期林业工作的形势和任务，对下一步中国林业工作的开展进行了深入的思考和解读，并热情地回答了大学生们的提问，勉励大学生们努力学习、刻苦钻研、全面发展，为祖国的生态环境建设事业作出贡献。

【学校行政领导班子换届】 6月22日，学校召开教师干部大会，宣读学校领导任免通知。教育部任命宋维明为学校校长，骆有庆、王玉杰、张闯、李雄为学校副校长；因年龄原因，免去张启翔担任的学校副校长职务；免去姜恩来担任的学校副校长职务，另有任用。教育部党组经与中共北京市委商得一致，谢学文任学校党委委员、常委、副书记职务；张闯任学校党委常委，李雄任学校党委委员、常委；免去张启翔担任的学校党委常委，姜恩来担任的学校党委委员、常委职务。

【入选北京高等学校高精尖创新中心】 5月，北京市教委公布第二批“北京高等学校高精尖创新中心”名单，学校申报的“林木分子设计育种高精尖创新中心”成功入选。中心每年将获得资助经费1亿元，滚动支持5年。中心将围绕国家在现代林业发展等方面的重大关键技术需求，全面整合国内森林生物学领域创新要素，力争在森林生物学和林木遗传育种重点领域的关键核心技术上取得重大突破。

【教育部党组第二巡视组来校开展巡视】 10月17日至11月25日，教育部党组第二巡视组对学校进行了为期40天的巡视。巡视对学校党委增强四个意识、全面加强党的领导、全面推进党的建设、严格落实全面从严治党主体责任、深入学习贯彻《关于新形势下党内政治生活若干准则》《中国共产党党内监督条例》形成了重大推动作用。

【成立马克思主义学院】 1月22日，学校举行马克思主义学院成立揭牌仪式。该学院的成立将进一步巩固马克思主义理论在学校各项工作中的指导地位，为学校思想政治理论课发展搭建重要平台。学院将加快马克思主义理论一级学科建设，着力建设成为与学校特色相结合的宣传与思想政治理论智库。

【新增9个国家林业局重点学科和重点培育学科】 3月，学校9个学科获批2015年国家林业局重点学科和重点（培育）学科。其中，林学、林业工程、风景园林学、农林经济管理、生态学和生物学获批一级重点学科，科学技术哲学（生态文明建设与管理方向）、地图学与地理信息系统和国际贸易学（林产品贸易方向）获批重点（培育）学科。

【扎实开展“两学一做”学习教育】 4月28日，学校召开“两学一做”学习教育座谈会，传达党中央、教育部党组、北京市委有关精神，对学校开展“学党章党规、学系列讲话，做合格党员”学习教育进行全面部署。6月28日，学校党委常委开展“两学一做”学习教育集体学习，带头强化党章党纪、系列讲话学习。9月18日，学校党委书记王洪元在北京高校“两学一做”学习教育交流推进会上作“打好三套组合拳，整顿薄弱教师党支部”大会交流发言。10月14日，学校召开“三会一课”模式创新部署会，组织5个学院开展“三会一课”模式创新试点。10月18日，学校党委书记王洪元在教育部“两学一做”座谈会上作“充分发挥教师党支部主体作用，夯实有质量两学一做基础”大会交流发言。

【英文期刊《鸟类学研究》被SCIE收录】 4月，学校期刊编辑部收到美国汤森路透集团通知，学校主办的英文学术期刊《Avian Research》（《鸟类学研究》）被Science Citation Index Expanded（SCIE）收录。标志着学校期刊进入中国30多种高校SCIE科技期刊之列。

【举行“大学生村官”工作十年总结会】 5月18日，学校召开2016年就业创业工作推进会暨“村官十年”工作总结会，系统总结回顾学校北京“大学生村官”工作十年来的开展情况。十年来，学校大力推进北京市村官选聘工作，共有689名毕业生赴京郊担任“大学生村官”，涌现出了一批优秀村官典型。

【新增1名“长江学者”特聘教授】 5月，教育部公布2015年度“长江学者奖励计划”名单，学校材料科学与技术学院许凤教授被授予“长江学者”特聘教授称号。至此学校各类“长江学者”人数达到6位，高层次人才队伍结构得到进一步优化和充实。

【多名教师获全国奖项】 5月，第七届“全国优秀科技工作者”和第十四届“中国青年科技奖”评选结果揭晓，学校林学院李俊清教授、水保学院余新晓教授、微生物所戴玉成教授荣获“全国优秀科技工作者”称号，园林学院林箐教授荣获“中国青年科技奖”。8月，工学院康峰副教授代表北京市参加第三届全国高校青年教师教学竞赛决赛，荣获工科组全国总决赛一等奖。11月，水保学院朱清科教授获评科技部“最美野外科技工作者”。

【编制学校“十三五”发展规划】 6月，学校完成“十三五”事业发展规划编制工作，10月经教育部正式备案。学校“十三五”规划由“1—8—16—7”规划体系构成，即：1个事业发展规划，8个专项规划（学科发展、校园建设、队伍建设、人才培养、科研与平台、国际交流与合作、党建与思想政治教育、大学文化），16个学院（部）规划和7个重点一级学科发展规划（林学、风景园林学、林业工程、农林经济管理、生物学、生态学、草学）。

【与拉萨市委签署人才智力合作协议】 11月28日，学校党委在拉萨与拉萨市委签署人才智力合作协议。学校将围绕拉萨市“环境立市”战略实施，在人才培养培训、科技支撑服务、学生实习实践等领域，与拉萨市委开展全方位、多层次、宽领域合作。

【2项成果获国家科技进步奖和技术发明奖】 2016年，学校园林学院张启翔教授牵头完成的“三种特色木本花卉新品种培育与产业升级关键技术”成果获得国家科技进步二等奖；材料科学与技术学院孙润仓教授牵头完成的“木质纤维生物质多级资源化利用关键技术及应用”成果获得国家技术发明二等奖。

【新增4个国家级、省部级科技平台】 2016年，学校新增国家级平台1个、省部级平台3个。新增的1个国家级科技平台为：北京市鹫峰国家水土保持科技示范园区。新增的3个省部级科技平台为：国家林业局花卉产品质量检验测检中心（北京），国家林业局内蒙古七老图山森林生态系统定位观测研究站和云南建水荒漠生态系统定位观测研究站。

【新增2个英文授课硕士专业留学生奖学金项目】 3月，学校申报的林业经济与政策英文授课硕士专业入选2017年度商务部援助发展中国家学历学位教育项目。12月，学校申报的风景园林英文授课硕士专业入选2017年度北京市外国留学生“一带一路”奖学金资助项目。

【加大对口帮扶工作力度】 2016年，学校以精准帮扶为重点，加大对国家扶贫开发重点县内蒙古科尔沁右翼前旗、新疆农业大学的帮扶力度。学校先后选派2名干部赴科右前旗担任村支部第一书记和副县级干部。8月，学校党委书记王洪元带队赴科右前旗进行实地考察调研，会商对口扶贫工作措施。8月底，学校组织开展学习李保国同志先进事迹“教授服务团走进科右前旗”精准帮扶活动，8位教授深入田间地头，调研当地产业发展，开展科技培训、现场技术指导。10月17日，学校召开扶贫日活动暨定点帮扶科右前旗工作座谈会，深入研讨定点帮扶工作措施。在新疆农业大学帮扶方面，5月12日新疆农业大学来校洽谈对接工作，双方就接收访学研究生、创新博士委托培养方式、科技合作等工作交换了意见。9月29日，学校与南京农业大学等对口支援单位在新疆农业大学共同签订《对口支援新疆农业大学研究生访学协议》。学校积极协助新疆农业大学完成了“十三五”事业发展规划编制等工作。

【推进“政产学研用”一体化办学实践】 3月9日，学校与福建三明市召开校地合作座谈会。4月24日，学校与菏泽学院签署协议，共建牡丹学院。4月28日，学校与内蒙古和盛生态科技研究院签署合作协议，共建协同创新中心。6月24日，学校与贵州省遵义市商洽校地合作事宜。7月1日，学校与山东聊城市人民政府签订战略合作框架协议，在科技创新基地、成果转化平台、学生实习实践基地等方面进行深度合作。9月7日，河南鄢陵县委负责人来校洽谈，双方就进一步推进鄢陵协同创新中心建设和运营深入交换意见。10月14日，学校与北京市通州区人民政府签署战略合作框架协议，依托“林木分子设计育种”高精尖创新中心，参与通州“国家生态园林城市”创建、环城生态景观带和环区界生态过渡带建设、重点道路绿化景观提升等城乡环境与生态建设重大项目。10月16日，全国人大农业与农村委员会副主任委员郭庚茂带领调研团，对学校鄢陵协同创新中心进行了调研。11月，学校鄢陵协同创新案例被评为“2012～2014中国高校产学研合作科技创新十大推荐案例”。12月14日，学校与河南省新乡市人民政府签署合作协议，服务国家自主创新示范区建设。学校积极推动与河北省保定市人民政府合作项目建设，先后5次召开校地合作联席会议，加快白洋淀生态研究院、木结构建筑研究和检测中心两个创新平台筹建。

（北京林业大学由肖进供稿）

东北林业大学

【概　况】 2016年，东北林业大学（以下简称东北林大）设有研究生院、17个学院和1个教学部，有62个本科专业，9个博士后科研流动站，1个博士后科研工作站，8个一级学科博士点、38个二级学科博士点，19个一级学科硕士点、96个二级学科硕士点、10个种类33个领域的专业学位硕士点。拥有3个一级学科国家重点学科、11个二级学科国家重点学科、6个国家林业局重点学科、2个国家林业局重点（培育）学科、1个黑龙江省重点学科群、7个黑龙江省重点一级学科、3个黑龙江省领军人才梯队。有国家发改委和教育部联合批准的国家生命科学与技术人才培养基地、教育部批准的国家理科基础科学研究和教学人才培养基地（生物学），是国家教育体制改革试点学校，国家级卓越工程师和卓越农林人才教育培养计划项目试点学校。

学校拥有优良的教学科研基地和实践教学基地。有林木遗传育种国家重点实验室（东北林业大学）、黑龙江帽儿山森林生态系统国家野外科学观测研究站、生物资源生态利用国家地方联合工程实验室（黑龙江）；有森林植物生态学、生物质材料科学与技术、东北盐碱植被恢复与重建3个教育部重点实验室，4个国家林业局重点实验室，5个黑龙江省重点实验室；有1个教育部工程研究中心，3个国家林业局工程技术研究中心，1个高等学校学科创新引智基地，有林学、森林工程、野生动物3个国家级实验教学示范中心，森林工程、野生动物2个国家级虚拟仿真实验教学中心，6个省级实验教学示范中心；有3个国家林业局生态系统定位研究站，1个省生物质能技术中试基地，1个省哲学社会科学研究基地，3个省级普通高校人文社会科学重点研究基地，2个省中小企业共性技术研发推广中心；有国家林业局猫科动物研究中心等60个研究机构；有帽儿山实验林场、凉水实验林场等7个校内实习基地和264个校外实习基地。

2016年，学校有教职员工2500余人，其中专任教师1404人，中国工程院院士2名，“长江学者”特聘教授5人，青年长江学者1人，国家杰出青年基金获得者1人，国家自然科学基金优秀青年科学基金获得者2人，全国“百千万人才工程”人选4人，“新世纪百千万工程”人选6人，“千人计划”青年项目入选者1人，“万人计划”青年拔尖人才入选者1人，“青年人才托举工程”入选者1人，新世纪优秀人才支持计划入选者36人；享受国务院政府特殊津贴专家34人，国家有突出贡献中青年专家3人，省部级有突出贡献中青年专家16人；龙江学者特聘教授9人，全国优秀博士学位论文获得者5人，有教育部“长江学者和创新团队发展计划”创新团队2个。

2016年，毕业本科生4561人，全日制在校生23 510人，其中：博士研究生1053人，硕士研究生3436人，本科生18 809人，留学生212人。教学行政用房面积489 546平方米，学生宿舍面积205 679平方米，教学科研仪器设备总值7.73亿元，图书馆面积41 765平方米，电子图书1 167 045册。

【6个学科被评为国家林业局重点学科】 3月，学校林学、林业工程、风景园林学、生物学、生态学、农林经济管理6个一级学科被评为国家林业局重点学科，环境与资源保护法学和生药学2个学科被评为国家林业局重点（培育）学科。

【新增2个学科进入ESI全球前1%学科排行榜】 11月，学校继植物与动物科学之后，农业科学和化学2个学科也进入ESI全球前1%学科排行榜。

【1人入选长江学者特聘教授】 4月20日，材料科学与工程学院刘守新教授入选长江学者特聘教授，学校长江学者特聘教授增至5人。

【1人入选“千人计划”青年人才项目】 3月3日，林学院林木遗传育种国家重点实验室李伟教授入选国家第十二批“千人计划”青年人才项目，实现了学校在该类人才项目上零的突破。

【成立了2个工程技术研究中心】 3月24日，经国家林业局批准，学校成立了东北乡土树种工程技术研究中心和野生动物保护及利用工程技术研究中心。中心将积极探索产学研新模式，强化机制创新，发挥好在技术创新、成果转化以及人才培养等方面的作用，为提升中国东北乡土树种和野生动物保护及利用的科技水平做贡献。

【成立国际项目中心】 4月13日，学校与澳大利亚西澳大学签署合作协议，并成立“东北林业大学国际项目中心”。根据协议，双方将在大数据中外合作办学、本科生联合培养、研究生联合培养以及教师学术交流等方面展开合作。

【获黑龙江省征兵工作先进单位】 4月19日，学校荣获黑龙江省征兵工作先进单位，学校多措并举，加强宣传工作，使2015年征兵人数创历史新高，达到了52人，在教育部直属高校中名列前茅，占黑龙江省三所央属高校总数的72%，占黑龙江省四所“211工程大学”的47.7%，受到了《中国教育报》、中国新闻网、东北网、网易新闻、中青在线等多家社会媒体的广泛关注。

【2人被授予全国优秀科技工作者称号】 6月3日，森林植物生态学教育部重点实验室付玉杰教授、野生动物资源学院张明海教授被授予第七届全国优秀科技工作者荣誉称号。

【3人获林业青年科技奖】 3月，材料科学与工程学院

教授谢延军,林学院副教授高彩球、曹传旺3位教师获第十三届林业青年科技奖,全国共有20人获此奖项。

【1学生获中国青少年科技创新奖】 7月13日,生命科学学院2012级本科生李林格获共青团中央、全国青联、全国学联、全国少工委联合开展的第十届中国青少年科技创新奖,黑龙江省仅两人获奖。

【2个项目获中国青年志愿服务项目大赛银奖】 12月3日,在第三届中国青年志愿服务项目大赛暨志愿服务交流会上,启明星志愿者协会"开启温暖课堂,点亮城市星光"项目和研究生支教团"花开成荫·益暖苗乡"山区学生关爱计划项目双双获得银奖。

【2个团支部荣获全国高校"活力团支部"称号】 12月30日,材料科学与工程学院林产化工专业2015级1班团支部和经济管理学院公共事业管理专业2014级1班团支部荣获2016年全国高校"活力团支部"称号。

【李保国同志先进事迹报告团离京首场报告】 6月14日,在学校举行。黑龙江省委副书记黄建盛带领黑龙江省委组织部、省委宣传部和省委高校工委的有关负责同志在报告会前会见了李保国先进事迹报告团成员。全校师生和哈尔滨部分高校师生代表聆听了报告,接受了一次震撼人心、备受鼓舞的精神洗礼。

【2016全国野生动物保护管理学术研讨会】 于7月19日在学校举行。来自全国60个高校、研究院所、自然保护区、动物园等的野生动物保护的学者、代表参加了会议。这次研讨会包括2016全国野生动物保护管理学术研讨会、野生动物与自然保护区管理本科专业建设高峰论坛、第七届东北三省动物学研究与保护学术论坛、全国动物园建设与发展研讨会4个会议。会上,来自全国的专家、学者分别从中国自然区建设事业的发展、划定生态保护红线的思考、圈养东北虎性信息素的初步研究等方面进行了研讨和学术交流。

【"中华人民共和国濒危物种进出口管理培训基地"】 于7月20日在学校揭牌成立,标志着学校可以对全国相关工作人员进行持续培训,从而提高人员队伍素质,促进中国濒危动植物进出口管理的稳步发展。揭牌仪式上,学校与中国动物园协会签署了"中国动物园行业职业再教育培训中心"合作协议。

【第一届全国林学学科建设高峰论坛】 7月26日,由国务院学科评议组林学组和全国林业硕士教育指导委员会联合主办、东北林业大学承办的第一届全国林学学科建设高峰论坛在学校举办。三位院士以及第七届国务院学科评议组林学组全体成员、全国林学一级(二级)学科学位授权的25个单位的70余位专家学者参加了论坛,论坛以"建世界一流林学学科,服务国家生态文明建设"为主题,围绕行业特色高校一流学科建设,特别是林学学科建设、研究生教育、行业服务等相关问题进行研讨,旨在创新学科建设思路,强化特色学科建设,推进林学一流学科建设,提高高校学科建设水平。

【2个期刊被评为中国高校百佳科技期刊】 10月26日,《东北林业大学学报》和《林业研究(英文版)》分别入选由中国高校科技期刊研究会组织的2016年度中国高校杰出·百佳·优秀科技期刊遴选活动,获评"2016年度中国高校百佳科技期刊"。《林业研究(英文版)》获评"2016中国最具国际影响力学术期刊",已经连续3年进入TOP5%期刊。

【统战工作】 12月14日,农工党东北林业大学支部荣获农工党黑龙江省委评选的思想宣传理论研究工作先进集体荣誉称号。12月28日,民盟东北林业大学委员会获得民盟黑龙江省委评选的参政议政先进集体荣誉称号。

【教学研究与内部评估】 2016年,立项教学研究课题129项,其中中国高教学会重点调研课题1项,实现了国家级教研课题的新突破。获得黑龙江省第17届社会科学优秀成果(教育学)奖3项。学校获评中国林业教育学会优秀团体会员单位。5个专业获得认证受理和认证、3个专业参加省级评估。

【招生就业】 2016年,在全国31个省(市、区)均为一批次录取新生4818人,生源质量逐年提高。2016届本科毕业生就业率94%,与2015年相比,稳中有升。学生就业质量逐年提高,学生对签约单位满意度较高。

【科学研究】 2016年,获批各类项目405项,其中国家自然科学基金49项,到账经费1.12亿元。获得各级科技奖励70项,其中黑龙江省科学技术奖14项,第6届梁希林业科学技术奖4项,全国生态建设突出贡献先进集体2个,先进个人3人,黑龙江省第17届社会科学优秀成果奖11项。四大检索收录科技论文1171篇。申请专利356件,授权专利433件。新成立6个校级科研机构,全校共有科研机构60个。组织申报了黑龙江省生态文明与绿色发展智库。成立科技园,注册成立科技服务有限公司,推进科技成果转化平台建设,成为第四批黑龙江省技术转移示范机构。

【人才队伍建设】 2016年,学校引进人才37名,其中杰出青年学者4名、优秀青年学者7名、青年骨干14名、优秀青年教师12名,总量同比增长106%。选派44名青年教师到国内外高水平研究大学或机构进行合作研究,引进人才中获得国家自然科学基金优秀青年科学基金1项。新增"长江学者"青年学者1名。1人获得海峡两岸林业敬业奖励基金奖。

【学生获奖情况】 1月15日,学校研究生支教团获得由团中央、《光明日报》和中国青年志愿者协会共同组织评选的"2015镜头中的最美支教团"荣誉称号,全国仅有10所高校研究生支教团获此殊荣,支教团事迹被人民网、中青网、光明网和《光明日报》广泛宣传报道。4月11日,经济管理学院9#C364男生寝室荣获2015年度"中国大学生百炼之星"荣誉称号。3月,学生焦骄、赵盼盼、陈素素、万才超获第五届梁希优秀学子奖。5月22日，交通学院学生在第十一届全国大学生交通科技大赛中获二等奖和三等奖各1项。6月18日，园林学院压花屏风作品荣获第三届全国压花作品比赛金奖。5月28日，经济管理学院统计学专业学生在第六届全国大学生市场调查与分析大赛中获得一等奖2项、二等奖和三等奖各1项。7月20日，在第十六届全国大学生游泳锦标赛上共获得13枚金牌、4枚银牌、5枚铜牌。7月26日，研究生院连博琳等同学完成的《“艾铂丽”智能空气净化机器人》荣获第十五届全国大学生机器人大赛创业计划赛一等奖。8月20日，在第十一届全国大学生智能汽车竞赛总决赛中获得全国一等奖1项、全国二等奖3项。9月26日，机电工程学院通信工程专业学生代表队获得全国大学生移动通信技术大赛特等奖。同日，园林学院学生作品《麦田上的守护者——大庆市废弃采油区景观再生设计》，荣获2016年中国风景园林学会大学生设计竞赛研究生组一等奖。10月，绿色使者志愿者协会被评为第七届“母亲河奖”绿色团队，全国仅20家单位和组织在这届评选中入选。10月，在2016年中国大(中)学生体育舞蹈联赛中获十二项冠军及团体总分冠军。10月13日，信息与计算机工程学院学生代表队获得第十届国际大学生iCAN创新创业大赛中国总决赛一等奖。11月，本科生团队NEFU－China获2016年国际遗传工程机器设计竞赛(iGEM)银奖。11月，外国语学院俄语系学生团队在第六届中国东北地区和俄罗斯远东地区高校大学生俄语比赛中获评委会特别大奖。11月8日，理学院“绿冀”青年志愿者协会、工程技术学院工业工程专业2012级学生杨洋分别获得2015～2016年度黑龙江省高校“大学生道德模范群体”“大学生道德模范人物”荣誉称号。

11月13日，在2016中国教育机器人大赛中获得全国一等奖3项、全国二等奖6项。12月，在2016全国大学生数学建模竞赛中获全国二等奖10项，省一等奖1项，省二等奖10项，省三等奖10项。12月9日，材料科学与工程学院万才超、焦月、郝明超同学凭借科技发明《基于纤维素气凝胶的环境友好型高效吸附及油水分离材料》获得第一届全国农林院校研究生学术科技作品竞赛特等奖，另外还有5个学生作品获得大赛三等奖，学校获得优秀组织奖。

(东北林业大学由朱立明供稿)

南京林业大学

【综　述】 2016年，南京林业大学有22个学院(部)，73个本科专业，全日制在校生24 498人(不含公有民办南方学院)，其中本科生17 140人，研究生3854人，成人教育学生3504人。2016年招生7507人，毕业6215人。有8个博士后流动站、7个一级学科博士学位授权点、39个二级学科博士学位授权点、22个一级学科硕士学位授权点、93个二级学科硕士学位授权点和27个专业学位授权领域。有林业工程、生态学2个一级学科国家重点学科，林木遗传育种、林产化学加工工程、木材科学与技术、森林保护学4个二级学科国家重点学科，1个江苏省一级学科国家重点学科培育点，4个江苏省高校优势学科，7个一级学科国家林业局重点学科，2个二级学科国家林业局重点(培育)学科，4个一级学科江苏省重点学科，2个一级学科江苏省重点(培育)学科，4个二级学科江苏省重点学科。有国家级特色专业建设点6个，国家级人才培养模式创新实验区1个，国家级实验教学示范中心2个。“园林”和“林产化工”专业被列入教育部“十三五”专业综合改革试点专业，林学类专业(林学、园林、森林保护)和林业工程类专业(林产化工、木材科学与工程、森林工程)入选教育部首批卓越农林人才教育培养计划改革试点项目。有教职工1986人，其中专任教师1291人，专任教师中，高级职称678人，博士生导师167人，中国工程院院士3人，长江学者特聘教授1人，国家杰出青年基金获得者1人，国家青年千人计划人选1人，国家百千万人才工程6人，国家万人计划领军人才3人，全国有突出贡献的中青年专家6人。

2016年，李萍萍、方炎明、潘惠新获全国生态建设突出贡献先进个人，施季森荣获江苏省先进工作者，李延军获江苏省优秀科技工作者，尹佟明、勇强、陈金慧入选第二批国家万人计划科技创新领军人才，李延军入选中青年科技创新领军人才计划。中意家居设计创新中心揭牌，竹资源培育工程技术研究中心获批。举办了亚洲园林大会暨第六届园冶高峰论坛、首届全国林业工程学科高峰论坛暨林业工程博士生论坛、第十四届中国林业经济论坛、第四届森林科学论坛暨森林多功能经营与管理国际学术研讨会、全国林业科技活动周启动仪式、首届“憧憬·美丽中国”艺术设计大赛暨第四届“金埔杯”国际城市景观设计大赛颁奖典礼等。

【多项成果获第七届梁希林业科学技术奖】 10月，第四届中国林业学术大会在浙江临安隆重举行，会上举行第七届梁希林业科学技术奖颁奖仪式。南京林业大学吴小芹教授主持的“林木根际高效解磷微生物促生抗逆机理与效应研究”成果荣获梁希林业科学技术奖一等奖，张金池教授主持的“基于小流域尺度的森林水资源调控与水土保持生态建设技术”、方升佐教授主持的“南方型杨树优质高效栽培技术体系的研究与推广”两项成果荣获梁希林业科学技术奖二等奖。“林木根际高效解磷微生物促生抗逆机理与效应研究”从中国多省份广泛收集筛选林木根际有益微生物，在促生抗逆机理及区域性野外应用试验中，筛选出的高效生物菌剂已在江苏、安徽、山东等地杨树、松树、柳杉、山核桃、桃树和樱花等林木试验基地推广应用。“基于小流域尺度的森林水资源调控与水土保持生态建设技术”研发了基于小流域的土壤侵蚀空间分布等模型，集成集矿区堆场水分防渗漏、高陡边坡快速永久复绿、林农复合经营模式等水土保持配套技术体系。"南方型杨树优质高效栽培技术体系的研究与推广"系统开展了人工林生物覆盖技术及其机理、可持续经营的养分机制及地力维护技术、林分结构构建调控、计算机经营模拟系统构建等研究。

【一项成果获第十八届工博会一等奖】 11月1~5日，以"创新、智能、绿色"为主题的第十八届中国国际工业博览会在上海国家会展中心举行，南京林业大学作为江苏省参展高校，围绕工博会定位和主题，根据学科特色和优势，以"多功能高射程喷烟喷雾一体机""林木细胞工程繁育技术及其应用""户外重组竹材生产技术与应用"等10项代表性成果，林业机械、人造板（竹）材、林特产品领域3件特色展品参展。经组委会评选，周宏平教授主持的研究成果"多功能高射程喷烟喷雾一体机"获"高校展区优秀展品一等奖"。该成果实现了风送高射程喷雾系统、定向风送喷烟系统、生物农药喷洒系统融合技术，生物农药喷雾后的活性保证技术，高速气流中稳态燃烧烟雾机的空气供给与保温技术等关键技术的集成创新。该成果高效、智能、环保，具有自主知识产权，在森林有害生物防治领域广泛应用。

【施季森荣获江苏省先进工作者】 5月，江苏省劳动模范和先进工作者表彰大会在南京举行，南京林业大学施季森教授荣获江苏省先进工作者称号。江苏省委副书记、省长石泰峰主持大会。施季森教授38年如一日，带领研究团队工作在林木遗传育种研究第一线。在林木杂种优势利用、生长与品质联合遗传改良、林木细胞工程种质创新和良种繁育等理论与应用方面，开展了持续不断的创新研究和成果产业化转化。先后主持国家和省部级科研项目20多项，通过科技成果鉴定和验收28项，发表学术论文380多篇，其中SCI收录论文49篇，授权发明专利21件，审（认）定新品种32个，获国家科技进步奖3项，省部级奖励16项。主持的"林木细胞工程繁育技术及其应用"获得2015年江苏省科学技术一等奖，并实现了产业化应用。推广应用鹅掌楸等良种细胞工程苗木1.27亿株，造林3.77万公顷。

【李延军入选中青年科技创新领军人才计划】 5月，南京林业大学李延军教授入选科技部2015年度"创新人才推进计划"。李延军长期致力于木竹材改性、生物基复合材料、竹材工程材料等方向的研究，组建了"竹材高效加工利用"江苏省高校优秀科技创新团队，开发了刨切薄竹、户外重组材等新产品。获国家技术发明二等奖1项（主持）、国家科技进步二等奖1项（排名第二），授权国家专利20余项，发表论文100余篇，其中SCI、EI收录20余篇。入选新世纪百千万人才工程国家级人选，江苏省"高层次创新创业"引进人才。曾获全国优秀教师、国家有突出贡献中青年专家等荣誉称号。

【9个学科获国家林业局重点学科】 3月，在国家林业局公布的国家林业局重点学科和重点（培育）学科名单中，南京林业大学7个一级学科（林学、林业工程、风景园林学、生物学、生态学、农业资源与环境、农林经济管理）被评为国家林业局重点学科。2个二级学科（机械设计及理论、制浆造纸工程）获重点（培育）学科。

【8部教材被确定为江苏省重点教材】 12月，江苏省教育厅公布了2016年江苏省高等学校重点教材立项建设遴选结果，南京林业大学的8部教材被确定为江苏省重点教材，其中修订教材5部，新编教材3部。入选的省重点教材是：方炎明主编的《植物学》（中国林业出版社）、吴智慧主编的《木家具制造工艺学》（中国林业出版社）、王良桂主编的《园林工程施工与管理》（东南大学出版社）、肖飞主编的《大学英语长篇阅读》（外语教学与研究出版社）、张智光主编的《管理学原理：领域、层次与过程》（清华大学出版社）、郑燕萍主编的《汽车底盘拆装与创新思维训练》（机械工业出版社）、杨平主编的《城市隧道盾构法施工技术》（中国建筑工业出版社）、左宋林主编的《林产化学工艺学》（中国林业出版社）。

【3学生获第五届梁希优秀学子奖】 2月，由中国林学会组织的第五届梁希优秀学子奖评选揭晓，南京林业大学2013级博士研究生木材科学与技术专业陈楚楚、林木遗传育种专业侯静，2012级本科生林产化工专业王佳瑜等3名学生荣获"第五届梁希优秀学子奖"。据悉，该届优秀学子奖有来自全国27所林业高等院校、农业大学林学院等的参评候选人69名，评出获奖者43名。

【全国林业科技活动周】 5月15日，2016年全国林业科技活动周启动仪式在南京林业大学举行。这次活动周的主题为"推进生态文明，建设美丽中国——湿地让生活更美好"。国家林业局科技司司长胡章翠出席启动仪式并宣布系列活动启动，江苏省林业局局长夏春胜、南京林业大学校长曹福亮院士出席仪式并分别致辞。仪式由中国林业科学研究院院长张守攻主持，中国林业科学研究院、江苏省林学会、江苏省大丰麋鹿国家级自然保护区、苏州太湖湖滨国家湿地公园、南方现代林业协同创新中心、中国林业教育学会毕业生就业创业促进分会协办这次活动。启动仪式上，向江苏大丰麋鹿自然保护区和苏州太湖湖滨国家湿地公园捐赠了科普资料。南京林业大学与洪泽湖东部湿地自然保护区签署《共建湿地生态系统定位观测研究站协议》，国家林业局竹子研究开发中心与浙江省长兴县人民政府签署《竹产业科技战略合作框架协议》，中国林业科学研究院亚热带林业研究所分别与扬州市江都区农委、上海市林业总站签署《林业科技合作框架协议》《科技支撑上海林业发展和生态建设合作协议》，中国林业科学研究院林产化学工业研究所分别与江苏悦达卡特新能源有限公司、江苏金沃机械有限公司签署《生物制液体燃料和生物基材料全面合作框架协议》《林木剩余物清洁制浆技术和关键装备国产化研发协议》。胡章翠、夏春胜、程良、刘东黎、张高文、沈贵共同为"国家林业局林业科普微信平台"揭牌。国家林业局，江苏、上海、浙江等省（市）林业系统以及南京林业大学、南京森林警察学院共400余人参加启动仪式。

【第四届森林科学论坛】 10月24~26日，由中国林学会主办、南京林业大学承办的第四届森林科学论坛暨森林多功能经营与管理国际学术研讨会在北京国家会议中心举办。国际林联主席 Michael Wingfield,中国林学会理事长、亚太森林恢复与可持续管理组织董事会主席赵树丛,中国林学会副理事长兼秘书长陈幸良,中国林学会副理事长、南京林业大学校长曹福亮院士等出席会议。论坛主题是森林多功能经营与管理,会场设置学会在林业创新中的作用、多功能森林与多功能林业、森林生物灾害可持续控制与管理、林业可持续经营的遗传与生理基础、多目标育种与分子技术、亚太地区林权分化与森林治理等6个边会。南京林业大学薛建辉教授、叶建仁教授、施季森教授、尹佟明教授分别主持边会。来自美国、加拿大、德国、法国、芬兰、中国、日本、韩国、澳大利亚、尼泊尔等国的林业专家举办专题学术报告 50 余场, 130 余人参会。

【亚洲园林大会暨第六届园冶高峰论坛】 于4月24～25日在南京林业大学举行。南京林业大学校长曹福亮院士、亚洲园林协会主席王小璘、法国景观设计大师凯瑟琳·摩斯巴赫、美国景观设计大师杰弗瑞·米勒、新加坡环境局原副局长罗华端、韩国生态园林协会会长赵泰东、马来西亚景观建筑师学会会长奥斯曼·莫哈末·塔希尔等出席大会。这次大会由亚洲园林协会、园冶杯国际竞赛组委会、南京林业大学共同举办。来自美国、澳大利亚、英国、法国、新加坡、俄罗斯等十多个国家和地区以及中国国土资源部、住建部、中国工程院、清华大学等单位的国内外嘉宾近500人参加开幕式。孟兆祯院士作了报告。卢耀如院士用大量案例图片,讲述了生态园林内涵与实现美丽中国梦的关系。住建部原总规划师唐凯分析了广州等城市在规划和建设中的经验和教训。大会分别就海绵城市、新型城镇化、绿色建筑、园林城市、园林教育、养老社区等热点议题研讨。会议期间还举办园冶高峰论坛颁奖盛典,为"园冶杯"大学生国际竞赛中获奖的师生和企业颁发奖杯。

【首届全国林业工程学科高峰论坛】 8月12～14日,首届全国林业工程学科高峰论坛暨林业工程博士生论坛在南京林业大学举办。教育部国务院学位委员会办公室、国家林业局及江苏省教育厅的有关领导,张齐生院士、宋湛谦院士和李坚院士,国务院学位委员会林业工程学科评议组全体成员,全国林业工程领域的100余位专家教授以及90余位博士生出席这次论坛。与会专家学者围绕国家"双一流"建设背景下中国林业工程学科发展、高水平人才培养及产业发展与科技创新等议题展开深入研讨。首届全国林业工程学科高峰论坛暨林业工程博士生论坛由国务院学位委员会林业工程学科评议组主办、南京林业大学承办、《林业工程学报》协办。

【第十四届中国林业经济论坛】 11月12～13日,由中国林业经济学会、中国林业经济论坛组委会主办的第十四届中国林业经济论坛在南京林业大学召开。论坛主题为"发展现代林业经济,推进生态文明建设"。中国林业经济学会副理事长兼秘书长、国家林业局发展规划与资金管理司巡视员王前进,南京林业大学校长曹福亮院士,江苏省林业局局长夏春胜,中国农业经济学会副会长、南京农业大学教授钟甫宁,浙江农林大学副校长沈月琴,江西省社会科学院副院长孔凡斌,中国林业经济论坛组委会主任、北京林业大学经济管理学院院长陈建成等出席会议。来自国家林业局经济发展研究中心、北京林业大学、东北林业大学等40所高校与科研机构的200余名专家参会。论坛期间,南京农业大学钟甫宁教授,国家农业制度与发展研究院院长、"长江学者"特聘教授罗必良,浙江大学管理学院副院长钱文荣教授,中国林业经济学会常务理事、东北林业大学经济管理学院曹玉昆教授、国家林业局经济发展研究中心研究员刘璨,中国人民大学农业与农村发展学院刘金龙教授等作大会主题报告。论坛设4个分会场,分别围绕"农村林业经济""森林生态经济""林业产业发展"等热点研讨。

【中美高等教育改革国际论坛】 3月,南京林业大学和南京邮电大学共同主办的"中美高等教育改革国际论坛"在南京林业大学举行。美国加州州立大学富乐敦分校、菲利斯州立大学等8位美国高等教育学者参加论坛。南京林业大学党委副书记、副校长赵茂程出席会议。美国 Ding－jo Hsia Currie 教授介绍了美国高等教育的类型、协会、资金来源等,分析了美国高等教育的优势及面临的挑战。Roberta Teahen 教授介绍了学生教育管理工作者必须具备的特征等。座谈会上,师生进行互动讨论,重点就美国大学、社区学院有关学生培养、管理、课程设置、资金筹措以及学生学业规划等进行交流。赵茂程教授在论坛上发表了主题演讲。

【参加中国木结构产业发展高峰论坛】 10月21日,主题为"木结构与绿色建筑产业化"的2016年中国木结构产业发展高峰论坛在浙江省开幕,南京林业大学校长曹福亮出席论坛并致辞,阙泽利作了主题报告,王志强作为嘉宾发言,介绍南京林业大学木结构专业在人才培养方面的创新性举措和成效,陆步云主持部分论坛主题报告。与会代表参观了宁波中加低碳新技术研究院有限公司建造的国内第一栋80平方米的两层全正交胶合木(CLT)示范建筑及其CLT生产线。

【首届"憧憬·美丽中国"艺术设计大赛】 12月22日,由中国林学会、江苏省风景园林学会、江苏省科普美术家协会、南京林业大学主办的首届"憧憬·美丽中国"艺术设计大赛暨第四届"金埔杯"国际城市景观设计大赛颁奖典礼在南京林业大学举行。南京林业大学校长曹福亮教授、中国林学会副秘书长沈贵教授、南京艺术学院副院长何晓佑教授、荷兰NITA设计集团创意设计总监 Anthony Thomas Johnson、中央美术学院王沂蓬教授、东南大学赵军教授、江苏省风景园林协会副秘书长陆文祥、南京金埔园林股份有限公司董事长王宜森以及获奖者代表共300余人出席颁奖典礼。大赛收到来自国内外33所高等院校和专业设计单位的近千份参赛作品。经专家评审委员会终评、专家仲裁委员会审查,评选出学生组特等奖3名,金奖5名,银奖11名,铜奖19名,优秀奖73名;专业组金奖1名,银奖2名,铜奖2名。

【牵头编制南京市行道树树种规划】 12月13日,由南京林业大学田如男教授牵头编制的南京第一部行道树专项规划——《南京市行道树树种规划》由南京市园林局正式发布。规划团队结合南京市行道树应用现状调查结果，以树种的生态习性、观赏特性和生态功能为重点进行分析，筛选出可应用于南京地区的行道树树种103种，其中骨干树种24种，一般树种49种，试用树种30种，并从中选择出适用于不同道路绿带类型的树种以及植物配置模式，该规划还对不同行道树树种的栽培管理技术进行详细阐释。对南京市行道树树种进行科学全面规划，不仅能够满足城市园林植物多样性的要求，创建具有地方特色的城市道路景观，还能保护和改善城市生态环境，美化和丰富城市人居环境。

【新疆林木种苗质量检验员培训班】 5月24日，南京林业大学受新疆维吾尔自治区林业厅委托，为自治区各地州市从事林木种苗管理、质量检测人员举办林木种苗质量检验员培训班，自治区林木种苗管理总站副站长胡茵主持开班仪式。培训班为期10天，旨在推进新疆林木种苗质量检验机构能力建设，规范林木种苗质量检验工作，提高林木种苗质量检验员的业务素质和工作能力。

【林业政策与法规专业委员会成立大会】 4月9日，中国林业经济学会林业政策与法规专业委员会成立大会暨林政与法规研讨会在南京林业大学召开。南京林业大学副校长薛建辉、国家林业局经济发展研究中心副主任王月华为“中国林业经济学会林业政策与法规专业委员会”揭牌。国家林业局政策法规司副司长袁继明、中国林业经济学会副秘书长穆志明、江苏省林业局副局长王德平以及北京大学国家发展研究院、国家林业局经济发展研究中心、北京林业大学经济管理学院、中南林业科技大学法学院、湖南省林业厅政法处等单位相关领导和来自全国高校、科研院所、地方林业局的50余名林业经济与林业法专家、学者参加会议。会议选举南京林业大学张红霄教授为林业政策与法规专业委员会主任委员，沈文星教授为副主任委员，贾卫国教授为秘书长。北京大学国家发展研究院副院长徐晋涛、国家林业局经济发展研究中心林业政策研究室主任刘璨、中南林业科技大学法学院院长周训芳等分别作主题报告。中国林业经济学会林业政策与法规专业委员会成立于2016年1月15日，挂靠南京林业大学。

【成立中意家居设计创新中心】 2月29日，中意家居设计创新中心在南京林业大学揭牌，意大利家具与室内装饰协会主席、锡耶纳省商会主席马西莫·加斯科尼，南京林业大学校长曹福亮院士等出席揭牌仪式，双方签署创新培训项目以及产品设计研发合作等协议。该中心的成立和相关合作协议的签署，旨在深化南京林业大学和意大利家具与室内装饰协会的合作，提升南京林业大学家具与工业设计相关专业学科的国际化水平，为江苏乃至全国家居行业的高素质专业人才培养、产品创新和研发提供支持。

【成立竹资源培育工程技术研究中心】 3月，依托南京林业大学竹类研究所组建的竹资源培育工程技术研究中心获国家林业局批准。该中心的成立，为南京林业大学在竹类研究特色领域的科技创新和成果转化提供了新的平台，旨在提升中国在竹资源培育产业的技术创新能力与核心竞争力。自20世纪50年代起，南京林业大学熊文愈教授、周芳纯教授等就先后开始了毛竹林丰产培育研究，包括毛竹生物学特性、毛竹林培育技术、毛竹林类型划分等，先后出版《浙江奉化石门毛竹丰产林》《毛竹的抚育》《竹林培育》等著作，奠定了中国竹资源科学培育的基础。1984年，林业部批准南京林业大学成立了竹类研究所，多次主持和承担国家有关竹林培育科技攻关项目，散生竹组织培养快速繁育技术、观赏竹容器育苗与快繁技术等在国内率先获得突破，鉴定和认定科技成果6项，获授权国家发明专利4项，曾获中国林业产业协会全国林业产业突出贡献奖先进单位。

【与国家林业局竹子中心签约战略合作协议】 5月27日，南京林业大学与国家林业局竹子研究开发中心战略合作协议签约仪式在南京林业大学举行。中国林业科学研究院院长张守攻、国家林业局竹子研究开发中心主任于辉、南京林业大学校长曹福亮等出席签约仪式。根据协议，双方将本着互惠互利、平等合作、共赢发展的原则，以共同开展短期国内援外（技术）培训项目为载体，围绕来华留学生培养、共同申报商务部援外培训基地和中国林业走出去项目合作等方面开展全面合作。在签约仪式期间，来自埃塞俄比亚、肯尼亚、刚果（金）、印度、老挝、东帝汶、巴拿马和巴西8个国家的32名ITTO成员国竹产业发展培训班学员参加在南京林业大学举办的相关技术培训学习。

【与辽宁省抚顺市签署院士工作站合作协议】 6月24日，辽宁省抚顺市科技创新大会召开，南京林业大学张齐生院士、副校长薛建辉教授应邀出席会议。会上，张齐生院士与抚顺天和环保能源科技发展有限公司签署院士工作站合作协议。根据协议，双方以院士工作站为依托，围绕生物质多联产技术开展应用研究，加强校地科技创新和科技成果转化合作，为当地产业转型升级提供科技支撑。与会期间，张齐生院士、薛建辉教授一行应邀考察了沈抚新城、石化新城并出席“抚顺市城市发展座谈会”，根据老工业基地的产业现状，与20余位院士、专家共同为抚顺经济社会发展“把脉”，为科技创新和产业转型升级建言献策。

【与美国西来大学签订合作协议】 10月8日，美国西来大学代表团一行5人访问南京林业大学，双方签订了合作协议。美国西来大学校长Stephen Morgan教授、教务长Peter M. Rojcewicz教授、南京林业大学副校长李萍萍教授等出席签字仪式。根据协议，双方将在学分互认、人员互访交流等领域展开合作，重点落实本科生“3+1+1”项目。美国西来大学是中国台湾佛光山开山大师星云大师在美国加州洛杉矶创办的一所综合性私立大学，获得美国西部教育联盟和中国教育部的认证，学科有工商管理系、心理学系、英语系和宗教系。

（南京林业大学由钱一群供稿）

中南林业科技大学

【概　况】 2016年，中南林业科技大学（以下简称：中南林科大）设有研究生院和24个教学单位。拥有5个博士后科研流动站、5个一级学科博士点、16个一级学科硕士点、7个专业硕士学位授权类别；2个国家特色重点学科，3个国家重点（培育）学科，9个国家林业局重点（培育）学科，11个湖南省重点一级学科；75个本科专业，7个国家管理专业，5个国家级特色专业和13个湖南省特色专业，9个省重点专业；2门国家级精品课程，15门省级精品课程。学校拥有1个国家重点野外科学观测研究站、2个国家工程实验室，1个教育部重点实验室，5个国家林业局重点开放性实验室、研究中心及观测研究站，1个国家林业局长沙国家科技特派员培训基地，3个湖南省2011协同创新中心、3个国家级实验教学（示范）中心、2个湖南省工业设计（工程研究）中心、1个湖南绿色发展研究院、9个省级重点实验室、3个省级实践教学示范中心。设有7个校级科研机构。

2016年，中南林科大有全日制在校生26 125人，其中，本科生23 866人，硕士研究生1962人，博士研究生297人。现有教职工2364人，其中专任教师1541人。其中，教授247人，副教授652人；博士生导师86人，硕士生导师451人。学校有“长江学者奖励计划”特聘教授1人、国家“千人计划”1人、国家“万人计划”领军人才2人、国家“百千万人才工程”人选3人、国家中青年科技创新领军人才2人、国家级有突出贡献的专家2人、“全国杰出专业技术人才”1人、国务院学位委员会学科评议组成员2人、“全国农业科研杰出人才”1人、“全国五一劳动奖章”获得者2人、享受国务院政府特殊津贴60人；有省部级有突出贡献的专家18人，省部级跨世纪学术、技术带头人重点培养对象22人，湖南省“芙蓉学者”特聘、讲座教授7人，湖南省“百人计划”7人，湖南省“新世纪121人才工程”31人，教育部“新世纪优秀人才培养计划”7人、“全国优秀教师”4人、中国青年科技奖获得者2人、“霍英东教育基金奖”获得者3人；国家创新研究团队1个。

【优化顶层设计】 4月，组织开展“理想林科大”主题大讨论，广泛凝聚改革发展共识。在第七次党代会上正式确立了“把学校建设成为国内知名、特色鲜明、多学科协调发展的高水平教学研究型大学”的奋斗目标。6月3～4日，学校召开“十三五”事业发展规划专题研讨会，11月，正式出台《中南林业科技大学“十三五”事业发展规划》。

【“两学一做”学习教育】 按照中央和省委的要求，学校成立了“两学一做”学习教育领导小组及协调组，对学习教育作了周密部署。党委领导班子把学习贯彻习近平总书记系列重要讲话精神作为首要任务，通过党委中心组集体学习、专题研讨、个人自学等多种方式，深刻领会习近平总书记系列重要讲话的丰富内涵和核心要义。围绕“四讲四有”专题，组织开展4次专题学习研讨，每次研讨会党委书记作专题党课辅导报告，机关部门负责人和基层党组织书记列席。全体党员校领导给支部讲党课共12次。

【学科与人才培养】 调整增列3个一级学科硕士学位授权点和2个专业硕士学位授权类别，完成11个湖南省“十二五”重点学科验收工作，获批4个国家林业局重点学科和1个重点培育学科。学校学位点授权学科或授权类别结构进一步优化。加强招生宣传力度和优秀生源基地建设，新生生源质量继续提高。录取本科和专科学生6807名，研究生1009名。一本录取人数比例已达到85.7%。普通文理科湖南省投档分数又一次居省内新升格的五所一本院校之首。实施“教育提质”工程和“本科教学工程”。共立项省级教改课题44项，国家级大学生创新创业训练计划15项，大学生研究学习和创新性实验计划项目省级立项36项。各类学科竞赛共获得国家级奖项23项，省级奖项81项。特别是全国大学生数学建模竞赛取得新突破，获得一等奖1项，二等奖2项，在湖南省属高校排名第一。实施“研究生教育质量工程”，获批立项湖南省研究生教育教学改革项目6项，研究生创新项目25项，研究生创新实践基地项目3项。获评湖南省优秀博士学位论文2篇，优秀硕士学位论文6篇。教师获得湖南省普通高校课堂教学一等奖1个，二等奖1个，三等奖2个，这也是学校历年来最好成绩。

【科学研究】 2016年，组织申报国家级、省部级等各级各类项目共计960多项，立项266项。自然科学获国家级项目34项，特别是入围国家“十三五”重点研发计划项目1项，实现了零的突破。人文社会科学获国家级项目7项，省级重大项目4项，重点项目3项。全年到账科研经费超过1亿元，其中，自然科学项目1.03亿元（较2015年增长了近30%），人文社会科学项目700多万元。鉴定成果16项（其中社科3项）；认定的行业、地方标准7个；获授权的发明专利、实用新型专利等189件；自科共发表SCI、EI、一级期刊论文286篇，社科发表CSSCI、SCI等高级别论文100余篇。出版学术专著44本（其中，社科23部、自科21部），译著1本。获湖南省科学技术奖7项，其中，湖南省自然科学奖一等奖1项，湖南省科技进步奖一等奖1项。获第七届梁希科学技术奖二等奖2项。获国家级人文社科优秀成果三等奖1项，湖南省社科优秀成果二等奖2项；湖湘智库研究优秀成果奖1项。“大米深加工与综合利用创新团队”获批为科技部“创新人才推进计划”重点领域创新团队，实现了在国家级创新团队上零的突破。获批湖南省工程技术研究中心1个，重点实验室2个。社会服务能力不断提升，全年签订产学研合作项目200余项，派出各级各类科技特派员、“三区”人才近100人次。创建国际科研合作平台，成立了“中南林业科技大学——班戈大学联合研究中心”。全年接待包括英国驻华大使、韩国驻武汉总领事、国际友城活动、班戈大学校长等在内的各类国外代表团36个。

【师资队伍】 全面实施杰出人才、领军人才和青年英才3类人才建设工程、教师能力素质提升工程、青年教师导师引领工程。全年引进博士71人，新增“万人计划”科技创新领军人才1人、湖南省“湖湘青年英才”支持计划1人，推荐3人申报2016年享受国务院特殊津贴人选，并通过湖南省推荐。

【大学生思想政治教育】 深入贯彻全国高校思想政治工作会议精神，大力实施大学生思想道德素质提升工程。完成湖南省大学生思想道德素质提升工程项目15项，立项省思想政治课题研究项目12项，立项建设2个省级辅导员名师工作室，学校获“湖南省普通高等学校学生思想政治教育研究与实践先进单位”称号。通过组织开展纪念建党95周年和红军长征胜利80周年系列主题活动，开展“校园好网民”网络征文、“缅怀先烈”网上纪念堂，“追寻红色记忆”电影展播等活动，以及开学典礼、入学教育、表彰大会和毕业典礼等活动，促使学生将社会主义核心价值观“内化于心，外化于行”。认真组织开展先进典型事迹宣传，全年共评出国家、省、校级各类优秀学生13 588人次、优秀学生班集体58个，开展向“湖南好人”黄伊琳同学学习活动，以模范的带动引领作用，弘扬主旋律和正能量。整合各类思想政治教育资源，充分发挥正确舆论的宣传引导，积极打造网络育人阵地。全年共推送各类信息5000余条，2项作品被评为“首届全国高校网络宣传思想教育优秀作品”(全省仅评8项)，4项作品被评为“湖南省首届高校网络宣传思想教育优秀作品”，学校新浪微博粉丝数达15万，排省内高校第三，“中南林业科技大学”微信订阅号累积点击量突破110万次，学生手机客户端正式投入使用，使用量占学生总数的80%。学校获得“中国大学新媒体百强之优秀高校”，湖南卫视新闻联播报道了中南林科大网络思想政治教育成果。

【内控体系】 根据国家、省有关加强内部控制建设的要求，对财务处、实验室建设与资产管理处、政府采购与招投标管理中心等13个单位的职责、制度、流程进行评价，撰写内部控制建设总结报告和基础性评价报告，基本完成单位层面内部控制体系建设。修订完善财务预算、政府采购、招投标管理等财务制度，全面完成学校国有资产清查工作，切实规范各类款项支付流程，大力加强国有资产管理，提高资产使用效益。努力推动学校预算精细化和标准化，合理安排化债和利息支出，经费支出结构得到持续优化。

【民生建设】 全年评定国家奖助学金获得者7351人，金额共计2405万元；为贫困学生提供勤工助学岗位近800个，发放资金40万元。办理生源地助学贷款3083人，申请金额2254.5万元。以“精品化、公园化、有品位”为目标，努力打造宜居、宜业的和谐校园。综合实验大楼建成投入使用，西园图书馆改扩建项目完成，工程实训大楼项目正式开工建设，安置房实体项目顺利竣工，完成各类基建后勤维修项目159个，长沙商贸旅游职业技术学院老校区有偿划拨成功签约。体艺馆转变服务职能，师生员工全面受益。数字化校园建设、文献信息资源建设扎实推进。校园基础设施更加完善，办学空间得到有效拓展。积极开展“创建书香校园，培育绿色文化”活动，启动艺术品上墙和楼宇命名工作，着力提升校园文化品位。实施《校园综合整治方案》，清理商业门面，取缔校内流动摊贩，拆除违章搭建，整顿校园交通秩序。学校被国家机关事务管理局、国家发改委和财政部联合授予“节约型公共机构示范单位”。

【干部任命】 3月，湖南省委任命胡长清为中南林科大党委书记，廖小平为中南林科大党委副书记；湖南省政府任命廖小平为中南林科大校长。6月，湖南省政府任命严曙光、陈冬林、王忠伟、吴义强为中南林科大副校长。12月，湖南省委任命赵运林为中南林科大党委书记。

【中国共产党中南林业科技大学第七次代表大会】 6月22～23日，学校召开了中国共产党中南林业科技大学第七次代表大会，无记名投票选举产生了中共中南林业科技大学第七届委员会委员和中共中南林业科技大学第五届纪律检查委员会委员，并表决通过《中国共产党中南林业科技大学第七次代表大会关于第六届党委工作报告的决议》和《中国共产党中南林业科技大学第七次代表大会关于纪委工作报告的决议》。胡长清、廖小平、秦立春、赵运林、何学飞、严曙光、刘元、陈冬林、王忠伟、吴义强、张合平11名同志当选为第七届党委委员。何学飞、陈晓文、王运锋、李本贵、吴锦波、张赓、张沉香、沈燕、章元日9名同志当选为第五届纪委委员。

【湖南首场学习宣传李保国精神座谈会】 6月25日，“李保国在湖南”——学习宣传李保国精神座谈会在学校举行，这是湖南围绕学习宣传李保国精神召开的第一场座谈会。《光明日报》《中国日报》《农民日报》、湖南卫视、《潇湘晨报》《三湘都市报》《长沙晚报》、红网、湖南教育电视台等10余家媒体对此活动进行了报道。

【学科建设和人才工作大会】 12月29～30日，学校召开学科建设和人才工作大会，校长廖小平作了主题报告，与会代表按学科分为十一个组，认真学习研讨校长主题报告，审议学科建设与人才工作拟出台的系列文件。闭幕式上，校党委书记赵运林作了讲话。

【第三届全球变化与生态预测国际论坛】 于7月8～9日在学校举行。该论坛由西北农林科技大学、中南林业科技大学、中国科学院亚热带农业生态研究所、美国生态学会亚洲分会联合主办，中南林科大生命科学与技术学院、南方林业生态应用技术国家工程实验室和湖南会同杉木林生态系统国家野外观测研究站承办。来自加拿大蒙特利尔大学魁北克分校、美国东伊利诺斯大学、美国州长州立大学、中国科学院、中国林业科学研究院、北京师范大学、浙江大学、南京大学、西北农林科技大学、华中农业大学、广西大学、四川农业大学等16个高校和科研院所的60余名专家和学者参加了此次论坛。会议就国家生态网络建设、全球大气氮沉降空间格局及生态效应、地球关键带和水土过程、生态系统碳循环预测的不确定性、亚热带森林生态系统定位观测和研究等内容作了7场主题报告和16场专题报告。

【学生科技创新团队入选“小平科技创新团队”】 8月22日，中南林科大材料科学与工程学院组建的“生物质绿色纳米材料创新研究团队”在第十届中国青少年科技创新奖颁奖大会上成功入选全国大学生“小平科技创新团队”，首次实现该奖项的突破。湖南省仅有中南林科大和湖南大学获此殊荣，全国共有50支团队入选，是全国大学生科技创新团队的最高荣誉。颁奖大会在人民大会堂举行，中共中央政治局委员、国务院副总理刘延东，中共中央政治局委员、国家副主席李源潮出席大会并讲话。

【2016年全国大学生暑期“三下乡”社会实践活动优秀单位】 10月27日，团中央学校部，全国学联秘书处通报表扬了在2016年全国大中专学生志愿者暑期“三下乡”社会实践活动中表现突出的单位和团队，中南林科大获得“全国优秀单位”，校团委指导的水质监测及湿地保护宣传的社会实践团获得“国家重点团队”，三农学会益阳支农“筷子队”服务队获得“全国优秀实践团队”。

【中南林科大与班戈大学联合研究中心揭牌】 10月20日，中南林业科技大学－班戈大学联合研究中心揭牌仪式暨班戈学院新生开学典礼举行。英国驻华大使吴百纳女爵士出席了仪式并致辞。出席这次活动的还有英国驻广州总领事馆总领事卢墨雪、湖南省人民政府外事侨务办公室副主任邱爱华等。英国驻华大使吴百纳、英国班戈大学校长约翰·休斯、湖南省人民政府外事侨务办公室副主任邱爱华、校长廖小平共同为学校与班戈大学的联合研究中心揭牌。

【班戈学院入围英国2016年度教育机构合作奖】 11月3日，中南林科大班戈学院入围英国2016年度教育机构合作奖。

（中南林业科技大学由皮芳芳供稿）

南京森林警察学院

【综　述】 2016年，南京森林警察学院设有治安系、侦查系、刑事科学技术系、警务管理系、警务技战术系、信息技术系、森林消防系。国家林业局警官培训中心、森林消防指挥培训中心、森林公安司法鉴定中心和林业职业教育研究中心挂靠在学院。目前专业设置有：治安学、侦查学、消防工程、刑事科学技术、公安管理学、网络安全与执法、警务指挥与战术、公安情报学8个本科专业，全日制在校生5749人。学院现有教职工441人，专任教师278人，其中，正高职称28人，博士和硕士研究生240人，聘请兼职教授7人、高级教官14人。学校占地总面积76.2公顷，总建筑面积近20万平方米。学院拥有教学仪器设备总值1.3亿元，图书馆馆藏文献总量达237万册，其中电子图书174万册（种），纸质图书64万册。另有电子期刊3.3万种，纸质期刊970种。

【治安系1303团支部获评全国高校践行社会主义核心价值观“示范团支部”】 在1月1日结束的全国高校践行社会核心价值观“示范团支部”创建和“百佳团支书”寻访活动中，经差额评审，治安系1303团支部脱颖而出，被团中央学校部评为全国高校践行社会主义核心价值观“示范团支部”。

团中央学校部于2015年5～12月在全国高校中开展该活动，在江苏省所有高校的基层团支部中，仅有65个基层团支部入选全国高校践行社会主义核心价值观“示范团支部”。

【吴育宝老师在南通破获重大网络诈骗案件】 1月18日，通州公安分局召开新闻发布会，向社会通报此次案件破获情况，并警示教育民众。信息技术系“双千计划”教师吴育宝（挂职通州区公安分局网安大队副大队长）发挥专业优势，联动校局合作，破获“8·31”网络诈骗案。

从2015年9月开始，通州公安“8·31”专案组辗转四川、重庆、深圳等地，强化网络追踪、信息研判和落地查证力度，历时两个月，成功破获川港“8·31”网络诈骗案，共抓获犯罪嫌疑人8名，查获涉案金额170余万，涉案总价值达2300余万元。

【校团委获评“2015年度全省共青团工作先进单位”】 2月1日，共青团江苏省委下发《关于表彰2015年度全省共青团工作先进单位和先进工作者的通知》（团苏委发〔2016〕4号），校团委被评为“2015年度全省共青团工作先进单位”，校团委书记乔春华被评为“2015年度全省共青团工作先进工作者”。

2015年，校团委实现了“基础工作有实效、重点工作有亮点、创新工作有突破”，全校共青团事业得到快速发展。其中，1名同学被评为“全国优秀共青团员”，1个暑期社会实践团队被团中央学校部、全国学联秘书处评为“优秀团队”；1个团支部被评为全国高校践行社会主义核心价值观“示范团支部”；42名同学、13个集体获得省级以上奖项。

【一名学生荣获第五届梁希优秀学子奖】 3月5日，中国林学会组织评选的第五届梁希优秀学子奖公布评选结果，治安学1301区队薛屹然同学获此殊荣。

梁希优秀学子奖是梁希科学技术奖的重要组成部分，每两年评选一次，该届评选共有69名候选人参评，他们分别来自全国27所林业高等院校和设有林学院的农业大学、综合性大学，经学校推荐、形式审查、专家初审和评审会评选，共评出获奖者43名。

【《中国公安文化建设》审读会】 于3月22～24日在南京森林警察学院举行。全国公安文联主席祝春林，浙江省公安厅副厅长金伯中，南京森林警察学院党委书记王邱文等人，以及该书编写组成员参加审读会。

与会领导和专家利用三天时间逐章逐节对书稿进行深入审读研讨。

《中国公安文化建设》是对全国公安文化建设的系统总结和展望，阐释了公安文化的基本含义、基本属性、基本功能和地位作用，回顾了中国公安文化建设发展历程及取得的成果，总结了“坚持正确方向、坚持立足全局、坚持以警为本、坚持与时俱进、坚持面向社会”5个基本经验，描绘了公安文化的发展蓝图，提出了公安文化发展的总体战略目标，实施重点和机制保障，并确定了“文化强警”的战略重点和基本路径。

【国家林业局森林公安局2016“双千计划”工作座谈会】 于3月30日在南京森林警察学院召开。国家林业局森林公安局政委焦德发，学校党委书记王邱文，校长张高文，党委副书记李明、林平，党委委员、学院办公室主任叶卫出席会议。各地森林公安机关来我校兼职教官、我校到森林公安机关挂职教师和相关系部及职能部门负责人参加座谈会。会议由国家林业局森林公安局政治处处长耿淑芬主持。

会上，焦德发政委代表国家林业局森林公安局对学校为“双千计划”顺利实施所付出的努力、作出的贡献表示感谢。他指出，2015年，学校和各地森林公安机关共互派人员22名，双方在提升人才培养水平、提升执法能力等方面实现了良性互动、合作双赢，“双千计划”成效正逐步显现出来。

【国家林业局森林公安司法鉴定中心获得国家级资质认定】 3月30日，公安部在郑州召开全国刑事技术机构国家级资质认定授牌暨省级资质认定推动现场会。会上，公安部物证鉴定中心、北京市公安司法鉴定中心、海关总署缉私局昆明司法鉴定中心、国家林业局森林公安司法鉴定中心等71家公安机关刑事技术机构获得国家认证认可监督管理委员会（简称国家认监委）颁发的国家级资质认定证书，这标志着全国公安机关刑事技术机构资质认定工作取得阶段性成果。

【一名老师荣获“全国森林防火工作先进个人”称号】 4月1日，国家森林防火指挥部、国家林业局印发《关于表彰2013～2015年度全国森林防火工作先进单位和先进个人的决定》。南京森林警察学院森林消防系主任郑怀兵被授予“2013～2015年度全国森林防火工作先进个人”称号。

郑怀兵长期从事森林防火的教学与研究工作。近年来，主持国家林业公益性项目1项、林业行业性标准2项，省部级课题5项，横向课题10多项，公开发表专业论文30余篇，出版《森林防火》《森林火灾案件侦查技术》等著作5部。

【新疆维吾尔自治区林业厅与南京森林警察学院警务合作共建协议】 于4月6日在南京森林警察学院签署。自治区林业厅党委书记来景刚与校长张高文签署合作框架协议，并共同为新疆森林公安局培训基地揭牌。新疆森林公安业务骨干培训班开班仪式同日举行。副校长吉小林，新疆森林公安局党委书记、政委孔繁华，局党委委员、副局长刘峰，副调研员孟祥图等领导参加相关活动。

张高文和来景刚共同出席新疆森林公安首期业务骨干培训班开班仪式。来景刚一行还参观考察了学校警务技战术系、鉴定中心、森林消防系等部门。

【校龙舟队在第十届世界龙舟俱乐部锦标赛公开组比赛中夺冠】 4月6日，第十届世界龙舟俱乐部锦标赛在澳大利亚阿德莱德举行。校龙舟队在公开组的比赛中包揽2000米、500米、200米三个项目的金牌，载誉归来。当地多家媒体对比赛进行了报道，华语电视台对南京森林警察学院夺冠盛况进行了追踪报道。4月17日，南京市龙舟运动协会在南京森林警察学院召开表彰会议，对该校龙舟队代表中国在第十届世界龙舟俱乐部锦标赛中勇夺三金牌进行表彰。

【2016年“省级森林公安机关政工干部培训班”】 于4月21日在警官培训中心举行。国家林业局森林公安局政委焦德发，校党委书记王邱文、校长张高文等出席培训班，各省级森林公安机关领导参加培训。

培训班上，广西等8个省（区）森林公安机关代表作交流发言，常务副校长张治平就招录工作进行通报，学校组织人事处处长侯为群介绍“双千计划”工作。在下午的会议中，与会代表分成三组进行讨论，就森林公安政工工作有益经验进行深入交流。

【江苏公安边防总队警务实训基地挂牌】 4月22日，南京森林警察学院警务技战术系与江苏公安边防总队共同举办警务实战训练基地揭牌仪式并签署合作协议，校长张高文，警务技战术系主任周波、书记赵京华等出席，江苏公安边防总队副总队长蔡锦明、训练基地主任赵峰等共同出席，仪式由警务技战术系主任周波主持。

在中国日益严峻的反恐形势和江苏边防肩负的重大责任的背景下，双方共建警务实战训练基地，旨在为江苏公安边防培养具备优秀警务实战技能和安全执法能力的高素质人才。

【《我的长征记》出版】 5月20日，在举国上下以各种形式纪念长征胜利八十周年的日子里，南京森林警察学院夏桂林老师撰写的纪实文学《我的长征记》由中国林业出版社出版，中央电视台、光明网、《南京日报》《金陵晚报》《九江日报》、中华网、中国林业网、网易新闻、中国警察网、大江网等多家媒体对此进行了报道。中国林业出版社与中央电视台在北京京西宾馆举行了《我的长征记》首发式。

【学警增援G20峰会安保】 自6月3日起派出三批共3380名学警奔赴杭州、湖州两地增援二十国集团领导人（G20峰会）第十一次峰会安保工作。

G20峰会安保期间，南京森林警察学院全体赴杭师生充分发扬人民警察优良作风，坚守岗位、无私奉献，不畏艰苦、顽强拼搏，出色完成各项安保任务，受到各级领导和受援单位赞誉。学校被公安部荣记集体二等功。

10月27日，团中央学校部、全国学联秘书处通过“团中央学校部”微信公示了2016年全国大中专学生志愿者暑期“三下乡”社会实践活动优秀单位团队个人名单，南京森林警察学院增援G20杭州峰会安保团队从全国约11万支各级重点实践团队中脱颖而出，进入最后投票环节并最终获评2016年全国大中专学生志愿者暑期“三下乡”社会实践活动优秀团队。江苏省各地市团委和高校团委组织的众多暑期“三下乡”社会实践团队中仅23支队伍获此殊荣。

【江苏省文明校园】 9月，经过积极申报和江苏省精神文明建设指导委员会严格评审，2013～2015年度江苏省文明单位评比结果揭晓，南京森林警察学院被授予“江苏文明校园”荣誉称号。

【对芬兰、瑞典森林防火部门的学术访问】 为了探寻北欧国家森林火灾预防和灾害救援的先进经验，应芬兰国家消防局、瑞典消防与救援局和瑞典SP国家科技研究院的邀请，国家林业局森林防火预警监测信息中心副主任陈介平参团，南京森林警察学院校长张高文等一行4人，于9月4～11日赴芬兰赫尔辛基中心救援局、瑞典索德托恩郡消防与救援局及瑞典SP国家科技研究院进行了为期8天的森林防火及救援方面的学术交流访问。

访问期间，张高文接受了芬兰赫尔辛基中心救援局官员的采访，介绍了森林防火的队伍现状、学历教育、培训和扑救运作机制。

代表团一行考察了瑞典灾害救援的先进典型部门索德托恩郡消防与救援局。着重访问了瑞典SP国家科技研究院防火研究中心，并与该中心就有效的森林火灾的预防与扑救手段展开讨论，比较了中国和瑞典在森林消防工作上的异同。张高文和郑怀兵还介绍了中国森林火灾的扑救情况以及南京森林警察学院在森林防火领域的科研项目。

【2016年度中国高校校报好新闻评选喜获佳绩】 9月18日，2016年度中国高校校报好新闻评选结果公布，南京森林警察学院《森林警院报》送评作品《传承》（作者石宛鑫）、作品《劳动・美》（作者刘沛卿）分别荣获新闻摄影类二等奖和三等奖，作品《你知道吗？作弊入刑了！》（作者陈婧怡）荣获通讯类三等奖。

中国高校校报好新闻评比工作由中国高校校报协会组织开展，其所公布的“中国高校校报好新闻”奖是全国高校校报新闻领域的最高奖。

【张高文参加全国林业科技创新大会】 9月23日上午，全国林业科技创新大会在北京召开，中共中央政治局委员、国务院副总理汪洋出席会议并讲话；国家林业局局长张建龙主持会议并宣读《国家林业局关于表彰全国生态建设突出贡献科技先进集体和先进个人的决定》。南京森林警察学院校长张高文、科技处处长周爱民参加了会议。南京森林警察学院森林消防系、张民侠老师分别获得“全国生态建设突出贡献先进集体”、“全国生态建设突出贡献先进个人”称号。

【全国森林警务航空运动训练基地】 于10月18日，在南京森林警察学院挂牌成立，国家体育总局航管中心主任贾冰、航管中心经营开发主管雷寅，原常州市公安局副局长刘持平、南京森林警察学院校长张高文等领导出席揭牌仪式。学校相关部门负责同志参加仪式。

仪式上，张高文对贾冰一行表示欢迎并向客人们介绍了学校的基本情况，着重介绍了近年来学校推进实战化教学、开展校局合作和积极参与社会服务等有关情况。

贾冰对学校的办学理念、教学规模、办学质量等给予了充分肯定。

【加拿大多伦多汉博学院社会与社区服务分院院长来学校访问】 10月19日，加拿大多伦多汉博学院社会与社区服务分院院长德里克・斯托克利先生一行4人到访学校，副校长陶珑会见了代表团。双方正式签署了合作谅解备忘录，并就进一步深化两校交流合作事宜进行了商谈。学校组织人事处、教务处、学生处、学校办公室等单位有关人员参加了会见。

下午，代表团参观了学校部分系、中心，各单位负责人向代表团就本系、中心的专业特色、重点实验室建设以及专业设施装备等情况进行了详细介绍。

【两名教师参加第十二届敏感物种履约执法联席会议】 11月4日，第十二届敏感物种履约执法联席会议在江西婺源召开，国家濒管办巡视员严旬主持会议。来自最高法刑五庭、最高检政策法规室、公安部治安局、司法部鉴定管理局、农业部渔业渔政管理局、海关总署监管司、海关总署缉私局、国家工商总局市场司、国家质检总局动植司、国家邮政局市场司、国家林业局保护司、国家濒管办及各办事处、国家濒科委、中国野生动物保护协会，香港CITES管理机构、澳门经济局对外贸易处，东北林业大学、北京林业大学、南京森林警察学院，TRAFFIC、WCS、IFAW、TNC等国际NGO组织等共计50余名代表参加此次会议。

司法部司法鉴定管理局党凌云、国家濒科委办公室主任孟智斌、东北林业大学教授张伟、北京林业大学教授时坤在会上针对野生动植物司法鉴定相关议题进行了交流。TRAFFIC项目官员肖宇、WCS贸易项目主管李立姝等国际NGO组织代表也在会上介绍了各自2017年的工作计划。南京森林警察学院姜南、秦红霞两位副教授应邀参加了会议，并参加野生动植物鉴定、执法培训、公共宣传等相关议题的讨论与交流。

【第二届全国公安院校教学技能大赛】 于11月14日在江苏警官学院落下帷幕，南京森林警察学院党委书记王邱文，校长张高文出席闭幕式并为获奖师生颁奖。

在为期一周的比赛中，南京森林警察学院参赛教师完成了治安类、刑事侦查类、刑事技术类、警务技能类、经济犯罪侦查类、交通管理类、网络安全与执法类、公安法律类、思想政治类等9类科目的现场教学竞赛。参赛学生完成了公安法律知识、计算机应用技术、体能和实弹射击4个科目的综合素质测评。

最终，南京森林警察学院教师吴育宝获得网络安全与执法类个人一等奖；周海赟、王苏醒、肖军川3位教师分别荣获交通管理类、治安类、警务技能类专业教师个人二等奖；徐静、张杨、吴刚、王智、邵贞5位教师分别荣获公安法律类、思想政治类、刑事科学技术类、侦查类、经济犯罪侦类专业教师个人三等奖；衡金鑫同学获得个人二等奖；王泽鑫、高正亮、张二龙、吴占朝、张梦、吴宇珂、闫慧慧7位同学获得综合素质个人三等奖；南京森林警察学院获得集体三等奖。

【全国草原防火应急管理培训班】 于11月29日上午在南京森林警察学院警官培训中心举行。农业部草原监理中心副主任宋中山、南京森林警察学院常务副校长张治平、农业部草原监理中心防火处副处长韩丰泽、国家林业局警官培训中心副主任侯召斌出席了开训动员仪式。

这次培训是培训中心首次与农业部草原监理中心合作办班，来自全国各地的64名草原防火工作人员参加了培训，他们在警官培训中心进行为期5天的学习和生活。

【江苏省第七届“仙林成才杯”模拟法庭大赛】 于12月3日在南京市栖霞区人民法院大法庭举行。校团委书记乔春华、副书记林安薇，团委崔军老师带队参加了比赛。南京森林警察学院参赛队在比赛中获得了团体总分第三、公诉方第一、辩护方第二的优异成绩。

这届“仙林成才杯”模拟法庭大赛的参赛高校规模进一步扩大，除了南京大学、东南大学、南京师范大学、河海大学、南通大学等省内高校的参与，还吸引了上海政法学院的加盟，共18所省内外高校参加了比赛。

【张水锋老师荣获2016年第七届梁希林业科学技术奖二等奖】 12月5日，中国林学会第七届梁希林业科学技术奖评选结果揭晓，南京森林警察学院林火研究中心张水锋老师荣获二等奖。张水锋老师长期参与“基于小流域尺度的森林水资源调控与水土保持生态建设技术”项目的研究，发表核心论文多篇。

梁希林业科学技术奖是经国家科学技术部批准面向全国的林业科学技术奖，主要奖励在林业科学技术进步中做出突出贡献的集体和个人。

张水锋老师在教学与科研工作中一直致力于火烧迹地土壤侵蚀防控技术和生态多目标战略决策系统工程等方面的研究，以科技兴林为己任，在林业科学研究和技术推广中成绩斐然。

【王佳铭同学入选2016江苏好青年百人榜】 12月6日，2016江苏好青年揭榜会暨“奋斗的青春最美丽”分享会在南京工业大学举行。南京森林警察学院刑技1302区队的王佳铭同学以“爱岗敬业”成功入选2016江苏好青年百人榜。

这次百人榜分为爱岗敬业、创新创业、诚实守信、崇义友善、孝老爱亲这五个类别。王佳铭在G20杭州峰会安保期间，在近40℃的高温下主动托起半坠到地面的电线近40分钟，支撑起临时的安全通道，《人民日报》、腾讯新闻等全国性媒体称他为“最帅托举哥”，《人民公安报》《中国绿色时报》、中国警察网等媒体也曾报道过相关新闻。

【科研平台建设】 12月7日，学校科研平台授牌仪式在小报告厅举行。学校“学科建设（二期）工程”，以科研平台建设为抓手，分别为林业生态安全与执法协同创新中心、濒危野生动植物犯罪情报中心、反恐怖研究中心、森林资源贸易与犯罪研究所、公安应用语言研究所、电子证据检验鉴定重点实验室、跨文化研究中心、公安特警人才培养创新研究中心、公安文化研究中心、火烧迹地植被恢复与管理重点实验室等10个科研平台授牌。

【李树铭来学校调研工作】 12月15日，国家林业局副局长李树铭莅临南京森林警察学院调研，学校党委书记王邱文、校长张高文陪同调研相关系部和实验实训室。

李树铭对学校建设发展成果表示肯定，对今后发展提出要求。一要进一步完善办学顶层设计。二要进一步突出人才培养工作核心地位。三要进一步加强领导班子和人才队伍建设。

【第六届校园文化艺术节】 于12月22日下午在大报告厅举行闭幕式。这届校园文化艺术节以“青春·使命·梦想”为主题，历时36天，共设置系列活动16项，学生实际参与人数达4000多人次，共产生团体一等奖10个、二等奖11个、三等奖14个，个人一等奖6名、二等奖11名、三等奖16名、单项奖19名。校园文化艺术节期间举办的系列活动，全面检阅了学校文化育警和艺术教育的成果，充分展示了警校学生积极向上的精神风貌。

【“中国与东南亚地区非法野生动物贸易治理”国际学术交流会】 于12月23日在南京森林警察学院仙林校区举行。来自澳大利亚新南威尔士大学、澳大利亚国立大学的专家学者，以及学校科技处、外事办、侦查系、治安系、信息技术系、警务管理系等20余名代表参加了学术交流活动。

校党委书记王邱文会见了与会的外方专家，并就中国与东南亚地区非法野生动植物贸易治理等热点问题与专家交换了意见。与会专家在交流中，围绕中国和东南亚国家治理森林与野生动植物犯罪的政策、执法能力建设、国际执法合作等几个方面的主题展开了广泛的沟通、交流与研讨，并就当前情势下中国与东南亚国家的治理对策进行了广泛深入的学术研讨。

【北方航空护林总站南京森林警察学院研培基地揭牌】 12月28日，国家林业局副局长李树铭在南京森林警察学院出席北方航空护林总站研培基地揭牌仪式，国家森林防火指挥部办公室副主任、国家林业局森林公安局局长王海忠，南京森林警察学院党委书记王邱文、校长张高文，北方航空护林总站总站长周俊亮共同参加揭牌仪式。

北方航空护林总站与南京森林警察学院于10月20日签订合作共建协议。双方约定，充分发挥高等院校的教育、科研、培训等资源优势和北方航空护林总站的业务实践、装备与基地优势，在人才培养、教育培训、科技研发、学生实习与就业等方面开展全方位合作。

根据协议，双方将结合森林航空消防行业工作需要，开展科研联合攻关，互派业务骨干开展交流活动。南京森林警察学院将在北方航空护林总站建立教学实习基地，选派教师到基地挂职锻炼或开展业务实践，选派学生进行业务实习。北方航空护林总站在南京森林警察学院建立在职人员业务培训基地，提高森林航空消防干部职工队伍素质。

此外，针对目前森林航空消防学科薄弱的实际，南京森林警察学校消防工程专业将开设森林航空消防必修课程，并根据教学和实训的需要，聘请航空护林专家作为外聘教师。

近年来，森林航空消防已经成为森林火灾预防与扑救的重要手段，森林航空消防作用凸显，但森林航空消防科技水平不高、科研力量不强、人才队伍断档等矛盾日益突出，森林航空消防学术研究也大多缺乏实践基础。双方合作共建协议的签订是中国森林航空消防领域理论与实践相结合的一次突破。

【全国森林防火规划培训班】 12 月 28 ~ 29 日，国家森林防火指挥部、国家林业局在南京森林警察学院举办全国森林防火规划培训班。国家林业局副局长李树铭要求，要以规划为统领，坚持问题导向，突出重点，将规划任务落到实处，完善森林防火长效机制，全面促进森林防火长远发展，为生态文明建设提供安全保障。

在培训班上，国家森林防火指挥部办公室副主任、国家林业局森林公安局局长王海忠对全国森林防火规划进行了解读。南京森林警察学院党委书记王邱文、校长张高文，国家森林防火指挥部办公室副主任、国家林业局森林公安局副局长张萍参加相关活动。

【学校首获国家社科基金项目立项】 2016 年国家社科基金年度项目已完成受理申报、通讯初评、会议评审、网上公示等程序，经全国哲学社会科学规划领导小组批准，立项课题名单公布，南京森林警察学院 2016 年集中申报项目 9 项，其中，朱明、臧建国两位教授喜获立项；周楠老师申报的“含纤维、泡沫铝复合结构在破片和冲击波联合作用下失效机理研究”和彭徐剑老师申报的“基于时间序列的森林火灾对土壤真菌干扰机制研究”获得立项，立项数与批准经费在公安院校和公安部所属事业单位中排名第一。这是南京森林警察学院首次获得该类项目的立项。

【完善微信微博新媒体宣传平台】 2016 年，为进一步加强对外宣传工作，树立办学的良好形象，南京森林警察学院两微（官方微信公众平台、官方微博）粉丝数平稳增加，截至 12 月底近 30 000 人。微博发布 367 条，微信推送 220 条，单条推送阅读量超过万次的有 13 条，浏览量最高的毕业献歌《一次就好》阅读数破 70 000 人次。精心策划制作发布毕业短片、招生短片，H5 声画推送等形式新颖的传播形式，受到广大在校师生和社会各界的好评。与国家林业局官方微信及微博、国家林业局森林公安局官方微信“中国森林公安”、公安部官方微博“公安部打四黑除四害”、江苏教育发布等形成良好的联合宣传关系，进一步扩大社会影响力。

【师资队伍建设】 2016 年，学院以能力建设为核心，以优化结构为主线，积极推进师资队伍建设。引进专任教师 27 人，其中博士 6 人，硕士 20 人；教师培养方面，22 人晋升高级职称，其中正高 10 人，副高 12 人，17 人参加公安业务实践，提升了公安专业化教育能力。

【毕业生就业工作】 2016 年，学院采取多种措施，统筹兼顾，提升毕业生就业能力，努力为现代林业建设事业输送高素质的建设者和保卫者。建立了一支精干、高效、专业的就业辅导队伍（包括公务员考试辅导团队），开设了有关就业技能、技巧以及公务员考试的必（选）修课程和活动，对学生进行公务员考试培训辅导及应试就业技能、求职技巧方面的培训。截至 12 月底，2016 届 1087 名毕业生中已就业 1044 名（其中升学 10 人），就业率 96.04%。

（南京森林警察学院由夏桂林供稿）

林业对外开放

16

林业重要外事活动

【张建龙出席第一次中国－中东欧国家林业合作高级别会议】 5月24日，第一次中国－中东欧国家林业合作高级别会议在斯洛文尼亚首都卢布尔雅那召开。中国国家林业局局长张建龙、斯洛文尼亚副总理兼农业、林业和食品部部长戴阳·日丹以及来自阿尔巴尼亚、保加利亚等中东欧国家林业主管部门的高级别代表出席了会议。会议讨论通过了《中国－中东欧国家林业合作协调机制行动计划》，同意每两年召开一次高级别会议，在斯洛文尼亚农业、林业和食品部设立执行协调机构，建立“16＋1”联络小组，并决定在2016～2017年以绿色发展为导向，通过网站建设、市场推广、人员交流、调研研讨、能力建设等活动，加强林业政策协调，深化林业经贸合作，推动林业科技交流。同期，双方协会组织企业召开了“16＋1”林业产业工商与投资研讨会，张建龙和戴阳·日丹共同见证中国大自然家居控股有限公司与斯洛文尼亚林业企业签署战略合作协议。

访斯期间，张建龙和戴阳·日丹还就落实中斯林业合作谅解备忘录、建立两国林业合作长效机制举行了双边会谈，并在卢布尔雅那种下一株珍稀树种珙桐，象征中斯林业合作永续发展，并寓意中国－中东欧国家林业合作协调机制取得丰硕成果。（王　骅）

【张建龙出席中国－俄罗斯第八次林业工作组会议暨投资政策论坛】 5月27日，中俄林业工作组第八次会议暨投资政策论坛在俄罗斯首都莫斯科召开。中国国家林业局局长张建龙、俄罗斯林务局局长瓦连基克出席会议。双方高度评价了两国在林业投资贸易、森林防火、生态保护、打击木材非法采伐和相关贸易、林业科研教育等领域的交流与合作，愿意进一步加强政策对话，推动生态保护务实合作，激发双边贸易和投资活力，并决定于年内重新签署《中俄林业合作谅解备忘录》，指导新时期中俄林业合作。

访俄期间，张建龙局长还专程赴中俄托木斯克木材工贸合作区进行了调研。该合作区是在《中俄森林资源合作开发与利用总体规划》框架下首个取得实质性进展的大型国家级境外林业经济贸易合作区项目。在国家林业局和商务部等部委支持下，项目主体工程建设和设备安装已基本完成，为当地提供了2000余个就业岗位。项目建成后，年采伐和加工木材将达到450万立方米，总投资13亿美元。（王　骅）

【张建龙受邀出席中非共和国新任总统就职仪式】 3月30日，中非共和国新任总统福斯坦－阿尔尚热·图瓦德拉在首都班吉宣誓就职，习近平主席特使、国家林业局局长张建龙受邀出席就职仪式。3月31日，福斯坦－阿尔尚热·图瓦德拉在班吉会见了张建龙。图瓦德拉对习近平主席派特使出席总统就职仪式表示衷心感谢，并向习主席表达良好祝愿。图瓦德拉说，他担任总理期间，中国政府积极回应中非共和国的合作需求，双方开展多项合作。就任总统后，他愿与中国一道，重启两国间因战乱中断的合作项目，探索新的合作空间，推动双边关系不断发展。张建龙向图瓦德拉转达了习主席对其担任中非共和国总统的热烈祝贺并指出，中非共和国是中国在非洲的重要合作伙伴，中国愿与中非共和国增进了解和友谊，促进两国间各领域友好合作。双方一致同意，继续深化两国政治互信，加强互利合作，密切人文交流，共同推进落实中非合作论坛约翰内斯堡峰会成果，促进双边关系不断迈上新台阶。（徐　欣）

【张建龙会见参加中国－东盟林业合作论坛的部级代表并签署林业合作协议】 9月12日，2016中国－东盟林业合作论坛期间，张建龙局长分别会见柬埔寨农林渔业部林业局局长程金生、越南农业与农村发展部副部长何功俊、老挝农林部副部长冯玛尼·统帕、马来西亚自然资源与环境部副部长哈明·萨穆里，并分别与柬埔寨、越南签署了双边林业合作协议。（余　跃）

【欧盟环境委员卡梅努·维拉访华】 11月23日，国家林业局局长张建龙在北京会见了欧盟环境委员卡梅努·维拉一行。双方回顾了中欧在打击野生动物非法贸易、非法采伐和防治荒漠化等方面的合作，并就深化下一步合作交换了意见。

张建龙介绍了中方打击野生动植物和木材非法交易的有关情况，特别是中国在象牙贸易管理方面的政策。他说，很高兴中欧在打击非法采伐、野生动植物非法贸易和防治荒漠化方面等涉林重大议题上的立场基本一致，希望继续加强与欧盟在上述领域的合作。

维拉赞赏中方在野生动植物保护和打击非法采伐方面取得的成就。他表示，双方在林业领域的合作进展顺利，希望在深化现有合作的基础上进一步扩大合作领域。（廖　菁）

【尼泊尔森林与土壤保护部部长萨普科塔访华】 1月12～16日，经国务院批准，应国家林业局邀请，尼泊尔森林与土壤保护部部长萨普科塔率尼代表团访华。1月13日上午，中尼第四次林业工作组会议在国家林业局召开。双方商议了野生动物保护、CITES履约、亚洲犀牛保护、气候变化、绿色走廊项目、林业产业等领域的合作，并商定第五次林业工作组会议于2017年在尼泊尔召开。张建龙于1月13日下午会见了萨普科塔一行。双方高度评价了中尼两国近年来持续且富有成效的合作，总结了第四次林业工作组会议成果，就共同关心的问题交换了意见，表示双方应继续深化交流，推动合作。（余　跃）

【蒙古环境、绿色发展与旅游部部长巴特策尔格访华】

2月26日，张建龙在北京会见了蒙古环境、绿色发展与旅游部部长巴特策尔格一行。双方就建立小型植物园、野生动植物保护、荒漠化防治等共同关心的问题进行了商谈，并于会后签署了新的中蒙林业合作谅解备忘录。（余　跃）

【埃塞俄比亚环境、林业与气候变化部长希费劳访华】 3月8～17日，经国务院批准，应国家林业局邀请，埃塞俄比亚环境、林业与气候变化部长希费劳率团访华。3月14日，国家林业局局长张建龙在北京会见了希费劳一行。双方就森林经营与恢复、林业应对气候变化、竹藤资源开发利用、林业产业发展等共同关心的问题深入交换了意见，并表示愿意进一步加强在林业领域的合作，商签两国林业交流协议。（余　跃）

【联合国粮农组织新任驻华代表马文森来访】 12月16日，国家林业局副局长彭有冬在北京会见了联合国粮农组织(FAO)新任驻华代表马文森一行，双方就加强在林业领域的合作交换了意见。

彭有冬对马文森来华就职表示欢迎，感谢粮农组织长期以来对中国林业发展给予的支持和帮助。他表示，国家林业局愿意在双方已有的良好合作基础上，继续加强在森林可持续经营、林权制度改革、林业应对气候变化等方面的合作。

马文森表示，国家林业局是粮农组织驻华代表处的重要合作伙伴。他希望双方未来能在防治野生动物疫源疫病、林业应对气候变化等方面开展更多新的项目合作。（廖　菁）

【英国大臣安德里亚·利德索姆访华】 11月14日，国家森林防火指挥部专职副总指挥杜永胜在北京会见了英国环境、食品和农村事务部大臣安德里亚·利德索姆女士一行。杜永胜副总指挥向外宾介绍了中方打击野生动植物非法交易的有关情况，特别是中国在象牙贸易管控方面的新举措，并表示愿与英方一道，推动相关国际合作。利德索姆女士赞赏了中方在打击野生动植物非法交易方面所做的工作和努力。

双方就打击野生动物非法交易河内会议和两国象牙贸易政策交换了意见，探讨了下一步中英在野生动物保护领域的合作事宜。双方同意在非洲物种分布国的支持下，中英两国将于2017年在非洲共同举办执法培训项目，帮助分布国提高执法能力，提升物种识别和物种保护等方面的水平。（廖　菁）

【芬兰农业和环境部部长率团访华】 应国家林业局邀请，芬兰农业和环境部部长凯莫·蒂卡宁于3月21～25日率团访华。在华期间，国家林业局局长张建龙在北京会见了代表团一行，与芬方就中芬林业双边合作、林业产业合作、大熊猫科研合作等议题交换了意见。国家林业局总工程师封加平与蒂卡宁共同出席了中芬木业高峰论坛，并在开幕式上致辞。（王　骅）

【德国联邦议院预算委员会代表团访华】 应国家林业局邀请，德国联邦议院预算委员会议员卡尤斯·凯撒于8月19～24日率团访华。在华期间，国家林业局党组成员谭光明在北京会见了代表团一行。双方围绕多功能林业、森林可持续经营、林业应对气候变化、林业教育科研等议题进行了广泛交流，并一致认为中德林业合作历史悠久、机制健全、成果丰硕，将继续通过中德林业工作组机制，推动中德林业部门间的务实合作。

（王　骅）

林业对外交流与合作

【2016年中国－东盟林业合作论坛】 9月11～12日，由国家林业局和广西壮族自治区政府主办，国家林业局国际合作司和广西林业厅承办的中国—东盟林业合作论坛在广西南宁开幕。此次论坛以“维护森林生态安全，提高国民福祉”为主题，来自中国和老挝、越南、马来西亚等7个东盟国家林业主管部门的部长及高官和中国各省(区、市)林业部门负责人及国际机构和企业的嘉宾代表共约200人出席。国家林业局副局长陈凤学主持，国家林业局局长张建龙作主旨讲话，广西壮族自治区政府副主席张秀隆致辞，国家林业局总经济师张鸿文出席，参会东盟各国代表分别作了国别发言并参加了专题研讨。

论坛通过了《中国—东盟林业合作南宁倡议》。《倡议》重点明确了中国与东盟各国将加强五方面的交流与合作，即：促进发挥林业在减缓和适应气候变化中的重要作用；深化林业产业和相关贸易合作，提升林产品贸易额，促进林产品和木材合法性互认等；加强林业科技合作与交流，促进科技和学术人员等交流互访，提升林业科技创新能力；加强野生动植物保护方面合作，加强林业灾害联防和合作，开展边境林火联防、林木种苗和林产品检疫等方面合作。同意进一步完善中国与东盟各国林业合作机制，利用中国－东盟博览会平台，每4年举办一次“中国－东盟林业合作论坛”。（廖　菁）

【国家林业局参与第八轮中美战略与经济对话活动】 第八轮中美战略与经济对话于6月6～7日在北京举行。张建龙出席6日在钓鱼台国宾馆举行的开幕式，并于当晚出席欢迎晚宴。会议期间，张建龙还分别与美国副国务卿诺维莉、助理国务卿嘉伯进行了会面，对双方成功举行打击野生动植物非法交易对口磋商表示肯定，对美方出席中方主办的野生动物保护摄影展表示感谢。

6月7日，在国务委员杨洁篪和美国国务卿克里共同主持的大范围会谈中，张建龙代表中方对中美合作打击野生动植物非法交易作了发言。他介绍了中方在完善法律法规、强化执法监管、开展宣传教育、拓展国际合作方面取得的进展和成效。他表示希望中美双方在象牙贸易管控政策方面继续保持相向而行，出台具体而明确的实际措施，共同落实好两国元首会晤成果。双方应继续在国际公约框架下，加强资源国、中转国和目的国的国际合作，强化源头保护，加大执法合作。他重申中美双方对共建中国园项目的承诺，强调双方努力确保在2016年10月30日前开工建设。

第八轮中美战略与经济对话期间，国家林业局协同外交部、公安部、农业部、商务部、海关总署等单位与美方在打击野生动植物非法交易问题举行了第四次对口磋商。磋商达成共识列入此轮对话成果清单。

此外，此轮对话成果中，双方在中国园项目、自然保护、打击木材非法采伐、森林健康经营、亚太森林组织发展等方面达成多项共识。（刘　昕）

【中美元首杭州会晤成果强调加强打击野生动植物非法交易和中国园项目合作】 G20峰会期间，中国国家主席习近平和美国总统奥巴马于9月3日在杭州举行双边会晤。会晤成果中，双方共同强调加强打击野生动植物非法交易合作的重要性，重申2015年习近平访美期间和第八轮中美战略与经济对话关于打击野生动植物非法交易做出的承诺。双方将继续加强象牙贸易管控，开展执法交流与合作，打击非法野生动植物网上交易，鼓励在国际公约准则下开展与其他国家合作，综合施策，全面打击野生动植物非法交易。

根据中美战略与经济对话达成的成果，中方继停止非洲象牙雕刻品进口、象牙狩猎纪念物进口和CITES公约前所获象牙及其制品进口后，在2016年年底前公布停止国内象牙商业性贸易的时间表。

中美元首会晤成果中，还重申对中美共建中国园项目的支持。双方于2016年10月30日前在华盛顿举行开工建设仪式。（刘　昕）

【第一次中国－阿根廷林业工作组会议和中国－秘鲁第一次林业工作组会议】 4月20～28日，国家林业局总经济师张鸿文率中国林业代表团参加了第一次中阿林业工作组会议和中秘第一次林业工作组会议。4月22日，第一次中国－阿根廷林业工作组会议在阿根廷首都布宜诺斯艾利斯举行。双方就林业政策、森林可持续经营、林业产业、林业有害生物防治和竹藤资源加工利用等议题进行了深入探讨，并在提升森林培育合作水平、强化森林资源保护、竹藤加工利用等方面合作达成共识。访问期间，张鸿文还拜会了阿根廷环境与可持续发展部主管环境政策、气候变化和可持续发展的国务秘书莫雷诺先生，双方同意在荒漠化防治、湿地保护、林业应对气候变化等领域加强合作交流。代表团参观了布宜诺斯艾利斯市老虎洲（Tigre）杨树人工造林项目。4月26日，第一次中国－秘鲁林业工作组会议在秘鲁首都利马举行，双方商定将进一步加强在造林与生态恢复、森林可持续经营、野生动植物保护、湿地资源保护与利用、荒漠化防治、林业应对气候变化、林业法律法规、林业产业、森林认证、森林资源清查领域开展合作。代表团还参访了普卡尔帕巴克斯啤酒厂的可持续造林项目、乌卡亚利河两岸的锯材加工企业。（徐　欣）

【与新西兰签署合作协议并召开中澳第十一次林业工作组会议与第三次非采工作组会议】 3月17～24日，国家林业局副局长陈凤学率中国林业代表团访问新西兰、澳大利亚。在新西兰，陈凤学与新西兰资源保护部首席执行官桑逊先生签署了中新候鸟保护协议，并参观了米兰达滨鸟中心、中林集团新西兰公司所属林地。在澳大利亚，代表团与澳农业部共同召开了中澳第十一次林业工作组会议与第三次打击木材非法采伐工作组会议。双方回顾了上次会议以来的合作进展，介绍了本国的林业发展与打击非采现状，并就未来合作领域与方式进行了探讨。（余　跃）

【与加拿大、美国商谈国家公园体制建设与管理合作】 9月14～22日，国家林业局副局长陈凤学率团访问加拿大、美国调研班夫国家公园与黄石国家公园管理。并分别与加拿大国家公园管理局、美国国家公园管理局就加强国家公园体制建设与管理合作进行了座谈。（余　跃）

【中美打击野生动植物非法贸易对口磋商】 于6月6日在北京举行。国家林业局副局长陈凤学与美国助理国务卿嘉伯共同主持了会议。双方回顾第七轮中美战略与经济对话以来，双方落实对话与中美元首联合声明等高层承诺的进展，讨论打击野生动植物非法贸易、加强各层面执法合作、促进私营和公共部门合作等，并提出双方开展下一步合作的建议。同日，“和谐生态·自然精灵——珍稀野生动植物摄影作品暨打击野生动植物非法贸易查没实物巡回展”在中华世纪坛举办。（余　跃）

【第17次中日民间绿化合作委员会会议】 于6月27～29日在贵阳召开。国家林业局国际合作司、外交部亚洲司以及日本外务省、日本林野厅的委员参加了会议。会上再次确认了中日民间绿化合作委员会的重要作用，强调了宣传的重要性，并提及了新注入90亿资金的使用计划。（吴　青）

【第三次中日韩林业司局长会晤】 于9月6～9日在日本举行。国家林业局国际合作司司长苏春雨、韩国山林厅国际合作局局长金荣宽率团参加了会晤。会上就林业政策、林业碳汇、林业应对自然灾害、森林体验休养与疗养、木材贸易和木建筑等议题开展了讨论，决定开展森林疗养、气候变化、森林休养和旅游等领域的研讨会。（吴　青）

【第四次中日韩朱鹮保护研讨会】 于12月12～15日在日本召开，三方有关部门官员和专家就朱鹮繁育、野外放归等问题进行了技术交流。（吴　青）

【中欧森林执法与行政管理双边协调机制（BCM）第七次会议】 于3月15日在北京召开。中国国家林业局、欧盟委员会环境总司分别派代表团出席了会议。双方交流了各自开展打击非法采伐及相关贸易工作的进展情况，充分肯定了2015年取得的合作成果，商讨了2016年工作计划，确定了信息窗建设、指南完善推广、能力建设等6项合作活动。 （王　骅）

【中国－芬兰林业工作组第十九次会议】 于9月1日在芬兰于韦斯屈莱市召开。中国国家林业局、芬兰农业和林业部分别派代表团参加了会议。双方讨论了在森林可持续经营技术引进与示范、生物质能源利用、林业机械化采伐、林业科技合作、林业投资、全球森林政策等方面的合作建议，决定于2017年启动中芬森林可持续经营技术引进与示范应用项目。 （王　骅）

【中美打击非法采伐与相关贸易双边论坛第七次会议】 于11月1日在美国华盛顿举行。美国国务院副国务卿凯瑟琳·诺维莉会见中国代表团，并在会上致辞。会议由中国国家林业局总工程师封加平、美国国务院助理国务卿凯伦·麦克莱兰、美国贸易代表办公室助理贸易代表杰弗里·穆尔共同主持。会上，双方通报了第六次论坛以来中美两国在打击非法采伐和相关贸易方面所取得的进展以及与其他国家和组织的合作情况，就海关数据交换机制、法律法规体系建设和实施、私营部门和民间团体参与等议题交换了意见，并讨论了双边论坛的优先合作领域。中美双方还共同举行了私营部门和民间团体对话。 （王　骅）

【第四次中俄边境地区森林防火联防会晤】 于11月16日在北京举行。国家林业局副局长李树铭和俄罗斯联邦林务局副局长潘非洛夫出席会晤并致辞。会上，中俄双方介绍了自2014年第三次联防会晤以来森林防火联防工作的开展情况，并就如何加强边境火源管理、增设森林防火联防联络站、完善联防机制等进行了充分讨论，达成了多项共识。 （王　骅）

【《中华人民共和国国家林业局和乌拉圭东岸共和国牧农渔业部关于林业合作的谅解备忘录》】 10月18日，在中乌两国元首的共同见证下，国家林业局局长张建龙和乌拉圭东岸共和国牧农渔业部部长阿格雷在北京签署了《中华人民共和国国家林业局和乌拉圭东岸共和国牧农渔业部关于林业合作的谅解备忘录》，决定在平等、互利和相互尊重的基础上开展在森林培育、森林可持续经营、林业投资与林产品贸易、森林资源保护与利用、林业科技研究与开发、林业信息和政策交流等领域的合作交流。 （徐　欣）

【《关于野生动植物和生态系统保护合作的谅解备忘录》】 6月8日，国家林业局局长张建龙与日本环境大臣丸川珠代共同签署了《关于野生动植物和生态系统保护合作的谅解备忘录》。协议商定双方在野生动植物及栖息地保护、濒危物种国际贸易管理、湿地保护和荒漠化和土地退化地区生态系统恢复等领域开展合作。 （吴　青）

【《中华人民共和国国家林业局和俄罗斯联邦林务局关于林业合作的谅解备忘录》】 6月25日，在国家主席习近平和俄罗斯总统普京的共同见证下，国家林业局局长张建龙和俄罗斯联邦林务局局长瓦连基克在北京签署了《中华人民共和国国家林业局和俄罗斯联邦林务局关于林业合作的谅解备忘录》，决定继续通过中俄林业工作组，在平等、友好和互利的基础上发展在林业立法和执法、森林可持续经营、森林监测与森林清查、森林保护与利用、打击木材非法采伐及相关贸易、荒漠化防治、林业投资等领域的科技交流与经济合作。 （王　骅）

【与印尼签署大熊猫合作协议】 8月1日，中印尼副总理级人文交流机制第二次会议期间，在国务院副总理刘延东和印尼人类发展与文化统筹部长布安见证下，国家林业局副局长陈凤学与印尼环境与林业部环境与自然资源司总司长（副部级）塔克瑞·法瑟尼共同签署了中印尼共同推进大熊猫保护合作谅解备忘录。同日，中国野生动物保护协会与印尼野生动物园签署大熊猫合作技术协议。 （余　跃）

【中美共建中国园开工典礼】 于10月28日在美国首都华盛顿国家树木园举行。中国国家林业局局长张建龙、中国园项目中方总执行人江泽慧、中国驻美国大使崔天凯、美国农业部副部长凯瑟琳·沃塔基、美国国务院副国务卿凯瑟琳·诺维莉等中美两国代表共200余人出席典礼。张建龙在开工典礼上表示，中美共建中国园项目自2004年10月正式启动以来，得到了中美两国的高度重视。中国园建设全面启动并顺利推进，将为加强中美文化交流、增进两国人民传统友谊奠定坚实基础，推动两国在文化、林业建设等多个领域更为广泛的交流与合作，推动中美关系步入新的发展阶段。当晚，中国驻美国大使馆隆重举行了中国园晚餐招待会暨文化交流联谊会。 （王　骅）

【中韩合作大熊猫赴韩国并与公众见面】 根据中韩两国领导人共识，2015年3月3日，大熊猫“园欣”“华妮”（韩文名“爱宝”“乐宝”）抵达韩国。中方和韩方分别举行了盛大的欢送和欢迎仪式。中国驻韩大使邱国洪、韩国新世界党国会议员李愚铉以及三星集团的高层出席了韩国的欢迎仪式。4月21日，在韩国爱宝乐园举行了大熊猫馆开馆仪式，国家林业局党组成员谭光明出席仪式并讲话，与韩国韩国文化体育观光部长金钟德、中国驻韩大使邱国洪、韩国环境部次长郑然万、韩中亲善协会会长李世基等共同为大熊猫馆剪彩。 （吴　青）

重要国际会议

【彭有冬出席第三届虎保护亚洲部长级会议】 4月12～14日，第三届虎保护亚洲部长级会议在印度首都新德里召开，来自中国、俄罗斯、印度、印度尼西亚等13个虎分布国的部长及高级官员出席了会议，国家林业局副局长彭有冬率中国代表团参加了此次会议。印度总理莫迪出席了部长会议开幕式并发表了讲话。莫迪高度赞扬各虎分布国为保护全球老虎做出的贡献和努力并强调自然保护与经济发展是相互促进、密切相关的。他还指出，老虎保护的国际合作十分重要，只有各虎分布国与国际社会一道真诚合作，才能实现全球老虎保护目标。

彭有冬在会上发表讲话，介绍了中国政府在野生虎保护、栖息地恢复、周边社区可持续发展和建立老虎自然保护区等方面所采取的措施和取得的成绩。彭有冬高度评价中国与印度、俄罗斯等国在保护野生虎方面开展的积极合作与交流。针对全球野生虎保护面临的形势与挑战，彭有冬提出三点建议，一是要保护好虎景观生态系统的完整性、可持续性和健康发展。二是各国政府高层和国际人士要为保护全球野生虎提供政治支持，国际社会要履行支持虎分布国做好老虎保护的义务。三是要妥善解决野生虎分布区当地社区人民的生计问题。

此次会议最后通过了《全球虎保护新德里宣言》。该《宣言》指出，老虎是旗舰物种和良好生态系统的重要标志，各虎分布国政府和国际社会应认真履行相关承诺，进一步采取措施，相互支持与合作，为保护全球老虎作出新的努力，以实现到2022年全球老虎数量翻一倍的保护目标。 （张忠田）

【刘东生出席CITES第十七届缔约方大会】 9月24日至10月5日，《濒危野生动植物种国际贸易公约》(CITES)第十七届缔约方大会在南非约翰内斯堡开幕。刘东生率领由国家林业局、外交部、农业部、海关总署、中科院、香港渔护署和澳门经济局代表组成的中国政府代表团与会。

此次会议是《公约》签署43年来参加人数和议案规模最大的一次缔约方大会。来自全球170多个国家的政府、200多个政府间和非政府组织的约3000名代表参加会议。会议审议了近120项政策性议题和62项附录修订提案，通过了十余项决议和300多项决定，其中包括中国政府主动提交的两个物种提案和一份决定。会议议题涉及公约财务预算、议事规则、敏感物种、海洋渔业管理、执法与遵约等方面的内容。

刘东生出席了部长级会议并发言，介绍中国在野生动植物保护和履约方面的主要举措，就国际社会共同打击野生动植物非法交易问题提出建议，呼吁充分发挥各国主体作用，加强资源国、中转国和消费国之间的合作，并坚持资源保护与民生发展并重原则。

会议期间，国家林业局还举办了中国履约执法和保护成果展，与世界自然基金会(WWF)和国际野生物贸易研究组织(TRAFFIC)共同举办了边会暨展览开幕式。

（廖 菁）

【杜永胜出席联合国粮农组织第23届林委会】 7月18～22日，联合国粮农组织(FAO)林业委员会第23届会议在意大利罗马召开。会议发布了《2016年世界森林状况》，并围绕森林在维护全球粮食安全、消除饥饿和贫困、减缓和适应气候变化等议题展开了重点讨论。国家森林防火指挥部专职副总指挥杜永胜率领中国代表团出席会议，就有关议题发表意见，传递中国声音。

（廖 菁）

【杜永胜出席第三届打击野生动植物非法贸易国际会议】 11月16～18日，由越南政府主办的第三届打击野生动植物非法贸易会议国际会议在越南河内召开。国家森林防火专职副总指挥杜永胜率团出席会议，并介绍了中国在此方面的工作和成效。

该届会议是在国际社会继续高度关注野生动植物非法贸易、《濒危野生动植物种国际贸易公约》第十七次缔约方大会结束不久的背景下召开的。越南国家副主席、老挝政府副总理、英国剑桥公爵和联合国副秘书长出席会议开幕式，来自47个国家和相关国际组织的200多名代表参加了会议。与会各方回顾了近两年来打击野生动植物非法贸易取得的进展，审议通过了《打击野生动植物非法贸易河内声明》。

会议决定于2018年在英国召开第四届打击野生动植物非法贸易国际会议。 （廖 菁）

【陈凤学出席大森林论坛2016年年会】 4月18～22日，大森林论坛2016年年会在云南西双版纳傣族自治州召开，会议由国家林业局和美国产权与资源组织(RRI)共同举办。此次会议的主题是“国有林改革与绿色增长”，来自美国、巴西、瑞典等10个国家的林业机构领导人和专家代表50余人就气候变化与林业、各国国有林场改革面临的挑战、林业在绿色增长中发挥的作用等议题进行交流讨论。

国家林业局副局长陈凤学出席开幕式并致辞。陈凤学介绍了2015年以来中国政府出台和实施《国有林场改革方案》和《国有林区改革指导意见》，全面推进国有林场改革，推动林业发展模式由以木材生产为主向生态修复和生态服务为主转变等情况，分享了推进国有林场改革、林业绿色发展的经验。会议期间，陈凤学还会见了巴西、加拿大、肯尼亚、瑞典和美国等林业机构负责人并就双边林业合作事宜进行了广泛而深入的交流。

大森林论坛是非官方的国际林业问题高层论坛，自2006年以来已连续举办10届，是全球主要林业国家林业部门负责人交流思想、分享经验的重要国际平台。

（肖望新）

【马拉喀什气候大会开启林业议题谈判新阶段】 《联合国气候变化框架公约》第22次缔约方会议、《京都议定书》第 12 次缔约方会议暨《巴黎协定》第 1 次缔约方于 11 月 7 ~ 18 日在摩洛哥马拉喀什召开。大会的主要任务是落实《巴黎协定》，确定后续谈判计划，推动未来全球应对气候变化行动。

林业一直是国际气候谈判的主要议题之一，备受各方关注。2015 年 12 月巴黎气候大会通过的《巴黎协定》将林业以单独条款的形式纳入协定，奠定了林业在国际气候治理制度中的地位。马拉喀什气候大会初步讨论了《巴黎协定》后续规则及执行细则，包括各国如何提交本国应对气候变化行动相关信息，如何以透明方式报告各国行动结果，如何对各国行动进行综合评估并进一步提高未来各国行动力度等问题，其中都涉及林业相关内容。

马拉喀什气候大会期间还讨论了《京都议定书》第二承诺期土地利用、土地利用变化和林业(LULUCF)核算规则问题，涉及如何用更全面的方法核算林业碳排放或碳吸收、实施林业碳汇项目时如何解决火灾等风险、如何在核算森林碳汇时强化额外性以及清洁发展机制下的碳汇项目中增加新的林业项目类型及相关技术规则等问题，取得了一定进展。

马拉喀什气候大会期间还举办了“森林行动日”活动，各国政府代表、非政府组织和社会团体就林业应对气候变化行动的最佳实践、面临障碍、资金支持和公众意识及能力建设等进行了交流和研讨。 (张忠田)

【国际热带木材组织第 52 届理事会选出新执行主任】 11 月 7 ~ 12 日，国际热带木材组织(以下简称 ITTO)第 52 届理事会在日本横滨召开并选出新执行主任。国家林业局国际司与商务部国际司共同组团参会。

上任 ITTO 执行主任泽梅卡(喀麦隆籍)已于 2015 年 11 月届满离任。在前两届 ITTO 理事会期间，由于巴西和欧盟为各自推荐的人选争执不下，理事会未能成功选举产生新的执行主任。因此，执行主任选举成为该届理事会最受关注的议题。此次共有来自美国、德国、马来西亚、印度尼西亚、瑞典和巴西的 6 位候选人参加执行主任职位角逐，其中德候选人曾参加前两届选举，具有在国际组织多年从事管理工作的经验，筹资能力和专业能力较强。在选举前期协商未取得一致的情况下，理事会进行了两轮投票后，德候选人在候选人中确立了绝对优势。经过进一步磋商，理事会各成员国一致同意由德候选人 Gehard Dieterle 担任 ITTO 新任执行主任。

该届理事会还任命了 ITTO 第 53 届理事会主席及副主席人选。根据惯例，理事会主席由现任副主席的产生国代表加纳籍人员担任。经消费国集团推荐，副主席拟由中方人选担任。经商商务部，国家林业局国际司处长张忠田将担任 ITTO 第 53 届理事会副主席。

(廖　菁)

林业民间国际合作与交流

【综　述】 2016 年，林业民间国际合作与交流继续本着服务林业、服务外交、支持“一带一路”的原则，紧密围绕国内林业需求和林业国际热点问题开展工作。积极配合国家林业局重点工作，圆满完成了陪同国家林业局局长张建龙作为习近平主席特使出席中非共和国总统就职典礼、组织举办大森林论坛 2016 年年会、参与举办“世界防治荒漠化日纪念活动暨‘一带一路’共同行动高级别对话”等重大外事任务，深化了中外林业高层往来和友好关系，提升了中国林业的国际影响力。继续组织参与联合国森林论坛谈判工作，推动全球森林治理，认真履行《国际森林文书》示范单位建设，推动示范单位经验和成就走向国际。全年共落实多双边合作项目 70 多个，累计资金超过 1 亿元人民币，为推动林业和生态建设作出了积极的贡献。 (孙念军)

【吴志民连任联合国森林论坛主席团副主席】 在 4 月召开的联合国森林论坛(UNFF)第十二届一次会议上，经联合国亚太集团提名，国家林业局对外合作项目中心常务副主任吴志民连任 UNFF 第十二届主席团副主席。根据联合国经济及社会理事会《关于 2015 年后国际森林安排的决议》，在 UNFF 第十二届主席团任内，UNFF 将谈判拟定《联合国森林战略规划(2017 ~ 2030 年)》，提交联合国大会审议通过。该战略规划将是首次以联合国名义发布的森林发展战略，体现了国际社会对林业发展的高度重视。在此重要阶段，中方代表连任 UNFF 主席团副主席彰显了中国林业的国际影响力，为中国继续深度参与新的全球森林治理体系顶层设计创造了有利条件。

(蒋英文)

【《关于加强履行〈联合国森林文书〉示范单位建设的指导意见》】 为推动中国履行《联合国森林文书》工作，2012 年 5 月，国家林业局根据不同森林类型、权属和经济发展水平等因素，在全国范围内确定了首批 12 个履行《联合国森林文书》示范单位。2016 年 1 月，国家林业局发布《关于履行〈联合国森林文书〉示范单位建设指导意见》，对示范单位建设的基本原则、建设目标、建设内容等方面提出指导意见。《意见》提出示范单位将按照《联合国森林文书》的基本要求，通过合理规划、科学经营，探索建立森林可持续经营的政策、技术和保障体系，总结不同类型森林的可持续经营模式，搭建森林可持续经营经验分享平台和最佳实践的展示窗口，建设科技支撑能力强、辐射带动效果好、具有国际意义的履行《联合国森林文书》试验示范基地。 (蒋英文)

【履行《联合国森林文书》示范单位建设工作会议】 国家林业局对外合作项目中心会同造林司、资源司于 2016 年 12 月 14 ~ 15 日在四川省成都市举办了履行《联合国森林文书》示范单位建设工作会议。国家林业局有关司局和直属单位、相关省(区、市)林业厅(局)和示范单位的代表出席了会议。会议重点讨论了履行《联合国森林文书》示范单位建设方案、总体思路和重点工作，交流了示范单位在履行《联合国森林文书》、开展森林可持续经营和管理方面的经验。与会代表一致认为加强示范单位建设工作有利于传播中国林业发展理念，讲好中国故事；同时借鉴国外林业先进理念和技术模式，推动中国林业改革与发展。会上，履行《联合国森林文书》示范单位建设专家组15位成员接受了国家林业局颁发的专家聘书。（蒋英文）

【大森林论坛2016年年会】 由国家林业局和美国产权与资源机构共同主办的“大森林论坛2016年年会”于4月20日在云南省西双版纳傣族自治州举行，来自美国、巴西、瑞典、刚果(金)等10个国家的林业机构领导人及专家代表50余人出席会议。会议围绕林业改革、产权明晰、未来发展等议题进行了广泛的讨论和经验交流，国家林业局副局长陈凤学出席开幕式并致辞。会议期间，陈凤学还会见了巴西、加拿大、肯尼亚、瑞典、美国等国林业机构负责人并就加强双边林业合作事宜进行了广泛而深入的交流。（郭琦富）

【陈凤学在荷兰会见湿地国际主席】 5月24日，国家林业局副局长陈凤学在荷兰瓦格宁根会见了湿地国际主席安德鲁·万德赞先生和首席执行官珍妮·玛德维克女士。双方就中国湿地保护、河流治理、泥炭地保护等交换了意见并签署了《中华人民共和国国家林业局和湿地国际关于湿地保护和可持续发展五年合作框架协议》。随后，陈凤学一行赴英国访问了英国野禽及湿地基金会和英国乡村发展与环境部。（王　智）

【国家林业局与世界自然保护联盟(IUCN)2016年年会】 于6月30日在北京举行。国家林业局有关司局、直属单位、相关省(区)林业厅以及世界自然保护联盟驻华代表处的代表参加了会议。会议回顾了上一年度合作项目执行情况，商定了2016/2017年度合作项目，形成了《国家林业局与世界自然保护联盟2016/2017年度合作备忘录》。根据《备忘录》内容，2016/2017年度，双方将在森林景观恢复、森林可持续经营、国家公园体制建设、国际林业热点研究等领域开展11个合作项目，涉及资金约476万元人民币。（王　智）

【国家林业局与湿地国际2016年年会】 于7月15日在北京举行。国家林业局对外合作项目中心、湿地保护管理中心以及宁夏、河北等有关省(区)林业厅(局)和湿地国际-中国办事处的代表参加了会议。与会双方回顾了上一年度合作项目的执行情况，并拟定了2016/2017年的合作项目计划。根据会议纪要，2016/2017年双方将共同开展5个合作项目。（王　智）

【国家林业局与保护国际基金会(CI)2016年年会】 于7月29日在北京举行。国家林业局有关司局、直属单位、相关省(区)林业厅以及保护国际基金会北京代表处的代表参加了会议。会议回顾了上一年度合作项目执行情况，商定了2016/2017年度合作项目，形成了《国家林业局与保护国际基金会2016/2017年度合作备忘录》。根据《备忘录》，2016/2017年度，双方将在淡水保护、林业应对气候变化、社区保护与发展、生物多样性保护等领域开展项目合作，预算投入资金约1274万元人民币。（荣林云）

【国家林业局与野生生物保护学会(WCS)2016年年会】 于9月13日在北京举行。国家林业局有关司局、直属单位、相关省(区)林业厅以及野生生物保护学会项目办公室的代表参加了会议。会议回顾了上一年度合作项目执行情况，商定了2016/2017年度合作项目，形成了《国家林业局与野生生物保护学会2016/2017年度合作备忘录》。根据《备忘录》，2016/2017年度，双方将在野生东北虎及其栖息地保护、青藏高原野生动物保护、野生动物贸易控制管理及野生动植物保护宣传等领域开展项目合作，预计投入资金约455万元人民币。（王　智）

【国家林业局与世界自然基金会(WWF)2016年年会】 于9月27日在北京召开，来自国家林业局有关司局、直属单位及有关省(区)林业厅(局)以及世界自然基金会的50多位代表参加了会议。会议回顾了上一年度合作项目执行情况，商定了2016/2017年度合作项目，形成了《国家林业局与世界自然基金会2016/2017年度合作备忘录》。根据《备忘录》，2016/2017年度，国家林业局将与世界自然基金会在湿地保护与管理、野生动植物保护、森林保护与森林可持续经营等多个领域开展合作项目，世界自然基金会预算投入资金约1274万元人民。（王　智）

【国家林业局与大自然保护协会(TNC)2016年年会】 于10月21日在北京举行。国家林业局有关司局、直属单位、相关省(区)林业厅以及大自然保护协会北京代表处的代表参加了会议。会议回顾了上一年度合作项目执行情况，商定了2016/2017年度合作项目，形成了《国家林业局与大自然保护协会2016/2017年度合作备忘录》。根据《备忘录》，2016/2017年度，双方将在自然保护与生态修复、气候变化与林业、林产品贸易与海外投资等领域开展项目合作，预计投入资金约2137万元人民币。（荣林云）

【张永利率团出席第六届世界自然保护大会】 9月1～10日，世界自然保护联盟(IUCN)第六届世界自然保护大会在美国夏威夷召开。来自世界各地的国家及政府机构、非政府组织、科研院所的代表和专家学者共11 000余人参加了大会。此次大会的主题是“处于十字路口的地球”，倡导加强合作，共同实现维护全球自然生态健康的目标。国家林业局副局长张永利率由外交部、环保部、住建部、国家林业局等部门成员共同组成的政府代表团及由国家林业局相关司局、直属单位和社会团体组成的业务代表团出席了此次大会。中国IUCN会员单位和相关民间团体、行业协会、大学院校、科研院所的代表以及专家学者100余人也参加了大会不同的活动。

会议期间，代表团根据与会原则立场、对案及工作重点，积极宣传生态文明建设理念和成就，学习交流先进技术和经验，参与国际技术标准及规则的研究制定，在涉华重大议题上坚决维护国家利益，支持章新胜成功连任 IUCN 主席，圆满完成了各项参会任务。

（荣林云）

【彭有冬出席国家林业局与国际非政府组织 2016 年度座谈会】 12 月 8 日，国家林业局副局长彭有冬出席国家林业局与国际非政府组织 2016 年度座谈会并作讲话。国家林业局造林司、资源司、保护司等 22 个司局及直属单位代表和世界自然基金会、世界自然保护联盟、大自然保护协会等 16 个国际非政府组织代表共 50 余人出席了座谈会。座谈会总结了中国林业部门与国际非政府组织 2016 年的合作情况，并就 2017 年合作重点进行了磋商。年度座谈会是国家林业局相关单位与国际非政府组织加强交流、促进沟通、增进了解的一个重要平台，为进一步加强双方合作、提高合作成效发挥了积极作用。

（王　智）

【中日民间绿化合作 2016 年工作年会】 于 2 月 23 ~ 27 日在日本东京举行。国家林业局对外合作项目中心副主任刘立军与日中绿化交流基金事务局局长梶谷辰哉共同主持了工作年会。会议期间，双方就中日民间绿化合作委员会第十七次会议议题交换了意见，并就项目年度检查、森林档案编制等情况进行了沟通。年会就推动项目可持续发展，进一步深化中日民间绿化合作达成共识。

（郭潇潇）

【中日民间绿化合作委员会第十七次会议】 于 6 月 27 ~ 29 日在中国贵州举行。会议由国家林业局国际合作司副司长章红燕与日本外务省亚洲大洋洲局审议官垂秀夫共同主持。会议回顾了中日民间绿化合作 2015 年度项目执行情况、项目检查结果、资金使用情况，审议通过了 2016 年度项目实施方案和重点领域。会上，国家林业局对外合作项目中心副主任刘立军向委员会报告了一年来中方的重点工作情况，会议对中方的工作给予了积极评价。根据中日两国政府签署的换文，委员会成员单位国家林业局国际合作司、外交部亚洲司与日本外务省亚洲大洋洲局、林野厅森林整备部派代表出席会议，国家林业局对外合作项目中心和日本日中绿化交流基金事务局代表列席会议。

（许强兴）

【中日民间绿化合作 2016 年度新项目磋商会】 应日中绿化交流基金事务局局长梶谷辰哉的邀请，国家林业局对外合作项目中心副主任刘立军一行于 8 月 23 ~ 27 日访问了日本。访日期间，刘立军和梶谷辰哉共同主持了中日民间绿化合作 2016 年新项目磋商会。双方就 2016 年度新项目实施的有关情况交换了意见。会后，代表团还拜会了日本林野厅和日本主要林业民间机构。

（徐映雪）

【组织参加俄罗斯国际青少年林业比赛】 第 13 届俄罗斯国际青少年林业大赛于 9 月 3 ~ 9 日在圣彼得堡市彼得宫城举行。来自 27 个国家林业技术和综合院校 14 ~ 22 岁的 45 名学生参加了大赛。国家林业局对外合作项目中心和中国生态文化协会共同组织中国林业院校大学生参赛，展示了中国林业大学生的良好形象。评委对参赛学生的表现给予了积极的评价。俄罗斯联邦林务局副局长潘费洛夫、圣彼得堡州副州长博达列恩柯、国家杜马代表库兹民、联合国粮农组织欧洲经济委员会林业主任米哈拉克、俄罗斯林学会理事长比萨连柯出席了大赛闭幕式。俄罗斯联邦林务局从 2014 年开始举办国际青少年林业大赛。大赛的目的是促进不同参赛国家青少年交流，分享林业生态知识和实践经验，提升国际社会保护生态意识。从 2015 年开始，该比赛升格为由俄罗斯联邦政府主办、俄罗斯联邦林务局承办。（许强兴）

【中日民间绿化合作项目管理工作会议】 于 9 月 20 ~ 22 日在陕西西安召开。国家林业局对外合作项目中心副主任刘立军、中国青年国际交流中心副主任洪桂梅、日中绿化交流基金事务局局长梶谷辰哉和来自全国相关省份林业、青联、环保、对外友协、工会等项目实施单位的负责同志共 120 名代表参加了此次会议。会议主题是中日民间绿化合作项目可持续发展。与会代表围绕主题总结了经验，研究了问题，探讨了对策。会议期间，与会代表参观了富平县项目建设情况。（徐映雪）

【中瑞合作斯凯孚（SKF）辽宁造林项目竣工总结暨交接仪式】 于 9 月 28 日在沈阳举行，国家林业局对外合作项目中心副主任刘立军、辽宁省林业厅副厅长武兰义、斯凯孚中国区副总裁兼首席财务官潘义林、辽宁省阜新县和岫岩县的代表等共 20 多人出席了交接仪式。交接仪式上，与会各方回顾了造林项目 5 年来所走过的历程以及取得的成果。斯凯孚中国区副总裁兼首席财务官潘义林与辽宁省林业厅副厅长武兰义签署了项目交接书，正式将斯凯孚造林项目及资产的管理移交给辽宁省林业厅。

中瑞合作斯凯孚造林项目启动于 2010 年 5 月中瑞建交 60 周年系列纪念活动之际斯凯孚与国家林业局对外合作项目中心签署的《林业合作框架协议》。5 年间，斯凯孚集团共实际投入人民币 1370.8 万元，中方配套人民币 374 万元，共同支持斯凯孚造林项目分别在辽宁省的阜新和岫岩两地共完成造林 935 公顷，项目造林的平均保存率超过了 90%。

（汪国中）

【林业援外人力资源开发合作"十三五"规划正式发布】 9 月 28 日，经国家林业局领导批准，国家林业局对外合作项目中心发布林业援外人力资源开发"十三五"规划。根据规划，"十三五"期间，林业援外培训要围绕服务中国外交大局和林业建设全局，结合发展中国家的实际需求，开发各类林业研修项目，为发展中国家培养林业人才；对外传播中国林业发展理念和成功模式，推进中国林业融入全球林业治理体系进程；释疑解惑，正面宣传涉华林业热点敏感问题；加快中国林业产业"走出去"步伐。

（汪国中）

【新年度小渊基金合作项目获得批准】 在国家林业局积极努力下，10 月 8 日，新年度小渊基金项目日方正式批准 52 个（包括延续项目 41 个、新项目 11 个），争取日方资金 5 亿日元。项目区涉及中国 19 个省份，荒漠化防治成为小渊基金合作重点领域。（徐映雪）

【中澳林业产业投资与贸易洽谈会】 于 10 月 11 ~ 13 日

在澳大利亚悉尼召开，共有来自中澳两国政府主管部门、林业有关协会、重点木材企业、营林公司、展览公司的相关人员及专家学者40余名代表参加。与会代表紧紧围绕“一带一路”战略和“中澳自贸协定”签署的大背景，结合两国林产工业发展现状特别是木材加工进出口贸易、林地投资等焦点问题展开了务实交流和对口磋商。大亚科技集团、中林集团、中国国营林场开发总公司、广东润成创展木业有限公司、伟士佳合国际有限公司、澳大利亚新森林木材产品公司(New Forest Timber Products)、昆士兰州汉考克人工林公司(HQ Plantation)、澳大利亚木材进口商联合会公司(Australian Timber Importers Federation Inc.)等两国林业优秀企业负责人出席。与会代表还受邀前往昆士兰州实地调研了汉考克人工林公司的森林培育、采伐作业、育种、防火系统等。洽谈会取得圆满成功，为进一步推进中澳林业产业交流和“海上丝绸之路经济带”林业投资合作发挥重要作用。

此次洽谈会受到澳大利亚农业与水资源部林务局和中国国家林业局对外合作项目中心的指导和大力支持。会议由澳大利亚林业从业者协会会长Rob de Fegely与中国林产工业协会秘书长石峰共同主持。 (汪国中)

【促进法国森林委员会代表团与黑龙江省林业厅对口交流】 5月19日，由法国森林委员会、法国林业企业组成的林业生态与产业发展考察组一行36人赴黑龙江省进行生态产业考察访问，与黑龙江省林业厅进行了对口座谈交流。黑龙江省林业厅党组书记肖建春主持座谈会。国家林业局对外合作项目中心常务副主任吴志民和法国森林委员会主席Francois BACOT(弗朗索瓦拜考特)出席会议。座谈会旨在加深中法两国林业同行的相互了解，分享在森林经营和保护、林业产业发展方面的成功经验，在双方互利共赢的基础上加强中法林业合作，共同打造全球林业信息共享平台。法国在森林经营、生态保护、产业发展等方面处于欧洲领先地位，法国是欧洲向中国出口橡木第一大国，2015年出口到中国的橡木达34万立方米，其先进的管理方式和产业资源可与黑龙江省共享。 (汪国中)

【国际森林疗养、康养研讨会】 于11月1日在湖南省长沙市举行。此次研讨会的主要任务是，配合中国林业现代化建设和“十三五”林业发展规划，学习借鉴国际森林疗养理念，结合中国养老改革探索，推动国际森林疗养理念在中国的发展，探讨适合中国国情、林情的森林康养模式，引领森林疗养、康养产业健康可持续发展。国家林业局对外合作项目中心副主任刘立军出席会议并讲话。会上，湖南省林业厅、四川省林业厅、贵州省林业厅、黑龙江省林业厅、北京市园林绿化局等单位介绍了开展森林疗养、康养试点工作进展情况。会议期间，全体会议代表现场调研了湖南未名青羊湖国际森林康养中心。

此次研讨会由国家林业局对外合作项目中心主办，湖南省林业厅承办。来自国家林业局对外合作项目中心、中国保健协会机构养老分会、中国林科院和相关省(区、市)林业厅(局)领导和负责同志及北大未名、万达等相关企业代表出席了会议。 (郭潇潇)

【2016年度林业援外培训工作会议】 于11月21～23日在浙江省杭州市召开。来自国家林业局有关司局及直属单位、国家林业局归口管理和地方涉林援外培训实施机构以及有关方面代表共50人参会。国家林业局对外合作项目中心常务副主任吴志民出席会议并讲话。会议总结了中国林业援外培训2016年工作，并结合《林业援外人力资源开发合作“十三五”规划》就2017年工作要点进行了讨论。 (许强兴)

【中日林业治山技术合作交流备忘录签字仪式】 于12月11日在北京举行。国家林业局对外合作项目中心副主任刘立军与日本治山治水协会专务理事津元赖光分别代表双方签字。根据该协议，中日双方将开展林业治山技术交流，加强信息沟通和专家互访。应国家林业局对外合作项目中心邀请，日本治山治水协会专家组于12月7～10日赴四川省治山项目点进行了技术指导。

(徐映雪)

【赴马来西亚和印尼开展林业援外培训专题调研】 为做好林业援外培训顶层设计及“十三五”规划，经国家林业局批准，应印度尼西亚环境和林业部、马来西亚自然资源和环境部的邀请，国家林业局对外合作项目中心副主任刘立军率林业援外培训调研组于12月15～22日访问了印度尼西亚和马来西亚。此次出访的主要任务是调研印尼、马来西亚两国林业援外培训的需求和中国林业援外培训的效果，听取相关主管部门、国家级林业研究机构等对林业援外培训的意见建议，探讨两国开展林业援外培训的重点领域，走访受训学员了解实际效果，调研两国林业资源和产业发展情况。调研组受到印尼环境和林业部、马来西亚自然资源和环境部、中国驻两国使馆经商处的高度关注和大力支持。

调研组先后访问了印尼和马来西亚两国林业部门，与主管国际合作和人力资源培训的相关部门进行了座谈，走访了相关科研机构和企业单位。访问期间，拜访了中国驻印尼和马来西亚使馆经商处。两国使馆经商处对国家林业局重视援外培训工作给予了高度赞赏和评价，并向调研组介绍了相关情况。此次出访，调研组充分感受到了两国相关部门对林业援外培训的期待，取得大量第一手资料，不仅了解到了对方的需求，还加深了与上述两国相关部门的合作关系，更为中国林业援外培训的顶层设计提供了重要依据。 (许强兴)

国际金融组织贷款项目

【国家储备林基地建设推进投融资机制创新】 2016年，国家储备林基地完成建设任务82.43万公顷，其中：中央投资建设国家储备林基地8.33万公顷，开发性、政策性银行贷款建设国家储备林26.71万公顷，速丰林基地47.39万公顷，协调落实中央资金4.5亿元。加大与有关金融机构的协调力度，推进投融资机制创新，取得丰硕成果。国家林业局与国家开发银行、中国农业发展银行等金融机构召开国家储备林建设工作推进会，促进广西、天津、河北等省(区市)利用开发性和政策性贷款建设国家储备林基地。共签订国家开发性和农业政策性贷款授信合同614.58亿元，其中：国家开发银行369.06亿元，中国农业发展银行245.52亿元，已发放贷款124.3亿元。起草《关于加快国家储备林建设的指导意见》，编制《国家储备林建设规划(2016－2030年)》，争取国家储备林政策支持。派出12个调研组35人次，赴15个省份、48个林场和项目单位开展调查研究。组织研究修订7项管理办法，开展3个课题研究，编制2个项目实施方案，制订完成、组织申报4项行业标准。对8个省份44个项目单位开展了国家储备林建设监测核查工作。推进内外资项目融合发展，在国家储备林建设的9个项目单位与WWF合作启动人工林可持续经营项目，借鉴世行项目先进管理经验，初步形成可复制推广的国家储备林建设项目模式机制。

【世行贷款"林业综合发展项目"竣工准备工作】 项目实际完成总投资15.22亿元，占计划总投资的112%，其中世行贷款9909万美元(折合人民币6.23亿元)，占计划贷款总额1亿美元的99%；配套资金8.99亿元，占计划6.80亿元的132%。项目累计完成造林13.23万公顷，其中：多功能人工林9.38万公顷，现有林修复3.85万公顷。项目在中国北方平原沙地、山地丘陵、黄土高原和南方丘陵等生态脆弱地区创新提出并实践了混交造林模型37个，其中：新造多功能混交林模型29个，现有人工林修复模型8个。这将为促进中国林业的可持续发展提供有效的技术支撑。

世界银行结果导向型规划贷款"长江经济带珍稀树种保护与发展项目"列入2017～2019年中国与世行的三年滚动计划。计划总投资7.4亿美元，项目建设期6年，将在国家储备林基地建设(长江流域)的重点省中选择2～3个省，营造多功能人工林8万公顷，改培珍稀树种现有林10万公顷，开展种植材料开发，示范、监测和机构能力建设。世行赠款基金"中国森林可持续经营与融资机制研究"课题获得世行等机构的批准，项目总费用30万美元，执行期为2年。

【欧洲投资银行贷款林业打捆项目启动实施】 2016年3月22日，欧洲投资银行(简称欧投行)贷款林业专项框架打捆项目法律文件正式生效，欧投行贷款1亿欧元，国内配套资金8.9亿元。项目涉及河南、广西、海南三省(区)。主要开展新造林4.5万公顷，现有林改造2.9万公顷，以及森林认证等项目活动。为指导各地系统规范开展项目，举办了欧投行贷款"珍稀优质用材林可持续经营项目"启动暨项目实施管理培训班，15个省105名项目人员参加了培训，全面安排部署了项目实施工作任务，为规范顺利推进项目实施打下了良好基础。

【亚行贷款西北三省(区)林业生态发展项目】 项目已完成经济林造林5.7万公顷，生态林造林0.56万公顷，占计划任务的100%；4个贮藏库全部完成、6个森林公园完成93%的建设任务，提款报账5757.5万美元，赠款报账97.45万美元。编印了项目绩效评价报告，申请了项目中期调整方案，将项目建设期延长至2018年9月31日并获得亚洲开发银行批准同意，项目实体建设进展顺利。新一期申请的"亚洲开发银行贷款生态治理与保护项目"举办培训班，已向国家发改委报送项目申请文件。

【全球环境基金"中国林业可持续管理提高森林应对气候变化能力项目"】 2016年9月，该项目签署转赠协议和项目执行协议，赠款715.3万美元，以世行中心为项目组织实施主体。10月举办了项目启动暨实施管理培训班，编制了《项目管理办法》《项目财务管理办法》，按要求提交了项目第一年工作计划和经费预算安排，项目正式进入实施阶段。

新一期全球环境基金"智慧林业管理和碳市场示范项目"申请工作有新突破。联合世界银行共同编制完成了新一期全球环境基金项目认定文件，拟申请全球环境基金赠款1050万美元，项目识别文件已呈报财政部确认。

(马　黎)

国有林场建设

17

国有林场建设与管理

【综　述】 2016年国有林场建设与管理方面成效显著。一是国有林场扶贫工作取得积极进展，争取中央财政扶贫资金5亿元，出台《国有贫困林场扶贫工作绩效考评办法(试行)》，落实2016年国有林场危旧房改造任务6505户。二是宣传培训工作取得良好效果。联合中国农林水利工会成功举办以“展改革风采，促绿色发展”为主题的2016年“五台山”杯全国国有林场思想政治工作主题演讲大赛；举办三期国有林场场长培训班、两期国有林场改革局长班；联合人社部中国就业培训技术指导中心、中国农林水利工会，组织了“2016年中国技能大赛——全国国有林场职业技能竞赛”；在山西举办了中法国有林管理国际研讨会。三是国有林场森林经营工作统筹推进。支持湖南省攸县黄丰桥国有林场和甘肃省小陇山林业实验局百花林场开展不同森林经营模式示范探索，进一步推动国有林场森林经营方案编制修订工作，总结推广森林经营新模式。（张　静）

【国有林场信息工作】 主流媒体加大了对国有林场改革的宣传力度，新华社、《人民日报》、央广网、《中国绿色时报》及各省主流媒体发布国有林场改革相关报道3000余篇，及时报道了国有林场改革动态，反映了各级领导对国有林场改革工作的关切，提升了社会对国有林场改革的关注度，为国有林场改革创造了良好的舆论氛围。

2016年中国林场信息网新增19个国有林场级用户，国有林场级用户数量超过200个，中国林场信息网面向广大有条件、有意愿的国有林场开放信息报送后台，为国有林场搭建信息宣传的平台，2016年全年信息发布3537条，总点击量546 530次，实现网站开通以来的三联增，涌现出了广西国有三门江林场、湖北省太子山林场管理局等信息发布十佳林场。（张　静）

【国有林场职工演讲比赛】 由国家林业局和中国农林水利工会主办，中国林业职工思想政治工作研究会国有林场分会、国家林业局场圃总站、中国绿色时报社、山西省林业厅共同承办，山西省五台山国有林管理局协办的2016年“五台山杯”国有林场思想政治工作演讲大赛，于7月20～22日在山西省五台山国有林管理局举办。来自23省(区、市)及中国林科院的24个代表队，47名选手参加比赛。内蒙古呼伦贝尔市免渡河林业局的毕延昭等20名选手分获特、一、二、三等奖。

全国国有林场思想政治工作演讲大赛经过两年的培育和打造，已在业内树立了良好的品牌形象，特别是“讲改革、赞改革，展风采、树典型”的演讲形式得到了国有林场广大干部职工的普遍接受和踊跃参与。（张　静）

【启动国有林场备案工作】 为规范国有林场备案程序，按照《中共中央　国务院关于印发〈国有林场改革方案〉和〈国有林区改革指导意见〉的通知》(中发〔2015〕6号)要求和《国有林场备案办法》(林场发〔2015〕120号)规定，2016年印发《国家林业局办公室关于开展国有林场备案工作的通知》(林场发〔2016〕288号)。对已完成国有林场改革验收工作的试点省份启动国有林场备案工作，要求国有林场改革试点省份于2017年6月底前完成全部备案工作。（张　静）

【国有林场森林经营】 主要在森林经营方案实施示范林场建设、国有林场森林经营方案编制和总结推广森林经营新模式方面开展工作。

森林经营方案实施示范林场建设 支持湖南省攸县黄丰桥国有林场和甘肃省小陇山林业实验局百花林场开展不同森林经营模式示范探索，建设杉木大径材培育、国家储备林林下改培、珍稀树种培育、石漠化造林示范样地及栎类阔叶林培育示范林标准地，编写《杉木大径材培育技术指南》《国家储备林林下改培示范模式探讨》和《栎类阔叶林培育示范林建设阶段性总结》。

国有林场森林经营方案编制修订工作 指导各省(区、市)开展国有林场森林经营方案编制修订工作，推动改革先行地区建立以森林经营方案为核心的森林经营管理制度。2430个国有林场完成了森林经营方案的编制和修订，其中辽宁、黑龙江、福建、河南、重庆等省份及中国林科院已经全面完成。

总结推广森林经营新模式 对山西等省国有林场“精细化管理、资产化管护”等森林经营新模式进行总结推广，促进国有林场森林经营机制不断创新。（杜书瀚）

【国有林场职业技能竞赛】 2016年7月10～12日，由国家林业局、中国就业培训技术指导中心和中国农林水利工会主办，甘肃省林业厅承办，甘肃省小陇山林业实验局协办的2016年中国技能大赛在甘肃省小陇山林业实验局百花林场举办。有来自27个省(区、市)及四大森工集团、中国林科院的32个代表队、96名选手参加比赛。大赛以“展示技能风采，激发改革动力”为主题，按照中央关于推进国有林场改革和生态文明建设的要求，围绕中国森林经营的主要核心技能——天然林抚育展开，竞赛内容包括技能操作考核和理论知识考试两部分，其中技能操作考核又包括天然林抚育模拟施工和天然林林分调查两项内容。甘肃省小陇山林业实验局滩歌林场的周小强等30名选手分获一、二、三等奖及个人优秀奖，北京市等12个代表队获得优秀组织奖，上海市等12个代表队获得精神风尚奖。（张　静）

【国有林场投资情况】 国有林场实际收到财政资金217.44亿元，比2015年增加42.7亿元。其中：基本建设投资17.09亿元，主要包括天然林保护2.61亿元，危旧房改造3.48亿元，其他基本建设投资11.00亿元；

财政投入200.35亿元，主要包括机构运行支出51.08亿元，财政专项资金148.94亿元。

按投入级次分：一是中央投入123.58亿元，其中：基本建设投资12.59亿元(主要包括天然林保护2.47亿元，危旧房改造1.69亿元)；财政投入110.99亿元(主要包括天然林保护27.88亿元，森林生态效益补偿17.12亿元，森林培育19.61亿元，国有林场改革补助19.12亿元，林业成品油价格补助16.43亿元)。二是省级投入18.03亿元，其中：基本建设投资3.72亿元，财政投入35.30亿元(其中专项资金28.09亿元)。三是地市级投入18.03亿元，其中：基本建设投资0.15亿元，财政投入17.88亿元。四是县级投入36.81亿元，其中：基本建设投资0.64亿元，财政投入36.17亿元。

截至2016年年底，全国国有林场总资产1731.66亿元，其中：流动资产459.10亿元，非流动资产1272.56亿元(固定资产净值288.73亿元，林木资产747.68亿元)；总负债684.87亿元，其中，流动负债523.84亿元，非流动负债161.03亿元。（张 静）

【国有林场扶贫工作】 2016年落实中央财政国有林场扶贫资金5亿元，较2015年增长0.8亿元。6月30日制订出台《国有贫困林场扶贫工作绩效考评办法(试行)》进一步规范和加强国有贫困林场扶贫工作管理，提高扶贫工作成效。2016年林场扶贫资金支持了28个省的856个国有贫困林场。扶贫资金主要用于支持贫困林场改善生产生活条件、发展生产、人员培训等方面。据统计，2016年林场扶贫项目主要建设内容有：新建和维修改造贫困林场场部、分场、管护站所危旧房面积18.1万平方米，新建、硬化、维修林区生产生活道路916.4千米，新建和维修桥梁2座、涵洞4处，打机井101眼，修建泵房1座、蓄水池27个，铺设输水管道76千米，新建变压器等供电系统13套，新建和改造输电线路248.3千米，场区路面硬化3390平方米；营造经济林272.52公顷，培育珍稀树种171.33公顷，造林及低产林改造860.8公顷，新建设和改造苗圃458.87公顷，发展林下种植业238.67公顷，建设速丰林基地2127公顷；培训林场干部和技术人员340人次。

（杜书翰）

国有林场改革

【综　述】 2016年是国有林场改革发展的攻坚之年，在国家国有林场和国有林区改革工作小组的组织领导和统筹协调下，国家林业局全力推动，牢牢把握“创新、协调、绿色、共享、开放”五大发展理念，紧紧围绕“保生态、保民生”的改革目标，以加快转变国有林场发展方式为主线，以加快批复实施省级改革方案为抓手，以完善配套政策制度为保障，以宣传培训为支撑，突出精准发力，突出督察落实，国有林场改革取得了重要阶段性成果。

一是完成了6省国有林场试点验收工作。会同国家国有林场和国有林区改革工作小组成员单位，组成验收工作组先后对浙江、江西、甘肃、湖南、山东、河北6省的改革试点工作进行了验收，并以《国家发展改革委办公厅　国家林业局办公室关于国有林场改革试点验收工作有关情况的复函》(发改办经体〔2016〕1395号)向6省人民政府反馈了验收报告。总体上看，6省紧紧围绕“保生态、保民生、保稳定”的目标，积极探索，大胆实践，顺利完成了体制改革、机制创新、民生改善等国有林场改革试点任务，坚持了生态公益改革方向，保障改善了民生，创新了发展机制，完善了支持政策，保护了森林资源，赢得了林场干部职工的拥护支持，得到了各级领导和有关部门的好评，为全国国有林场改革积累了宝贵经验。

二是各省改革工作全面展开。截至2016年3月31日，31个省(区、市)的省级改革实施方案全部获得国家批复。截至8月10日，31个省(区、市)全部出台了省级改革实施方案。总体上看，各省方案贯彻了中央6号文件“保生态、保民生”的总体要求，符合各地实际。国有林场改革所涉及的1702个县(市、区)已有近三分之一完成了市县改革实施方案的审批，覆盖了全国1800多个国有林场，占全国4855个国有林场的37%。其中，安徽、福建、贵州、北京、宁夏、湖北、辽宁7省已基本完成市县改革实施方案审批。

三是改革配套政策陆续出台。国家层面，中央财政已累计落实国有林场改革补助133.8亿元，贫困国有林场扶贫资金由2015年的4.2亿元增加到2016年的5亿元；交通部出台了将国有林场道路按属性纳入相关公路网规划的意见；人社部、国家林业局出台了国有林场岗位设置指导意见，为改革提供了有力指导和保障。省级层面，广东、吉林、湖北、福建、重庆等已落实省级改革补助资金12.2亿元；湖南、宁夏出台了国有林场编制核定指导意见；重庆、山西等省主动化解金融债务近2亿元，极大地减轻了国有林场负担；山西、青海、广东分别开展了国有林场森林资源立法保护、管护绩效考评、林地落界确权等工作；北京制定了政府购买服务定额标准和发展规划，创新了国有林场发展机制。浙江省人民政府建立了国有林场改革先进表彰机制。2016年11月28日，对国有林场改革中涌现出的50个先进集体和100个先进个人进行了表彰。

四是以保护培育森林资源为主要职责的国有林场管理新体制逐步建立。从河北等13个已完成改革试点任务和市县改革实施方案审批的省(区、市)来看，改革后的1383个国有林场中有1219个定性为公益性事业单位，164个定性为公益性企业，分别占88.14%和11.86%，准确把握了公益性改革方向。江西等6省将832个国有林场优化整合为615个，减少26%；场均经营面积由4600公顷提高到6200公顷，提高了35%；核定事业编制29 981个，并纳入了财政预算，有效推动国有林场将主要精力集中到保护培育森林上来。

五是国有林场民生明显改善。据初步统计，改革试点地区国有林场职工平均工资为4.4万元，比改革前提高了81%，接近或达到了当地同类单位平均水平；基本养老保险和基本医疗保险参保率均达到100%，较改革前提高了35%和42%；通过政府购买服务、提前退休、内部退养、发展特色产业等形式妥善安置富余职工约7万人。截至2016年年底，全国已安排改造国有林场职工危旧房56.6万户，其中已竣工入住45.6万户，基本实现了居者有其屋，职工获得感明显增加。

六是森林资源保护成效明显。2016年全国国有林场的天然林商业性采伐全面停止，全年减少天然林消耗量556万立方米。各地普遍加大了国有林场造林更新和森林抚育力度。据统计，河北等29个省(区、市)2016年造林更新和抚育面积分别比2015年增加了6%和13%，实现了面积和蓄积双增长。3000多个国有林场完成了森林经营方案的编制和修订。

七是林场发展活力显著增强。北京、广东等10省(区、市)初步建立了以岗位绩效为主的收入分配制度和以聘用制为主的新型用人制度，实现了由身份管理向岗位管理的转变。国有林场造林抚育和森林管护等环节初步建立了社会化购买服务的机制。国有林场森林旅游等特色产业初具规模，全国有2570个国有林场建立了森林公园，242个国有林场建立了湿地公园，接待游客8.3亿人次，有力推动了绿色发展和脱贫致富。

【国有林场改革试点验收】 按照国务院第111次常务会议的要求，2011年10月，国有林场和国有林区改革工作小组(以下简称工作小组)正式确定河北、浙江、安徽、江西、山东、湖南和甘肃7省为全国国有林场改革试点省，其中江西、湖南2省为整省开展试点，其他5省选择部分地区开展试点。试点共涉及832个国有林场，职工18.1万人(其中在职职工10.6万人)，经营面积380.6万公顷，分别占全国国有林场的17.1%、24.1%、5.0%。2013年8月，工作小组批复了7省试点方案。2015年10月到2016年1月，工作小组先后对浙江、江西、甘肃、湖南、山东和河北6省的国有林场改革试点工作进行了验收，验收结果全部合格。改革试点取得了显著成效，积累了宝贵经验，为中央6号文件出台奠定了基础。

【省级国有林场改革实施方案审批工作完成】 一是印发《国家发展改革委　国家林业局关于请抓紧报送国有林场和国有林区改革实施方案的通知》和《国家发展改革委　国家林业局关于进一步加快省级国有林场改革实施方案编制的通知》，强调了上报时限，审批期限等要求，引起了各省份的高度重视，方案上报进程明显加快。21个省(区、市)国有林场改革实施方案上报并批复。二是开展了国有林场改革调研督导。国家林业局局长张建龙赴广东、湖南，副局长张永利赴天津、吉林、河北，党组成员谭光明赴宁夏开展了国有林场改革调研督导工作。对方案上报慢的陕西、新疆两省(区)采取了向省(区)政府发函催促，约谈省林业厅负责同志，派出督导组进行专门督导等措施。截至3月31日，全国31个省(区、市)的国有林场改革实施方案已全部上报并获得批复。其中，广东、北京、山西、内蒙古、辽宁、江苏、安徽、福建、山东、湖北、宁夏、青海等12省(区、市)已印发了方案，并对改革作出了全面部署。

【国有林场改革督察】 按照习近平总书记就抓好改革落实工作的重要指示和中央改革办关于改革举措落实情况督察工作的专门部署，4月19日至5月31日，国家发改委、国家林业局会同中编办、民政部、财政部、人社部、国土部、交通部、水利部、银监会8个部委组成了16个督察组，对河北等国有林场较多的24省(区、市)人民政府进行了国有林场改革专项督察，对北京等7省(区、市)采取调研督导、试点验收等方式进行了督促检查，实现了国有林场改革督察督导全覆盖。国家林业局党组高度重视国有林场改革专项督察工作，党组书记、局长张建龙带队赴江西等省调研督导，并专门听取督导组情况汇报，对下一步工作作出安排部署。副局长张永利带队赴天津、河北、广西和新疆等省区调研督导，副局长刘东生带队赴内蒙古、黑龙江和吉林三省(区)调研督察，有力地带动了改革督导工作的顺利开展。督察中，各督察组严格按照督察工作方案开展督察，共召开了24次省级国有林场改革汇报会，44次县市国有林场改革座谈会，实地调研了50多个国有林场，营造了党中央、国务院高度重视国有林场改革，狠抓改革落实的浓厚氛围，引起了各省人民政府高度重视，有效推动了改革主体责任落实和进程。督察工作结束后，国家发改委和国家林业局又会同财政部、人力资源和社会保障部等部委，就没有完成改革试点任务、改革进展迟缓、改革范围不全面等问题，约谈了安徽、四川、云南和陕西4省林业厅和发改委主要负责同志，约谈后，安徽完成了市县方案审批，四川编制上报了林区改革实施方案，云南成立了国有林场管理办公室。

【中法国有林场国际交流系列活动】 2016年4月，中法国有林第二次国际研讨会在中国山西召开，国家林业局场圃总站、地方林业主管部门林场机构负责人、北京林业大学和法国森林公司、法国公证人高等理事会等代表，就国有林管理体制、森林经营等展开了深入研讨，并就在山西建立合作示范点、开展栎类森林资源培育、核桃产业发展等方面达成了初步合作意向。2016年10月中法国有林第三次国际研讨会在法国巴黎召开，中方参会代表分别来自国家林业局场圃总站、山西林业厅、河北林业厅、甘肃林业厅、北京林业大学和法国农林部、司法部、公证人高等理事会及法国森林公司。会议就国有林经营管理体制、国有林法律政策和国有林经营管理等方面开展了广泛深入的研讨。

【国有林场GEF项目通过审批】 “通过森林景观规划和国有林场改革，增强中国人工林的生态系统服务功能”项目(以下简称“GEF国有林场项目”)已经全球环境基金(以下简称“GEF”)会议审议通过。项目国际执行机构为世界自然保护联盟(以下简称“IUCN”)，国内实施机构为国家林业局场圃总站，GEF赠款金额为720万美元，这是中国国有林场领域首次申请到GEF资金，项目初选地为河北承德市、江西赣州市和贵州毕节市。

项目主要任务是通过引入“森林景观恢复”的概念，结合三地国有林场改革发展实际，对国外先进适用技术及管理制度的消化、吸收，推动国内林业理念创新、管理创新、机制创新和技术创新，在“通过森林景观规划，提升国有林生态功能”方面，探索形成一整套完善有效的体制机制。GEF 国有林场项目实施期为 5 年，分两个阶段，2017 年为项目实施方案编制阶段，2018 ~ 2022 年为项目实施阶段。GEF 配资 720 万美元，要求国内实施单位按照不低于 1:6 的比例，落实配套资金。项目实施地为河北承德、江西赣州和贵州毕节。

（于滨丽供稿）

林业工作站建设

18

林业工作站建设工作

【综　述】 2016年，国家林业局林业工作站管理总站(以下简称工作总站)和全体林业工作站干部职工一道，围绕林业重点工作和重大改革，在创新上下功夫，在固本上使长劲，在服务上求实效，抓重点促难点，抓关键带全面，各项工作取得了积极成果。

重要部署 在全国分4个片区、重点面向基层林业站解析了《林业工作站管理办法》《国家林业局关于进一步加强林业工作站建设的意见》，向各级林业站免费印送了《林业工作站管理办法》单行本40 000份。结合业务培训、项目验收、工作调研，先后派出16个(次)工作组，对各地贯彻落实全国林业工作站工作会议精神及《意见》和《办法》情况进行了督导，在中国林业网及“工作总站”子站上及时通报了各地工作动态，有力地促进了会议及文件精神落地。福建省政府办公厅下发了《关于进一步加强乡镇林业工作站建设的意见》，四川省林业厅、省委编办、省发改委、省财政厅四部门联合出台《加强基层林业站能力建设的意见》，内蒙古自治区成立了林业工作总站，6个省出台了林业站发展规划，6个省大幅度增加投入，12个省召开全省林业站工作会议，29个省下发加强林业站建设的文件。

行业管理 研究制订了《2016年全国林业站行业工作要点》，形成了全国工作“一盘棋”。开展了省级林业站重点工作量化测评，分省提出了整改意见。跟踪掌握各地“重点”“亮点”工作，发布信息2700余条，同比增加16%。针对民政部《关于加强乡镇政府服务能力建设的意见(征求意见稿)》的有关内容，按照国家林业局领导指示，在向国办、民政部积极反映林业站情况的同时，深入福建、青海等8个省份进行了专题调研，有针对性地指导各地抓好机构队伍管理与稳定工作。目前，全国乡镇林业站保持在2.4万个、11万人左右，四川、河南等省林业站数量有所上升。

队伍培训 在河北等18个省份开展了站长能力测试，共测试乡镇林业站站长2400余名。推进以林业站管理人员、关键岗位人员为主要对象的分级分类培训，全年各级林业站共培训站员5.9万人(次)。加强“全国乡镇林业工作站岗位培训在线学习平台”运用，首次将黑龙江省开发的5门地方特色课程在辽宁、吉林省同步开通使用。“平台”年访问量达77万人次，学习总时长35万小时，宁夏、吉林、福建省(区)人均在线学习时长在40学时以上。

基层基础 国家林业局发布《全国林业工作站“十三五”发展建设规划》，对“十三五”林业站发展建设作出了整体规划。组织开展标准化林业站建设首次核查，在县级自查、省级验收的基础上，派出12个核查组对2009~2014年安排建设的标准站进行了现场核查。12月23日，国家林业局办公室印发《关于2016年度全国标准化林业工作站建设核查情况的通报》，授予860个达到合格标准的林业站为“2016年度全国标准化林业工作站”。新选定517个林业站实施标准化建设，并对560名负有标准站建设任务的站长及管理人员进行了集中培训。开展林业站本底关键数据调查与更新，调整完善调查报表因子并报国家统计局备案。按照国家林业局局长张建龙、副局长刘东生在湖北省林业站人员来信上的重要批示精神，选择林业站人员经费未纳入财政较多的10个省份进行了摸底调查。同时，配合计财部门向财政部进行了人员经费争取工作，协调森林资源监督机构通过年度监督报告向地方政府反馈情况。

稽查调纠 研发新的“全国林业行政案件统计分析系统”，组织开展2016年案件统计分析。2016年，全国共发生林业行政案件19.66万起，查处19.48万起。其中，林业站系统查处4.1万起，占全国总数的21%。组织编写并以局文印发《林业行政案件类型规定》，修订《全国林业行政案件统计表》并报国家统计局重新备案。组织编著出版《林业行政执法典型案例评析》，向各地林业执法部门免费发放1.83万本。组织浙、闽、赣、湘、粤、桂省际林权争议处理联调，对内蒙古森工集团毕拉河林业局与莫力达瓦达斡尔族自治旗之间的林权争议进行了调处。

森林保险 协调保监会，修改完善《关于进一步推进森林保险工作的指导意见》和《森林保险行业示范性条款》。会同计财部门与保监会、人保财险、中华财险赴新疆开展森林保险联保合调研，积极推动新疆及兵团纳入中央财政森林保险保费补贴范围。赴广西开展专题调研，研究台风高发区森林保险模式。成立了由局计财司、工作总站、经研中心和保监会财险监管部共同组成的项目工作组，编撰《2016中国森林保险发展报告》。与保监会共同校正了2015年森林保险统计数据，完成《2015年森林保险统计分析报告》。2016年，总参保面积达到1.39亿公顷，总保险金额为12 040.6亿元。

生态护林员工作 配合有关部门，设计摸底调查表，对各省贫困人口开展了摸底调查，全面梳理了全国集中连片特殊困难地区和国家扶贫工作重点县的贫困户、林地面积等基础数据。起草《建档立卡贫困人口生态护林员选聘办法》，参与制订《贫困人口转为生态护林员实施方案技术纲要》，设计技术纲要有关附表。分解各省生态护林员分配指标，以局办文件下发选聘工作通知，参与组织全国建档立卡贫困人口生态护林员选聘布置会议和西北、南方及华北3个片区座谈会。赴江西等8省份开展生态护林员调研，赴广西等6省份进行生态护林员选聘工作调研，指导各省编制省级实施方案和生态护林员选聘工作。

公共服务 在湖北等9个省份开展了林业站公共服务能力提升项目研究，有效探索了优化林业站服务模式和服务运行机制。开展“一站式、全程代理服务”现场教学，引导开展便民服务。在5个省份的58个县组织了基层林业站技术骨干服务林农技术培训，全年各级林业站共培训林农 899.6 万人次。积极参与办站协同监督机制试点，推动北京、武汉、云南专员办辖区联席会议，推进各地林业站与专员办协作，探索建立办站协同监督机制，加强办站信息共享与联动反应。目前，北京、河南、湖北、云南 4 个省(市)的 147 个基层林业站参加了试点工作。（唐伟）

【全国林业工作站站(处)长座谈会】 12 月 27 日，工作总站在河南省郑州市组织召开全国林业工作站站(处)长座谈会，贯彻落实《国家林业局关于进一步加强林业工作站建设的意见》和 2015 年全国林业工作站工作会议精神，回顾总结 2016 年行业工作，学习交流工作经验，研究部署 2017 年重点工作。各省(区、市)林业工作站站(处)长以及具体负责林业站工作的同志参加了会议。会议指出，2016 年，在各级党委政府和林业主管部门的坚强领导下，各级林业站在抓好各项常规工作的同时，突出重点，狠抓落实，在队伍培训教育、标准化林业站建设、森林保险、为基层林业站服务等方面取得了新进展，在健全工作制度、推动护林员扶贫、开展与监督工作协同试点等方面实现了新突破。会议要求，2017 年，要以建设生态文明、服务林业大局为中心，以充分发挥林业站职能作用为核心，继续稳机构、打基础、强管理、提素质、抓服务，扎实推进"质量建站、素质强站、服务立站"工作，扎实抓好各项重点工作。

（唐　伟）

【省级林业工作站重点工作质量效果跟踪调查】 2016 年，各省级林业工作站管理机构紧紧围绕党和国家林业工作大局，紧密结合当地林业生态建设任务，不断强化林业工作站的工作体系，努力提升林业工作站干部职工的服务能力，积极发挥林业工作站的职能作用，在林业现代化建设中取得了重要成果。按照《全国省级林业工作站年度重点工作质量效果跟踪调查办法》(林站办字〔2014〕3 号)规定，经各地自我量化和工作总站综合量化、结果复核，2016 年度全国林业工作站重点工作质量效果排名前十位的省份依次为：吉林、湖南、河南、江西、四川、内蒙古、广西、福建、湖北和河北。

（唐　伟）

【全国林业工作站"十三五"发展建设规划】 为全面加强"十三五"期间全国林业工作站建设与管理，充分发挥其职能作用，增强对现代林业建设的支撑保障能力，10 月 31 日，国家林业局编制印发了《全国林业工作站"十三五"发展建设规划》(以下简称《规划》)。

《规划》系统总结了"十二五"期间全国林业工作站建设成就、经验和问题。

《规划》提出了"十三五"期间的林业工作站建设发展目标。

《规划》明确了加强机构建设、加强队伍建设、加快基础建设、规范站务管理、创新工作机制五项建设内容。明确了"十三五"期间着力实施标准化林业工作站建设、管理服务能力提升、职工与林农教育培训、执法监管服务窗口建设、试验示范基地建设、信息化平台建设 6 项重点工程与实施步骤。

《规划》要求各级林业主管部门，要深刻认识加强林业工作站建设的重要性和紧迫性，强化宏观指导、组织领导、政策扶持等顶层设计，把林业工作站建设纳入重要议事日程，为实现"十三五"林业工作站发展建设目标提供组织、资金、政策、法制保障。（张志刚）

【全国林业工作站本底调查关键数据】 截至 2016 年年底，全国有地级林业站 211 个，管理人员 2162 人，有县级林业站 2024 个，管理人员 22 505 人。全国现有乡镇林业站 23 638 个，其中，管理两个以上乡镇林业工作的片站 2459 个。管理体制为县级林业主管部门派出机构的站有 8421 个，占总站数的 35.6%；县、乡双重管理的站有 3839 个，占 16.2%；乡镇管理的站 11 378 个，占 48.2%。全国乡镇林业站核定编制 83 970 人，年末在岗职工 101 366 人，其中，长期职工 99 836 人。在岗职工中，经费渠道为财政全额的有 84 197 人，占 83.1%；财政差额 5045 人，占 5%；林业经费 6802 人，占 6.7%；自收自支 5322 人，占 5.2%。林业站长期职工中，35 岁以下的 21 126 人，占 21.2%；36 岁至 50 岁的 61 339 人，占 61.4%；51 岁以上的 17 371 人，占 17.4%。

各级林业主管部门通过开展多种形式、多种渠道的培训，提高林业站职工队伍的综合素质。在林业站长期职工中，大专以上学历 58 193 人，占 58.3%；中专、高中学历 37 156 人，占 37.2 %；初中以下文化程度 4487 人，占 4.5%。全国完成林业站站长培训 29 138 人次，其中初任培训 5561 人次，能力提升培训 23 577 人次，站员培训 53 170 人次。林业站职工参加林业本(专)科班、中专班毕业生人数为 793 人，在校生人数为 1027 人，新入学人数为 320 人。

全国完成林业站基本建设投资 46 034 万元，其中，国家投资 10 032 万元，地方配套 36 002 万元。全国新建乡镇林业站 197 个；通过开展标准化林业站建设等措施，全国共有 444 个林业站新建了办公用房，644 个站配备了通讯设备，409 个站配备了机动交通工具，1103 个站配备了计算机。

全国林业站围绕林业中心工作，充分发挥政策宣传、资源管护、林政执法、生产组织、科技推广和社会化服务等职能，在社会可持续发展、地方国民经济和现代林业建设中发挥了不可替代的作用。全年共指导组织完成造林面积 393 万公顷，其中林业重点工程造林面积 256 万公顷，指导组织完成封山育林面积 301 万公顷，四旁植树 156 亿株，育苗面积 38 万公顷，抚育作业面积 503 万公顷。全国共有 10 397 个林业站受上级林业主管部门的委托行使林业行政执法权，占总站数的 44%，有 6806 个林业站加挂了野生动植物保护管理站的牌子，占总站数的 28.8%；有 4185 个林业站加挂了科技推广站牌子，占总站数的 17.7%；有 5350 个林业站加挂了公益林管护站牌子，占总站数的 22.6%；有 3638 个林业站加挂了病虫害防治站牌子，占总站数的 15.4%；有 357 个林业站加挂了林业仲裁委员会牌子，占总站数的 1.5%。全年受理林政案件近 4 万件，比 2015 年减少 8982 件。全国林业站管理指导乡村护林员近 68 万人，其中专职护林员 31 万人，兼职 37 万人。全国林业站加强了对全国近 1.8 万个集体林场、6166 个联办林场和 1.6 万个户办林场的业务指导和管理。指导、扶持的林业经济合作组织9.8万个，带动农户282万户。同时，针对林业生态建设和产业建设、农民增产增收急需的实用技术，开展了林业站公共服务示范、实用技术示范工作，指导基层站为林农提供技术服务，全国林业站共建立站办示范基地35.2万公顷，推广面积96.4万公顷，培训林农近841.4万人。（张志刚）

【标准化林业工作站建设】 标准化林业工作站建设主要是根据《乡镇林业工作站工程建设标准》，按照机构队伍稳定化、管理体制顺畅化、站务管理制度化、基础设施现代化、履行职责规范化、服务手段信息化、人才发展科学化、示范效益最大化等相关要求，全面加强乡镇林业工作站机构队伍建设，提高队伍综合素质，强化基础设施，着力打造基层林业窗口形象，充分发挥示范带动作用。为进一步规范标准化林业工作站建设，确保建设质量和成效，全面提升林业站管理服务水平和能力，国家林业局组织开展了2016年度全国标准化林业工作站建设核查工作。

本次核查涵盖2009～2014年的标准站建设项目，其中2009～2013年为项目试点期，2014年为项目正式实施的第一年。核查对象是已经完成项目建设任务，且在省级林业主管部门向国家林业局提交的检查验收报告中确认合格的乡镇林业工作站。全国纳入核查对象的林业工作站共904个。根据国家林业局标准站建设核查的相关规定，全国共抽取161个核查对象进行了现场核查，全部达到合格标准，平均得分为93.7分，其中试点期平均92.9分，2014年平均94.5分。最终确认2016年度全国共有860个林业工作站达到合格标准。国家林业局办公室发文对核查情况进行了通报，授予860个达到合格标准的林业站为“2016年度全国标准化林业工作站”。同时要求地方各级林业主管部门要继续抓好标准站建设的指导，积极争取地方财政投入；要大力宣传和推广标准站建设先进典型，充分发挥示范带动作用；要强化标准站管理检查，着力巩固和提高建设水平。每个标准站都要以更高的标准要求自己，努力争创优秀标准化林业工作站。（张志刚）

【“办站协同”监督机制探索和试点工作】 根据《国家林业局关于进一步加强森林资源监督工作的意见》要求，在国家林业局资源司（监督办）的指导下，工作总站充分发挥基层林业站资源管护和林政执法的职能作用，以及点多、面广、掌握情况及时的优势，抓住畅通监督信息渠道这个关键环节，全力支持和配合各专员办创新森林资源监管机制，开展“办站协同”监督机制的探索和试点工作。一是高度重视，积极探索建立“办站协同”监督机制。5月、6月和11月，站领导分别派人参加了北京专员办与京津冀晋四省（市）林业厅（局）联席会议、武汉专员办召开的“专员办与林业工作站协同监督机制”启动会议、云南专员办举办的森林资源监督联络员培训班以及国家林业局驻北京专员办与北京市园林绿化局办站协同监督机制试点工作启动会，全面介绍了全国林业行政案件统计分析情况，针对积极探索建立办站协同监督机制发表了意见，要求各基层林业站按照会议精神抓好落实，坚持问题导向，畅通信息渠道，共同构建覆盖基层的森林资源监督体系。二是认真落实，稳妥推进“办站协同”监督机制试点工作。目前，北京、河南、湖北、云南4省（市）共147个基层林业站参与了试点工作；武汉专员办制订了《试点方案》，在湖北、河南两省的4个市州8个县市区开展为期半年的试点工作；云南专员办制订了《聘用森林资源联络员管理办法》，在16个市州32个县市，聘用32个乡镇林业站站长为森林资源联络员，开展试点工作；北京专员办制订了《试点工作方案》，在北京市2个区4个乡镇林业站进行为期1年的试点工作。（张 凯）

【乡镇林业工作站站长能力测试工作】 2016年是“十三五”期间开展乡镇林业工作站站长能力测试（以下简称“测试”）的开局之年，为了扎实开展测试工作，工作总站积极适应林业站培训面临新形势的变化，切实采取有效措施，将测试由“重考”向“重学”转变，由“重部署”向“重督导”转变，由单纯“重培训数量”向“重培训数量质量并重”转变。一是依据实际确定测试规模。下发了《通知》，对2016年测试工作进行了安排部署，并根据林业站本底调查各有关省（区、市）林业站的数量、上一年度测试工作开展的情况以及林业站培训经费国家投入的情况，综合考虑确定了在河北等18省（区、市）开展测试工作，并继续以《年度“林业培训”项目任务书》的形式明确测试的资金和任务。二是严格规范测试考前培训。按照国家林业局人事司的要求，将测试的考前培训正式纳入国家林业局《2016年面向行业培训班计划》，制订了《测试考前培训方案》，明确了开展测试考前培训的课程、师资等具体要求，确保考前培训与测试总课时不少于16学时。三是认真抓好测试评估督查。按照国家林业局《关于印发〈国家林业局规范检查核查工作规定〉的通知》的要求，工作总站制订下发了《林业工作站能力建设监督检查（测试）督查方案》，并将培训测试综合质量评估和培训授课质量评估纳入督查范围，抽调有关省（区、市）林业站工作骨干人员组成督查小组，总计43人（次），严格按要求开展督查，使测试工作规范有序开展，取得了预期的效果。据统计，2016年全国完成培训、测试2472名林业站长，超额完成了全年测试任务，达到了“以测促培、以培促能”的目的，有效促进了林业站工作的发展。（郭露平）

【林业站宣传工作】 2016年，工作总站切实加强林业站信息宣传工作的组织领导，突出典型宣传，创新宣传形式，提升宣传效果，大力推动林业站宣传工作提档升级。一是林业站站务信息发布再创新高。全年共在中国林业网“工作总站”子站发布各地林业站站务信息2779条，同比增加了20%，再一次刷新了林业站信息发布数量的峰值，实现了六连增。二是林业站宣传形式丰富多样。2016年，“工作总站”子站共采用各地图片信息677条，相比2015年增加了近50%。在各地上报站务信息及工作动态中择优编发《工作简报》，全年共刊发24期。三是林业站典型宣传生动有力。工作总站制订完善了林业站宣传方案，继续与中国绿色时报社进行合作，挖掘基层林业站先进典型，发现和宣传乡镇林业站先进事迹及先进人物，先后在《中国绿色时报》开辟“打

基础 强职能 促发展——聚焦基层林业站建设”“服务为民，林业工作站永远在路上”——林业站公共服务能力提升经验交流选编专栏、组织编辑“全国林业厅局长会议”特刊，组织记者先后赴湖南、吉林等省进行采访，编发稿件11篇，总计发稿超过22 000千字。有力地带动了各地林业站宣传工作，据统计全国林业站系统共有12个省(区、市)在省部级及中央级媒体宣传报道了林业站的工作，为林业站的全面发展营造良好的舆论氛围。（潘明哲）

【森林保险工作】 2016年，中央财政森林保险保费补贴范围覆盖全国24个省(区、市)、4个计划单列市和3个森工企业，共计31个省级单位。总参保面积达到1.396亿公顷，其中，公益林保险面积1.152亿公顷，商品林保险面积0.244亿公顷。全国森林保险保费总额30.30亿元，各级财政的保费补贴27.42亿元，占总保费的90.5%，中央财政补贴资金14.38亿元。总保险金额为12 040.61亿元。2016年，全国森林保险完成灾害理赔金额为10.92亿元，平均简单赔付率为36.06%。

编撰发展报告 首次与中国保监会联合编撰《2016中国森林保险发展报告》，回顾了新中国成立以来中国森林保险的发展历程，分析了森林保险的发展状况、运行机制和市场情况。作为中国第一部由政府部门发布的全面记录森林保险发展历程的年度报告，本书为相关管理部门科学决策提供参考依据，为相关机构和个人研究、了解森林保险提供重要参考和有益帮助。

举办专题培训 4月，联合国家林业局管理干部学院信息处研究建立了森林保险课程库。5月17～20日，第七期森林保险业务管理培训班在四川省成都市举办，来自35个省级单位的100名学员学习了各项课程，与相关专家进行了深入交流，提高了解决实际问题的能力，对于全面推进森林保险工作起到了积极作用。

推进部门沟通 森林保险工作需要多部门共同推进，9月会同国家林业局计财司与中国保监会、人保财险、中华财险组成联合调研组，对新疆纳入中央财政森林保险保费补贴范围的瓶颈问题开展深入调研，调研组通过在新疆维吾尔自治区和新疆生产建设兵团召开座谈会，并深入到田间地头、林农家中，收集第一手资料，掌握了各方面对森林保险工作的意见和建议，形成调研报告并提交财政部，积极推动新疆及兵团纳入中央财政森林保险保费补贴范围。（胡云辉）

林业计划统计

19

全国林业统计分析

【综　述】 2016年是中国全面建成小康社会决胜阶段的开局之年，也是推进结构性改革的攻坚之年。全国林业系统认真贯彻落实习近平总书记系列重要讲话精神和党中央、国务院的决策部署，自觉践行新发展理念，全力推进林业现代化建设，各项建设和任务取得明显成效，为推动生态文明建设和地方经济社会发展作出了积极贡献。

【营造林】

营造林任务全面完成 2016年全国共完成造林面积720.35万公顷(1.08亿亩)，其中人工造林382.37万公顷，飞播造林16.23万公顷，新封山育林195.36万公顷，退化林修复99.11万公顷，人工更新27.28万公顷。退化林修复面积大幅增长，比2015年增长34.1%(图19-1)。

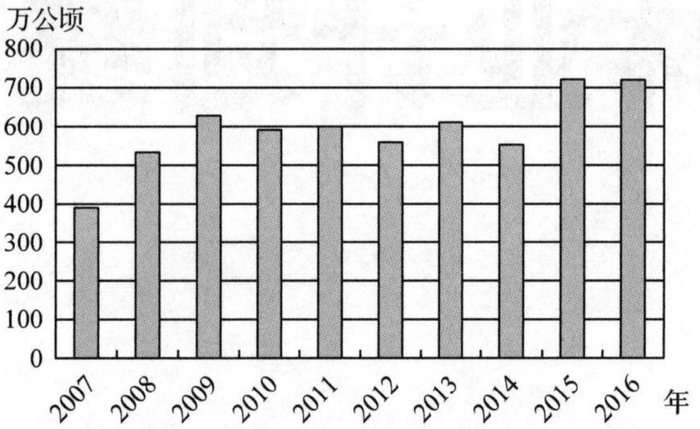

图19-1　2007～2016年全国造林面积

国家林业重点生态工程 2016年国家林业重点生态工程建设扎实推进，全年完成造林面积250.55万公顷。近年来，国家林业重点生态工程造林面积占全部造林面积的比重持续下降，已由2011年的51.6%下降到2016年的34.8%。分工程看，天保工程、退耕还林工程、京津风沙源治理工程和三北及长江流域等重点防护林体系工程造林面积分别为48.73万公顷、68.32万公顷、23.00万公顷和110.50万公顷，占全部造林面积的比重分别为6.8%、9.5%、3.2%和15.3%。各级地方政府和企业、个人等社会造林面积469.80万公顷，占全部造林面积的65.2%(图19-2)。

2015年，东北、内蒙古重点国有林区全面停止了天然林商业性采伐，2016年天保工程区木材产量进一步调减为461.92万立方米，比2015年减少24.1%，占全国木材总产量的5.9%。森林管护面积达到11 497万公顷。天保工程区项目实施单位年末人数为76.55万人，其中在岗职工50.65万人。

2014年国家启动了新一轮退耕还林工程，2014～2016年累计下达退耕还林任务184万公顷。2016年完成造林面积68.32万公顷，其中退耕地造林55.85万公顷，荒山荒地造林12.44万公顷。新一轮退耕还林任务重点向西部地区倾斜，西部12个省份(含新疆兵团)共

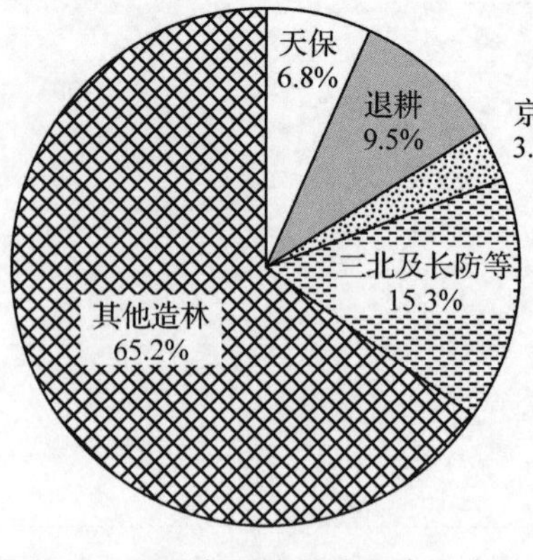

图19-2　2016年国家林业重点生态工程与其他造林面积比重示意图

完成退耕地造林49.90万公顷，占全部退耕地造林的89.3%。

【造林质量和森林质量】 2016年，国家林业局认真贯彻落实习近平总书记关于"着力提高森林质量"重要指示精神，印发《全国森林经营规划(2016～2050年)》。2016年森林抚育面积比2015年增长8.8%，退化林修复面积比2015年增长34.1%，实现"十三五"森林质量提升建设的良好开局。

注重林种、混交林比例 在人工造林、退化林修复过程中注重优先营造混交林，全年新造和改造混交林面积85.65万公顷。人工造林按林种主导功能分，防护林所占比重最大，占全部人工造林面积的44.6%，面积达到170.71万公顷；经济林占全部人工造林面积的36.8%，面积达到140.80万公顷；用材林占全部人工造林面积的17.0%，面积达到65.05万公顷。

林木种苗 加强林木种苗保障能力建设，加快推进种质资源和良种繁育体系建设。2016年，全年林木种子采收量和苗木产量分别为3.18万吨和704.38亿株，育苗面积140.74万公顷。全国林木种苗质量监督抽查结果显示，林木种子样品合格率为86.0%，苗圃地苗木苗批合格率为91.2%，造林地抽查合格率为84.0%。

【资源保护】 截至2016年年底，林业系统已建立各级各类自然保护区2301处，总面积12 553万公顷，约占陆地国土面积的13.07%，其中，国家级自然保护区达359处，总面积为8138万公顷。与2015年相比，林业系统自然保护区增加73处，面积增加122万公顷，其中国家级自然保护区增加14处，面积增加30万公顷。

2016年，中央全面深化改革领导小组第二十九次会议审议通过《湿地保护修复制度方案》，国务院办公厅以国办发〔2016〕89号文件印发《湿地保护修复制度方案》。方案从完善湿地分级管理体系、确保现有湿地面积不减少、紧抓湿地利用监管薄弱环节、着力提升湿地生态系统整体功能、注重湿地保护修复效果这5个方面

提出了湿地保护的具体政策措施。2016 年，国际重要湿地达到 49 处，面积 411.24 万公顷。新批准建立国家湿地公园试点 134 处，新增国家湿地公园试点面积 34.3 万公顷，新增湿地保护面积 21.0 万公顷。截至 2016 年年底，全国累计批准建立不同类型、不同级别的湿地公园 1486 处，总面积 397.2 万公顷，保护湿地面积 257.8 万公顷。

【林业投资】 2016 年，全部林业投资完成额达到 4510 亿元，比 2015 年增长 5.1%。按资金来源分，中央财政投资 1061 亿元，占全部林业投资完成额的 23.5%；地方财政投资 1091 亿元，占全部林业投资完成额的 24.2%；国内贷款 348 亿元，占全部林业投资完成额的 7.7%；企业和个人自筹等资金 2010 亿元，占全部林业投资完成额的 44.6%。按建设内容分，用于生态建设与保护方面的投资为 2110 亿元，占全部林业投资完成额的 46.8%；用于林木种苗、森林防火、有害生物防治、林业社会性基础设施建设等林业支撑与保障方面的投资为 404 亿元，占全部林业投资完成额的 9.0%；用于林业产业发展方面的资金为 1742 亿元，占全部林业投资完成额的 38.6%；用于林业公共管理等其他资金 254 亿元，占全部林业投资完成额的 5.6%。

中央林业投入 2016 年，在中央财政收入增速放缓的不利形势下，全年投入中央林业资金 1133 亿元，扣除政策到期等不可比因素，同口径比 2015 年增加 19%。新开辟了国家公园、生态护林员、国有林区防火应急道路等新的资金渠道，启动了国家级自然保护区和湿地保护大项目建设试点，营造林中央投资补助标准大幅提高，东北、内蒙古重点国有林区基建项目中央投资比例由 80% 提高到 90%，87 个重点国有林区林业局单列纳入国家重点生态功能区范围，退耕还湿试点范围由 5 个省扩大到 8 个省，沙化土地封禁保护试点县由 2013 年的 30 个扩大到 71 个。

2016 年，林业棚户区(危旧房)改造项目继续实施，全年下达中央预算内投资 8.48 亿元，用于内蒙古、黑龙江、辽宁、江西、贵州、西藏、甘肃 7 省(区)5.44 万户棚户区改造任务。截至 2016 年年底，已累计安排林业棚户区(危旧房)改造任务 172 万户，累计安排中央直接投资 249 亿元，竣工入住近 150 万户，惠及林区职工群众 500 余万人。

林业金融创新 2016 年国家储备林贷款首次超过中央造林投资规模，以国家储备林建设为突破口，国家林业局与国家开发银行、农业发展银行(以下简称两行)创新了与林业生产经营周期相符合的贷款产品。贷款期限可达 30 年(含不超过 8 年的宽限期)，基准利率，最低资本金比例。2016 年 6 月 22 日，国家林业局与中国农业发展银行签订《全面支持林业发展战略合作框架协议》，这是继 2015 年年底与国家开发银行签订《共同推进国家储备林等重点领域建设发展合作协议》后的又一重大突破，并与两行分别联合下发了有关支持林业发展的意见和通知，将国家储备林贷款政策扩大到林业五大领域。

林业利用外资 2016 年，国际引资竞争日趋激烈，中国林业利用外资大幅减少，利用外资项目个数为 133 个，比 2015 年减少 41 个。实际利用外资规模 2.4 亿美元，比 2015 年减少 35.9%，其中国外借款 0.5 亿美元，外商直接投资 1.8 亿美元，无偿援助 0.1 亿美元。林业实际利用外资金额占全国实际使用外资(FDI)金额(1260 亿美元)的 0.2%。

【林业产业】 2016 年，中国林业产业保持中高速增长，以森林旅游为主的林业第三产业成为林业经济增长的新亮点，产业质量和结构逐步优化。

林业产业规模不断扩大 2016 年林业产业总产值达到 6.49 万亿元(按现价计算)，比 2015 年增长 9.3%，其中第三产业产值增速高达 20.8%。自 2010 年以来，林业产业总产值的平均增速达到 19.1%。

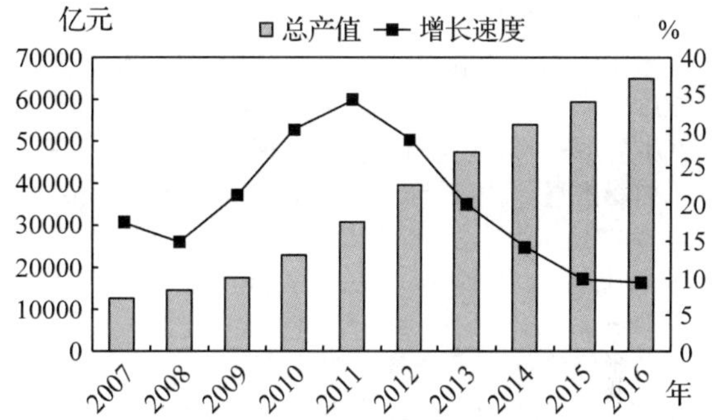

图 19-3 林业产业发展变化

分地区看*，东部地区林业产业总产值为 30 133 亿元，中部地区林业产业总产值为 15 740 亿元，西部地区林业产业总产值为 14 693 亿元，东北地区林业产业总产值为 4320 亿元。中、西部地区林业产业增长势头强劲，增速分别达到 16% 和 13%。东部地区林业产业总产值所占比重最大，占全部林业产业总产值的 46.4%。受国有林区天然林商业采伐全面停止和森工企业转型影响，东北地区林业产业总产值连续两年出现负增长。林业产业总产值超过 4000 亿元的省份共有 6 个，分别是广东、山东、广西、福建、江苏、浙江。

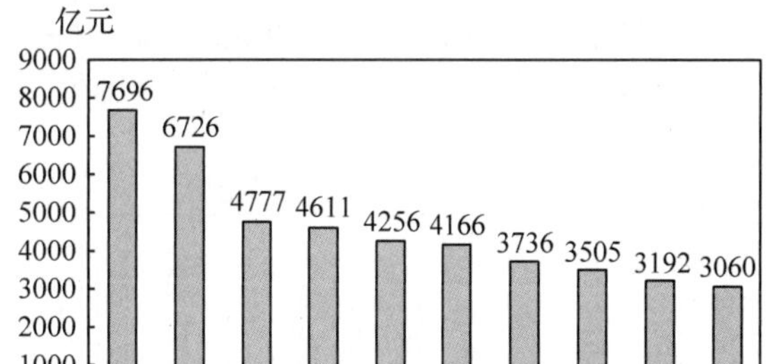

图 19-4 林业产业分地区状况

* 采用国家四大区域的分类方法，全国划分为东部、中部、西部和东北四大区域。东部地区包括：北京、天津、河北、上海、江苏、浙江、福建、山东、广东、海南 10 个省(市)；中部地区包括：山西、安徽、江西、河南、湖北、湖南 6 个省；西部地区包括：内蒙古、广西、重庆、四川、贵州、云南、西藏、陕西、甘肃、青海、宁夏、新疆 12 个省(区、市)；东北地区包括：辽宁、吉林、黑龙江 3 个省和大兴安岭地区。

林业产业结构　分产业看，第一产业产值21 619亿元，同比增长7.0%，约占全部林业产业总产值的1/3；第二产业产值32 081亿元，同比增长7.3%，约占全部林业产业总产值的1/2；第三产业产值11 186亿元，同比增长20.8%，约占全部林业产业总产值的1/6。林业三次产业的产值结构已由2010年的39∶52∶9，调整为2016年的33∶50∶17。

2016年，超过万亿元的林业支柱产业分别是经济林产品种植与采集业和木材加工及木竹制品制造业，产值分别达到1.3万亿元和1.2万亿元。林业旅游与休闲服务业快速发展，产值达到8310亿元，全年林业旅游和休闲的人数达到26亿人次，极具发展潜力。

【主要林产品产量】

木材产量　全国商品材总产量为7776万立方米，比2015年增长7.7%。此外，全国农民自用材采伐量557万立方米，农民烧材采伐量1800万立方米。

竹材产量　2016年，大径竹产量为25.1亿根，比2015年增长6.4%，其中毛竹14.6亿根，其他直径在5厘米以上的大径竹10.5亿根。竹产业产值达2109亿元。

各类经济林产品产量　2016年，全国各类经济林产品产量持续稳定增长，2016年达到1.80亿吨，比2015年增长3.8%。从产品类别看，杜仲、枸杞等木本药材和花椒、八角等林产调料产品产量增长较快，分别比2015年增长14%和10%。核桃、油茶等木本油料产品产量达到600万吨，其中油茶籽产量216万吨，种植面积达到401万公顷，年产值达756亿元。

人造板产量　2016年，全国人造板总产量为30 042万立方米，比2015年增长4.8%。其中胶合板177 56万立方米，纤维板6651万立方米，刨花板产量2650万立方米，其他人造板2985万立方米（细木工板占56%）。

木竹地板产量　2016年木竹地板产量为8.4亿平方米，比2015年增长8.3%，其中实木地板1.5亿平方米，实木复合地板2.5亿平方米，强化木地板(浸渍纸层压木质地板)3.2亿平方米，竹地板等其他地板1.2亿平方米。

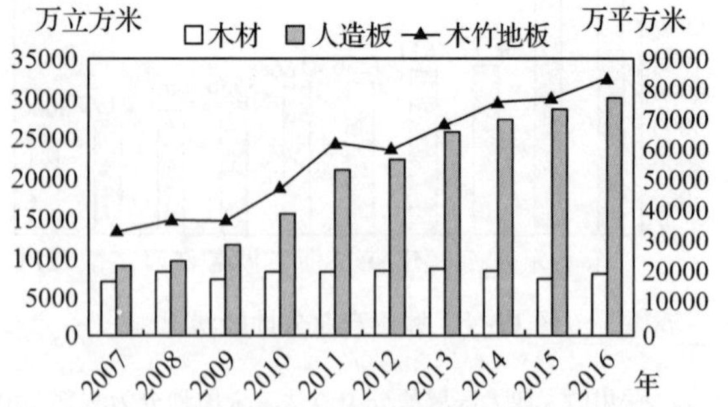

图19-5　木竹地板产量

林产化工产品产量　2016年，全国松香类产品产量184万吨，比2015年增长5.5%。松节油类产品产量27万吨，樟脑产量1.4万吨，冰片产量6901吨，栲胶类产品产量4969吨。木炭、竹炭等木竹热解产品产量177万吨。

花卉生产　2016年，花卉种植面积133万公顷，花卉及观赏苗木产业产值达到2282亿元。观赏苗木112亿株，切花切叶193亿支，盆栽植物47亿盆。花卉市场4092个，花卉企业5.5万家。花卉产业从业人员555万人。

【林业职工收入】　2016年林业系统单位个数共计42 314个，年末人数共计147.1万人，其中在岗职工110.4万人，其他从业人员7.7万人，离开本单位仍保留劳动关系人员29.0万人。林业系统年末实有离退休人员105.2万人。

林业系统在岗职工年平均工资大幅增长。林业系统在岗职工年平均工资达到46714元，比2015年增长12.2%。

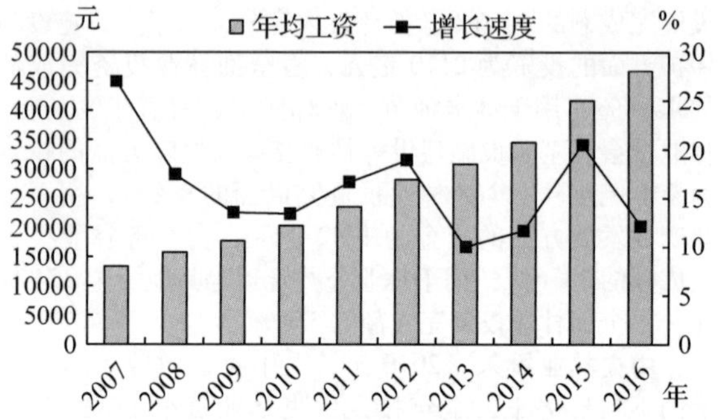

图19-6　林业职工收入变化

分地区看，东部地区林业系统在岗职工年平均工资最高，达到65 793元；西部地区林业系统在岗职工年平均工资为53 673元，增速最快，达到16.6%；中部地区林业系统在岗职工年平均工资44 243元；东北地区林业系统在岗职工年平均工资为34 655元，不仅工资水平最低，增速也最慢，比2015年增长7.6%。分行业看，林业工程技术与规划管理、林业公共管理、林业科技交流推广和野生动植物保护与自然保护区管理等林业服务业年平均工资最高，都超过6万元；木竹采运、木材加工、林产化工等林业制造业年平均工资最低，均未超过3.4万元。

【林业灾害】　2016年，林业灾害防控总体平稳。国务院批复了《全国森林防火规划(2016～2025年)》，各地认真落实森林防火责任制，全面加强森林防火能力建设，森林航空消防省份扩大到19个。开展了林业有害生物防治政府购买服务试点，强化了京津冀、长江经济带、黄山等重点区域重大外来有害生物防控。野生动物疫源疫病监测防控正式纳入国家生物安全保障体系，全年妥善处置野生动物疫情24起。林业系统未发生大的安全生产事故。

林业灾害发生情况　2016年，全国共发生森林火灾2034起(其中重大火灾1起，未发生特大森林火灾)，受害森林面积6218公顷，因灾造成人员伤亡36人(其中死亡20人)。与2015年相比，火灾次数、受害森林面积分别下降30.7%、51.9%。

林业有害生物发生防治情况　2016年，全国主要林业有害生物发生面积1211万公顷，比2015年减少

0.58%，但仍属偏重发生状态，其中重度发生面积68.68万公顷，比2015年下降15.09%，全年完成林业有害生物防治面积833.82万公顷，主要林业有害生物成灾率控制在4.5‰以下，无公害防治率达到85%以上。

野生动物疫源疫病监测防控情况 2016年，全国共18个省(区、市)报告野生动物异常情况86起，发生12种26起一般野生动物疫情，死亡野生动物51种6818只(头)，在鸟类监测中发现13个亚型禽流感病毒84株。

林业安全生产情况 2016年，林业系统未发生大的安全生产事故，但林业生产事故伤亡人数比2015年有所增加，其中轻伤、重伤和死亡分别为419人次、41人次和44人。

【林产品进出口贸易】 据海关统计数据分析，2016年中国林产品进出口总值为1355.4亿美元，比2015年减少2.1%。其中，出口730.1亿美元，比2015年减少2.3%；进口625.3亿美元，比2015年减少1.9%。中国林产品进出口贸易明显好于全国进出口贸易整体水平(全国进出口贸易下降6.8%，其中出口下降7.7%，进口下降5.5%)，从2016年第三季度开始逐步回暖，11月、12月林产品贸易进出口额同比增长了11.9%和6.1%，呈现回稳向好态势。

主要林产品进口情况 2016年原木、锯材进口量价齐升。原木进口量和进口金额分别比2015年增加了9.3%和0.2%，锯材进口量和进口金额分别比2015年增加了18.5%和8.4%。纸、纸板及纸制品则量增价跌，进口量增长了3.5%，进口金额降低了2.5%。

主要林产品出口情况 2016年主要的大宗木质林产品贸易额均呈现不同程度的下降。木家具出口金额比2015年降低了2.8%，纤维板比2015年降低了13.7%，胶合板比2015年降低了3.9%，木制品比2015年降低了3.0%，纸、纸板及纸制品比2015年降低了6.1%。

(注：林产品进出口贸易数据为海关初步统计数，其他数据为林业统计年报数据。)

(刘建杰、于百川、林琳)

林业规划

【中国生态文化发展纲要(2016～2020年)】 2016年4月，国家林业局以林规发〔2016〕44号印发《中国生态文化发展纲要(2016～2020年)》。

纲要实施期限 2016～2020年。

纲要目标 总体目标到2020年，生态文明教育普及率由2015年的80%提高到85%，积极培育生态文化，将生态价值观、生态道德观、生态发展观、生态消费观、生态政绩观等生态文明核心理念，纳入社会主义主流价值观，成为国家意识和时尚追求。

纲要主要任务 一是建立生态文明评价体系。二是将生态文化融入全民宣传教育。三是将生态文化理念融入法治建设。四是将绿色发展理念融入科技研发应用。五是加强生态文化传承与创新发展。六是推进生态文化产业发展。

纲要重大行动 一是着力打造生态文化城镇。二是深化“全国生态文化村”创建活动。三是加强生态文化现代媒体传播体系和平台建设。四是拓展生态文化创建传播体验活动。五是弘扬林业时代精神，树立林业生态楷模。六是延展“一带一路”生态文化合作交流。

【林业发展“十三五”规划】 2016年6月，国家林业局以林规发〔2016〕22号印发《林业发展“十三五”规划》。

规划实施年限 2016～2020年。

规划目标 总体目标是加快推进功能多样化、经营科学化、管理信息化、装备机械化、服务优质化的林业现代化建设，实现国土生态安全屏障更加稳固、林业生态公共服务更趋完善，林业民生保障更为有力、林业治理能力明显提升，为到2050年基本实现林业现代化奠定坚实基础。

规划布局 以国家“两屏三带”生态安全战略格局为基础，加快构建“一圈三区五带”的林业发展新格局。“一圈”为京津冀生态协同圈，打造京津保核心区并辐射到太行山、燕山和渤海湾的大都市型生态协同发展区，增强城市群生态承载力，改善人居环境，提升国际形象。“三区”为东北生态保育区、青藏生态屏障区、南方经营修复区，作为中国国土生态安全的主体，是全面保护天然林、湿地和重要物种的重要阵地，也是保障重点地区生态安全和木材安全的战略基地。“五带”为北方防沙带、丝绸之路生态防护带、长江(经济带)生态涵养带、黄土高原－川滇生态修复带、沿海防护减灾带，作为中国国土生态安全的重要骨架，是改善沿边、沿江、沿路、沿山、沿海自然环境的生态走廊，也是扩大生态空间、提高区域生态承载力的绿色长城。

规划任务 一是加快推进国土绿化行动。二是做优做强林业产业。三是全面提高森林质量，强化系统管理，实施科学经营。四是强化资源和生物多样性保护。五是全面深化林业改革。六是大力推进创新驱动。七是切实加强依法治林。八是发展生态公共服务。九是夯实林业基础保障。十是扩大林业开放合作。

【全国森林经营规划(2016～2050年)】 2016年7月，国家林业局以林规发〔2016〕88号印发《全国森林经营规划(2016～2050年)》。

规划期限 2016～2050年，其中近期为2016～2020年，远期为2021～2050年。

规划目标 到2020年，总体目标为中国特色的森林经营理论、技术、政策和管理体系基本建立，森林可持续经营全面推进。建立森林经营规划制度，全面编制和执行全国、省级、县级森林经营规划和国有林区、国有林场森林经营方案；完善国家、行业和地方标准，构建比较完备的森林经营技术标准体系；优化主要树种经营技术模式，基本建成以森林作业法为核心的经营技术体系；建设森林经营人才培训制度和培训体系。

到2050年，总体目标为中国特色的森林经营理论、技术、政策、法律和管理体系全面建成，中国森林经营进入世界先进国家行列。

规划布局 依据全国主体功能区定位和《中国林业发展区划》成果，遵循区域发展的非均衡理论，统筹考虑各地森林资源状况、地理区位、森林植被、经营状况和发展方向等，把全国划分为大兴安岭寒温带针叶林经营区、东北中温带针阔混交林经营区、华北暖温带落叶阔叶林经营区、南方亚热带常绿阔叶林和针阔混交林经营区、南方热带季雨林和雨林经营区、云贵高原亚热带针叶林经营区、青藏高原暗针叶林经营区、北方草原荒漠温带针叶林和落叶阔叶林经营区8个经营区。

【全国造林绿化规划纲要(2016~2020年)】 2016年8月，全国绿化委员会、国家林业局以全绿字〔2016〕9号印发《全国造林绿化规划纲要(2016~2020年)》。

纲要实施年限 2016-2020年。

纲要目标 总体目标到2020年，森林面积、蓄积量稳步增加，区域分布更加合理，林种树种结构趋于优化，森林质量明显提高，森林碳储量显著增加，森林功能大幅增强，土地沙化荒漠化、草原退化趋势得到基本遏制，全国生态状况明显改善；林业产业结构进一步优化，林业产品供给持续增加，绿色富民产业快速发展，林业服务生态服务民生能力显著提高；林木种苗保障能力不断强化；国土绿化面积持续增加，人居环境进一步美化；生态文化广泛传播，全民生态意识不断增强，生态文明理念深入人心。

纲要布局 按照"一圈三区五带"林业发展总体格局，根据我国各区域地理气候条件，科学制订造林绿化发展战略，规划纲要将全国划分为寒温带区、中温带区、暖温带区、亚热带区、热带区、半干旱区、干旱区、极干旱区、高寒区九大区域。按照区域特点，明确各区域功能定位，分区制订造林绿化发展战略，确定造林绿化重点和森林培育主攻方向。

纲要建设任务 一是造林更新，规划造林更新2985万公顷。二是城乡绿化美化，规划城市、乡镇、村屯、军事管理区绿化138万公顷。三是绿色通道、河渠湖库周边绿化、农田林网建设与矿区植被恢复，将山水林田湖作为生命共同体进行综合治理修复和绿化美化。五是种苗建设。六是草原建设。

【林业科技创新"十三五"规划】 2016年9月，国家林业局以林规发〔2016〕129号印发《林业科技创新"十三五"规划》。

规划实施期限 2016~2020年。

规划目标 总体目标是到2020年基本建成布局合理、功能完备、运行高效、支撑有力的国家林业科技创新体系。重点研究领域跨入世界先进行列，科技进步贡献率达到55%，科技成果转化率达到65%。

规划重点任务 一是前瞻布局基础前沿及战略研究。二是重点攻克林业发展关键技术。三是加快推进成果转化推广。四是着力提升林业标准化水平。五是深入推进体制机制创新。六是全面加强创新能力建设。

十大林业科技工程 一是林业种业科技工程。二是林业生态建设科技工程。三是森林资源高效培育与质量精准提升科技工程。四是林业产业升级转型科技工程。五是林业装备与信息化科技工程。六是林业科技成果转化推广工程。七是林业标准化提升工程。八是林业知识产权保护工程。九是林业科技条件平台建设工程。十是现代林业治理体系支撑工程。

【国家沙漠公园发展规划(2016~2025年)】 2016年10月，国家林业局以林规发〔2016〕139号印发《国家沙漠公园发展规划(2016~2025年)》。

规划期限 2016~2025年，其中一期为2016~2020年，二期为2021~2025年。

规划目标 通过沙漠公园建设，有效保护沙区野生动植物资源、湿地资源和自然人文资源，修复可治理的沙化土地，大力恢复林草植被，改善基础设施条件，提高荒漠生态系统功能，大力发展生态旅游和绿色产业，不断改善沙区人民群众生活生产条件，探索荒漠生态保护与生态产业协同发展新模式，合理利用沙区资源，转变发展方式，促进生态效益、经济效益和社会效益的协调统一，探索出一条实现沙区生态经济社会和谐发展之路。到2020年，重点建设国家沙漠公园170处，总面积约67.6万公顷，约占可治理沙化土地的2.4%，到2025年，重点建设国家沙漠公园359个，总面积142.7万公顷。

规划布局 规划建设国家沙漠公园359个，其中已建55个，拟新建304个。按类型区分：干旱沙区163个，半干旱沙区123个，湿润零星沙区73个。干旱沙区建设沙漠公园163个，其中塔克拉玛干沙漠亚区45个，古尔班通古特沙漠亚区37个，巴丹吉林沙漠亚区9个，腾格里沙漠亚区11个，柴达木盆地沙漠亚区27个，库姆塔格沙漠亚区22个，库布其沙漠亚区4个，乌兰布和沙漠亚区6个，河西走廊沙漠亚区沙漠亚区2个。半干旱沙区建设123个沙漠公园，其中科尔沁沙地亚区37个，毛乌素沙地亚区62个，浑善达克沙地亚区22个，呼伦贝尔沙地亚区2个。湿润零星沙区建设73个沙漠公园，其中黄淮平原沙化亚区52个，川滇沙化亚区4个，高寒沙化亚区15个，其他亚区2个。

规划主要任务 一是资源保护。二是科普宣传。三是科研监测。四是生态游憩。

【全国森林防火规划(2016~2025年)】 2016年12月，国家林业局、国家发展改革委、财政部以林规发〔2016〕178号印发《全国森林防火规划(2016~2025年)》。

规划范围 全国2675个有森林防火任务的县级行政单位。

规范实施期限 2016~2025年。

规划目标 总目标是形成完备的森林火灾预防、扑救、保障三大体系，预警响应规范化、火源管理法制化、火灾扑救科学化、队伍建设专业化、装备建设机械化、基础工作信息化建设取得突破性进展，人力灭火和机械化灭火、风力灭火和以水灭火、传统防火和科学防火有机结合，森林防火长效机制基本形成，森林火灾防控能力显著提高，实现森林防火治理体系和治理能力现代化，24小时火灾扑灭率达到95%以上，森林火灾受害率稳定控制在0.9‰以内。

防火分区布局 根据全国森林火险区划等级、森林资源分布状况和森林火灾发生情况，将全国森林防火区域划分为森林火灾高危区、森林火灾高风险区和一般森林火险区3类，其中森林火灾高危区包括151个县级行政单位，森林火灾高危区包括151个县级行政单位，森林火灾高风险区包括1418个县级行政单位，一般森林火灾风险区包括1106个县级行政单位。森林防火重点区域总面积64 508.6万公顷，占国土总面积67.4%，基本涵盖了中国所有的天然林资源，是中国森林资源最丰富、最集中的地区，林业用地面积达29 277.3万公顷，占全国林业用地面积88.0%；有林地面积达18 831.1万公顷，占全国有林地面积91.6%，是我国今后10年森林防火工作的重点。

规划任务 一是预警监测系统建设。二是森林防火通信和信息指挥系统建设。三是森林消防队伍能力建设。四是森林航空消防能力建设。五是林火阻隔系统建设。六是森林防火应急道路建设。

【"互联网+"林业行动计划——全国林业信息化"十三五"发展规划】 2016年3月，国家林业局以林规发〔2016〕39号印发了《"互联网+"林业行动计划——全国林业信息化"十三五"发展规划》。

规划期限 2016～2020年。

规划目标 总体目标到2020年，全国林业信息化率达到80%，其中国家级林业信息化率达到90%、省级林业信息化率达到80%、市级林业信息化率达到70%、县级林业信息化率达到60%。实现政务管理智能协同、业务支撑精准高效、公共服务便捷惠民、基础保障坚实有力。

规划主要任务 一是"互联网+"林业政务服务。二是"互联网+"林业科技创新。三是"互联网+"林业资源监管。四是"互联网+"生态修复工程。五是"互联网+"灾害应急管理。六是"互联网+"林业产业提升。七是"互联网+"生态文化发展。八是"互联网+"基础能力建设。

（陶赛峰）

林业固定资产投资建设项目批复统计

【综 述】 2016年，国家林业局共审批林业基础设施建设项目190个，批复总投资363 656.8万元，包括中央投资278 502.8万元，地方配套投资85 154万元。其中，审批森林防火项目125个，批复总投资262 022万元，其中中央投资192 678万元，地方配套投资69 344万元；国家级自然保护区基础设施建设项目25个，批复总投资49 297万元，其中中央投资39 302万元，地方配套投资9995万元；国家林业局局直属事业单位基础设施建设项目19个（包括初步设计8个、可行性研究报告11个），批复总投资24 463.8万元；国有林区社会性公益性基础设施建设项目12个，批复总投资17 989万元，其中中央投资15 725万元，地方配套投资2264万元；林业科技类基础设施建设项目8个，批复总投资4400万元，其中中央投资3591万元，地方配套投资809万元；其他基础设施建设项目1个，批复总投资5485万元，其中中央投资2743万元，地方配套投资2742万元。

【森林防火项目】 共审批森林防火项目125个，批复总投资262 022万元，其中中央投资192 678万元，地方配套投资69 344万元。

表19-1 森林防火项目投资

序号	项目名称	批复投资（万元）			批复文号
		总投资	中央	地方	
	森林防火项目（125）	**262 022.0**	**192 678.0**	**69 344.0**	
1	新疆阿勒泰地区富蕴县森林重点火险区综合治理三期工程项目	1478.0	1182.0	296.0	林规批字〔2016〕2号
2	广西来宾市大瑶山森林重点火险区综合治理三期工程项目	1720.0	1376.0	344.0	林规批字〔2016〕9号
3	陕西省韩城市森林重点火险区综合治理三期工程项目	916.0	733.0	183.0	林规批字〔2016〕11号
4	新疆生产建设兵团第十二师森林防火物资储备库建设项目	609.0	183.0	426.0	林规批字〔2016〕13号
5	山东省临沂市蒙山森林重点火险区综合治理三期工程建设项目	3908.0	2345.0	1563.0	林规批字〔2016〕14号
6	浙江金衢盆地森林重点火险区综合治理二期工程项目	4256.0	1702.0	2554.0	林规批字〔2016〕15号
7	广西桂中旱片森林重点火险区综合治理三期工程项目	1240.0	992.0	248.0	林规批字〔2016〕16号

(续)

序号	项目名称	批复投资(万元)			批复文号
		总投资	中央	地方	
8	吉林省汪清航空护林起降场建设项目	2182.0	1746.0	436.0	林规批字〔2016〕26 号
9	吉林省丰满航空护林起降场建设项目	2235.0	1788.0	447.0	林规批字〔2016〕27 号
10	吉林省辉南航空护林起降场建设项目	2062.0	1650.0	412.0	林规批字〔2016〕28 号
11	黑龙江省漠河县地方林业森林重点火险区综合治理项目	1747.0	1398.0	349.0	林规批字〔2016〕29 号
12	黑龙江省抚远黑瞎子岛森林重点火险区综合治理二期工程项目	738.0	443.0	295.0	林规批字〔2016〕30 号
13	内蒙古根河航空护林站森林防火无人机监控系统建设项目实施方案	2500.0	2000.0	500.0	林规批字〔2016〕31 号
14	黑龙江塔河航空护林站森林防火无人机监控系统建设项目实施方案	2500.0	2000.0	500.0	林规批字〔2016〕32 号
15	吉林敦化航空护林站森林防火无人机监控系统建设项目实施方案	2500.0	2000.0	500.0	林规批字〔2016〕33 号
16	黑龙江幸福航空护林站森林防火无人机监控系统建设项目实施方案	2500.0	2000.0	500.0	林规批字〔2016〕34 号
17	新疆阿尔泰山林区森林防火综合防控工程	3125.0	2500.0	625.0	林规批字〔2016〕35 号
18	山西省长治市东部森林重点火险区综合治理二期工程项目	2098.0	1259.0	839.0	林规批字〔2016〕36 号
19	河北省张家口冬奥会核心区及周边重点林区森林防火视频监控系统建设项目	4778.0	2867.0	1911.0	林规批字〔2016〕54 号
20	河北省张家口市国有林场森林重点火险区综合治理工程建设项目	2025.0	1215.0	810.0	林规批字〔2016〕55 号
21	内蒙古阿拉善盟森林火灾高风险区综合治理项目	2383.0	1906.0	477.0	林规批字〔2016〕56 号
22	内蒙古乌兰察布市森林火灾高风险区综合治理项目	2851.0	2281.0	570.0	林规批字〔2016〕57 号
23	内蒙古自治区巴彦淖尔市森林火灾高风险区综合治理项目	2605.0	2084.0	521.0	林规批字〔2016〕58 号
24	内蒙古赤峰市森林火灾高风险区综合治理项目	2542.0	2034.0	508.0	林规批字〔2016〕59 号
25	内蒙古阿拉善盟航空护林站建设项目	1430.0	1144.0	286.0	林规批字〔2016〕60 号
26	内蒙古绰尔林业局森林火灾高危区综合治理建设项目	2136.0	1709.0	427.0	林规批字〔2016〕61 号
27	内蒙古大兴安岭北部原始林区森林火灾高危区综合治理建设项目	2698.0	2158.0	540.0	林规批字〔2016〕62 号
28	内蒙古大兴安岭北部原始林区扑火前指指挥基地建设项目	3175.0	2540.0	635.0	林规批字〔2016〕63 号
29	内蒙古满归林业局森林火灾高危区综合治理建设项目	2849.0	2279.0	570.0	林规批字〔2016〕64 号
30	辽宁省锦州市干旱地区森林防火综合治理建设项目	2899.0	2319.0	580.0	林规批字〔2016〕66 号
31	辽宁本溪市森林火灾高风险区综合治理工程建设项目	2638.0	2110.0	528.0	林规批字〔2016〕67 号
32	辽宁葫芦岛市白狼山脉森林火灾高风险区综合治理工程建设项目	1705.0	1364.0	341.0	林规批字〔2016〕68 号
33	吉林省八家子林业局森林火灾高危区综合治理建设项目	1962.0	1570.0	392.0	林规批字〔2016〕69 号
34	吉林省白河林业局森林火灾高危区综合治理建设项目	1920.0	1536.0	384.0	林规批字〔2016〕70 号
35	吉林省图们江流域安图县、和龙市森林火灾高危区综合治理建设项目	2308.0	1846.0	462.0	林规批字〔2016〕71 号
36	吉林省长白森林经营局森林火灾高危区综合治理建设项目	1666.0	1333.0	333.0	林规批字〔2016〕72 号
37	吉林省森林防火信息指挥系统标准化建设项目	981.0	785.0	196.0	林规批字〔2016〕73 号
38	吉林省林业厅威虎岭片区森林防火视频监控系统建设项目	752.0	602.0	150.0	林规批字〔2016〕75 号
39	吉林省中朝边境(和龙、白河片区)森林防火视频监控系统建设项目	1370.0	1096.0	274.0	林规批字〔2016〕76 号
40	吉林省敦化区片森林防火视频监控系统建设项目	1506.0	1205.0	301.0	林规批字〔2016〕77 号
41	吉林省临江片区森林防火视频监控系统建设项目	1205.0	964.0	241.0	林规批字〔2016〕78 号

（续）

序号	项目名称	批复投资(万元)			批复文号
		总投资	中央	地方	
42	黑龙江省林业厅直属有林单位森林火灾高危区综合治理项目	1315.0	1052.0	263.0	林规批字〔2016〕79号
43	黑龙江黑河市国有林场森林火灾高危区综合治理项目	1915.0	1532.0	383.0	林规批字〔2016〕80号
44	黑龙江省穆棱林业局森林火灾高危区综合治理建设项目	1462.0	1170.0	292.0	林规批字〔2016〕81号
45	黑龙江省方正林业局森林火灾高危区综合治理建设项目	1456.0	1165.0	291.0	林规批字〔2016〕82号
46	黑龙江省林口林业局森林火灾高危区综合治理建设项目	1732.0	1386.0	346.0	林规批字〔2016〕83号
47	黑龙江省鹤立林业局森林火灾高危区综合治理建设项目	1507.0	1206.0	301.0	林规批字〔2016〕84号
48	黑龙江省迎春林业局森林火灾高危区综合治理建设项目	1505.0	1204.0	301.0	林规批字〔2016〕85号
49	黑龙江省绥棱林业局森林火灾高危区综合治理建设项目	1385.0	1108.0	277.0	林规批字〔2016〕86号
50	黑龙江省双鸭山林业局森林火灾高危区综合治理建设项目	1895.0	1516.0	379.0	林规批字〔2016〕87号
51	黑龙江大兴安岭桦南林业局森林火灾高危区综合治理建设项目	1963.0	1570.0	393.0	林规批字〔2016〕88号
52	韩家园林业局森林火险高危区综合治理建设项目	2600.0	2080.0	520.0	林规批字〔2016〕89号
53	大兴安岭林业集团公司塔河航空护林站改扩建工程	1269.0	1015.0	254.0	林规批字〔2016〕90号
54	安徽省九华山地区森林火灾高风险区综合治理项目	2520.0	1634.0	886.0	林规批字〔2016〕91号
55	安徽省滁州市森林火灾高风险区综合治理项目	2435.0	1461.0	974.0	林规批字〔2016〕92号
56	安徽省黄山市森林火灾高风险区综合治理项目	1546.0	928.0	618.0	林规批字〔2016〕93号
57	福建泉州市森林火灾高危区(高风险区)综合治理项目	2434.0	1947.0	487.0	林规批字〔2016〕94号
58	福建省航空护林站建设项目	2850.0	1710.0	1140.0	林规批字〔2016〕95号
59	江西省东固山森林火灾高风险区综合治理项目	2307.0	1695.0	612.0	林规批字〔2016〕96号
60	江西省幕阜山东南部森林火灾高风险区综合治理项目	2397.0	1698.0	699.0	林规批字〔2016〕97号
61	江西省赣东北森林防火通信系统建设项目	2593.0	1556.0	1037.0	林规批字〔2016〕98号
62	江西省赣中南森林防火通信系统建设项目	3197.0	1918.0	1279.0	林规批字〔2016〕99号
63	山东省荣成市伟德山等森林火灾高风险区综合治理项目	2031.0	1219.0	812.0	林规批字〔2016〕100号
64	山东省孔孟历史文化名城森林火灾高风险区综合治理项目	2010.0	1206.0	804.0	林规批字〔2016〕101号
65	山东省淄博市森林火灾高风险区综合治理项目	2945.0	1767.0	1178.0	林规批字〔2016〕102号
66	山东青岛市森林防火信息指挥系统建设项目	1396.0	838.0	558.0	林规批字〔2016〕103号
67	河南省豫中南森林防火通信系统建设工程	1271.0	763.0	508.0	林规批字〔2016〕104号
68	河南伏牛山中部森林火灾高风险区综合治理项目	3345.0	2475.0	870.0	林规批字〔2016〕105号
69	河南省洛阳市森林火险高风险区综合治理项目	2565.0	1539.0	1026.0	林规批字〔2016〕106号
70	河南省豫西森林防火通信系统建设工程	1908.0	1145.0	763.0	林规批字〔2016〕107号
71	湖北省荆门市森林火灾高风险区综合治理建设项目	1977.0	1186.0	791.0	林规批字〔2016〕108号
72	湖北省森林防火指挥信息系统建设项目	1271.0	763.0	508.0	林规批字〔2016〕109号
73	湖北省航空护林站建设项目(变更申请重批)	2104.0	1262.0	842.0	林规批字〔2016〕110号
74	湖南省郴州市森林火灾高风险区综合治理项目	2568.0	1740.0	828.0	林规批字〔2016〕111号
75	湖南湘西沱江流域森林火灾高风险区综合治理项目	2045.0	1636.0	409.0	林规批字〔2016〕112号
76	湖南省益阳市森林火灾高风险区综合治理项目	2205.0	1470.0	735.0	林规批字〔2016〕113号
77	湖南省娄底市森林火灾高风险区综合治理项目	1945.0	1405.0	540.0	林规批字〔2016〕114号
78	湖南省林业厅直属单位森林火灾高风险区综合治理工程项目	1805.0	1083.0	722.0	林规批字〔2016〕115号
79	广东省东西两翼森林防火通信系统建设项目	1616.0	970.0	646.0	林规批字〔2016〕116号
80	广西贵港市浔江流域森林火灾高风险区综合治理工程建设项目	2221.0	1777.0	444.0	林规批字〔2016〕117号

（续）

序号	项目名称	批复投资（万元）			批复文号
		总投资	中央	地方	
81	广西壮族自治区桂湘黔三省交界森林火灾高风险区综合治理三期工程	2102.0	1682.0	420.0	林规批字〔2016〕118 号
82	广西罗城森林火灾高风险区综合治理建设项目	1550.0	1240.0	310.0	林规批字〔2016〕119 号
83	广西桂东北片区森林防火通讯系统建设项目	1694.0	1355.0	339.0	林规批字〔2016〕120 号
84	广西桂中南片区森林防火通讯系统建设项目	1687.0	1350.0	337.0	林规批字〔2016〕121 号
85	广西桂西北片区森林防火通讯系统建设项目	1986.0	1589.0	397.0	林规批字〔2016〕122 号
86	重庆市森林防火物资储备库工程建设项目	2021.0	522.0	1499.0	林规批字〔2016〕123 号
87	重庆市市级森林防火专业应急队营房工程建设项目	2541.0	1393.0	1148.0	林规批字〔2016〕124 号
88	重庆市江津区森林火灾高风险区综合治理建设项目	1798.0	1437.0	361.0	林规批字〔2016〕125 号
89	重庆北碚区森林重点火险区综合治理工程建设项目	1485.0	1188.0	297.0	林规批字〔2016〕126 号
90	重庆市合川区森林火灾高风险区综合治建设项目	1415.0	1132.0	283.0	林规批字〔2016〕129 号
91	四川省绵阳市森林火灾高风险区综合治理项目	2258.0	1806.0	452.0	林规批字〔2016〕130 号
92	四川省泸州市森林火灾高风险区综合治理项目	2903.0	2322.0	581.0	林规批字〔2016〕131 号
93	四川省宜宾市高县等五县森林火灾高风险区综合治理项目	2767.0	2214.0	553.0	林规批字〔2016〕132 号
94	四川省达州市渠县等森林火灾高风险区综合治理项目	2533.0	2026.0	507.0	林规批字〔2016〕133 号
95	贵州省黔东南州台江县等森林火灾高风险区综合治理项目	3053.0	2442.0	611.0	林规批字〔2016〕134 号
96	贵州省铜仁市碧江等森林火灾高风险区综合治理项目	1878.0	1502.0	376.0	林规批字〔2016〕135 号
97	云南省红河州森林火灾高风险区综合治理项目	2587.0	2070.0	517.0	林规批字〔2016〕136 号
98	云南省普洱市森林火灾高风险区综合治理项目	2225.0	1780.0	445.0	林规批字〔2016〕137 号
99	云南省楚雄州森林火灾高危区高风险区综合治理项目	2523.0	2018.0	505.0	林规批字〔2016〕138 号
100	云南省西双版纳州森林火灾高危区综合治理项目	2363.0	1890.0	473.0	林规批字〔2016〕139 号
101	云南省森林防火省级通信和信息指挥系统建设项目	1443.0	1154.0	289.0	林规批字〔2016〕140 号
102	陕西省渭南市秦岭北麓森林火灾高风险区综合治理建设项目	1830.0	1464.0	366.0	林规批字〔2016〕141 号
103	陕西省富县、延长、志丹森林火灾高风险区项目	1750.0	1400.0	350.0	林规批字〔2016〕143 号
104	甘肃陇东黄土高原沟壑区森林防火通信系统建设项目	2109.0	1687.0	422.0	林规批字〔2016〕144 号
105	甘肃中南部森林防火通信系统建设项目	2957.0	2366.0	591.0	林规批字〔2016〕145 号
106	青海省班玛县森林火灾高风险区综合治理项目	1203.0	962.0	241.0	林规批字〔2016〕146 号
107	青海省海南州森林火灾高风险区综合治理建设项目	2430.0	1944.0	486.0	林规批字〔2016〕147 号
108	青海省玉树州森林火灾高风险区综合治理项目	2627.0	2102.0	525.0	林规批字〔2016〕148 号
109	青海省海西州森林火灾高风险区综合治理项目	3218.0	2574.0	644.0	林规批字〔2016〕149 号
110	青海省果洛州森林火灾高风险区综合治理项目	1365.0	1092.0	273.0	林规批字〔2016〕150 号
111	宁夏固原市黄土丘陵区森林火灾高风险区综合治理项目	1580.0	1264.0	316.0	林规批字〔2016〕151 号
112	宁夏六盘山土石质山区森林火灾高风险区综合治理项目	2361.0	1889.0	472.0	林规批字〔2016〕152 号
113	新疆天山西部林区喀什河、巩乃斯河流域森林火灾高风险区综合治理项目	1916.0	1533.0	383.0	林规批字〔2016〕153 号
114	新疆天山西部林区伊犁河流域森林火灾高风险区综合治理项目	1700.0	1360.0	340.0	林规批字〔2016〕154 号
115	新疆天山东部国有林管理局森林防火监控指挥体系工程建设项目	1730.0	1384.0	346.0	林规批字〔2016〕155 号
116	新疆伊犁哈萨克自治州森林防火信息指挥系统建设项目	1617.0	1294.0	323.0	林规批字〔2016〕156 号
117	新疆阿勒泰地区省级森林防火物资储备库建设工程	752.0	226.0	526.0	林规批字〔2016〕157 号
118	新疆生产建设兵团第七师森林火灾高危区（高风险区）综合治理项目	1472.0	1178.0	294.0	林规批字〔2016〕159 号
119	新疆生产建设兵团第九师森林火灾高风险区综合治理项目	1317.0	1054.0	263.0	林规批字〔2016〕160 号

（续）

序号	项目名称	批复投资(万元)			批复文号
		总投资	中央	地方	
120	新疆生产建设兵团森林防火信息指挥系统建设项目	2141.0	1713.0	428.0	林规批字〔2016〕161号
121	内蒙古毕拉河林业局森林火灾高危区综合治理建设项目	2410.0	1928.0	482.0	林规批字〔2016〕164号
122	新疆阿勒泰地区航空护林站建设项目	3322.0	2414.0	908.0	林规批字〔2016〕174号
123	重庆市綦万地区森林火灾高风险区综合治理项目	1913.0	1530.0	383.0	林规批字〔2016〕175号
124	山东省昆嵛山区域森林火灾高风险区综合治理工程建设项目	2481.0	1489.0	992.0	林规批字〔2016〕179号
125	山东省潍南山区森林火灾高风险区综合治理项目	2800.0	1680.0	1120.0	林规批字〔2016〕181号

【国家级自然保护区建设项目】 共审批国家级自然保护区基础设施建设项目25个，批复总投资49 297万元，其中中央投资39 302万元，地方配套投资9995万元。

表19-2 国家级自然保护区建设项目投资

序号	项目名称	批复投资(万元)			批复文号
		总投资	中央	地方	
	国家级自然保护区	**49 297.0**	**39 302.0**	**9995.0**	
1	湖南都庞岭国家级自然保护区基础设施三期工程项目	1627.0	1302.0	325.0	林规批字〔2016〕1号
2	云南云龙天池国家级自然保护区基础设施建设项目	1869.0	1495.0	374.0	林规批字〔2016〕7号
3	湖南莽山国家级自然保护区基础设施二期工程项目	1505.0	1204.0	301.0	林规批字〔2016〕8号
4	陕西平河梁国家级自然保护区基础设施建设项目	1978.0	1582.0	396.0	林规批字〔2016〕10号
5	江西齐云山国家级自然保护区基础设施工程建设项目	2005.0	1588.0	417.0	林规批字〔2016〕12号
6	内蒙古图牧吉国家级自然保护区三期工程建设项目	1106.0	885.0	221.0	林规批字〔2016〕17号
7	湖南六步溪国家级自然保护区基础设施二期项目	1530.0	1224.0	306.0	林规批字〔2016〕18号
8	陕西紫柏山国家级自然保护区基础设施建设项目	1575.0	1260.0	315.0	林规批字〔2016〕20号
9	四川米仓山国家级自然保护区基础设施三期工程项目	1252.0	1002.0	250.0	林规批字〔2016〕21号
10	甘肃祁连山国家级自然保护区基础设施建设项目	8172.0	6538.0	1634.0	林规批字〔2016〕22号
11	黑龙江大峡谷国家级自然保护区基础设施建设项目	3379.0	2703.0	676.0	林规批字〔2016〕23号
12	江西阳际锋国家级自然保护区基础设施建设项目	2117.0	1694.0	423.0	林规批字〔2016〕25号
13	陕西延安黄龙山褐马鸡国家级自然保护区基础设施二期工程项目	1561.0	1249.0	312.0	林规批字〔2016〕37号
14	黑龙江老爷岭东北虎国家级自然保护区基础设施建设项目	3015.0	2412.0	603.0	林规批字〔2016〕41号
15	内蒙古毕拉河国家级自然保护区工程建设项目	2103.0	1682.0	421.0	林规批字〔2016〕65号
16	山西芦芽山国家级自然保护区基础设施建设项目	1121.0	897.0	224.0	林规批字〔2016〕162号
17	内蒙古乌兰坝国家级自然保护区基础设施建设项目	1350.0	1080.0	270.0	林规批字〔2016〕163号
18	辽宁青龙河国家级自然保护区工程建设项目	1265.0	1012.0	253.0	林规批字〔2016〕165号
19	吉林白山原麝国家级自然保护区基础设施建设项目	1510.0	1208.0	302.0	林规批字〔2016〕166号
20	黑龙江大兴安岭多布库尔国家级自然保护区建设项目	2015.0	1492.0	523.0	林规批字〔2016〕167号
21	福建雄江黄楮林国家级自然保护区基础设施建设项目	1380.0	1104.0	276.0	林规批字〔2016〕169号
22	湖北木林子国家级自然保护区基础设施建设项目	1648.0	1318.0	330.0	林规批字〔2016〕170号
23	四川格西沟国家级自然保护区基础设施建设项目	1263.0	1010.0	253.0	林规批字〔2016〕171号
24	四川小寨子沟国家级自然保护区基础设施建设项目	1445.0	1156.0	289.0	林规批字〔2016〕172号
25	青海省大通北川河源区国家级自然保护区基础设施建设项目	1506.0	1205.0	301.0	林规批字〔2016〕173号

【部门自身能力建设项目】 共审批国家林业局直属事业单位基础设施建设项目19个(包括初步设计8个、可行性研究报告11个)，批复总投资24 463.8万元。

表 19-3　部门自身能力建设项目投资

序号	项目名称	批复投资(万元)			批复文号
		总投资	中央	地方	
	合　计	**24 463.8**	**24 463.8**	**0.0**	
	直属单位初步设计(8)	11 130.0	11 130.0	0.0	
1	甘肃白水江国家级自然保护区基层保护站点环境整治建设项目初步设计	847.0	847.0	0.0	林规批字〔2016〕46 号
2	中国林科院森林生态环境与保护研究所植物标本库改造工程建设项目初步设计	562.0	562.0	0.0	林规批字〔2016〕47 号
3	中国林科院油茶工程技术研究中心油茶精深加工中试基地建设项目初步设计	2043.0	2043.0	0.0	林规批字〔2016〕48 号
4	南方航空护林总站成都站直升机场建设项目初步设计调整方案	1822.0	1822.0	0.0	林规批字〔2016〕49 号
5	中国林科院林业装备制造开放试验基地建设项目初步设计	2914.0	2914.0	0.0	林规批字〔2016〕50 号
6	中国林科院(南京)科技园环保基础设施建设项目初步设计	1310.0	1310.0	0.0	林规批字〔2016〕51 号
7	江西大岗山森林生态站野外综合观测楼建设项目初步设计	276.0	276.0	0.0	林规批字〔2016〕180 号
8	中国林科院沙林中心实验场灌溉渠系改造工程初步设计	1356.0	1356.0	0.0	林规批字〔2016〕186 号
	直属单位可研批复(11)	13 333.8	13 333.8	0.0	
1	陕西佛坪国家级自然保护区野生动物动态监测和森林群落监测工程建设项目	1336.0	1336.0	0.0	林规批字〔2016〕40 号
2	甘肃白水江大熊猫栖息地重点森林火险区综合治理工程	1896.0	1896.0	0.0	林规批字〔2016〕42 号
3	国家林业局调查规划设计院涉*数据处理中心电力增容工程	819.0	819.0	0.0	林规批字〔2016〕43 号
4	国家林业局林业自然保护区监督管理平台建设项目	1088.0	1088.0	0.0	林规批字〔2016〕45 号
5	国家林业局林产工业规划设计院朝内大街 130 号南平房翻建项目可研(代初步设计)-自筹	415.8	415.8	0.0	林规批字〔2016〕53 号
6	全国林地一张图建设专用设备购置项目	2277.0	2277.0	0.0	林规批字〔2016〕74 号
7	森林防火预警监测信息中心极轨卫星林火监测系统建设项目	954.0	954.0	0.0	林规批字〔2016〕176 号
8	中国林科院南方国家级林木种苗示范基地森林防火工程建设项目	660.0	660.0	0.0	林规批字〔2016〕177 号
9	中国林科院资源昆虫研究所森林防火基础设施建设项目	816.0	816.0	0.0	林规批字〔2016〕178 号
10	国家林业局经济发展研究中心节目制作设备购置项目	323.0	323.0	0.0	林规批字〔2016〕191 号
11	林业资源监测机载系统建设项目	2749.0	2749.0	0.0	林规批字〔2016〕192 号

【国有林区社会性公益性基础设施建设项目】 共审批国有林区社会性公益性基础设施建设项目 12 个，批复总投资 17 989 万元，其中中央投资 15 725 万元，地方配套投资 2264 万元。

表 19-4　国有林区社会性公益性基础设施建设项目投资

序号	项目名称	批复投资(万元)			批复文号
		总投资	中央	地方	
	国有林区社会性公益性基础设施项目(12)	**17 989.0**	**15 725.0**	**2264.0**	
1	吉林省敦化林业局局址供水系统扩容工程建设项目	1468.0	1321.0	147.0	林规批字〔2016〕19 号
2	黑龙江省绥阳林业局第一中学改扩建项目	1890.0	1701.0	189.0	林规批字〔2016〕38 号
3	吉林省大石头林业局局址给水系统扩容工程建设项目	1554.0	1399.0	155.0	林规批字〔2016〕39 号
4	甘肃省白龙江林管局舟曲林业局局场址基础设施建设项目	958.0	766.0	192.0	林规批字〔2016〕142 号
5	甘肃省白龙江林管局白水江林业局局场址基础设施建设项目	1887.0	1510.0	377.0	林规批字〔2016〕158 号
6	甘肃省白龙江林业管理局中学教学楼改造项目	478.0	382.0	96.0	林规批字〔2016〕182 号
7	陕西省森工医院手术室净化升级改造项目	1321.0	1057.0	264.0	林规批字〔2016〕183 号
8	黑龙江省苇河林业局第二中学改造建设项目	1689.0	1520.0	169.0	林规批字〔2016〕184 号
9	黑龙江省汤旺河林业局第一小学改扩建项目	571.0	514.0	57.0	林规批字〔2016〕185 号
10	黑龙江省沾河林业局职工医院改扩建建设项目	2997.0	2697.0	300.0	林规批字〔2016〕187 号
11	黑龙江省上甘岭林业局中学改扩建建设项目	909.0	818.0	91.0	林规批字〔2016〕188 号
12	黑龙江省东方红林业局人民医院扩建项目	2267.0	2040.0	227.0	林规批字〔2016〕190 号

【林业科技类基础设施建设项目】 共审批林业科技类基础设施建设项目 8 个，批复总投资 4400 万元，其中中央投资 3591 万元，地方配套投资 809 万元。

表 19-5 林业科技类基础设施建设项目投资

序号	项目名称	批复投资(万元)			批复文号
		总投资	中央	地方	
林业科技类基础设施项目(8)		**4400.0**	**3591.0**	**809.0**	
1	吉林长白山森林生态系统国家定位观测研究站建设项目	460.0	460.0	0.0	林规批字〔2016〕3 号
2	湖北大巴山森林生态系统国家定位观测研究站建设项目	510.0	510.0	0.0	林规批字〔2016〕4 号
3	湖北恩施森林生态系统国家定位观测研究站建设项目	480.0	480.0	0.0	林规批字〔2016〕5 号
4	辽宁双台河口湿地生态系统国家定位观测研究站建设项目	467.0	467.0	0.0	林规批字〔2016〕6 号
5	福建闽江河口湿地生态系统国家定位观测研究站建设项目	437.0	437.0	0.0	林规批字〔2016〕24 号
6	国家林业局经济林产品质量检验检测中心(南昌)建设项目	445.0	445.0	0.0	林规批字〔2016〕44 号
7	国家林业局林产品质量检验检测中心(乌鲁木齐)扩建项目	1154.0	345.0	809.0	林规批字〔2016〕168 号
8	国家林业局经济林产品质量检验检测中心(乌鲁木齐)建设项目	447.0	447.0	0.0	林规批字〔2016〕189 号

【其他基础设施建设项目】 共审批其他基础设施建设项目 1 个，批复总投资 5 485 万元，其中中央投资 2743 万元，地方配套投资 2742 万元。

表 19-6 其他基础设施建设项目投资

序号	项目名称	批复投资(万元)			批复文号
		总投资	中央	地方	
其他基础设施建设项目(1)		**5485.0**	**2743.0**	**2742.0**	
1	国家林业局南方查没制品储存中心建设项目	5485.0	2743.0	2742.0	林规批字〔2016〕52 号

【发布《防护林造林工程投资估算指标》】 为在新形势下合理确定和控制防护林造林工程投资，满足防护林造林工程建设与管理的需要，国家林业局对《防护林造林工程投资估算指标(试行)》(林计发〔2008〕232 号)进行了修订。修订后的《防护林造林工程投资估算指标》自 2016 年 6 月 1 日起施行。原《防护林造林工程投资估算指标(试行)》自行废止。

(闫春丽 富玫妹)

林业基本建设投资

【林业基本建设投资情况】 2016 年全年落实中央投资 163 亿元，较 2015 年增加 15 亿元，增幅 10%。在优化投资结构、完善投资政策、加强投资管理等方面也取得了新的突破。

启动了东北、内蒙古重点国有林区防火应急道路建设、森林防火装备现代化以及国家级自然保护区、湿地恢复保护大项目建设试点。加大投资统筹力度，安排投资 4.5 亿元用于支持林区防火道路、防火无人机和国家级自然保护区、湿地恢复保护大项目建设试点，为全国森林防火道路、林区装备现代化、林业大项目建设探索路子、积累经验。

营造林及国有林区基础设施投资政策进一步优化。较大幅度提高了中央造林投资补助标准，从 2016 年起，人工造林、封山育林、飞播造林、天保工程补植补造、改造培育中央补助标准分别从 4500 元/公顷、1050 元/公顷、1800 元/公顷、3000 元/公顷提高到 7500 元/公顷、1500 元/公顷、2400 元/公顷、4500 元/公顷，有效缓解了中央造林补助标准偏低的问题。东北、内蒙古重点国有林区社会性基础设施建设项目中央投资比例，由原来中央投资 80% 提高到 90%，减轻了国有林区配套资金压力。

切实加强年度投资计划管理。2016 年，采取有效措施进一步加强林业投资计划管理工作。一是规范投资管理，与国家发改委联合出台三北、长江流域等重点防护林工程、天然林资源保护工程、退耕还林工程、京津风沙源治理工程、石漠化综合治理工程、生态保护支撑保障体系、小专项等中央预算内投资专项管理办法，进一步明确了规划编制、项目审批、投资计划管理等各个环节的责任和程序要求，为规范投资计划、资金项目管理提供了科学依据和遵循。二是进一步加强投资计划执行情况全过程监管，从计划转发、分解、项目落地、保障落实投资、规范工程管理、计划执行进度、资金使用与拨付等方面入手，建立健全项目投资全过程监管机制。切实加强对项目建设、投资运行跟踪分析、定期调度，督促地方加快投资计划执行进度，努力保证投资效益。

创新营造林生产计划管理，编制下达三年滚动计划。按照林业“十三五”规划确定的营造林总任务，在广泛征求意见、深入调研的基础上，改变以往营造林生产计划一年一安排的模式，创新管理方式，编制下达2016～2018年营造林生产滚动计划，年均安排营造林任务1466.67亿公顷，其中：安排造林任务666.67万公顷(包括人工造林286.67万公顷、飞播造林13.33万公顷、封山育林166.67万公顷、退化林修复及人工更新200万公顷)、森林抚育任务800万公顷。优化调整了营造林生产计划指标设置，将退化林修复及人工更新作为造林指标纳入营造林生产计划管理，进一步增强营造林生产计划的科学性、指导性。

【林业重点生态工程和项目进展情况】

天保工程 下达中央基本建设投资14亿元，安排工作任务37.62万公顷，其中公益林建设任务25.55万公顷(人工造乔木林5.81万公顷、人工造灌木林1万公顷、飞播造林7万公顷、封山育林11.73万公顷)，后备资源培育12.08万公顷(人工造乔木林1.53万公顷、飞播造林0.44万公顷、改造培育1万公顷、补植补造9.11万公顷)。

退耕还林工程 下达中央基本建设投资40亿元，共安排退耕还林任务89万公顷。

重点防护林体系建设工程 下达中央投资36亿元，其中：三北防护林工程21.45亿元、沿海防护林工程3.55亿元、长江防护林工程7.2亿元、珠江防护林工程2亿元、太行山绿化工程1.8亿元。安排造林任务85.65万公顷(人工造乔木林36.9万公顷、人工造灌木林4.53万公顷、飞播造林0.67万公顷、封山育林43.55万公顷)，其中：三北防护林工程55.57万公顷(人工造乔木林20.15万公顷、人工造灌木林4.53万公顷、飞播造林0.67万公顷、封山育林30.32万公顷)、沿海防护林工程6.52万公顷(人工造乔木林4.29万公顷、封山育林2.23万公顷)、长江防护林工程15.79万公顷(人工造乔木林8.05万公顷、封山育林7.73万公顷)、珠江防护林工程4.75万公顷(人工造乔木林2.15万公顷、封山育林2.6万公顷)、太行山绿化工程2.93万公顷(人工造乔木林2.27万公顷、封山育林0.67万公顷)。

京津风沙源治理工程 下达中央投资21亿元，安排造林任务18.46万公顷，其中：人工造乔木林8.87万公顷、人工造灌木林1.47万公顷、飞播造林1.3万公顷、封山育林6.82万公顷。

石漠化综合治理工程 2016年，国家发改委会同国家林业局及农业部、水利部，联合印发《岩溶地区石漠化综合治理工程“十三五”建设规划》，其中规划林草植被建设与保护任务195万公顷，工程补助标准从20万元/平方千米提高到了25万元/平方千米。下达中央投资20亿元，安排造林任务32万公顷，其中人工造乔木林8.67万公顷、封山育林23.33万公顷。

森林防火项目 共下达中央投资14亿元，其中，安排2亿元用于内蒙古森工、吉林森工、长白山森工、龙江森工以及大兴安岭森工等重点国有林区防火应急道路试点建设；安排12亿元用于重点火险区、森林防火信息指挥系统、航空护林站等森林防火基础设施建设。

国家级自然保护区基础设施建设工程 下达中央投资3亿元，用于全国22个省(区、市)的28个国家级自然保护区基础设施建设。

湿地保护与恢复工程 下达中央预算内投资3亿元，用于全国17个省(区)及计划单列市30个项目的湿地保护、恢复及相关配套设施建设等。同时，2016年启动实施了湿地保护与恢复工程大项目试点，重点安排贵州草海、内蒙古呼伦湖、云南洱海源头、黑龙江三江等四个大项目试点，年度投资额度均在3000万元以上。

林木种苗工程 下达中央预算内投资1亿元，用于全国12个省(区)及计划单列市16个续建项目的林木种苗质量监督检验、良种繁育基地及种质资源库建设等。

林业棚户区(危旧房)改造项目 下达中央预算内投资8.48亿元，用于内蒙古、黑龙江、辽宁、江西、贵州、西藏、甘肃7省区5.44万户棚户区改造任务。

国有林区社会性基础设施建设项目 下达中央预算内投资2亿元。用于吉林、黑龙江、甘肃、新疆4省区国有林区林业局局场址给水、医疗、学校等非经营性基础设施建设等。

林业小专项 全年共完成国家储备林基地建设项目、防沙治沙示范建设等9个林业小专项中央预算内基本建设投资6.84亿元。此外，下达国家林业局直属事业单位基础设施建设投资2.15亿元，从提升科研设施设备、加强教学能力、提高调查规划及监测水平等多个方面有力地支持了国家林业局直属单位自身建设。

(孙嘉伟　郭　伟)

林业区域发展

【援疆援藏工作】 全面推动国有林场改革，提升林业在精准扶贫中的作用，举办新疆、青海和新疆兵团专项培训班各一期。

【两大战略林业发展】

京津冀协同发展林业生态率先突破工作情况 一是统筹规划协同推进。发布《国家林业局办公室关于贯彻落实共同推进京津冀协同发展林业生态率先突破框架协议分工方案的通知》(办规字〔2016〕263号)，统筹推进京津冀协同发展林业生态率先突破工作。二是全面保护天然林资源。2016年，森林管护费补助标准由每公顷90元提高到120元，中央财政共安排京津冀地区停伐补助资金33 259万元、天保工程资金13 000万元。三是积极保护和恢复湿地。在河北省实施了3项国家湿地保护工程项目，共安排中央预算内投资1276万元；在京津冀地区实施中央财政湿地补贴项目18个，共落实资金7800万元。四是加强自然保护区建设。进一步加强对京津冀地区野生动植物保护和自然保护区建设的财政支持力度，2016年共拨付林业国家级自然保护区补助资金1000万元。五是加大重点生态修复工程建设力度。依托京津风沙源治理、三北防护林、太行山绿化、沿海防护林、平原造林等重点生态工程，加大京津冀地区造林绿化和督查力度，确保工程进度和质量。安排中央财政森林生态效益补偿资金4.1亿元。六是积极推进京津冀地区的国家储备林建设。组织编制《国家储备林建设规划(2016～2020年)》，已将北京、天津及河北纳入建设范围，规划面积108.61万公顷。七是加大科技支撑力度。支持京津冀地区有关研究机构开展了一系列科学研究，取得一系列关键技术突破。2016年新建北戴河滨海湿地生态系统定位观测研究站、河北衡水湖湿地生态系统定位观测研究站，京津冀地区生态站总数达到9个。

长江经济带"共抓大保护"林业工作情况 一是加大资金支持力度。2016年，安排中央财政森林生态效益补偿资金64.6亿元，贫困林场扶贫资金2亿元。二是全面保护天然林资源。2016年，安排长江经济带及源头青海省的天保工程资金23.1亿元。明确了全面保护天然林、停止天然林商业性采伐的基本政策措施和扩大天然林保护范围的基本政策。三是积极推进新一轮退耕还林。2016年，针对湖北等6省市，国家下达退耕还林任务54.47万公顷。目前，各工程省市已将任务分解下达到县级实施单位，并正在开展外业实地调查，落实退耕地块。四是加强长江流域防护林体系建设。2016年，国家下达长江经济带各省(区、市)森林抚育任务261.60万公顷，并进一步加强林业有害生物防控工作。五是积极推进长江经济带湿地保护工作。2016年，安排中央财政湿地保护补贴资金5.88亿。加强长江流域生态保护力度，严格控制和治理长江水污染，强化沿江生态保护和修复工作。六是积极推进长江经济带国家储备林建设。截至2016年年底，长江经济带各省(区、市)共完成国家储备林基地建设任务约4.14万公顷。同时，长江经济带石漠化综合治理工程稳步推进。

【区域林业发展】

振兴东北地区等老工业基地林业工作情况 ①中央林业资金安排情况。2016年国家林业局不断加强振兴黑龙江、吉林、辽宁、内蒙古东部等东北地区老工业基地(以下简称"东北地区")工作，累计安排东北地区中央林业投资283.26亿元，其中中央财政资金252.4亿元，中央基建资金30.86亿元。安排东北地区林业贴息贷款39.9亿元。②林业重点工程完成情况。一是天然林资源保护二期工程。安排天然林资源保护二期工程补植补造项目约50个，中央投资2.26亿元。二是防沙治沙及荒漠化综合治理工程。2016年安排内蒙古赤峰市、锡林郭勒盟京津风沙源二期工程林业建设任务4.51万公顷，下达林业建设资金1.77亿元。继续推进沙化土地封禁保护补助试点工作，安排中央财政补助资金1500万元。三是防护林体系建设工程。安排东北地区三北防护林体系建设资金7.05亿元，营造林面积15.49万公顷。四是自然保护区建设工程。不断加强珍稀濒危野生动植物保护，2016年累计投入资金8803万元，用于7处国家级自然保护区的保护站点、巡护设施、科研监测、公众教育和生态旅游等方面的基础设施建设。五是湿地保护与恢复工程。安排湿地生态效益补偿、退耕还湿试点、湿地保护与恢复、湿地保护奖励等中央财政资金3.6亿元，实施中央财政湿地补贴项目71个。③林业基础设施建设。一是森林公安和防火基础设施建设。将大小兴安岭、长白山、完达山森林防火重点区纳入《全国森林防火规划(2016～2025年)》16个森林防火重点区范围。2016年累计安排东北地区森林防火项目资金3.4亿元，安排森林公安补助资金1.97亿元。二是林木种苗工程建设情况。安排林木良种培育补贴资金3760万元。三是林业工作站建设。安排林业工作站基本建设投资1140万元，建设标准化林业工作站66个。四是林业科技支撑。安排中央财政林业科技推广示范资金5300万元；推广应用沿海地区、采矿迹地、退化地等生态修复技术，实施推广项目50个。

促进中部地区崛起林业工作情况 指导中部六省开展环境承载能力监测预警。开展天然林资源保护工程、新一轮退耕还林工程，巩固退耕还林成果，积极推进"两湖两库"(洞庭湖、鄱阳湖、三峡库区、丹江口库区)防护林和南水北调沿线水源涵养林、水土保持林建设，加大对中部地区国家储备林基地建设项目的政策和资金支持力度。在山西省实施京津风沙源治理工程，在湖北、湖南省实施岩溶地区石漠化综合治理工程。实施湿地保护工程，推进湿地公园建设和发展。加强水生态建设试点管理，指导和支持湖北省开展退耕还湖试点。进一步加强重点地区水土流失防治。

与宁夏回族自治区签署林业建设合作协议 同宁夏签订《国家林业局 宁夏回族自治区人民政府共同推进宁夏生态林业建设合作协议》。

（陆诗雷　解炜炜）

林业对外经济贸易合作

【"一带一路"建设林业合作】 坚持共商、共建、共享绿色丝绸之路，聚焦重点地区、重点国家、重点项目，着力推进"一带一路"建设林业合作。编制《丝绸之路经济带和21世纪海上丝绸之路建设林业合作规划》，搭建了"一带一路"林业贸易与投资合作平台。加强与中东欧国家林业投资合作，召开中国－中东欧国家(1+16)林业产业工商与投资研讨会，建立了双方企业务实合作对接机制，推动合作项目落地。建立了中国－东盟贸易投资合作机制，召开中国－东盟(1+10)林业经贸合作高峰论坛，积极推进与缅甸、老挝、泰国等国的贸易与投资合作。成功发起"一带一路"防治荒漠化共同行动倡议。"一带一路"建设境外木材工业园区等重大项目建设稳步推进，统筹谋划了一批重点储备项目。中蒙俄经济走廊规划生态保护项目顺利推进。绥芬河、满洲里进口木材加工交易示范基地建设取得突破性进展。

【林业利用外资工作】 随着“一带一路”和“走出去”战略的深入推进，林业产能国际合作逐步向纵深发展。印发《“十三五”林业“走出去”规划》，编制完成《中俄林业投资合作第六期规划》，召开中俄林业投资政策论坛、第三届中俄林业投资合作圆桌会议、中俄森林资源开发和利用常设工作小组第十四次会议，与美国联合召开了气候变化框架下海外林业投资国际研讨会。中资企业在俄罗斯、非洲、东南亚、美洲等国家和地区林业投资合作租用林地规模稳定在6000多万公顷，投资合作项目200多个，输出劳务人员约1万多人。在俄罗斯、新西兰、秘鲁、加蓬等国投资的林业项目进展顺利。林业机械对外交流与产能合作能力不断增强，企业通过抱团出海、借船出海、合作出海等方式，林机产品出口额达到40亿美元。中国企业参与国际合作和竞争，在全球配置森林资源的能力全面提升。森工企业、私营企业、国有企业、国有加民营的经济联合体、股份制企业等不同所有制企业均加入了林业产能国际合作的队伍中。除直接租赁或购买林地外，并购、合资合作、资本运作、战略联盟、股权置换等合作方式快速发展。境外林业投资合作由过去单一的采伐及粗加工方式，正在向采伐、精深加工、销售一体化转变，木材工业园区建设正成为投资新模式。

【林业利用外资工作】 印发《全国林业“十三五”利用国际金融组织贷款项目发展规划》。围绕长江经济带、京津冀协同发展、“一带一路”三大战略及国家储备林建设，统筹布局、各有侧重，争取新一轮贷款项目。长江经济带生态保护世行贷款项目、京津冀生态保护欧投行贷款项目（第五期）列入了滚动计划。第四期欧投行3.05亿元林业贷款项目已经在青海、内蒙古、陕西、天津、安徽等省区落地。

【打击非法采伐国际合作进展顺利】 举行了中欧双边协调机制（BCM）第七次会议，中澳打击非法采伐第三次会议，参加了APEC非法采伐专家组第九、十次会议，与美国召开了打击非法采伐第七次会议和气候变化海外林业投资研讨会。参与中美投资协定、中日韩自贸区及RCEP等涉林议题谈判。积极应对美国、欧盟等对中国林产品的“双反”调查。

（付建全　荆　涛）

林业生产统计

表 19-7　全国营造林生产主要指标 2016 年与 2015 年比较

指 标 名 称	单 位	2016 年	2015 年	2016 年比 2015 年增减（%）
一、造林面积	**公顷**	**7 203 509**	**7 681 952**	**-6.23**
1. 人工造林	公顷	3 823 656	4 361 827	-12.34
2. 飞播造林	公顷	162 322	128 390	26.43
3. 当年新封山（沙）育林	公顷	1 953 638	2 152 877	-9.25
4. 退化林修复	公顷	991 088	739 281	34.06
5. 人工更新	公顷	272 805	299 577	-8.94
二、森林抚育面积	**公顷**	**8 500 443**	**7 812 621**	**8.80**
三、林业产业总产值	**万元**	**648 860 444**	**593 627 135**	**9.30**
1. 第一产业	万元	216 194 380	202 073 172	6.99
2. 第二产业	万元	320 806 675	298 933 386	7.32
3. 第三产业	万元	111 859 389	92 620 577	20.77
四、主要林产品产量				
1. 木材产量	万立方米	7776	7218	7.73
2. 竹材产量	万根	250 630	235 466	6.44
3. 锯材产量	万立方米	7716	7430	3.85
4. 人造板产量	万立方米	30 042	28 680	4.75
5. 木竹地板产量	万平方米	83 799	77 356	8.33
6. 松香类产品产量	万吨	184	174	5.52
7. 各类经济林产品总量	万吨	18 024	17 356	3.85
五、自年初累计完成投资	**万元**	**45 095 738**	**42 901 420**	**5.11**
其中：国家投资	万元	21 517 308	16 298 683	32.02
六、林业系统单位人员情况				
1. 单位个数	个	42 314	42 732	-0.98
2. 年末人数	人	1 471 245	1 484 819	-0.91
其中：在岗职工	人	1 103 914	1 157 572	-4.64
3. 在岗职工年平均工资	元	46 714	41 645	12.17

表 19-8　2016 年各地区营造林面积

单位：公顷

地　区	造林面积						森林抚育
	合　计	人工造林	飞播造林	新封山育林	退化林修复	人工更新	
全国合计	**7203 509**	**3 823 656**	**162 322**	**1 953 638**	**991 088**	**272 805**	**8 500 443**
北　京	19 064	10 012	—	4000	3999	1053	79 984
天　津	9291	9291	—	—	—	—	49 464
河　北	583 361	345 625	33 333	135 107	65 653	3643	408 379
山　西	266 694	199 696	—	59 998	7000	—	61 337
内蒙古	618 484	311 052	74 094	136 006	90 382	6950	620 090
内蒙古集团	21 267	3246	—	—	18 021	—	367 426
辽　宁	142 438	55 332	—	55 337	25 069	6700	93 422
吉　林	157 905	88 646	—	2333	53 291	13 635	179 085
吉林森工集团	27 660	5001	—	—	19 154	3505	51 194
长白山森工集团	26 935	1545	—	—	25 270	120	73 780
黑龙江	92 999	41 262	—	36 814	14 923	—	648 659
龙江森工集团	14 975	3069	—	—	11 906	—	518 000
上　海	3941	3941	—	—	—	—	20 589
江　苏	30 625	27 214	—	333	299	2779	59 334
浙　江	55 648	12 837	—	4784	27 398	10 629	126 474
安　徽	128 042	91 380	—	31 747	3316	1599	621 586
福　建	228 675	10 300	—	141 936	19 540	56 899	293 508
江　西	289 560	94 933	—	78 344	109 669	6614	394 623
山　东	146 684	115 179	—	—	22 282	9223	318 744
河　南	149 002	97 647	13 429	22 417	15 376	133	300 385
湖　北	245 705	171 735	—	66 747	2763	4460	217 301
湖　南	503 235	197 453	—	167 464	124 874	13 444	375 396
广　东	305 404	100 658	—	97 347	59 791	47 608	715 327
广　西	193 341	82 410	—	28 135	8180	74 616	831 959
海　南	14 521	8325	—	—	133	6063	12 090
重　庆	226 333	100 600	—	62 400	63 333	—	159 767
四　川	568 532	425 550	1600	31519	106 629	3234	176 043
贵　州	478 701	228 138	—	250 563	—	—	400 000
云　南	496 451	308 415	—	97 272	90 667	97	164 012
西　藏	55 277	42 864	—	12 413	—	—	24 533
陕　西	297 642	184 108	33 602	63 865	16 067	—	161 750
甘　肃	325 580	260 144	—	57 438	7998	—	98 103
青　海	178 414	16 051	—	159 734	2629	—	24 199
宁　夏	91 531	58 960	—	22 938	8298	1335	42 989
新　疆	263 903	118 105	6264	126 647	10 796	2091	590 711
新疆兵团	47 540	26 721	—	17 332	2440	1047	198 244
大兴安岭	36 526	5793	—	—	30 733	—	230 600

表 19-9　全国历年营造林面积

单位：万公顷

年　份	人工造林	飞播造林	新封山育林	更新造林	森林抚育
1981 年	368. 10	42. 91	—	44. 26	—
1982 年	411. 58	37. 98	—	43. 88	—
1983 年	560. 31	72. 13	—	50. 88	—
1984 年	729. 07	96. 29	—	55. 20	—
1985 年	694. 88	138. 80	—	63. 83	—
1986 年	415. 82	111. 58	—	57. 74	—
1987 年	420. 73	120. 69	—	70. 35	—
1988 年	457. 48	95. 85	—	63. 69	—
1989 年	410. 95	91. 38	—	71. 91	—
1990 年	435. 33	85. 51	—	67. 15	—
1991 年	475. 18	84. 27	—	66. 41	262. 27
1992 年	508. 37	94. 67	—	67. 36	262. 68
1993 年	504. 44	85. 90	—	73. 92	297. 59
1994 年	519. 02	80. 24	—	72. 27	328. 75
1995 年	462. 94	58. 53	—	75. 10	366. 60
1996 年	431. 50	60. 44	—	79. 48	418. 76
1997 年	373. 78	61. 72	—	79. 84	432. 04
1998 年	408. 60	72. 51	—	80. 63	441. 30
1999 年	427. 69	62. 39	—	104. 28	612. 01
2000 年	434. 50	76. 01	—	91. 98	501. 30
2001 年	397. 73	97. 57	—	51. 53	457. 44
2002 年	689. 60	87. 49	—	37. 90	481. 68
2003 年	843. 25	68. 64	—	28. 60	457. 77
2004 年	501. 89	57. 92	—	31. 93	527. 15
2005 年	322. 13	41. 64	—	40. 75	501. 06
2006 年	244. 61	27. 18	112. 09	40. 82	550. 96
2007 年	273. 85	11. 87	105. 05	39. 09	649. 76
2008 年	368. 43	15. 41	151. 54	42. 40	623. 53
2009 年	415. 63	22. 63	187. 97	34. 43	636. 26
2010 年	387. 28	19. 59	184. 12	30. 67	666. 17
2011 年	406. 57	19. 69	173. 40	32. 66	733. 45
2012 年	382. 07	13. 64	163. 87	30. 51	766. 17
2013 年	420. 97	15. 44	173. 60	30. 31	784. 72
2014 年	405. 29	10. 81	138. 86	29. 25	901. 96
2015 年	436. 18	12. 84	215. 29	29. 96	781. 26
2016 年	382. 37	16. 23	195. 36	27. 28	850. 04

注：1. 自 2015 年起新封山育林面积包含有林地和灌木林地封育，飞播造林面积包含飞播营林。
2. 森林抚育面积特指中、幼龄林抚育。

表 19-10　林业重点生态工程建设情况

单位：公顷，万元

指　标	总　计	天然林资源保护工程	退耕还林工　程	京津风沙源治理工程	三北及长江流域等重点防护林体系建设工程 合　计
一、造林面积	**2 505 524**	**487 310**	**683 270**	**229 962**	**1 104 982**
1. 人工造林	1 466 900	100 678	682 851	119 146	564 225
2. 飞播造林	111 960	76933	—	25 694	9333
3. 新封山育林	772 947	199 294	419	79 789	493 445
4. 退化林修复	149 828	110 405	—	5333	34 090
5. 人工更新	3889	—	—	—	3889
二、森林抚育面积	**1 961 601**	**1 821 484**	**—**	**5820**	**134 297**
三、全部林业投资完成额	**6 754 068**	**3 400 322**	**2 366 719**	**152 729**	**678 829**
其中：中央投资	5 709 513	3152 055	2 025 000	76 209	366 515
地方投资	595 412	182 458	124 296	65 735	166 736

指　标	三北及长江流域等重点防护林体系建设工程						野生动植物保护及自然保护区建设工程
	三北防护林工程	长江流域防护林体系工程	沿海防护林体系工程	珠江流域防护林体系工程	太行山绿化工程	平原绿化工程	
一、造林面积	**648 497**	**217 832**	**108 702**	**57 294**	**35 947**	**36 710**	**—**
1. 人工造林	294 479	109 063	64 165	36 261	23 547	36 710	—
2. 飞播造林	9333	—	—	—	—	—	—
3. 新封山育林	312 273	106 672	41 683	20 417	12 400	—	—
4. 退化林修复	30 472	1540	2078	—	—	—	—
5. 人工更新	1940	557	776	616	—	—	—
二、森林抚育面积	96 033	9234	23 155	4273	—	1602	—
三、全部林业投资完成额	355 827	96 009	145 345	38 195	25 946	17 507	155 469
其中：中央投资	228 256	59 938	36 738	17 110	15 190	9283	89 734
地方投资	93 848	24 017	29 537	2974	10 756	5604	56187

表 19-11　天然林资源保护工程建设情况

指　标	单位	总计	东北、内蒙古重点国有林区	长江上游、黄河上中游地区
一、工程区木材产量	**立方米**	**4 619 156**	**145 719**	**4 473 437**
其中：人工林木材产量	立方米	4 015 254	109 371	3 905 883
二、营造林情况				
1. 人工造林	公顷	100678	17 672	83 006
其中：灌木林面积	公顷	13 790	33	13 757
2. 飞播造林	公顷	76 933	6264	70 669
3. 当年新封山（沙）育林	公顷	199 294	4968	194 326
①无林地和疏林地新封山育林面积	公顷	133 069	1635	131 434
②有林地和灌木林地新封山育林面积	公顷	66 225	3333	62 892
4. 退化林修复面积	公顷	110 405	99 940	10 465
5. 森林抚育面积	公顷	1 821 484	1366 617	45 4867
三、年末实有封山（沙）育林面积	**公顷**	**5 181 677**	**778 297**	**4 403 380**
四、年末实有森林管护面积	**公顷**	**114 971 673**	**3 8657 072**	**76 314 601**
1. 国有林	公顷	71 008 441	38 657 072	32 351 369
2. 集体和个人所有的国家级公益林	公顷	20 628 854	—	20 628 854
3. 集体和个人所有的地方公益林	公顷	23 334 378	—	23 334 378
五、工程区项目实施单位人员情况				
1. 年末人数	人	765 481	625 788	139 693
其中：混岗职工人数	人	92 135	89 613	2522
（1）在岗职工	人	506 486	378 299	128 187
（2）其他从业人员	人	10 511	624	9887
（3）离开本单位保留劳动关系人员	人	248 484	246 865	1619
2. 在岗职工年平均人数	人	475 813	351 756	124 057
3. 在岗职工年工资总额	万元	1 852 252	1 250 009	602 243
4. 年末实有离退休人员	人	677 930	546 806	131 124
5. 当年离退休人员生活费	万元	1 917 945	1 519 844	398 101
6. 年末参加基本养老保险人数	人	712 645	554 800	157 845
其中：在岗职工	人	494 608	376 185	118 423
7. 年末参加基本医疗保险人数	人	829 686	621 519	208 167
其中：在岗职工	人	501 395	377 730	123 665
六、全部林业投资完成额	**万元**	**3 400 322**	**1 937 878**	**1 462 444**
其中：中央投资	万元	3 152 055	1 917 178	1 234 877
地方投资	万元	182 458	16 690	165 768
1. 营造林	万元	671 871	526 307	145 564
2. 森林管护	万元	916 570	429 842	486 728
3. 生态效益补偿	万元	621 656	56 203	565 453
4. 社会保险（养老、医疗、失业、工伤、生育）	万元	563 633	423 801	139 832
5. 政社性支出	万元	384 939	346 072	38 867
6. 其他	万元	199 039	150 673	48 366

表 19-12　退耕还林工程建设情况

指　标	单位	本年实际
一、营造林情况		
1. 退耕地造林	公顷	558 501
其中：25°以上坡耕地退耕面积	公顷	417 587
15°～25°水源地耕地退耕面积	公顷	42 096
严重沙化耕地退耕面积	公顷	66 922
退耕地造林按林种主导功能分	公顷	
①用材林	公顷	53 609
②经济林	公顷	314 163
③防护林	公顷	189 003
④薪炭林	公顷	1511
⑤特种用途林	公顷	215
2. 荒山荒地造林	公顷	124 350
3. 当年新封山(沙)育林面积	公顷	419
①无林地和疏林地新封山育林面积	公顷	419
②有林地和灌木林地新封山育林面积	公顷	
二、年末实有封山(沙)育林面积	**公顷**	**1430 796**
三、全部林业投资完成额	**万元**	**2 366 719**
其中：中央投资	万元	2 025 000
地方投资	万元	124 296
1. 种苗费	万元	350 254
2. 完善政策补助资金	万元	1 077 143
3. 巩固退耕还林成果专项资金	万元	124 474
4. 新一轮退耕还林补助资金	万元	711 816
5. 其他	万元	103 032

表 19-13　京津风沙源治理工程建设情况

指　标	单位	本年实际
一、治理情况		
(一)营造林情况		
1. 人工造林	公顷	119 146
其中：灌木林面积	公顷	30 989
2. 飞播造林	公顷	25 694
3. 当年新封山(沙)育林	公顷	79 789
①无林地和疏林地新封山育林面积	公顷	77 721
②有林地和灌木林地新封山育林面积	公顷	2068
4. 退化林修复面积	公顷	5333
5. 森林抚育面积	公顷	5820
(二)年末实有封山(沙)育林面积	公顷	266 1047
(三)工程固沙面积	公顷	12 300
(四)草地治理面积	公顷	34 841
(五)暖棚建设面积	平方米	893 003
(六)饲料机械台数	台	
(七)小流域治理	公顷	54 560
(八)水利设施	处	2931
(九)易地搬迁人数	人	936
(十)易地搬迁户数	户	371
二、全部投资完成额	**万元**	**192 210**
其中：林业投资完成额	万元	152 729
其中：中央投资	万元	76 209
地方投资	万元	65 735
1. 营造林	万元	148 439
2. 科技费用	万元	12
3. 其他	万元	4278

表 19-14　三北及长江流域等重点防护林体系工程建设情况

单位：公顷、万元

地　区	三北及长江流域等重点防护林体系工程						
	合　计	三北防护林工程	长江流域防护林体系工程	沿海防护林体系工程	珠江流域防护林体系工程	太行山绿化工程	林业血防工程
一、营造林面积							
1. 人工造林	564 225	294 479	109 063	64 165	36 261	23 547	36 710
其中：灌木林面积	56 835	53 615	1420	651	357	—	792
2. 飞播造林	9333	9333	—	—	—	—	—
3. 当年新封山(沙)育林	493 445	312 273	106 672	41 683	20 417	12 400	—
①无林地和疏林地新封山育林	359 298	273 006	59 537	7390	10718	8647	—
②有林地和灌木林地新封山育林	134 147	39 267	47 135	34 293	9699	3753	—
4. 退化林修复	34 090	30 472	1540	2078	—	—	—
①低效林改造	3244	454	1540	1250	—	—	—
②退化林防护林改造	30 846	30 018	—	828	—	—	—
5. 人工更新	3889	1940	557	776	616	—	—
6. 森林抚育面积	134 297	96 033	9234	23 155	4273	—	1602
二、年末实有封山(沙)育林面积	**4 186 653**	**2 977 468**	**61 2721**	**209 548**	**233 673**	**153 243**	**—**
三、全部林业投资完成额	**678 829**	**355 827**	**96 009**	**145 345**	**38 195**	**25 946**	**17 507**
其中：中央投资	366 515	228 256	59 938	36 738	17 110	15 190	9283
地方投资	166 736	93 848	24017	29537	2974	10 756	5604
1. 营造林	595 361	309 342	75 874	141 588	30 604	24 286	13 667
2. 种苗	41 898	23 457	8352	1660	4763	1660	2006
3. 森林防火	7132	2508	4077	98	373	—	76
4. 病虫害防治	7909	5361	1760	261	248	—	279
5. 科技费用	1233	621	348	20	130	—	114
6. 其他	25 296	14 538	5598	1718	2077	—	1365
四、群众投工投劳(折合资金)	**125 752**	**62 657**	**23 771**	**3879**	**27 791**	**3700**	**3954**

表 19-15　林业系统野生动植物保护及自然保护区工程建设情况

指　标	单位	本年实际
一、年末实有自然保护区个数	**个**	**2301**
其中：国家级	个	359
二、年末实有自然保护区面积	**万公顷**	**12 553**
其中：国家级	万公顷	8138
三、国际重要湿地个数	**个**	**49**
国际重要湿地面积	万公顷	411
四、野生植物就地保护小区个数	**个**	**1505**
野生植物就地保护小区面积	万公顷	311
五、野生植物种源培育基地	**个**	**1185**
六、野生动物种源繁育基地(不含观赏展演单位)	**个**	**8158**
1. 公益性野生动物救护繁育基地	个	200
2. 商业性野生动物驯养繁殖单位	个	7958
七、野生动物观赏展演单位	**个**	**481**
1. 动物园	个	204
2. 野生动物园	个	37
3. 马戏团等展演单位	个	240

（续）

指　标	单位	本年实际
八、野生动植物保护管理站	个	**2777**
九、鸟类环志中心（站）个数	个	**134**
十、野生动物疫源疫病监测站个数	个	**1704**
十一、野生动植物科研及监测机构个数	个	**728**
在野生动植物科研及监测机构中各类专业技术人员	人	3212
十二、从事野生动植物及自然保护区建设的职工人数	人	**52 216**
其中：各类专业技术人员	人	17 147
十三、野生动植物及自然保护区建设投资完成额	万元	**155 469**
其中：中央投资	万元	89 734
地方投资	万元	56 187

表 19-16　林业产业总产值（按现行价格计算）　　单位：万元

指　标	总产值
总　　计	**648 860 444**
一、第一产业	**216 194 380**
（一）涉林产业合计	204 892 275
其中：湿地产业	969 849
1. 林木育种和育苗	18 912 199
（1）林木育种	1 543 082
（2）林木育苗	17 369 117
2. 营造林	18 264 833
3. 木材和竹材采运	10 642 109
（1）木材采运	7 655 048
（2）竹材采运	2 987 061
4. 经济林产品的种植与采集	128 754 426
（1）水果种植	64 531 535
（2）坚果、含油果和香料作物种植	21 868 847
（3）茶及其他饮料作物的种植	11 770 578
（4）森林药材种植	9 139 368
（5）森林食品种植	10 826 584
（6）林产品采集	10 617 514
5. 花卉及其他观赏植物种植	22 816 192
6. 陆生野生动物繁育与利用	5 502 516
（二）林业系统非林产业	11 302 105
二、第二产业	**320 806 675**
（一）涉林产业合计	312 720 737
其中：湿地产业	2 339 454
1. 木材加工和木、竹、藤、棕、苇制品制造	120 387 014
（1）木材加工	2 3661 174
（2）人造板制造	64 840 185
（3）木制品制造	23 774 262
（4）竹、藤、棕、苇制品制造	8 111 393

（续）

指　标	总产值
2. 木、竹、藤家具制造	57 566 863
3. 木、竹、苇浆造纸和纸制品	58 185 504
（1）木、竹、苇浆制造	7 009 391
（2）造纸	30 363 022
（3）纸制品制造	20 813 091
4. 林产化学产品制造	6 863 743
5. 木质工艺品和木质文教体育用品制造	6 318 875
6. 非木质林产品加工制造业	52 730 219
（1）木本油料、果蔬、茶饮料等加工制造	39 483 407
（2）野生动物食品与毛皮革等加工制造	2 868 840
（3）森林药材加工制造	10 377 972
7. 其他	10 668 519
（二）林业系统非林产业	8 085 938
三、第三产业	**111 859 389**
（一）涉林产业合计	102 919 775
其中：湿地产业	1 897 129
1. 林业生产服务	4 273 030
2. 林业旅游与休闲服务	83 102 474
3. 林业生态服务	7 236 808
4. 林业专业技术服务	2 222 185
5. 林业公共管理及其他组织服务	6 085 278
（二）林业系统非林产业	8 939 614
补充资料：竹产业产值	21 092 599
油茶产业产值	7 561 940
林下经济产值	6 0207 579

表 19-17　全国主要林产工业产品产量 2016 年与 2015 年比较

主要指标	单位	2016 年	2015 年	2016 年比 2015 年增减（%）
木材产量	万立方米	7775.87	7218.21	7.73
1. 原木	万立方米	7125.45	6546.35	8.85
2. 薪材	万立方米	650.41	671.86	－3.19
竹材产量	万根	250 630.00	235 466.04	6.44
锯材产量	万立方米	7716.14	7430.38	3.85
人造板产量	万立方米	30 042.22	28 679.52	4.75
1. 胶合板	万立方米	17 755.62	16 546.25	7.31
2. 纤维板	万立方米	6651.22	6618.53	0.49
3. 刨花板	万立方米	2650.10	2030.19	30.53
4. 其他人造板	万立方米	2985.29	3484.56	－14.33
木竹地板产量	万平方米	83 798.66	77 355.85	8.33
松香类产品产量	吨	1 838 691	1 742 521	5.52
栲胶类产品产量	吨	4969	7584	－34.48
紫胶类产品产量	吨	4965	3344	48.47

表 19-18 各地区主要林产工业产品产量

单位：万立方米、万平方米、万根、吨

地 区	木材	竹材	锯材	人造板					木竹地板	松香类产品
				合 计	（一）胶合板	（二）纤维板	（三）刨花板	（四）其他人造板		
全国合计	**7775.87**	**250 630**	**7716.14**	**30 042.22**	**17 755.62**	**6651.22**	**2650.10**	**2985.29**	**83 798.66**	**1 838 691**
北 京	15.38	—	—	—	—	—	—	—	—	—
天 津	18.00	—	—	11.17	1.25	9.92	—	—	111.59	—
河 北	82.30	—	152.82	1715.06	811.62	534.04	308.23	61.17	70.09	—
山 西	21.48	—	13.02	46.41	8.11	17.54	5.45	15.32	0.13	—
内蒙古	81.71	—	1028.46	42.38	26.76	1.64	0.15	13.84	6.80	—
内蒙古集团	0.88	—	—	—	—	—	—	—	—	—
辽 宁	187.01	—	292.69	283.16	131.62	61.25	25.02	65.26	2766.62	—
吉 林	185.27	—	147.59	371.22	177.66	102.75	38.59	52.22	3622.32	—
吉林集团	6.63	—	0.22	145.18	0.18	102.35	36.95	5.70	415.51	—
长白山集团	4.15	—	1.16	1.27	0.81	0.40	—	0.05	186.95	—
黑龙江	116.39	—	629.85	457.39	304.90	86.82	46.71	18.96	2109.98	—
龙江集团	6.50	—	12.16	9.61	3.28	0.29	3.11	2.94	28.87	—
上 海	—	—	—	1.67	1.67	—	—	—	598.74	—
江 苏	156.08	356	285.89	5609.77	3896.40	768.23	678.14	267.01	31798.75	9600
浙 江	108.18	21 185	330.61	567.53	195.60	96.05	9.46	266.43	11206.51	21 200
安 徽	447.27	16 029	453.23	2296.38	1634.24	347.10	152.64	162.41	7919.97	7685
福 建	575.83	74 677	242.71	981.15	565.93	189.49	36.26	189.48	3178.71	138 216
江 西	228.01	18 436	227.93	498.95	206.98	131.08	42.45	118.44	7282.86	127 063
山 东	356.14	—	1339.55	7480.69	5157.40	1410.14	528.86	384.29	4124.36	—
河 南	274.00	154	255.40	1793.19	842.27	380.34	130.85	439.74	1289.83	—
湖 北	193.11	3828	225.47	736.60	217.07	397.11	79.58	42.84	3242.59	29 310
湖 南	273.75	14 090	413.27	566.29	306.79	56.28	29.21	174.01	1538.64	38 540
广 东	756.01	16 931	188.69	1389.18	668.53	501.01	205.42	14.21	1119.85	203 380
广 西	2686.55	50 601	896.17	3668.32	2137.69	838.61	187.40	504.62	577.45	1 044 141
海 南	150.12	785	67.43	29.71	17.69	3.00	9.01	—	16.56	591
重 庆	55.23	9236	41.91	126.05	39.67	49.36	28.38	8.65	7.13	1077
四 川	201.61	8410	179.79	877.03	211.05	488.30	63.71	113.97	866.03	300
贵 州	165.18	3836	93.70	102.17	52.43	7.66	8.23	33.84	113.56	13 895
云 南	391.58	11 567	191.40	311.90	124.97	114.54	35.50	36.90	229.27	203 493
西 藏	—	—	2.22	—	—	—	—	—	—	—
陕 西	11.74	510	7.83	59.69	10.09	48.29	0.86	0.44	0.31	200
甘 肃	1.67	—	0.88	5.28	0.83	4.44	—	—	—	—
青 海	—	—	—	—	—	—	—	—	—	—
宁 夏	—	—	—	1.05	—	—	—	1.05	—	—
新 疆	36.30	—	7.48	12.82	6.41	6.20	—	0.21	—	—
新疆兵团	11.30	—	0.51	—	—	—	—	—	—	—
大兴安岭	—	—	0.14	0.02	—	—	—	0.02	—	—

表 19-19　全国主要木材、竹材产品产量

产品名称	单位	全部产量
木材及竹材采伐产品		
一、商品材	**万立方米**	**7775.87**
其中：热带木材	万立方米	1430.09
其中：针叶木材	万立方米	1285.38
1. 原木	万立方米	7125.45
2. 薪材	万立方米	650.41
按来源分：		
1. 天然林	万立方米	170.70
2. 人工林	万立方米	7605.16
按用途分：		
1. 直接用原木	万立方米	1389.28
2. 加工用材	万立方米	4610.75
3. 造纸用材	万立方米	1214.74
4. 其他	万立方米	561.10
按生产单位分：		
1. 系统内国有企业单位生产的木材	万立方米	240.19
2. 系统内国有林场、事业单位生产的木材	万立方米	1006.39
3. 系统外企、事业单位采伐自营林地的木材	万立方米	412.22
4. 乡(镇)集体企业及单位生产的木材	万立方米	593.10
5. 村及村以下各级组织和农民个人生产的木材	万立方米	5523.97
二、非商品材	**万立方米**	**2357.82**
1. 农民自用材采伐量	万立方米	557.40
2. 农民烧材采伐量	万立方米	1800.42
三、竹材		
(一)大径竹	万根	250 630.00
其中：村及村以下各级组织和农民个人生产的大径竹	万根	144 471.45
1. 毛竹	万根	145 769.22
2. 其他	万根	104 860.78
(二)小杂竹	万吨	1738.62

表 19-20　全国主要林产工业产品产量

产品名称	单位	产　量
木竹加工制品		
一、锯材	**万立方米**	**7716.14**
1. 普通锯材	万立方米	7384.66
2. 特种锯材	万立方米	174.59
3. 枕木及其他锯材	万立方米	156.89
二、木片、木粒加工产品	**万实积立方米**	**4576.12**
三、人造板	**万立方米**	**30 042.22**
(一)胶合板	万立方米	17 755.62
1. 木胶合板	万立方米	16 381.78
2. 竹胶合板	万立方米	640.24
3. 其他胶合板	万立方米	733.59
(二)纤维板	万立方米	6651.22
1. 木质纤维板	万立方米	6443.97
(1)硬质纤维板	万立方米	517.62
(2)中密度纤维板	万立方米	5904.38
(3)软质纤维板	万立方米	21.97
2. 非木质纤维板	万立方米	207.25
(三)刨花板	万立方米	2650.10
1. 木质刨花板	万立方米	2572.10
其中：定向刨花板(OSB)	万立方米	91.00

（续）

产品名称	单位	产 量
2. 非木质刨花板	万立方米	78.00
（四）其他人造板	万立方米	2985.29
其中：细木工板	万立方米	1667.04
四、其他加工材	**万立方米**	**1023.09**
其中：改性木材	万立方米	146.83
指接材	万立方米	452.99
五、木竹地板	**万平方米**	**83 798.66**
1. 实木地板	万平方米	14808.23
2. 实木复合木地板	万平方米	24 968.97
3. 浸渍纸层压木质地板（强化木地板）	万平方米	31 621.50
4. 竹地板（含竹木复合地板）	万平方米	11 585.95
5. 其他木地板（含软木地板、集成材地板等）	万平方米	814.02
林产化学产品		
一、松香类产品	**吨**	**1 838 691**
1. 松香	吨	1 490 777
2. 松香深加工产品	吨	347 914
二、松节油类产品	**吨**	**273 765**
1. 松节油	吨	224 698
2. 松节油深加工产品	吨	49 067
三、樟脑	**吨**	**14 271**
其中：合成樟脑	吨	13 773
四、冰片	**吨**	**6901**
其中：合成冰片	吨	6830
五、栲胶类产品	**吨**	**4969**
1. 栲胶	吨	4169
2. 栲胶深加工产品	吨	800
六、紫胶类产品	**吨**	**4965**
1. 紫胶	吨	4282
2. 紫胶深加工产品	吨	683
七、木竹热解产品	**吨**	**1 766 646**
八、木质生物质成型燃料	**吨**	**810 261**

表 19-21 全国主要经济林产品生产情况

单位：吨

产品名称	产 量
各类经济林产品总量	**180 240 074**
一、水果	**152 087 283**
1. 苹果	42 880 392
2. 柑橘	31 730 327
3. 梨	18 639 024
4. 葡萄	14 044 204
5. 桃	14 072 329
6. 杏	2 625 972
7. 荔枝	2 499 704
8. 龙眼	1 773 700
9. 猕猴桃	1 782 525
10. 其他水果	22 039 106
二、干果	**10 916 921**
1. 板栗	2 289 212
2. 枣（干重）	6 249 339

（续）

产品名称	产　量
3. 柿子(干重)	1 147 479
4. 仁用杏(大扁杏等甜杏仁)	114 589
5. 榛子	129 824
6. 松子	123 872
7. 其他干果	862 606
三、林产饮料产品(干重)	**2 282 052**
1. 毛茶	2 030 584
2. 其他林产饮料产品	251 468
四、林产调料产品(干重)	**738 676**
1. 花椒	399 250
2. 八角	170 866
3. 桂皮	93 006
4. 其他林产调料产品	75 554
五、森林食品	**3 542 437**
1. 竹笋干	770 705
2. 食用菌(干重)	1 958 496
3. 山野菜(干重)	400 348
4. 其他森林食品(干重)	412 888
六、森林药材	**2 798 218**
1. 银杏(白果)	148 423
2. 山杏仁(苦杏仁)	136 781
3. 杜仲	206 615
4. 黄柏	56 181
5. 厚朴	219 396
6. 山茱萸	45 796
7. 枸杞	360 873
8. 沙棘	182 572
9. 五味子	37 240
10. 其他森林药材	1 404 341
七、木本油料	**5 998 545**
1. 油茶籽	2 164 440
2. 核桃	3 645 170
3. 油橄榄	38 767
4. 油用牡丹籽	23 184
5. 其他木本油料	126 984
八、林产工业原料	**1 875 942**
1. 生漆	21 934
2. 油桐籽	408 518
3. 乌桕籽	26 204
4. 五倍子	21 647
5. 棕片	60 782
6. 松脂	1 328 877
7. 紫胶(原胶)	7 980

表 19-22　全国油茶与花卉产业发展情况

指　　标	单位	产　量
一、油茶产业发展情况		
1. 年末实有油茶林面积	公顷	4 009 209
当年新造面积	公顷	160 248
当年低改面积	公顷	143 232
2. 繁殖圃个数	个	616
繁殖圃面积	公顷	9901
3. 苗木产量	万株	119 098
其中：一年生苗木产量	万株	62 552
二年留床苗木产量	万株	34 631
4. 油茶籽产量	万吨	216
5. 油茶企业	个	2229
二、花卉产业发展情况		
1. 年末实有花卉种植面积	公顷	1 328 037
2. 切花切叶产量	万支	1 927 547
3. 盆栽植物产量	万盆	468 908
4. 观赏苗木产量	万株	1 124 221
5. 草坪产量	万平方米	49 748
6. 花卉市场	个	4092
7. 花卉企业	个	55 250
其中：大中型企业	个	8971
8. 花农	万户	146. 20
9. 花卉从业人员	万人	554. 98
其中：专业技术人员	万人	32. 36
10. 控温温室面积	万平方米	6072
11. 日光温室面积	万平方米	19 571

劳动工资统计

表 19-23　林业系统按行业分全部单位

地　区	总　计	年末人数				
			单位从业			
				在岗职工		
		总计	合计	小计	其中：女性	其中：非全日制
总　计	**42 314**	**1 471 245**	**1 180 888**	**1 103 914**	**308 729**	**59 833**
一、企业	**2299**	**730 518**	**477 358**	**461 568**	**133 911**	**14 743**
二、事业	**34 880**	**634 625**	**597 802**	**545 226**	**154 951**	**39 624**
三、机关	**5135**	**106 102**	**105 728**	**97 120**	**19 867**	**5466**
按行业分：						
一、农林牧渔业	**19 031**	**1 076 360**	**814 983**	**765 183**	**214 420**	**39 546**
1. 林木育种育苗	2367	42 043	40 008	37 620	11 692	3850
2. 营造林	9875	683 221	515 781	478 159	133 683	27 905
3. 木竹采运	861	277 482	190 217	185 739	50 271	2875
4. 经济林产品种植与采集	286	5203	5015	4731	1675	117
5. 花卉及其他观赏植物种植	272	2691	2647	2643	810	83
6. 陆生野生动物繁育与利用	164	1475	1325	1218	349	83
7. 其他	5206	64 245	59 990	55 073	15 940	4633
二、制造业	**424**	**41 877**	**33 489**	**30 747**	**11 093**	**2069**
1. 木材加工及木、竹、藤、棕、苇制品业	262	29 049	21 447	19 182	7127	1754
2. 木、竹、藤家具制造业	42	4037	3934	3695	1298	21
3. 木、竹、苇浆造纸业	3	121	113	113	39	
4. 林产化学产品制造	16	835	835	813	335	105
5. 其他	101	7835	7160	6944	2294	189
三、服务业	**22 489**	**318 476**	**314 566**	**290 695**	**75 572**	**17 971**
1. 林业生产服务	4355	43 511	42 751	40 634	10 703	2960
2. 野生动植物保护和自然保护区管理	1445	27 513	27 249	24 364	7044	1936
3. 林业工程技术与规划管理	1114	17 241	17 087	16 418	5078	762
4. 林业科技交流和推广服务	2655	34 367	34 188	32 384	10 177	1767
5. 林业公共管理和社会组织	11 062	165 249	163 958	151 752	34 022	9284
①林业行政管理、公安及监督检查机构	9984	152 192	151 061	139 571	29 956	8771
②林业专业性、行业性团体	1078	13 057	12 897	12 181	4066	513
6. 其他	1858	30 595	29 333	25 143	8548	1262
四、其他行业	**370**	**34 532**	**17 850**	**17 289**	**7644**	**247**

个数、从业人员和劳动报酬情况

（人）			年末实有离退休人员（人）	在岗职工年平均人数（人）	在岗职工年工资总额（千元）	离退休人员年生活费（千元）	在岗职工年平均工资（元）
人员		离开本单位仍保留劳动关系人员					
其中：专业技术人员	其他从业人员						
317 939	**76 974**	**290 357**	**1 051 641**	**1 086 163**	**50 738 695**	**32 460 777**	**46 714**
115 550	**15 790**	**253 160**	**666 907**	**437 590**	**15 108 680**	**17 621 210**	**34 527**
190 823	**52 576**	**36 823**	**331 010**	**550 132**	**28 371 854**	**12 222 195**	**51 573**
11 566	**8608**	**374**	**53 724**	**98 441**	**7 258 161**	**2 617 372**	**73 731**
208 447	**49 800**	**261 377**	**858 023**	**738 590**	**29 282 734**	**24 888 750**	**39 647**
12 167	2388	2035	25176	37 004	1 674 689	866 029	45 257
125 315	37 622	167 440	530 069	468 051	18 822 614	16 114 923	40 215
49 289	4478	87 265	261 242	169 086	5 467 946	6 581 347	32 338
1474	284	188	2846	4842	201 293	139 967	41 572
821	4	44	569	2585	87 842	23 342	33 981
560	107	150	403	1195	56 047	13 087	46 901
18 821	4917	4255	37718	55 827	2 972 304	1 150 054	53 241
5455	2742	8388	32220	34 634	1 205 163	683 907	34 797
3338	**2265**	**7602**	**19078**	**22 913**	**764 498**	**365 412**	**33 365**
358	239	103	457	3597	161632	15 753	44 935
9	—	8	1210	113	3813	32164	33 742
175	22	—	224	791	26 483	3673	33 481
1575	216	675	11251	7220	248 737	266 904	34 451
95 873	**23 871**	**3910**	**137 822**	**295 738**	**19 246 752**	**6 045 594**	**65 080**
15 028	2117	760	16 809	40987	2 274 454	625 823	55 492
7925	2885	264	9912	24 486	1 562 527	343822	63 813
10 456	669	154	7202	16 175	1 408 682	374106	87 090
17 752	1804	179	15276	32 142	2 057 649	681 981	64 017
35 681	12 206	1291	76 029	154 395	10 392 226	3534 460	67 309
29 645	11 490	1131	70 203	141 936	9629 505	3290 902	67 844
6036	716	160	5826	12 459	762 720	243 559	61 218
9031	4190	1262	12 594	27 553	1 551 214	485 402	56 299
8164	**561**	**16 682**	**23 576**	**17 201**	**1 004 046**	**842 526**	**58 371**

表 19-24　林业系统按行业分职工伤亡事故情况

国民经济行业	轻伤（人次）	重伤（人次）	死亡（人）
总　计	**419**	**41**	**44**
一、农林牧渔业	**365**	**34**	**35**
1. 营造林	208	26	18
2. 木竹采运	93	1	7
3. 陆生野生动物繁育与利用	14	—	—
4. 其他	50	7	10
二、采矿业	**—**	**—**	**—**
三、制造业	**20**	**—**	**—**
1. 木材加工及木、竹、藤、棕、苇制品业	17	—	—
2. 木、竹、藤家具制造业	2	—	—
3. 木、竹、苇浆造纸业	—	—	—
4. 林产化学产品制造	—	—	—
5. 其他	1	—	—
四、建筑业	**—**	**—**	**—**
五、服务业	**25**	**5**	**9**
其中：林业有害生物防治	—	—	1
森林防火	8	2	2
六、其他行业	**9**	**2**	

固定资产投资统计

表 19-25　林业投资完成情况　　单位：万元

指　标	本年实际	其中：中央财政投资	其中：地方财政投资
自年初累计完成投资	**45 095 738**	**10 610 778**	**10 906 530**
1. 生态建设与保护	21 100 041	9 004 987	6 749 814
(1)营造林	13 595 579	5 175 348	4 045 938
(2)湿地保护与恢复	577 416	187 431	260 212
(3)野生动植物保护及自然保护区	238 299	102 489	87 225
(4)防沙治沙	190 825	135 615	46 378
(5)生态保护补偿	3 031 664	1 879 939	1 073 405
(6)其他	3 466 258	1 524 165	1 236 656
2. 林业支撑与保障	4 033 827	1 159 045	1 029 720
(1)林木种苗	904 181	60 690	101 652
(2)森林防火与森林公安	577 829	194 206	327 287
(3)林业有害生物防治	252 350	47 294	124 581
(4)科技教育	84 664	37 478	37 296
(5)林业信息化	24 261	6161	9753
(6)棚户区(危旧房)改造	335 156	163 670	35 023
(7)林区公益性基础设施建设	52 8371	166 198	101 821
(8)其他	1 327 015	483 348	292 307
3. 林业产业发展	17 419 315	210 841	820 346
(1)工业原料林	1 272 925	17 753	59 883
(2)特色经济林(不含木本粮油)	1 207 662	25 175	109 901
(3)木本粮油	700 057	53 571	92 930
(4)花卉	1 069 274	1850	110 163
(5)林下经济	2 357 353	32 785	67 120
(6)木竹制品加工制造	3 173 620	7948	36 529
(7)木竹家具制造	1 621 578	552	18 010
(8)木竹浆造纸	951 188		6102

（续）

指　　标	本年实际	其中：中央财政投资	其中：地方财政投资
（9）非木质林产品加工制造	718 736	1094	1133
（10）林业旅游休闲康养	2 115 093	25 426	197 932
（11）其他	2 231 829	44 687	120 643
4. 其他	2 542 555	235 905	2 306 650

表 19-26　各地区林业投资完成情况　　单位：万元

地　　区	总　　计	其中：国家投资
全国合计	**45 095 738**	**21 517 308**
北　京	1 755 104	1 684 516
天　津	123 328	123 328
河　北	1 131 022	704 481
山　西	1 231 851	671 860
内蒙古	1 627 553	1 515 896
内蒙古集团	4 607 66	397 476
辽　宁	421 582	386 290
吉　林	818 957	762 251
吉林集团	162 616	148 626
长白山集团	284 076	242 610
黑龙江	1 385 455	1 314 649
龙江集团	982 042	920 106
上　海	232 668	232 668
江　苏	1 049 407	683 419
浙　江	824 296	613 162
安　徽	1 018 263	453 288
福　建	2 448 630	332 207
江　西	1 163 236	562 327
山　东	3 170 368	594 736
河　南	1 204 485	706 083
湖　北	1 669 467	519 875
湖　南	2 672 818	930 510
广　东	790 191	708 350
广　西	1 0146 123	729 161
海　南	145 151	139 695
重　庆	557 574	449 518
四　川	2 680 872	1 140 706
贵　州	620 938	620 938
云　南	1 077 250	1 013 899
西　藏	365 069	365 069
陕　西	1 330 824	846 230
甘　肃	993 682	827 685
青　海	330 888	292 173
宁　夏	309 983	250 484
新　疆	1 132 655	683 138
新疆兵团	487 351	55 915
局直属单位	666 048	658 716
大兴安岭	336 650	329 318

表 19-27　全国历年林业投资完成情况

单位:万元

年　　份	林业投资完成额	其中:国家投资
1950 年	1010	1010
1951 年	1666	1666
1952 年	5524	5524
三年恢复时期	**8199**	**8200**
1953 年	13 874	13 874
1954 年	12 415	12 415
1955 年	11 483	11 483
1956 年	17 733	17 733
1957 年	21 393	21 393
“一五”时期	**76 897**	**76 898**
1958 年	32 666	32 666
1959 年	61 240	51 648
1960 年	84 021	74 052
1961 年	34 396	31 284
1962 年	39 329	29 085
“二五”时期	**251 652**	**218 735**
1963 年	63 498	52 506
1964 年	81 209	68 759
1965 年	80 974	69 974
三年调整时期	**225 680**	**19 1239**
1966 年	79 469	62 657
1967 年	60 233	44 232
1968 年	47 492	34 054
1969 年	56 252	39 680
1970 年	62 235	42 977
“三五”时期	**305 681**	**223 600**
1971 年	76 123	50 339
1972 年	89 978	58 055
1973 年	93 597	64 052
1974 年	99 317	63 436
1975 年	98 806	55 519
“四五”时期	**457 821**	**291 401**
1976 年	68 669	49 659
1977 年	58 757	46 008
1978 年	108 360	65 604
1979 年	141 326	91 364
1980 年	144 954	68 481
“五五”时期	**522 066**	**321 116**
1981 年	140 752	64 928
1982 年	168 725	70 986
1983 年	164 399	77 364
1984 年	180 111	85 604

（续）

年　份	林业投资完成额	其中:国家投资
1985 年	183 303	81 277
“六五”时期	**837 291**	**38 0159**
1986 年	231 994	83 613
1987 年	247 834	97 348
1988 年	261 413	91 504
1989 年	237 553	90 604
1990 年	246 131	107 246
“七五”时期	**1 224 925**	**470 315**
1991 年	272 236	134 816
1992 年	329 800	138 679
1993 年	409 238	142 025
1994 年	476 997	141 198
1995 年	563 972	198 678
“八五”时期	**2 052 243**	**755 396**
1996 年	638 626	200 898
1997 年	741 802	198 908
1998 年	874 648	374 386
1999 年	1 084 077	594 921
2000 年	1 677 712	1130 715
“九五”时期	**5 016 865**	**2 499 828**
2001 年	2 095 636	1 551 602
2002 年	3 152 374	2 538 071
2003 年	4 072 782	3 137 514
2004 年	4 118 669	3 226 063
2005 年	4 593 443	3 528 122
“十五”时期	**18 032 904**	**13 981 372**
2006 年	4 957 918	3 715 114
2007 年	6 457 517	4 486 119
2008 年	9 872 422	5 083 432
2009 年	13 513 349	7 104 764
2010 年	15 533 217	7 452 396
“十一五”时期	**50 334 423**	**27 841 825**
2011 年	26 326 068	11 065 990
2012 年	33 420 880	12 454 012
2013 年	37 822 690	13 942 080
2014 年	43 255 140	16 314 880
2015 年	42 901 420	16 298 683
“十二五”时期	**183 726 198**	**70 075 645**
2016 年	45 095 738	21 517 308
总　计	**308 168 583**	**138 853 037**

林业财务会计

20

林业财务和会计

【综　述】 2016年是"十三五"开局之年，林业计财部门紧紧围绕国家林业局党组决策部署，坚持学习贯彻党的十八大和十八届三中、四中、五中、六中全会精神，大力践行新发展理念，全力服务国家战略大局和林业改革发展全局，着力维护森林生态安全，有力推进林业现代化建设，取得了显著成效。

林业"十三五"规划　编制印发《林业发展"十三五"规划》，形成了以国家林业发展"十三五"规划为龙头、各省林业规划为骨架的"十三五"林业规划体系。森林覆盖率、蓄积量继续列为约束性指标，湿地面积指标首次纳入国家《纲要》，林业内容在国家和各省份"十三五"规划以及重大专项规划中得到了充分体现。森林防火二期规划得到国务院批准，以国务院和国家部委名义印发、涉及林业内容的综合性规划有15个，国家林业局编制印发的专项规划有35个，各省(区、市)人民政府或林业部门印发的林业规划达到142个，林业规划的红利不断累积和显现。统计工作对林业改革发展的保障越来越强，林业统计信息服务和经济运行分析质量不断提升，林业统计综合报表制度进一步完善。推进8个地区林业自然资源资产负债表编制试点。海南省率先开展"多规合一"试点。吉林省完善了国有林区统计方法制度，山东省增加了林业产业产值计算表。

落实"四个着力"　一是积极落实着力推进国土绿化的任务和投资。深入实施退耕还林、防护林、京津风沙源治理等林业重点工程，以大江大河源头和西部地区为重点，完成造林任务680万公顷，落实中央投资151亿元。人工造林、封山育林、飞播造林补助标准分别提高到7500元/公顷(灌木3600元/公顷)、1500元/公顷、2400元/公顷。安徽省全面完成"千万亩森林增长"工程。四川省开展了大规模绿化全川行动。贵州省落实了新一轮退耕还林全国总任务的35%，完成31.8万公顷退耕还林任务。宁夏、甘肃2省(区)将移民搬迁腾退的土地优先用于植树造林。二是积极构建着力提升森林质量的政策框架。优化调整营造林指标设置，增加了退化林修复、人工更新指标。完成森林抚育任务840万公顷，落实中央补贴资金59亿元。天保工程国有林管护费补助标准和国有天然林停伐管护补助标准与国有国家级公益林补偿标准同步提高到每年每公顷120元，安排管护补助和补偿资金278.89亿元。落实东北、内蒙古重点国有林区森林经营方案编制经费5000万元。江西省设立省级森林质量提升专项，每年安排资金不低于3亿元用于退化林修复、林木良种推广。三是积极谋划着力开展森林城市建设的规划布局。明确了"十三五"森林城市建设的目标任务，积极推进《全国森林城市建设规划》编制，广东省完成首个国家森林城市群——珠三角国家森林城市群建设规划。四是积极推进着力建设国家公园的制度安排。四川省、吉林省、黑龙江省上报的大熊猫、东北虎豹国家公园体制试点方案，青海省上报的三江源国家公园体制试点方案，得到中央深改组批准，亚洲象等国家公园建设方案编制工作积极推进，安排前期工作经费等2亿元。西藏大力推进羌塘国家级自然保护区管理体制机制改革试点。

改革政策　一是落实国有林区改革支持政策。改革投入持续增长，中央安排资金224亿元，比2015年增加44亿元，重点支持职工再就业和林区稳定运行。内蒙古自治区全部接收森工企业社会管理和公共服务职能，涉及职工4369人、资产6.05亿元。金融债务化解取得积极进展，财政部同意从2017年起对重点国有林区与停伐相关的130亿元金融债务安排贴息补助，配合银监会等部门起草了金融债务化解意见。二是落实国有林场改革支持政策。安排补助资金36.7亿元、贫困林场扶贫资金5亿元，85%以上的国有林场定性为公益二类事业单位。辽宁省183个国有林场全部定性为公益事业单位，人员和机构经费纳入财政预算。福建省级财政每年安排1亿元支持省属国有林场改革。重庆市核销国有林场债务7185万元。三是完善集体林权制度配套政策。落实新型经营主体支持政策和林权抵押贷款，安排贷款贴息3亿元、森林保险保费补贴资金12亿元。浙江省庆元县率先在全国启动集体林权证信息、森林资源资产信息、林权抵押登记于一体的林权IC卡，与银行共享，农户贷款银行免评估。河南省积极开展林权抵押贷款服务，新增林权抵押贷款6.8亿元。四是圆满完成中央全面深化改革领导小组确定的2016年国家林业局牵头的6个专项改革任务。天然林实现全面停伐，中央财政安排停伐补助资金116亿元。

金融贷款　以国家储备林建设为突破口，与国开行、农发行创新了适应林业生产经营周期的金融产品，与国家发改委、财政部协调出台了财政资金撬动两行贷款的扶持政策，40多个项目贷款获得批准，协议贷款1050亿元，签订贷款合同规模755亿元，放款152亿元，国家储备林贷款超过中央造林投资规模。广西放款41亿元，天津放款42亿，河北张家口放款18亿元，吉林森工放款18亿元。探索了覆盖全国的四种可复制、可推广的贷款模式。协调农发行发行了绿色金融债券60亿元。会同国家发改委、财政部，分别在林业传统基础设施建设和林业公共服务领域出台了运用政府和社会资本合作(PPP)模式推进林业建设的指导意见，围绕五大领域，大力推广PPP模式，引导各方面资金投入林业建设，引起了社会广泛关注。

区域发展　推进京津冀林业协同发展。在河北张家口召开了林业生态率先突破推进会议，对优化生态空间等7个方面率先突破作出部署，与三省(市)人民政府签署了框架协议，印发了《京津冀生态协同圈森林和自然生态保护与修复规划》。北京市财政每年安排2亿元在河北省营造水源涵养林。推进长江经济带林业生态保护修复。在重庆万州召开了长江经济带"共抓大保护"林业工作会议，部署了森林、湿地、生物多样性三大保护修复行动，编制了《森林和湿地生态系统保护与修复规划》《沿江重点湿地保护修复工程规划》，与国家发改委联合出台了加强长江经济带造林绿化的指导意见。上海市严守长江口生态红线。湖南省启动了森林禁伐减伐三年行动。推进“一带一路”建设林业合作。编制了《“一带一路”建设林业合作规划》，中蒙俄经济走廊规划生态保护项目、中俄木材工业园区和绥芬河、满洲里示范基地等重大项目建设顺利推进，中国境外林业大中型投资合作项目近200个，妥善应对涉林问题和林产品贸易争端。黑龙江省绥芬河基地建设落实项目贴息、边境合作区项目补贴、外经贸发展资金补贴4500多万元。

林业扶贫　“四精准三巩固”林业扶贫工作全面扎实开展，成效明显，国务院副总理汪洋在国务院扶贫开发领导小组第10次全体会议上指出，林业扶贫思路是可行的。21个省(区、市)共选聘安排28.8万名生态护林员，精准带动108万人脱贫。协调国家发展改革委、财政部将27.6万公顷退耕还林任务优先安排给符合条件的建档立卡贫困户。会同国家开发银行、农业发展银行为国家林业局4个定点县承诺贷款80亿元，已放款15亿元。印发《关于加强贫困地区生态保护和产业发展促进精准扶贫精准脱贫的通知》《关于支持贫困县开展统筹整合涉农资金试点有关问题的通知》《定点县“十三五”林业扶贫规划》，会同农业部等9部门印发《贫困地区发展特色产业促进精准脱贫指导意见》。联合水利部在贵州召开了滇桂黔石漠化片区年度会议。在湖南永州召开第九次全国油茶产业发展现场会。云南省怒江傈僳族自治州贡山独龙族怒族自治县2000名建档立卡贫困人员新选聘为生态护林员。陕西省安排20.66万个贫困户退耕还林任务直接补助资金3.17亿元。山西省创新扶贫举措，建立1526个扶贫攻坚造林专业合作社，入社贫困人口4.2万人。新疆维吾尔自治区和新疆生产建设兵团大力发展林果业，一些地区林果收入占农民年收入50%以上。

中央林业投入　在经济下行、财政收入增速放缓的不利形势下，经积极协调争取，全年落实中央林业资金1133亿元，扣除政策到期等不可比因素，同口径比2015年增加19%。林业资金盘子稳步扩大，对稳定预期、增添信心、凝聚各方力量发挥了关键作用。开辟了国家公园、护林员、国有林区防火应急道路等新的资金渠道，启动了国家级自然保护区和湿地保护大项目建设试点，东北、内蒙古重点国有林区基建项目中央投资比例由80%提高到90%，87个林业局单列纳入国家重点生态功能区范围，退耕还湿试点范围由5个省扩大到8个省，沙化土地封禁保护试点县由2013年的30个扩大到71个。批复和审查了基本建设项目260个，涉及中央投资37亿元，碳卫星项目启动立项。各省积极争取地方林业建设资金。广西壮族自治区财政安排林业建设资金17.3亿元。湖北省级财政安排“绿满荆楚行动”造林绿化资金9.28亿元。江苏省扬州市每年从全市土地出让金中提取10%用于湿地保护与恢复。

风险防控　全面完成巡视整改工作，清理收回、上缴中央财政等整改资金2.52亿元。贯彻局党组、中央纪委驻农业部纪检组决定，部署了“十三五”重大工程专项整治行动计划，启动了退耕还林专项整治行动。完成全国林业财政资金信息管理系统建设，修订了防护林投资估算、工程建设标准等办法。配合国家发改委，完成对东北、内蒙古森林防火项目专项稽查，约谈相关单位，逐个项目落实整改。同时，对7个省(区)开展了林业国家级自然保护区、沙化土地封禁保护、林业有害生物防治等建设资金稽查。建立了资金项目会商、重大课题研究、信息共享三大平台，以“零容忍”态度、更大决心和力度加强资金项目管理，强化风险防控和廉政建设。

（马一博）

【部门预算】　2016年，国家林业局部门预算坚持加强规范、加大统筹、夯实基础、提高水平、注重实效的原则，紧紧抓住部门预算资金争取这个中心，进一步强化预算管理，完善规章制度，规范支出管理，切实提高部门预算管理水平。

2016年部门预算争取工作　2016年年初财政部批复部门预算资金68.87亿元(不含预算内基本建设投资)，与2015年同口径年初预算57.78亿元相比，增加11.09亿元，增长19.19%。同时，根据林业发展需要和突发情况，积极申请财政追加预算1.18亿元，全年财政拨款70.06亿元，比2015年增加5.52亿元，增长8.56%。

国家林业局预算信息公开工作　根据《财政部关于进一步做好预算信息公开工作的指导意见》，提前做好预算信息公开的准备工作，并报经局领导审核同意后及时通过国家林业局政府网站向社会公开，包括国家林业局2016年部门预算、2016年“三公”经费财政拨款预算和2015年国家林业局部门决算。

2017年部门预算编制工作　2017年部门预算编制，充分考虑机关事业单位的人员支出和正常运转支出需求，重点解决包括机关事业单位调资经费、规范津贴补贴、医疗经费挂账等基本支出需求。经积极争取，财政部累计安排2017年初部门预算指标73.21亿元(不含预算内基本建设投资)，相比2016年初预算数增加4.34亿元，增长6.30%。增加原因包括：一是基本支出增加了调整基本工资、津贴补贴等需求，并相应增加了住房改革支出经费；二是项目支出预算重点增加了国家林业局大楼大中修搬迁租赁项目经费7535万元，向国际组织捐款1459.6万元，防治荒漠化公约缔约方大会补助1305万元，林业补助资金58 545万元等。

批复2016年部门预算和2015年部门决算　按照“中央各部门应当自财政部批复本部门预算之日起15日内，批复所属各单位预算”的规定，国家林业局按时将部门预算正式批复下达到预算单位和项目承担单位，做到一个单位一本预算，保证了部门预算批复的及时和完整，为预算单位履行职能和开展专项业务工作创造了条件。同时，根据财政部批复国家林业局2015年部门决算，及时向各单位批复了部门决算。

财政项目定额标准制定工作　根据中央本级项目支出定额标准管理规定，结合国家林业局部门预算项目具体情况，2016年国家林业局重点开展了森林资源清查与动态监测项目和林业有害生物防治与预测预报补助经费项目的定额标准建设工作，并形成了征求意见稿，针对各标准与相关单位进行沟通，提出标准进一步修改完善的内容和方向，逐步完善各项目支出定额标准。

财政项目支出预算绩效评价试点工作 根据《财政支出绩效评价管理暂行办法》(财预〔2011〕285号)要求，一是按时完成2015年确定的林业科技成果国家级项目推广、野生动物疫病监测和预警系统维护等17个项目绩效评价报告的报送工作；二是在绩效评价项目不断增加、评价难度不断提高的情况下，积极组织开展2016年选择确定的森林资源清查与动态监测、林业标准化等13个项目的绩效评价工作，配合完成以财政部为主体开展的湿地监测与管理重点评价项目；三是完成了对国家林业局林业基金管理总站2016年整体支出绩效评价工作；四是配合财政部完成对国家林业局一级项目绩效目标的审核确认工作；五是完成了2016年度项目支出绩效目标的全面自评工作。选择确定2017年绩效评价重点一级项目1个，二级项目13个，填报绩效评价目标项目实现全覆盖，充分体现绩效目标在预算管理的前置作用。

全面加强部门预算评审 为适应预算制度改革，强化部门预算项目管理，根据《国家林业局部门预算项目库管理暂行办法》(初稿)、《国家林业局部门预算项目评审管理暂行办法》(初稿)，2016年完成了对第二次全国重点保护野生动植物资源调查、大兴安岭公检法及义务教育等补助、林业信息网络等11个项目的入库评审工作，涉及预算资金9.52亿元，为规范国家林业局部门预算项目管理打下坚实基础。

预算管理日常工作 组织完成2015年部门决算的编制汇总上报工作和2015年度绩效管理自评工作；部署2016年度预算的清理核对和决算布置工作；完成中央机关事业单位2016年调资测算工作；完成局机关因公出国(境)经费预算来源的审核确认工作，杜绝了超预算和无预算安排出国情况，严格控制因公出国(境)支出规模等。 (吴 昊)

【资产管理与会计】 **巡视反馈意见整改工作** 根据国家林业局党组统一部署和分工，全面落实巡视反馈意见整改工作。一是完成中央第九巡视组巡视反馈意见整改工作。2016年初，牵头对中央第九巡视组反馈的“贯彻中央林业改革方针政策不到位”“林业资金不谋林，侵占和违规使用问题多发”2个方面意见进行整改，及时上报整改报告。通过采取包括制定整改任务分工清单、下发整改通知、约谈整改不到位单位等多项措施，全面推进了国有林区和国有林场改革任务以及新一轮退耕还林工程建设进度，清理收回、上缴中央财政等整改资金共计2.52亿元，完善了资金管理政策，健全了资金管理内控机制，巡视反馈意见全面整改到位。二是完成国家机关纪工委专项巡视反馈意见整改工作。10月25日，针对国家机关纪工委对国家林业局党组专项巡视反馈的有关意见，牵头完成包括34项中长期任务落实不到位等整改工作。三是配合完成驻部纪检组要求的有关整改工作。根据中央纪委驻农业部纪检组要求，配合完成对计财工作开展的党风廉政建设及资金管理情况等专题调研，以及反馈国家林业局机关事业单位存在的问题的整改工作。为加强林业系统党风廉政建设，下大力气解决林业工程建设和资金管理使用方面存在的突出问题和薄弱环节，国家林业局党组决定，“十三五”期间，开展退耕还林、防沙治沙、林木种苗、野生动植物保护和湿地保护等林业重大工程专项整治行动计划，2016年率先启动退耕还林突出问题专项整治行动。

行政事业单位内部控制建设工作 根据《财政部关于全面推进行政事业单位内部控制建设的指导意见》(财会〔2015〕24号)相关精神，下发了《国家林业局关于部署开展行政事业单位内部控制建设工作的通知》(林规发〔2016〕35号)，成立以党组书记、局长张建龙为组长的国家林业局内部控制建设工作领导小组，选取6个单位开展内控建设试点工作，委托专家组指导内控建设。2016年年底前，各单位按要求上报了内控建设实施方案，完成了内部控制建设基础评价工作，找出本单位内控建设薄弱点，明确了下一步工作重点和方向。

项目资金会商工作 为全面加强林业计划财务工作的党风廉政建设，推进林业项目资金管理的科学决策、高效运转和公开监督，从源头上约束和监督权力运行，按照国家林业局党组要求，坚持问题导向，以建设重大课题研究平台、资金项目会商平台、信息共享平台为核心，建立了林业项目资金会商决策机制。2016年，组织开展了林业基本建设申报项目、中央财政转移支付预算、中央预算内投资计划草案等会商工作，草拟了资金项目会商工作规程，进一步规范了资金项目会商管理工作。

国有资产管理工作 根据财政部统一部署，全面部署完成机关事业单位国有资产清查工作，积极推动国有资产产权登记工作，重点加强对机关事业单位国有资产处置、出租等使用管理工作。同时，研究制定直属单位国有资产管理工作规程，明确办理国有资产管理事项和流程，进一步加强和规范国家林业局直属单位及其所办企业国有资产管理工作。 (徐旺明)

【林业金融】 2016年国家林业局与国家开发银行和中国农业发展银行积极合作，共同创新林业金融产品，拓展林业投融资渠道，充分发挥开发性金融和政策性金融的创新融资模式促进林业发展。

与国家开发银行和中国农业发展银行联合发文 1月，国家林业局分别与国家开发银行、中国农业发展银行联合下发了《国家林业局 国家开发银行关于加强合作共同推进国家储备林等重点领域建设发展的通知》(林规发〔2016〕15号)、《国家林业局 中国农业发展银行关于充分发挥农业政策性金融作用支持林业发展的意见》(林规发〔2016〕12号)，创新融资模式促进林业发展，支持国家储备林、国有林区(场)改革转产项目、林业扶贫等重点领域建设。

与国家开发银行和中国农业发展银行签订合作协议 继2015年年底与国家开发银行签订了《共同推进国家储备林等重点领域建设发展合作协议》。2016年6月22日，与中国农业发展银行签订了《全面支持林业发展战略合作框架协议》。组织开展国家储备林等重点林业项目前期工作，并负责指导各地组织项目实施；两行给予国家储备林、林业扶贫等项目最低资本金比例政策，并提供中长期优惠贷款，开设贷款评审审批绿色通道，保证贷款资金及时到位；双方共同研究完善投融资机制，争取财政资金支持，鼓励社会资本参与林业项目建设；双方建立定期联系工作机制，交流和沟通有关信息，共同协商解决有关问题。

两行贷款项目进展情况 国家开发银行、中国农业发展银行在天津、河北、山东、贵州、广西、江西开展国家储备林、油茶等木本油料、森林公园等40多个项目贷款已获得批准总规模755亿元，其中：国家开发银行420亿元，广西国家储备林项目300亿元、天津国家储备林项目25亿元，赣州油茶和木本油料项目60亿元，吉林森工30亿元；中国农业发展银行在试点广西、河北、山东、天津、贵州5省批准贷款335亿元。2016年，两行共放款152亿元。全年利用开发性、政策性银行贷款建设国家储备林26.67万公顷。

金融支持扶贫工作 国家开发银行支持赣州油茶木本油料贷款评审已完成，赣州拟新建和改造13.33万公顷油茶林，其中：新建6万公顷，改造7.33万公顷，贷款60亿元，期限15~20年，已经开始放款。金融支持国家林业局4个定点扶贫县林业及易地扶贫搬迁基础设施建设项目，农业发展银行支持广西罗城县国家储备林建设以及易地扶贫搬迁7个项目14亿元贷款于9月9日签订了贷款合同。国家开发银行将为4个定点扶贫县荔波、独山、龙胜、罗城县提供10亿元扶贫基础设施贷款和储备林、森林旅游等林业贷款。

（吴　今　姜喜麟　李　佳）

【林业PPP指导意见】《国家发展改革委　国家林业局关于运用政府和社会资本合作模式推进林业建设的指导意见》（发改农经〔2016〕2455号）、《国家林业局　财政部关于运用政府和社会资本合作模式推进林业生态建设和保护利用的指导意见》（林规发〔2016〕168号）分别印发。林规发〔2016〕168号文件侧重公共服务领域，发改农经〔2016〕2455号文件侧重传统基础设施领域。两个《指导意见》印发后，社会各界反响强烈，央视《朝闻天下》、央视财经、央广、中新社、环球网等主流媒体进行了特别报道。（吴　今　姜喜麟　李　佳）

【债务化解】 以停伐时间为节点的债务余额初步核定。国家林业局配合银监会等部门，起草了《关于解决东北内蒙古重点国有林区金融债务的意见》。对天保一期以后新增与停伐相关的金融债务130亿元，财政部从2017年起，按照年利率4.9%测算，每年安排贴息补助6.37亿元，补助到天保工程二期结束的2020年；对天保一期剩余债务29亿元，由森工企业与金融机构协商，参照天保一期债务处理政策，经债权金融机构审核同意后给予免除；对债务打包到资产管理公司的24亿元，由森工企业与资产管理公司协商，按不低于原始收购价处理；对棚户区改造以及相关配套基础设施债务77亿元，在国家保障房化债政策未出台前，银监会牵头会同财政部、国家林业局与国家开发银行进行专题调查研究后协商过渡期处理意见。（吴　今　姜喜麟　李　佳）

【森林保险】 一是完成了《关于进一步推进森林保险工作的指导意见》起草工作。为推动全国森林保险工作规范持续健康发展，国家林业局会同保监会、财政部在2015年对浙江、广东、内蒙古三省（区）开展了联合调研，完成了《意见》的起草工作。2016年，三部门邀请人保财险、中华联合财险两家保险公司组成联合调研组赴新疆维吾尔自治区和新疆生产建设兵团继续开展了森林保险专题调研，对《意见》做出进一步修改和完善。二是会同保监会完成了森林保险示范性条款研究工作。示范性条款研究起草完成后，已经广泛征求意见和两轮专家评审，适时向社会公布。三是完成首部森林保险白皮书《2016中国森林保险发展报告》。由国家林业局、保监会、森林保险相关承保机构共同开展了《森林保险年度发展报告》的编制工作，通过深入研究分析目前各省、各种类型的森林保险运行特征和存在的问题，加强相关政策的研究，为进一步完善森林保险政策提供科学依据和政策建议。（吴　今　杨万利）

【政府采购】 积极贯彻《政府采购法实施条例》，强化政府采购内控管理。一是及时转发财政部、中央国家机关政府采购中心有关政府采购制度、规定，结合国家林业局机关及直属单位工作实际提出具体要求。二是举办国家林业局机关和直属单位政府采购业务培训班，详细讲解《政府采购法实施条例》等相关政策，布置政府采购计划及信息统计工作。同时组织局机关和直属单位政府采购相关人员参加了中央国家机关政府采购中心举办的集中采购业务培训班；三是完成政府采购进口产品采购审核上报财政部审批工作，全年汇总上报274台（套）进口仪器设备、软件及图书，共1.2亿元。四是完成了审核上报政府采购方式变更工作。五是按时保质汇总上报了2015年度国家林业局政府采购信息统计年报，按月及时汇总上报了2016年局机关及直属单位批量采购月报，按季审核、汇总、上报了局机关及直属单位政府采购计划、计划执行和信息统计报表。六是及时将政府采购有关制度、管理办法及局直属单位公开招标信息在国家林业局网站政府采购专栏公示，共计68条。七是参加了预算执行检查，督促指导直属单位政府采购计划编报、相关制度落实等工作。（吴　今　张丽媛）

【全国林业行业财政资金收支状况】 2016年全国林业行业预算投入2012.02亿元，其中：中央投入1158亿元（其中：林业系统投入1133亿元，其他投入25亿元），地方投入954.02亿元。全年实际到位资金2232亿元，实际支出2121亿元。

中央预算投入（投资计划） 2016年中央预算林业投入1133亿元，其中：基本建设投资163亿元，财政投入970亿元。中央林业基本建设投资主要包括：天然林保护工程14亿元，新一轮退耕还林工程40.1亿元，京津风沙源治理工程9.8亿元，石漠化综合治理工程8.6亿元，“三北”、沿海等防护林体系建设工程36亿元，野生动植物及自然保护区建设工程3.3亿元，湿地恢复保护3亿元，棚户区改造8.5亿元，森林防火14亿元，森工非经营性项目2亿元，木材战略储备基地2亿元。中央财政林业投入主要包括：天然林保护工程资金217.43亿元（含天保工程区外国有天然林停伐管护费、集体和个人所有天然林停伐管护费），建档立卡贫困人口20亿元，退耕还林工程资金214.6亿元，森林管护费90.89亿元，森林生态效益补偿166.11亿元，林业补贴134.56亿元，国有贫困林场扶贫资金5亿元，农业综合开发林业项目7.49亿元。与2015年1074亿元相比，2016年中央预算林业投入增加59亿元，其中：基本建设投资增加5亿元，财政投入增加54亿元。

地方预算投入(投资计划) 2016年地方各级财政投入954.02亿元，其中：省级393.78亿元，比上年减少15.18亿元，地市级176.31亿元，比上年增加10.86亿元，县级383.94亿元，比上年增加63.79亿元。按项目分，包括：基本建设投资17.9亿元，比上年减少22.12亿元；财政投入936.12亿元，比上年增加了81.59亿元。财政投入包括：机构运行支出365.14亿元，比上年增加了39.16亿元，财政专项资金570.98亿元，比上年增加了42.43亿元。其中：森林培育增加6.99亿元，国有林场改革补助增加5.54亿元，森林生态效益补偿增加4.71亿元，林业产业化增加3.13亿元，育林基金改革减收财政转移支付增加3.04亿元，森林防火增加1.69亿元，森林公安增加1.05亿元，林业生产救灾减少1.68亿元。

天然林资源保护财政专项资金 2016年全国天然林资源保护，财政资金实际收入331.58亿元(不含基本建设投资)，比上年的252.29亿元增加79.3亿元，具体是：中央财政专项资金217.43亿元，地方财政补助6.33亿元，利息等其他收入28.51亿元。天保工程实施单位自筹25.41亿元。当年实际支出300.76亿元，财政收回1.75亿元，年末累计结余72.44亿元。其中包括：一是社会保险补助费。全年收入64.67亿元，其中：中央财政补助62.74亿元，地方财政补助1.58亿元，天保工程实施单位自筹0.29亿元；全年实际支出60.77亿元。二是政策性社会性支出。全年收入60.42亿元(比上年减少3.79亿元)，其中：中央财政补助35.21亿元，地方财政补助0.29亿元，天保工程实施单位自筹22.53亿元，其他收入2.39亿元；全年实际支出60.59亿元。

造林补贴 2016年中央财政共下达造林补贴29.6亿元，比上年减少0.06亿元。根据各省决算数据，各实施单位共到位造林补贴72.91亿元，其中：中央财政补贴28.65亿元，地方财政补贴44.25亿元，利息等其他收入80.11万元。2016年共支出造林补贴资金68.94亿元，其中种苗费、人工费等直接补贴67.71亿元，作业设计、检查验收费等间接补贴1.23亿元。

2016年实际完成补贴造林面积104.59万公顷，占计划任务的88%，其中人工造林90.75万公顷、迹地人工更新6.75万公顷、低产低效林改造7.08万公顷。补贴造林范围涉及1215个县(区)，补贴林农58.73万户，补贴林农合作组织22 757个，补贴承包经营国有林的林业职工16 815人。

森林抚育补贴 2016年中央财政共下达森林抚育补贴59.26亿元，比上年减少0.72亿元。根据各省决算数据，各实施单位共到位森林抚育补贴74.52亿元，其中：中央财政补贴61.09亿元，地方财政补贴12.9亿元。2016年共支出补贴资金74.44亿元，其中：人员工资、机械燃油费等直接费用71.33亿元，作业设计费、检查验收费等间接费用3.11亿元。

2016年年底前已开工面积262.88万公顷，占当年计划任务的69.22%，年底已完工面积341.25万公顷。参加抚育单位946 469个，参与抚育人数115.94万人。

森林生态效益补偿 2016年中央财政共下达森林生态效益补偿166.11亿元，比上年增加11.28亿元，其中：中央补偿基金166.11亿元，地方补偿基金95.18亿元(比上年增加4.71亿元)。根据各省决算数据，实际收到补偿基金258.12亿元(比上年增加16.84亿元)，中央、省级、地市级、县级分别为166.11亿元、76.09亿元、9.79亿元、7.48亿元。2016年，省级补偿最多为广东15.63亿元，其次为浙江10.41亿元，上海8.88亿元，云南6.63亿元，福建6.55亿元。

育林基金 一是征收与提取情况。2016年，全国征收提取育林基金4.61亿元，其中：征收为0，提取2.3亿元，其他来源2.31亿元。与上年相比减少征收提取育林基金30.15亿元，其中国有森工企业减少5.07亿元，国有林场减少5.77亿元、国有苗圃减少26.34万元。主要是由于2016年1月29日，财政部印发了《关于取消、停征和整合部分政府性基金项目等有关问题的通知》(财税〔2016〕11号)，从2016年2月1日起将育林基金征收标准降为零。育林基金提取主要在国有林业单位，共有2.3亿元，主要有吉林、江西、浙江、广东、广西、内蒙森工，分别为1.14亿元、0.37亿元、0.18亿元、0.11亿元、0.1亿元、0.07亿元。二是收支情况。全年育林基金收入(含自提自用)17.04亿元，其中：林业主管部门收入3.7亿元，国有森工企业、林场与苗圃收入13.33亿元(提取留用2亿元)，财政和林业主管部门拨入3.74亿元。全年实际支出18.64亿元，其中：森林培育5.88亿元，有害生物防治0.3亿元，森林防火与扑救1.12亿元，森林资源监测0.59亿元，林业技术推广0.14亿元，营林护林等基础设施建设和设备购置0.82亿元，其他支出9.78亿元(含林业行政事业经费支出2.37亿元)。全国共有25个省份将育林基金用于林业行政事业经费支出。

森林植被恢复费 2016年全国征收森林植被恢复费64.62亿元，征收数额前5位的分别是：内蒙古9.62亿元、江西9.13亿元、云南6.42亿元、新疆4.96亿元、湖南4.94亿元。按收入级次分，中央级0.23亿元，省级49.36亿元，地市级3.17亿元，县级11.85亿元。与上年征收47.97亿元相比，全年增加征收16.65亿元。

2016年林业部门实际收到各级财政拨入森林植被恢复费51.25亿元(比上年减少11.67亿元)，其中：中央级0.47亿元，省级36.02亿元，地市级3.87亿元，县级10.89亿元。全年实际支出49.91亿元(比上年减少10亿元)。

具体支出资金用途为：一是整地、造林、抚育等营林生产34.44亿元，比上年减少8.21亿元。二是营林管理费、调查规划设计、森林保护等营林费用支出7.79亿元。三是其他支出7.67亿元(含林业部门行政事业经费支出0.92亿元)。

天保工程实施单位职工参保与工资福利情况 一是参保情况。2016年天保工程实施单位共有在册国有(全民)职工65.35万人，应参加基本养老保险人数61.11

万人，实际参保59.68万人，参保率97.66%；应参加基本医疗保险人数63.33万人，实际参保62.77万人，参保率99.13%；应参加失业保险人数60.17万人，实际参保59.04万人，参保率98.12%；应参加工伤保险人数61.74万人，实际参保60.85万人，参保率98.55%；实际参加生育保险人数58.97万人。共有离退休职工77.19万人，实际参加基本养老保险60.21万人，参保率78%；参加基本医疗保险60.03万人，参保率77.77%。二是工资福利情况。全年国有(全民)职工工资总额154.04亿元，年人均工资2.36万元；离退休职工养老金总额196.21亿元，其中单位负担10.23亿元，年人均养老金3.26万元。年末累计拖欠职工工资费用总额11.08亿元，其中主要包括：职工工资9.1亿元，涉及1.13万人；拖欠医药费0.01亿元；拖欠离退休金1.83亿元，涉及0.43万人。（张 媛）

【全国国有森工企业财务状况】 2016年全国国有森工企业财务报表共汇总19个省份763户企业，经营面积6480万公顷，其中林地面积4340万公顷；年末职工137.01万人，其中：国有职工54.99万人，混岗职工9.51万人，离退休职工72.5万人；企业总资产1409.57亿元；全年营业总收入194.8亿元；实现净利润-21.45亿元。

资产负债情况 2016年年末，全国国有森工企业总资产1409.57亿元，其中流动资产665.36亿元(货币资金199.28亿元)，非流动资产744.2亿元(固定资产净值403.41亿元)；总负债957.9亿元，其中：流动负债597.69亿元，非流动负债360.21亿元；所有者权益451.67亿元，其中：实收资本216.32亿元(国家资本193.6亿元)，资本公积265.81亿元，专项储备0.84亿元，盈余公积14.07亿元，未分配利润-89.43亿元，少数股东权益43.74亿元。2016年年末，含林木资产的资产负债率67.96%，比上年增加1.23%。不含林木资产的资产负债率70.39%，比上年增加1.32%。

损益情况 2016年全国森工企业营业总收入194.8亿元，比上年减少3.55亿元；营业总成本250.16亿元(其中：主营业务成本140.43亿元，管理费用68.56亿元，财务费用12.55亿元)，比上年减少10.28亿元；营业外净收入32.11亿元，比上年减少7.73亿元。

2016年，盈利企业325户，亏损企业438户，亏损面134.77%，比上年减少3.65%，亏损企业亏损额30.19亿元，比上年亏损增加15.24亿元。2016年全国森工企业净利润-22.29亿元。

此外，2016年森工企业政策性社会性支出共54.29亿元(比上年减少2.51亿元)，其中主要有：教育13.39亿元、医疗卫生8.79亿元、公检法司5.11亿元、政府经费9.56亿元、环卫等其他17.17亿元。扣除各级财政补助30亿元和事业等收入2.39亿元后，企业损益实际负担政社性支出22.31亿元。

收入和利润主要情况及分析 2016年全国森工企业营业收入194.8亿元，比上年减少3.55亿元；经营利润-53.56亿元(剔除营业总成本中管理费用、财务费用等期间费用后的产品或行业销售利润，下同)，比上年减少20.14亿元。

以木材采伐为主的种植业仍是森工企业营业收入与营业利润的最主要组成部分。2016年，全国森工企业种植业营业收入25.41亿元，占总收入的13.04%；营业利润9.89亿元，占总营业利润的36.22%，其中原木营业收入7.91亿元，占种植业营业收入的31.13%。

主要产品产销情况及分析 一是原木。全年产量63.52万立方米，比上年减少157.76万立方米；销售量97.64万立方米，比上年减少170.05万立方米。木材销售收入7.91亿元，比上年减少24.75亿元。木材平均售价810元/立方米，比上年减少410元/立方米。营业利润3.55亿元，比上年减少12.74亿元，占森工企业营业利润总额的12.98%。原木产量主要在：福建22.51万立方米，云南15.73万立方米，吉林7.1万立方米，龙江森工6.56万立方米，湖南5.04万立方米，江西2.56万立方米，广西1.07万立方米，四川0.94万立方米，广东0.88万立方米。二是纤维板。全年产量11.67万立方米，比上年减少102.71万立方米；销售量12.77万立方米，比上年减少92.53万立方米；实现销售收入1.32亿元，比上年减少13.52亿元；平均售价1031元/立方米，比上年减少378元/立方米；实现营业利润-0.03亿元。纤维板的产量主要在广西8.44万立方米，云南3.22万立方米。三是刨花板。全年产量1.71万立方米，比上年减少47.41万立方米；销售量1.29万立方米，比上年减少59.93万立方米；实现销售收入0.32亿元，比上年减少7.31亿元；平均售价2506元/立方米，比上年增加0.13万元；实现营业利润-0.02亿元，比上年增加亏损0.02亿元。刨花板产量主要在吉林1.71万立方米。

缴纳税费 2016年全国森工企业上缴税费10.65亿元，比上年减少1.94亿元，其中主要包括：增值税3.13亿元、营业税1.81亿元、所得税2.07亿元。缴纳社会保险费45.18亿元，其中主要包括：基本养老保险26.9亿元，基本医疗保险14.82亿元。年末未交税费7亿元，其中：增值税1.45亿元，营业税0.47亿元，所得税1.31亿元。年末欠缴社会保险费4.06亿元，其中：基本养老保险3.06亿元，基本医疗保险0.6亿元。以前年度应返还增值税0.001亿元，2016年实际返还0.8亿元，年末应返还0.43亿元。

财政资金收入 2016年森工企业实际收到财政资金266.24亿元(比上年增加13.99亿元)，其中：基本建设投资24.37亿元(比上年减少6.93亿元)，主要是棚户区改造11.47亿元，天保工程5.67亿元，森工非经营性项目1.79亿元(比上年减少2.09亿元)。财政投入241.87亿元(比上年增加20.92亿元)，财政专项资金241.37亿元(其中：天保工程184.61亿元、森林培育28.03亿元、石油价格补助0.04亿元、森林生态效益补偿3.45亿元)。

投入按级次分：中央投入249.68亿元，比上年增加16.54亿元。一是基建投资23.35亿元(其中：天保工程5.66亿元，棚户区改造10.8亿元)。二是财政投入(财政专项)226.34亿元，主要包括天保工程181.24亿元，森林培育27.63亿元，石油价格补助0.04亿元，森林生态效益补偿2.98亿元；省级投入14.48亿元，其中：基本建设投资1亿元，财政投入13.48亿元(其中：专项资金13.14亿元)；地市级投入1.52亿元，主要为财政投入；县级投入0.57亿元，其中：基本建设投资0.02亿元，财政投入0.55亿元。

财政资金支出 2016年森工企业实际支出财政资金283.41亿元(比上年减少9.02亿元)。一是基本建设投资30.19亿元(比上年减少7.02亿元)，主要是棚户区改造19.15亿元(比上年减少2.4亿元)，天保工程5.23亿元(比上年增加0.59亿元)，森工非经营性项目1.88亿元(比上年减少2.4亿元)。二是财政投入253.22亿元(比上年减少2亿元)，主要是机构运行支出0.5亿元，财政专项资金252.71亿元(其中：天保工程205.34亿元、森林培育28.18亿元、石油价格补助-0.21亿元、森林生态效益补偿3.08亿元)。

财政收回 2016年森工企业财政收回0.89亿元，其中：基本建设投资0.32亿元，主要是棚户区改造0.1亿元，天保工程0.03亿元，森工非经营性项目0.11亿元；财政投入(财政专项)0.57亿元，其中：天保工程0.03亿元、森林培育0.08亿元、石油价格补助0.46亿元。

社会保险与职工工资福利情况 一是参保情况。国有职工54.99万人，应参加基本养老保险人数52.08万人，实际参保51.08万人，参保率98.08%；应参加基本医疗保险人数53.85万人，实际参保53.41万人，参保率99.19%；应参加失业保险人数52.51万人，实际参保51.57万人，参保率98.21%；应参加工伤保险人数52.99万人，实际参保52.21万人，参保率98.53%；实际参加生育保险人数51.22万人。离退休职工72.5万人，比上年增加1.5万人，实际参加基本养老保险57.84万人，参保率79.78%；参加基本医疗保险56.23万人，参保率77.56%。二是工资福利情况。全年国有职工工资总额112.83亿元，年人均工资2.05万元；离退休职工养老金总额179.32亿元，其中企业负担4亿元，年人均养老金3.1万元。年末累计拖欠职工工资费用总额1.1亿元，其中主要包括：职工工资0.93亿元，涉及4147人；拖欠医药费98.81万元；拖欠离退休金1072.12万元，涉及1109人。

新进职工情况 2016年新进职工7574人，其中：复员退伍军人496人、大中专毕业生1973人，工作调入1899人，其他情况3206人。新进职工人数较多的单位为龙江森工5756人(其中龙煤集团约2500人)，内蒙森工1234人，大兴安林林业集团355人，长白山森工45人。 (张 媛)

【全国国有林场财务状况】 2016年全国国有林场财务报表共汇总31个省(区、市)和内蒙古、龙江、大兴安岭林业(集团)公司以及新疆生产建设后团4676个国有林场(纳入天保工程978个，比上年增加18个)，比上年减少110个，其中变化较大的省份：广东减少62个，湖南减少55个，江苏减少6个，甘肃减少6个，吉林减少5个，云南减少3个，新疆减少3个，上海、山东、重庆、陕西各减少1个，贵州增加14个，四川增加7个，青海增加5个，广西增加3个，内蒙古增加2个，河南、浙江、辽宁各增加1个。其中：生态公益型林场4189个，商品型林场487个，经营面积6920万公顷，其中林地面积4953.33万公顷。年末职工64.36万人，其中：国有职工34.26万人，混岗职工1.37万人，离退休职工28.72万人。年末总资产1832.23亿元，负债715.14亿元，所有者权益1117.09亿元。全年营业总收入143.12亿元，比上年减少10.9亿元，实现净利润7.97亿元，比上年增加3.09亿元。

资产负债情况 2016年年末，全国国有林场总资产1832.23亿元，其中：流动资产500.8亿元(货币资金205.57亿元)，非流动资产1331.43亿元(固定资产净值305.19亿元，林木资产760.81亿元)；总负债715.14亿元，其中：流动负债541.88亿元，非流动负债173.26亿元，含林木资产的资产负债率39.03%，比上年减少0.32%，不含林木资产的资产负债率65.54%，比上年减少2.18%。所有者权益1117.09亿元，其中：实收资本182.43亿元(国家资本82.83亿元)，林木资本741.12亿元，资本公积172.37亿元，盈余公积29.37亿元，未分配利润-8.21亿元。

损益情况 2016年全国国有林场营业总收入143.12亿元，比上年减少10.9亿元；营业总成本196.7亿元，比上年减少3.39亿元；营业外净收入9.09亿元，比上年增加2.8亿元。承包户上交净收入8.77亿元，比上年减少0.32亿元。补贴收入42.26亿元，比上年增加7.55亿元。2016年全国国有林场实现净利润7.97亿元，比上年减少3.09亿元。在4676个国家林场中，盈利林场2858个，占林场总数的61.12%，亏损林场1818个，亏损林场比上年减少1.74%；亏损林场亏损额20.86亿元，比上年多亏损2.76亿元。

此外，2016年国有林场政策性社会性经费收入4.96亿元，其中：各级财政补助和事业等其他收入4.34亿元，企业自筹0.63亿元。全年共支出2.57亿元(比上年减少0.33亿元)，其中：教育0.26亿元、医疗卫生0.3亿元、公检法司0.19亿元、政府经费0.96亿元、环卫等其他0.86亿元。

收入和利润主要情况及分析 2016年全国国有林场营业收入143.12亿元，比上年减少10.9亿元；营业利润46.66亿元(剔除营业总成本中管理费用、财务费用等期间费用后的产品或行业销售利润，下同)，比上年减少2.9亿元。

以木材采伐为主的种植业仍是国有林场营业收入与利润主要组成部分。2016年全国国有林场种植业营业收入84亿元，占总收入的58.69%；营业利润33.96亿元，占总营业利润的72.79%。另外，非林木产业实现营业收入38.44亿元(比上年减少1.57亿元)，占林场总收入的26.86%；营业利润11.73亿元，占总营业利润的82.39%，与上年对比减少1.49亿元。

按地区分，营业收入最多的是广西54.39亿元，占全国38%。其他收入较多的是吉林11.14亿元，江西9.1亿元，黑龙江7.69亿元，广东7.01亿元。

主要产品产销情况及分析 一是原木。全年产量836.77万立方米，比上年减少18.26万立方米；销售量976.98万立方米，比上年减少16.86万立方米。木材销售收入68.29亿元，比上年减少7.65亿元。木材平均售价699元/立方米，比上年减少65元/立方米。销售利润29.52亿元，比上年减少1.15亿元，占国有林场总营业利润的63.27%，占种植业营业利润的86.93%。二是纤维板。全年产量51.29万立方米，比上年减少4.32万立方米；销售量66.69万立方米，比上年减少4.36万立方米；实现销售收入8.07亿元，比上年减少0.7亿元；平均售价1210元/立方米，比上年减少24元；销售利润－0.38亿元。纤维板产量主要集中在广西，产量为51.28万立方米。三是旅游服务业。营业收入5.75亿元，比上年减少2.82亿元。营业利润0.8亿元，比上年减少1.56亿元。

缴纳税费 2016年全国国有林场上缴税费3.48亿元，比上年减少1.48亿元，其中：增值税1.44亿元、营业税0.51亿元、所得税0.45亿元。缴纳社会保险费33.8亿元，其中：基本养老保险23.15亿元，基本医疗保险8.69亿元。全年缴纳0.02亿元，实际返还0.01亿元，年末应返还0.01亿元，全年提取育林基金1.94亿元。

财政资金收入 2016年国有林场实际收到财政资金235.49亿元(含利息及其他收入)，比上年增加16.12亿元，一是基本建设投资13.58亿元，比上年减少3.71亿元，其中：天保工程2.04亿元，比上年减少0.58亿元，危旧房改造2.16亿元，比上年减少1.48亿元，其他基本建设投资9.38亿元。二是财政投入221.91亿元，比上年增加19.84亿元，其中：机构运行支出58.87亿元，比上年增加7.44亿元；财政专项资金163.04亿元，比去年增加12.72亿元，主要包括天然林保护35.17亿元，森林生态效益补偿28.55亿元，森林培育24.22亿元，石油价格补助0.29亿元，国有贫困林场扶贫资金4.13亿元。

投入按级次分：中央投入131.83亿元，比上年增加8.25亿元，其中：基建投资10.23亿元(天保工程1.96亿元、危旧房改造1.44亿元，其他6.83亿元)；财政投入121.61亿元，其中财政专项121.45亿元(主要包括天然林保护33.84亿元，森林生态效益补偿20.9亿元，森林培育18.56亿元，国有林场改革补助25.68亿元，石油价格补助0.08亿元)。省级投入38.23亿元，比上年减少0.79亿元，包括：基本建设投资2.05亿元，财政投入36.18亿元(其中专项资金28.92亿元)。地市级投入20.01亿元，比上年增加1.98亿元，其中：基本建设投资0.41亿元，财政投入19.6亿元。县级投入43.29亿元，比上年增加6.48亿元，包括：基本建设投资0.36亿元，财政投入42.93亿元。

财政资金支出 2016年国有林场实际支出财政资金220.3亿元，比上年增加6.34亿元，一是基本建设投资13.85亿元，比上年减少4.18亿元，其中：天保工程2.15亿元，比上年增加0.08亿元，危旧房改造2.36亿元，比上年减少3.8亿元，其他9.34亿元。二是财政投入206.45亿元，比上年增加10.51亿元，其中：机构运行支出58.42亿元，比上年增加7.31亿元；财政专项资金148.03亿元，比去年增加3.53亿元，主要包括天然林保护33.01亿元，森林生态效益补偿28.44亿元，森林培育24.28亿元，石油价格补助1.08亿元，国有林场改革补助22.37亿元，国有贫困林场扶贫资金3.94亿元。

财政资金收回 2016年国有林场实际收回财政资金1.19亿元，一是基本建设投资0.12亿元，危旧房改造0.02亿元，其他基本建设投资0.09亿元。二是财政收回1.07亿元，其中：机构运行支出0.11亿元，财政专项资金0.96亿元(天然林保护0.12亿元，森林生态效益补偿0.2亿元，森林培育0.02亿元，石油价格补助0.18亿元，贫困国有林场扶贫资金0.08亿元)。

职工参保与工资福利情况 一是参保情况。国有职工34.26万人，应参加基本养老保险人数31.48万人，实际参保28.6万人，参保率90.84%，比上年增加0.92%；应参加基本医疗保险人数30.45万人，实际参保27.08万人，参保率88.93%比上年增加0.32%；应参加失业保险人数20.8万人，实际参保16.64万人，参保率80.01%，比上年增加1.73%；应参加工伤保险人数23.78万人，实际参保19.8万人，参保率83.26%，比上年增加2.2%；实际参加生育保险人数17.23万人。二是工资福利情况。全年国有职工工资总额124.56亿元，年人均工资3.64万元，比上年增加0.44万元。离退休职工养老金总额73.62亿元(其中林场负担19.08亿元)，年人均养老金2.56万元，比上年增加0.15万元。年末累计拖欠职工工资费用总额67.59亿元，主要包括：拖欠职工工资43.99亿元，涉及7.56万人；拖欠医药费0.29亿元；拖欠离退休金9.21亿元，涉及2.86万人。离退休职工28.72万人，实际参加基本养老保险20.99万人，参保率73.06%；参加基本医疗保险21.94万人，参保率76.37%。（张　媛）

【全国国有苗圃财务状况】 2016年全国国有苗圃财务报表共汇总31个省(区、市)和内蒙古、龙江、大兴安岭林业(集团)公司以及新疆生产建设兵团1459个国有苗圃，比上年减少28家。苗圃总经营面积12.26万公顷，其中育苗面积2.8万公顷，有林地苗圃面积70 880公顷；年末职工3.97万人，其中国有在册职工2.18万人，离退休职工1.8万人。

资产负债情况 2016年年末，全国国有苗圃总资产61.94亿元，比上年增加1.69亿元。其中：流动资产30.58亿元(其中：货币资金12.22亿元)，非流动资产31.36亿元(固定资产净值19.02亿元，林木资产3.6亿元，其他非流动资产0.48亿元)；总负债30.02亿元，其中：流动负债25.42亿元、非流动负债4.6亿元；所有者权益31.93亿元，其中：实收资本14.52亿元(国家资本4.34亿元)，林木资本4.72亿元，资本公积9.99亿元，盈余公积1.67亿元，未分配利润1.03亿元。与上年相比，国有苗圃资产增加1.69亿元，负债减少0.52亿元，所有者权益增加2.21亿元。2016年年末，含林木资产的资产负债率48.46%，比上年减少2.23%。不含林木资产的资产负债率51.45%，比上年减少1.66%。

损益情况 2016年国有苗圃营业总收入12.63亿元，与上年相比减少0.88亿元。其中主营业务收入11.09亿元(主要是苗木收入8.5亿元)，与上年相比减少0.92亿元；其他业务收入1.54亿元，与上年相比增加0.04亿元。营业总成本16.22亿元，比上年减少0.61亿元。营业外净收入0.59亿元，与上年相比减少0.06亿元。另外，承包户上交净收入0.17亿元，与上年相比减少74.74万元；补贴收入2.97亿元，比上年减少0.38亿元。2015年国有苗圃实现净利润0.11亿元，与上年相比减少0.7亿元。年末未分配利润1.03亿元。

2016年，国有苗圃盈利850个，占国有苗圃总数58.26%，国有苗圃亏损609个，占总数41.74%，比上年减少3.14%，亏损额为1.59亿元，比上年增加0.22亿元。

缴纳税费 2016年全国苗圃上缴税费1494.59万元，主要包括：增值税604.06万元、营业税384.46万元、所得税134.88万元。缴纳社会保险费1.75亿元，其中：基本养老保险1.28亿元，基本医疗保险0.38亿元。年末未交税费415.51万元，主要包括：营业税52.1万元。年末欠缴社会保险费1.24亿元，主要是基本养老保险费1.15亿元。

财政资金收入 2016年苗圃实际收到财政资金9.12亿元，比上年减少0.64亿元，其中：基本建设投资0.13亿元(种苗投资0.02亿元)；财政投入9亿元(比上年减少0.45亿元)，主要包括：机构运行支出5.39亿元，财政专项资金3.61亿元。

投入级次如下：中央投入1.47亿元，包括：基本建设投资0.09亿元(含种苗投资0.02亿元)；财政投入1.38亿元，其中主要是财政专项资金(包括天然林保护0.24亿元，森林生态效益补偿0.07亿元，石油价格补助0.02亿元)。省级投入1.59亿元，比上年增加0.02亿元，包括：基建投资0.02亿元，财政投入1.57亿元(其中专项资金1.11亿元)。地市级投入2.02亿元，比上年减少0.03亿元，包括：基本建设投资103.55万元，财政投入2.01亿元。县级投入4.04亿元，比上年增加0.16亿元，财政投入4.04亿元(主要是机构运行支出3.79亿元)。

财政资金支出 2016年苗圃实际支出财政资金9.22亿元，比上年减少1.05亿元，其中：基本建设投资0.23亿元(种苗投资0.03亿元)；财政投入8.99亿元(比上年减少0.73亿元)，主要包括：机构运行支出5.4亿元，财政专项资金3.6亿元。

职工参保与工资福利情况 一是参保情况。年末国有在册职工2.18万人，参加基本养老保险人数1.57万人，参加基本医疗保险人数1.48万人，参加失业保险人数0.8万人，参加工伤保险人数0.89万人，参加生育保险人数0.8万人。离退休职工1.8万人，参加基本养老保险1.18万人，参保率65.43%；参加基本医疗保险1.21万人，参保率67.17%。二是工资福利情况。全年国有职工工资总额7.05亿元，年人均工资3.24万元(比上年增加0.52万元)；离退休职工养老金总额4.15亿元，其中苗圃负担0.75亿元，年人均养老金2.31万元。年末累计拖欠职工工资费用总额1.83亿元，其中主要包括：职工工资1.5亿元，涉及0.32万人；拖欠医药费62.24万元；拖欠离退休金0.18亿元，涉及1288人。

(张 媛)

林业资金稽查

21

基金总站(审计稽查办)建设与管理

【综　述】 2016年，林业基金管理总站(审计稽查办公室)认真贯彻落实党的十八大以来路线方针政策，组织开展"两学一做"学习教育和"三强化两提升"学习实践，坚持围绕中心服务大局，加强党风廉政建设和干部队伍建设。修订《林业基金管理总站廉政风险防控工作手册》，完善《林业基金管理总站"三重一大"决策制度》，建立健全基金总站23项规章制度。进行干部轮岗和处级干部竞争上岗，干部轮岗涉及6个处室16人，其中处级干部6人；处级干部竞争上岗涉及6个处室7人，其中正处级2人，副处级5人。2016年，基金总站党支部荣获国家林业局直属机关先进基层党组织荣誉称号，党支部书记被评为优秀党务工作者。

林业资金稽查工作　按照国家林业局强化林业资金管理的总体要求，深化制度保障，加强能力建设，创新稽查方式方法，重点组织开展沙化土地封禁保护区、林业国家级自然保护区、林业有害生物防治和森林抚育4项中央财政补贴资金的稽查工作。协同场圃总站、计财司开展国家级林木良种基地考核工作，配合相关司局开展严肃财经纪律执行情况检查工作。全年共派出17个稽查工作组，60人次，稽查林业资金总额39.76亿元。重点抽查林业资金9.45亿元，查出违法违规资金0.6亿元。

林业内部审计工作　以完善制度建设和推进落实"审计全覆盖"为统领，围绕林业中心工作，准确定位，突出重点，进一步完善内部审计工作机制，为促进国家林业局党风廉政建设和资金安全作出积极贡献。完成对11名直属单位原主要负责人的离任经济责任审计工作，涉及审计金额26.5亿元，完成对2个直属单位的预算执行审计工作，涉及审计金额0.4亿元。

林业贴息贷款管理工作　围绕林业建设大局，推进完善林业贴息贷款政策和联合监管机制，优化林业金融服务，加强林业贷款贴息资金监督，充分发挥林业贷款贴息的导向作用，大力支持林业改革，积极促进生态林业、民生林业发展和林业现代化建设。

2016年，下达全国林业贴息贷款计划规模385亿元，较2015年增加95亿元，增长32.8%。利用林业贴息贷款大力支持林业改革，推进国有林区和国有林场改革以及巩固集体林权制度改革；积极支持林业生态建设，支持国家储备林基地等工业原料林以及改善沙区生态环境的种植业项目建设；大力发展林业产业，支持促进林区脱贫脱困的林下经济、木本油料产业和小额贷款项目建设；积极促进绿色增长、保护国有森林资源、促进林业产业结构调整，支持林业龙头企业以"公司带基地、基地连农户"形式带动农民增收致富，以及自然保护区和森林公园生态旅游项目建设。

2016年，中央财政对2015年1月1日至12月31日期间落实的新增林业贷款和以前年度贷款余额进行贴息，共安排贴息资金6.5亿元，扶持林业贴息贷款规模240亿元。在240亿元林业贴息贷款中，投向有利于实现林业"双增"目标的工业原料林贷款项目建设41亿元，占当年度林业贴息贷款规模的17%，中央财政予以贴息1.1亿元；投向有利于带动沙区经济发展的贷款项目建设59亿元，占当年度林业贴息贷款规模的25%，中央财政予以贴息1.9亿元；投向有利于深化集体林权制度配套改革，帮助广大林农兴林致富的林业小额贷款项目建设49亿元，占当年度林业贴息贷款规模的20%，中央财政予以贴息1.4亿元；投向有利于保障国家粮油安全的木本油料产业项目建设24亿元，占当年度林业贴息贷款规模的10%，中央财政予以贴息0.8亿元；投向有利于巩固林改成果、改善民生的林下经济项目14亿元，占当年度林业贴息贷款规模的6%，中央财政予以贴息0.5亿元。

据统计，项目单位利用林业贴息贷款及其配套资金营造工业原料林17.91万公顷，抚育46.51万公顷·次，整地未造林1.35万公顷；新造改造经济林13.29万公顷，种植其他经济作物39.82万公顷。建设林产品加工等多种经营项目849个，项目总投资329.04亿元，年度投资额185.27亿元，创产值494.79亿元，创利税50.38亿元，安置就业人员10.36万人，林业龙头企业联结农户98.89万户，带动基地面积32.46万公顷，带动农民年增收38.32亿元。　　　　(综合处)

林业资金稽查工作

【沙化土地封禁保护区补贴资金稽查】　组织开展对第一批试点的内蒙古、甘肃、陕西、宁夏、青海、新疆6省(区)29个试点单位的2013~2015年度沙化土地封禁保护区中央财政补贴资金进行稽查，涉及稽查资金总额8.6亿元。共派出6个稽查工作组、28人次，抽查资金5.3亿元，占6省(区)资金总额的61.63%，查出违法违规资金3177.31万元，占抽查资金的5.99%。

【林业国家级自然保护区补贴资金稽查】　组织开展对内蒙古、甘肃、陕西、河南、湖南、广西、宁夏、青海和新疆9省(区)2014~2015年林业国家级自然保护区中央财政补贴资金进行重点稽查，涉及资金总额3.08

亿元。共派出9个稽查工作组、40人次，抽查19个项目实施单位，抽查资金7196万元，占9省(区)资金总额的23.36%，查出违法违规资金617.99万元，占抽查资金的8.59%。

【林业有害生物防治补贴资金稽查】 组织开展对内蒙古、甘肃、陕西、河南、湖南、广西、宁夏、青海和新疆9省(区)2014~2015年林业有害生物防治中央财政补贴资金进行重点稽查，涉及资金总额1.82亿元。共抽查21个项目实施单位，抽查资金874万元，占9省(区)资金总额的4.8%，查出违法违规资金82.35万元，占抽查资金的9.42%。

【森林抚育补贴资金稽查】 组织开展对内蒙古、甘肃、陕西、河南、湖南、广西、宁夏、青海和新疆9省(区)2014~2015年森林抚育中央财政补贴资金进行重点稽查，涉及资金总额24.41亿元。共抽查21个项目实施单位，抽查资金1.49亿元，占9省(区)资金总额的6.12%，查出违法违规资金847.27万元，占抽查资金的5.69%。

【配合其他部门开展林业资金检查】 参与国家林业局计财司牵头开展的严肃财经纪律执行情况检查，完成对黑龙江专员办、大兴安岭专员办、大兴安岭设计院、大兴安岭规划院等单位严肃财经纪律执行情况的检查工作。参与退耕还林突出问题专项整治工作，制订全国退耕还林突出问题专项整治工作有关资金检查方面的工作要求。配合国家发改委重大项目稽查办开展森林防火和自然保护区中央投资专项相关稽查工作。

【林业资金稽查制度建设】 完成《国家林业局林业资金稽查工作规定》(征求意见稿)，广泛征求各地林业主管部门和国家林业局相关司局及单位意见，会同国家林业局政策法规司赴山西开展专题调研论证工作。

【林业资金稽查能力建设】 进一步完善林业资金稽查监管信息系统建设，做好扩大试点工作。在吉林省的试点工作基础上，稳步推进系统在湖南省的扩大试点工作。

举办林业资金稽查业务培训班。对来自各省级林业主管部门的稽查工作负责人、管理人员、部分重点项目市县林业资金稽查工作人员100余人进行了培训。培训班安排了林业财政政策及财政专项资金管理、林业基本建设项目管理等内容的授课，安排了强化审计监督探讨、审计具体案例分析和经验介绍等内容的授课，以提高稽查人员稽查技术和能力。

【林业资金稽查报告】 编撰印发《林业资金稽查监管年度报告(2015)》，编印2015年度林业资金稽查报告汇编。

(王士亮)

林业内部审计

【内部审计规章制度建设】 为深入贯彻落实中组部等7部门关于经济责任审计的有关规定和十八届四中全会提出的“要完善审计制度，保障依法独立行使审计监督权，对公共资金、国有资产、国有资源和领导干部履行经济责任情况实行审计全覆盖”的要求，制定了《国家林业局直属单位领导干部经济责任审计实施细则》《国家林业局关于内部审计发现问题整改的规定》《国家林业局内部审计人员工作纪律》等内部审计规章制度，进一步规范和强化内部审计工作。

【推进内部审计“全覆盖”】 为切实强化内部审计工作，积极推进内部审计“全覆盖”，印发了《国家林业局关于进一步加强内部审计工作的通知》，首次明确国家林业局直属单位内部审计工作的职责范围，促进了国家林业局二级预算单位对三级预算单位和所办企业的监管工作。受局党组委托，分别与大兴安岭林业集团公司和中国林业科学研究院签署了《国家林业局项目资金安全运行责任书》，基本实现了国家林业局内部审计对象的全覆盖。

【国家林业局内部审计工作联席会议】 于3月3日召开，国家林业局局长张建龙参加会议并作重要讲话。基金总站向联席会议成员单位汇报2015年内部审计工作情况，提出2016年工作重点和需要审议的工作事项。会后，《林情通报》刊发了张建龙在内部审计联席会议上的讲话，国家林业局办公室印发了会议纪要。

【经济责任和预算执行审计】 完成对11名局直属单位原主要负责人的离任经济责任审计工作，完成1名局直属单位原领导同志离任审计工作的核实和复核工作，涉及审计资金总额26.5亿元。完成对2个局直属单位的预算执行审计工作，涉及资金总额0.4亿元，积极促进国家林业局有关直属单位资金使用和管理工作的不断规范。

【内部审计培训】 9月27~29日，国家林业局内部审计业务培训班在北戴河国林宾馆举办，对64个局直属事业单位的106名财务及审计人员进行了内部审计、国有资产管理、基本建设财务管理等有关专业内容的培训，进一步促进了内部审计人员业务知识的拓展和业务能力的提高。

【参与完成其他检查工作】 参与局直属机关党委等部门组织开展的中央巡视问题整改情况的监督检查和“反‘四风’问题回头看”等重点检查工作。参与中纪委驻农业部纪检组组织的相关检查工作。督办完成绿化基金

会、碳汇基金会和野生动植物保护协会3个社团组织的换届审计工作。配合局计财司开展财经纪律大检查工作。（张雅鸽）

林业贴息贷款

【完善林业贷款贴息政策】 12月28日，财政部、国家林业局联合印发《林业改革发展资金管理办法》（财农〔2016〕196号），决定自2017年1月1日起，中央财政对各类银行（含农村信用社和小额贷款公司）发放的符合相关条件的贷款给予贴息。

与原规定相比，新办法在以下方面取得了突破：一是完善了贴息范围。首次将生态林（含储备林）纳入贴息范围，旨在引入金融和社会资本参与生态林建设，并重点支持国家储备林项目。为支持国有林区改革，新办法区别于原规定强调贷款主体，转而强调贷款区域，即对在重点国有林区开展的多种经营贷款给予扶持，此外，将湿地、沙漠公园开展的生态旅游贷款也纳入贴息范围。再有，新办法取消了林业龙头企业的形式限制，强调以公司带基地、基地连农户（林业职工）的经营形式的贷款，降低了贴息申报门槛，突出了社会效益，体现了惠林惠农。为减少养殖业对植被的破坏，取消了对养殖业贷款的扶持。二是取消了贴息年限的限制。对贴息年度（上一年1月1日至12月31日）之内存续并正常付息的林业贷款，按实际贷款期限计算贴息。新办法根据贷款存续和实际付息情况进行贴息，解决了以往林业贷款贴息期限短、提前还款以及预贴息等问题，真正实现了据实贴息。三是进一步强化了贴息资金管理要求。为了进一步确保林业贷款的真实性，体现公开公正，新办法要求必须将银行征信查询纳入审核环节，落实林业贷款贴息项目公示公告制度。对骗取林业贷款贴息补助的单位和个人，将其不良信息推送到人民银行征信系统，取消其申请林业贷款贴息补助资格。

【建立林业贴息贷款联合监管机制】 6月6日，国家林业局、财政部、中国人民银行、中国银行监督管理委员会联合出台了《关于加强林业贴息贷款监督管理的指导意见》（林规发〔2016〕79号，下称《指导意见》），正式建立起由林业、财政、金融部门共同参与、分工协作的林业贴息贷款联合监管机制。《指导意见》从加强林业贴息贷款相关工作内控管理、建立健全信息共享与联合监管机制的角度明确了金融、林业及财政部门的职责，即银行业金融机构要严格监督林业贴息贷款使用情况，并积极协助林业部门做好相关贷款信息查询；林业部门要协调有关部门为银行业金融机构开展林权抵押贷款提供快捷便利服务，配合开展林业贴息贷款项目建设情况跟踪检查工作，充分利用征信系统对林业贴息贷款真实性等方面进行审核；财政部门要推动林业贷款贴息内控机制建设，严格规范贴息资金的使用管理并完善财政贴息政策。同时，《指导意见》明确要求推进实施约束惩戒信用管理机制，注重林业贴息贷款有关信息公开工作，建立健全"守信激励、失信惩戒"的信用管理机制。《指导意见》的出台旨在解决林业贴息贷款监管机制不健全、监管手段不完善等问题，进一步提升监管水平，确保贴息资金安全，把政策落到实处。

【加强银林合作】 着力加强与金融部门合作，优化林业金融环境，加大林业信贷支持，为生态文明建设、深化林业改革、实现林业现代化服务。充分发挥政策性金融作用，加强与中国农业发展银行（简称农发行）合作。1月，国家林业局与农发行联合印发《国家林业局中国农业发展银行关于充分发挥农业政策性金融作用支持林业发展的意见》（林规发〔2016〕12号），对林业主管部门积极配合农发行做好信贷支持工作，农发行为林业发展提供全面优质的金融服务，以及拓宽双方合作范围、建立密切合作机制提出了要求。6月，国家林业局与农发行在河北张家口正式签署了《全面支持林业发展战略合作协议》。

【开展林业贴息贷款检查调研】 为加强林业贷款贴息资金管理，确保中央财政贴息资金安全、有效使用和中央财政贴息政策落实到位，4月，基金总站下发《关于做好2015年度林业贷款贴息资金检查工作的通知》，要求各地林业主管部门高度重视、提高认识，围绕检查内容组织开展对本地区2015年林业贷款贴息资金全面自查并行文上报自查情况报告。同时，基金总站组成工作组，先后对河北省、辽宁省、云南省和山东省的林业贷款贴息资金情况进行了重点抽查，对发现的问题及时与当地林业部门交换意见，建议省级主管部门进一步加强指导，做好基层林业贴息贷款管理人员的业务培训工作，切实提高管理人员业务水平，认真贯彻落实"减环节、降门槛"的要求，增强敬业精神、责任意识和服务意识。建议各级林业主管部门进一步加强与同级财政部门的协调沟通，及时下拨中央财政贴息资金。检查调研过程中，工作组认真听取了基层主管部门、林业企业、林农对完善贴息管理制度和政策的需求及建议，形成了相关检查调研报告。

【林业贴息贷款管理业务培训】 9月20～21日，全国林业贴息贷款管理业务培训班在国家林业局北戴河培训中心（国林宾馆）举办。各省林业贴息贷款管理工作负责人、经办人近90人参加培训。培训班上全面总结了"十二五"时期林业贴息贷款工作成效，分析了当前林业贴息贷款工作面临的新形势和新要求，梳理了存在的主要问题，提出了要全面加强和规范林业贴息贷款管理工作的要求，并就完善后的林业贴息贷款管理信息系统、贴息贷款新政策以及林业贴息贷款联合监管机制等内容进行了培训。

【完善林业贴息贷款管理信息系统】 根据新的贴息政策规定，结合林业贴息贷款管理工作实际需求以及各省林业主管部门的意见建议，基金总站会同局林业调查规划设计院对林业贴息贷款管理信息系统进行了认真研究和完善，突出以扶持重点为导向的计划申报管理、以计划落实为基准的贴息申报管理和以简洁高效为落脚点的效益统计管理，为进一步提高林业贴息贷款管理工作规范化水平提供了有力的技术支持。 （谢颖昶）

林业精神文明建设

22

国家林业局直属机关党的建设和机关建设

【综　述】 2016年是“十三五”规划开局之年，机关党建工作全面贯彻党的十八大和十八届三中、四中、五中、六中全会精神，深入学习习近平总书记系列重要讲话精神，紧紧围绕“五位一体”总体布局和“四个全面”战略布局，牢牢把握服务中心、建设队伍核心任务，以落实全面从严治党要求为主线，以“两学一做”和“三强化两提升”为抓手，创新载体，强化责任，夯实基础，确保全面从严治党要求落到实处，为推动林业改革发展提供了坚强保障。

【思想政治建设】

推进“两学一做”学习教育 成立学习教育领导小组，制订《国家林业局“两学一做”学习教育实施方案》，确定“三强化两提升”学习实践载体，召开局直属机关两建工作会议进行部署。举办司局级干部专题培训班、党校培训班、党务干部骨干培训班，提高了党员干部政策理论水平。扎实开展“灯下黑”专项整治，建立问题清单和工作台账，按月汇总上报情况，积极推动整改。国家林业局机关党建工作主要做法在中央国家机关党委书记培训班上做经验交流，参加中央组织部“灯下黑”专项检查和专题座谈会，主要做法在组织人事报上发表。评选表彰局直属机关69名优秀共产党员、37名优秀党务工作者和30个先进基层党组织，造林司、工作总站获得中央国家机关先进基层党组织，2人分别获得中央国家机关优秀党务工作者标兵和中央国家机关优秀共产党员荣誉称号。

贯彻习近平总书记系列重要讲话精神 组织开展以习近平同志为核心的党中央治国理政新理念新思想新战略重大主题宣传，深入学习十八届六中全会精神，深化党员干部对党的路线方针政策的理解，进一步增强“四个”意识特别是核心意识、看齐意识，坚决维护以习近平同志为核心的党中央权威。深入学习习近平总书记在中国共产党成立95周年大会上的讲话精神，开展纪念中国共产党成立95周年、红军长征胜利80周年、孙中山先生诞辰150周年等活动，深化爱国主义教育，推进机关文化建设和精神文明创建活动，不断推进社会主义核心价值观，积极营造学习先进、争当先进的氛围。

发挥党组中心组示范作用 注重谋划，整合资源，形成合力，贯彻落实好《中共国家林业局党组理论学习中心组2016年学习安排》，全年组织了12期“绿色大讲堂”，国家林业局《充分发挥党组中心组的引领带动作用 扎实推进学习型党组织建设》获得中央国家机关党建工作思想建设典型案例。注重发挥中心组龙头示范作用，加强对基层党组织理论中心组学习情况的督促检查，着力推进基层党组织学习品牌创建活动。绿色大讲堂被评为中央国家机关十大学习品牌，“湿地讲堂”学习品牌被评为中央国家机关优秀学习品牌，公安局“支部大学堂”、南京警院“三个热爱”等10个学习品牌被评为局十大学习品牌，离退局“坚持五个一”、规划院“三齐”学习法等10个学习品牌被评为局基层党组织十大学习品牌，速丰办“融合发展微讲堂”、森防总站微信公众平台等14个学习品牌被评为局优秀学习品牌。

加强思想政治和宣传工作 认真贯彻落实《党委（党组）意识形态工作责任制实施办法》，加强思想政治工作和普法宣传工作，建立党员干部思想动态定期分析制度，加强人文关怀。认真做好新闻宣传工作，在紫光阁网站刊播信息67条，在《绿色时报》刊发各类新闻稿67篇，重视简报和专报工作，重视运用新媒体进行宣传，支部工作APP实现在职党员全覆盖，党员使用率接近90%，形成了良好的学习氛围。推动党员干部教育基地建设，山东原山林场被授予“局党员干部教育基地”和“局党校教学实践基地”称号。扎实做好重要政治活动、重大节假日和敏感日维稳工作。

【基层组织建设】

落实新形势下党内政治生活准则 严格程序，严格要求，坚持公开公平公正，做好国家林业局出席党的十九大代表候选人推荐提名工作。认真落实《关于新形势下党内政治生活的若干准则》以及民主生活会和组织生活会制度，开展党员民主评议，国家林业局民主生活会经验做法在《紫光阁》上刊发。从严从实落实“三会一课”等组织生活制度，坚持领导干部讲党课，党组主要负责同志围绕“两学一做”为机关和事业单位党员干部讲专题党课，党组成员在组织关系所在党支部或分管司局带头讲党课，落实领导干部参加双重组织生活会制度。开展严格组织生活支部工作法征集活动，国家林业局《严格党内生活制度》获评中央国家机关基层党组织组织建设优秀制度，资源司《努力做到“三融入三着力”不断提升服务水平》获评中央国家机关党建工作方法创新典型案例，治沙办《体民情问民意添温暖 转作风提效能推改革》获评中央国家机关党建工作作风建设典型案例。

基层党组织建设 认真贯彻落实《中国共产党党和国家机关基层组织工作条例》，建立换届工作台账，及时督促提醒，严格履行报批程序，指导基层党组织按期换届选举工作，全年完成18个党组织的换届选举和党组织领导班子调整。落实《关于加强中央国家机关社会组织党的建设工作的实施意见》，积极推进社团党组织和党的建设“两个全覆盖”，深入摸底排查、梳理登记、建立台账，按照“应建尽建”要求，针对不同情况分类指导，单独成立和联合组建社团党支部，派出党建指导员，社团党组织和党的工作覆盖率明显提高。顺利推进第一批脱钩试点社团党建工作，启动第二批脱钩试点工作。

党员发展和教育管理 落实党员发展工作细则，把握发展标准，严格发展程序，把好入口关，全年发展党员31名，预备党员转正55名。稳妥推进党员组织关系集中排查工作，逐一核对党员基本情况，规范党员组织关系管理，健全完善党员档案，强化党员组织观念。落实《关于做好与党组织失去联系党员规范管理和组织处置工作的通知》，对失联党员规范管理，妥善处置。稳妥开展党费专项检查，准确把握政策要求，细化党费计算标准，建立党费收缴工作台账，推动党费收缴、使用、管理的规范化。开展纪念建党95周年、“七一”和“元旦春节”走访慰问困难党员、老党员和老干部活动，共走访慰问139人次，发放慰问金21.1万元，切实将党组织的关怀和温暖送到党员心中。

落实全面从严治党主体责任 强化党组政治核心作用，树立“抓好党建是最大的政绩”的理念，认真履行党建工作主体责任，坚持把落实党要管党、从严治党作为党组重大政治任务，坚持把党建工作与业务工作同研究、同部署、同检查、同落实。制定《国家林业局贯彻落实全面从严治党指导意见》，健全党建工作责任制，完善党建工作运行机制，推动党建工作领导小组有序运转。研究制定党建工作要点，细化责任分工，着力推动落实。召开党建工作推进会，组织全国林业系统党委书记培训班，重视和加强党务干部的培养、选拔和使用，加大党务干部培训力度，提升党务干部工作能力。国家林业局《认真履行机关党委书记职责 努力提升机关党建工作水平》获评中央国家机关党建工作从严治党责任典型案例。

推进党建述职评议工作 落实书记抓党建工作评议考核要求，结合年终述职述廉和组织生活会组织开展机关党建工作三级联述联评联考。按照“实现三年机关党建工作现场述职全覆盖”要求，组织国家林业局办公室等16个单位党组织负责人在3个会场分别进行现场集中述职，局党组书记和局党组领导分别进行点评并讲话，进一步聚焦“明责、履责、考责、问责”，规范考核程序，完善考核机制，强化考核结果运用。

【党风廉政建设】

开展党风廉政建设宣传教育 组织习近平总书记系列重要讲话和关于反腐倡廉建设的新理念新举措、《习近平关于严明党的纪律和规矩论述摘编》和党内法规学习研讨。积极参加以“党章党规在我心中”为主题的中央国家机关党章党规知识竞赛活动，实现党组织和党员参与率100%，林科院代表全局参加了中央国家机关工委现场知识竞赛获得优胜奖。国家林业局获得中央国家机关组织奖，局办公室等4个单位获得优秀组织奖。深入推进机关廉政文化建设，汇编机关警示教育案例，召开国家林业局领导干部谈家风座谈会，开展家庭助廉系列活动。

落实中央八项规定精神 落实党风廉政建设主体责任，局党组主要领导集体约谈各单位党政主要负责人并签订《党风廉政建设责任书》。继续抓好中央八项规定精神、《党政机关厉行节约反对浪费条例》和局党组十八条实施意见的落实。紧盯会议活动、检查核查、出差调研、学习培训等重点环节和年节假期重要时间节点，严明纪律要求，对隐形变异的“四风”问题从重处理，保持反“四风”高压态势。围绕公务接待、公务用车、津补贴发放等重要部位，完善制度规定，建立台账清单，强化管理约束。加强监督检查力度，配合中央纪委驻农业部纪检组开展了深化落实中央八项规定精神、纠正“四风”工作专题调研，对个别单位存在办公用房使用面积超标的问题，及时予以纠正并在全局进行通报。

加大监督执纪问责力度 研究制订《国家林业局党组贯彻落实〈中国共产党问责条例〉实施办法》，开展“两个责任”落实情况检查。按照中央国家机关工委要求做好巡视整改工作检查，进一步分解细化巡视整改任务，认真督促检查。加强信访举报工作，妥善处理221件群众来信来访。运用和把握好“四种形态”，先后对9个问题单位领导班子和30名司局级干部进行诫勉谈话，对24名处级干部进行批评教育，对18名违纪违规的党政领导干部给予党纪政纪处分。加大巡视工作力度，调整巡视工作领导小组，完善巡视工作机制，制定《国家林业局党组巡视组工作规则》《国家林业局巡视工作流程》《国家林业局被巡视单位配合开展巡视工作的规定》，并对出版社、北航总站、西安专员办三家单位开展了专项巡视。对中央巡视移交的25件问题线索和巡视整改专项检查反馈问题逐条进行整改。

深入推动落实纪检组织“三转” 落实工作联系机制，积极发挥协调作用。积极推进纪委办事机构建设，配备专职机关纪委书记，单独成立纪委办公室，增加了编制，充实了人员；选好配强直属事业单位纪委书记。分类分批举办专兼职纪检监察干部培训班，协助举办全国林业系统纪检组长（纪委书记）座谈会，加强了与林业系统纪检机构的联系。

【统战和群团工作】

贯彻落实中央群团工作会议精神 召开国家林业局党的群团工作会议，制订《中共国家林业局党组关于加强和改进党的群团工作的意见》，完成局直属机关工会联合会的换届工作，保持各级群团组织健全。强化工会群团干部培训教育，加大工作支持力度，支持群团组织履行职责，充分发挥联系群众的桥梁和纽带作用。积极开展推先评优活动，1个家庭被评为“全国五好文明家庭”，2个家庭被评为“全国最美家庭”；6人荣获中央国家机关优秀团干部和优秀团员称号，设计院团委、竹藤中心团委被评为中央国家机关五四红旗团组织。

工会、青年和妇女工作 依法做好职工福利保障工作，开展纪念“三八”妇女节系列活动“百名工会主席送温暖”“恒爱行动”和困难帮扶活动，看望新疆林业驻村维稳和援疆干部，慰问广西龙胜县部分林农群众，组织劳模考察，开展林业改革调研工作。规范文体协会管理，推进职工之家建设，广泛开展职工健心健身运动，组织参加中央国家机关公文写作比赛和文艺汇演，举办纪念“世界读书日”座谈会、毛泽东“绿化祖国”题词60周年和全民义务植树35周年书画摄影展以及“绿水青山与金山银山”演讲比赛。开展主题团日、青年基层调研实践和志愿者工作，加强青年教育引导和服务。

统战和侨联工作 落实中央统战工作会议精神和《中国共产党统一战线工作条例（试行）》，举办服务林业改革发展建言献策座谈会，发挥民主党派建言献策、参与民主监督的作用。加强党外知识分子智库建设，开展党外人士和新社会阶层调查。落实《关于加强和改进新形势下侨联工作的意见》，加强侨联组织建设。

（张华供稿）

林业宣传

【综　述】 2016年，宣传办公室深入学习贯彻习近平总书记系列重要讲话精神，紧紧围绕国家林业局党组的决策部署和中心工作，精心谋划，周密组织，打造出了一系列林业宣传的亮点，圆满完成了全年的各项工作任务，为林业改革发展营造了良好的舆论氛围。截至11月底，各主要新闻单位和网站共刊播报道12 000多条（次），各媒体刊发张建龙局长专访33篇。其中，《人民日报》150条（一版10条），新华社1400多条（次），中央电视台等主要电视媒体1300余条（集），新闻联播66条，焦点访谈13期。授予国家森林城市22个。

【林业新闻舆论工作】 一是做好"四个着力"宣传。策划实施了为期半年的"森林城市·森林惠民"主题宣传活动，推出国家林业局局长张建龙和11个城市主要领导的专访、署名文章19篇，中央媒体推出系列报道几百篇。联合新华社内参部启动了国家公园和自然保护区内参报道，为着力建设国家公园提供服务。围绕全国造林绿化推进会、全国森林质量提升工作会，组织《人民日报》、新华社、《光明日报》等媒体刊发相关报道290多条（次）。二是做好林业改革宣传。协调《人民日报》、新华社、《光明日报》《农民日报》刊发张建龙专访《扎实推进林业五大改革》。配合《国务院办公厅关于完善集体林权制度的意见》的颁布，在《人民日报》、新华社、《光明日报》《经济日报》分别刊发了《林农增收入　生态受保护》《国家得生态　林农得实惠》《把集体林权用活用足》等专访报道，引起很好反响。三是做好"十二五"成就与"十三五"规划宣传。为大力宣传林业现代化建设、推进增绿增质增效的思路和举措，协调凤凰卫视摄制、播出了高端访谈节目《问答神州——访国家林业局局长张建龙》。联合《学习时报》《中华英才》、人民网等媒体，推出张建龙专访的专版或专栏。组织主流媒体对林业发展"十三五规划"进行深入报道，共刊发报道490多条。同时，围绕全国林业厅局长会议、京津冀协同发展生态率先突破推进会等重要会议，组织中央媒体进行集中宣传，共刊发相关报道860多条（次）。四是做好生态保护宣传。协调中宣部制定和颁发《关于加强象等野生动植物保护宣传报道方案》《荒漠化治理成效经验宣传报道方案》。组织中央媒体开展新《野生动物保护法》、候鸟保护"清网"行动等系列报道，都取得较好的宣传成效。借助"世界防治荒漠化日"组织策划"走进风沙源"系列采访，报道中国沙区生态建设和精准扶贫的成效、典型。组织媒体对全国严厉打击非法占用林地等涉林违法犯罪专项行动进行深入宣传，集中报道了专项行动取得的阶段性成效，切实巩固生态文明建设和林业改革发展成果。五是做好新闻发布工作。召开涵盖野生动物专项调查成果、国有林场改革、防沙治沙、林业产业等林业专题的4次新闻发布会、5次通气会。广泛宣传中国举办及参加的"一带一路"防沙治沙高级别对话、中国－东盟林业合作论坛等林业国际会议，反映中国林业的务实行动和积极成果。六是做好加强舆情监测和引导工作。完善了林业舆情监测制度，共编发林业舆情专报54期。特别是印发的《林业舆情风险管理手册》，对林业舆情的风险防控和危机应对具有很好的指导作用。国家林业局在人民网、新浪网官方微博的两项数据再创新高。据统计，两大官方微博总粉丝已达441万，发布微博数已达16 000多条。

【推进森林城市建设】 2016年，新授予了吉林省长春市等22个城市"国家森林城市"称号，使国家森林城市的总数达到118个。同时，复查核验已授予称号的国家森林城市12个。

一是出台《关于着力推进森林城市建设的指导意见》，明确了2016～2020年森林城市建设的指导思想、基本原则、发展目标、主要任务和保障措施，为"十三五"时期推进森林城市建设提供指引。二是举办2016森林城市建设座谈会。9月在陕西延安市召开2016森林城市建设座谈会，关注森林活动组委会主任王刚出席会议并作重要讲话，张建龙在座谈会上对"十三五"时期的森林城市建设工作，提出了总体思路、奋斗目标和主要任务，为今后一个时期森林城市建设指明了方向、提供了遵循。三是开展《全国森林城市发展规划（2016～2030）》编制工作，进一步加强森林城市建设顶层设计及指引"十三五"期间科学健康发展。四是完善国家森林城市建设和评价规程。启动《国家森林城市评价指标（国家标准）》、森林城市总体规划导则制定工作，起草《国家森林城市称号批准办法》，为提升评价指标体系规格及规范关键内容和技术要求提供了保障。

【弘扬生态文化】 在电视文化工程方面，持续优化《绿色时空》《绿野寻踪》电视栏目，不断提高节目的知识性、趣味性，实现了较高的收视率。与社会团体策划完成《飞鸟中国》宣传片，顺利启动《中国林业》系列宣传片的招标工作。拍摄完成3个林业电视公益广告，并在首都机场T1、T2、T3航站楼463块电视屏幕，连续播放2个月。联合英国广播公司（BBC）拍摄反映中国自然生态保护的电视纪录片《地球：神奇的一天》，向国际社会宣传中国生态文明建设成果，展示中国自然生态之美。在生态文化活动方面，组织编印了《绿色颂歌——百首林业歌曲集》，研究提出了《生态标识应用与推广实施方案》，成功推荐"北京市百万亩造林""江西鄱阳湖湿地保护""内蒙古鄂尔多斯防止荒漠化"等列入中国作协创作选题，举办了"生态摄影培训班"。完成了《中国生态文化发展纲要（2016～2020）》《中国史话·林业史话》《中国林业发展报告》生态文化部分的撰稿工作。

【凝聚社会各界力量支持林业发展】 一是做好提案建

议工作。在“两会”期间组织动员国家林业局有关单位撰写提案建议稿，积极联系“两会”代表和委员向大会提交林业提案或建议，仅中国农林水利系统就向大会提交了12份林业提案。二是办好联席工作会议。成功召开了国家林业局和全国总工会联席会议，下发了联合工作方案，把联合工作提到了新水平。三是做好各项联合重点活动。举办了2016年民营企业家林业培训班，140名林业龙头企业家参加了培训。联合开展了国有林场职业技能竞赛活动，在国有林场广大职工中引起热烈反响。组织召开“全国林业系统工会推动林区转型发展——职工自营经济经验交流会”，认真总结了近年来职工自营经济的成绩。联合北京林业大学共同举办2016年绿桥、绿色长征活动推进会暨绿色志愿双选会活动。与中国农工党、国家发改委、教育部、农业部、环保部等单位联合启动了“2016中国环境与健康宣传周”活动。

【加强林业系统宣传指导】 一是下发《2016年全国林业宣传思想文化工作要点》，指导各省开展林业宣传工作。二是修订《省级林业宣传工作评价办法》，并依托“林业宣传暨森林城市建设培训班”，及时跟进《评价办法》的解读工作，确保林业宣传工作综合考评的准确性、科学性。三是完成对局属1报8刊的年度核验工作，坚持新闻通气会制度，发挥督查指导和服务功能，不断巩固局属报刊出版在林业宣传领域的主阵地地位。

【机关建设和党的建设】 宣传办以“两学一做”学习教育为主线，以加强履职尽责、推动党风建设为重点，坚实推进机关建设和党的建设，为开展林业宣传工作提供了强大思想保障。

一是以“两学一做”学习教育为载体抓“两建”。制定专门的学习教育计划，以个人自学、处室互学、领导领学等多种形式，深入学习十八届三中、四中、五中、六中全会和习近平总书记系列重要讲话精神，加强对党章党规、党的路线方针政策和形势任务等教育，坚定理想信念，明确政治方向，不断提升综合素质和履职能力。

二是以全面从严治党为引领抓“两建”。全体干部精确定位自己的职责和权限，清除政治“灰尘”，补足精神之“钙”，着力增强抵御风险和拒腐防变能力。为此，宣传办进一步规范了国家森林城市审批的内容和流程，并结合新形势，严格执行项目合同和资金支出，切实提高宣传资金的运维效率。

三是以解决干部职工关切问题抓“两建”。根据国家相关政策和国家林业局文件的要求，严肃准确地合理提高了干部职工工资待遇，修订《宣传中心职工休假管理办法》。同时注重发挥工会作用，安排30多人次参加各类培训活动，深入基层开展调研，丰富干部职工精神文化生活。 （林业宣传由郑杨供稿）

林业出版

【综　述】 2016年是“十三五”开局之年，中国林业出版社认真贯彻落实局党组安排部署，坚持正确出版方向，发扬“拼搏、奉献、创新、进步”精神，改革创新，开拓进取，扎实工作，各项工作取得显著成效。

图书产销情况 全年共研究通过971种选题，共同着力于绿色发展、生态文明和美丽中国建设；共出版图书682种，其中新书495种，重印书187种；图书总印数为150.43万册；总码洋10 843.05万元，销售回款3274.5万元。

重大项目 一是有9种85卷图书列入国家“十三五”重点图书出版规划。二是《绿色发展与森林城市建设》入选2016年国家主题出版重点出版物。这是中国林业出版社连续第五年入选国家主题出版，创造了全国科技类出版社的一项新纪录。三是全面启动《中国林业百科全书》编撰。四是承担了由国家林业局信息办牵头的“国家林业局大数据工程”中的“生态信息服务支撑平台”建设项目向国家发改委申报工作；“国家数字林业重点实验室”于12月底被批准为首批“新闻出版科技与标准重点实验室”；中央文化企业国有资本经营预算项目“中国林业数据资源建设项目”初步完成植物资源库建库工作；建成“中国林业出版社”商务网站。

重点工作

出版服务林业中心工作方面，一是出版了一批反映林业建设成就和热点问题的重点图书。围绕现代林业、生态建设等，谋划出版了世界上第一部全面、翔实、准确地介绍中国湿地资源的著作《中国湿地资源》(32卷)，还出版了“中国森林生态网络体系建设研究”系列丛书(18卷)、《2015中国林业发展报告(英文版)》《中国林业百科全书》《中国植物保护百科全书》《中国主要树种造林技术(第二版)》等一批重点图书；推荐了38种2016年农家书屋重点出版物；在《中国林业年鉴》30周年之际国家林业局办公室印发了《关于加强中国林业年鉴有关工作的通知》；开展了国家林业局普通高等教育“十三五”规划教材的申报和组织编写工作，组织了全国高等农林院校创新创业教材编写工作，成立了全国高等农林院校教材建设战略联盟。二是开展全民阅读和精准扶贫，主动担当社会责任，全年累计赠送图书价值近500万元。

“走出去”方面，《中华榫卯》《大国匠造——木雕法式》等4种图书为2016年度“经典中国国际出版工程”资助项目；《中国森林生态网络体系建设出版工程》《“林业应对气候变化与低碳经济”系列丛书》作为国家精品出版成果在2016北京国际书展上展出；中国林业出版社入选2016中国图书海外馆藏影响力排名百强。

强化管理方面，一是组织编写了《中国林业出版社“十三五”发展规划》，明确了全社“十三五”的总体发展思路和发展目标，确定“集团化、多元化、数字化、国际化、现代化”的发展方向。二是制定了一系列工作制度，进一步规范了管理行为。三是完善了企业财务建设和负责人薪酬绩效体系建设。四是加强了人才培养工作。全年组织各类培训102人次，有1名职工入选国家林业局“百千万人才工程”省部级人选，1名职工被评为享受国务院特殊津贴专家，6名职工入选北京市新闻出版广电行业领军人才，党委书记、社长金旻当选北京市西城区第十六届人大代表。五是完善了员工薪酬福利体系。为员工购买了意外伤害保险，开展了企业年金建立和薪酬体系调整工作。

党建工作方面，一是深入开展“两学一做”学习教育和“三强化两提升”学习实践。二是成立中国林业出版社党建工作领导小组，制定了《中国林业出版社2016年党建工作要点》；按要求按开展了党组织关系排查；发展了2名新党员加入党组织；在各党支部增设了纪检委员，组建了11个党小组。三是开展了建党95周年系列活动，在局直属机关“两优一先”评选中分别有两名党员获得“优秀共产党员”荣誉称号，有1名党员获得“优秀党务工作者”荣誉称号，社党委荣获“先进基层党组织”荣誉称号。四是按时完成了党费补缴，高质量完成了干部档案核查工作，出台《中共中国林业出版社委员会关于进一步加强党风廉政建设的规定》《中国林业出版社纪检监察工作规则》两项党内制度，与各党支部书记签订了《中国林业出版社基层党组织岗位责任书》，与各党支部纪检委员签订了《支部纪检委员工作责任书》；完成了局党组对中国林业出版社开展的专项巡视。五是组织召开了老干部工作会议；组织完成了社工会、妇工委和团支部的换届工作；团组织获得了“中央国家机关优秀共青团干部”“什刹海地区区域化团建先进单位和先进个人”等多项荣誉。

荣誉获得 《林业应对气候变化与低碳经济系列丛书》在国家出版基金管理部门开展的2015年绩效考评中获得优秀和嘉奖；电子出版物《认识湿地三部曲》入选国家新闻出版广电总局“2016年向全国青少年推荐的百种优秀出版物”名单；“国家濒危野生植物和国家重点保护野生动物大数据”项目荣获第三届(2015～2016)中国创意工业创新奖——创新产品银奖。

【大美新疆 绿色华章——自治区成立60周年新疆林业生态建设纪实】 该书编委会，2015年12月出版。

全书以浑厚的笔墨，辅以珍贵的史料、精美的图片，充分描述了新疆60年来林业生态建设艰苦卓绝的奋斗历程和取得的辉煌成就，介绍了取得的丰富经验，并对新疆林业生态建设的发展愿景进行展望，生动展现了新疆壮美的自然景观和多彩的民族风情。该书列入国家新闻出版广电总局2015年主题出版重点出版物。

【“碳汇中国”系列图书】 中国绿色碳汇基金会，2016年8月出版。

“碳汇中国”系列图书从全球气候变化、林业碳汇的基本内容入手，解读应对气候变化的国际制度和行动，全面阐述气候变化国际谈判、碳汇/碳源、碳汇林业、碳汇营造林方法学、碳汇交易等诸多方面的理论知识和技术标准，以及林业应对气候变化的典型案例。旨在全面、系统介绍国内外林业应对气候变化的制度规定、政策要求以及林业碳汇的科学理论、标准体系及实践技术，引起读者对气候变化问题的关注，引导读者参与到林业应对气候变化的行动中来。该系列书列入国家出版基金资助项目。

【中国油茶品种志】 国家林业局国有林场和林木种苗工作总站，2016年1月出版。

该书是中国第一部全面系统总结油茶品种的图志，具有极高的学术和生产指导价值。全书分为上篇和下篇：上篇对油茶的发展历史和主要用途、山茶属植物的分类及其特征、油茶的主要栽培物种资源、良种选育及其性状描述规范进行了介绍；下篇对全国14个省(区、市)选育并审定的油茶良种进行了重点介绍。该书的出版对指导全国油茶发展地区科学使用品种、充分发挥良种效益、提高产业发展质量和水平具有重大意义。

【森林疗养漫谈】 南海龙 等，2016年10月出版。

该书收录了国内森林疗养的第一手资料，阐述了森林疗养相关概念和理论，介绍了国内外先进的森林疗养实践经验和发展前景，同时针对公众的兴趣点和疑惑作出回应，深入浅出，娓娓道来，图文并茂，具有较强的知识性、科普性和可读性。该书还囊括了作者亲身策划的森林疗养活动案例，具有独创性和实践参考价值。

【桑树基因组】 何宁佳 等，2016年11月出版。

该书系统阐述了桑树的起源、分类、染色体组；桑树基因组的结构、进化、表达；桑树生长发育激素、次生物质合成代谢、抗性等重要性状的相关基因及调控机制；桑树的基因家族及桑树的叶和乳汁的蛋白质组；桑与蚕的协同进化；桑树的功能基因研究平台技术和桑树基因组数据库等最新研究进展。该书是国家科学技术学术著作出版基金资助项目，是国内外第一部系统阐述上述基因组和功能基因研究的学术专著，是桑蚕科学发展史上又一标志性成果。

【中国湿地文化】 马广仁，2016年6月出版。

该书是中国湿地保护系列丛书之一。全书分为五个部分：第一部分主要阐述了中国湿地资源情况，并对湿地文化的含义作了解释；第二部分以四大文明为例，叙述了人类文明起源和城市与湿地的关系，并阐释了与湿地相关的汉文字；第三部分从哲学、审美和伦理三方面提炼了湿地文化理论；第四部分展示了湿地文化的多种表现形式；第五部分介绍了湿地文化的保护制度、湿地科学教育和湿地保护宣传，并探讨了湿地文化的可持续发展。

【中国沙地云杉】 丛林 等，2016年6月出版。

该书阐述了中国特有沙地针叶树种沙地云杉森林生态分布、个性适应、种群结构特征、群落结构与生物多样性、生态系统组分、森林病虫害与防治、森林生态服务功能和森林培育与经历。该书是一本研究专著，可供科普、野生动植物资源保护、森林生态等领域的科技人员和林学与生态等专业的高等院校师生参考。

【中国森林旅游论】 刘世勤 等，2016 年 8 月出版。

该书以旅游学、林学、生态学、经济学、管理学、地理学等相关学科理论为基础，探讨了中国森林旅游发展中的若干基本问题；以中国森林旅游发展实践为线索，构建了森林旅游产业的研究框架，进一步丰富了林学与旅游学交叉领域的研究内容。该书从生态文明与绿色发展的时代趋势出发，力图梳理和解决中国森林产业发展中遇到的实际问题，这对中国森林旅游产业转型升级、实现森林生态与旅游产业的双重永续发展具有重要价值。

【邮票上的兰花】 兰思仁 等，2016 年 10 月出版。

该书系统地介绍了邮票的起源、发展历程、功能作用、分类和邮票及邮票背后的故事。以邮票为主线，将兰花文化和兰科植物知识贯穿其中，并以兰花邮票上的小故事来深化邮票“方寸之地，大千世界”背后的内涵和外延。该书非传统意义上的邮票图鉴，而是希望以邮票上的兰花和其背后的故事来普及和传播兰科植物知识，提高公众对兰花资源、价值、保育和开发、应用等多方面的认知。

【中国树石盆景】 张志刚，2016 年 9 月出版。

树石盆景是具有鲜明民族特色的盆景类别，它的天然使命是以塑造、表现优美壮丽的自然景致为目的，凝聚文人境界抒情、以物养心的审美情趣。该书是作者多年实践经验的总结，从树石盆景的制作、养护管理、艺术表现及佳作欣赏等方面进行了详细阐述。全书内容丰富，图文并茂，佳作纷呈，不仅完善了树石盆景的理论体系，更主要的是拓展了广大盆景爱好者的视角，既有收藏价值，又有指导意义。

【苔藓新视界】 邱阳，2016 年 6 月出版。

该书收录了苔藓盆景、苔藓球、苔藓闷罐微景观以及苔藓餐桌设计等苔藓作品。每一作品都代表着行业设计的新高度。它们不仅仅是作品，还是诗、是画，让读者情不自禁走入作者营造的深远意境里。除此以外，该书还详细介绍了苔藓的品种，习性、繁殖方法；复杂的作品还配有步骤图，是易懂易学的“教科书”。

【中国传统插花名著名品赏析】 王莲英 等，2016 年 12 月出版。

中国传统插花在世界插花艺术舞台上一枝独秀，备受瞩目。自 2008 年中国传统插花进入国家级非物质文化遗产名录以来，各地掀起了传统插花热。许多从业者迫切需要这样一本书来学习中国传统插花，该书即可满足这部分读者的需求。全书由四部分组成：一是对中国历史上著名的插花古籍《花九锡》等进行原文记述、疑难词注释、古文今译、解析等，使读者对中国有关的插花名著有更深刻的认识；二是对中国传统插花名品进行赏析；三是介绍了插花与古人生活；四是对国家级非遗项目中国传统插花传承团队创作的传统插花作品进行赏析。

【白头叶猴的故事（绿野寻踪）】 黄乘明 等，2016 年 6 月出版。

白头叶猴是中国特有的 7 种灵长类动物之一，生活在广西西南部喀斯特石山地区，至今已有 300 多万年。他们默默地经历了地球的变迁，坚强地生存了下来，到了现代，曾一度濒临灭绝。该书以精美的照片介绍白头叶猴的“衣食住行”，揭秘白头叶猴不为人知的故事，呈现了白头叶猴真实的生活场景，读后会使读者爱上这种野生动物，加入到保护白头叶猴的行动中来。

【“中国古建全集”系列图书】 2016 年 9 月出版。

该套书通过全新的图文形式，再次描摹了老祖宗留下的古建文化遗产。全书共十本，选取了 220 余个中国古建筑项目。全书主要根据建筑的功能进行分类，一级分类包括居住建筑、城市公共建筑、皇家建筑、宗教建筑、祠祀建筑和园林建筑；在每一个一级分类下，又将其细分成居民、大院、村、寨、古城镇、街、书院、钟楼、鼓楼、宫殿、王府、皇家园林、私家园林等二级分类。该书希望以更加简明的形式让读者清楚地了解每一类建筑的特色，以更好地运用到具体实践中。

【大学生创新创业基础】 该书编委会，2016 年 8 月出版。

该教材由国家林业局高等院校创新创业指导委员会组织全国相关院校联合编写，主要内容分为认识创新创业、准备创新创业和走进创新创业三篇，详细介绍了“双创”的时代背景和政策导向，阐述了如何培养创新能力、创业能力以及获得丰富的实践知识的途径。同时，书中引用了丰富的案例、扩展阅读和插图，帮助读者更好地理解和掌握相关知识点，是一本兼具知识性和趣味性的教学用书。

【国家林业局职业教育“十三五”规划教材公共基础课系列教材】 2016 年 8 月出版。

该系列教材包括《大学生安全应急手册》《中国森林文化基础》《森林康养概论》《大学生生态文明教育教程》等。该系列教材从内容上紧密结合学生了解相关知识的需求，内容充实、思路清晰、重点突出，具有一定的理论深度。形式上充分照顾读者的阅读习惯，语言生动准确，深入浅出，利于教学，易于接受。

【新型职业农民培育系列教材】 2016 年 7 月出版。

为解决“谁来种地”问题，2012 年农业部在全国 100 个县启动新型职业农民培育试点工作，主要任务是探索新型职业农民教育培养模式，制订认定办法和建立政策支持体系。2014 年正式启动新型职业农民培育工程，以家庭农场、农民合作社、农业企业及社会化服务组织等新型农业生产经营主体的骨干农民为重点对象，构建教育培养、认定管理和政策扶持“三位一体”的培育制度，累计培育新型职业农民 200 万人，为现代农业建设发展提供了有力的人才支撑。该套丛书立足加快空中课堂、田间课堂、流动课堂和智慧农民云平台一体化建设，内容丰富。丛书的出版是贯彻落实中央决策部署、拓宽新型职业农民培育渠道的重要举措，是激发农村青年创造创新能力、吸引农村青年在农村创业兴业的重要手段，将为现代农业发展提供强有力的科技和人才支撑。

【创新职业教育丛书】 2016年1月出版。

该丛书以工作任务确定学习内容，将每个职业或专业具有代表性的、综合性的工作任务经过整理、提炼，形成课程的学习任务——典型工作任务，并通过工作过程来完成学习，使学生在结构完整的工作过程中，通过学习获取职业工作所需的知识、技能、经验、职业素养。该系列教材以就业为导向，以能力为本位，以社会需要为创新导向，理论精简、易懂易学，图文对照生动、典型案例真实，突出实用性、技能型，着重锻炼学生的动手能力，实现教学与就业岗位无缝对接。

【木性药考——中国传统家具用材的药用价值研究】 周京南，2016年1月出版。

该书以新的视角，把家具研究与木材养生相结合，系统地阐述了中国传统家具用材的药用价值，并以黄花梨、紫檀木、楠木、榉木等十大中国传统家具常用的木材为例，结合中西医药文献，对这些木材的药用价值进行梳理考论。

【襄阳鸟类鉴赏】 余涛 等，2016年1月出版。

该书通过精美的画面、简洁的介绍，让更多的读者认识和了解野生鸟类，充分领略大自然最动人的美丽脸谱，使更多的市民参与保护鸟类的行动。

【鸟国拾趣(上、下册)】 谈宜斌，2016年3月出版。

该套图书是内容丰富、形式有趣的鸟类科普知识小品集。书中选取了约80种具有代表性和普遍性的鸟类，重点介绍它们的形态特征、繁殖规律等生态习性，其中穿插有关它们的奇闻趣事，讲述了古今中外人们爱鸟、护鸟、赏鸟中流传的故事，充分展现了鸟类对生态世界繁荣和平衡所起到的重要作用。

【杜鹃花】 沈荫椿，2016年8月出版。

该书是作者积30余年研究成果的扛鼎之作，是世界杜鹃花研究史上具有里程碑意义的一座丰碑。全书资料权威，提供了许多尚属首次面世的珍贵照片和史料，叙述风格独特，不但对杜鹃花的形态特征作文字说明，还一一配以彩照，以便读者理解学术名称的含义。

林业报刊

【综　述】 2016年，中国绿色时报社完成了10项重点宣传报道任务，报纸16件作品获得中国产经新闻奖，《森林与人类》再获“中国最美期刊”称号。报社举办了第二届“中国森林氧吧”评选、中国十大生态美文评选、中国花木产业年度人物评选、林业产业十大新闻事件评选、首届中国自然保护区摄影比赛及摄影展、第二届国家森林公园风光摄影大赛等活动。10月23日，报社在人民日报社新媒体中心一号演播厅举办了“2016中国森林氧吧论坛”。47家“中国森林氧吧”上榜单位的代表，参加论坛及颁牌仪式。国家林业局副局长彭有冬在论坛上致辞并为上榜单位颁发“中国森林氧吧”牌匾及证书。

2016年，报社组织策划了10项重点报道。

“四个着力”宣传 围绕习近平总书记关于加强森林生态安全建设“四个着力”的要求，组织策划了一批深度报道。在国土绿化方面，重点宣传了义务植树、部门绿化、新一轮退耕还林、三北防护林建设、京津风沙源治理等林业重点工程，全年刊发文章800多篇。在提高森林质量方面，重点报道了各地加强森林经营、森林防火和林业有害生物防治等方面的措施和经验，全年刊发报道900多篇，其中将河北省木兰林管局近自然森林经营作为典型，刊发了5篇系列报道。在森林城市建设方面，突出国家森林城市创建和珠三角等地区森林城市群建设宣传，开设了《森林城市 森林惠民》专栏，并以专题或系列报道形式，对近20个城市的创建森林城市工作进行了深度报道。在建设国家公园方面，报道了云南国家公园建设的探索实践及国外国家公园建设的经验。

林业改革宣传 重点打好国有林场、国有林区、集体林权制度三大改革宣传战役，分别开设了《聚焦国有林场改革》《聚焦国有林区改革》《深化林改新样板》等专栏。国有林场改革，重点报道了各省份改革方案、工作部署、工作进展等，共发稿100多篇；国有林区改革，重点报道了东北、内蒙古国有林区改革重大举措，并开设了《停伐之后》专栏，发稿40多篇；集体林改，重点报道各地深化林改的典型，同时全文刊发了国办《关于完善集体林权制度的意见》，并对《意见》进行了解读性报道。

林业精准扶贫宣传 2016年年初推出了《精准扶贫看林业》专栏，深入报道林业精准扶贫工作部署、进展、成效和典型，围绕林业在精准扶贫中的特殊重要作用，重点报道了林业产业扶贫、林业生态扶贫、林业科技扶贫等措施，全年刊发报道250多篇。

林业科技宣传 报纸用两个版面的篇幅集中报道了国家林业局《林业科技创新“十三五”规划》《关于加快实施创新驱动发展战略 支撑林业现代化建设的意见》、“十二五”林业科技成就等；为配合全国林业科技创新大会的召开，从9月8日起，一版连续刊发6篇深度报道，从生态提质、产业升级、扶贫富民等方面，全方位展示林业科技在林业建设中的巨大作用。

“清网行动”宣传 及时报道了国家林业局开展的打击乱捕滥猎和非法经营候鸟等违法活动的工作部署，派出记者跟随国家林业局等七部门联合组成的督导组，赴全国20余个省份报道监督检查候鸟等野生动物保护情况。“清网行动”开始后，及时关注各地行动进展、行动成果。至12月5日，共发稿50多篇。

林地保护宣传 组织开展了国家林业局严厉打击非法占用林地等涉林违法犯罪专项行动宣传，派出5名记者跟随国家林业局5个督查组，分赴青海、云南、四川、广西、河南5省(区)进行宣传报道。以此为契机，各相关版面组织了大规模的林地保护宣传，共刊发报道300多篇。

新《种子法》宣传 报纸以2个整版的篇幅对新《种子法》进行解读性报道，并配发了评论；此后连续刊发7篇系列报道，重点报道了新《种子法》修改的亮点。推出了《贯彻落实种子法》专栏，集中报道各地贯彻落实的工作进展。

防沙治沙宣传 按照国家林业局局长张建龙关于进一步加大防沙治沙宣传报道力度的要求，报社提出了抓好治沙典型报道、系列报道、公益广告宣传等6个方面的具体内容，广泛宣传报道中国防沙治沙经验成效及对全球生态治理和自然保护的突出贡献，讲好中国防沙治沙及林业生态建设故事。刊发了《我国治沙成果已成为世界典范》《中国防沙治沙的成功实践为世界提供了经验与样板》等4篇言论报道及《科学治沙，呼伦贝尔用绿色锁住黄沙》等深度报道。

党建宣传 重点报道了中国共产党成立95周年、红军长征胜利80周年纪念活动，“两学一做”学习教育、十八届六中全会精神等，开设了《“两学一做”锤炼党性强化提升服务发展》专栏，刊发党建报道100多篇。

重要活动宣传 集中报道了全国两会、中美战略与经济对话、世界防治荒漠化日纪念活动、长江经济带“不搞大开发”林业会议等。其中，两会报道共开设7个专栏，发稿73篇。在中国记协专题会上，报社应邀做了经验介绍。

2016年，报社创新报道方式，报纸新增栏目30多个，搭建了7个微信公众号、2个微博平台，每天推送林业信息20多条，其中微博粉丝量超百万。2016，共有400多人次的记者分批进林区、进林场、进苗圃、进企业，开展记者走基层活动，采写了许多鲜活生动的现场新闻报道。2016年1月7日和8日分两期出版了共53个版的全国林业厅局长会议特刊。

2016年，报社在25个省份的景区、公园和自然保护区等设置了73块生态文明三面翻宣传牌；为国家林业局湿地办、防火办、中国绿化基金会、中国碳汇基金会等单位量身设计了“讲文明树新风”公益广告，刊登42次。

2016年报社首次对在宣传报道、报刊发行等方面作出突出贡献的记者站记者授予“终身荣誉记者”称号。报社举办了马克思主义新闻观等3场专题讲座，有120多人次参加了各类培训。在中国产业报协会组织的“好记者讲好故事”演讲比赛中，报社记者王胜男获评十佳选手。报社还获得中国行业媒体羽毛球赛季军和最佳拼搏奖。报社承办了由国家林业局工会组织的建党95周年主题演讲比赛，报社1人获二等奖、1人获优秀奖。

2016年年初，报社制订了《2016年党建工作要点》，报社主要领导讲了两次党课，各支部组织党员专题学习党章党规和系列讲话；报社举办了新党员入党宣誓、老党员重温誓词活动，各支部组织党员学习十八届六中全会精神，撰写了学习心得。

（林业报刊由杜艳玲供稿）

中国林业文联

【综 述】 2016年，中央出台《关于加快推进生态文明建设的意见》，意见中首次把培育生态文化作为推动生态文明建设的重要支撑。文化是中华民族的血脉和灵魂，坚持文化自信是振兴中华民族的坚实基础，中国林业文联是生态文化发展的主力军，中国林业的发展，必须以生态文化发展作为重要支撑。在新形势新起点上，中国林业文联以繁荣生态文化事业的大局出发，以“放眼绿水青山”文化创作和“绿水青山组歌”文艺活动为主旋律，以优秀的文学、书画、摄影和文艺作品，讲述务林人的故事，呈现生态建设者的风采，讴歌林业精神。

中国林业文联成立于1989年5月成立，历任主席有：李昌鉴、杨继平、陈述贤。2016年6月，在北京市召开了中国林业文联常务理事会推选了柳维河为文联主席，建立了新一届党支部；在延安召开了全国繁荣生态文化工作座谈会，国家林业局副局长彭有冬出席并讲话，对中国林业文联提出新的工作要求：“要以繁荣生态文化，促进林业生态文明建设”；开展了“百花齐放百家争鸣”放眼绿水青山文学、书法、美术、摄影创作活动，收到了来自11个省林业厅(局)以及大兴安岭文联12个单位上报的2120件文学、美术、书法和摄影作品，为全国林业生态文化建设起到积极的推动作用；专题研究了《生态文化》的发行工作，调整了编辑人员和主题风格；在《人民日报》推出了《箭毒》《鸟道》《第九户人家》等系列生态文学作品；开展了送书画到林场、红松绘画美术作品展、高黎贡三期生态摄影培训班等活动。

（李润明）

各省、自治区、直辖市林业

23

北京市林业

【概　述】 2016年，全年新增造林绿化面积1.27万公顷，新增城市绿地408公顷。全市森林覆盖率达到42.3%，林木绿化率达到59.3%，城市绿化覆盖率达到48.1%，人均公共绿地面积达到16.1平方米。

绿化造林　平原造林实施拆迁腾退144.5万平方米，新增造林绿化0.39万公顷。推进京津风沙源治理、太行山绿化等国家级重点生态工程，完成人工造林0.57万公顷，封山育林0.4万公顷；加大森林健康经营，完成林木抚育4万公顷，低效林改造0.4万公顷，彩色树种造林1286.67公顷。全市共有387万人次以各种形式参加义务植树活动，共植树242万株、抚育树木1100万株。社会力量认建认养绿地453块、面积达583公顷，认养树木8.3万株，投入认建认养资金达8000余万元。552个中央、市属和区属单位与434个村结成对子，投入绿化扶持资金达6470万元，支持新农村绿化造林12.4万株。

公园景区　建成西城广宁、丰台岳各庄、通州静雅园等47处公园绿地，建设小微绿地56处，消减96处公园绿地覆盖盲区，使公园绿地500米服务半径覆盖率由67%提高到72%，在通州东南郊、马驹桥和大兴长子营等重点区域恢复和新建湿地2280公顷。完成平谷城北湿地公园、密云白马关河和安达木河湿地保护小区建设；开展密云水库库滨带湿地恢复与建设，恢复湿地960余公顷；与水务部门合作，启动房山琉璃河湿地公园建设，吸引社会资金21.75亿元，建设面积528公顷。

森林安全　投资4亿元建设森林防火视频监控系统250余套，全市新增专业森林消防队伍5支，总数达到116支2800人。林业病虫害防治工作，全年实施飞防作业3747架次，预防控制面积6.67万公顷。全市建立“市—区—乡镇—专业队”四级管护责任体系，累计建立专业管护队伍649支。强化征占用林地绿地规划审查和审批服务，全市累计减少移伐林木(树木)15万余株，减少征占用林地绿地15公顷。开展打击破坏林地绿地违法行为和野生动物保护执法专项行动，查处各类案件500余起。

绿色产业　推广现代栽培技术，新建和改造果园0.27万公顷，全市果品产量达8.1亿千克，果品收入41.8亿元，28万户农户户均果品收入达1.5万元；加强食用林产品质量安全检测，全年抽检主产果品样品合格率达98%。全年新建苗圃0.2万公顷，全市累计建成规模化苗圃130个，总面积0.77万公顷。新增花卉种植面积666.67公顷，全市花卉生产面积达到0.4万公顷，年产值达到11.7亿元。全市蜜蜂饲养总量达到25万群。新发展林下经济0.54万公顷，全市林下经济累计达到1.45万公顷，总收益达2.15亿元，1.2万农户户均增收1.79万元，带动就业1.9万人。市财政每年投入用地补助和管护资金达10.94亿元，新吸纳8900余农民就业，全市平原绿化累计带动2.4万农民绿岗就业，人均月收入超过3000元。

重大活动保障　2019年世园会筹办工作全力推进，园区建设工作开始启动，世园会会徽和吉祥物正式发布。举办世界月季洲际大会，国内外31个城市、70余家单位参展，累计接待游客20余万人。通过举办月季大会，大兴区魏善庄镇发展13个以月季为主题的特色产业园区，从事月季产业农民人均年收入增长2.5万元。圆满完成“十一”、烈士纪念日敬献花篮、十八届六中全会等重大活动、重要节日景观环境服务保障任务。国庆期间，天安门广场及长安街沿线布置以“祝福祖国、践行五大理念、共创美好生活”为主题花坛11处、摆花200万盆(株)，全市各主要道路、城市节点布置花卉1500余万盆(株)，营造优美大气的城市景观环境。

【迎春年宵花展活动】 1月24日至2月28日，由北京市园林绿化局、北京花卉协会、北京迎春年宵花展组委会联合主办，北京花乡花木集团有限公司、世纪奥桥花卉园艺超市承办、20余家花卉市场协办的2016年迎春年宵花展在中山公园举办。唐花坞里举办的“迎新年花卉精品展”有高贵典雅的凤梨、娇艳欲滴的蝴蝶兰、凌霜傲雪的梅花、玲珑娇嫩的迎春等，近千盆花卉争奇斗艳、多彩多姿。65盆匠心独具、娇俏多姿的组合盆栽作品精彩呈现。20余个花卉市场与企业精心筹备年宵花卉烘托节日气氛。还举办了组合盆栽大赛、兰花、梅花、水仙等专项展览活动。

【国际森林日植树活动】 3月21日为“国际森林日”，3月19日，全国绿化委员会、国家林业局、首都绿化委员会在北京海淀区园外园二期中坞地块，举办以“保护发展森林 共享绿水青山”为主题的2016年“国际森林日”植树纪念活动。张建龙、赵树丛、夏占义、张永利、张忠军、谭光明、张鸿文、费翰思等领导，以及来自世界自然保护联盟、联合国粮农组织、国际竹藤组织、联合国环境规划署等国际组织代表，韩国、英国、美国、越南、印度尼西亚、加蓬等国驻华使馆代表，中央和北京市、海淀区相关部门干部职工及当地群众、人民解放军官兵，200多人参加植树纪念活动。

【军委领导植树活动】 3月26日，中共中央政治局委员、中央军委副主席范长龙，中共中央政治局委员、中央军委副主席许其亮，中央军委委员房峰辉、张阳、赵克石、张又侠、吴胜利、马晓天、魏凤和，来到朝阳区孙河乡植树点参加义务植树劳动，为首都再播新绿。

【首都义务植树日活动】 4月2日是首都第32个全民义务植树日，全市共有135万人次参加形式多样的义务植树活动，共栽植各类树木104万余株，挖坑144.6万个，养护树木494万余株，发放宣传材料190万份。组织城乡居民因地制宜地开展绿化美化进单位、进学校、进社区、进乡村、进军营、进家庭活动；各级工会、共青团、妇联组织，各高等院校、科研院所，各中小学校就近就地开展植树造林、认养林木绿地和古树名木等多种形式的绿化美化活动。

【第七届北京郁金香文化节】 4月2日至5月10日，第七届北京郁金香文化节在北京国际鲜花港举办。2016年“北京花田”花事活动拉开帷幕，室外花田由400万株郁金香组成“哈尼梯田的记忆”等9个主题，打造出10万平方米壮美花海。室内则以“美丽生态空间”为主题，通过花卉文化创意，呼吁人们关注生态，保护环境。

【中央领导植树活动】 4月5日，党和国家领导人习近平、李克强、张德江、俞正声、刘云山、王岐山、张高丽等集体乘车，来到位于北京市大兴区西红门镇植树点，同首都群众一起义务植树，习近平总书记强调：“发扬前人栽树后人乘凉精神，多种树种好树管好树”，激发首都广大人民群众绿化美化首都热情。

【全国政协领导植树活动】 4月6日，全国政协副主席张庆黎、李海峰、陈元、王正伟、马飚、刘晓峰和全国政协机关工作人员400余人，来到北京市朝阳区参加义务植树活动。

【全国人大领导植树活动】 4月8日，全国人大常委会副委员长王晨、沈跃跃、吉炳轩、张平、向巴平措、艾力更·依明巴海和全国人大常委会、全国人大专委会部分组成人员，来到北京市丰台区北宫国家森林公园全国人大绿化基地参加义务植树活动。

【2016年世界月季洲际大会】 5月18日至6月18日，以“美丽月季 美好家园”为主题的2016年世界月季洲际大会在大兴区举办。大会核心区“三园一馆一中心”集中布展展示。大会举办了20余场高端国际学术会议、中国月季产业论坛等。世界39个国家的月季专家参加学术会议。室外展参展省市9个，参展单位17个，自育品种展参展单位13个。室内会展“花绘北京”展馆参展城市31个，国内著名公园10家及企业45家参展。最“高龄”古老月季——300多岁大花香水月季、现代月季“鼻祖”——法兰西月季等为代表的2000多个月季品种绽放各展园。全国共有13家育种单位选送150余个自育月季新品种参加中国月季展评比。专家组评选出15个中国自育月季新品种金奖中北京有11个中奖。

【第八届北京月季文化节】 5月18日至6月30日，第八届北京月季文化节在北京植物园、天坛公园、陶然亭公园、纳波湾园艺、2016年世界月季洲际大会主题公园等12个会场同时举办，规模创历届之最。以北京自育月季品种‘北京红’为主题花，意在展示北京月季产业及市花文化，向世界展示北京花卉产业新成果与北京城市新形象。

【第八届北京菊花文化节】 9月10日至11月20日，第八届北京菊花文化节在北京国际鲜花港、世界葡萄博览园、北海公园、北京植物园、天坛公园、北京花木公司园艺中心、世界花卉大观园7个会场同时举办。本次菊花文化节集中展示千余个品种、上百万盆菊花，位于延庆的世界葡萄博览园还将2019年世博会和2022年冬奥会内容融入本次菊花文化节，体现“为世园增色，为冬奥添彩”主题。

【第十二届中国菊花展】 10月28日至11月28日，第十二届中国(荆门)菊花展览会开幕式在荆门植物园举行，此次展会以“菊韵荆门·花耀中华”为主题，中国菊花展览会是中国风景园林学会组织和倡导的全国最高规格专类花卉展。本届菊展北京室外展区占地800平方米。共有荷兰、日本、中国香港等国家和地区以及北京、上海、重庆、天津4个直辖市，成都、武汉、郑州、福州、西安等省会城市在内的64个城市(单位)参展；各展园投入为历届全国菊展之首，本届菊展还开展室外景点、标准展台、百菊赛、专项品种、新品种、案头菊、盆景菊、造型菊、栽培新技术、悬崖菊、大立菊、插花艺术、菊花盆景造景艺术13个竞赛项目。

【公园绿地建设】 年内，围绕非首都功能疏解，建成西城广宁、丰台岳各庄、通州静雅园等47处公园绿地，建设小微绿地56处，消减96处公园绿地覆盖盲区，使公园绿地500米服务半径覆盖率由67%提高到72%。

【屋顶绿化】 年内，大力推动城市第五空间绿化，新建屋顶绿化8.5万平方米、垂直绿化60千米。

【认建认养活动】 截至2016年年底，全市共有136个单位、526个家庭、12 881位个人参与林木绿地和古树名木认养活动，共认建认养绿地285块，面积达607.5公顷，认养树木7.8万株，认养古树32株，社会单位投入林木绿地认建认养资金达8089.6万元。

【健康步道建设】 年内，兴建温榆河绿道(朝阳、顺义段)、大兴新凤河绿道、运潮减河绿道、北运河绿道等14条绿道，长度204千米。三年来，全市绿道建设累计完成710余千米。

【完成建国67周年全市花卉布置】 “十一”期间，全市在各主要道路、城市节点布置花坛、容器和地栽花卉等200余处，共栽摆各类花卉1500余万盆(株)。在天安门广场及长安街沿线布置以“祝福祖国，践行五大发展理念，共创美好生活”为主题的花坛11处、容器及地栽花卉100个品种、200万盆(株)。

【参展唐山世园会】 年内，唐山市园会北京园建设于2015年11月20日开工，2016年5月11日竣工。北京园以其大气恢弘的完美设计，巧妙精湛的施工工艺，诠释北京皇家园林深邃、睿智，煌煌古国历史悠久和广博，唐山世园会北京园建设荣获组委会特等奖。

【蜂产业】 截至2016年年底，全市蜜蜂饲养总量为25万群，与2015年基本持平，蜂蜜产量735万千克，同比提高15%。蜂王浆产量8.87万千克，同比提高24%；蜂授粉收入1253万元，养蜂总产值1.8亿元，与2015年同期持平。蜂产品加工产值超过12亿元，出口创汇超过1800万美元。

【各区加大蜂产业扶持力度】 各区将蜂产业列为年度重点产业发展项目和重点发展工程，从精准扶贫、基地建设、蜜蜂授粉、组织发展、蜜蜂养殖等方面加大产业扶持力度，出台扶持政策。昌平区出台蜜蜂养殖新增蜂群扶持政策，对符合条件的新发展蜂群给予资金补助，对授粉蜂群和使用蜜蜂授粉种植农户均给予资金补助。密云区连续12年出台产业扶持政策，专项补贴中华蜜蜂发展，年内新发展中华蜜蜂4000群。平谷区启动千户养蜂精准扶贫项目；延庆区制定《北京市延庆区支持低收入村户林业产业发展实施细则》，将蜂产业列入精准扶贫工作范畴。大兴区出台《2016年大兴区蜂产业发展实施意见》，重点加大蜜蜂授粉、无公害蜂产品生产和新发展蜂群扶持力度。

【养蜂精准扶贫工程】 年内，启动养蜂精准扶贫工程，选取1000户低收入农民实施重点帮扶，在密云、平谷、门头沟等区建成5个养蜂专业村，成熟蜂蜜生产基地100个，重点扶持蜂业专业合作组织2个，示范蜂群1万群，举办培训班11期，培训蜂农2000人次，为重点帮扶对象免费发放蜂群1万群、新蜂箱1万套、蜂胶采集器2万套、各类科普读物3万多本。年内，1000户重点帮扶对象生产成熟蜂蜜600吨，实现产值1600万元，实现养蜂脱贫致富。

【实施蜂业气象指数保险试点】 年内，市园林绿化局与北京市农委、北京市财政局、人保北京分公司及各有关区沟通协作，继续在密云区、昌平区和门头沟区等3个区进行蜂业气象指数保险试点实施。年内，累计参保蜂农251户，承保蜂群16 470群，投保金额65.88万元，蜂农自缴保险13.176万元，实现风险保障金691.74万元。

【强化蜂业产业基地建设】 年内，北京市蜂业生产基地建设工作以全国蜂产业技术体系建设为契机，重点加强无公害蜂蜜生产基地、蜂产品溯源管理基地、新型蜂产品生产示范基地和养蜂专业村等基地建设工作，全市有各类产业基地72个。

【蜂产品溯源管理基地建设】 年内，建成4个蜂产品可溯源监控技术示范基地，投入可追溯蜂群2000群，基本实现基地蜂产品生产全过程可追溯性。

【新型巢蜜规模化生产示范区建设】 年内，在密云区建成1个新型巢蜜规模化生产示范区，示范农户100户，年产普通巢蜜2万框，自酿式瓶装巢蜜1万瓶，创意图文巢蜜5000块。

【优良种蜂王繁育与推广】 年内，选育优良蜂种，提高蜂群产量，北京市西方蜜蜂育种中心与吉林省蜜蜂育种场达成合作意向，开展技术合作，年内，北京市西方蜜蜂育种中心共繁育蜂王“密云一号”2000只，发放给蜂农。从山东龙口种蜂场和吉林省蜜蜂育种场引进优质高产蜂王3000只在全市进行推广，优良种蜂王繁育、引进与推广，有效解决了全市种蜂王数量紧缺和种性退化问题。

【中华蜜蜂保护区建设】 年内，北京市中华蜜蜂数量稀少，仅有1万群，其中房山区蒲洼中华蜜蜂保护区2000群，密云区石城镇中华蜜蜂保护区8000群。为让首都人民更直观地了解中华蜜蜂、保护中华蜜蜂，年内，房山区积极申报中华蜂地理标识，努力打造房山品牌，进而助推北京市中蜂产业发展与保护。

【湿地保护】 年内，推进通州、大兴、房山、延庆、密云等重点区、重点地段湿地恢复与建设，全年恢复湿地1600公顷，新增湿地600公顷。推进房山佛子庄、怀柔喇叭沟门等湿地恢复与建设。组织完成密云白马关河和安达木河等2处湿地保护小区建设，推动怀柔西银沟湿地保护小区建设。编制完成《北京市湿地保护发展规划》，以《北京市人民政府办公厅关于公布第一批市级湿地名录的通知》文件，公布北京市第一批市级湿地名录。野鸭湖市级湿地保护区、翠湖国家城市湿地公园、颐和园湿地、北海公园湿地、密云水库等35块湿地被列入，占到全市湿地总面积32.8%。涵盖湿地保护区、湿地公园、中型以上水库、城区有人文历史人工水域四大湿地类型。

【湿地公园建设】 年内，完成平谷城北湿地公园、房山琉璃河、通州北运河以及通州东南郊湿地公园建设，启动延庆野鸭湖、门头沟雁翅以及密云穆家峪湿地公园建设。

【野生动物救护】 年内，查处罚没动物案件16起，市执法监察大队查处动物案件1起，机场海关旅检处截获走私龟类案件2起，接收市民救护野生动物事件240起。共接收市民救护和市场罚没各类野生动物152种，1101只(条)，其中：直接救护野生动物302只(条)，市场罚没野生动物799只(条)。救护鸟类91种，785只；哺乳类20种，123只；两栖类3种，15只；爬行类38种，178只(条)。接收国家一级保护野生动物12种，32只(条)；国家二级保护动物42种，275只(条)。在接收怀柔“放生”狐狸事件中采取较好处置措施，避免造成不良的社会影响。组织本地放归4次，赴外省放归2次，共放归各类野生动物613只(条)，放归成功率为55.68%。通过放归野生动物开展科学放归宣传，取得较好的宣传效果。

【开展野生动物繁育】 年内，共繁育国家二级保护动物32只，白冠长尾雉12只、草原雕2只、白枕鹤2只、白鹇1只、红腹锦鸡15只；北京二级保护动物15只，其中环颈雉4只、斑头雁2只、鸿雁9只。

【京津风沙源治理二期工程】 2015年至2016年度确定京津风沙源治理二期工程林业建设任务1.31万公顷，其中人工造林0.33万公顷、低效林改造0.4万公顷、封山育林0.58万公顷。涉及房山、门头沟、平谷、怀柔、密云、延庆、昌平7个区和市属4个林场（保护区）。工程于2015年11月开工建设，2016年8月底截止，营造林任务全部完成，共完成人工造林0.33万公顷（其中，困难地造林0.13万公顷、宜林地造林0.2万公顷），栽植各类苗木337万株，修建作业道83.2千米，设置水泵168台，铺设浇水管线124千米；完成低效林改造0.4万公顷。

【观光果园建设】 年内，为巩固退耕还林成果专项规划观光果园建设，全市完成44个观光采摘示范园建设。其中，平谷区13个、怀柔区6个、密云区5个、昌平区5个、延庆区5个、房山区10个。全市兑现2016年退耕还林补助资金696.29万元，补助粮食1740.72万千克。

【林下经济】 年内，在通州、大兴、怀柔、延庆、昌平等区选取适宜地块开展林下经济林药、林菌模式品种引进与示范项目面积17.33公顷，其中：完成林药模式13.33公顷，主要引进特色枸杞、苦参、芍药、板蓝根等林药品种；完成林菌模式4公顷，主要种植特色香菇、竹荪、羊肚菌等林菌品种。

【完成果树新建更新和改造】 年内，完成新建、更新和提升改造果树2893.33公顷，其中新发展现代高效果园880公顷，更新低效果园960公顷，低效果园改造1053.33公顷。培育新型经营主体193个，其中家庭农场44个，经营面积176.47公顷；合作组织68个，经营面积909.93公顷；集体经营果园17个，经营面积135.8公顷；企业64个，经营面积1032.67公顷。另有农户家庭果园640公顷。

【投资基金促进果树产业发展】 年内，北京市果树产业发展基金，按照"政府引导、社会参与、市场运作、分类管理"基本原则，北京市果树产业发展基金3月29日正式取得工商营业执照，投入运营。经过市、区园林绿化部门初审、复审，向基金推荐3批项目，基金管理机构对项目进行尽职调查及投资决策。截至2016年年底，果树基金已投资和审批通过项目共计11个，投资总额5637万元。投资果园面积439.53公顷，被投资主体包含6家企业、2家专业合作社和3个家庭农场。其中已放款项目7个，总金额2150万元；基金投资决策委员会已通过、正在走银行放款流程项目4个，总投资额3487万元。投资方式包括股权投资和债权投资，其中股权投资2300万元，委托商业银行发放贷款3337万元。最大单笔投资2300万元，最小单笔投资50万元，平均单笔投资额512万元。

【园林科技】 年内，实施国家林业局林业公益性行业科研专项、北京市科技计划项目和国家林业局青年科技专项等科研计划项目（课题）20项，解决园林绿化建设中技术难题。全面实施"2016年北京园林绿化增彩延绿科技创新工程"。组织实施楸树、粗榧、长青石竹等32种新优乡土增彩延绿品种选育及栽培管理技术研究和白云杉、'丰花'紫珠等8种国外优良增彩延绿植物品种引种驯化及隔离试种；完善落叶乔木基地、彩色树种基地、常绿树种基地、引种驯化基地30公顷资源圃、采穗圃、繁育圃建设；在通州行政副中心六环路、东郊森林公园、西城区报国寺、冬奥会周边（延庆张山营镇）建设园林绿化增彩延绿科技创新示范区4处，其中，城市绿地10.2万平方米，山区冬奥会场地周边及沿线绿地改造33.33公顷。累计栽植新优乔灌木25 000余株，新优地被50余万株，全面展示新优植物品种30余种；采用园林绿化废弃物、生物活性肥、生物菌肥完成项目区土壤改良；采用痕量灌溉、智能化滴灌、节水集雨改造等新优节水措施全面覆盖城区示范区，采用保水剂、生态垫覆盖等节水措施全面覆盖山区示范区。启动实施北京市科技绿色通道"北京市绿地林地土壤质量提升关键技术研究与示范"课题。

【科技成果推广】 年内，围绕市园林绿化重点工程，依托北京园林绿化增彩延绿科技创新工程、中央财政林业科技推广示范资金项目和市农业科技试验示范项目等，开展科技成果推广21项，建立不同类型科技创新示范区17处。

【贯彻落实新种子法】 新修订的《种子法》于2016年1月1日起实施。北京市园林绿化局制订北京市学习宣传贯彻落实新《种子法》工作方案，确定指导思想、宣传贯彻落实的具体步骤和途径。组织新《种子法》培训。针对新法在行政许可、行政处罚、行政强制和监督管理方面做出重大调整，聘请国家林业局法规司及场圃总站、北京林业大学专家、教授分别从林木种苗执法、林木种子生产经营许可、法律责任三方面入手，详细讲解新法与旧法的区别，引导种苗执法人员积极改变执法思路，应用新《种子法》开展执法实践，采取合法、合理的执法手段，文明、科学执法，提高执法人员法律意识。市种苗站上半年举办培训班2次，培训执法和企业人员120余人次。

【规模化苗圃建设】 年内，新建规模化苗圃0.2万公顷。经市级专家评审、六委办局联审通过，2016年共批准建设规模化苗圃近0.25万公顷。3年总计0.78万公顷，超额完成0.67万公顷建设任务；2016年栽植任务已完成约0.13万公顷。新建0.2万公顷苗圃吸引社会资金20余亿元，3年建设共预计吸引社会资金60余亿元。

【城市副中心城市绿化】 年内，城市副中心启动建设各类绿化建设工程19个，面积为773公顷。通燕高速、六环西辅路、潞苑东路、新华大街、京榆旧线、减河公园等10个项目已全面进场施工，已完成绿化面积60公顷（其中新增绿地7公顷，改造绿地53公顷），完成200公顷建设任务。共整理绿化用地20.3公顷，栽植乔木48 485株，栽植灌木17.3万株，栽植花卉地被24

329平方米；潞苑北大街、内环路等9个项目全面进场施工。副中心行政办公区先行启动区(1.2平方千米)园林绿化工程已启动前期各项准备工作，目前已完成设计方案编制工作。

【平原造林工程】 年内，在完成百万亩造林工程基础上，结合农业结构调整，持续推进平原绿化建设，突出城乡结合部、重要生态廊道、京津保地区和冬奥会、世园会、新机场周边等重点区域，共实施拆迁腾退144.5万平方米，新增造林绿化0.39万公顷。

【乡村绿化】 年内，推进美丽乡村建设，充分利用沟路河渠村边角空地挖潜增绿，完成村庄绿化362个，绿化面积286.67公顷，提升农村人居环境。

【加强湿地保护恢复】 年内，在通州东南郊、马驹桥和大兴长子营等重点区域恢复和新建湿地2280公顷。完成平谷城北湿地公园、密云白马关河和安达木河湿地保护小区建设；开展密云水库库滨带湿地恢复与建设，恢复湿地960余公顷；与水务部门合作，启动房山琉璃河湿地公园建设，采取PPP模式，吸引社会资金21.75亿元，建设面积528公顷。

【制定京津冀协同发展机制】 年内，京津冀三省(市)人民政府共同签订《京津冀协同发展林业生态率先突破框架协议》，配合相关部门制定《北京市"十三五"时期推动京津冀协同发展规划》和《关于支持河北贫困地区脱贫攻坚的实施意见》等重要政策。进一步完善协同发展的体制机制。与津冀两地分别签订森林防火、毗邻地区林业有害生物协同防控、野生动物疫源疫病协同防控等合作框架协议；完善生态建设联席会议制度和生态保护执法等区域联防联控机制；搭建京津冀林业信息共享平台，实现六大类136种业务数据信息共享。

【推进京津冀生态建设协同发展】 年内，建设张承(张家口承德)生态涵养区，完成京冀生态水源保护林建设0.67万公顷。在保定、廊坊京津保地区启动造林绿化合作试点项目，造林0.27万公顷，围绕"三路两片一河"(即：京台、京港澳、京昆高速；涿州、定兴片林；拒马河上游水源保护)开展合作造林绿化。

【森林防火】 年内，投资4亿元建设森林防火视频监控系统250余套，航空护林站、国家物资储备库后续建设扎实推进，全市新增专业森林消防队伍5支，总数达到116支2800人，不断提升安全保障能力，确保全市没有发生重大森林火灾。

【林业有害生物防控】 年内，不断提高绿色防控、应急防控、社会化防控能力，全年实施飞防作业3747架次，预防控制面积6.67万公顷，实现"有虫不成灾"目标。

【林业资源管理】 年内，平原造林工程养护移交面积2.11万公顷，全市累计达到6.13万公顷；新核准纳入完善政策范围平原生态林3.02万公顷，全市统筹建立"市—区—乡镇—专业队"四级管护责任体系，累计建立专业管护队伍649支，并实施平原生态林"一张图、一张表"数字化管理。加强城市公园绿地精细化管理，出台城镇绿地分级分类管理办法，完成1600余公顷城市绿地等级评定，建立城市绿地信息化管理台账；继续推行"一制度六台账"公园管理模式，加大郊野公园检查整治，基本完成公园风景区边界划定，利用卫星遥感技术加强对公园景区监管。加强生物多样性保护，松山、百花山国家级自然保护区基础设施建设全面加强，野生动物疫源疫病监测体系不断完善，完成古树名木复壮600余株。强化征占用林地绿地规划审查和审批服务，全市累计减少移伐林木(树木)15万余株，减少征占用林地绿地15公顷。

【林业行政执法】 年内，开展打击破坏林地绿地违法行为和野生动物保护执法专项行动，查处各类案件500余起，确保森林资源安全。贯彻中央和市委、市政府部署，持续开展高尔夫球场清理整治。

【国有林场改革】 年内，市委、市政府成立改革工作领导小组，印发国有林场改革实施方案，召开全市动员大会，全面启动国有林场改革工作。编制完成全市国有林场发展规划，并会同市有关部门联合印发国有林场事企分开、岗位设置管理、森林管护投资标准等一批重要配套政策。全市9个区及7个市属国有林场全部编制完成改革实施方案并完成批复，34家国有林场全部确定为公益一类事业属性。京煤集团林场移交工作扎实推进。

【山区公益林效益补偿政策】 年内，完善山区公益林生态效益补偿政策。政策调整后，生态效益补偿标准由现行每年每公顷600元提高到1050元，全市资金投入每年达到7.54亿元，全市127万山区农民人均直接现金收益由原来的214元提高到377元，其中山区217个低收入村、13.1万低收入人员实现人均年受益1160元，有力促进农民增收。

【深化集体林权制度改革】 年内，加快推进全国集体林业综合改革试验示范区建设，房山区编制完成区级和乡镇级实施方案，制定林权交易、集体林权流转、林权抵押登记等配套政策文件；完成基础设施投资1100余万元，吸引社会资本8500万元。推进家庭林场试点工作，昌平、房山、怀柔3个试点区在编制完成试点方案的基础上，共吸引64户农户参与创办各类家庭林场14家，投入资金1530余万元。同时，与人保财险北京分公司共同开展森林保险工作，全市10个区和5个市属国有林场75.8万公顷山区生态公益林统一纳入保险范围，实现全市统保，总保险金额达2719万元。

【林业大事】

1月5日 国家林业局副局长陈凤学专题调研北京市野生动物保护基础设施建设工作。北京市园林绿化局局长邓乃平一同参加。

1月13日 北京市国有林场改革工作部署会召开。北京市副市长林克庆，国家林业局副局长张永利，国家林业局场圃总站总站长杨超以及全市（区）有关部门相关人员、媒体记者共计160余人参加会议。

1月20日 美国林务局代表到八达岭林场考察森林健康项目。

1月21日 京冀林业有害生物协同防控会在怀柔区顺利召开。会议就林业有害生物协同防控工作进行了座谈。会上，北京市北部6个区林保站和河北省相邻4个县森防站交流汇报了辖区林业有害生物分布及发生特点，以及监测预报、检疫执法、防控作业等存在的问题和应对措施。

1月22日 北京市人民政府发布《关于进一步加强林业有害生物防治工作的实施意见》，要求切实加强林业有害生物防治工作。

1月24日至2月28日 由北京市园林绿化局、北京花卉协会、北京迎春年宵花展组委会联合主办，北京花乡花木集团有限公司、世纪奥桥花卉园艺超市承办、20余家花卉市场协办的2016年迎春年宵花展在中山公园举办。

1月28日 北京市园林绿化局部署春节期间全市公园和风景名胜区服务保障工作。

2月1日 北京市召开园林绿化工作会议，各区县园林绿化局、局机关各处室、中心站院、直属单位负责人以及新闻媒体记者共计100余人参加会议。

2月7～10日 全市启动森林火险红色预警警报，节日期间，全市共出动民警1213人次，116支专业森林消防队2800名队员全部备勤，5万余名专职护林员在岗，每日临时增加1.3万余人巡逻检查，市森林防火指挥中心接到森林火警4起，均不属于森林火情。全市共制止野外用火和林缘燃放鞭炮情况548起，未发生森林火情，总体态势平稳。

2月 中国花卉协会组织确定了首批国家重点花文化基地8个，北京市“北京植物园”“丰台区花乡”2家单位当选。

3月3～4日 北京市园林绿化局部署空气重污染黄色预警应急保障工作。全市园林绿化系统停工24处658.8公顷，共出动降尘作业车辆62台次，出动检查人员424人次。

3月3日 中国人民解放军中部战区空军与北京市林业保护站联合召开2016年北京市飞机防治林业有害生物工作协调会。

3月16日 北京市园林绿化局局长邓乃平参加中德财政合作“京北风沙危害区植被恢复与水源保护林可持续经营”项目总结推广会。来自财政部、国家林业局等部委机关，北京市发改委、财政局、审计局、水务局以及河北省林业厅等单位及相关部门的嘉宾和代表，参与项目实施的专家，管理和技术人员及村民代表等130余人参加。

3月19日 全国绿化委员会、国家林业局、首都绿化委员会在北京海淀区园外园二期中坞地块，举办以“保护发展森林 共享绿水青山”为主题的2016年“国际森林日”植树纪念活动。全国绿化委员会副主任、国家林业局局长张建龙，联合国粮农组织驻华副代表张忠军，首都绿化委员会副主任、北京市人民政府党组成员夏占义，全国绿化委员会副主任赵树丛，国家林业局副局长张永利、党组成员谭光明、总经济师张鸿文，国际竹藤组织总干事费翰思，市政府副秘书长赵根武，市园林绿化局局长邓乃平，海淀区区长于军等一同参加活动。

3月23日 北京市森林防火指挥部召开全市森林防火工作电视电话会议。市森林防火指挥部副指挥、市政府副秘书长赵根武主持会议。市园林绿化局（首都绿化办）局长、主任邓乃平分析了当前森林防火形势，并提出当前及清明节期间要突出“狠抓七个落实”。

3月23日 2016年北京市飞机防治林业有害生物工作在房山区全面展开。本阶段开展飞机喷洒防治双条杉天牛，计划飞防106架次，预防控制面积0.35万公顷次。

3月26日 中共中央政治局委员、中央军委副主席范长龙，中共中央政治局委员、中央军委副主席许其亮，中央军委委员房峰辉、张阳、赵克石、张又侠、吴胜利、马晓天、魏凤和，来到朝阳区孙河乡植树点参加义务植树劳动。

4月2日 是首都第32个全民义务植树日，全市共有135万人次参加形式多样的义务植树活动，共栽植各类树木104万余株，挖坑144.6万个，养护树木494万余株，发放宣传材料190万份。

4月2日至5月10日 第七届北京郁金香文化节在北京国际鲜花港举办。

4月5日 党和国家领导人习近平、李克强、张德江、俞正声、刘云山、王岐山、张高丽等集体乘车，来到位于北京市大兴区西红门镇植树点，同首都群众一起义务植树，习近平总书记强调：“发扬前人栽树后人乘凉精神，多种树、种好树、管好树”。

4月6日 全国政协副主席张庆黎、李海峰、陈元、王正伟、马飚、刘晓峰和全国政协机关工作人员400余人，来到北京市朝阳区参加义务植树活动。

4月8日 全国人大常委会副委员长王晨、沈跃跃、吉炳轩、张平、向巴平措、艾力更·依明巴海和全国人大常委会、全国人大专委会部分组成人员，来到北京丰台区北宫国家森林公园全国人大绿化基地参加义务植树活动。

4月18日 北京市园林绿化局启动平原造林养护管理春季大检查。对全市14个区及3家有林单位林地卫生、树木修剪、浇水、涂白等春季养护措施落实情况进行全面检查，共抽取333个造林地块、面积1.15万公顷，占总造林面积的15.5%。

4月23日 第八届中国网络植树节暨乐享森林嘉年华公益活动在北京举行。此次活动由中国绿化基金会、联合国环境规划署、东南卫视、全国绿化委员会办公室、首都绿化委员会办公室等联合主办。国家林业局总工程师封加平，中国绿化基金会主席王志宝、联合国环境规划署驻华代表处代表张世钢，全国绿化委员会办公室常务副秘书长、国家林业局造林司副司长赵良平，中国绿化基金会常务副秘书长陈蓬，北京市园林绿化局巡视员甘敬、东南卫视总编室主任刘芳以及嘉宾、新闻媒体记者和参与森林跑活动的队员共600余人出席活动。

5月5日 市政府党组成员、市平原造林总指挥夏占义带队检查平原造林工程林木养护工作。市政府副秘书长赵根武、市园林绿化局(首都绿化办)局长(主任)邓乃平与市平原造林总指挥部有关成员负责人及各有关区政府主管区长一同参加。

5月9日 第八届北京月季文化节新闻发布会召开。此次文化节以"赏美丽月季·享幸福人生"为主题，于5月18日拉开大幕，活动持续到6月30日。上万公顷的月季景观，2300余个月季品种，近亿株月季竞相绽放，80余项特色花事活动喜迎市民。

5月12日 北京市园林绿化局主持召开智慧型首都园林绿化发展研讨会。会议邀请了住建部建设勘察设计院、市信息资源管理中心、北京林业大学园林学院、首都信息发展股份有限公司等有关专家对首都园林绿化信息化建设建言献策。

5月13日 召开北京市园林绿化局局属林场改革推进会暨年度工作会。

5月13日 市园林绿化局到密云区专题调研防沙治沙工作。

5月11~13日 全国林木种苗工作会上，北京市黄垡苗圃荣获"全国生态建设突出贡献工作先进集体"称号。

5月16日 市园林绿化局到房山区专题调研湿地保护工作。

5月17日 首届北京牡丹科技文化节拉开帷幕。以"国色牡丹 妫川绽放"为主题，集中展示了600多种、多数具有独立知识产权的牡丹优种，同时发布了'京龙望月''京醉美'两个花期早、适宜油用的新品种。活动期间，国家林业局副局长彭有冬、中国工程院院士尹伟伦等专家围绕本市牡丹产业发展建言献策。

5月18日 市园林绿化局组织召开永定河绿化建设工作会议。局造林营林处、林勘院以及大兴、房山、门头沟、丰台、石景山、延庆6区园林绿化局负责人参加会议。

5月18日至6月18日 以"美丽月季 美好家园"为主题的2016年世界月季洲际大会在大兴区隆重举办。

5月18日至6月30日 第八届北京月季文化节在北京植物园、天坛公园、陶然亭公园、纳波湾园艺、2016年世界月季洲际大会主题公园等12个会场同时举办，规模创历届之最。

6月14日 首批46家樱桃采摘园信息正式标注在高德地图上，市民可以通过高德地图手机软件搜索"北京樱桃园"，实现"一键"直达。

6月 芬兰前总统哈罗宁女士一行10余人考察八达岭森林体验中心。

6月21日 北京市园林绿化局党组成员廉国钊到通州区专题调研2016年北京城市副中心第一批绿化建设项目进展情况。

6月23日 怀柔区在黑坨山周边区域，发现北京地区迄今为止面积最大的一级保护植物——刺楸群落。

6月24日至7月31日 在延庆区世界葡萄博览园举办第二届北京百合文化节，以"共赴百合之约·梦圆世园延庆"为主题。

9月10日至11月20日 第八届北京菊花文化节在北京国际鲜花港、世界葡萄博览园、北海公园、北京植物园、天坛公园、北京花木公司园艺中心、世界花卉大观园7个会场同时举办。

9月20日至11月2日 2016年度首都花园式社区、花园式单位创建检查验收工作圆满结束。对照创建标准，全市共有40个社区、68个单位通过考核验收。

10月4日 在南非约翰内斯堡举行的《濒危野生动植物种国际贸易公约》(CITES)第17次缔约国大会上，北京森林公安局政委孙磊荣获"克拉克·巴文国际野生动植物执法奖"。此次全球共有12个个人或组织获奖。

10月16日 2016唐山世界园艺博览会圆满闭幕。北京园荣获2016唐山世界园艺博览会组委会特等奖。

10月20日 全市2017年度森林防火工作电视电话会议召开。北京市园林绿化局(首都绿化办)局长(主任)邓乃平全面总结2016年度全市森林防火工作的经验成果，重点部署2017年度工作。北京市副市长林克庆出席会议并讲话。

10月底 北京市园林绿化局完成第九次全国森林资源清查工作。全市市级外业检查样地210个，抽查比例为5.12%，国家级外业检查75个样地，占全市样地的1.83%。全市样地调查质量符合要求。

11月1~4日 北京市园林绿化局组织开展2016年度精品公园评定工作。

12月1日 市园林绿化局组织召开空气重污染指挥部成员单位橙色预警应对工作部署会议。

(北京市园林绿化局由齐庆栓供稿)

天津市林业

【概 述】 **植树造林** 美丽天津一号工程绿化美化行动进展顺利。一是超额完成全年造林任务。2016年度全市共安排造林54万亩，共完成造林55.4万亩，占计划的102.6%。其中，外环线、津港高速、津蓟铁路等12项重点造林绿化工程完成10.3万亩，占计划的115.7%。二是圆满组织了义务植树活动。3月20日，成功组织完成了市党政军领导同志在外环线东丽区新立郊野公园参加义务植树活动，同时，组织全市16个区、县干部群众、驻津部队、武警官兵集中开展了万人义务植树活动，造林3200余亩，栽植各类树木84 000余株。3月26日，与市教委共同组织19所高校2500多名大学生分别在静海区唐官屯镇、东丽区东丽湖开展义务植树活动，共栽植各种树木30 000余株。4月19日，组织在津高层次外国专家及留学回国人员代表200余人在东丽湖开展"海外人才友谊林"集中植树活动，植树2000余株。

资源管理和保护 ①切实抓好森林防火工作。全面贯彻落实全国森林防火工作会议精神，进一步强化森林防火行政首长负责制和部门领导分工负责制，落实森林防火措施，层层签订森林防火责任书，明确目标和要求，确保森林防火责任落到实处；充分利用广播、电视、网络等多种载体，在重点地段，人员密集地区，通过发放防火宣传单，张贴防火宣传标语等多种形式广泛深入地开展森林防火宣传，进一步增强群众的森林防火意识；严格落实野外用火审批制度，加强森林火灾隐患排查；按照"学知识、练技能、强素质"的要求，采取"集中训练、统一考核"的方式，狠抓森林防火队伍建设，加强天津市森林防火专业、半专业防火队伍业务技能的训练，努力提升森林防火队伍正规化建设水平；严格实行24小时值班和领导带班制度，坚持有火必报，确保信息传递畅通；强化京津冀三省市合作，签订森林防火联防协议，完成边界区防火隔离带的清理工作，森林防火联防联控水平得到有效提高。②加强林政资源管理。一是加强征占用林地管理审批工作。全年审核审批征占用林地项目31项，征占用林地面积35.02公顷，收取森林植被恢复费356.5万元。二是做好"十三五"期间年森林采伐管理相关工作。按照国家林业局要求，对天津市林木采伐审批工作进行了安排部署。代市政府起草了《关于下达"十三五"期间年森林采伐限额的通知》，并以市政府名义下发。三是完成了森林植被恢复费征收标准的调整工作。报请市政府批准印发了《关于调整森林植被恢复费征收标准的通知》。③做好野生动物保护工作。一是配合市人大常委会出台了《天津市湿地保护条例》，为天津市湿地保护工作提供了强有力的法律依据。二是坚持做好野生动物日常救护，全年救护各类野生动物4000余只。三是相继开展了"雷霆行动""严厉打击破坏野生动物资源违法犯罪专项行动""打击乱捕滥猎野生动物及清鸟网专项行动"，共查处案件67起，查处违法犯罪人员87人。其中，"10·4"专案组侦破非法猎捕、贩卖野生鸟类案件18起，抓获犯罪嫌疑人20人。收缴放飞野生鸟类16 096只。四是圆满举行第三十五届"爱鸟周"宣传活动。④扎实做好森林病虫害防治工作。一是顺利完成全年三代美国白蛾防治工作，共完成防治作业面积23.29万公顷。完成春尺蠖等其他林业有害生物防治5.83万公顷。二是完成市人民政府与国家林业局签订《2015～2017年重大林业有害生物防治目标责任书》及天津市人民政府与天津市各区县人民政府签订《责任书》工作，层层落实防治责任。三是继续加强对监测预报工作的规范化管理，提高监测预报工作的及时性和准确性，全年监测覆盖率100%，测报准确率94.87%，科学指导防治工作。四是全面完成林业有害生物普查工作，对普查结果进行了认真的总结分析，并对2003年以来从外省市传入的有害生物进行了风险评估。五是加强检疫工作。全年共核发《植物检疫证书》2万单。实施产地检疫面积15余万亩；调运检疫苗木240余万株，木材150余万立方米，监管核销草籽200余万吨。种苗产地检疫率达到100%。有效防范了松材线虫病等重大外来危险性林业有害生物传入天津市。

党务纪检工作 ①扎实组织开展"两学一做"学习教育活动。印发天津市林业局系统和局党委班子"两学一做"学习教育实施方案，下发了专题工作时间表。组织党员干部进行了《党章》《准则》知识测试，并取得了较好的效果，测试优秀率达80%以上。对局系统学习教育情况适时进行检查和推动。②加强党建工作。制定了《市林业局党委2016年度党建工作实施意见》，组织党委与机关、基层党支部书记签订了《党建工作责任书》。强化干部工作监督，组织开展干部选拔和任用工作自查，对近几年来干部工作进行了认真回顾，开展党员组织关系清查工作。③强化"两个责任"，党风廉政和反腐败工作稳步推进。认真贯彻市纪委、市农委党风廉政建设和反腐败工作会议精神，研究制定了《市林业局2016年党风廉政建设和反腐败工作实施意见》，组织召开局系统党风廉政建设专题会议；落实党委书记、纪委书记、班子成员签字背书制度，各单位与党委签订《党风廉政建设责任书》，全体党员签订《廉政建设承诺书》。认真贯彻落实中央八项规定精神，在全局范围内开展了无政策规定支撑津补贴清退工作，防止"四风"问题反弹。进一步强化全面从严治党党委的"主体责任"和纪委"监督责任"，完善了党委班子和班子成员党风廉政建设主体责任问题清单、整改任务清单。组织开展了"三会"中"四风"问题排查工作，防止学会、协会、商会成为"四风"问题的避风港、庇护所。④按照市农委的统一部署，开展了未巡先改自查自纠活动，并将自查自纠情况专题上报市农委党委。⑤按照市农委党委的要求，配合完成了市委第四巡视组对农委系统的巡视检查工作，得到了巡视组和市农委党委的好评。

【林业有害生物防治】 全年美国白蛾发生面积29.65万亩，其中轻度发生27.75万亩，中度发生1.89万亩，重度发生0.01万亩。完成防治作业面积349.35万亩，其中，采用地面喷洒灭幼脲、杀铃脲、苦参碱等高效低毒类仿生（生物）药剂防治281.96万亩，出动3.5万余车次，投入10万余人次，动用药械共2856台（套），使用药剂共290余吨；采用人工剪网方式作业30.7万亩，投入3万余人次；飞机防治作业面积32.7万亩，飞行作业164架次，使用农药18吨；释放天敌周氏啮小蜂作业2万亩；喷洒生物病毒治理作业2万亩。经检查验收，平均有虫株率为0.08%，叶片保存率达98%，总体防治效果良好，达到国家林业局与天津市人民政府签订的《2015～2017年美国白蛾等重大林业有害生物防治目标责任书》指标要求。其他林业有害生物防治作业面积87.5万亩，其中杨扇舟蛾防治面积25.6万亩，杨树病害防治面积19.4万亩，春尺蠖防治面积12.6万亩，杨小舟蛾防治面积10.64万亩，光肩星天牛防治面积6.35万亩，国槐尺蠖防治面积5.51万亩，白杨透翅蛾防治面积2.9万亩，零散发生林业有害生物防治作业0.3万公顷。经检查验收，均达到有虫不成灾的治理目标。

【林业大事】

1月8日 副市长李树起、副秘书长李森阳和市林业局负责同志，赴国家林业局与国家林业局党组书记、局长张建龙，局总经济师、办公室主任张鸿文和发展计划与资金管理司司长闫振，就天津林业建设和国家储备林建设等方面工作进行了座谈。

1月10日 天津市人民政府副市长李树起率政府副秘书长李森阳和市林业局负责同志调研津秦高铁、京津城际铁路两侧造林绿化情况。滨海新区、东丽区政府负责同志陪同调研。

1月31日 受李树起副市长委托，市政府副秘书长李森阳主持召开造林绿化工作推动会议。市农委、市国土房管局、市林业局、国开行天津分行、滨海新区和有农业区县分管区县长以及区县相关部门主要负责同志参加了会议。

2月3日 国家开发银行天津市分行行长冯丹一行来天津市林业局就利用国开行贷款建设国家储备林基地建设工作进行调研。市林业局局长张宗启及分管局领导和有关处室负责同志参加了座谈。

2月14日 副市长李树起率副秘书长李森阳和市农委、市林业局负责同志调研外环线和津港高速联络线造林绿化工作。

2月15日 市委常委王宏江、副市长李树起和市政府副秘书长李森阳调研津滨高速、塘承高速、东金路和独流减河、永定新河绿化工作。市农委、市水务局、市林业局和东丽区、滨海新区、宁河区、宝坻区负责同志陪同调研。

2月17日 副市长李树起和市政府副秘书长李森阳调研武清区京沪高速和高王路造林绿化工作。市农委、市林业局和武清区负责同志陪同调研。调研期间，李树起副市长还针对高速互通内的绿化以及近期造林绿化宣传工作提出了具体要求。

2月17日 市林业局局长张宗启与中国农业发展银行天津市分行行长栗惠民，就天津市进一步贯彻落实《国家林业局 中国农业发展银行关于充分发挥农业政策性金融作用支持林业发展的意见》精神，利用农发银行贷款建设国家储备林基地有关工作进行了座谈和研究。中国农业发展银行天津市分行分管副行长、市林业局分管负责同志参加了座谈。

2月18日 市政府召开全市春季造林绿化动员会议，总结2015年冬季造林绿化工作，安排部署2016年春季造林绿化任务。副市长李树起出席会议并讲话，副秘书长李森阳主持会议。市有关部门，有关农业区县分管负责同志和农委、林业主管部门主要负责同志、部分承担重点工程的乡镇长、造林绿化龙头企业负责同志参加了会议。

2月19日 市林业局召开林业有害生物防治工作会议，传达全市造林绿化工作会议精神，安排部署春季林业有害生物防治工作。市林业局党委委员李俊柱出席会议并讲话，市及区县森防站负责同志参加会议。

2月21日 副市长李树起率副秘书长李森阳和市农委、市林业局负责同志调研津蓟铁路两侧造林绿化工作。北辰区、武清区、宝坻区、蓟县政府负责同志和林业部门主要负责同志陪同调研。

2月28日 副市长李树起率副秘书长李森阳和市农委、市林业局负责同志调研静海区造林绿化情况。静海区党政负责同志陪同调研。

3月7日 张宗启局长带队，市林业局森林公安局、野保站负责同志陪同，对滨海新区野生动物保护工作进行了现场督察，并对全市野生动物保护工作做出指示。

3月11～12日 天津市人民政府副市长李树起率政府副秘书长李森阳和市农委、市水务局、市林业局负责同志调研外环线、津滨高速、津港高速联络线、永定新河、郊野公园等重点造林绿化工程。

3月25日 副市长李树起率副秘书长李森阳和市农委、市林业局、北京铁路局天津办事处负责同志调研津蓟铁路两侧造林绿化及蓟县森林防火工作。

4月5日 市林业局局长张宗启带领局分管造林绿化和森林防火工作的负责同志以及北辰、武清、宝坻、蓟县林业部门主要负责同志，乘坐津蓟铁路专线对铁路两侧造林绿化进行了检查，并在蓟县林业局召开座谈会，会后又与蓟县政府负责同志共同对蓟县森林防火工作进行了实地检查，并对工程建设和森林防火工作提出了具体要求。

4月6日 市林业局局长张宗启调研津蓟铁路两侧造林绿化工作并召开座谈会。

4月6日 市林业局召开了全市林政资源管理工作会议。各涉农区县林业主管部门负责林政资源管理的科长、区县审批局负责林业(征占用林地、林木采伐、运输)审批事项的科长、工作人员及林业调查规划设计院的有关人员参加了会议。

4月12日 由天津市林业局、天津市海洋局、宁河区政府主办，天津市野生动植物保护管理站、天津市古海岸与湿地国家级自然保护区管理处、宁河区七里海建设管理委员会承办的以“依法保护鸟类 建设美丽天津”为主题的第三十五届“爱鸟周”宣传活动，在宁河区七里海东海鸟岛拉开帷幕。

4月16日 以“依法保护鸟类，共建美丽天津”为主题的天津市第三十五届“爱鸟周”宣传系列活动在滨海新区大港大剧院举行。此次活动由天津市林业局、共青团天津市委员会、天津市滨海新区区委宣传部、滨海新区农村工作委员会共同主办，天津市北大港湿地自然保护区管理中心、滨海新区大港街道办事处、共青团滨海新区委员会承办，天津市野生动物保护协会、滨海新区湿地保护志愿者协会协办。国家林业局野生动植物与自然保护区管理司司长张希武、全国鸟类环志中心主任陆军、天津市林业局局长张宗启、团市委副书记李强、滨海新区区委常委、常务副区长孙长顺及相关部门负责同志出席了活动。湿地和野生动物保护志愿者代表、社区居民代表和少先队员代表700余人参加了活动。

4月20日 市林业局局长张宗启与农发行天津市分行行长王玉武，就尽快落实农发行贷款的具体工作进行了专题研究。农发行天津市分行分管副行长、市林业局分管负责同志参加了座谈。

4月27日至5月12日 按照李树起副市长的要求，市林业局局长张宗启和农发行天津市分行行长王玉武带队，先后赴西青区、北辰区、东丽区、滨海新区就推动落实国家储备林建设贷款相关工作进行调研，各区政府主要领导分别出席了座谈会。

5月12日 市林业局召开天津市林业有害生物普查工作会议，就进一步推动天津市林业有害生物普查工作顺利进行和2016年林业有害生物防治工作进行部署。市林业局局党委委员李俊柱、市森防站和区县森检站站长及普查工作负责同志参加会议。

6月2日 市政府副秘书长李森阳主持召开全市高速公路范围内立交桥及出口匝道绿化工作推动会。市交通运输委、市农委、市林业局、市城投集团分管负责同志、高速公路权属单位主要负责同志参加会议。

6月15日 为进一步贯彻落实京津冀协同发展战略部署和国务院办公厅《关于进一步加强林业有害生物防治工作的意见》，根据《京津冀协同发展 林业有害生物防治框架协议》具体要求，京津冀三省市森防主管部门在河北省三河市联合组织开展了林业有害生物协同防控应急演练。

7月2日 副市长李树起率副秘书长李森阳和市农委、市林业局负责同志到津滨高速和蓟汕高速联络线互通立交桥现场实地调研推动绿化工作。

8月4日 市林业局永久性保护生态区域考核工作领导小组召开第一次工作会议。会议安排部署了《天津市林业局2016年永久性保护生态区域考核工作方案》，市林业局副局长齐龙云出席会议并讲话。市林业局永久性保护生态区域考核工作领导小组全体成员及森林公安局、森检站和市林业调查规划设计院有关人员参加了会议。

8月17~18日 京津冀协同发展毗邻地区林业有害生物协同防控联动工作座谈会在天津市召开，天津市林业局党委委员李俊柱出席会议，北京市林保站、河北省森防站、天津市森防站负责同志以及“津北片区”“津南片区”成员单位负责同志参加会议。

9月2日 副秘书长李森阳主持召开专题工作会议，听取市林业局关于今冬明春造林绿化工作安排情况的汇报，并对全市造林绿化动员会议的筹备工作进行了安排部署。市林业局分管负责同志和相关处室负责同志参加会议。

9月7日 市林业局召开专题会议，部署严厉打击非法占用林地等涉林违法犯罪专项行动。市林业局副局长齐龙云主持会议并讲话，副局长李果丰、市林业局党委委员李俊柱出席并讲话。

9月14日 国家森防指、国家林业局召开了2016年全国秋冬季森林防火工作电视电话会议。天津市林业局、市气象局、市林业局森林公安局、市森林防火预警监测中心负责同志参加天津分会场会议。蓟县林业局和蓟县扑火专业队负责同志参加蓟县分会场会议。会后，市林业局就如何贯彻全国秋冬季森林防火工作电视电话会议精神，做出了安排部署。

9月22日 市政府召开全市今冬明春造林绿化工作现场推动会，实地察看了塘承高速蓟州段造林绿化现场，副市长李树起出席会议并讲话。会议由市政府副秘书长李森阳主持，市有关部门、单位负责同志，涉农区政府分管领导和农业、林业部门主要负责同志及重点乡镇政府主要负责同志参加会议。

9月27日 市林业局召开全市森林防火工作会议。市林业局副局长齐龙云出席会议并讲话。市林业局森林公安局、市森林防火预警监测中心相关负责同志，各区林业部门分管森林防火工作的负责同志和部门负责同志参加了会议。

10月8日 为推动永久性保护生态区域考核工作，市林业局永久性保护生态区域考核工作领导小组再次召开会议，安排永久性保护生态区域考核工作。市林业局永久性保护生态区域考核工作领导小组全体成员及森林公安局、森检站有关人员参加了会议。

10月9日 市林业局聘请市防火中心专业人员，为市林业系统工作人员进行消防知识、消防器材使用和自救方法培训，局领导、机关和本系统工作人员50多人参加了培训。

10月11日 市林业局召开安全生产专题会议，组织林业局安全生产相关人员，传达学习全市安全生产工作会议精神，安排部署林业局安全生产工作。

10月14日 市政府召开2017年度全市造林绿化督查工作动员会议。受副市长李树起委托，副秘书长李森阳出席会议并讲话。市农委副主任、市林业局局长张宗启汇报了《2017年度全市造林绿化工作检查推动与督查方案》，并对督查工作进行了具体部署。市政府督查室、市农委、市交通运输委、市市容园林委、市水务局、市环保局、市林业局相关负责同志和督查组成员参加会议。

10月18日 国家林业局召开打击乱捕滥猎鸟类电视电话会议，在全国范围内开展为期40天的“清网行动”。按照国家林业局的部署，10月21日下午，市林业局组织各涉农区林业主管部门召开了专题会议，传达全国电视电话会议精神，对天津市开展以清除非法设置的捕鸟网和非法猎捕、运输、经营鸟类地下网络为重点的“清网行动”进行了安排部署。

11月3日 副局长李果丰主持召开林业局系统安全生产隐患大排查大整治和今冬明春消防工作会议，传达学习全市安全生产隐患大排查大整治和今冬明春消防安全大排查大整治大防范会议精神，部署林业局系统安全生产和消防工作。市林业局各处室(局)和直属单位主要负责同志参加会议。

11月9~10日 市森林防火指挥部副总指挥、市森防办主任、市林业局局长张宗启，副局长李果丰率市林业局森林公安局负责同志分成两组，采取暗访方式对蓟州区八仙山国家级自然保护区、九龙山国家森林公园、盘山风景区森林防火情况和罗庄子镇、官庄镇森林防火中队应急值守情况进行了检查，并将检查情况向蓟州区林业局主要负责同志进行了通报，要求认真抓好整改工作。

11月18日 市政府召开全市秋冬季造林绿化工作现场推动会，实地察看西青区张家窝镇造林绿化现场，传达了李鸿忠书记、王东峰市长在《关于全市今冬明春造林绿化进展情况的督查通报》上的批示精神，通报当前全市造林绿化工作进展情况，安排部署迎全运通道绿化美化任务。副市长李树起出席会议并讲话。会议由市政府副秘书长李森阳主持。市有关部门、单位负责同志，涉农区政府分管领导和农业、林业部门主要负责同志参加会议。

12月6日 副秘书长李森阳主持召开全市高速公路互通立交及出入口匝道占压干扰绿化工作协调会议。市有关部门、单位负责同志，存在占压干扰情况的相关区负责同志参加会议。

12月8~9日 市林业局举办全市林地动态监测暨永久性保护区域监督考核管理技术培训班。有关区林业主管部门分管森林资源管理的局长(主任)、科长及技术人员参加了培训。

12月19日 市林业局局长张宗启、副局长齐龙云、李果丰和发展计划处有关同志，分别到市野生动物救护驯养繁殖中心、市林果良种场、市林果服务站等市林业局直属单位，对安全生产情况进行全面检查。

12月23日 农发行天津市分行行长王玉武、副行长张眉率有关负责同志到市林业局就天津市储备林建设贷款工作进行座谈，市林业局局长张宗启、副局长齐龙云及有关处室负责同志参加座谈。

（天津市林业由王浩供稿）

河北省林业

【概　述】 2016年，河北全省林业各项目标任务圆满完成，有多项工作受到国家林业局和省委、省政府的充分肯定。省委书记赵克志作批示："省林业厅的工作很好，奋发作为，扎实工作，事争一流，成效显著"。

造林绿化攻坚和京津冀协同发展 依托京津风沙源治理、三北防护林、沿海防护林、太行山绿化等国家重点工程，突出抓好"一山一带一区"绿化重点。全省完成造林绿化34.56万公顷，是近年造林进展最快、效果最好的一年。一是太行山绿化攻坚战全面打响。根据省委、省政府《太行山绿化规划(2016~2018年)》和《太行山绿化三年攻坚战实施方案》，省林业厅下发了《太行山绿化专项推进方案》，将任务逐一分解落实到石家庄、邯郸、邢台、保定、张家口5市，完成造林21.13万公顷。二是京津保生态过渡带建设扎实推进。6月23日，京津冀协同发展生态率先突破推进会在河北省召开，国家林业局与京津冀3省市政府签署了《共同推进京津冀协同发展林业生态率先突破框架协议》。争取北京市新增投资1亿元，在保定、廊坊、沧州3市47个县营造京津保生态过渡带连片森林、城郊绿地6.67万公顷，与北京市合作完成环首都国家公园选址工作。三是着力抓好冬奥会赛事核心区绿化。深入贯彻"绿色办奥"理念，高标准实施奥运核心区、迎宾廊道、京张赛场连接线等3项工程建设，完成造林2.45万公顷。全面完成张家口坝上地区退化林分更新改造任务。积极动员社会力量植树造林，完成村庄绿化2万公顷、廊道绿化3400千米，全省3100万人次义务植树1亿株。

林果产业 全省林业产业总产值1523.5亿元，与2015年同期相比增长3.3%。一是培育壮大果品产业。认真落实省政府《关于加快建设果品产业强省的意见》，苹果、梨等七大优势果品基地建设快速发展。全省新增高标准果品生产基地14万公顷，果树结构调整13.47万公顷，全省果品产量1583万吨，与2015年同期相比增长1%。完成果品例行监测2176个批次，是目标任务的108.8%，抽检合格率99.6%。二是加快发展林下经济。充分利用林地资源和森林环境，科学选择林药、林菌、林禽等发展模式，着力培育林下种养基地，总规模达到30万公顷，实现产值120亿元。三是积极发展种苗花卉等林业新兴产业。加强重点林木良种基地管理，全省种苗面积达到8万公顷，新增邱县等2个花卉重点产区，新增面积2400公顷。森林旅游等产业快速发展，成为农民增收致富新支点。同时，协助唐山市政府成功举办2016唐山世界园艺博览会，积极组织参加中国香港亚洲果蔬展、中国森林旅游节等展会，扩大了河北林业产业的知名度和影响力。

林业改革 坚持以改革促发展，创新体制机制，调动全社会支持和参与林业建设的积极性。一是全面启动国有林场改革。省政府召开会议专门对国有林场改革进行动员部署，省财政落实资金7645万元，将改革补助标准由人均3000元提高到5000元，有改革任务的10个设区市和4个厅直属单位全部完成方案编制工作。二是扎实推进集体林权制度配套改革。全省建立农村产权流转交易平台96个，866.67公顷林地在平台完成交易。全省森林保险参保面积238.4万公顷，承保面积增长16%。三是深化行政审批制度改革。积极推进简政放权，行政许可事项取消4项、委托下放3项，全面落实"四零"服务承诺和"两岗终审、三岗终结"等制度，全年受理行政许可申请539项，在省直部门落实全省重点工作情况营商环境排名中位居前列。四是积极推进体制机制创新。研究制定了《关于加大改革创新力度鼓励社会力量参与林业建设的意见》并以省政府办公厅名义印发全省，出台了22条支持措施。省政府批准成立林业生态建设投资公司，省财政注资6亿元资本金，撬动政策性贷款20亿元。

森林资源管理 坚持保护优先，推动资源培育、保护和开发利用的良性循环。一是天保工程全面启动。完成天然林保护落界87.8万公顷，实现了全省天然商品林停伐和保护全覆盖。二是重点生态公益林建设实现突破。新增省级重点公益林17.8万公顷，全省重点公益林面积达193.47万公顷，落实生态效益补偿资金3.88亿元。三是湿地保护修复得到加强。推进北戴河等重要湿地保护修复工作，卢龙"一渠百库"等3处国家湿地公园试点得到国家批复。四是抓好森林防火。科学处置"4·12"昌黎县等森林火灾，全年共发生森林火灾42起，同比减少43.2%，没有发生"进京火"和重大人员伤亡。五是科学防治林业有害生物。对美国白蛾等主要危险性病虫害开展了大规模飞机防治和地面防治，成灾率控制在0.19‰，远低于4‰的国家控制标准。六是严厉打击涉林违法犯罪。认真执行征占用林地定额管理和森林采伐限额管理制度，组织开展"金剑""金盾""清网行动"和打击非法占用林地等专项行动，全省共查处涉林案件5021起，侦破重特大案件50多起。积极推进古树名木挂牌保护，河北省列入全国古树名木资源普查试点省。圆满完成国家“十二五”防沙治沙目标责任考核。

林业生态扶贫 认真贯彻落实省委、省政府关于脱贫攻坚的重大决策部署，林业在精准脱贫和灾后重建中的基础性作用有效发挥。9月22日，在邢台市召开了全省林业生态扶贫现场会，明确了林业脱贫攻坚目标任务。向国家争取建档立卡贫困人口林业管护费1.3亿元（占全国6.5%），解决1.3万贫困人口脱贫问题。2016年下达林业资金中安排贫困地区25.1亿元，占总量的63%。在“7·19”特大洪水灾后重建工作中，确定18项林业恢复重建工程，总投资2.78亿元。重点扶持11个重灾县扶贫解困资金720万元。厅领导带队组成3个林果专家技术服务工作队赴石家庄、邢台、邯郸开展救灾帮扶。

党的建设 全面加强党的建设，建章立制落实责任，扎实推进党风廉政建设。一是加强党内教育。深入推进“两学一做”学习教育，开展了紧盯目标全程学、结合实际重点学等“六学”活动，得到省委巡回督导组的充分肯定。组织党员干部到安平县全国第一个农村党支部、石家庄监狱进行理想信念教育和党风廉政警示教育。二是严格落实党建责任。出台《关于进一步落实机关党建工作责任的实施意见》，细化实化了党建责任。充分发挥各级党组织作用，在全系统深入开展向李保国同志学习活动，在全省范围内掀起大力学习弘扬塞罕坝精神的热潮，既增强了党组织的凝聚力、号召力，也倡导了奋发作为、爱岗敬业、善作善成的良好风气。三是狠抓主体责任和监督责任落实。把党风廉政建设纳入领导班子、领导干部目标管理，重点抓好厅党组书记第一责任人责任和党组成员“一岗双责”的落实。支持驻厅纪检组和厅属纪检监察机构履行职责开展工作。四是建立健全党风廉政建设长效机制。修订完善《河北省林业厅议事决策规则》等26项规章制度，出台了《河北省林业厅领导班子主动接受支持驻厅纪检组监督实施意见》。

基础保障能力提升 坚持强保障、促发展、优环境，着力提升林业保障支撑能力。一是规划资金保障。印发了全省林业发展“十三五”规划，落实省级以上财政投资40.7亿元，同比增长21%，争取国家储备林、中央贴息等政策性贷款资金35.4亿元。二是政策法治保障。出台《河北省湿地保护条例》，《河北省绿化条例》已上报省人大审查。林业执法、林业普法、行政复议等工作扎实推进。三是科技和信息化保障。出台《关于加强林业科技创新推进林业改革发展的实施意见》，培训林果农20多万人次，取得林业科技成果22项，推广林果新优技术品种和标准25项，建成国家级标准化林业工作站33个。完成全国第九次森林资源连续清查，国家验收合格率为98.1%，居全国前列。林业信息化和电子政务工作扎实推进，林业物联网应用取得阶段性成效。四是宣传舆论保障。以弘扬塞罕坝精神、创建国家森林城市等为主题开展全方位宣传活动，在国家林业局对各省市综合评价中居第五位，在省委宣传部对各厅局统计中居第二位。五是机关作风保障。认真开展省级机关作风整顿活动，扎实推进“一问责八清理”，全面加强督查督办，制定的《河北省林业厅关于进一步加强督促落实的实施意见》被省委、省政府督查室加编者按全文转发，谋发展、抓落实、争一流蔚然成风，在省级机关目标绩效管理考评和机关作风公开评议中均被评为优秀等次。六是干部队伍管理等基础保障。认真落实省委“五个重用、五个不用、五个调整”用人导向，调整、交流、免职21名处级干部。印发《关于对处级干部进行提醒函询和诫勉的操作办法》，干部档案专项审核等工作取得进展，目标绩效管理全面推行。

【习近平对李保国同志先进事迹作出重要批示】 据新华社6月12日电（报道）中共中央总书记、国家主席、中央军委主席习近平近日对李保国同志先进事迹作出重要批示，指出：“李保国同志35年如一日，坚持全心全意为人民服务的宗旨，长期奋战在扶贫攻坚和科技创新第一线，把毕生精力投入到山区生态建设和科技富民事业之中，用自己的模范行动彰显了共产党员的优秀品格，事迹感人至深。李保国同志堪称新时期共产党人的楷模，知识分子的优秀代表，太行山上的新愚公。广大党员、干部和教育、科技工作者要学习李保国同志心系群众、扎实苦干、奋发作为、无私奉献的高尚精神，自觉为人民服务、为人民造福，努力做出无愧于时代的业绩。”

李保国生前是河北农业大学教授、博士生导师。他把太行山区生态治理和群众脱贫奔小康作为毕生追求，每年深入基层200多天，让140万亩荒山披绿，带领10万农民脱贫致富。常年高强度工作让李保国积劳成疾，4月10日凌晨，58岁的他突发心脏病，经抢救无效去世。李保国去世后被追授“全国优秀共产党员”“时代楷模”“全国优秀教师”等荣誉称号。他的先进事迹被媒体广泛报道，在全社会引起热烈反响。

李保国同志先进事迹报告会于6月12日下午在人民大会堂举行。报告会前，中共中央政治局常委、中央书记处书记刘云山亲切会见报告团成员，向李保国亲属表示慰问，并颁发中央组织部追授李保国同志的“全国优秀共产党员”证书。刘云山在会见时说，李保国同志的先进事迹体现了我们党全心全意为人民服务的宗旨，彰显了共产党人的本色，是一面很好的镜子。广大党员干部要认真落实习近平总书记重要批示精神，自觉向李保国同志学习，以先进典型为镜，筑牢对党忠诚的政治品格，保持纯正质朴的百姓情怀，弘扬扎实苦干的优良作风。要坚定信念、不忘初心，坚守共产党人的精神高地，带着对群众的深厚感情做工作，矢志不渝为党和人民的事业而奋斗。要坚持求实务实，从一点一滴做起，干在实处、走在前列，把业绩写在大地上。要淡泊名利、严于律己，树立清正廉洁、甘于奉献的良好形象。各级党组织要把李保国等先进典型作为“两学一做”学习教育的鲜活教材，引导党员干部对照学习，争做合格共产党员，更好发挥先锋模范作用。要把学习李保国同志先进事迹同打赢脱贫攻坚战结合起来，同推动科技创新、建设世界科技强国的实践结合起来，更好促进经济社会持续健康发展。宣传部门和新闻单位要深入宣传李保国同志的先进事迹和高尚精神，让更多的人受到教育和激励。

【河北林业践行李保国精神争创一流业绩】 省林业厅把向李保国学习与“两学一做”学习教育相结合、与机关作风整顿相结合、与推动中心工作相结合、与助推精准扶贫相结合，以重点工作带动林业工作全局，着力推动林业各项举措落在实处、见到实效。

2月初起，省林业厅制订下发《关于在全省林业系统广泛开展向李保国同志学习活动的通知》和《关于在全省林业系统进一步把向李保国同志学习活动引向深入的通知》，把学习李保国活动纳入《"两学一做"实施方案》《"两学一做"推进方案》。通过中心组学习、座谈交流、专题讨论、专题党课、支部学习等多种形式开展学习活动，厅主要领导先后5次主持召开厅党组会议和中心组学习会议；以基层党支部为单位，召开学习李保国先进事迹座谈会。对照李保国同志技术支林、精准扶贫的务实作风找差距，省林业厅党组启动实施了李保国林果技术志愿服务活动。组建了由18名专家组成的"李保国林果技术专家志愿服务团"，建立了厅领导和业务处室联系林果专业村制度，创建了十大林果技术示范基地和八大林果技术帮扶基地，安排了10次大规模林果富民技术培训活动。

【省四大班子领导和省会干部群众一起参加义务植树活动】 3月19日，省委书记、省人大常委会主任赵克志，省委副书记、省长张庆伟，省委副书记赵勇，省政协主席付志方等省委、省人大常委会、省政府、省政协领导人及有关省级干部，带领省直厅局主要负责人来到石家庄滹沱河滨水生态公园，与省会干部群众、驻石部队官兵一同参加义务植树活动，为省会再添新绿。植树现场，1300多名干部群众共栽下白皮松、山楂等树木1万余株。

【《河北省林业发展"十三五"规划》印发】 7月，经省政府同意印发实施。规划提出，到2020年，有林地面积达到656.67万公顷，森林覆盖率达到35%，森林蓄积量达到1.71亿立方米。森林质量显著提高，森林生态功能大幅提升；湿地功能得到有效保护与恢复，生物多样性保护持续增强；林业产业结构日趋合理，产业化程度明显提高；生态文化体系初步构成，生态文明观念广泛传播。生态状况整体步入良性循环，基本形成布局合理、结构稳定、功能完备的京津冀生态环境支撑区基础框架。完成造林绿化140万公顷，其中人工造林93.33万公顷，飞播造林和封山育林46.67万公顷。完成森林抚育100万公顷，低质低效林改造16.67万公顷，稀疏林补植补造6.67万公顷。林业产业总产值达到2000亿元。果品产量达到2200万吨，人造板产量稳定在1800万立方米，速生丰产林总规模达到80万公顷。重点生态公益林和天然商品林保护面积不低于266.67万公顷，自然保护区总数达到37处，总面积达到64.7万公顷，占国土面积的3.4%。湿地保有量94.2万公顷，湿地率5.02%，湿地公园总数达到62处，湿地自然保护区和湿地公园面积达到28.27万公顷，湿地保护率达到42%。森林公园总数达到115处，经营面积达到52万公顷。年森林火灾受害率控制在0.9‰以内，林业有害生物成灾率控制在4‰以下。

按照京津冀协同发展战略部署，根据区域生态功能定位、主导需求和产业优势，综合自然条件、社会经济发展水平和林业建设实际等因素，将全省林业建设划分为五大生态功能区，即京津保城市生态空间核心保障功能区、坝上高原防风固沙生态修复功能区、燕山—太行山水源涵养与综合治理功能区、冀东沿海生态防护功能区、冀中南平原生态修复与高效林业功能区，构建"一带四区"布局合理、结构稳定、功能完备、产业优化的京津冀生态环境支撑安全格局。

【2016唐山世界园艺博览会】 于2016年4月29日至10月16日举行，会期171天，由国家林业局、中国贸促会、中国花卉协会和河北省政府共同主办，唐山市人民政府承办，这是继1999年昆明世园会、2006年沈阳世园会、2011年西安世园会、2014年青岛世园会之后，在中国大陆举办的第五次世界园艺博览会。本届世园会紧紧围绕"都市与自然 · 凤凰涅槃"的主题，遵循"节俭、洁净、杰出"的办会原则，共有来自国内包括港澳台在内的31个城市和国际上的10个国家参展，总体规划了国内园、国际园和大师园三大主题47个展园，会期累计接待游客521万人次。唐山世园会共评出国际园艺生产者协会大奖1项，唐山世园会组委会大奖4项、特等奖8项、金奖12项、银奖17项。其中，河北省的唐山园获得唐山世园会组委会大奖，邯郸园、石家庄园获得唐山世园会组委会特等奖，唐山世园会执委会被授予国际园艺生产者协会特殊荣誉奖，唐山市人民政府被授予唐山世园会特别贡献奖。

7月28日，中共中央总书记、国家主席、中央军委主席习近平在出席唐山抗震救灾和新唐山建设40年活动期间，考察了唐山世园会，对相关工作给予充分肯定，称赞唐山世园会是一个"很好的作品"。习近平要求：要善始善终办好这次博览会，向世界展示新唐山建设的成就，也借此提高城市治理和运营水平。省委书记赵克志、省长张庆伟全程陪同考察。

【《河北省湿地保护条例》出台】 9月22日，河北省第十二届人大常委会第二十三次会议表决通过，自2017年1月1日起施行，它的出台标志着河北省湿地保护工作走上了法治化轨道。

《条例》从建立健全保护体系、建立湿地生态效益补偿制度、划定湿地保护生态红线、加大对破坏湿地违法行为打击力度等方面对湿地保护进行了规范，为依法保护湿地奠定了基础。《条例》规定，湿地保护实行综合协调、分部门实施的管理体制。明确了林业部门是湿地保护的综合协调部门，承担湿地保护的组织、协调、指导、监督职责。对湿地实行分级保护和名录管理制度。将湿地分为国家重要湿地、省级重要湿地和一般湿地。对不同类型的湿地采取建立自然保护区、湿地公园、湿地保护小区等形式加以保护。明确了湿地保护实行名录管理制度，湿地名录应当明确湿地的名称、类型、保护级别、保护范围、管理部门及联系方式等。规定建立湿地生态效益补偿制度。因湿地保护需要造成湿地所有者、使用者的合法权益受到损失的，应当依法补偿。鼓励受益地区与保护生态地区通过产业转移、资金补偿、对口协作、人才培训等方式建立横向补偿关系。规定划定湿地生态保护红线。要求县级以上人民政府应当科学合理划定并严守湿地生态红线，确保湿地生态功能不降低、面积不减少、性质不改变。同时，对占用湿地和改变湿地用途设定了严格的限制。对划定的湿地生态红线加强监督管理，责任单位或者责任人导致湿地面积严重萎缩、生态功能遭受严重破坏或毁灭性损害的，要实行严厉的终身责任追究制。对湿地实行严格的保护制度。对各种破坏湿地的行为予以列举，明确了相应法律责任。对擅自占用、围垦、填埋或者排干湿地；擅自取用或者截断湿地水源；破坏水生动物洄游通道或者野生动物栖息地，擅自采砂、取土；向湿地违法排污；捡拾鸟卵，捕猎野生动物；擅自引进外来物种；破坏或者移动湿地界标、围栏、围网等保护设施等行为都要给予处罚，特别是对非法占用湿地以及在湿地内非法开采的行为加大了处罚力度。

【《河北省国有林场改革实施方案》印发】 5月11日，省人民政府印发《河北省国有林场改革实施方案》。提出2017年年底前，完成全省国有林场主体改革任务；到2020年，全面完成各项改革任务，全省国有林场森林面积由60.2万公顷增加到66.67万公顷以上，森林蓄积量由3200万立方米增长到3800万立方米以上，森林质量明显改观，生态功能显著提升。营林区实现“五通”(通水、通电、通路、通网络、通电视)，国有林场危旧房改造工程全面完成；林场职工工资及时足额发放、各项保险应保尽保。基本形成功能定位明确、人员精简高效、森林管护购买服务、资源监管分级实施的林场管理新体制，确保政府投入可持续、资源监管高效率、林场发展有后劲。《方案》要求，省国有林场主要承担保护培育森林资源、维护生态安全的公益性职能，按照公益服务事业单位分类管理，合理界定国有林场性质和经费形式。要创新管理体制，健全保障机制，完善运行机制，加强财政支持，落实扶持政策，确保林场改革顺利开展。《方案》明确，省政府成立分管副省长任组长的国有林场改革工作领导小组，负责全省国有林场改革的组织领导、工作协调、督导考核等工作。各市、相关县(市、区)都要成立相关组织，国有林场数量较多的市、县，要实行一把手工程，加大对国有林场编制、经费、管理层级设置等重要事项的组织协调，确保按时完成改革目标任务。要加强国有林场管理机构建设，充实机构人员，推进国有林场改革，加强森林资源监管和行业服务。

【河北省林业厅出台加强林业科技创新意见】 12月18日，河北省林业厅出台《关于加强林业科技创新 推进林业改革发展的实施意见》，明确到2020年，初步建立起引领和支撑现代林业发展的科技创新、成果转化和服务保障三大体系，林业科技进步贡献率达到55%，科技成果转化率达到65%，重点实施林业科技创新平台建设、生态建设与生态脆弱区生态恢复、林果良种培育与应用、林果产业科技创新、林业标准化和质量监督、成果示范与推广六大林业科技行动。要求各级林业主管部门进一步强化组织领导，加强科技人才队伍建设，加大科技投入力度，努力营造重视科技、依靠科技的良好氛围。

【河北省军区开展“奥运国防林”义务植树活动】 5月9日，省军区组织所属部队官兵和民兵预备役人员1000余人，来到张家口市崇礼区开展了“奥运国防林”植树活动，为规划中的冬奥会森林公园再添新绿，也标志着驻冀部队建设万亩“奥运国防林”活动拉开序幕。省委常委、省军区司令员郜亨，省军区政委尚振贵等领导同现役官兵和民兵预备役人员一起参加义务植树活动，尚振贵作动员讲话，省林业厅党组副书记、副厅长刘凤庭，张家口市委书记侯亮等陪同植树。

【河北省林业厅赴磁县参加第21届省直文化科技卫生“三下乡”集中服务活动】 12月16日，按照省委宣传部统一安排，省林业厅科技处组织林科院、宣传办等单位人员与邯郸市林业局、磁县林业局科技人员共同组成林业科技下乡现场服务组，参加在磁县开展的河北省第21届省直文化科技卫生“三下乡”集中服务活动，为当地林果农送去了科技服务。在活动现场，现场服务组为广大林果农发放了技术资料，提供了技术咨询，解答了苹果病害防治、核桃种植等技术问题。本次活动为磁县落实造林补贴、太行山绿化、科技推广等林业项目资金1200余万元，现场发放林果技术资料2000余份。

【河北省林业电商百县行活动】 6月24日，邢台试点启动仪式在邢台宾馆拉开帷幕，由省林业厅主办，省林业产业协会、邢台市林业局联合承办。北京思享电子商务服务有限公司、江苏欧富朗电子商务有限公司等多家国内知名电商负责人到会，邢台市、县各级林业部门有关人员及林果企业、合作组织代表150余人参会。省林业厅副巡视员暴常青宣布此项活动正式启动。

【首届河北省十大林果品牌评选暨“硅谷”杯京津冀果王争霸赛】 于9月26日揭晓，晋州市长城经贸有限公司等10家企业获得十大林果产品品牌单位，石家庄市丸京干果有限公司等10家企业获得十大林果加工品牌单位，河北富岗食品有限公司、魏县玉堂果品农民专业合作社等40家单位选送的产品获得“果王”称号。与以往相比，本届擂台赛参赛面更加广泛，邀请了京津地区参加，参赛产品总数量达到727个，参赛的龙头企业、合作社、家庭林(果)场数量达到321家，参赛数量再创历史新高。

【林业大事】

3月4日 全省林业局长会议在石家庄市召开，全面总结“十二五”及2015年林业工作，部署“十三五”及2016年工作。省林业厅党组书记周金中出席会议并作讲话，省林业厅党组副书记、副厅长刘凤庭主持会议，厅党组成员、纪检组长、监察专员刘春明对党风廉政建设进行了专题部署。石家庄市、衡水市、顺平县、万全区、隆化县、塞罕坝机械林场作了大会典型发言。

3月11日 全省造林绿化暨国有林场改革电视电话会议召开，对全省国有林场改革进行专题动员和部署。副省长沈小平出席会议并讲话，省政府副秘书长赵国彦主持会议，财政厅副厅长姚绍学、省编委办副主任刘修起进行了表态发言，省林业厅厅长周金中通报了有关情况，承德市副市长作了国有林场改革试点经验汇报。

3月29日 国家林业局副局长张永利一行10人到唐山就世园会筹备建设情况进行了考察调研。唐山世园会省筹备领导小组组长、省政府副省长沈小平，省政府副秘书长赵国彦全程陪同。

4月16日 “冬奥会志愿者林”植树公益活动在张家口市崇礼区举行。中共中央政治局原委员、中国志愿服务联合会会长刘淇，省委书记、省人大常委会主任赵克志等领导，同京冀两地“绿化志愿者”代表等近300多人一起，为规划中的冬奥会森林公园植绿。

5月16~17日 京冀两地在廊坊市联合召开林业有害生物联防协调会。京东片区涉及北京市、天津市、廊坊市11个县(市、区)成员单位。北京市林保站、省森防站及廊坊市有关单位负责人参加了会议。

6月13日 省林业厅党组书记、厅长周金中带领有关处室单位负责同志，到井陉县看望慰问14年坚持植树绿化荒滩的残疾人贾海霞和贾文其。

6月23日 京津冀协同发展生态率先突破推进会议在河北省张家口市举行。国家林业局局长张建龙出席会议并作重要讲话。北京市副市长林克庆、天津市副市长尹海林、河北省副省长沈小平和京津冀协同发展领导小组办公室相关负责人出席会议并讲话。会上，国家林业局与京、津、冀三省市政府签署《共同推进京津冀协同发展林业生态率先突破框架协议》。

9月19日 省委书记、省人大常委会主任赵克志到塞罕坝林场调研，充分肯定了塞罕坝林场为改善生态环境作出的巨大贡献。

10月18日 北戴河滨海湿地及水鸟保护国际研讨会在河北省北戴河市召开。国务院原副总理、中国国际经济交流中心理事长曾培炎，保尔森基金会主席亨利·保尔森，国家林业局副局长李树铭，河北省省长张庆伟出席开幕式并致辞。

11月8日 全省造林绿化暨国有林场改革调度会在石家庄召开，省林业厅党组书记、厅长周金中出席会议并作讲话，厅党组副书记、副厅长刘凤庭主持会议。

（河北省林业由袁媛、范明祥供稿）

山西省林业

【概　述】 2016年，山西省林业在省委省政府的正确领导下，紧紧围绕“荒山增绿、群众增收”两条主线，努力推动林业生态建设向“造林管林齐抓并举、质量效益整体提升”的方向全面迈进，努力推动扶贫攻坚朝着“治山治水统筹推进，增绿增收双抓共赢”的方向不断迈进，林业改革发展取得了新进展、新成效。

造林绿化 坚持把加快造林绿化、补齐生态短板作为林业建设的首要任务，突出治理重点，提升质量效益，完成营造林26.67万公顷。全省将50%以上的造林任务安排布局在生态最为脆弱、群众期待迫切的四大重点区域，吕梁山生态脆弱区2/3的规划治理任务已经完成，环京津冀生态屏障区倾力构建绿色生态防护体系，重要水源地植被恢复区致力维护华北水塔与母亲河的生态安全，交通沿线荒山绿化区集中打造了一批纵横交错的绿色生态景观廊道，全省重点区域生态质量明显改观。朔州市继续沿重点区域布局造林工程，新旧工程衔接，规模效益兼备。晋中市造林规模更为集中，连片治理率达到75%以上。各地以改善人居环境为重点的绿色创建工作扎实推进，绿化村庄500个，5个行政村被授予“全国生态文化村”称号，黎城、陵川县被省政府命名为“林业生态县”，全省生态县总量达到42个，“推窗见绿、出门见林”正在逐步变为现实。太原市市县财政投资6亿多元，组织五城区开展森林城市创建。在注重造林数量的同时，更加追求造林质量的全面提升。未成林管护投入资金总量达到5000万元，项目化管护的成效日益凸显；制订出台《山西省人工造林失败地核定办法》，为恢复重建、巩固提升造林成果提供了政策依据；《山西省森林抚育规程》地方标准在全国率先发布，抚育中幼林、修复退化林、改造灌木林共8.4万公顷。山西省晋城市财政投资200万元实施低效林提质示范工程66.7公顷，造管并举成为实实在在的行动。国家林业局在山西省召开全国退化林分改造现场会和森林经营管理研修班，全面推广山西省经验做法。山西省政府在运城市召开全省造林绿化现场推进会，山西省运城市、忻州市和山西省黑茶山国有林管理局被授予“全省造林绿化先进市(局)”称号。

资源保护 继续狠抓山西林业“三防”体系建设，多措并举保障森林资源安全。全面强化森林防火的网格化巡查和定点看护制度，2016年，山西省共接到热点138个，发生火情44起，森林火情、火灾发生次数、受灾面积比2015年均有下降，没有发生重特大森林火灾。林业有害生物防治工作扎实有效，联合冀豫陕蒙四省区建立联防联治机制，山西省林业有害生物成灾率控制在1.5‰，低于4‰的控制目标。天然林保护工程在国家“四到省”综合考核中位列全国第三。山西省林地保护“一张图”建设扎实推进，林地变更调查工作全面完成。着力推进光伏等重大项目林地使用制度改革创新，310件资源管理行政许可事项全部按时办结。健全资源有偿使用和补偿制度，收缴森林植被恢复费2.59亿元。国家、省级挂牌督办的8起案件全部侦查终结。组织开展“双打行动”“绿剑行动”“净网行动”等专项行动，查处各类破坏森林和野生动物案件3322起，为国家挽回经济损失2500余万元，有效遏制了破坏森林资源违法犯罪势头。加强自然保护区等环境敏感区的管理，完成山西省国家级自然保护区的生态环境监测。新增山西省省级森林公园5处。新批建国家湿地公园3处，2处晋升为国家湿地公园，42%的湿地纳入保护范围。全方位推进古树名木保护的普查、宣传、标准制定等工作，600

株濒危古树得到抢救性保护。

改革创新 山西省国有林场改革主体改革任务全面完成，走在了全国前列。11 个市、省直林局及其所管辖的单位全部定性为公益一类，改革方案全部编制报批完成。9 大省直林局新批建 12 个副处级中心林场和 2 个国家级湿地公园，98 名事业编制民警转为政法编制。山西省财政补贴资金达到 3 亿多元。12 520 万元债务全部化解，与其他省份相比债务额度最大。山西省阳泉市主体改革任务全面完成，走在全省前列。在改革红利的激发下，省直林局排头兵的作用发挥得更为充分。山西省桑干河杨树丰产林实验局的苗木转型战略、山西省管涔山国有林管理局的局地联防共建、山西省五台山国有林管理局的信息化建设、山西省黑茶山国有林管理局的扶贫攻坚、山西省关帝山国有林管理局的多元化发展、山西省太行山国有林管理局的精细化管理、山西省太岳山国有林管理局的森林抚育、山西省吕梁山国有林管理局的储备式造林、山西省中条山国有林管理局的阔叶树造林都各具特色、亮点纷呈，具有改革创新的前瞻性、破解难题的操作性、学习借鉴的实用性，呈现出和谐稳定、持续向好的发展态势。集体林权制度配套改革不断深化。投资 1100 万元对 78 个合作社进行扶持，山西省林业合作组织达到 5573 个。扶持林下经济中药材种植示范基地 44 个，累计达到 0.88 万公顷。林地经营权流转、抵押贷款试点工作在山西省古县、乡宁县全面铺开，林地蕴藏的资源优势正在转化为经济优势。将 38.13 万公顷公益林纳入保险范围，联合山西省保监局制定《山西省政策性公益林保险理赔细则》，与山西省财政厅确定 4 家保险公司分区开展森林保险，获得理赔资金 2000 多万元，森林保险为林地资源保驾护航的兜底作用进一步显现和发挥。积极搭建融资平台，切实保障林业建设资金需求，成立山西林业开发投资有限公司，与农发行山西分行签署了战略合作框架协议，为林业扶贫提供不低于 150 亿元的授信。山西省大同市、阳曲县也开始了林业融资工作。积极探索资产性收益机制，选择山西省隰县、大宁等 5 个贫困县和 9 个省直林业局开展林业资产性收益试点，鼓励贫困群众以林地经营权、林木所有权和政府补助资金入股经营，分享全产业链带来的经济收益，努力实现“资源变资产、资金变股金、农民变股东”。

产业发展 坚持以强化管理、优化结构、提高品质为重点，新发展各类特色经济林 4.67 万公顷，改造低质、低效经济林 3.33 万公顷，着力塑造具有山西特色的干果经济林品牌。组织专家为 58 个贫困县确定适宜发展的经济林树种，引进选育核桃、仁用杏抗寒品种 10 个，积极拓展山西北部高寒地区经济林树种选择范围。山西省临汾市因地制宜发展经济林，形成古县核桃、安泽连翘、蒲县构树等一批产业基地。全省林木种苗结构不断优化，特色经济林和乡土树种苗木比重明显加大。花卉种植面积 0.16 万公顷，销售额达到 4.86 亿元。成功举办第四届山西苗木及花卉博览会。森林旅游全面加速，年接待旅游人数 1590.56 万人次，较 2015 年增长 25%，实现门票收入 2.71 亿元。山西省宁武县入选“全国森林旅游示范县”，成为山西省第一处森林旅游示范点。全省林业总产值达到 490 多亿元，连续 4 年增速达到 10% 以上。林业产业成为助力经济转型的新业态和促进富民增收的新引擎，为精准扶贫提供了广阔的空间和渠道。

科技和信息化 充分发挥科技对林业的支撑作用，全面加大资源管理信息化、困难地造林、乡土珍稀树种繁育等八大重点领域的科技攻关。7 项鉴定成果中，5 项达到国际先进水平，2 项在同领域处于领先水平。“太行山中南部造林树种选择研究”获山西省科技进步二等奖，2 项成果获国家发明专利。制定地方标准 10 个，建立科技培训基地 2 个，科技示范园 16 个。组建了 1300 人的山西省干果经济林技术服务团队，成立了 26 支省级技术服务指导组，初步形成省、市、县三级林业科技培训体系，培训林农 5 万余人次。科研基础平台不断完善，5 个省级森林生态定位监测主站全部建成，5 个副站初具规模。成立了国家林业局华北乡土树种工程技术研究中心和食用林产品监测检验中心，科技创新方向和重点更加贴近生产。山西省林业技术职业学院新申请成立 3 个教学专业，完成 21 个专业人才培养方案和两个省级重点专业建设任务，职业教育能力不断提升。林业信息发布、林业政务公开、信息安全维护等工作扎实有效，发布动态信息 1664 条。在中央电视台、山西电视台等媒体发布新闻 70 余条，发表稿件 510 多篇，全方位讲述林业故事、展示建设成效、提振精神面貌。

林业扶贫 大力实施山西林业扶贫攻坚“五个一批”工作，在修复生态中造福百姓，在扶贫攻坚中发展林业。制定出台了一揽子管用适用的扶贫政策措施，将贫困县新一轮退耕还林补助标准增加到 1500 元。2017 年退耕还林任务采取借用引黄资金、融集金融资金的办法提前启动实施，8 万公顷预计划全部落地，6.8 万公顷任务已经签订合同，惠及贫困户 16.45 万人，贫困群众的获得感明显增加。将贫困县造林投资标准由 500 元提高到 800 元，全部由扶贫攻坚造林专业合作社采取议标的方式承揽实施。山西省长治市政府出台了支持扶贫攻坚造林专业合作社发展的意见，山西省忻州市政府对涉林扶贫项目、林业扶贫政策进行细化落实。在政策的引领下，造林合作社如雨后春笋不断涌现，数量达到 2188 家，社员达到 6.9 万人，吸纳贫困劳力 5.5 万人。山西省吕梁市组建合作社 658 个，成为全省组建最多的市。各地将 60% 的护林员岗位提供给建档立卡贫困户，吸纳贫困人口 1.3 万人。1.98 万公顷低质低效干果经济林得到品种改良和综合管理，增产 30% 以上，增收 5300 万元，深受贫困群众欢迎。山西省林业厅选派 7 名处级干部挂任吕梁山区贫困县副县长，增派 70 名干部担任贫困村第一书记，派出 20 个督导服务工作组深入贫困县开展了 4 轮督导服务，有效保障了扶贫政策的精准落实。山西省林业厅扶贫工作队帮助平顺县杏城镇组建 9 个造林合作社，对口承揽 9 个省直林局营造林工程。汪洋副总理对山西省林业扶贫攻坚工作给予高度肯定，并作出重要批示，要求国家林业局、国务院扶贫办将山西创造的经验在全国推广。山西省林业厅在全国荒漠化地区扶贫工作座谈会上作了典型发言，展示和宣传了山西省委省政府推进林业扶贫攻坚的决心和力度。

【省城党政军民义务植树】 4月8日，山西省委书记王儒林、省长李小鹏等省党政军领导和太原市干部群众、青年志愿者、少先队员，在太原市晋源区金胜镇北阜村城中村改造绿化带参加义务植树活动。植树间隙，王儒林同太原市及林业部门负责同志进行深入交流，对全省造林绿化、太原生态环境整治取得的成绩给予充分肯定。生态环境破坏容易恢复难，要引导人民群众珍惜绿化成果，自觉护绿爱绿增绿兴绿，在多种树、种好树的同时，还要管好树，改善环境，荫泽后人。李小鹏强调，要动员全社会积极参与义务植树、广泛参与生态文明建设。只要我们大力弘扬右玉精神，持之以恒多种树种好树管好树、修复生态、治理污染，就一定能把山西建设得天更蓝、地更绿、水更净、空气更清新。参加义务植树活动的省领导和驻晋部队领导有：胡苏平、高建民、黄晓薇、吴政隆、王伟中、付建华等。

【造林绿化现场会】 10月9日，全省造林绿化现场推进会在运城召开。代省长楼阳生对会议作出重要批示，副省长郭迎光出席会议并作讲话，省有关部门负责人、各市分管副市长、36个国家级贫困县县长等参加了会议。副省长郭迎光与参会代表分别来到运城市夏县西村生态经济型示范工程、盐湖区现代果业高新技术产业园区和双季槐示范基地，一起观摩了运城造林绿化和林业产业发展成果。10月9日，郭迎光主持召开座谈会。会议充分肯定了山西省"十二五"时期林业工作取得的成绩，对"十三五"林业工作进行了安排部署。"十二五"以来，山西林业在省委、省政府的坚强领导和强力推进下，狠抓造林绿化，累计完成造林150万公顷。加强组织领导，加大资金投入，强化责任考核，确保每年完成营造林26.67万公顷，坚决守住373.33万公顷永久性生态公益林红线。

【省委书记王儒林来省林业厅调研】 5月11日，山西省委书记王儒林到山西省林业厅调研指导脱贫攻坚与林业生态建设工作，并主持召开专项调研座谈会。王儒林书记肯定了林业工作为山西生态环境改善和兴林富民作出的突出贡献，感谢多年来各级林业部门为全省植树造林、森林管护、农民增收等作出突出贡献。王儒林强调，当前林业生态建设与脱贫攻坚工作，要坚持实事求是的态度，一切从实际出发，靠实实在在的辛苦流汗，换取群众增收、荒山增绿。要准确把握58个贫困县森林资源分布情况、林分结构构成、森林立地条件和权属分配，制定科学详尽的发展规划、完善严谨的政策措施；要抓紧搞好6.67万公顷新增贫困县造林的任务落实，根据不同地区、不同立地条件确定造林资金补助，理清资金缺口，落实资金配套措施；要大力发展核桃、枣、仁用杏等干果经济林和双季槐、文冠果、油用牡丹等特色经济林，要充分考虑立地条件和后续产业的同步发展，完善经济林产业链条；要做好第一轮退耕还林成果巩固和第三期资金补偿机制，要同国土部门积极协调，尽快落实新一轮退耕还林相关工作，积极争取26.13万公顷25度坡耕地应退全退、愿退尽退；要积极加强与国家林业局沟通协调，争取更多的项目和资金，充分调动企业、合作组织、造林大户和贫困百姓参与造林绿化的积极性，为下一阶段大力开展林业脱贫攻坚工作打下坚实的基础。

【省长李小鹏会见国家林业局局长张建龙】 6月29日，山西省人民政府省长李小鹏在太原会见了国家林业局局长张建龙一行。副省长郭迎光参加会见。李小鹏代表山西省委、省政府欢迎张建龙一行莅晋调研指导工作，并简要介绍了全省省情和经济社会发展情况。他说，历届山西省委、省政府都高度重视林业生态建设。近年来，全省深入学习贯彻习近平总书记系列重要讲话精神，认真践行"五大发展"新理念，在经济下行压力持续加大的形势下，坚持造林绿化领导力度只加大不减小、资金支持只增加不减少、目标考核只加强不削弱，大力加强造林绿化、林业产业、集体林权制度改革、国有林场改革等重点工作，全省林业改革发展取得重大进步。"十二五"期间，全省年均营造林30万公顷以上，森林覆盖率提高到20.5%。张建龙高度评价山西林业改革发展取得的成绩。他说，山西省委、省政府始终把林业生态建设放在突出重要的位置来抓，林业建设可圈可点、成绩显著，许多工作走在全国前列。国家林业局将充分发挥职能作用，进一步加大对山西吕梁山生态脆弱区综合治理、新一轮退耕还林和林业脱贫攻坚等工作的支持力度，和山西人民一道建设美丽家园、实现增绿增收。

【省委副书记楼阳生在省林业厅调研指导脱贫攻坚与林业生态建设工作】 6月1日，山西省委副书记楼阳生莅临山西省林业厅调研指导脱贫攻坚与林业生态建设工作，并主持召开专项调研座谈会。楼阳生副书记听取了省林业厅关于贯彻落实全省脱贫攻坚推进大会精神全面推进林业精准扶贫的工作汇报。要求进一步贯彻王儒林在全省脱贫攻坚推进大会上的讲话精神，做好五项工作：一是进一步提高思想认识。二是围绕目标、坚持精准、紧扣任务。三是要改革创新大力发展林业经济。四是要坚持"六权治本"。五是要加强组织领导。

【全国人大环资委副主任委员王云龙来山西省调研汾河、桑干河源头地区生态环境保护和治理情况】 8月17日，全国人大环资委副主任委员王云龙一行来山西省调研汾河、桑干河源头地区生态环境保护和治理情况并召开座谈会。山西省人大常委会副主任田喜荣主持座谈会并陪同调研。座谈会上，调研组一行听取了山西省有关汾河、桑干河源头地区生态环境保护和治理情况的汇报，并与相关部门负责人座谈。王云龙指出，山西为保护"两河"源头做了大量卓有成效的工作，为华北乃至全国的生态环境保护作出了贡献，调研组将在调研后督促国家有关部门，积极促进"两河"源头及流域治理工作。田喜荣表示，保护好、治理好汾河、桑干河源头地区生态环境，是事关山西人民群众生产生活和经济发展、社会稳定的一件大事。要全力支持、积极配合全国人大调研组开展实地调研，切实将调研组对"两河"源头生态治理提出的各项要求，作为今后工作的重中之重和努力方向。

【山西省新添两处国家级湿地公园】 9月1日，国家林业局公布2016年国家湿地公园验收结果，66处试点国家湿地公园通过验收，山西省千泉湖国家湿地公园、古城国家湿地公园在列，正式成为“国家湿地公园”。千泉湖国家湿地公园位于长治市沁县县城西部，规划总面积1054.03公顷，其中湿地面积407.24公顷，湿地率为38.64%。园内有8座小型水库。公园在保护的基础上，对湿地生态系统进行修复和合理利用，丰富公园的湿地景观，为湿地生物提供多样的栖息空间。古城国家湿地公园位于运城市垣曲县境内，亳清河、沇西河与黄河交汇口处，总面积2906.9公顷，公园内生物多样，自然景观独特，是黑鹳、大天鹅等多种珍稀濒危动物的栖息地。

【扶贫攻坚造林专业合作社】 4月22日，山西省林业厅、山西省农业厅、山西省扶贫开发办公室和山西省工商行政管理局联合制定了《关于扶持发展扶贫攻坚造林专业合作社的指导意见》，明确规定：优先鼓励具有一定经济实力的造林公司、社会组织和集体个人，创办扶贫攻坚造林专业合作社，合作社社员总数为20人以上，其中建档立卡的贫困人口需占到社员总数的60%～80%。采取议标的形式，将贫困县的造林绿化工程全部安排给扶贫攻坚造林专业合作社组织实施，最大限度地提升惠民政策的覆盖面，吸收更多的贫困群众在造林绿化中增收致富。山西省林业厅扶持发展扶贫攻坚造林专业合作社，得到了国务院副总理汪洋的高度肯定，并作出重要批示：“山西的做法是个创造，请国务院扶贫办、国家林业局认真总结经验，提出在全国推广的意见。”

【山西省林业厅与中国农业发展银行山西分行签订协议】 10月17日，山西省林业厅与中国农业发展银行山西省分行签订了《农业政策性金融支持山西省林业建设战略合作协议书》。《协议书》明确了双方的合作内容、合作原则及方式，依据“省级统贷统还、政府购买服务、银行整体授信、按照项目核准、分批发放贷款”的模式，省农发行将在“十三五”期间对山西省生态储备林基地建设、国家和省级林业重点工程建设、林业扶贫工程、国有林区和林场基础设施建设、林业产业发展、生态旅游开发等领域给予支持，为山西省林业提供150亿元的信贷额度，支持山省林业生态建设。《协议书》的签订将加大融资力度，进一步推动林业精准扶贫、促进林业产业转型升级和提质增效工作。

【晋豫冀3省召开森林警务合作联席会议】 11月18日，晋豫冀3省森林公安局警务合作联席会议在长治市襄垣县召开。会上，晋豫冀交界警务合作联席会议成员单位总结了各成员单位之间紧密合作的宝贵经验，共同商议了新常态下警务合作的开展方向，并提出下一步合作创新机制的目标。3省分别签署了《晋豫冀交界三市森林公安机关警务合作协议》，就加强警务信息领域的合作、执法办案领域的协作、队伍建设领域的协作、对跨区域的案件合作等4个方面的警务合作事项达成了共识。

【林业大事】

1月22日 中共山西省委、山西省人民政府印发《山西省国有林场改革实施方案》（晋发〔2016〕9号），山西省国有林场改革全面展开。

2月29日 全国绿化委员会《关于表彰全国绿化模范单位和颁发全国绿化奖章的决定》，对在国土绿化事业中做出突出成绩的城市（区）、县（市、区、旗）、单位和个人予以表彰。山西省垣曲县、太谷县、娄烦县被授予“全国绿化模范县”称号。至此，山西省已有20个县（区）荣获“全国绿化模范县”荣誉称号。

3月8日 山西省财政厅、山西省林业厅联合发文，决定从2016年4月1日起调整山西省森林植被恢复费征收标准。

4月5日 山西省人民政府办公厅下发《关于加强我省“十三五”期间年森林采伐限额管理的通知》。《通知》明确规定山西省“十三五”期间年森林采伐限额为140.7万立方米，分配下达的限额指标是每年采伐林地上胸径5厘米以上林木蓄积的最大限量。

5月27日 山西省人大常委会召开林业绿化立法工作专题会议，就加快山西省林业绿化立法工作进行研究部署。省人大常委会副主任牛仁亮主持会议并讲话。

6月3日 山西省林业厅召开全厅领导干部大会，山西省人民政府副省长郭迎光出席会议，宣布中共山西省委、省政府关于省林业厅主要领导人事任免决定，免去李永林的省林业厅党组书记、厅长职务，任命任建中为山西省林业厅党组书记、厅长。

6月29日 山西省人民政府省长李小鹏在太原会见了国家林业局局长张建龙一行。副省长郭迎光参加会见。

7月9日 山西省科技厅组织有关专家对山西省林学会和山西省林业科学研究院共同完成的“山西省高寒区枣树设施促成栽培技术研究”项目进行了科技成果鉴定。专家组认为该项目针对性强，研究方法科学，在高寒地区具有广泛推广应用前景，研究成果达到了国际先进水平。

8月17日 全国人大环资委副主任委员王云龙一行来山西省调研汾河、桑干河源头地区生态环境保护和治理情况并召开座谈会。山西省人大常委会副主任田喜荣主持座谈会并陪同调研。

9月1日 国家林业局公布2016年国家湿地公园验收结果，66处试点国家湿地公园通过验收，山西省千泉湖国家湿地公园、古城国家湿地公园在列，正式成为“国家湿地公园”。

9月14日 中共山西省委任命尹福建为山西省林业厅党组成员。

9月18日 中共山西省委任命赵炜为山西省纪委驻省林业厅纪检组组长，山西省林业厅党组成员。

10月17日 山西省人民政府任命张云龙、尹福建为山西省林业厅副厅长，尉文龙为山西省林业厅总工程师，黄守孝为山西省林业厅总规划师，李振龙为山西省林业厅副巡视员，赵富为山西省森林公安局局长（副厅级）。

10月17日 山西省林业厅与中国农业发展银行山西省分行签订了《农业政策性金融支持山西省林业建设

战略合作协议书》。

11月18日 晋豫冀3省森林公安局警务合作联席会议在长治市襄垣县召开。

12月14日 全省林木种苗工作座谈会在太原召开。任建中厅长出席座谈会并作讲话，李振龙副巡视员主持会议。各市林业局、省直各林局分管种苗工作副局长、种苗站站长，国家重点林木良种基地、国家级种质资源库主任及技术负责人和部分国有苗圃主任，厅相关处室、单位，省种苗站科级以上干部参加会议。

（山西省林业由冀瑞平供稿）

内蒙古自治区林业

【概　述】 2016年，内蒙古自治区各级林业部门以筑牢我国北方重要生态安全屏障为目标，深化改革，创新发展，各项林业工作扎实有效推进。全年共争取落实中央基本建设和财政资金133亿元，自治区本级投资23.8亿元。完成营造林生产任务100.85万公顷，其中新造林57.91万公顷，退化林修复12.86万公顷，森林抚育30.08万公顷。完成重点区域绿化15.53万公顷。全区义务植树6213余万株。

林业生态建设 ①林业重点工程。继续坚持以生态建设为主的林业发展战略，全力组织实施天然林保护、京津风沙源治理、“三北”防护林建设等重点生态工程，启动了新一轮严重沙化土地退耕还林工程，启动了森林可持续经营试点、沙区灌木林平茬复壮试点、“三北”退化防护林修复试点工作。②重点区域绿化。结合新农村新牧区建设，突出村屯绿化和县乡公路绿化，继续推进重点区域绿化工作，完成重点区域绿化15.53万公顷，占年度计划任务的116.5%。其中县乡公路绿化2.67多万公顷，村屯绿化14 331个、7.71万公顷，初步形成连点（村屯）成线，连线成网的旗县、乡镇、村屯绿化网状格局。

森林资源管理 完成了全区林地变更调查工作，林地“一张图”全面更新。开展了克什克腾旗林地保护利用规划修编试点。全年共审核审批工程使用林地项目665项，面积1.11万公顷，收缴森林植被恢复费9.4亿元。其中，国家和自治区重点项目、基础设施、公共事业和民生建设项目占80%，突出了保民生、保重点。研究制定了光伏电站建设项目可以使用黄河天保工程区宜林地政策。调整了森林植被恢复费征收标准。分解下达了全区“十三五”期间年森林采伐限额，提出了采伐非林地上的林木和经依法批准占用征收林地上的林木，不纳入采伐限额管理的实施意见。完成了20个旗县区森林资源二类调查。编制了自治区地方落叶松、油松、人工杨树3个树种20个林业树表。

森林资源保护 ①森林草原防火。全年共发生森林火灾78起，受害森林面积1478.2公顷，森林火灾受害率0.059‰。发生草原火灾25起，受害草原面积3.5万公顷，草原火灾受害率0.401‰。森林草原火灾当日扑灭率100%。成功堵截境外火22次。②林业有害生物防治。全年共发生林业有害生物面积77.93万公顷，防治各种林业有害生物面积41.87万公顷，成灾率控制在1.66‰。③打击涉林违法犯罪行为。全年共受理各类森林和野生动植物案件23 591起，侦破、查处22 747起，综合查处率96.4%，共计挽回直接经济损失5002.9万元，有力地保护了森林及野生动植物资源安全，维护了林区稳定。5月，经自治区人民政府同意，林业厅在全区范围内组织开展了为期7个月的清理整治非法侵占国有林地专项行动。按照国家林业局的统一部署，9月1日至11月30日在全区范围内组织开展了严厉打击非法占用林地等涉林违法犯罪专项行动。专项行动期间，成功侦破了正蓝旗“10·19”猎杀候鸟案等多起大案要案，自治区林业厅受到了国家林业局通报表扬，获得“优秀组织单位”称号。④野生动植物、湿地保护管理及自然保护区建设。开展了全区全国第二次野生动植物调查。完成了岱海、乌梁素海、乌拉盖、达里诺尔等4处国家重要湿地的确认和14处拟建国家湿地公园的申报工作。落实中央环境保护督察组反馈意见，下发《关于开展加大整治整改林业管理的自然保护区违法违规行为专项行动的通知》和《关于进一步做好全区林业系统督察问题整改落实工作的紧急通知》，派出督办组对各盟市整改情况进行了督查督办，并开展了林业系统国家级和自治区级自然保护区内工矿类企业开发建设活动清理整顿工作。加强野生动物疫病监测工作，全年未发生陆生野生动物疫情。

林业改革 ①国有林区改革。全面停止了森工集团、岭南八局和大兴安岭山脉范围内102个国有林场天然林商业性采伐，年停伐木材产量151.2万立方米。森工集团与呼伦贝尔市、兴安盟分别签署了计生、社保、公积金管理和“三供一业”及市政环卫等移交协议，剥离了森工集团承担的全部社会管理职能。森工集团对下属78家企业进行了分类划转。与木材生产相关的13 046名职工转岗安置到森林管护、抚育、防火等岗位，剩余3464名职工处理库存木材销售等善后工作，森工集团职能由木材生产为主向生态保护建设转变。混岗集体工身份界定及参加基本养老保险工作全面完成。林区10 276千米公路已纳入自治区国、省、县、乡、村五级交通建设规划。林区在岗职工平均工资突破4万元，林区社会保持和谐稳定。②国有林场改革。召开了全区国有林场改革工作电视电话会议和国有林场改革推进会，对全区国有林场改革工作进行了动员部署。举办了全区国有林场改革培训班。成立了12个林业改革发展督查调研工作组，对国有林场改革工作进行全面督查调研。全年有8个盟市编制完成了改革意见，52个旗县（市、区）上报了改革实施方案。③集体林权制度改革。全区新增集体林权流转面积460公顷，新增抵押林地面积5733公顷，新增贷款2.39亿元。开展全区林业专业合作社建设情况摸底调查和动态监测工作，重新认定自治区示范社 53 个，推荐上报国家农民合作社示范社 4 个，全区农牧民林业专业合作社累计 559 个。继续推进集体林业综合改革试验示范点工作。④森林、湿地资源资产负债表编制工作。配合国家林业局开展呼伦贝尔市森林资源资产负债表编制试点工作。编制完成了赤峰市翁牛特旗 3 个试点林场 2015 年森林资源资产负债表。对免渡河林业局河南林场二类调查数据进行审核，完成了其林木、林地及生态系统服务功能的价值量评估工作。按照自治区政府的要求，配合统计局完成了 2015 年自然资源资产负债表中林木资源存量、林木资源质量表的编制。⑤森林保险工作。出台了森林保险新方案，调整了保险费率和保险金额、公益林保险理赔资金支付方式、保费财政补贴比例。全年发生森林保险已决赔付额 2.73 亿元，未决赔付额 0.16 亿元，合计额度 2.89 亿元。

林业产业 大力发展经济林建设，完成经济林建设面积 3.56 万公顷。自治区财政安排 1150 万元林业产业化发展资金，扶持林业产业项目 27 个，安排经济林基地建设资金 1000 万元，用于经济林示范基地建设，示范面积近 266.67 公顷。开展种植、养殖、采集加工、景观利用等林下经济面积 98.33 万公顷，参与农户达 19.61 万户。落实国家木本药材种植补贴试点项目 3167 公顷，共有 14 家单位被国家林业局认定"服务精准扶贫国家林下经济及绿色产业示范基地"称号，5 家企业被国家林业局认定为国家林业重点龙头企业。克什克腾旗国家森林旅游示范县获批。

落实惠民政策 2016 年，国有国家级公益林补偿标准由 2015 年的每年每公顷 90 元提高到 120 元，中央财政下达全区国家级公益林森林生态效益补偿性资金 19.48 亿元，补偿面积 1033.33 万公顷，新增补偿资金 10 722 万元，全部用于管护人员工资。落实自治区财政森林生态效益补偿资金 1500 万元，补偿面积 33.33 万公顷。落实林业贴息贷款 1.3 亿元，贴息 405 万元，完成造林 8000 公顷，扶持农户和林业职工 81 人。中央财政下达自治区退耕政策性补助资金 16.6 亿元，78.5% 的资金用于对国贫县和区贫县退耕户补助，为精准扶贫作出了重要贡献。将自治区国贫县建档立卡贫困人口 5000 人转为生态护林员，落实中央财政管护补助资金 5000 万元。争取国家国有贫困林场扶贫资金 2792 万元，对 30 个国有林场项目进行了扶持。

支撑保障能力建设 ①林业法制建设。7 月 29 日，自治区第十二届人大常委会第二十四次会议审议通过了《呼伦湖国家级自然保护区条例》，于 2016 年 10 月 1 日起正式实施，这部条例是呼伦贝尔市自然保护区历史上首部"一区一法"。9 月 29 日，自治区第十二届人大常委会第二十六次会议通过了修订的《内蒙古自治区森林草原防火条例》，自 2016 年 12 月 1 日起施行。②科技支撑。推广生态修复、林业产业等技术 10 余项，建立科技推广示范点近 20 个，组织培训 10 余万人次。立项林业地方标准 49 项，《抗旱造林技术规程》等 11 项地方标准发布实施。开展了全区打击假冒伪劣林木种苗和侵犯林业植物新品种权专项行动，开展了林木良种基地检查考核工作。完成国家标准化林业站建设 25 个，自治区林业站能力提升建设项目 14 个，420 个乡镇林业站开展了"一站式"全程代理服务。落实林业生态工程科技推广计划，推广应用适用技术 21 项。实施自治区财政推广项目 12 项，完成国家标准化推广站建设项目 7 个。完善了办公自动化系统，建成了林业厅与各盟市级林业局视频会议和公文传输系统。

生态文化建设 7 月 1 ~ 7 日自治区人民政府开展"生态文明建设宣传活动周"活动。为提高广大人民群众对生态文明的认识，广泛动员全社会参与生态文明建设，7 月 3 日，由自治区林业厅主办、呼和浩特市林业局协办的主题为"爱林护林造林，共享绿色生活"生态文明建设宣传活动在呼和浩特市青城公园举行。微电影《责任》获国家生态文明主题电影展示活动十佳影片，歌曲《绿色传奇》获全国林业歌曲征集大赛二等奖。

【自治区党政军领导参加义务植树活动】 4 月 14 日，2016 年自治区党政军领导义务植树活动在呼和浩特市新城区保合少镇的自治区党政军义务植树基地展开，自治区党政军领导王君、车华松、李佳、张力、那顺孟和、杨俊兴、张院忠、刘惠、呼尔查、吴团英、王玉明、白向群、云光中、杨成旺、梁铁城、罗志虎、胡毅峰、马永胜和武警内蒙古总队政委朱宗立、内蒙古公安边防总队政委刘清臣、内蒙古公安边防总队总队长仲照明等领导与首府干部群众共同栽植新绿。

【军民携手打造祖国北疆亮丽风景线】 4 月 22 日，内蒙古军区 1000 余名部队官兵、预备役民兵与乌兰察布市党政军领导和集宁区广大干部群众在集宁义务植树基地参加植树活动，共完成造林 260 公顷，植树 29 万株。自治区党委常委、内蒙古军区政委杨俊兴，自治区副主席王玉明一同参加植树活动。

【全区国有林场改革工作电视电话会议在呼和浩特市召开】 1 月 21 日，自治区政府召开全区国有林场改革工作电视电话会议，贯彻落实中央、国务院《国有林场改革方案》和自治区党委、政府《内蒙古自治区国有林场改革方案》精神，对全区国有林场改革进行动员部署。自治区副主席王玉明出席并作讲话。

【全区林业局长和全区国有林场改革推进会在呼和浩特市召开】 2 月 25 ~ 27 日，自治区林业厅在呼和浩特召开全区林业局长和全区国有林场改革推进会，总结"十二五"工作，谋划"十三五"总体思路，部署 2016 年重点工作。会议还学习贯彻了《内蒙古自治区国有林场改革方案》，研究了国有林场改革中存在的突出问题，就推进国有林场改革进行安排部署。

【自治区绿化委员会全体会议暨自治区重点区域绿化工作领导小组会议在呼和浩特市召开】 3 月 30 日，自治区政府召开自治区绿化委员会全体会议暨自治区重点区域绿化工作领导小组会议。会议总结"十二五"期间全区国土绿化及重点区域绿化工作开展情况，安排部署"十三五"期间及 2016 年工作任务。自治区党委书记王君对本次会议作出批示，自治区副主席王玉明出席并作讲话。

【全区造林绿化现场会在通辽市召开】 9月5～6日，全区造林绿化现场会在通辽市召开。会议深入贯彻落实习近平总书记关于林业生态建设重要讲话和全国加快推进国土绿化现场会议精神，交流全区造林绿化工作经验，研究部署当前及今后一个时期造林绿化任务。自治区副主席王玉明参加会议并作讲话。

【全区森林可持续经营现场会暨全区林业局长座谈会在赤峰市召开】 9月7日，自治区林业厅在赤峰市召开全区森林可持续经营现场会暨全区林业局长座谈会。会议学习了习近平总书记"着力推进国土绿化，着力提高森林质量"的指示精神，贯彻落实全国林业厅局长电视电话会议和全国加快推进国土绿化现场会精神，提出自治区林业工作要以转变林业发展方式为主线，以森林提质增效为核心，紧紧围绕培育健康稳定、优质高效的森林生态系统，创新政策和管理机制，加强基础能力建设，建立完善规划制度，全面提升森林经营水平，充分发挥森林功能效益，满足人们对森林日益增长的多样化需求，为建设生态文明和美丽内蒙古作出新的贡献。

【林业大事】

4月15日 内蒙古自治区与蒙古国东方省、肯特省、苏赫巴托省边境地区森林草原防火联防会议在呼伦贝尔市召开。国家森林防火指挥部专职副总指挥杜永胜，自治区副主席王玉明出席会议。

6月16日 自治区政府新闻办举行发布会，公布全区第五次荒漠化和沙化土地监测结果。监测结果显示，截至2014年，全区荒漠化土地比2009年减少41.69万公顷，沙化土地比2009年减少34.32万公顷，实现了荒漠化和沙化土地面积持续"双减少"。

8月25～26日 国家林业局在呼和浩特市召开全国加快推进国土绿化现场会。会议总结了国土绿化的成功经验，对今后一个时期的国土绿化工作提出了新的要求。国家林业局党组书记、局长张建龙，自治区副主席王玉明出席会议并讲话。

8月26～28日 外交部、国家林业局就承办《联合国防治荒漠化公约》第十三次缔约方大会到鄂尔多斯市进行调研。

（内蒙古自治区林业由王守礼供稿）

内蒙古森工集团（林管局）林业

【概　述】 2016年，内蒙古森工集团（林管局）以国有林区改革统领林区工作全局，严格执行上级改革政策，持续加强生态保护建设，规范推进基础管理工作，全力保障和改善民生，扎实开展党建创新活动，各项事业取得了新进展。全年剔除各项政策性支出实现净利润19 184万元，较2015年增加13 713万元，增长251%；净资产收益率3.31%，较2015年增长2.28%；替代产业收入50 586万元，较2015年增长0.44%。林业生态功能区范围内，活立木总蓄积量88 115.8万立方米，较2015年增长2033.6万立方米，涨幅2.36%。完成天保工程二期实施方案2016年度工作目标。全年无较大级别以上安全事故发生，事故死亡人数为0。（杨建飞）

【生态建设】

森林资源管理 深入巩固天然林全面停伐成果，封存调整采伐生产设备4331台套，分流安置富余职工1.65万人；全部停止天然林采伐调查和采伐证业务办理，严格木材运输加工管理，160家木材经营加工单位《木材经营加工许可证》持证率达100%。开展森林资源执法专项打击行动，查处林业行政案件4445起，涉案及行政处罚3411人次。健全森林管护三级责任体系，对966.49万公顷林地全部落实管护责任，管护责任落实率达100%，做到"人员、标志、地块、责任、奖惩"五落实。

森林经营 完成年度各项森林经营任务，其中完成人工造林2006.67公顷，为全年计划的100.3%；完成补植补造18 020公顷，为全年计划的100.1%；完成森林抚育36.75万公顷，为全年计划的100%；完成育苗生产136.63公顷；完成义务植树28.74万株。开展林区小城镇人居环境综合整治工程，完成景观绿化1240公顷，义务植树28.74万株，种花种草12.75万平方米。乌尔旗汉林业局被国家林业局确定为人工林可持续经营试点单位，2016年完成经营面积1404.27公顷，消耗蓄积量40 167.6立方米。

森林保护 2016年共发生森林火灾11起，过火总面积789.4公顷，受害森林面积770.9公顷，森林受害率为0.09‰，当日灭火率为100%，秋季防火实现"零火灾"。完成有害生物防治面积16.52万公顷，林区有害生物成灾率2.99‰，无公害防治率95.25%，测报准确率90.6%，种苗产地检疫率100%，全部达到国家林业局有害生物防治"四率"指标。根河源湿地公园建设通过国家验收，正式成立；绰尔林业局雅多罗国家湿地公园通过专家考察，获得国家林业局试点建设批复。截至2016年年底，林区国家级省部级自然保护区、湿地公园、森林公园（含试点）达到28家，总面积177.3万公顷，占生态功能区总面积的16.6%。（朱显明）

【国有林区改革】 按照中共中央、国务院《国有林区改革指导意见》（中发〔2015〕6号）精神，推进国有林区政企分开。与呼伦贝尔市政府签署计生、社保、住房公积金、供电4项职能移交协议，完成计生、住房公积金职能和业务交接，供电职能明确了管理体制。完成供暖、供水、物业和市政环卫职能移交属地工作，共移交账面资产6.76亿元，人员4411人。对森工集团及下属森工公司所属的石油、浆纸、矿业、外贸、旅游等经营性企业进行改革，其中6家企业与当地政府签署移交协议，涉及账面国有资产12.67亿元，职工2194人；1家企业实施国有资产进场挂牌转让，挂牌价646.13万元，成交价1213.43万元，增值率达87.8%。（杨建飞）

【民生改善】

提高职工收入 按照10%幅度为职工增加工资，在岗职工人均年工资由2015年的40 327元提高到45 539元，工资兑现率100%。按照属地政府事业单位标准调整职工住房公积金，职工住房公积金比例由工资总额的6%提高到12%。

完善社会保障体系 完成混岗集体职工身份认定工作，2016年审核认定混岗集体职工53 500人，办理社保关系移交属地52 250人，缴费参保2.95万人，其中1.3万人办理了退休手续。持续开展审批和发放天保工程一次性安置人员社保补贴工作，累计审批通过74 395人，发放补贴资金8.6亿元。争取呼伦贝尔市失业保险扶持政策，18家林业局共争取稳定就业岗位社会保险补助资金1415万元。加大困难职工帮扶力度，2016年各级党委、工会组织、领导干部个人通过送温暖、结对帮扶、金秋助学、大病救助等方式，共计发放帮扶救助资金1630.32万元，帮扶困难职工19 047户、19 368人次。

开展民生工程建设 扎实推进棚户区改造工程，2016年计划建设23 006户，开工23 006户，开工率100%；包括2015年结转，共建成26 667户。经统计，自2009年林区开展棚改改造工程以来，森工集团(林管局)累计完成棚户区改造17.1万户，其中新建8.7万户，维修改造6.7万户，货币补偿1.7万户，林区职工住房条件整体改善。将国有林区深远山职工搬迁与城镇人居环境综合整治工程相结合，对68个林场进行调整建设，其中32个林场将居民撤并到中心城镇，36个林场按标准化林场进行规划建设。加大危旧房改造力度，2016年共计拆除"板夹泥"等危旧房3.37万户，新建房屋514户，维修3792户；完成街巷硬化322千米，老旧线路改造36 709米；清运生活和建筑垃圾33.7万吨，绿化植树36.2万棵，改善了林区职工生产生活条件和城镇面貌。（金明举）

【强化管理】

项目管理 编制完成《内蒙古大兴安岭重点国有林区林业发展"十三五"规划》。2016年共申报生态保护、基础设施、棚户区改造等各类项目84个，获批60个，批复总投资8.78亿元。林区防火应急道路建设方案获得国家批复，首批下达2016年中央预算内投资计划3600万元；莫尔道嘎、毕拉河航空护林机场建设纳入全国森林防火规划和自治区通用航空建设"十三五"规划草案，为林区通用航空建设打下基础。

财务管理 推行全面预算管理，严格预算的刚性约束，按照保工资、保生产、保重点建设项目的原则，严格监控资金使用，努力压缩管理费用和"三公"经费，保证生态建设和事业发展的正常资金需求。

（周　喆）

【党的建设】

"两学一做"学习教育 分层分类制订普通党员、党员领导干部学习教育计划，以学习党章党规和习近平总书记系列重要讲话为核心，举办各类培训班12期，培训党员干部1749人次；组织参加自治区党委组织的"双休日"讲座13期，培训党员干部564人次；建立林区远程教育站点337个，培训人员2.4万人次。开展了4次专题研讨，带动全林区1782个党组织、364名处级以上干部、2.7万名党员在学习研讨中查思想、找差距、挖根源，聚焦目标和问题抓好整改提高。

党风廉政建设 41个企事业单位签订《2016年度林区党风廉政建设责任书》，明确林区各企事业单位党委(党总支)在党风廉政建设和反腐败工作的主体责任。持续推进作风建设，制定《关于在国有林区改革中推进林区"三级机关"强化纪律作风建设的实施意见》，推动林管局、林业局、林场三级机关先行先学先做，确保作风建设常态化。2016年林区两级纪检监察机关共接收群众信访举报88件(次)，收到上级转交办理案件121件，问题线索处置149件(其中上级转交办理线索处置82件)，立案查处31件，给予党政纪处分54人，挽回直接经济损失120.65万元。

宣传思想工作 发挥传统媒体与新媒体作用，不断提高党的方针政策和社会主义核心价值观宣传覆盖范围和效果，针对重大事件、重要节点开展宣传工作，有效回应社会关切，取得了良好的宣传效果。开展"梦美兴安·务林人"林区第三届道德模范评选活动，集中宣传表彰评选出的18位道德模范、2个模范集体、22位道德模范提名奖获得者；召开纪念建党95周年暨林区第九次党内表彰大会，表彰40个先进基层党组织、116名优秀共产党员、34名优秀党务工作者，营造学习先进、崇尚先进、争当先进的浓厚氛围，汇聚推动林区创新发展的正能量。（张　宏）

【林业大事】

1月5日 内蒙古大兴安岭林区干部大会在牙克石召开，会议宣布了自治区党委、政府关于森工集团(林管局)领导班子调整的决定：张晓兵任内蒙古森林工业集团有限责任公司、大兴安岭林管局党委书记，提名任内蒙古森林工业集团有限责任公司总经理、大兴安岭林管局局长。

1月6日 乌尔旗汉林业局人工林可持续经营试点挂牌。

2月2～3日 经济日报社社长徐如俊率"新春走基层"采访团到金河、根河森工公司就生态建设、转型发展等方面工作进行调研采访。

4月17日 森工集团(林管局)与呼伦贝尔市政府在海拉尔市签署《内蒙古大兴安岭重点国有林区改革备忘录》和计生、供电、住房公积金、社会保障4个具体移交协议。

4月19日 国家林业局副局长刘东生率督导组到林区调研督导国有林区、林场改革工作。

4月30日 森工集团(林管局)与兴安盟行政公署在阿尔山林业局签署计生、社会保障、住房公积金移交协议。

5月16日 内蒙古森工集团(林管局)与呼伦贝尔市政府在海拉尔市签署《"两供一业"及市政环卫职能移

交框架协议》。

6月9日 经联合国教科文组织“人与生物圈计划”国际协调理事会第27届会议决定，内蒙古大兴安岭汗马国家级自然保护区被正式确定为世界生物圈保护区，成为中国第33个世界生物圈保护区网络成员。11月20日，在第18届中国生物圈保护网络大会上，为汗马保护区颁发了证书。

7月8日 森工集团(林管局)与呼伦贝尔市人民政府、兴安盟行政公署在海拉尔市举行国有林区改革企业移交管理协议签字仪式。

8月至12月 内蒙古森工集团(林管局)与中国绿色碳汇基金会联合举办“碳汇中国”生态摄影比赛和作品展览系列活动。

8月31日 森工集团(林管局)“西伯利亚红松引种扩繁与生态保护技术研究与示范”项目启动会在北京林业大学召开。

9月14日 国务院印发《关于同意新增部分县(市、区、旗)纳入国家重点生态功能区的批复》，将内蒙古大兴安岭19家林业局全部纳入国家重点生态功能区范围。

9月19日 三河马新类群——大兴安岭马认定会在呼伦贝尔市召开，经与会专家组研究考证，认定大兴安岭森林马为三河马新类群。

10月12～13日 自治区“创业内蒙古”行动现场推进会在根河召开。自治区政府副主席白向群出席会议并讲话。

10月24日 森工集团(林管局)党委召开会议，宣布自治区党委关于森工集团(林管局)领导班子工作安排的决定：张晓兵到巴彦淖尔市工作，不再担任森工集团党委书记、总经理和林管局局长职务；暂由森工集团(林管局)党委副书记陈佰山主持森工集团(林管局)党委和行政工作。

12月10～12日 内蒙古自治区党委书记李纪恒到林区考察指导工作。 (袁红民 张 亮)

辽宁省林业

【概 述】 2016年，辽宁省完成人工造林8.67万公顷、封山育林5.53万公顷、森林抚育6万公顷；林业改革持续深化，国有林场改革快速推进；资源管护不断强化，森林防火和林业有害生物防治均完成国家控制指标；供给侧结构性改革的框架基本搭建完成，生态产品和林产品供给能力得到提升。基层基础建设、林业宣传和生态文化建设取得新成效。

造林绿化 完成人工造林面积8.67万公顷、封山育林5.53万公顷、森林抚育6万公顷，均为年度计划的100%。完成全民义务植树6000万株。三北防护林、沿海防护林和中央财政造林补贴试点任务等国家重点生态工程稳步推进。率先在全国开展省级森林经营规划编制工作。开展“小开荒”还林、超坡地还林和围栏封育工程成果巩固专项督查，完成超坡地还林地块补植补造1.14万公顷，累计修复损毁围栏615.15千米。

国有林场改革 2月22日，辽宁省委、省政府印发《辽宁省国有林场改革实施方案》(辽委发〔2016〕8号)。2月25日，省政府召开全省国有林场改革工作会议，全面启动国有林场改革工作。通过召开新闻发布会、组织业务培训和政策解读，广泛深入地开展宣传指导。省国有林场改革领导小组23个成员单位，分成5个督查组，开展4次督查。全省参与改革的183个(涉及14个市、55个县区)国有林场全部完成改革方案编制工作。其中，170个林场改革方案通过省级审批。此项改革惠及2.2万人，被评为省直机关第三季度最佳实事。积极推广本溪市桓仁县国有林场改革经验，盘活森林资源，推进森林旅游业发展。其中辽宁省社会科学研究院、新华社沈阳分社关于《辽宁部分国有老林场焕发新活力》的文章得到国务院副总理汪洋、国家林业局局长张建龙和省委书记李希、副省长赵化明的批示肯定。

集体林权制度改革 会同人民银行沈阳分行、省银监局出台《辽宁省集体林权抵押贷款管理暂行办法》，规范了抵押程序和部门职责，增加了抵押范围，提高了抵押率。新增以林抵押贷款6348万元，累计贷款余额达40.7亿元。新建乡镇级林业服务分中心16个，累计达72个；新增新型林业经营主体171个，累计达3369个，经营面积82万公顷，占集体林应改面积的15.5%。评选出21个林业专业合作社省级示范社。森林保险参保面积349.2万公顷，涉及40万农户，参保率达60.6%。推进东北林业产权交易中心建设，实现本溪全市互联互通，交易金额8405万元。启动50个重点县的分中心平台建设。推进本溪国家集体林综合改革试验示范区建设，开展“三权分置”工作，试点建设成效初显。

护林员管理体制改革 下发《关于进一步加强森林资源管护严格护林员管理的通知》(辽林字〔2016〕14号)，明确各级林业主管部门和护林员管理职责，强化责任追究制度，建立常态化的管理体系和规范化的管理机制，并完成全省护林员档案信息建档工作。此项改革惠及16 725户家庭，护林员年工资约1.2万元，被评为省直机关第一季度最佳实事。

林业供给侧结构性改革 以省政府办公厅名义印发《辽宁省人民政府办公厅关于印发辽宁省林业产业发展指导意见的通知》(辽政办发〔2016〕105号)，既明确供给侧结构性改革的目标、任务、原则，也搭建了改革的基本框架，为推动全省林业供给侧结构性改革提供了支撑和保障。助推经济林发展，组织编写《24种经济林病虫害防治和安全用药指南》。开展辽宁名牌农产品、特产之乡推荐评选工作，2种产品被命名为辽宁名牌农产品，2个乡镇获得“辽宁特产之乡”称号，3家林业企业获得国家林业重点龙头企业称号。推进铁岭中榛网等4家电商平台建设，开展品牌和电子商务融合培训。加快森林旅游发展。新增1处省级森林公园，新晋升1处国家级森林公园，总数达72处。2016年，全省森林旅游直接收入达11.85亿元，接待游客量2392万人次。

森林资源管护 规范采伐限额管理。以省政府文件下达“十三五”期间年森林采伐限额511万立方米。规范使用林地管理。完成153个建设项目占用征收林地的审核工作，依法审核使用林地1466.67公顷。加大湿地保护恢复力度。完成辽河口国家级自然保护区湿地生态效益补偿试点工作，对5133.3公顷耕地发放补偿资金500余万元，完成辽河口国家级自然保护区退耕还湿666.7公顷，实施湿地保护与恢复项目8处，新增国家湿地公园试点2处，总数达到17处；新建省级湿地公园3处，总数达22处。强化野生动植物保护与自然保护区建设。新增喀左楼子山国家级自然保护区1处，总数达13处。新建省级自然保护小区5处，总数达到15处。组织开展“世界野生动植物日”“爱鸟周”等系列宣传活动。严厉打击各种涉林违法犯罪行为。组织开展打击非法占用林地等涉林违法犯罪、保护候鸟等野生动物“清网行动”等4次专项行动，查处一批大案要案，重点查处国家林业局挂牌督办案件4起。直接侦办清原“5·06”“8·29”特大滥伐林木案。全省共查处涉林案件4793起，打击处理4869人次。全面启动退耕还林突出问题专项整治工作，编制完成《辽宁省退耕还林突出问题专项整治工作实施方案》，组织全省认真贯彻实施。

林业灾害防控 认真落实防火责任制，从严监督检查，平稳渡过森林防火期。在大连市成功举办1200余人参加的集远程灭火、以水灭火(化学灭火)、大型设备灭火等现代化手段为一体的全省森林防火综合应急演练。新组建15支省级森防应急机动队，辽宁省航空护林工作率先在大连建站，并顺利开航，防扑火能力迈上新台阶。全年发生森林火灾97起，过火面积1705公顷，受害森林面积695公顷。森林火灾起数、过火面积、受害面积同2015年相比实现“三下降”，森林火灾受害率0.11‰，低于国家1‰控制指标。完成国家林业局与省政府签订的林业有害生物防治责任书各项任务。全省林业有害生物成灾率为0.48‰，低于国家4.5‰控制指标；美国白蛾成灾面积为零，低于国家不超过发生面积1%控制要求；加强松材线虫疫情监测，及时发现和妥善处置大连松材线虫病新疫情。扎实做好野生动物疫源疫病监测工作。编制《辽宁省突发重大动物疫情应急预案林业部门配套预案》。辽宁省被国家林业局确定为全国16个国家级疫源疫病主动预警站点之一。

科技信息支撑保障 强化科技和信息支撑。全省共申报科研项目39项，获得省政府科技进步二、三等奖各1项，完成制修订林业地方标准9个，落实中央财政推广项目15项。林业信息化建设再创新佳绩，全省林业协同办公系统升级改造全面完成，林业厅门户网站荣获2016年度“中国政务网站优秀奖”和“政府网站信息公开类精品栏目”奖。

林业基层基础建设 坚持规划先行。以省政府文件正式印发《辽宁林业发展“十三五”规划》，确定了总体规划和年度目标，层层分解任务。林业项目贷款贴息工作稳步开展。落实林业项目贷款14.4亿元，申请中央贴息补助资金2032万元。重点开展省以上林业重点工程项目资金专项稽查，稽查资金12.06亿元。推进依法治林。《辽宁省森林资源流转管理办法》纳入2016年省政府立法计划，按照立法程序完成调研论证工作。有序推进林业“放、管、服”工作。取消2项行政审批，保留行政审批26项；梳理出2项公共服务事项，并依法公示；开展涉企信息公示、双告知及守信红榜和失信黑名单制度；建立行政执法随机抽查“一单、两库、一细则”，推进执法工作有序开展。全省完成育苗面积2.7万公顷，育苗数量19.3亿株，出圃苗木合格率达到95%以上。抚顺、锦州、铁岭、朝阳市163户国有林场危旧房全部完成改造任务。林业站建设取得新进展。完成14个标准化林业站建设项目。出台《辽宁省标准化林业工作站建设项目管理实施细则(试行)》。

林业脱贫攻坚工作 发挥行业优势，开展生态扶贫。对17个贫困县区，在造林绿化、生态效益补偿、防护林建设等项目资金上予以重点支持。推进建昌、义县精准扶贫。编制《建昌县脱贫林业发展规划(2016~2020年)》和《建昌县脱贫林业发展实施方案(2016年)》，安排专项资金支持建昌山杏直播0.66万公顷；支持义县光伏产业和大凌河生态文化旅游产业园区建设，推进大凌河国家湿地公园试点工作，协调项目建设林地置换66.67公顷。将护林员管理体制改革与生态扶贫相结合，实施就业扶贫，在15个贫困县新聘任100名贫困人口为生态护林员。扎实开展彰武大冷村和朝阳黑虎村驻村扶贫。通过建档立卡、调整种植结构、发展特色产业、完善基础设施和党员结对帮扶等工作，完成定点帮扶和驻村帮扶年度工作任务。大冷村和黑虎村驻村工作队分别被省委组织部和省扶贫办授予2016年度先进扶贫集体称号。

林业宣传和生态文化建设 围绕全省生态建设和重要林业节点，组织各级新闻媒体，开展一系列专题宣传活动。在省级以上主流媒体刊发稿件968篇，其中国家级媒体发稿89篇，收到良好社会反响。以省政府名义召开新闻发布会4次，围绕国有林场改革、林业供给侧结构性改革、林业产业发展和防沙治沙等重点工作进行宣传报道，在省直部门中发布场次最多、“含金量”较高，得到省委宣传部通报表扬。4个村被评为全国生态文化村，累计达到24个。有序推进森林城市建设。辽阳市创建国家森林城市备案申请得到国家林业局批复。本溪市顺利通过国家森林城市复核。省森林城市创建活动获得省评比表彰工作协调小组办公室批准。经过积极争取，被列入全国第三批古树名木普查试点省份。

【全省林业工作会议】 2月19日，全省林业工作电视电话会议在沈阳市召开。辽宁省林业厅党组书记、厅长奚克路作报告。会议全面总结了“十二五”及2015年林业工作，明确了“十三五”林业发展思路，安排部署2016年重点林业工作。会议部署了进一步深化林业改革；加快造林绿化步伐；强化资源管护；做好灾害防控；提升绿色惠民水平；增强科技支撑能力；强化林业建设基础保障；推进依法治林；抓好林业宣传和加强队伍建设等方面重点工作。

【省领导参加义务植树活动】 4月17日，省委书记、省人大常委会主任李希，省长陈求发，省政协主席夏德仁，省委副书记、沈阳市委书记曾维等领导，集体到沈阳蒲河生态廊道于洪区闸上村段，与省市机关干部、部队官兵、各界群众一起参加义务植树活动。李希指出，植树造林是绿色发展的重要内容，是落实新发展理念的生动实践，不仅可以带来巨大的生态效益、社会效益，也会产生很好的经济效益，利国利民、造福子孙。我们要大力弘扬习近平总书记提出的“前人栽树、后人乘凉”精神，积极组织动员全省人民投入义务植树活动中，多种树、种好树、管好树，持之以恒、久久为功，让辽宁更绿、更美、更宜居。

【林业大事】

2月23日 省林业厅召开党风廉政建设大会，会议传达十八届中央纪委六次全会和十一届省纪委六次全会精神，党组书记、厅长奚克路作工作报告。

2月25日 省政府召开全省国有林场改革工作会议，全面部署国有林场改革工作。副省长赵化明到会并讲话。省国有林场改革工作领导小组成员单位负责人、各市政府主管副市长、55个县区政府主要负责人、市县林业局主要负责人共计180人参加会议。

2月28日 中共辽宁省委、辽宁省人民政府印发《辽宁省国有林场改革实施方案》（辽委发〔2016〕8号）。《实施方案》明确了国有林场改革的总体目标、国有林场功能定位、人事制度、管理方式、森林资源监管体制、妥善安置富余职工、完善社会保障体制、有效化解国有林场债务、提升国有林场整体功能和完善国有林场改革发展的政策支持体系等内容。

3月15日 省政府副省长赵化明代表省政府与各市市长签订了2016年《辽宁省森林防火责任书》，各市、县、乡也层层签订责任状，全面构建四级森林防火责任体系。

3月24日 省政府召开造林绿化森林防火暨春耕备耕和农村土地承包经营确权登记颁证工作电视电话会议。省政府副省长赵化明出席会议并讲话。

3月25日 省政府新闻办召开新闻发布会，全面解读《辽宁省国有林场改革实施方案》，全国20余家新闻媒体参加。

3月28~29日 省政府副省长、省森防指总指挥赵化明带领督查组到本溪市、抚顺市、沈阳市重点火险区域的森林防火工作进行督查检查。实地查看森林防火指挥中心、专业森林消防队伍建设、无人机的演练和森林防火远程智能监控系统建设等情况。

5月24日 中国林业科学研究院辽宁分院挂牌仪式在辽宁省林业科学研究院举行。国家林业局党组成员、副局长彭有冬，辽宁省政府副秘书长徐力达出席仪式。

6月16日 省政府新闻办召开新闻发布会，向社会公布全省“十二五”防沙治沙工作情况。“十二五”期间，全省累计投入治理资金42.01亿元，完成沙化土地治理面积275 566公顷，防沙治沙工作取得明显成效。

6月23日 辽宁省林业厅与辽宁出入境检验检疫局正式签署《关于促进辽宁省生态林业民生林业发展合作备忘录》，标志着辽宁林业、出入境检验检疫两部门合作进入崭新发展阶段，对保护林业生态安全和促进林业持续健康发展具有重要意义。

8月3日 省政府副省长赵化明主持召开全省国有林场改革工作领导小组会议，23家领导小组成员单位参加会议。会议讨论通过林场改革实施方案省级审批程序以及中央财政补助资金分配办法。

8月8日 辽宁省林业厅与韩国京畿道签订共建防止沙漠化友谊林项目框架协议。旨在进一步推进辽宁省与韩国京畿道间林业领域实质性交流合作，为恢复地球环境作出贡献。省政府副省长赵化明出席签约仪式，并会见韩方人员，双方就防止沙漠化、减少风沙危害的必要性达成共识。

8月16日 省政府新闻办在沈阳召开第一产业供给侧结构性改革实施情况新闻发布会。

9月6日 省林业厅召开严厉打击非法占用林地等涉林违法犯罪专项行动电视电话会议。

9月14日 省政府办公厅印发《辽宁省人民政府办公厅关于印发辽宁省林业产业发展指导意见的通知》（辽政办发〔2016〕105号）。

10月17日 省政府新闻办在沈阳召开新闻发布会，省林业厅就省政府发布的《辽宁省林业产业发展指导意见》进行了解读，旨在进一步加快推进林业和涉林产业发展步伐。

10月17~21日 “中欧森林火灾应急处置经验分享工作坊”在辽宁省成功举行。国家行政学院、国家森林防火指挥部、中欧应急管理合作项目专家组、省森林防火指挥部等有关领导、专家参加交流考察活动，并对沈阳市、丹东市、大连市森林防火工作进行实地考察。

12月14日 辽宁森林航空消防工作正式得到国家森林防火指挥部办公室的批准，标志着辽宁省森林航空消防工作正式启航。

12月21日 为加强全省森林防火和草原防火统一领导，提高森林和草原防火的综合扑救能力。辽宁省政府办公厅印发《辽宁省人民政府办公厅关于辽宁省森林防火指挥部更名为辽宁省森林草原防火指挥部的通知》（辽政办发〔2016〕157号）。省政府决定，将辽宁省森林防火指挥部和辽宁省草原防火指挥部合并，更名为辽宁省森林草原防火指挥部。

（辽宁省林业由董铁狮供稿）

吉林省林业

【概　述】　2016年，吉林林业牢固树立“五大发展理念”，抓住事关全局的重点、难点、热点问题，强化顶层设计，迎难而上，合力攻坚，全面完成了各项任务。国有林场改革、国有林区改革、东北虎豹国家公园体制试点改革逐步深入；全省林业生态系统性修复成效明显；森林资源保护全面加强，实现连续36年无重大森林火灾；林业科技创新和转型发展步伐加快，全省林业产业总产值达到1500亿元；智慧林业建设开局良好；林业扶贫攻坚取得明显进展；基础能力保障逐步增强。

【林业改革】　国有林场改革取得实质性进展，国家发展和改革委员会、国家林业局批复了《吉林省国有林场改革实施方案》，并由省委、省政府以正式文件印发。召开全省国有林场改革动员部署会议，正式启动全省国有林场改革工作。完成13个试点县(市、区)改革方案报批。国有林区改革稳妥推进，完成改革总体方案设计并获得国家正式批复，机构设置、职能调整、人员分流、相关政策的研究磨合取得明显进展，改革推进思路逐步清晰。东北虎豹国家公园体制试点改革完成顶层设计，牵头完成《东北虎豹国家公园体制试点方案》编制工作，划定公园范围1.46万平方千米，其中吉林省1.04万平方千米，占总面积的71％。《试点方案》已经中央深化改革领导小组第30次会议审议通过，这对吉林省乃至全国林业均有十分重大的意义。

【生态建设】　全年共完成林地清收还林8.66万公顷(含“三北”工程人工造林)，农防林更新改造0.36万公顷，退耕地还林0.04万公顷。完成森林抚育15.5万公顷。完成义务植树3680万株；建设绿美示范村屯50个。完成沙化土地治理3.6万公顷。

【资源管理】　全面停止全省国有森林经营单位天然林商业性采伐，启动了停伐后的森林可持续经营试点，为停止天然林商业性采伐后科学经营管理森林探索经验和模式。开展全省重点国有林区中幼林抚育采伐试点，改善森林质量，促进森林正向演替，助推国有林区改革发展。开展森林资源二类调查、林地变更调查，为构建全省“森林资源一张图”奠定基础。按照“三年清收、五年还林”目标，推进林地清收还林工作。全省清查出流失林地面积80万公顷，累计收回林地面积74万公顷，占清查出流失林地面积的92.5％，有效修复了林地，拓展了造林的空间。

【森林防火】　加强火灾应急处置能力。在吉林省长白山西坡组织开展森林防火跨区增援实战拉动演练。在吉林省敦化市举办吉林省首届森林防火装备器材展示活动。对全省连续35年无重大森林火灾进行了总结和表彰。全年共发生森林火灾66起。其中，一般森林火灾49起，较大森林火灾17起。火灾过火总面积123.35公顷，受害森林面积56.75公顷，实现全省连续36年无重大森林火灾。

【林业有害生物防治】　2016年，全省应施调查监测的林业有害生物种类为64种，通过调查监测达到发生的种类为51种。全省应施调查监测面积为627.94万公顷，实施调查监测面积为611.60万公顷，全省平均调查监测覆盖率为97.39％。全省林业有害生物预测发生面积为20.72万公顷，实际发生面积为22.09万公顷，测报准确率为93.74％。全省现有林地面积为825.7万公顷，全省林业有害生物成灾面积为0.34万公顷，成灾率为0.41‰；全省实施无公害防治面积为20.14万公顷，无公害防治率为91.2％；全省应施林木种苗检疫0.93亿株，实施林木种苗产地检疫0.93亿株，种苗产地检疫率达100％。

【林政稽查】　2016年，全省共查处林业行政案件1.11万起。其中，盗伐林木案5346起，滥伐林木案524起，毁坏林木、苗木案225起，违法占用征收林地案3289起，非法收购、运输木材案235起，非法经营、加工木材案50起，非法猎捕野生动物案112起，非法收购、出售、运输野生动物及其产品案12起，违反森林植物检疫规定案12起，违反林木种苗管理规定案2起，其他类案件1302起。行政处罚1.11万人次，没收非法所得18.61万元，没收木材1252.13立方米，责令补种树木87.74万株。

【平安林区建设】　2016年，全省森林公安机关组织开展“缉枪治爆”“夏季严打整治”“打盗骗保民安”等专项行动，加强林区严打整治和社会治安、消防、交通等公共安全管理，维护林区社会稳定。全年共查办各类森林案件9727起。其中，森林刑事案件1236起，涉林行政案件8491起。

【野生动植物保护】　省林业厅加强东北虎、东北豹保护，组织编制《吉林省野生东北虎和东北豹重大生态保护工程规划》；加强与国际组织交流合作，完成全球环境基金(GEF)“中国东北野生动物保护景观方法”虎保护项目调研设计，全面启动世界银行东北虎保护投资项目。晋升通化石湖省级自然保护区为国家级自然保护区，对扶余洪泛湿地省级自然保护区和安图明月省级自然保护区范围与功能区进行了调整；批准新建吉林鹭岛桦林湾、吉林东辽乌龙山和吉林长白山池西等3个省级森林公园。

【湿地保护管理】　落实湿地保护修复制度方案，组织全省开展湿地名录编制工作。进一步加强湿地公园建设，建立四平架树台湖、敦化秋梨沟等国家级湿地公园2处。为龙湾、长岭龙凤湖等4个国家级(省级)自然保护区和大安牛心套保、长白泥粒河等7个国家湿地公园申请湿地保护补助资金2800万元；为莫莫格国家级自然保护区申请湿地生态效益补偿试点；为敦化市、临江市人民政府及和龙市林业局申请湿地保护奖励试点。在开展泥炭沼泽炭库资源调查的基础上，组织撰写《吉林省泥炭沼泽碳库调查报告》，已通过国家验收和省级专家成果论证。完成向海国家级自然保护区核心区内房屋、耕地的实地核查与评估，移民修订方案已通过省发改委评估审查。

【林业重点生态工程】 2016年，“天保”工程区实有森林管护面积396.25万公顷，木材产量7.27万立方米。“天保”工程区年末在岗职工5.00万人。参加基本养老保险人数8.87万人，参加基本医疗保险人数9.40万人。工程全年完成投资33.25亿元，其中国家投资32.71亿元。“三北”防护林五期工程全年完成人工造林1.41万公顷，完成无林地封育0.03万公顷。完成工程投资1.01亿元，其中国家投资1.00亿元。

【林木种苗】 林木种苗生产能力稳步提升。新建红松、落叶松2代种子园6处，水曲柳等4个树种子代测定林9处。截至2016年年底，共建成各类良种基地66处，苗圃1782家，年生产良种8万千克，出圃苗木10亿株。种质资源保护取得新进展，山楂海棠、朝鲜崖柏、刺楸、水曲柳、胡桃楸种质资源库被国家林业局确定为国家级林木种质资源库。林木育种科学研究迈上新台阶，成功申请将66克落叶松种子搭乘“神舟11号”飞船进行太空实验，步入太空育种研究新阶段。

【林业产业】 省林业厅落实九大特色产业工程规划任务，全面启动实施百万公顷红松果林、百万亩绿化苗木、百万亩林下参、百万亩榛子果林等9个林业产业重点工程，绿色产业增长较快。启动林业碳汇交易试点工作，研究制订《林业碳汇项目建设实施方案》。努力培育电子商务、森林旅游、森林康养等新业态，与阿里巴巴、百度等主流网络平台授权的网络技术服务企业进行合作，探索共同开展林业电商发展模式，推进林业“互联网+”体系建设。省级林业产业化龙头企业发展到139个，林业产业基地发展到61个。

【森林旅游节】 9月24~26日，以“绿水青山就是金山银山、冰天雪地也是金山银山”为主题的2016中国森林旅游节暨长白山国际生态论坛在吉林省长白山举行。这届森林旅游节是由国家林业局和吉林省人民政府主办，吉林省林业厅和长白山管委会承办。这届森林旅游节充分展现了森林旅游事业发展的美好前景，对于展示生态吉林建设成果、展现美丽吉林风情风貌、推进吉林绿色发展具有重要意义。

【智慧林业】 省林业厅与吉视传媒签署《智慧林业建设合作框架协议》，就构建多级互联互通林业信息化专用网络及林业信息化数据中心、森林智慧监测站、生态保护与野生动植物监测物联网应用系统开展了全面合作。推动吉林省政府与国家林业局签署战略合作协议，共同推进国有林管理现代化局省共建示范项目建设。

【林业扶贫】 省林业厅积极利用中央扶贫资金，在全省8个贫困县建档立卡的贫困人口中选聘生态护林员2391人，通过支付管护费的方式实现精准扶贫、精准脱贫，开辟了生态扶贫新途径。包保贫困村工作取得明显成效，协调投入资金408万元，扶持发展各类产业项目，和龙市龙城镇牛心村、泉水村产业项目年底分红分别达到人均3200元和1300元，扶贫举措得到村民高度认可，贫困群众切实享受到了帮扶成效。

【林业法治】 加快林业立法进程，《吉林省森林防火条例》修订稿已经吉林省政府常务会议通过并报送吉林省人大审核，推动《吉林省森林管理条例》《吉林省绿化条例》《吉林省集体林管理条例》列入省人大常委会立法项目库。下发《规范林业行政处罚自由裁量标准指导意见》。林业综合执法改革、林业普法、行政复议和诉讼等工作有效开展。

【林业投资】 全年全省林业建设资金总额81.9亿元。其中，中央财政资金66.47亿元，占林业建设资金总额的81.12%。在林业完成投资中，用于生态建设与保护59.47亿元，占林业完成投资额的72.61%；用于林业支撑与保障8.64亿元，占林业完成投资额的10.55%；用于林业产业发展2.51亿元，占林业完成投资额的3.06%；用于林业民生工程6.96亿元，占林业完成投资额的8.5%；用于财政事业费等4.32亿元，占林业完成投资总额的5.27%。

【林业经济】 全年全省完成林业产业总产值1565.88亿元，比2015年增加15.88亿元，增长1.02%。其中，第一产业产值405.73亿元，比2015年增长1.47%，占总产值的25.91%；第二产业产值943.4亿元，比2015年增长0.5%，占总产值的60.25%；第三产业产值216.75亿元，比2015年增长2.43%，占总产值的13.84%。从地区看，东部地区林业产业总产值为1259.83亿元，占全部林业产业总产值的80.46%；中部地区林业产业总产值为216.24亿元；西部地区林业产业总产值为89.81亿元。全省林业产业总产值超过50亿的县(市)有6个：敦化市、通化县、抚松县、集安市、延吉市、通化市区。

水果、干果、中药材以及森林食品等在内的经济林产品的种植与采集业产值达到241.66亿元，占第一产业产值的59.56%。中药材加工、果酒果汁制造、坚果加工以及山野菜、食用菌加工在内的非木质林产品加工制造业产值达到474.15亿元，占第二产业产值的50.26%。森林旅游及休闲服务业产值达到124.92亿元，占第三产业产值的57.63%。

【林业科研与技术推广】 省林业厅组织开展中央财政林业科技推广立项工作，确定16项全省林业科技推广项目。全省林业科技攻关项目取得积极进展，共争取科研立项66项，获省级科技进步奖28项，获得专利32项，解决30多个技术难题。林业科技推广力度持续加大，推广适用科技成果133项、林业实用技术150余个，推广面积达21万公顷。

【林业大事】

1月20日 全省林业工作会议在长春市召开。省林业厅党组书记、厅长兰宏良作工作报告。

1月27日 吉林省人民政府与民盟中央在北京市共同举办"中国野生东北虎和东北豹保护战略"研讨会议。民盟中央常务副主席陈晓光，民盟中央副主席葛建平、王光谦，吉林省副省长隋忠诚等领导出席会议。

2月23~24日 中央财经领导小组办公室副主任杨伟民一行11人，到吉林省珲春林区就国家公园体制改革及东北虎保护情况进行调研。

3月11日 省森林公安局在长春市召开全省森林公安工作视频会议。会议总结2015年全省森林公安工作，安排部署2016年全省森林公安工作。

3月25日 省政府在长春市召开全省春季森林草原防火和造林绿化工作会议。会议总结全省连续35年无重大森林火灾成果和经验，表彰100个森林防火先进集体和200个森林防火先进个人，部署2016年森林草原防火和造林绿化工作。

4月15日 吉林省及长春市党政军领导与机关干部群众，在长春市南溪湿地公园参加义务植树活动。省委书记巴音朝鲁、省长蒋超良等同志参加植树活动。

4月19日 省政府在长春市召开东北虎豹国家公园体制试点工作启动部署会议。东北虎豹国家公园体制试点在吉林省正式启动实施。

4月20日至9月30日 省林业厅在全省范围内开展打击非法侵占林地清理整治专项行动。

4月27~29日 国家林业局副局长刘东生一行11人，到吉林省督察国有林场和国有林区改革工作。

5月2日 国务院批准新建通化石湖国家级自然保护区(国办发〔2016〕33号)。

5月3日 省林业厅修订并印发《吉林省林木采伐调查设计技术细则(试行)》。

5月6日 "中国·吉林龙湾野生杜鹃花卉旅游节"暨"纪念中国自然保护区建立60周年'龙湾杯'全国生态摄影大赛启动仪式"在吉林龙湾群国家森林公园举行。

5月18日 副省长、省森林草原防火指挥部总指挥隋忠诚到珲春林业局森林防火特勤中队考察森林防火工作。

5月27日 吉林省林业厅与长光卫星技术有限公司签署《吉林一号卫星应用合作框架协议》，与吉视传媒股份有限公司签署《战略合作框架协议》。副省长隋忠诚参加签约仪式。

6月6日 省政府在长春市召开全省国有林场改革工作视频会议，全省国有林场改革正式启动实施。副省长隋忠诚出席会议并就吉林省国有林场改革进行动员部署，国家林业局总经济师张鸿文出席会议并讲话。

6月15日 省委、省政府印发《吉林省国有林场改革实施方案》(吉发〔2016〕23号)。

6月21日 省森林公安局举办全省森林公安交通警察执法启动仪式。吉林省森林公安交通警察正式上路执法。

7月1~15日 省森林公安局在全省范围内开展"净网行动"。

7月20日 省政府与各市级政府、省林业厅与各市级林业主管部门分别签订《2016~2020年吉林省重大林业有害生物防控目标责任书》。"十三五"期间，吉林省林业有害生物防治工作继续纳入各级政府绩效考核指标。

8月10日 省国有林场和国有林区改革领导小组办公室批准公主岭市、梅河口市、长春市九台区、磐石市、梨树县、伊通满族自治县、东丰县、东辽县、通化县、临江市、长白朝鲜族自治县、大安市、汪清县13个县(市、区)开展国有林场改革试点。

8月26日 吉林森林公安司法鉴定中心揭牌仪式在松江河森林公安分局举行。

9月14日 国家林业局授予吉林省长春市"国家森林城市"称号。

9月15日 吉林省500克落叶松种子搭乘天宫二号空间实验室进入太空进行科学实验，于11月18日搭乘神州十一号载人飞船顺利返回。

9月22日 省政府在长春市召开吉林省第二个十年绿化美化吉林大地中期总结表彰视频会议，副省长隋忠诚出席会议并讲话。

9月23日 国家林业局与吉林省人民政府推进国有林管理现代化局省共建示范项目战略合作协议签字仪式在长春市举行。国家林业局局长张建龙、吉林省省长蒋超良代表双方签字。

9月24~26日 由国家林业局和吉林省人民政府主办，吉林省林业厅和长白山管委会承办的2016中国森林旅游节暨长白山国际生态论坛在吉林省长白山举办。

10月18日 全省林业碳汇项目建设启动培训会在长春市召开。吉林省林业碳汇项目建设正式启动实施。

10月20日 第四届全省林业学术大会暨长白山森林生态系统修复论坛在吉林省白山市召开。

11月4~10日 俄罗斯新西伯利亚植物园林研所巴纳耶夫教授率领考察团到吉林省考察林木良种基地建设情况并开展技术交流活动。

11月22日 吉林省林业厅与国家林业局管理干部学院在长春签署干部教育培训战略合作协议。

12月5日 经吉林省人民政府批准，省林业厅印发《吉林省林业发展"十三五"规划》。

12月26日 省林业厅授予临江市、柳河县、辉南县"吉林省森林城市"称号。

(吉林省林业由林彦明供稿)

吉林森工集团林业

【概　述】 中国吉林森林工业集团有限责任公司(以下简称“吉林森工集团”)是1994年经国家三部委批准成立的全国首批57户大型试点企业集团之一，位列全国五大森工集团和全国制造业500强。吉林森工集团是以经营森林资源为基础产业、多元化发展的企业集团，由母公司、子公司和生产基地3个层级组成，现有全资和控股子公司32户，其中8个林业局属公益类企业，其他为竞争类企业，包括一家上市公司和一家财务公司。在册员工4.6万人、离退休人员3.8万人。截至2016年年底，资产总额348.4亿元，净资产46.9亿元，全年实现营业收入77.5亿元。

森林经营 完成人工造林580公顷、更新造林1.9万公顷，义务植树8.9万株。建成绿化苗木基地3000公顷。增设300个森林管护站。清收林地1.8万公顷，还林7000公顷。查处林业行政案件128起。全年未发生重大森林火灾和大面积森林病虫害。辖区森林覆盖率达到90.8%，森林总蓄积量1.83亿立方米，乔木林公顷蓄积量达到164.95立方米。临江林业局完成1.7万立方米人工林采伐生产任务，置换树种择伐造林52公顷。红石林业局完成森林资源规划设计调查；依法开展中幼林抚育采伐试点，实施全过程监督检查。国家林业局批复红石林业局可持续经营试点，试点方案已通过省评，待报国家审核认定。

企业改革 落实吉林省委省政府国企改革攻坚部署要求，结合集团实际，遵循市场规律，顺应民心民意，谋划形成立足注入市场元素，突出问题导向和目标导向，坚持内部挖潜与借助外力相结合，通过体制改革、机制创新、业务重组、管理革命，实现脱胎换骨、转型升级，把集团建成国内具有竞争优势的综合性林业产业集团的综合改革发展思路。

依托森林资源优势，推进业务整合和存量调整，巩固发展传统产业，培育打造新兴产业，转型退出非主营业务，初步构建起以森林经营、木材加工、森林康养和森林食品为主的绿色产业体系新格局。

有序推进股份公司资产重组，加快资本运作步伐，筹划发行控股泉阳泉公司和苏州工业园区园林工程有限公司。积极引进战略投资，利用股份公司控股的吉人股权投资基金管理公司作为平台，与东北证券、九台农商行等金融机构合作设立吉林森工绿色发展产业基金。实施二级企业改革试点，在金桥地板集团和股份公司率先开展综合改革和三项制度改革，金桥地板集团机关部室由原来的21个减少到10个，人员由149人减少到77人；在人造板集团推行市场化选聘职业经理人试点，9个企业18名经营者转换身份，实行任期制和契约化管理。

通过不断向国家和吉林省提出“森林资源所有权、管理权、监督权、经营权分离”等国有林区改革意见建议，国家现已明确森林资源经营权归属森工企业，稳定集团改革发展的根基，为下一步转型升级提供有力保障。

项目建设 围绕森林经营、木材加工、森林康养和森林特色食品“四大产业”，筹划推进工程项目建设，共谋划项目46个，完工项目4个，在建项目6个，拟建项目36个。组建森林康养集团和森林食品公司，利用停伐闲置的贮木场、林场和木材加工厂等林业辅助生产用地规划项目32个；湖南沅江年产50万立方米定向刨花板项目完成200亩用地审批手续，河北永清二期10万樘实木复合门项目完成厂房建设；研发出9种硅藻针叶复合地板系列产品；泉阳林业局贮木场改建矿泉水厂一期50万吨项目建成投产，与中石化合作经营矿泉水一期50万吨项目正式启动；10万吨蓝莓等小浆果特色饮品项目完成设备安装；房地产项目竣工2个，收尾工程3个，在建工程2个，新建1个。

经营管理 围绕完成企业经营目标，以提高质量和效益为中心，坚持稳健经营，规范业务流程，落实内控制度，强化跟踪督导，落实安全生产责任，推进“去降补”工作，保持生产经营持续稳定。

资金管控和风险管理得到加强。强化资金归集和管控，严格审批支付款项。规范业务流程，落实内控制度，严控金融、投资和小贷公司经营风险。通过优化债务结构、降低内部资金使用成本、与金融机构达成合作协议等措施，在停伐后资金流净减少12.2亿元的情况下，全年完成倒贷101笔，寻找新的接续资金37.7亿元，维护资金链稳定，安全度过债务危机。

面对国家持续实施房地产调控政策，房地产板块经营管理不善，亏损额度较大的不利局面，通过改变各自为战、分散经营策略，实施整合经营和整体管控，实行统一项目谋划、统一招标采购、统一成本管控、统一资金管理、统一市场营销、统一人力调配，遏制持续亏损趋势。

“去降补”工作成效明显。“去产能”：人造板关停2户企业和2条设备落后生产线，去产能19万立方米。确定清理散小股权71项，启动46项、完成13项，处置闲置资产246项，活化资金1.08亿元。“去库存”：房地产去库存完成44%，地板和人造板去库存分别完成61%和70%。“去杠杆”：清收应收账款5.7亿元，占总量的38.3%。剔除人造板域外国家储备林项目贷款因素影响，资产负债率由年初的81.8%降至年末的79.6%。降成本费用：矿泉水生产成本下降13.2%，集团管理费用、财务费用同比分别降低4.9%和13.9%。补人才和营销短板：通过内培外引和市场化选聘方式任用3名集团高管。泉阳泉饮品公司与中石化签约，利用其旗下2.5万家易捷超市销售矿泉水，与上海梅高创意咨询公司实施捆绑式营销合作，拓展销售渠道。

坚持安全生产党政同责、一岗双责、齐抓共管，突出抓好隐患排查和整改，加强重点加工业和房地产业作业现场管理，未发生重伤事故、死亡事故和工业火灾，连续8年实现“三无”目标。

政策争取 先后争取到与停伐直接相关的65.4亿元金融债务，按4.9%利率贴息政策，年采伐限额50.6万立方米的天然林抚育和人工林采伐政策，新增林下补植补造和中幼林抚育补贴资金1亿元政策。辖区63.7万公顷森林纳入国家储备林基地项目建设规划，以域内人工林林木资产抵押贷款建设域外国家储备林基地获得批准，国家开发银行一期项目贷款30亿元已经到位18亿元，为企业发展奠定基础。停伐闲置林业辅助生产用地转为建设用地已得到省政府有关部门的批复。

党建工作 落实管党治党责任，全面加强企业党的建设。搞好理论武装，深入学习和贯彻落实党的十八届六中全会和国有企业党建工作会议精神，政治意识、大局意识、核心意识、看齐意识进一步增强，在思想上政治上行动上同以习近平同志为核心的党中央保持高度一致，保证党和国家方针政策、重大决策部署在集团贯彻执行。组织修订公司章程，落实党组织在公司法人治理结构中的法定地位，明晰党委会研究讨论是董事会、经理层决策重大问题的前置程序，厘清党委会与其他治理主体在决策、执行、监督各环节的权责边界，形成各司其职、各负其责、协调运转、有效制衡的公司治理机制，确保党组织有效参与企业改革发展重大决策。落实民主集中制，对重大问题决策、重要干部任免、重大项目投资和大额资金使用“三重一大”事项，坚持由集团党委集体研究讨论，董事会和经理层决策落实，切实发挥党组织把方向、管大局、保落实作用。集团党委会全年研究审议事项82个，前置审核并提交董事会审议45项。开展“两学一做”学习教育，带着问题学、针对问题改、按照标准做，广大党员干部争当改革先锋、争做合格党员。纠正“四风”，开展企业领导人员履职待遇、薪酬发放及公车使用专项治理，广大党员干部纪律规矩意识增强。坚持有腐必反、有贪必肃，强化监督执纪问责，先后查处违规违纪案件10起，给予党纪政纪处分24人。

改善民生 通过增设森林管护岗位和增加抚育工作量、恢复域内部分人造板生产、向域外企业转移等措施，分流安置8600多名停伐富余职工；通过停伐补助和银行贷款，为暂未安置的富余职工按月发放基本生活费。专门设立现代农业开发公司驻点帮扶和龙市龙坪村，采取“公司+农户”的运营模式实施产业扶贫，该村150个贫困户87%实现当年脱贫。采取结对包保帮扶和带动发展创业等措施，基层企业1400多名特困职工半数以上实现脱贫。及时研判形势，畅通信访渠道，倾听群众诉求，做好疏导工作，妥善处理信访事项2200余起，稳住信访稳定局面。在岗员工年人均收入3.89万元。

【林业大事】

1月25日 吉林省委书记巴音朝鲁，省委常委、副省长庄严在《吉林森工集团关于2015年工作成效和2016年重点工作安排以及“十二五”发展成效、“十三五”发展思路及主要经营目标情况的报告》上作出批示。

3月24日 全国政协“深化国有企业改革、促进传统产业转型升级”调研组到吉林森工集团了解企业改革发展情况和全面停止天然林商业性采伐带来的困难问题，指导国有林区森工企业推进转型发展。吉林省政协秘书长阿汝汗主持会议。

4月11日 吉林森工集团召开干部大会。吉林省副省长姜有为出席并讲话。省委组织部副部长、省委老干部局局长郝国民宣布省委决定：于海军任吉林森工集团董事长、党委书记；柏广新不再担任吉林森工集团董事长、党委书记。

5月24日 吉林省副省长姜有为到吉林森工集团调研，提出7个方面意见。

7月4日 全国政协人口资源环境委员会主任贾治邦到吉林森工集团松江河林业局调研企业改革和转型发展情况。

7月9日 国家林业局林改司司长刘拓到吉林森工集团调研林业产业转型升级工作。

7月13日 吉林森工集团召开综合改革动员大会，贯彻落实省国企改革领导小组(扩大)会议精神，启动实施集团综合改革。

7月27日 吉林森工集团与中石化集团举行洽谈会，签署战略合作协议。

9月19日 吉林森工集团召开吉林省国资委专项巡察工作动员大会，学习贯彻中央和省委对巡察工作的要求，组织和动员各级党组织及广大党员领导干部积极支持、配合巡察工作。

10月17日 吉林森工集团召开省委第十一巡视组对集团党委巡视“回头看”动员会议，安排部署巡视“回头看”工作。

(吉林森工集团林业由吴在军供稿)

黑龙江省林业

【概　述】 2016年，全省共造林7.8万公顷(其中：人工造林完成3.65万公顷，封山育林完成4.15万公顷)，达到计划任务的100%。完成义务植树5540万株；三北工程完成造林4.99万公顷；育苗0.972万公顷，为计划的145%，培育造林苗木6.12亿株，采收林木种子9.5万千克。全年共发生森林火灾29起，林业有害生物发生面积20.92万公顷，防治16.65万公顷。

造林绿化 全省完成造林7.8万公顷，是国家下达计划任务的100%，其中人工造林3.65万公顷，封山育林4.15万公顷；绿化村屯974个、面积0.15万公顷，绿化道路1158千米、面积0.09万公顷，营造城郊片林25块、面积331.6公顷，治理重点侵蚀沟54条、面积

137.8公顷；栽植经济林0.31万公顷；全省义务植树5540万株，建立义务植树基地587个。三北完成工程造林4.99万公顷，治理沙化土地0.424万公顷，完成退化林分修复试点0.11万公顷；在国内率先开发了全省三北防护林工程营造林地理信息系统，建立了全省三北防护林工程信息分类检索系统，实现了三北工程建设信息化管理。全年落实中央财政林木良种补贴资金1860万元，8处国家重点良种基地，16处国有苗圃享受到良种补贴政策，良种选育能力和苗木生产能力明显提高；全省育苗0.972万公顷，为计划的145%，培育造林苗木6.12亿株，采收林木种子9.5万千克，保障了全省造林绿化的种苗供应。

国有林场改革 全省国有林场改革工作全面启动，成立黑龙江省国有林场改革工作领导小组，制订《黑龙江省国有林场改革工作方案》，与各地签订《国有林场改革目标责任状》，明确了改革时间表、路线图，指导各地形成符合本地实际的《国有林场改革实施方案》，并根据中央国有林场改革总体要求，积极稳步推进各项改革工作，双鸭山市宝清县率先完成了国有林场改革工作。

林业灾害防控 森林防火工作得到省委省政府领导的高度重视，在森林防火重要时间点和火灾扑救过程中多次作出重要批示和指示，并深入林区检查指导工作。全省大力开展森林防火督导工作，共出动各类检查组2572个，严格落实扑火预案，实施兵力靠前驻防，采取重兵扑救，火灾当日扑灭率均达到100%，实现了"打早、打小、打了"。全年共发生森林火灾29起，其中春季28起，夏季1起，秋季无森林火灾，火灾当日扑灭率达到100%，过火总面积639.9公顷，其中过火有林地面积42.54公顷，森林火灾受害率0.002‰，远低于国家标准，无重特大森林火灾和人员伤亡事故。

林业有害生物防治稳步提升，全省林业有害生物发生面积为20.9万公顷。其中虫害发生10.74万公顷，病害2.88万公顷，鼠害27.29万公顷；成灾面积7667公顷，成灾率1.1‰；防治面积16.65万公顷，无公害防治率94.75%；检疫苗木65 195.52万株，种苗产地检疫率100%。完成了省政府与国家林业局签订的《重大林业有害生物防控责任书》的各项任务指标。

森林资源保护 全力做好哈佳铁路、哈牡铁路、牡佳铁路及中俄天然气管道二期等重大工程项目征占林地审核、审批工作，上报国家审批使用林地5项，面积1740公顷，黑龙江省林业厅审批使用林地183项，面积573.2公顷。

全面开展全省林地、湿地清理，出台《全省开展林地、湿地清理，保护自然生态资源工作方案》，省林业厅派出7个督导组分赴各地，加大清理整顿力度；进一步加强林木采伐审批管理，全年受理审批林木采伐许可115项，核发林木采伐许可证2920份。全面开展了严厉打击非法占用林地等涉林违法犯罪专项行动，全省森林公安机关查处森林和野生动物案件1124起，其中刑事案件立案765起，破案733起，行政案件412起，查处391起。

野生动植物保护 保护区建设力度持续增强，争取国家级（森林类型）保护区建设资金1772万元、省级保护区建设资金1000万元，新晋升1处国家级保护区、申报2处国家级保护区、3处省级保护区。开展春季候鸟保护行动和秋季保护候鸟"清网行动"，完成秋季鸟类同步调查、东北虎野外专项调查和黑龙江省第二次野生植物资源调查工作。

林业产业 编制完成《全省林业产业发展规划（2016～2020）》，建立总规模100亿元的林业产业发展基金，组织召开中国黑龙江·德国巴伐利亚林业项目合作对接会、黑龙江林业产业发展合作大会和伊春林博会，推介林业产业和绿色食品项目284项，签订意向合作协议54项，签约总金额243亿元。全省以"森林食品、特色林药、经济果林、林下养殖、木材加工和境外资源进口"为重点，着力打造哈尔滨林产品贸易、牡丹江食用菌、鸡西北药、伊春林果、绥芬河木材加工等多个产业集群。全省推进林业十大重点产业项目17项，总投资246.7亿元，新建亿元以上林业产业项目50个，累计完成投资290.8亿元，发放经济林建设补贴1500多万元，完成境外资源进口1020万立方米，林业总产值突破1800亿元，同比增长13%，增速全省第一，对全省GDP贡献率达到8%，有效缓解了林区停采带来的经济压力，促进了林业职工和当地农民增收，为全省经济和社会发展作出了重要贡献。

森林公园和湿地建设 争取到"十三五"自然文化遗产项目3项和林相改造项目1项，中央投资3000万元，成功晋升国家级公园42处，新建省级公园1处。成立省林业厅森林生态旅游领导小组，由全国人大代表李延芝带队开展了全省森林公园专题调研，依法保留了省级公园行政审批。编制"全省负氧离子实时监测与发布系统项目方案"和"全省森林公园与森林旅游监测评价报告"。在2016中国森林旅游节上，获得国家奖励4项，为全国最多；开通"黑龙江森林公园微信公众号"，森林公园信息宣传居全国第三位，黑龙江省森林公园和森林旅游的知名度和影响力得到进一步提升。全年争取中央财政湿地补助1.6亿元，争取省级财政补助1500万元，争取到河仁基金会资助1000万元，完成退耕还湿1.01万公顷，4处国家湿地公园通过验收，新增国家湿地公园8处，省级湿地公园3处。

森林经营 启动实施了"黑龙江省森林可持续经营示范区建设项目"，全年落实中央森林生态效益补偿337.43万公顷、4.07亿元，落实省级公益林补偿32.94万公顷、2000万元。建立全省国有贫困林场项目库，234个贫困林场扶贫项目入库，19个贫困林场项目得到国家补助3519万元；开展国有林场危旧房改造工程，落实建设任务380户；制定《黑龙江省地方林业森林抚育实施细则》。

林业科技和信息化 争取国家科研、推广项目资金1500万元、省级700万元；组织实施国家林业公益性行业科研专项项目2项、"948"项目1项，省级林业科技研究应用项目22项；组织评审省林业科技奖，评出获奖项目32项，其中一等奖19项，二等奖11项，三等奖2项；组织申报2016年黑龙江省科学技术奖7项，有5项获奖，其中一等奖1项，三等奖4项；组织完成了5个科研项目的专家现场测试工作，组织鉴定项目1个。加强林业碳汇研究工作，开展林业碳汇计量监测。

加快推进林业信息化建设，成立省林业厅信息化建设领导小组，全年安排信息化建设资金1980万元，制定《黑龙江省"互联网+林业"行动计划》，项目建成后，全省林业信息化率将达80%以上。

林业法治和宣传 《黑龙江省湿地保护条例》《黑龙江省森林防火条例》分别于2016年1月1日、9月1日颁布实施，进一步提升全省林业法治化水平。围绕国有林场改革、造林绿化、森林防火、产业建设和资源保护等重点工作进行大规模的宣传报道，全年在中央及省内主要媒体播发林业新闻稿件300余篇，较好地完成了黑龙江首个"湿地日"、爱鸟周、世界荒漠化日、龙江森林氧吧、国家森林城市、全国生态文化村等新闻宣传，并先后在《人民日报》、人民网、新华网、东北网、中央和省电视台等媒体报道播出。双鸭山市获得黑龙江省首个"国家森林城市"荣誉称号。

林业支撑保障 全年争取到中央财政林业补助资金28.69亿元，争取省级财政补助资金4.92亿元，在全国18亿地方天然林停伐补助资金中争取到11.73亿元，并争取天然商品林停伐管护补助费1.58亿元，基本建设投资1.6亿元，三北工程投资1.9亿元，国有林场改革补助资金8.5亿元。欧投行执行董事会正式批复了黑龙江省欧洲投资银行贷款北方特色林木可持续培育项目，贷款2500万美元。编制完成《黑龙江省千万亩造林绿化规划(2016~2025)》和《黑龙江省地方林业"十三五"发展规划》。加强了标准化林业站建设，争取国家投资340万元，建设17个标准化林业工作站。开展了建档立卡贫困人口转为生态护林员工作，国家投资3000万元，聘用6378名贫困人员，管护森林资源38万公顷，贫困人员直接脱贫，森林资源得到有效保护。

【林业对外合作项目】 欧洲投资银行贷款北方特色林木可持续培育项目正式启动。6月23日，欧投行执董会正式批复了黑龙江省欧洲投资银行贷款北方特色林木可持续培育项目，项目贷款2500万美元。8月，召开项目启动准备工作会议，对项目启动前的相关事项进行部署。9月，省林业厅下达《黑龙江省借用欧洲投资银行贷款北方特色林木可持续培育项目2016年度计划的通知》。

【全省湿地名录制定】 在湿地资源调查结果和全省泥炭沼泽碳库调查基础上，制定了全省湿地名录。名录涉及湿地斑块25 000个，明确了湿地的名称、类型、保护级别、保护范围、主管部门或管理机构等事项。并完善黑龙江省湿地资源分布图，制定黑龙江省湿地图册。

【林业新型经营主体建设】 组织推荐2016年国家农民示范社推荐申报工作，黑龙江省按照农业部《关于开展2016年国家农民合作社示范社推进申报工作的通知》精神及省农委的相关要求，组织推荐虎林森蜜蜂业农民专业合作社、龙江县兴玉果业专业合作社、延寿县长寿山园艺专业合作社等4家合作社，申报国家级示范社；组织整理审查省级示范社申报材料，经过对全省37家林业专业合作社的相关资料、数据的初评，并对合作社进行实地调研，评定出黑龙江省省级示范社30家。

【龙煤转岗分流人员得到妥善安置】 按照省委省政府决策部署，省林业厅全力做好龙煤集团转岗人员安置工作，为企业、事业单位改革提供了经验。厅领导班子分别深入四煤城召开接收安置动员会，6500名分流人员中，签订自主创业协议5496人，签订上岗协议940人，自然减员57人，社会保险关系基本转接完毕，党的组织隶属关系全部接转，实行属地化管理，妥善解决了接收问题，平稳安置分流职工，较好地完成了转岗就业、创业任务。

【黑龙江省林业监测规划院】

森林资源规划设计调查 完成了林口县、东宁县、桦南县等共计9个县(市、区)，49个林场，88万公顷的森林资源规划设计调查任务。为更新全省林地"一张图"，强化森林资源监管以及为林业基层单位生产和经营提供重要的参考依据。国家级公益林监测是检验国家重点生态公益林管护效果的重要手段。2016年，省林业厅共安排宾县等15个总体、4700个固定样地的监测任务。积极争取地方林业局、林场支持与配合；强化内外业培训，拓宽培训项目和内容，提升生产人员业务素质和新技术应用水平；积极推广应用数据采集技术，提高调查工作效率；实行调查、检查质量责任历史追究制度，落实责任，强化质量管理。通过采取多种措施，强化外业人员吃苦耐劳、敢打硬仗的敬业精神，保证了调查工作质量。林地年度变更调查林地年度变更调查是保证全省林地"一张图"的现势性和时效性的基础工作。全省林地年度变更调查包括125个县(市、区)的368处国有林场，880个乡(镇)，以及农垦、煤炭等11个有林行业部门。林地变更调查的任务是借助遥感影像图和现有资料，对因植树造林、森林采伐、占用征收林地、毁林开垦、自然灾害、自然生长等导致地类或林分因子变化的图斑重现采集变化后的属性因子，并更新全省林地"一张图"。完成了遥感影像图准备、变化图斑判读区划、软件开发、人员培训、资料分发等工作，现地验证、数据采集及省级检查验收工作正在有序开展。完成黑河市孙吴县林地保护利用规划修编试点工作。该修编试点工作是采用林保成果矢量数据与国土二调数据进行边界确认，形成县界范围内的地类变化动态表，分析国土与林保数据的差异。完成内业矢量数据处理、市县外业核实确认工作。

【林业大事】

1月1日 《黑龙江省湿地保护条例》自2016年1月1日起施行。

1月24日 根据黑龙江省机构编制委员会黑编〔2015〕80号文件精神，撤销黑龙江省林业广播电视学校，成立黑龙江省林业碳汇计量监测中心。

2月29日 全国绿化委员会印发《关于表彰全国绿化模范单位和颁发全国绿化奖章的决定》(全绿字〔2016〕2号)，黑龙江省青冈县、甘南县等4个县(区)荣获"全国绿化模范县"称号，哈尔滨市林业科学院、解放军65935部队等8个单位荣获"全国绿化模范单位"称号，王臣等40人荣获"全国绿化奖章"称号。

3月15日 "黑龙江省种苗"微信公众平台正式

开通。

4月15日 黑龙江省林业厅厅长杨国亭会见新西兰英得弗亚太公司总裁一行并洽谈森林评估、估值等有关合作事宜。

4月23日 厅领导肖建春、杨国亭、王瑞斌、张恒芳、郑怀玉、张凤仙参加全省义务植树活动。

5月14日 在抚远市举办全省"爱鸟周"活动，厅党组书记肖建春、副厅长郑怀玉出席活动。

6月16日 召开"世界防治荒漠化与干旱日"主题学术报告会，邀请黑龙江省政协副主席、东北林业大学副校长赵雨森作主题学术报告，厅长杨国亭主持并作总结，厅党组书记肖建春、省绿化委员会专职副主任张凤仙参加报告会。

6月19日 厅党组书记肖建春、厅长杨国亭、副厅长郑怀玉参加全省湿地论坛暨夏季生态旅游产品推介会，厅长杨国亭作"醉美龙江大湿地"主题推介。

9月1日 《黑龙江省森林防火条例》由省人大常委会第28次会议通过，于2016年9月1日起施行，填补了全省森林防火地方性法规的空白。

（黑龙江省林业由崔祥娟供稿）

黑龙江森林工业

【概　述】 2016年，黑龙江森林工业总局（以下简称龙江森工）在国家林业局和黑龙江省委、省政府的正确领导下，森工上下同心，积极努力，圆满完成了各项工作。资源保护继续加强，产业转型发展势头良好，林区职工生活逐步改善，党的建设进一步加强，林区社会和谐稳定，实现了"十三五"良好开局。全林区完成产业总产值533.7亿元，增长6.4%。其中牡丹江、松花江、合江林区直属单位共完成产业总产值350.2亿元，比2015年增长7.3%；伊春林区完成产业总产值183.5亿元，增长4.9%。

【主要经济指标】 2016年，全省森工林区产业总产值完成533.7亿元，比2015年同期501.4亿元增加32.3亿元，增长6.4%。全系统林业产业增加值实现226.4亿元，比2015年增长6.5%。

营林产值完成15.4亿元，比2015年同期增加1亿元，增长6.3%；林产工业产值完成28.2亿元，比2015年同期减少7.7亿元，下降21.7%；种植业产值完成73.1亿元，比2015年同期减少2.8亿元，降低3.7%；养殖业产值完成40.3亿元，比2015年同期增加1.1亿元，增长2.9%；森林食品业产值完成75亿元，与2015年同期基本持平；旅游业产值完成57.6亿元，比2015年同期增加8.3亿元，增长16.8%；北药业产值完成15.4亿元，比2015年同期增加0.6亿元，增长4.3%；清洁能源产值完成9.4亿元，比2015年同期增加1.2亿元，增长15.5%；其他产值完成206.7亿元，比2015年同期增加34.9亿元，增长20.3%。在岗职工年平均工资31 469元，比2015年增加1562元，增长5.2%。林区年人均收入16 187元，比2015年增加1873元，增长13.1%。

【营林生产】 全省森工林区完成更新造林1.52万公顷，完成抚育补植10.02万公顷，森林抚育完成24万公顷。营造经济果林1009.93公顷，其中：红松151.67公顷、胡桃楸67.67公顷；育苗生产完成386.8公顷，其中新播31.13公顷。56.3万人参加义务植树，植树367万株。种苗产地检疫率达100%，全年无检疫事故发生。

森林抚育经营 2016年下达森林抚育计划51.8万公顷，覆盖全系统4个林管局、40个林业局及省林科院、青梅林场、长岗林场、伊春森林经营所和西林经营所5个直属单位。制定《黑龙江省国有重点林区森林抚育经营实施细则》（黑森营〔2016〕743号），进一步细化、规范了森林抚育经营方式方法、作业程序、技术要点等内容，细则重点突出，因地制宜，因林施策，简捷易行；印发《黑龙江省国有重点林区森林沟系经营实施意见》（黑森营〔2016〕664号），对森林经营理论、经营方针、经营原则、技术标准进行明确、具体的规定，更有操作性地指导全系统森林经营工作。

林业碳汇 经国家林业局应对气候变化和节能减排工作领导小组办公室审核批准，黑龙江省第三森林调查规划设计院取得林业碳汇计量与监测单位资质，并颁发《林业碳汇计量与监测证书》。黑龙江省翠峦林业局碳汇交易（CCER）项目通过国家发改委备案，并在中国自愿减排交易信息平台上公示。这是全国第一例森林经营碳汇项目备案成功，标志着国家发改委对森林经营碳汇CCER项目进入碳交易市场的认可，森工林区大量的森林经营碳汇储备具备了进入碳交易市场的准入条件，对黑龙江省森工林区开启CCER碳汇项目交易具有里程碑意义。

森林公园建设 亚布力、雪乡、凤凰山、东方红国家森林公园建设项目已纳入国家"十三五"期间重点支持的林业发展项目，并对各国家级森林公园投入960万元。海林林业局获得国家林业局100万元林相改造资金。亚布力管委会、雪乡国家森林公园，汤旺河石林国家森林公园被国家林业局授予全国森林旅游示范县称号。

林业有害生物监控和防治 2016年，全省森工林区实施监测面积1155.67万公顷次，林业有害生物发生总计为16.98万公顷，其中成灾面积60公顷，成灾率为0.01‰。完成防治面积总计14.32万公顷，无公害防治率达到99.1%。

【多种经营】 2016年，多种经营战线积极开展优化产业结构、加强基地建设、培育龙头企业、实施品牌战略、加强市场营销体系建设等重点工作，有力地推动了林下经济产业发展和林区经济转型步伐。总产值完成

314.78亿元，其中种植业73.1亿元，养殖业40.34亿元，森林食品业75亿元，北药业15.44亿元。

按照“调结构、扩规模、提品质、增效益”的工作目标，以建设规模化、标准化、专业化原料基地为重点，加强产品源头管理，重点建设了种植、养殖、食用菌、坚果、浆果、山野菜和北药七大类、50个规模大、效益好、带动力强的森林食品原料基地和10个千亩北药种植基地。10个基地被省农委列入省级“互联网+农业”高标准种植示范基地，其中绥阳林业局细鳞河经营所黑木耳基地和迎春林业局曙光农场黑蜂基地成为省级“互联网+农业”高标准种植样板示范基地，并获得样板示范基地建设补贴100万元。绥阳林业局绿色食品黑木耳标准化生产基地获得省农委绿色食品发展补贴20万元。

2016年，“三江林区”23个林业局备春耕工作共筹措资金10.9亿元，比2015年增加9.7%；购买种子2.2万吨，农药1610.7吨，化肥8.4万吨，农膜301.7吨，汽柴油1.7万吨，检修农机具36 724台。

调减传统大田作物播种面积，重点扩大水稻、白瓜子等高产高效作物和经济作物种植面积。2016年，农业播种面积41.33万公顷，增加3%，粮食产量12.5亿千克。粮食仓储企业18个，仓储能力达到500万吨。

林下养殖业 坚持常规养殖与特色养殖相结合、标准化养殖场与规模化养殖小区相结合、品牌创建与市场销售相结合的发展模式，集聚内部资金、引入外部资本，采取引进重大畜牧养殖项目、建设规模化标准化示范场等措施，推动养殖业快速健康发展。2016年，养猪170万头、养牛16.6万头、养羊25万只、养禽1929万只、养狐貉貂23.2万只、养蜂22.3万箱、林蛙放养面积114.7万公顷。“三江林区”改扩建、新建规模化标准化养殖场12个，其中肉牛—基础母牛养殖场4个，年出栏万头育肥猪养殖场2个、年出栏3000头育肥猪养殖场6个。

森林食品业 2016年，黑木耳栽培规模14.3亿袋，产量5.9万吨，绥阳、东京城、亚布力、苇河4个林业局黑木耳生产规模过亿袋。黑木耳栽培由追求数量扩张向提质增效方向转变，生产方式由分散制菌、平地摆放向工厂化制菌、棚室吊袋方向转变。大力发展经济林栽培和山野菜采集等特色产业，浆果人工栽培0.53万公顷，产量1.3万吨，坚果人工栽培466.67公顷，采集山野菜3万吨。三江林区有效使用有机食品标识认证产品26个，绿色食品标识认证产品36个，无公害标识认证产品39个，认证面积共计12.53万公顷。

北药产业 重点培育和壮大“两参”、平贝、天麻等现有优势品种栽培面积，逐步实现林下药材栽培基地化、规模化、产业化，加快推进林药复合生产模式。全林区人工栽培北药面积5800公顷，产量2.3万吨，其中五味子2000公顷，平贝1533公顷，“两参”1333公顷。

龙头企业培育 围绕供给侧改革，积极推动加工企业转型升级，对重点加工企业按类别进行布局规划，现有森林食品生产企业75家，其中国有(含国有控股)16家，民营企业59家，生产规模1000吨以上企业30家。

品牌培育 推进产品质量标准体系、质量监督检测体系和标准化技术推广三大体系建设，加强产品质量可追溯体系建设，做到生产有规程、质量有标准、市场有监测，稳定产品的内在品质，保证产品质量安全，保护“黑森”产品信誉。“黑森”品牌系列产品已达13大类，近500个品种。

市场营销体系建设 重点在旗舰店建设和“互联网+”市场营销上双重发力，采取线上线下相结合，自营与加盟连锁相结合，合资与合作相结合的多元化营销模式，现已初步形成了面向全省、辐射全国的立体营销网络。截至2016年年底，在全国大中城市建设黑森绿色食品旗舰店26家，加盟的连锁店、代理商已达到200余家。基本实现了在省内主要城市、旅游景区，省外重点省、市等经济发达地区的销售网络布局。

【森林旅游】 2016年，旅游业产值完成57.6亿元，比2015年同期增加8.3亿元，增长16.8%。生态旅游累计接待游客突破1150万人次，比2015年同期增长15%。各旅游景区实现了旅游人数和收入的双增长，而游客投诉和旅游安全事故率降低的良好局面。

以资源保护为重点，结合《黑龙江森工林区旅游发展规划》，指导林管局、林业局各景区的项目规划，对资源的开发利用进行严格把关，对规划设计单位资质和业绩严加把控，杜绝规划不切实际、不能落地的情况发生。重点指导大海林林业局的雪乡景区规划修编、山河屯林业局凤凰山规划、柴河威虎山发展总体规划和海林旅游项目可研工作。

智慧化景区建设 对全森工国家A级景区进行智慧化景区建设督导，重点对景区主要区域免费WIFI覆盖、基站建设进行检查，要求全森工所属4A级景区免费WIFI的全覆盖，3A级景区2018年年底前全覆盖；结合互联网技术，普及景区网络化管理，与国内知名互联网公司联合，利用大数据、云计算等技术，对景区各项目运行做到数字化管理，对重点区域和路段进行全程监控，及时疏导、及时预警，保障游客安全。

旅游安全 针对2016年汛情，加大漂流等旅游项目的安全保障力度。在冬季旅游旺季开展冰雪旅游项目之前，采取下发文件通知和到重点景区督查相结合的方式，对可能出现的安全隐患进行排查，加强整改力度，重点做好旅游基础设施设备的安全检修和检查工作，现场指导、督促森工所属景区，联合质监、公安部门，对游人开放区域内的各种设施设备进行维护，保证游客人身和财务安全工作，对于景区出现的突发事件及时排查，及时处置，避免重特大安全事故的发生。

【林产工业】 2016年，林产工业战线按照“扬长避短、扬长克短、扬长补短”方法论，面对挑战，转方式、调结构，实施开放发展战略，淘汰刨花板、中纤板、锯材等落后生产线，提升家具、地板、木制品、雕刻工艺品等精深加工产品比重，延长产业链，增加附加值。建设境外园区原料基地，境内木材精深加工基地，形成境内外产业互动发展格局。采取“一厂一策”推进企业改革，发挥地域优势，利用厂房、场地、设备，进行资产重组，产业结构调整，发展仓储、物流等多种产业，发展混合所有制经济。几年来，牡丹江木材厂企业累计投入

4775万元，改造、新建厂房、库房142 371平方米，道路76 143平方米，2016年又建设了2万立方米冷库，两处1000平方米婚宴大厅，1000平方米快捷宾馆。“三区一场”现入住商户521户，常驻经营人员2600多人，2016年仓储物流收入1380万元。企业现已成为牡丹江市最大的仓储集散园区、最大的物流园区、最大的门窗市场和石材加工园区，目前正在谋划打造牡丹江市东部最大的婚庆一条街。

齐新工厂实施“一园多区、转型发展”战略，通过招商引资，在厂区建设物流仓储园、木材深加工园、制梁工业园，在已有仓储物流产业发展的基础上，依靠建设现代化的信息服务体系和铁路公路运输优势，建设新工物流仓储工业园区，吸引仓储物流等企业聚集，扩大规模，增加收入，实现转型发展，2016年实现收入400万元。

森工参股在俄罗斯建设的龙跃林业经贸合作区，现已入驻8家企业，建成锯材、干燥材、刨光材、百叶窗木片、胶合板、地板、单板、钢结构材、彩钢板、苯板等建材生产线，产值规模达到30亿元。该园区已被评为国家级境外园区，获得国家境外园区基础设施补贴1.76亿元，合作区正在申办纳入俄罗斯远东14个跨越式发展区，争取享受资源分配、税收、劳动大卡、银行贷款等方面的俄方优惠政策。

【资源保护和管理】 截至2016年年底，全省国有重点林区有林地面积为858.5万公顷，活立木总蓄积量为9.1亿立方米，森林覆盖率为85.1%。与2015年相比，活立木总蓄积量增加0.24亿立方米。

森林资源监管 继续强化服务意识，凡行政审核、审批和直接服务林区的事项，一律在政务服务大厅窗口办理，实现阳光服务、高效服务、一站式服务。政务服务中心全年共受理办结各类行政审批、审核累计181件。其中：调查设计审批66件、木材加工许可证核发9件、木材运输证换领13件、木材检查站台账换领10件、占用林地审查83件。现场办结率和承诺时限内办结率均为100%。发挥资源举报中心作用，2016年共接待举报(信访)事项91起，接访114人次。其中：群众举报29起(受理15起)、信访10起(受理6起)、咨询52起。推进森林资源管理“一张图”建设，在全面完成二类调查数据整理、规范和入库的基础上，本着重点突破、循序渐进的原则，以“每院一个试点局，以数据为核心”的方式稳步推进。制定《黑龙江省森林资源管理局林业资源数据库建库数据规范》，完成迎春、双丰、大海林3个林业局的试点工作。为组织搭建森林资源管理“一张图”基础信息管理平台奠定了可靠基础。

林地保护管理 全面推进林地变更调查工作，成立黑龙江国有重点林区林地变更技术专家组织机构，制定下发林地变更调查推进工作方案和林地变更调查操作细则。制订《建设项目占用森工国有重点林区林地审查管理办法》和《建设项目占用森工国有重点林区林地审批管理办法》。

林政管理工作 建立资源公检法“四机关”联合执法新机制，强化依法治林手段，实现行政案件与刑事案件查处无缝对接。组织开展打击破坏森林资源专项行动，共查处林政案件126起。2016年秋季，配合林业公安机关开展严厉打击非法占用林地等涉林违法犯罪专项行动，清理非法占用林地项目151个、面积257公顷。2016年度共查办林政案件4404起，行政处罚4404人。其中：盗伐林木类案件2936起，占案件总数的66.67%；毁坏林木、苗木类案件244起，占案件总数的5.54%；违法占用、征收林地类案件1017起，占案件总数的23.09%；非法收购、运输木材及非法经营、加工木材类案件合计9起，占案件总数的0.2%；非法猎捕野生动物，非法收购、出售、运输野生动物及其产品类案件合计88起，占案件总数的2%；其他类案件110起，占案件总数的2.5%。

森林调查 组织3个调查规划院，按时完成国家林业局下达的林口、东方红等6个林业局178.1万公顷二类调查任务，调查质量达到规程规定标准，基础数据库资料已上报国家林业局。完成了大海林、方正等6个林业局284块森林抚育成效监测样地复查工作，经检查全部达到规程标准。本次复查又新增加解析木、林木冠幅测定、扩大幼苗幼树样地数量3项内容，为更好地监测生态状况提供更全面基础数据信息。

【森林防火】 2016年，全省森工林区森林防火工作抢前抓早，精心谋划，严字当头，狠抓落实，采取了一系列行之有效的措施，不断加大森林防火工作力度，全面完成了森林防火各项工作任务。2016年春季森林防火期间，全省森工林区共发生一般森林火灾6起(其中“三江”林区4起，伊春林区2起)，没有发生较大以上森林火灾。过火总面积48.99公顷，其中过火有林地面积1.88公顷(其中“三江”林区过火总面积3.92公顷，过火有林地面积0.48公顷)。对发生的森林火灾做到了火灾原因查清、肇事者和责任人进行了处理、整改措施予以落实、教训认真吸取。2016年秋季森林防火期间，全省森工林区没有发生森林火灾。

层层落实防火责任。全森工林区逐级落实524名副处级以上领导实行森林防火包片责任制。全面开展了局县共建、场乡(村)联防联治包保责任制，在农林交错区域实行“五户一包、十户联防”。为进一步管住人为火源，对入山作业人员、林缘农田承包人员、社会重点人员等逐一明确监控责任人，实施交防火抵押金、签防火责任状、落实防火责任人、划定作业范围等规定和硬性措施，制订了监控失职的责任追究办法，有效地管住了人为火源。

通过林区有线电视、广播、报刊等，开辟森林防火专题节目和栏目，对森林防火进行广泛宣传教育；深入村屯、林场、街道，开展群众喜闻乐见的深入宣传教育；通过林区的中小学开设森林防火课，强化学生和家长的防火意识；通过悬挂防火彩旗、张贴防火标语、佩戴防火袖标，对进入林区人员时时处处起到警示作用；对农林混居区域进行全方位的宣传，把森林防火“告示”和典型案例张贴、发放到农林混居区域的家家户户，大造防火舆论氛围。在林区公路干线、要道口布设了9775块各种固定森林防火标语牌，签订森林防火公约12万余份，设立381条“防火宣传一条街”，出动各类森林防火宣传车2379台次，印发各类森林防火宣传品15万余份。构建起了以防火、林政、宣传、学校、旅游、公安等部门以及林场(所)、居民委为主体的防火宣传教育网络体系。

火源管理。坚持疏、导、堵相结合，进一步规范和严格野外用火的管理制度，重点加强对野外生产用火的指导、生活用火的管控、农事用火的整治，加大对重点人员和重要部位的监管，有针对性地部署应对措施。在农事用火高火险期，向农户宣传安全用火常识和禁止用火的法制教育，把组织发动和责任落实工作做到"田边地块"，安排专业人员主动介入，指导帮助农民安全清除种植剩余物，危险地段指定负责人或派专人看守。开展"拉网式"的火险隐患大排查活动，把火险隐患消灭在萌芽状态；在进入林区的路边道口设立站卡，派专人昼夜把守，对入山人员实行实名登记；通过建立远山巡逻队、近山家庭管护站和公路防火检查站"三道防线"，严格控制火种进山。

严查火险隐患。印发了森工林区森林防火监督工作方案和森林火灾隐患整改通知书，各级领导和包片责任人按照"方案"规定的内容深入到各自的责任区督促检查各项防范措施的落实；防火期间总局党政领导将林区森林防火工作视为一项重要内容，做到齐抓共管；全林区共有12名厅级、115名处级干部带队组成春、秋防火工作巡查组、流动检查队、"三清"工作队到重点林区进行流动巡查、蹲点检查和重点督查，查火险隐患，查薄弱环节，查防范措施落实。总局、各林管局、各林业局都分别成立了由森林公安、林政资源、新闻宣传、森林防火等部门人员组成的明察暗访组，深入防火一线督查。在高火险期间，每个林业局每天至少有3名局领导带队深入到山边林缘进行巡查，在危险地段死看硬守。在重点火险区域还组成了森林防火流动巡查组进行昼夜巡查。

综合防控能力和队伍建设。在479个林场(所)、623个林区周边村屯、179处林区重要设施周围开设了防火隔离带，对易过火地段进行了加宽，确保能起到阻火效能；结合防火道路建设，建立了人工与自然相结合的综合防火阻隔系统。通过高山瞭望塔、沿江(湖)地带快艇巡查、空中飞机载人巡护、卫星热点核查、地面巡逻等综合手段，对森林火情全天候、全覆盖监测，确保有火及时发现，迅速报警。在重点火险区利用接力水泵、消防水车和履带装甲车等实施以水灭火作业。在交通不便的重点火险区配备了履带式运兵车等大型机具。进一步完善了超短波中继网络，提高通讯覆盖率，利用移动中继系统加强火场应急通讯保障。在远离林业局址、交通不便的关键部位，增加驻防执勤点，派驻了5530名专业防火队员布防在森林防火最前沿。各级森林消防队组织开展了全方位的扑火实战演练和"学技术、比技能、争先进、创一流"活动，提高了对森林火灾的应急处理和实战能力。沾河、东京城、迎春等林业局应用地理信息系统、卫星定位系统、视频监控、计算机网络等现代信息技术为一体的森林防火视频监控指挥系统，提高了火情监控的信息化水平。绥阳林业局全部完成了62.8千米的边境防火线开设维护任务，达到国家和省对边境防火线的验收标准。

【天然林保护工程】 2016年，龙江森工天保工程财政专项资金的中央投资到位552 072万元。其中：森林管护费67 585万元，森林抚育89 760万元，政策性社会性支出补助227 588万元，社会保险补助157 939万元，森林资源培育9200万元。国家增加的天保财政停伐补助资金186 300万元和提标资金112 211万元全部到位并完成。全部完成各项建设任务，其中：中幼林抚育49.87万公顷，后备资源培育人工造林0.87万公顷、补植补造0.27万公顷、改造培育0.33万公顷。

完成2014年度国家级天保工程核查发现问题的整改工作；制订《黑龙江省森林工业总局天然林资源保护工程2015年度考核办法》，量化了各项指标，采用打分的办法评定各项工作，具有较强的可操作性。组织开展了2015年度天保工程实施情况的企业自查和省级复查工作。通过了2015年度天保工程实施情况国家级核查验收。

【招商引资与对外贸易】 2016年，全省森工系统共计签约合同、意向、在谈项目34个，项目总金额52.3亿元。其中：合同项目25个，签约金额19.4亿元，超亿元项目4个，已开工项目23个，实际到位资金10.4亿元；在谈、意向项目9个，项目金额32.9亿元。从产业分类来看，主要涉及森林食品、森林旅游、林产工业、粮食仓储、风力发电等产业。全省森工系统完成进出口额5507万美元，同比增长10% 。其中，进口额452万美元，出口额5055万美元。向黑龙江省商务厅争取外贸发展专项资金100万元；茧丝绸发展专项资金13万元；市场监测经费4万元。

重新整理编印了《2016年招商引资册》，修订了《森工林区投资发展与潜力报告》。积极组织各企业、各部门开展项目洽谈和对接，借助第二十七届哈洽会暨第四届新博会、第三届中俄博览会、首届龙商大会、黑龙江—韩国经贸合作推介会、黑龙江—新加坡(北京)经贸合作交流会等各种平台，积极寻找合作线索。

【公路建设】 2016年，森工林区农村公路路网改善(两年计划)计划75.6千米，总投资12 096万元，完成路基处理58.5千米。安防工程治理隐患里程160.3千米，总投资1339万元，现全部完工。危桥改造17座(其中16座是两年计划)，现已完成1座，完成投资96万元。路面加宽2千米，总投资50万元，已完工。

2016年森工林区农村公路养护里程12 651.24千米(其中整修里程3825千米，创建文明示范路里程410千米)。养护资金6500万元，其中省补资金3140万元(含每年近400万元以奖代投养护资金)，林业局自筹资金3360万元。共完成文明示范路410千米，公路整修3825千米，绿化指标8万株。

【民生工作】 2016年，新增就业3.1万人，就业困难人员再就业1.1万人；建立林区基层就业服务平台和大学生创业种子资金，组织劳务输出1500余人次。职工工资性收入持续增长，在岗职工平均工资达到3.3万元。建成棚改房11 465套，超额完成计划任务；完成农村公路新建续建449.6千米。社会保障水平不断提高，启动了全民参保登记工作，全面实行风险调剂金管理办法，工伤参保人员待遇平均每月增加270元；发放一次性安置人员社保补贴14.7亿余元；已认定厂办大集体改革职工身份11.1万人；发放社会救助资金3.08亿元；住房公积金归集9.43亿元，惠及职工8.32万人。

【党的建设】 宣传思想文化工作取得新成果。全面推进思想道德建设和精神文明创建活动，涌现出以全国道德模范朱彩芹为代表的一大批先进典型群体、个人和"全国文明村"雪乡等优质文明景区，森工发展软实力进一步增强。领导班子和干部队伍建设得到进一步深化。深入学习党的十八届六中全会精神，贯彻落实《准则》《条例》，领导干部和广大党员政治意识、大局意识、核心意识和看齐意识不断增强，党内政治生活得到进一步规范，党委会议制度、党的民主生活会议制度、"三重一大"决策制度得到有效实施。规范选人用人行为，对全系统2013年以来干部选拔任用情况和干部人事档案专项审核情况进行了检查。开展"两学一做"学习教育，抓好中组部基层党建七项重点工作任务落实，完成40个单位党委换届工作。开展"三建五争"活动，选树了一批典型群体和个人。落实省委巡视整改意见。重点针对党的领导弱化、党的作用发挥不明显、党建工作不到位、党员意识不强、纪律和规矩松弛等突出问题，集中整改落实。党风廉政建设深入推进。严格落实全面从严治党主体责任，建立"三级联动"的工作推进机制，层层压实"两个责任"，推动全面从严治党向基层延伸。全年查处违反八项规定案件33起，处理89人；受理信访举报548件，立案221件，处分309人。平安林区建设继续深化，扶贫解困和社会救助力度进一步加大，开展信访积案化解集中攻坚百日专项行动。

【林业大事】

1月12日 总局党委书记高金芳，党委委员、省林业工会主席张维铎陪同黑龙江省总工会主席王悦华，副主席侯纯禄、郭长义、孙永成，党组成员慈敬元、刘丽，副巡视员王力众一行来到兴隆林业局考察，开展2016年送温暖活动，慰问困难企业、劳动模范和困难职工代表。

1月19日 省森工总局副局长姜传军出席省森工系统广电网络资产划转交接会议。森工20个林业局所属网络资产划归黑龙江省广电网络森工分公司。

2月17日 黑龙江省副省长孙东生深入亚布力滑雪旅游度假区，对2016年单板滑雪世界锦标赛筹备情况进行检查指导。黑龙江省体育局局长郭铭玉，森工总局副局长、亚布力滑雪旅游度假区管委会专职副主任王敬先陪同检查。

2月22日 由黑龙江省森工总局党委宣传部、文广新局、黑龙江林业报社主办，森工书法家协会承办的"我们的中国梦"——森工系统书画作品巡展在总局正式开幕。总局领导高金芳、魏殿生、毕卫星、马建路、姜传军、张维铎、王春杰出席开幕式。黑龙江省文联党组成员、副主席、中国书法家协会理事、黑龙江省书法家协会常务副主席兼秘书长张戈出席开幕式并致辞。

2月15日 省森工总局党委干部大会在哈尔滨市召开。会议宣布了《中共黑龙江省委关于魏殿生、高金芳同志任免职的通知》。省委决定：魏殿生任黑龙江省森林工业总局党委书记。因为年龄原因，高金芳不再担任总局党委书记一职，转任省政协常委。副省长吕维峰出席会议并讲话，省委组织部副部长范宏宣布了《通知》决定。原任总局党委书记高金芳主持会议并讲话，新任总局党委书记魏殿生出席会议并讲话。总局领导毕卫星、马建路、姜传军、董杰、姚猛、王东旭、王敬先、张维铎、王春杰、张雷参加会议。

3月13~14日 国家林业局副局长刘东生一行深入到龙江森工鹤北、方正林业局，对国有重点林区改革、经济转型发展、民生与社会稳定等工作进行调研。国家林业局驻黑龙江省专员办专员袁少青，森工总局副局长王东旭、王敬先陪同调研。

3月15日 全省森工工作会议在哈尔滨市召开。国家林业局副局长刘东生出席会议并作讲话。副省长吕维峰作书面指示。总局党委书记、局长魏殿生作工作报告，国家林业局驻省森林资源监督专员袁少青出席会议并讲话，国家林业局资源司副司长冯树清，总局领导马建路、姜传军、姚猛、王东旭、王敬先、张维铎、王春杰、张雷出席会议。

3月17日 总局党委书记、局长魏殿生会见俄罗斯犹太自治州州长列文塔尔 A. B. 一行。双方围绕继续加大在俄犹太自治州的龙跃园区建设力度、筹建森工参股的春天农业合作区事宜进行了广泛深入探讨。总局副局长王东旭、总经济师张雷出席会谈。

3月27日 总局党委书记、局长魏殿生会见圭亚那国务部长、林业部长哈蒙弗雷德里克及柏杉林林业集团公司董事长初汶泽、执行董事初柏良一行，三方围绕龙江森工与柏杉林集团合作赴圭亚那开展林业开发建设等事宜进行了洽谈。圭亚那民航局董事会主席、总理特别顾问伦敦希拉里，总局副局长王东旭出席洽谈。

4月20日 中国林业生态发展促进会和深圳文化产权交易所联合推出"生态四板"，开启首个生态产业产股权交易专业平台——中国生态四板产权交易中心。黑龙江森工"亚布力""中国雪乡"等7家生态企业成为首批挂牌企业。"生态四板"平台的设立，为林业中小企业拓宽了直接融资渠道，是解决企业融资难题的有效途径。总局党委书记、局长魏殿生，副局长王东旭出席新闻发布会。

4月22日 黑龙江省森工总局与黑龙江省科学技术协会签署了关于科技创新驱动及森工转型发展战略合作框架协议。总局党委书记、局长魏殿生，副局长姜传军、王敬先，黑龙江省科协党组书记、副主席毕卫星出席签约仪式。

4月25~26日 黑龙江省省委书记王宪魁深入伊春林区就林业产业项目、林业棚户区改造和林区经济转型发展等工作，进行调研，并听取森工总局和伊春市汇报。森工总局党委书记、局长魏殿生，伊春市书记高环、市长李坤陪同调研。

4月28日 总局党委书记、局长魏殿生会见了九鼎投资副总裁马洪一行。双方就生态旅游、绿色食品、林下养殖、候鸟式养老等项目进行了探讨与交流。总局领导王东旭、王春杰参加会见。

5月10日 总局党委书记、局长魏殿生，副局长姜传军，总局党委委员、省林业工会主席张维铎，总局党委委员、组织部长王春杰接见了黑龙江省首届“最美医生”获得者——穆棱林业局杨木桥林场卫生所所长周雅杰。

5月12日 黑龙江省邮政分公司、省森林工业总局、省集邮协会、省摄影家协会举办，大海林林业局承办的《美丽中国(二)·牡丹江雪乡》普通邮票首发式在大海林林业局举行。中国集邮总公司副总经理林刚，黑龙江省政府办公厅副主任刘春林，黑龙江森工总局党委书记、局长魏殿生，省集邮协会副会长吴玉森，省邮政分公司副总经理衣俊杰，森工总局党委委员、宣传部长王春杰，牡丹江林管局局长邓恩元出席开幕仪式。中国邮政集团公司将在全国发行美丽中国系列邮票的第二期普通邮票4枚，分别是牡丹江雪乡、兴义万峰林、石嘴山沙湖、杭州西溪湿地。

5月17日 总局党委书记、局长魏殿生，副局长王东旭会见韩国Ronix株式会社会长卢载宇一行。双方就绿色食品、生态旅游、森林食品加工、休闲养老产业和林产品深加工等项目进行了探讨与交流。

5月19日 全省森工重点国有林区改革动员部署会议在哈尔滨市召开。总局党委书记、局长魏殿生出席会议并作讲话，总局领导姚猛、王东旭、张维铎、王春杰出席会议。

5月20日 由法国森林委员会主席巴卡特带队的访问团一行33人来到森工总局拜访，双方围绕森林的经营、管理等一系列问题展开座谈。总局副局长王敬先，国家林业局项目中心主任吴志民，国家林业局驻黑龙江省森林资源监督专员袁少青出席座谈。

5月21日 国家林业局副局长刘东生率国家国有林区和国有林场改革督查组，就黑龙江国有林区和国有林场改革工作情况进行督查，并在花园邨宾馆召开会议。省政府副秘书长田恃伟出席会议并讲话。总局党委书记、局长魏殿生，省林业厅党组书记肖建春、厅长杨国亭出席并作情况汇报。国家林业局驻省森林资源监督专员办专员袁少青，黑龙江森工总局领导马建路、王东旭、王春杰出席会议。

5月23～25日 中共中央总书记、国家主席、中央军委主席习近平在黑龙江省委书记王宪魁、省长陆昊陪同下，来到黑龙江伊春市、抚远市、佳木斯市、哈尔滨市等地，深入农村、企业、林场、科研单位，就贯彻落实“十三五”规划纲要、推动东北地区等老工业基地振兴发展进行考察调研。

6月14日 总局党委书记、局长魏殿生，副局长马建路，总局党委委员、宣传部长王春杰率领龙江森工改革领导小组成员深入内蒙古森林工业集团，进行国有林区改革发展调研。内蒙古森工集团党委书记、总经理、局长张晓兵，董事长、党委副书记张学勤等主要领导与龙江森工调研组进行了座谈。

7月7日 由中国养蜂学会和黑龙江省迎春林业局共同举办的2016首届中国东北黑蜂论坛在迎春林业局举行。中国农科院蜜蜂研究所党委书记谢双红、中国养蜂学会理事长吴杰、黑蜂保护奠基人韩行舟教授参加论坛的开幕式。黑龙江省森工总局副局长王东旭出席开幕式并致辞。

7月13日 黑龙江省副省长胡亚枫深入黑龙江省林业科学院进行调研。省政府副秘书长齐峰、省科技厅常务副厅长张长斌、省工信委副巡视员臧毅，总局党委书记、局长魏殿生，副局长姜传军、总局党委委员、宣传部长王春杰陪同调研。

7月20日 黑龙江省森林工业总局党委召开干部大会。会议宣布了《中共黑龙江省委关于李坤、魏殿生同志任免职的通知》。副省长吕维峰出席会议并讲话，省委组织部副部长范宏宣布了省委《通知》决定：经省委研究决定，因为年龄原因，魏殿生不再担任省森林工业总局(中国龙江森工集团总公司)党委书记、局长(总经理)职务，由李坤任省森林工业总局(中国龙江森工集团总公司)党委书记，同时主持行政工作，代行局长(总经理)职责。原任总局党委书记、局长魏殿生主持会议，新任总局党委书记李坤出席会议并讲话。总局领导马建路、姚猛、王东旭、王敬先、张维铎、王春杰、张雷参加会议。

7月30～31日 由黑龙江省委举办，省委组织部、省森工总局党委、省委党校共同承办的省森工系统领导干部学习贯彻习近平总书记关于黑龙江两次重要讲话研讨班在省委党校开班。省委组织部常务副部长李桂春在开班式上讲话。省委党校常务副校长沙广华，省委党校教育长周英东，总局领导李坤、姜传军、王春杰出席开班式。

8月9日 国际鹤类基金会副主席吉姆·哈里斯在东亚鹤迁徙通道项目主管苏立英等陪同下，深入到森工林区大沾河湿地国家级自然保护区，就湿地自然保护区建设和白头鹤、白枕鹤等大沾河湿地旗舰物种生存情况进行实地考察。

8月11日 总局党委书记李坤、副局长姜传军会见了以芬兰国家议会议员、拉毕地区管理署主席马库斯·罗海为团长的芬兰拉毕地区代表团一行，双方就旅游业、林业经营、矿产资源开发、绿色食品加工等方面的合作进行了深入交流。

8月27～28日 黑龙江省委书记王宪魁就推进森工和农垦体制机制改革等问题，深入到森工大海林林业局和农垦山市农场等地进行调研。总局党委书记李坤陪同调研。

8月29日 由中央文明办、中国文联主办，中国曲艺家协会，黑龙江省文明办、省文联、省森工总局承办，柴河林业局协办的第五届全国道德模范故事汇基层巡演走进森工柴河林业局，为林区职工百姓带来两场精彩演出。黑龙江省文明办副主任王政玺，省文联党组成员、副主席张戈，总局党委委员、宣传部长王春杰与林区职工群众一起观看了巡演。

9月1日 总局姜传军副局长会见了中国广电实战专家团一行，双方就如何利用电视媒体对龙江森工及黑森集团的绿色食品进行推广并开展合作进行了深入探讨。

9月6日 总局副局长马建路陪同省人大常委会党组书记、副主任符凤春带队的省人大常委会检查组赴方正国有重点林区开展森林“一法一例”执法检查。

9月9日 总局党委书记李坤、总局副局长王东旭接待宁波天邦股份有限公司总裁张邦辉一行，双方围绕在森工林区开展千万头猪养殖项目等问题展开深入洽谈。

9月14日 黑龙江省省委组织部副部长范宏到森工总局宣布《中共黑龙江省委关于王敬先同志任职的通知》。省委决定：王敬先任黑龙江省森林工业总局(中国龙江森工集团总公司)局长(总经理)、党委副书记。总局党委书记李坤主持会议。总局领导王敬先、马建路、姜传军、王东旭、张维铎、王春杰参加会议。

9月18日 总局党委书记李坤、总局局长王敬先，副局长马建路会见了吉林森工副董事长、常务副总经理李学友一行，双方围绕国有重点林区改革方案等进行了交流和探讨。

9月26～29日 黑龙江省委副书记黄建盛深入到方正林业局和伊春林区就国有重点林区改革工作进行调研。总局党委书记李坤、副局长姜传军陪同调研。

10月8～9日 黑龙江省副省长王爱文带领省旅游局、省体育局、交通厅以及省政府新闻办负责同志深入省森工林区与海林市就冬季冰雪旅游工作进行调研。总局局长王敬先、副局长王东旭陪同调研。

10月29日 总局党委书记李坤、总局局长王敬先会见了大公国际集团旗下大公资信评估有限公司总裁宋杰一行，双方围绕森工信用信息评级项目合作事宜进行了交流与探讨。总局领导王东旭、张维铎参加会见。

11月2日 龙江森工集团与宁波天邦股份公司在森工总局签署千万头生猪养殖的战略合作协议。省政府副秘书长田恃玮，总局领导李坤、王敬先、姜传军、王东旭、张维铎、王春杰、张雷，天邦股份公司董事长张邦辉、荣誉董事长吴天星出席签约仪式。

11月22日 总局党委书记李坤在北京会见了中国东方演艺集团董事长宋官林，双方就共同发展林区文化事业，弘扬森工精神，合作推介森工资源展开座谈。总局领导姜传军、王春杰出席座谈。

11月30日 黑龙江省委副书记黄建盛到省森工总局就森工国有林区改革情况进行调研。省森工总局党委书记李坤作关于国有林区改革进展情况和明年改革工作安排的汇报。总局领导马建路、姜传军、姚猛、王春杰出席座谈会。

12月1日 总局党委书记李坤会见了景域国际旅游运营集团董事长、驴妈妈旅游网创始人洪清华一行，双方就森工旅游景区开发建设、市场营销等事宜进行了交流与探讨。总局领导马建路、王春杰参加会见。

12月5日 总局党委书记李坤会见了中国网库集团董事长王海波一行，双方就建设电子商务平台、网络营销等事宜进行了沟通与交流。总局副局长王东旭参加会见。

12月14～16日 黑龙江省委常委、宣传部长张效廉深入到大海林林业局雪乡国家森林公园和亚布力滑雪旅游度假区就冰雪文化旅游产业发展情况进行调研。总局党委书记李坤，总局党委委员、宣传部长王春杰陪同调研。

12月22日 总局党委书记李坤会见了北京时代飞天国际影视制作公司出品人李闻郅，双方就森工文化旅游宣传，打造森工文化产品等事宜进行了交流与探讨。总局党委委员、宣传部长王春杰参加会见。

(黑龙江森林工业由姜东涛供稿)

大兴安岭林业集团公司

【概　述】 2016年，大兴安岭林业集团公司以习近平总书记对黑龙江省的两次重要讲话精神为引领，以生态林业、民生林业建设为中心，主动适应经济发展新常态，发展“六大产业”(生态旅游业、森林生态食品业、生物医药业、森林碳汇业、水经济和绿色矿业、文化产业)，实施“三大工程”(生态建设工程、民生改善工程、基层组织提升工程)，营造“两大环境”(务实高效的经济发展环境、风清气正的政治生态环境)，保生态、促转型、惠民生，经济社会保持平稳发展态势。全年实现林业产业总产值82.1亿元，实现产业增加值46.1亿元，林业在岗职工53 796人，在岗职工年均工资37 679元，同比增长12.1%。完成森林抚育237 533公顷、人工造林5800公顷、补植补造30 733公顷，连续5年获全国森林抚育核查前三名。实施生态保护工程，查处破坏森林资源案件，依法收回林地和林下种植合同，对百余名责任人判处实体刑。全区活立木总蓄积量增加1097万立方米，达5.82亿立方米；森林覆盖率增加0.05个百分点，达81.91%。连续6年未发生重特大森林火灾。新签约项目31个，签约额达197.1亿元，到位资金32.2亿元，11个项目开工建设。林产工业完成产值13 000万元，增加值实现4792万元。境外生产商品材31.89万立方米，加工板材7.24万立方米。林下经济实现产值305 049万元，获“三品一标”(无公害农产品、绿色食品、有机农产品、农产品地理标志)产品118个，超越野生浆果开发公司等4家企业获中国林业产业诚信企业品牌。全年旅游接待560.12万人次，实现旅游收入54.33亿元，同比增长22.83%和25.12%。《大兴安岭重点国有林区改革总体方案》获省批复，取消下放审批事项372项。地区全民创业电商产业园一期、二期全部投入运营，建成县级电商产业园5个，全区电商产业销售收入2.3亿元。参与全民创业7.4万人，人均收入2.8万元，全民创业增加值拉动GDP增长3.2个百分点。通过充实资源管护、森林防火力量，落实营林生产实名制等方式，安置采伐一线转岗职工9978人。林业职工首次设立发放住房公积金。将城镇居民、林业职工贫困人口全部纳入脱贫攻坚范围，实施全口径脱贫。推进“12345”政府服务民生热线，开展信访案件“第三方”公开听证，在全省综合治理暨平安建设综合考评中连续4年排名第一，公众安全感居全省首位。林业宣传工作连续4年位居全国林业五大森工之首，林业集团公司获全国爱国拥军模范单位称号，图强林业社区获全国最美志愿服务社区称号，漠河前哨林场党总支被党中央授予全国先进基层党组织。

【森林防火】 落实森林防火责任、任务和措施，制定《森林防火领域重点行政问责的“六项规定”》，修订完善《大兴安岭地区森林火灾应急预案》《大兴安岭地区集中爆发森林火灾应急预案》。发挥森林防火联防协作的整体优势，实行联防、联训、联指、联战、联保的“五联”机制。加强森林防火基础设施建设，松岭、阿木尔林业局实施重点火险区综合治理三期工程，改造防火道路120千米。增配风水脉冲消防车1辆、泡沫细水雾消防车4台、风力灭火机150台、油锯150台等防火装备。提升防灭火快速反应能力，投入使用飞机48架，飞行1187架次。加强火源管理，开展大规模“跟雪三清”活动，全区出动“三清”工作组462个、2641人次，清除无证入山人员614人。增强公众森林防火意识，宣传教育面100%。加强森林消防专业队伍建设，举办专业森林消防队伍技能竞赛，13支快速扑火突击队参赛，全年组织森林防火业务培训86次。2016年，全区发生森林火灾32起，全部为雷击火，过火总面积499.65公顷，其中有林地面积100.33公顷。林地过火率0.014‰，远低于1‰的省控指标，火灾当日扑灭率100%。

【森林资源保护】 推进依法治林，开展“保护森林资源十三五”行动，建立资源、公安、野生动植物保护、纪检、工商等部门联合办案机制，开展舆论宣传、停止采伐监督、规范木材运输秩序、整顿木材加工秩序、林地保护清理、野生动物保护等分项行动。在《大兴安岭日报》开辟专项行动普法宣传专栏，设立宣传点56处，发放宣传图册78 700余份。全年出动执法人员3820余人次、车辆1510台次，查处盗伐林木、毁林开垦、滥捕滥猎野生动物等资源林政案件257起，收回林地181.85公顷，收缴木材259立方米，处理违法人员268人，补种树木2455株。

【森林资源监督】 巩固停伐成果，执行《林木采伐许可证核发程序和管理办法》，全年核发林木采伐许可证16 827份、采伐面积226 279公顷、采伐蓄积量347 253立方米。利用卫星遥感和无人机勘测技术，重点巡查生态脆弱和生态区位重要区域，检查林业局4个，确认违法占用林地和毁林开垦地块8个，违规林下种植地块8个。核查森林经营抚育作业小班81个，合格42个，占核查小班51.9%，约谈相关林业局，提出整改要求。加强林地项目监督，检查占用林地项目42个，下达整改通知书12份，审核占用林地项目9个。在8个林业局开展资源管理综合检查，查出违法开垦占地、少批多占、无证、超证采伐等破坏森林资源地块217个，派出2个工作组督办整改。跟踪督办2015年检查结果整改情况，处理违法犯罪直接责任人31人，收回林地18.47公顷，问责42人。

【天保工程】 开展天保工程二期工程实施情况复查，呼中林业局和西林吉林业局代表集团公司通过国家林业局2015年度天保工程实施情况核查验收。采取滚动使用“五险”资金的方式，确保“五险”应保尽保，按时足额缴费，职工退休工资按时足额发放。开展森林培育劳动定额测算调研，掌握现地作业资料。更新森林资源管护系统数据，完成2014年数据录入工作。《大兴安岭林业集团公司天然林资源保护工程(二期)中期自评估报告》上报国家林业局。全年到位天保工程国家补助资金296 283万元。其中，森林管护费93 672万元，社会保险补助费59 599万元，政社性支出98 504万元，中幼龄林抚育补助资金33 108万元，补植补造及人工造林投资11 400万元。林业集团公司按工程实施进度将资金及时拨付天保工程实施单位，并跟踪检查资金使用情况，保证天保工程资金安全有效运行。

【项目建设】 全区20个重点产业项目全部开复工，完成投资6.1亿元，为年计划的125.3%，5个项目建成投产。工业园区实现产值3.5亿元、利润4902.8万元、税收2441.5万元，安置就业2500余人。163个重大基础设施建设项目开复工157个，完成投资27.8亿元，中俄原油管道二线、呼玛和漠河工业园区、北极星经贸合作区等7个项目纳入国家“一带一路”重大建设项目库。漠河连崟口岸、洛古河界江大桥纳入省重点推进项目，阿玛扎尔林浆一体化项目完成投资30亿元。加强有机农业种植基地建设，新增有机作物面积733.33公顷，与蓝源资本集团签订2万公顷能源草一体化现代农业项目合作协议，中捷集团森林猪养殖加工项目启动资金到位1.1亿元，建成京东大兴安岭馆和大兴安岭电商云仓物流园，绿色食品入驻全国12个城市19个旗舰店。林业集团公司与中科院和哈尔滨股权交易中心分别签署战略合作协议，林格贝公司并购齐齐哈尔市鼎恒升药业，十八站北五味子、韩家园菊苣种植加工项目开工建设，张仲景养生院纳入全国森林康养基地试点。与崂山矿泉水和哈铁分局达成开发大兴安岭地区矿泉水协议，农夫山泉矿泉水项目完成投资3970万元。额木尔河恒宇水电站项目完成可研报告，塔林西水利枢纽工程规划方案及引呼济嫩项目规划提交水利部审查。松岭钼铅锌多金属矿项目矿区划定获国土资源部审批，飞虎山铅锌矿达成股权转让协议并启动矿山建设工程。

【改革管理】《大兴安岭重点国有林区改革总体方案》获省批复，制订分项推进方案，成立改革专项推进组9个。将木材经销管理处整体转为碳汇资源管理部，在林产工业处挂全民创业办牌子。北奇神药业公司实行股份制改造，丽雪精淀粉公司实施委托经营。撤销驻大连、秦皇岛和深圳办事处，将驻北京、哈尔滨办事处经营实体推向市场。整合相关部门职能，组建不动产登记中心和公共资源交易中心。开展第七轮地本级审批事项动态清理，取消下放审批事项372项，非行政许可审批全部清零。确定地本级行政权力清单事项3571项，编制责任清单3577项。呼玛县、漠河县、塔河县、加格达奇区、松岭区、新林区、呼中区建成网上审批平台，与省、地实现互联互通。全区封存超标车辆532台，拍卖305台，收回资金2001万元，节约支出1381万元。清理14个单位17项非办公类资产，审减部门一次性费用3491万元，通过开展"三清"（内清、外清、银行清），年减少支出2835万元。

【生态旅游】 加强旅游基础设施建设，投资3亿余元开发建设北极村、北红村、漠河石林、百泉谷、龙江第一湾、白山、南瓮河等景区和旅游公路。与中国开发性金融促进会签署漠河生态、冰雪健康养老小镇项目建设协议，中国特色小镇500亿元母基金正式启动。完善游览交通标识，自驾游沿线改造和修建休憩节点6个，新建和完善旅游厕所5个，设立导览图17块、引导标识牌48块，新建交通标识牌2580块。开通哈尔滨至漠河夕发朝至旅游专列。创新旅游营销模式，借助网络优势，推送旅游产品、旅游路线和旅游攻略。在全省第一家推出低空飞行、热气球旅游观光项目和旅游公共服务兴安智慧游APP。举办东北亚绿色发展(漠河)论坛、全国"跨越险阻2016"地面无人系统挑战赛、森林山地自行车赛、中俄国际亲子徒步大赛、中国最冷小镇四季风光摄影大赛等宣传活动。呼玛县连续3届举办开江主题文化活动周，打造"南有钱塘观潮，北有呼玛开江"的界江旅游文化品牌。开展旅游行业综合治理，制发《大兴安岭涉旅大数据统计调查表》《大兴安岭地区夏季旅游市场整治行动方案》《大兴安岭地区专项整治旅游市场秩序行动方案》，维护旅游市场秩序。举办旅游行政执法、旅游安全管理等培训班5个，培训从业人员310余人。呼玛县获中国避暑养生休闲度假旅游最佳目的地称号，北极村、洛古河村分别入选中国避暑小镇百佳榜和中国最美乡村，漠河和大兴安岭纳入国家全域旅游示范区创建名录。

【社会民生】 开展精准扶贫，完成6个贫困村整村脱贫，农村3978人、城镇和林业16 184人实现脱贫。完成21个村、9个林场"美丽乡村"建设任务。地林直机关事业单位在职人员、林业企业在岗职工人均分别增资451元/月、249元/月，从业人员平均工资增长12.1%。林业职工首次建立并缴存住房公积金。城市和农村低保救助标准分别提高到530元/月、3720元/年。建成农村公路项目11个，瓦西公路完成招投标，龙江第一湾公路建成主线路基，呼十、连阿公路办结前期手续。呼玛县、漠河县和加格达奇区污水处理厂建成运行，松岭区、新林区、呼中区污水处理厂完成厂区及管网建设。塔河县、松岭区、呼中区和加格达奇区义务教育均衡发展通过国家验收，通过率居全省首位。地区人民医院晋升"三甲"，大兴安岭地区被确定为第四批公立医院改革国家联系试点城市，14家二级以上医院全部实行药品零差率销售。城镇登记失业率3.91%，低于省控指标0.69个百分点。办结省交办信访积案68件，"12345"民生热线受理事项7115件，办结率90.5%。

【森林碳汇】 加强碳汇资源管理，成立林业碳汇产业工作领导小组，印发《大兴安岭地区林业碳汇产业发展指导意见》《大兴安岭地区碳资产管理制度》。提升林业碳汇从业人员业务素质，组织参加由国家林业局和黑龙江省林业厅举办的林业碳汇业务培训6次，参训73人次。开发林业碳汇项目，在中国自愿减排交易信息平台公示林业碳汇项目4个，备案项目2个。组织开展林业碳汇本底调查，为数据库建设和林业碳汇项目建设提供科学数据。图强碳汇造林项目完成碳量核证外业工作，监测报告通过国家自愿减排交易平台公示。创新碳金融产品，图强林业局与黑龙江大兴安岭农村商业银行签署碳金融合作协议，获全国首单1000万元林业碳汇质押贷款。加大林业碳汇基础科学研究，《大兴安岭森林生态系统碳汇监测体系建设》科研课题立项。

【林木管理】 规范森林抚育经营行为，强化作业质量监管，升级三类调查设计软件，在松岭、呼中、十八站3个林业局开展森林综合抚育试点，制订出台《关于进一步加强拨交验收管理工作的通知》《森林抚育调查设计暂行管理办法》等制度。加强停伐监督检查，下发《关于进一步做好停止商业采伐工作的通知》，各驻局监督办每月检查1次，地区不定期抽查，全年查处盗伐木材案件1起。规范木材流通秩序，执行区外购进木材运输管理制度，加强外购木材监管，资源局与计统部联合开展木材加工企业库存清查盘点，掌握企业产、销、存情况，建立台账，对库存清零的加工企业停止办理销售运输手续。

【林地管理】 加强林地审核管理，编制《建设项目使用林地审核审批申报指南》，使用林地项目全部纳入网上林地审核审批申报系统。向国家林业局争取重点产业项目和基础设施建设使用林地政策，对中俄原油管道二期工程项目开设绿色通道。完成永久使用林地初审和上报项目12项，国家林业局审核批复8项，占地面积46.17公顷。林业集团公司批复临时和直接为林业生产服务项目55个，占地面积1188.6公顷。组织开展林地变更调查，查清集团公司林地范围、林地保护利用状况及林地管理属性变化情况，审查结果上报国家林业局。清查呼玛县域涉农林地，十八站、韩家园、呼玛3个林业局完成涉农林地底数核实工作。完善林地管理制度，制发《关于进一步加强林地管理的通知》《大兴安岭地区林地、林木补偿费标准》，规范涉农林地、防火隔离带等使用林地行为。

【森林资源调查监测】 争取国家林业局投资1100万元，在十八站、松岭林业局开展森林资源二类调查，为制定中长期林业发展规划提供资源数据。监测十八站郁闭成林面积，完成呼玛县、漠河县、塔河县地方林场森林资源统计年报。推进森林资源可持续经营试点工作，落实2016年中幼林培育任务，对照监测塔河、松岭林业局试点标准地，将国家投资购买的固定资产移交试点局。

【营林质量监管】 强化营林生产全过程质量监管，执行营林生产质量事故终身责任追究制，监督检查生产计划分配不完全公示、截留计划任务外包、签订虚假生产作业合同、生产人员开支虚列冒领、领导干部插手森林抚育生产等问题。开展质量随机核查，2015年度森林抚育23.83万公顷，质量合格率93.87%，较2014年提高8个百分点，抽检比例2.7%，超过省级抽检比例。

【全民义务植树】 制订《大兴安岭地区造林绿化宣传方案》，组织学习习近平总书记关于生态文明建设系列讲话精神及营林绿化基础知识，开展以“森林关系国家生态安全”为主题的宣传活动。提升全民义务植树意识，在“4·28”地区植树节期间，采取群发短信、悬挂宣传条幅、《大兴安岭日报》发表主题文章等形式，宣传义务植树的全民性、法定性、义务性和公益性。全年义务植树71.6万株。

【营林队伍建设】 提高营林队伍专业化建设水平和营林职工生产技能，开展《造林技术规程》和《大兴安岭森林抚育技术规程》培训，地区营林局与地区总工会、行署人力资源和社会保障局联合举办人工造林技能竞赛，促进林业职工造林技能提升。全年举办营林技术培训班135期，培训20 319人次。

【林木种苗生产】 提高国有保障性苗圃生产能力，缓解本区自产造林绿化苗木不足问题，全年提供造林绿化上山苗木3371万株。培育西伯利亚红松种苗，购入西伯利亚红松种子2000千克，新播1.11公顷，新增苗木76万株，提供西伯利亚红松上山种苗31万株。争取国家级种质资源保存库项目资金1500万元，通过林木种苗质量国家抽检，林木种苗站获全国生态建设突出贡献奖。

【野生动植物保护】 提高全民保护野生动植物、维护生态安全意识，开展系列主题宣传活动，举办科普讲座、展览、网络活动86次，制作设立宣传展板91块，展出本地野生动物摄影作品30幅，设立咨询台37个，悬挂宣传条幅113条，发放野生动物保护宣传单2万份。开展打击破坏鸟类等野生动物资源违法犯罪专项行动，出动执法人员3645人次，执法车辆701台次，检查市场、宾馆、饭店247户，清理非法入山人员44人，清理套、夹、粘网等猎捕工具685件，捣毁地窨子1个，放飞(生)野鸭、鸟、林蛙703只，收缴野生动物3只，查获破坏野生动物刑事案件1起。加强重点时期重点区域野生动物疫源疫病监测巡查频度和强度，开展鸟类疫病调查研究和非洲猪瘟疫情主动监测预警，无野生动物疫情报告。阿木尔国家级野生动物疫源疫病监测站成为国家林业局先期确定的34家野生动物疫源疫病监测站防控标准建设单位。

【自然保护区建设】 黑龙江北极村自然保护区晋升为国家级自然保护区。黑龙江呼源钻天柳自然保护区晋升为省级自然保护区。全区国家级自然保护区6处，面积85.77万公顷，省级自然保护区6处，面积30.98万公顷。省级以上林业自然保护区面积116.74万公顷，占全区总经营面积的13.98%。黑龙江岭峰、盘中自然保护区晋级报告上报国家林业局。

【湿地保护】 实施《黑龙江省湿地保护条例》，邀请国内湿地专家开展法律知识讲座。遏止破坏湿地资源违法行为，开展“十三五”保护湿地2016专项行动，检查工程建设项目19处、农户125户，清理违规进入国际(国家)重要湿地人员39人。制发《关于加快推进森林体验和森林养生发展的通知》，组织参加国家湿地公园建设管理培训和现地考察，聘请湿地专家现场指导阿木尔、双河源、九曲十八湾和古里河国家湿地公园内外业建设。十八站呼玛河湿地公园晋升国家级试点。

【林业有害生物防治】 贯彻《国务院办公厅关于进一步加强林业有害生物防治工作的意见》，林业集团公司与各林业局签订《2015~2017年重大林业有害生物防治目标管理责任书》，制订《大兴安岭林木鼠害防治作业质量管理检查验收办法》，争取岗位津贴499.4万元。开展重点区域有害生物防治，加格达奇区北山公园及街区绿化树木虫害防治面积813.33公顷，防治效果达96%。开展有害生物普查，拍摄影像资料万余张，鉴定林业有害生物594种。完成年度林业有害生物防治“四率”指标。

【农林科学研究】 全年承担国家、省部级项目6项，实施地级项目6项，开展合作项目6项。获国家知识产权局发明专利授权2项、实用新型专利授权9项，科技人员发表论文24篇。2人获科技创新突出带头人称号，2人获地区青年创业创新明星称号，黑龙江嫩江源森林生态系统国家定位观测研究站获全国生态建设突出贡献奖。3月2日，经全国博士后管委会办公室批准，大兴安岭地区农业林业科学研究院博士后科研工作站设立。

【森林管护】 提高森林管护补助标准，森林管护费由90元/公顷提高到120元/公顷，补植补造由3000元/公顷提高到4500元/公顷，人工造林由4500元/公顷提高到7500元/公顷。探索管护经营新模式，新林林业局推出森林经营、林下种养殖、林政防火三位一体的管护模式，有15个管护站和15个防火瞭望塔实行夫妻常年管护；加格达奇林业局尝试林农管、育、用一体化经营试点，调动林农主动参与资源管护积极性，提高管护实效；韩家园林业局探索家庭林场模式的管护承包经营、林农联合管护试点和管护种养殖基地建设；十八站林业局实施“管护区+中心管护站+家庭管护站”的三级管护体系建设。

【森林生态食品产业】 确定森林生态食品发展方向和产业布局，编制《大兴安岭森林生态食品发展规划(2016~2020年)》。制发《黑木耳菌种生产技术规程》《大兴安岭地区蓝莓协会野生蓝莓产品联盟标准》。推进北奇神药业公司改制，形成《北奇神药业公司改制方案》。调整蓝莓种植方式，培育自然越冬品种，野生蓝莓管护面积6607公顷，采集野生蓝莓4802吨，蓝莓产业产值68 143万元。生产食用菌菌包10 097万袋，食用菌产值70 540万元。绿色种植业种植规模11.67万公顷，产值11.9亿元。养殖业禽类出栏54.6万羽，牲畜出栏19万头，产值41 599万元。北药产业采集药材1049吨，实现产值92 782万元。建立山野菜培育和种植基地，实现“企业+合作社+农民”的订单产业模式。2016年，全区森林生态食品产业实现产值314 004万元。

【安全生产】 加强安全生产责任体系建设，细化量化各级党委、政府部门和林业局的安全生产责任，出台《关于进一步明确安全生产责任体系的意见》等文件。推进安全生产风险分级管控和隐患排查治理双重事故预防机制，10个林业局和直属企业全部调整为行政主要负责人任安委会主任、行政常务副职分管安全生产工作，将安全生产纳入党政干部考评重要事项，实行“一票否决”制度。加强安全生产失职追责，建立安全生产高位督查(巡查)机制，解决安全生产“严格不起来，落实不下去”问题。强化安全生产监管和隐患排查治理，制定安全风险和隐患排查清单，建立风险点管控数据库，实施风险点动态管控。全年排查生产经营单位112家、设备设施200余部，排查风险点684个，治理隐患148项。

【全民创业】 壮大创业主体，通过培训、宣传、政策引导等方式，转变创业者思维，提高创业者技能，强化龙头企业发展，实现林业职工创业增收。鼓励林区职工、毕业大学生和科技人员自主创业，全年参与全民创业7.4万人，增长5.8%，其中安置转岗、下岗职工2.1万人。为创业团体和创业职工争取政策和资金，发放小额贷款1998万元。举办首届全民创业大赛，评出一等奖1名，二等奖2名，三等奖3名。全年全民创业实现增加值37亿元，增长23.1%，拉动GDP增长3.2个百分点；人均收入2.8万元，增长8.3%。

【神州北极木业有限公司经营】 全年实现销售额4512.35万元，收入3883.1万元，同比增长20%，成本及业务支出3686.81万元，固定费用支出1599万元，亏损1403万元，同比减亏411万元，上缴税金403万元。公司取得ISO9001质量体系认证和省级企业技术中心认证，获第三届中国林业产业创新奖一等奖、大兴安岭创新突出科技型企业称号。

【林业大事】

1月8日 大兴安岭神州北极木业有限公司技术工人白伟东研发的“异形承载木梁拼板制造技术与应用”项目，获2015年度国家科技进步二等奖。

3月2日 大兴安岭地区农业林业科学研究院博士后科研工作站经全国博士后管委会办公室批准设立。

6月1日 国家林业行业标准《大兴安岭森林抚育技术规程》由国家林业局发布实施。该规程由地方性标准上升为国家行业标准。

6月15日 全国首笔林业碳汇质押贷款由大兴安岭农村商业银行投放图强林业局，贷款额度1000万元。

8月18日 呼中区、十八站林业局、新林林业局获全国绿化委员会、人力资源和社会保障部、国家林业局授予的全国绿化先进单位称号，大兴安岭5人获全国绿化奖章。

8月28日 在全国林业产业信用建设暨诚信企业品牌评选中，超越野生浆果开发公司、富林山野珍品科技开发有限责任公司、北极冰蓝莓酒庄有限公司、佰利食品有限公司获中国林业产业诚信企业品牌。

9月12日 全区第二届专业森林消防队伍技能竞赛在加格达奇开赛，全区11个县区局和地区直属森林消防一、二大队的13支快速扑火突击队参赛。

（大兴安岭林业集团公司由张羽供稿）

上海市林业

【概　述】 全年新建绿地1221公顷(其中公园绿地560公顷)，新增林地5066.67公顷(其中2015年结转2666.67公顷)，森林覆盖率达15.56%。

表23-1　2016年上海绿化林业基本情况表

项　目	单位	数值
新建绿地	公顷	1221
新建公园绿地	公顷	560
新增林地	公顷	5067
2015年结转林地	公顷	2667
森林覆盖率	%	15.56

【生态环境建设】 出台新一轮林业政策及管理办法，聚焦金山化工区、市级环境综合整治区域以及农林水三年行动计划，推进生态廊道和农田林网等公益林建设，新建奉贤区南海公路生态廊道、金山化工区G15(莘卫公路—省界)生态廊道、叶榭农田林网等一批亮点工程。推动迪士尼绿地、黄浦江滨江绿地、大居绿地、外环生态专项等重点工程，建成虹梅路高压绿廊、马桥体育公园一期、金水湖绿地、赵巷公园、前滩休闲公园、周康航大居结构绿地等一批大型公园绿地。完成203千米绿道建设，建成宝山城市绿道示范段、闵行一号绿道、奉贤“上海之渔”绿道等一批示范项目。新增立体绿化41万平方米，完成高架桥柱绿化1.2万根。基本完成崇明东滩生态修复项目主体工程。围绕崇明生态岛建设，积极推进崇明东滩鸟类国家公园建设，编制完成建设方案，形成“海上花岛”方案，协调督促崇明建立野生动物禁猎区取得突破。

【生态资源保护】 完善森林资源一体化监测机制，加大林地管控力度，规范公益林征占用行政审批，实行100%事后监管。开展严厉打击非法占用林地和破坏野生动物资源等违法犯罪专项行动，严肃查处松江辰塔公路和上海电力学院等无证迁移林木案件。签订2015～2017年林业有害生物双线责任制，加大林业“三防”工作力度，强化重点区域、重点时期和重点对象有害生物的监测预报。生态补偿政策取得明显突破，经济果林和湿地生态补偿纳入生态补偿范围。加大沪产优质果品宣传，发挥"三进""乡土有约"等活动效应。推进乡镇林业站建设，完成5家国家级和市级标准化乡镇林业站创建。完成林业有害生物普查，首次举办全市森林防火实战应急演练。着力推动"部市合作"协议事项，加快上海大熊猫基地和华东野生濒危资源植物保育中心建设。宝山炮台湾湿地公园通过国家级湿地公园验收。完成嘉定浏岛等5个野生动物重要栖息地和松江新浜(獐)重引入等3个极小种群引入等项目市级验收。

【生态服务功能】 加快公共绿地、附属绿地和行道树的景观优化提升，着力打造中心城区绿化特色街区，启动大学路创智天地、嘉里中心特色街区建设。创建命名林荫道22条，全市累计达174条。加强公园管理，城市公园增至217座，完成16个老公园改造，89座公园实施延长开放，接待公园游客2.2亿人次以上。长兴、青西两座郊野公园首期开放。第二届市民绿化节顺利开展，陆续推出家庭园艺、绿色展示、体验互动、科普服务四大系列42项市级活动，组织活动逾1500场次，参与人次逾千万。继续打造"上海花城"，成功举办各类花展等70场次公园主题活动，进一步丰富市民文化生活。

【春季造林】 2016年春季，全市各区积极开展行动，充分挖掘造林空间，利用沿海、沿江、沿河、沿路、沿铁路、沿高压走廊、沿镇区外围及废耕地，进行新建林带建设。春季全市共完成造林2545.59公顷，分布51个乡镇。

3月18日，上海市绿化市容局组织各区县林业主管部门负责人在奉贤召开了2016年上海市春季造林现场会。与会人员现场观摩了奉贤区庄行镇新叶村农田林网建设项目和上海化学工业区环境综合整治南海公路防护林建设项目，对两个项目的建设标准、建设进度给予了高度评价。本次会议重点解读了新一轮林业政策和复垦用地造林有关政策，研究部署了2016年新造林有关工作。本次会议既是新一轮政策解读会议，也是3年造林计划落实会议，更是春季造林工作的动员会议。会议要求各区县要从生态文明建设、长江生态带建设的高度重视新造林工作；要聚焦重点区县、项目落实造林任务，市级林业部门要做好服务、指导工作，抓紧做好管理办法和技术导则完善，帮助、配合各区县完成年度造林任务。

【本市春季农业生产暨森林防火工作会议】 3月30日，为贯彻落实全国春季农业生产暨森林草原防火工作会议精神，市农委、市绿化市容局联合召开本市春季农业生产暨森林防火工作会议。会议传达了全国春季农业生产暨森林草原防火工作会议精神，研究部署了本市春季农业生产、森林防火及植树造林有关工作。

【春季造林苗木质量管理检查】 按照《国家林业局办公室关于开展2016年全国林木种苗质量抽查工作的通知》(办场字〔2015〕190号)文件要求，林业总站及时开展2016年春季造林苗木质量检查。主要抽查了奉贤、金山、嘉定、松江和崇明等5个区的造林苗木质量。共抽查了55个苗批，苗批合格率达85.5%，生产、经营许可证具备率为80%，标签使用率为89.1%，苗木质量验收率为69.1%；被抽检的55个苗批中，采购于外省市的苗批数46个，占83.6%。由于本市公益林造林苗木绝大部分采购于外省市，苗木来源于何种性质的基地(苗圃)很难明确。

【森林资源建设管理工作会议】 3月24~25日，上海市林业局召开2016年森林资源建设管理工作会议。各区县林业站(署)、光明集团、上实公司、城投公司、地产集团、上海成事林业规划设计公司等单位分管负责人及相关技术人员参加会议。

会议对2016年森林资源建设管理工作进行全面部署。市林业局林业处部署2016年林业建设工作，解读新一轮林业政策的相关内容，对2013 ~2015年林业政策项目收尾工作提出相关要求和建议，并对2016年即将实施的生态公益林建设项目和生态廊道建设项目的总体要求、管理流程等内容进行讲解，同时部署2016年资源监测工作，详细介绍2016年森林资源综合监测工作方案，明确2016年主要任务、工作内容及各项工作要求。市林业总站介绍2016年度林业建设、资源管理和生态定位监测工作安排和计划，同时部署2016年林分抚育工作，提出森林抚育示范点建设工作方案及本年度抚育示范点建设目标、内容、要求及各阶段抚育工作安排。希望能够加强合作和协调，贯彻落实新一轮三年林业政策，认真做好2016年春季造林工作。

【林业政策】 出台新一轮林业政策及管理办法，印发《上海市生态廊道项目建设管理办法》《上海市生态公益林项目建设管理办法》和《上海市林业项目招投标管理办法》等8个管理办法。开展本市经济果林实施生态补偿政策的研究，将本市桃、梨、柑橘、枇杷等经济果林根据其生态价值纳入林地生态补偿范畴，研究制订林地生态补偿工作考核办法。研究"198"减量化地块造林政策，印发《关于本市重点环境综合整治区域"198"减量地块造林相关政策的实施意见 》。组织编制《上海市"十三五"森林防火规划》和《上海市"十三五"林地管护设施建设规划》等林业子项规划，明确本市"十三五"期间森林防火、林地管护重点项目。

【森林资源一体化监测机制】 及时掌握森林资源年度动态变化，应用年度监测成果，在崇明区、嘉定区分别开展公益林区划界定和公益林小班管理因子完善等试点工作。继续发挥上海成事林业规划设计有限公司的平台优势，联合市、区和相关单位的专业技术人员，承担浦东新区、闵行区和中心城区的年度资源监测。

【林地管控】 全面建立林地占补平衡机制，规范公益林征占用行政审批，实行100%事后监管，确保乡镇范围内经济林总量不减少，把森林资源减量控制在最低限度。开展严厉打击非法占用林地和破坏野生动物资源等违法犯罪专项行动，严肃查处松江辰塔公路和上海电力学院等无证迁移林木案件。

【林业安全管理】 切实做好本市重大林业有害生物防治工作，上海市人民政府与各区人民政府、上海市林业局与各区县林业主管部门签订《2015～2017 年重大林业有害生物防治目标责任书》，将防治责任层层落实。加大林业“三防”工作力度，做到早发现、早预警、早处置，将林业有害生物危害、森林火灾等隐患消除在萌芽状态。上海市人民政府办公厅印发《关于进一步加强林业有害生物防治工作意见的通知》(沪府办〔2016〕1 号)。组织实施 2016 年上海市森林防火实战演练，检验专业消防队伍和群众性森林消防队伍应对森林火灾的能力。

【林地抚育】 总结 12 个生态公益林抚育成效监测样地经验，实施疏伐、林相结构调整等措施，改变林地过密和林相单一的状况，提高林分质量，确保森林健康生长。建立 9 个森林抚育示范点，加强森林抚育经营技术指导，为完成“十三五”森林抚育经营目标任务提供样板。

【“安全优质信得过”果园创建】 完成 3 家“安全优质信得过”果园创建工作。做好沪产优质果品宣传推介工作。充分发挥“三进”(进市区商务楼、进机关食堂、进公园)、“乡土有约”等活动的效应，继续做好沪产优质水果宣传营销。

【乡镇林业站建设】 继续推行乡镇林业站挂牌，建立与乡镇农业综合服务中心一套班子两块牌子的运行模式。制定市级标准化乡镇林业站建设管理标准，完成 5 家国家级和市级标准化乡镇林业站创建工作。

【海绵城市绿地建设】 发布《上海市海绵城市绿地建设技术导则(试行)》(沪绿容〔2016〕165 号)。开展第二轮海绵城市绿地技术调研，举办海绵城市绿地建设技术培训。形成《上海海绵城市绿地建设现状调查与评估报告》，绘制《上海市海绵城市建设标准图集》，完成《绿地设计规范》《绿地工程项目验收》中绿地海绵设施部分内容的修订。推进普陀区光复西路、嘉定区和金山区等海绵城市建设示范区建设。

【打造中心城区绿化特色街区】 出台《本市绿化特色街区建设的实施意见》，围绕“大、中、小”“老、中、新”等不同类型实施设计，以公共绿地、附属绿地和行道树的优化提升为内容，综合运用垂直绿化、容器花卉、园艺小品、围墙透绿等形式，着力打造中心城区绿化特色街区。启动大学路创智天地、嘉里中心特色街区建设。

【林荫道创建】 创建命名林荫道 21 条，全市累计达 174 条。新建储备林荫道 28 条。

【推进老公园改造】 完成南浦广场、金桥、华漕、闵行、泗泾、珠溪园、亭林、衡山、襄阳、水霞、三泉、凉城、昆山、黄兴、江浦、古银杏 16 座“十二五”老公园改造结转项目，“十二五”累计完成 48 座老公园改造项目。制订“十三五”公园改造计划，确定 40 座公园改造项目。启动“十三五”公园改造工作，完成大华行知公园改造项目，推进诸翟、南箐园、四季生态园、华夏等公园改造项目。

【新增 52 座城市公园】 城市公园由 165 座调整为 217 座，增加 52 座。完成《全市公园情况排摸》课题。

【推动公园延长开放】 结合公园改造，通过增加照明设施，新增安保力量、确保游园安全，利用社会力量、引导市民文明游园，加强检测、确保硬件设施正常使用，合理评估、做好公园必要的资金投入等措施，推动全市 89 座公园实施延长开放。其中，中山公园、襄阳公园等公园跨前一步推行了全年全天常态化开放。

【举办公园主题活动】 全市 16 个区共有 49 座公园开展梅花节、樱花展、郁金香花展、牡丹花友会、月季展、杜鹃展、荷花睡莲展、菊花展、爱鸟周等为专题的近 70 场次的园艺文化活动，丰富了市民的文化生活，同时也提升了公园的园艺水平。组织开展公园花坛布置艺术展示、花境布置艺术展示等园艺展示活动，全市公园近 80 个花坛花境参与公园园艺展示活动。

【举办园艺大讲堂】 全年开办园艺讲座 284 场，近 2 万人次接受了园艺知识、技术、鉴赏等方面的普及与传授，包括插花、植物病虫害防治、植物养护、动物科普、中国传统书画鉴赏、花卉栽培、花园管理、生态保护、植物赏析等多个内容。

【开展古树巡督查】 完成古树及后续资源督察 1442 余株次，发现生长异常的 21 余株次。对生长异常或者生境发生变化的树木，及时采取了保护措施。

【抢救复壮 19 棵古树名木】 通过透气铺装、树身防腐、修剪、建围栏、支撑、驳岸等抢救复壮措施，改善古树周边环境等措施，抢救复壮 19 棵古树名木，发挥古树名木应有的生态价值和人文历史景观作用。

【对外花展屡获大奖】 上海参加 2016 年唐山世界园艺博览会，获国际园艺生产者协会大奖和唐山世园会组委会大奖。参加第十届中国(武汉)园博会，获园博会最高奖项——室外展园综合大奖，以及室外展园创新、展园设计、优质工程、植物配置、建筑小品等多个单项奖。市绿化市容局获住建部颁发的特别组织奖和博览会展园建设最佳奖。

【上海植物园荣获唐山世园会花境大赛金奖】 以“都市与自然·凤凰涅槃”为主题的 2016 唐山世界园艺博览会于 4 月 29 日隆重开幕。上海植物园受邀参加了本次花境比赛，作品《自然的呼唤》荣获了世园会“花境景观综合竞赛组金奖”。

上海植物园参赛地块位于“岩石花境”展区，以宿根花卉、一二年生草花和花灌木的自然配置为主，并紧扣岩石花境主题，通过砾石溪流和波浪形白色矮墙的错落布置，使花境富有空间层次感。旱溪周围的花境植物配置从繁密到稀疏，品种从丰富到单一；洁白的波浪形矮墙寓意涓涓清流，贯穿于自然花境之中，与干涸的河床形成鲜明对比。

【上海园获 2016 唐山世界园艺博览会最高奖】 历时 171 天的 2016 唐山世界园艺博览会结束精彩难忘的会期，华彩闭幕。闭幕式上，组委会颁发了 8 个唐山世园会组委会特等奖，4 个唐山世园会组委会大奖，1 个国际园艺生产者协会大奖，上海园获国际园艺生产者协会大奖和唐山世园会组委会大奖。

上海园位于 2016 唐山世界园艺博览会现代园内，占地面积约 900 平方米。上海园以上海市市花白玉兰的花瓣和叶片为设计主线，以“园 · 源 · 圆”为设计主题，将展园布置为主入口花园、台地精致花园、自然生活花园、互动水景花园和都市森林花园等 5 个主题花园，营造了一个充满活力、生活无限美好的“精致、精湛、精彩”的花园，着力体现人与自然、人与园艺的亲密互动，全面展现“美丽上海”的建设理念和成果，深度诠释城市与自然的交融。

【上海首条标准化绿道示范段已完成建设】 该绿道为宝山区市级绿道南线外环林带段，途经顾村公园等景点，是全市建成的首条绿道示范段。未来五年，本市计划建设 1000 千米绿道，2016 年计划完成 203 千米的建设任务。绿道主要依托绿带、林带、水道河网、景观道路、林荫道等自然和人工廊道建立，是一种具有生态保护、健康休闲和资源利用等功能的绿色线性空间。建成后的绿道将为市民提供自然、优美的休闲健身环境，倡导低碳环保的生活方式。同时，首条标准化绿道示范段的建成将为其余各区的绿道建设提供良好示范，为进一步加快推进城市绿道建设奠定基础。

【沪面积最大郊野公园开园】 上海一期规划建设中规模最大的郊野公园——长兴岛郊野公园于 10 月底对外试运营，目前暂时免票入园，吸引了众多市民游客前来观赏游览。

长兴岛郊野公园位于长兴岛中部，北临上海生态水源地青草沙水库，东边是 G40 沪陕高速，南侧、西侧分别是长兴岛的两条重要道路——潘园公路和凤凰公路，总面积 29.69 平方千米。该公园已建成的一期工程总面积约 5.56 平方千米，距离上海市中心约 45 分钟车程，区位优越，交通便利。

【上海 18 条落叶景观道路出炉】 2016 年，本市在原有 12 条落叶景观道路的基础上，又新增 6 个路段，涉及徐汇、长宁、虹口、普陀、松江、青浦、金山等区。

【召开 2016 年绿化委员会全体（扩大）会议】 3 月 10 日，2016 年绿化委员会全体（扩大）会议在闵行区政府召开，总结前阶段国土绿化工作成效，部署 2016 年国土绿化重点工作。市绿化委员会 41 个绿委委员、35 个成员单位、各区县政府绿化工作分管领导、各区绿化和林业部门负责人出席会议。上海市副市长、上海市绿化委员会主任蒋卓庆出席会议并讲话。

会上，市绿化委员会副主任、上海市绿化和市容管理局局长陆月星代表市绿委作工作报告。闵行区政府、崇明县政府、市交通委等 3 家单位，分别结合工作实际，就如何推进国土绿化事业发展在会上作了交流发言。会前，市领导、市有关部门、区县绿化工作负责同志等参观了莘庄梅园、绿道和屋顶绿化，实地感受上海生态环境建设成果。

最后，副市长蒋卓庆就如何做好下阶段本市国土绿化工作，提出四点要求：一是牢牢把握加快国土绿化的重大机遇。二是准确把握国土绿化面临的主要挑战。三是妥善处理工作推进中的协同关系。四是努力塑造国土绿化的崭新面貌。

【第二届“市民绿化节”】 围绕“园艺进家庭，绿化美生活”主题，推出家庭园艺、绿色展示、体验互动、科普服务四大系列 42 项市级活动，组织活动逾 1500 场次，参与人次逾千万。举办各类花展等 70 场次公园主题活动，推出绿色星梦想第二季“花香人家”电视园艺节目、公园园艺大讲堂、绿化大篷车进社区、“绿色上海和你一起”公益跑、大师与你面对面——当代风景园林导赏、市民插花大赛等家庭园艺活动。

“绿化大篷车”公益社区行活动秉承“园艺进家庭，绿化美生活”的理念，充分利用社区、大型居住区等宣传阵地，把绿化宣传、绿化服务送到市民家门口，为市民提供更便捷、更专业、更生动的群众绿化参与性活动。本次活动历时 5 个月，活动覆盖全市 16 个区 41 个社区，开展讲座 284 场，总里程数累计达到 1509.2 千米，辐射到了 145 000 人次居民。

【全民义务植树】 在全市推出可供认建认养绿地 123 万平方米、树木 7 万多棵、古树名木 77 棵以及大量果树等，实现直接义务植树面积 121 万平方米，参与人数约 10 万人，尽责率 82.1%。进一步拓展网络植树，逐步探索线上线下相结合的全民义务植树形式。

【加强湿地管理】 基本完成崇明东滩生态修复项目主体工程。协调督促崇明建立野生动物禁猎区取得突破。宝山炮台湾湿地公园通过国家级湿地公园验收，成为上海第二个也是上海大陆地区第一个国家级湿地公园。积极推进《上海市湿地保护规划》《上海市野生动物栖息地规划》编制。

【崇明东滩鸟类科普教育基地荣登“中国最美湿地场馆”榜首】 中国自然博物馆协会湿地博物馆专业委员会公布了 2016 年“中国最美湿地场馆”评选活动结果，上海市崇明东滩鸟类科普教育基地入选“中国十大最美湿地场馆”，并荣登榜首。

本次评选活动由中国自然科学博物馆协会湿地博物馆专委会、中国绿色时报社、百科知识杂志社联合主办，旨在让社会大众充分认识到湿地的美丽和多样性，激发公众的湿地保护情怀，更多地关注和支持湿地保护工作。

【崇明东滩鸟类国家公园总体规划申报方案（2016 ~ 2020 年）】 规划以优化鸟类栖息生境，有效保护以鸟类为核心的野生动植物资源，完整保护东滩河口湿地生态结构的系统性、生态功能的特殊性和生态过程的连续性，积极开展科普教育，促进区域生态文明建设，搭建一流科研平台，提高科研监测能力为目标，坚持保护优先、依法管理、社区受益、系统优化、精品战略、统一规划，分步实施原则，采取综合区划法，根据东滩地区自然地理特征，自然生态系统和重点保护生物物种、人文景观、社会经济、交通等在地域上的分布，结合自然地形地貌，在维护核心资源生境和地貌单元的完整性基础上进行区划，确定严格保护区、生态保育区、游憩展示区3个功能区。此外，制定保护规划、科研规划、教育规划、游憩规划、管理与经营体系规划5个子规划，分别对国家公园内的鸟类及其赖以生存的栖息生境的保护、生态科学研究、公众自然保护意识教育、游客活动、公园保护管理等方面进行指导。

【上海崇明(国际)"海上花岛"规划建议】 坚持生态优先、产业联动、自主品牌、科技创新四大核心原则，规划布局采用"一心、一环、三带、多组团"模式：一心，即国际花卉展览与期货交易中心；一环，即环岛生态景观线；三带，即崇南江畔风貌休闲观光带，崇中乡野风貌花卉产业带，崇北田园森林风貌生态体验带；多组团，即重点打造向化崇明水仙、港沿百合等五大产业组团，东平森林花海、东滩－上实湿地花园等四大休闲组团以及多个花卉景观小镇。

规划建议崇明花岛建设结合现有花卉产业和生态岛建设基础，以"花"为主题与抓手，落实世界园艺博览会申报、特色观光带及景观廊道建设、主要景点的花卉景观提升、国际化花卉特色产业项目等一批世界级特色项目，打造花岛品牌，提升岛域整体景观，建设世界一流的生态文明示范区。

【"华东野生濒危资源植物保育中心"揭牌】 "华东野生濒危资源植物保育中心"于3月正式揭牌，召开中心成立后第一次工作会议，华东六省一市林业主管部门分管领导及野生动植物保护管理部门主要领导参加会议，讨论华东地区濒危野生植物的保护工作。会后组织修订《华东野生濒危植物资源保育中心工作方案》；召开IABG中国植物保育国际研讨会；编制华东极小种群中国保护行动计划；完成福建、江西、浙江三省进行近地保育基地情况摸底调查。

【国家林业局与上海市人民政府签订新一轮"部市合作协议"】 3月11日，国家林业局与上海市人民政府签署合作协议，决定在上海野生动物园和辰山植物园分别设立大熊猫保护研究基地和华东野生濒危植物资源保育中心，加强在自贸区建设和生态保护等领域的合作。

【中国大熊猫保护研究中心上海基地建立】 5月12日，国家林业局正式批复同意建立上海大熊猫基地。上海野生动物园编制完成上海大熊猫基地建设方案。市林业局局协调国家林业局保护司、中国大熊猫保护研究中心等单位引进部分成年大熊猫，下半年以来，上海基地先后诞下两胎三只大熊猫幼体，目前上海基地大熊猫存栏数量已达10只。继续推进基地建设，积极协调解决土地、大熊猫饲料种植场地选定、上海基地周边交通配套资金、科研专项保障等问题。

【云南赠送上海2只孟加拉虎】 7月29日，云南省政府赠送上海2只孟加拉虎的交接仪式在上海动物园孟加拉虎广场举行。云南省林业厅副厅长万勇、上海市绿化和市容管理局副局长顾晓君、沪滇两地野生动物保护处、云南野生动物园有限公司、上海动物园等部门领导、新闻媒体以及部分上海市民代表出席了本次赠送交接仪式。

自1996年沪滇开展对口帮扶合作以来，两地双向互动、共同发展。2016年5月，为进一步加强云南与上海之间野生动物观赏展示等文化交流活动，云南省人民政府将2只孟加拉虎赠送上海市，并交由上海动物园饲养。这两只孟加拉虎一只叫"云云"，一只叫"南南"，合起来就是"云南"。

【IABG中国植物保育国际会议在沪开幕】 11月8日，IABG中国植物保育国际会议在上海辰山植物园(中国科学院上海辰山植物科学研究中心)报告厅拉开帷幕。会议期间，中外学者围绕"中国植物保育发展战略"这一主题举行18场学术报告，并与在座从事植物保育研究、科普教育与宣传、植物养护与管理的专家学者和研究生们展开讨论。

本次研讨会重点讨论中国植物保育现状分析与评估，如何建立植物园与保护区有机融合的植物保育网络，中国特色保育策略和国家植物保护战略的制定与实施3个议题。此外，国家林业局保护司将与华东六省一市的林业厅(局)的专家共同商讨"植物保育良方"。希望以本次会议为契机，以华东野生濒危资源植物保育中心为平台，通过国内外专家学者的经验分享与成果展示，分析和评估中国现有植物保育政策的有效性及执行性，寻求适合植物保育的工作模式，从而促进植物科研机构与地区间的通力协作，推动中国植物保育工作的科学高效开展。

【支持鹤庆东草海国家湿地公园建设】 为探索上海市和云南省在生态保护建设方面合作的新途径与方式，促进长江流域上下游湿地保护交流，提高云南鹤庆东草海国家湿地公园建设水平，在上海市绿化和市容管理局、云南省林业厅、大理白族自治州林业局和鹤庆县人民政府的支持下，上海市崇明东滩鸟类自然保护区管理处与鹤庆县林业局签署了支持鹤庆东草海国家湿地公园建设的合作协议。

双方将通过合作，以科学恢复退化东草海湿地为总体目标，东滩保护区将在机构和人员能力建设、科普教育和生态旅游、科研监测、国家湿地公园规划设计等方面给予支持，通过建立定期的合作交流机制，力争把鹤庆东曹海国家湿地公园建设成为沪滇湿地生态保护与资源合理利用的示范。

【野生动物栖息地建设】 完成嘉定浏岛等5个野生动物重要栖息地和松江新浜(獐)重引入等3个极小种群引入

等项目市级验收。印发《2016～2018年上海市野生动物重要栖息地建设管理项目实施管理办法》。

【第二次全国野生动植物资源调查】 上海市第二次全国重点保护野生植物资源调查从2013年正式开始，2016年已完成各项调查数据内业整理和总报告的撰写，通过国家林业局的质量核查，获得较高评价。在全市14个调查单元内，完成野生资源的重点调查(普陀樟和舟山新木姜子，共2种)、人工培植资源调查等调查任务，共记录到目标物种普陀樟261株，舟山新木姜子1株；樟、大叶榉、野大豆、明党参、水蕨5种国家重点保护野生植物在上海尚有野生资源分布，但数量稀少。同时，根据本市需要，开展上海地区滨海湿地野生植物调查和上海地区外来逸生植物调查，并对全市的公园、园林绿地的人工栽植植物和濒危植物的贸易现状展开调查。上海野生动物资源调查于2011年下半年开始筹备，2013年正式展开，2015年上半年完成所有野外调查工作，2016年编写完成调查总报告初稿。

【开展市鸟评选前期准备】 2016年两会期间，部分政协常委和委员、代表提出将震旦鸦雀作为上海市鸟的建议。市绿化市容局为此专门成立市鸟评选工作小组，由局相关处室及市野生动植物保护管理站、市绿化市容管理信息中心、市野生动植物保护协会等单位分工协作。制订《市鸟评选前期工作方案》，召开专家讨论会，推选50种鸟作为市鸟候选；并开设"野趣上海"微信公众号，推送"每周一鸟"，引导市民爱鸟识鸟，关爱野生动物。

【全球黑脸琵鹭普查结果公布】 上海地区参与调查的2016年全球黑脸琵鹭普查的结果已经公布。2016年，一共有3356只黑脸琵鹭被观测到，较之2015年的3272只多了84只，增加率是2.6%。本次调查中，数量最多的仍是中国台湾地区，共记录到2060只，较2015年增加1.3%。增幅最大的是中国大陆地区，从2015年的330只增加到434只，增加率为63.1%。上海在本次同步调查中共观测到4只，均位于崇明东滩，较之于2015年调查到的数量少，2015年在南汇东滩发现了8只，崇明北湖2只、崇明北八滧1只。

黑脸琵鹭是国家二级保护鸟类，受胁等级被IUCN列为濒危级别。目前，《全球水鸟种群估计第五版》所示黑脸琵鹭的全球1%数量标准仍是20只，上海地区几乎每年的迁徙季节都能够达到这一标准，说明上海地区湿地对黑脸琵鹭迁徙过境时较为重要。

【林业大事】

3月11日 国家林业局与上海市人民政府在上海签署了《国家林业局与上海市人民政府部市合作协议》。国家林业局副局长陈凤学与上海市副市长蒋卓庆代表双方签署协议，市政府黄融副秘书长主持签字仪式。国家林业局保护司、政法司、科技司、濒管办、中动协及上海、武汉专员办领导，上海市发改委、财政局、科委、林业局及申迪集团等单位领导出席仪式。

8月12日 中华全国总工会文工团赴上海绿化市容行业一线慰问演出，全总宣教部巡视员、全总文工团党委书记李庆忠，市总工会党组书记莫负春，市建设交通工作党委秘书长袁筱英，市绿化市容局党组书记、局长陆月星出席活动。演出结束后，市总工会党组书记莫负春，市绿化和市容管理局党组书记、局长陆月星与行业工会、一线职工代表交流座谈。

9月21～22日 国家林业局华东林业调查规划设计院院长刘裕春一行赴上海市检查指导森林资源管理工作，市林业局副局长顾晓君、局相关处室和直属单位负责人陪同。

10月12日 上海市副市长陈寅赴上海崇明东滩鸟类国家级自然保护区调研。崇明区委副书记唐海龙、东滩保护区管理处书记、主任汤臣栋陪同调研。

11月17日 市森林防火指挥部在金山区廊下镇召开全市森林防火工作会议暨全市森林防火应急演练，市政府副秘书长陈靖、市绿化和市容管理局党组书记、局长陆月星，市森林防火指挥部成员单位相关负责人出席会议，副市长、市森林防火指挥部总指挥白少康出席会议并讲话。

11月23～24日 国家林业局等七部委督导组就上海市打击滥捕滥猎滥食和非法经营候鸟等野生动物违法犯罪活动贯彻落实情况进行督导检查，并召开专题汇报会，市林业局、市网信办、市公安局、市交通委、市工商局等部门参加会议并作专题汇报，督导组组长、国家林业局政策法规司副司长袁继明，市绿化和市容管理局副局长汤臣栋出席会议并讲话。

11月30日 上海市委副书记、市长杨雄与副市长时光辉等市领导一行来到上海崇明东滩鸟类国家级自然保护区，调研崇明东滩生态修复项目推进情况和湿地保护情况，上海市绿化和市容管理局副局长、上海市崇明东滩鸟类自然保护区管理处书记、主任汤臣栋等陪同调研。

(上海市林业由周海霞供稿)

江苏省林业

【概　述】 2016年，江苏省森林面积156万公顷，林木覆盖率为22.8%，活立木总蓄积量9609万立方米，国有林场76个、面积10.67万公顷。全省有国家森林城市6个(无锡市、扬州市、徐州市、南京市、镇江市、常州市)，全国绿化模范城市5个(南京市、苏州市、宿迁市、盐城市、连云港市)、全国绿化模范县(市、区)37个、全国绿化模范单位53个；有省级以上森林公园68处(含2个专类园、1个生态公园)，其中国家级森林公园23处、省级森林公园45处；国际重要湿地2处、国家重要湿地5处，省级以上湿地公园59处，其中国家湿地公园及国家湿地公园(试点)26处、省级湿地公园33处。

造林绿化 森林资源总量稳步提升，植树造林和森林质量提升工程深入推进，2016年全省完成造林面积3.03万公顷，森林抚育面积7万公顷，新建省级绿化示范村572个。省四套班子领导带头参加义务植树，各地各有关部门积极响应，义务植树与绿色创建广泛开展，常州市获"国家森林城市"称号。省委省政府作出国土绿化要与彩色化、珍贵化、效益化相结合的科学决策，省政府办公厅印发实施《江苏省珍贵用材树种培育行动方案(2016～2020年)》，确立到2020年全省新植珍贵用材树种1亿株的目标，并按年度分解落实到各地，根据适地适树原则推荐适生树种和栽植技术。编制《江苏省珍贵彩色树种发展总体规划(2016～2025)》，实施"十百千万"示范基地建设行动，明确提出至2020年建设10个珍贵用材树种培育示范县、100个珍贵用材树种培育示范片、1000个珍贵用材树种培育示范村、10 000个珍贵用材树种培育示范单位。出版《珍贵彩色树种栽培技术手册》，分发基层一线，用于技术骨干培训和指导。出台《关于稳步推进杨树品种优化和结构调整的指导意见》，有序推进苏北杨树采伐利用和树种结构调整，确保林农利益不受侵害和全省林木覆盖率基本稳定。

森林资源管理 严格执行重点公益林生态红线保护规划，确保省级以上重点公益林面积稳步增长。出台《江苏省省级生态效益补偿资金管理办法》，对原有公益林补偿资金管理办法进行修改，适应新形势下公益林资金管理的要求。全省重点公益林总面积38.6万公顷，其中国家级公益林6.92万公顷、省级公益林31.68万公顷。严抓新增公益林实地查验，实现省级以上公益林林地"占补"平衡。全省暂停征收森林植物检疫费，取消征收育林基金。调整植被恢复费增收标准，省级森林植被恢复费征收率达100%。落实中央和省财政公益林生态效益补偿，出台《省级森林生态效益补偿基金管理办法》，补偿标准提高到每公顷450元，优化支出结构，扩大支出范围。严格实施林地使用和林木采伐的限额与许可制度，从严控制一般建设使用林地，确保重点基础设施项目实施，强化工程建设使用林地的事前介入、事中服务、事后监管的全过程管理。全年审核审批同意使用林地217件，征收森林植被恢复费2.12亿元，其中办理永久使用林地164件，使用林地1276.8公顷，临时占用林地27起，占用林地面积377.5公顷，直接为林业生产服务设施用地26起，占用林地面积27.5公顷。下达"十三五"森林采伐限额，修订完善限额管理相关政策，推进木材检查站标准站建设，规范木材运输证和木材加工经营管理。全年批准采伐共计293件，涉及面积7679公顷，采伐蓄积量296 828立方米，其中涉及水利168 755立方米。省财政对沛县大屯、邳州运河、连云港市宁海、东海县牛山、靖江靖城木材检查站分别投资40万元，按照标准站的配建要求，用于站房改建、购置办公器材、交通工具等建设。根据各地经济建设需求，增设部分木材运输证办证点，全年网上开证共计约40万份。规范木材加工经营管理，印发《江苏省木材加工经营许可证核发下放后续监管实施办法》。严抓森林资源案件督办查处，全年发生林政案件849起，查处案件829起，查处率为97.64%。共没收木材307.26立方米，没收非法所得3.85万元，处以罚款416.8万元，责令赔偿损失3.2万元，责令补种树木10.37万株，行政处罚634人次。印发推进杨树结构调整的指导意见，规划用10年推进苏北杨树采伐利用和林木结构调整，保持苏北林木覆盖率稳定。加强森林覆盖率、林木覆盖率、生态公益林动态监测，为全省全面小康建设、生态文明建设等提供决策参考。完成2016年度全省营造林实绩综合核查和全省林地变更调查。

湿地及野生动植物资源保护 严格执行省政府生态红线保护规划，加强对列入生态红线内林业系统自然保护区和湿地公园管理，全省湿地总面积为282.2万公顷，约占国土面积25%，其中，自然湿地194.6万公顷，人工湿地87.6万公顷。湿地自然保护区27个，省级以上湿地公园59处，湿地保护小区273处。2016年，新增自然湿地保护面积4.3万公顷，自然湿地保护率达46.2%；新建3处国家湿地公园(试点)，南京新济洲、无锡长广溪国家湿地公园(试点)通过国家验收；新建阜宁金沙湖、无锡太湖大溪港、扬州北湖、常熟泥仓溇、宿迁古黄河、连云港临洪河口6个省级湿地公园和38处湿地保护小区。完成全省湿地斑块数据校正工作，为"十三五"全省自然湿地保护率计算提供基数。履行太湖流域水环境综合治理林业部门职责，扎实推进太湖流域湿地保护修复工程。承办第十届国际湿地大会。推进生物多样性保护，加强野生动物资源及其栖息地保护，保护拯救珍稀濒危野生动植物物种，推进野生动物疫源疫病监测直报系统和标准站建设。编写全省第二次陆生野生动物资源调查报告、重点保护野生植物资源调查报告和相关图谱。开展麋鹿、河麂、银缕梅、秤锤树等极小种群野生动植物保护工程。推进自然保护区规范化建设，着力把大丰麋鹿国家级自然保护区打造成全国示范性自然保护区，麋鹿保护区种群发展到3223头，野外种群数量325头。江苏沿海地区迁徙经过的勺嘴鹬稳定在110只以上，有鸻鹬类49种，在东亚—澳大利亚鸟类迁徙路线上占鸻鹬类总物种的89%。大丰麋鹿保护区国家级监测站被国家林业局批准为标准站建设试点，依托南京农业大学建立省陆生野生动物疫源疫病检测中心。野生植物调查成为全国首个通过国家验收的省份，出版《江苏珍稀濒危植物图鉴》。开展全省春季和秋季鸟类同步调查，共统计到水鸟51种，其中国家一级3种、国家二级4种，灰鹤种群数量超过2969只。委托南京师范大学和省林科院利用红外相机在宜溧山区开展动物调查监测，发现江苏省野生鸟类新纪录两种：国家一级白颈长尾雉和国家二级白鹇。加强野生动植物繁育利用及其制品经营加工的服务与监管，提升特色产业发展效益。完成行政许可事项411件。实验动物、蛇类深加工企业经营利用在全国位居前列。开展"盘羊二号"专项行动，查办案件68件，其中刑事案件30件，收缴野生动植物13万余件，象牙制品155件、1.66千克。

林业有害生物防治 2016年，全省主要林业有害生物发生面积10.6万公顷，同比上升9.1%，属于中等偏轻发生年份。林木病害发生0.8万公顷，同比下降8.3%，其中松材线虫病发生面积0.74万公顷，病死松树数量8.49万株，同比分别下降7.32%和16.82%；林木虫害发生9.85万公顷，同比上升10.2%，其中美国白蛾发生面积7.67万公顷，同比上升19.9%，以舟蛾为主的杨树食叶害虫发生面积1.81万公顷，同比下降16.3%。全省防治作业面积合计60.6万公顷次，林业有害生物测报准确率达到87.3%，成灾率控制在10.4‰，无公害防治率达到87.6%，种苗产地检疫率99%。省市县乡各级层层签订林业有害生物防控目标责任书，落实防控责任。全省松材线虫病疫区范围涉及8市、21县(市、区)、80个乡镇，拔除镇江市京口区、新区2个疫区，连续12年实现发生面积与病死株数"双下降"。美国白蛾疫情防控形势严峻，疫情范围涉及8市、50县(市、区)、621个乡(镇、场)、7635个村(居委会)，新增7个县级疫区。全省组织21个县(市、区)开展飞防面积26.67万公顷，飞防与地面综合防治相结合，防治效果明显，疫情危害程度普遍较轻，仅部分地区局部成灾。杨树食叶害虫危害程度较往年有所减轻，全年叶片保存率在95%以上。强化产地检疫、调运检疫和复检，及时发布生产性预报和预警信息，推进常规监测和突发疫情应急处置。江苏省林业有害生物检疫防治站发布《林业有害生物防控动态》8期，各市县监测预警点累计发出林木病虫情报400余期3万余份。完成林业有害生物普查任务，全省林业有害生物2019种：病害346种，虫害1459种，有害植物49种，其他165种。全省各地开展林业植物检疫执法行动80余次，查处违反林业植物检疫规定案件89起。全省签发《植物检疫证》近55万份，受理审批《国外引进林木种子、苗木和其他繁殖材料检疫审批单》51份。对涉木涉绿企业进行全面摸底调查，并实施检疫监管登记，全省登记在册重点监管涉木企业3500家，林木种苗生产经营单位3830家。

森林防火 2016年，全省共发生森林火灾15起，过火面积16.8公顷，受害森林面积1.5公顷。没有发生重特大森林火灾，没有发生人员伤亡事故，完成省政府确定的目标任务，确保春节、元宵节、清明节、G20峰会期间等森林防火重点时段森林资源安全。省政府与各市签订森林防火责任状，省森林防火指挥部3月印发《江苏省专业森林消防队建设实施意见》和《江苏省专业森林消防队教育训练考核大纲》；全省森林公安开展为期1个月的"查隐患、破火案"专项行动，共排查出火灾隐患70处，当场制止违规用火37起，送达整改通知书23份，破获森林火灾案件6起，火案侦破率达100%；全省开展森林火灾扑救应急演练(技能竞赛)活动30次，参加人员1200余人次；举办培训班18期，参加人员800余人次；举办江苏省第七届森林消防技能竞赛。稳步推进森林防火现代化体系建设，完善森林防火和扑火基础设施和物资保障，提升森林防火应急处置能力。全省新建(升级)防火通道220千米、生物防火林带60余千米、防火工程阻隔带(网)260千米，新(改)建护林(检查)站85个；新建蓄水池26个、泵房5个，铺设引水管道约30余千米；在林区新建(在建)视频探头45个，添置无线电对讲机280台。各地还加强应急物资的配备与储备，新添置森林消防水车4辆、机动细水雾系统20套、高压细水雾灭火水枪800支、水泵80台、灭火机900余台、灭火弹5万余枚等一批扑火物资。新组建1支森林消防专业队。全省各地投资6000多万元，新建(改建)森林防火指挥中心6处，加强森林防火指挥中心信息指挥系统及林火视频监控等项目建设。围绕省政府森林防火责任状目标任务，加强火源管控措施，与新华日报社签订"森林防火宣传战略合作协议"，加大森林防火公益宣传；全省共印发防火宣传资料20余万份，张贴、悬挂宣传标语、横幅5万多条，出动宣传车3万辆次，新增、翻新固定宣传牌4000多块，电台、电视台播放12万余次。各地还与气象部门加强协作，强化森林火险天气预测预报与发布工作。

林业产业 2016年，全省林业产值4256亿元。木材加工和林木种苗为江苏省优势产业，全省人造板产量5609万立方米，竹木地板产量3.17亿平方米。苗木种植面积18.4万公顷，产值287亿元，产苗量43.5亿株。野生动植物加工利用产业加快发展，实施一批油用牡丹、薄壳山核桃等产业基地项目，实验用猴和中药材、乐器、蛇类等深加工产业较为发达，居全国前列。8家企业被认定为第二批国家林业重点龙头企业。9个单位获得"中国森林食品示范品牌""中国森林体验基地"命名。组织开展林业产业交流合作，召开由20多家林业龙头企业参加的林业产业发展座谈研讨会。组织12家企业参加2016中国义乌国际森林产品博览会，签订意向协议21份，协议金额5000万元，搭建句容市唐陵苗木交易市场等一批林产品市场信息平台。创建江苏黄海海滨国家级森林公园和张家港暨阳湖国家生态公园，完成3个国家级森林公园总体规划。盱眙县被评为全国生态旅游示范县，苏州大阳山国家森林公园和穹窿山国家森林公园建立智慧旅游网络，盱眙铁山寺国家森林公园和黄海海滨国家级森林公园被评为全国首批森林体验基地。全省林下经济规模发展到80万公顷，年产值突破600亿元。

科技兴林 根据林业科学研究与攻关的重点内容，结合绿色江苏建设需要，2016年组织各级林业科研、教学、推广等单位申报各类林业科技项目，其中立项：中央财政林业科技推广示范资金项目9项，资金1000万元；林业生态站监测运行补助项目3项，补助资金21万元；省林业三新工程项目57项、资金2900万元；省质量技术监督局林业地方标准制定项目2项，资金6万元。编制《江苏林业科技"十三五"发展规划》，提出江苏"十三五"重点林业科技工程，为绿色江苏建设提供有力科技支撑。面向全省征集遴选技术先进、成熟、适用的科技成果充实林业科技推广成果，选入成果储备库127项，内容涉及林木良种、森林经营、生态修复、病虫害防治、木(竹)材加工、林产化学、林下经济、森林防火、木本粮油、信息监测、野生动植物保护等。组织开展林业科普知识展、科技成果展览与咨询、国家科技基础条件平台咨询、寻找"最美银杏"活动、苏州太湖湖滨国家湿地公园"我与湿地亲密接触"亲子活动、大丰麋鹿自然保护区"鹿王争霸赛"等10余项林业科普活动。与江苏凤凰科学技术出版社合作，出版《江苏林业科技成果推广项目精选》《林下种植实用技术指导手册》。

依法治林 《江苏省湿地保护条例》经省十二届人

大常委会通过，于2017年1月1日起施行，召开学习贯彻条例座谈会，为湿地保护提供法制保障。制定《2016年省林业系统依法行政和普法工作要点》，举办林业执法实务培训班，组织林业普法考试，参考率达100%，优秀率达90%以上。2016年制定规范性文件3件：《江苏省省级林木良种基地管理办法》《江苏省木本油料树种种苗质量管理规定》《江苏省集体林权流转管理办法》。深化行政审批制度改革，取消7项行政审批事项，取消3项中介服务，4项林木采伐许可子项下放至县。重新修订《江苏省林业系统行政权力事项清单》与办事指南及审核转报事项清单，公开审批事项、依据、条件、程序、收费标准和申请书示范文本。江苏省林业局受理行政审批事项办件715件，提供400多人次咨询服务，驻省政务中心窗口工作全年做到零投诉，2016年度被授予"红旗窗口"称号。完成江苏省林业局全部行政权力事项确认与办事指南入库，纳入江苏省政务服务"一张网"，政务服务事项全部网上办理。

森林公安 强化警务装备建设，完成4个标准派出所建设，为全省森林公安机构配备金盾网专用电脑、彩色打印机、电动巡逻摩托车。开展森林公安警用综合平台和涉林信息数据库、移动采集系统试点。强化侦办和应急处置实战功能，在落实参加地方公安机关四级训练体系工作基础上，举办全省基础信息化、执法规范化培训班。推进林区警务室建设，配发电动巡逻摩托车，开展林区视频监控系统建设试点。根据派出所规范化建设情况，开展森林公安派出所等级评定工作，评定三级派出所23个，国家林业局森林公安局评定二级派出所4个。加强对大要案件的督办，加强对林业行政案件查处的监督。开展"查隐患、破火案""2016利剑行动"、打击非法占用林地等专项行动。全省森林公安机关破获涉林刑事案件90起，抓获各类犯罪嫌疑人191名，林业行政处罚780人次；收缴林木树木850立方米，国家重点保护植物4株，收缴野生动物6068只，其中国家一级保护动物8只、国家二级保护动物300余只；受理林业行政案件472起，办结率98.5%。

林业改革 2月，江苏省政府印发《关于推进国有林场改革的实施意见》，成立省国有林场改革工作领导小组，并于3月召开全省推进国有林场改革工作会议。省林业局与省发改委联合制定国有林场改革部门分工职责，落实改革责任。通过分组督导、定期通报等方式督促指导各地编制国有林场改革实施方案，加强对各地方案的初审，联合省发改委做好对各地方案的审批工作。2016年，全省73个国有林场中有14家（占33%）实施方案获批实施，22家（占51%）实施方案通过初审。出台《江苏省集体林权流转管理办法》，并将集体林权流转纳入全省农村产权交易信息服务平台运行。加强林业新型经营主体培育，13家林业专业合作社被国家林业局认定为全国林业专业合作社示范社，4家林业专业合作社被农业部等九部委认定为国家农民合作社示范社。

林业信息化 2016年，江苏林业网发布信息4100条，主动公开各类文件184份。建成全省林业高清视频会议系统和江苏林业大厦政务无线网络。举办全省林业信息化工作培训班，强化全省林业信息化工作基础，提高全省林业信息化工作人员业务水平；通报年度全省林业信息工作考核情况，对"十三五"期间林业信息化工作进行部署安排；省委办公厅、国家林业局信息办专家指导授课，解读《"互联网+"林业行动计划》并传达国家林业信息化近期工作部署，开展《如何提高信息采用率》《"互联网+"思维下的政务服务》专题讲座。建成江苏省林业有害生物监测信息管理系统，设置一批远程监控测报点，配置智能型自动虫情测报系统，对监测点实现直观定位和远程视频管理，推进林业有害生物监测工作智能化、信息化进程，及时获取林业有害生物发生动态，准确预报其发生期、发生量以及危害趋势，为防控决策提供科学依据，为林农及时控灾提供虫情信息、防治技术等专业服务。

生态文化 2016年，常州市获"国家森林城市"称号，盐城市、连云港市、金湖县、宝应县、泗洪县、丹阳市获"全国绿化模范市(县)"，南京农业大学等9个单位获"全国绿化模范单位"称号。无锡、扬州、徐州、南京、镇江、常州市先后建成国家森林城市，生态文化得到广泛传播，起到以点带面的良好示范作用。开展"绿化好新闻"评选活动，共收到各地推荐作品106篇，评出一等奖3个、二等奖9个、三等奖26个，5家单位获优秀组织奖。加强林业生态建设与保护宣传，在《新华日报》发表《积极融入生态文明工程、扎实推进绿色江苏建设》专版报道。配合《光明日报》等11家中央媒体开展集中采访宣传。开展"森林城市、森林惠民"宣传活动，征集并精选创森口号标语130条。全省各地积极组织开展"3·12"广场绿化宣传活动，发放绿化宣传品10万余份，与中国绿化基金会联合开展"第八届中国网络植树节暨乐享森林嘉年华·南京站"活动，1000余人参加现场活动，近3万人在线参与。完成全省古树名木普查，建成古树名木保护管理系统，实现古树名木信息化管理。

林木种苗 2016年，全省林木种苗育苗面积18.4万公顷，产苗量43.5亿株，同比上升19.6%和50%，苗圃63 311处，产值287亿元，同比下降8%。全省实际用苗量18亿株，用种量154万千克，用良种穗条量18 539万根。育苗面积在0.67万公顷以上的树种分别是女贞、榉树、香樟和栾树，其中女贞育苗面积同比上升100%；紫薇、红叶石楠、海棠等小乔木或灌木树种，楸树、香圆等珍贵乡土树种及红枫、火焰南天竹和进口栎类等优良彩色树种育苗面积呈现上升趋势；薄壳山核桃育苗面积266.7公顷，同比增长26.3%；杜英育苗面积锐减，同比下降87%。沭阳等地苗木电商发展迅速，年交易额超过60亿元。召开江苏省第12次林木品种审定会议，开展第三批省级林木良种基地认定和重点林木良种基地管理考核，编制省级林木良种基地"十三五"规划，提升主要造林树种良种使用率，按序保质推进林木种质资源清查。确定苏州市吴中区林场为省级珍稀树种林木良种基地，常州武进长江流域油用牡丹等4个种质资源库入选国家级种质资源库。

【省领导参加义务植树活动】 2月29日，江苏省委书记罗志军、省长石泰峰、省政协主席张连珍等省领导同志，集体来到南京江北新区，与省市机关干部一起参加义务植树活动。罗志军指出，全省经过多年来推进绿色江苏建设、大规模植树造林后，可供连片植树造林的土地资源已十分稀少。全省上下要深入挖掘潜力，拓展造林增绿空间，更大力度推进护路风景林建设，形成集景观、生态和经济效益于一体的绿色长廊。苏北杨树更新要科学论证、有序推进，确保绿量不减、老百姓能接受、林农得实惠。在推进植树造林增加绿量的同时，也要加强湿地的保护和修复，充分发挥湿地系统调节生态的重要支撑作用。"十三五"时期，全省上下要继续深入开展绿色江苏建设，纳入生态文明建设大局，共同部署共同推进，为建设"强富美高"新江苏多作贡献。石泰峰指出，栽树不但要考虑栽了多少，而且必须栽活，保证质量。推进绿色江苏建设，要继续大力开展植树造林，实施生态屏障建设工程，特别要加强沿海防护林、沿江风景林建设，保护好沿江和滨海湿地，让全省的生态环境更好、人居环境更美。在宁部分省委常委、省人大常委会副主任、副省长、省政协副主席和南京市领导同志，以及省绿化委员会成员参加义务植树活动。

【全省林业局长会议】 1月21日，全省林业局长会议在南京市召开，学习贯彻省委十二届十一次全会、全省经济工作会议、全省农村工作会议和全国林业厅局长会议精神，总结"十二五"期间全省林业发展成效与经验，谋划"十三五"林业发展，部署2016年重点工作。会议指出，"十三五"全省林业发展的总体思路是：按照中央和省委、省政府的决策部署，自觉践行创新、协调、绿色、开放、共享发展理念，按照"四个全面"战略布局的总体要求，以绿色江苏林业建设为主题，以加快转变林业发展方式为主线，以生态优化、民生改善为任务，以科技创新为动力，深入挖掘造林潜力，着力抓好抚育更新，加强森林湿地管理，加快林业产业发展，大力弘扬生态文化，为建设"经济强、百姓富、环境美、社会文明程度高"的新江苏夯实生态基础。到2020年全省净增造林面积8万公顷，林木覆盖率提高到24%以上，林业有害生物成灾率控制在2%以下，森林火灾受害率控制在0.3‰以下，自然湿地保护率提高到50%。会议强调，要准确把握2016年林业工作重点，努力实现"十三五"良好开局，稳步推进国有林场改革，深入开展造林绿化和森林抚育，切实加强资源保护管理，扎实推进湿地保护恢复，努力促进林业产业提档升级，着力提升依法治林水平，进一步强化林业支撑保障。各地要科学编制"十三五"林业发展规划，特别是沿海生态带、沿江生态带、平原杨树更新区等重点工程所涉市、县，要结合本地实际，制定专项建设规划。

【《江苏省湿地保护条例》颁布】 《江苏省湿地保护条例》由江苏省第十二届人民代表大会常务委员会第二十五次会议于2016年9月30日通过，自2017年1月1日起施行。在多年广泛深入立法调研和苏州、南京等地先行立法实践基础上，《江苏省湿地保护条例》实现湿地保护管理有法可依。《条例》明确，建立政府主导和社会共同参与的湿地保护机制，提出建立省政府湿地保护委员会和省湿地保护专家委员会制度；明确湿地名录管理与分级保护制度，完善湿地生态红线制度；要求全省各地制定湿地保护规划，规定将湿地保护管理和生态补偿经费列入财政预算。《条例》规定，县级人民政府应当划定湿地生态红线，确保湿地生态功能不降低、面积不减少、性质不改变。县级以上地方人民政府应当建立湿地生态补偿机制，按照湿地保护规划恢复或者建设湿地造成相关权利人的合法权益受到损失的，或者因承担湿地保护责任、导致该区域经济发展受到影响的，由县级以上地方人民政府依法给予补偿。

【常州市荣膺国家森林城市称号】 9月19日，在2016森林城市建设座谈会上，常州市被国家林业局授予国家森林城市称号。2014年，常州市委市政府把创建国家森林城市作为推动绿色转型发展、提升城市竞争力、增强群众幸福感的重要举措，全面推进森林城市建设，走出了具有"水墨江南、鱼米之乡、平原绿化"特色的造林之路。在森林城市创建过程中，常州市做到"三个坚持"：一是坚持理念先行，引领科学发展。二是坚持统筹建设，致力大绿倾城。三是坚持机制创新，增添创建活力。创建国家森林城市过程中，全市造林1.02万公顷，平均每年新增造林面积达到市域面积的0.78%，森林覆盖率达到37.2%，城区绿化覆盖率达到43.08%，城区人均公园绿地面积达到13.85平方米，基本形成林水相依、林路相依、林城相依、林田相依的城市森林生态系统网络。生态环境的优化，拓展了经济增长空间，带动了景区旅游、乡村旅游、森林旅游的强劲发展。

【林业大事】

1月21日 全省林业局长会议在南京市召开。

2月3日 省委常委、副省长、省森林防火指挥部指挥徐鸣到南京江宁区牛首山林场、雨花台区将军山和南京市森林防火指挥中心考察森林防火工作。

2月29日 省委书记罗志军、省长石泰峰、省政协主席张连珍等省领导同志，集体到南京江北新区，与省市机关干部一起参加义务植树。

3月28～29日 省政府在南京市召开全省春季农业生产暨推进国有林场改革工作会议。

4月8～9日 全省林业植物检疫信息系统使用试点培训班暨林业有害生物普查工作部署会在南京市举办。

4月17日 江苏省第34届"爱鸟周"活动启动仪式在南京红山森林动物园举行。

4月20日 全省国有林场改革工作培训班在南京举办。

5月18日 省政府召开滨海湿地保护与生态建设座谈会，省委常委、副省长徐鸣出席并讲话。

6月28日 省国土资源厅厅长李侃桢、省林业局局长夏春胜在句容市共同颁发全省第一本林权不动产权证书。

8月8～12日 全省森林消防专业队建设与管理培训班在无锡市举办。

8月22～26日 省绿化委员会办公室分别在句容、泰州两地举办全省古树名木信息系统建设培训班。

8月31日至9月1日 全省珍贵彩色树种发展总体规划及行动方案讨论座谈会在南京市召开。

9月19～24日 第十届国际湿地大会在常熟市召

开。来自10个国际机构、72个国家和地区的约800位国内外专家学者参会，围绕“全球气候变化下生物多样性和生态系统的热点问题”主题召开80余场专题讨论会。

9月26日 省十二届人大常委会第二十五次会议审议通过《江苏省湿地保护条例》。

9月27日 全省林业碳汇计量监测体系建设培训班在南京市举办。

10月10日 省委常委、副省长杨岳赴溧阳市、南京市溧水区、省林科院，就推进现代林业建设进行调研。

10月16日 大丰麋鹿回归三十周年暨野生放养仪式在大丰麋鹿保护区举行。

10月20日 第八届中国(泰兴)银杏节在泰兴举办。

11月2日 经省政府同意，省政府办公厅印发《江苏省珍贵用材树种培育行动方案(2016～2020年)》。

11月8～9日 第四届中国银杏节在江苏省邳州市开幕。全国绿化委员会副主任、中国林学会理事长、国家林业局原局长赵树丛，江苏省政协副主席、党组副书记徐鸣出席开幕式。

12月6日 全省森林防火工作会议在无锡市召开。

12月12～13日 全省营造林技术班在宜兴市举办。

12月26日 省人大常委会在南京市召开学习贯彻《江苏省湿地保护条例》座谈会。

(江苏省林业由李祥供稿)

浙江省林业

【概 况】 2016年，浙江省深入贯彻落实全省林业工作会议重要精神，围绕“五年绿化平原水乡十年建成森林浙江”战略目标，全面实施林业“十三五”规划，推进林业改革发展，转变林业发展方式，提升发展质量效益，林业事业继续保持良好的发展态势。全省共完成造林更新2.53万公顷，参加义务植树2080.6万人次，全面启动“新植1亿株珍贵树”五年行动，新植珍贵树2099.3万株。实现林业行业总产值达5127亿元。

【林业生态建设】

“1818”平原绿化行动 浙江省委、省政府连续第七年召开全省平原绿化工作座谈会，省委书记夏宝龙亲自出席会议并作讲话。全省共完成平原绿化19.7万公顷，是年度任务的165.5%，总计投入资金57.3亿元。

新植1亿株珍贵树行动 全面启动“新植1亿株珍贵树”五年行动，浙江省政府办公厅印发《浙江省新植1亿株珍贵树五年行动计划》，全省完成珍贵彩色树种育苗2546.3万株，新植珍贵树2099.3万株，占年度任务1800万株的116.6%。

绿色生态屏障建设 推进珍贵彩色森林建设，实施森林抚育重点项目，完成珍贵彩色森林和木材战略储备林1.37万公顷，占年度任务的103%；完成中央财政森林抚育3.39万公顷，是计划的101.7%；完成森林通道建设3353千米、3266.7公顷；完成重点防护林建设2793.3公顷，是计划的102.1%；新建绍兴舜江源、江山仙霞岭两个省级自然保护区。

生态公益林建设 继续加大公益林补偿力度，省级以上公益林补偿标准保持每公顷450元不变的同时，将大江大河源头县和省级以上自然保护区公益林补偿标准从每公顷450元提高到每公顷525元。

【林业改革】

林业新型经营主体建设 制订《浙江省深化林业综合改革实施方案》，确定临安等10个县(市、区)开展林业股份合作制改革试点，全省评出省级示范性家庭林场49家。全省已建立股份制合作社168家，涉及农户达17 871户。

林权流转 推进林权抵押贷款，制定印发《浙江省农村集体森林资源资产批量评估技术指南》，开展品种创新和农村合作社担保试点，全省累计发放林权抵押贷款289亿元，累计借款农户28.7万户，林权抵押贷款余额为85亿元；当年贷款发生额46亿元，借款农户3.7万户以上。

国有林场改革 在全国率先开展现代国有林场创建工作，制订申报命名办法和评价量化指标，淳安县林业总场等6个国有林场被命名为“浙江省现代国有林场”。

【林业产业】 2016年，全省林业产业总产值达5127亿元，同比增长13.4%，其中三产发展迅猛，同比增长超过25%，位列全国前茅。

木本油料产业 总结推广松阳发展香榧产业，推行“种树养老、种榧增收”模式等精准帮扶典范，合力补齐低收入农户增收致富的民生短板。全省新建油茶、香榧、山核桃等木本油料基地6133公顷，是年度计划的115%。

林下经济 建设林下经济省级示范基地19个，财政扶持805万元，建设面积83.33公顷。加快林区道路建设，完成林区道路主干道建设2871.5千米。

森林旅游 拓展森林休闲养生新业态，举办中国(温州)森林旅游节、磐安森林休闲养生节等活动，公布了第一批森林特色小镇27个，命名森林人家35个，培育森林人家25个，启动了一批森林古道建设。加强森林公园保护与建设，全省共新建市级森林公园7处，绍兴、丽水、金华、台州出台了市级森林公园认定办法，5处国家森林公园建立了管理机构。

花卉苗木产业 印发《浙江省“十三五”花卉产业发展规划》，举办萧山花木节、长兴花木节和金华苗交会，在绍兴柯桥启动花卉政策性保险试点，筹建浙江省花木产业投资基金，首期6亿元基金初步募集到位。全产业链全年产值576.73亿元，同比增长10.4%。

第9届中国义乌国际森林产品博览会 于11月1～4日在义乌市举办。为期4天的森博会有来自全球45个国家和地区的1595家企业参展，到会客商31.66万人次，其中境外客商5028人，专业采购团队22个，境外采购团队6个。本届展会实现成交额47.79亿元，再创新高。

【资源保护】

林地管理 召开全省森林资源保护管理工作会议，部署今后一个时期要围绕“稳增长、调结构、促转型、补短板、惠民生”的发展要求，做好重大基础设施、重大产业和民生项目使用林地的服务保障工作，全省共办理各类长期占用林地项目1391项，使用林地定额面积4468公顷。依法加强林木采伐管理，全年采伐林木总蓄积量154万立方米、占采伐限额的29.96%，采伐消耗逐年减少。组织开展严厉打击非法占用林地、“2016利剑1号”“清网行动”“治爆缉枪”等行动，全省共侦破和查处3054起，其中大要案件34起，有力震慑涉林违法犯罪活动。

资源调查 完成全省森林资源年度监测及增长指标年度考核监测工作，全面开展县级森林资源二类调查。2015年度监测结果表明，全省林地面积660.49万公顷，森林面积605.68万公顷，森林覆盖率60.96%，活立木总蓄积量3.31亿立方米，森林蓄积量2.97亿立方米，居全国前列。

湿地管理 完成县级湿地保护规划编制工作，划定湿地生态保护红线100万公顷，新建1个国家湿地公园和4个省级湿地公园。开展湿地生态补偿机制调研，确定自2017年开始对首批32个列入省重要湿地名录的湿地公园及湿地类自然保护区(除合理利用区域外)实行管护费补偿，补偿标准为150元/公顷，用于日常管护与生态修复。

森林灾害防控 2016年全省仅发生83起，受害森林面积261公顷，森林火灾发生率为1.37次/10万公顷，受害率为0.05‰，G20杭州峰会期间，实现核心区和环杭州地区林区无冒烟、不起火。加快航空护林站建设，开设9条航线(总长3458千米)，全年累计飞行167架次347小时，发现并处置野外违章用火100余起。完成全省林业有害生物普查工作，在丽水、温州等地实施直升机防治作业1.3万多公顷，拔除7个县级松材线虫病发生区疫情。

【“关注森林”活动】

林业“最美系列”评选活动 开展了“最美鸟类”“最美绿化通道”“最美山峰”“最美峡谷”等评选活动，评选珍稀、天姿、百灵、爱情和吉祥各五大鸟共计25种“浙江最美鸟类”；“浙江最美绿化通道”80条；“浙江最美山峰”32座；“浙江最美峡谷”30条，吸引省内主要媒体参加报道，社会反响强烈。

生态文明主题植树活动 组织开展义务植树，全省各级党政军领导、机关干部、社会团体等共计2080.6万人次参加义务植树，仅春节后上班第一天全省共有34个市、县(市、区)3.5万多人参加义务植树劳动。

森林系列创建 推进森林城市、城镇、村庄创建，台州、金华两市获得“国家森林城市”称号，创建省级森林城市7个、森林城镇47个、森林村庄200个。

生态文化宣传 举办第20个“世界湿地日”“爱鸟周”、森林消防等宣传活动，组织“平原绿化书记访谈”；加强生态文化基地建设，宁波市北仑区柴桥街道瑞岩社区等6个行政村被授予“全国生态文化村”称号，遴选命名了余杭区百丈镇半山村等36个第六批“浙江省生态文化基地”。

【林业支撑保障】

重大林业科技项目 科技创新能力持续增强，林业系统获省科学技术奖7项，获第六届梁希林业科学技术奖11项，获第十六届科技兴林奖51项。新建国家城市生态定位研究站1个，新增国家林业局竹缠绕复合材料工程技术研究中心和7个国家级林木、花卉种质资源库。总结推广“一亩山万元钱”创新模式，建立香榧高效生态栽培、林下套种三叶青、铁皮石斛仿生栽培等示范基地4333.33公顷，辐射8800公顷。加强林业标准化建设，主持和参与制订国家标准12项、国家林业行业标准40项、省级地方标准6项，批准立项20项林业省级地方标准制修订项目。开展食用林产品质量安全专项行动，加强食用林产品质量安全监测，省级共抽检食用笋、木本粮油等2272批次，食用林产品例行监测合格率为100%。

林木种苗 加强种质资源保育，新增诸暨香榧等4个国家林木种质资源库和金华杜鹃等3个国家花卉种质资源库，获得国家授权林业植物新品种20个，新审定通过降香黄檀母树林等省级林木良种18个。保障“新植1亿株珍贵树”行动供苗，建成以容器育苗为主的林业保障性苗圃40家，全年完成珍贵彩色树种育苗2546.3万株。

【林业大事】

1月14日 在浙江省“两会”期间，省政协在杭州市召开全省“关注森林”工作会议，会上新命名表彰了7个“省森林城市”，47个“省森林城镇”和200个“森林村庄”。省政协主席、省“关注森林”组委会主任乔传秀出席会议并讲话。

3月1日 浙江省政府公布浙江省重点保护陆生野生动物名录，对1998年公布的《浙江省重点保护陆生野生动物名录》进行调整。新的名录包含五大类，77个物种及4个科所有种，较原来的名录共增加了39个物种及1个科，减少了12个物种。

3月10日 国家林业局批复同意，确定丽水市为全国集体林业综合改革试验示范区。

3月11日 浙江省党政军领导王辉忠等省四套班子领导和杭州市党政军领导到杭州市运河新城宣杭铁路道侧绿化带，带头参加义务植树劳动。

4月1日 全省平原绿化工作座谈会在德清召开。省委书记、省人大常委会主任夏宝龙参加会议并讲话，省委常委、省委秘书长陈金彪参加会议，省政府副省长黄旭明主持会议，省级有关部门负责人、各设区市林业局长、20个平原绿化重点县(市、区)党委书记和林业局局长参加会议。

4月1~3日 2016中国(萧山)花木节暨第十一届中国园林绿化产业交易会在浙江(中国)花木城举行。省人大常委会副主任程渭山、中国花卉协会副会长王兆成宣布花木节开幕。为期3天的中国(萧山)花木节达成销售意向6.6亿元。

4月29日 省生态文化协会、省林业厅、温州市人民政府主办,温州市林业局、温州市旅游局、平阳县人民政府承办的2016中国(温州)森林旅游节在平阳县开幕。

5月3日 省政府发文批复同意建立江山仙霞岭省级自然保护区。

5月24日 浙江省林业厅、德清县人民政府在德清举办了朱鹮野外重建种群项目新闻发布会,标志着世界濒危野生动物朱鹮在浙江野外重建种群工作取得突破性进展。

6月7日 省林业厅、省农科院联合共建浙南(温州)林业科学研究院授牌仪式在省亚热带作物研究所举行。

7月12日 浙江省政府办公厅印发《森林浙江建设目标责任制考核办法(试行)》。

8月16日 省人民政府森林消防指挥部、省林业厅召开护航G20杭州峰会浙江森林消防安保工作推进会。省森林消防指挥部副总指挥、省林业厅厅长林云举就深入贯彻中央和省委、省政府领导同志的重要指示精神,再次对G20峰会全省森林消防安保各项工作进行部署,提出具体工作措施和要求。

8月22日 由老牛基金会和万马联合控股集团有限公司捐资的G20杭州峰会碳中和项目,计划于2017年三、四月在杭州近郊的临安市太湖源镇营造334亩碳中和林。有红豆杉、银杏、光皮桦、浙江楠等珍贵乡土树种组成,在未来20年完全吸收G20杭州峰会会议排放的二氧化碳。

9月19日 浙江省金华市、台州市在2016森林城市建设座谈会上被国家林业局授予“国家森林城市”称号。

11月1日 第9届中国义乌国际森林产品博览会在义乌国际博览中心开幕。为期4天的博览会实现成交额47.79亿元,同比增长1.29%。

11月6日 浙江省完成秋季迁徙水鸟同步调查的野外工作,这也是浙江首次在秋季开展这项工作。

11月28日 省政府办公厅发文通报表彰全省国有林场改革工作先进集体和先进个人,全省共有50个集体和100名个人获此殊荣。

12月8日 首届全国油茶文化节在常山举行。省政协副主席黄旭明,中国林业产业联合会副秘书长石峰出席开幕式并讲话。衢州市委书记陈新,中国林业产业联合会木本油料分会会长杨超,浙江省林业厅厅长林云举,国家林业局退耕还林办公室副主任李青松等出席。

12月8日 在中国人民政治协商会议第十二届全国委员会第60次双周协商座谈会上,全国政协委员、浙江省林业厅巡视员吴鸿围绕“健全现代农业科技推广体系”建言献策。

12月19日 在杭州市召开的2016中国网络影视峰会上,由省生态文化协会、省林业厅等单位共同摄制的生态微电影《宝贝回家了》获得“2016中国网络影视年度公益奖”,也是唯一一部获公益奖的微电影。

(浙江省林业由谢力供稿)

安徽省林业

【概　述】 2016年,全省现有林业用地面积449.3万公顷,森林面积395.9万公顷,森林覆盖率28.65%。活立木蓄积量2.6亿立方米,森林蓄积量2.2亿立方米。全省湿地总面积104.2万公顷,占国土总面积的7.46%。全年全省林业总产值达3192.4亿元。

2016年,全省林业系统认真贯彻落实省委、省政府和国家林业局各项决策部署,坚持生态优先、绿色发展,全面完成千万亩森林增长工程,国有林场改革取得突破性进展,林业各项工作取得显著成效,实现了“十三五”林业的良好开局。

【营林生产】 2016年是千万亩森林增长工程的决战之年,省委、省政府对千万亩森林增长工程高度重视,先后召开了全省造林整地现场会、省领导小组第四次会议,明确任务,强化责任,强力推动。各级林业部门全力以赴,强化技术服务,加强质量管理,跟踪督促检查,严格考核验收,实现了千万亩森林增长工程建设决战决胜。2016年,全省共完成新造林94 466.7公顷,占计划任务的118%。六安市成功创建国家森林城市,13个县(市、区)、87个乡镇、751个行政村分别完成省级森林城市、森林城镇、森林村庄创建任务,全省创建森林长廊示范段1372千米。至此,千万亩森林增长工程全面完成,累计完成造林652 586.7公顷,占规划建设任务的104%,一举创下单个五年规划期和单项工程造林最高两项历史记录。池州、合肥、安庆、黄山、宣城、六安6市成功创建国家森林城市,创建省级森林城市46个、省级森林城镇454个,创建森林村庄3379个,建设森林长廊示范段5927千米。全省林业总产值由2011年的1171.8亿元增加到2016年的3192.4亿元,年均增加22.2%。

【林业改革】 一是国有林场改革基本完成。紧紧围绕《安徽省国有林场改革实施方案》,抓政策解读、组织发动、督查指导、方案审查,确保改革政策落地见效。安徽省国有林场改革领导小组对15个市和57个县(市、区)《国有林场改革实施方案》全部完成批复。依据机构精简、规模经营原则和国有林场功能定位,将全省原有141个国有林场整合为100个,整合后的国有林场有97

个被定性为公益性事业单位，其中73个定性为公益一类事业单位、24个定性为公益二类事业单位，有3个被定性为公益性企业性质。同时，科学核定国有林场事业编制数量，事业编制人数压减45%左右，经费纳入同级政府财政预算。

二是集体林权制度改革深入推进。积极推进县级林权管理服务体系规范化建设，探索建立农村集体资产股份合作制改革试点。指导江南林交所与安庆市、宿州市合作建立分中心，开展林权流转和林权抵押担保收储业务。加强宣城市国家级林业综合改革试验示范区建设指导，总结推广“林权抵押担保收储机制”创新做法。紧密结合安徽林改实际，起草《关于完善集体林权制度的实施意见》，已上报省政府审定，为下一步深化集体林权制度改革提供了政策支撑。

【林业法治】 一是林业法制建设不断加强。广泛开展立法调研，积极申报林业立法项目，《安徽省林业有害生物防治条例》已列入省人大常委会审议的地方性法规项目。完成《安徽省林业有害生物防治条例》和《安徽省林木良种繁育推广补贴办法》起草工作。池州市以政府规章发布《安徽升金湖国家级自然保护区管理办法》。认真抓好省林业厅规范性文件管理工作，对“现行有效规范性文件清单”实施动态管理，开展了规范性文件“统一登记、统一编号、统一印发”制度试点。

二是依法行政积极推进。研究制订省林业厅权力运行监管细则，共涉及38项权力，逐项制定监管细则，落实对审批的全程监管。重新修订省林业厅行政许可“八公开”，大幅压缩部分审批事项办理时限。依法办理2件行政复议，应诉3起行政诉讼案件并全部胜诉。开展全省林业行政执法资格认证工作，组织开展全省行政执法案卷评查。积极做好政务公开，全年公开政务信息1837条。按时办结省人大代表建议15件、政协委员提案9件。加强林业政务窗口建设，全年受理各类办件5003件，按时办结率100%，群众满意率100%。

三是林业执法专项行动扎实开展。全年发生林业行政案件10 833件，查处10 737起，案件查处率99.11%。行政处罚12 156人次，没收违法所得292.8万元，补征育林基金407.6万元，行政罚款2144.8万元。全省森林公安机关共立各类涉林刑事案件514起，破案393起，破案率76.4%。种苗检疫联合执法效果良好，林业“双打”工作成效显著。

【森林和湿地资源保护】 一是加强森林资源管理。规范林地定额使用管理，全年办理永久使用林地项目558宗，使用林地定额3361.15公顷，有力保障了全省一批重大项目顺利实施。完成林地保护利用规划修编试点，开展行政许可被许可人检查工作，启动林地年度变更调查。严控森林资源消耗，年度森林采伐限额使用207.94万立方米，大大低于国家规定限额。加强天然林保护，下达停止国有天然林商业性采伐补助资金和管护经费，落实管护责任，完成国有停伐面积6353.3公顷、停伐产量5.68万立方米。

二是加强生物多样性保护。编制《安徽省湿地保护规划(2016～2030年)》，已上报省政府批准后实施。初步完成《安徽省重要湿地和一般湿地确认标准》编制工作，确定第一批省重要湿地52处。申报合肥庐阳等9处国家湿地公园试点建设工作，获批7处。新建淮北中湖等4处省级湿地公园，全省新增湿地保护面积4065公顷。推进牯牛降、清凉峰等国家级自然保护区项目，启动天马国家级自然保护区总体规划修编。开展第十二次扩大扬子鳄野外种群放归自然活动，成功放归18条人工驯养扬子鳄，放归总数达96条。完成安徽省冬季水鸟同步调查工作，启动全省蛇类、野猪、野兔和雉类资源专项调查，继续推进全省第二次野生动植物资源调查。

【森林防火】 以全面落实责任、强化火源管理、严格应急值守为重点，以提升森林火灾防控能力为保障，加大防火投入，强化信息技术手段运用，建设生物防火林带，扎实推进森林防火体系建设。2016年，共发生森林火灾42起，受害森林面积75.62公顷，森林火灾受害率为0.019‰，没有发生重大森林火灾和人员伤亡事故。

【林业有害生物防治】 狠抓责任落实、监测预报、社会化防治、检疫执法4个环节，完善监测预警、检疫御灾、防治减灾、服务保障四大体系，有效遏制了重大林业有害生物蔓延。2016年，全省主要林业有害生物发生面积为498 133.3公顷，成灾率4.9‰；防治面积444 066.7公顷，防治率89.2%，无公害防治率90.1%，测报准确率87%，种苗产地检疫率98.3%，均符合年度控制目标要求。

【林业产业】 一是规划和政策引领更加有力。出台安徽省林业发展“十三五”规划和一批专项规划，落实“五大发展行动计划”战略决策，加快推进林业供给侧结构性改革，研究谋划林业“增绿增效”行动，完成关于实施林业增绿增效行动的意见起草工作，编制完成林业增绿增效行动实施方案。积极争取并规范使用林业补助资金，国家和省2016年共安排安徽省林业建设资金20.18亿元，其中：中央投资安排总计13.96亿元、省级投资安排6.22亿元。

二是林业产业融合更加深入。召开全省加快林业产业发展工作会议，推进林业产业深度融合发展，2016年全省林业总产值达3192.4亿元，增长12.7%。加快培育特色林业资源，全年新建油茶基地7733.3公顷，薄壳山核桃基地4200公顷，完成油茶、山核桃等低产油料林改造7006.7公顷，国家储备林基地改培2000公顷。产业基地品牌建设初见成效，全省涌现了埇桥杨木、宣城森林食品、颍泉苗木、太和香椿、合肥特色化苗木、界首彩叶苗木等一批全国特色产业示范基地，淮北市跻身全国六大石榴主产区行列。森林旅游业快速发展，入选“全国旅游示范县”3个，获批全国森林养身或康养基地试点6个，认定全省第三批“森林旅游人家”593户，芜湖丫山森林公园成为全省首个国家花卉公园。在肥西成功举办第十四届中国合肥苗木花卉交易大会，在阜阳成功举办第七届安徽省花卉博览会，苗交会总交易额达23.41亿元，花博会接待观众180多万人次。林业龙头企业加快发展，获批“国家林业重点龙头企业”10家、“国家林业标准化示范企业”4家，11家企业进入全省农业产业化"甲级队"，培育全省示范现代农业产业化联合体企业 13 家，成功登录新三板企业 2 家。此外，中德安徽三期、安徽世行五期、GEF 湿地保护等项目顺利推进。

三是林业扶贫更加精准。研究出台《省林业厅关于推进林业精准扶贫工作的实施意见》，配合制定《安徽省"十三五"产业精准扶贫规划》。全年安排 31 个贫困县(市、区)中央和省级林业补助资金 5.46 亿元。向国家申报新增林业生态护林员 11 484 名，获批中央财政管护费 7000 万元。森林旅游助推精准扶贫建档立卡贫困户 1307 户、3600 多人。认定"服务精准扶贫国家林下经济及绿色产业示范基地"6 个。

【主要林产品产量】 全年全省生产商品材 447.27 万立方米，与 2015 年相比略有下降；毛竹 12 968 万根，小杂竹 122 万吨，与 2015 年相比有所下降。水果种植面积 15.81 万公顷，同比增长 8.44%，产量 333.37 万吨，同比增长 9.23%；干果种植面积 7 万公顷，同比下降 3.18%，产量 13.3 万吨，同比下降 7.96%；产饮品种植面积 15.95 万公顷，同比增长 2.33%，产量 11.13 万吨，同比增长 1.83%；森林食品产量 10.9 万吨，同比增长 4%；木本药材种植面积 1.56 万公顷，与 2015 年相比增长 9.09%，产量 3.13 万吨，与 2015 年相比下降 28.86%。木本油料种植面积 18 万公顷，比 2015 年增长 6.07%，产量 11.07 万吨，同比下降 30.68%；林产工业原料产量 2.02 万吨，同比增长 4.66%；其中松脂 1.38 万吨，占工业原料的 68.32%，仍然是最主要的工业原料。

表 23-2 安徽省主要经济林产品产量

产品名称	计量单位	产 量
苹果	吨	398 374
柑橘	吨	32 975
梨	吨	1 199 620
葡萄	吨	552 366
桃	吨	861 784
杏	吨	23 822
猕猴桃	吨	20 784
核桃	吨	21 117
板栗	吨	93 617
枣(干重)	吨	12 832
柿子(干重)	吨	23 015
银杏(白果)	吨	2168
毛茶(干重)	吨	107 444
竹笋干	吨	31 872
食用菌(干重)	吨	56 488
山野菜(干重)	吨	7864
杜仲	吨	1903
油茶籽	吨	81 735
油桐籽	吨	1977
棕片	吨	4057
松脂	吨	13 842

表 23-3 安徽省主要木竹加工产品产量

产 品 名 称	计量单位	产 量
锯材	立方米	4 532 265
木片、木粒加工产品	实积立方米	1 723 437
人造板	立方米	22 963 800
1. 胶合板	立方米	16 342 387
2. 纤维板	立方米	3 470 997
3. 刨花板	立方米	1 526 366
4. 其他人造板	立方米	1 624 050
其中:细木工板	立方米	988 558
其他加工材	立方米	191 062
木竹地板	平方米	79 199 707
1. 实木地板	平方米	6 179 347
2. 实木复合木地板	平方米	13 496 980
3. 浸渍纸层压木质地板(强化木地板)	平方米	48 406 069
4. 竹地板(含竹木复合地板)	平方米	9 202 830
5. 其他木地板(含软木地板、集成材地板等)	平方米	1 914 481

表 23-4 安徽省主要林产化工产品产量

产 品 名 称	计量单位	产量
松香	吨	7685
松节油	吨	1898
木炭	吨	71 239
竹炭	吨	7673
木质活性炭	吨	4213

【第七届安徽省花卉博览会】 于 9 月 28 日至 10 月 5 日在阜阳市举行。安徽省人大常委会党组副书记、副主任胡连松，阜阳市委书记于勇、市长李平，省林业厅厅长程中才、副厅长齐新等有关领导出席开幕式。

本届花博会以"幸福花儿开"为主题，展出规模达 10 万平方米，是迄今省内规模最大、内容最丰富、成果最丰硕的花事盛会。据统计，省内外参展企业达 398 家，参展花卉十大类、1500 个品种、22 000 件展品；现场销售各类花卉苗木 453 万元，签订销售协议 7600 万元；现场签约招商引进项目 26 个，投资总额 65.21 亿元。展出期间，累计共接待观众 180 多万人次。

花博会期间，举办了花卉产业高峰论坛，以"高端交流、凝聚共识、促进合作、开拓共赢"为特色，邀请省内外知名花卉专家，为安徽花卉产业发展把脉献策。同时还举办了插花艺术比赛等花事活动。

【林业科技】 一是林业科技支撑作用进一步发挥。林业科技平台建设成效明显，国家林业局山核桃工程技术研究中心正式成立；黄山生态站完成一期工程建设；经济林产品质量检验检测中心(合肥)具备检测能力。林业科技推广与创新项目建设扎实推进，建立示范林

353.3 公顷，新建 10 个省级重点林木良种基地，审认定 11 个林木优良品种。林业科研成果丰硕，申报科技研发成果 148 项，科技成果库进一步充实。

二是林业信息化加速发展。编制《安徽省林业信息化“十三五”发展规划》及实施方案，完成全省森林资源“一张图”年度变更和林业专网市—县线路、电子公文处理系统建设，实现安徽林业信息网与政务信息公开网合并管理，安徽林业信息网年访问量突破 150 万人次。安徽林业产业综合监测平台等项目稳步推进，全国唯一的国家森林生态标志产品电商交易平台在池州市正式上线。

【林业对外合作】 严格规范出国(境)工作管理，积极做好林业对外交流合作服务工作，全年共办理出访团组 5 个。全面完成世行项目建设任务，累计完成新造多功能混交林 17 266.7 公顷，占评估计划的 109.4%。积极推进中德三期项目建设，开展森林经营活动 381.8 公顷，建设林区道路 2270 米，采购设备 23.1 万元。加快实施安徽省 GEF(全球环境资金)项目，开展中期评估工作，举办了项目中期评估培训班和社区共建培训班，组织开展服务合同和设备采购招投标工作。

【林业大事】

1 月 11～22 日 安徽中德财政合作安徽森林可持续经营项目(简称安徽三期)完成监测工作。

1 月 15 日 安徽省林业厅召开全厅领导干部会议，认真学习贯彻 2016 年全国林业厅局长会议和全省农村工作会议精神，进一步完善安徽“十三五”林业发展思路，研究部署 2016 年林业重点工作。

1 月 18～31 日 国家林业局对安徽省 2015 年苗木质量进行了抽查。抽查结果显示安徽省苗木质量和种苗质量管理各项制度执行情况好于往年。

1 月 26 日 安徽省政协副主席王秀芳赴省林业厅对口帮扶市——界首市开展扶贫工作调研。省政协副秘书长、办公厅主任仲建成、省林业厅厅长程中才等陪同走访。

1 月 28 日 2016 年全省林业局长会议在合肥市召开。副省长梁卫国对会议作出批示。省林业厅党组书记、厅长程中才作工作报告。

1 月 29 日 省森林防火指挥部、省林业厅联合发出通知，全面部署“两节”暨“两会”期间森林防火工作。节日期间未发生重特大森林火灾和人员伤亡事故，森林防火及林区治安总体平稳。

1 月 30 日 省森林防火指挥部副指挥长、省林业厅厅长程中才等赴黄山市看望慰问武警森林指挥部驻皖部队官兵。

2 月 2 日 全省各地隆重举行第 20 个“世界湿地日”主题宣传活动，2016 年“世界湿地日”主题是“湿地关乎我们的未来：可持续的生计”。

2 月 4 日 《安徽省国有林场改革实施方案》获国家林业局批复同意。

2 月 19 日 国家林业局通报安徽省 2016 年苗木质量抽查结果，安徽省苗木质量合格率为 100%。

2 月 29 日 全国绿化委员会下发《关于表彰全国绿化模范单位和颁发全国绿化奖章的决定》，安徽省淮北市、安庆市荣获“全国绿化模范城市”称号。

2 月 29 日 省千万亩森林增长工程建设领导小组第四次全体会议召开。省委副书记、省千万亩森林增长工程建设领导小组组长李国英主持。会议总结 2015 年工程建设情况，部署 2016 年重点工作。

3 月 3 日 省千万亩森林增长工程建设领导小组办公室、省林业厅派出督查组，赴各地开展春季造林督查工作，圆满完成各项任务。

3 月 3 日 2016 年安徽“世界野生动植物日”宣传活动在宣城市举行。

3 月 10 日 省人大常委会副主任宋卫平到省林业厅调研指导工作。

3 月 11 日 省政府举行 2015 年全省国土绿化状况新闻发布会，发布 2015 年安徽省国土绿化状况公报。

3 月 19 日 省政府办公厅下发《关于 2015 年度全省千万亩森林增长工程建设考核结果的通报》，通报 2015 年全省造林考核结果。

3 月 24 日 省暨合肥市党政军领导与干部群众在合肥市柏堰湖公园参加义务植树活动，时任省委书记王学军、省长李锦斌、省政协主席王明方、省委副书记李国英等参加。

3 月 28 日 省委、省政府印发《安徽省国有林场改革实施方案》，标志着安徽省国有林场改革进入全面启动实施阶段。

4 月 8 日 安徽省 2016 年“爱鸟周”活动启动仪式在望江县举行，主题是“依法保护鸟类，建设美丽安徽”。

4 月 11 日 省林业厅在合肥市举办森林可持续经营碳汇开发项目研讨班。

4 月 7 日 省林业厅荣获 2015 年度全省政府网站工作先进单位称号。

4 月 20 日至 5 月 20 日 省林业厅在全省范围内开展打击破坏野生动物资源违法犯罪活动专项行动。

4 月 29 日 省林业厅森林防火办公室等 3 个单位被国家森林防火指挥部、国家林业局授予“全国森林防火工作先进单位”，黄山区森林防火指挥部专职副指挥长任家胜等 6 名同志被表彰为“全国森林防火工作先进个人”。

5 月 5 日 省林业厅出台《关于推进林业精准扶贫工作的实施意见》。

5 月 6～7 日 全省国有林场改革政策解读培训班在霍山县举办。

5 月 9 日 省林业厅召开美国白蛾防控媒体通气会，多措并举严防美国白蛾入侵危害。

5 月 9 日 国家林业局通报表彰“全国生态建设突出贡献先进集体”和“全国生态建设突出贡献先进个人”，安徽省 4 个先进单位和 5 名先进个人荣获表彰。

5 月 20 日 安徽省 10 家企业荣获第二批“国家林业重点龙头企业”称号，至此，安徽省共有 17 家国家林业重点龙头企业。

5 月 22 日 安徽扬子鳄国家级自然保护区荣获环保部、国家林业局等七部委联合表彰的“自然保护区先进集体”称号。

5月29日 第十二次扬子鳄扩大野外种群放归自然活动举行，至此，成功放归野外的扬子鳄总数已达96条。

6月8日 省政府召开全省国有林场改革电视电话会议，副省长方春明出席会议并讲话。

6月26~28日 首期全省《种子法》培训班在合肥举办。

6月30日 《安徽省林业发展"十三五"规划》印发，明确提出到2020年全省森林覆盖率达到30%以上，林业产业产值突破5000亿元。

7月12日 安徽省参赛团队在2016年中国技能大赛——全国国有林场职业技能竞赛中荣获总分第四名，团体二等奖成绩。

7月12~17日 安徽省首个湿地保护方面国际合作项目——"加强安徽省湿地保护体系管理有效性项目"开展中期评估。

7月26日 省林业厅举办第六期"绿色大讲堂"，邀请安徽省人民政府参事、清华大学中国农村研究院首席专家、博士生导师刘奇作题为"生态引领绿色发展"的专题报告。

8月8~9日 全省加快林业产业发展工作会议在池州市召开。

9月6日 全省严厉打击非法占用林地等涉林违法犯罪专项行动启动，为期3个月。

9月6~8日 全省林业科技推广机构推广人员技术培训班在霍山县举办。

9月28日至10月5日 第七届安徽省花卉博览会在阜阳市举行。

10月16~17日 全省森林资源管理暨林地年度变更调查工作业务培训班在合肥市举办。

10月21日 2016中国·合肥苗木花卉交易大会在中国中部(肥西)花木城开幕，主题为"苗联天下、花漫合肥"。

11月2~3日 国家林业局世行贷款"林业综合发展项目"竣工总结培训班在全椒县举办。

11月3日 安徽池杉湖省级湿地公园等4处湿地保护地加入了长江湿地保护网络，至此安徽省共有17个长江流域湿地保护地加入了该网络。

11月6日 首个"安徽湿地日"宣传活动启动，2016年的主题是"湿地——我们赖以生存的家园"。

11月14~15日，国家林业局薄壳山核桃(山核桃)生产技术培训班在全椒县举办。

11月14~16日 全国绿化委员会原副主任、国家林业局原局长、亚太森林组织董事会主席赵树丛同志一行来安徽省调研指导森林可持续经营工作。

11月24日 安徽省歙县森林公安局等3个单位荣获"全国森林公安机关执法示范单位"称号。

11月30日 全省农田水利基本建设暨造林整地现场会在南陵县召开。副省长方春明出席会议并讲话。

12月12日 全省森林公安局长、防火办主任培训班在合肥市举办。

12月13日 《安徽省林业信息化"十三五"发展规划》印发，提出到2020年全省林业信息化率达到80%，"互联网+"林业体系基本建成。

12月23日 第三届中国林业产业突出贡献奖、创新奖揭晓，安徽省6家单位和5名个人获中国林业产业突出贡献奖，7家单位和3名个人获中国林业产业创新奖。

12月27日 国家生态林产品专属电商平台在池州市开通运营，生态林产品进入"互联网+林业"电商时代。

12月28日 省林业厅举办第七期"绿色大讲堂"——融媒体时代的林业新闻宣传工作。

12月28日 省林业厅政务微博"安徽林业"及微信公众号启用，并入驻安徽省政务微博微信矩阵大厅。

(安徽省林业由刘力供稿)

福建省林业

【概　述】 2016年，全省林业系统紧紧围绕"机制活、产业优、百姓富、生态美"的新福建建设目标，按照"三保、两推进、两提升"(保发展、保覆盖率、保民生林业，推进依法治林、推进深化林改，提升林业生态文明水平、提升森林质量和综合保护能力)的总体工作思路，推进林业改革与发展，取得明显成效。其中植树造林、森林抚育、封山育林44.3万公顷，占任务的133%；完成林业总产值4611亿元，同比增加7.8%；森林火灾受害率为0.02‰，下降84.4%，取得历年最好成绩。

森林资源培育 造林绿化任务超额完成，植树造林8.67万公顷，占总任务的130.05%，其中沿海防护林带、生物防火林带、森林生态景观带和重点生态区位3.58万公顷，占任务的107.5%。树种林种结构加快调整，珍贵用材树种造林0.84万公顷、占任务的114%；重点生态区位林分修复0.65万公顷、占任务的135%；建设国家木材战略储备基地0.89万公顷，占任务的111.7%。森林科学经营持续推进，森林抚育21.44万公顷，占任务的107%；封山育林新封14.19万公顷，占任务的106.5%。组织10个县开展实用营林机械推广示范。森林城市建设有序开展，三明市被评为国家森林城市(累计4个)，上杭县、永泰县、大田县被评为省级森林县城(累计34个)。

深化林业改革 持续深化集体林权制度改革。新增林权流转面积1.02万公顷(累计70.85万公顷)，林业专业合作社211家(累计3827家)，家庭林场101家(累计554家)，林权收储机构7个(累计37个)；各类林业贷款余额260亿元，其中林权抵押贷款余额35.7亿元。有序推进国有林场改革。完成省属、县属国有林场改革实施方案的编制审批，明确界定省属国有林场的公益事业属性和公益类别划分标准，省级财政安排省属国有林场事业经费由每年950万元增加到1亿元；629千米林场道路纳入属地农村公路网规划。省属国有林场新增森林面积0.84万公顷、森林蓄积量266.7万立方米，减少商业性采伐30.3%；县属国有林场整合为49家，新增经营面积4.97万公顷、森林蓄积量926万立方米。落实生态文明体制改革涉林任务。积极贯彻落实国家生态文明试验区(福建)实施方案，制订《福建省重点区位商品林赎买等改革试点方案》，试点单位累计完成重点生态区位商品林赎买0.53万公顷，租赁、置换等其他改革0.16万公顷。武夷山国家公园体制试点有序推进，建立联席会议制度，审议通过《武夷山国家公园体制试点工作方案》，起草机构组建、财政体制、自然资源资产确权登记等方案。研究出台碳排放、碳抵消等管理办法，完成林业碳汇项目申报平台建设，开展项目交易试点，顺昌县国有林场、德化县林业局2个林业碳汇项目成功上线并实现首批碳汇交易26.1万吨、金额488.1万元。开展自然资源资产负债表试点和领导干部自然资产离任审计试点。

绿色富民产业 认真落实扶贫攻坚涉林任务。出台推进林业扶贫工作的八条措施和做好国有林场扶贫工作的六条意见，安排23个省级扶贫开发县林业建设资金达11亿元，占全省32.4%。林业扶贫资金同比增加1亿多元。生态公益林补偿标准每公顷提高到1.47元，每年可为林农增收1.3亿元，400多名贫困人口被聘为生态公益林护林员。落实育林基金征收标准降为零政策，每年约为林农减负增收3.5亿元；争取国家将福建省纳入天然林保护试点省，为林农增加管护补助收入3.35亿元。大力发展绿色富民产业。落实省政府办公厅《关于加快推进竹产业发展七条措施的通知》，推进现代农业(竹业、油茶、花卉)、林下经济、竹材(笋)精深加工示范县和农业综合开发涉林项目的实施。全省新建丰产竹林基地5.7万公顷，新开设竹山道路4143千米，实施笋竹精深加工示范县项目62个，总投资2.17亿元；新造改造木本油料林4.25万公顷；新发展林下经济基地3.48万公顷；新建花卉生产设施40.45公顷、苗木示范基地311.59公顷。促进林业产业优化升级。组织企业参加第十四届中国·海峡项目成果交易会、第十一届海峡两岸林业博览会暨投资贸易洽谈会、2016国际(永安)竹具博览会、第九届中国竹文化节暨首届四川国际竹制品交易博览会、中国义乌国际森林产品博览会等展会。新增上市林业企业2家(累计29家)，国家级林业龙头企业12家(累计22家)，省级名牌产品79个(累计208个)。全省林业产业总产值4611亿元，同比增加7.8%，其中第一产业816亿元，同比增加8.9%；第二产业3568亿元，同比增加6.6%；第三产业227亿元，同比增加25.4%。全省规模以上林业工业产值4339.43亿元，同比增加8.6%；累计完成销售收入4212.42亿元，同比增加9.5%；产销率97.07%。累计完成林业工业增加值(可比)1099.23亿元，同比增加7.6%。科技创新推广工作得到加强。13项林业科研成果获得福建省科学技术进步奖，发布实施6项省地方标准，实施中央和省级林业科技推广项目34项，举办农村林业实用技术远程培训12期，培训农民约108万人次。

林业生态保护和建设工作 强化重点生态区位保护。完成6条林业生态红线划定和衔接，新增国家级自然保护区1处(累计16个)，国家森林公园1个(累计30个)。加大依法治林力度。林业立法步伐加快，《福建省湿地保护条例》颁布实施，《福建省林业有害生物防治检疫条例(草案)》提请省人大审议。开展严厉打击非法占用林地、破坏野生动植物资源等涉林违法犯罪专项行动，开展深化林业“公开、公平、公正”执法主题教育试点活动，进一步规范执法行为。强化林业灾害防控。4架直升机首次入驻福建省开展秋冬季防火期航空护林工作。全省发生森林火灾29起，受害面积221.07公顷，发生率和受害率分别为0.32次/10万公顷和0.02‰，分别同比下降74.6%和84.4%。完成林业有害生物无公害防治面积18.23万公顷，无公害防治率97.3%；松材线虫病疫情得到较好控制，完成松材线虫病除治性和预防性林分改造4100公顷，清理松枯死木30.2万株，拔除泉州市鲤城和石狮2个疫区。认真做好1月强寒潮、5月上旬特大暴雨以及“尼伯特”“莫兰蒂”“鲇鱼”等台风防御和救灾工作，出台做好冻害桉树清理的政策文件，全省审批冻害桉树采伐2.24万公顷；紧急下拨林业救灾资金2169.45万元，抽调省属国有林场技术骨干400多人赴厦门开展倒伏树木清理及扶正工作，帮助灾后恢复重建。提前完成林业安全生产标准化建设提升工程任务，实现全年无重特大安全生产责任事故和人员死亡的目标。加强森林资源监测管理。启动第四次全省二类调查，完成“十二五”期末约束性指标考核和通报。完成全省第二次野生植物资源调查和省级验收，第三轮古树名木资源普查建档工作，评选第四批福建树王。严格执行保护发展森林资源目标责任制，出台“十三五”期间森林采伐限额管理政策，全面停止天然林商业性采伐，规范采伐审批，全省审批采伐蓄积726万立方米、皆伐6.4万公顷。

服务保障和自身建设 认真落实从严治党的要求。贯彻习近平总书记“七一”重要讲话精神，深入开展“两学一做”学习教育，抓好党风廉政建设两个责任落实。认真整改落实省委巡视反馈问题，扎实开展“比服务”活动，落实“马上就办、真抓实干”有关要求，切实转变工作作风，提高服务水平。积极创建精神文明单位，以“公推直选”方式完成厅机关“两委”换届。深化林业行政审批制度改革。建立野生动植物行政许可审批事项事前、事中、事后监管新机制，探索建立符合林业特点的随机抽查工作机制，规范监督检查行为，切实加强林业监管。强化林地要素保障。继续开展林地占补平衡试点，试点单位补充林地1.17万公顷(2014～2016年已发放林权证0.91万公顷)，比同期审核使用林地0.36万公顷多出0.81万公顷，全省审核审批林地1313起，面积0.68万公顷。积极争取和落实相关政策、项目和资金。做好森林植被恢复费标准调整的政策对接，将森林植被恢复费省级留成比例提高到30%。争取国家追加福建省专项森林采伐定额94.2万立方米，统筹使用采伐限额，妥善解决自然灾害受害木处置问题。争取国家将福建省列入世界银行“长江经济带珍稀树种保护与发展项目”4个试点省之一，积极协调利用国开行、农发行贷款开展国家储备林基地建设工作。争取省委、省政府出台10个林业政策文件，推动林业改革发展。加强基层林业站所基础设施和人才队伍建设。省政府办公厅出台《关于进一步加强乡镇林业工作站建设的意见》，推进47个林业站标准化和服务能力建设，36个林业站获"全国标准化林业工作站"称号。加大林业宣传力度。组织开展"森林是水库、钱库、粮库"等系列主题宣传活动，省级以上主要新闻媒体刊播福建省涉林报道5300多条(次)，宣传林业在生态文明建设中的地位与作用。福建省林业宣传工作在国家林业局宣传办组织的综合考评中取得第三名。

【省政府六条措施深化集体林权制度改革】 6月28日，省政府办公厅下发《关于持续深化集体林权制度改革六条措施的通知》。要求着力培育新型林业经营主体、加大金融支持林业发展力度、完善林权抵押贷款风险防控机制、加强重点区位森林资源管护、科学发展林下经济、健全林业服务体系，从6个方面推进全省深化林改工作。

【省政府下达"十三五"期间全省森林资源保护发展约束性指标】 7月4日，省政府办公厅下发《关于下达"十三五"期间全省森林资源保护发展约束性指标的通知》。将"十三五"期间森林覆盖率、森林蓄积量、林地保有量等3项约束性指标分解下达各设区市和平潭综合实验区，要求各级政府把各项约束性指标纳入政府任期目标，确保如期完成。要求到2020年，全省森林覆盖率提高并稳定在66%，森林蓄积量达到6.58亿立方米，林地保有量不低于912万公顷。

【省政府七条措施加快推进竹产业发展】 8月8日，省政府办公厅下发《关于加快推进竹产业发展七条措施的通知》，要求到2020年，全省竹林面积稳定在106.67万公顷，竹产业产值年增长9%以上、总产值达700亿元以上。《通知》提出加快推进竹产业发展的七条措施：加强竹林基础设施建设；促进竹林可持续经营；大力发展笋竹精深加工；支持技术创新和品牌创建；鼓励经营模式创新；推动竹产业一、二、三产融合发展；加大财政资金投入。

【省政府进一步加强乡镇林业工作站建设】 9月16日，省政府办公厅下发《关于进一步加强乡镇林业工作站建设的意见》，要求到2020年，建设标准化林业站625个，林业站办公环境和工作条件得到明显改善；林业站人才队伍管理和人才培养机制较为完善，林业站人员结构基本合理，队伍素质和基层公共管理服务能力显著增强；全省林业站数量保持基本稳定，作为县级林业主管部门的派出机构，人员经费全额纳入县级财政预算，基本实现林业站体制稳定、基础完善、队伍精干、管理规范、服务高效、保障有力。

【新增一个国家级自然保护区】 5月2日，国务院办公厅公布2016年国家级自然保护区，福建新增峨嵋峰国家级自然保护区。福建峨嵋峰国家级自然保护区位于福建省三明市泰宁县境内，总面积1.03万公顷，主要保护对象为国际极危的国家一级重点保护水生植物东方水韭及其栖息地——中山沼泽湿地群、珍稀雉科鸟类的集中分布地及原生性的山地落叶阔叶林，属野生生物类型自然保护区。

【新增一个国家森林公园】 12月28日，寿宁县杨梅洲峡谷森林公园成功申报国家森林公园。杨梅洲峡谷国家森林公园位于寿宁县北部，由杨梅洲景区和仙岩景区组成。公园规划总面积为3322.73公顷，地处鹫峰山系洞宫山脉东麓，山峦起伏，沟壑纵深，林海莽莽，物种繁多，保存着完整的森林生态系统，是闽东地区宝贵的生物资源库。

【福建首次开展航空护林工作】 9月23日，4架直升机入驻福建，福建首次开展航空护林工作。截至12月31日，飞行129架次，累计飞行时间267小时，飞行完成率为70.5%。

【福建省林木品种审定委员会审(认)定19个品种】 审定通过品种17个，包括杉木3代种子园2片共32.33公顷；黑木相思1代种子园1片4.6公顷；红锥母树林1片56公顷；马尾松2代种子园2片共23.47公顷；福建柏1代种子园1片7公顷；秃杉初级种子园1片6.67公顷；米老排母树林1片7.13公顷；秃杉种源1个；马尾松家系7个。认定通过品种2个，包括黑木相思母树林1片3.33公顷；木荷母树林1片7.6公顷。

【南平市林业】

生态建设 完成造林绿化1.48万公顷，占任务的109.1%，完成森林抚育6.10万公顷，占任务的103.7%。阔叶树育苗面积占比由上年的20%大幅提升到42%。大力营造针阔混交林，在竹林、茶果园套种阔叶树，控制商品材生产量在145万立方米以内，控制皆伐面积在1.47万公顷以内，提升生态保护水平。开展资源培育示范片建设，新建各类示范林共42片、面积457.87公顷。巩固提升原有各类示范林56片、面积664.53公顷。大力开展高速、高铁、国道两侧和环城一重山绿化美化，落实"千里生态绿廊"造林绿化面积1400公顷，完成中心城区环城一重山森林生态景观改造提升233.33公顷。新增福建青冈和香榧2株"福建树王"。评选出南平市第二届"十佳乡村景观林"。邵武、顺昌、松溪等3个县(市)省级森林城市建设总体规划通过评审。

林业碳汇交易 顺昌县国有林场成为全省首个获准上线并在开市首日第一个达成碳汇交易的单位，4700公顷林地经核准列入碳汇林，第一个10年的15.5万吨减排量首日全部成交，交易额达到288.3万元。

林业产业 林业总产值达到710.5亿元，同比增长8.34%；竹产业产值达到289亿元，同比增长10.7%。大力发展现代竹业，投入各级财政资金1.07亿元，建设丰产竹林面积1.82万公顷，占任务1.67万公顷的109%，完成市级示范片26片，建设竹山机耕路2546千米。在创业竞赛考评中提高竹产业发展比重，增加对平台建设和企业纳税能力的考核。从国家节能减排财政政策综合示范城市奖励资金中列出4000万元专项资金扶持竹产业二产发展，重点支持46家笋竹企业转型升级、2个竹产业公共平台建设和3家企业开展FSC认证，带动企业投资2.3亿元。将省级竹材(笋)精深加工示范县项目资金2400万元用于笋竹加工公共服务平台建设和技术改造。对接市政府企业应急转贷基金，应急保障竹加工企业使用转贷金29家(次)，累计应急转贷金总额1.06亿元。落实"五个一批"林业项目90个，总投资213.4亿元；完成林业招商引资项目114个，总投资126.75亿元。福建青松股份有限公司、福建味家生活用品制造有限公司和武夷山市绿洲竹业(集团)有限公司3家企业入选国家林业重点龙头企业名单，占全省入选企业的25%。41家林业企业荣获福建省第八轮重点农业产业化省级重点龙头企业称号。在第三届中国林业产业大会上，南平市林业局被国家林业局、中国农林水利气象工会全国委员会授予第三届中国林业产业突出贡献奖，南平市林业企业获得中国林业产业创新奖一等奖1名，二等奖2名，三等奖1名。扶持一批高标准的林下经济示范基地，新建林下经济示范基地(片)27个；开展森林人家标准化规范化建设，新增森林人家16家。

林业改革 新增林业专业合作社107个，完成林地林木流转变更702宗地、0.60万公顷，林权交易489宗地、面积0.45万公顷，交易金额1.62亿元。林权抵押担保661宗地、面积0.89万公顷，抵押贷款金额2亿元。重点生态区位商品林赎买取得成效。武夷山市作为全省首批重点生态区位商品林试点收储山场540.4公顷。顺昌县、建阳区列入全省第二批试点，顺昌县完成收储面积566.67公顷，建阳区完成收储面积73.33公顷。国有林场改革稳步推进。成立南平市国有林场改革领导小组，印发《南平市省属国有林场改革实施方案》，提出改革总体目标，明确功能定位和属性界定，全市省属国有林场由18个优化整合为14个。

生态资源保护 森林覆盖率和森林蓄积量持续增长，分别为77.35%和16 564万立方米，林业自然保护区(含保护小区)占国土面积的比例达7.04%，湿地保有量达4.44万公顷。森林资源二类调查工作有序推进。完成林地与森林、自然保护区、湿地、森林公园和生态公益林5条林业生态红线的初步划定和汇总上报工作。森林火灾预防成效显著。全市发生森林火灾1起，受害森林面积58.9公顷，森林火灾受害率同比下降73.31%，被国家林业局评为全国森林防火工作先进单位。有序推进全国第三次林业有害生物普查工作。及时发布森林病虫害发生趋势和预警预报，监测覆盖率为97.62%，测报准确率达99.3%，主要林业有害生物防治率达99.59%，无公害防治率达94.07%，成灾率0.59‰。建立除治山场疫木监管制度，完成除治性和预防性林分改造666.67公顷。开展打击破坏候鸟等野生动物资源、严厉打击毁林种茶、净网行动、严厉打击非法占用林地等多次专项行动。加强执法信息化和规范化建设，新增指挥情报中心5个、规范化执法办案场所10个。

队伍建设 争取中央、省级项目资金6.24亿元，其中中央资金2.76亿元，省级资金3.48亿元。深入开展"比服务"活动，办理林业行政许可和公共服务项目201起，提前办结率达100%。通过审核批准的使用林地项目160起，林地面积738.15公顷，其中35个省市重点项目办理使用林地报批服务，使用林地面积399.09公顷。在全市林业行业组织开展各类型专业培训13场，推进党政和专业技术人才队伍建设。开展标准化林业站和林业站服务能力项目建设，35个林业站全部通过检查验收；投入100万元改善林业站站容站貌，106个林业工作站推行"一站式""全程代理"等服务模式。开展"义务植树月""爱鸟周""森林防火宣传月"等活动，扎实推动文明单位创建。入围2016年全省学雷锋活动示范点候选名单。

【三明市林业】

林业改革 新培育家庭林场、"公司+基地+林农"、托管经营等新型经营主体257家，累计2201家，经营面积59.13万公顷，占集体商品林面积的52.7%。发挥林权收储和林业担保机构作用，新增林权抵押贷款10.6亿元、累计102.1亿元。开展普惠制林业金融试点3个，发放贷款55笔、487万元。成立三明林权交易中心。推进林地所有权、承包权和经营权"三权分置"改革，推广尤溪县林权管理服务中心经验，新增林权流转1745起，面积1.73万公顷，交易额4.7亿元。印发省属国有林场改革方案。全市省属国有林场营业收入1.1亿元，森林资源"双增"0.15万公顷，新增美丽林场3个。

民生工程 以森林惠民、森林富民、森林育民为着力点，40项考核指标全面达标，被授予国家森林城市称号。城区绿化覆盖率43.1%，建设40个乡村生态风景林，村庄林木绿化率36.6%，道路林木绿化率89.5%，水岸林木绿化率90.7%。大田县荣获省级森林县城，全市实现省级森林城市(县城)全覆盖。城区人均公园绿地14.0平方米。每个乡镇均有乡村公园。古树名木保护率100%，义务植树尽责率87%。累计建成城市绿道295千米。开展创建"十大亮点""十大感动人物"评选，制作专题片、招贴画、《魅绿三明》画册，在《中国绿色时报》等专题报道，举办宣传活动105场。

森林资源培育 完成造林绿化1.67万公顷，占计划110%。建设乡村生态景观林和中心城区环城周山彩化造林等森林生态景观带266.67公顷，生物防火林带3600公顷，修复重点生态区位林分1266.67公顷。完成森林抚育14.77万公顷，封山育林2.37万公顷。育苗0.7亿株，主要造林树种良种使用率达90%以上。珍贵用材树种造林2066.67公顷，不炼山造林1200公顷，超额完成任务。建设国家木材战略储备基地733.33公顷。永安开发全省首个VCS森林管理碳汇项目，将乐开发全省首个森林经营碳汇项目，福建金森林业股份有限公司成立全省首家林业碳汇咨询服务公司。省级营林机械推广示范县工作有序推进，建立示范片266.67公顷，辐射带动全市推广3.75万公顷。三元格氏栲被评为福建树王。清流中华桂花园、将乐万芳园林被评为省重点花文化基地。尤溪开放油茶文化观光工厂。编印《三明市现代竹产业发展规划(2016～2025)》。全市竹文化创意产业实现产值1.2亿元。

林政资源管理 划定林业生态红线68.8万公顷。完成全市野生植物资源调查。峨嵋峰自然保护区升格国家级，保护区面积占国土面积7.06%。全市采伐办证138.7万立方米、占限额25.8%。清理冻害桉树0.17万公顷。严格林地定额管理，林地征占用获批184起、面积793.33公顷。尤溪被确定为全国林地利用规划修编试点。筑牢森林“三防”体系。森林火灾发生率0.43次/10万公顷、受害率0.04‰，无重大火灾。林业有害生物成灾率0.57‰，无公害防治率100%，松材线虫病防治率100%。沙县四川苏铁等濒危野生植物得到有效保护，无重大野生动物疫情。尤溪被确定为全省林业执法主题教育试点县。

林业产业 规模以上林产工业产值689亿元、同比增加9.9%。22项新建续建项目开工率96%、22项技改项目开工率82%，建宁爱心木业竹木制品深加工、尤溪永丰茂薄页纸生产等项目建成投产。笋竹产业新建基地0.8万公顷，产值169亿元。油茶产业新建基地0.17万公顷，产值10亿元。花卉苗木产业基地总面积1.93万公顷，总产值66.2亿元。林下经济新建基地1万公顷，产值110亿元。第十二届林博会签约项目101项，总投资146.7亿元。天天林博会创新运营模式，成都花木交易所(清流)兰花上市，林品汇等电商平台更加完善。全市新批办涉林台企6家、推广中国台湾“五新”成果23项。全市涉林进口0.73亿美元，出口1.5亿美元、同比增加8%。福建金森林业股份有限公司、福建和其昌竹业(集团)有限公司、福建省清流县闽山化工有限公司和福建春舞枝花卉有限公司4家企业被确定为第二批国家林业重点龙头企业。福建大自然林业等12家被确定为省重点上市后备企业。融和药业等13家林业企业入库省科技小巨人领军企业。

自身建设 全市6个林业项目获2015年省科技进步奖，占全省的46%。发布省地方标准制修订项目3项，占全省的37.5%。建设标准化示范区3个，实施科研项目44个、推广12个，培训32期、下乡581次。编制《三明市智慧林业发展总体规划》(2016～2020年)。永安市建立全国竹业知识产权交易平台。沙县官庄国有林场杉木优良基因入选国家杉木第四代建园材料目录。将乐金森被评为省级林业科技示范园区。争取各类资金6.65亿元。三明市林业局被评为全国生态建设突出贡献先进集体、全省老干部工作先进集体。围绕现代林业体系建设等创新思路和中心工作，举办专题讲座20余次。

【龙岩市林业】

造林绿化工作 全市完成植树造林1.44万公顷，占任务的212.3%，其中龙岩市委、市政府为民办实事项目生物防火林带建设0.40万公顷，重点生态区位林分修复0.24万公顷。完成森林抚育3.47万公顷，封山育林2.55万公顷。龙岩市被全国绿化委员会评为全国绿化模范单位。在全省率先探索开展电力走廊生物防火林带建设。启动实施龙岩中心城市森林景观美化(2016～2018年)三年行动计划。全面提升主城区环城及重点交通沿线一重山的森林植被圈，计划总投资2.5亿元，建设面积1026.67公顷，其中2016年完成43.53公顷。完成县城一重山森林生态景观提升108.2公顷，乡村生态景观林51.53公顷，分别占任务的108.2%和110.4%。

森林资源保护 全市49.47万公顷天然商品林纳入国家天然林保护工程，全面停止天然林商业性采伐。完成8821个森林资源二类样地的外业调查。加强森林防火，在全国率先应用多普勒雷达监测山火，取得明显实效。共发生13起森林火灾，受害面积42公顷，同比下降7.1%和79.1%，未发生重大森林火灾、未发生人员伤亡事故、未发生“隔夜火”，山火当日扑灭率达100%，是最近20年森林防火形势最好的一年。加强森林病虫害防治，林业有害生物发生面积3.07万公顷，发生率2.1%；防治林业有害生物面积3.03万公顷，防治率99.1%。

生态富民产业 实现林业产业总产值321.2亿元，增长13.1%。林下经济经营面积达59.69万公顷，实现产值144.59亿元，同比增长19.3%。现有林下经济合作组织666个，惠及林农14.27万户。建立武平、连城2个国家林下经济示范县。种植花卉苗木1.3万公顷，实现产值55.5亿元，分别同比增长2.6%和11%。建设木荷、枫香、闽楠等阔叶树育苗面积51.67公顷。森林旅游接待游客624万人次，同比增长18.6%；实现直接收入7.08亿元，同比增长5.0%；实现社会总产值24.96亿元，同比增长18.6%。林产工业保持稳定增长态势。全市生产商品材69.3万立方米，同比增长45.6%。实现林业工业产值179.5亿元，同比增长7.9%。生产竹材1.2亿根，实现产值60.16亿元，分别增长5.1%和7.5%。

林业精准扶贫 17个村开展林下经济整村推进示范建设，规模发展林药、林果等林下经济项目。聘用30名贫困人员为生态公益护林员，人年均工资1.1万元以上。实施竹业精准脱贫工程，专项安排100万元在全市49个贫困村、280户贫困户实施竹林施肥170.73公顷，建设笋干烤房14座。编印发放《林业实用技术手册》5000本。将治理水土流失与治穷相结合，推行山林租赁、承包、合作等模式，实行“谁种谁有、谁治理谁受益”和送种苗、送肥料、送资金、送技术“四送”政策，对水土流失区发展种养业、森林旅游、特色经济林等给予税费减免、资金补贴等扶持。积极推进扶贫挂钩工作。龙岩市林业局挂钩帮扶4个村82户贫困户。开展“送技术送医”下乡活动；给予每户1000元发展生产帮扶资金，帮助发展种养业，增加收入；34户实现脱贫，占41.5%。

林业改革 生态公益林护林员选聘模式由“村聘、村管、村使用”改为“乡聘、站管、村监督”，管护费由县级统筹；由驻站、驻村护林员组成护林小组，建立网络监管指挥平台，形成联动互助的护林网络。实行分类补助，取消利用迹地营造竹林、经济林、蚕食阔叶树发展毛竹的所有者补助费，多出部分，由县级统筹用于管护费。成立闽西林权流转运营中心。新增林权流转面积0.5万公顷，累计达20.8万公顷。构建“评估、担保、收储、流转、贷款”五位一体的林业金融服务平台，全市新增林业贷款4.5亿元、累计44.8亿元，其中林权抵押贷款0.69亿元、累计13.39亿元。开展重点生态区位商品林赎买。省级试点县武平县完成赎买266.67公顷、租赁0.25万公顷；新罗区重点启动龙岩中心城区周围一重山商品林赎买。新建生态公益林“占一补一”储备库700公顷，累计1653.33公顷。大力培育新型林业经营主体。规模经营的家庭林场350家，经营总面积1.45万公顷；林业专业合作社达338个，经营面积4.03万公顷，农户数1.49万户，其中武平众森等4家林业专业合作社被评为全国林业专业合作社示范社。

国有林场改革 解决市管国有林场通工区道路列入全市交通路网规划建设问题，全面办理职工的“五险一金”、落实职工的住房补贴政策。上杭、永定、武平、漳平4个县(市、区)属国有林场改革方案获福建省林业厅批复。服务保障能力不断提升。服务项目落地取得实效。列入2016年龙岩市项目落地攻坚战役农业领域的9个林业项目，实际完成投资12.97亿元，占年度计划投资的134.4%。全市审核同意项目使用林地183个，面积1262.4公顷；临时用地已批项目15个，面积75.3公顷。龙岩市林业局被市委、市政府评为“服务项目建设先进单位”。

林业队伍建设 充实市林业局科室，成立林业改革科、龙岩市野生动植物保护管理站。市政府出台《关于进一步加强乡镇林业工作站建设的意见》，下达林业站标准化建设补助资金达500万元。

【林业大事】

1月5日 福建省委书记尤权深入省林业科技试验中心花卉苗木基地调研。

1月14日 福建省林业厅厅长陈则生在福州市会见缅甸环保与林业部常务秘书长、国家木材公司董事长肯毛易一行，双方就营林技术、林产加工、林产品贸易等方面的合作进行交流。

1月26日 全省林业局长会议在福州市召开，副省长黄琪玉出席并讲话。会议总结全省“十二五”林业工作，提出“十三五”林业工作总体思路和2016年工作重点。

2月4日 福建省副省长黄琪玉到省森林防火指挥中心检查指导工作，看望慰问坚守岗位的工作人员。

2月29日 全国绿化委员会授予漳州、泉州、龙岩3个城市，沙县、明溪、海沧、晋安、建阳5个县(区)和12个单位为“全国绿化模范单位”称号，35位同志荣获全国绿化奖章。

3月17日 福建省绿化委员会、福建省林业厅在福州国家森林公园举办第三批“福建树王”授牌仪式，启动2016年第四批“福建树王”评选活动。

3月22日 福建省委书记尤权、省长于伟国等来到福州市晋安区牛港山公园，与省委、省人大常委会、省政府、省政协、东部战区陆军班子领导及200多名省市机关干部、驻榕部队和武警官兵一起参加全民义务植树活动。

3月26日 福建省第34届“爱鸟周”启动大会在福州举行。

4月19日 福建省召开全省国有林场改革视频会议，部署推进国有林场改革工作，黄琪玉副省长出席会议并讲话。

6月17～21日 第十四届中国·海峡项目成果交易会在福州举办。本届交易会征集和推介林业科研成果128项、企业技术需求和行业发展空白点89项，总投资20.6亿元。

6月30日 福建省林业厅官方微信公众号“福建林业”正式开通。

8月10日 全省深化集体林权制度改革现场(视频)会议在三明市召开，黄琪玉副省长出席并讲话。会议交流了三明市、武平县、晋江市等地的林改经验，与会代表参观了沙县林业股份公司、林业专业合作社和林业服务平台3个现场。

8月18日 全国绿化委员会、人力资源和社会保障部、国家林业局表彰福建省全国绿化先进集体10个、全国绿化劳动模范5人、全国绿化先进工作者6人。

10月18日至11月30日 福建省林业厅在全省范围内开展保护候鸟等野生动物的“清网行动”。

10月29日 福建省第26届保护野生动物宣传月活动暨福州植物园自然宣教中心揭牌仪式在福州植物园举办。

12月8日 福建省政府副省长黄琪玉一行到福州植物园实地调研，部署植物园全面提升示范项目工作。

12月22日 福建省碳排放权交易启动仪式在海峡股权交易中心举行，顺昌县国有林场、德化县林业局率先领到产品上线证书。成交26.1万吨，成交金额达488.1万元。

(福建省林业由郭洁供稿)

江西省林业

【概　述】 2016年，江西省林业工作紧紧围绕建设国家生态文明试验区、打造美丽中国“江西样板”，主动适应经济发展新常态，以提升森林质量为核心、加强森林科学经营，以绿色扶贫富民为抓手、壮大林业特色产业，以继续深化改革为龙头、强化林业支撑保障，以繁荣生态文化为平台、助推生态文明建设，各项林业工作取得新的进展，实现林业现代化建设“十三五”良好开局。

国土绿化 各地坚持造林增量和森林提质两手抓，全年完成造林13.89万公顷，任务完成率173%；完成森林抚育37.33万公顷、退化林修复10.67万公顷、封山育林6.21万公顷；人工造林合格率98.3%，封山育林合格率93.1%。全省完成国家营造林项目22万公顷，下达中央财政补助资金5.96亿元；省级营造林项目3.3万公顷，下达省级财政补助资金1亿元。完成国家防护林工程造林3.40万公顷，其中“长防林”工程2.07万公顷、“珠防林”工程0.33万公顷、“血防林”工程1.00万公顷。落实退耕还林任务0.20万公顷。完成国家木材战略储备基地项目1.34万公顷；划定国家储备林9.33万公顷、后备林1.2万公顷，涉及10个设区市38个县(区)159个存储主体。完成欧洲投资银行贷款江西生物质能源林示范基地2.03万公顷、亚洲开发银行江西林业发展项目造林0.31万公顷。各市、县(区)参加义务植树的人数达72.49万人，植树379.84万株。完成乡村风景林示范点建设1145个、面积8490.67公顷，其中保护型示范点549个、5675.3公顷，完善型示范点327个、1510.37公顷，建设型示范点269个、1305.02公顷。省财政安排700万元补助140个省级乡村风景林示范村，实施面积0.17万公顷。上饶市开展大型亲子植树活动；九江市开展绿地认建认养活动，并根据个人认建、认养树木株数或绿地面积，授予“绿化模范市民”“绿化先进市民”称号。新余市被全国绿化委员会授予“全国绿化模范城市”称号；萍乡市林业局等7个单位、彭泽县浩山乡农民吴奇明等4人、吉安市林业局副局长曾玖庚等4人，分别被授予全国绿化先进集体、劳动模范和先进工作者称号。

林政管理 江西被列为首批全国天然林保护“扩面提标”省份，全面停止22.67万公顷国有天然林商业性采伐，协议停止390万公顷集体和个人天然林商业性采伐。完成“十三五”期间年森林采伐限额的分解落实、第九次全国森林资源连续清查、全省林地年度变更调查暨森林资源数据更新外业调查。中央和省级财政安排生态公益林补偿资金10.5亿元。公益林补偿资金护补助提高到30元/公顷，监管支出提高到15元/公顷，监管主体由乡(镇)林业工作站改为乡(镇)政府及林业工作站。开展为期3个月的全省公益林补偿资金专项检查，以及公益林年度管护县级自查、设区市抽查、省级核查工作。正式启动全省公益林资源监测，完成20个县100个监测点调查任务。新增公益林保险赔付155起，获赔2529.77万元；完成受灾迹地更新造林验收150起，完成植被恢复0.44万公顷，拨付资金1971万元。3月21日起，根据地类和使用林地项目类别不同，调整森林植被恢复费征收标准，引导节约集约利用林地。全年审核审批建设项目使用林地1113起，面积0.75万公顷，征收森林植被恢复费7.99亿元，其中审核长期使用林地1105起、0.73万公顷，审批临时用地8起、172.94公顷，同比长期用地减少0.15万公顷、植被恢复费增收2.73亿元。首次采用卫片判图与实地核实相结合的办法，开展全省林政资源管理综合检查，在各县(市、区)自查基础上，随机抽取广昌等6个县(市、区)，重点检查领导干部保护发展森林资源目标责任制执行、森林采伐、林地管理等情况，查出非法使用林地案件73起、面积224.6公顷，非法采伐林木30起、面积129.55公顷，对所有查出的问题全省通报，并下达限期整改通知书。全省林业工作站受理林政案件2840起，参与调处林权纠纷2613件，受理林业承包合同纠纷505件；完成8个高尔夫球场占用林地核查任务，对违法占用林地行为进行处理，对不符合占用条件的林地进行恢复，核查结果全部通过国家林业局审查。萍乡市、鹰潭市先后成立设区市级林业工作站。开展高速公路木材检查站布局调整，江西定南野猪塘等7个木材检查站调整为江西赣南、赣西、赣东、赣中、赣西北、赣东北、赣北7个区域性木材运输流通巡查站，并明确为副处级公益一类事业单位，同时撤销婺源塔岭、浮梁桃墅、大余梅岭木材检查站，从而实现执法职能由固定检查向流动巡查、流通执法向源头管理延伸的重大转变。全省209个固定木材检查站查验运输木材车辆6.57万辆次，查验木材221.56万立方米、活立木2.16万株，其中查处违法运输木材案件1659起，涉及木材9499立方米，为国家挽回直接经济损失471.4万元。

森林防火 江西省林业厅与省气象局签署深化合作协议，加强应对森林火险、林业有害生物和极端天气等方面合作。全省森林防火工作实行市、县、乡、村四级行政首长负责制，全面推进森林防火责任、预防、扑救、保障四大体系建设，着力抓好专业森林消防队、航空护林队伍和驻赣森林武警部队正规化建设，建立护林员防火绩效考核办法，落实火源管理“三个管住、两个规范”(管住重点时段、重点地段、重点人群，规范生产线用火、祭祀用火)机制，火灾预防和扑救呈良好态势。全年发生森林火灾43起，过火面积674.39公顷，受害森林190.2公顷，同比分别下降15.8%、65.6%和56.7%，火灾次数和灾害损失均处于历史最低值；火灾发生率0.4次/10万公顷，受灾率0.02‰，均控制在国家规定达标范围；火灾致死2人、致伤2人，未发生重特大森林火灾和群死群伤事故。1~4月，连续第8年开展全省森林防火“平安春季行动”，确保春季特别是全国、全省两会期间林区安全稳定。10月，全省开展以“预防森林火灾，共建生态样板”为主题的森林防火宣传月活动。举办市县森林防火指挥长培训班。检查考核设区市和省直管县(市)森林防火责任书完成情况，宜春等6个设区市和瑞金等3个省直管县(市)被评为森林防火责任目标考核优胜单位。制订《江西省航空护林飞机使用管理办法(试行)》，全年组织9架飞机开展航空护林作业86架次，飞行283小时22分，发现火情3起，直接扑火2起，增加降雨2.4亿吨。全省审批造林炼山1987起，无一“跑火”。省财政安排森林防火基础设施建设经费1.09亿元。建成林火监控300余套，重点区域监测率达70%。省财政首次设立省级林业资源保护专项生物防火林带建设补助资金，启动生物防火林带建设试点，规划5年建成2万千米，每年安排补贴4000万元。77个县(市、区)和相关单位建设生物防火林带1960公顷，补助资金2940万元。南城等20县(市、区)开展集中焚烧纸钱工作，每县(市、区)补助10万~20万元。开展全省森林防火专业队员扑火技能大练兵活动，3286名队员达标，占队员总数98.6%。开展骨干队员集训考核，523名队员通过省级考核，通过率96.8%。组织专业队省级教员集训，遴选44名队员组建省级业务培训团队。建立森林防火专业队基本信息报告制度，全年出动专业队3133队次、队员4.8万人次，圆满完成各项防火扑火及抢险救灾任务。

林业有害生物防控 省政府将林业有害生物成灾率、松材线虫病等重大林业有害生物防控目标责任纳入江西省市县科学发展综合考核评价体系和全省农业农村工作先进县(市、区)考评体系。省林业厅将国家下达的林业有害生物防控目标管理指标分解到各设区市、直管县(区)，签订责任书，进行年度考核。全省林业有害生物发生面积22.46万公顷，同比下降8.0%，发生率2.36%。完成防治面积15.46万公顷，其中，无公害防治面积13.97万公顷，无公害防治率90.4%，高于国家下达指标0.4个百分点；预测发生面积25万公顷，实际发生22.46万公顷，测报准确率88.7%，高于国家下达指标0.7个百分点；应施种苗产地检疫面积4.08万公顷，实施种苗产地检疫4.07万公顷，种苗产地检疫率99.8%，高于国家下达指标3.8个百分点；成灾面积2360公顷，成灾率0.25‰，低于国家标准4.75个千分点。省级林业有害生物防治补助经费从每年1000万元增至2000万元。开展2015～2016年度松材线虫病等重大林业有害生物防控目标和“双线”目标责任制考核，首次对考核结果较差的5个县(市、区)的政府领导进行约谈。实行为期3年的松材线虫病防治绩效承包，开展松材线虫病防控目标年度考核，4个设区市政府和2个省直管县(市)政府为优胜单位。全省建立防治专业队99个、专业人员3000余人，社会化防治作业公司(队)35家、从业人员1800余人。99个县(市、区)开通林业有害生物灾害预警电话“966312”。完成全省第三次林业有害生物普查，调整70个省级重点测报点测报对象，选择12种(类)主要林业有害生物实行应急周报、月报制度。与安徽、浙江省共同编制包括九江、上饶、景德镇三市在内的《环黄山松材线虫病防控总体方案》。省林业厅与江西出入境检验检疫局联合执法，先后对抚州等5个设区市以及南城、共青城等省直管县(市)开展林业植物专项检疫执法，重点查处4起跨省非法调运疫木案件。继续推进婺源县等6个林业有害生物防治示范点建设。全省除治松林1.47万公顷，除治死亡松树13.7万余株；实施产地检疫苗木4.07万公顷、种子8.2万千克、花卉5191.07万株；完成调运检疫苗木14 654.52万株，种子64.5万千克，木材156.66万立方米，毛竹920.92万根，花卉288.53万株，药材2159千克；各批次检疫均未发现检疫性和危险性有害生物。全年使用药剂211吨、药械1527台，释放花绒寄甲成虫211.38万头，张贴花绒寄甲卵卡5.23万张，悬挂诱捕器0.84万个，设置诱木0.57万棵。全省林业有害生物灾害保险参保率超过60%，灾害理赔470万元，同比提高44.6%。

“一区两园”建设 全省建立林业自然保护区186处，其中国家级15处、省级31处、县级140处，总面积105.93万公顷，占全省国土面积的6.35%；建立森林公园180处，其中国家级46处、省级121处、市县级13处，经营总面积51.87万公顷，占全省国土面积的3.1%；建立湿地公园91处，其中国家湿地公园11处、国家湿地公园建设试点22处，省级湿地公园3处、省级湿地公园建设试点55处。国务院批准婺源森林鸟类自然保护区晋升国家级自然保护区，面积1.30万公顷。开展全省林业系统地方级自然保护区监督检查专项行动，完成2010年以来县级自然保护区审核和认定。江西桃红岭国家级自然保护区荣获“全国先进自然保护区”称号。积极稳妥完成鄱阳湖、庐山、九岭山、九连山4个国家级自然保护区违规项目整改工作，并通过中央第四环保督察组、国家林业局督察组检查验收。完成梅岭等10处森林公园总体规划编制，全省国家级森林公园总体规划编制率由上年度78%提升到91%，省级森林公园总体规划编制率由上年度22%提升到30%。规范森林公园行政审批审查，完成3起省级森林公园范围调整事项以及国家级、省级森林公园林地征占用建设项目各8起。启动省级示范森林公园创建活动，被评为省级示范森林公园的一次性奖补30万～50万元。九江市天花井、靖安县三爪仑和安福县武功山3处国家森林公园获国家文化和自然遗产保护利用设施建设项目专项资金2400万元。国家林业局批准婺源饶河源、武宁庐山西海、赣县大湖江、会昌湘江4处湿地公园为国家湿地公园，同意莲花莲江、崇义阳明湖、大余章水、全南桃江、万安湖5处湿地开展国家湿地公园建设试点；省政府批准上饶槠溪、南丰潭湖、遂川江3处湿地公园为省级湿地公园，同意信丰桃江、抚州梦湖、广昌抚河源、共青城珍珠湖4处湿地开展省级湿地公园建设试点。省财政对验收达标的国家湿地公园和省级湿地公园分别给予50万元和30万元补助。婺源饶河源、高安锦江、寻乌东江源、宁都梅江4处国家湿地公园成为长江湿地保护网络新成员，使江西纳入该网络的成员增至24个。

湿地管理 全省湿地总面积91.01万公顷，占国土面积的5.45%，其中新增湿地保护面积7249.45公顷，湿地保护率增至46.1%。省林业厅将全省湿地保有量分解落实到各市、县(市、区)，并划定湿地保有量红线，对自然湿地实行普遍保护；严格湿地征占用审核审批制度，建立湿地资源动态监测机制，对违法行为严格依法查处，确保全省湿地面积实现零净损失。开展2016年世界湿地日宣传活动。实施中央财政湿地补贴项目16个、项目资金0.59亿元。完成全省城市规划区湿地资源调查和湿地植物图谱编制。参加长江经济带共抓大保护突出问题专项检查。开展集中整治鄱阳湖违法开垦湿地专项行动，有效遏制非法破坏湿地行为。查处并制止瑞昌虹源光伏发电有限公司在长江沿岸赤湖省级重要湿地建设光伏发电项目非法行为，限期6个月恢复原状，并行政处罚2054.60万元。

物种保护 召开鄱阳湖区越冬候鸟和湿地保护工作会议，鄱阳湖国家级自然保护区管理局与当地政府整合执法力量，开展整治行动。鄱阳湖区越冬候鸟和湿地保护工作联合保护委员会成立考评组，对各地候鸟和湿地保护工作进行年度考评，表彰一批先进县、先进单位和先进个人。遂川鸟道过境珍稀鸟类达30多种；遂川县举行“千年鸟道万人签名平安护航行动”启动仪式，在鸟道所在地营盘圩乡设立森林公安警务室，并成立“千年鸟道”护鸟大队，为候鸟迁徙“站岗”。全国鸟类环志中心通报表彰齐云山鸟类环志站。完成2015～2016年度全省国家重点保护野生植物外业调查。开展江西省第35届“爱鸟周”宣传活动。第七届中国东部迁徙水鸟网络年会在南昌召开。湘鄂赣签订野生动物疫源疫病监测合作协议。妥善处置吉水县明惠蓝孔雀专业合作社人工驯养繁殖蓝孔雀死亡770只疫情。中国野生动物保护协会授予在野生动植物保护和生态保护事业作出突出贡献的姚小华等4人2016年“斯巴鲁生态保护奖”。全省有古树名木12万余株，对19个县484株一级保护古树名木中树龄高、长势弱、病虫害严重等急待重点保护对象开展养护及抢救复壮。完善江西省古树名木信息管理系统。上饶、九江市开展"十大树王"评选活动；吉安市对重点工程占压区的古树进行抢救性移植保护，统一收储、集中管理；鹰潭市在古树名木集中群落建立保护小区，对分散古树名木挂牌保护；宜丰县拓宽大广高速连接线路面，遇路中间有棵千年古樟，当即多花24万元，为古树征地建护栏，成为一道独特风景线，被群众传为佳话。

执法整治　省林业厅部署2016年10月至2017年4月开展代号为"清网行动"的保护鸟类等野生动物专项整治行动，重点加强野生动物源头、经营和流通环节以及驯养繁殖和经营利用企业的整治。各相关部门迅速联动，对重点区域和线路进行巡查，对各集市、餐饮店、农贸市场、驯养场所进行检查，并公布省、市、县(区)24小时举报电话。至12月底，出动执法人员1.2万余人次，清理野生动物驯养繁殖、加工经营场所，检查野生动物活动区域2000余处，检查农贸市场、餐饮酒店等4000余处；查获非法经营、运输的野生动物2367只，野生动物制品300余千克；收缴非法猎捕野生动物猎具1000余副，清除猎捕鸟类天网1195张2万余米、林网205张3460余米；查处非法猎捕候鸟案件3起，收缴捕鸟网10余张，缴获摩托车25辆；救护鸟类等野生动物100余只。全省森林公安机关开展严厉打击非法占用林地等涉林违法犯罪专项行动、"严厉整治四乱、服务绿色崛起"、保护鄱阳湖湿地和候鸟等一系列专项行动，依法查处各类森林案件2.9万起，刑事立案3600起，移送起诉3200人，为国家挽回直接经济损失1.4亿元。省森林公安局直接组织侦办、督办一批重点挂牌案件，第三分局成功侦破丰城"8·31"案，查获国家一级保护植物红豆杉10立方米。市、县级森林公安集中警力多办案、办大案，吉安市森林公安局督办永丰"3·31"案，一举抓获嫌犯32人，收缴国家一级保护植物红豆杉10余立方米；赣州市森林公安局历时3个多月，侦破特大盗伐闽楠团伙，侦破案件15起，移送起诉20多人；靖安县森林公安局中源派出所利用无人机巡航，首次查获一起盗伐林木案；九江县森林公安局在福银高速庐山服务区截获野生动物150网箱。上高县森林公安局非法采伐国家重点保护植物案专案组荣记集体二等功。全省木材检查站开展为期3个月的打击非法运输木材专项行动，出动执法人员1.23万人次，查处违法运输木材案件1133起，涉案木材4682.6立方米、野生苗木339株，为国家挽回直接经济损失351.8万元。

生态文化　共青团中央、全国保护母亲河行动领导小组在瑞金市举行"绿色长征"公益健走青年林开工暨第二季出征仪式。农工党江西省委员会、省林业厅等12家单位在南昌市八一公园联合举办"江西省2016(第九届)中国环境与健康宣传周"。举办江西省第三届花卉园艺博览会、中国赣州第二届黄蜡石和奇石文化博览会，参加第九届中国竹文化节。井冈山市举办第七届杜鹃花节，南丰县举办第三届"橘园游"，启动首届中国·南丰网络蜜橘节。省林业厅生态文化展厅、廉政文化展厅共接待350余人次参观。"江西林业"微信公众号获评2016全国"林业十佳微信公众号"。《让候鸟飞》获国家新闻出版广电总局2016年"中国梦"原创网络视听节目非剧情类作品奖，并成为2016优秀网络视听作品推选活动获奖项目。景德镇市森林公安局获全国森林公安系统微视频大赛一等奖。湾里区太平镇泮溪村等4个村被中国生态文化协会授予2016年"全国生态文化村"。永修县吴城中学等4所学校被命名"全国未成年人生态道德教育示范学校"。120户家庭获评首届江西省"绿色家庭"示范户。上饶市绿化委员会和市林业局联合命名"十大森林生态文化示范基地"，表彰林业系统"十大标兵、十大卫士"。

产业发展　全年下达产业发展专项资金1.7亿元，重点支持油茶、毛竹和林下种植业等绿色富民产业发展，强化林业精准扶贫典型示范作用。全年实现林业总产值3504.82亿元，同比增长14.4%，其中第一产业1061.62亿元、第二产业1651.62亿元、第三产业791.58亿元，分别增长8.3%、13.1%和27.3%，三次产值比重由2015年的32∶48∶20调整到30∶47∶23，产业结构继续优化。全年生产商品材228万立方米、大径竹1.84亿根、小杂竹139.48万吨，生产木竹加工产品8229万立方米、林产化工产品36.53万吨、各类经济林产品463.8万吨。全省有林产工业企业5000多家，其中9家入选第二批国家林业重点龙头企业，国家林业重点龙头企业增至18家。江西飞尚林产有限公司获评国家林业标准化示范企业。11家企业入选"中国林业产业诚信企业品牌"。省级林业龙头企业353家，总资产规模443亿元。推进林产品质量安全监管，全年抽检春笋、油茶籽、香菇、木耳等林产品及土壤重金属含量和农药残留等指标400余批次；对重污染带乐安河沿线4个乡镇开展流域油茶及其产地环境质量安全采样监测；完成国家林业局木耳检测任务30批次、冬笋检测任务55批次。组团参展第十二届海峡两岸林业博览会暨投资贸易洽谈会、山东菏泽林交会、浙江义乌森博会、首届四川国际竹制品交易博览会。

全省实现油茶产业产值232亿元，增长12%。油茶加工企业达103家，其中国家级林业龙头企业7家、全国油茶产业重点企业8家、省级林业龙头企业54家，年茶油生产能力21万吨。宜春元博山茶油科技农业开发有限公司在英国伦敦证券交易所标准版挂牌上市，成为全国首家在海外上市的油茶企业；江西源森油茶科技股份有限公司、江西友尼宝农业科技开发有限公司、青龙高科技股份有限公司成功在"新三板"上市；江西金世本香实业有限公司成为江西省首批"同线同标同质"企业，其茶油产品连续8年成为国家体育总局训练局运动员专用产品。全省完成新造高产油茶林4.71万公顷，增长107.5%，创历史新高，其中个体农户、大户、合作社占81.6%。完成油茶项目造林3.65万公顷，占计划任务的195.4%。完成省级油茶项目低改合格面积1.67万公顷，占计划任务的110.6%。结合精准扶贫新造油茶林1.54万公顷，涉及贫困户11.6万户。新认定3个高产油茶采穗圃，续认9个高产油茶采穗圃，全省高产油茶采穗圃达27个、油茶定点育苗单位44家。省级油茶产业发展专项资金提高到8000万元，比2015年增加60%；高产油茶林建设补助标准由每亩300元提高至500元。中国农业银行江西分行专设“金穗油茶贷”，累计发放贷款超过20亿元，支持油茶产业客户8000多户。全年油茶贷款贴息865.23万元，占贴息补助资金总额33%。

全省竹产业产值345亿元，同比增长7%。省级竹产业发展专项资金提高到6000万元，增加20%。江西飞宇竹材股份有限公司在全国中小企业股份转让系统挂牌，成为全国竹产企业第二家。全年实施毛竹低产林改造突破3.33万公顷，建设笋材两用林基地651.75公顷。新修竹林经营道路2000千米。全面取消毛竹及其产品办理采伐运输证，毛竹育林基金降为零。

全省林下经济产值194亿元，增长8%。全年生产森林食品9.87万吨、森林药材3.45万吨。新增8个国家级林下经济及绿色产业示范基地，国家林下经济示范基地增至15家，省级林下经济示范基地增至200家。安排省级林下经济发展专项资金3000万元，增加200%。安排全南等10个林下经济发展重点县每县100万元以奖代补，补助林下经济种植面积866.67公顷，种植铁皮石斛等24个品种；安排补助林下经济未进入重点县扶持范围的其他实施主体以奖代补2000万元，补助种植面积2221.07公顷，涉及白术等50多个品种。选择兴国等10个贫困县（市、区），开展中央财政林下草本药材培育补贴试点工作，每县补贴30万元。新增森林食品基地认定13个、面积0.45万公顷；对2014年、2015年授牌的基地开展产地环境监测，其中2014年的3个基地被预警。

全省林木种苗产业产值106.20亿元，同比增长52%。全年完成林木良种调剂3860.5千克，可产合格苗木6400万株。下达中央财政林木良种补贴资金1498万元，支持9个国家重点林木良种基地建设和14个国有苗圃先进技术育苗补贴。4个种质资源库列入国家林木种质资源库。陈山红心杉一代种子园种子被国家林业局审定为林木良种。国家林业局抽查江西13个县（市、区）40家林木种苗生产经营和造林单位种苗质量8个指标，获得“6个百分之百”“2个大幅度提升”的佳绩。全年核发《林木种子生产经营许可证》37份。全面启动全省第二次林木种质资源调查工作。江西远泉实业集团有限公司董事长林远泉被评为“2015中国花木产业年度人物”。

全省野生动物繁育与利用产业产值10亿元，同比下降9%。省级将5种野生动物驯养繁殖和经营利用审批权限下放至设区市和省直管县（市）林业局；取消20厘米以上野生植物出省限制。全年办理野生动植物行政许可审批628起，其中野生动物驯养繁殖、经营利用等事项189起，涉及繁育利用企业100余家；野生植物采集和进出口审批439起，涉及采集樟树等国家二级以上重点保护野生植物1万余株，进口《濒危野生动植物国际贸易公约》附录Ⅲ物种刺猬紫檀等2万余立方米。江西众鑫生态农业开发有限公司野猪养殖项目在新三板上市，成为全省第一家上市野生动物养殖企业，并与东北林业大学合作设立院士工作站。分宜县荣获“中国特种野猪养殖之乡”称号。

全省森林公园接待游客9162万人次，森林旅游与休闲服务产业产值632.48亿元、增长30%，直接带动其他产业产值1121亿元。江西被列为全国第二个“森林风景资源调查与评价”试点省，鹰潭市双圳林场被列为第一批“全国森林康养基地”试点建设单位。南昌市湾里区被国家林业局命名为“全国森林旅游示范县（区）”；婺源县饶河源国家湿地公园、遂川县白水仙风景名胜区、安福县羊狮慕景区获评2016年“中国森林氧吧”；梅岭、仰天岗、陡水湖、阳岭4处国家级森林公园被授予首批“江西省生态文明示范基地”。婺源县、井冈山市等9个县级城市入选由中国国土经济学会主持评价的“2016百佳深呼吸小城”榜单。发行2016年度“江西风景独好——森林旅游年票”。荣获2016中国森林旅游节最佳组织奖、优秀宣传奖、优秀展示奖、展区活动奖、优秀市场服务奖5个奖项，成为全国获奖数量最多的省份。

全省家具产业产值862.23亿元，同比增长18%，基本形成南康实木家具、南城教学课桌、广丰和瑞昌红木家具等家具产业集群。中国（赣州）第三届家具产业博览会在赣州市南康区开幕，采购商28.05万人次，签约21.58亿元，同比分别增长69.0%和43.3%。赣州港正式开通首趟家具专列。南康家具产业产值突破千亿元，昔日“木匠之乡”变成“家具之都”。第三届中国中部（九江）红木家具博览会在瑞昌市举办，20个省（市）经销商代表千余人参加开幕式，300家企业的2000多位经销商参加。

体制改革 省政府办公厅出台《加快林业改革发展推进我省生态文明先行示范区建设十条措施》。省林业厅出台《江西省集体林权流转管理办法》《江西省集体林权流转管理服务体系建设指南》；省国土资源厅、省林业厅印发《关于做好林权类不动产登记和林权管理服务工作的指导意见》，在全国率先联合建立林权管理新机制。继续探索推行林地经营权流转证制度，新增安义等20个县为省级深化集体林权制度改革试点，使试点县增至31个，涵盖11个设区市。省林业厅成立9个深化集体林权制度改革试点督导调研组，定期对各试点县进展情况督促指导，对进展缓慢的县下发督办通知。各试点县创新模式，加大集林权管理、流转交易、综合服务三位一体的县级林权管理服务机构建设力度，所涉477个林区乡镇有351个设立林地流转服务窗口，5292个行政村有3344个设立信息员；省市县乡村五级信息共享、网络互通的林权流转信息管理平台、林权流转信息服务平台、“惠农绿桥”APP在31个试点县上线运行，以管理、服务为一体，统一省市县乡村五级体系建设为关键的组织机制基本形成。8个设区市的13个县（市、区）开展林地经营权流转证发证业务，共办理林地经营权流转证64本，涉及面积1127公顷。全省首笔林地经营权流转证抵押贷款在安福县农商银行成功办理。全省流转中的山林达171.47万公顷，占集体山林面积的18.9%；实有专业大户3522户、家庭林场482个、民营林场595个、专业合作社2079个、股份合作社366个，其中国家级示范社48家、省级示范社100家。推进多种形式林地适度规模经营，确定并公布新型林业经营主体可承担16类林业生态和产业项目名录；在全国率先启动规范流转前提下以合作社、家庭林场为经营主体的适度规模经营奖补，以破解林地资源闲置和细碎化问题。集体林地承包经营纠纷调处纳入当地综治工作考核范围。江西总结的林权制度改革“四机制一模式”经验做法，得到国家林业局“江西集体林权制度改革成效显著”的肯定评价。

江西被列为2015～2020年全国国有林场改革重点监测省。建立全省国有林场备案管理制度，审核公布备案登记228个国有林场名录。全省188个国有林场完成森林经营方案编制。下拨国有林场危旧房改造中央和省财政补助资金7563万元、省财政奖补资金147万元，3567户改造计划全部开工，占目标任务的100%。国家安排47个县(市)所属国有贫困林场扶贫项目补助资金2632万元。江西省茶山生态公益性林场被授予“全国十佳林场”。省本级林业行政审批涉及中介服务事项保留2项，审批材料编制机构资质调整6项，取消申请证明1项。探索生态环境领域综合执法改革，安远县森林公安局成立全省首个集农林、水务与国土、矿管、环保、市监为一体的生态执法大队。调整林业规费征收标准，从2月1日起育林基金征收标准降为零；从3月21日起社会公益项目及保障性安居工程免征森林植被恢复费。

科技创新 召开全省林业科技创新推进工作会议，实施省林业厅科技创新专项项目37项，其中2016年新增13项，安排项目资金470万元。争取中央财政林业科技推广项目资金1900万元，重点对油茶、湿加松、木荷、北美栎树等重要树种良种进行大规模繁育推广。2015年度中央财政林业科技推广19个项目绩效评价均为A级，评价平均得分89.4分。公益性行业科研专项“木通科特色菁葖果良种选育及高效栽培技术研究”及“948”项目“利用微生物促进污染退化地植被恢复技术引进”通过国家林业局验收。省林科院与南京林业大学合作的“林木良种细胞工程繁育技术及产业化应用”获国家科技进步二等奖，“武夷山自然保护区鸟类多样性保护与研究”获江西省科技进步二等奖；“油茶幼林高效生态经营技术”等3个项目和“亚热带人工林经营的生态化学计量学原理与应用”项目分别获第七届梁希林业科技奖二等奖和三等奖。

全面完成油茶遗传资源调查编目工作，《江西油茶遗传资源》公开出版发行。新批建江西桃红岭梅花鹿省级林业生态定位观测研究站；南昌城市森林湿地生态系统野外科学观测研究站投入运行。《红楠育苗技术规程》行业标准制定项目入选国家林业局2016年林业行业标准制修订项目计划；修订完成《松脂采集规程》等11项地方标准；完成现有30项林业地方标准集中复审。8个国家级林业标准化示范区建设进展顺利。樟树“千叶香”等10个新品种被国家林业局授予植物新品种权，成为江西获新品种数量最多的一年。江西艺竹实业有限公司被认定为全国林业知识产权试点合格单位。推进“互联网+”林业行动，打造7个领域31项重点工程，实现林业互联网思维、大数据决策、智能型生产、协同化办公、云信息服务。省林业厅获全国林业信息化建设十佳单位称号。江西武夷山国家级自然保护区被中国动物学会鸟类学分会授予“中国濒危雉类研究基地”称号。江西环境工程职业学院被国家人力资源与社会保障部授予第44届世界技能大赛家具制造项目中国集训基地。江西环境工程职业学院获全国职业院校技能大赛一等奖2项、二等奖4项、三等奖2项和“高教社杯”全国大学生数学建模竞赛二等奖3项。

林业国际合作取得新突破，直接从美国艾博金林木种苗公司引进湿地松和火炬松家系101个；首次从美国阿肯色等多个州引进纳塔栎、舒玛栎、北美红栎和柳叶栎4个北美栎树树种的播种育苗获得成功。本省培育的具有知识产权的“福禄紫枫”林木新品种首次走出去，与瑞典、法国签订经贸合同，为江西省参与“一带一路”建设作出积极贡献。办理5个自组团组共25人次出国学习交流，7人次赴中国台湾合作交流，1人次赴香港参加研讨会。

资金投入 全年完成林业投资116.32亿元。其中国家预算资金56.23亿元、国内贷款8.16亿元、利用外资0.42亿元、自筹资金19.96亿元、其他31.55亿元。全年林业固定资产计划投资3.16亿元，实际完成投资5亿元。全年争取中央和省级林业项目资金39.6亿元，同比增长7%，其中：中央投资25.3亿元，同比增长1%；省级投入14.3亿元，同比增长18%。原省级9个财政补助林业项目整合为3个，并新增古树名木保护、风景林建设和森林城市创建补助项目。省级油茶产业、竹产业和林下经济财政投入由每年0.5亿元、0.5亿元和0.1亿元，分别增加到0.8亿元、0.6亿元和0.3亿元；原基层森林防火项目调整为生物防火林带建设，并增加投资0.2亿元。全省森林植被恢复费征收7.93亿元，同比增长72%；1月份，全省育林基金征收1771.18万元，2月1日开始育林基金征收标准降为零。国家下达中央林业贴息贷款建议计划24.10亿元，增长122%；安排中央林业贷款贴息补助资金2596.31万元，扶持林农和林业职工3800余户，农户人均贴息0.3万元。实施林业利用外资贷款项目2个，协议利用外资976万美元，实际利用外资655万美元。全省林业招商引资项目145个，签订协议资金181.19亿元，实际进资60.84亿元。

【出台加快林业发展十条措施】 为加快林业现代化建设，更好地发挥林业在打造美丽中国“江西样板”“五年决战同步全面小康”中的重要作用，3月9日，省政府出台《加快林业改革发展推进我省生态文明先行示范区建设十条措施》，明确深化集体林权制度改革、抓好国有林场改革发展、实施森林质量精准提升工程、推进森林城市建设、严格森林资源保护、完善生态补偿机制、加强森林灾害防控、大力开展油茶精准扶贫、加快毛竹产业发展和加大林下经济扶持力度10条措施，提出到2020年的具体目标要求，并明确在政策和资金上给予重点扶持。该文件成为江西林业改革发展“含金量”较高的政策之一。

【出台首部自然保护区法规】 4月1日，《江西武夷山国家级自然保护区条例》经江西省第十二届人大常委会第二十四次会议审议通过，于5月1日起施行。《条例》分总则、保护管理机构与职责、保护措施、合理利用、法律责任、附则共6章43条。《条例》授予江西武夷山保护区管理机构“依法查处破坏保护区内自然资源、自然环境、保护管理设施的违法行为”的职责，明确保护措施、合理利用和法律行为，并规定江西马头山、官山、九连山、九岭山4个国家级自然保护区参照执行。该《条例》是江西结合实际制定的首部自然保护区专门法规，为江西武夷山自然保护区的保护、管理及利用提供了法律依据。

【制定林业发展“十三五”规划】 6月20日，省发展改革委、省林业厅印发《江西省林业发展“十三五”规划》，明确“十三五”期间林业发展的总体思路、建设任务和保障措施。该规划提出江西林业发展坚持生态优先、深化改革、服务民生、科技引领和转型发展5项基本原则，牢固树立创新、协调、绿色、开放、共享五大发展理念，围绕全面提升森林质量、加强生态建设保护、壮大绿色富民产业、推进生态文化建设、强化林业支撑保障、创新林业治理体系6个方面，加快推进林业现代化建设，为打造美丽中国“江西样板”，实现“五年决战同步全面小康”奠定坚实基础。提出到2020年，全省森林覆盖率稳定在63.1%，活立木蓄积量达到5.5亿立方米，林地保有量1.61亿亩，湿地保有量1365.1万亩，林业产业总产值突破6000亿元。

【出台深化国有林场改革意见】 8月8日，省政府办公厅出台《关于进一步深化国有林场改革的意见》。《意见》明确，将国有林场主要功能定位于保护培育森林资源、维护国家生态安全；鼓励有条件的林场通过平等协商等方式提前收回对外出租、合作或转让的国有林地林木；加快落实工伤保险等社会保险政策，将符合低保条件的困难职工及其家庭成员纳入当地居民最低生活保障范围；强化国有林场事业编制使用监管，科学制订岗位设置方案，实现由身份管理向岗位管理转变。完善岗位绩效分配制度，鼓励人才创新创造，适当放宽艰苦地区林场专业技术职务评聘条件，解决人才缺乏和断层问题。《意见》提出，国有林场设立、变更、分立、合并、撤销活动，应履行备案手续；将事业性质林场的全部收入和支出纳入同级财政预算管理；建立以购买服务为主的用工制度，扶持分流职工成立营造林公司等中介服务机构，承接林场社会化服务项目；健全分级管理的森林资源监管制度，每5年编制一期森林经营方案，各级政府对实施情况进行检查；探索森林资源和林场发展新机制，鼓励发展混合经济和碳汇林业。《意见》指出，要完善国有林场政策支持体系，构建财政支持长效机制；将贫困林场纳入各级政府扶贫计划，将林场基础设施纳入各级政府建设计划，将林区公路纳入农村公路工程建设计划；加强金融支持，努力化解林场债务，加大森林保险扶持和信贷支持力度。

【出台林地适度规模经营奖补政策】 为鼓励引导林地公开规范流转，发展多种形式的林地适度规模经营，11月21日，省林业厅出台《江西省林地适度规模经营奖补办法(试行)》，奖补通过林权流转管理服务体系在公开市场上流转林地组建的林业合作社、家庭林场(专业大户)等林地适度规模经营主体，按上年净增的流转面积750元/公顷的标准予以奖补，林业合作社每个最高奖补5万元，家庭林场(专业大户)每个最高奖补3万元。资金主要用于扶持经营主体投入林业生产经营和生产基地基础设施建设、开展示范创建和规范化管理等。

【全国森林质量提升工作会议在江西召开】 11月17～18日，国家林业局在江西崇义县召开全国森林质量提升工作会议。国家林业局党组书记、局长张建龙，江西省委常委、副省长尹建业出席会议并讲话。全国31个省(区、市)林业厅(局)主要负责人和5个森工集团、新疆生产建设兵团负责人及相关专家参加会议。会上，尹建业代表省委、省政府介绍江西坚持生态立省战略，全力打造美丽中国“江西样板”，组织实施一系列植树造林重大工程和森林质量精准提升工程，坚持增量和提质两手抓，实现森林面积和蓄积“双增长”。省林业厅就江西森林质量提升工作主要做法和成效作典型发言。与会人员到崇义县高全林场、横水镇大密村蛤蟆湖山场观摩森林资源保护和经营工作情况。会议对崇义县森林资源保护和经营的做法给予充分肯定，指出崇义县“为可持续森林经营积累了成功经验，为全国提高森林质量作出了示范，值得各地认真学习借鉴”。“崇义案例”成为全国林业样板，将助推江西实现打造美丽中国“江西样板”目标。

【全省林业重点工作现场推进会召开】 9月29日，省政府在南昌召开全省林业重点工作现场推进会，总结全省森林防火、松材线虫病防控、湿地候鸟保护、植树造林和森林城市创建工作，表彰先进，部署今冬明春森林防火等林业重点工作。副省长尹建业出席会议并讲话，省政府副秘书长宋雷鸣主持会议。会议要求各地各部门从建设生态文明试验区、打造美丽中国“江西样板”的高度，切实做好各项林业重点工作，并对每项工作提出具体目标和要求。坚决不搞违背自然规律的急功近利行为，坚决不搞违背群众意愿的形象工程，坚决不搞铺张浪费，增强居民对森林城市建设的获得感。会议通报去年冬季以来林业重点工作进展情况，表彰先进，下达《森林防火责任书》，九江等6个市(县)分别作交流发言。与会代表参观德安县林泉乡低产低效林改造现场、神州通油茶产业基地、庐山市温泉镇松材线虫病除治现场、九江市城区“创森”工程和濂溪区森林消防大队扑火演练。各设区市、省直管县(市)、15个鄱阳湖区县(市、区)、20个松材线虫病重点防控县(市、区)的政府负责人和林业局局长以及省主要媒体记者等参加会议。

【国家生态文明试验区建设】 8月12日，中共中央办公厅、国务院办公厅印发《关于设立统一规范的国家生态文明试验区的意见》，福建、江西、贵州三省作为生态基础较好、资源环境承载能力较强的地区，被纳入首批统一规范的国家生态文明试验区。江西省第十四次党代会明确把建设国家生态文明试验区、打造美丽中国“江西样板”作为未来发展的总体要求；将生态文明目标体系纳入《江西省“十三五”规划纲要》，专门设立18项生态文明指标，占指标数的45%。省政府印发《江西省生态空间保护红线区划》，确定全省生态空间保护红线总面积为55 239.1平方千米，占全省国土面积的33.1%，其中省级以上的自然保护区、森林公园、重要湿地(湿地公园)、生态公益林等11类重要生态区域纳入保护红线范围。率先实施全域“河长制”，建立区域与流域相结合的5级河长组织体系。率先实行全境、全流域生态补偿，首批流域生态补偿资金20.91亿元全部下达到100个县(市、区)；赣粤两省签署东江流域上下游横向生态补偿协议，实行流域联防联控联治的长效机制，启动东江跨流域生态保护补偿试点，国家和江西、广东两省每年安排补偿资金5亿元；赣鄂湘三省签订《关于建立长江中游地区省际协商合作机制的协议》，从推进生态环境联防联控等6个方面开展区域合作。江西省碳排放权交易中心获批成立，完成亚行赠款林业应对气候变化项目碳储量计算、森林碳汇监测验证报告系统建设等。启动水流、森林、山岭、荒地、滩涂等自然生态空间统一确权登记试点，选取宜春市、抚州市、兴国县和安福县开展自然资源资产负债表试点并形成初步成果；出台江西省党政领导干部自然资源资产离任审计实施意见，完成萍乡等地试点审计；出台江西省党政领导干部生态环境损害责任追究实施细则。争取赣州市列为国家山水林田湖生态保护修复4个试点地区之一，获得中央财政奖补资金20亿元；支持抚州市打造全省生态文明先行示范区；新确定16个省级生态文明示范县、59个省级生态文明示范基地。开展城镇闲置及裸露土地复绿，在全国率先实现国家园林城市设区市全覆盖，7个设区市获评国家森林城市，设区市城区空气质量优良率达86.2%。

【赣南等原中央苏区生态建设】 5月11日，省林业厅出台《2016年支持赣南等原中央苏区振兴发展工作方案》，落实林业资金24.25亿元，持续加大对赣南等原中央苏区生态建设扶持力度。其中，下达防护林造林任务1.29万公顷、封山育林任务1.43万公顷，安排资金1.33亿元，占全省总量的70.3%；下达低产低效林改造任务3.29万公顷，安排资金1.63亿元，占全省总量65.3%。安排油茶造林项目0.69万公顷、低改项目0.22万公顷，涉及资金6660余万元；批复筹建油茶科技示范园4个，占全省总数的1/3；落实2015年度油茶科技示范园建设补助资金850万元，超过全省总量60%。安排竹类特色产业项目资金4363万元，占全省总量72.7%。安排村级森林防火补助和生物防火林带建设资金4828万元，占全省总量53.6%。申报国家林业重点龙头企业10家，超过全省总数一半。安排省级林下经济补助资金1651万元，占全省总量55%；认定省级林下经济示范基地85家，占全省总数72.7%。支持13个县(市、区)26个林场2626户职工实施危旧房改造工程项目，占全省总数73.6%；下达资金超过1.2亿元，占总投资73.1%。审核使用林地建设项目425个，使用林地0.33万余公顷，占国家下达全省建设项目使用林地定额数61.7%。下达专项资金1420万元，改善贫困林场生产生活条件，占全省总量54%。下达建档立卡贫困人口林业管护费补助6016万元，占全省总量86%。

【林业精准扶贫】 国家林业局出台《对口支援江西万安县2016～2017年工作分工方案》，从造林绿化、林业产业与生态脱贫等15个方面加大对万安县帮扶力度。省林业厅从生态产业、生态补偿和生态就业3个方面，扎实推进林业精准扶贫工作。一是下达专项资金1.7亿元，用于扶持油茶、毛竹和林下种植业等林业绿色富民产业，强化林业精准扶贫典型示范作用。选择兴国县、石城县、赣县区、安远县、万安县、井冈山市、横峰县、鄱阳县、乐安县、莲花县等10个林下经济发展基础较好的贫困县(市、区)，开展2016年中央财政林下草本药材培育补贴试点。“财政惠农信贷通”累计发放贷款92.05亿元，新增受益户18 617户。启动赣州市全国木本油料产业精准扶贫试点，获60亿元(2016～2019年)信贷额度。二是中央和省级财政安排340万公顷生态公益林补偿的专项资金10.455亿元，按照“谁保护谁受益”原则，全部用于补贴林权单位和林农，不断增加林农群众生态保护建设的收益和获得感。三是下达专项资金7000万元，在集中连片特殊困难地区和国家扶贫开发工作重点县的建档立卡贫困人口中选聘生态护林员7000人，帮助7000个贫困家庭脱贫。省林业厅对口支援铅山县太源畲族乡，农民人均纯收入由2010年的6265元增加到2015年的11 000元，被评为全省民族工作优秀单位。

【森林城市创建】 9月19日，九江市、鹰潭市被授予“国家森林城市”称号，全省国家森林城市增至7个。新余市成为全省首个通过国家森林城市复查的设区市。12个县(市)获“江西省森林城市”称号，使获该称号的市、县增至41个；浮梁等8个县(市、区)创建省级森林城市通过专家评审。各地将创建森林城市作为城市基础设施建设的重要内容，创建经费纳入各级政府公共财政预算。省财政每年安排2000万元，用于创森以奖代补，获国家森林城市称号奖励500万元、获省级森林城市称号奖励80万元。各地财政也相应落实配套政策，南昌、九江对获得省级森林城市的给予50万元奖励资金。国家林业局组织《人民日报》、新华社等10家媒体记者来赣报道江西森林城市创建经验做法。

【森林质量提升】 1月19日，省林业厅印发《江西省低产低效林改造规划(2014～2020)》，规划到2020年，完成低产低效林改造66.67万公顷，其中补植9.01万公顷、更新13.22万公顷、抚育33.21万公顷、封育11.23万公顷。同时，出台《江西省省级森林质量提升专项资金管理暂行办法》《江西省森林抚育规程实施细则》《江西省低产低效林改造检查验收办法》等文件。11月16日，江西省与财政部签署《欧洲投资银行中国气候变化框架贷款江西省鄱阳湖流域森林质量提升示范项目转贷协议》，计划利用欧洲投资银行贷款2500万欧元，在九江等8市15个县(市)新造用材林20 336公顷。从2016年起，省财政每年安排省级森林质量提升专项资金2.5亿元。完成中央财政森林抚育补贴项目10.67万公顷；完成省财政低产低效林改造专项5.17万公顷、同比增加210.4%。下达省级林木良种繁育及良法推广补助3000万元，支持7个省级重点林木良种基地、13

个省级保障性苗圃、34 个良种良法骨干示范基地等建设，示范面积 863.33 公顷。崇义县实施全国森林经营样板基地建设 3.31 万公顷，并设立 84 个监测样地，持续开展样板基地成效监测工作。广丰、德兴、崇义 3 个国家珍贵树种培育示范县新育苗 15.33 公顷，培育珍贵树种 1366.67 公顷，其中人工新造 566.67 公顷、定向改培 800 公顷。崇义县高坌林场等 4 个珍贵树种培育示范基地完成 264.47 公顷。重点打造崇义县高丘山地大径材培育模式、信丰县生态脆弱地区马尾松纯林质量提升模式、德安县低丘岗地天然次生林质量提升模式、永丰县珍贵树种培育模式等一批森林经营样板基地。2015 年度全国营造林综合核查江西造林合格率达 96%，同比增加 6.6 个百分点，全国排第八位，同比上升 9 位。全省森林质量呈现森林蓄积、林分亩平蓄积、针阔混交林面积增加，低产低效林面积减少“三增一减”发展态势。

【鄱阳湖候鸟和湿地保护专项整治】 省政府部署 2015 年 10 月至 2016 年 4 月在鄱阳湖区开展越冬候鸟和湿地保护专项整治行动。省林业厅迅速召开鄱阳湖区越冬候鸟和湿地保护工作会议。沿湖 15 个县(市、区)及时成立或调整领导协调机构，层层续签责任状，加强部门联动、巡查督导，建立激励机制等。由林业部门、村治保会、村民小组组成护鸟巡查体系，做到密切配合、全面覆盖，切实保障专项行动落到实处。行动期间，各地各部门组织召开候鸟、湿地保护工作专题会议 27 场(次)；开展湖区联合执法巡查 920 次，出动人员 2700 人次；对市场及餐馆酒店进行执法检查 380 次，出动人员 1200 人次；湖区主要出入口设卡检查 190 次，参与人员 1500 人次。查处破坏野生动物刑事案件 6 起，办理行政案件 22 起，行政处罚 34 人；清除“天网”约 1.5 万米，救治、放飞野生鸟类 337 只；平毁非法围堰 3 处，恢复湿地 333.33 公顷，有效地打击和震慑违法犯罪行为。中央和省级新闻媒体报道专项行动 200 余条(次)，林业网站发布动态信息 500 余条。星子县等 8 个专项行动先进县受到省政府表彰，82 个专项行动先进单位、7 个先进民间组织、299 个先进个人受到省林业厅表彰。

【第九次全国森林资源连续清查】 根据国家林业局统一部署和要求，经省政府同意，4 月 16 日、5 月 25 日，省林业厅先后下发通知和召开全省电视电话会议，部署第九次全国森林资源清查江西省调查工作。6 月 20 日，尹建业副省长在全省现代农业示范园区建设现场推进会上强调，各地要高度重视第九次森林资源清查工作，在人、财、物方面给予充分保障。省财政按与中央财政 1:1足额配套调查经费 560 万元；省级和 11 个设区市均成立清查工作领导小组，召开启动会，举办培训班，组建 45 个外业工组、6 个督导检查组，并自主增加样地土壤、生物量调查内容，全面采用数据采集仪，首次实现全程无纸化样地调查。圆满完成固定样地 2608 个、生物多样性样地 1623 个、森林土壤样地 480 个的调查任务，其经验在全国推广。12 月 30 日，国家林业局公布江西省第九次森林资源清查主要结果，与第八次(2011 年)清查相比，全省森林面积 1021 万公顷，增加 19 万公顷，增长 1.9%；森林覆盖率 61.16%，提高 1.15 个百分点；森林蓄积量 50 666 万立方米，增加 9825 万立方米，提高 24.06%。森林面积中，天然林 652 万公顷，人工林 369 万公顷，其中天然乔木林 520 万公顷、人工乔木林 288 万公顷；森林蓄积量中，天然乔木林 36 772 万立方米，人工乔木林 13 894 万立方米。

【第三次全省林业有害生物普查】 按照全国统一部署，2014 年 4 月至 2016 年 12 月，全省开展第三次林业有害生物普查。共筹措普查经费 1536.44 万元，购买设备 1473 套(台)，组建普查工组 717 个，省级举办培训班 6 期、2570 人次，拍摄影像资料 30 292 件，制作标本 12 912份。在完成国家林业局规定普查内容基础上，增加古树名木病虫害和自然保护区昆虫、微生物两个专项调查。普查发现，全省有林业有害生物 1380 种，其中：本土 1369 种、外来 11 种，病害 222 种、虫害 1104 种、鼠兔害 1 种、有害植物 25 种、其他 28 种。全省林业有害生物发生面积 31.11 万公顷，其中：虫害 21.48 万公顷、病害 8.79 万公顷、有害植物 0.15 万公顷、鼠害 20 公顷、其他类 167 公顷；成灾面积 1.00 万公顷。发生面积居前三位的是萧氏松茎象、松褐天牛和马尾松毛虫。11 种外来有害生物分别是松材线虫病、松针褐斑病、湿地松粉蚧、松突圆蚧、红棕象甲(锈色棕榈象)、桉树枝瘿姬小蜂、扶桑绵粉蚧、悬铃木方翅网蝽、曲纹紫灰蝶、加拿大一枝黄花和凤眼莲。

【首次全省城区湿地资源调查】 2015 年 4 月 1 日至 2016 年 7 月，江西省首次对全省城市规划范围内 1 公顷以上湖泊湿地、沼泽湿地、河流湿地、人工湿地，以及长度 1000 米以上、宽度 5 米以上河流湿地的面积、类型、分布、植被类型、主要优势植物、水质和保护管理、利用、社会经济状况及受威胁状况等进行调查。《江西省城市规划区湿地资源调查报告》显示，全省城区湿地斑块有 6108 个，总面积 9.3 万公顷，城区湿地率 7.9%。其中，河流湿地 5.03 万公顷，占城区湿地总面积 54.1%；湖泊湿地 1.14 万公顷，占 12.3%；沼泽湿地 326 公顷，占 0.3%；人工湿地 3.1 万公顷，占 33.3%。

【全省冬季水鸟同步调查】 根据全国首次冬季水鸟同步调查统一部署，1 月 11～15 日，开展全省冬季水鸟野外同步调查工作。国家林业局野生动植物保护司、江西农业大学等 20 余家单位 40 余名专业技术人员和各地野生动植物保护管理站 130 余名工作人员组成 53 个野外调查组，按照《全国第二次陆生野生动物资源调查鸟类同步调查技术方案》确定的水鸟集群分布选点标准，结合江西湿地和鸟类分布特点，在鄱阳湖区 44 个点和“五河”流域 53 个点同步开展水鸟调查。本次调查记录到越冬水鸟 98 种、48 万余只，分别占全国水鸟数的 25.7% 和 23.6%，居全国前列，其中白鹤 2568 只、东方白鹳 5125 只、雁鸭类 41 万余只。

【鄱阳湖区鸟类种数超 20 世纪全省总数】 2014 年 5 月至 2016 年 9 月，鄱阳湖国家级自然保护区管理局与全国鸟类环志中心、江西省野生动植物保护管理局合作，对鄱阳湖区鸟类资源进行系统的调查研究。根据鄱阳湖区长期的鸟类调查、监测、环志及科研成果，对鄱阳湖区鸟类名录进行系统整理，对争议鸟种进行科学甄别。结果显示，鄱阳湖区共有鸟类426种，隶属18目69科，其中国家Ⅰ级重点保护鸟类11种，国家Ⅱ级重点保护鸟类66种；世界自然保护联盟濒危物种红色名录全球受威胁物种29种，其中极危物种2种、濒危物种8种、易危物种19种；江西省重点保护鸟类88种。鄱阳湖区鸟类种数超过20世纪全省鸟类种数，占中国鸟类总种数的31.1%。

【欧投贷款生物质能源林示范项目竣工】 7月4日，省林业厅通知各地做好欧洲投资银行贷款江西生物质能源林示范项目竣工总结工作。2009年实施该项目以来，江西利用欧洲投资银行贷款2.05亿元，在赣州、抚州、九江、吉安、新余、上饶、萍乡、景德镇等设区市21个县(市、区、林场)建立能源林示范基地2.03万公顷，其中油茶基地1.91万公顷、光皮树基地0.12万公顷，全面完成建设任务。经估算，项目实施进入稳产期后，年均可生产生物柴油3065.40吨、毛油1.56万吨、食用茶油1.53万吨，年产值可达5.29亿元。该项目实施不仅有效提高当地森林资源质量、改善生态环境，而且进一步增加项目区林农收入、加快山区脱贫致富步伐。

【九江、鹰潭实现市县同创森林城市】 9月19日，国家林业局授予九江、鹰潭两市"国家森林城市"称号。九江市自2012年底开始，将市、县同创森林城市作为创建国家森林城市的重要内容。市政府与各县(市)签订责任状，每年对当年成功创建省级森林城市的县(市)给予50万元奖励。各县(市)均成立专门机构，制定专项创森规划，实行目标责任制，因地制宜实施各具特色的精品城乡绿化工程和生态文化工程。全市新增造林绿化面积99万亩，市域森林覆盖率达55.1%，城市建成区绿化覆盖率50.1%，建成区人均公园绿地面积17.77平方米，城区新增树木近百万株。九江市成功创建国家森林城市，所辖11个县(市)全部成功创建省级森林城市。鹰潭市围绕创建国家森林城市目标，注重顶层设计、工程带动、产业撬动、文化拉动，营造全民爱绿、植绿、护绿的浓厚氛围，打造森林围城、碧水穿城、林水相依、空气清新的森林之城，实现设区市和县(市)国家级、省级森林城市同步创建。3年全市累计整合创建资金35.6亿元，完成人工造林13.8万亩，森林覆盖率达58.2%，中心城区绿化覆盖率42.6%，村庄绿化率30%以上，农田林网绿化率80%以上，通道绿化率90%以上，人均公园绿地面积15.91平方米；建成16个大型公园、10个大型绿地广场，美化改造40多个小游园；形成以乡镇、村庄绿化为点，通道、水岸绿化为线，山上、平原绿化为面的"森林围城"格局。该市19个负离子监测点数据显示，空气质量大部分达到"非常清新"等级。

【抚州市四级"山长制"成效显现】 为使全市2016～2020年全面封山育林落到实处，8月，抚州市委、市政府印发《抚州市"山长制"工作实施方案》，在全省率先实施市、县(区)、乡(镇、场)、村四级"山长制"，全面构建森林资源目标责任管理体系，确保森林生态安全。规定市级"总山长""副总山长"分别由市委、市政府主要领导担任；县级、乡级、村级党政主要负责人分别担任县级、乡级、村级"山长""副山长"。各级"山长"对辖区森林资源保护管理负总责，组织开展森林资源保护督查，协调解决整治重点难点问题，落实"三保、三增、三防"(保森林面积、林地面积和林区秩序稳定，增森林蓄积总量、公益林面积和林业经济实力，防森林火灾、森林病虫害和生态破坏)目标。市、县(区)、乡(镇、场)设立"山长制"办公室，组织、宣传、发改、审计、财政、农业、环保、林业部门为"山长制"责任单位。市政府将"山长制"落实情况纳入县(区)政府综合考核评价。"山长制"专项经费列入各级财政预算，市财政每年安排2000万元，5年计1亿元，用于激励各地班子领导当好"山长"。全市确定"山长""副山长"共3916名，其中市级山长2名(含副山长，下同)，县级山长22名，乡级山长322名，村级山长3570名。全市聘请村级护林员3781名，安排专项经费3300万元。全年核发林木采伐证5.0万立方米，占全市年度采伐限额的6%，同比下降59.6%。对全市204家木材加工企业进行资源检查，其中138家合格，56家整改到位，10家关闭。查处各类森林案件867起，其中刑事案件173起、行政处罚案件694起，查处1056人次，全境森林生态安全得到有效保护。

【林业大事】

1月7日 安义县尚富种养专业合作社等26家林业专业合作社被评为全国林业专业合作社示范社，使江西获评该示范社的数量达到40家。

1月19日 省林业厅印发《关于加快培育新型林业经营主体促进林地适度规模经营的指导意见》，提出扶持专业大户、家庭林场、农民合作社、龙头企业等新型林业经营主体发展的系列政策措施。

2月4日 省林业厅新增安义等20个县(市、区)为第二批省级深化集体林权制度改革试点县(市、区)，使试点县增至31个。

2月29日 省委书记强卫、省长鹿心社等省委、省人大、省政府、省政协领导，与省直机关、南昌市的干部群众一道到南昌市新建区溪霞国家农业综合开发现代农业园区参加义务植树活动。

3月9日 省政府办公厅下发《关于印发加快林业改革发展推进江西省生态文明先行示范区建设十条措施的通知》，就集体林权制度改革等10个方面提出具体目标要求，并在政策和资金上给予重点扶持。

3月9日 省财政厅、省林业厅印发《关于调整森林植被恢复费征收标准引导节约集约利用林地的通知》，从3月21日起，根据地类和使用林地项目类别不同，调整森林植被恢复费征收标准，社会公益项目及保障性安居工程免征森林植被恢复费。

3月25日 经省政府审定同意，授予婺源县等12个县(市)为"江西省森林城市"称号。至此，全省41个县(市)获此称号。

4月6日 省林业厅印发《江西省省级林业龙头企业认定管理办法》，就省级林业龙头企业的申报认定、运行监测和指导服务工作进行规范。

4月16日 经省政府同意，省林业厅印发《关于开展第九次全国森林资源连续清查工作的通知》，部署开展第九次全国森林资源清查江西省调查工作。

4月24～26日 九江市星子县组织开展平毁鄱阳湖区非法围堰开垦大型联合执法行动，平毁违法私建圩堤和开垦地等200余公顷。

4月28日 省林业厅被授予“江西省第十四届文明单位”称号，这是林业厅连续第四届获此殊荣。江西环境工程职业学院、省木材流通监督管理局、江西庐山国家级自然保护区管理局3个厅直属单位同时获该称号。

5月3日 省林业厅印发《江西省新型林业经营主体可承担林业项目名录》，明确符合条件的新型林业经营主体可承担中央财政造林补贴、森林抚育补贴、林业贷款贴息等16个资金补助项目。

5月10～13日 美国艾博金林木种苗公司产品开发部总监迈克尔·柯宁汉一行就火炬树和湿地松良种与繁育合作事宜来赣访问。双方在种子赠送、试验基地建设等方面达成合作意向，并将江西省引种北美橡树列入合作计划。

5月11～13日 国家林业局局长张建龙在江西修水县、武宁县调研林业改革发展情况。期间，张建龙与江西省委书记强卫、省长鹿心社座谈，副省长尹建业参加座谈。

5月12日 由江西多位艺术大师设计制作的大型海昏侯主题根雕作品“海昏汉韵”获第十二届中国（深圳）国际文化产业博览交易会中国工艺美术创意奖银奖。

5月19～20日 省林业厅党组书记、厅长阎钢军率厅领导詹春森、罗勤、邱水文、胡跃进、钟世富和11个设区市林业局局长及部分厅机关处室和单位主要负责人一行20余人到湖南省林业厅学习考察林木种苗和林业信息化工作。

5月20日 江西金安林产实业有限公司等9家林业企业入选第二批国家林业重点龙头企业名单。

5月23～24日 省政协副主席郑小燕到遂川县调研林产工业。

5月28日 由国家林业局和江西省政府主办的中国（赣州）第三届家具产业博览会在赣州市南康区开幕。省委常委、赣州市委书记李炳军，省政府副省长尹建业，国家林业局总工程师封加平等出席。

6月13日 江西省“966312”林业有害生物灾害预警热线电话在全省99个县（市、区）开始试运行。

7月17～24日， 省林业厅厅长阎钢军一行先后赴黑龙江、大兴安岭、内蒙古森工集团调研林业工作，并就生态旅游、林下经济、航空护林等方面工作与两地林业部门进行交流。

7月28日 省林业厅印发《降低企业成本优化发展环境若干措施》，提出13项政策措施支持林业企业发展。

7月30日 省委书记鹿心社看望慰问正在鄱阳县莲湖乡参加抗洪抢险任务的驻赣武警森林部队。省委常委、秘书长朱虹，省委常委、省军区司令员张晓明随同看望。

8月3日 省林业厅印发《江西省省级示范森林公园创建办法》，决定从2016年起，在全省开展省级示范森林公园创建活动，对获评的国家级森林公园奖补50万元、省级森林公园奖补30万元。

8月25日 省政协召开“提升森林质量”建言献策专题协商座谈会，省政协主席黄跃金主持会议，省政府副省长尹建业、省政协副主席孙菊生出席并讲话。

8月27～30日 省林业厅党组书记、厅长阎钢军赴新疆开展对口援建工作调研，并出席江西省林业厅与阿克陶县政府座谈会，对援助阿克陶县林业建设提出意见。

8月28日 江西腾达竹木业有限公司等11家江西林业企业入选“中国林业产业诚信企业品牌”。

9月13日 省林业厅与省气象局签署共同应对森林火险、林业有害生物和极端天气等方面的合作协议，全面提高林业与气象的科学化、现代化和信息化水平。省林业厅厅长阎钢军、省气象局局长薛根元在协议上签字。

9月19日 九江市、鹰潭市被授予“国家森林城市”称号。

9月24日 全国政协副主席罗富和亲临2016中国森林旅游节江西展馆参观指导，国家林业局局长张建龙、吉林省副省长隋忠诚陪同。

9月27日 江西59家单位被评为首批江西省生态文明示范基地。其中，江西环境工程职业学院等17家涉林单位和12个林区村镇入选。

9月28日 江西省贵溪市双圳林场、安福县明月山林场入选第一批全国森林康养基地试点建设单位。

10月23日 婺源县饶河源国家湿地公园、遂川县白水仙风景名胜区、安福县羊狮慕景区入选第二批“中国森林氧吧”。

10月25日 省林业厅下发《关于加强候鸟等野生动物保护的紧急通知》，决定在全省开展为期半年的候鸟等野生动物保护“清网行动”。

10月25～28日 国家林业局宣传办组织《人民日报》、新华社、《经济日报》、中央广播电台、《农民日报》《中国绿色时报》等10家媒体记者来赣采访森林城市创建工作。

10月28日 省林业厅印发《关于开展2016年度全省林政资源管理检查工作的通知》，首次采用卫片判读与实地核实相结合的方法，对随机抽取的6个县（市、区）的林地管理、林木采伐管理、保护发展森林资源目标责任制建立和执行情况进行检查。

11月2～4日 国家林业局副局长刘东生一行到江西婺源、德兴、贵溪等地调研森林资源管理和林业工作站建设情况，省林业厅厅长阎钢军、总工程师胡跃进等陪同。

11月3日 省林业厅印发《江西省省级森林体验基地遴选标准（试行）》及《江西省省级森林养生基地遴选标准（试行）》，对获得森林体验基地和森林养生基地称号的单位将进行命名和授牌。

11月4日 为纪念江西省与日本岐阜县结好28周年，日本岐阜友好植树访问团一行23人到江西省林业厅访问交流，并在南昌市红谷滩新区渔舟湾公园开展植树活动。

11月10日 省政府在南昌召开现代农业(林业)发展工作座谈会，省长刘奇出席会议并讲话，副省长尹建业主持会议。省林业厅党组书记、厅长阎钢军汇报全省现代林业发展情况。

11月17日 中央第四环保督察组向江西省反馈督察结果，通报九岭山、九连山等国家级自然保护区内存在违规建设项目等相关情况。

11月20日 江西环境工程职业学院被国家人力资源与社会保障部授予第44届世界技能大赛家具制造项目中国集训基地。

12月12日 省政府副省长、省公安厅党委书记、厅长郑为文到省森林公安局调研，并看望森林公安民警。省政府副秘书长吴龙强，省林业厅党组书记、厅长阎钢军等陪同调研。

12月30日 省林业厅出台《关于加强天然林保护工作的实施意见》，在全省全面启动天然林保护工作。

（江西省林业由谢利玉供稿）

山东省林业

【概　述】 2016年，山东省委、省政府认真贯彻落实习近平总书记关于“绿水青山就是金山银山”的发展理念，大力推进制度创新、机制创新和科技创新，林业改革不断深化，城乡绿化水平持续提升，林业产业实力显著增强，人民群众的绿色获得感日益增多。

资源培育经营 稳步推进造林行动，全年新造林13.07万公顷，完成年度计划115.3%。积极推进森林城市创建活动，潍坊、烟台获得“国家森林城市”称号，全省“国家森林城市”达到9个。森林抚育经营取得实效，完成重点区域森林抚育8.97万公顷，森林质量进一步提高。

深化林业改革 持续推进集体林权制度改革，在莱阳、新泰、滕州、沂南4个县(市)开展集体林地经营权流转证试点，全省林权流转面积21.05万公顷。大力发展林业专业合作组织，林业专业合作社达10 816家，入社农民82万户，经营林地53.2万公顷。评选认定全省林业专业合作社省级示范社102家。积极开展林权抵押贷款，林权抵押贷款金额65.19亿元。稳步推进政策性森林保险，参保森林面积81.87万公顷，保费总额达5220.77万元。全面推开国有林场改革，省政府印发《山东省国有林场改革实施方案》，召开全省国有林场改革工作电视会议，与各市政府签订了国有林场改革目标责任书，13个市改革实施方案报省政府审批。

林业产业转型升级 省政府印发实施了木本油料、林木种苗、花卉和果品等特色产业提质增效转型升级实施方案。新发展特色经济林基地6.67万公顷，评选98个省级经济林标准化示范园。大力培育龙头企业，11家企业被认定为国家级林业重点龙头企业，全省国家级林业重点龙头企业总数达到18家。加强食用林产品质量安全监管，组织开展了食用林产品质量安全专项整治行动，抽样合格率达99.4%。调整种苗花卉产业结构，完成新育苗2.73万公顷，完成年度计划的151.9%。

林业资源保护 组织开展“保护青山行动”、非法侵占林地清理排查等专项行动，查处林业行政案件4699件，有力保护了森林资源安全。加强野生动植物保护管理，开展重点保护野生动植物资源调查、保护候鸟“清网行动”和野生动物疫源疫病监测管理工作。加强湿地修复治理，印发实施《山东省湿地保护工程实施规划(2016~2020年)》和《山东省湿地保护转型升级实施方案》，发布了《山东省重点保护湿地名录(第一批)》。实施了黄河三角洲、南四湖、东平湖等湿地修复工程，治理退化湿地6.87万公顷。加强林业立法，《山东省林木种质资源保护办法》经省政府第300号令发布实施。

应急处置能力 加强森林防火能力建设，省政府印发实施《山东省森林防火提质增效转型升级实施方案》。全省森林防火形势平稳，共发生森林火灾13起，受害森林面积55.8公顷，森林火灾受害率远低于国家控制目标。加强航空护林建设，从俄罗斯引进M－26直升机一架，森林航空护林能力进入新阶段。加强林业有害生物防控，制订了重大林业食叶害虫和松材线虫病防控方案，与各市签订防治目标管理责任书。全省林业有害生物发生面积45.4万公顷，防治作业面积258.27万公顷次，防控效果好于2015年。

基础支撑保障 加强林业科技支撑，积极参与国家重点项目研发，组织开展送科技下乡活动，推进林业行业标准、地方标准的制修订，承担了34项地方标准制订任务。加强资金保障，省及以上林业建设资金17.51亿元，同比增长18.63%。争取国家林业贴息贷款计划10.8亿元，同比增长14%。强化宣传引领，在中央和省级主流媒体刊发林业重要新闻1097件。组织开展山东省首届林业微电影大赛和“寻找山东最美湿地”系列电视专题片宣传活动，提高了社会对林业关注度。评选命名“山东省生态文明教育基地”32处、国家和省级生态文化村45个、山东省“光彩事业国土绿化贡献奖”人，开展“生态文明进校园”活动，向全省大学生发起了“关爱森林、关注生态”倡议。

【国有林场改革全面推开】 3月15日，省政府印发《关于印发山东省国有林场改革实施方案的通知》(鲁政字〔2016〕58号)，《方案》明确了国有林场公益事业单位的改革方向，通过界定国有林场的生态责任和森林资源培育管护方式，创新国有林场管理体制机制，健全责任明确、分级管理的森林资源监管体制，完善社会保障体制和妥善安置富余职工等措施，达到国有林场生态功能显著提升，职工生产生活条件明显改善，管理体制全面创新的改革目标。5月20日，山东省国有林场改革工作电视会议召开，副省长赵润田出席会议，部署安排全省国有林场改革工作，标志着全省国有林场改革全面推开。

6月28日，省政府办公厅下发《关于开展国有林场改革督导检查的通知》，省推进国有林场改革工作小组成立了8个督导小组，对各市国有林场改革工作进展情况进行专项督导检查。到12月30日，有国有林场改革任务的13个市的改革实施方案全部报省政府审批。

【省委副书记龚正到省林业厅调研】 7月15日，山东省委副书记龚正到省林业厅调研，考察了森林防火通信移动指挥系统、省林业科学研究院、省林木种质资源中心和省药乡林场，听取了全省林业工作汇报，对山东省林业工作给予了充分肯定。

龚正要求，省林业厅领导班子要更好地团结带领全系统干部职工，适应新形势，瞄准新目标，展现新作为，做出新业绩。要以走在前列为目标定位，进一步围绕中心、服务大局，准确把握林业工作的科学定位和责任使命，争当走在前列的排头兵和改革创新的排头兵。要以助力全省发展为着力点，进一步发挥优势、主动作为。积极培植新业态，在发展森林养生和旅游上多作文章，拉长产业链，做大增值链，推进一、二、三产业融合发展。要以敢担当提素质为保障，牢固树立政治意识、大局意识、核心意识、看齐意识，打造一流班子，建设过硬队伍。

【省委巡视组对省林业厅党组开展专项巡视】 7月28日至9月30日，山东省委第十五巡视组对省林业厅党组进行了专项巡视。7月28日，省委第十五巡视组专项巡视省林业厅党组工作动员会召开，省委第十五巡视组组长龙春光作动员讲话，省委巡视工作领导小组办公室副主任刘庆常提出工作要求，省林业厅党组书记董书华主持会议并发言。10月13日，省委巡视组向省林业厅党组反馈专项巡视情况，厅党组书记崔建海作表态发言。10月19日，省林业厅党组印发《关于省林业厅党组巡视反馈意见整改落实工作方案》（鲁林党发〔2016〕36号），根据巡视组反馈的意见，共梳理出7个方面、31个问题，研究制定了45条整改措施。10月25日，省林业厅成立了厅党组书记崔建海任组长的巡视整改工作领导小组，领导小组定期调度、研究整改工作进展情况，先后召开6次厅党组会议、2次厅巡视整改领导小组会议，及时研究解决整改工作中的重大事项、关键环节和难点问题。在认真整改巡视反馈意见和问题的基础上，在党的建设、党员教育管理、考勤考核、公务接待、赴台交流培训、项目资金管理、林地林木资源管理等方面，制定修订了36项工作制度。通过集中整改，进一步扎紧了制度笼子，建立了长效机制，巩固了整改落实成果。

【《山东省林木种质资源保护办法》发布】 5月27日，省政府令第300号颁布《山东省林木种质资源保护办法》，自2016年7月1日起施行。《办法》明确了林木种质资源保护工作管理体制，细化了林木种质资源保存制度，完善了林木种质资源利用制度，建立了损失补偿机制。

【山东省委党校省林业厅分校成立】 6月3日，中共山东省委党校省林业厅分校成立暨揭牌仪式在省林业厅举行。省委党校副校长魏恩政出席活动，为省委党校省林业厅分校揭牌。省林业厅厅长刘均刚、党组书记董书华以及厅领导班子成员、机关各处室全体党员干部、直属单位副处以上党员领导干部参加揭牌仪式。省林业厅副厅长刘建武主持仪式。

魏恩政代表山东省委党校对省委党校省林业厅分校的成立表示祝贺。他说，建立省委党校省林业厅分校，得到了省委副书记、省委党校校长龚正的充分肯定和支持。省委党校省林业厅分校是第一批建立的五家分校之一，省委党校将充分利用分校这个阵地，派出最优秀的老师，选择最优秀的课程，为林业系统党员领导干部理论素质和党性教育的提升发挥作用。

【省林业厅与中国农业发展银行山东省分行签订合作框架协议】 11月8日，山东省林业厅与中国农业发展银行山东省分行在济南签署《山东省林业厅 中国农业发展银行山东省分行全面支持林业发展战略合作框架协议》。省林业厅厅长刘均刚、中国农业发展银行山东省分行行长赵富洲出席签字仪式并分别致辞，省林业厅巡视员辛福智、中国农业发展银行山东省分行副行长谢军代表双方签字。

根据《框架协议》约定，合作期内，省林业厅将以中国农业发展银行山东省分行作为林业改革发展融资的主要合作银行之一，围绕国家储备林基地建设、林业生态修复和保护工程、森林康养及生态旅游开发、林业基础设施、特色经济林及林下经济和林产品精深加工等五大林业产业，积极推进生态文明建设，进一步加强林业资源开发与保护，促进林业产业转型升级、提质增效，不断推进林业改革发展。未来三年，中国农业发展银行山东省分行将对山东林业提供不低于200亿元的授信额度。

【启动首届微电影大赛评选活动】 5月26日，山东省林业厅、山东广播电视台、中国大地保险山东分公司主办的“中国大地保险杯”首届林业微电影大赛启动仪式在山东大厦举行。大赛面向全社会广泛征集林业题材微电影作品，积极宣传林业在生态文明建设中的重要地位和作用，引导全社会关心、支持、关注林业和生态文明建设。

本次活动历时5个多月，共征集作品317部，《柿子树之恋》获得一等奖；《绿水青山就是金山银山》等3部作品获二等奖；《森林防火神曲》等8部作品获三等奖。

【潍坊、烟台两市获得国家森林城市称号】 9月19日，2016年中国森林建设座谈会在陕西省延安市召开，潍坊、烟台2市在会上被国家林业局授予国家森林城市称号。至此，山东省有9个城市成为国家森林城市，数量居全国第三位。

潍坊市创建国家森林城市3年来，始终秉持生态文明理念，实施“五大重点工程”，做大绿色产业文章，弘扬森林生态文化，不断创新工作机制，创建工作取得明显成效。截至 2015 年年底，市域森林覆盖率达到 33.95%，中心城区绿化覆盖率达 41.17%、人均公园绿地面积 17.71 平方米。

烟台市创建国家森林城市 3 年来，全市突出“山海森林城市、美丽宜居烟台”的创建主题，着力做好山、海、河、湖、城与森林相融合的文章，全市森林覆盖率达到 40%，中心城区绿化覆盖率达到 40%，人均公共绿地面积达到 20.22 平方米。

【第十三届中国林产品交易会等会展活动】 9 月 19 日，第十三届中国林产品交易会在菏泽市开幕。山东省副省长赵润田参观林展馆，国家林业局总工程师封加平出席开幕式并讲话，省林业厅刘均刚主持开幕式，菏泽市人民政府市长解维俊致辞。本届林交会以“互联网 + 安全林产品”为主题，开幕 4 天来，参会人员达 15.3 万人次，签订投资项目和销售合同及协议 891 个，交易总金额 15.8 亿元，现场交易额 1.2 亿元，网上交易额 2.5 亿元。本届林交会共评出获奖产品 235 个，其中金奖 129 个、银奖 106 个。

9 月 21 日，由国家林业局、山东省政府主办的 2016 中国(昌邑)北方绿化苗木博览会暨第二十一届中国园林花木信息交流会在山东昌邑绿博园隆重开幕。国家林业局总工程师封加平出席开幕式并讲话，潍坊市市委常委、副市长孙起生致辞，昌邑市市长吕珊珊主持开幕式。全国绿化委员会副主任赵树丛，山东省林业厅厅长刘均刚，山东省人民政府办公厅党组成员、应急办主任张积军共同按动开幕启动球。本次展会，共设置了园林绿化苗木展区、经济林苗木展区、园林机械、园林资材展区和精品苗木展区，共 798 个展位，来自全国 20 多个省(区、市)的近 800 家企业参展，专业观众超过 4 万人。

9 月 28 日至 10 月 7 日，第六届山东省花卉博览会暨第二届中国(济南)花卉园艺博览会在济南市商河花卉苗木大世界举办，这是最后一次由省政府主办的花卉博览会，展会主题为“温泉花乡 生态商河”，会花为荷花。副省长赵润田、省林业厅厅长刘均刚出席开幕式并参观展馆。本届花博会设 1 个主展馆、6 个副展馆和 1 个智能温室，展会期间，共接待游客 76 万人次，交易额近亿元，签订合同及达成合作意向 330 余项，总金额 12.4 亿元。

【林业大事】

1 月 15 日 全省林业局长会议在济南市召开。山东省林业厅厅长刘均刚作重要讲话，省林业厅党组书记、副厅长董书华主持会议并传达全国林业厅局长会议精神。

1 月 22 日 《济南市湿地保护条例》经山东省第十二届人民代表大会常务委员会第十八次会议批准，于 2016 年 2 月 2 日起实施。

2 月 2 日 省林业厅、济南市林业局在济西湿地公园举办“世界湿地日”暨济南市湿地条例实施启动仪式。省林业厅厅长刘均刚出席启动仪式并讲话。

2 月 15 日 山东省林业厅、淄博市人民政府发展现代林业共建生态淄博合作协议签字仪式举行。省林业厅厅长刘均刚，淄博市委副书记、市长周连华出席并讲话，分别代表省林业厅和市政府签约。

3 月 9 日 第五届黄河三角洲(滨州 · 惠民)绿化苗木博览会在惠民县中国北方花木博览园开幕。国家林业局国有林场和林木种苗工作总站总工程师张耀恒，省林业厅党组书记董书华、副厅长王太明，滨州市委副书记、市长崔洪刚，滨州市政协主席姜银浩，滨州市委常委、副市长赵庆平，中国花卉报社社长周金田等出席开幕式。

3 月 11 日 省政府在淄博市召开全省春季造林绿化暨森林防火工作现场会，副省长赵润田出席并作讲话。省政府办公厅党组成员、应急办主任张积军主持会议，省林业厅厅长刘均刚通报了全省造林绿化和森林防火情况。

3 月 30 日 省林业厅在海阳市朱吴镇七寨村举办送科技下乡活动。省林业厅厅长刘均刚、副厅长亓文辉、烟台市政府副市长宋卫宁出席活动。

4 月 1 日 全省松材线虫病防控工作电视会议召开。省林业厅厅长刘均刚出席并作讲话，省林业厅副厅长刘建武主持会议。

4 月 11 日 省政府森林防火与林业有害生物防控指挥部召开松材线虫病防控工作会议。省政府森林防火与林业有害生物防控指挥部指挥、副省长赵润田出席会议并作讲话。省政府森林防火与林业有害生物防控指挥部副指挥、省林业厅厅长刘均刚通报了全省松材线虫病防控情况。

5 月 20 日 全省国有林场改革工作电视会议召开。副省长赵润田出席会议并讲话。省政府办公厅党组成员、应急办主任张积军主持会议。省林业厅厅长刘均刚通报了前期全省国有林场的改革发展情况，省发展改革委党组成员、省医改办主任魏建强发言。

5 月 26 日 山东省林业厅、山东广播电视台、中国大地保险山东分公司联合主办“中国大地保险杯”首届林业微电影大赛启动仪式在山东大厦举行。省林业厅副厅长马福义、省广播电视台纪委书记岳增亮、中国大地保险山东分公司总经理高卫东分别致辞。

5 月 26 日 省林业厅与日照市政府在日照签署共建山东省林业高科技创新园和山东省林业科学研究院日照分院框架协议。省林业厅厅长刘均刚，日照市委副书记、市长刘星泰出席并致辞。

5 月 27 日 山东省省长郭树清签署发布第 300 号山东省人民政府令，《山东省林木种质资源保护办法》自 2016 年 7 月 1 日起施行。

6 月 3 日 中共山东省委党校省林业厅分校成立暨揭牌仪式在省林业厅举行。省委党校副校长魏恩政出席活动，为省委党校省林业厅分校揭牌。

6 月 17 日 全省林业行业精准扶贫电视会议在济南召开，省林业厅厅长刘均刚出席并作讲话，党组书记董书华主持。

6 月 23 日 省林业厅、齐鲁工业大学共同组织的“关爱森林 关注生态”生态文明进校园活动在齐鲁工业大学拉开帷幕。省林业厅厅长刘均刚、副厅长马福义，齐鲁工业大学校长陈嘉川、副校长任民参加了此次活动。

7月1日 聊城市人民政府与北京林业大学战略合作框架协议签约仪式在京举行。聊城市委副书记、市长宋军继，北京林业大学校长宋维明出席签约仪式并分别致辞。

7月1日 由山东省委组织部，淄博市委、市政府主办的“弘扬原山艰苦创业精神，凝神聚力推动绿色发展”座谈会在原山举行。国家林业局党组成员陈述贤、省委组织部巡视员刘永巨、省林业厅厅长刘均刚出席座谈会。陈述贤代表国家林业局为山东原山艰苦创业纪念馆“国家林业局党员干部教育基地”授牌。

7月2日 由山东省政府出资购买的俄罗斯 M－26直升机，成功飞抵莱芜雪野森林航空消防基地，列装山东省航空护林站。

7月8日 山东省政府批复山东省湿地保护工程实施规划(2016～2020年)。

7月15日 省委副书记龚正到省林业厅调研，先后考察了森林防火通信移动指挥系统、省林业科学研究院、省林木种质资源中心和药乡林场，听取了全省林业工作汇报，对山东省林业工作给予了充分肯定。

7月27日 省政府下发《关于〈山东省木本油料产业提质增效转型升级实施方案(2016～2020)〉的批复》(鲁政字〔2016〕162号)。

7月28日 省委第十五巡视组专项巡视省林业厅党组工作动员会召开。省委第十五巡视组组长龙春光作动员讲话，省委巡视工作领导小组办公室副主任刘庆常提出工作要求，省林业厅党组书记董书华主持会议并发言。

7月29日 山东森林生态安全研讨座谈会在济南召开，省林业厅厅长刘均刚到会听取意见、建议并讲话，巡视员辛福智主持会议，副厅长马福义就《山东省森林生态安全问题的报告》起草情况作了说明。代表们对报告提出了修改意见和建议。

8月3日 全省保护森林资源专项行动电视会议在济南召开，组织开展全省“保护青山”专项行动。国家林业局驻合肥森林资源监督专员办事处专员向可文、省林业厅厅长刘均刚出席并讲话，副厅长刘建武出席，副厅长王太明主持。

9月7日 省政府下发《关于山东省林木种苗提质增效转型升级实施方案(2016～2020年)和山东省花卉产业提质增效转型升级实施方案(2016～2020年)的批复》(鲁政字〔2016〕202号)。

9月19日 第十三届中国林产品交易会在菏泽市开幕。国家林业局总工程师封加平出席并讲话，山东省林业厅厅长刘均刚主持开幕式，菏泽市市长解维俊致辞。

9月20～21日 第一届中国无花果产业发展大会在威海召开。中国经济林协会会长张志达出席会议并讲话，省林业厅副厅长亓文辉致辞，省林业科学院院长徐金光主持会议。

9月21日 2016中国(昌邑)北方绿化苗木博览会、第二十一届中国园林花木信息交流会在昌邑市绿博园内开幕。国家林业局总工程师封加平出席开幕式并讲话，潍坊市委常委、市政府副市长孙起生致辞，昌邑市政府市长吕珊珊主持开幕式。

9月23～24日 第三届世界人造板大会在临沂市召开。国家林业局科技委副主任、原林业部副部长蔡延松，国家林业局原党组副书记、副局长、中国林业经济学会理事长李育材，国家林业局发展领导小组办公室副主任、中国林产工业协会秘书长石峰，山东省林业厅副厅长马福义出席开幕式。

9月24日 省林业厅与济宁市政府签订《关于共同推进鲁西绿色发展高地和全国生态保护与建设示范区建设的合作框架协议(2016～2020年)》，加快国家森林城市建设，加强合作互动，推进鲁西绿色发展高地和全国生态保护与建设示范区建设。

10月10日 首届全国毛梾产业发展学术研讨会在新泰市举办。全国绿化委员会副主任、中国林学会理事长赵树丛，副省长赵润田出席研讨会开幕式并讲话。省林业厅厅长刘均刚、副厅长亓文辉出席开幕式。

9月28日 第六届山东省花卉博览会暨第二届中国(济南)花卉园艺博览会在商河县开幕，副省长赵润田宣布开幕并参观展馆。国家林业局国有林场和林木种苗总站副站长杨连清，省林业厅厅长刘均刚、副厅长王太明出席开幕式。

10月12日 第六届中东部地区森林公安警务合作联席会议在青岛市召开。国家林业局森林公安局副局长张萍出席会议并讲话。省森林公安局局长刘得主持会议。

11月8日 山东省林业厅与中国农业发展银行山东省分行在济南签署《山东省林业厅 中国农业发展银行山东省分行全面支持林业发展战略合作框架协议》。省林业厅厅长刘均刚、中国农业发展银行山东省分行行长赵富洲出席签字仪式并分别致辞，省林业厅巡视员辛福智、中国农业发展银行山东省分行副行长谢军代表双方签字。

11月15日 第四届尼山世界文明论坛在曲阜市举办，刘均刚厅长出席论坛情况通报会并发言。

11月16～17日 鲁豫皖三省交界森林公安机关警务合作联席会议在菏泽市林业局召开。

12月1～2日 全省林业创新投融资机制现场会在日照市召开，省林业厅厅长刘均刚出席会议并作讲话，党组书记崔建海主持会议。

12月13日 山东省林业科学研究院举行“山东省林业高科技创新园”奠基仪式和“中国林学会现代林业科技示范园和山东省林业高科技创新园”揭牌仪式。

12月16日 山东省经济林协会榛子分会和树莓分会成立暨特色经济林产业发展论坛会议在临沂市召开。会议选举产生了榛子分会、树莓分会理事会及领导机构组成人员，审议通过了《山东省经济林协会榛子分会工作条例》《山东省经济林协会树莓分会工作条例》。

12月19～20日 全省森林资源管理工作座谈会在济南市召开，国家林业局驻合肥专员办事处专员向可文、省林业厅副厅长王太明出席会议并讲话。

(山东省林业由王树军供稿)

河南省林业

【概 况】 2016年，河南省林业系统认真贯彻落实河南省委、省政府决策部署，深入贯彻落实全国林业厅局长会议和河南省委经济工作会议、河南省委农村工作会议精神，继续实施河南林业生态省建设提升工程，加快推进现代林业建设步伐，各项工作取得了明显成效，实现了“十三五”林业生态建设的良好开局。

林业改革 国有林场改革全面启动。6月，河南省委、省政府正式印发《国有林场改革实施方案》(豫发〔2016〕15号)，省政府组织召开了全省国有林场改革工作电视电话会议，对国有林场改革工作进行了安排部署。经过多方努力和沟通协调，全省93个国有林场统一定性为公益一类事业单位，争取中央和省级财政下达全省国有贫困林场扶贫资金1345万元，森林植被恢复费11 465.6万元，天保区外国有天然林停伐补助资金1212万元，国有林场改革稳步开展。集体林权制度改革深入推进。规范林权流转，开展林权抵押贷款担保服务，推进集体林业适度规模经营，培育林业新型经营主体，发展林下经济。2016年，全省集体林地承包经营纠纷调处率达90%以上，全省新增林权抵押贷款6.8亿元，新增家庭林场和林业合作社521家，全省林下经济发展面积166.67余万公顷，产值达378亿元。

造林绿化 积极组织实施天然林保护、退耕还林、重点地区防护林、中央财政补贴森林抚育等国家重点林业生态工程，突出山区生态体系建设工程、百千万农田防护林工程、生态廊道网络建设工程等省级重点林业生态工程，认真组织实施国家木材战略储备基地建设项目和外资造林项目。据核查，全省共完成造林21.42万公顷，森林抚育和改造32.20万公顷，全面完成年度目标任务。全省参加义务植树4850万人次、义务植树2亿株。商丘、焦作两个省辖市成功创建国家森林城市，全省国家森林城市总数达到11个。

林业产业 4月，河南省政府办公厅印发《关于加快木本油料产业发展的实施意见》。河南省林业厅完成《河南省木本油料产业发展规划(2016～2020年)》初稿编制并通过专家评审，规划新造木本油料林26.68万公顷，改造低产林10万公顷。2016年，全省新发展经济林2.36万公顷，新发展花卉和园林绿化苗木1.51万公顷，完成了30个林业产业化集群建设目标任务，认定省级林业产业化重点龙头企业400家，5家省级林业产业化重点龙头企业被国家林业局认定为第二批国家林业重点龙头企业，举办了第十六届中原花木交易博览会。2016年，全省共实现林业产值1809.23亿元。河南省还加大林业扶贫力度，强化精准扶贫精准脱贫，出台了林业扶贫实施意见，编制了林业扶贫规划，林业在脱贫攻坚中的重要作用日益凸显。

资源保护 2016年，河南全省范围内停止了天然林商业性采伐，提高了国有林管护标准，国有林停伐补助等政策、资金全部落实到位。完成全省林地变更调查工作，“林地一张图”日益完善。强化森林资源管理，全省使用林地审核审批率达到90%以上；林木采伐控制在限额以内，伐区内林木凭证采伐和办证合格率均达到90%以上。加强自然保护区和湿地保护管理，新建一处国家级自然保护区和6处湿地公园(试点)，起草了《河南省湿地保护自由裁量标准》。加强美国白蛾和杨树食叶害虫综合防治，全省完成林业有害生物防治作业面积92.66万公顷次，全省林业有害生物成灾率0.19‰。加强野生动物保护管理和疫源疫病监测防控，全省共救护收容野生动物3591只，没有发生疫病疫情。认真落实森林防火各项措施，全省森林火灾受害率低于0.9‰的控制目标，全省未发生重特大森林火灾和人员伤亡事故。贯彻实施《种子法》，启动林木种质资源普查工作，积极申报第二批国家林木种质资源库，推进林木种质资源保护利用。积极推进服务型林业行政执法建设，强化行政执法监督。加大对涉林违法案件的严打力度，开展“严厉打击非法占用林地”“春季严打”等一系列专项行动，共办理各类涉林案件7499起，起诉1533人，有力震慑了涉林违法犯罪。尤其是成功破获了横跨14省(市)的“许昌12·27非法收购、出售珍贵濒危野生动物制品案”，受到了省委常委、政法委书记、公安厅厅长许甘露和国家林业局森林公安局局长王海忠的充分肯定，并在《朝闻天下》《新闻联播》等电视栏目中播出。

支撑能力 强化专家咨询组作用，结合国家规划和全省实际，编制并印发《河南省“十三五”林业发展规划》，并提前着手组织开展全省新一轮林业生态建设规划编制工作。召开河南林业科技创新大会，组织编制《河南省林业科技创新行动计划》，成立河南省绿化苗木产业技术创新战略联盟，首次承担河南省创新人才计划项目，为林业生态省建设提供强力支撑。2016年，河南省共有7项林业科技成果获得国家和河南省科技进步奖，河南省首个林业系统重大专项“油茶良种筛选、高效栽培及贮藏加工关键技术研究与示范”项目获准立项。强化林木新品种、新技术、新成果在林业生产中的推广应用，新建30多个林业科技示范基地，争取8个中央财政重点林业技术推广站建设项目，推广林木良种16个，适用新技术10项。积极开展林业科技下乡活动，培训林农和林业系统职工6万余人次。着手编制《河南省林业信息化“十三五”发展规划——“互联网+”林业行动计划》，完成全省营造林管理系统建设项目验收，全省林业信息化支撑能力不断增强。

党的建设 认真学习贯彻十八届六中全会和省第十次党代会精神，认真落实党建工作责任制，扎实开展“全面从严治党主体责任深化年”活动，不断加强反腐倡廉建设和监督执纪问责。加强基层党组织建设，结合“两学一做”学习教育和中央巡视工作“回头看”整改要求，扎实开展党员领导干部出入隐蔽场所违规吃喝专项治理、扶贫领域及脱贫攻坚战中突出问题专项督查、领导干部违规收送红包礼金问题专项治理等，全省林业系统党风政风行风持续改善。

此外，林业调查规划、基础设施建设、资金管理、教育科研、干部队伍建设、精神文明建设、后勤服务和老干部等各项工作，也都取得了明显成效，为林业改革发展提供了基础保障。

【全省林业生态建设和森林防火工作会议】 2015 年 12 月 18 日至 19 日，全省林业生态建设和森林防火工作会议在周口召开。省林业厅陈传进厅长通报了 2015 年全省林业生态建设情况，安排部署了 2016 年林业生态建设及森林防火工作重点。王铁副省长作了重要讲话。王铁副省长强调：一要研究解决好林子怎么造的问题。我省明年计划安排造林任务 300 万亩，抚育改造 450 万亩，要重点做好困难地造林、平原绿化、沿交通线、沿河渠廊道绿化和城乡园林绿化等营造林工作。山区造林要加大困难宜林地造林力度，坚持适地适苗、适地适播。平原造林要突出"平原增网"，使其"连起来""厚起来""高起来""美起来"，完善林网功能。廊道造林要进一步提高建设标准，打造景观走廊。加强城镇绿化美化，营造适宜居民居住和休闲的园林景观。二要研究解决好林木怎么管的问题。切实提高造林成活率和保存率，做到栽一棵、活一棵，栽一片、成一片。新造林地要全部明晰所有权、承包权和经营权，支持大户承包造林、股份合作造林、合作社和公司化造林，将新造防护林纳入生态公益林管理，建立爱林护林的长效机制。要做好林地与农地的隔离，加大造林后期抚育管护力度，加强封山育林和人工促进力度，提高造林保存率。要积极推行造林公司质量承包制，实行造林质量事故责任追究，加大林业案件查处力度，严厉打击"三夏""三秋"期间毁坏幼树等违法犯罪行为。三要研究解决好钱从哪里来的问题。钱从思路中来，钱从市场中来，钱从实干中来。要积极加大财政投入，管好用好财政资金，将国家和省的造林资金捆绑使用。要创新林业融资机制，拓宽融资渠道，积极推进林权抵押贷款，解决林农、林业企业发展急需的资金问题。要强力支持社会投资，大力发展各类林业投资主体。要整合运用扶贫资金，努力实现林业发展与扶贫开发的有机结合。四要研究解决好林火怎么防的问题。党政同责的要求要落实，专业机动的防火队伍要加强，互联互通的监控系统要健全，配套完善的基础设施要强化。五要研究解决好国有林场改革怎么改的问题，改革的方向要坚持，改革的原则要清晰，改革的重点要明确，改革的合力要加强。

【全省林业局长会议召开】 2 月 3 日，河南省林业厅召开全省林业局长电视电话会议，传达贯彻河南省委九届十一次全会、省委经济工作会议、省委扶贫开发工作会议精神和全国林业厅局长会议精神，总结 2015 年和"十二五"林业工作，研究部署"十三五"及 2016 年工作任务。厅领导、林业专家咨询组组长、厅机关全体公务员、厅直各单位处级干部在主会场参加会议，各省辖市、县(市、区)林业局领导班子成员和科室主要负责人在各分会场参加会议。省林业厅党组书记、厅长陈传进回顾了 2015 年全省林业工作情况。一年来，全省林业系统认真组织实施《河南林业生态省建设提升工程规划》，大力推动生态文明建设，各项工作都取得了新的成效。一是林业改革不断深化。全省流转林地面积 51.13 万公顷，新增林权抵押贷款 5.6 亿元，累计达 33.6 亿元，新建林下经济示范基地 41 个，林业合作社和家庭林场总数达 4374 家，公益林森林保险参保面积 154.60 万公顷，参保率达 97.45%。二是造林绿化稳步推进。全省共完成造林 18.21 万公顷，森林抚育和改造 23.39 万公顷。三是依法治林不断强化。办理各类案件 7300 余起。四是林业产业快速发展。全省实现林业总产值 1644 亿元。五是资源保护全面加强。六是"三严三实"专题教育取得实效。厅长陈传进强调，"十三五"时期全省林业工作总体思路是：全面贯彻中央精神，落实省委、省政府决策部署，牢固树立和贯彻落实创新、协调、绿色、开放、共享的发展理念，深入实施以生态建设为主的林业发展战略，以维护森林生态安全为主攻方向，以增绿增质增效为基本要求，深化改革创新，加强资源保护，加快国土绿化，增进绿色惠民，强化基础保障，扩大开放合作。主要目标是：5 年完成造林 80 万公顷，森林抚育 100 万公顷，全民义务植树 9 亿株。到 2020 年，森林覆盖率达到 25%，林业产业年总产值达到 2200 亿元，年森林生态服务价值达到 2500 亿元。2016 年度重点工作安排，一是持续深化林业改革。全面推进国有林场改革，深化集体林权制度改革。二是不断加快生态建设步伐。推进造林绿化，重视森林抚育，强化生态修复。三是狠抓资源保护管理。加强森林资源管理，加强天然林保护，加强自然保护区和野生动植物保护，加强灾害防控。四是大力发展林业产业。大力发展特色产业，培植龙头企业，积极推进林业对外开放和招商引资。五是提升依法治林水平。推进依法行政。规范林业行政执法，做好林业普法宣传，加强严打力度。六是强化支撑体系建设。加强科技创新，推进信息化建设，推动基础设施建设。七是加强林业队伍建设。落实全面从严治党要求，加大人才培养力度，加强基层林业队伍建设。会议表彰了 2015 年度林业工作优秀单位和先进单位。

【义务植树】 2 月 26 日，省委书记郭庚茂、省长谢伏瞻等 20 多位省领导和省委、省人大、省政府、省政协、省军区部分机关干部在原阳黄河大堤义务植树，栽植树木 1400 多棵。3 月 10 日，省直机关的 160 多家单位近 3000 名干部职工在荥阳义务植树基地植树，栽植苗木 1 万余株。据统计，全省适龄公民参加义务植树 4850 万人次，完成义务植树 2 亿株，义务植树尽责率 90% 以上。

【河南省省长陈润儿国庆假期考察黄河湿地保护工作】

10 月 1 日，河南省省长陈润儿到郑州黄河国家湿地公园、开封柳园口省级湿地自然保护区调研黄河湿地保护工作。陈润儿省长现场察看了湿地公园的生态保育区，听取了黄河湿地自然保护区、黄河国家湿地公园保护管理情况的汇报，以及黄河湿地特有的黄河虫实、荷花柳以及野大豆等珍稀植物的介绍。陈润儿表示，湿地是

"地球之肾"，具有蓄水防洪、涵养水源、净化水质、调节气候等综合功能。湿地生态资源异常珍贵，但同时又极其脆弱。因此，全省要依托黄河水资源，高度重视湿地建设、保护和管理工作，警惕出现"湿地不湿"问题，充分发挥其应有的生态效益。陈润儿指出，河南省作为黄河中下游流域的重要省份之一，保护好、建设好黄河沿岸生态环境不仅是应尽之责，同时也是实现全省经济社会可持续发展的必由之路。全省要协同推进森林生态、湿地生态、流域生态、农田生态、城市生态等五大生态系统建设，标本兼治、持续发力，努力打造宜居乐业的良好环境。要注重城市周边扩大绿地、广植林木工作，积极打造以森林生态为主的廊道景观，形成坚实的自然生态屏障。要想方设法增加湿地面积，做好保护管理工作，充分发挥湿地强大的生态功能。省林业厅厅长陈传进，郑州、开封等省辖市主要领导陪同考察。

【国家林业局局长张建龙考察信阳自然保护区建设工作】 9月26 ~27日，国家林业局局长张建龙一行到信阳市考察调研自然保护区建设工作。省政府副省长王铁、省林业厅厅长陈传进、信阳市委书记乔新江等陪同调研。张建龙一行先到信阳市鸡公山国家级自然保护区，了解了鸡公山保护区动植物物种资源分布、珍稀物种保护等情况。接着到董寨国家级自然保护区，察看了朱鹮人工繁育情况，并就进一步加强朱鹮野化放归等工作与保护区人员开展了座谈交流。张建龙强调，一要坚持生态优先，严格保护。采取有效措施，守住自然保护区作为禁止开发区的生态底线。强化自然资源监管，深入开展打击非法占用自然保护区土地、破坏野生动植物资源专项行动。严肃问责，探索建立自然保护区监督管理的考核评估制度、责任追究制度。二要坚持科学规划，规范管理。科学制定自然保护区发展规划，合理划定自然保护区范围和功能区。加大科技支撑和人员培训力度，加强自然保护区能力建设。加强野生动植物物种栖息地、原生地保护，打通野生动物迁徙廊道。三要坚持生态惠民，共建共享。依托自然保护区丰富的生态资源和物种多样性，开展生态旅游、森林休闲康养等，并聘用当地居民作为巡护员、解说员、志愿者，在保护自然中实现增收致富。同时，提高生态效益补偿标准和野生动物肇事补偿标准，实现人与自然和谐、经济社会可持续发展。调研期间，张建龙一行还到信阳市浉河区林权交易中心、波尔登森林公园、南湾森林公园水上林区水源涵养林等地进行了实地考察和调研。国家林业局总经济师张鸿文及有关司局负责人随行参加调研。

【《四倍体泡桐种质创新与新品种培育》课题荣获国家科技进步二等奖】 1月8日，中共中央、国务院在人民大会堂举行国家科学技术奖励大会。河南省范国强教授团队的《四倍体泡桐种质创新与新品种培育》课题获得国家科技进步二等奖。这是范国强教授继主持的《泡桐丛枝病发生机理及防治研究》获得2010年度国家科技进步二等奖之后，再次摘得该项荣誉。泡桐是中国主要速生用材和农田防护林树种，分布于全国25个省(区、市)在改善生态环境、保障粮食安全、出口创汇和提高农民收入等方面起着重要作用。针对自然界二倍体泡桐品种存在的种种问题，范国强带领他的团队进行了长达19年的研究攻关，建立了四倍体泡桐种质创制体系，创建了世界上首个含5184份的四倍体泡桐种质的资源库，扩大了其遗传背景，为林木多倍体育种提供了技术支撑；培育出了"白四泡桐1号"等5个优势突出、特性优良的四倍体泡桐新品种，新品种的抗病、抗寒、抗旱和耐盐等抗逆性弱的问题，推进了泡桐品种的更级换代；首次阐明了四倍体泡桐新品种优良特性的分子机理，绘制了世界上第一张白花泡桐基因组精细图谱，为国内外泡桐遗传解析提供了信息平台，确立了中国在泡桐基础理论研究方面的国际领先地位；创建了一套四倍体泡桐苗木繁育和丰产栽培技术体系，推动了泡桐产业的快速发展，加快了泡桐栽培的科学化和标准化进程。

【第34届中国洛阳牡丹文化节】 4月10日，第34届中国洛阳牡丹文化节隆重开幕。第十届全国政协副主席李蒙，省领导赵素萍、蒋笃运、张广智、李亚、高体健等出席开幕式。本届牡丹文化节以"国色天香、世界绽放"为主题，贯彻落实"创新、协调、绿色、开放、共享"五大发展理念，坚持"以会促建、以会促管、利民惠民、全面提升"原则，积极融入"一带一路"国家战略，结合现代公共文化服务体系建设，完善节会举办机制，拉长节会产业链条，统筹安排了11项主体活动和27项专项活动。

【2016年南阳月季展】 4月28日至5月3日，南阳市举办以"月季，城市因你而美丽"为主题的2016年南阳月季展。发行《花中皇后 南阳月季》(第四组)个性化邮票，在南阳月季博览园举办中国月季园揭牌仪式，组织开展赏月季爱市花游园活动，精品月季盆景展、月季插花展、月季摄影大赛、世界优秀月季园图片展、月季邮票绘画展、赠送月季、第二届全国种质资源利用与生态建设高端论坛等系列活动。

【省政府办公厅印发加快木本油料产业发展的实施意见】 为贯彻落实国务院有关要求，加快木本油料产业发展，河南省政府办公厅印发《关于加快木本油料产业发展的实施意见》(豫政办〔2016〕54号)，明确了河南省加快木本油料产业发展的总体要求、主要任务和保障措施。《意见》指出，加快木本油料产业发展，要以科学发展观为指导，牢固树立创新、协调、绿色、开放、共享的发展理念，充分发挥市场在资源配置中的决定性作用，更好发挥政府作用，以增强木本油料供给能力为目标，加快构建木本油料种植、加工、流通、消费产业体系，推动河南省木本油料产业持续健康发展。《意见》提出，到2020年，将力争建成40个核桃、油用牡丹、油茶等木本油料重点县，建成一批规模化、集约化、标准化、产业化示范乡镇和高效示范基地，新发展木本油料基地26.67万公顷，改造低产林10万公顷，木本油料种植面积达到53.33万公顷，年产木本食用油6万吨以上，建设一批木本油料产业化集群，将河南省建成全国重要的木本油料产业基地。

【河南省2016年春季森林防火紧要期结束】 圆满完成

2016年春季森林防火任务，实现了春季森林防火无重大森林火灾的目标。根据《河南省森林防火条例》的规定，每年11月1日至次年4月30日为河南省森林防火紧要期。据统计，2016年1月1日至4月30日，全省共发生森林火灾187起，其中，一般森林火灾176起，较大森林火灾11起，过火总面积367.35公顷，受害森林面积68.76公顷，森林火灾受害率在1‰以下，共出动扑火人工6921工日，无人员伤亡事故发生。2016年春季森林防火期，全省的森林防火形势相对平稳，但高火险时段较为集中。省政府采取发布命令、签订责任状、召开全省森林防火工作现场会议等措施，统筹部署全省森林防火工作。在春节、清明、五一等重要时段，省防火办提前下发通知并召开视频会议，认真落实安排森林防火工作。各级林业主管部门和防火指挥部成员单位全力应对火险变化，及时谋划和组织实施应对措施，牢牢把握工作主动权。省森林航空消防站备航充分，科学合理安排飞行计划，突出重点时段、重点区域。

【百年牡丹洛阳红斩获大奖】 5月6日，2016唐山世界园艺博览会国际竞赛——牡丹芍药竞赛颁奖典礼在河北省唐山市世园会举行。经过专家综合评定，由洛阳国家牡丹园选送的百年牡丹洛阳红斩获唯一大奖。该株牡丹高约2米，冠幅2米，单株开花近百朵。此次竞赛，国家牡丹园还送展盆景牡丹560盆，涉及68个品种。本次竞赛由中国花卉协会牡丹芍药分会承办，全国各大优秀牡丹芍药产区、种植及加工企业、科研院所、贸易、文化等61家单位参展，参评作品931件。

【河南省印发《国有林场改革实施方案》】 随着中共河南省委、河南省人民政府印发的《国有林场改革实施方案》(豫发〔2016〕15号)(以下简称《实施方案》)，河南省国有林场改革正式全面启动。《实施方案》提出2017年年底全面完成主体改革任务。《实施方案》按照保护生态、保障职工生活两大目标，推动政事分开、事企分开，实现管护方式和监管体制的创新。建立有利于保护和发展森林资源、有利于改善生态和民生、有利于增强林业发展活力的国有林场新体制。《实施方案》明确，到2020年，全省森林面积增加2万公顷、森林覆盖率提高4个百分点，净增森林蓄积量960万立方米。通过改革，原则上一个县(市、区)整合控制在1~2个国有林场，全省国有林场个数减少到80个左右和事业编制人员减少30%左右，全面实现生态功能显著提升，生产生活条件切实改善，管理体制全面创新。《实施方案》明确界定了国有林场属性，将原为事业单位并主要承担保护和培育森林资源等生态公益服务职责的国有林场，定性为公益类事业单位；国有企业管理的国有林场和企业性质的国有林场，原则上保持单位性质不变，通过政府购买服务实现公益林管护，或者结合国有企业改革探索转型为公益性单位。确有特殊情况的，可由地方政府根据本地实际合理确定其属性。并提出妥善安置富裕职工的渠道，国有林场根据实际情况，在职工自愿的基础上，对在依托林场森林资源开展旅游的企业中兼职、自主创业或自谋职业的，解除与职工的聘用关系。《实施方案》明确省政府对国有林场改革负总责，省辖市、县(市、区)政府对国有林场改革工作负主体责任，细化工作措施，落实改革举措。林业、发改、编办、农办、财政、人力资源与社会保障、国土、住建、交通、扶贫、金融、银监等部门密切配合，统筹协调推进，形成政府推动、部门协作、职工参与的国有林场改革机制，确保按时完成国有林场改革各项目标任务。

【河南省政府召开会议部署全省国有林场改革工作】 6月27日，河南省政府召开全省国有林场改革工作电视电话会议，部署国有林场改革工作。河南省副省长王铁出席会议并作讲话，省政府相关部门负责同志在主会场参加会议，有关省辖市、省直管县(市)人民政府，各有关县(市、区)人民政府，国有林场在分会场听取会议。会上，河南省发展改革委、河南省财政厅、河南省银监局分别就基础设施建设、资金政策支持、金融产品政策等方面作了发言，提出了支持意见。河南省林业厅厅长陈传进对推进全省国有林场改革工作进行了具体安排。要求各级林业部门按照党中央、国务院指明的方向，根据省委、省政府的要求，加快推进国有林场改革，精心编制实施方案，抓好组织推动，切实担当起森林资源保护培育责任，确保改革任务按期圆满完成。河南省政府副省长王铁作讲话，他强调，一是要深刻理解好推进国有林场改革的重大意义。二是要准确把握推进国有林场改革的工作重点。三是要严格落实推进国有林场改革的保障措施。各地、各部门要坚决贯彻党中央、国务院和省委、省政府的决策部署，切实加强领导，认真组织实施，确保改革顺利推进。

【河南省林业厅"法律扶贫"到基层为村民排忧解难】 8月3日，河南省林业厅政策法规处联合桐柏县林业局，到桐柏县朱庄镇粉坊村开展林业普法宣传教育活动，为村民们发放了六类共600余份宣传材料。法律宣传人员针对村民提出的有关林木采伐、木材运输、林地纠纷、林权制度改革、公益林补助、造林补贴等切身利益问题，采取举例等形式，为村民作了深入浅出的说明，对相关的林业法律法规和政策作了详细解答。此次普法宣传教育活动，得到了村民们的积极响应。

【焦作商丘荣膺国家森林城市】 9月19日，在陕西省延安市召开的2016森林城市建设座谈会上，河南省焦作市、商丘市等22个城市被全国绿化委员会、国家林业局授予"国家森林城市"称号。至此，河南省国家森林城市数量达到11个，总数位居全国前列。焦作2012年启动创建国家森林城市活动，目前全市森林覆盖率达30.92%，城市绿化覆盖率达40.79%，人均公园绿地面积达11.77平方米；商丘2013年创森以来，森林覆盖率由创建之初的28.6%提高到30.57%，城区绿化覆盖率达到41.84%，人均公园绿地面积12.66平方米。

【河南省政协常委考察林业生态走廊建设】 9月19~22日，河南省政协常委视察团赴许昌、南阳等地，就林业生态走廊建设情况进行考察调研，河南省政协主席叶冬松，副主席靳绥东、李英杰等参加视察。视察团详细察看廊道绿化、水系绿化、花木产业发展、农田林网建设和南水北调工程渠首及干渠沿线生态廊道建设情况，并在南阳市召开座谈会。会议强调，林业生态走廊建设是生态文明建设的重要内容，也是重要的民生工程。要提高思想认识，坚持绿色发展；要注重科学规划，提升绿化效果；要创新经营机制，保障资金投入，合理确定产权、投入、种植、管理模式，提升林业发展水平；要加强林木管护，落实奖惩机制；要加强组织领导，强化检查监督，层层压实责任，形成建设林业生态走廊的强大合力。

【第十六届中国·中原花木交易博览会开幕】 9月26日，以“魅力花都·绿色家园”为主题的第十六届中国·中原花木交易博览会在河南省鄢陵县召开。河南省省长陈润儿宣布开幕。国家林业局局长张建龙、河南省军区司令员卢长健、河南省副省长王铁等领导，以及来自海内外的千余家企业、5000余名客商参加了开幕式。第十六届花木交易博览会与历届花博会相比，在办会模式、运作方式、花事活动、展会内涵上持续创新，围绕“专业化、市场化、信息化、国际化”目标，按照“政府引导、企业参与、公司运作”原则，探索线上线下互促共进，赛、展、销相结合的活动模式，着力打造“永不落幕”的花博会。此次花博会还吸引了来自荷兰、比利时、美国、以色列等10多个国家和地区的客商参会，国际化程度进一步提升。随着花博会的开幕，依托花博会的花事、招商、文化、旅游等四大板块以及20项活动也已全面铺开。同日，花博会还举行了项目签约仪式，签约项目29个，总投资达196.4亿元。本届花博会由河南省林业厅、省农业厅、省旅游局、许昌市人民政府、河南省花卉协会承办。自2001年起，花博会已连续举办了16届，规格、规模和水平逐步提升，综合效益显著增强。

【河南省森林公安机关破获特大买卖野生动物制品案】 2016年，河南省森林公安机关成功破获一起非法收购、运输、出售珍贵濒危野生动物制品案，缴获象牙、犀牛角等野生动物制品200余千克，查获赃物价值1200余万元，是迄今为止全省森林公安系统侦破的涉案范围最广、涉案价值最高的一起案件。该案由省森林公安局牵头组织，许昌市森林公安局主办。自立案侦查以来，专案组30余名民警先后奔赴广东、天津、北京、四川、广西等地，历时7个多月，辗转6万多千米，共抓获主要犯罪嫌疑人21名，查获象牙制品204.5千克，犀牛角制品17千克，查获赃物价值高达1276万元。犯罪嫌疑人7人已被移送检察机关审查起诉，其余犯罪嫌疑人的犯罪事实正在补充侦查中。另外，本案梳理出的400余条涉案线索已转交全国各地森林公安机关立案侦查。

【驻豫全国政协委员考察河南省南水北调中线工程干渠生态带建设】 10月17～18日，河南省政协副主席史济春、龚立群、梁静带领部分驻豫全国政协委员一行27人，深入郑州、焦作、新乡等地，就南水北调中线沿线生态带建设工作展开考察。各位委员对河南省在南水北调中线沿线水质保护工作方面取得的成绩表示肯定，并对下一步如何落实好国家和河南南水北调中线工程水质保护、生态建设的各项要求和任务，建立水质保护长效机制，确保南水北调中线水质安全，推进区域协调发展提出了意见和建议。

【《河南野生花卉》一书出版】 2016年初，《河南野生花卉》出版，该书对158种适宜于河南省推广应用的具有优良观赏性的野生花卉从科属、形态特征、分布与习性、园林应用等方面详细介绍，并编录了“河南野生花卉名录”，全面展示了河南省丰富多彩的野生花卉资源。该书的出版，不仅为林业和园林工作者、广大的花卉爱好者提供了较为全面的参考资料，也为推动河南省野生花卉的研究、保护与开发应用作出了贡献。

【《河南省鸟类原色图鉴》正式发行】 《河南省鸟类原色图鉴》一书正式出版发行。本书由河南省林业厅厅长陈传进任编委会主任，河南省有关专家与河南省林业职业学院学者通过近20年的全省域野外调查，结合相关历史文献资料，细致整理和编绘而成。此书共记载了截至2014年12月河南省鸟类共计18目60科461种，是目前识别河南鸟类的一部全面而实用的工具书。

【河南省林业科技创新大会在鄢陵召开】 11月29～30日，河南省林业厅在鄢陵县召开了全省林业科技创新大会。河南省林业厅领导陈传进、秦群立、师永全、徐忠、李志锋出席会议。大会表彰了全省林业科技先进集体和先进工作者，参观了鄢陵县林业花木科技园区，听取了鄢陵县人民政府等5家单位的科技创新经验介绍。陈传进厅长强调，要提高认识、加快创新，重点抓好6个方面的工作：一要加强林业基础研究和关键技术攻关；二要推进林木新品种培育和知识产权保护工作；三要加大林业科技成果转化力度；四要抓好林业标准化和科技平台建设；五要加大林业科技创新投入力度；六要加强组织领导和人才队伍建设。河南省各省辖市、省直管县(市)林业局局长，省辖市林业局科技部门、林业技术推广站、林业科研院所负责人，厅专家咨询组组长，国家林业局泡桐中心、河南农业大学林学院和园艺学院负责人参加会议。

【野生动物放归活动】 10月10日，河南省野生动物救护中心在郑州黄河湿地自然保护区举行野生动物放归活动，将10只野生动物放归自然。其中，国家二级保护动物6只(红隼2只、阿穆尔隼1只、红角鸮2只、普通鵟1只)，国家一般保护动物4只(黄苇鳽1只、雉鸡1只、丘鹬2只)。此次放归的野生动物均为河南省野生动物救护中心近两个月实施救护的动物，经过一段时间的隔离观察及科学治疗和精心饲养，现已具备野外放归条件。加之郑州黄河湿地自然保护区内动植物资源丰富，是中国中部地区河流湿地中最具代表性的地区之一，也是各种鸟类重要的栖息地、繁殖地、停歇地和越冬地，能够为此次放归的野生动物提供适宜的生存环境。

【林业特种用途机器人获奖】 日前，由河南省工业和信息化委员会主办的首届智能制造(工业4.0)创新创业大赛吸引了省内众多智能制造企业、科研院所、高等院校参加，其中，河南林业职业学院研发的林业特种用途机器人获得了“应用与产品类”一等奖。由该院研发的矮化密植果园多功能机器人，能在林间开展施肥、打药、除草、灌溉、旋耕等模块化作业，通过卫星定位，真正实现了人机分离，不但减小了劳动强度，还减少了农药对果农的身体伤害。

【林业有害生物防治】 2016年河南省林业有害生物防治工作取得了明显进步，防控目标全面完成。总体情况如下，发生面积和成灾面积减少，投入和防治面积增加，全省未出现大面积成灾现象。全省林业有害生物成灾率0.19‰，低于国家下达的4‰指标。全省完成林业有害生物防治面积48.89万公顷，完成防治作业面积92.66万公顷次，其中无公害防治作业面积为88.36万公顷次。全省测报准确率为87.49%、无公害防治率为95.94%、种苗产地检疫率达97.27%。

【河南省湿地公园建设推进会在淮阳召开】 12月，河南省林业厅组织在淮阳召开了全省湿地公园建设推进会。会议组织参观了淮阳龙湖国家湿地公园科普宣教、科研监测以及机构管理等现场。传达学习了全国湿地保护管理工作会议精神和河南省省长陈润儿对全省湿地保护管理工作的指示；会上平顶山白龟湖国家湿地公园和淮阳龙湖国家湿地公园就湿地公园的建设验收工作进行了经验介绍；即将接受验收的鹤壁淇河、漯河沙河、南阳白河等6处国家湿地公园试点单位汇报了公园建设和验收准备情况。会议就湿地公园的建设、管理、验收以及项目实施进行了培训。

【河南省举行省级森林防火实战演练】 11月4日，河南省人民政府护林防火指挥部办公室在济源市举行了河南省2016森林防火实战演练。此次演练出动专业森林消防队和半专业森林消防队170余人，采用无人侦察机、高压细水雾灭火机、脉冲水炮、机动消防泵、灭火炮等一批新型高科技扑火工具和先进的火场火情传输系统。演练现场以3名农民燎地边引发大火，形成高2.5米、长150余米的火线，火情面临失控风险，在济源市防火办指挥调动下，5个林场的森林消防队携带专业扑火装备相继赶来并对林火展开扑救为场景。此次演练进一步检验了河南省专业森林消防队和半专业森林消防队实战技能和战斗力，增强了群众对预防和扑救森林火灾的认知度，取得了预期的效果，此次森林防火实战演练在全省属首次。演练结束后，河南省林业厅党组成员、河南省人民政府护林防火指挥部专职副指挥长徐忠作了现场讲话。

【河南省林地年度变更调查工作会议】 12月22日，河南省林地年度变更调查工作会议在郑州市召开，河南省林业厅党组成员、副厅长李军出席会议并作讲话。会议总结表彰了2015年全省林地变更调查工作先进集体和先进个人；传达了国家林业局和省林业厅关于林地年度变更调查工作的有关文件精神，学习了国家林业局《林地变更调查工作规则》；安排部署了2015年全省林地变更调查成果审查相关工作和2016年度林地变更调查工作。

【退耕还林】 2016年，河南省林业厅积极推进新一轮退耕还林实施。督促指导完成了全省25度以上非基本农田坡耕地、严重沙化耕地非基本农田、丹江口库区15～25度非基本农田坡耕地退耕地块落实任务，落实面积5633.33公顷；联合河南省国土资源厅对25度以上基本农田坡耕地退耕还林需求进行了调查摸底，经协调河南省有关部门同意，上报河南省25度以上基本农田坡耕地新一轮退耕还林需求9866.67公顷。督促指导完成了2015年度巩固退耕还林成果专项规划林业建设任务。完成工业原料林和特色经济林造林11 646.67公顷，低效林改造9646.67公顷，中幼林抚育8753.33公顷，林下种植21 053.33公顷。组织完成了上一轮退耕还林省级复查、2016年度退耕还林工程管理实绩核查等工作。

【天然林保护】 2016年，河南省林业厅精心组织实施天然林保护工程二期。不断健全完善以集中管护为主的森林资源管护体系，认真落实管护责任制，层层签订管护责任书（合同），实现了对工程区内12.36万公顷国有林、93.06万公顷地方公益林的有效管护。启动实施将天然林保护范围扩大到全省。在全省范围内停止了天然林商业性采伐，取消了全省天然林商品林主伐限额，分解下达了天保区外国有天然商品林管护（1746.67公顷）、停伐补助资金，管护任务落实到了单位、到地块；提高天保工程区国有森林管护（12.36万公顷）费标准政策落实到位、补偿标准由每年每公顷90元提高到120元。组织完成了2015年度天保工程实施情况省级复查。完成了天保工程（二期）中期评估。

【全国生态文化村】 在第八届中国生态文化高峰论坛上，河南省新县周河乡西河村、渑池县洪阳镇柳庄村、巩义市夹津口镇韵沟村、修武县七贤镇韩庄村、漯河市源汇区干河陈乡干河陈村、新乡县七里营镇刘庄村6个村被命名为“全国生态文化村”。至此，河南省已有24个村（社区）成为“全国生态文化村”。

【河南航空护林】 2016年春航，青岛直升机的7834机组自2016年1月1日至4月10日，历时101天，共飞行33架次，其中巡护6架次、火场侦察1架次、吊桶灭火1架次、吊桶训练23架次、防火宣传2架次，计洒水181桶，累计飞行97小时13分。山东通用航空公司的70EA机组自2016年1月1日至4月30日，历时121天，共飞行43架次（含两次调机），其中巡护14架次，吊桶灭火1架次，吊桶训练26架次，洒水603桶，累计飞行88小时22分。2016年冬航，自2016年11月1日至12月31日，历时61天，分别租用青岛直升机有限公司M－171（7834机组）一架和山东通用航空服务有限公司AS－350B3（70EA机组）一架在河南省执行森林航空消防工作。70EA和7834分别于10月31日和11月8日调机到南阳，截至12月29日两架飞机合计飞行15架次（含调机）计47小时37分钟，其中巡护5架次，吊训7架次，火场侦察1架次，洒水62桶。

（河南省林业由孔令省、张志阳供稿）

湖北省林业

【概　述】 2016年，全省牢固树立五大发展理念，以创建森林城市为抓手，加快推进绿满荆楚行动，强化林业资源管护，全面深化林业综合改革，着力健全林业法治，积极推动林业供给侧结构性改革与产业转型升级，全省林业改革发展形势持续向好，实现了"十三五"良好开局。全省生态文明和美丽湖北建设再上新台阶。

【人工造林与封山育林】 2016年，全省完成营造林面积46.3万公顷，其中，人工造林总面积17.17万公顷，在人工造林面积中，新造竹林面积1483公顷。按林种分，用材林6.63万公顷、经济林5.0万公顷、防护林5.33万公顷、薪炭林1373公顷、特种用途林865公顷；按权属分，公有经济成分造林3.97万公顷，其中国有经济成分造林1.58万公顷，集体经济成分造林2.39万公顷；非公有经济成分造林13.2万公顷。在人工造林中，林业重点工程完成人工造林面积6.11万公顷，全省全年四旁零星植树1.33亿株。

全年全省完成当年新封山育林面积6.67万公顷，其中，无林地和疏林地新封山育林面积5.18万公顷，有林地和灌木林地新封山育林面积1.49万公顷。全年全省共完成森林抚育面积21.73万公顷、低效林改造面积2640公顷、退化防护林改造面积123公顷，人工更新面积4460公顷。2016年全省造林绿化与绿满荆楚行动呈现出四个方面的新特点。

一是推进措施更"实"。全省重点部署提质增绿与增效的"一提双增"工作，组织验收的标准更严；持续开展"百名干部驻百县"督办活动，对高速公路、国道、省道绿化进行重点督办，确保完成年度造林任务；各级党委政府把绿满荆楚行动作为"一把手工程"，强化措施，细化责任。二是投入力度更"大"。各地进一步完善和优化扶持政策，实行分类补助、补助和奖励相结合，设立生态建设基金等制度。全年全省投入造林资金达166.95亿元，其中财政资金51.99亿元，国内贷款13.28亿元，社会投入101.68亿元。三是造林机制更"新"。在推进绿满荆楚行动的实践中，各地探索出了很多好的造林机制和经验做法，"林旅结合""互联网+义务植树"等新模式逐渐成熟并拓展。四是林业扶贫更"准"。全省林业部门更加注重将造林绿化与精准扶贫相结合，因地制宜布局林下种植、林下养殖项目，大力发展油茶、核桃、板栗、花卉苗木和生态休闲旅游产业，通过深化改革引导农民以土地入股、合作经营等方式实现增收，林业扶贫更加精准。

【绿色扶贫】 2016年，省林业厅助推精准扶贫精准脱贫，在通山召开全省林业助推精准扶贫现场会，落实生态护林员2.5万人。进一步加大贫困地区产业扶持力度，以核桃、油茶等为主的木本油料产业和以林果、林禽、林蔬等为主的林下经济持续快速发展，林业助推精准扶贫精准脱贫更加有力。开展抗灾救灾和恢复重建，召开了全省林业灾后恢复重建现场会，积极开展防汛救灾。省林业厅先后组织840多人次直接参与或指导救灾。

【集体林权制度改革】 2016年，全省大力开展"三权分置"改革试点。襄阳市、恩施市集体林权"三权分置"、投融资平台、社会化服务体系、可持续经营管理等重点领域改革取得了明显成效。4月，省林业厅在襄阳召开了全省集体林权"三权分置"改革现场会；6月20～21日，全国集体林业综合改革试验示范区现场会在襄阳召开，"襄阳经验"在全国推广。中央电视台、《人民日报》等中央媒体先后对襄阳改革经验作了报道。

【木本油料】 2016年，湖北省年末实有油茶林面积25.43万公顷，其中当年新造面积2.55万公顷、当年低产林改造的油茶面积7778公顷，年末实有油茶定点苗圃个数110个，全省定点苗圃面积1398公顷，油茶苗木产量8300万株，其中，一年生苗木产量5552.6万株、二年留床苗木产量2382.5万株。全省油茶籽产量14.25万吨。全省油茶产业企业172个、年产值104.4亿元。全年全省共完成核桃新造林1.33万公顷，新培育核桃嫁接苗1739万株。完成油用牡丹新造林3266.7公顷，新培育油用牡丹苗木2.2亿株。全年全省安排中央财政现代农业项目资金1.1亿元用于木本油料产业发展，在15个县(市、区)建设油茶、核桃高产示范基地7666.67公顷。全年湖北省级财政木本油料专项资金项目1000万元，项目建设内容主要包括油茶、核桃育苗补贴，油茶、核桃的示范林建设等方面，立项数量22个，并对省级林业产业发展木本油料补助资金使用情况开展了绩效自评工作。全年安排油用牡丹财政资金500万元，用于良种选育、育苗补贴及示范基地建设等方面，立项10个。对全省油茶、核桃和油用牡丹的造林、育苗、加工企业、茶籽产量等情况进行统计调查，为掌握全省木本油料产业发展动态提供依据。

【林业血防工程造林】 2016年度，全省有34个县(市、区)实施林业血防工程，共完成当年造林任务8885公顷，完成投资4421万元，其中中央投资2390万元，省级与地方投资1203万元，造林实体配套828万元，均占投资计划的100%。各项目县市把抑螺防病林建设纳入党委、政府的重要工作议程，把工程完成情况作为党政干部工作责任的考核指标之一。根据《湖北省林业血防工程规划》，编制了县级实施方案，将具体建设目标与任务层层分解落实到基层建设单位，落实到造林地块和田间地头，做到重点突出、布局合理、任务明确。在征求同级卫生血防等部门的意见后，做到宜林则林、宜农则农、宜牧则牧，综合治理。

【林业碳汇工作】 2016年，全省碳汇计量监测工作于4月开始从省、市、县三级森林资源监测中心与调查队抽调人员，组成4个工作组开展调查，完成全省共计319块面积大样地的影像处理、内业自查、数据质量检查与上报工作。获取相关的碳储量和变化量，得到监测成果，掌握全省土地利用变化与林业活动引起的碳汇量变化情况。为林业应对气候变化工作、国际涉林谈判议题、参与碳交易提供了有效数据支撑。

【石漠化综合治理工程】 2016年，全省岩溶地区石漠化综合治理工程28个石漠化试点县共完成人工造林304.87公顷，占计划任务的104.7%，封山育林22 667公顷，占计划任务的102.2%。石漠化治理工程共完成林业总投资9702.5万元。各试点县市林业部门积极负责项目的实施、指导、检查和建设成效的监测等项工作，科学制订林业工程实施方案。在营造林模式上，本着宜林则林、宜果则果的原则，营造多林种多树种，提高林分质量和林木抗病虫害能力，确保治理效果。推行项目实施法人制、工程招标议标制、资金报账制、工程质量监理制等“四制”，确保石漠化治理工程建设实效。省林业厅创新服务机制，组织林业专家团开展培训、传授技术，指导和参与石漠化生态治理和生态修复。把石漠化治理与精准扶贫结合起来，把改善当地农民生产生活条件放在突出地位。由农户出力出地栽树，公司免费提供种苗，林木成材后，在市场同等条件下优先销售给公司，林业部门负责监督采伐。

【公益林生态效益监测】 2016年，全省年末实有公益林252.47万公顷，其中国家级公益林150.7万公顷、地方公益林101.77万公顷。

印发《省林业厅关于进一步加强生态公益林建设管理工作的意见》《关于开展生态公益林补偿大数据录入工作的通知》《关于做好生态公益林补偿大数据录入工作的补充通知》等相关管理制度和办法。修订了《湖北省生态公益林管理办法》。

【国有林场改革与建设】 2016年，出台《湖北省国有林场改革实施方案》，成立国有林场改革工作领导小组，分解落实了工作责任。召开国有林场改革动员会和培训会，全面启动国有林场改革。全省17个市州国有林场改革方案全部得到批复，91个国有林场已经基本完成改革任务。全省国有林场改革进度和质量走在全国前列，得到了中央国有林场改革领导小组的认可和国家林业局的肯定。全年开展了国有林场森林经营方案试点工作，着力构建健康稳定优质高效的森林生态系统。省林业厅与省水利厅饮水办联合印发《关于做好国有林场饮水安全工作的通知》、联合省人社厅《关于印发〈国有林场岗位设置管理的指导意见〉的通知》。制定全省国有林场改革中央补助资金36 923万元和省级补助资金11 303万元分配方案。加大贫困林场扶贫项目资金的监督检查力度。对2016年度59个国有贫困林场扶贫资金项目进行申报及评审工作。调查处理了涉及竹溪县标湖林场、太子山林管局等多起信访举报信，有效保护了国有林场森林资源资产安全。开展森林资源监管方面的调研活动，形成《湖北省国有林场森林资源监管制度建设专题调研报告》，上报国家林业局场圃总站。举办2016年全省国有林场职业技能竞赛；组队参加第四届全国国有林场职业技能竞赛，并荣获团体三等奖，3人获个人优秀奖。组织13名林场场长参加全国国有林场场长培训班；接收11名场级干部跨省（区）交流挂职锻炼等措施，促进林场场长间的场际交流。2016年，省国有林场管理站共实现经营收入437万元，全年人均每月再增长300元，实现经济效益与职工收入的“双增长”。

【外资造林】 2016年，“中德可持续森林经营项目”制订了《德国政府贷款湖北省森林经营项目管理办法》，经省林业厅、省财政厅联合行文颁发。同国内专家多次到钟祥、谷城等地就补贴单价问题进行相关咨询活动，并形成了数据详实的调查报告提交给德国复兴银行。德国复兴银行同意关于补贴单价提高20%的建议，提升了森林经营单位的积极性。9～10月，由德方咨询专家特纳、国内专家梁伟忠、省林勘院监测中心人员到谷城、安陆、钟祥等地对森林经营方案进行把关审核，共有6个经营方案通过了专家的审核验收。“欧洲投资银行贷款湖北省珍稀森林可持续经营项目”完成了前期的准备工作。欧投项目总投资为4.1亿元，其中欧投行贷款2500万欧元，省级配套4100万元。殴投项目省级4100万元配套资金已经落实，可研报告编制完成已报省发改委审批。日贷项目还本付息工作每年3月和9月份向中国进出口银行偿付利息和本金工作平稳进行，2016年共计垫还本金和利费2274.61万元，项目县能按期偿还本金和利费。

【国家储备林基地建设】 2016年，国家储备林总投资为2097万元，其中中央财政投资1273万元，地方财政配套400万元，社会投入资金424万元。全年完成年度营造林建设5378公顷，其中人工新造林348公顷，森林改培面积3903公顷、森林抚育面积1127公顷。按树种分，珍稀树种685公顷、一般树种4693公顷。全年贯彻落实国家林业局制订的国家储备林建设相关规定和办法，严把作业设计、种苗质量、营造林技术、检查验收、森林管护五关，加强项目财务核查，确保资金使用安全。多次举办储备林基地建设技术培训班，为储备林基地建设提供人才支持和技术保障，确保项目高标准、高质量实施。

【义务植树】 3月2日，湖北省委书记李鸿忠、省长王国生率领省领导，在武汉市蔡甸区参加了义务植树活动，全省17个市州党委政府主要领导积极响应，迅速掀起了绿满荆楚行动建设高潮。省直各部门通过建义务植树基地、营建特色“纪念林、主题林”“共建林”和“网络植树”等形式，提高省直机关义务植树尽责率。省林业厅机关干部采用“义务植树+基地+经济林”在团风县开展了义务植树活动。省工商联、省民盟、省外侨办也营建了“光彩林”“友谊林”。联合团省委开展“保护母亲河美丽中国梦2016年度青少年植树行动”，在全省建立198个义务植树点，供青少年开展义务植树活动。全省有14.4万青少年参加义务植树，植树219万株。省绿化委员会、省林业厅联合省高校绿委开展“生态校园”创建活动。全年共命名8所“生态园林式学校”。省绿化委、省林业厅、省交通厅联合下发了《关于加快推进高速公路绿色通道建设的通知》(鄂绿发〔2016〕1号)。省绿化委员会、湖北省林业厅印发了《关于组织开展评选命名“湖北省森林城镇”工作的通知》(鄂绿发〔2016〕2号)。加大森林城镇建设力度，确保森林城镇创建工作顺利推进。全年共制定“森林城镇”目标数40个，全省共申报森林城镇66个，确定46个城镇符合森林城镇创建要求，并在第三届生态文化论坛上对命名的森林城镇代表进行了授牌，进一步带动了全省创建森林城镇的积极性。

强化了古树挂牌保护的检查督办，严格国家重点工程建设古树移植保护的审批事项，协调督促各地落实一级古树保护补助资金，认真对待涉及古树名木群众来信来访事件。根据中国林学会《关于寻找最美树王的通知》(中林会咨子〔2016〕45号)的要求，全省共申报古树75株，11月8日，全国绿委、中国林学会在江苏邳州举办“十大最美古银杏揭晓仪式”，湖北省巴东县清太坪镇郑家园村一株3000年古银杏被评为“中国十大最美古银杏”，且位居十美之首。

【天然林保护】 2016年，全省天然林资源保护工程人工造林面积2698公顷，新封山育林面积21 936公顷，森林抚育面积23 734公顷。年末全省实有封山育林面积24.5万公顷，年末全省实有森林管护面积332.33万公顷，其中国有林79.87万公顷、集体和个人所有的国家级公益林150.7万公顷、集体和个人所有的地方公益林101.76万公顷。全年全部林业投资完成额69 131万元。其中国家投资62 308万元，地方投资6823万元。用于公益林建设营造林2593万元，用于森林管护13 554万元，用于生态效益补偿34 070万元，社会保险6043万元，政策性支出1739万元、其他开资11 132万元。全年全省天保区实施单位人员9456人，其中在岗职工9422人，其他从业人员34人。全年全面停止全省天保区35个实施单位天然林商品性采伐，建立森林管护站点1313个，确定管护人员9456人。全年新增天然林保护面积136.6万公顷，下达停伐补助资金3.3亿元。全省建立了天保工程建设“四到省、四到县”责任制，省、市、县、乡四级政府逐级签订目标责任状，将天保工程建设责任落实到人。省林业厅与省财政厅联合发文，要求各项目县严格执行《天然林资源保护工程建设资金管理办法》及财务管理规定，对天保工程资金做到“专户存储、专款专用、封闭运行，实行报账制”，经县级检查验收合格后，按投资标准和工程量拨付资金，接受省、市(州)审计部门和天保财务部门的资金审计和省级复查，发现问题及时整改，保证了项目资金的安全运行。全省332.33万公顷天然林得到有效保护。

【退耕还林工程】 2016年，全省退耕还林工程完成退耕地造林34 666公顷，其中25度以上坡耕地退耕面积29 863公顷，15~25度水源地耕地退耕面积4801公顷；荒山荒地造林2218公顷。年末实有封山育林面积3.54万公顷。全年全部林业投资完成额8.74亿元，其中国家投资7.65亿元，种苗费1.36亿元，完善政策补助资金3.51亿元、巩固退耕还林成果专项资金8497万元，新一轮退耕还林补助资金2.72亿元、其他资金3015万元。全年各项目实施市州与省政府签订了新一轮退耕还林目标任务责任书，再由各市州与有退耕还林任务的县市区签订目标任务责任书，层层压实了责任。实行了新一轮退耕还林进展情况周报制度，适时对各地的进展情况进行通报，增强了各工程县市工作紧迫感。督办、调研了新一轮退耕还林工作，组织专班先后到计划任务较重的利川市、恩施市、巴东县、长阳县、南漳县、谷城县等地，解决工程实施中存在的重点难点问题。根据国家八部委要求，转发了财政部等八部委关于扩大新一轮退耕还林还草规模的通知，安排部署全省开展了退耕还林有关问题清查整改工作。对全省15个县开展了2015年度退耕还林荒山造林省级复查工作。在全省10个退耕还林生态效益监测点同步开展了生态效益监测工作，按时向国家林业局报送了退耕还林生态效益监测相关数据与资料。

【长江防护林工程】 2016年，全省76个县市区完成工程人工造林面积1.27万公顷，完成当年新封山育林面积8599公顷。年末实有封山育林面积5.78万公顷。完成全部林业投资额6800万元，其中中央投资5277万元，地方投资900万元，地方配套623万元。投资额按生产支出分类，其中营造林费4296万元、种苗1427万元、森林防火255万元、病虫害防治131万元、科技费用43万元、其他648万元。根据国家发改委、国家林业局《关于下达防护林工程2015年中央预算内投资计划的通知》(发改投资〔2015〕1362号)要求，印发《省发改委、省林业厅关于下达防护林工程2015年度中央预算内投资计划的通知》(鄂发改投资〔2015〕536号)，将国家下达湖北省2015年度长防林计划和中央预算内投资，分解落实到76个项目县市区。全省着力培育造林公司、林业专业合作组织、造林大户“三大造林主体”，实行林水结合、林粮间作、立体种植、林下经营“四个结合”，强化行政推动、部门联动、政策驱动、示范带动、龙头拉动、全民齐动“六动”，严格把好作业设计、种苗质量、整地质量、栽植质量、检查验收“五关”，工程区森林资源持续增长，防护功能明显增强，产业结构调整优化，生态环境有效改善，林业三大效益充分显现。

【自然保护区建设】 2016年，全省实有自然保护区个数58个、面积97.4万公顷，其中国家级自然保护区个数14个、面积43.06万公顷。全年全省实有野生植物就地保护小区172个，面积12.24万公顷。全年野生动植物及自然保护区建设投资完成额8787万元，其中中央投资3349万元、地方投资5361万元。首次建立了由省林业厅领导负责的国家级自然保护区联系制度，帮助指导理顺机构编制、规范管理和晋级升格等。5月，湖北省巴东金丝猴保护区正式晋升为国家级自然保护区，成为全省林业类型第14处国家级自然保护区。在国际生物多样性日暨中国自然保护区发展60周年大会上，湖北省神农架国家级自然保护区管理局被评为先进集体。首次与北京林业大学联合举办湖北省自然保护区管理技术培训班。国家发改委已复函湖北省政府原则同意《神农架国家公园体制试点区试点实施方案》试点区范围，神农架国家公园管理局的机构编制已明确，并正式挂牌成立。

【湿地保护与管理】 2016 年，湖北省境内国际重要湿地洪湖、沉湖、大九湖等 3 个，面积 57 987 公顷。国家级湿地公园 63 个，面积 13.82 万公顷；省级湿地公园 37 个、面积 4.03 万公顷。修订完善《湖北省湿地保护与利用规划（2016～2025 年）》（草案）。全年印发《加强工程建设占用湿地公园管理工作的通知》《湖北省洪湖、沉湖、大九湖、龙感湖湿地产权确权试点方案的通知》《省林业厅关于加强湿地保护与湿地生态系统修复整改工作的通知》等重要文件。将湿地保护作为生态保护的重要内容纳入湖北省委省政府生态文明（生态省）建设工作考核目标，编制了评分细则。将湿地面积和保护率纳入自然资源资产负债表编制、领导干部资源资产离任审计的内容，完成全省分县市湿地面积的底数及变化情况的上报工作。全省是唯一以省为单位开展试点工作的省份，将湿地面积和保护率纳入试点重要考核指标是全国首创。选择了洪湖、沉湖、大九湖和龙感湖等 4 个具有代表性的重要湿地启动了湿地产权确权试点工作，编制并印发了《湖北省洪湖、沉湖、大九湖、龙感湖湿地产权确权试点方案》（鄂林湿〔2016〕198 号）。按照《湖北省湿地公园管理办法》要求，对照《国家湿地公园验收办法（试行）》要求，加大对到期验收试点单位的检查督导力度，全省通过验收的数量和通过率均居全国首位。

全年共争取中央基建和中央财政湿地保护补贴资金 1.23 亿元，占全国资金总量 16 亿元的 8%，全年共实施湿地保护项目工程 18 个。对全省 19 个中央湿地补助资金项目《实施方案》进行了评审。编制完成了《全省湿地保护“十三五”规划》，明确了“十三五”期间湿地保护目标。7 月 22～23 日，在荆门市召开了国家湿地公园试点建设督办会，就国家湿地公园验收工作做了具体安排部署。加强业务培训 10 次，培训人员达 110 人次。

【野生动物疫源疫病监测与防控】 2016 年，全省野生动物疫源疫病监测站 71 个，全省野生动植物科研及监测机构 73 个，专业技术人员 216 人。全年全省发布了《湖北省鸟类迁徙图》《重点疫源分布图》《重点疫病分布图》等“三张图”，进一步加强主动预警。为推进鄂湘赣三省联防联控，建立“长三角”野生动物疫源疫病监测合作组织，修订了联防联控合作方案，组织召开“三省监测合作组织”成立大会暨首届联席会。提升龙感湖监测站并将其推荐为全国疫源疫病监测标准站。编制了《野生动物救护及疫病监测考核标准》和监测流程图，监测新直报系统的试运行向全省发布。联合中科院武汉病毒所、东北林业大学、军事医学科学院等科研院校，开展采样检测 43 批次 7528 份，新检测出 H5N1 等 10 种亚型禽流感病毒 71 株，诺如病毒 1 株、汉坦病毒 1 株、腺病毒 1 株、腺病毒一型 3 株、细小病毒 48 株，并分别撰写了分析趋势报告通报省联防办。向基层站点发放各类监测防控物资 1500 余件。编制发布《湖北省野生动物救护站点建设指南》、救护流程图，系统详细地对人员配置、场馆建设、档案管理、设备购置方面做了规定，为推进救护站点标准化建设提供了参考。

【野生动植物保护与管理】 2016 年，全省野生植物种源培养基地 15 个，野生动植物保护管理站 156 个，动物园 15 个，其中野生动物园 2 个，鸟内环志中心站 9 个。从事野生动植物保护管理与建设的人员 2473 人。全年完成投资总额 8787 万元，其中中央投资 3349 万元、地方投资 5361 万元。在神农架地区开展全面、系统的植物资源普查，开展《神农架植物大全》的编撰工作。在全省组织了 20 个调查队，首次参加全国性的水鸟同步调查活动，发现并记录了一批新物种。在星斗山等 5 个自然保护区对水杉等 5 个物种分别开展了保护试点，并召开全省野生植物极小种群保护试点工作座谈会，总结和交流保护经验，部署工作；在加强金丝猴等物种保护的基础上，神农架保护区开展了对国家旗舰物种大熊猫的引进，神农架大熊猫馆已正式开馆；开展阳新东方白鹳、十堰海南虎斑鳽、武汉鳄鱼、监利麋鹿等地的收容和救护工作。印发《关于加快推进湖北省未成年人生态道德教育的意见》，全省已有 26 所学校被命名为“全国未成年人生态道德教育示范学校”，数量居全国第一。省野保协会与湖北卫视合作，制作“爱鸟护鸟”和“保护野生动物”主题生态保护公益广告，已于爱鸟周期间在湖北卫视、湖北电视、湖北经视黄金时段播出。在《农村新报》上开辟“野保专栏”，定期宣传保护工作动态。省政协副主席郑心穗出席了“野生动植物日”“爱鸟周”“野生动物保护宣传月”活动的启动仪式。全年严格依法依规审核办理审核野生动植物类行政许可及相关事项，审核申请材料 313 项（件），办结 140 项（件），组织开展了 3 次安全检查，实地检查了武汉市、仙桃市等地动物笼舍等设施设备、安全防护措施，及时妥善处置枝江市安福寺镇鼎升元蛇场所驯养的眼镜蛇逃逸突发事件。组织开展全国第二次野生动物资源调查湖北调查、全国第二次国家重点保护野生植物调查湖北调查。组建了 10 个调查小组，对洪湖等 21 个点、51 种水鸟进行同步调查。开展了神农武当山地、秦岭南坡、三峡库区和幕阜山 4 个地理单元调查工作。完成高速公路 S107 蔡甸段新建工程对武汉沉湖省级湿地自然保护区生物多样性影响评价工作。联合国开发计划署（简称 UNDP）资助的全球环境基金第五期赠款项目：“加强湖北省湿地保护体系，保护生物多样性”项目（简称“湖北省 GEF 湿地项目”）实施顺利。该项目执行期限 5 年，总投资 2080 万美元。2016 年是项目实施的第三年，组织举办 11 次会议、编制 8 个项目文本、开展专家技术咨询，执行了 251 万元项目资金。并顺利通过了 GEF 湿地项目的中期评估。

【野生动物救护】 2016 年，全年接到求救电话 158 次，开展救护行动 146 次，电话指导 23 次，累计救护野生动物 344 头只条，国家一级保护动物 13 种 45 头只，救护成活率达 76%。邀请了中国野生动物保护协会的国内标本制作专家交流指导，共指导制作标本 30 余件。

与长春军事医学科学研究院、鸟环中心、东北林业大学、海南大学等六家科研机构与高校联合，成功申报获批并启动了国家科技部《迁徙野生动物疫源疫病传播风险研究》重大科技专项。编制了《鹿科动物及其产品检验检疫标准》的国家林业部门行业标准。编印救护监测资讯9期，野生动物监测、救护趋势预报各4期，加强了工作交流，促进了救护监测技术水平的提高。

【林产工业】 2016年，全省林业产业年总产值2999.14亿元，其中第一产业产值979.96亿元、第二产业产值1133.28亿元、第三产业产值885.9亿元。全年全省商品木材产量193.11万立方米，其中原木165.69万立方米、薪材27.42万立方米。非商品材89.79万立方米，其中农民自用材采伐量44.35万立方米、农民烧材45.43万立方米。竹材产量3827.69万根，其中毛竹2645.21万根、其他大径竹材1182.49万根，小杂竹10.72万吨，竹产业年总产值46.05亿元。主要木竹加工产品包括锯材、木片、人造板、木竹地板及其他加工材等五大类林产品分别为：锯材年产量225.47万立方米；木片87.09万立方米；人造板产量736.6万立方米，其中胶合板217.07万立方米、纤维板397.11万立方米、刨花板79.58万立方米、细木工板等其他人造板42.84万立方米；木竹地板3242.59万平方米；改性材与指接材等其他加工材14.97万立方米。主要林产化工产品有松香类、松节油类、木竹热解产品、木质生物质成型燃料等四大类产品分别为：松香类产品2.93万吨、松节油类产品1392吨、竹炭292吨、木质活性炭8吨，木质生物质成型燃料7.39万吨。9月13～14日，由中国木材与木制品流通协会主办、湖北福汉木业集团具体承办的第六届世界木材与木制品贸易大会在武汉举办，来自美国、德国、俄罗斯、新西兰、瑞典、芬兰、日本等10余个国家和地区的政府、行业协会、知名企业、权威专家、国际组织代表共500多人参加了大会。大会期间举办的10场主旨演讲和9场专家论坛，以及木材贸易洽谈专场，围绕全球木材供应链如何服务中国市场而展开。现场还签订武汉国际钢木高新技术产业园(阳逻港)、俄罗斯森林资源开发与中欧班列多式联运、SCM集团全球合作签约等7项合作协议，签约资金27亿元。中外客商参观考察了武汉阳逻港、红安融园产业园。分别于5月27日与9月28日，开展了与法国板栗企业代表团和秘鲁林业代表团的交流合作。省内林业企业积极对接“一带一路”发展战略。阳光凯迪在芬兰投资7亿欧元林业生物质能源项目。湖北福汉木业集团控股中航林业，取得俄罗斯托木斯克州5000平方千米森林50年经营权。湖北宜昌邓村绿茶、宜城大山合、随州中兴、神农炎帝、荆门永兴等企业对外贸易销售额超过5亿美元。全省新增油茶、核桃、板栗、中药材等特色经济林基地快速增长，国家林业重点龙头企业增至18家，省级林业重点龙头企业增加到492家。全省创办现代林业科技产业园24个，入园企业456家，已投产225家，完成投资330亿元，实现年销售总额410亿元，年利税27亿元，出口总额8亿美元，产业集群发展成效初步显现。完成第一轮“万名干部进万企”活动任务，对口联系康欣、黄袍山、燕加隆等3家涉林企业。涉及市场管理、行政审批、安全生产、经济纠纷、林农矛盾、森林防火以及原材料、资金、技术短缺等方面。于4月28日在武昌召开省林业产业促进会换届工作会，完成社团脱钩改制任务。省林业厅印发《关于进一步抓好林业产业统计工作的通知》，通过实施竞争性分配，确定32家省级重点龙头企业定点实施林业产业发展专项补助资金1000万元，重点支持以原料林基地建设、木材精深加工、木本油料、林特经济等为主业的品牌型、科技创新型企业发展。印发《关于开展2016年度省级林业产业发展补助项目绩效运行跟踪监测工作的通知》，对项目绩效运行情况进行监测。组织省内80多家涉林企业参加义乌森博会、森林旅游节、菏泽林博会等重要林产品展览、交易会，参展面积达500多平方米，获得最佳组织奖、优秀组织奖各一项，送展林产品获产品金质4奖、优质奖8项。印发了《省林业厅办公室关于做好迎接〈湖北省安全生产条例〉执法检查开展自查工作的通知》《关于切实加强“五一”节日期间和汛期安全生产工作的通知》等一系列文件，制订《省林业厅落实安委会成员单位安全生产责任目标考核有关工作的方案》《省林业厅关于开展安全生产大检查工作行动方案》等工作行动方案。制订并首次印发了《省林业厅直属系统食堂食品安全工作责任管理办法》，加强了涉林食品的质量安全监管力度。

【主要经济林产品】 2016年，全省主要经济林产品总量年末实有种植面积162.04万公顷、年末实有结果面积93.97万公顷、产量897.45万吨。主要产品有水果、干果、林产饮料、林产调料、森林食品、木本药材、木本油料、林产工业原料等八大类经济林产品生产情况分别为：水果产量736.27万吨，年末实有种植面积45.47万公顷，年末实有结果面积37.64万公顷，其中苹果1.7万吨、柑橘518.13万吨、梨55.72万吨、葡萄38.7万吨、桃107.96万吨、杏6061吨、猕猴桃3.75万吨、其他水果9.7万吨。干果产量47.43万吨，年末实有种植面积33.54万公顷，年末实有结果面积29.78万公顷，其中板栗41.51万吨、枣1.97万吨、柿子3.21万吨、仁用杏147吨、其他干果7311吨。林产饮料产品26.56万吨，年末实有种植面积25.7万公顷，其中毛茶26.34万吨。其他林产饮料产品2108吨。林产调料产品2455吨，其中花椒1907吨、八角42吨、桂皮8吨、其他调料产品498吨。森林食品30.55万吨，其中竹笋干2.29万吨、食用菌18.42万吨、山野菜2.14万吨、其他森林食品7.71万吨。森林药材23.54万吨，年末实有种植面积14.24万公顷，其中银杏3.26万吨、年末实有种植面积2.11万公顷，山杏仁7吨、杜仲1.97万吨、年末实有种植面积3.1万公顷，黄柏2.57万吨、年末实有种植面积5250公顷，厚朴1.42万吨、年末实有种植面积2.44万公顷，枸杞1759吨、年末实有种植面积1890公顷，山茱萸551吨、年末实有种植面积245公顷，五味子259吨、年末实有种植面积698公顷，其他森林药材14.06万吨、年末实有种植面积5.78万公顷。木本油料24.28万吨，年末实有种植面积43.08万公顷，年末实有结果面积26.56万公顷，其中油茶籽14.25万吨、年末实有种植面积25.43万公顷，年末实有结果面积 16.84 万公顷，核桃 9.81 万吨、年末实有种植面积 16.96 万公顷，年末实有结果面积 9.38 万公顷，油用牡丹籽 1641 吨、年末实有种植面积 4710 公顷，年末实有结果面积 2487 公顷，其他木本油料 625 吨、年末实有种植面积 2189 公顷，年末实有结果面积 869 公顷。林产工业原料 8.58 万吨，其中生漆 3568 吨、油桐籽 2.21 万吨、乌桕籽 1.16 万吨、五倍子 2830 吨、棕片 2444 吨、松脂 4.32 万吨。2016 年，全部经济林产品的种植与采集总产值 611.1 亿元，其中水果种植 250.19 亿元、坚果及含油果和香料作物种植 51.56 亿元、茶及其他饮料作物的种植产值 115.78 亿元、森林药材的种植 40.11 亿元、森林食品种植总产值 124.51 亿元。林产品的采集产值 28.95 亿元，油茶产业产值 104.38 亿元。

【苗木花卉】 2016 年，林木种子采集量 3529 吨，育苗面积 4.72 万公顷，其中国有育苗面积 2582 公顷，全省当年苗木产量 17.89 亿株。当年林木育种与育苗总产值 62.68 亿元，其中林木育种 7.46 亿元、林木育苗 55.22 亿元。2016 年末实有花卉种植面积 8.98 万公顷，切花切叶产量 1.44 亿支，盆花植物产量 1.68 亿盆，观赏苗木产量 4.15 亿株，草坪产量 768.34 万平方米，全省共有花卉市场 257 个，花卉企业 1565 个，其中大中型花卉企业 222 个，花卉从业人员 23.15 万人，花农 7.03 万户，全年花卉及其他观赏植物种植产值 126.01 亿元。

【森林公园和森林旅游】 2016 年，全省森林公园 96 个，其中国家级森林公园 37 个，省级森林公园 59 个。全省林业旅游与休闲产业 1.37 亿人次，旅游收入 549.3 亿元，人均花费 401 元。林业旅游与休闲产业直接带动的其他产业产值 1094.63 亿元，其中全省林业旅游 1.22 亿人次，旅游收入 489.77 亿元，林业旅游直接带动的其他产业产值 996.86 亿元；林业疗养与休闲 1503.35 万人次，疗养与休闲收入 59.53 亿元，直接带动其他产业产值 97.78 亿元。

【野生动物驯养繁殖】 2016 年全省野生动物种源繁育基地 231 个。其中公益性野生动物救护繁育基地 16 个，商业性野生动物驯养繁殖单位 215 个。全年陆生野生动物繁育与利用总产值 14.79 亿元。驯养繁殖的野生动物食品与毛皮革等加工制造产值 33.7 亿元。全年陆生野生动物繁育与利用单位 9 个，年末实有人数 55 人。

【林下经济发展】 2016 年，全省林下经济总产值 210.96 亿元。全省林下经济面积已发展到 66.67 万公顷。全省有房县和湖北保康帝豪中药材种植有限责任公司、鄂州市兴林有限责任公司、湖北福舟坊药材有限公司、湖北春又生菜业股份有限公司、湖北武陵惠风农业科技有限公司等 5 个龙头企业获国家级林下经济示范县与基地称号。林下经济已涵盖种植、养殖、林下产品采集加工、餐饮服务、生态休闲旅游等行业。

【森林防火】 2016 年，全省共发生森林火灾 211 起，过火面积 875.46 公顷，受害森林面积 166.66 公顷，受害率为 0.072‰。全年无重特大森林火灾和人员伤亡事故发生。在全国省级层面是首次印发了湖北省《市(州)森林防火工作考核办法》。年初，省政府与 17 个市(州)分别签订了森林防火责任状。同时督促市(州)、县(市、区)、乡镇、村组层层签订森林防火责任状，把森林防火责任压实在防火一线。于 2 月 2 日、10 月 27 日，分别召开全省森林防火工作电视电话会议，副省长、省森林防火指挥部指挥长任振鹤对森林防火工作进行了动员部署。中央下达湖北省项目资金 3085 万元，组织编制申报了湖北省咸宁、荆门等地森林防火综合治理项目及省本级的指挥信息系统项目。按照“整体规划、分步实施、因地制宜、多方共建”的原则，加强专业、半专业队伍和群众性森林消防队伍建设。组织武警驻鄂森林部队继续靠前驻防神农架林区。派出工作组，深入宜昌、黄冈、随州等地指导森林消防队伍建设。重点防火期，坚持 24 小时值班制度和领导带班制度。在国家防火办和省政府电话抽查中，省防火办值班在岗在位率为 100%。省防火办先后 15 次对全省值班电话、带班领导进行了电话检查，督促各地落实防火值班制度。对全省 198 个卫星热点进行核查、反馈，2 小时内向国家防火办反馈率为 98.8%。严格按照《湖北省森林火灾应急预案》，组织火灾调度指挥，在规定时间内明火尚未扑灭的，督促相关森防指主要领导及时赶到现场组织扑救。先后 6 次不定期到森林火灾多发区域明察暗访，下发督办函 15 份，督促各地抓好工作落实。

【森林病虫害防治】 2016 年，全省林业有害生物防治林业建设资金完成投资 5728 万元，其中，中央财政资金 1023 万元、地方财政资金 3323 万元。地方自筹资金 1282 万元，其他社会资金 100 万元。全省林业有害生物成灾率为 3.38‰，低于国家下达的 3.5‰的指标；无公害防治率为 96.55%，高于国家 85% 的计划指标；测报准确率 91.15%，高于国家下达的 85% 的指标；种苗产地检疫率为 100%，高于国家 99% 的计划指标，均超额完成了国家林业局下达的 2016 年度目标管理指标。共配合省政府法制办、省人大开展了省外调研 4 次、省内调研 10 次，召开各种层次的座谈会、研讨会 11 次，梳理各种渠道征求的意见和建议，对《森林病虫害防治条例》进行了 6 次集中修改。做好政府间、林业部门间“双线”责任制的签订，落实重大林业有害生物防治责任。制定并签订了林业有害生物防治目标责任书，实行了林业有害生物防治目标责任书全覆盖。开展松材线虫病的防治及发现美国白蛾疫情，采取果断措施，控制了疫情的传播蔓延。开展了国家松材线虫病防治示范区建设，组织修改完善夷陵示范区总体方案与年度方案，并对夷陵区松材线虫病的防治工作进行指导督办。参加了在四川省召开的云贵川渝藏林业植物检疫联合执法协作和鄂渝川陕联防联治工作会，参与了秦巴山区松材线虫病防治总体方案的编制，拟定了《三峡库区松材线虫病防治总体方案》的总体框架。开展政府购买防治服务工作。全面完成了随州、咸宁、荆门、宜昌飞机防治松褐天牛 6667 公顷的工作。组织春季植物产地检疫、调运检疫和复检工作，严格把好检疫关口。加强跨区域跨部门检疫合作。与湖南省联合召开湘鄂两省松材线虫病联防联治工作专题会，开展联防联治；与湖北出入境检验检疫局合作，对武汉国际园艺博览会撤园的林业植物进行检疫监管，防止撤园植物流失。11 月，开展了全省检疫执法专项行动。

【森林公安队伍建设】 2016 年，全省森林公安机关开展了“雷霆行动”“森林火灾破案攻坚行动”“天网行动”“净网行动”“打击非法占用林地”等 5 个全省专项行动。全省共受理各类涉林案件 8453 起，查处 8192 起，其中侦破刑事案件 919 起，查处行政案件 7273 起，综合查处率为 96.91%，处理各类违法犯罪人员 11 331 人次，为国家挽回直接经济损失 8937.74 万元，责令、督促涉案单位和个人补缴有关林业规费 3908.8 万元。直接组织查处最高人民检察院挂牌督办案件 1 起，国家林业局挂牌督办案件 1 起，国家林业局森林公安局挂牌督办案件 9 起，省林业厅、省森林公安局挂牌督办案件 143 起。组织开展了执法质量考评和执法工作考核工作，全省有 48 个市县森林公安机关获得优秀等次，48 个市县森林公安机关获得良好等次，执法办案质量稳步提升。实施“一区一警、一警多能、多警联勤、责任到人”的林区警务网格战略，实施主动警务，落实 70% 以上的警力到一线，坚持 24 小时全天候巡逻盘查。组织开展督察行动 119 次，出动督察人员 255 人次，先后检查 13 个市州、49 个县市区森林公安局和 38 个派出所，发现和纠正各类问题 29 个，提出督察建议 35 条。全年落实民警 15 天在岗轮训达 1512 人次。参与警员职务套改并完成首次套改人员 1235 人，全警落实警衔津贴新标准。加大空编使用和新警招录力度，落实公安院校专业人才招录培养制度，全年新招录民警 68 人，缓解了警力不足和人才匮乏问题。“十三五”首批中央预算内政法基础设施建设项目(派出所)14 个，资金 1025 万元，总建筑面积 7040 平方米。按照《公安部单警装备配备标准》，为全省基层森林公安机关配发单警装备 1155 套，进一步提升了执法防护能力。完成视频指挥调度系统、警用车辆 GPS 系统和车载视频系统建设，积极推进移动公安警务办公平台，硬件建设再上新台阶。

【森林采伐】 2016 年，全省网上办理林木采伐许可证 67 044 份，林木采伐蓄积量 196.76 万立方米，网上办理木材运输证 75 740 份。林地定额和林木采伐限额均控制在红线范围内。组织全省林业系统开展改革涉林数据的采集上报，指导并推动试点地区开展试点工作，及时向省审计厅和省统计局提供涉林基础数据。印发《省政府关于下达“十三五”期间年森林采伐限额的通知》，分解下达了国务院批复湖北省“十三五”期间年森林采伐限额，指导各地严格执行森林采伐限额制度，严格保护天然林。

【林地管理】 2016 年全省共办理永久占用征收林地 897 宗，面积 5236 公顷，依法征收森林植被恢复费 4.4 亿元。其中，上报国家林业局审核审批 15 宗，面积 2410 公顷。全省共发现林业行政案件 8124 起，同比下降 19.4%，查处林业行政案件 8088 起，查处率 99.56%。推进省委主要领导领衔的“自然资源资产负债表编制和领导干部自然资源资产离任审计试点”两项改革涉林工作。支持服务易地扶贫搬迁工作，安排专项林地定额指标，对农村集体修建的社会公益性项目免征森林植被恢复费，开辟使用林地审批的专项绿色通道，保障全省扶贫搬迁工作推进。对《湖北省贯彻〈党政领导干部生态环境损害责任追究办法(试行)〉实施细则》《湖北省领导干部自然资源和生态环境保护行为警示手册》和《湖北省生态环境违法行为有奖举报暂行办法》提出林业资源监管意见，并制定了林业部门实施意见和林业干部警示手册，向社会公开林业部门破坏林业资源违法行为举报电话。向市(州)领导班子考核、三农发展综合考评、县域经济工作考核等各项考核提供林业生态指标考核数据和负面评价清单，组织开展县级人民政府保护和发展森林资源目标责任制检查，促进了地方党政领导切实落实林业资源保护责任。开展了全省林地精准落界工作。组织开展新一轮林地变更调查，对林地变更开展调查，并将调查结果与国土部门对接。为满足各项考核和开展两项改革工作对林业资源监测数据的要求，探索建立了技术标准统一、省市县分级负责的林业资源动态监测体系，组织开展了全省监测人员技术培训，提升了森林资源的监测能力。强化林业资源使用后续监管，采用县级自查、市级核查、省级抽查的形式，开展了林地被许可人、林地使用情况检查，检查结果全省通报。

【林业工作站】 2016 年，对全省 26 个林业工作标准站建设单位的实施方案进行了项目评审和批复工作。组织省标准化林业站建设单位的 26 个工作站的站长到陕西省西安市参加国家总站主办的“中部片区标准站建设站长培训班”。完成了本底调查、公共服务能力提升、建设管理能力提升和站长能力测试等 4 个项目的申报。组织森林保险 14 个试点县市负责人参加“全国森林保险业务管理培训”。试点探索“专员办与林业站协同”森林资源监督机制。探索建立国家林业局派驻森林资源监督机构与乡镇林业站的协同监督机制，办站协同监督试点已正式在南漳、保康、恩施、咸丰等 4 个县市启动。全面完成年度计划任务。

【林业勘察设计】 2016 年，开展造林绿化省级核查工作，组织全省造林数据采集技术培训，制订省级核查工作方案、技术方案，复查核实各地上报的自查数据，完成省级核查抽样，抽样小班 5.2 万个，占上报面积的 60%，并集中技术力量赴全省开展核查。开展鄂州市、神农架林区、宜都市和武穴市 4 个市县试点探索，编制自然资产负债表编制工作方案、操作细则。开展林业自然资源资产负债表近三年林地数据汇总和全省湿地影像判读、湿地数据出数工作，按照全省统一部署，将各项指标数据报送省统计局。按照省委、省政府关于党政领导干部离任审计工作要求，结合全省市州考核、“三农”考核、县域经济考核、“脱贫致富奔小康”考核工作，修改完善工作方案、技术方案，编制湖北省森林湿地资源动态监测体系实施方案。开展夷陵、公安、武穴三县试点，编制技术规程，完成全省林地数据与国土数据叠加分析。采取循环督办和重点督办等方式，指导督促全省数据核实工作，开展林地变更数据库修改和统计汇总，完成了全省林地精准落界工作，进行数据入库。精心编制《湖北林业“十三五”规划》等7项林业专项规划，开展全省岩溶地区第三次石漠化监测工作；林业重点工程检查验收工作核查等。

【林业法制建设】 2016年，湖北省政府、省人大将《湖北省林业有害生物防治条例》列入年度立法计划。先后经省政府常务会、省人大常委会审议于11月底出台，全年共完成36件其他法律、法规草案征求意见稿的审议。完成了7件湖北林业地方性法规立法储备，其中《湖北省天然林保护条例》上报省人大，申请列入年度立法计划。组织制定《全省林业系统开展法治宣传教育第七个五年规划（2016～2020）》，省林业厅被评为“全国法治宣传教育先进单位”，被中宣部、国家司法部、全国普法办联合通报表彰。组织制定《2016年湖北法治林业建设要点》，对全省林业依法治理工作进行了全面部署。加强规范性文件管理工作，印发《关于开展规范性文件清理工作的通知》，组织开展规范性文件清理；合同有关处室，制定印发了4份规范性文件，基本做到了程序完备，管理正规。全年共承办2起行政诉讼案件。

【科技推广】 2016年，中央财政林业科技推广示范资金项目18项，全省累计推广优良家系、优良品种20多个，推广新技术20余项，完成示范造林1000公顷，建立苗木繁育基地133.33公顷，繁育各类苗木1000余万株。为农民增收和推动区域经济发展发挥了重要作用。联合省财政厅对18个中央财政林业科技推广项目实施情况开展绩效评价工作，形成绩效报告，上报国家林业局科技司。实施的“核桃优良品种规模化扩繁和丰产栽培配套技术集成示范”项目，获全国推广项目验收综合评分第一名的最好成绩。组织全省58名林业科技专家团队，采取分区负责，定点派驻；全程跟踪、事后监督的方式，面向全省尤其是基层林农提供技术支持。全年组织专家团活动161次，科技服务覆盖全省15个市州56个县市，特别针对“绿满荆楚”行动面临的造林、树种选择等方面的技术难题提供现场咨询、指导。与黄冈师范学院、华中农业大学共同组建“大别山特色资源开发湖北省协同创新中心”，组织科研单位与湖北京穗农林科技公司、湖北尚和竹业有限公司等20多家省内企业签订了科技支撑与科技合作协议，建立了产学研长期合作关系。与湖北绿上林业、鸿连实业等10多个企业签订实质性的科技支撑协议，与西谷核桃等3家公司达成建设院士工作站意向。承办第二届竹藤资源利用学术研讨会。

【教育与培训】 2016年，省生态职业技术学院全年共录取大中专生3900人，其中大专生3150人，录取中职生（含一年制中专）750人，已报到大中专生3600人，其中，大专生2900人，中专生700人左右，在校生人数达到1.13万人，制定“十三五”规划。举办学校首届信息化教学大赛，推荐参加2016年全省职业院校信息化教学大赛的选手分获全省一等奖和二等奖。组织开展学校第四届技能大赛，大赛设置林木种子质量检测等55个赛项，实现校内技能大赛专业全覆盖。组织师生参加各类省级、国家级职业技能大赛，师生获得省级以上各类奖项20多个，多个奖项属历史性突破。根据《湖北高等职业教育创新发展行动计划实施方案》，申报3项任务，7个项目，计划投入3836万元。2016届毕业生人数为3492人，就业3340人，就业率达到95.65%。推进了大学生创新创业孵化中心建设，中心将立足校内创业孵化基地，结合校外实践教育基地即大冶和崇阳实验林场（苗木种植）和武汉花卉博览园（苗木经营），打造湖北省大学生生态类创新创业示范基地。与新加坡波士顿商学院签订合作协议书，相关合作项目逐项启动实施。完成了麻城市政府委托的科研合作项目；全面落实与武穴市人民政府战略合作协议；与湖北龙感湖国家级自然保护区管理局签订校地战略合作框架协议。在中国技能大赛第44届世界技能大赛花艺项目全国选拔上，园林与建工学院两名选手分别以第二和第三名的成绩入选花艺项目中国国家集训队，该学校被人社部评定为第44届世界技能大赛花艺项目中国集训基地，是湖北省职业院校的唯一一所。与湖北省非物质文化遗产代表性传承人、湖北省工艺美术师、湖北民间工艺技能传承大师徐海清先生共同筹建了“艺术设计学院工艺美术馆”，开展技能传承创新活动。在湖北省首届种子质量检测职业技能大赛等10余项技能竞赛中获得20多个奖项。

全年组织专家服务团开展科技服务工作300余人次，开展现场调研、技术指导、举办培训班、召开座谈会等科技服务活动50余次，覆盖全省15个市（州）53个县（市），其中举办培训班15场次，培训林业专业技术带头人300余名，林农1500余人次，发放技术资料3000余份。与国际竹藤中心合作在襄阳举办全国林业技术培训会，培训各类林业技术人员100余人次。共组织科研人员参加“第一次全面林木种质资源利用与生态建设高端论坛”“第四届中国林业学术大会暨第12届中国林业青年学术委员会”等学术交流5次。组织召开中央财政林业科技推广示范项目培训会，培训各项目承担单位主持人及相关技术人员100余人次。

【林业科研】 2016年，完成国家重点科研专项子课题3项，中央部门预算林业科技项目10项；申报湖北省技术创新重大项目2项，湖北省自然科学基金4项，湖北省农转资金项目1项。全年共完成验收、鉴定成果13项；获湖北省科技奖励5项，其中科技进步三等奖4项，科技成果推广三等奖1项，获梁希科学技术奖三等奖1项，梁希青年优秀论文奖5篇；申报发明及实用新型专利10项，申报林业行业标准2项，申报省地方标准19项；1项林业行业标准“乌桕育苗技术规程”已颁布实施；授权实用新型专利权1项，发明专利3项。全省已建设国家级生态定位研究站7个，省级工程技术中心3个，国家油茶科学中心北缘地区育种与栽培实验室等重点实验室2个，国家林业局林产品质量检验检测中心（武汉）等一批科技创新平台。与武汉双龙木业发展有限责任公司签订科技合作协议，成立了湖北省林业科学研究院集成复合人造板科研示范基地；向国家林业局申报了“华中地区乡土树种工程技术研究中心”和“华中森林药材工程技术研究中心”。

【对外合作交流】 2016年，共安排四批次21人分别赴俄罗斯、印度、英国、冰岛、美国、加拿大等进行林业资源管理、国家公园建设、城市绿化、林业科技引智对外交流与技术合作。安排二批次18人赴中国台湾进行林业技术交流与合作。共完成四批次外事接待活动，接待外国友人及来宾52人次。完成孝昌小渊基金项目造林工作任务。配合省内其他省直部门完成对涉林境外非政府组织监管工作。

按照省委外事领导小组的要求，科学编制2016年省林业厅因公出国（境）计划，经厅党组审定后报送省委外事领导小组审批。强化出访组团事前、事中、事后管理。于5月25～27日，法国考察团一行22人分别赴罗田、红安进行板栗生产、加工考察。巴基斯坦水资源保护考察团进行了世界自然基金会在长江流域开展湿地及水资源保护项目学习考察。中日绿化基金技术指导组来湖北考察。于5月2～6日，日本小渊基金北京办事处首席执行官一行2人分别赴神农架、孝昌等地考察项目实施情况及项目选地调研工作。日本政府设立专门用于中日两国民间生态合作交流项目投资410万日元，植树造林20公顷，其中油茶6公顷，湿地松14公顷已全部完成项目造林任务。省林科院“948”油茶项目赴美国引技引智工作。派遣林科院“948”项目两名技术人员赴美国进行油茶项目培训，并引进了配方施肥技术。生态学院与新加坡波士顿商学院合作办学协议的签订，为两校合作办学奠定基础。

【资金与计划管理】 2015年，全年累计完成林业投资166.95亿元，其中完成中央投资30.14亿元、地方财政资金21.84亿元、国内贷款13.28亿元、自筹资金96.59亿元、其他社会资金5.09亿元。在全部林业建设资金中，用于生态建设与保护的资金50.67亿元、林业支撑与保障8.7亿元、林业产业发展99.73亿元、财政事业费7.85亿元。政府投资带动市场主体投入快速增长，全省各地吸纳社会资金投资林业增强，为全省林业生态建设提供了强有力的资金保障。编制了《湖北省林业发展“十三五”规划纲要》首次由省政府发布实施（鄂政发〔2016〕50号），组织制定《湖北省长江经济带造林绿化行动计划》等国家和省级15项规划编制修订，为全省林业发展提供了行动指南。印发《省林业厅关于加强和规范林业项目资金使用管理工作的通知》（鄂林计〔2016〕200号），对林业项目的储备、申报、安排、监管和绩效评估等进行了规范；严格履行林业基本建设项目审批和上报程序，及时开展林业基本建设投资项目清理，完成部分固定资产投资项目的竣工验收；组织开展部分省级产业发展项目补助资金竞争性分配，启动中央财政转移支付资金绩效目标编制工作。组织开展全省林业系统林业项目资金使用管理情况大检查，狠抓预算执行和预、决算公开，严格控制“三公”经费尤其是招待费支出。印发《省林业厅关于着力推进“一提双增”助推精准扶贫精准脱贫的实施意见》。印发《省林业厅关于加强林业基础数据统计工作的通知》，进一步规范林业统计数据的使用和发布行为；配合省统计局开展湖北省第三次全国农业普查工作；制订《省林业厅向省宏观经济大数据平台归集2016年经济数据工作方案》，完成了与省发改委大数据平台的对接。开展林业灾情统计，并按时上报省政府和国家林业局，做好灾情汇报和救灾资金的争取工作；印发《省林业厅实施灾后重建工作行动方案》，指导全省林业部门抓好抗灾减灾、生产自救和灾后重建工作；上报《关于我省林业灾后恢复重建情况的调研报告》。推进林业行业信用体系建设，完善行业信息目录，报送数据信息，信用信息汇集系统对接落地工作进展顺利。开展资产清查和行政事业单位内部控制性评价，按时提交资产清查报告和内部控制基本性评价报告，首次与国家林业局管理干部学院联合举办全省市县财务人员林业财政政策培训班，促进了财务管理人员政策水平的提高和林业项目资金的规范化管理。

【林业扶贫管理】 2016年，印发《省林业厅关于贯彻落实〈省人民政府办公厅关于创新建立贫困县资金整合机制实施精准扶贫的意见〉的通知》，研究制订《省林业厅2016年林业扶贫工作责任分工方案》；于8月5日，在通山县组织召开全省林业助推精准扶贫暨灾后恢复重建工作现场会，进一步明确林业扶贫工作的要求和任务。创新扶贫举措。积极开展建档立卡贫困人口转化为生态护林员工作，组织全省37个贫困县开展生态护林员前期摸底和数据汇总工作，会同有关处室及时组织开展建档立卡贫困人口转化为生态护林员选聘工作。加大片区扶贫力度。充分发挥林业独特优势，着力推进大别山、秦巴山、武陵山、幕阜山四大片区以及革命老区精准扶贫精准脱贫，指导、协助省林业厅驻村扶贫工作队做好鹤峰联系村的精准扶贫工作，在易地搬迁扶贫、产业精准扶贫、对口帮扶、“616”工程、“1+1”工程、援疆援藏等方面加大了支持力度。组织开展“全国扶贫日”活动。在“10·17全国扶贫日”期间，结合林业部门实际，围绕全省建档立卡贫困人口纳入生态护林员工作，组织开展了脱贫攻坚系列活动，收到良好效果。

【林业贴息贷款与资金稽查管理】 2016年，经财政部和国家林业局审批，确定湖北省获得2016年度林业贷款中央财政贴息资金3916万元，组织开展了2016年度林业贷款中央财政贴息补贴资金申报工作。组织完成2016年度林业贷款省级财政资金贴息补贴工作。印发《关于认真做好2016年度林业贷款中央和省级财政贴息补贴项目申报工作的通知》。确定对湖北康欣科技开发有限公司“工业原料林建设”等19个项目给予贴息补贴，省财政厅已将1000万元补贴资金下拨到各项目单位。完成林业贷款贴息等五项中央财政补贴资金的自查工作。3家会计事务所，经过近3个月的工作，完成厅直12家单位的财务审计工作，对12家单位的整改情况进行了督促。按照《中央财政林业补助资金管理办法》规定，加强了管理。

【种苗管理】 2016年，全省林木种子采集量3529吨，当年苗木产量17.89亿株，育苗面积4.72万公顷，其中，本年国有育苗面积2582公顷。全年投入林业种苗资金2.09亿元，其中中央财政1667万元、地方财政3443万元、自筹资金8665万元、其他社会资金7120万元。

印发学习宣传贯彻落实《种子法》实施方案，召开了全省市州种苗站长会议暨《种子法》培训。印发《关于加强全省林木种苗工作的意见》，全省已有16个市州和67个县(市)成立了种苗管理机构。开展全省林木种质资源调查工作。全省17个市州外业调查已全部完成，7个市州已通过外业调查验收检查。开展《红果冬青育苗技术规程》《对节白蜡育苗技术规程》两个省级技术标准的制定。在浙江临安、山东曲阜、贵州福泉营建了3处、共21个品系的亚美马褂木跨区域试验林，在潜江市和南漳县营建2处省内试验林；荆门市十里牌林场合作建组培繁育中心，开展珍贵树种研发，崇阳桂花林场、钟祥大口林场和南漳县林科所合作，开展喜树优良无性系区域试验林的营建研究；全省6个国家级良种基地科技支撑工作，组建专家服务团，深入各地开展科技服务180余人次。“山地杨树优良无性系繁育与示范推广”项目顺利完成并通过专家组现场查定验收。

【行政审批工作】 2016年共办理行政审批事项达1.2万件(次)，按时办结率、审批合格率均达100%。取消省级行政审批事项7项，合并审批事项3项，下放省级行政审批事项2项，省级林业行政审批事项为全国最少，审批服务效能进一步提高。制订省林业厅本级林业综合执法改革实施方案，由省森林公安局统一行使林业行政处罚权。

【航空护林工作】 2016年春航开展航护飞行共46架次，飞行时间76小时19分，其中巡护飞行42小时44分、吊桶训练32小时35分，吊桶灭火1小时，共洒水129桶，安全飞行小时完成率达到72%。租机协议签订后于10月26日在武汉组织召开飞行空域划设及飞行保障协调会，确保航护各项工作准备到位。推进省航空护林站航站楼建设项目，已完成项目初步设计编制和评审工作；推进航空护林站森林消防直升机场建设项目，编制了航空护林站机场选址报告，项目选址已征得省发改委和空军武汉指挥所同意待上报国家林业局；根据湖北省地形和林情实际，依托现已执飞航站，启动野外保障体系项目建设可研报告编制工作。根据湖北省森林资源的分布特点和地理特征，对省内航空消防责任区域进行了科学划分，并制定印发《湖北省森林航空消防管理办法(试行)》《湖北省森林火灾航空消防应急预案》，确保有效加强日常管理并有序应对重特大森林火灾。

【宣传信息化管理】 2016年，开展森林文化、湿地文化、林业改革等系列宣传报道，全年在省部级以上新闻媒体和新浪、凤凰等知名网站刊发报道2000余条(篇)，其中《湖北日报》《中国绿色时报》头版刊发20多条(篇)。与黄石市政府联合举办第三届湖北生态文化论坛，多位国内知名专家学者以“资源枯竭城市，绿色转型发展”为主题，探讨生态文化，促进绿色发展。创建国家森林城市1个、省级森林城市2个、省级森林城镇46个、绿色示范乡村1316个。编制《“互联网+”湖北林业三年行动计划》，启动全省林业大数据建设。

【林业大事】

1月6日 全省绿满荆楚行动现场推进会在随州市召开。湖北省副省长任振鹤、湖北省政府副秘书长吕江文、省林业厅厅长刘新池、随州市委书记刘晓鸣、市长郄英才出席会议。会议代表实地参观了随州炎帝大道生态景观带、万亩油用牡丹基地和核桃基地。

1月7日 湖北省神农架自然保护区工作人员在海拔2500米的小龙潭区域针阔混交林内拍摄到头上有冠、灰褐色、体长10厘米的小鸟，经湖北省野生动物保护总站高工和鸟类专家李明璞鉴定为褐冠山雀。此鸟属于低危鸟类，已被列入《世界自然保护联盟》2012年濒危物种红色名录，也被列入“三有”名录。

1月14日 湖北省孝感市孝昌县的“观音湖绿茶”、湖北省咸宁市崇阳县的“雷竹笋”正式获批国家地理标志保护产品。崇阳有“中华雷竹之乡”的美称。

1月19日 湖北省副省长、省森林防火指挥部指挥长任振鹤调研神农架林区生态建设。湖北省政府副秘书长吕江文，神农架林区党委书记周森锋，党委副书记、政府区长李发平，人大常委会主任李波，政协主席谢登峰，党委常委、林管局局长王兴林等陪同调研。

1月21日 2016年湖北省林业局长会议在武汉市召开。省林业厅党组书记、厅长刘新池讲话。

1月21日 湖北省野生动植物保护协会第四次会员代表大会在武汉市召开。湖北省政协副主席、省野生动植物保护协会名誉会长郑心穗，中国野生动物保护协会副秘书长李青文等领导出席会议并讲话。襄阳、石首、罗田、京山、南漳、利川、保县、郧西等8个市县先后被评为“中国红嘴相思鸟之乡”“中国麋鹿之乡”“中国兰花之乡”“中国观鸟之乡”“中国鸳鸯之乡”“中国水杉之乡”“中国紫薇之乡”“中国喜鹊之乡”。协会有10多位会员被中国野生动物保护协会授予“斯巴鲁生态保护奖”。

1月29日 国家林业局作出《关于准予设立湖北白竹园寺国家森林公园的行政许可决定》(林场许准〔2015〕2114号)，批准湖北省枣阳市白竹园寺省级森林公园晋升为国家级森林公园。

2月4日 根据《国家林业局办公室关于开展第二批国家级核桃示范基地认定工作的通知》(办造字〔2015〕6号)，国家林业局组织开展第二批国家级核桃示范基地认定工作。

2月6日 湖北省十堰市林业局种苗站和茅箭区林业局联合组成的林木种质资源调查专班在茅箭区大川镇段家村山上，发现了近千亩野生腊梅群落，是湖北省发现的最大野生腊梅群落。

2月23日 湖北省委常委、宜昌市委书记黄楚平，宜昌市委副书记、市长马旭明等20多名省、市领导来到宜昌市伍家岗区东山大道延伸段绿道景观工程植树现场，与150多名干部群众一道，参加2016年以“绿色发展共建美丽宜昌，生态先行打造魅力新城”为主题的全民义务植树活动，共栽植香樟、栾树、银杏、桂花、女贞等全冠大苗1000余株。

2月29日 全国绿化委员会关于表彰全国绿化模范单位的决定中，湖北省的鄂州市、潜江市、荆州市、宜都市、保康县、竹溪县、咸安区等为模范市、县区；

湖北省的武汉科技大学、武汉市园林和林业局、神农架林区林业管理局等为模范单位。

3月1日 中共湖北省委、湖北省人民政府关于《湖北省国有林场改革实施方案》的通知(鄂发〔2016〕7号)已印发全省结合各地实际认真贯彻执行。

3月2日 湖北省委书记、省人大常委会主任李鸿忠，省委副书记、省长王国生等，来到武汉市蔡甸区大集街九如桥村，与干部群众一道义务植树，以实际行动带头推进“绿满荆楚”。省领导王晓东、傅德辉、于绍良、王建鸣、甘荣坤、陈天会、刘善桥，省政府秘书长王祥喜等，一同参加植树活动。

3月16日 湖北省政府召开全省国有林场改革工作电视电话会议，对国有林场改革进行动员部署。湖北省副省长任振鹤、省政府副秘书长吕江文、省林业厅厅长刘新池等出席会议。

3月24日 湖北省神农架首次启动编制自然资源资产负债表，地、林、水、气、生物一表网尽，建立自然资源资产实物量账户。

3月26日 湖北省鄂州市启动生态补偿机制，通过市财政转移支付补助梁子湖区1500万元，用于保护梁子湖生态环境，推进梁子湖生态文明示范区建设。与此同时，该市15个农业乡镇，各获得市财政转移支付生态补助50万元。

4月8日 鄂州市在湖北全省首次启动自然资源资产负债表编制和领导干部自然资源资产离任审计试点工作动员培训会，标志该项试点工作正式启动。鄂州是湖北省市州一级唯一的自然资源资产负债表编制和领导干部自然资源资产离任审计试点。

4月16日 湖北省政府办公厅下发文件，规定全省“十三五”期间年森林采伐限额为1020.3万立方米，比“十二五”期间年森林采伐限额增加19.7万立方米。采伐限额是每年采伐消耗森林和林木(胸径5厘米以上)蓄积量的最大限量，不得突破。

4月23日 湖北省人大常委会副主任王玲率省人大农委和相关部门负责同志赴宜昌市兴山县开展林业有害生物防治检疫立法调研并召开座谈会。省人大农委主任委员曲颖，副主任胡菊萍、左雄中，省人大农委秘书长夏雄彪，省林业厅副厅长蔡静峰等人出席会议，宜昌市、兴山县有关领导及基层林业单位代表参加了座谈会。

5月14日 经中央建立国家公园体制试点领导小组同意，国家发改委以发改社会〔2016〕1042号函首次批复了湖北省《神农架国家公园体制试点区试点实施方案》。

8月12日 湖北省委常委会召开会议，深入学习贯彻习近平总书记总体国家安全观和关于国家安全工作的系列重要指示批示精神，研究湖北省贯彻落实工作；审议并原则通过《湖北省实施〈党政领导干部生态环境损害责任追究办法(试行)〉细则(送审稿)》。省委书记李鸿忠主持会议。

8月15日 由湖北省五峰县42家市县级规模以上茶叶企业统一申请的“五峰绿茶”获评中国驰名商标。

8月16日 国家林业局以林湿发〔2016〕107号文，正式命名湖北省钟祥市莫愁湖(包含北湖和镜月湖)为“湖北莫愁湖国家湿地公园”。莫愁湖国家湿地公园于2011年3月经国家林业局批准进行试点建设。2016年7月，莫愁湖各项建设指标均达到国家湿地公园建设标准，顺利通过国家林业局专家组考察验收。

8月24日 国家旅游局公布第二批40家中国乡村旅游创客示范基地名单，赤壁市羊楼洞茶生态文化旅游创业产业园上榜。这也是中国现有60家乡村旅游创客示范基地中，唯一的湖北省项目。

8月27日 湖北省神农架国家级自然保护区称，经过近1年的全覆盖式调查摸底，查明保护区内川金丝猴数量已突破1300只，与1990年首次调查相比实现翻番增长。

9月4日 全省最大生态板生产基地在监利起航，湖北福汉木业集团、监利福江集团这两家全省木业制造巨头签订协议，联合在监利建设全省最大木芯板和生态板生产基地。

9月6~9日 全国政协人口资源环境委员会副主任、中国气候变化事务特别代表解振华率“建立和完善国家公园体制”调研组来鄂，专题调研神农架国家公园体制试点工作开展情况。全国政协人口资源环境委员会驻会副主任高波，全国政协人口资源环境委员会副主任齐让，全国政协常委、人口资源环境委员会委员印红，全国政协人口资源环境委员会委员凌振国，省政协副主席王振有等一同调研。

9月13日 由中国木材与木制品流通协会主办、湖北福汉木业集团承办的第六届世界木材与木制品贸易大会在武汉市召开。国家林业局总工程师封加平、湖北省林业厅厅长刘新池出席大会。来自美国、俄罗斯、意大利、芬兰、新西兰等20多个国家和地区的政府、行业协会、知名企业、权威专家、国际组织代表近400人齐聚武汉共同论道。

9月24日 作为湖北省编制自然资源资产负债表四个试点地区之一，神农架林区已建立5类自然资源资产账户。神农架林区土地资源、林木资源、水资源、空气资源、生物资源等5类自然资源的资产账户基础数据收集、审核工作已结束，并进行了初步核算。

9月29日 湖北省《神农架林区国有林场改革实施方案》已获湖北省国有林场改革工作领导小组批复，这标志着全省最大的国有林场改革工作正式实施。

10月1日 湖北省首个湿地科普馆：神农架大九湖湿地馆正式开馆，供游客参观。游客接待日近5000人。

10月25日 时隔100多年后，首次大熊猫重返湖北省神农架故地。来自中国大熊猫保护研究中心的两只成年大熊猫“奥运”和“韵韵”，从四川都江堰青城山基地启程，经成都坐飞机到宜昌，再乘专车安全抵达神农架自然保护区官门山大熊猫馆。

10月27日 国家林业局公布第二批国家林木种质资源库名单共计86处，湖北的京山县虎爪山林场枫香、皂荚国家林木种质资源库、竹溪县双竹林场楠木国家林木种质资源库在其中。

11月3日 湖北省荆州市石首天鹅洲麋鹿国家级自然保护区的工作人员在长江故道水边首次发现两只世界濒危鸟类白枕鹤。经专家确认，这两只鸟属国家二级保护鸟类白枕鹤。

11月6日 湖北省武汉市青山区园林绿化队在武汉市首次运用无人机，对绿化树木病虫害进行防治。

11月12日 第七届亚洲赏鸟博览会在湖北省荆门市京山县开幕，来自20个国家和地区的56支观鸟摄鸟比赛队伍参加。2016年全国暨湖北省野生动物保护宣传月同时启动。

11月23～24日 湖北省加快推进国土绿化现场会在襄阳市老河口市召开，湖北省副省长任振鹤出席会议并讲话。

11月26日 湖北省人社厅公布，为做好2017年在阿联酋阿布扎比举行的第44届世界技能大赛备战工作，国家人社部公布86个集训基地，湖北省两家入选，实现有史以来零的突破。湖北省林业厅主管的承担花艺项目的湖北省园林工程技术学校是这两家集训基地之一。

12月23日 第三届全国林业产业大会在北京市召开。在大会公布的第三届中国林业产业突出贡献奖获奖、创新奖名单中，湖北的华中绿谷实业发展有限公司、湖北耀荣木瓜生物科技发展有限公司、湖北省宜昌市沛林景观苗木专业合作社、红安县老君眉茶场、湖北福汉木业(集团)发展有限责任公司5家企业，湖北土老憨生态农业集团董事长兼总经理陈世贵、湖北加冠园林工程有限公司法定代表人曹静、宜昌市沐阳园林工程有限公司董事长兼总经理林卫东、湖北福汉木业(集团)发展有限责任公司总经理罗侃、康欣新材料股份有限公司总经理李洁5人获“第三届中国林业产业突出贡献奖”。

12月26日 鄂湘赣野生动物疫源疫病监测合作组织成立大会暨首届联席会在武汉召开。国家林业局野生动物疫源疫病监测总站总站长宋玉双、湖北省林业厅副厅长黄德华、湖南省林业厅总工程师吴剑波、江西省林业厅巡视员詹春森等领导出席会议并讲话。鄂湘赣三省野生动植动物保护和疫源疫病监测部门的领导及长江沿线重点湿地自然保护区(公园)领导参加了会议及相关业务培训。

(湖北省林业由彭锦云供稿)

湖南省林业

【概　述】 2016年，湖南省各级林业部门围绕绿色化的总目标，突出“健康森林、美丽湿地、秀美林场、绿色通道”四大主题建设，圆满完成了各项林业建设任务。

主题建设 一是经营健康森林。认真实施退耕还林、长(珠)江防护林、石漠化治理、林业血防等重点工程项目。全省完成人工造林20.11万公顷，封山育林15.6万公顷，森林抚育经营46.76万公顷。启动了森林禁伐减伐三年行动计划，对全省省级以上生态公益林和交通要道沿线森林实施禁伐，禁伐面积达532.42万公顷；对63个生态重点县(市、区)进行减伐，较上年减少采伐量171.9万立方米，减幅达46.7%。全省森林覆盖率达59.64%，较上年增长0.07个百分点；活立木蓄积量达5.26亿立方米，较上年增长2100万立方米。二是保护美丽湿地。出台《湖南省湿地公园管理办法》，规范了省级湿地公园建设和管理。在湘江流域8个市开展退耕还林还湿试点建设，促进了流域湿地的保护与修复。长沙洋湖等9处湿地开展国家湿地公园试点建设，全省国家湿地公园总数达到69处，位居全国第一。全省湿地保护率达74.13%，较上年增长1.63个百分点。三是建设秀美林场。深化国有林场改革，全省208个国有林场全部定性成公益性事业单位，核定编制14 177人，林场职工养老保险、医疗保险等社会保障全面落实。国有林场基础设施不断改善，评选出“湖南省秀美林场”14个。四是打造绿色通道。全省完成3.09万千米“绿色通道”的造林绿化与提质，有效提升了高速公路、高速铁路、国道、省道等交通要道的景观效果。绿化“裸露山地”歼灭战取得了阶段性成果，在66个重点县(市、区)的公路、铁路两旁完成“裸露山地”造林绿化7.56万公顷。

资源管护 一是森林防火平安稳定。除驻湘森警部队、100支武警森林灭火救援队伍外，各地新组建森林消防队伍104支，全省可用于森林防火的各类队伍总数达到1701支7万余人，森林防火护林员达到76 518名。森林防火指挥中心、视频监控系统和“12119”森林火灾报警系统不断完善，航空护林和防火物资储备实现常态化管理。全省森林火灾受害率0.025‰，远低于国家规定的0.9‰的标准。二是森林病虫害有效控制。全省层层签订重大林业有害生物防控工作目标责任书(2016～2020年)，增强了地方政府的责任意识。积极探索生物天敌防治模式，对病虫害的天敌实行工厂化生产，还研发了无害化的病毒产品，有效避免了农药残留污染。全省无公害防治染病森林近25.93万公顷，无公害防治率达96.7%。全省林业有害生物成灾率3.1‰，低于国家规定的4‰的标准。三是生态保护坚定有力。组织“爱鸟周”宣传活动，开展候鸟等野生动物保护“清网行动”，全省未发生大规模非法猎捕迁徙候鸟事件。启动了以森林公安为主体的林业行政综合执法改革，进一步理顺了林业执法体制机制。在全省范围开展了严厉打击涉林违法犯罪系列专项行动，共查处林业行政案件和治安案件9362起，处理嫌疑人48 690人，收缴木材16 652立方米，查获野生动物6万余头(羽)，挽回经济损失2.8亿元，有效保护了全省的生态资源安全。

产业发展 全省林业产业总产值达3736亿元，同比增长15.8%。2016年全国油茶产业发展现场会在湖南召开，永州、衡阳两市被国家林业局确定为“全国油茶产业发展示范市”。截至2016年年底，全省油茶林总面积达140.91万公顷，茶油年总产量达23.4万吨，年总产值达300.8亿元，三项指标均居全国第一。全省新增国家林业重点龙头企业7家、省级林业产业龙头企业129家。依托130个森林公园，全年接待游客4309万人次，实现森林旅游综合收入416亿元。全省森林旅游辐射100多个乡镇1000多个村，直接提供就业岗位8万个，间接带动200多万林农致富奔小康。此外，还探索了森林康养、林下经济、林权交易、林业碳汇等新业态。省人民政府出台《关于推进森林康养发展的通知》；湖南省林业厅与北大未名集团签署战略合作框架协议，吸纳资金30亿元，着力建设未名青羊湖国际森林康养中心等一批基地。全省林下经济年产值达484亿元，同比增长20%，靖州的茯苓、新宁的铁皮石斛、新化的中药材等产品经济效益十分可观。全省林权交易蓬勃开展，流转林地1.67万公顷，实现交易金额2.5亿元。在龙山县、泸溪县、长沙县等地启动碳汇试点，营造碳汇林1.33万公顷、碳汇草73.33公顷。

生态文化 常德市成功创建国家森林城市，常德市、郴州市荣获全国绿化模范城市称号，国家林业局南方野生动植物保护馆落户湖南，郴州市汝城县大坪镇谭屋村等6个行政村被评为“全国生态文化村”，永州市林业博览园等6家单位被评为“湖南省生态文明教育基地”。张家界森保节、植树节、世界名花生态文化节、世界野生动植物日、世界湿地日等生态文化节庆活动积极开展，电影《梦萦张家界》、歌曲《绿色恋歌》、剧作《洞庭情缘》等生态文艺作品广泛传播。湖南林业“绿色恋歌”艺术团赴桃源、沅陵、古丈等地开展第三届送文艺下乡活动，丰富了基层林农的文化生活。“湖南林业”微信公众号累计推送林业信息近437条，阅读量达36万多人次，被评为全国政府网站精品栏目。

林业改革 一是集体林权制度改革不断深化。开展集体林地确权发证工作“回头看”，全省共完成纠错纠偏林权登记面积11.71万公顷，更正林权证80 111本。省人民政府办公厅在全国率先出台了《工商资本参与林权流转管理办法》，明确了工商资本参与林权流转的条件、程序、权利和义务。二是生态红线制度建设试点扎实开展。在资兴市、宜章县、汝城县、桂东县积极开展生态红线制度建设试点工作，4个试点县(市)的林地、湿地、物种等林业生态红线初步划定。三是国家公园体制改革试点正式启动。湖南南山国家公园试点实施方案获国家发改委批复，试点区域位于邵阳市城步县，包括南山国家级风景名胜区、金童山国家级自然保护区、两江峡谷国家级森林公园、白云湖国家湿地公园等4个类型的保护地，规划面积达635.94平方千米。

支撑保障 全省各类林业资金总投入达221亿元，同比增长7.8%。国有的国家级公益林年补偿标准由每公顷150元提高到195元。全年网上办证300多万份，平均用时7.2个工作日，比省规定时效提速64%。全省性林业信息化应用系统从46个增加到49个，测土配方、行政审批、林权查询、防火监测、公文处理等信息系统不断完善。实施各类科研项目220多项，获得省科技进步奖5项、梁希林业科技奖4项，建成由3600名专家组成的林业专家智库。在泰国举办“工业油料植物资源开发与利用”国际培训班，增强了与发展中国家的科技合作交流。靖州县颁布了全省首部县域生态环境综合保护自治法规——《靖州苗族侗族自治县生态环境保护条例》。 （李邵平、毕凯）

【2016年全国林业厅局长会议】 于1月10～11日在长沙召开。国家林业局局长张建龙等全体局领导班子成员出席会议，中央有关部委、各省林业部门主要负责人，国家林业局各司局和直属单位主要负责人，林业重点高校和林业央企主要负责人等160余人参加会议。湖南省委书记徐守盛会见了张建龙一行，省长杜家毫到会致辞并讲话，省委副书记孙金龙、省委秘书长许又声、副省长戴道晋分别出席会议相关活动。会议传达学习了国务院副总理汪洋有关林业工作的重要讲话精神，总结了“十二五”林业工作成绩，谋划了“十三五”林业工作思路。与会代表还参观了湖南省林业厅信息化建设和林业种苗中心、森林康养基地、林下经济示范中心等现场。 （周建梅）

【森林康养产业发展】 4月7日，湖南省林业厅与北大未名集团在长沙签署战略合作框架协议，共同培育和发展森林康养产业。根据协议规定，北大未名集团将在双方合作的三年内投资30亿元以上，着力建设未名青羊湖国际森林康养中心等一批基地。12月15日，湖南省人民政府办公厅下发《关于推进森林康养发展的通知》，明确提出“打造国际知名的森林康养目的地和森林康养大省”的发展目标，即到2025年，形成集旅游、医疗、养生、康复、保健、教育、文化、体育等于一体的森林康养产业体系；分期建设100个左右具有湖湘特色的森林康养基地；年服务人数达到3000万人次，综合收入达到1000亿元。 （张长虹）

【森林禁伐减伐三年行动】 湖南从2016年开始，在全省范围内实施森林禁伐减伐三年行动，确保到2018年年底，全省森林覆盖率稳定在59%以上，森林蓄积量达到5.5亿立方米以上，重要生态区域和重点生态部位的林相明显改观，林分质量显著提高，生态功能更加完善。具体而言，主要对全省范围内的国家级公益林、省级公益林，铁路、高速公路、国(省)道两旁第一层山脊以内的森林实施禁伐；对纳入国家重点、省级重点生态功能区的63个县(市、区)，除禁伐范围之外还要采取减伐措施，每年减少林木采伐量20%以上。截至2016年年底，全省森林禁伐面积达532.42万公顷，占林地面积的41.0%；63个减伐县比上年度减少采伐量171.9万立方米，减幅达46.7%。 （朱 昕）

【国家林业局南方野生动植物保护馆】 于11月10日在湖南林业种苗中心奠基。南方野生动植物保护馆项目以建设查没野生动植物制品储存中心为主要目标，兼具宣传教育、科学研究、交流合作等多种功能，主要内容为新建查没动植物制品储存用房及其配套设施，通过各种现代化科学技术和手段，创造出有利于野生动植物制品保存的适宜环境。项目建成后，将有效提升中国储存、管理野生动植物制品的能力，为湖南及全国提供一个专业科学的野生动植物保护宣教平台。 （魏 营）

【“世界野生动植物日”宣传活动】 3月3日，由国家林业局、湖南省人民政府联合举办的“世界野生动植物日”宣传活动在东洞庭湖国家级自然保护区举行。此次活动中，还从江苏大丰麋鹿国家级自然保护区引进16

头麋鹿放归洞庭湖区，以改善洞庭湖麋鹿种群结构，促进种群复壮和基因交流。并通过无线电定位装置实时追踪麋鹿的活动轨迹，实现科学保护、精准保护。

（魏　营）

【全国油茶产业发展现场会】 于11月11日在永州市召开。会上，湖南省永州市、衡阳市，江西省宜春市、赣州市，安徽省六安市被国家林业局授予"全国油茶示范市"。安徽省六安市，湖南省永州市、衡阳市，江西省宜春市、赣州市5个市签署了《全国油茶产业发展示范市战略合作框架协议》。（蓝成云）

【湖南发布"十三五"林业发展规划】 11月12日，经省人民政府同意，《湖南省"十三五"林业发展规划》正式印发实施。《规划》依据湖南省情和林情，提出"一湖三山四水"的林业发展战略布局，确定了国土安全生态屏障建设、森林质量提升建设、绿色生态富民建设、生态文化建设、林业治理能力建设、深化改革创新等六大重点工程和重点项目，对维护全省森林生态安全、转变发展方式等具有较强的针对性和可操作性。（谭　浩）

【工商资本参与林权流转管理办法】 12月8日，湖南省人民政府办公厅下发《湖南省工商资本参与林权流转管理办法》，这是全国第一部该领域的省级管理办法。《办法》突出林地林用的要求，强化林权流转用途管制，保障林地林木开发利用合法合理；坚持依法、自愿、有偿的原则，加强林权流转规范管理，切实维护林权流出和流入双方的合法权益。《办法》还明确了工商资本参与林权流转的条件、程序、权利和义务，强调了各级林业主管部门在做好林地流转资格审查、提供流转服务、搭建流转平台、建立扶持机制等方面的职责。

（赵继锋）

【油茶金融服务合作新模式】 1月，湖南省林业厅、中国农业银行湖南省分行、湖南农业信用担保公司三方签署支持油茶产业发展综合金融服务合作备忘录。备忘录明确，"十三五"期间，湖南省农行系统将贷款100亿元支持全省油茶产业发展。截至2016年年底，已有41个县（市、区）开展了用户、担保公司、农行三方对接，47个项目完成三方联合调查，授信额度达22.2亿元；累计落实油茶"保贷通"放款项目9个，放款10亿元，带动兴业银行等其他金融机构发放油茶贷款6亿元。

（蓝成云）

【林业有害生物普查】 自2014年以来，湖南在全省范围开展林业有害生物普查，至2016年年底全面完成。普查面积189.78万公顷，累计发现林业有害生物1341种，包括病害204种、虫害1104种、有害植物31种、鼠害2种；发现28种湖南省新记录物种、2种国家二级保护物种、2种新发现物种、8种外来有害生物。共制作标本约10.2万套，其中主要林业有害生物生活史标本320多套。（刘　循）

【候鸟等野生动物保护"清网行动"】 10月20日至11月30日，湖南开展了打击乱捕滥猎和非法经营鸟类等野生动物的"清网行动"。此次行动共拆除鸟网1.3万米，对2500余家宾馆、酒店、集贸市场、驯养繁殖场所进行清理整顿和检查，缴获鸟类等野生动物1万余只，处理候鸟等野生动物犯罪罚款金额为3.2万余元，拘留或刑事案件19起，行政处罚203起，打击违法犯罪253人，有效遏制了候鸟等野生动物违法犯罪的势头。

（廖凌娟）

【严厉打击非法占用林地等涉林违法犯罪专项行动】 9月5日至11月30日，湖南开展了严厉打击非法占用林地等涉林违法犯罪专项行动，有效遏制了非法占用林地、肆意破坏森林和野生动植物资源的违法犯罪势头。全省森林公安机关共立刑事案件521起，破案364起，其中破重大案件20起，破特大案件3起，查处林业行政案件3115起。共打击处理人员3708人，打掉犯罪团伙19个，行政处罚涉案单位128个，收缴野生动物制品1134.36千克、野生动物皮张222张、林木木材5621.77立方米、国家重点保护植物50株、作案工具379件、作案车辆66台、赃款55.8万余元，收复林地180公顷，放生野生动物11 084（头、只），涉案总价值近达1500万余元。（丁　旺）

【第18届中国湖南张家界国际森林保护节】 10月18日，湖南省林业厅和张家界市人民政府联合举办第18届中国湖南张家界国际森林保护节。此次森保节以"森林保护 旅游扶贫"为主题，积极展示交流森林保护、森林旅游、绿色生态产业发展成果与经验，探索"绿水青山"向"金山银山"转变的旅游扶贫之路。森保节期间，举办了开幕式、张家界武陵源自行车穿越森林挑战赛、中南地区国有林场年会、武陵山片区森林旅游扶贫研讨会暨媒体互动会议和"醉美武陵盆景"博览会六大主题活动，湖南省林业厅和广东省林业厅签署了森林旅游发展战略合作协议，共同推动两省之间森林旅游的协同发展。（张长虹）

【天然商品林商业性停伐补助试点】 2016年，湖南作为全国7个试点省之一，率先启动了天然商品林商业性停伐补助试点项目。全省有114.53万公顷集体和个人天然商品林、7.67万公顷国有天然商品林纳入商业性停伐补助范围。中央财政共下达补助资金3.38亿元，其中集体和个人天然商品林管护费2.57亿元，国有天然商品林管护费920万元，国有天然商品林停伐补助7204万元。（祝梦瑶）

【建档立卡贫困人口生态护林员选聘工作】 2016年，按照"生态补偿脱贫一批"的要求，国家下达湖南建档立卡贫困人口林业管护费补助1.1亿元。湖南按每人每年1万元的标准，在全省40个集中连片特殊困难地区和国家扶贫开发工作重点县安排1.1万名建档立卡贫困人口就地转岗为生态护林员。（祝梦瑶）

【南山国家公园获国务院批复通过】 8月，湖南省邵阳市城步苗族自治县南山国家公园体制试点实施方案获国务院批复通过。南山国家公园的范围，整合了南山国家风景名胜区、金童山国家级自然保护区、两江峡谷国家森林公园、白云湖国家湿地公园以及白毛坪乡、汀坪乡部分具有保护价值的区域，总面积达635.94平方千米，约占整个城步县域面积的四分之一，集中分布在该县南部山区。（王　伟）

【新增2个国家林木种质资源库】 10月27日，国家林业局公布了第二批国家林木种质资源库名单，湘西土家族苗族自治州油桐种质资源库和湖南省林业种苗中心红花檵木资源库位列其中。红花檵木是湖南特产的珍贵乡土彩叶观赏植物，油桐是中国四大木本油料植物之一，都具有巨大的开发潜力。加大红花檵木和油桐的种质资源收集、保护，对于推进林业生态体系和产业体系建设具有重要意义。（黄雨珣）

【新增7家国家林业重点龙头企业】 6月，经国家林业局认定，湖南衡阳市天天见梳篦实业有限公司、湖南百山洁具有限责任公司、浏阳市金仁林业集团有限公司、湖南银山竹业有限公司、株洲市万樟园林绿化工程有限责任公司、娄底市海人科技开发有限公司、湖南贵太太茶油科技有限公司等7家企业被评为第二批国家林业重点龙头企业。至此，湖南国家林业重点龙头企业达14家。（何　宏）

【邵阳县获批全国首个"国家油茶标准化示范县"】 10月8日，国家林业局批复同意邵阳县建设"国家油茶标准化示范县"，邵阳县因此成为全国第一个国家油茶标准化示范县。近年来，邵阳县始终坚持"科技支撑，标准先行"，以油茶基地标准化建设为重点，着力培育"邵阳茶油"品质茶油。"邵阳茶油"通过有机产品认证，获得国家地理标志产品保护，邵阳油茶产业园被冠名为"国家油茶产业示范园"。（吴　慧）

【全省首部地方性生态环保条例】 5月，湖南省怀化市靖州苗族侗族自治县人大常委会颁布《靖州苗族侗族自治县生态环境保护条例》，这是湖南第一部地方性生态环境保护条例。该条例坚持统筹规划、保护优先、预防为主、综合治理、公众参与、损害担责的原则，明确了核心保护、红线保护、重点保护等措施，禁止开采、加工石煤、炭质页岩等对生态环境有严重污染或对人类身体健康有严重危害的矿产，禁止在城镇规划区、自然保护区等特殊区域内葬坟。（黄锡良）

【李昌珠荣获"第七届全国优秀科技工作者"称号】 12月6日，湖南省林科院院长李昌珠研究员荣获"第七届全国优秀科技工作者"称号。李昌珠担任油料能源植物高效转化国家地方联合工程实验室主任、国家林业局南方油料能源植物工程技术研究中心主任、科技部生物质液体燃料创新联盟常务理事等职务，主持或副主持过国家"863"计划、科技支撑计划、国家自然科学基金项目等20多项，获国家科技进步奖二等奖1项，发明专利9项，发表论文220篇，出版专著和论文集6部。他首创了蓖麻纯雌系三系杂交育种新技术，率先在中国建立油料能源植物学科。（钟武洪）

【陈永忠研究员获聘湖南首席标准化专家】 5月18日，湖南省人民政府办公厅下发《关于聘请丁荣军等同志为湖南省首席标准化专家的通知》，湖南省林科院二级研究员、国家油茶工程技术研究中心主任陈永忠名列其中。此次聘期5年，聘请的10名来自各行业的首席专家们将发挥在标准化政策、规划和重要标准制定等方面的决策咨询等智囊作用，进一步提升全省标准化建设水平。（石　华）

【林业大事】

1月1日 湖南启动森林禁伐减伐三年行动。

1月3日 湖南首家森林康养中心建成营运。

1月10～11日 2016年全国林业厅局长会议在长沙召开。

2月23日 湖南省委书记徐守盛考察林业工作。

3月3日 "世界野生动植物日"宣传活动暨麋鹿引种放归洞庭湖仪式在岳阳举行。

10月 湖南持续推动中芬林业合作。

11月10日 国家林业局南方野生动植物保护馆在湖南奠基。

11月12日 《湖南省"十三五"林业发展规划》颁布实施。

12月8日 湖南出台《工商资本参与林权流转管理办法》。

12月23日 湖南省林业厅举行林业徽章发放仪式。

（欧日明　周建梅）

广东省林业

【概　述】 2016年，广东省林业用地面积1092.00万公顷，有林地993.16万公顷，森林（含非林地上的森林）蓄积量5.73亿立方米，森林覆盖率58.98%。林业产业总产值7695.78亿元，位居全国前列，其中第一产业883.11亿元、第二产业5022.76亿元、第三产业1789.92亿元。全省参加义务植树3938万人次，植树1.1亿株。全年落实中央和省级林业部门预算及专项资金56.06亿元（中央级专项资金14.94亿元，省级部门预算及专项资金41.12亿元），比上年增长2.73%，落实贴息贷款7.18亿元。全省完成造林作业面积20.07万公顷，森林抚育72.19万公顷，封山育林9.45万公顷。至年底，全省已建立各种类型、不同级别的林业系统自然保护区290个，总面积130.17万公顷，其中国家级8个，省级50个，市、县级232个，占全省国土面积7.24%。

【目标责任制考核】 2016年，广东省政府修订完善了《广东省森林资源保护和发展目标责任制考核办法》，继续将造林绿化工作作为主要考核内容，并根据区域差异分为粤北地区、粤东西地区和珠三角地区三个类型设置不同的指标权重。年底，省政府组织省林业厅、国土厅、住建厅、交通厅等相关部门，对造林绿化工作进行了严格考核与奖惩，对考核结果排名前五的广州、佛山、梅州、云浮、汕尾市和重点生态工程建设任务重、完成好、质量高、成绩突出的高州、清新、梅县、新兴、紫金、惠阳、开平、怀集、丰顺、潮南10个县（市、区）给予通报表扬；对检查考核中存在问题较大的新丰县、龙川县、佛冈县、博罗县和茂名市电白区5个县（区）给予点名通报并责令限期整改。

【林业改革】 2016年，广东省集体林权制度改革工作继续深化。在前两年40个深化林改重点县基础上，再增加10个县作为深化林改重点县，各安排40万~60万元补助经费扎实推进深化林改工作。50个深化林改工作重点县共完善、细化集体林地面积75.05万公顷，其中自留山10.87万公顷，承包责任山12.3万公顷，集体统一经营林地51.88万公顷，发放林权证15.6万本。至年底，全省共完成集体林地确权面积953.33万公顷，林地确权率为97.3%；发放集体林地所有权林权证面积946.67万公顷，占全省林改面积的97.1%；发放集体林地使用权林权证面积926.67万公顷，占全省林改面积的94.2%。严格执行林地林木流转程序规定，大力推广使用统一的林地流转示范文本，对市场主体租赁流转林地面积2000亩以上的项目进行了梳理统计，加强林地流转用途监督。林业合作组织建设加快推进，在政策、资金、项目等方面加大扶持力度。全省已建各类农民林业合作组织1510个，加入合作组织的农户有45.6万户，经营林地面积达43.95万公顷。2016年，全省国有林场改革稳步推进。省政府建立全省国有林场改革联席会议制度，协调解决改革中的相关问题，形成各部门共同抓改革的协调工作机制。省政府分别与21个地级以上市政府签订国有林场改革工作责任书，明确任务，落实责任。全省共有15个市已将改革方案上报省政府，年底前审核批复广州、深圳、佛山、韶关等市共35个国有林场。省属国有林场改革稳步推进，省机构编制委员会于12月27日印发了省属林场分类改革方案，在省国有林场服务总站的基础上组建省国有林场和森林公园管理局，省属国有林场由10个优化整合为13个，全部定为公益一类事业单位，人员编制安排过渡期，平稳推进改革。

【林业重点生态工程建设】 2016年，广东省以提高造林标准为契机，森林碳汇重点生态工程造林的省级财政补助标准从6000元/公顷提高到12 000元/公顷，推动造林工作从重数量、求进度转向更加注重提高造林成活率和造林质量。以消灭宜林荒山，改造残次林、纯松林和布局不合理桉树林为重点，完成森林碳汇工程造林3.71万公顷，累计完成103.91万公顷；以人工森林植被为主体，建设生态景观林带1657.9千米，累计完成10 350千米，打造连接城乡森林系统的绿色廊道，构建高标准、高质量森林生态景观体系。新建森林公园265个、湿地公园36个，进一步提升城市生态建设水平。珠海市、肇庆市成功创建"国家森林城市"。绿化美化村庄2609个，其中省级乡村绿化美化示范点227个，进一步提高乡村绿化率，改善农村人居生活环境。全省继续完善生态公益林体系建设，及时按程序做好新增省级生态公益林落界成图工作。至年底，省级以上生态公益林面积达到480.8万公顷，占全省林业用地面积的44.03%。生态公益林平均补偿标准由360元/公顷提高到390元/公顷，全年省财政共下达18.79亿元生态公益林效益补偿资金。继续开展生态公益林示范区建设，经评审确定了车八岭国家级自然保护区等15个单位作为第四批广东省生态公益林示范区，下达了建设补助资金1000万元。组织广州、江门等市自筹经费建设7个生态公益林示范区，全省累计生态公益林示范区达到129个。经省政府同意出台了《广东省创建林业生态市县工作方案》，对林业生态市、县的创建实行动态管理，并创新完善了各项指标体系。至年底，全省有14个地级以上市、101个县（市、区）获得省政府授予的林业生态市县称号。

【资源林政管理】 2016年，广东省继续扎实开展林业生态红线划定工作，省林业调查规划院对口安排每县（市、区）1名技术人员全程负责技术指导。全省各地落实林地和湿地的4个保护等级、界线范围、空间位置等各项因子，科学划定森林、林地、湿地、物种4条林业生态红线，建立林业生态红线地理空间数据库和林业生态红线一张图，实现"以库管线""以图管线"，分级、分等科学管理林地和湿地。至年底，全省21个地级以上市已初步完成林业生态红线划定工作，形成市级林业生态红线数据库，编制了市级林业生态红线划定成果报告。珠海、中山、惠州、云浮、清远、韶关、阳江、湛江、潮州、深圳10个地级以上市已修改完毕并由市政府向省林业厅报送正式成果。同时，认真组织开展林地变更调查，及时将成果数据上报国家林业局，更新全省林地"一张图"。按照国家林业局和省政府有关占用征收林地定额管理要求，继续强化林地计划约束和规划管控，建立健全使用林地申请受理登记、审核审批、建档统计等一整套征占用林地管理制度，实行使用林地项目清单预报制度和会审制度，按照林地保护等级管理林地。严把项目使用林地审核审批关，严格控制采石采矿、风电、房地产等经营性项目使用林地，从严从紧管理林地资源。优先保障国家和省重点项目使用林地，及时解决了汕湛高速、深圳外环高速、河惠莞高速、惠清高速、怀阳高速、大潮高速、广梅汕铁路、五华抽水蓄能电站、清远长隆世界珍稀野生动植物种源基地等一大批重点项目使用林地需求。全年共审核审批使用林地项目880宗、使用林地面积10 355.86公顷。严格实行采伐限额管理，全面停止国有天然林商业性采伐，科学分解"十三五"年森林采伐限额下达到各编限单位。利用《全国林木采伐管理系统》全程实时跟踪管理全省采伐限额使用情况，严禁采伐指标串换使用。全省网上下达执行采伐限额总量为1480万立方米（其中生态林39万立方米，商品林1441万立方米），占"十三五"全省年森林采伐总限额1536万立方米的96.35%。按照公益林禁止采伐的规定，严格省级(含省级)以上生态公益林更新改造采伐审批，同时组织开展生态公益林伐区检查，全面掌握生态公益林采伐更新情况。切实加强林业工作站和木材检查站能力建设，省财政安排2000万元用于林业工作站设备购置和标准化配套建设，安排500万元用于木材检查站信息化建设。稳步推进木材运输巡查工作，组织开展巡查执法5000多次，查验运输木材车辆1.6万辆，维护全省木材正常流通秩序。全省森林公安机关相继组织开展了"治爆缉枪""禁种铲毒""红线行动""净网行动""清网行动"等严打专项行动，共受理各类案件4405起(其中立刑事案件1109起，立行政案件3296起)，查处3326起，查处率为75.51%，处理各类违法犯罪人员5318人(次)，收缴野生保护动物14 267头(只)，收缴木材12 432.3立方米，为国家挽回直接经济损失3156.3万元。

【森林灾害防治】 2016年，加快森林防火法制建设，对《广东省森林防火管理规定》进行修订，并更名为《广东省森林防火条例》，其修订草案于年底通过省政府常务会议审议。落实森林防火责任制，积极推进重点市和县(市、区)森林防火指挥部指挥长调整为政府行政首长担任。市与县、县与镇、镇与村、村与村民小组层层签订森林防火责任书。强化预防措施，充分利用广播、电影、电视、报刊、微信、微博等渠道，广泛开展森林防火宣传教育，及时发布森林火险预警信息。突出重点时段的监管，清明等节假日期间，大部分市、县(市、区)林业主管部门和各乡镇、村干部、护林员都取消放假，全力以赴抓好森林防火工作。全省2.6万名专职护林员明确管护区域，落实巡查责任，严格管控野外火源，严禁炼山作业。积极争取和实施国家森林防火项目。2016年，国家下达广东省重点火险区综合治理项目总投资12 834万元，其中中央投资5133万元，与前三年平均数相比，总投资和中央投资分别增加了134%、142%。加强森林火灾立体监测，启动了粤东西北地区林火视频监控系统建设项目，着力抓好河源、梅州、汕尾市视频监控系统建设试点。省航空护林站、省森林防火物资储备库建设项目已开工实施。2016年，广东租用直升机7架，共飞行163架次，318个小时，扑救森林火灾14起。森林消防队伍专业化建设步伐加快，有效提升应急处置能力。深圳等7个市建立了市级机动森林消防专业队，建立县级森林消防专业队伍75支、共4149人。全省各级防火办坚持24小时值班和领导带班，及时掌握火情动态，确保火情信息畅通。各地专业、半专业森林消防队伍靠前驻防，做到一有火情，快速出击，把山火消灭在萌芽状态。全年仅发生森林火灾65起，受害森林面积291公顷，森林火灾受害率为0.03‰，与前三年同比分别下降了66.3%、62.0%和70.8%，没有发生重大森林火灾、人员伤亡。2016年，省政府与各地级以上市政府签订了《2015~2017年重大林业有害生物防治责任书》，全面落实重大林业有害生物防治责任，推动各地政府主导松材线虫病、薇甘菊等重大林业有害生物防治工作。加强林业有害生物防治体系建设，健全省、市、县、镇、村五级监测网络。按时完成第三次全国林业有害生物普查工作，基本掌握了主要林业有害生物的发生态势。完善林业有害生物防治权责清单，规范行政审批流程标准，推行网上受理审批行政许可事项，组织开展"绿盾2016"检疫执法行动，有害生物源头防范机制进一步完善。健全重大林业有害生物灾害应急预案，联合国家林业局组织开展重大林业有害生物灾害事件应急演练，建立健全粤、桂、琼三省(区)林业有害生物联防联治机制，大力推动林业有害生物的联防联治和专业化统防统治，大力推行绿色防治，积极推进林业有害生物工程治理，全省实施防治作业面积32.1万公顷次，全省林业有害生物成灾率为1.3%，松材线虫病、薇甘菊等重大林业有害生物灾害得到有效控制。

【林业产业】 2016年，广东省林业总产值7695.78亿元，其中，第一产业883.11亿元、第二产业5022.76亿元、第三产业1789.92亿元。培育国家重点林业龙头企业10家，累计16家；复核省林业龙头企业37家，累计148家。省森林生态旅游示范基地83家。全省共培育9个中国名牌产品、115个省名牌产品、55个驰名商标。建成商品林基地402万公顷，产木材756万立方米、锯材188.69万立方米、人造板1389.18万立方米、松香20.34万吨、木竹地板1119.85万平方米。全省珍贵树种种植面积7.3万公顷，新增油茶种植面积1.14万公顷，全省油茶林总面积达18.67万公顷，油茶年产能达4万多吨。省林业厅会同省农业厅联合出台《关于进一步推进林下经济发展的意见》，由省政府办公厅转发各市县，大力推动特色林下经济发展，助力山区脱贫奔小康。全省遴选出25位专家教授作为省政府发展林下经济的专家团队，夯实智库支撑。省财政安排1100万元用于湛江、肇庆、梅州、揭阳市和连南县4市1县推进林下经济示范基地建设。截至2016年年底，全省已建立林下经济扶贫示范县10个、国家级林下经济示范基地4个、省级林下经济示范县40个。全省扶持发展铁皮石斛、巴戟、砂仁、肉桂、金线莲等林下经济面积199万公顷，受益农户192.4万户，产值489.4亿元。全省新增森林公园265个，累计1351个，总面积123.05万公顷，占全省国土面积6.8%，其中，国家级24个、省级79个、市县级569个。全省约有550处城郊森林公园免费向市民开放，全省森林公园拥有游步道7432千米。全省森林旅游年接待游客2.67亿人次，森林旅游产值1625.92亿元，直接带动其他产业产值217.84亿元。

【野生动植物及湿地资源保护】 2016年，广东省继续推进全国第二次野生动植物资源调查工作，完成广东省野生植物资源调查信息管理系统。组织开展华南虎、鳄蜥等重点物种保护工程和观光木、喜树、仙湖苏铁等野外极小种群野生植物拯救保护工程。为避免华南虎近亲繁殖采取横向合作模式，与福建、贵州开展合作繁殖，种群数量有新的突破。《广东陆生脊椎动物分布名录》和《广东珍稀濒危植物的保护与研究》出版发行。国家林业局批准在广东长隆集团清远基地建立中国大熊猫保护研究中心广东基地。广东拥有国家层面的种质资源保护基地达7个，另外6个是：国家苏铁种质资源保护中心、兰科植物种质资源保护中心、木兰植物保育基地、华南珍稀野生动物保护中心、世界珍稀野生动植物种源基地、华南虎繁育及野化训练基地。大力推动以利用野外资源为主向利用人工培育资源为主的战略转变，全面促进野生动植物资源的可持续发展。全省驯养繁殖野生动物的单位共460多家，涉及各类野生动物数量达106.8万只。加强敏感物种和野生动物安全管理，规范野生动物驯养繁殖行为，推进食用野生动物质量安全监管。积极协助国家林业局做好与香港、澳门等地共同加强象牙管理以及其他敏感物种的管理工作。开展驯养繁殖技术成熟的国家二级保护野生动物物种调研论证，委托地级市林业行政主管部门实施行政许可审批，进一步探索简化审批程序。主动巡查监测，深入排查病毒溯源，开展标准化示范站点建设，加强值守检查，做好野生动物疫源疫病和H7N9禽流感疫情监测防控各项工作。在3月“世界野生动植物日”“鸟节”“爱鸟周”和11月“野生动物宣传月”活动期间，组织全省各地开展形式多样、丰富多彩的野生动物保护宣传活动，营造保护野生动植物良好氛围。全省已建立国际重要湿地4处，湿地自然保护区94个(其中国家级7个、省级11个、市县级76个)，总面积78.23万公顷，占全省湿地总面积的44.6%。全省已建立湿地公园190个，面积7.2万公顷，其中国家湿地公园22个、省市县级湿地公园168个，初步形成一个以自然保护区为核心、以森林公园为网络、以湿地公园为补充的自然保护体系。

【珠三角国家森林城市群建设】 广东省的国家森林城市群建设工作始于2012年启动的新一轮绿化广东大行动。中共广东省委、广东省人民政府于2013年8月25日出台《关于全面推进新一轮绿化广东大行动的决定》，将“努力创建国家森林城市”列为一项重要任务。时任省长朱小丹在2013年8月29日召开的新一轮绿化广东大行动工作会议上明确提出，“在珠三角地区建成全国首个国家森林城市群”。2016年珠三角国家森林城市群建设步入快车道。珠三角全域森林覆盖率由2012年的50.42%提高到2016年的51.68%，森林蓄积量由2012年的1.22亿立方米增加到2016年的1.43亿立方米。广东省省长朱小丹，副省长邓海光先后到6个地市调研，有针对性地提出具体要求和工作重点，有力推动了森林城市群建设工作。2016年8月18日，国家林业局正式发函批准广东省珠三角地区为“国家级森林城市群建设示范区”，并要求广东在国家森林城市群建设上实现率先突破，为全国其他地区提供可借鉴、可复制、可推广的好经验。2016年9月12日，国家林业局与广东省政府签署《关于率先建设全国绿色生态省的合作框架协议》，双方将在国家级森林城市群建设、国土绿化、森林质量提升、林业产业发展、林业科技创新、林业基础设施建设等领域进行全方位合作。中共中央政治局委员、省委书记胡春华见证协议签署。广东省省长朱小丹、国家林业局局长张建龙共同签署协议书。2016年9月12日，省政府还召开专门工作会议，全面部署推进珠三角国家森林城市群建设工作。省林业厅组织编制了珠三角国家森林城市群建设指标体系、建设规划及广东省森林小镇评价标准和管理办法，拟报经省政府批准后印发实施。珠三角各市和省直各有关部门主动作为、全力以赴，充分发挥珠三角城市群的区位、环境和经济优势，坚持以人为本、生态优先、质量引领、全域一体、共建共享，以建设森林生态体系和绿色生态水网为主线，实行珠三角全域一体化生态修复和生态建设。森林小镇建设已启动，首批认定12个森林小镇。广州、惠州、东莞、珠海、肇庆市已被批准成为国家森林城市，深圳、佛山、中山、江门等市也已获得国家林业局创森备案。

【林业大事】

1月20日 国家林业局局长张建龙到广东省专项调研新一轮绿化广东大行动，表示将继续大力支持广东省国有林场改革、珠三角国家森林城市群建设、珠三角绿色生态水网建设，推动广东林业上一个新的台阶。广东省副省长邓海光陪同调研。

2月24日 2016年第一期国家湿地公园建设管理培训班在广州举行。国家林业局湿地保护管理中心，各省(区、市)林业厅(局)主管湿地保护管理工作的领导，以及有关国家湿地公园试点建设单位的主要负责人约200人参加学习交流。

3月1日 以“开展大规模国土绿化行动、建设全国绿色生态第一省”为主题的义务植树活动在广州大学城中心湖公园举行。中共中央政治局委员、广东省委书记胡春华，南部战区司令员王教成、南部战区政委魏亮，广东省省长朱小丹、省人大常委会主任黄龙云等参加了植树活动。

3月12日 国家林业局局长张建龙与广东省省长朱小丹在北京举行座谈，就共同推动广东林业现代化建设交换意见。国家林业局副局长陈凤学、总经济师张鸿文，广东省副省长邓海光出席会议。

3月17日 广东省省长朱小丹主持召开省政府常务会议，审议并原则通过由省林业厅牵头编制的《雷州半岛生态修复规划》，并要求抓紧时间制订2016年实施方案，尽快启动规划实施。

3月25日 广东省人大常委会以电视电话会议形式召开《广东省林木林地权属争议调解处理条例》(以下简称《条例》)宣讲会，省人大常委会副主任周天鸿作宣讲，广东省副省长邓海光作贯彻部署讲话。《条例》已于1月21日经广东省十二届人大常委会第二十三次会议通过，于5月1日起施行。

3月26日 由国家林业局和广东省政府主办的2016年全国“爱鸟周”活动在广州长隆野生动物世界启动。国家林业局副局长陈凤学，广东省副省长邓海光，全国工商联副主席、长隆集团董事长苏志刚等出席启动仪式。

3月30日 广东省政府召开新一轮绿化广东大行动推进会暨全省林业工作电视电话会议，总结广东“十二五”林业工作，研究部署“十三五”林业改革发展工作和下一阶段新一轮绿化广东大行动。广东省省长朱小丹出席会议并讲话，副省长邓海光主持会议，省人大常委会副主任黄业斌出席会议。会议还通报了2015年度广东省森林资源保护和发展目标责任制考核结果。

4月5日 国家林业局副局长彭有冬率调研组到广东省江门市调研国家森林城市创建工作，充分肯定了江门市对当地生态环境的保护，希望继续高标准做好小鸟天堂湿地资源的规划和保护工作，并尽快申报国家级湿地公园。

4月6日 由联合国粮农组织、国家林业局城市森林研究中心和珠海市政府共同主办，主题是"为了绿色、健康、幸福的未来"的首届亚太城市林业论坛在广东珠海举行。国家林业局副局长彭有冬、联合国粮农组织林业官员 SimoneBorelli 出席会议并致词。来自中国、美国、英国、澳大利亚、印度、韩国、新加坡、马来西亚等20多个国家和地区的林业专家和官员代表，共商城市林业发展问题。

4月9日 国家林业局党组成员陈述贤率调研组，深入肇庆市鼎湖山国家级自然保护区，实地考察了解肇庆市野生动植物保护和自然保护区建设管理情况。

4月25~26日 广东省副省长邓海光率队到江门、佛山市，实地调研督导国家森林城市创建工作。

5月4日 广东省副省长邓海光到省龙眼洞林场、省森林公安局警官培训基地和中国林业热带科学研究所调研，看望基层森林公安民警和林业科技人员，了解林业改革发展情况。

5月5~6日 广东省副省长邓海光率省府办公厅，省林业、水利、海洋渔业等部门负责同志到深圳市督导国家森林城市创建和生态保护工作。广东省委副书记、深圳市委书记马兴瑞就有关工作与邓海光进行了会谈，深圳市市长许勤参加会谈。

5月5~6日 国家林业局总经济师张鸿文一行莅临深圳市调研，指导深圳市国家森林城市创建和首届森林城市大会筹备工作。

5月11~13日 广东省省长朱小丹率省有关部门负责同志在佛山、中山、江门等市调研珠三角国家森林城市群建设进展情况。

6月20~21日 广东省副省长许瑞生率省国土厅、环保厅、林业厅等部门负责同志赴茂名云开山国家级自然保护区等地调研考察。

6月20~21日 广东省人大常委会副主任张广宁率队到阳江市调研自然保护区建设工作。

6月22~23日 国家林业局湿地保护管理中心、广东省林业厅、保尔森基金会在深圳举办2016年沿海湿地保护网络年会暨湿地保护培训班，国家林业局副局长陈凤学、广东省人大常委会副主任黄业斌等出席年会开幕式。

6月22~23日 广东省人大常委会副主任罗娟率队到汕尾市专题调研自然保护区建设工作。

6月21~23日 广东省政协副主席温兰子率队到梅州市督办调研省政协委员"关于提高林业四大重点生态工程建设质量"的提案。

6月29日至7月1日 省人大常委会副主任刘悦伦率队到梅州调研省级自然保护区建设情况。

9月12日 国家林业局与广东省政府在广州签署合作框架协议，推进广东林业现代化建设，支持广东率先建设全国绿色生态省。中共中央政治局委员、广东省委书记胡春华出席签字仪式，国家林业局局长张建龙、广东省省长朱小丹代表双方签字。广东省委常委、秘书长邹铭，国家林业局总经济师张鸿文出席签字仪式，广东省副省长邓海光主持签字仪式。

9月12日 广东省政府召开珠三角国家森林城市群建设工作会议。广东省省长朱小丹、国家林业局局长张建龙出席会议并讲话。

9月25日 广东省首个林业职业教育集团——广东林业职业教育集团在广东生态工程职业学院正式挂牌成立，标志着广东省林业职业教育发展实现了新的突破，进入规范化、集团化的发展轨道。

10月10日 广东省林业厅和四川省林业厅在成都签署加强现代林业发展合作的框架协议。

10月18日 广东省林业厅与湖南省林业厅在张家界市签署森林旅游发展战略合作协议。

10月26~28日 广东省林业厅、广西壮族自治区林业厅、海南省林业厅联合在湛江市召开了粤、桂、琼三省(区)森林健康座谈会。

11月14~15日 国家林业局副局长彭有冬率调研组，到佛山市专题调研创建国家森林城市工作。

11月19日 国家林业局、广东省林业厅等单位在广州举办全国暨广东省第二十六届"野生动物宣传月"启动仪式，国家林业局副局长陈凤学出席启动仪式。

11月29日 由国家林业局、深圳市政府和全国政协人资环委主办的首届国际森林城市大会在深圳市召开。全国政协副主席马培华，广东省省长朱小丹，全国政协人资环委副主任江泽慧，深圳市委书记马兴瑞、市长许勤，国家林业局副局长彭有冬等出席大会。

11月30日 国家林业局副局长刘东生调研广东林业改革发展工作情况。

(广东省林业由欧阳学工供稿)

广西壮族自治区林业

【概　述】 2016年，广西林业保持基本平稳、稳中有进的良好态势。至2016年年底，广西森林面积达1486.67万公顷，森林覆盖率达62.28%，活立木蓄积量达7.6亿立方米。共完成植树造林24.4万公顷，占年度计划任务的122%。林业产业总产值4777亿元，同比增长11.1%；林下经济产值799亿元，同比增长11.9%；林业增加值同比增长5.9%，超出年度底线考核目标1.6个百分点，比农口部门平均增速快2.3个百分点；木材产量2955万立方米。林业固定资产投资完成910亿元，其中林业行业固定资产投资140.5亿元，同比增长10.6%。

重点生态工程建设 实施新一轮退耕还林、珠防林、海防林、石漠化综合治理、造林补贴五大造林工程，实施森林抚育补贴、树种结构调整、森林景观改造、公益林提质增效、退化防护林修复五大森林经营项目，完成中幼林抚育41.67万公顷。新一轮退耕还林2014年度任务1万公顷、2015年度2.33万公顷任务全部完成。全力推进"美丽广西·生态乡村"村屯绿化专项活动，全面完成2015～2016年1万个自治区级绿化示范村屯和12.5万个面上一般村屯绿化项目。

林业重点领域改革 选择36家国有林场开展林场改革试点，改革后公益事业单位由原来的9家增加到26家，公益事业单位比例由原来25%提升到84%。河池市的环江、南丹县，崇左市大新县，柳州市融水县对县属国有林场进行整合，由改革前11家林场整合为6家。试点改革后比改革前的36个林场减少5个，林场精减率达14%。完善集体林权制度改革政策体系，推进主体改革查缺补漏，制订《广西壮族自治区集体林权更正登记管理（暂行）办法》，广西林权交易中心股份有限公司正式运行。

国有林场 2016年年底，广西共有国有林场174家，职工5.59万人，其中在职在编职工2.11万人，聘用人员0.76万人，离退休人员2.72万人。全区国有林场经营林地面积146.52万公顷。全区国有林场实现经营收入57.97亿元，营业利润0.44亿元，资产总额353.67亿元；其中，区直林场实现经营收入45.72亿元，营业利润0.94亿元，资产总额246.1亿元，净资产106.88亿元。

森林资源保护 强化林地保护与管理，依法依规审核审批林地。加强天然林资源保护，全面停止国有天然商品林商业性采伐。结合落实中央环保督查组整改任务，开展自然保护区内违建专项整治和保护候鸟"清网行动"，出台林业自然保护区"五化"建设指导意见。开展严厉打击非法占用林地等涉林违法犯罪专项行动，共查处各类破坏森林和野生动植物资源案件15 348起。

林业产业 建设油茶高产林、特色经济林、速丰林、珍贵树种、国家储备林五大基地。举办15个林业重大项目集中开工仪式；斯道拉恩索林浆纸一体化项目一期年产45万吨高档民用纸板生产线已正式投产；组建广西国旭林业发展集团股份有限公司，兼并重组区直国有林场人造板企业，带动广西人造板产业转型升级。联合广西旅发委出台《关于加快林业与旅游产业融合发展的实施方案》，启动了环绿城南宁森林旅游圈建设。林下经济产值达786亿元，发展面积367.33万公顷，惠及林农人数1621万人。全面开展自治区、市、县、乡各级现代特色林业示范区创建，6个示范区通过自治区级考评验收，21个通过县乡级考评验收；7家林业单位获得国家林业重点龙头企业称号。

国家储备林基地 完成2015年度4.23万公顷国家储备林基地试点建设任务，其中，新造林和现有林改培2.9万公顷、森林抚育1.33万公顷；中央安排投资12 000万元（中央预算内林业基建投资5000万元，中央财政资金7000万元），自治区配套1000万元。

林业对外开放合作 2016年利用国开行贷款建设国家储备林一期项目100亿元贷款已经放款42亿元；二期项目200亿元贷款于2016年9月份签订协议。欧洲投资银行与广西正式签订区域林业项目协议，将投入3000万欧元贷款建设广西珍稀优质用材林可持续经营项目。与农发行广西分行签订了支持林业发展合作协议，"十三五"期间农发行将投放林业生态保护与建设项目贷款300亿元以上。承办了2016年中国－东盟林业合作论坛，来自8个国家的200余名嘉宾到会，论坛达成了《南宁倡议》，国家林业局东盟林业合作中心在广西林科院正式挂牌成立。

林业精准扶贫 召开广西林业行业扶贫工作座谈会，以集中连片特殊困难地区特别是石漠化严重石山地区为主，开展林业生态扶贫、产业扶贫、科技扶贫、人才扶贫和劳务扶贫，涉林项目资金向54个贫困县倾斜安排达65%以上。争取国家安排生态护林员1.5万名；全区林下经济发展面积367.33万公顷，惠及林农人数1621万人。在精准帮扶对象隆林县建立结对帮扶机制，15个区直林业事业单位分别对口帮扶6个贫困村，投入帮扶资金1103万元，组织实施了黑猪养殖、林下中草药种植等10余项特色种养项目。 （兰欣欣）

【林业生态建设】

森林经营 据年报统计，广西全年完成中、幼龄林抚育面积83.20万公顷，完成中央财政森林抚育补贴项目10.73万公顷，完成低产低效林改培面积8202公顷。

中央财政森林抚育补贴项目 组织实施2015年下达的10.7万公顷森林抚育补贴项目。将任务分解落实到13个区直国有林场、中国林科院热林中心、60个县（市、区）的国有林场及集体林，其中抚育间伐任务1万公顷、割灌除草任务8.9万公顷，人工促进天然更新0.6万公顷，补植0.2万公顷。

全国森林经营样板基地建设 高峰林场、中国林科院热林中心是首批全国森林经营示范单位。高峰林场样板基地重点建设实施5个森林经营技术模式共1060公顷。分别是：速生桉工业原料林经营类型、桉树大径材培育经营类型、杉木纯林近自然化经营类型、珍贵树种大径材经营类型、降香黄檀＋杉木混交经营类型。中国林科院热林中心样板基地重点建设打造7个森林经营技术模式共3520公顷。分别是：珍贵树种大径材经营类型、针叶人工纯林近自然化改造类型、马尾松脂材兼用林近自然化经营类型、速生桉－珍贵树种混交经营类型、松杉人工针叶纯林经营类型、速生阔叶树纯林经营类型、退化天然次生林改造经营类型。

森林资源培育 2016年广西完成植树造林面积29.79万公顷，其中完成荒山造林8.24万公顷、迹地人工更新7.46万公顷、低效林改造造林8202公顷、封山育林2.81万公顷（其中无林地和疏林地封育1.44万公顷、有林地和灌木林地封育1.37万公顷）、桉树萌芽更新10.45万公顷。至2016年年底，广西森林面积达1486.67万公顷，森林覆盖率达62.28%，活立木蓄积量达7.6亿立方米。

新一轮退耕还林工程 完成退耕地造林2.35万公顷，占计划任务的100.7%。

珠防林工程 完成人工造林2.18万公顷。

海防林工程 完成人工造林1800公顷，占年度任务的100%。

石漠化治理工程 完成人工造林1933公顷、封山育林2.77万公顷，完成项目投资4.73亿元，均占年度任务的100%。

速丰林工程 新造速丰林6万公顷，占年度任务6万公顷的100%。造林从桉树为主逐步向多树种转变，培育目标从中小径材为主向增加中大径材转变。松、杉、竹等乡土速生树种及中大径材造林面积大幅增加。

造林补贴项目 完成造林3.38万公顷，其中荒山造林1.4万公顷、迹地人工更新造林1.9万公顷、林下种植中药材500公顷。

油茶项目 2016年共培育油茶优良无性系苗木4920多万株，完成油茶新造林7333公顷，低产林改造6666公顷。其中：完成2015年中央和自治区财政补助新造林项目3700公顷，完成低产林改造项目1933公顷。

珍贵树种 完成珍贵树种造林6200公顷，完成珍贵树种育苗4435万多株。

特色经济林产业 2016年广西有经济林总面积约262万公顷。按用途分，水果类120万公顷，干果类13.5万公顷，林产饮料类6.5万公顷，林产调料类44万公顷，森林药材类3.0万公顷，木本油料类62万公顷，林产工业原料类13万公顷。

（关键超　靳宝川）

【国土绿化】

全民义务植树和部门绿化 2016年，有86个区直和中直驻桂单位到基层参加“大种树”活动，参加植树人数2万多人，植树18.8万株。全年广西参加义务植树人数达2300多万人，共植树8182万株。

“美丽广西·生态乡村”村屯绿化专项活动 按照自治区党委、政府的部署安排，林业部门负责牵头组织实施“村屯绿化”专项活动，联合扶贫、移民部门，2016年度5000个自治区级绿化示范村屯建设任务，共完成5050个，其中林业部门完成3769个(含林业部门自身任务的3500个、由林业部门作为实施主体完成的131个贫困村、88个移民村和超额完成的50个村屯)、扶贫部门完成869个、移民部门完成412个。经各设区市组织验收，2016年度6.92万个一般村屯建设任务完成率达100%。其中，林业部门任务的3550个自治区级绿化示范村屯中，建设绿道202千米，护路林1182千米；有2565个村屯建有护村林，2580个村屯建有护宅林，1748个村屯建有休闲小区；建有8564个微田园(包含小花园、小果园、小菜园、小茶园)；共划定和保护村屯生态小区2373.33万公顷。

古树名木普查 根据自治区党委、政府的部署，广西从2016年9月开始第二次古树名木资源普查工作和古树名木保护条例的立法工作。至12月底，普查外调工作基本完成。

创森工作 9月14日，国家林业局下发《关于授予吉林省长春市等22个城市“国家森林城市”称号的决定》(林宣发〔2016〕128号)，来宾市、崇左市被授予“国家森林城市”称号。至此，广西已有7个市获得“国家森林城市”称号。

绿化模范评比 荔浦、陆川2个县，广西城市职业学院、柳州高中、容县高中、广西国有派阳山林场4个单位获得“全国绿化模范单位”；28名同志获得“全国绿化奖章”。8月18日，全国绿委、人社部、国家林业局评选出贺州市林业局等9个全国绿化先进集体、吕祖国等5位全国绿化劳动模范、曹红羽等4位全国绿化先进工作者。

生态文化建设 在北海市协助组织召开“第八届中国生态文化高峰论坛”。组织开展“全国生态文化村”遴选推荐工作，广西有5个村获“全国生态文化村”称号，至此，广西共23村获此称号。北海金海湾红树林生态文化示范基地获“全国生态文化示范基地”称号。

（尹承颖）

【森林资源林政管理】 2016年，广西森林覆盖率达到62.28%；活立木蓄积量达到7.62亿立方米，较2015年增长1800万立方米；采伐发证蓄积量2706.79万立方米。组织编制《2015年广西森林生态系统服务功能评估报告》，2015年广西森林生态系统服务功能的总价值为12 722.2亿元，相当于2015年广西GDP的75.7%，比2014年的11 471.8亿元增加1250.4亿元，增长率为10.9%；单位面积价值由2014年的7.7万元/公顷增长为8.6万元/公顷，增长了11.7%。

林地保护利用管理 2016年，国家林业局统筹全国各省(区、市)建设项目使用林地定额，安排广西“十三五”期间建设项目使用林地定额总额2.01万公顷，年均4029.8公顷，并同意追加2016年度国家备用定额3797.44公顷，专项用于解决瓦村水电站(淹没区)等12个项目使用林地的需求。截至2016年年底，广西可使用年度林地定额为7827.24公顷。

2016年广西共审核审批建设项目931宗，审核审批林地面积9103.30公顷，使用林地定额7846.74公顷(提前使用2017年度部分林地定额)，收取森林植被恢复费7.17亿元。其中，国家林业局审核审批建设项目使用林地23宗，审核同意建设项目使用林地面积4173.11公顷；广西林业厅审核审批建设项目使用林地685宗，审核审批林地面积4286.77公顷(长期使用林地面积3673.63公顷、临时占用林地面积527.13公顷、修筑直接为林业生产服务工程设施使用林地面积86.01公顷)；市级林业主管部门审批建设项目使用林地24宗，审批林地面积252.64公顷(临时20宗，审批林地面积251.64公顷；直接为林业生产服务项目4宗，审批林地面积1.00公顷)。

林业行政案件统计 2016年，广西共发生林业行政案件12 124起，查处11 910起，查处率为98.23%，其中，非法收购、运输木材案件7559起，占全年行政案件的62.35%；非法占用林地案件1279起，占10.55%；滥伐林木案件1302起，占10.74%；加工木材案件713起，占5.88%，其他案件1271起，占10.48%。

山林纠纷调处 办理重点跨省跨市山林纠纷积案9起。调结桂林龙胜县三门镇大罗村与柳州市融安县板榄镇东岭田洞村民小组跨市重点积案。2016年，广西共发生山林纠纷案件4624起，调结4182起，调结率90.44%。

（郑永魁　吴咏臻）

【林业产业】 2016年广西林业总产值达4777亿元，同比增长11.1%；木材产量2955万立方米。人造板产量达3200万立方米，同比增长3.2%。林业行业固定资产投资140.5亿元，同比增长10.6%。

重大项目建设 5月23日，在南宁、钦州、玉林等地，组织15个林业重大项目集中开工，项目涉及森林休闲旅游、林下经济、林产品精深加工、生物质能源、花卉苗木等多个领域，总投资达35亿元。在南宁市周边整合森林旅游资源，依托良凤江、七坡、金鸡山和高峰4个森林公园，打造"环绿城南宁森林旅游圈"，该项目列入自治区重点项目"首府南宁都市观光农业示范区"建设范围。组建区直国有林场人造板集团——广西国旭林业发展集团股份有限公司，推动区直林场人造板产业转型升级和做大做强。推进钦州金桂林浆纸一体化二期续建项目、北海斯道拉恩索林浆纸项目、梧州松脂生态产业园项目一期工程等一批重点林业产业项目。

重点产业园区和龙头企业 全年共安排225万元资金用于支持柳州融安香杉产业园、梧州现代林业产业园区、贵港覃塘林业产业园、来宾兴宾区林业产业园区、百色市现代林业产业园区、崇左市凭祥市东盟林业综合产业园、崇左龙赞东盟国际林业循环经济产业园7个重点林业产业园区建设。

完成2016年度自治区级林业龙头企业的运行监测和认定工作，广西新增培育认定柳州青山农业开发有限公司、广西绿城园林工程有限公司、广西润展农业投资有限公司、广西寿乡香有机农业开发有限公司、南宁市锦一方园林绿化有限公司、岑溪市信畅坚果开发有限公司、广西天海园林工程有限公司、广西八桂林木种苗股份有限公司、广西高林林业股份有限公司、广西鑫恒晶木业股份有限公司、贵港市伟创木业有限公司、贵港市业成木业有限公司、广西金秀松源林产有限公司13家自治区级现代林业产业龙头企业，自治区级现代林业产业龙头企业数量达到136家。

新增培育丰林木业集团股份有限公司、国茗金花茶科技有限公司、桂人堂金花茶产业集团股份有限公司、黄冕林场、七坡林场、南宁良凤江国家森林公园、三椿生物科技有限公司7家单位获认定为第二批国家林业重点龙头企业，广西国家级现代林业产业龙头企业数量达到13家。

森林公园建设与森林旅游发展 与广西旅游发展委员会联合印发《加快林业与旅游产业融合发展实施方案》，共同实施森林旅游"510"工程(重点建设10处森林公园、10处国家湿地公园、10处自然保护区生态旅游区、10处森林养生基地、10处花卉苗木观光基地)，广西旅游发展委安排旅游专项资金3000万元用于森林公园或森林旅游景区建设，并在"广西旅游在线"、广西旅游发展委微信平台发布森林公园森林旅游信息。2016年平天山、六万山2处森林公园被评为3A级景区，姑婆山、龙滩大峡谷2处森林公园申请创建5A级景区，另外有5处森林公园申请创建4A级景区，姑婆山国家森林公园荣获2016《中国国家旅游》年度"最受欢迎新兴旅游目的地"奖，大容山国家森林公园被评为旅游服务最佳景区。完成参加2016年中国森林旅游节、广西首届乡村旅游嘉年华等活动。 (罗小三)

【森林防火】

森林火灾概况 2016年，广西共发生森林火灾401起，其中，一般森林火灾245起，较大森林火灾156起。过火总面积4787.6公顷，受害森林面积1090.1公顷，轻伤1人，死亡3人，分别比2015年下降57.6%、38.3%、37.8%、20%，没有发生重大、特大森林火灾。

2016年已查明原因的森林火灾为339起，其中生产性火源为174起，非生产性火源为156起。生产性火源中烧荒烧炭112起，约占33%；非生产性火源中上坟烧纸88起，约占56%。此外，故意放火6起，外省烧入1起，雷击1起，其他自然火2起。

防火基础设施建设 2016年，广西新批复及在建森林防火综合治理项目共25个，涉及项目资金3.4亿，新批复广西森林防火项目6个，涉及投资9472万元。竣工验收2个，在建项目9个，完成投资9100万元，完成8个项目的申报涉及可研总投资2.5亿，完成12个项目的初步设计编制、评审，全年中央下达广西森林防火项目建设投资6个，总投资额7132万元。

航空护林 加强与百色航站的沟通配合，2016年春航于2月23日开航，6月10日结航，历时109天；秋冬航于10月16日开始，至2017年1月20日结束，历时97天。巡护发现林火1起，航空直接灭火扑救2个火场，当日扑灭梧州市苍梧县境内和藤县境内2起森林火灾。 (张明军)

【野生动植物保护】

自然保护区建设管理 启动自然保护区建设管理标准化、规范化、科学化、多元化、和谐化"五化建设"。国务院批准银竹老山资源冷杉自然保护区为国家级自然保护区。

陆生野生动物保护管理及疫源疫病监测防控 开展春季陆生野生动物疫源疫病监测防控工作，疫源疫病监测系统信息直报实现常态化。救护中心共收容、救护各级别陆生野生动物共114种、154批次，总计4815只(条)。其中，国家级保护动物共3371只(条)，自治区重点和三有保护陆生野生动物938只(条)；动物制品1315个(件)。

物种拯救保护 广西第二次全国重点保护野生植物资源调查工作通过国家林业局组织的专家组检查验收。推进广西第二次全国重点保护野生动物资源调查工作。东黑冠长臂猿跨境保护，黑叶猴、广西火桐、德保苏铁等极度濒危野生动植物的野外放归(回归)工作进展顺利。推进广西火桐、德保苏铁、海南风吹楠、金花茶、瑶山苣苔、观光木等极小种群野生植物和冠斑犀鸟、鳄蜥、穿山甲等极度濒危野生动物的拯救保护和人工繁育工作。 (曾 鹏)

【森林病虫害防治】 2016年广西林业有害生物发生水平总体呈高发多发态势，常发的几种重大病虫害危害程度偏重，偶发性红树林害虫成灾，造成局部灾害较严重，经济和生态服务功能价值损失较大。广西发生并造成较严重危害的林业有害生物有68种，其中病害16种，虫害49种，鼠害1种，有害植物2种，发生总面积387 753公顷，发生率为3.08%，同比下降2.10%。病害发生面积45 427公顷，同比下降16.29%，占发生总面积的11.72%；虫害发生面积338 233公顷，同比下降4.68%，占发生总面积的87.23%，鼠害发生面积273公顷，占总面积的0.07%，有害植物发生面积3820公顷，同比增长92.99%，占总面积0.98%。

外来林业有害生物 以松突圆蚧为主的外来林业有害生物发生比重较大，发生面积26.92万公顷，占全区总发生面积的69.43%，与2015年相比上升1.33%，对广西林业的危害及潜在威胁仍然较大。

本土林业有害生物 本土用材林林业有害生物发生面积4.98万公顷，占总发生面积的12.84%，同比上升57.53%。

林业有害生物防治情况 2016年，广西林业有害生物防治作业总面积为10.21万公顷，其中预防面积2.64万公顷，实际防治面积7.57公顷。生物防治面积4.90万公顷，仿生防治面积4333公顷，人工防治面积1.15万公顷；无公害防治总面积为10.20万公顷，无公害防治率达到99.88%。

国外苗木引种审批和监管 2016年，广西共办理国外苗木引进检疫审批5989株。其中，自治区审批12批(次)，数量525株，上报国家林业局审批18批(次)，数量5464株。组织专家对防城港市和崇左市3家公司申请普及型国外引种试种苗圃资格进行了现场评估和实地核查。广西已有8家苗圃取得国家林业局颁发普及型国外引种试种苗圃资格证。 (杨秀好)

【林木种苗建设】

种子生产 2016年广西共采收林木种子19.73吨，主要是坚果、油茶、杉木、马尾松、银杏、格木、大叶栎、红锥、湿地松、火力楠、核桃等树种种子；2016年广西实际用种量311.57吨，其中良种用量4.71吨，占总用种量的1.51%，主要是油茶、杉木、马尾松、红锥良种用量较大，这4个树种良种用种量占全区良种用量的96.71%。采收前种子库存量8380千克，主要是格木、银杏、柚木、马尾松、杉木种子库存量较大，占80.61%。

苗木生产 2016年，广西大于5亩的育苗苗圃总数为3224处，育苗面积7561.9公顷；广西苗圃总产苗量123 276万株，其中容器育苗72 677万株，占总产苗量58.95%，良种苗木53 171万株，占总产量的43.13%，良种苗木占总产量的比例比2015年下降了4.66个百分点。广西苗木产量121 498万株，其中1年生及以下苗木105 692万株，2年生苗木9018万株，3年生苗木2976万株，3年生以上苗木3812万株，2016年全区苗木生产能够满足全年造林需要。可供2017年用苗总量80 574万株，其中容器苗37 006万株，良种苗木31 348万株。

林木良种建设

重点良种基地 2016年广西林木良种基地总面积6587.7公顷，其中种子园1318.4公顷，母树林909.5公顷，采穗圃249.2公顷，良种繁殖圃156.7公顷，测定林1047.3公顷，收集区254.6公顷，良种示范面积2598.3公顷，其他53.7公顷。种子园种子产量16 097.3千克，母树林种子产量21 710千克。

良种基地管理 继续强化22个国家级、省级林木良种基地建设的技术指导。广西31个林木良种基地、24个良种苗木培育单位完成年度项目作业设计或实施方案编制并组织实施。6月份完成了2015年度中央林木良种补贴年度验收工作。

林木良种审(认)定 2016年，组织审(认)杉木、油茶、八角3个树种5个良种，广西通过国家或自治区审认定的林木良种已经达到180个。

良种补贴 2016年国家林业局批复下达广西林木良种补贴资金2025万元，有10个国家级良种基地得到基地建设补贴，有38个单位得到良种苗木培育补贴。补贴任务共5337.5万株，其中杉木2035万株、马尾松1070万株、湿地松100万株、油茶647万株、桉树612.5万株、红锥355万株、香樟120万、西南桦50万株、银杏20万株、火力楠200万株、核桃50万株、澳洲坚果40万株、林下中草药38万株。

种苗建设投资 2016年林木种苗建设投资完成10 346万元，其中：种苗工程项目资金681万元(中央535万元，地方配套146万元)，国家补助资金2340万元，其他投资资金7325万元。在完成投资中：良种基地投资3836万元，种质资源保存投资243万元，苗圃投资1956万元，其他种苗建设项目4311万元。林木种苗建设投资比2015年(8361万元)增加23.74%。

林木种苗行政执法 2016年，广西林业部门在开展打击侵犯知识产权和制售假冒伪劣商品工作中，共出动3215人次，检查苗圃1936个、种苗市场395个、工程造林用苗9948万株，查处无证生产经营19个单位、无种苗检验证53个单位，并责令整改，未发现假冒伪劣种苗案件。

2016年自治区级林木种苗执法与质量抽查，抽查了35个县(市、区)、91个单位。其中：种批合格率为66.7%；苗批合格率为100%，比2015年的93.7%提高了6.3个百分点；办证率为100%；标签使用率为87.0%，比2015年的77%提高了10个百分点；种苗质量自检率为84.0%；平均良种使用率为92.3%，比2015年的84.2%提高了8.1个百分点。 (武丽花)

【林业利用外资项目】

欧洲投资银行贷款项目 欧投行贷款广西项目投资总概算为人民币56 087.3万元(折合约6757.51万欧元，按欧元与人民币汇率1:8.3计算)。项目资金来源：利用欧洲投资银行贷款24 900万元，申请中央配套资金5608.7万元，自治区配套资金5608.7万元，项目业主自筹资金19 969.9万元。

2016年，广西组织全州、龙胜、乐业、田林、八步区、昭平、环江7个县(区)及高峰林场、六万林场、维都林场、大桂山林场4个自治区直属国有林场实施完成欧投行贷款广西项目新造林面积6344.78公顷，其中：珍贵树种1352.22公顷、杉木4635.47公顷、马尾松357.09公顷；完成项目中幼林抚育面积940.84公顷，其中：珍贵树种301.54公顷、杉木460.15公顷、马尾松179.15公顷。项目当年造林Ⅰ级苗使用率为94%，环保措施合格率为93%，造林成活率为92%。修建林道126.79千米，防火线146千米。

截至2016年12月30日项目累计完成投资21 355.45万元，其中：中央造林、抚育补贴资金1706.42万元，自治区级配套资金1368.29万元，项目单位自筹资金18 280.74万元。

全球环境基金（GEF）赠款项目 2016年9月，国家财政部与联合国粮农组织签署了全球环境基金“中国林业可持续管理提高森林应对气候变化能力项目”赠款协议。广西被列入项目实施单位并获赠款资金170万美元。

碳汇造林项目碳交易 2016年，《中国广西珠江流域治理再造林项目》和《广西西北部退化土地再造林项目》两期碳汇造林项目实现碳净减排量76 281吨二氧化碳当量，共获得世界银行生物碳基金支付碳汇交易款36.63万美元。截至2016年年底，广西两期碳汇造林项目累计实现碳净减排量379 210吨二氧化碳当量，获得碳汇交易款177.99万美元。

（余东威）

海南省林业

【概　述】 2016年，海南省林业主动适应经济发展新常态，自觉践行新发展理念，攻坚克难，狠抓落实，大力推进各项林业工作，林业改革发展取得显著成效。全省完成造林1.01万公顷，实现林业总产值488亿元，比2015年增长4.1%。截至2016年年底，全省森林面积213.60万公顷，森林覆盖率达62.1%。

【林业“多规合一”*】 认真贯彻海南省省长刘赐贵关于“坚持全省‘一盘棋’，努力探索‘多规合一’，推进全省经济社会协调发展”的重要精神，将林业空间规划与“多规合一”工作有机结合、同步推进，同步贯彻，同步落实。①划定林业生态保护红线，明确林业管控空间。划定了211万公顷林地、213.27万公顷森林红线和32万公顷湿地红线，严格保护54.8万公顷天然林地和89.67万公顷生态公益林。将林业自然保护区、森林公园、湿地公园等生态敏感区域和天然林地、海防林地、红树林地等生态公益林地以及湿地合理纳入全省占比33.5%的陆域和35.1%的近岸海域生态保护红线。②统筹化解各类规划矛盾，实现林地精准化管理。通过“多规合一”改革，厘清了林地与耕地等其他规划用地的边界。海南全省基本农田与林地重叠图斑52万块（面积10.07万公顷）、城乡规划建设用地、产业园区用地与林地重叠图斑7.4万块（面积4.47万公顷）全部得到妥善解决。全省19个市县（含洋浦）全部落实林地保有量指标，明确了林地范围，制定了林地分级分区管控措施，通过林地实时动态监测和年度变更，全面掌握林地变化情况，真正实现林地“一张图”管理。③积极开展林地占补平衡试点工作。2016年6月，国家林业局同意在国务院批准《海南省总体规划（空间类2015～2030年）》后，在不突破规划确定的林地保有量基础上，划定林地生态红线、林地利用上限、林地保护底线，并留有足够备用林地，实行占补平衡的前提下，将海南省作为全国“取消林地定额指标限制”试点省份。

【国有林场改革】 海南省委、省政府成立了海南省国有林场改革领导小组，印发了《海南省国有林场改革实施方案》。海南省林业厅成立了国有林场改革督导组，对改革工作进行分片包干，落实责任，明确任务。①理顺了管理体制，明确了省属国有林场机构编制，将13个林场保留为省属国有林场并全部确定为公益一类或公益二类事业单位，新增事业编制130个；将原11个经营人工林且面积较小的省属林场下放所在市县管理。②完成了省属国有林场移交工作，17个移交林场已全部移交完毕，其中6个收归海南省林业厅管理，11个下放当地市县管理。③出台多项改革配套政策。制订了《海南省国有林场资源资产清查方案》《海南省国有林场森林资源监督管理办法》《海南省国有林场林地“三过”问题解决方案》《海南省省属国有林场转制事业编制人员招聘工作方案》等配套制度文件。

【林业行政审批】 为加快推动服务社会投资百日大行动，海南省林业厅一手抓追加林地定额指标，一手抓提升用林审批速度，有力保障了海南省重点项目和民生工程等项目建设。①争取到国家林业局大幅追加海南省林地定额指标。2016年，国家林业局追加海南省133个项目共计1784公顷林地定额指标。②大幅提升使用林地行政审批速度。实行极简审批，减少省级现场查验环节，增加专家评审、林地联审会召开频率，坚决做到随到随评。实现项目审批大提速，提速率达90%以上。③大力推进审批制度改革。取消6项行政许可事项，委托1项行政许可事项；在海南生态软件园等3个省级重点园区实行“使用林地一次性审核审批取代单个项目审核审批”；将12项行政许可事项列为实施“承诺审批”模式；积极开通“调运植物和植物产品检疫”等2项行政许可事项异地受理、办理事项。2016年，共审核使用林地项目249宗，使用林地面积2447.9公顷；受理办结许可事项12 721宗，平均办结天数为1天，提前办结率达到100%。

【造林绿化】 2016年全省完成造林1.01万公顷，为海南省政府下达0.67万公顷造林任务的151%。①加强组

---

* “多规合一”是指：以国民经济和社会发展规划为依据，强化城乡建设、土地利用、环境保护、林地保护、水资源、社会事业等各类规划的衔接，确保“多规”确定的保护性空间、开发边界、城市规模等重要空间参数一致，并在统一的空间信息平台上建立控制线体系，以实现优化空间布局、有效配置土地资源、提高政府空间管控水平和治理能力的目标。

织领导。实行厅领导包片、处室主要负责人蹲点包市、县责任制，成立7个督导组督导各市、县，全力抓好植树造林工作。②扎实推进西线高铁沿线造林绿化工作。编制《海南西线高铁沿线造林绿化工程总体规划》，印发《海南省林业厅关于西线高铁沿线造林绿化工作的指导意见》，完成西线高铁沿线造林190.5公顷。③着力开展东北部台风灾后恢复造林工作。海口市、文昌市(含岛东林场)完成台风灾后恢复造林2800公顷，文昌市(含岛东林场)近百千米灾毁海防林带得到全面修复和实现断带合拢。④认真开展2015年度造林绿化专项核查工作。对各市县和农垦系统上报的造林面积逐个小班(地块)、地段进行全面拉网式检查核实，对虚报造林面积的单位和责任人严厉追究责任，促进了造林工作作风转变，确保了造林绿化成效。⑤积极推进森林城市建设，起草完成海南省森林城市、森林乡镇和森林村庄建设标准及申报命名管理办法。

【林业生态修复】 海南省政府印发《海南省林业生态修复与湿地保护专项行动实施方案》，及时分解落实工作任务，加强督查指导，成立6个督查组赴市县开展专项督查。2016年海南省共完成生态修复8197.5公顷，其中：台风损毁林地修复3333.3公顷、老残林更新2266.7公顷、“四边两区”(四边：城边、路边、村边、水边；两区：自然保护区、天保工程区)复绿1580公顷、低质林林相改造186.7公顷、损毁山体修复533.3公顷、红树林湿地修复造林297.5公顷。

【森林资源保护】 持续加大森林资源管护力度，全力维护海南省林业生态安全。①全面落实保护发展森林资源目标责任制。全省18个市县政府与各乡镇政府签订了保护发展森林资源目标责任状，将森林资源保护发展责任落实到基层。②加强天保工程建设管理，海南省林业厅分别与11个天保实施单位签订2016年天保工程森林资源保护目标管理责任书，科学合理划定森林管护责任区，各天保实施单位分别与基层单位和护林员签订了森林管护合同，将森林管护责任落实到具体人员和山头地块，加强巡山护林，确保天保工程区45.9万公顷森林资源安全。③加强生态公益林管护。完成全省18个市、县公益林规划落界工作。通过公益林规划落界、政府赎买、生态直补试点等方式，解决了公益林规划中的6.67万公顷“浆纸林”“农民自有林”等历史遗留问题。强化中部生态区保护，初步建立生态核心区护林员网络化管理平台及森林资源监管系统。④推进森林资源培育项目建设。加强尖峰岭、吊罗山林业局2015年2000公顷补植补造百日大会战项目建设的督促推进工作，完成补植补造1333.33公顷。⑤严厉开展打击非法占用林地、破坏海防林资源等涉林违法犯罪专项行动及保护候鸟“清网行动”，集中力量破获邦溪保护区非法捕杀坡鹿案、东方市大田镇违规采石系列案、万宁市上溪保护区牛路岭水库区系列毁林案、乐东县利国镇特大非法收购珍贵濒危野生动物案等一批社会影响较大的案件，有效遏制了涉林违法犯罪行为。2016年，全省各级森林公安机关共受理各类涉林案件1516起，查处1417起，查处率为93.47%。

【自然保护区建设】 ①加强自然保护区建设管理。启动俄贤岭省级自然保护区申报工作和大田、吊罗、猕猴等5个自然保护区的规划编制修编工作，完成珍稀红树植物现状调查报告。②根据国家林业局中央财政补助资金项目的申报要求，组织海南省7处国家级自然保护区申报中央财政补贴资金4397.24万元，用于国家级自然保护区的基础设施建设、资源调查、科研监测等建设项目。③根据海南省工信厅关于信息化项目申报的相关要求，组织人员完成了《海南省自然保护区和野生动植物管理系统项目可行性研究报告》的编制，项目总投资358.93万元，项目获得省工信厅批准。

【林下经济】 为提高林下经济和林业产业品牌质量效益，提升市场竞争力，促进农民增收、农村奔小康，海南省林业厅联合省财政厅制定了《2016年度海南省品牌林业发展资金申报指南》，共同对全省审核合格的林业项目奖励扶持品牌林业发展资金共计1000万元。根据《国家林业局办公室关于在贫困地区开展国家林下经济及绿色特色产业示范基地推荐认定的通知》，推荐海南福莱斯林业有限公司和白沙黎族苗族自治县碧盈农业开发有限公司为全国示范基地，并得到国家林业局的认定。2016年全省林下经济累计从业人数达59.58万人，面积14.84万公顷(其中新增林下种植面积4480公顷)，产值126.81亿元。

【森林防火】 加强森林灾害防控，严格落实森林防火责任制，2016年，全省共发生森林火灾57起，未发生重特大森林火灾，森林火灾受害率和过火面积大幅度下降。①领导重视。2016年，海南省省委书记罗保铭多次对森林防火工作作出重要指示。海南省省长刘赐贵、副省长何西庆要求各市县政府和林业主管部门全力抓好重点节期和全年的防火工作。海南省林业厅召开全省森林防火工作会议，传达贯彻全国春季农业生产暨森林草原防火工作会议精神，对全省春季尤其是清明期间森林防火作具体安排部署。各市、县党政主要领导亲自动员部署，坐镇指挥调度，为做好2016年森林防火工作奠定了基础。②落实责任。全省18个市、县政府均与乡镇政府、村委会层层签订责任状，海南省林业厅与各直属林区林场、保护区签订森林防火责任状，层层传导压力，增强了责任意识和防范意识，做到山有人管、林有人护、责有人担，确保工作责任落到实处。③加强督导。海南省林业厅印发《关于切实做好清明节期间森林防火督查工作责任分工的通知》，成立6个督查组，由厅领导带队，对全省18个市、县及各林区林场森林防火重点区域进行督查。各市、县党委、政府主要负责人深入一线巡查，亲自带队巡查，对重点地区和要害部位做到死看死守，切实消除了火灾隐患。④加大投入。海南省政府出台《海南省森林防火重点管理县(市)实施办法》，加强森林防火基础设施建设，全省建成30个森林防火视频监控前端和7个市县、林区森林防火指挥分中心，实现与省森林防火指挥中心互联互通，建设10个市县、林区专业防火队营房和防火物资储备库。⑤加强演练。海南省防火办举办全省森林防火应急通信暨扑火技能实战演练，结合省人大常委会组织开展《中华人民共和国森林法》及《海南省沿海防护林建设与保护规定》调研，在全省组织开展海防林森林防火工作专项督查行动，各市县、各单位认真落实联防联保责任，对辖区内的重点区域、重点部位、重要时段的火源死看死守，确保林区安全。

【森林病虫害防治】 2016 年，海南省主要林业有害生物主要有椰心叶甲、椰子织蛾、红棕象甲、薇甘菊、金钟藤等，共发生椰心叶甲病害 7686.7 公顷，椰子织蛾病害 1240 公顷，薇甘菊病害 1286.7 公顷，金钟藤病害 1.3 公顷。全省各市县采取有效措施对以上林业有害生物进行防治。①全面落实防治责任。海南省林业厅代海南省政府与市县政府签订了《2015～2017 年重大林业有害生物防治目标责任书》，将林业有害生物成灾率、重大林业有害生物防治目标完成情况列入市、县政府考核评价指标体系。②椰心叶甲防治。坚持采用以释放寄生蜂为主、挂药包防治为辅的综合治理措施防治椰心叶甲，全年累计生产并野外施放寄生蜂 5.37 亿头，其中姬小蜂 4.35 亿头，啮小蜂 1.02 亿头；挂椰甲清药包防治 41.7 万株次，椰心叶甲虫口密度大幅降低，被害状十分轻微，基本上实现了“有虫不成灾”的可持续控制目标，寄生蜂野外寄生率也达到 30% 以上。③薇甘菊防治。认真贯彻“加强薇甘菊防治工作，薇甘菊盖度不超过 15%”的责任目标要求，共完成薇甘菊防治面积 533.3 公顷，有效减轻薇甘菊危害。④椰子织蛾防治。加大财政资金投入，加强椰子织蛾防治，其中在疫情较为严重的三亚市和陵水县共投入资金 400 万元，采取政府购买社会化服务公开招投标的方式开展防治工作，全年防治椰子织蛾面积 586.7 公顷。⑤金钟藤防治。中部山区各市、县结合次生林改造开展金钟藤防治工作，全年全省共防治金钟藤 660 公顷。⑥红棕象甲防治。在红棕象甲发生较为集中的区域，主要采用以信息素诱捕为主的红棕象甲综合控制技术进行防治，达到有效防治效果。

【森林旅游】 ①根据国家发展改革委、国家林业局《关于组织做好“十三五”国家森林公园保护利用设施建设项目申报工作的通知》要求，海南省林业厅联合省发改委对全省国家级森林公园及保护利用设施建设需求进行了摸底调查，筛选出海南霸王岭、黎母山、尖峰岭 3 个国家森林公园项目，总投资估算 5566 万元。②完善森林公园总体规划编制。2016 年年底海南省对吊罗山林业局、霸王岭林业局、岛东林场等 6 处森林公园的总体规划进行修编或编制，总计 346 万元。③启动全国森林体验、养生基地建设。根据《国家林业局关于大力推动森林体验和森林养生发展的通知》要求，海南省推荐霸王岭国家森林公园和热带天堂森林公园两家森林公园申报，申报材料已提交国家林业局。④严抓安全生产，确保景区平安稳定。各森林公园认真落实安全生产责任制，层层签订责任状，并制订各类重大或突发事件应急预案，对重大节日或小长假组织开展安全隐患大排查大整治活动 167 人次，对全省森林旅游景区景观、娱乐设施、消防等硬件设施进行实地检查，发现问题及时整改，消除安全隐患，确保森林旅游景区生态、观光设备、游客人身和财产安全。2016 年全省森林旅游总人数达 547.9 万人次，同比增长 4.96%；总收入达 7 亿元，同比增长 19%。

【花卉产业】 大力推进海口红旗花卉产业小镇、柏盈兰花观光园、博大兰花产业基地、三亚兰花世界、东方菊花基地、乐东金钱树花卉基地建设。海南柏盈兰花产业开发有限公司进入美国允许介质蝴蝶兰输美温室名单，实现中国介质蝴蝶兰输美历史性突破。全省花卉总面积达到 8533.3 公顷，其中 2016 年新增种植面积 333.3 公顷，实现销售收入 19.7 亿元，同比增长 13.2%；出口额达 1680 万美元，同比增长 123%。

【油茶产业】 与海南大学等高校合作编制海南油茶产业中长期发展规划，开展优良品种选育，筛选出 60 多株优良油茶母树，建设油茶良种苗木培育基地十多公顷。开展油茶低产林改造和高产技术研究。组织召开海南省首届油茶产业发展研讨会，制定油茶产业发展计划，落实油茶产业发展资金，推动油茶种植活动。全省油茶种植面积达 4033.3 公顷，比 2015 年增长 61%。

【木材经营加工】 抓好木材执法管理检查指导监督工作。对海口市、万宁市、儋州市等市、县木材运输和木材经营加工管理执法工作开展检查指导监督，重点加强对海口码头的执法检查工作。2016 年共核准和发放木材运输证 3362 本，查处木材管理行政案件 137 宗，行政处罚 154 人，没收非法木材 428.6 立方米，没收违法所得 3.5 万元，行政罚款 29.2 万元。全年完成木材加工产业产值 91.7 亿元。

【林木种苗】 根据新修订的《中华人民共和国种子法》规定，2016 年 3 月海南省林业厅委托海南省林木种子（苗）总站行使《种子法》第五十条规定的 5 项林木种苗行政执法权。申请财政专项资金 40 万，开发建立海南省林木种苗综合管理平台项目。加强全省林木品种管理，规范林木品种引进、选育和推广工作，制订印发了《海南省主要林木品种审定办法》，举办了全省学习宣传贯彻《种子法》培训班。成立了海南省林木品种审定委员会，认定良种 18 个。全省有苗圃 605 家，占地面积 4133.3 公顷，产值 32 亿元，比 2015 年增长 6.67%。

【野生动物驯养】 依法加强对陆生野生动物驯养繁殖产业的管理。①编制出台了《海南省滑鼠蛇人工养殖技术规程》《海南省眼镜蛇人工养殖技术规程》，同时加快编制果子狸、中华花龟等野生动物养殖技术规程，进一步规范海南省陆生野生动物驯养殖场审批、管理。②大力开展保护野生动植物资源的宣传教育活动。3 月 3 日、3 月 26 日分别在海南热带野生动植物园举办“世界野生动植物日”和“爱鸟周”宣传教育活动，共有 1000 多人参与。③加快对新申请的养殖场的核查审批，2016 年新增野生动物驯养繁殖场 49 家，23 家养殖场办理了经营许可证。全省野生动物驯养繁殖场达 323 家，产值 4.5 亿元。

【林业精准扶贫】 ①充分发挥林业优势开展生态扶贫，积极安排贫困户担任生态护林员实施精准扶贫。2016年全省共安排来自1211个贫困户的1211人作为生态护林员，其中：利用省森林生态效益补偿基金安排专职护林员37人，利用市县财政资金安排护林员1164人。1211户贫困户全部实现脱贫。②多措并举开展定点扶贫。省林业厅成立扶贫工作领导小组，制订《海南省林业厅精准扶贫工作实施方案》《海南省林业厅省属林区林场精准扶贫工作实施方案》，将扶贫工作落实到具体责任人，对定点帮扶的保亭县南林乡东方村51户贫困家庭实行"定点包户扶贫"。通过赠送鸡苗、鸭苗、益智苗、槟榔苗发展生产帮扶12户贫困户；通过生态保护和就业扶贫帮扶16户贫困户；通过改善住房条件扶贫帮扶7户贫困户；通过给予教育助学金帮扶2户贫困户；通过低保政策兜底，帮扶3户贫困户。对直属林区林场21户贫困户，通过发展就业和社会保障兜底措施等实现全面帮扶。

【野生动物疫源疫病监测】 扎实做好野生动物疫源疫病监测防控工作。①转发《国家林业局关于加强春季鸟类禽流感等野生动物疫源疫病监测防控工作的紧急通知》，与海南省动物疫病预防控制中心联合印发2016年陆生野生动物口蹄疫、禽流感等重大动物疫病流行病调查方案。②组织各市、县林业部门和各疫源疫病监测站60人，举办陆生野生动物疫源疫病监测防控信息管理系统应用培训班，有效提高工作人员对升级改造后的野生动物疫源疫病监测信息网络直报系统数据采集、信息报告、分析预警等功能操作使用。③开展不间断的监测防控工作，全省33个陆生野生动物疫源疫病监测站实行24小时应急值守制度，每天通过专用网络系统上报疫情，到目前未发现禽流感疫情，确保海南无疫区安全。④推进野生动物疫源疫病监测防控标准站建设工作。国家林业局将海南东寨港国家级野生动物疫源疫病监测站列为全国野生动物疫源疫病监测防控标准站建设试点单位。指导和协调东寨港国家级保护区管理局按照标准站建设指南推进标准站建设工作，截至2016年年底已基本完成了机构队伍建设、工作用房、辅助设施等设施设备建设等任务。

【湿地保护】 ①加大湿地保护宣传力度。在新盈国家湿地公园举办"2016世界湿地日"宣传活动。在海口市英才小学开展"爱鸟周启动仪式暨生态进校园"活动。②根据三亚市人民政府的申请，海南省林业厅组织相关专家对拟建的海南三亚河东国家湿地公园总规进行评审，并按程序上报国家林业局审批。海南新盈红树林国家湿地公园、南丽湖国家湿地公园通过国家林业局的试点验收，正式挂牌国家湿地公园。③举办海南省红树林湿地保护体系联盟年会及指导委员会，在海口举办GEF中国湿地保护体系项目指导委员会第三次会议，会议对各省GEF湿地项目2015年的工作成果进行了交流，并就中期评估有关准备事项进行了培训和部署。组织有关技术人员前往GEF大兴安岭(内蒙古)项目区和四川卧龙及唐家河国家级自然保护区，学习交流项目实施管理和信息化建设工作。

【基础保障建设】 ①协调海南省财政厅、海南省发改委及时下达各项林业建设资金。2016年全省林业建设资金到位7.74亿元，其中：省财政资金4.50亿元，中央财政资金3.24亿元。②开展林业地方标准的制订和修订工作，联合组织海南省出入境检验检疫局、中国热带农业科学院、海南中科花海云商科技股份有限公司等制定了《文心兰组培》等13项地方标准的修订计划。已完成了《莲花竹(切枝)栽培技术规程》《莲花竹(小盆栽)栽培技术规程》《鸟巢蕨(切叶)栽培技术规程》《青叶葛(小盆栽)栽培技术规程》《睡莲(切花)栽培技术规程》《眼镜蛇养殖技术规程》等6项地方标准修订任务。③按照统一规划、注重实效、突出重点的原则，制定《海南省林业信息化发展"十三五"建设规划》。大力推进海南省林业厅综合信息平台二期项目，强化海南林业各信息系统与业务系统逐步融合，开展"林业综合信息平台""省林业厅网站""海南省林木种苗管理系统""海南省湿地调查系统"和"海南省木材采伐管理系统"5个新建设信息系统安全等级保护工作，做好安全保密检查，严格规范操作行为，加强对信息系统用户和密码的管理。④大力加强林业立法，认真修订《海南经济特区林地管理条例》，制定《海南省林业行政执法案例指导制度》《行政执法评议考核制度》《林业行政执法案卷评查制度》《林业行政执法全过程记录制度》《追责制度》等五项制度，并在全省林业系统颁布实施。

【机关党建】 ①认真组织实施"两学一做"学习教育，领导干部带头上党课，组织开展座谈讨论10次、专题研讨7次，邀请专家学者进行专题辅导12次。②严格落实党风廉政建设责任制，成立海南省林业厅落实党风廉政建设领导小组，层层签订《党风廉政建设责任状》，制定《海南省林业厅2016年党风廉政建设和反腐败工作任务分解》，将责任落实到各处室各单位、落实到岗位、落实到个人。③认真履行从严治党主体责任。厅党组召开两次诫勉谈话会议，对相关直属单位领导班子共65人进行诫勉谈话。④完善从严治党制度，制定《海南省林业厅纪律审查工作有关事项规定》《海南省林业厅党风廉政建设谈话提醒办法(试行)》《中共海南省林业厅党组关于严明政治纪律严守政治规矩的暂行规定》等制度，做到以制度管人，以制度管事，以制度管作风，建立全面从严治党长效机制。⑤整顿林业队伍作风，开展林木采伐审批"大排查、大整治、大教育"专项行动。以白沙、儋州交界农户办证难作为典型案例，对全省林木采伐审批及指导服务情况进行排查，对林木采伐许可证核发人员进行培训教育，提高林木采伐审批效率。⑥严格落实中央八项规定和海南省委省政府二十条规定精神。在全省林业系统打"四假"(即：打击做假账、开假发票、假接待、假招商)，查"四吃"(即：查吃老板、吃下属、吃服务对象、吃机关食堂)，治"四公"(即：整治公款吃喝、公款旅游、公款出国、公车私用和节假日收受礼品、礼金等)，把好"三公"经费支出"总开关"，严控"三公"消费。2016年，海南省林业厅机关"三公"经费支出25.31万元，同比下降75.5%。

(海南省林业由慕立忠供稿)

重庆市林业

【概 述】 2016年，全市林业工作以习近平总书记视察重庆重要讲话精神为引领，认真落实五大发展理念，深化拓展五大功能区域发展战略，严守“五个决不能”底线，扎实推进林业五大行动，全年完成营造林22.63万公顷，超额完成国家下达的营造林任务。森林覆盖率达到45.4%。林业增加值增长11.3%，在全市大农业板块中增幅第一。

全国政协人口资源环境委员会主任贾治邦在重庆考察时指出：“重庆生态建设的成功实践，不仅为保护好三峡库区生态环境、保护好长江母亲河形成了有效机制和办法，而且为我国大江大河生态治理创造出了宝贵的经验和治理模式。”国家林业局局长张建龙在长江经济带“共抓大保护”林业工作会议上指出：“无论是在生态建设方面，还是在增加库区农民收入、助推精准扶贫、精准脱贫方面，重庆林业都非常重要，而且工作都做得非常到位。”市绿化委员会办公室被全国绿化委员会、人力资源和社会保障部、国家林业局授予“全国绿化先进集体”荣誉称号。林业生态建设实现了“十三五”开门红。

2016年全市林地变更补充调查结果表明，全市林地面积446.6万公顷、增长2.2%，森林面积374.07万公顷、增长5.2%，森林覆盖率45.4%、增长2.2个百分点，林木蓄积量2.05亿立方米、增长3.8%，实现了“四个增长”。

筑牢长江上游重要生态屏障根基 全面学习领会习近平总书记关于“共抓大保护、不搞大开发”“把修复长江生态环境摆在压倒性位置”“建设长江上游重要生态屏障”等指示精神，不断增强责任意识、机遇意识、发展意识和担当意识。坚持量质并举的发展思路，编制了全市林业“十三五”发展规划、林业产业发展规划、木本油料产业发展规划，明确“十三五”时期全市林业发展目标、重点和措施，不断夯实全市经济社会发展绿色本底。扎实开展筑牢长江上游重要生态屏障对策研究。组织130多名研究人员，跨学科、跨领域开展筑牢长江上游重要生态屏障对策研究，形成了“1+11”系列研究成果，得到了国家林业局领导的充分肯定。全力承办国家林业局在重庆市召开的“共抓大保护”林业工作会议，既全面反映党的十八大以来重庆林业生态建设成效，又积极呼吁国家层面能出台建设长江流域重要生态屏障的对策措施，并倡议长江流域地区共同推进长江经济带绿色廊道建设，赢得了广泛社会赞誉。

生态保护 坚持生态优先、绿色发展，强化林地保护管理，落实420万公顷林地、373.33万公顷森林和20.67万公顷湿地生态红线，建立起用途管制和差别化管理制度，既保障国家重点项目建设用地需求，又严防林地非法逆转。实行林地定额管理和森林采伐限额管理，促进森林资源科学经营和合理利用。加强自然保护区规划管理，严格保护好野生动植物资源。配合做好中央环境保护督察，切实整改突出问题。严格保护湿地资源，推进湿地自然保护区、湿地公园建设。严防森林火灾，切实抓好森林火灾预警监测、防范和处置“三位一体”建设，与近5年同期平均值相比，森林火灾数量、受害森林面积分别减少72%、90%。全市林业有害生物防控新技术防治面积达26万公顷次，全市未发生大的林业有害生物灾害和陆生野生动物疫情。加大行政执法力度，森林和野生动物案件共立案4762起，查破4747起，查破率99.7%。

生态修复治理 全面实施以退耕还林为重点的生态修复工程，完成退耕还林7.87万公顷。将天然林保护纳入各级政府目标考核内容，全面停止天然林商业性采伐，293.33万公顷天然林得到有效保护。大力实施湿地生态系统修复工程，完成湿地修复2万公顷。在10个重点区县实施石漠化治理工程7133.33万公顷。完成森林抚育15.91万公顷，不断提升森林质量。实施国家木材战略储备。

生态富民 围绕供给侧结构性改革，加快林业种植业、加工业、服务业发展，推动林业产业结构调整，助推脱贫攻坚。培育壮大木本油料、森林旅游、森林康养、中药材、笋竹、林下经济等特色产业，新建木本油料基地0.33万公顷，累计达到8.33万公顷。林业总产值达到821亿元，比2015年增长24%。积极推进产业扶贫，召开全市产业扶贫会议，推进生态护林扶贫工作，全市80%以上的退耕还林任务安排到贫困区县，加强机关、直属单位对口扶贫力度。全年落实扶贫重点区县林业资金24.2亿元，林业产业扶贫成为精准扶贫、精准脱贫的重要内容之一。

生态服务 组织开展义务植树活动，市领导带头参加，全市1057万人次参与。重要节假日，免费开放森林旅游景区。全市空气负氧离子平均值达到每立方厘米1065个，实现日测日报。新增5家“中国森林氧吧”，全市达10家，占全国的1/8。

生态文化 新增6个“全国生态文化村”，全市达25个。首次发布《重庆市生态文明建设林业公报》。协同市委宣传部门开展“长江经济带生态文明建设”等主题宣传，联合举办第三届梦想课堂·自然笔记大赛、重庆市首届生态文明建设新闻摄影大赛。社会生态文明意识不断增强。

国有林场改革 认真落实《重庆市国有林场改革实施方案》，召开国有林场改革工作推进会，开展专题培训，批复37个区县实施方案，强化国有林场公益属性。消化历史性债务，完成贷款核销8494万元。国有林场基础条件进一步改善。全市国有林场改革工作进展顺利，得到国家国有林场改革督察组好评。

集体林权制度改革 继续开展集体林地“三权分置”、公益林管理机制创新等9个方面试验示范。推进集体林地有序流转，全市累计流转面积达40.33万公顷、流转资金27.5亿元。新增林权抵押贷款13亿元，累计达253亿元。提高林地森林保险保额，全市306.53万公顷公益林全部纳入保险，参保金额达到230亿元，林地价值得到提升。

科技创新驱动 认真贯彻落实市委四届九次全会精神，大力推动科技创新体制机制改革，开展全市林业科技创新研究，加大林业科技推广运用，实施科技项目60多项，取得麻竹培育与高效利用、双红外线森林防火等科技成果20多项，转化近20项，开展技术培训10多万人次。

依法治林 配合市人大组织开展《重庆市森林防火条例》贯彻落实情况检查，继续开展湿地保护立法调研。推进公益林规范管理，市政府审议通过《重庆市公益林管理办法》。清理完成林业行政权力110项，全面实现网上审批。全面完成市人大代表、政协委员提案议案办理，在2016年的政协全会上得到了充分肯定。

人才保障 实行林业人才资源动态管理，建立了林业专家咨询委员会和专家库。加大人才引进和培养力度，面向社会公开招聘专业技术人才，扎实开展"三峡之光"访问学者、"西部之光"访问学者工作。

项目资金投入 全年争取市级以上投入35.65亿元，较2015年同口径增长15%。推进保障房、国家良种基地、林业有害生物、航空护林项目和大观现代林业示范基地建设。

林业基层站所建设 立足调整布局、强化综合服务功能，建成森林公安派出所41个，乡镇林业站独立建站297个，标准化林业站由2015年的15个增加到53个，不断夯实林业基层基础工作。

（重庆市林业由周登祥供稿）

四川省林业

【概　述】 2016年，四川省林业贯彻党的十八届五中、六中全会和四川省委十届八次、九次全会决策部署，落实习近平总书记系列重要讲话精神，践行创新、协调、绿色、开放、共享发展理念，围绕国家林业局和四川省委省政府安排部署，扎实推进林业改革发展，圆满完成年度目标任务，"十三五"林业工作开局良好。落实省级以上财政投入95亿元，完成营造林72.25万公顷，同比增长27%。增加森林面积41.9万公顷，增加森林蓄积1970万立方米，森林覆盖率提高到36.88%，林业生态服务价值1.68万亿元。实现林业总产值3000亿元，同比增长12.6%。林业有害生物成灾率0.18‰，森林火灾损失率0.014‰，涉林案件综合查处率96.5%。

【完善发展思路】 四川省林业厅党组召开14次中心组学习会及多个专题会议，及时传达学习党中央"五大发展理念"和四川省委省政府推进绿色发展建设美丽四川等决策部署。组织各级林业干部职工认真学习习近平总书记关于长江经济带"共抓大保护"、林业建设"四个着力"等系列重要讲话，学习领会省委书记王东明、省长尹力等重要指示，增强做好林业工作的责任感紧迫感。围绕林业改革发展重点难点，组织多次调研活动，形成调研报告22篇。组织召开四川林业建设情况通报会、建设长江上游生态屏障专家座谈会、落实"四个着力"推进林业创新专家研讨会，邀请省内外院士、专家学者和党外人士共同为四川林业献计献策，及时将研讨成果转化为实践。结合中央和省最新要求，编制《四川省"十三五"生态保护与建设规划》，印发"十三五"全省林业发展总体规划及多个专项规划，制定林业"七五"普法规划，召开林业脱贫攻坚、产业发展、重点改革、资源保护等专题会议，完善了全省林业建设的思路、目标和工作方法。

【大规模绿化全川行动】 四川省委十届八次全会将实施大规模绿化全川行动作为推进绿色发展、建设美丽四川的重要内容，进行全面系统部署。省政府专题审议印发行动方案，召开省、市、县三级政府主要负责人参加的动员部署会议，省长尹力出席并作讲话。省绿化委员会制定印发总体规划，发出行动倡议，将造林绿化各项任务分解落实到各市(州)。省绿化委员会各成员单位编制了部门(行业)绿化行动方案。抓好春季造林活动，组织开展秋冬季植树活动，完成人工造林42.4万公顷，同比增长60%，义务植树1.3亿株。着力提升森林质量，实施封山育林3.12万公顷、中幼林抚育17.5万公顷、退化林地修复11.23万公顷。强化种苗保障，启动林木种质资源普查，6个重点林木良种基地通过国家考核。新审(认)定林木良种15个，林木良种总数达到239个，涵盖70%的经济林树种。生产苗木8.2亿株，造林良种使用率达到60%。凉山彝族自治州、宜宾市、巴中市等5个市(州)营造林超过2.67万公顷。大英县、汉源县、炉霍县等7个县创建为省级以上绿化模范县，井研县林业局等9个单位荣获全国绿化先进集体，绵阳市、宜宾市分别创建为国家级、省级森林城市。在国家林业局召开的全国国土绿化工作会上，四川省林业厅作了重点交流发言。

【生态屏障建设】 四川省政府发文进一步加强天然林保护，首次颁布《四川省重点保护野生植物名录》，有效管护森林1733万公顷，建设公益林3万公顷，完成国家储备林基地建设3666.67公顷。协调完成耕地保有量和基本农田保护指标调减申报工作，完成新一轮退耕还林2015年度任务3.33万公顷，争取国家下达退耕还林2016年度任务3.33万公顷并造林2.03万公顷。争取中央和省财政下达川西藏区治沙资金6.2亿元，治理沙化土地2867公顷，巩固治理成果1.54万公顷。完成干旱半干旱地区生态综合治理试点333.3公顷。汶川县、攀枝花市东区等8个县(区)完成干旱半干旱地区生态综合治理试点400公顷。芦山地震灾后林业生态修复全面完成。建成国家湿地公园3处，成功申报国家级湿地公园试点5处，批建省级湿地公园9处，邛海成为全国23个重点建设国家湿地公园之一。四川省林业厅会同省级有关部门协调陕、甘两省同步开展大熊猫国家公园范围划界、人员调查、资产清理等工作，按时编制上报《大熊猫国家公园体制试点方案》，获中央深化改革领导小组审议批准。首次同时放归两只野化培训大熊猫。大渡河流域岷江柏保护破题，发现疏花水柏枝、距瓣尾囊草野外新居群。参与编制长江经济带森林和自然、重点湿地等生态保护修复规划，全省森林草原湿地生态屏障重点县建设意见获四川省委深化改革领导小组审议通过。启动中央财政若尔盖湿地生态补偿试点，完成2015年度省级湿地生态效益补偿试点任务。

【林业脱贫攻坚】 发挥林业科技助推脱贫攻坚的作用，培育重大科技创新成果20余项。组建林业科技扶贫团队，开展"千乡万村送林技"行动，编制印发实用技术资料60余万册并组织分送到7600余个涉林贫困村。建成林业科技示范村40个、集中连片示范点100个、示范林333.33公顷，培养示范户200户、技术骨干和"土专家"1000名。全省林业科技成果转化率达到60%，标准采用率达到62%，科技进步贡献率提高到47.2%。林业科技扶贫工作两次获四川省省委书记王东明批示肯定，在全国林业科技创新大会上作了经验交流。启动新一轮现代林业重点县建设，培育省级现代林业示范园区6个、现代林业产业基地10万公顷。新建林下经济示范基地国家级18个、省级16个，林下经济产值持续增加。加强特色林产品营销，组织开展藏区林特产品进超市等推介活动，成功举办第十六届西部农业博览会林业展位活动。培育林业产业新型带动主体，新增国家级林业产业化龙头企业8家、省级林业产业化龙头企业64家，新增国家级示范专业合作社6个、省级示范专业合作社42个，林业新型经营主体超过1.3万个，其中家庭林场1200余个。成都市、乐山市、泸州市等12个市(州)林业产值超过100亿元。编制林业产业扶贫、林业科技扶贫等系列规划和方案，下达贫困地区财政专项资金58亿元。建立生态护林员制度，在国家下达7000万元的基础上，统筹增加资金4000万元，帮助3.5万贫困人口稳定脱贫。开展贫困人口管护国有林试点，协调中航安盟财产保险有限公司出资1800余万元选聘2500名贫困人口就地巡护森林，护林员政策涵盖88个贫困县。做好四川省林业厅对口扶贫工作，选派14名优秀干部驻县驻村帮扶，向脱贫联系点汶川县投入林业财政资金近2亿元，实现7个贫困村退出、180人脱贫。

【国有林场林区改革】 在充分征求四川省级相关部门和市(州)政府意见的基础上，四川省林业厅编制形成《四川省国有林场林区改革实施方案(送审稿)》。四川省副省长曲木史哈主持召开国有林场林区改革部门协调会，研究《方案》编制中的定性、核编、人员安置、社会保障等重大问题，作出"大小森工暂不纳入国有林场改革范围"的决定。随后，四川省林业厅单独编制《四川省国有林场改革实施方案(送审稿)》，由省政府报经国家国有林场和国有林区改革工作小组批复同意。5月16日，省委、省政府印发《四川省国有林场改革实施方案》。7月4日，省政府召开国有林场改革工作电视电话会议。按照会议安排，省上即时举办两期国有林场改革专题培训班，各地及时组织编制改革方案，按时上报省国有林场林区改革领导小组。涉及改革的20个市(州)实施方案全部批复，国有林场公益属性得到保证。成都市、自贡市、攀枝花市、德阳市、广元市、内江市、南充市、宜宾市、广安市、达州市、眉山市、阿坝州、甘孜州等市(州)国有林场全部纳入公益一类事业单位管理。在反复研究的基础上，多次调研和征求意见，编制形成了《四川省国有林区改革实施方案》，经省政府同意并上报国有林场和国有林区改革工作小组。

【集体林权制度改革】 推进林权管理制度建设，四川省林业厅与省政府法制办公室联合开展《四川省集体林权流转管理条例》立法调研，与省工商局联合启动格式合同制订。省林业厅组织编印《四川省集体林权制度改革政策汇编》，印发了《关于进一步推进林权抵押贷款改革试点工作的通知》，联合成都农交所推进了林权流转平台建设。全省已建县级流转平台76个，累计发布流转信息550余条，实现交易56起。彭州市成功实施全省首宗集体林地经营权及林木所有权、使用权流转网络竞价交易，该市白鹿镇13.3公顷林地经过5个业主47轮竞价，最终以溢价108%成功交易。"两证一社"抵押贷款改革稳步推进，试点范围覆盖20个市(州)45个县，成都市、宜宾市全域推进试点。全省颁发经济林木(果)权证1353本、林地经营权流转证460本，发放贷款5.6亿元。集体林改综合试验示范区建设扎实推进。成都市将2016年列为深化林改突破年，出台19个配套文件，探索出经营"共营制"、补贴"普惠制"、承包"退出制"、流转"入场制"等机制，巴中市巴州区探索出林权流转基准指导价机制。

【森林资源保护管理】 四川省政府将森林资源"双增"等指标纳入年度考核，省、市、县、乡四级人民政府层层签订了保护发展森林资源目标责任书，研究制订考核办法，组织开展了本届政府任期(2012~2016年)和年度目标责任制考核。全省林地变更调查基本完成，林地"一张图"更加精确完善。省林业厅积极服务四川"项目年"建设，依法加强林业行政审批，公布《行政权力责任清单》，清理上报行政权力202项，省本级上网运行16项，林业行政权力平台运行和监督取得成效。推进省、市、县三级联审试点，办结林业行政许可申请2395件。争取国家林地备用定额1600公顷，支持天府机场、成昆铁路、灾后重建等862个工程项目共占用林地7000公顷。核发林木采伐许可证13万余份、木材运输证21万余份，批准消耗森林蓄积280.9万立方米。加大林业执法力度，侦破查处涉林行政案件8127起、刑事案件988件，打击处理违法犯罪1.14万人次。其中，"森林火案行动"办理森林火灾案件684起，立刑事案件105起，行政处罚579人次；"林地行动"查处行政案件1858件，立刑事案件262件、侦破196件，打掉犯罪团伙16个。研究制订《四川省林业综合行政执法改革工作方案》，获省政府研究同意。

【第九届中国竹文化节】 由国家林业局、四川省政府、国际竹藤组织主办，四川省林业厅、眉山市政府、中国竹产业协会承办，于10月11～13日在眉山市青神县举办。国家林业局和四川省委省政府领导，以及来自33个国家、4个国际组织、20个省(区、市)的1000余名参会参展代表参加活动，60余家中外媒体参与采访报道。参展企业385家，现场参观29.8万人次，现场交易额9093.7万元，协议成交额2.1亿元，在历届竹文化节中参展企业最多、参展产品最丰富，被称为最成功的一届竹文化节。

【森林康养】 四川省林业厅在全国率先出台关于推进森林康养产业发展的意见，编制印发《四川省森林康养“十三五”发展规划》，制订《四川省森林康养基地认定办法》，成立森林康养专家库，完成全省第二批森林康养基地申报评估发布工作，新增森林康养基地53处。巴中市、攀枝花市出台推进森林康养产业发展意见，巴中市发布全国首个市级森林康养发展规划。首批10个森林康养试点示范基地建设进度加快，玉屏山、七里坪、天曌山、空山等森林康养基地在森林康养步道建设、森林康养产品策划开发等方面示范带动作用良好。社会资本投入显著增加，参与森林康养的企业达到20余家，签约重大森林康养项目20余个、金额330余亿元。同仁堂、展翔体育、腾达集团、止语林业等企业正成为四川森林康养产业领军企业，浩福集团、鹤林绿洲等一批企业正在加入森林康养推进大军。中国林业产业联合会森林医学与促进健康分会批准在成都设立“森林康养西部培训中心”。腾达集团、巴登黑森林、花舞人间等企业建立森林康养产业联盟，成立森林康养管理有限公司。绵阳市成立全国首个市级森林康养协会，市内80余家企事业单位参与。成功举办中国·四川第二届森林康养夏季和冬季年会，推选出森林康养最佳形象大使，组织森林康养宣传推广普及文章150余篇，出版《森林康养》专著一部。

【森林公园管理】 组织参加国家林业局举办的国家级森林公园申报培训班，召开国家级森林公园申报推进工作会，向国家林业局申请创建国家森林公园7处，创历史最高纪录。新成立甘孜藏族自治州鲜水河大峡谷国家森林公园和广元市曾家山鸳鸯池省级森林公园。沙鲁里山和太阳河谷国家森林公园通过国家林业局专家现场考察。鲜水河大峡谷国家森林公园总面积超过40万公顷，成为省内面积最大的森林公园。加强森林公园规划编制，指导近两年新批准设立的国家级和省级森林公园编制总体规划，组织评审自贡市飞龙峡、巴中市章怀山2个省级森林公园总体规划，指导做好攀枝花市二滩、巴中市米仓山、达州市宣汉等3个国家森林公园总体规划建设，批复同意《四川省旺苍大峡谷森林公园总体规划》《四川省飞龙峡森林公园总体规划》。全省森林公园总数127个，其中国家级38个、省级58个、市级31个，森林公园总面积118.95万公顷，占全省辖区面积的2.45%。

【生态旅游节会品牌】 制订出台《四川省生态旅游节会管理实施办法》，对以政府名义、由财政出资举办的生态旅游节会，全面规范申报条件、审批程序、经费管理、安全监管和节会总结等环节，组织开展节会举办成效评价工作。举办花卉(果类)生态旅游节节会，统一冠名和使用统一标志，以宜宾市长宁县梨花节为主会场，其余65个为分会场。举办红叶生态旅游节，以阿坝藏族羌族自治州理县米亚罗红叶温泉节为主会场，广元市旺苍县等4个县(区)为分会场。打造“熊猫品牌”，在宝兴县、九寨沟县、汶川县、唐家河国家级自然保护区等地举办四川国际大熊猫生态旅游节，推动了大熊猫保护工作，扩大了大熊猫文化的影响力。

【森林火灾防控】 四川省政府召开森林防火工作现场会，首次将会议开到重点林区乡镇，调整充实了省森林防火指挥部(简称森防指)组成人员。省森防指先后9次发文安排具体工作，协调各成员单位先后派出工作组30余批次，深入87个县(市、区)、228个乡镇检查调研和赴火场一线指导扑救工作；发布森林火险红色警报2期、橙色警报3期，第一时间调度核查林火卫星热点40个。省森防指先后13次启动应急预案Ⅲ级响应，派出6批工作组赴火场一线指导扑救。租用航空消防飞机8架，空中发现、侦察和报告火情10起，对7起森林火灾实施吊桶灭火85架次。首次开展夏季航空作业，金川直升机场建设获国家林业局批复同意。及时处置森林火灾253起，当日扑灭率97.2%。森林火灾过火面积、受害森林面积同比分别下降15.1%、26.9%，连续6年无重特大森林火灾。在国务院召开的全国森林草原防火会上，四川省政府作了经验交流。

【林业有害生物防治】 推进第三次林业有害生物普查，深化云贵川渝藏林业检疫协作和鄂渝川陕联防联治，推广无人机遥感监测，四川省政府发布全省年度林业检疫性有害生物疫区名单。林业有害生物发生面积69.93万公顷，其中重度6.03万公顷、中度15.6万公顷、轻度48.3万公顷，发生总面积同比减少1.67万公顷。全省发生森林虫害55.66万公顷，同比略有减少；发生病害8.8万公顷、鼠害5.46万公顷，同比略有增加，实际成灾面积0.4万公顷。突发性、危险性林业有害生物发生仍呈蔓延扩散趋势。全省共计防治林业有害生物49.9万公顷，防治作业面积60.4万公顷次，其中无公害防治作业面积58.87万公顷次，无公害防治率97.5%。

【对外交流和宣传】 成功举办大熊猫四川周、大熊猫世界艺术巡展、大熊猫之歌发布会等系列活动，与香港海洋公园签署《四川自然保护宣传教育合作协议》。申请国家外国专家局批准立项20名林业企业管理与技术人员赴瑞士接受山地公益林保护与生态经济效益发展培训，获得国家和省外国专家局引智项目10项、金额53万元。实现多、双边合作项目落地资金4804万元，完成保护管理专业人员与农民培训1090人次。德国政府贷款四川林业可持续经营项目在9个项目县(区)运行良好。组建29个森林经营单位，启动51个森林经营方案编制工作，29个森林经营方案获得县级林业主管部门审批，9849.64公顷野外森林按要求纳入近自然经营。

第六期全球环境基金项目——四川省湿地公园建设管理300万美元通过理事会审定。组织召开大规模绿化全川、竹文化节等新闻发布会、通气会，中央电视台、《人民日报》、中央人民广播电台专题报道长江上游生态屏障建设成效，中央、省、市媒体刊播四川林业新闻2000余篇(条、部)，国家林业局门户网站采用发布信息3000余条，连续4年位居全国第一位。

【林业自身建设】 扎实开展“两学一做”活动，组织开展了主题党日、党员示范行动、党规党纪印我心、读好书谈心得、党建理论研究和纪念建党95周年文艺汇演等活动。开展了“四项教育”、三项整改“回头看”、基层党建“八个专项检查”等活动，基层党支部建设进一步加强。四川省林业厅党组被评为落实党建责任制先进单位、“四好”活动先进班子。修订完善《林业厅党组议事规则》，卧龙特区换届和党政班子调整基本到位。表彰先进集体120个、个人440名，评定专业技术人员310人，培训学员3000余人次。出台《林业项目建设名录》，省级稽查10县林业项目，涉及资金总量26亿元。森林公安获公安部批准命名为全国公安执法示范单位1个、一级派出所4个。联合省综治办命名首批“平安森林公园”“平安湿地公园”“平安自然保护区”。建设验收标准化林业站24个，木材检查站优化精简为230个。建成运行四川林业发布平台、办公平台、林权管理平台，17个信息系统迁入省级政务云运行。持续正风肃纪，建立林业厅约谈机制，组织编制了《林业厅人财物事管理工作流程图》《林业厅党员干部纪律提醒卡》和十八大以来全省林业系统违纪违法案件《警示录》。省林业厅政风行风测评在省级机关排名上升至第16位，连续第4年上升。

【林业大事】

1月18~19日 四川省林业脱贫攻坚大会暨“千乡万村送林技”启动仪式在沐川县举行。随后，省林业厅组建林业科技扶贫专家和技术服务团，编写《四川林业扶贫技术手册》，组织将林业实用技术对接到88个贫困县、1750个乡镇、5900余个重点涉林贫困村和1900余个一般涉林贫困村。

1月21日 四川省林业工作会议在成都召开，副省长曲木史哈出席会议并讲话，省林业厅厅长尧期丹总结2015年全省林业工作，安排部署2016年全省林业工作。

2月4日 四川省林业厅出台林业推进“项目年”重大项目建设7条措施，科学谋划林业重大工程项目，加快推进天然林保护、退耕还林、川西藏区防沙治沙等重大林业项目建设；优先保障重点项目使用林地，加强重点项目涉林事项前期服务，开辟重点项目涉林审批绿色通道，建立快速响应和上下“直通车”沟通机制。

2月 四川省政府与各市(州)政府首次签订保护发展森林资源任期目标责任书。四川省林业厅印发《四川省保护发展森林资源目标责任制对市(州)人民政府考核办法》，首次实施保护发展森林资源任期目标考核。

3月21日 四川省和成都市党政军领导义务植树活动，在成都市新都区木兰镇香城湿地规划绿地内举行。省委书记王东明，省委副书记、省长尹力，省政协主席柯尊平，省委副书记刘国中等参加植树活动。

4月25日 四川省政府成立大熊猫国家公园体制试点方案编制领导小组，办公室设在林业厅，责成林业厅与省发展改革委共同牵头协调陕西、甘肃两省负责大熊猫国家公园体制试点方案编制，林业厅按计划完成了大熊猫国家公园边界划定和人员资产核查工作。

4月28日 四川林业办公平台和四川林业发布平台上线运行，标志着林业办公开始由传统向现代转变，门户网站、官方微博、官方微信、移动无线应用协议、移动软件融合服务，加速推进“互联网+政务服务”应用。

5月16日 四川省委、省政府印发《四川省国有林场改革实施方案》(川委发〔2016〕13号)，正式启动四川国有林场改革，涉及国有林265万公顷，国有林场180个、职工1.4万人。

5月22日 环保部、国家林业局等7部门在北京人民大会堂联合召开国际生物多样性日暨中国自然保护区发展60周年大会。唐家河国家级自然保护区管理处荣膺全国自然保护区管理先进集体，郑维超获全国自然保护区建设管理工作先进个人。

5月23日 四川省政府印发《关于扎实推进新一轮现代农业林业畜牧业重点县建设的意见》(川府发〔2016〕23号)，都江堰市、泸州市纳溪区、沐川县等10个县(区、市)被列入林业产业示范县，旺苍县、黑水县、德昌县等30个县被列入林业产业重点县。

5月26日 四川省林业厅印发《关于大力推进森林康养产业发展的意见》(川林发〔2016〕37号)，这是全国森林康养首个省级推进意见。随后，四川省陆续出台《四川省森林康养基地建设标准·资源条件》《四川省森林康养基地建设标准·基础设施》，印发《四川省森林康养“十三五”发展规划》，发布全国森林康养移动软件“康养宝”，均开创全国先河。

6月30日 四川省林业厅印发《四川省林业发展“十三五”规划》(川林发〔2016〕47号)。提出到2020年，全省森林覆盖率达到40%，森林蓄积量达到18亿立方米。

7月4日 四川省政府召开全省国有林场改革工作电视电话会议，部署推进全省国有林场改革工作，副省长王铭晖出席会议并讲话。

7月28日 四川省委十届八次全会审议通过《中共四川省委关于推进绿色发展建设美丽四川的决定》，系统部署大规模绿化全川行动。

7~12月 第二次全国重点保护野生植物资源调查工作实施。四川省平武县发现钱氏水青冈，该物种继1935年新种发表以来首次被发现存在。

8月17日 四川、陕西、甘肃三省政府联合将《大熊猫国家公园体制试点方案》上报国家审批。

9月9日 四川省林业厅印发《关于做好在贫困人口中选聘生态护林员工作的通知》(川林发〔2016〕56号)，四川生态护林员政策全面启动。

9月30日 四川省政府办公厅印发《大规模绿化全川行动方案》，提出实施重点工程造林、长江廊道造林、森林质量提升、草原生态修复、荒漠生态治理、森林城市建设、绿色家园建设、多彩通道建设、生态成果保护等九大行动。

10月9日 四川省政府召开大规模绿化全川电视电话会议，省长尹力出席并讲话，副省长王铭晖主持会议。

10月11～13日 由国家林业局、四川省政府、国际竹藤组织主办，四川省林业厅、眉山市政府、中国竹产业协会承办的第九届中国竹文化节在眉山市青神县举办。

10月14日 四川省林业厅、阿坝藏族羌族自治州政府、甘孜藏族自治州政府联合在成都举办"藏区林特产品进都市"扶贫活动启动仪式。活动依托林业电子商务平台，打通藏区特色林产品进都市进超市绿色通道，降低藏区特色林产品销售流通成本，增加藏区农牧民特色林产品经营收入。

10月底 四川林业厅机关及直属事业单位4000余名在职及退休职工养老保险改革全面完成，退休人员待遇保障移交省社保局，在职人员实行社会统筹与个人账户相结合的基本养老保险制度，同步建立职业年金制度。

11月18日 四川省政府召开全省森林草原防火工作电视电话会议，副省长、省森林草原防火指挥部指挥长王铭晖出席并讲话。会议首次通过视频形式将森林草原防火工作同步部署到市、县、乡(镇)三级政府和有关森林草原防火责任单位。

11月20日 国家林业局、四川省政府在雅安市石棉县栗子坪国家级自然保护区，举行大熊猫"华妍""张梦"放归自然活动，首次同时放归两只野化培训大熊猫。

12月5日 中央全面深化改革领导小组第30次会议审议通过《大熊猫国家公园试点方案》。四川省携手陕西省、甘肃省开展的大熊猫国家公园体制试点，旨在增强大熊猫栖息地的联通性、协调性、完整性，推动整体保护、系统修复，实现大熊猫种群稳定繁衍。

12月12日 四川省政府第137次常务会议审议通过《四川省林业综合行政执法改革方案》，决定从2017年3月1日起，由省级及符合条件的省级以下森林公安机关以自己的名义行使同级林业主管部门的森林资源管理、野生动植物保护等5类74项林业行政处罚权及有关行政强制措施。

12月15日 由中国绿化基金会和中国绿色时报社联合主办的"2016寻找最美生态公益人物"评选结果出炉，四川省通江县铁厂河林场护林员景祥俊榜上有名。

(四川省林业由张革成供稿)

贵州省林业

【概　述】 2016年，贵州省林业系统深入贯彻落实习近平总书记关于生态文明建设系列重要讲话特别是视察贵州的重要指示精神，坚守发展和生态两条底线，按照中央和省委、省人民政府的决策部署，踏实苦干，林业各项工作任务圆满完成，"十三五"首战告捷，开局良好。

林业改革 省委、省人民政府印发《贵州省国有林场改革实施方案》(黔党发〔2016〕10号)，召开全省国有林场改革工作电视电话会议，扎实推进国有林场改革工作。改革后，全省国有林场总数从110个撤并为106个，所有国有林场全部划为公益一类事业单位。《贵州省林业厅供给侧结构性改革实施方案》印发实施，提出通过调整优化资源配置和生产结构，全面落实"三去一降一补"五大任务，大力提高森林资源的质量和效益，不断扩大林产品、生态产品的有效供给，形成品种多、品质优、品牌强的具有贵州特色的林产品生产供给体系。《贵州省深化林业改革创新林业生态建设体制机制的实施意见》经省委全面深化改革领导小组审议通过，林业资源培育、保护和利用等20多项体制机制逐步完善。推进自然资源资产负债表的编制试点，六盘水市、赤水市和荔波县编制完成了2013年度和2014年度林木资源资产账户。贵阳等6个市(州)完成了林业生态红线的划定工作。继续推进政策性森林保险、林业专业合作化等配套改革，全省森林投保面积达366.7万公顷，保费达1.6亿元，保险公司向农户赔偿1730万元，全省林业专业合作社和家庭林场等经营组织达3865个。

造林绿化 争取到国家新一轮退耕还林计划31.8万公顷，占全国总任务的31.3%，排名全国第一。省委、省人民政府先后召开全省林业工作会议、全省造林绿化推进大会、全省新一轮退耕还林电视电话会，加快推进绿色贵州建设行动计划实施。继续开展春节后上班第一天五级干部义务植树活动。全省共完成造林面积35.2万公顷，其中退耕还林8.7万公顷、荒山造林26.5万公顷；完成中幼林抚育任务40万公顷，完成义务植树5600万株，森林覆盖率增长两个百分点，提高到52%。

林业产业 安顺、铜仁、黔南、黔东南四个市(州)先后出台了推进林业产业发展的实施意见。省财政安排林业产业发展专项资金3200万元，扶持各地林产品加工、林下经济、花卉苗木产业发展，带动社会资本15.08亿元投入林业产业。牵头实施的7个现代高效农业产业示范园区入驻企业达到111个(其中省级龙头企业24个)，农民合作社87个，从业农民达到5.04万人，实现总产值34.52亿元。全省营造经济林面积达10万公顷以上。省人民政府组织召开全省林下经济现场推进会，习水县等9个单位入选国家林下经济及绿色产业示范基地，全省林下经济产值达155.85亿元。省林业厅积极探索开展森林康养，组织编制全省森林康养规划和标准。扎佐林场、茂兰和梵净山国家级自然保护区、思南白鹭湖湿地公园被列为全国森林康养基地试点单位。《贵州省林业厅关于推进林菌产业健康发展的指导意见》印发实施，推动食用菌产业持续健康发展。省林业厅与省旅游局签订了森林旅游发展备忘录。施秉等3个县被授予"全国森林旅游示范县"。全省林业系统各自然保护区、各森林(生态)公园充分开发利用森林资源和景观优势，大力开展森林旅游，梵净山、荔波小七孔、草海、百里杜鹃、雷公山等地已成为重要的旅游目的地，年均接待游客3000万人次以上。全省林业总产值实现1000亿元。

林业脱贫攻坚 争取到中央2.5万名生态护林员指标，专项资金2.5亿元，是中央安排生态护林员专项资金最多的省份。出台贵州省建档立卡贫困人口生态护林员实施方案和选聘办法，指标全部分解落实到建档立卡贫困户。2016年，贵州省营造林工程项目70%以上布局在集中连片特困地区乡村实施，投入资金超23亿元，其中60%将转化为农民群众的劳务收入。安排定点帮扶8个县、乡营造林任务3000公顷，总投资4172万元。2016年国家下达贵州省退耕还林直补资金23.65亿元，涉及贫困户50万户。下达中央财政天保工程管护经费1.1亿元，使3000余名贫困人口平均增收7000余元。下达森林生态效益补偿资金8.5亿元，使5000名贫困人口通过参加森林管护人均增收1万元，74.6万贫困户户均补偿收入174元。将159户建档立卡贫困户纳入2016年中央林业科技推广项目合同指标，为全国提供了参考模式。省林业厅全面总结2011～2015年帮扶从江县工作，选派5名干部到册亨县开展同步小康驻村工作，编制了《贵州省林业厅帮扶册亨县工作规划(2016～2018年)》和2016年帮扶计划，出台《贵州省林业厅开展助推扶贫攻坚“五千行动”和同步小康驻村工作方案》，制定了“一户一策”帮扶措施。贵州省林业厅选派42名专业技术干部参加全省“万名科技干部服务三农”工作。

森林资源管理 全年共办理使用林地审核审批事项1623起，总面积1.2万公顷，收缴植被恢复费11.46亿元，是2015年收缴数额的2.5倍，创历史新高。完成木材采伐246万立方米，比2015年多47.4万立方米。在普定等6个县开展公益林疏林地补植、低效林改造和成过熟纯林结构调整等经营管理试点。《贵州省天然林资源保护工程森林管护实施细则》印发实施，在修文等7县(区)和扎佐林场开展天保工程二期“十三五”示范建设工作。

全省森林公安机关受理各类案件总计6925起，查结6429起，查结率92.84%，百名民警立案数、破案数、移送起诉数全国排名第一。协助云南等省份办理各类案件81起，协调广西等6省(市、区)配合贵州省森林公安办理各类案件40起。

全省共发生森林火灾37起，森林火灾受害率仅为0.004‰，重要节假日期间实现森林火灾零发生。省人民政府批复同意《贵州省林业外来有害生物防控建设规划(2016～2020年)》，层层签订《重大林业有害生物防治目标责任书》。贵州省第三次林业有害生物普查全面完成，完成松材线虫病疫木除治面积4200公顷。全省林业有害生物成灾率仅为0.13‰、无公害防治率为92.6%。

“六个严禁”执法专项行动 全省林业部门共开展巡山护林962 521次，检查木材及其制品生产、加工、经营场所11 881个，检查野生动物经营加工场所3338个，取缔无证经营加工木材场所255家；查结林业行政案件9193起，移送林业刑事案件4039起，开出罚单近3亿元。全省工商部门共组织清查餐饮店29 689家，依法查处2023家；清查农贸市场1650家，查处154家；取缔无证经营户116个，移送林业部门案件17起。全省国土部门组织清理排查采石采砂厂2649家，依法查处或关停采石采砂厂789家，移送林业部门案件33起。全省纪检监察部门2016年共查处需提起问责人数106人。全省其他部门督促本行业建设项目业主依法办理林地使用审核审批手续165起。全省公安机关对涉林刑事案件立案2170起，破案1625起，对犯罪嫌疑人采取强制措施1135人次，开展刑事处罚等工作97起。全省检察机关审查起诉涉林案件787起，审查或起诉907人，立案侦查犯罪人数218人，侦查终结188人，依法抗诉案件9起，开展立案督查等工作13起。全省法院审结涉林案件632起，判处737人次。

自然保护区和湿地建设 争取到自然保护区和湿地保护中央财政资金共1.2亿元，其中湿地保护资金1.02亿元，为历年之最。国务院批准佛顶山省级自然保护区晋升为国家级自然保护区。省人民政府批复成立了印江县洋溪、思南县四野屯两个省级自然保护区，成立了贵州省湿地保护委员会，启动省级重要湿地名录、一般湿地名录认定工作。截至2016年年底，全省林业系统自然保护区达105个、重要湿地公园(试点)达45处。《湿地贵州》专题纪录片在中央电视台播出，《中国湿地资源·贵州卷》和《贵州国家保护植物手册》出版发行。

支撑保障 《贵州省“十三五”生态建设规划》获省人民政府批复，《贵州省“十三五”林业发展规划》印发实施。全年林业投资累计完成60亿元，其中中央级投资50亿元、省级投资10亿元。《贵州省征收征用林地补偿费用管理办法》经修订后由省人民政府印发实施。《贵州省林木种质资源调查收集保存利用规划(2016～2025年)》由省林业厅编制完成。三都县珍贵树种等三个林木种质资源库被列为国家级林木种质资源库。贵州省林业标准化技术委员会正式成立，完成了《核桃丰产栽培技术规程》《核桃低产林改造技术规程》《核桃油生产管理规范》等13个地方标准的审定。《贵州省林业科技发展“十三五”规划》由省林业厅印发实施。省林业厅与国家林业局科技司签订了《林业科技扶贫对接合作协议》，成为国家林业局林业科技扶贫对口帮扶的第一个省份。贵州省37项林业科技成果进入国家林业科技推广成果库。

机关建设 贵州省林业厅认真清理2011～2016年的规范性文件，清理后保留30件、失效2件、废止3件。组织开展“研究问题破解难题”调研活动，拟定了“探索贫困人口就地转换为生态护林员的途径与措施”“新一轮退耕还林在脱贫攻坚中的重要作用”等19个题目，分别由厅党组成员领题，带队深入基层进行调研，形成了19篇高质量的调研报告。认真学习贯彻十八届六中全会精神，按照全面从严治党要求，自觉执行《关于新形势下党内政治生活若干准则》《中国共产党党内监督条例》等党内法规，健全党建工作责任制，认真落实党风廉政建设主体责任和监督责任，持续推进林业综合巡查，运用好监督执纪“四种形态”，落实约谈、函询、问责和诫勉谈话机制。深入开展“学党章党规、学系统讲话，做合格党员”学习教育，厅党组中心组组织集中学习 23 次，围绕“看忠诚度、看干净度、看尽责度”开展 3 次专题学习研讨，分别举办党支部书记、纪检监察干部、人事干部专题培训，新建《贵州省林业厅党组成员联系基层党的建设工作制度》《贵州省林业厅履行党风廉政建设主体责任实施办法(试行)》《贵州省林业厅机关党支部组织生活规范方案》，党员教育管理取得实效。

【造林绿化推进大会】 2 月 14 日，在全省 2016 年省、市、县、乡、村五级干部义务植树活动结束后，贵州省委、贵州省人民政府接着组织召开全省造林绿化推进大会。省委书记陈敏尔出席大会，省委副书记、省长孙志刚在推进大会上强调，要按照省委书记陈敏尔“三个厚植”的要求，准确把握全省造林绿化面临的新形势新任务，深刻认识加强造林绿化意义重大、任务繁重、正逢其时，持续掀起造林绿化新高潮，更好地守住生态这条底线，以实际行动践行五大新发展理念，加快建设生态文明先行示范区。要精准推动造林绿化落细落小，坚持增绿增质增效的基本要求，以加强绿化增加资源总量、以加强保护落实生态优先、以共建共享增进绿色惠民、以改革创新破解发展难题。要统筹土地资源，着力解决“种哪里”的问题；统筹苗木供给，着力解决“种什么”的问题；统筹抚管力量，着力解决“怎么养”的问题；统筹生态效益和经济效益，着力解决“怎么用”的问题；统筹改革创新，着力解决“动力不足”的问题。要聚焦造林绿化目标任务，加强组织领导，层层落实责任，实行挂图作战，强化政策保障，加大宣传力度，严防森林火灾，确保造林绿化各项工作落地落实。

贵州省委副书记谌贻琴主持会议并通报了绿色贵州建设三年行动计划推进情况。省委常委、副省级以上领导干部参加大会。

【同步小康驻村帮扶工作】 2011 年至 2015 年，贵州省林业厅接力赴从江县开展挂帮、帮联驻、同步小康驻村和党建扶贫，助推从江县经济社会迅速发展。林业绿化建设和林业产业增长步伐明显加快。贵州省林业厅累计投入 2.45 亿元林业建设资金，实施退耕还林等生态建设和林业产业项目，建成千亩楠竹、万亩杉木、千亩蓝莓等产业基地 34 个，面积 1 万多公顷；实施了高铁站前广场、銮里大道、从洛大道等一批绿化美化项目，累计营造林 1.6 万公顷。5 年间，全县森林面积增加 5333 公顷、森林蓄积量增加 163 万立方米；全县林业总产值达到 16.5 亿元，年均增长 21.5%。重点帮扶乡村的民生基础设施得到加强。省林业厅自筹 1800 万元，先后建成 10 处水利设施、3 处消防水池、9500 米农村消防管网和 360 千米森林防火通道，改善当地群众的生产生活条件。同时争取省水利、发改、国土、交通等部门项目资金 3825 万元，启动实施了村寨饮水、乡镇农贸市场、通村道路、土地整治等工程，惠及 2.6 万名群众。精准帮扶贫困村民。累计走访慰问贫困户、低保户 4078 户，发放慰问钱物 50 多万元；培训林农 5500 多人次；拨付林下产业发展金 680 余万元，扶持农户 525 户发展养鸡、种蓝莓等增收产业；扶持 3000 户少数民族同胞种植瑶药 666.6 公顷，开发瑶家药浴推动特色旅游。

帮扶期间，贵州省林业厅在从江县实施各类林业项目 138 个，惠及 27.6 万群众。截至 2016 年年底，从江县生产总值达 57.27 亿元，农民人均可支配收入 7622 元，贫困人口由 2011 年的 14.45 万人减少到 7.5 万人。

【首次林下经济现场推进会】 8 月 3 日，贵州省林下经济发展现场推进会在黔东南苗族侗族自治州凯里市召开。贵州省人民政府副省长刘远坤出席并讲话。黔东南苗族侗族自治州委副书记、州长冯仕文致辞。贵州省林业厅厅长金小麒通报了全省林下经济工作开展情况。省发改委、省农委、省旅发委、省扶贫办、黔东南苗族侗族自治州、毕节市大方县、安顺市西秀区钰霖种养殖农民专业合作社相关人员作交流发言。

刘远坤指出，发展林下经济有利于推进贵州省农业供给侧结构性改革，有利于贵州省山区群众脱贫致富，有利于贵州省实现生态保护和经济发展“双赢”，有利于贵州省林业转型发展，是牢牢守住生态和发展两条底线，把绿水青山转变成金山银山的重要途径，对带动广大群众脱贫致富意义重大。

刘远坤强调，抓好林下经济发展要坚持以市场为导向，科学合理利用森林资源，积极发展林业合作组织，推动林下经济向集约化、规模化、标准化和产业化发展。要重点扶持一批集中连片的生产基地，创立特色产品品牌，培养具有较大规模、发展潜力大、辐射带动能力强的龙头企业和农民专业合作社，逐步形成有规模、有特色的林下经济发展格局。

【“十三五”规划林业发展目标任务】 《贵州省“十三五”林业发展规划》明确“十三五”时期，贵州林业将以“五大发展理念”为引领，坚决守住发展和生态两条底线，坚持主基调主战略，围绕“生态美、百姓富”一个目标，遵循“森林覆盖率达到 60%、林业产业产值达到 2000 亿元”两条主线，扭住“绿色贵州建设三年行动计划、关于切实做好造林绿化工作力争 2020 年全省森林覆盖率达到 60% 的意见、关于推进全省林业产业发展的实施方案”三只抓手，完成“造林绿化、森林经营、资源保护、产业发展”四大任务，构建功能体系更加完善的“两江”上游重要生态安全屏障，为生态文明先行示范区建设和同步实现全面建成小康社会奋斗目标奠定良好的生态基础。一要加快荒山造林、退耕还林。完成全省宜林荒山造林绿化 20.6 万公顷，通过调整基本农田规划完成退耕还林 130.4 万公顷，完成石漠化治理面积 50 万公顷，全省森林覆盖率达到 60%。二要加大低质低效林改造和森林抚育力度。完成退化防护林 48.5 万公顷、低质低效林改造 20 万公顷、森林抚育 100 万公顷。三要着力提高森林质量。全省乔木林地生产力达到每公顷 72 立方米以上。年森林生态系统服务功能总价值达到 5000 亿元以上。三要加强林业产业基地建设，加速林下经济和生态旅游发展，推动林产品加工有序发展，林业产业产值达到 2000 亿元；积极推进森林公园、湿地公园和自然保护区建设，推进城乡绿化美化，尽快形成一批景色宜人、环境优美、宣教功能完善的生态文化载体。

【林业大事】

1月21日 贵州省林业工作会议在贵阳市花溪区召开。会议由省人民政府副秘书长项长权主持，副省长刘远坤出席会议并讲话，对贯彻落实会议精神、实施退耕还林及国有林场改革等工作提出了要求。

2月14日 贵州省委组织在春节后上班第一天开展省、市、县、乡、村五级干部义务植树活动。贵州省委书记、省人大常委会主任陈敏尔，省委副书记、省长孙志刚等在双龙航空港经济区中央生态公园，与干部群众一道义务植树。当天全省有近10万人参加义务植树活动。

2月14日 贵州省林业厅荣获2016年度省直机关目标管理绩效考核优秀奖和创新奖，实现“七连冠”。

2月29日 根据《贵州省人民政府办公厅关于成立省湿地保护委员会的通知》(黔府办函〔2016〕55号)，成立了由贵州省人民政府副省长刘远坤为主任，贵州省人民政府副秘书长项长权、贵州省林业厅厅长金小麒为副主任，贵州省发改委、财政、科技等11个部门分管领导为成员的省湿地保护委员会，负责统筹、协调湿地保护方面的工作。

4月15日 贵州省林业厅党组对厅直系统开展“两学一做”学习教育进行动员部署，印发《省林业厅机关和直属单位全体党员开展“学党章党规、学系列讲话，做合格党员”学习教育实施细则》的通知(黔林党通〔2016〕11号)。

4月26日 贵州省委、贵州省人民政府联合印发《贵州省国有林场改革实施方案》(黔党发〔2016〕10号)。

5月9日 贵州省人民政府组织召开全省国有林场改革工作电视电话会议。贵州省国有林场改革工作领导小组成员单位在贵阳主会场参加会议，贵州省人民政府副省长刘远坤出席会议并作讲话。

6月14日 国家林业局科技扶贫暨GEF贵州林业项目启动会在贵阳召开，会议由贵州省人民政府副秘书长项长权主持，国家林业局副局长彭有冬、贵州省人民政府副省长刘远坤，贵州省林业厅厅长金小麒、总工程师聂朝俊、副厅长孟广芹出席会议。国家林业局相关部门负责人，GEF-中国西部适应气候变化可持续土地管理贵州省项目成员单位负责人，省林业厅有关部门负责人参加会议。会上，国家林业局科技司司长胡章翠与贵州省林业厅厅长金小麒分别代表国家林业局科技司和贵州省林业厅签订林业科技扶贫对接合作协议。贵州省成为全国第一个签订此类协议的省份。

6月14~15日 内蒙古自治区林业厅在贵州省毕节市召开新一轮退耕还林工程任务现场落实会，全区各盟(市)林业局负责人、退耕办主任、造林科长及有新一轮退耕还林任务的旗(县)林业局局长约120人参加会议。贵州省林业厅副厅长向守都，毕节市人民政府分管领导和毕节市林业局负责人出席会议。与会代表参观考察部分退耕还林与产业发展相结合造林现场。会上，贵州省退耕还林工程管理中心、毕节市林业局、纳雍县林业局交流了新一轮退耕还林工程的经验做法。

6月22日 《贵州省人民政府关于建立印江洋溪省级自然保护区的批复》(省府函〔2016〕173号)批复印江洋溪县级自然保护区晋升为省级自然保护区；《贵州省人民政府关于建立思南四野屯省级自然保护区的批复》(省府函〔2016〕174号)批复思南四野屯县级自然保护区晋升为省级自然保护区。

7月14日 贵州省人民政府召开全省新一轮退耕还林还草工作电视电话会议，省退耕还林工程领导小组成员单位负责人、各市(州)政府分管负责人、省林业厅班子成员等在主会场参加会议；各市(州)和各县(市、区)退耕还林工程领导小组成员单位负责人在分会场参加会议。副省长刘远坤出席会议并讲话，代表省人民政府与各市(州)人民政府签订了2016年退耕还林目标责任书。

8月23日 贵州省市(州)林业局长座谈会在贵阳召开。会议的主要任务是，总结2016年以来林业工作，深入分析林业发展面临的新形势新任务，安排部署下一步工作。

10月27日 三都县珍贵阔叶树种国家林木种质资源库、赤水市竹类国家林木种质资源库、望谟县国有林场油桐国家林木种质资源库被列为第二批国家林木种质资源库，填补了贵州省没有国家级林木种质资源库的空白。

10月31日 贵州省人民政府副省长刘远坤主持召开专题会，研究落实国家支持贵州25度以上陡坡耕地退耕还林面积复核事宜，贵州省退耕还林工程领导小组成员单位负责人参加会议。

11月4日 罗甸超越农业有限公司获国家林业局核发《林木种子生产经营许可证》，允许从事柑橘属等苗木的生产经营，成为贵州省第一家具有苗木进出口资质的企业。

11月8日 贵州省人民政府副省长刘远坤、副秘书长项长权一行4人，到省林业厅专题调研指导新一轮退耕还林工作，与贵州省林业厅厅长金小麒、副厅长向守都及有关处室主要负责人座谈。

11月22日 贵州省人民政府办公厅下发《省人民政府办公厅关于进一步加强新一轮退耕还林工作的通知》(黔府办发电〔2016〕275号)，对新一轮退耕还林重点任务、保障措施等提出了具体要求。

12月18日 《贵州省征收征用林地补偿费用管理办法》(贵州省人民政府令第171号)由省人民政府颁布实施。

(贵州省林业由姚世超、何章供稿)

云南省林业

【概　述】　2016年，云南林业系统紧紧围绕党中央、国务院、国家林业局和省委、省政府关于生态文明建设和林业工作的决策部署，攻坚克难、锐意改革、精准发力、狠抓落实，促成省政府与国家林业局签署了《关于加快推进云南省争当全国生态文明建设排头兵的战略合作框架协议》，组织编制完成了《云南林业发展“十三五”规划》，明确了“十三五”的七大任务和十大重点工程。全面完成了“森林云南”建设各项年度目标任务。

重点领域改革　全面推进国有林场改革工作，省政府成立了全省国有林场改革工作领导小组，制订了《云南省国有林场改革实施方案》，召开了全省国有林场改革工作会议，与各州、市政府签订了改革工作目标责任书，审查批复了34个试点林场改革实施方案，完成31个国有林场改革试点验收工作。深入推进自然保护区管理体制改革，完成了省级以上自然保护区机构改革任务，妥善解决了省级以上自然保护区机构、编制、人员经费、财政供养、人员身份等问题。继续深化集体林权制度改革，开展了集体林权流转、抵押等相关问题的调研。

资金投入　争取中央和省级林业资金85.55亿元，同比增长12%，占年度计划70亿元的122%。其中，中央投资68.41亿元，比2015年增长18.7%；省级投资17.14亿元，比2015年下降8.8%。争取中央财政天然林停伐管护补助资金7.59亿元，生态护林员补助资金4亿元，落实国有林场改革补助资金1.57亿元。争取国家林业贴息贷款计划27.56亿元，比2015年增长12%；经济林木(果)权证抵押贷款超过20亿元，林权抵押贷款余额达172亿元。全省林业投入持续大幅增长，再创历史新高。

生态建设　省政府与各州(市)政府签订了《云南省2016～2020年林业双增目标责任状》，制定出台了《云南省人民政府办公厅关于加快推进全省城乡绿化工作的实施意见》，扎实推进城乡绿化、低效林改造、退耕还林、陡坡地生态治理、天然林保护、石漠化综合治理、农村能源建设等生态治理工程。全年完成营造林40.67万公顷，全民义务植树1亿株，“省市联动、绿化昆明、共建春城”活动植树4860公顷，低效林改造(含森林抚育)27.6万公顷，森林管护1320万公顷，退耕还林和陡坡地生态治理11万公顷，石漠化综合治理林业项目9万公顷，防护林建设2200公顷，节柴改灶16.16万户，太阳能热水器22.63万台，均完成或超额完成了年度目标任务。

林业产业　重点推进木本油料、观赏苗木、珍贵用材林、林下经济、森林旅游等林业特色优势产业。完成了核桃500亿元级产业全产业链发展规划、全省森林旅游发展规划和全省梅花鹿产业发展规划的编制工作，建设木本油料基地7.8万公顷、提质增效示范基地8.33万公顷，新增林农专业合作社国家级示范社19户、省级示范社50户，新增国家级林下经济示范基地5个、林业产业省级龙头企业108户。

依法治林　《云南省林木种子条例》和《云南省木材运输管理规定》分别经省人大常委会、省政府常务会议审议通过。编制了《“双随机一公开”监管工作实施细则》，建立了36项“双随机一公开”随机抽查事项清单、抽查对象名录库、执法检查人员和专家名录库，组织开发了林业“双随机一公开”信息管理系统，率先开展随机抽查工作。不断完善以森林公安为主相对集中的林业综合执法机制，进一步将自然保护区和湿地两个领域的行政处罚权相对集中地由森林公安机关行使。查处涉林案件2万多起，挽回经济损失1.7亿余元。省林业厅被省委、省政府评为“六五”普法良好等次单位、“十二五”全省法治宣传教育先进集体和全省依法行政工作先进单位。

森林资源管理　建立了省检察院、国家林业局驻云南专员办、省林业厅联席会议制度及森林资源监督管理林业工作站联络员制度。完成全省第四次森林资源二类调查任务，组织对全省天然林面积进行审核认定。分解下达全省“十三五”期间年森林采伐限额，争取国务院批准追加灾害木清理专项限额470万立方米，全面落实停止天然林商业性采伐政策。举办了首届中缅森林资源保护与社区发展论坛。妥善应对《焦点访谈》栏目对大理市毁林采石采砂、破坏生态等问题的报道，在全省范围内组织开展了历时4个月的集中打击整治破坏森林资源违法违规行为专项行动，查处破坏森林资源案件9596起，清查违法用地609.8公顷，依法关闭砂石开采项目1049个，责令整改违法违规项目1339个，清理木材、野生动物非法交易场所1161处，收缴木材3776立方米，打掉犯罪团伙5个，刑事处理785人，191个单位和8639人受到行政处罚。

防灾减灾　全年共发生森林火灾73起，受害森林面积394.2公顷，火灾次数同比下降44.3%，受害森林面积同比下降51.1%，森林火灾受害率仅为0.02‰；林业有害生物发生面积46.75万公顷，防治42.32万公顷，综合防治率90.52%，成灾率2.46‰，两项指标均低于国家控制指标。

生物多样性保护　开展全省第二次陆生野生动物和重点保护野生植物资源调查。举办首届中缅边境北段生物多样性保护与可持续发展合作研讨会，与越南4个省签署了边境林业及野生动植物保护合作协议。编制完成《云南省自然保护区生物多样性监测体系规划》《极小种群野生植物保护指南》和《亚洲象拯救实施方案》，开展《云南省古茶树资源保护利用规划》和《云南省古茶树资源管理利用技术规程》编制工作，新建1个极小种群植物迁地保护园。开展野生动物公众责任保险工作，兑付理赔金额4256万元，受益农户3.8万户。完成全省野生动物疫源分布调查，启动实施陆生野生动物疫源疫病监测站国家级标准站建设试点，新建省级监测站1个，全省无重大野生动物疫源疫病发生。开展国家公园体制试点，《香格里拉普达措国家公园体制试点区试点实施方案》获国家批准，新设立大山包、独龙江和怒江大峡谷等5处国家公园，全省国家公园达13个。生物多样性保护体系基本建立，90%以上的典型生态系统和85%以上的重要物种得到有效保护。

湿地资源保护 开展国际重要湿地生态效益补偿试点，完成大山包国际重要湿地试点任务，启动纳帕海国际重要湿地试点工作。编制上报《云南省退耕还湿试点方案》，启动洱海退耕还湿试点。完成全省年度湿地面积增减和保护率核查工作，为生态功能区转移支付资金安排及相关考核考评提供数据依据。组织开展全省湿地生态服务功能价值评估和湿地资源开发利用许可制度研究工作，形成初步成果。全面启动泥炭沼泽碳库调查。制订出台全省湿地生态监测管理办法，启动5个湿地生态监测站监测工作。认定并公布第二批省级重要湿地8处，新增国家湿地公园试点4处，完成2处国家湿地公园试点验收省级评估工作，在12处湿地区域开展保护与恢复工作，一批珍贵湿地资源得到抢救性保护。

科技支撑 投入科技资金7350万元，省林科院科研综合楼、重点实验室改造提升工程全面竣工，新增院士工作站2个，开展了23项林业重大关键技术研究。云南林业职业技术学院、云南林业高级技工学校培养输送林业职业技术人才4527名。在全国率先成立以国家生态定位监测站为骨干、国家自然保护区和湿地监测站为补充的云南省生态定位监测网络，筹备"云南省农业科技创新成果转化推介暨招商大会"高效林业部分推介展览会，获优秀成果奖12项、优秀招商奖4项。组织开展农业科技"三下乡"、进藏区等活动，达成16项林业科技成果合作协议。联合省农业厅等部门印发《云南省支持加快农业科技成果转化推广实施方案》。全省推广实施新技术、新品种、良种21项，新建科技示范基地25个，辐射带动面积2000公顷。注册登记园艺植物新品种46件，审认定林木良种59个，制定和修订林业标准26项，累计建成林木种子生产基地229处2.88万公顷、苗圃3360处4650公顷。科技对林业的贡献率达到41.2%。

林业扶贫 印发《云南省林业厅关于推进林业精准扶贫精准脱贫工作的实施意见》，编制《云南林业"十三五"脱贫攻坚规划(2016～2020年)》，投入扶贫重点县林业项目资金69.9亿元，向全省贫困县倾斜下达退耕还林还草任务13.03万公顷，启动实施生态护林员精准脱贫工作，落实建档立卡贫困户生态护林员4万名，带动20万人建档立卡贫困人口精准脱贫。在林地审批、林木采伐方面，对易地扶贫搬迁工作给予积极支持，免收易地扶贫搬迁项目森林植被恢复费1.32亿元。在"挂包帮""转走访"工作方面，编制《砚山县林业扶贫实施规划(2016～2020年)》，筹集挂钩帮扶资金452万元，协调有关部门投入建设资金3245万元，多次组织人员深入开展调研、指导和检查，推动挂钩扶贫脱贫项目、资金、措施等精准落实。

服务经济社会 通过争取国家支持、优化用地方式、突出保障重点、简化审批程序、压缩审批时间、免征森林植被恢复费等措施，积极参与和支持全省经济社会发展。全年争取国家备用林地定额支持4022公顷，共审核审批各类工程建设项目使用林地申请1322件，使用林地13 113公顷，其中，涉及"五网"(路网、航空网、能源保障网、水网、互联网)项目515个、占用林地8383公顷，易地扶贫搬迁项目280个、占用林地1425公顷，其他国家及省级重点项目166个、占用林地6357公顷。依法依规征收森林植被恢复费12.4亿元，免收相关项目森林植被恢复费1.8亿元，涉林重点项目限时办结率100%，保障了4925亿元固定资产投资项目顺利落地。

【国有林场改革】 3月1日，云南省国有林场改革工作领导小组第一次专题会议在昆明召开。会议通报了全省国有林场改革工作推进情况，就《云南省国有林场改革任务分解方案(征求意见稿)》进行讨论研究。24家省国有林场改革工作领导小组成员单位参加会议。

全省国有林场改革工作 4月14日，云南省政府召开全省国有林场改革工作会议，全面启动云南省国有林场改革工作。会议明确，确保到2017年年底，基本完成全省国有林场重组整合到位、性质界定到位、编制明确到位、分流安置到位、社会保障到位、机制转换到位、资源监管到位和政策支持到位的改革任务。会上，省政府与16个州(市)政府签订了国有林场改革工作目标责任书。

国有林场改革实施方案获省委深改组审议通过 3月30日，省委书记、省委全面深化改革领导小组组长李纪恒主持召开省委全面深化改革领导小组第十八次会议，会议审议并原则通过《云南省国有林场改革实施方案》。

印发国有林场改革实施方案 4月17日，云南省委、省政府印发《云南省国有林场改革实施方案》。《方案》分为国有林场改革的总体要求、主要内容、支持政策、实施步骤和保障措施5个部分。《方案》明确云南国有林场改革的范围：经县级以上政府批准成立、具有独立法人资格的国有林场。《方案》提出，到2017年，基本完成全省国有林场公益性质明确到位，事业编制落实到位，财政预算保障到位，基础设施建设资金安排到位的改革任务，做到"管得住、放得活"。方案明确，到2020年，全省国有林场森林蓄积量增加2000万立方米，达到33 000万立方米以上；森林面积增加13.33万公顷，总面积达到246.67万公顷以上；国有林场森林覆盖率达到80%以上；通向国有林场场部公路硬化率达到100%，管护站点通电、通水，信息网络实现全覆盖；实现国有林场资源增长、职工增收、活力增强、队伍稳定的改革目标。

明确自然保护区管理与国有林场改革政策衔接工作 9月28日，云南省委组织部、省委机构编制办、省财政厅、省社保厅、省林业厅联合下发文件，明确提出：各级自然保护区管护区域与国有林场有重叠的，要做好与全省国有林场改革的政策衔接，统筹用好两项改革的政策优势，合理设置管理机构。云南共有47个国有林场与36个自然保护区存在管护范围交叉重叠，占全省自然保护区总数的1/4。其中：国家级自然保护区4个，省级自然保护区10个，州(市)级自然保护区18个、县级自然保护区4个。在国有林场改革中，云南提出："在国有林场基础上成立自然保护区、森林公园的，实行两块牌子、一套人马的管理体制。"通过国有林场改革，22个州(市)级和县(区)级自然保护区将健全管理机构，明确管护职能，逐步实现规范化管理。通过理顺自然保护区管理体制，25个与国家级和省级自然保护区存在交叉重叠的国有林场将提升为正处、副处级事业单位，进一步提升区域的森林资源保护和培育能力，加大生物多样性保护力度，实现国有林场改革与加强自然生态资源保护的共赢。

【云南十大工程六大任务谋划"十三五"规划】 为深入推进生态文明建设，"十三五"期间，云南省将以天然林保护工程、退耕还林工程、生物多样性保护工程、湿地保护与恢复工程、重点生态治理修复工程、森林经营工程、产业提质增效工程、林业科技创新工程、林业基础及信息化建设工程、城乡绿化工程等十大工程为载体，完成六大任务。一是构筑生态安全屏障。二是全面深化林业改革。三是做优做强林业产业。四是发展生态公共服务。五是提升林业基础保障。六是依法治林。

【湿地保护】

云南省公布首批省级重要湿地名录 1月7日，根据《云南省湿地保护条例》，由省林业厅牵头认定的首批省级重要湿地名录经省人民政府正式公布，分别是：沾益海峰湿地、腾冲北海湿地、丽江老君山九十九龙潭湿地、丘北普者黑湿地、洱源茈碧湖湿地、洱源西湖湿地、剑川剑湖湿地。7处湿地均根据资源禀赋，由当地政府采取自然保护区、国家公园、国家湿地公园等保护地形式进行了保护。

云南省公布第二批省级重要湿地名录 12月22日，云南省人民政府下发《关于公布第二批省级重要湿地名录的通知》(云政发〔2016〕105号)，同意将巧家马树、富源小海子、鹤庆草海、盈江、宁蒗青龙海、宁蒗拉伯、兰坪箐花甸、香格里拉千湖山等8处湿地列为第二批省级重要湿地，涉及昭通、曲靖等7个州(市)8个县(市)，认定区域总面积21 727公顷，其中湿地面积7801公顷，以湖泊湿地和沼泽湿地为主，多分布于长江流域。

全国首个湿地学院落户西南林业大学 11月2日，全国首个湿地学院在西南林业大学成立，旨在培养湿地保护人才，开展湿地科学研究，加强社会服务，为国家湿地保护战略提供科技支撑、决策依据和人才支持。学院依托"国家高原湿地研究中心"成立，整合湿地教学与科研力量，突出湿地研究优势与特色，构建"本科-硕士-博士"的人才培养体系，专业覆盖湿地工程、湿地保护、湿地基础科研及湿地生物多样性研究等方向。国家高原湿地研究中心是在国务院批准的《全国湿地保护工程规划》框架下，为加强高原湿地科学研究，依托西南林业大学，于2008年正式成立的专门针对中国高原湿地保护的国家级研究机构。

云南新增一处试点国家湿地公园 1月，云南申报的玉溪抚仙湖国家湿地公园获国家林业局批准开展试点工作，全省国家湿地公园增加到了12个。

【云南省政府与国家林业局签订战略合作框架协议】 2月26日，云南省政府与国家林业局在北京签订战略合作框架协议。根据协议，双方将深入贯彻落实习近平总书记关于生态文明建设和林业改革发展系列重要讲话特别是考察云南重要讲话精神，进一步深化省局合作，充分发挥云南生态区位重要、生物多样性富集和森林资源丰富的优势，加快推进云南争当全国生态文明建设排头兵。国家林业局与云南省政府将在加快建设中国林业大数据中心和林权(收储)交易中心、加大对云南退耕还林支持力度、大力建设西南生态安全屏障、加强国家储备林基地建设、推进国家公园建设和野生动植物保护、加强林业面向南亚东南亚辐射中心建设、加大对滇桂黔石漠化片区脱贫攻坚支持、加强林业基础设施建设、加快推进国有林场改革9个方面开展战略合作。双方将建立定期会商工作机制和经常性工作机制，研究工作推进中的重大问题，共同推进各项合作事务落实。云南省副省长张祖林与国家林业局副局长张永利代表双方签字。

【全省林业局长会议】 2016年1月17日，全省林业局长会议在昆明召开。会议确定，2016年全省林业工作的主要目标是：争取完成林业投资70亿元以上，营造林40万公顷，低效林改造20万公顷，木本油料基地建设6.67万公顷、提质增效示范基地建设6.67万公顷，森林管护1320万公顷，退耕还林还草和陡坡地生态治理11万公顷，全民义务植树1亿株以上，森林火灾受害率控制在1‰以内，林业有害生物成灾率控制在4‰以内，全社会林业总产值达到3000亿元以上。

【云南省生态定位监测网络正式成立】 10月21日，云南省生态定位监测网络成立大会在昆明召开，会议通过《云南省生态定位监测网络章程》，并选举执行机构和秘书处。秘书处设在云南省林业科学院，负责处理网络日常事务。网络成员单位包括云南省范围内已经或正在建设的13个森林、湿地、荒漠化生态系统定位监测站、17个国家级自然保护区和5个湿地生态监测站。监测网络以森林、湿地、荒漠生态系统为主要监测对象，由分布在全省的若干生态定位监测机构构成。成立云南省生态定位监测网络，旨在建立和完善云南省生态定位监测体系的建设与发展，加强各监测机构间的合作。生态定位监测网络的基本任务包括：一是广泛联系从事生态监测活动的台站和相关组织，加强生态定位监测机构间的信息沟通、经验交流及学术交流，促进和推动各成员单位之间协同合作、互惠互利；二是研究监测台站建设和发展过程中的重大问题与对策，形成有影响力的区域性生态研究工作重大问题研究报告，为云南生态科学研究事业的发展提出工作建议和决策咨询；三是制定区域性生态系统定位观测研究工作发展战略，积极推动生态监测工作的建设与发展，不断提高生态监测台站对科学研究工作的支撑和服务水平；四是组织各成员单位联合申报地方和国家的相关重大科技项目，提高生态监测台站对国民经济建设和社会公众服务的影响力和服务力；五是跟踪国内外生态监测研究动向，把握国内外生态监测研究工作发展态势，推动国内外交流与合作，开展国内外交流与培训；六是定期或不定期编撰监测网络年报及生态监测评估报告；七是接受中国陆地生态系统定位研究网络(CTERN)、中国生态系统研究网络(CERN)以及上级主管部门的指导。

【云南第二批省级生态文明教育基地授牌】 1月17日，省林业厅、省教育厅、团省委联合发文，授予中科院昆明动物研究所动物博物馆、普者黑国家湿地公园、景东无量山哀牢山国家级自然保护区、弥渡密祉太极山风景名胜区4家单位“云南省生态文明教育基地”称号，全省省级生态文明教育基地数量达到6个。

【滇川两省建立松材线虫病防控合作机制】 1月25日，滇、川两省林业部门在四川省宜宾市召开松材线虫病联防联治座谈会，签署《川滇两省松材线虫病联防联治框架协议》，成立川滇松材线虫病联防联治协调小组。协调小组每年至少召开1次联席会议，共商林业有害生物防控措施，组织开展2次以上专项检疫执法行动，协调配合案件查处工作，共同打击跨省违法收购、调运、加工松材线虫病疫木等行为。

【云南新增5个国家公园】 3月26日，经云南省人民政府批准，建立白马雪山国家公园、大山包国家公园和楚雄哀牢山国家公园；5月10日，经云南省人民政府批准，建立独龙江国家公园和怒江大峡谷国家公园。云南省国家公园数量达到13个。

【云南再添4处国家级核桃示范基地】 3月3日，国家林业局公布第二批国家级核桃示范基地，云南4处基地入选，分别是：楚雄彝族自治州楚雄市中山镇洼子村委会草介村，大理白族自治州漾濞彝族自治县苍山西镇白章村断山、永平县博南镇新田村，保山市隆阳区瓦窑镇下麦庄村。云南国家级核桃示范基地数量达到8处，占全国已认定63处国家级核桃示范基地的12.5%。

【云南省林业厅公布行政审批中介服务事项目录及中介机构相关信息】 根据云南省人民政府《关于第一批清理规范省政府部门行政审批中介服务事项的决定》，云南省林业厅通过门户网站公布了10项中介服务事项目录及115家中介机构等相关信息。云南省林业厅实施的28项行政许可项目，经过清理规范，其中11项涉及中介服务事项。为进一步规范行政审批工作，切实做到标准明确、程序严密、运作透明，不断促进中介服务市场健康有序发展，详细公布了中介服务事项的名称及对应的行政许可事项名称、设定依据、中介服务实施机构等情况。同时，为方便广大群众了解相关中介机构及林业调查规划设计资质的管理，一并公布了国家林业局制订的《林业调查规划设计单位资格认证管理办法》和云南省具有林业调查规划设计资质证书的单位，共计115个，其中甲A级1个、甲B级3个、乙级13个、丙级53个、丁级45个。

【《云南省建立国家生态文明试验示范区战略研究报告》获云南第十九次哲学社会科学优秀成果一等奖】 《报告》由总报告和经济、环境、生态3个专题报告组成，从机制体制上探索云南建设国家生态文明先行示范区的有效路径，提出了把云南列为国家生态文明试验示范区、支持云南率先建立国家公园体制等一系列具有前瞻性的意见建议。

【云南省再次提高省级公益林补偿标准】 森林生态效益补偿启动实施以来，中央财政、省财政多次提高补偿标准。2010年，国家将权属为集体和个人的国家级公益林补偿标准由每年75元/公顷提高到每年150元/公顷，2013年提高到每年225元/公顷，2015年，将权属为国有国家级公益林补偿标准由每年75元/公顷提高到90元/公顷。在中央提高国家级公益林补偿标准的示范带动作用下，云南也逐步提高省级公益林补偿标准，2011年，省政府将权属为集体和个人的省级公益林补偿标准从每年75元/公顷提高到每年112.5元/公顷，2012年提高到每年150元/公顷，2014年提高到了每年225元/公顷，2016年，将权属为国有的省级公益林补偿标准由每年75元/公顷提高到90元/公顷，再次实现了和国家级公益林同标准补偿。

【景洪市成为全省首个“全国森林旅游示范县(市)”】 9月18日，景洪市被中国林业产业联合会授予“全国森林旅游示范县(市)”，成为云南首个获此殊荣的县(市)。景洪市以其富集的森林景观资源、丰富的森林旅游产品、强大的森林旅游经济带动力和显著的森林旅游示范作用当选。

【全省第四次森林资源二类调查成果全部通过验收】 10月20日，云南省第四次森林资源二类调查领导小组在昆明主持召开评审验收会，会议通过了昭通市各县(区)森林资源二类调查成果评审验收，标志着全省第四次森林资源二类调查各州(市)成果全部完成验收。

【《云南省林木种子条例》获省人大修订通过】 9月29日，经云南省第十二届人大常委会第二十九次会议审议，新修订的《云南省林木种子条例》获全票通过，并定于2017年1月1日开始施行。云南成为2016年1月国家新修订的《中华人民共和国种子法》施行后，全国首个完成地方性配套修订的省份。

【云南与越北四省签署林业及野生动物保护合作协议】 12月26日，云南省与越南河江、老街、莱州、奠边四省第六次联合工作组会议在昆明召开，云南省林业厅与越北四省农业和农村发展厅签署了为期5年的边境林业及野生动植物保护合作协议。《协议》明确，在云南省与越北四省联合工作组会议机制框架下，云南省林业厅与河江、老街、莱州、奠边四省农业和农村发展厅建立林业合作机制，每年轮流开展一次工作会谈、会晤，并视工作需要开展不定期会晤。根据《协议》，双方将共同履行国际公约，开展野生动植物联合保护行动，推进“跨境生物多样性联合保护区域”建设；联合开展野生动物疫源疫病检测，互通野生动物疫源疫病监测情况；开展森林防火合作，建立联动机制，共同管控跨境林火；加强跨境非法买卖、运输林业产品防控合作；推动林业科研单位及企业交流合作；开展重大林业有害生物防控合作。

【林业大事】

3月9日 云南省人民政府组织的第二场"稳增长开好局政策措施解读系列新闻发布会"在昆明海埂会堂举行。云南省林业厅向社会发布，云南省各级林业部门将采取10项措施助推云南经济"十三五"平稳开局。

4月15日 在云南省农业科技进藏区启动仪式上，云南省林业厅与迪庆藏族自治州人民政府签订了《云南省林业科技进藏战略协议》。

5月3日 云南省委书记、省人大常委会主任李纪恒在昆明市呈贡区锦绣龙潭山生态建设项目点参加党政军义务植树活动。

6月28日 云南省"兴产业、促跨越"系列新闻发布会"高原特色现代农业产业篇"在昆明海埂会堂举行。云南省林业厅对外发布云南高效林业建设情况。

8月25日 云南省召开森林公安机关相对集中行使湿地和自然保护区林业行政执法权及开展湿地和自然保护区执法专项行动新闻发布会。

9月2日 云南省政府召开全省集中整治破坏森林资源违法行为和进一步规范集体林权流转工作电视电话会议。启动全省集中打击整治破坏森林资源违法违规行为专项行动。

9月8日 经云南省人民政府同意，省林业厅会同省水利厅在文山壮族苗族自治州砚山县召开全省石漠化片区区域发展与脱贫攻坚现场推进会。

10月14日 2016年全省林业工作座谈会在昆明召开，围绕森林资源保护、林权管理、国有林场改革、国土绿化、林业扶贫、退耕还林等林业重点工作，安排部署下一步工作。

11月3日 主题为"聚焦高原湿地 携手长江大保护"的"2016年长江湿地保护网络年会暨长江湿地保护培训"在大理白族自治州大理市开幕。

12月6～20日 云南省国有林场改革工作领导小组赴各州(市)开展国有林场改革试点验收工作。

（云南省林业由秦洪锦供稿）

西藏自治区林业

【概　述】 2016年，全区林业坚持把建设国家生态安全屏障和美丽西藏作为主体定位和目标导向，深入实施以生态保护与建设为主的林业发展战略，以维护森林生态安全为主攻方向，以增绿增质增效为基本要求，严守生态红线、加强资源保护、推进国土绿化、增进绿色惠民、强化基础保障，林业各项工作取得明显成效，实现了"十三五"良好开局。全年落实林业生态保护与建设资金34亿元，同比增长7.9%；完成造林5.59万公顷，与2015年持平；林业促进农牧民增收12亿元，同比增长13.63%；实现林业产值26亿元，同比增长13%。

【国土绿化】 全区造林绿化工作坚持成活率、保存率和效益第一及适地适树、因地制宜的原则，按照"先易后难、突出重点"的思路，重点实施森林围城、森林水系和绿色通道三大造林绿化工程。全年共完成造林绿化5.59万公顷，完成全年造林任务的100%；完成2015年度安全屏障规划防沙治沙工程9.25万公顷；新一轮退耕还林工程0.33万公顷。

【资源林政管理】 下达全区木材生产计划25.83万立方米，占年森林采伐限额44.3万立方米的58.31%。全面停止天然林商业性采伐，并争取停伐补助资金3.87亿元。全面完成生态公益林年度管护任务，落实中央财政森林生态效益补偿基金13.73亿元。办理使用林地项目42宗，使用林地面积823.13公顷，征收森林植被恢复费7075.58万元。组织开展"高原绿盾一号"等专项行动3次，查处林业行政案件68起，查处率100%；侦破森林和野生动物刑事案件46起，破案率92%。出台《西藏自治区营造林管理办法(试行)》。

【维护生物多样性】 积极实施珠峰等9个自然保护区能力建设和基础设施工程建设项目。组织实施然乌湖等10个湿地保护与恢复工程、12个中央财政湿地保护与恢复补助以及湿地保护奖励项目，开展中央财政和自治区级财政湿地生态效益补偿试点项目，受惠湿地面积近20万公顷。新增国家湿地公园(试点)4处，并有2处通过正式验收。麦地卡湿地自治区级自然保护区获批晋升国家级自然保护区。自然保护区棚户区改造项目落实资金2359万元，开工率达100%。完成2015年9261.31万元野生动物肇事补偿汇总及资金兑付。启动实施热振、尼木国家森林公园林相改造项目。

【林业灾害防控】 启动新一轮森林防火工作，防火期内对全区有林地(市)、县进行了森林火险隐患排查和督导工作，全区仅发生1起一般森林火灾，火灾次数同比下降75%。林业有害生物发生面积29.10万公顷，完成防治面积17.48万公顷；办理《植物检疫要求书》630份、《植物检疫证书》141份；出台了《西藏自治区实施〈森林病虫害(林业有害生物)预测预报管理办法〉细则(试行)》等4个测报管理办法。在发生藏羚羊异常死亡和候鸟禽流感疫情后，及时采取有效防控措施，维护公共卫生安全；与国家林业局野生动物疫源疫病监测总站合作开展藏羚羊传染性胸膜肺炎致病机制及发病规律研究，召开藏羚羊疫病研讨会。

【精准扶贫】 为让西藏农牧民实现有尊严地脱贫，成为生态战士，吃上生态饭，自治区林业厅编制上报了《2016年林业生态补偿脱贫第一批实施方案》和《"十三五"时期西藏林业精准扶贫规划》，安排林业生态岗位25.25万个，占全区生态补偿脱贫岗位的50%。同时，充分发挥林业行业优势，大力推进行业扶贫，昌都市察雅县、芒康县被列为"服务精准扶贫国家林下经济及绿色产业示范基地"。

【林业改革】 《西藏自治区国有林场改革实施方案》获批执行并下发，到位职工补助资金4158万元。编制上报集体林权制度改革方案，成功发放800万元林权抵押贷款，制定出台《关于做好集体林权制度改革与林业发展金融服务工作的意见》。开展羌塘国家级自然保护区管理体制机制改革试点，落实自治区级财政改革试点资金1.45亿元，完成67个管理站建设工作和780名专业管护员选聘培训工作。开展中央财政和自治区级财政湿地生态效益补偿试点项目，中央财政共下达湿地生态补偿资金1.48亿元。开展国家公园建设，编制完成《西藏羌塘藏羚羊野牦牛国家公园总体规划（2016～2025年）》，积极筹备申报建立珠峰国家公园。

【生态文化建设】 完成6个生态文化村遴选工作，山南市贡嘎县杰德秀镇杰德秀居委会等5个村（居）被命名为"全国生态文化村"。结合"世界湿地日""世界森林日""植树节""世界野生动植物日""扶贫工作宣传日"等，开展宣传活动12次。继续与央视合作开展"我们与藏羚羊"大型科考报道活动以及"黑颈鹤迁徙直播"报道活动。开展"美丽西藏"林业摄影大赛和摄影展。通过西藏林业网站发布信息600余条，图片800余幅，点击量达20万次。通过微信公众平台发布相关新闻300余条，点击量达18万人次。各大媒体播出和刊登西藏林业新闻1600余条。向西藏自治区党委、政府和国家林业局上报林业信息366条。在全区政府系统区直机关中排列第三名，荣获"全区政务信息工作先进集体"，并有2名同志荣获"全区政务信息工作先进个人"称号。

【基础性工作】 完成了第九次全国森林资源清查工作，2016年国家林业局公布的清查结果显示：全区林地面积1798万公顷，增加14万公顷；森林面积1491万公顷，增加19万公顷；森林蓄积量22.82亿立方米，增加2047万立方米；森林覆盖率12.14%，提高0.16个百分点，全面实现了森林面积和蓄积量"双增"的目标。组织启动了全区74个县（区）林地变更调查工作，完成了271.8万公顷新增公益林的区划界定工作。有序开展全区第二次重点保护野生植物资源调查、林业有害生物普查第一次外业工作。出台了《西藏自治区生态补偿脱贫公益林管护人员管理办法》《西藏自治区营造林管理办法》以及西藏自治区自然保护区、重要湿地、野生动物、沙化土地封禁保护区等管理办法。组织编制了《关于加强林木种苗实施意见》《西藏自治区级林木良种目录》《人工林抚育期管理办法》。

【机关党建工作】 坚持把全面从严治党贯穿林业工作的始终，深入学习贯彻党的十八届六中全会、自治区第九次党代会精神，切实增强"四个意识"，特别是核心意识和看齐意识，坚持把强化"两个责任"作为党建工作的关键点和着力点，层层签订《党建工作目标管理责任书》和《党风廉政建设责任书》；召开7次党建工作专题会议，落实党建工作各项任务；认真落实中央八项规定和西藏自治区"约法十章""九项要求"，新出台和修订规章制度20项；针对区党委巡视一组巡视反馈意见，认真制订整改方案，精心组织整改工作。及时启动"两学一做"学习教育，成立学习领导小组，制订学习教育实施方案，严格落实中心组理论学习制度和"三会一课"制度，4次邀请区党委讲师团做专题学习辅导，在西藏林业信息网开辟学习专栏并定期发布学习内容，利用"西藏林业"微信公众号加强宣传，学习教育扎实推进。在学习的基础上，引导党员干部职工争做展篇能读、用脑能想、开口能说、提笔能写、动手能干的"五能"林业工作者，争当林业行业"标兵"；组织科级以上干部与99户困难户结对认亲交朋友，在"三大节日"和国庆节期间派出慰问工作组，深入那曲、昌都、林芝等5个驻村工作联系点，看望慰问结对帮扶户，送去慰问金10万余元。

【问题和短板】 全区宜林地面积较大，但立地条件极差，苗木供需矛盾突出，特别是林木良种供应严重不足，种苗质量亟待提高；林业科技基础薄弱，林业专业技术人员总量严重不足且结构性矛盾突出，科技支撑林业生态建设能力不强；林业资金投入渠道单一，社会资本投入林业建设不足，引导社会资本参与林业建设的机制亟待解决；林业产业发展滞后，总量小，产业支持助力群众增收作用不够明显；林业生态产品难以满足社会需求，与西藏林业资源大省区地位不相符。

【林业大事】

1月16日 西藏自治区林业厅被西藏自治区党委、政府评为"2015年度自治区级平安单位"。

2月22日 全区林业工作会议在拉萨召开，西藏自治区副主席边巴扎西出席会议并作讲话。

3月25日 西藏自治区党委常委、拉萨市委书记齐扎拉带领相关部门负责人前往拉萨市南山景观水系工程及南山山体造林绿化工程进展情况进行实地调研。

4月6日 西藏自治区党委书记陈全国等自治区领导与拉萨市干部群众、部队官兵、中小学师生一起到拉萨市城关区蔡公堂乡慈觉林村恰加山参加义务植树活动。

5月2日 国务院办公厅印发《关于公布辽宁楼子山等18处新建国家级自然保护区名单的通知》（国办发〔2016〕33号），批准西藏麦地卡湿地自治区级自然保护区晋升为国家级自然保护区，成为西藏第一处集国际重要湿地、国家级自然保护区为一体的保护地。

5月24日 西藏自治区林业厅党组书记次成甲措检查调研拉萨市城关区南北山体绿化实验项目。

7月9日 西藏自治区人大副主任、自治区人民政府党组成员、自治区发改委主任纪国刚，在西藏自治区林业厅党组书记次成甲措、厅长云丹的陪同下，实地考察曲水才纳乡万亩苗圃基地，并听取林业工作汇报。

7月15日 西藏自治区成功发放首笔“林权抵押”贷款800万元。

7月11～31日 西藏自治区林业厅再次与中央电视台、西北濒危动物研究所(陕西动物研究所)、华南濒危动物研究所、区林业调查规划设计院、那曲地区林业局、尼玛县林业局等联合在羌塘国家自然保护区境内开展“2016我们与藏羚羊”科考报道行动。

8月27日 全区林业工作会议在拉萨召开，西藏自治区副主席其美仁增参加会议并讲话。

9月9～12日 西藏自治区林业厅党组副书记、厅长云丹率领保护处、森林公安、信息中心等相关处室负责人组成的工作组，先后在那曲班戈县、申扎县、尼玛县、双湖县、那曲县等地就林业精准扶贫、自然保护区项目建设、羌塘国家级自然保护区管理体制机制改革试点、那曲地区高寒造林试验等工作开展情况进行调研，看望慰问部分农牧民协议管护员(野保员)。

12月2日 西藏自治区林业厅召开第六批驻村工作动员部署会，组织传达学习西藏自治区党委书记吴英杰在自治区创先争优强基础惠民生活动第五批驻村总结表彰暨第六批驻村工作动员大会上的重要讲话精神。

12月2～10日 西藏自治区林业厅在西藏自治区图书馆举办“美丽西藏”林业摄影展。

（西藏自治区林业由陈平供稿）

陕西省林业

【概　述】 2016年，陕西省林业贯彻落实国家“创新、协调、绿色、开放、共享”的发展理念，认真实施省委省政府“关中大地园林化、陕北高原大绿化、陕南山地森林化”生态建设战略，各项工作进展顺利，实现了“十三五”良好开局。全年完成林业投资116亿元，实现林业产业总产值1078亿元。

【造林绿化】 全年完成营造林44.85万公顷，其中：人工造林17.93万公顷，飞播造林3.37万公顷，封山育林6.37万公顷，退化林修复1.47万公顷，森林抚育15.71万公顷。参加义务植树1100万人次，栽植各类苗木8275万株。治理沙化土地7.31万公顷。精准提升森林质量，在西康、十天、西汉等高速公路沿线两侧实施侧柏、刺槐、栎类等示范林经营工程。完成古树名木第二轮普查任务，全省古树名木近73万株，比上一轮普查增加了21.1%。不断美化农村人居环境，完成150个村“三化一片林”绿色家园建设。

【林业重点工程】 加强督导，开展退耕还林突出问题专项整治，累计实施新一轮退耕还林9.92万公顷，补植补造2.17万公顷。加快远程视频与云平台应用步伐，提升天保工程信息化管护水平，完成公益林建设6.23万公顷。扎实推进防护林体系建设，完成三北和长江防护林建设4.88万公顷。启动实施“211”林业科技示范工程，建立科技示范点231个、示范县10个，完成各类技术示范推广7.36万公顷。实施51个中央财政林业科技推广项目，建立油用牡丹等良种示范基地0.16万公顷。加强林业国际合作，完成亚行贷款丝路生态恢复项目和德国贷款长城沿线治沙项目造林1.49万公顷。加快实施林业棚户区改造项目，1.6万户林区职工乔迁新居。

【资源保护】 组织开展“冬季严打”“清网行动”和“象牙等野生动物制品联合整治”等系列专项行动，查处涉林案件3980起，处理各类违法犯罪人员5279人次，挽回经济损失1460万元。严把征占用林地审核关，审核征占用林地项目535起，占用林地0.41万公顷。加强森林防火，严管野外火源，开展应急演练，综合防控，科学扑救，全年森林火灾受害率仅为0.01‰，省防火办荣膺全国森林防火工作先进单位。开展林业有害生物防治，完成“四率”控制指标，实施有害生物防治34.43万公顷，成灾率4.2‰，低于国家林业局和陕西省林业厅控制指标。开展疫源疫病监测防控，保障野生动物安全。实施湿地保护与恢复，完成秦岭北麓200个峪口湿地资源调查，实施湿地保护恢复466.67万公顷，累计创建38处国家湿地公园。

【林业产业】 大力发展林麝产业，省林业厅等9个厅(局)联合制定出台《关于加快发展林麝繁育养殖产业的指导意见》，全国中医药著名企业北京同仁堂、福建片仔癀、四川逢春在陕投资建场，全省林麝养殖总量达12 141只，林麝养殖数量和麝香产量占全国70%以上。新建油用牡丹、核桃等木本油料基地4万公顷，总面积达126.67万公顷，核桃、油用牡丹面积居全国第二。着力推进花椒、红枣等经济林示范园建设，新建和改造经济林11.85万公顷，花椒产量全国第一，韩城花椒产业园区被国家林业局认定为首个国家级经济林产业发展园区。持续推进丝路新起点陕西林业“一带两城三库百园千亿”建设，全省88处森林公园接待中外游客2388万人次。推进健康陕西建设，亚行贷款森林体验与森林疗养项目列入《陕西省“一带一路”建设2016年行动计划》，启动3处森林康养基地试点建设。加强林业品牌建设，陕西森工六大产业基地、“三秦森工”电子商务平台及线下实体店建成，长青食用菌做到全省最大，陕西森林特产精品展销中心正式运营；秦岭国家植物园成功打造“田峪河”“本草秦岭”等原生态林产品品牌，品牌影响力逐步提升。全省林业产业总产值达到1078亿元，较2015年增长6.9%，林业产业已成为农民增收致富的重要途径。

【林业改革】 国有林场改革方面，省委省政府印发《陕西省国有林场改革实施方案》，成立全省国有林场改革工作领导小组，省、市、县三级政府签订目标责任书，召开电视电话会议和推进培训会议，全面启动改革工作。市级方案全部完成编报和审批。在集体林权改革方面，落实中央和省级生态效益补偿资金9.14亿元，涉及173万农户，补偿资金兑付率93.5%。稳妥推进集体林权流转工作，逐步解决林权抵押贷款难问题，累计流转林地48.6万公顷，实施林权抵押贷款35.2亿元。创建和认定7家国家林下经济及绿色产业示范基地、33家省级林下经济示范基地。在林业行政审批制度改革方面，严格执行"权力清单和责任清单"制度，减政放权，清理地方性林业法规、规章和规范性文件25件，推进依法行政。在国家公园建设方面，秦岭国家公园、桥山国家公园总体规划和旬阳坝森林体验区修建性详规编制完成，"十线百站"提升改造工程已进入建设阶段。陕、川、甘三省共同编报《大熊猫国家公园体制试点方案》，于12月5日经中央全面深化改革领导小组审议通过。

【生态文化】 保持陕西生态文明教育在全国的领先地位，全省建成16处生态文明教育基地、8处森林体验基地、3条生态探秘线路，130多万人次接受生态文明教育，6000多名学生参加森林体验活动，陕西经验全国推广。加强林业和生态建设宣传，《湿地重生》《绿色陕西》系列宣传片受到省委书记娄勤俭的高度评价，宣传片光盘被作为礼物馈赠来陕友人。创新古树名木扩繁保护，5000年黄帝手植柏种子搭载神州十一号飞船遨游太空安全回陕，省政府已向省林业厅交付部分种子，将进一步开展保护、培育、科研工作。启动"省树、省花、省鸟、最可爱野生动物"推荐评选活动，确立陕西生物"名片"。组织参与"全国生态文化村"和"寻找中国森林氧吧"评选活动，陕西15个村被命名为"全国生态文化村"，6个森林公园和保护区入选"中国森林氧吧"。

【自身建设】 深入开展"两学一做"学习教育，系统广大党员坚持"基础在学、关键在做"，牢固树立政治意识、大局意识、核心意识、看齐意识，自觉做到知行合一。落实支部"对标定位，晋级争星"和"党员管理积分制"工作，激发党员干部干事创业的激情。扎实开展巡视整改工作，落实省委巡视组反馈的巡视整改意见，细化任务，落实责任，按期完成巡视整改工作。加强干部职工队伍建设，开展各类教育培训4400人次，实行干部轮岗，不断优化系统人才结构。深入践行"三项机制"，制定出台"两个意见、一个办法"，进一步强化基层组织和领导干部管理。加强党风廉政建设和反腐倡廉教育，全面落实党委主体责任和纪委监督责任，强化林业系统领导干部廉洁从政意识。

【森林城市群建设】 在全国率先提出建设森林城市群构想，启动实施关天、陕南和陕北三大森林城市群建设，国家林业局希望陕西能走在前列，成为全国示范。2016年全国森林城市建设座谈会在陕西召开，关注森林活动组委会主任王刚出席会议并对陕西工作给予高度评价，省林业厅作了大会发言，西安、延安被授予国家森林城市称号。截至2016年，全省国家森林城市已达3个。

【生态脱贫】 高度重视脱贫工作，制订《陕西省林业精准脱贫实施方案》，林业建设项目累计向贫困地区倾斜投入10.61亿元，涉及贫困人口115万人，实现增收21.62亿元，人均增收1880元。争取国家生态护林员指标1万名，落实管护费1亿元，统筹有关林业资金，聘用18 443名贫困人口为护林员。将宁陕县列为全省生态脱贫示范县，探索生态精准脱贫新模式。

【林业治污减霾】 自2013年起，陕西率先实施关中城市群治污减霾林业三年行动，超额完成关中"百万亩森林"和"百万亩湿地"建设，林业治污减霾取得明显成效，受到国务院副总理张高丽和省委省政府、国家林业局主要领导的肯定。2016年，中国林科院对陕西林业治污减霾功能评估显示：每年滞纳大气颗粒TSP、PM10、PM2.5分别为13 744万吨、31万吨、10万吨，固碳量和释氧量分别为1338万吨和2927万吨，全省林业治污减霾功能年总价值量为5372亿元，相当于2015年全省GDP的29.6%。在此基础上，按照省政府"治污降霾、保卫蓝天"行动要求，全省推进林业治污降霾，计划用5年时间，建设和保护森林湿地200万公顷，为治污降霾作出更大贡献。

【珍稀动物和湿地保护】 陕西野外大熊猫达到345只，种群数量增幅和分布密度全国第一，栖息地范围明显扩大。朱鹮在秦岭以北野化放飞取得成功，种群数量达到2000余只，被誉为"世界拯救濒危物种的成功典范"。红碱淖遗鸥繁殖地有效恢复，繁殖筑巢7000余个，规模全球最大。实施湿地保护与恢复工程，累计保护恢复湿地16.4万公顷，国家湿地公园验收通过率居全国前列，湿地保护整体成效显著，央视《新闻联播》等媒体关注报道。

【构建全省林业发展大格局】 结合省情、林情，科学制定《陕西省林业发展"十三五"规划》，确定了全省林业发展的总体思路、发展目标和主要任务，构建"一圈、两屏、三带、多廊多点"的林业发展新格局，实施天然林资源保护工程等10项重点工程，完成国土绿化等9项主要任务，为"十三五"全省林业发展提供了科学的行动指南。编制印发《陕西省重点林区管护站"十线百站"提升改造工程建设规划》，计划总投资3.45亿元，启动实施"十线百站"工程，着力改善全省林区基础设施条件，提升综合管护能力和生态服务水平。制定全省木本油料产业发展规划等一系列专项发展规划，保障了"十三五"各项林业工作良好开局。

（陕西省林业由吕旭东供稿）

甘肃省林业

【概　述】 2016年，甘肃省林业工作以党的十八大和十八届三中、四中、五中、六中全会精神为指导，深入学习贯彻习近平总书记系列重要讲话精神及国家和甘肃省经济、扶贫开发、农村、林业工作会议精神，按照坚持绿色发展取向、推进林业现代化建设的总体要求，立足构筑生态安全屏障和大地增绿、农民增收两大目标，不断深化林业改革，扎实开展国土绿化，全面加强资源保护，着力增进绿色惠民，林业生态建设取得了较好成效。

生态建设　2016年，全省各地认真组织实施天然林保护、新一轮退耕还林、三北五期等重点林业工程，扎实推进国土绿化，完成营造林26.03万公顷。认真落实习近平总书记对防沙治沙重要批示精神，积极筹备并建议省委、省政府召开了全省防沙治沙工作推进会。组织起草了《关于加快推进防沙治沙工作的意见》。稳步推进沙化土地封禁保护区建设，封禁总面积达19.11万公顷。

林业改革　扎实推进集体林权制度综合配套改革，全省累计林权抵押贷款70.95亿元，实现林下经济产值68.23亿元。积极推行果树经济林确权颁证，组建林业合作社2850个、家庭林场632家。国有林场改革稳步推进，全面完成了庆阳市国有林场改革试点，省委、省政府印发了《甘肃省国有林场改革实施方案》，全面启动和部署了国有林场改革工作。认真开展湿地保护与恢复，组织制订《甘肃省湿地产权确权试点工作方案》，酒泉市肃州区和甘南藏族自治州碌曲县湿地产权确权试点工作有序推进。

产业发展　全省新增特色经济林果5.11万公顷，完成提质增产和低产林改造9.02万公顷，分别占年度目标任务的127.8%和112.8%。编制完成了《甘肃省林果基地建设规划》(2016～2020年)，落实省财政林果产业发展扶持资金6150万元，落实省财政油用牡丹产业发展资金1000万元。全省经济林果面积达到145.35万公顷，农民人均林果收入达到1410元。全省3家公司被国家林业局认定为第二批国家林业重点龙头企业。新批建1个省级森林公园，全省森林公园总数达到92个。

资源管护　林业行政审批事项精减至16项，审批行为不断规范，事中事后监管逐步加强。全力推进全省第九次森林资源连续清查、林地变更调查、林业生态红线划定落实和森林覆盖率增长目标考核工作。全省共查处涉林案件2595起，查处率99.77%，行政处罚2628人。全力以赴配合做好中央环保督察，对保护区内各类违法违规占地情况进行了清理整改。组织编制《甘肃大熊猫国家公园总体规划工作方案》，确定了建设范围和进度安排。

精准扶贫　2016年，甘肃省林业厅按照全省"1+17"《精准扶贫生态环境支持计划实施方案》，及时与各地对接，签订目标责任书，落实工作任务。深入静宁、麦积等20个贫困县(区)开展了林业行业精准扶贫工作专题调研。举办了全省林业系统大数据平台建设培训班，认真开展数据录入工作。选聘58个国家级贫困县的20 958名建档立卡贫困人口为生态护林员，落实下达林业管护补助费1.6亿元。2016年贫困县(区)共完成营造林20.81万公顷，新增经济林果4.75万公顷，完成低产果园改造8.67万公顷，新建林下经济示范点73个，新增育苗面积1.27万公顷，完成农民培训69.3万人次，全面完成年初制定的各项任务目标。坚持精准扶贫与双联行动融合推进，帮助30个联系村栽植经济林果300.8公顷，培育苗木260.23公顷，完成荒山造林86.67公顷，道路绿化22.4千米，发展中药材种植120.13公顷，扶持种、养殖户686户。

保障能力　全面贯彻落实省委党风廉政建设"3783"主体责任体系、"866"衡量检验标尺和"111"督查落实细则要求，严格执行中央八项规定和省委"双十条"规定精神，深化效能风暴行动，切实改进工作作风。2016年，林业厅系统"三公"经费开支较2015年总体减少了281.36万元，下降幅度达到48.86%。积极推进林业棚户区改造建设，国有林区基础设施不断改善。扎实开展林业科技、宣传和信息化建设工作，申报各类科研、推广项目128项，立项79项，甘肃林业网再次被国家林业局授予"全国林业十佳网站"。热情接待来信来访，妥善处理信访问题，办理来信来访118件，办理建议提案79件。扎实推进"两学一做"学习教育，全面改进机关工作作风。

【林业投资】 2016年甘肃省落实中央和省级林业资金59.39亿元，实现了林业建设投资稳中有增。落实中央林业投资55.85亿元，完成营造林26.03万公顷，中幼林抚育10.02万公顷。重点争取生态护林员项目资金1.6亿元，涉及10个市(州)，58个贫困县共选聘安排20 958名生态护林员，精准带动6万余名建档立卡贫困人口脱贫；经多方努力争取，三北防护林、天然林保护工程营造林补助标准由4500元/公顷提高为7500元/公顷；启动了国家级自然保护区和湿地生态效益补偿试点、沙化土地封禁保护试点等项目，批复和审查了基本建设项目22个，涉及中央投资9.82亿元。落实省级林业投资3.54亿元，其中，林果产业发展专项资金6150万元，争取将油用牡丹发展专项资金由以前的500万元增加到1000万元，并在预算安排中增加安排种苗发展资金、重大改革试点、林业资源动态监测等项目，为保证全省林业产业发展、启动重大项目提供了资金保障。

【国有林场改革】 2016年1月8日组建成立了甘肃省国有林场改革工作领导小组，4月14日甘肃省委省政府印发《甘肃省国有林场改革实施方案》，5月18日省政府召开了全省国有林场改革工作电视电话会议，全省国有林场改革正式启动实施。截至2016年年底，涉及改革的12个市(州)、5个省属单位改革实施方案编制工作已基本完成，10个市(州)改革实施方案已报省国有林场改革领导小组审批。落实2016年中央财政国有贫困林场扶贫资金2136万元，对全省43个国有贫困林场扶贫开发项目进行了扶持。确认分配2015年林业公共租赁住房建设任务1189户，分解下达中央和省级公租房专项补助资金4811万元，完成了各建设单位项目实施方案批复。组织举办了“2016中国技能大赛——甘肃省‘营林试验员’省级一类决赛”。承办了“2016年中国技能大赛——全国国有林场职业技能竞赛”。选派4名基层林场场长前往外省(区)先进国有林场进行挂职考察学习，先后组织全省36名国有林场主管部门负责人和林场场长参加了国家林业局场圃总站组织的培训活动，进一步提升了基层林场工作人员的综合素质和业务能力。

【三北工程】 2016年，甘肃省三北五期工程牢固树立新发展理念，坚持以增绿增质增效为主线，突出重点、规模治理，造林育林与退化林分修复协同发展，全年完成造林育林5万公顷，修复退化林分0.93万公顷，实现了“十三五”良好开局，整体呈现稳中有进、内涵拓展、质量提升的良好态势。一是10个黄土高原综合治理林业示范项目稳步推进。坚持山、水、林、田、路统一规划，把项目建设同精准扶贫、改善民生、美化家园相结合，打造了一批高质量的优质示范工程。二是退化林分修复试点项目有序推进。以增加森林资源、优化林分结构、提升质量效益为重点，有效促进了防护林优化升级。在抓好镇原、庆城、泾川、麦积4个试点县(区)续建工作的基础上，新增甘谷、陇西、庄浪、和政4个试点县。三是启动实施了庆阳元城河流域百万亩水土保持林基地建设项目，迈出了甘肃省三北工程转方式、提速度、强质量的重要步伐。

【退耕还林】 2016年，甘肃省加强对新一轮退耕还林工作的业务指导和督促检查，积极研究解决各地在合同签订、地块落实、信息化建设等方面出现的困难和问题，努力促进各地工程顺利实施。全面完成了2014年4.3万公顷、2015年8万公顷退耕还林任务；2016年14.7万公顷建设任务有序推进。组织研建了《甘肃省新一轮退耕还林信息管理系统》，工程建设从规划设计、整地栽植、检查验收、政策兑现、工程管护、效益分析等生产和管理全过程有了根本性转变。与科研院所联合，通过对苹果、枸杞、红枣、大樱桃、核桃、花椒6个主要经济林果树种的社会效益、经济效益、生态效益、栽培技术、果实品质等综合评估，确定不同退耕还林区域经济林果树种的生态适应性与经济效益，为退耕者提供优选经济林果的栽培技术和市场预期。研究制订《甘肃省促进退耕还林适度规模发展暂行办法》，鼓励个人、家庭林场、专业大户、合作组织、龙头企业等新型经营主体依法通过土地流转，适度规模推进退耕还林，提高退耕还林规模效益和整体经营管理水平。

【防沙治沙】 2016年，甘肃省防沙治沙工作认真贯彻落实习近平总书记等中央领导对防沙治沙工作的重要批示精神，坚持创新、协调、绿色、开放、共享发展理念，在甘肃省委、省政府的坚强领导和国家林业局的大力支持下，经过沙区各级党委、政府和干部职工共同努力，各项工作取得了显著成效。全省8市(州)23个沙区县共完成工程造林18 113.4公顷。其中：治沙造林6020公顷，封沙育林(草)11 133.33公顷；国家级防沙治沙示范区共完成治沙造林960.07公顷。基本完成了2013年度沙化土地封禁保护区续建任务和2014年度封禁项目建设工作，封禁总面积191 100公顷(含2013年度封禁面积)。

【林果产业】 在省委、省政府的坚强领导下和国家林业局的大力支持下，按照统筹抓好生态林业和民生林业的总要求，甘肃省狠抓特色经济林果产业发展。认真贯彻落实全省现代林果产业建设现场会精神，在充分调研论证的基础上，编制完成《甘肃省林果基地建设发展规划》(2016~2020年)，进一步优化区域布局、调整树种结构，促进生产要素向优势产区集中，为全省林果产业发展提供科学指导。各地因地制宜建设规模化特色林果基地，研发推广了一批适用先进林果技术，建成了一批林果产业化龙头企业，注册打造了平凉金果、大红袍花椒、陇南油橄榄、河西葡萄、枸杞等一批地方特色知名品牌，创新了林果产业发展机制，实现了富民兴林的阶段性目标。截至2016年年底，全省经济林果总面积145.35万公顷，挂果面积75.07万公顷，年产量680万吨，年产值276.7亿元，部分适宜发展地区林果纯收入已占农民人均纯收入的50%以上。

【油橄榄产业】 甘肃省陇南市白龙江、白水江沿岸海拔1500米以下低山河谷地带，气候特征及土壤条件与地中海沿岸油橄榄主产区极为相似，是中国油橄榄最佳适生区，也是甘肃唯一的油橄榄产区。陇南市坚持良种化栽培、园林化管理、产业化经营的发展路子，以良种引选、基地建设、科技创新、品牌营销为突破口，全面推进产业提质增效，被国家林业局确定为“国家油橄榄示范基地”，武都区被中国经济林协会命名为“中国油橄榄之乡”。根据《甘肃省林果基地建设发展规划》(2016~2020年)、《甘肃省木本油料产业发展规划》(2016~2020年)及油橄榄产业分项规划，重点扶持油橄榄产业标准化示范基地建设，2016年省级财政投入资金230万元扶持武都区、文县、舟曲县新建标准化示范基地105.33公顷，提质增效标准化示范基地80公顷。截至2016年年底，全省油橄榄总面积3.05万公顷，挂果面积0.66万公顷，鲜果产量2.72万吨，榨油4080吨，综合产值12.5亿元，形成了一批重点乡镇、专业村社、产业片带。

【种苗产业】 2016年，甘肃省苗木培育产业不断发展壮大，不仅满足了造林绿化需求，也促进带动了农民增收致富。截至2016年年底，全省共有各类苗圃13 452个，育苗面积47 467公顷；其中国有苗圃346个，育苗面积6307公顷。建设林木良种基地34处，总面积2507公顷；采种基地68处，总面积8807公顷，可采种面积

6754公顷，全年实际采种76.02万千克。全年苗木总产量64.47亿株，其中本土造林绿化用苗8.42亿株，使用良种2.4亿株，造林绿化树种主要为云杉、油松、樟子松、刺槐、核桃、油橄榄、红枣等40多个品种；全年苗木销售23.47亿株，销售收入19.28亿元，销售苗木种类主要为云杉、侧柏、油松、国槐等城市绿化树种，主要销往西藏、内蒙古、新疆等周边省份。全年完成林木种苗工程项目投资7925万元，其中中央投资3073万元，地方配套364万元；国家补助资金1725万元，其他投资资金2763万元。

【林业外资项目】 2016年甘肃省实施的林业外资项目共12个，其中：国际金融机构(亚行)贷款项目1个；国际组织援助(日中小渊基金项目)11个；项目利用外资3966.8万美元，总投资7030.3万美元。亚行贷款甘肃林业生态发展项目共组织营造经济林19 600.84公顷、生态林3679公顷，已全部完成造林任务。4座年总储量为8250吨的果品贮藏库已建设完成，并开始运行。全省各级项目办围绕项目管理、病虫害防治、经济林栽培技术、生态管护等内容开展了430期培训，受训人数达4万人次，培训效果显著。11个中日绿化交流基金项目按照小渊基金事务管理局的要求和项目合作协议逐一有序实施。国家林业局和日方有关专家9人次来甘肃检查指导，项目建设质量得到了日方专家的肯定。2016年，甘肃省实施的亚行贷款西北三省(区)林业生态发展项目获得了“亚洲开发银行2014年度最佳贷款项目表现奖”。

【湿地产权确权】 2016年，根据国家林业局《关于开展产权确权试点工作的函》(办函湿字〔2016〕36号)精神，甘肃省对酒泉市肃州区和甘南藏族自治州碌曲县的15万公顷260个湿地斑块开展了产权确权试点登记工作。制作工作底图1144幅、登记簿260份，涉及权利人5466个；向国家林业局上报《甘肃省湿地产权确权试点工作报告》，由国家林业局形成《甘肃、宁夏湿地产权确权试点方案》报中央全面深化改革领导小组。该《方案》经中央全面深化改革领导小组同意由国家林业局印发，在肯定已有试点工作的同时，要求“十三五”期间扩大试点范围，为在全国全面推广提供经验。

【大熊猫保护】 2016年1月，习近平总书记作出了“在大熊猫主要栖息地整合设立国家公园”的重要指示，同年4月，中央财经领导小组办公室部署了开展大熊猫国家公园体制试点的有关工作。公园范围涉及四川、陕西、甘肃三省。根据野生大熊猫局域种群状况、生活习性及地理分布，将大熊猫国家公园划分为岷山片区、邛崃山-大相岭片区、秦岭片区和白水江片区。位于甘肃省陇南市的白水江片区是大熊猫分布的重要区域，面积为2570.91平方千米，其中大熊猫栖息地划入国家公园面积1119.48平方千米，野生大熊猫数量为111只，涉及白水江国家级自然保护区和裕河省级自然保护区2个自然保护区、陇南市武都区洛塘林场和陇南市文县岷堡沟林场2个林场。2016年甘肃省林业厅与省编办、省发改委共同完成大熊猫国家公园甘肃园区的体制试点方案，并与四川、陕西省的方案整合为《大熊猫国家公园体制试点方案》，2016年12月中央全面深化改革领导小组第三十次会议通过了该方案。

【信息化建设】 2016年是甘肃省林业信息化建设“互联网+林业行动年”。全省林业信息化工作按照国家林业局和省委省政府关于信息化的部署要求，把握时代大势，积极主动作为，以“互联网+”林业为着力点，全面推进“互联网+”林业融合发展，在机制体制、网站建设、应用开发、人才培养等方面有了突破性进展。研究出台了《全省林业信息化发展“十三五”指导意见》；对甘肃林业网进行了改版，全年发布信息5135条，年浏览量达到120万人次；开展了网站和自动化办公系统等级保护评测定级；开展了全省森林资源管理信息系统和“一带一路”林业数据资源协同共享平台软件开发，无人机、物联网、电子商务等新技术应用不断深化；积极开展了信息化培训和工作调研，全年工作取得了显著成绩。甘肃省林业厅被全国电子政务理事协会评为“互联网+”电子政务领先奖，甘肃省林业厅副厅长张肃斌被全国电子政务理事协会授予全国电子政务风云人物奖；甘肃省林业厅政务信息报送名列全国第七名，甘肃林业网连续第五年被国家林业局授予“全国林业十佳网站”。

【森林生态旅游】 2016年，甘肃省批复建立1个省级森林公园，全省森林公园总数达到92个，其中国家级22个，省级70个，总经营面积99.05万公顷。完成了1个国家级森林公园、10个省级森林公园总体规划的审核批复。审查论证并申报审批了世行贷款云崖寺遗产保护、宝兰客运专线、连霍国道主干线兰州南绕城高速公路3个项目征占用森林公园林地许可事项。持续推动“旅游厕所革命”，落实森林公园旅游厕所新建、改扩建57座。先后组织20多名森林公园管理人员参加了国家林业局组织的各类研讨培训班，选派5名国家级森林公园负责人到外省(区)交流挂职，组织承办了中国林学会森林公园分会2016年年会暨学术研讨会，有效提升了国家级森林公园从业人员的理论实践水平。组织全省森林公园和森林旅游景区参加了在吉林长白山举办的2016中国森林旅游节，取得了良好的宣传推介效果。2016年共接待国内外游客965.15万人次，森林公园总收入达12 831.42万元，实现旅游人数和收入双增长，取得了良好的生态、社会和经济效益。同时，切实加强森林公园治安防控和安全隐患排查整治，2016年甘肃省未发生森林旅游安全事故。

【林业科研】 2016年，甘肃省申报各类林业科研、推广项目128项，其中：中央部门预算项目26项，森林认证项目1项，遗传资源调查编目项目1项，中央财政林业科技示范推广资金项目20项，省级财政林业科技项目35项，省级科技计划项目45项。启动实施了GEF/OP12(中国-全球环境基金干旱生态系统土地退化伙伴关系/中国西部适应气候变化的可持续土地管理)三期项目。获得立项79项，经费2711万元，其中：中央部门预算经费2258万元，省级部门预算经费453万元。

省、市级科研推广单位取得各类科技成果55项，制订行业标准4项，地方标准45项，获得授权国家发明专利15项、实用新型专利26项，发表科技论文230篇，出版专著5部。甘肃省治沙研究所完成的“野生蔬菜沙葱资源开发与利用技术研究及推广应用”、甘肃省小陇山林业实验局林业科学研究所等单位完成的“结构化森林经营技术研究与推广应用”、甘肃省白龙江林业管理局林业科学研究所完成的“白龙江上游水源涵养林植被与土壤演替及相互影响研究”3项成果获得甘肃省林业科技进步奖一等奖。甘肃张掖生态科学研究院完成的“祁连山典型流域青海云杉林水文特征与生态因子关系研究”获第七届梁希林业科学技术奖三等奖。省治沙研究所被国家林业局授予“全国林业科技先进集体”荣誉称号，省林业科学研究院赵明、省治沙研究所刘世增、陇南市长防林建设办公室杨双奎被国家林业局授予“全国林业科技先进个人”荣誉称号。

【林业大事】

1月21日 甘肃省全省林业局长会议在兰州召开，认真传达学习了中央农村工作会议、中央经济工作会议和全国林业厅局长会议精神，全面安排部署了甘肃省林业生态建设和生态环境保护工作。

4月10日 甘肃省党政军领导干部义务植树活动在兰州新区开展，省上四大班子有关领导和兰州驻军有关负责同志参加了植树活动，为全省开展全民义务植树活动发挥了示范引领作用。

5月18日 甘肃省人民政府召开全省国有林场改革工作电视电话会议，贯彻落实国家国有林场改革工作会议精神，安排部署全省国有林场改革工作，甘肃省国有林场改革全面启动实施。

5月20日 《第二批国家林业重点龙头企业名单》发布，甘肃省陇南市田园油橄榄科技开发有限公司、甘肃和政八八啤特果集团有限公司和瓜州县立林生态农业科技开发有限责任公司3家企业榜上有名。

6月16日 甘肃省第五次荒漠化沙化监测结果公布，甘肃省荒漠化土地面积1950.20万公顷、沙化土地面积1217.02万公顷，与2009年第四期监测结果相比，荒漠化、沙化土地分别减少19.14万公顷和7.42万公顷。

7月10日 由甘肃省林业厅承办的“2016年中国技能大赛——全国国有林场职业技能竞赛”，在甘肃小陇山林业实验局正式开赛，甘肃省代表队在竞赛中取得了团体第一的好成绩。

9月24日 甘肃省林业厅组织全省森林公园和森林旅游景区参加了“2016中国森林旅游节”，以“山水丝路、生态陇原”为主题，展示宣传了全省森林生态旅游资源景观，获得了最佳展示奖和优秀组织奖。

10月27日 国家林业局批复同意将甘肃建投新能源科技股份有限公司工程与生物装备治沙试验基地列为全国荒漠化防治(机械治沙工程)试验示范基地。

11月1日 甘肃省林业厅组织相关企业和单位参加了第九届中国义乌国际森林产品博览会，获3项金奖、4项优质奖，省林业厅获优秀组织奖。

11月25日 甘肃省林业厅与甘肃省工商局联合在全国率先下发了《关于做好家庭林场工商注册登记工作的通知》，就家庭林场工商注册工作进行了部署。

11月23日 甘肃省森林(草原)防火工作电视电话会议在兰州召开，会议分析了全省森林(草原)防火工作形势，对森林(草原)防火工作进行了安排部署。

12月5日 由甘肃、四川、陕西三省共同研究编制的《大熊猫国家公园体制试点方案》，经中央全面深化改革领导小组第三十次会议审议通过，为中国建设大熊猫国家公园提供了有力支撑。

12月12日 甘肃省防沙治沙工作推进会在武威市召开。会议传达学习了习近平总书记对内蒙古、甘肃、宁夏三省(区)土地沙化、荒漠化治理的重要批示和甘肃省委书记王三运、省长林铎关于落实批示精神的要求。

(甘肃省林业由赵俊供稿)

青海省林业

【概 述】 2016年，在省委省政府的正确领导和国家林业局的关心支持下，各级林业部门按照省委省政府对生态保护与建设工作的总体部署，突出国土绿化、资源保护、产业发展、精准扶贫、林场改革等重点，统筹施策，精准发力，林业改革发展取得阶段性成效，全省完成林业投资30.5亿元，营造林12.49万公顷，防沙治沙9.28万公顷，完成森林抚育2.42万公顷，防治林业有害生物19.6万公顷，全面完成年度目标任务，生态公共产品供给能力不断增强，实现了“十三五”良好开局，为全省经济社会平稳健康发展作出了贡献。

【林业重点工程】

退耕还林工程 实施新一轮退耕还林任务为2万公顷，为总任务量的100%。巩固退耕还林任务8220万公顷，为总任务量的100%。层层分解落实任务，省林业厅与各州(市)、县林业主管部门签订目标责任书，编制实施方案，审批作业设计，提前准备种苗，落实地块，签订合同，做到早安排、早落实、早行动。特别是三北防护林工程、退耕还林工程和公益林造林项目要求立足当地实际，高标准、高质量进行规划设计，做到了适地适树、造林地块管护措施到位。

天然林资源保护工程 完成2015年下达的任务，2016年实施的天保工程造林2.93万公顷，其中人工造林0.27万公顷，封山育林2.66万公顷，为总任务量的100%。完成天保国有林场造林2027公顷，为总任务量的100%。安排青海省天保工程区森林抚育1.67万公顷。及时将任务、资金层层进行分解落实。

三北防护林建设工程 完成2015年下达的任务，2016年实施的三北造林任务4.79万公顷，其中人工造林1.13万公顷，封山育林3.66万公顷，为总任务量的100%。4个退化林分改造试点县下达退化林分改造任务0.27万公顷，为计划任务的100%。

重点在格尔木市乌图美仁、都兰县夏日哈、乌兰县卜浪沟、大柴旦行委和茫崖行委，海南藏族自治州的共和县塔拉滩、贵南县木格滩，海北州的海晏县8个沙化土地封禁保护区建设项目中，认真贯彻落实国家沙化土地封禁保护管理办法。

【国土绿化】

全民义务植树活动 完成义务植树任务1500万株。开春后全省各地各级领导率先垂范，带头履行法定植树义务，积极参与造林绿化和林地管护工作，发挥了示范作用。

重点区域造林绿化 按照"一次成型、成林、成景"的要求，湟水流域南北山造林面积达4560公顷，海东工业园区绿化1187公顷，西宁机场绿化146.47公顷，南绕城高速路沿线及周边绿化149.67公顷，建成环西宁市、平安区百千米城市绿色景观廊道，交通干线、景观主线、生态绿线初具规模。

【资源保护与管理】

林地资源管理 严格占用征收林地审核审批，加强建设项目征占用林地管理，完成审批129项，涉及林地833.33公顷。针对禁牧区普遍存在放牧的突出问题，召开约谈问责会议，下发《关于进一步加强禁牧管理工作的通知》，督促各地切实加强整改，严格落实禁牧责任。

湿地保护 投资1500万元开展大通县北川河源区自然保护区及其周边湿地生态效益补偿试点项目。实施玉树市、河南县等12处湿地保护与恢复项目，新增国家湿地公园4处，在全国率先建立湿地生态管护员制度，湿地保护制度体系不断完善。逐步完善以自然保护区为主体，国家湿地公园为补充的湿地保护管理体系，优先把生态脆弱湿地、退化重要湿地和生物多样性富聚湿地，特别是国家重点生态功能区的重要湿地，纳入保护管理体系。设立湿地管护公益岗位，建立完善县、乡、村三级管护联动网络。积极开展湿地生态补偿，进一步明确补偿范围、补偿标准、补偿对象、操作方式和管理办法，实施好湿地保护与恢复、湿地生态效益补偿、湿地保护奖励等中央财政湿地补贴项目。

林业有害生物防治 全面落实和省政府签订的重大林业有害生物防控目标责任书，做好林业有害生物防控工作，完成有害生物防治面积19.6万公顷，为全年防治任务的113%。无公害防治率达到98%，产地检疫率为100%。

野生动植物保护 加强野生动物保护、巡查救护和疫源疫病防控工作，落实野生动物造成人身财产损失补偿制度，雪豹、藏羚羊、普氏原羚等珍稀野生动物种群数量稳中有增，高原生物多样性不断丰富。

自然保护区建设工程 颁布施行了6项自然保护区规范，自然保护区数字化、标准化、规范化建设扎实有效。深入开展"三江源蓝天碧水行动"，隆宝、青海湖国家级自然保护区生态环境整治工作基本完成。历时两年，投资达1642万元的木里－江仓地区湿地保护项目顺利通过国家核查验收。

加强祁连山保护区联合执法督查工作，形成了省级多部门联合执法长效机制。加强青甘两省祁连山自然保护区联合执法工作。依法有序推进矿点整治工作。祁连山自然保护区优化管理达到国家标准，晋升国家级保护区工作稳步推进。

森林防火 坚持"预防为主、积极消灭"的方针，严格落实森林防火责任制，对防火工作进行精心部署，统筹安排，全省已连续30年未发生大的森林火灾。

严打专项行动 加大三江源、祁连山、青海湖等重点生态功能区专项执法力度，与省级司法部门建立了打击破坏林业资源联合执法保护机制，深入开展打击非法占用林地、"天网""绿剑"等专项行动，共查处破坏森林和野生动物案件1186起，案件查处率达97%。

【林业改革】

集体林权制度改革 集体林权改革继续深化，海东市乐都区、民和县集体林权流转服务平台试点进展顺利，创建省级林业专业合作社示范社活动，全面摸清全省林业专业合作社数量、经营类型、业务范围、工商注册等情况，截至2016年年底，全省经工商部门注册的林业专业合作社达1018家。建立农牧民林业专业合作扶持名录，2016年列入州(市)级林业部门扶持名录的林业专业合作社211家，列入省级林业扶持名录的173家。确定西宁市大通鑫隆板蓝根种植营销专业合作社等45家林业专业合作社为省级林业专业合作社示范社。通过政策引导、专项资金扶持，中藏药材种植成为全省林下经济发展的新亮点和林业部门推进精准扶贫的重要抓手。

国有林场改革 加大国有林场建设力度，全省国有林场达109个，2016年新建7个。46个县级国有林场改革实施方案全部编制完成，正在加快审批实施。

国家级公益林管护奖补考核试点 森林管护考评机制进一步完善，在全省102个国有林场，同仁、尖扎等13个县180个乡镇开展国家级公益林管护奖补考核试点。

森林保险 积极开展政策性森林保险工作，建立完善保障机制，承保面积逐年扩大，增强了全省林业抵御自然灾害风险的能力。2016年全省承保森林面积达173.5万公顷，较2015年度增加16.87万公顷。

生态系统服务价值及生态资产评估项目 全面开展青海省生态系统服务价值及生态资产评估项目，填补了国内此项工作空白。首次查清全省生态资产总价值达到18.39万亿元，其中，三江源区生态资产价值12.66万亿元，占68.84%。"青海省生态系统服务价值与生态资产评估"项目研究成果荣获青海省科技进步二等奖。全面完成全省生态公益林建设评价，科学评估综合效益价值为2196.18亿元。

【林业产业】 出台实施了《加快林产业发展的实施意见》《加快中藏药材种植基地建设的意见》，制订了

《2016年度枸杞沙棘百亿元产业实施方案》，大力推进林业产业特色化、规模化发展。特色经济林建设稳中有增，新建成枸杞、核桃等特色经济林1.17万公顷，全省特色经济林达到24.17万公顷。大力培育林业产业市场主体，省级林业龙头企业达61家，新培育国家级林业重点龙头企业3家。有机枸杞出口突破900吨，冲刺千吨大关。特别是汉藏药种植迅猛发展，辐射带动西宁、海东、海北门源县等主产区的近万户农牧民，汉藏药材面积4133.33公顷，每公顷纯收入42 000元以上，经济效益明显。

种苗产业 大力发展林木种苗产业，加大乡土树种、城镇绿化树种以及大规格苗木的培育力度，全省建成各类苗圃2545个、总面积达1.09万公顷，年生产各类苗木11.13亿株，各类林木种子20万千克，苗木年收入超过10亿元，成为农牧民增收的重要产业。

生态旅游 加大森林和湿地公园、自然保护区等重点景区基础设施建设力度，提高综合服务能力，2016年新建湿地公园4个、森林公园5个、森林旅游休闲基地5个，全省国家湿地公园达到19个，面积达到32.51万公顷，位列全国第三，森林公园达到23个，面积54.47万公顷。

【林业科技与推广】 组织实施28项林业科技推广项目，"1020"枸杞规模化丰产栽培技术集成与示范、优良薄皮核桃产业关键技术研发与示范等省级科技专项项目通过总体验收和成果鉴定。进一步加强林业标准化工作，制(修)订省级林业地方标准13项，成立省林业标准化技术委员会。联合省出入境检验检疫局等相关部门积极推进林产品质量安全示范区建设，积极筹建国家林业局林产品质量检验检测中心(西宁)，开展林产品质量安全检测、地理标志产品标准制定等工作，促进林产品不断向集约化、有机化、品牌化发展。

【工程项目】 涉及的林业重大项目包括新一轮退耕还林工程和祁连山生态环境综合治理工程。退耕还林工程投资9000万元，已全面完成2万公顷的任务；祁连山生态环境保护和综合治理工程林业项目投资5002.2万元，主要任务为封山育林1.33万公顷，沙漠化土地治理2456.2公顷，湿地保护26万公顷，林业有害生物防控1.67万公顷，以及冰川保护、森林防火、保护基地建设等。生态监测项目投资350万元以及黑土滩治理技术示范投资200万元。已全面完成并通过验收。

三江源生态保护和建设工程 投资2280万元，完成三江源生态保护和建设二期工程人工造林3266.67万公顷；投资2814万元，完成封沙育草项目2.68万公顷，均通过省级验收。

祁连山生态保护与建设综合治理工程 完成祁连山生态保护与建设综合治理工程2016年度建设任务。投资2亿元，其中省财政垫资1亿元，争取藏区专项1亿元。开展退化草地治理、草食畜牧业发展、封山育林、水土保持、沙漠化土地治理、湿地和冰川保护、草原防火、草原有害生物防治、保护基础设施建设、宣教培训、生态监测等12项建设内容。

招商引资 共引进国外政府、国际非政府组织和外省援助资金实际到位4505万元，为目标任务的112.6%。其中续建项目6个，到位资金3328万元，新建项目8个，到位资金1177万元。项目涉及生态环境建设、林业产业化、林产品开发等领域。

【林业保障能力】

林木种苗生产 全省共储备各类林木种子20.66万千克，出圃各类苗木47 285.66万株。开展2016年林木种苗行政执法和质量检查工作，林木种子和苗木受检率达到100%。进一步强化林木种苗质量自检制度、"两证一签"制度。各地对调运种苗进行了全面质量自检，自检率达到100%。

工程质量监管 始终坚持"严管林"，严把造林绿化项目实施方案、作业设计方案编制、项目审批关口，高标准、高质量进行规划设计，同步落实造林地块管护措施，有序组织苗木种子、网围栏等招投标工作。特别是春季造林开始后，全面开展人工造林督查检查，各督查组深入山头地块，核对作业设计，检查造林整地准备、种苗储备、造林进展情况，发现问题及时整改，确保造林绿化成效。

林业制度体系建设 针对林业工作问题易发、多发环节，在梳理现有制度规范的基础上，着力在构建常态化、长效化机制下功夫，各处(室)、厅属各单位结合巡视反馈的意见，高度重视，按照时间节点要求，完善各项制度。修订完善《青海省林业重点工程考核办法》《青海省林业工程项目管理办法》等34项制度。建立了《青海省营造林工程招投标管理办法》《青海省林业重点工程资金违规责任追究暂行规定》等50项制度，实现了用制度管人、管钱、管事。

信息化建设 青藏高原野生动物园以"智慧旅游景区"为示范点，投资300余万元，通过无线WiFi网络、电子门票系统、智能语音导览系统、互动触摸屏系统、官网及电子商务系统五大内容建设，成为青海省首家智慧旅游景区。青海三江源国家级自然保护区管理局在14个保护分区中建设监控点11处，配套3处分控中心，基本实现了重要生态保护区域、典型生态类型区、鸟类集中分布区、交通路线、人为活动区、植被密集区等重点区域的实时监控。启动了林业"三防"智能管控系统三期项目建设，在西宁南北两山、互助北山等地通过建设高清视频监测站、数据管理平台，将卫星、网络及无人机技术综合运用于林业三防领域，为全方位、多角度、多领域实施生态保护提供了重要保障。采用"互联网+信访"的模式，开通了全省信访信息系统。建成了林权流转服务平台。在湟中县、互助县建成了林权流转服务平台。政府信息公开形式多样。在中央及地方各类新闻媒体上刊(播)发林业新闻稿件近400条，公开林业信息160条。以省政府名义召开新闻发布会，发布了青海省生态效益价值评估报告。

【生态扶贫】 结合青海省林业特点和优势，确定生态公益管护岗位、林业产业和定点帮扶三大扶贫路径。投入资金1.29亿元，落实贫困人口生态管护岗位7729个，完成生态管护员设置总任务的60%。争取资金5000万元，在西宁3县、海东6县和海西蒙古族藏族自治州天峻县建档立卡贫困人口中安排护林员5000个。全省生态管护岗位带动近3万贫困人口实现当年脱贫，走到了全国前列。投入林业产业资金近1亿元，支持种苗繁育、林下种养、生态旅游等特色林产业，成为农牧民增收重要渠道。加强定点扶贫工作，投入资金1837万元，全方位帮扶6个联点村拔穷根、摘穷帽，为如期实现脱贫致富目标奠定了坚实基础。特别是玛可河林业局投资360万元，扶持15户贫困户开办森林宾馆，实现当年运营当年见效。

【自身建设】

作风建设 深入开展"两学一做"学习教育，加强作风建设。切实抓好中央八项规定精神和省委省政府21条措施落实，继续整治"四风"和"不严不实"问题，推动形成作风建设长效机制。制订印发了《关于层层传导压力，落实"两个责任"的办法》《关于规范厅机关及厅属单位工作人员参加各类评审活动规定(试行)》。派出工作组，深入各州、市、县对2016年春季营造林督查工作人员工作作风和廉洁自律情况进行监督。驻厅纪检组组长、厅纪委书记对42名处级干部、18名基层党组织纪检委员(纪检员)、12名财务人员进行廉政谈话，对4名厅属单位负责人进行约谈提醒，对8名财务人员进行批评教育。

依法行政 修订完善了《青海省林业厅厅务会制度》，落实了重大事项集体决策、重大决策公众参与、重大决策林业系统内部协调、重大决策厅外会商和沟通以及重大林业项目厅务会会审等制度。召开厅务会10次，集体讨论议题60余项。积极推行权力清单制度，依据法律法规和部门规章，对现有权力清单进行修改完善。把195项行政权力全部录入青海省权力运行公开网，并对行政审批服务窗口充分授权，把制度规范融入到权力运行的各个环节，为推进权力公开运行提供保障。切实转变职能。清理规范行政审批中介服务事项5项，并制定相关制度，加强了事前事中事后监管。

机关建设 认真落实"三基"重点工作任务，加强机关党建三级责任体系建设，与各党组织签订了党建工作目标责任书。进一步落实各党组织书记抓党建工作责任制，继续贯彻落实党组织书记述职评议考核制度。全年各党组织开展组织生活369次，厅领导参加所在党支部组织生活49次。选优配强机关党组织负责人，按规定配齐党务干部，加强对"两委"书记的培训力度。

党风廉政建设 全年厅党组先后召开7次专题会议，部署廉政建设工作。组织3次专项检查，督查考核廉政建设任务落实情况。召开4次整改会议，专门落实省委巡视组反馈问题的整改，并及时向省委、省纪委报告整改工作。厅党组共选拔任用处级干部4名，招录专业技术人员21名、森林公安干警19名，均按相关规定执行，群众反映良好。严格控制"三公"经费，较上年同期减少80.48万元，下降29.74%。对机关处室、厅属单位处级干部、重要岗位工作人员廉政谈话达87人(次)，传导了监督压力。强化监督执纪。先后修订完善34项制度，建立了50项制度。

【林业大事】

1月19日 青海林业行业首次设立并组织开展科学技术奖评选活动。根据《青海省林业科学技术奖励办法》，经各单位申报，专家委员会评审，10项科技成果获得青海省林业科学技术奖。

3月29日 国家森林防火指挥部、国家林业局对2013～2015年度全国森林防火工作作出突出贡献的110个单位和280名个人进行表彰。青海海北藏族自治州祁连县森林防火办公室和玉树藏族自治州森林防火办公室被授予"全国森林防火工作先进单位"称号，省森林防火办公室周佳、海北藏族自治州森林防火办公室李元福、海南藏族自治州森林公安局过马营分局刘向朝、黄南藏族自治州同仁县西卜沙林场场长韩奴海4人被授予"全国森林防火先进个人"称号。

3月30日 青海又一个利用外资促进林业可持续发展的"中国西部适应气候变化的可持续土地管理青海项目"正式启动。该项目旨在推进中国西部地区的土地退化防治，应对气候变化，将通过实施适应气候变化的可持续土地管理，恢复退化土地，创新土地退化防治模式，为其他干旱、半干旱地区土地退化防治提供经验，努力改善项目区贫困户生计问题。

4月19日 在青海省目标责任考核领导小组对2015年度绩效考核结果通报中，青海省林业厅被评为"全国同行业工作领先奖"，首次荣获该奖项。

5月14日 由青海省林业厅、青海山水生态科技有限公司、北京师范大学联合完成的"青海三江源投放型森林草原消防无人机应用技术研究"项目通过省科技厅组织的成果鉴定，研究水平达到国际先进。

6月1日 青海省政府召开"青海省生态系统服务价值及生态资产评估"项目新闻发布会。该项目历时近4年，研究核算显示，2012年，全省生态资产总价值为18.39万亿元，其中，三江源区生态资产价值12.66万亿元，占68.84%。

7月13～15日 由青海省林业厅、青海省财政厅和联合国开发计划署驻华代表处主办的"青藏高原生物多样性研讨会"在青海省玉树市召开。会议通过了旨在推进青藏高原生物多样性保护，建立跨区域多部门联动机制的《玉树宣言》。

7月7～20日 国家林业局规划院联合祁连山自然保护区管理局成立科学考察工作组，赴保护区开展科学考察和外业调查工作。通过为期14天的实地调查和科学考察，祁连山自然保护区晋升国家级自然保护区的科学考察工作顺利完成。

7月22日 青海省林业厅、省旅游局为首批5个森林旅游休闲基地授牌，标志着青海将形成点、线、面相结合的区域性森林休闲旅游开发新格局。

(青海省林业由宋晓英供稿)

宁夏回族自治区林业

【概　述】 2016年，全区完成营造林8.07万公顷，占计划任务的120.9%。完成人工生态修复5.58万公顷，占年度计划任务的109.7%，退化林分改造0.65万公顷，确权湿地面积47 839公顷，湿地斑块391个，全区林业有害生物成灾率控制在5.49‰以内，义务植树1000万株，实现林业贷款31亿元。

【造林绿化】 2016年，全区完成营造林8.07万公顷，其中人工造林4.84万公顷，封山育林1.65万公顷。同时，未成林补植补造完成0.98万公顷。全年超额完成6.66万公顷营造林任务。加强生态移民迁出区生态修复、引黄灌区沟道生物护坡、美丽乡村等自治区重点项目建设，完成了年初下达的90公顷引黄灌区沟道生物护坡建设任务。

【生态移民】 全区生态移民迁出区生态修复与建设5.08万公顷，为进一步发挥林业厅牵头抓总作用，邀请发改、财政、国土、农牧、水利、扶贫等部门召开了生态移民迁出区生态修复联席会议，全面总结了2015年工程建设情况，对2016年生态移民迁出区生态修复工作进行了安排。截至12月底，完成人工生态修复5.58万公顷，占年度总任务的109.7%，其中林业工程2.59万公顷，占年度计划任务的124.6%，草地保护与恢复工程完成3.39万公顷，占计划任务的101.8%。完成水土保持工程115项，占计划任务的65%。完成投资19 156.1万元，占规划投资的77.6%，其中林业工程投资11 030.8万元，草地保护与恢复工程投资7618.5万元，水土保持工程投资506.8万元。

【林业产业】 全区林业产业实现总产值突破200亿元，完成经济林新增面积8700公顷(枸杞3600公顷、苹果1800公顷、红枣700公顷、花卉100公顷、小杂果及其他经济林2500公顷)；全年低产低效改造提升完成3500公顷，新增育苗面积1200公顷，新建苹果细纺锤形篱架栽培、中部干旱带压砂地枣树小冠纺锤形修剪、仁用杏保花保果等各类示范园区12个，成立了8个枸杞产业人才高地工作站，建立红枣示范园区6个，苹果示范园区5个，优质红梅杏示范园区1个；建设苹果矮化自根砧篱架栽培模式13.33公顷、矮化中间砧高密高效栽培66.66公顷；矮化中间砧高密高效栽培示范园106.66公顷；成功举办2015中阿博览会中国枸杞论坛暨中宁枸杞文化节，在新加坡、马来西亚等国家开展了宁夏枸杞宣传推介活动，枸杞国际影响力显著提升。自治区出台《宁夏回族自治区枸杞产业促进条例》，自治区政府成立由自治区主席刘慧任组长、党组副书记郝林海、副主席曾一春为副组长的枸杞产业领导小组，编制完成再造宁夏枸杞产业发展新优势《工作方案》和《发展规划》，全面推进枸杞产业发展，打造宁夏枸杞产业升级版。

【森林资源管理】 2016年，共办理林木采伐184件，使用林木采伐限额12 519.09立方米。其中：公益林占用限额11 259.25立方米，商品林1259.84立方米。全区(含国家和市县级)共审核批准建设项目使用林地353件，面积2489.80公顷，收缴森林植被恢复费22 759.02万元。自治区林业厅审核审批占用征收林地268项，面积1649.34公顷，收缴森林植被恢复费13 230.88万元。其中，审核永久占用征收林地178项，面积917.88公顷，审批临时占用林地88项，面积730.06公顷，审批直接为林业生产服务占用林地2项，面积1.40公顷。县级林业部门审核审批临时占用征收林地80项，面积54.25公顷。全年共有147个占用征收林地项目使用2016年度定额225.61公顷；36个项目使用国家备用定额1117.49公顷。

【防沙治沙】 完成对灵武白芨滩、中卫、同心、红寺堡4个全国沙化土地封禁保护项目的验收。积极开展国家沙漠公园评审和申报工作。完成国家“十二五”防沙治沙目标责任考核，防治荒漠化面积65.4万公顷，占规划目标任务的218%。积极推进世界银行贷款、中德财政合作、小渊基金等外援防沙治沙项目建设。全区完成治理荒漠化面积3.64万公顷，占年度计划任务的109%。

【林业改革】 完成21个县(区)和6个自治区直属国有林场改革实施方案审核，落实补助资金19 516万元。制订了《宁夏湿地产权确权试点工作实施方案》，完成吴忠市范围内预划分湿地土地利用属性及所有权、用益物权调查，确权湿地面积4.8万公顷，湿地斑块391个，涉及农户和企业2408户，做到数据准确、资料完整、权属清楚，建立湿地确权登记系统，湿地产权确权试点改革全面完成。深化集体林权制度改革，推进集体林权规范有序流转，流转集体林地1.51万公顷；进一步放活经营权、落实处置权、保障收益权，实现林业贷款31亿元。完成青铜峡等4个县(市、区)非基本农田葡萄确权试点，共确权0.45万公顷。探索开展非基本农田枸杞、红枣确权试点和集体林地所有权、承包权和经营权分置改革试点。大力扶持发展以林下种植、养殖、森林景观等为主的林下经济26.73万公顷，落实产值近23亿元。不断扶持壮大新型林业经营主体，新增林业专业大户126户、家庭林场108家、农民专业合作社80个。

【森林防火】 2016年提请自治区政府完成《宁夏回族自治区森林防火办法》立法工作，并于7月12日经宁夏回族自治区人民政府令第84号公布；积极争取自治区财政森林防火专项补助资金500万元，先后5次召开视频调度会议、气象形势通报会和森林防火工作部署会，及时有效处置森林火灾19起，确保森林火灾受害率低于

0.9‰的控制指标；发送预警短信120万条，播放电视公益广告90期，刊登宣传报道28篇，出动宣传车1000多台(次)，督导各地设置防火检查站800处(个)，有效管控野外火源；制作发布高森林火险气象等级信息5期、森林火险预警信息62期，为预警响应提供了科学决策依据；组织举办森林火灾应急处置演练和市县级森林防火指挥员培训班，强化应急处置机制建设，队伍扑火能力得到进一步提升。

【林业科技】 全力推进黄河湿地、城市森林、平原绿化3个国家级生态定位研究实验站和国家级重点实验室建设，启动林业创新团队和宁夏林创空间建设。完成枸杞杂交品种选育、油用牡丹栽培技术示范推广等22项科技攻关。新储备中央财政林业科技项目20个，组织评审申报中央、自治区财政林业科技项目25个。启动11个中央财政林业科技推广示范项目，完成沙地土壤修复技术引进等2项国家级林业项目验收，15项林业科技项目获得自治区科技进步奖。组织编制审定《宁夏酿酒葡萄栽培技术规程》等47项林业地方标准。引进木槿、大花黄牡丹等6个优新树种，扩繁小叶白蜡等8个树种。积极争取国家和自治区政策、项目支持，全年争取林业投资19.6亿元。提请自治区人民政府与国家林业局签署了《共同推进宁夏生态林业建设合作协议》。编制上报了《宁夏林业生态护林员扶贫项目实施方案》，争取中央投资6000万元，落实生态护林员名额6000人，制订下发了《宁夏建档立卡贫困人口生态护林员选聘办法》，全面开展生态护林员选聘工作。积极开展科技(科普)活动，举办各类培训班18场次，培训基层林业技术人员、果农2100余人。

【林业宣传】 2016年度，在各类媒体发表宁夏林业新闻宣传稿件1800多篇(条)，其中新华社内部参考1篇；中央电视台、《人民日报》、新华社、《光明日报》《经济日报》《农民日报》等中央媒体报道37篇；宁夏电视台《宁夏新闻联播》播出林业新闻127条；宁夏广播电台《全区新闻联播》播出林业新闻122条；《宁夏日报》刊登林业新闻128条，其中1版45篇，专版2篇；《中国绿色时报》刊登林业报道55篇，其中头版19篇；新华网、人民网宁夏频道、《新消息报》等其他媒体报道林业新闻及活动1000多篇(条)。《宁夏林业》官方微信公众平台发送林业政策、新闻、信息等444条，关注用户达到1500余人，联合宁夏回族自治区林业产业发展中心就宁夏枸杞(台湾、上海、俄罗斯、法国)推介会做好宣传工作。在宁夏枸杞上海推介活动期间，上海市16家媒体和新华社宁夏分社、《宁夏日报》、宁夏电视台参加了推介会，发布新闻稿件20余篇；配合新华社宁夏分社制作了《人与沙：和谐共生》《人与沙：沙海淘金》《人与沙：中国经验》三集防沙治沙专题片，并在新华社网络电视上进行了播放，CCTV－2《消费主张》、CCTV－7《聚焦三农》等栏目分别进行了《秋冬养生药材调查——枸杞》《小枸杞 大健康》等报道宣传宁夏枸杞，宁夏林业厅与中国绿化基金会密切配合，采用"互联网＋植树"的模式，借助中国绿化基金会运营的"中国网络植树公益网"，开通了"中国网络植树公益网——宁夏网"。

【林业法治】 制订下发了《2016年全区林业系统法制宣传教育和依法治林工作要点》，提请自治区政府出台《宁夏回族自治区森林防火办法》，制订下发《宁夏贺兰山东麓产区葡萄苗木管理办法》等。受理林业行政案件580起，行政处罚580人(次)，立刑事案件74起，破获重特大非法盗猎野生动物案件2起，收缴枪械3支，收回林地200多公顷，挽回经济损失2540万元。全面推进法治政府建设和政务公开工作，制订下发了《自治区林业厅关于全面推进政务公开工作的实施方案》，对林业政务服务事项55大项22子项进行梳理，进驻林业政务服务大厅19大项，依法取消了3项，下放1项。

【林业有害生物防治】 全区实施监测的主要林业有害生物有森林鼠(兔)、杨树蛀干害虫、食叶害虫、沙棘木蠹蛾、苹果蠹蛾、臭椿沟眶象等24种。林业有害生物发生面积25.50万公顷，成灾面积0.87公顷，成灾率5.49‰；无公害防治面积18.51万公顷次，无公害防治率为87.27%。苗木产地检疫率100%；全年采用打孔注药防治蛀干害虫121.11万株；鼠害防治9.2万公顷；苹果蠹蛾防治0.3万公顷；食叶害虫防治3.12万公顷；捕虫网防治沟眶象10万株；枣树无公害防治0.29万公顷；建设桃小食心虫、苹果蠹蛾等林业有害生物生物防治示范区0.2万公顷。

【全区林业局长会议】 于1月22日在银川召开。会议传达学习2016年全国林业厅局长会议和全区农村工作会议精神，表彰奖励2015年度全区林业建设先进集体。自治区副主席曾一春出席会议并讲话。自治区林业厅党组书记、厅长马金元主持会议并作主题报告，回顾了"十二五"及2015年林业工作，分析了林业改革发展面临的形势，提出了"十三五"林业建设的总体思路，部署了2016年重点工作。自治区政府副秘书长王凌、自治区党委农办副巡视员罗全福、自治区人大农业与农村工作委员会副主任杨勇、自治区政协人口资源环境委员会副主任徐勇出席会议。自治区有关部门领导，自治区林业厅领导班子成员，各市、县(区)人民政府分管领导，林业(园林)局局长，部分国有林场主要负责人，自治区林业厅机关及直属单位负责人，媒体记者等150余人参加了会议。

【自治区领导参加义务植树活动】 3月31日，由自治区绿化委员会、自治区林业厅和首府绿化委员会共同组织的2015年春季义务植树活动在银川市拉开帷幕。自治区党委书记、人大常委会主任李建华，自治区主席刘慧，自治区政协主席齐同生等自治区领导来到银川市滨河新区，与区直各部门、市直各部门，驻宁官兵、武警战士一道参加义务植树活动。

【林业大事】

1月22日 全区林业工作会议在银川召开。自治区副主席曾一春出席会议并讲话。自治区林业厅党组书记、厅长马金元主持会议并作主题报告。

1月29日 国家林业局湿地保护管理中心巡视员程良一行赴宁夏召开宁夏、甘肃湿地产权确权试点工作研讨会。自治区林业厅副厅长徐庆林，农牧厅、水利厅、农垦集团等部门分管领导，国土资源厅、环保厅、住建厅、旅游局相关处室人员，银川市和吴忠市湿地保护行政主管部门人员，甘肃省林业厅领导及相关处室人员共计30余人参加了会议。

2月1日 自治区林业厅党组书记、厅长马金元前往宁夏沙漠绿化与沙产业发展基金会和宁夏林业研究所，慰问了全国劳动模范、治沙英雄、宁夏沙漠绿化与沙产业发展基金会会长王有德和十八届全国人大代表、种苗生物工程国家重点实验室主任李健。

2月14日 自治区林业厅举办了处级以上领导干部学习班，厅系统70余名副处级以上领导干部参加了学习。期间，召开了自治区林业厅2016年党风廉政建设和反腐败工作会议。

2月24日 由宁夏回族自治区林业厅主办，宁夏枸杞协会承办，台湾神农科技发展协会协办的宁夏枸杞走进台湾——枸杞系列产品推介会在中国台湾台北市举行。

2月24～25日 自治区党委副书记崔波、自治区政府副主席曾一春深入青铜峡市树新林场、宁夏金沙林场调研国有林场改革工作，自治区林业厅党组书记、厅长马金元，吴忠市委、政府有关领导陪同调研。

2月29日至3月1日 国家林业局党组成员、人事司司长谭光明，发展规划与资金管理司副司长刘金富、国有林场和林木种苗管理总站副站长刘春延等一行5人，在国家林业局三北局局长张炜、党组书记周岩和自治区林业厅厅长马金元的陪同下，深入灵武市北沙窝林场、吴忠林场、宁夏金沙林场、宁夏仁存渡护岸林场和宁夏贺兰山国家级自然保护区调研国有林场改革和自然保护区建设工作。自治区政府副主席曾一春、副秘书长王凌参加了金沙林场调研和座谈。

3月12日 自治区林业厅、自治区绿化委员会办公室联合首府绿化委员会办公室在光明广场、宁园广场、南门广场，各街道办事处、主要社区等地组织开展了“3·12”植树节“全民参与植树绿化 携手共建美丽家园”宣传活动。自治区林业厅、教育厅、住建厅、妇联、团委和银川市相关部门领导出席了宣传活动。

3月14日 全区国有林场改革工作启动会在银川召开，此举标志着宁夏全面启动国有林场改革工作。自治区党委副书记崔波出席会议并讲话，自治区副主席曾一春主持会议并就落实会议精神提出要求。国家林业局场圃总站站长杨超出席会议并作了专题讲话。

3月18日 自治区林业厅召开了全区精准造林工程启动会，并对2016年春季造林工作进行了部署。厅党组书记、厅长马金元出席会议并讲话，副厅长徐庆林主持会议并就落实会议精神提出相关要求，副厅长平学智就实施精准造林工程和春季造林工作进行了安排部署。

3月24日 自治区副主席曾一春在国家林业局三北防护林建设局局长张炜、自治区林业厅厅长马金元的陪同下，赴灵武白芨滩国家级自然保护区调研。

3月25日 自治区林业厅、宁夏气象局、自治区森林防火办公室联合召开2016年春季森林防火气象形势通报会议。

3月30日 由中国绿化基金会、联合国环境规划署、东南卫视、全国绿化委员会办公室、宁夏回族自治区林业厅等机构联合主办的2016“幸福家园·绿色西海固——全国志愿者生态扶贫植树交流活动”在宁夏项目地海原县举行。

3月31日 自治区党委书记、人大常委会主任李建华，自治区主席刘慧，自治区政协主席齐同生等自治区领导来到银川市滨河新区，与干部群众一起参加义务植树活动。

4月5日 自治区林业厅组织召开2016年生态移民迁出区生态修复工程建设联席会议，会议通报了2015年生态移民迁出区生态修复工程建设情况，对2016年工作作了安排部署。

4月8日 宁夏枸杞质量标准体系建设座谈会在北京召开，自治区副主席曾一春和农业部、国家卫生计生委、国家质检总局、国家食品药品监管总局、国家林业局等部委及行业协会的领导、专家参加了会议。

4月13～14日 国家林业局党组成员、副局长陈凤学一行，对宁夏湿地产权确权工作进行调研，自治区副主席曾一春会见并陪同陈凤学一行到吴忠调研。自治区林业厅厅长马金元，吴忠市委书记赵永清，以及银川、吴忠、中卫三市有关负责同志分别陪同调研。

4月15日 由自治区林业厅党组成员、副厅长平学智为组长，厅造林处、森防站、退耕与三北工作站、林调院主要负责人组成春季造林督查组，对全区5个地级市的15个县(区)春季造林情况进行了督查。

5月5日 全区林业有害生物防治工作现场会暨鼠害防治培训班在泾源县召开。林业厅党组成员、副厅长平学智出席会议并讲话。

5月6～8日 宁夏特色优质农产品推介展销系列活动在福建省厦门国际会议展览中心举办，这次推介展销活动由自治区人民政府主办，重点推介以枸杞等为主的“1+4”特色农产品。

5月11～12日 自治区林业厅厅长马金元深入中卫市海原县、沙坡头区和青铜峡市林业生产一线，围绕精准造林、国有林场改革、新一轮退耕还林工程建设、特色产业发展、市民休闲森林公园建设、城乡大环境绿化等内容，对3个县(市、区)2016年春季造林和林业改革发展情况进行调研。

5月12～13日 自治区林业厅副厅长、总工程师徐庆林带领自治区环保厅、国土厅、银川市、石嘴山市、贺兰山国家级自然保护区管理局等保护区整治工作领导小组成员单位分管领导和相关县(区)、部门负责同志组成的联合督查组，对贺兰山国家级自然保护区人类活动整治工作情况进行实地督查。

5月9～13日 国家林业局三北局组织专家组对宁夏三北五期中期总结评估工作开展了考察。考察组一行12人，中国科学院院士傅伯杰莅临现场考察指导，自治区林业厅副厅长平学智参加了本次考察。

5月22～23日 由国家林业局湿地保护管理中心、北京师范大学生命科学学院、北京林业大学自然保护区学院相关人员组成的专家组对宁夏青铜峡鸟岛国家湿地公园、天湖国家湿地公园进行了验收。

6月3日 全区湿地产权确权试点工作动员会暨培训班在吴忠召开。自治区人民政府副主席曾一春出席会议并作讲话，自治区人民政府副秘书长王凌主持会议并就落实会议精神提出要求。国家林业局湿地保护管理中心巡视员程良、自治区林业厅厅长马金元、吴忠市市长喜清江出席会议。

6月13日 2016宁夏枸杞专场推介会在上海举办。国家质量检验检疫总局副局长张沁荣、宁夏回族自治区副主席曾一春，国务院参事、中国出入境检验检疫协会会长葛志荣以及自治区林业厅、农牧厅等相关厅局主要负责同志参加了推介活动并现场体验了宁夏枸杞产品。

6月12～14日 自治区林业厅副厅长平学智带领自治区森防总站及银川市园林局相关人员前往国家森防总站，汇报对接相关工作并考察了辽宁省沈阳市美国白蛾防控工作。

7月3日 自治区林业厅召开"两学一做"学习教育推进会。厅领导马金元、金韶琴等以及厅机关、各直属单位26个党组织负责同志参加了会议。。

7月14日 在《中国林业年鉴》创办30周年之际，由国家林业局中国林业年鉴编委会主办、宁夏林业厅承办的中国林业年鉴工作会议在银川举行，国家林业局副局长彭有冬参加会议并讲话。

7月22日 全区林木种苗工作会议暨新《种子法》培训班在银川举行。自治区林业厅党组成员、副厅长金韶琴出席会议并讲话，厅副巡视员李安作动员讲话。

8月2～3日 自治区推进枸杞产业发展提升工作领导小组召开了再造宁夏枸杞产业发展新优势工作推进会，自治区副主席、自治区推进枸杞产业发展提升工作领导小组副组长曾一春参加了观摩，并在座谈会上讲话。自治区林业厅厅长马金元汇报了全区再造枸杞产业新优势总体工作进展情况。

8月10日 自治区林业厅党组书记、厅长马金元带领林业厅办公室、林业产业中心负责人和宁夏大学农学院有关红枣专家教授，先后到灵武马场湖长枣示范园、盛康源红枣酒业生物科技有限公司、灵武市枣树博览园、大泉林场，围绕灵武长枣种质资源保护、标准化建设、品牌培育、市场营销等内容进行调研。

8月12日 自治区林业厅党组书记、厅长马金元带领林业厅办公室、林业产业中心主要负责人，花卉专家团首席专家及相关工作人员先后到兴庆区花卉生产基地及银川市百瑞源与沃福百瑞两家枸杞龙头企业的生产加工基地进行调研。

8月15～17日 全区湿地保护管理培训班在银川市森淼科技培训中心举办。自治区林业厅副厅长徐庆林，北京林业大学湿地研究中心主任张明祥参加了开班仪式。

8月19日 引黄灌区精准造林助推美丽宁夏建设现场观摩会在永宁县召开。自治区政府副秘书长王凌参加观摩会并讲话。自治区林业厅党组书记、厅长马金元就实施精准造林助推美丽宁夏建设以及秋季造林工作作了安排部署。

8月20日 中宁枸杞——海口馆在海南省海口市开馆。自治区政府驻广东办事处主任傅伟君，自治区林业厅副厅长陈建华，中宁县政府副县长范永伟等出席了开业庆典。

8月23日 全国天保工程信息化管理与宣传培训班在银川举办。国家林业局天保中心巡视员叶荣华、天保中心信息处处长刘跃辉，国家林业局调查规划设计院林业信息数据中心杨雪清处长亲临培训班指导。自治区林业厅副巡视员王宁出席培训班开班仪式并致辞。

9月7日 自治区林业厅在盐池县召开了全区柠条平茬利用现场观摩会，盐池县也是宁夏唯一被国家林业局确定为灌木林平茬抚育试点的县。自治区林业厅党组成员、副厅长平学智参加了现场观摩会并就全区柠条平茬利用进行了安排部署。

9月11～15日 自治区林业厅党组成员，副厅长陈建华率团带领10人赴俄罗斯参加"2016俄罗斯国际食品展览会"，并在博览中心红宝石展馆内搭建的夏枸杞特装展位上举行了现场推介活动。这是在"一带一路"战略引领下，宁夏政府首次组团带领枸杞企业参加大型国际性商展。

9月18日 国家林业局基金总站副总站长李冰带队对宁夏林业国家级自然保护区、沙化土地封禁保护区、林业有害生物防治、森林抚育等四项中央财政补助资金使用情况开展稽查。

9月28日 全区精准造林助推精准脱贫现场推进会在泾源县召开。自治区林业厅党组成员、副厅长平学智出席推进会并讲话。

9月28～29日 自治区林业厅分别组织召开了川区、山区市民休闲森林公园建设观摩交流会。自治区林业厅党组成员、副厅长金韶琴出席观摩会并讲话。自治区发改委、财政厅、建设厅、国土厅相关处室负责同志出席会议，全区各市、县（市、区）林业（园林）局负责同志、市民休闲森林公园负责人分别参加了川区、山区观摩会。

9月30日 由自治区林业厅主办，银川市园林管理局承办，银川市中山公园协办的《全民知绿爱绿科学素质行动计划纲要》启动仪式在银川中山公园文化广场举行。厅机关及各直属单位，各国家级自然保护区管理局，宁夏林业研究院，有关市、县（区）林业局，宁夏大学、新闻媒体等28家单位及银川市民500多人参加了此次启动仪式。

10月21日 国家林业局与宁夏回族自治区人民政府在银川市签署《共同推进宁夏生态林业建设合作协议》。国家林业局局长张建龙、副局长刘东生、总工程师封加平，自治区领导李建华、咸辉、崔波、曾一春出席签字仪式。张建龙与咸辉共同签署协议书。

10月28日 全区集体林权管理服务培训班在银川举办。全区各市、县（区）林业（园林）局分管领导及业务骨干、厅有关处（室）及直属单位负责同志共计80余人参加了培训。自治区林业厅副巡视员王明忠出席培训班开班仪式并作了讲话。

11月7～10日 自治区人大常委会副主任王儒贵带领部分常委会委员，在自治区林业厅党组书记、厅长马金元，副厅长平学智的陪同下，对全区国有林场改革工作进行了调研。

11月23～25日 自治区林业厅在银川举办了2016

年第二期全区湿地保护管理培训班。

12月1日 自治区林业厅组织召开了全区退耕还林突出问题专项整治电视电话会议。会议传达学习了全国退耕还林突出问题专项整治电视电话精神，安排部署了全区退耕还林突出问题专项整治工作。自治区林业厅党组成员、副厅长平学智出席会议并讲话。

12月13日 自治区林业厅召开干部大会，宣布了自治区党委任命杨珺为自治区林业厅党组成员、自治区纪委驻林业厅纪检组组长的决定。自治区纪委常委、组织部长雍万祥出席会议并讲话。自治区林业厅党组书记、厅长马金元主持会议，厅党组成员、巡视员、副巡视员，厅机关各处室及各直属单位主要负责同志参加了会议。

12月8~9日 自治区退耕三北站组织召开全区2016年退耕还林工程推进会暨工程管理培训班。自治区发改委、财政厅、国土厅等部门相关负责人，各工程县(区)林业局主管副局长、退耕办主任及相关业务人员60余人参加了会议。

12月18日 由自治区推进枸杞产业发展工作领导小组主办，自治区林业厅、中国优质农产品开发服务协会、宁夏枸杞协会承办的宁夏枸杞品牌战略发布会暨宁夏枸杞品牌建设高峰论坛在北京举办。自治区党委常委、副主席李锐，国家林业局副局长张永利等相关领导出席发布会。

（宁夏回族自治区林业由马永福供稿）

新疆维吾尔自治区林业

【概　述】 2016年，在自治区党委、人民政府的坚强领导下，在国家林业局的大力支持下，新疆林业坚决贯彻落实党的十八大和十八届三中、四中、五中、六中全会和中央经济工作会议、农村工作会议、全国林业厅局长会议精神，贯彻落实习近平总书记系列重要讲话精神，特别是在第二次中央新疆工作座谈会上的重要讲话、视察新疆时的重要讲话和关于林业生态文明建设的重要论述、批示、指示精神，按照自治区的安排部署，牢固树立五大发展理念，以社会稳定和长治久安总目标为统领，围绕"一带两环三屏四区"发展布局，加强生态文明建设，深化林业改革，强化基础保障，加快林业现代化进程，凝心聚力、攻坚克难，敢于担当、务求实效，推动新疆林业各项工作取得了新进展、新成效、新突破。

【生态建设】 完成营造林22.33万公顷(含退耕还林4.67万公顷)，其中人工造林13.4万公顷、封山(沙)育林8.93万公顷。森林抚育11.88万公顷；退化林分修复1万公顷。落实2016年度退耕还林建设任务9万公顷，巩固专项成果2.8万公顷，对全区90.53万公顷退耕还林地开展生态效益监测。完成沙化土地治理58.76万公顷。塔里木盆地周边防沙治沙工程支持南疆人工造林0.84万公顷、封育1.66万公顷，完成高标准防沙治沙示范造林307公顷。84个标准化乡镇林业站建设通过国家林业局验收并正式挂牌。完成第九次森林资源连续清查，全区森林面积已达800万公顷，森林覆盖率4.87%，森林蓄积量3.92亿立方米，森林面积、蓄积量持续双增长。

【产业发展】 调整优化林业产业结构，做优做强环塔里木盆地和吐哈盆地、伊犁河谷、天山北坡特色林果产业，加快发展种苗花卉、沙产业、森林旅游、林下经济等绿色富民产业，着力构建绿色富民产业框架。

特色林果产业生产能力明显增强。召开"自治区特色林果质量管理提升工作推进会"，启动特色林果简约化栽培管理工作，落实简约化栽培面积6000公顷，加强密植园、低产低效园改造，林果提质增效取得显著成效。全区特色林果面积稳定在146.67万公顷，果品总产量达730万吨，产值534亿元。全区农民人均林果业纯收入2200元，占农民人均纯收入的25%以上，主产区达到40%以上。林果产品市场开拓能力显著提高，分别举办全疆红枣、核桃产业和外销平台建设主题论坛，组团参加了2016东北亚森林博览会和第九届中国义乌国际森林产品博览会，成功举办2016新疆特色林果产品(广州)交易会，签订经销贸易合作项目103项，达成贸易额19亿元。新增国家级林业龙头企业3家，温宿县、叶城县被国家林业局授予"国家级核桃示范基地"。

种苗花卉产业发展迅速。苗圃总数9518处，育苗面积4.13万公顷，年产苗量25.7亿株、产值31亿元；启动完成乌鲁木齐市、和田地区林木种质资源调查工作；组织开展林木树种(品种)审(认)定工作，通过自治区级审定28个、认定9个，累计通过审(认)定林木品种326个；推荐第三批国家重点林木良种基地5处，确定自治区重点林木良种基地5处、良种生产基地21处、保障性苗圃34处；成功举办第五届新疆苗木花卉博览会，签约金额24亿元；新增国家林木种质资源(异地)保存库2处。

特色林业产业蓬勃发展。沙区特色经济植物种植8.73万公顷、产值10亿元，沙产业深加工企业93家，年加工能力118万吨、产值35亿元。林下经济种植面积70.13万公顷，产值15亿元。新增国家农民合作社示范社6个，国家林业局认定"服务精准扶贫国家林下经济及绿色产业示范基地"4个。天保工程后续产业产值7422万元，实现利润2172万元。新增国家森林公园2处，各级森林公园共计达到64处，森林公园经营总面积168.11万公顷，其中：国家级21处，面积113.54万公顷；自治区级36处，面积54.42万公顷；县级7处，面积0.16万公顷；乌苏佛山森林公园成为全疆首家获得全国森林康养基地试点建设单位和中国森林养生基地两项授牌的森林公园。全区森林公园旅游直接收入3.98亿元，比2015年增加28.4%；接待游客人数达到1236.98万人次，比2015年增长20.2%。

【资源保护】 按照全面保护、科学保护、依法保护的原则，采取更加严格有效的措施，全面加强天然林、公益林、湿地、沙区植被、野生动植物及其栖息地的保护。

天保工程管护面积513.07万公顷，新增符合天然林保护工程补助标准的666.67万公顷林地得到国家林业局认可。加强森林资源培育，完成人工造林600公顷、飞播造林4400公顷、中幼林抚育1.88万公顷，森林资源结构和质量得到进一步改善。

760万公顷国家级公益林得到有效保护。启动实施胡杨林拯救和有害生物飞机防治专项行动，整合林业项目资金7732万元，完成封育管护面积4.22万公顷、引洪灌溉24.93万公顷、补植红柳和胡杨8866.67公顷、春尺蠖飞防4万公顷，在自治区塔里木河流域胡杨林生态保护五大专项行动中先行一步，退化公益林得到更新复壮，森林质量明显提高。

伊犁小叶白蜡自然保护区、霍城四爪陆龟自然保护区晋升为国家级自然保护区。乌齐里克、玛纳斯等4处国家湿地公园(试点)通过国家林业局验收，正式挂牌国家湿地公园；阜康特纳格尔、伊犁雅玛图等7个湿地公园通过国家林业局评审公示成为国家湿地公园试点建设单位。《卡拉麦里山有蹄类野生动物自然保护区管理条例》(草案)经自治区人民政府常务会议审议通过，专项整改成效明显，未批先建、证照不全、超限生产企业一律关停，野生动物饮水池、饲草料储备库、迁徙通道建设基本完成。

“十二五”省级人民政府防沙治沙目标责任顺利通过国家考核，第五次荒漠化监测结果正式发布。新增沙化土地封禁保护试点县6个、国家沙漠公园5处，成为全国封禁保护试点县和沙漠公园数量最多的省份。

野生动植物资源调查工作有序推进。组织开展“打击乱捕滥猎和非法经营鸟类等野生动物违法犯罪活动专项行动”，受理野生动物案件495起，查处破获各类野生动物案件474起。

【资源管理】 逐级签订森林资源管理目标责任状，建立健全森林资源保护管理目标责任制。严格控制建设项目使用林地，认真组织开展打击非法占用林地等涉林违法犯罪专项行动，共受理案件1047起，查处、破获1073起，打击处理违法犯罪人员2192人，打掉犯罪团伙8个，行政处罚涉案单位25个，收缴林地800公顷、野生动物1545只、木材247立方米，专项行动获国家林业局通报表扬。森林防火“预防、扑救、保障”能力有效提升，武警森林部队作用发挥显著，全区连续13年未发生重特大森林火灾，总体呈平稳下降趋势，处于历史最低水平。全年林业有害生物防治97.73万公顷，防治率93.24%，累计防治作业面积156.2万公顷，飞机防治40.33万公顷，均达到预期防治效果。

【行政审批】 主动服务自治区经济社会发展大局，深化林业行政审批制度改革。修订完善《自治区林业厅行政审批工作管理规定(试行)》，实行“双线并审”、容缺受理，简化审批手续、压缩审批时限、改进审批程序，审批工作时限由原来的20个工作日压减为7个工作日，极大提高了行政审批效率，实现了“事不过夜”“审不过周”。开展“项目集中审批月”活动，对积压的征占用林地报件进行集中审批。将临时占用5公顷以下集体人工林地等审批权下放至地州和县市，明确各级审批权限。主动与发改、经信、交通等部门对接工作，提前了解项目安排，主动介入、靠前服务，全年共审核审批建设项目使用林地事项589宗。

【林业改革】 自治区党委、人民政府制定出台《新疆维吾尔自治区国有林场改革实施方案》，全面启动国有林场改革工作。《自治区国有林场改革工作推进方案》经自治区人民政府审议通过，进一步明确了任务分工、时间节点和具体要求。对25个国有林管理分局4442人进行调资，在职职工人均月增资982元。集体林权制度改革确权面积82.13万公顷，发证面积34.8万公顷，流转林地面积8666.67公顷。林权抵押1.73万公顷、贷款6.2亿元。取消中央指定地方实施行政审批事项6项，推进简政放权、放管结合、优化服务改革工作。

【林业科技】 落实国家和自治区各类科技项目89个，取得林业科技成果25项，培训基层技术人员3000人次，发放技术手册10万册，发布技术标准15项，建立林业标准化示范基地21个，规模达到380公顷。成功举办自治区林业科技大会，下发《关于加快林业科技创新驱动促进现代林业绿色发展的实施意见》和《新疆林业科技“十三五”发展规划》，建立林业专家咨询委员会，聘任特色林果业科技支撑首席专家团队。2016年林业行业获自治区科技进步一等奖2项，二等奖2项，三等奖3项。编辑出版《新疆林业科技》维、汉文版，组稿123篇、发表稿件67篇。承办中国林学会主办的全国经济林产业创新发展与“一带一路”建设高层学术研讨会，全国21个省份136名专家学者及科技工作者参会。

【林业扶贫】 围绕实现全面脱贫攻坚目标，制订《林业“十三五”扶贫专项行动实施方案》，重点对南疆四地州给予全方位支持，全年支持林业项目资金14.05亿元，占全疆林业建设总投资的30%。选聘安排8145名建档立卡贫困农牧民就地转为生态护林员，人均补贴1万元，精准带动3.5万人脱贫。落实村级惠民项目206个、安排资金1.03亿元。天保工程区职工社保全覆盖，年人均工资近6万元，同比增长18%。兑现原森工企业一次性安置人员社保补贴7748万元。

【林业援疆】 落实中央林业资金40.64亿元。在经济下行压力增大、国家建设投资没有增量的情况下，继续保持10%以上的增长速度。19个对口援疆省(市)林业厅(局)通过项目、技术、人才等形式援疆，共组织实施项目39个，投入援疆资金7660万元，援助物资260万元，帮助举办各类培训班8期，培训人员2239人次。

国家林业局继续支持新疆林业党政领导干部、森林防火业务骨干、林业宣传信息骨干的培训，全年培训200余人。

【林业宣传】 林业对外宣传力度进一步加大。区内外主流媒体和各类新媒体对新疆林业宣传报道频次不断增加，以天山、阿尔泰山森林，高山湖泊、荒漠胡杨、平原湿地等为代表的美丽新疆元素和以红枣、核桃等为代表的新疆特色林果产品知名度不断提高，新疆林业微信、微博等新媒体平台作用有效发挥。各地创建国家森林城市、绿化模范城市及生态文化村的积极性不断增强，反映新疆林业建设的影视、文艺作品精彩纷呈，林业生态文化引领作用进一步显现。森林防火、公益林管护、林业有害生物防控、林木种苗管理等信息化建设加快推进，信息化基础保障能力不断增强。

【“访惠聚”和集中整治工作】 选派机关和直属单位共121人组成15个工作队，深入阿克苏地区乌什县和阿克苏市开展“访惠聚”驻村工作。按照“队员当代表、单位做后盾、一把手负总责”的要求，厅党委班子成员深入开展专题调研18次，多次专题研究部署“访惠聚”和集中整治工作。加大资金支持力度，促进所驻村生态治理、经济发展、民生改善。工作队走访入户3轮以上，组织集体宣讲500余场(次)，把党的声音传到千家万户。充分发挥林业行业优势，建立红枣、核桃标准化示范园21处、205.2公顷。大力开展庭院改造工程，全年完成改造1万余户，新增庭院耕地300多公顷，户均年增加收入4000余元。扶持建设地毯厂、织袜厂、服装厂等劳动密集型、家庭作坊型“小微”企业36家，解决就业创业岗位4500余个。打造塔兔驯养繁育基地，为村集体创收20余万元。通过建设村级“百姓市场”、开设“淘宝网店”等方式，为老百姓搭建脱贫致富平台。集中整治工作队始终保持严打高压态势，以“反刍”“秋风”等专项行动为抓手促进社会稳定，以“揭盖子、挖幕后、铲毒瘤”扩大严打战果，各工作队所在村的基层组织建设得到加强，“去极端化”成效显著，民族团结互信不断巩固，民生不断改善，得到了各级党委政府的高度评价和各族群众的普遍认可。

【民族团结】 坚决贯彻落实自治区关于开展“民族团结一家亲”活动部署要求，率先在“访惠聚”工作队所在村启动第一批“民族团结一家亲”结对认亲活动。林业厅系统1072名干部职工结对认亲1户，每月与结对亲戚联系1次以上，每2个月开展1次见面交流，每次进村入户、走访慰问不少于3天，每次联系走访都形成民情日记。选派26名干部参加南疆学前双语教育支教工作。推进“民族团结进步年”各项工作，大力开展民族团结创建活动，互学语言、交往交流、融情聚力；召开民族团结表彰大会，对厅系统17个民族团结进步模范集体和25名个人进行表彰。

【自身建设】 认真落实《关于新形势下党内政治生活的若干准则》《中国共产党党内监督条例》，严肃党内政治生活，抓好“三会一课”、党员学习、党日活动以及领导干部重大事项报告等工作。举办庆祝建党95周年大会暨“红色伴我成长，红歌唱响林区”歌咏比赛，对厅系统17个先进基层党组织、24名优秀共产党员和16名优秀党务工作者进行表彰。坚持正确的选人用人导向，加大轮岗交流力度，严格干部考察任用程序，精心做好民主推荐、酝酿考察等各环节工作，全年共提交厅党委会议研究干部事宜11批110人次。加强干部教育培训，全年举办干部培训班50余期、培训人员4500余人次。聚焦群众反映强烈的突出问题，深入开展“四风”及“四风”隐形变异、党政机关干部不作为、基层干部损害群众利益问题专项治理，处理机关干部不作为、慢作为、乱作为等“四风”问题9人。成立巡察督查工作组，对中央、自治区重大决策部署落实情况进行督促检查，确保工作扎实有效落实。

【林业大事】

2月22日 召开自治区林业工作会议。

2月23日 召开自治区林业科技大会。

5月22日 国际生物多样性日和中国自然保护区发展六十周年大会在北京人民大会堂召开，新疆托木尔峰国家级自然保护区管理局荣获国家先进集体表彰。

5月24日 自治区林业厅召开干部大会，会议宣布曹志文任自治区林业厅党委书记、副厅长，艾山江·艾合买提任自治区林业厅党委副书记、副厅长。自治区副主席钱智出席会议并讲话，自治区党委组织部副部长吉力力·纳斯尔主持会议并宣读任免决定。

6月20日 自治区人民政府召开塔里木河流域胡杨林生态保护启动工作新闻发布会，启动实施塔里木河流域胡杨林区退耕还林、胡杨林拯救、水事治理、社会参与生态保护和胡杨林有害生物飞机防治“五大”专项行动，自治区副主席钱智出席会议并做讲话。

7月14日 自治区林业厅与湖南省林业厅签署战略合作协议，在建立联系交流机制、加大人才互派力度、搭建交流合作平台、促进互利合作共赢、推动林业共同发展5个方面进行全方位战略合作。

7月25～27日 自治区人民政府在阿克苏召开特色林果质量管理提升工作推进会，全面启动特色林果简约化栽培管理工作。

8月10日 自治区党委、人民政府制定出台《新疆维吾尔自治区国有林场改革实施方案》(新党发〔2016〕14号)。

8月17日 中国林学会在乌鲁木齐市召开经济林产业创新发展与“一带一路”建设高层学术研讨会。

8月24日 新疆和田地区于田县达里雅布依乡达里雅布依村、克拉玛依市乌尔禾镇哈克村、巴音郭楞蒙古族自治州焉耆县七个星镇霍拉山村被中国生态文化协会授予“全国生态文化村”称号，全疆“全国生态文化村”累计达到12个。

8月28日 以“丝路之花·四海聚焦”为主题的第五届新疆苗木花卉博览会在呼图壁县国家级苗木交易市场开幕，来自中亚国家及中国各省份的300余家企业参加了开幕式，博览会共计签约金额24亿元。

9月7日 自治区党委、人民政府召开国有林场改革电视电话会议，自治区副主席钱智代表自治区人民政府与相关地州(市)签订国有林场改革工作目标责任书。

10月13日 “新疆红枣产业发展主题论坛”在和田市举办。当日，8家新疆知名林果企业与内地林果产品销售公司、电商进行签约，购销红枣1.7万吨、金额5.26亿元。

10月19~23日 国家林业局工作组专题调研新疆特色林果产业发展。

10月22日 "新疆核桃产业发展主题论坛"在阿克苏市举办，疆内外200余名专家学者和各界人士把脉新疆核桃产业发展。

11月7日 自治区林业厅召开严厉打击非法占用林地等涉林违法犯罪专项行动推进会。

11月11~13日 自治区人民政府在广州市举办2016年新疆特色林果产品(广州)交易会、新疆—华南地区特色林果产品市场发展专题交流会，为期3天的交易会签订经销贸易合作项目103项、交易金额19亿元。

11月21日 "青少年环保大使活动与教育计划"表彰仪式在乌鲁木齐市举行，100名中学学生被授予"森林大使"荣誉称号。

12月10日 乌苏佛山森林公园获得全国森林康养基地试点建设单位和中国森林养生基地授牌。

12月20日 自治区人民政府常务会议审查通过《卡拉麦里山有蹄类野生动物自然保护区管理条例(草案)》。

12月28日 自治区人民政府召开2016年度新疆外来林业有害生物防控工作联席会议。

(新疆维吾尔自治区林业由主海峰供稿)

新疆生产建设兵团林业

【综　述】 2016年，兵团认真贯彻落实中央农村工作会议和全国林业厅局长会议精神，围绕"生态垦区　美丽兵团"，加大植树造林力度，加强森林资源林地资源监管力度，提高依法治林水平，提升林业队伍执政能力，引导林业产业健康发展，兵团林业事业平稳推进。

林业产业

林业产值持续增长，第一产业仍然是主导产业，第二、三产业逐步增长。在经济下行压力较大，经济林产品销售不畅，果品价格与2015年相比降幅较大的情况下，2016年兵团林业产业总产值仍达396.24亿元，比2015年增加73.69亿元，增长了22.85%；其中第一产业390.4亿元，较2015年增加72.18亿元，增长了22.68%；第一产业中的经济林产业产值347.69亿元，较2015年增加81.76亿元，增长了30.74%。2016年在兵团产业结构调整、产业转型发展的推动下，林业二、三产业也有较好的发展，第二产业产值达18 886万元，第三产业达39 544万元，促进了团场增盈、职工增收。第一、二、三产业虽然呈现同步增长，但二、三产业所占比例较少，仍需进一步加强产业引导，鼓励加强二、三产业的发展。

(一)第一产业增长势头较好的主要原因是经济林产业持续增长带动产业发展。2016年经济林种植面积22.97万公顷，结果面积达17.04万公顷，总产量达310.5万吨、产值达347.69亿元，产量和产值分别较2015年增加了23.89万吨、81.75亿元，增幅达8.34%和30.74%；其中水果产量190.17万吨，较2015年增加了54.51万吨；干果产量112.62万吨，比2015年增加了11.29万吨；枸杞、沙棘产量2.44万吨，比2015年增加了1.38万吨；核桃产量5.09万吨，比2015年增加了3.29万吨；呈现经济林产量持续增长的态势，特别是枸杞、沙棘、红枣、核桃产量增速显著。兵团干鲜果品产量持续增长，促进果品冷链储运、深加工的产业发展，延长了产业链，保障了干鲜果品的保值增值。

(二)花卉产业起步发展。2016年花卉产业产值达6344万元，较2015年增长1862万元，增幅达41.54%。盆栽植物产量1686.15万盆、观赏苗木产量154.2万株，新建花卉市场1个，引进花卉企业2个。兵团城镇化建设的推进、职工生活水平的不断提高，推动了兵团新建城市的花卉产业开始起步发展。

(三)林业旅游和休闲产业慢慢兴起。2016年兵团接待林业旅游201.1万人次，收入3.95亿元，带动其他产业18.92亿元，较2015年分别增加了95.9万人次、1.12亿元、5.47亿元，发展势头良好。

国土绿化

造林绿化　2016年营造林投资16.08亿元，完成造林面积2.67万公顷，封沙育林面积1.73万公顷，退化林分修复面积2440公顷，人工更新面积1047公顷；完成森林抚育面积19.82万公顷。

新一轮退耕还林工程　全年完成退耕还林工程1.3万公顷。做到向南疆倾斜，2016年南疆团场完成1.13万公顷，对南疆产业结构调整、促进就业、发展经济起到积极推进作用。

防沙治沙　2016年沙化土地治理面积达1.68万公顷。完成兵团"十二五"期间防沙治沙目标考核，经国家考核组实地检查和指标考核，获得较好评价。

天然林保护工程　天然林保护工程投入资金625万元，管护面积10万公顷，落实管护人员155人，天然林保护工程区在岗及离退人员291人全部参保，生活有保障；管护责任落实有力，进行了阶段考核评价，落实了奖罚制度，天然林保护工程区全年没有发生森林火灾，工程实施顺利。

国家级公益林管护　2016年拨付中央生态效益补偿基金11 779万元，落实管护人员2313人。99个国家级公益林管护团场重大抚育项目实施进展顺利，当年补植补造1553公顷，围栏1476.5千米，管护防火用房建设4190平方米。

林业基础工作

林地变更调查工作　联合兵团国土资源局相互配合、共同调查、明确林地，资源共享，实现林地有效管理，林地变更现地调查工作的完成，为森林资源实时动态管理奠定基础。

全国第九次连续清查工作　完成兵团承担的全国第九次连续清查在兵团范围内3352个样点核实调查工作，其中覆合现地样地2056个，实测样地1899个；样地质量抽检，评定为优。

兵团碳汇计量监测体系编制工作　按照国家林业局

应对气候变化工作领导小组的统一部署，兵团完成辖区范围内的209个样地的土地利用类型变化调查工作，并对碳储量和变化量进行监测分析，为下一步开展碳汇交易奠定基础，同时为全面报告林业碳汇年度数据积累技术和经验。

林业保护工作

森林采伐工作 加强林木采伐管理，落实下达“十三五”采伐限额，认真执行林木采伐限额制度，全年采伐林木11.3万立方米，没有超限额采伐的情况发生。

林业有害生物防治工作 2016年，兵师团三级累计投入3288万元用于林业有害生物防治，防治面积达20.3万公顷；成灾率控制在3.8‰以下，无公害防治率达到95%以上。

湿地和野生动植物保护工作 加快湿地保护工程建设步伐，2016年新增3个湿地公园。全年为被重点保护野生动物造成作物受损的744户职工进行补偿，补偿金额278.5万元，保障了受害职工的基本生活。

森林火灾的预防和扑救 加大森林防火宣传力度，做到防控结合，有力遏制了以往烧荒引起森林火灾案件的发生。兵团范围内受理火灾及失火案件36起，查处33起。

森林监管 开展了保护林地资源严厉打击毁林开垦非法占用林地专项活动，全年受理案件31起，查处28起，恢复林地608公顷。规范林地审核审批；全年审核审批占用征收林地235宗，批准面积821.65公顷。

（贾寿珍）

【植树造林】 2016年是“十三五”开局之年，截止到12月30日，兵团共完成人工造林26 721公顷，其中：防护林9711公顷，经济林17003公顷，特种用途林7公顷；完成封育面积17 332公顷；育苗面积7202公顷；全年全兵团参加义务植树的干部职工人数为91.99万人，全民义务植树尽责率为96.87%，义务植树6745.90万株。（滕晓宁）

【退耕还林工程】 2016年是国家新一轮退耕还林工程实施第三年，国家下达2016年兵团退耕还林工程任务1.33万公顷，围绕向南发展和调整结构的总目标，于8月8日将任务下达至兵团8个师42个团场，其中，南疆4个师31个团场任务面积为1.13万公顷，占84.75%，全部为经济林，北疆4个师11个团场，任务面积2033.33公顷。截至12月，完成当年退耕还林任务1.3万公顷，完成计划任务的97.5%。（滕晓宁）

【国家级公益林】 2016年，兵团按照《新疆生产建设兵团国家级公益林管护办法》和《中央财政林业补助资金管理办法》，落实国家级公益林目标管理责任，打击和防范毁林开垦违法行为，巩固和提高兵团国家级公益林管护成果和质量。

宣传到位，提高认识。兵、师、团各级充分利用会议、宣传画、标语等多种形式进行宣传，在国家级公益林林区的路口、交通干线竖立永久性公益林宣传牌，提高干部群众保护公益林意识。

加大建设与保护力度，提高公益林质量。在总结经验的基础上，进一步通过完善制度、健全机构、明确责任、加强监管等措施，加大建设与保护力度，提高公益林质量。

明确林权，颁发《林权证》。截至2016年年底，兵团国家级公益林累计发放《林权证》168本，面积63.38万公顷。

落实管护人员，确保管护责任到位。全年落实国家级公益林管理、管护人员2313人，其中：管理人员512人，管护人员1801人。

重大抚育建设任务完成。2016年组织完成了2015年下达的重大抚育任务，分别为：林业有害生物防治120万元，补植补造1553公顷，围栏1476.5千米，宣传牌479座、界碑835座，管护用房建设3450平方米，防火库740平方米，瞭望塔30座，简易防火道路75.5千米。

加大重大林业案件查处。组织开展了严厉打击毁林开垦、盗伐、滥伐林木违法犯罪、乱捕滥猎野生动物、打击毁林开垦等一系列专项整治严打行动。2016年国家级公益林范围内发生非法侵占林地案件37件，查处37起，非法侵占林地的犯罪行为得到有效遏制，森林安全得到有效维护。

加强森林防火工作。在全面抓好重点公益林管护的基础上，强化领导，落实防火措施和责任追究制，严格火源管理，加强巡查管护，做好宣传教育，全年兵团国家级公益林均无森林火警、火情发生。

森林病虫害的防治、监测工作落实。一是加强预测预报，对危害性强的病虫害重点监测，做好防控，遏制了林木病虫害的发生和蔓延。（贾寿珍）

【森林公安工作】 2016年，兵团充分发挥职能作用，严厉打击涉林违法犯罪行为，全力维护林区社会治安稳定。全年开展四次专项行动，共办理案件431起，其中林业刑事案件75起，侦破65起，林业行政案件356起，查处345起，没收非法所得10.45万元，罚款236万元，没收木材38立方米，没收野生动物787只，收回林地147.93公顷，补种树木12 139株，行政处罚366人次，有效遏制了破坏森林和野生动植物资源违法犯罪活动，保护了兵团生态安全。

加强基础设施建设，提高信息化建设水平，学习政治理论及法律知识，提升业务水平和实战能力，扎实推进队伍正规化建设进程。一是推进森林公安基础设施和信息化水平建设。整合项目资金，加快第五、八、十、十二师等基层执法单位基础建设，配备执法记录仪120部，建成了兵团森林公安高清视频会议系统，推动了森林公安执法规范化建设。二是加强政治理论学习，提高政治素养。利用森林公安视频会议系统组织学习4次；组织开展了治理不作为乱作为等损害群众利益专项活动，在南京森林警察学院举办了两期兵团森林公安警衔晋升培训班和一期执法办案能力提升培训班，培训民警150余人；开展了执法质量考评工作，对兵团森林公安2016年执法质量进行检查考评，推进执法规范化建设。三是5个师森林公安局挂牌成立公益林监督保护办公室，将兵团公益林管护纳入森林公安工作重点，更好地发挥森林公安保护森林资源的职能作用。

全力做好防暴维稳工作。兵团各级森林公安机关在打击涉林违法犯罪的同时，积极协助师公安机关在“7·5”、2016年杭州峰会、亚博会、国庆节等重要节点进行“网格化”巡逻和安全保卫工作，在维护社会稳定工作中作出了贡献。（王　强）

【森林防火工作】 2016年，兵团加强森林火灾的预防和扑救，保障森林资源安全，全年兵团范围内受理火灾及失火案件36起，查处33起。

一是贯彻落实国家森防指、自治区森林草原防火工作电视电话会议精神，在节假日期间下发做好森林草原防火工作的通知，指导各师做好森林草原防火工作。

二是开展“安全生产月”活动。开展森林防火检查100余次，严格落实森林防火措施。检查调试灭火机具200台次，确保防火机具随时可用。开展森林防火应急演练5场次，提高森林防火队伍的火灾扑救能力。组织开展形式多样的森林防火宣传活动，发放宣传资料4000余份，挂标语60余条，在团场电视台播放宣传标语170余次，提高职工群众森林防火安全意识。

三是加强森林防火基础设施项目建设。上报了第二、三、七、九师森林火灾高危区综合治理项目、兵团森林防火预警指挥系统建设项目、第六师森林火灾高危区综合治理（二期）项目。加快推进第五、八、十、十二师4个在建的森林防火物资储备库建设项目建设，已进入验收阶段。（王　强）

【湿地及野生动植物保护工作】 2016年加强湿地资源保护管理工作，进一步改善湿地自然保护区的湿地保护管理能力，第二师恰拉湖国家湿地公园、第七师胡杨河国家湿地公园、第十师丰庆湖国家湿地公园被列入国家湿地公园试点。

开展了野生动植物资源调查。举办了兵团陆生野生动物资源调查暨国家重点保护野生植物资源调查培训班，培训调查技术人员120人次，下发了《关于启动兵团陆生野生动物资源调查暨重点保护野生植物资源调查有关工作的通知》，启动了兵团野生动植物资源调查工作。

开展野生动物救护工作。2015年年底，北疆地区连续遭遇大雪灾害，第六、七、八、十师积雪严重，气温接近历史最低值，一些动物被饿死、冻死。申请国家林业局野生动物救护补助经费30万元，开展野生动物救助工作，避免了野生动物大量死亡。

重点保护野生动物造成职工财产损害补偿工作成效显著。根据《兵团对重点保护野生动物造成职工利益受损的补偿暂行办法》，完成了2016年重点保护野生动物致使职工利益受损补偿工作，补偿金额390万元，保障了受害职工的基本生活。

兵团第一个省级森林公园批复建设。头屯河森林公园建设项目完成批复和总体规划，协助兵团援疆办、十二师组织开展了援疆干部义务植树活动。

开展了菌草引种试验工作。根据十二届全国政协主席俞正声在“小草大爱苗壮成长的菌草技术项目”批示和兵团领导批示，在第一师、第十四师完成了5公顷的菌草试验种植工作，多次到一师、十四师现场观测菌草试验种植情况，积累了大量监测数据。（王　强）

【林业有害生物防治】 2016年，兵团林业有害生物防治工作坚持“预防为主，科学治理，依法监管，强化责任”，求真务实，认真组织落实，林业有害生物防治工作取得较好效果。

兵团林业有害生物总体发生平稳，以轻度发生为主。发生总面积357 280公顷，其中，轻度发生305 540公顷，中度发生40 450公顷，重度发生11 290公顷；中度及以上发生面积占总发生面积的14.48%。其中：林木病害23 720公顷，虫害267 530公顷，鼠害66 030公顷；与2015年相比，2016年林业有害生物发生总面积和轻度发生面积分别上升20.46%和42.64%，中度及重度发生面积同比分别下降39.08%和29.33%。

兵、师、团累计投入3288万元用于林业有害生物防治，防治面积达20.30万公顷；其中：病害防治面积1.77万公顷，虫害防治面积12.40万公顷，鼠害防治面积6.13万公顷。采用飞机防治面积达2.24万公顷。

经济林病虫害、鼠害等主要林业有害生物得到有效治理，全面完成了国家林业局下达兵团的林业有害生物防治“四率”目标管理指标。成灾率控制在3.8‰以下，无公害防治率达到95%以上，测报准确率达到85%以上。（贾寿珍）

【防沙治沙目标责任实绩考核顺利通过】 2016年，经国家防沙治沙目标责任考核工作组实地检查和指标考核，兵团“十二五”期间防沙治沙目标责任考核工作顺利通过，特别是对兵团将节水灌溉同特色林果业产业、现代农业、沙产业、畜牧业相结合，实践出一条以产业助力可持续治沙和以治沙巩固产业发展的经验给予肯定。“十二五”期间兵团因地制宜，实际完成沙化土地治理48.84万公顷，完成计划任务的244.2%。责任书中各项指标均超额完成，森林覆盖率由2010年的17.09%上升到18.6%，增加了1.51个百分点。（滕晓宁）

【“6·17世界防治荒漠化与干旱日”系列宣传活动】 一是6月16日组织召开了兵团“十二五”防沙治沙成就新闻发布会，对兵团“十二五”期间防沙治沙工作取得的成就进行发布。二是6月17～25日在全兵团开展第二十二个“世界防治荒漠化和干旱日”主题宣传周活动，制作图片文字展板和专题片集中展示兵团“十二五”防沙治沙取得的成果，兵团及各部局主要领导干部应邀参观了成就展。三是组织多家新闻媒体对兵团“十二五”期间林业生态建设取得的成就进行宣传，《兵团日报》采取专访、专版、系列报道的形式宣传兵团开展防沙治沙、林业生态建设情况。（滕晓宁）

【首次开展的林业公益性行业科研专项通过国家验收】 由兵团林业科学技术研究院首次承担的国家林业公益性行业科研专项“塔里木河湿地种子库研究”项目，经过3年（2013～2015年）的实施，于2016年通过国家林业局验收。该项目通过对野外调查取样和室内萌发试验相结合的研究方法，对土壤种子库、地表植被特征进行了研究。通过综合环境因子、外源物质输入以及种子寿命的研究分析，阐明了塔里木河湿地环境因子和外源物质输入对土壤种子库、地表植被的影响。在土壤种子库分析基础上，采取恢复水文条件和输入营养物质等措施，制定了干旱区利用土壤种子库技术恢复退化湿地的技术规程，为干旱区退化湿地恢复重建提供了可靠技术支撑。（滕晓宁）

【林业科技与推广体系建设及发展】 据统计，到2016年10月：第一、兵师团三级林业管理及科技推广体系进一步完善。兵团省级站1个，核定编制30人；师级站13个，核定编制127人，实有在岗人数87人；团场站148个，核定编制人数661人，在岗职工总数4779人。以科技示范为带头，以科技攻关和实用技术推广为手段，不断提高林业的科技创新能力，加快林业科技成果的转化。开展林业科技培训，累计举办培训班1138期，人数达115 221人次。第二、林业科研机构：2002年3月挂牌的兵团林业科学技术研究所，是兵团唯一直属林业研究机构，隶属兵团农垦科学院。2013年5月，经兵团编委批准，在此基础上成立兵团林业科学技术研究院，有科技人员70余人，其中高级职称占53%，硕士以上学历占60%。主要从事林业、生态、园艺等方面的应用基础及技术开发研究，着重解决兵团林业发展和生态建设中的重大科技问题。以特色经济林、绿洲生态为优势学科，同时拓展了防沙治沙、林木培育、农田防护林、湿地恢复、野生动植物保护、林业机械装备、林产品加工、林业信息化等学科研究方向，初步形成具有地域特点和兵团特色的研究领域和创新团队。第三、涉林高校科教机构：①塔里木大学涉林专业属于植物科学学院园艺林学系。是塔里木大学较早成立的教学与科研的基层机构，下设园艺专业、林学专业和园林专业三个方向。专职教师31名，其中教授5名，副教授15名，其他教师11名，博士比例12.9%，硕士比例80%。②石河子大学农学院林学系有专业教师21人，其中教授1人，副教授8人，讲师12人。主要从事森林培育、森林经营与利用、林木育种、森林保护、园林设计等工作。兵团林业有害生物检验检疫中心、林业有害生物预测预报信息中心设立在林学系。（滕晓宁）

【兵团林产品电子商务发展】 林果产品电商从业人员不断增长。到2016年6月，兵团从事电子商务专职及兼职人员达3000多人，是2015年的3倍多。

优质林果产品网上销售量不断增加。兵团各团场不断树立"绿色、有机、无公害"的种植理念，全程产业链均采取绿色无污染、质量可追溯的生产种植运输模式，发展规模实现了从小到大、从弱到强的跨越式发展。林果产业种植规模逐年扩大，果品质量全面提高，经济效益同步增长，带动了贮藏保鲜、包装、运输和服务行业等二、三产业的发展，电子商务产品多以本地自产的林产品为主，如：红枣、苹果、核桃、枸杞、葡萄、葡萄干等，其中红枣为网上热销产品，80%的网店都以红枣为主要销售产品。从2015年底到2016年6月，全兵团网上销售林产品销售额达3000余万元。

进驻电子商务创业园区人数不断上升。兵团各师（团）不断建立电子商务创业园、双创产业园、创业孵化园等电子商城，吸引企业、团队、个人纷纷入驻创业园区。一是青年林产品电商成为主力军。从事电商的人员以年轻人和大学生居多，其中35岁以下青年人占总人数的70%。二是微商人数多于电商人数。兵团专兼职电商人员中，微商占总人数的60%。（滕晓宁）

【兵团7名林业科技专家入库】 由国家林业局研建的"林业科技专家信息系统"，于2016年1月正式上线运行。兵团林业局按照林业科技专家网上填报的有关事项和操作程序完成专家信息填报与审核工作，兵团有7名林业专家通过国家审核，成功入库。（滕晓宁）

【兵团野生巴旦杏和文冠果、榛子林木资源被确定为第二批国家林木种质资源库】 10月27日，国家林业局公布了第二批国家林木种质资源库名单，兵团第九师一六一团野生巴旦杏和石河子文冠果、榛子林木资源被列入国家林木种质资源库名单。第九师一六一团野生巴旦杏国家林木种质资源库建立原地保存库总面积33.3公顷，设置林木种质资源原地保存点1处，保存资源份数110份。石河子文冠果、榛子国家林木种质资源库建立异地保存库总面积16公顷，设置林木种质资源保存点1处，保存资源份数104份。（滕晓宁）

【兵团首家企业被认定为第二批国家林业重点龙头企业】 2016年，国家林业局认定唐山蓝猫饮品集团有限公司等166家企业为第二批国家林业重点龙头企业，其中：新疆叶河源果业股份有限公司被列入其中。新疆叶河源果业股份有限公司继续不断提高龙头企业实力，增强辐射能力和带动能力。（滕晓宁）

【张建龙一行来第一师调研】 6月2日，国家林业局党组书记、局长张建龙和国家林业局总经济师张鸿文一行，在兵团党委常委、副司令员孔星隆陪同下，实地察看了兵团一师阿塔公路齐边工程绿化、塔南二干渠以南防沙治沙基干林建设工程、十团城镇绿化、亿利资源集团种质资源库及治沙工程。张建龙指出：林业生态建设是关乎新疆各民族生存发展的重大问题，新疆生产建设兵团是生态文明建设的重要力量。要按照中央和习近平总书记系列重要讲话精神要求，把维护生态安全放在兵团工作的重要位置，围绕"一带一路"重大国家战略，着力推进国土绿化，加大防沙治沙力度，加快林果产业发展；转变发展方式，发展节水林业，争当生态卫士。要持之以恒实施生态治理修复工程，保护天然林，实施新一轮退耕还林，坚持大工程带动大发展，建设绿色安全屏障。国家林业局将继续对兵团生态建设给予重点倾斜，为新疆的绿色发展、长治久安贡献力量。

（滕晓宁）

【兵团2016年春季农业生产现场观摩推进会】 于4月1~2日在第三师召开，兵团党委常委、副司令员孔星隆对抓好春季植树造林和林业建设工作提出要求：一是要抓好春季造林的各项工作，继续抓好条田防护林建设，尤其要结合高标准农田建设，尽快完全实现农田林网化。二是要特别重视加强春季森林草原防火工作。三是要抓好林地、公益林等的管护工作。要做好林木有害生物防治工作，不能让病虫害蔓延。（滕晓宁）

林业人事劳动

24

国家林业局领导成员

局长、党组书记： 张建龙
副局长、党组成员： 张永利
陈凤学(2016 年 12 月免职)
副局长： 刘东生
副局长、党组成员： 彭有冬
李树铭(2016 年 8 月任职)
李春良(2016 年 12 月任职)
党组成员、纪检组组长： 陈述贤(2015 年 11 月免职)
党组成员： 谭光明
国家森林防火指挥部专职副总指挥： 杜永胜(2016 年 11 月免职，退休)
总工程师： 封加平
总经济师： 张鸿文
国家森林防火指挥部专职副总指挥： 马广仁(2016 年 11 月任职)

新任国家林业局副局长

李树铭　男，汉族，1963 年 1 月出生，河北平泉人，1984 年 8 月参加工作，1983 年 12 月加入中国共产党，在职研究生学历，博士学位，高级经济师。1984 年 8 月黑龙江省克山师范专科学校政治教育专业毕业后在黑龙江省大兴安岭地区新林林业局翠岗林场参加工作，1986 年 1 月任新林区团委副书记，1986 年 6 月任团委书记，1990 年 6 月任大兴安岭地区团委副书记，1995 年 5 月任大兴安岭地区阿木尔林业局党委书记，1996 年 12 月任阿木尔林业局局长、党委副书记，2000 年 5 月任塔河县委副书记、县长，2001 年 1 月任大兴安岭林管局副局长、森林草原防火指挥部副指挥，2003 年 3 月任黑龙江省林业厅党组成员，省政府森林草原防火指挥部专职副指挥，2010 年 4 月任黑龙江省林业厅副厅长、党组成员，省政府森林草原防火指挥部专职副指挥，2014 年 12 月任黑龙江省林业厅党组书记、副厅长，省政府森林草原防火指挥部专职副指挥，2015 年 7 月任黑龙江省大兴安岭地委副书记、行署专员、林管局局长，2016 年 8 月任国家林业局副局长、党组成员。

新任国家林业局副局长

李春良　男，汉族，1963 年 2 月出生，河北霸州人，1984 年 3 月加入中国共产党，大学学历，公共管理硕士学位。1984 年 7 月解放军第二炮兵技术学院动力机械系制氮设备专业毕业后在解放军第二炮兵部队服役(其间：1995 年 11 月至 1997 年 1 月借调中组部地方干部局工作)，1997 年 1 月调中组部地方干部局工作，1998 年 3 月任中组部地方干部局(干部二局)副处级调研员，2001 年 8 月任中组部干部二局办公室正处级调研员兼副主任、二处处长，2004 年 9 月任中组部干部二局副局长，2008 年 8 月任江西省委组织部副部长，2009 年 7 月任江西省委组织部副部长兼省委老干部局局长，2011 年 9 月任中组部干部二局巡视员、副局长，2013 年 5 月任中组部干部四局局长，2016 年 12 月任国家林业局副局长、党组成员。

新任国家林业局森林防火专职副总指挥

马广仁　男，汉族，1958 年 1 月出生，黑龙江巴彦人，1977 年 2 月加入中国共产党，中央党校在职研究生学历，学士学位，编审。1975 年 8 月在黑龙江省巴彦县插队参加工作，1978 年 10 月至 1982 年 7 月在东北林学院林业机械系林业机械运用与修理专业学习，毕业后于 1982 年 8 月到中国林业出版社工作，1985 年 7 月任中国林业出版社副主任科员、编辑(其间：1985 年 9 月至 1987 年 3 月在湖南靖县挂职锻炼，任乡党委副书记、县计委副主任)，1988 年 10 月任中国林业出版社森工编辑室副主任(副处级)，1990 年 10 月任中国林业出版社森工编辑室主任(正处级)，1994 年 8 月任中国林业出版社副社长，1999 年 12 月任国家林业局林业工作站管理总站总站长，2007 年 2 月任国家林业局湿地保护管理中心(中华人民共和国国际湿地公约履约办公室)主任，2016 年 11 月任国家森林防火指挥部专职副总指挥。

国家林业局机关各司(局)负责人

办公室
主任：张鸿文
副主任：朱新飞　李金华　王福东
政策法规司
司长：王洪杰
副司长：祁　宏　袁继明
副巡视员：李淑新(2016 年 10 月任职)
造林绿化管理司(全国绿化委员会办公室、长江流域防护林体系建设管理办公室)
司长(秘书长、主任)：王祝雄
副司长(常务副秘书长)：赵良平
巡视员：刘树人(2016 年 6 月任职)
副司长：黄正秋(2016 年 6 月任职)　吴秀丽
许传德(2016 年 2 月任职)　王剑波
森林资源管理司
司长：郝燕湘
副司长：徐济德　冯树清
李志宏(2016 年 2 月任职)
副巡视员：李　达(2016 年 10 月任职)
司长助理：缪　杰(2016 年 3 月挂任)
野生动植物保护与自然保护区管理司(野生动植物保护及自然保护区建设工程管理办公室)
司长(主任)：张希武(2016 年 12 月免职、退休)
巡视员：孟　沙(2016 年 10 月免职、退休)
副司长(副主任)：贾建生
王维胜(2016 年 2 月任职)
总工程师：严　旬(2016 年 6 月免职)
农村林业改革发展司(全国木材行业管理办公室)
司长：刘　拓
巡视员：孔　明(2016 年 3 月免职)　付　贵(2016 年 3 月任职，2016 年 10 月免职，退休)
刘家顺(2016 年 10 月任职)
副司长：李玉印(2016 年 6 月任职)
王俊中(2016 年 2 月任职)
司长助理：陈　阳(2016 年 3 月挂任)
森林公安局(国家森林防火指挥部办公室)
局长(副主任)、分党组书记：王海忠
政委、分党组成员(副主任)：焦德发(2016 年 10 月免职、退休)
副局长(副主任)、分党组成员：柳学军
巡视员、分党组成员：曹　真
副局长(副主任)、分党组成员：张　萍
副局长(副主任)、分党组成员、纪检组组长：
李　明(2016 年 2 月任职)
副局长(副主任)、分党组成员：王元法(2016 年 10 月任职)
副巡视员(副主任)、分党组成员：王新凯(2016 年 10 月任职)
发展规划与资金管理司
司长：闫　振
巡视员：王前进　孔　明(2016 年 3 月任职)
付　贵(2016 年 3 月免职)
副司长：杨　冬
副巡视员：张艳红
副司长：刘金富　刘克勇(2016 年 3 月任职)
科学技术司
司长：胡章翠
巡视员：厉建祝(2016 年 11 月任职)
副司长：杜纪山　黄发强(2016 年 2 月任职)
牛定柱(2016 年 3 月挂任)
国际合作司(港澳台办公室)
司长：苏春雨(2016 年 10 月调离)
巡视员：金普春(2016 年 3 月免职，退休)
副司长：章红燕(2016 年 10 月主持工作)
巡视员：戴广翠(2016 年 7 月任职)
副司长：王春峰
人事司
司长兼党校副校长：谭光明
副司长：郝育军(2016 年 1 月主持日常工作)
副司长兼党校副校长：王　浩(2016 年 2 月任职)
直属机关党委(直属机关纪委)
书记兼党校校长：张建龙(2016 年 8 月免职)
张永利(2016 年 8 月任职)
常务副书记：高红电
副书记、纪委书记：柏章良(2016 年 4 月免纪委书记)
副书记：王永海(2016 年 4 月任职)
纪委书记：吴兰香(2016 年 4 月任职)
直属机关工会
主席：蒋周明
副主席：孟庆芳
离退休干部局
局长、党委书记：薛全福
巡视员：张习文(2016 年 1 月任职，4 月免职，退休)
副局长：马世魁
蓝增寿(2016 年 3 月免职，退休)
副巡视员：张　瑞
副局长：赵学志(2016 年 6 月任职)
正司局级干部：黄建华(2016 年 10 月任职)

国家林业局直属单位负责人

国家林业局机关服务局

局长、党委书记：王永海(2016年7月免党委书记)

党委书记：周　瑄(2016年7月任职)

常务副书记：王连志(2016年1月任职，2016年10月免职)

副局长：姚志斌　成　吉(2016年10月任职)
周　明

副局长、纪委书记：权循元(2016年11月免职，退休)

正司局级干部：柳维河(2016年4月任职)

国家林业局信息中心

主任：李世东

副主任：李　达(2016年10月免职)　邹亚萍

国家林业局国有林场和林木种苗工作总站(国家林业局森林公园保护与发展中心)

总站长：杨　超

副总站长：张周忙(2016年10月免职，退休)
杨连清　刘春延

总工程师：张耀恒

副巡视员：管长岭(2016年10月任职)

国家林业局林业工作站管理总站

总站长：潘世学

副总站长：何美成　陈雪峰　汤晓文

总工程师：伍步生

副总站长：周　洪(2016年4月任职)

副巡视员：许　绠(2016年6月免职，退休)
王恩苓(2016年10月任职)

国家林业局林业基金管理总站(国家林业局审计稽查办公室)

总站长：周　瑄(2016年10月免职)
王连志(2016年10月任职)

副总站长：王翠槐　李　冰　郝雁玲

总会计师：刘文萍(2016年4月任职)

国家林业局宣传中心

主任：程　红

副主任：李天送　樊喜斌(2016年1月免职)
马大轶(2016年4月任职)

副司局级干部：李志宏(2016年2月免职)

国家林业局濒危物种进出口管理中心(中华人民共和国濒危物种进出口管理办公室)

主任：刘东生(兼)

常务副主任：孟宪林

副主任：马爱国

巡视员：周亚非(2016年1月免职、退休)
严　旬(2016年6月任职)

副主任：周志华　王维胜(2016年2月免职)

国家林业局天然林保护工程管理中心

主任：孙国吉

巡视员：叶荣华

副主任：陈学军　文海忠　樊　华

总工程师：闫光锋

国家林业局退耕还林(草)工程管理中心

主任：周鸿升

副主任：李青松

巡视员：张秀斌

副主任：吴礼军　敖安强

总工程师：刘再清

国家林业局防治荒漠化管理中心

主任：潘迎珍

副主任：胡培兴

巡视员：罗　斌

副主任：许　庆(2016年1月免职)

总工程师：屠志方

国家林业局世界银行贷款项目管理中心(速生丰产用材林基地建设工程管理办公室)

主任：丁立新

副主任：王连志(2016年1月免职)　尹发权
黄采艺

总工程师：许传德(2016年2月免职)

副主任：石　敏(2016年2月任职)
杜　荣(2016年10月任职)

国家林业局对外合作项目中心

主任：苏春雨(兼，2016年10月调离)

常务副主任：吴志民

副主任：刘立军　胡元辉

国家林业局科技发展中心(国家林业局植物新品种保护办公室)

主任：王焕良

常务副主任：王　伟(2016年5月免职，退休)

巡视员：李明琪

副主任：黄发强(2016年2月免职)
龙三群(2016年2月任职)
田亚玲(2016年6月任职)

国家林业局经济发展研究中心

主任：李金华

党委书记：戴广翠(2016年7月免职)

副主任、纪委书记：张利明

副主任：王月华

党委副书记：菅宁红(2016年2月任职)

国家林业局人才开发交流中心

主任：黄正秋(2016年6月免职)
郝育军(2016年6月任职)

副主任：路永斌　文世峰

国家林业局森林防火预警监测信息中心

主任：王元法(2016 年 10 月免职)

副主任：陈介平　崔洪浩

国家林业局森林资源监督管理办公室

主任：郝燕湘(兼)

巡视员：张松丹(2016 年 4 月任职)

副主任：王洪波　丁晓华

副巡视员：邹连顺(2016 年 3 月挂任四川省林业厅副厅长)

国家林业局湿地保护管理中心(中华人民共和国国际湿地公约履约办公室)

主任：马广仁(2016 年 11 月免职)

王志高(2016 年 11 月任职)

巡视员：程　良

副主任：严承高

总工程师：鲍达明

副主任：李　琰

国际竹藤中心

主任：江泽慧(兼)

常务副主任：费本华

党委书记：刘世荣

副主任：李凤波

党委副书记：李晓华

中国林业科学研究院

院长、分党组副书记：张守攻

分党组书记、副院长、京区党委书记：叶　智

纪检组长、副院长、分党组成员：李岩泉

副院长：陈幸良(兼)

副院长、分党组成员：储富祥

副院长：刘世荣(兼)

副院长、分党组成员：孟　平　黄　坚

国家林业局调查规划设计院

院长、党委副书记：刘国强(2016 年 10 月任职)

党委书记、副院长：刘国强(2016 年 10 月免职)

张煜星(2016 年 10 月任职)

副院长：赵中南(2016 年 5 月免职、退休)

总工程师：张煜星(2016 年 10 月免职)

副院长：蒋云安　唐小平

副书记、纪委书记：严晓凌

国家林业局林产工业规划设计院

院长、党委副书记：郭青俊

党委书记、副院长：李　鹏

常务副院长：张全洲

总工程师：肖小兵(2016 年 5 月免职，退休)

副院长：李玉印(2016 年 6 月免职)

徐新华(2016 年 4 月免职，退休)

王欲飞(兼)　王新凯(2016 年 10 月免职)

副院长、纪委书记：唐景全(2016 年 2 月任职)

副院长：齐　联(2016 年 6 月任职)

国家林业局管理干部学院

院长：张建龙(兼)

党委书记：李向阳

常务副院长、党委副书记：张健民

副院长、党校常务副校长：陈道东(2016 年 2 月任职)

副院长：方怀龙

党委副书记、纪委书记：黄桂荣(2016 年 11 月免职，退休)

副院长：梁宝君

副院长兼党校副校长：王　浩(2016 年 2 月免副院长)

中国绿色时报社

党委书记兼总编辑：厉建祝(2016 年 11 月免职)

党委书记、副社长：陈绍志(2016 年 11 月任职)

社长：柳维河(2016 年 4 月免职)

社长兼总编辑：张连友(2016 年 11 月任职)

副社长：刘　宁

副司局级干部：段　华(援疆)

中国林业出版社

社长、党委书记：金　旻

常务副书记：樊喜斌(2016 年 1 月任职)

总编辑、副社长：刘东黎(2016 年 1 月任职)

副总编辑、纪委书记：邵权熙

国家林业局亚太森林网络管理中心

主任：苏春雨(兼，2016 年 10 月调离)

常务副主任：鲁　德

副主任：李淑新(2016 年 10 月免职)　夏　军

中国林学会

秘书长：陈幸良

副秘书长：沈　贵　刘合胜

中国野生动物保护协会

秘书长：臧春林(2016 年 10 月免职)

李青文(2016 年 10 月任职)

副秘书长：赵胜利　郭立新(2016 年 10 月任职)

王晓婷(2016 年 10 月任职)

中国花卉协会

秘书长：刘　红

副秘书长：陈建武　张引潮

中国绿化基金会

副秘书长兼办公室主任：陈　蓬

办公室副主任：杨旭东

陈英歌(2016 年 4 月任职)

中国林业产业联合会

秘书长：王　满

副秘书长：石　峰　王欲飞　陈圣林

中国绿色碳汇基金会

秘书长：李怒云(2016 年 11 月免职，退休)

邓　侃(2016 年 11 月任职)

副秘书长：苏宗海(2016 年 11 月免职)

国家林业局驻内蒙古自治区森林资源监督专员办事处(中华人民共和国濒危物种进出口管理办公室内蒙古自治区办事处)

专员(主任)、党组书记：刘树人(2016 年 6 月免职)

巡视员、党组成员：李国臣(2016 年 1 月任职，6 月主持工作)

副专员(副主任)、党组成员：高广文　董　冶(2016 年 6 月任职)

国家林业局驻长春森林资源监督专员办事处(中华人民共和国濒危物种进出口管理办公室长春办事处)

专员(主任)、党组书记：王志高(2016年11月免职)

副专员(副主任)、党组成员：李伟明　傅俊卿

国家林业局驻黑龙江省森林资源监督专员办事处(中华人民共和国濒危物种进出口管理办公室黑龙江省办事处)

专员(主任)、党组书记：袁少青

巡视员、党组成员：孙文义(2016年1月任职，3月免职，退休)

副专员(副主任)、党组成员：左焕玉

副巡视员、党组成员：武明录(2016年2月任职)

国家林业局驻大兴安岭林业集团公司森林资源监督专员办事处

专员、党组书记：陈彤

巡视员、党组成员：王荣满(2016年1月免职，退休)

副专员、党组成员：杜晓明

国家林业局驻福州森林资源监督专员办事处(中华人民共和国濒危物种进出口管理办公室福州办事处)

专员(主任)、党组书记：尹刚强

副专员(副主任)、党组成员：吴满元

副巡视员、党组成员：彭华福

国家林业局驻成都森林资源监督专员办事处(中华人民共和国濒危物种进出口管理办公室成都办事处)

专员(主任)、党组书记：黄建华(2016年10月免职)

负责人：苏宗海(2016年11月主持工作)

副专员(副主任)、党组成员：刘跃祥

副巡视员、党组成员：龚继恩(2016年3月任职)

国家林业局驻云南省森林资源监督专员办事处(中华人民共和国濒危物种进出口管理办公室云南省办事处)

专员(主任)、党组书记：江机生(2016年3月免职)

负责人：张松丹(2016年3月主持工作)

副专员(副主任)、党组成员：连文海

党组成员：李　鹏

国家林业局驻合肥森林资源监督专员办事处(中华人民共和国濒危物种进出口管理办公室合肥办事处)

专员(主任)、党组书记：向可文

副专员(副主任)、党组成员：潘　虹(2016年2月任职)

国家林业局驻武汉森林资源监督专员办事处(中华人民共和国濒危物种进出口管理办公室武汉办事处)

专员(主任)、党组书记：周少舟

副专员(副主任)、党组成员：孟广芹

副巡视员、党组成员：闫顺利

国家林业局驻广州森林资源监督专员办事处(中华人民共和国濒危物种进出口管理办公室广州办事处)

专员(主任)、党组书记：许　辉(2016年2月免职)

副专员(副主任)、党组成员：关进敏(2016年2月主持工作)　贾培峰(2016年2月任职)

副巡视员、党组成员：侯　艳(2016年2月任职)

国家林业局驻贵阳森林资源监督专员办事处(中华人民共和国濒危物种进出口管理办公室贵阳办事处)

专员(主任)、党组书记：康晓达(2016年4月免职)

副专员(副主任)、党组成员：喻泽龙(2016年4月负责全面工作)

副巡视员、党组成员：宋云民(2016年2月任职)

国家林业局驻西安森林资源监督专员办事处(中华人民共和国濒危物种进出口管理办公室西安办事处)

专员(主任)、党组书记：侯　龙

副专员(副主任)、党组成员：李彦华

副巡视员、党组成员：王彦龙

国家林业局驻乌鲁木齐森林资源监督专员办事处(中华人民共和国濒危物种进出口管理办公室乌鲁木齐办事处)

专员(主任)、党组书记：刘家顺(2016年10月免职)

副专员(副主任)、党组成员：张东升(2016年12月主持工作)

国家林业局驻上海森林资源监督专员办事处(中华人民共和国濒危物种进出口管理办公室上海办事处)

专员(主任)、党组书记：王希玲

副专员(副主任)、党组成员：李　军

副巡视员、党组成员：万自明

国家林业局驻北京森林资源监督专员办事处(中华人民共和国濒危物种进出口管理办公室北京办事处)

专员(主任)、党组书记：苏祖云

副专员(副主任)、党组成员：钱能志

副巡视员、党组成员：伍赛珠(2016年4月任职，7月免职，退休)

国家林业局西北华北东北防护林建设局

局长、党组副书记：张　炜(2016年1月免党组书记，转任党组副书记)

党组书记、副局长：周　岩(2016年1月任职)

副局长、党组成员：王作谊　洪家宜

副局长、党组成员：李冬生

副巡视员、党组成员：熊善松(2016年12月免职，退休)

纪检组长、党组成员：冯德乾

总工程师、党组成员：武爱民

国家林业局森林病虫害防治总站

党委书记、副总站长：张克江

总站长、党委副书记：宋玉双

副总站长：闫　峻

党委副书记、纪委书记：曲　苏(2016年1月当选纪委书记)

副总站长：成　吉(2016年10月免职)

国家林业局北方航空护林总站

总站长：张惠新(2016年10月免职)

周俊亮(2016年10月任职)

党委书记、副总站长：张惠新(2016年10月任职)

党委副书记：周俊亮(2016年10月任职)

副总站长、党委副书记、纪委书记：李世奇
副总站长：张宝柱　周俊亮(2016年4月任职，10月免职)
总工程师：张喜忠

国家林业局南方航空护林总站
总站长、党委书记：史永林
常务副书记：许　庆(2016年1月任职，11月去世)
党委副书记、副总站长、纪委书记：周俊亮(2016年4月免职)
副总站长：吴　灵　袁俊杰
总工程师：周万书(2016年3月任职)

南京森林警察学院
党委书记：王邱文
院长、党委副书记：张高文
常务副院长：张治平
党委副书记、政治部主任：林　平
党委副书记、纪委书记：陶　珑(2016年10月任职)
副院长：吉小林　陶　珑(2016年10月免职)
叶　卫(2016年10月任职)

国家林业局华东林业调查规划设计院
院长：傅宾领(2016年3月免职)
刘裕春(2016年3月任职)
党委书记：刘裕春(2016年3月免职)
傅宾领(2016年3月任职)
党委副书记：刘裕春(2016年3月任职)
副院长：傅宾领(2016年3月任职)
党委副书记、副院长、纪委书记：周　琪
副院长、总工程师：何时珍
副院长：丁文义　刘道平(2016年6月任职)

国家林业局中南林业调查规划设计院
院长、党委副书记：周光辉
党委书记、副院长：彭长清
副院长、总工程师：熊智平
党委副书记、副院长、纪委书记：周学武
副院长：刘德晶(2016年2月任职)

国家林业局西北林业调查规划设计院
院长、党委书记：张　翼(2016年2月任党委书记)
党委书记、副院长：陈道东(2016年2月免职)
党委常务副书记：许　辉(2016年2月任职)
总工程师：李立球
副院长：吴海平　周欢水(2016年3月任职)
李谭宝(2016年3月任职)

国家林业局昆明勘察设计院
院长、党委副书记：唐芳林
党委书记、副院长、纪委书记：周红斌(2016年8月免纪委书记)
副院长、总工程师：张敏琦
副院长：张光元　汪秀根
副院长、纪委书记：杨　菁(2016年3月任职)

中国大熊猫保护研究中心
主任：陈凤学(兼)
党委书记、副主任：张志忠
常务副主任：张和民(2016年3月任职)
党委副书记、副主任：李　忠
副主任：张海清(2016年3月任职)
朱　涛(2016年3月任职)
党委副书记：段兆刚(兼，2016年10月任职)

各省(区、市)林业厅(局)负责人

北京市园林绿化局(首都绿化办)
党组书记、局长(主任)：邓乃平
巡 视 员：甘　敬(2016年5月退休)
党组成员、副局长：高士武
戴明超(2016年1月任职)
高大伟(2016年1月任职)
朱国城(2016年1月任职)
蔡宝军(2016年5月任职)
党组成员、副主任(首都绿化办)：朱国城(2016年1月免职)
廉国钊(2016年5月任职)
党组成员、市纪委驻局纪检组组长：边伟芳
副巡视员：廉国钊(2016年5月免职)
蔡宝军(2016年5月免职)
贲权民
周庆生(2016年12月任职)
王小平(2016年12月任职)

天津市林业局(绿化委员会办公室)
党委书记：王宜民
局长(主任)、党委副书记：张宗启
副巡视员、副局长：齐龙云
党委副书记：庞清顺
副局长：吴学东　李果丰
党委委员：李俊柱

河北省林业厅
厅长、党组副书记：王海洋（2016年2月免党组副书记，2016年3月免厅长）
厅长、党组书记：周金中（2016年3月任厅长）
副厅长、党组副书记：刘凤庭
巡视员：王金品
副厅长：王　忠
省纪委驻厅纪检组组长：刘春明
副厅长：沈　瑾（2016年8月免职）
副巡视员：暴常青（2016年10月免职）

山西省林业厅
厅长：任建中(2016年5月任职)

李永林(2016年5月离职)

副厅长：常光明　张云龙(2016年10月任职)

尹福建(2016年10月任职)

省纪委驻厅纪检组组长：赵　炜(2016年9月任职)

谢　璞(2016年9月离职)

总工程师：尉文龙(2016年10月任职)

总规划师：黄守孝(2016年10月任职)

副巡视员：李振龙(2016年10月任职)

省森林公安局局长(副厅长级)：赵　富(2016年10月任职)

内蒙古自治区林业厅

党组书记、厅长：呼　群

党组成员、巡视员：李树平(2016年1月免职、退休)

党组成员、副厅长：龚家栋

党组成员、自治区纪委驻厅纪检组长：汪治和

党组成员、副厅长：阿勇嘎

副厅长：娄伯君(2016年1月任职)

党组成员、自治区防火指挥部专职副总指挥：王才旺

党组成员、总工程师：东淑华(2016年1月任职)

副巡视员：杨俊平　乔　云　肖文武

辽宁省林业厅

厅长、党组书记：奚克路

副厅长、党组副书记：侯喜丰　史凤友

副厅长、党组成员：武兰义

省森林防火指挥部专职副总指挥、党组成员：陈杰

省纪委驻厅纪检组组长、党组成员：马双林

副巡视员：李宝德　胡崇富　张洪生

总工程师：王　珏

吉林省林业厅

厅党组书记、厅长：兰宏良

副厅长：孙光芝

厅党组成员、副厅长：郭石林

厅党组成员、省纪委驻厅纪检组组长：闫　闯

厅党组成员、副厅长：王　伟

厅党组成员、副厅长：季　宁

厅党组成员、省森林防火指挥部专职副指挥：张辉

巡视员：孙亚强

黑龙江省林业厅

党组书记：肖建春

厅长：杨国亭

副厅长：张恒芳

副厅长、森林草原防火指挥部专职副指挥：郑怀玉

省纪委驻厅纪检组组长：王瑞斌(2016年10月退休)

省绿化委员会专职副主任：张凤仙

副厅长：张学武

党组成员、总工程师：陶　金(2016年6月)

副巡视员：侯绪珉

上海市绿化和市容管理局(上海市林业局)

党组书记、局长：陆月星

党组副书记：崔丽萍

副局长、局党组成员：鲁建平

方　岩

顾晓君

汤臣栋(2016年11月任职)

总工程师、局党组成员：唐家富

巡视员、局党组成员：夏颖彪

副巡视员：钱伯金

局党组成员：朱心军(2016年11月任职)

江苏省林业局

局长、党委书记：夏春胜

副局长、党委委员：卢兆庆　王德平　钟伟宏

徐　姝(2016年12月任职)

纪委书记、党委委员：邱昱东

副巡视员：葛明宏

党委委员、森林公安局局长：仲志勤

浙江省林业厅

厅长、党组书记：林云举

巡视员：吴　鸿

副厅长、党组成员：杨幼平　俞　坚　王章明

省纪委驻厅纪检组组长、监察专员、党组成员：陈跃芳

总工程师：蓝晓光

党组成员：陆献峰

副巡视员：卢苗海

安徽省林业厅

厅长、党组书记：程中才

副厅长、党组成员：潘法祥(2016年10月退休)

吴建国　齐　新

省纪委驻厅纪检组组长、党组成员：黄昕晖

副巡视员：唐丽影　江贻东

福建省林业厅

党组书记、厅长：陈则生

党组副书记、副厅长：严金静(正厅级)

党组成员、副厅长：林少霖(2016年3月退休)

刘亚圣(2016年7月任职)　谢再钟

党组成员、福建省森林防火指挥部专职副指挥：谭论(2016年4月退休)

党组成员、副厅长：王宜美

党组成员、武警福建省森林总队政委：欧阳德

党组成员、省纪委驻厅纪检组组长：张利生

副巡视员：张　平　吴　奕(2016年9月退休)

江西省林业厅

党组书记、厅长：阎钢军

巡 视 员：魏运华　詹春森(2016年1月任职)

党组成员、副厅长：罗　勤　邱水文

党组成员：黄小春

党组成员、总工程师：胡跃进

党组成员、省纪委驻厅纪检组组长：赵　国(2016年2月任职)

副巡视员：毛赣华(2016年1月免职)　钟　明

山东省林业厅

厅长：刘均刚

党组书记：董书华(2016年9月免职)

崔建海(2016年9月任职)
巡视员、党组成员：辛福智
副厅长、党组成员：刘建武　亓文辉　马福义
王太明
省森林公安局局长(副厅级)：刘　得

河南省林业厅

厅长、党组书记：陈传进
副厅长、党组成员：李　军　秦群立
省纪委驻厅纪检组组长、厅党组成员：彭亚方
副厅长、党组成员：师永全(2016年11月任职)
党组成员、河南省人民政府护林防火指挥部专职副指挥长：徐　忠
党组成员、河南省森林公安局局长：朱延林
副巡视员：王学会　李志锋(2016年11月任职)
巡视员、党组成员：乔大伟(2016年5月退休)
副厅长、党组成员：侯怀堂(2016年9月退休)

湖北省林业厅

厅长、党组书记：刘新池
副厅长、党组成员：蔡静峰　洪　石(2016年12月供职)　陈毓安(2016年12月任职)
王昌友
副厅长：黄德华
省纪委驻厅纪检组组长、党组成员：高春海
副巡视员：姜必祥　江培奇

湖南省林业厅

厅长：邓三龙
党组书记：胡长清(2016年10月任职)
党组成员、副厅长：吴彦承　彭顺喜(2016年12月任职)　李益荣
党组成员、省纪委驻厅纪检组组长：周杏武
党组成员、副厅长：吴剑波(2016年12月任职)
巡视员：唐苗生　柏方敏(2016年9月任职)
副巡视员：桂小杰　张凯锋(2016年7月任职)

广东省林业厅

厅长、党组书记：陈俊光
党组成员、巡视员：陈俊勤
副厅长、党组成员：陈亚广(2016年5月免职)
孟　帆　杨胜强
党组成员、省纪委驻厅纪检组组长、监察专员：朱谷典(2016年6月免职)
党组成员、总工程师：谭天泳(2016年10月免职)
党组成员、省森林防火指挥部专职副总指挥：彭尚德
副巡视员：林俊钦

广西壮族自治区林业厅

厅长、党组书记：黄显阳
副厅长、党组成员：骆振严
韦纯良(2016年6月退休)
邓建华　黄政康
总工程师、党组成员：蒋桂雄
自治区纪委驻厅纪检组组长、党组成员：陈泽益
副厅长、党组成员：陆志星(2016年9月任职)
党组成员：安家成
巡视员：莫一平(2016年6月退休)
副巡视员：李可夫(2016年1月退休)　江秀奎
蒋　勇(2016年7月任职)
自治区森林公安局局长(副厅级)：罗卫东(2016年6月离职)　莫泰意(2016年6月任职)
自治区森林公安局政委(副厅级)：李堂龙

海南省林业厅

党组书记、厅长：关进平
党组成员、副厅长：黄金城
副厅长：刘艳玲
党组成员、副厅长：王春东
党组成员、省纪委驻厅纪检组组长：雷　雨(2016年7月任职)
党组成员、省森林防火指挥部办公室主任(副厅级)：周绪梅
党组成员、总工程师(副厅级)：周亚东
党组成员、省森林公安局局长：李　斐(2016年9月任职)

四川省林业厅

厅长、党组书记：尧斯丹
副厅长、党组成员：马　平(正厅级)　陶智全(2016年3月退休)　刘书贵(2016年12月退休)　刘　兵　宾军宜　包建华　邹连顺(2016年7月任职)
省纪委驻厅纪检组组长、党组成员：蒲晓虎
机关党委书记、党组成员：李　剑
总工程师、党组成员：骆建国
党组成员(正厅级)：金德成
省森林防火指挥部专职副指挥长、党组成员：毛德忠
副巡视员：张绍荣　唐代旭　赵　琛(2016年12月任职)
省森林公安局局长(副厅级)：范成绪
省森林公安局政委(副厅级)：李春洪

重庆市林业局

党组书记、局长：吴　亚
副局长：张　洪
党组成员、副局长：王声斌
党组成员、副局长：唐　军
党组成员、副巡视员：谢志刚(2016年11月前任党组成员、局长助理，2016年11月后任党组成员、副巡视员)
彭泽民(2016年11月前任党组成员、局长助理，2016年11后任党组成员、副巡视员)
总工程师：杜士才(2016年11月前任党组成员、总工程师，2016年11月后免去党组成员职务，任巡视员)
森林防火专职副总指挥：戴栓友(2016年7月前任党组成员、市森林防火专职副总指挥，2016年7月后免职)
昌定勇(党组成员、市森林防火指挥部专职副总指挥，2016年7月后任职)

贵州省林业厅

党组书记、厅长：金小麒
党组成员、副厅长：杨洪俊(2016年7月免职)

巡视员：杨洪俊(2016年7月任职)
党组成员、副厅长：黎平(女) 沈晓春 向守都 缪 杰(2016年12月任党组成员、副厅长) 孟广芹(2016年4月挂任省林业厅党组成员、副厅长)
党组成员、总工程师：聂朝俊
党组成员、机关党委书记：黄永昌
党组成员、省纪委驻厅纪检组组长：高鄄宁
副巡视员：李明晶(2016年7月任省林业厅副巡视员)

云南省林业厅

党组书记、厅长：冷 华
党组副书记、副厅长：马文龙(2016年5月免职)
党组成员、副厅长：付 军(2016年5月任职、正厅级) 郭辉军(正厅级) 谢 晖(2016年3月任职) 夏留常 万 勇 李凤波(挂职)
党组成员、省森林公安局局长：李 华
党组成员、省纪委驻厅纪检组组长：沈光善(2016年8月免职) 刘云明(2016年8月任职)
党组成员、省森林防火指挥部专职副指挥长：文彬
党组成员、武警云南省森林总队政委：赵振忠
党组成员、厅长助理：孔忠东(2016年11月任职，挂职)
巡视员：刘一丹(2016年4月任职，2016年1～4月任党组成员、副厅长)
副巡视员：王 哲
厅长助理：冯晓东(2016年11月免职，挂职)

西藏自治区林业厅

党组书记、副厅长：次成甲措
党组副书记、厅长：云 丹
党组成员、巡视员：达娃次仁
党组成员、副厅长：田建文 汪秀根 索朗旺堆 季新贵 宗 嘎
副巡视员、机关党委书记：徐 跃

陕西省林业厅

党组书记、厅长：李三原
党组成员、副厅长：陈玉忠 郭道忠
党组成员：孙承骞
党组成员、副厅长：王建阳
副厅长：唐周怀
党组成员、秦岭国家植物园园长：彭 鸿
党组成员、副厅长：李嘉农(2016年2月退休)
党组成员、总工程师：范民康
党组成员、副厅长：党双忍
党组成员、森林公安局局长：马利民
党组成员、森林资源管理局局长：王心
党组成员、省纪委驻厅纪检组组长：雒凤翔
副巡视员：白永庆 郝怀晓 史世元 王季民

甘肃省林业厅

党组书记、厅长：石卫东(2016年11月免职) 马光明(2016年11月任职)
党组副书记：火统元(2016年3月免职)
党组成员、副厅长：段昌盛
副厅长：张 平
党组成员、副厅长：樊 辉 张肃斌
党组成员、省森林公安局局长：张鹿鸣
党组成员、省纪委驻厅纪检组组长：王建设
党组成员、省森林防火指挥部专职指挥：刘锡良
省绿化委员会办公室副主任：郭 平
副巡视员：陈万志

青海省林业厅

党组书记、厅长：党晓勇(回族)
党组成员、副厅长：邢小方 邓尔平 赫万成(2016年12月调离) 高静宇 杜海民(2016年1月任职)
三江源国家级自然保护区管理局局长：李若凡(2016年7月前属党组成员，2016年7月后任省林业厅巡视员，不属于厅党组成员)
纪检书记：董晓淇(2016年9月调离) 韩河义(2016年9月任职)
巡视员：李若凡(2016年7月任职)
副巡视员：肖俄力(蒙古族)

宁夏回族自治区林业厅

党组书记、厅长：马金元
党组成员、副厅长：金韶琴 曹凯龙 徐庆林 平学智 陈建华
党组成员、自治区纪委驻厅纪检组组长：杨 珺
巡视员：桑敏莉
副巡视员：李 安 王明忠 王 宁

新疆维吾尔自治区林业厅

党委书记：来景刚(2016年6月免职) 曹志文(2016年6月任职)
厅长：艾则孜·克尤木(2016年6月免职)
副书记、副厅长(主持行政工作)：艾山江·艾合买提(2016年6月任职)
党委委员、副厅长：英 胜 吾拉孜别克·索力坦 李东升 杨锋伟(援疆干部)
党委委员、政治部主任：彭小明
党委委员、总工程师：谢 军
党委委员、纪委书记：张兴堂
巡视员：侯翠花
副巡视员：李秀明 米尔夏提·肉孜

干部人事工作

【综 述】 2016年，人事司认真学习党的十八大及历届全会特别是习近平总书记系列重要讲话精神，坚决贯彻中央关于干部人才工作要求，在国家林业局党组正确领导下，带领全司同志坚持两个服务，突出两个重点，

把握两条边线，推进两个转变，完成了各项工作任务。

干部选任管理工作 坚持全面从严，建立健全选人用人制度。坚持把《干部选任条例》和中央系列选人用人制度规定作为重要遵循，全面规范、从严把关、着眼长远，切实加强选人用人制度建设。突出建章立制，先后制修订了国家林业局党政领导干部选拔任用工作实施细则、干部选拔任用工作监督检查办法、直属事业单位领导人员管理暂行办法、干部交流办法、借用干部管理办法、宪法宣誓组织办法等规章制度，着力建立选人用人长效机制和从严管理制度体系。明确责任主体，坚持党组织领导和把关作用，明确各级党委选人用人主体责任，各级党委（党组）书记是第一责任人，组织人事部门和纪检监察机关承担直接责任和监督责任。选任干部注重听取各级党委意见。坚持“四凡四必”，干部档案“凡提必审”、个人重大事项“凡提必核”、纪检监察机关意见“凡提必听”，反映违规违纪问题线索具体、有可查性的信访举报“凡提必查”，防止干部带病提拔。强化巡视整改，举办1期干部人事工作培训班，对干部人事管理有关要求进行再强调、再明确。着力解决配偶子女在系统内从业和任职回避问题；加强因私出国（境）证照管理和司局级干部因公出国（境）审核报批工作；积极开展三超两乱整治；严格把握干部在社团、企业兼职。

树立正确导向，科学统筹干部选任工作。坚持好干部标准，扩大选人用人视野，注意统筹机关与直属单位、京内京外单位干部培养使用，积极促进人岗相适、人事相宜。从林业事业发展需要选干部，不唯票、不唯分、不唯年龄、不唯资历，全面、历史、发展地考察识别干部，切实做到以事择人、人岗相适。重点关注基层一线和艰苦边远地区的干部，重点关注默默无闻、老实干活的干部，重点关注年轻干部、少数民族干部、女干部、党外干部。

不断优化结构，提升干部队伍整体素质。坚持着眼班子和队伍整体素质能力建设，经常性开展综合分析研判，组织干部成长路径课题研究和主要负责人任职正负清单，提高干部队伍建设科学化精准化水平。优化司处级干部结构。综合考虑知识背景、专业特长、工作经历、性格特点、年龄性别等因素，选优配强领导班子，有计划地交流轮岗。优化处级以下干部结构。处级以下干部结构不合理主要表现在年龄老化和专业比较单一方面。坚持高标准严要求，通过公务员招录、遴选、事业单位招聘、军转接收等方式补充新鲜力量，2016年共招录、遴选公务员15人，招录高校应届毕业生200余人。优化干部知识结构。多渠道、多形式培养各级各类干部。全年完成培训项目294个，培训28 900人次。选派6名局领导和29名司处级干部到中央“一校五院”学习。优化干部经历结构。在福建三明市建立年轻干部锻炼基地。选派6名干部援藏援青，23名党政干部和科技人才赴滇桂黔脱贫攻坚区、京津冀协同发展区等地方和国家有关部门挂职锻炼。

强化服务意识，积极保障干部职工利益。牢固树立“干部之家”“人才之家”理念，切实为干部职工办实事、办好事，努力解决干部职工面临的实际困难和问题。认真做好司局级干部医疗照顾对象手续办理，按照有关要求，扩大到司局级非领导职务。对曾担任过事业单位领导职务的干部，因工作需要转任局机关领导职务的，工资仍按同职级领导职务对待。积极解决干部夫妻两地分居，为干部职工解决后顾之忧。配合纪念红军长征胜利80周年，按照中组部部署，对国家林业局参加过长征的老干部进行了认真梳理，办理奖金和纪念章发放工作。为退休干部赠送行李箱和感谢信，充分体现组织关怀。接待老干部来信来访30余人次，办理各种公证、待遇认定20余人次。

林业部门机构职能

事业单位分类改革 通过主动协调，近期中央编办同意批复国家林业局事业单位分类方案，即将正式印发。积极配合中央编办开展国家林业局事业单位机构编制调研，争取盘活国家林业局事业编制使用机制。

参与生态文明体制改革 参与制订《关于健全国家自然资源资产管理体制试点方案》《东北虎豹国家公园试点方案》《大熊猫国家公园体制试点方案》，批复在北京师范大学设立东北虎豹研究中心。主动参与国有林区改革、国有林场改革，对涉及体制机制、机构编制等改革重大问题研究提出意见，积极争取政策支持。

推进机关组织机构建设 围绕“四个着力”要求，及时成立了4个专门领导小组及其办公室。适应改革发展需要，调整木行办挂靠司局。切实加强机关纪检工作力量，单独设置机关纪委办公室。调整了政法司、科技司、南京森林警察学院等10个单位内设处室和编制。设定中国大熊猫研究中心内设机构和处级领导职数。批复中国林科院成立辽宁分院、昆明勘察设计院设立西藏分院。就成立核算中心多次与中央编办、国管局进行沟通，积极推进。积极对接乡镇政府职能转移和能力建设，争取基层林业单位职能独立、单位稳定。配合推进行政许可审批改革，确定了行政许可大厅管理单位，完成了人员抽调工作。

林业社团建设

完成社团换届 根据巡视整改要求和局党组部署，严格审核把关社团换届方案、干部兼职情况，积极加强沟通协调和指导，按时完成了社团集中换届工作。

社团管理服务 按照党组会议要求，重新明确了各个社团管理权限。国家林业局局长张建龙作出批示，副局长张永利发表讲话，中央纪委驻农业部纪检组正局级纪律检查员周若辉重申中央有关纪律要求，民政部社会组织管理局副局长安宁做专题辅导。国家林业局业务主管和挂靠的社团负责人，归口业务联系司局（单位）负责同志，局社团脱钩工作领导小组成员80余人参加了会议。会议进一步统一了思想，明确了要求，为林业社团持续健康发展、充分发挥服务林业作用奠定了良好基础。同时，根据中央新精神新要求，着手修订《国家林业局社团管理办法》，进一步强化对林业社团管理，优化对林业社团服务。

社团脱钩试点 按照行业协会商会脱钩总体要求，共有6个局管社团纳入脱钩试点范围，用3年时间分三批进行。第一批脱钩试点协会中国林业与环境促进会、中国林业工程建设协会的脱钩试点实施方案已报上级部门批复并实施，相关脱钩工作已基本完成。第二批脱钩试点协会中国长城绿化促进会脱钩实施方案已经民政部

核准。对林业生态发展促进会已要求其抓紧整改，尽快完成脱钩工作。

社团年检工作　在2015年度社团年检中，中国林业生态发展促进会、中国竹产业协会存在一些问题。人事司督促两家协会对有关情况进行认真梳理并作出书面说明，积极与民政部社会组织管理局进行沟通，最终争取了较为满意的年检结果。同时，督促其他社团认真对待年检中发现的问题，逐一向民政部社会组织管理局作出书面解释和说明。

专业人才培养

教育顶层设计　组织编制了“十三五”林业教育培训规划和林业人才发展规划。完成中国林业教育学会换届工作。组织召开国家林业局共建院校工作座谈会，完善工作机制，提升共建水平。与海南省人民政府合作共建了海南大学热带农林学院，积极筹备与吉林省人民政府合作共建北华大学。

林业高等教育　加强林业学科建设和高校共建，推动做好全国林业、风景园林两个专业学位研究生教育指导委员会换届工作，公布了国家林业局重点学科名单，着手起草了重点学科管理办法。积极筹备林业教学名师遴选工作。加强院校林科专业教材建设，协调组建全国高等农林院校教材建设战略联盟。起草了《全国林业就业创业工作联盟工作方案》，着力破解林科毕业生就业难和基层林业部门用人难的“两难”困境，引导鼓励林科毕业生到林业基层一线就业。组织完成中国林业科学研究院、南京森林警察学院招生工作。

林业职业教育　加快职业教育集团化发展，积极筹备第二届全国职业院校林业职业技能大赛，指导协调中国(北方)、中国(南方)现代林业职业教育集团有关工作。积极推进全国林业技术专业教学资源库建设。向教育部推荐15名人员作为林业类专业职业教育信息化教学专家。启动“国家林业局职业教育‘十三五’规划教材”申报工作。进一步修改完善《国家林业局关于加快发展林业职业教育的意见》。组织开展“园林生态类专业技术技能人才培养质量评价研究”。

林业远程教育　按照中组部部署，制作完成并向中组部送播林业专题教材课件100个、3000分钟，其中首播节目总时长1560分钟，节目质量获得广泛好评。中组部对国家林业局报送的3个课件节目进行了表彰奖励，其中B类节目1个，C类节目2个。

干部培训效益质量

培训管理　认真贯彻实施《干部教育培训工作条例》《国家林业局干部培训班管理办法》，不断加强干部教育培训管理。下达了国家林业局2016年度培训计划，批复各类培训项目359个。修订《国家林业局干部教育培训工作实施细则》，开发国家林业局干部培训项目管理系统，进一步推进干部教育培训工作科学化、规范化、制度化建设。

服务中心工作　围绕林业改革发展中心任务，举办了森林防火专题研究班，25个省(区)的44个县(市、区)的党政领导干部参加了培训。配合国有林区改革，举办了重点国有林区改革林业局局长专题研讨班，东北、内蒙古国有林区87个国有林业局主要负责人及有关省林业厅、五大森工集团负责人等110人参加培训。结合林业援疆组织举办了新疆林业干部培训班，培训127人次。

能力建设　着力于提升林业干部职工能力素质，选派50名司局级干部参加专题研修、100名司局级干部参加网络学习。组织举办了司局级干部任职培训班、处级干部任职培训班、新录用人员初任培训、春季及秋季公务员在职培训等，培训980人次。

提升质量效益　积极推进培训方式方法改革，改进传统的讲授式教学，探索运用案例式教学、情景模拟教学和结构化研讨方式，加强学员交流和现场教学，增强培训实效。强化培训过程质量监控，开展培训授课质量评估和培训项目综合评估增强培训针对性。举办全国林业培训管理者培训班，不断加强培训管理者队伍建设。

高层次人才建设

加大高端人才引进力度　瞄准海外高端科技人才，组织中国林业科学研究院、竹藤中心引进5名海外高端科技人才，组织南京森林警察学院引进9名急需骨干人才。

积极组织开展人才推选　组织开展了第三批“百千万人才工程”省部级人选选拔培养工作，遴选出20名重点培养人选，评选推荐了10名国务院政府特殊津贴人选。组织开展高级专业技术岗位聘任，4个单位24名专家经审批被聘任到二级、三级教授岗位。推荐4人为2016年度全国新闻出版行业领军人才候选人，并对已入选的3人进行了考核。组织开展了2016年国家“万人计划”青年拔尖人才申报推荐工作，向科技部推荐了6名候选人。

大力培养西部科技骨干人才　按照中组部下达的培养计划，接收了西部之光访问学者6名。继续开展新疆“林业青年科技英才”培养工作，接收了10名科技骨干到林科院、西北院、规划院进行访学研修培养。

养老保险和分配制度改革

机关事业单位养老保险经办准备工作　部署开展在京机关事业单位养老保险制度改革，对机关本级750多人进行信息采集与审核，对39家在京参保单位4000名参保职工信息进行审核，完成了参保材料准备，已具备参保经办条件。

机关事业单位收入分配改革工作　根据中央要求，部署了国家林业局基本工资调整工作，并完成了局机关工资调整核算工作和局属单位工资调整审核工作。按照中央有关事业单位实施绩效工资与清理规范津贴补贴结合进行的精神，制定了国家林业局事业单位绩效工资实施方案，部署开展了事业单位2014年和2015年津贴补贴发放情况清理核查工作。

国有企业负责人薪酬改革相关工作　按照中央国有企业负责人薪酬制度改革的有关要求，颁布了《国家林业局直属企业负责人薪酬制度改革实施方案》和《国家林业局直属企业负责人经营业绩考核评价办法(试行)》等配套办法，首次核定了出版社负责人2015年的基本年薪和绩效年薪，确定了2016年目标考核指标。

工资奖金管理等工作　按照人社部的统一要求，开展了局机关近300人工资变动审批和每月统发工资发放工作，根据国家工资制度改革文件规定，对局管干部和无人事权单位近800人次正常晋升薪级工资和其他情况工资变动进行审批。完成了中管干部工作变动报批、审批工作。指导熊猫中心完成过渡期工资发放。根据2015年个人年度考核结果，兑现了机关在职254人的奖金、240人正常晋级晋档增资。进一步加强无人事管理权限事业单位人员的岗位变动审核工作，并指导熊猫中心开展岗位设置工作。积极开展国家林业局表彰奖励工作。会同防火办开展了全国森林防火工作先进单位、先进个人表彰工作，会同局办指导协调场圃总站、科技司、三北局、工作总站等单位开展全国生态突出贡献奖表彰工作。完成了职业资格清理规范相关工作。按照人社部的统一部署，全面清理了国家林业局专业技术人员和技能人员行业准入证和上岗证情况。按照国务院"放管服"改革要求，取消8项林业职业资格认定。积极协调人社部，林业有害生物防治员等5个职业正式纳入林业职业资格许可与认定目录清单。

组织人事工作

党的建设　一是思想建设。认真组织学习党的十八届六中全会精神特别是习近平总书记系列重要讲话精神，学习《关于新形势下党内政治生活的若干准则》《中国共产党党内监督条例》等重要制度，深入开展"两学一做"学习教育和"三强化两提升"学习实践，制定了学习实施方案，成立了学习领导小组，局长张建龙、副局长张永利带头讲党课，司领导和各处处长讲了6次党课。积极参加支部手机软件学习。开展庆祝建党95周年主题党日活动，组织全体党员参观平西情报交通联络站纪念馆，重温入党誓词。二是组织建设。党支部增补1名副书记和支部委员，调整4个党小组，完善了组织机构。坚持召开全体党员大会、支委会、党小组会。两名同志被评为优秀共产党员和优秀党务工作者。由专人负责测算，切实做好党费收缴工作。建立人事司廉政风险岗位责任制度，明确班子成员、各处处长"一岗双责"工作要求，分级负责全司和各处党风廉政建设"两个责任"。研究制订了2017年党支部和工会工作计划。

队伍建设　提升能力。进一步配强干部队伍。倡导规范严谨务实的工作作风，注重学习讨论，充分利用民主生活会、党支部会、党小组等进行学习交流。积极创造条件参加学习培训，全年共有35人次参加各类学习培训。鼓励干部上讲堂，不断提升业务能力。主动购买选人用人法规选编、社会组织政策法规选编等书籍，不断丰富业务知识。优化环境。创造宽松、向上的良好环境，既严格要求压担子，又注重关心干部成长进步。克服人手少、任务重等困难，积极选派1人参加中组部选人用人检查，选派2名同志参加国家林业局专项巡视工作。积极参加局内各种文体活动，促进干部身心健康，营造良好工作氛围。　（干部人事由李建锋供稿）

人才劳资

【第三批"百千万人才工程"省部级人选】　为更好贯彻落实创新驱动发展战略和人才优先发展战略，进一步加强林业高层次人才培养，2016年国家林业局开展了第三批"百千万人才工程"省部级人选选拔推荐工作。经个人申请、单位推荐、专家评审、局领导审核、公示公告等程序，确定段爱国等20名同志为国家林业局第三批"百千万人才工程"省部级人选。具体名单如下：中国林科院段爱国、吴明、曾炳山、雷相东、王兵、郭文静、贾志清，调查规划设计院黄国胜、阮向东，经济发展研究中心张升，林产工业规划设计院唐景全，干部管理学院石焱，中国绿色时报陈永生，中国林业出版社何增明，国际竹藤中心汤锋，森林病虫害防治总站方国飞，南京森林警察学院郑怀兵，华东林业调查规划设计院林辉，中南林业调查规划设计院陈振雄，西北林业调查规划设计院金万洲。

【2016年度享受政府特殊津贴人员】　经国务院批准，国家林业局所属单位9名专家享受2016年度政府特殊津贴。具体名单如下：中国林科院卢孟柱、于文吉、裴东、陈绍志，中南林业调查规划设计院但新球，中国林业出版社金旻，林产工业规划设计院于宁楼，调查规划设计院马国青，中国林学会陈幸良。　（人才劳资处）

国家林业局直属单位

25

国家林业局经济发展研究中心

【综 述】 2016年，国家林业局经济发展研究中心（以下简称"经研中心"）继续秉承"围绕中心、服务大局"的宗旨，认真贯彻落实国家林业局党组的决策部署和全国林业厅局长会议精神，立足建设国家林业智库要求，开拓创新，完善思路，扎实工作，圆满完成了承担的各项工作任务。

重大理论和政策问题研究

林业重大问题调查研究 2016年，紧紧围绕林业与国家发展战略、生态文明建设、生态安全、林业改革等当前林业改革发展中的重点、热点问题，确定并开展了多个方面共11项重大专题调研项目研究，形成研究成果并予以出版。还参与了《湿地保护修复制度方案》《国务院办公厅关于完善集体林权制度的意见》等国家重大政策的起草制定工作。

生态安全研究 2016年，进一步加强机构建设，搭建起与国安委、国家发改委的工作联络机制，研究提出了国家林业局森林生态安全工作领导小组及其工作方案，推动建立对内联络机制，承担起国家林业局生态安全工作的组织协调职责。开展的主要研究工作有：习近平总书记关于林业与生态文明建设论述的梳理摘编、林业贯彻执行《国家安全法》情况报告、当前林业领域生态风险形势研判和可能面临的主要风险点及小概率重大风险点预测报告、林业贯彻落实生态安全重点任务分工方案、林业生态安全指数等。

林业改革研究 持续开展国有林区改革政策、国有林区改革监测、国有林场改革实施情况、集体林权制度改革监测、集体林权制度改革中的性别维度、集体林区停止天然林商业性采伐、集体林权制度改革形势分析、天保工程区人员及社保调查等事关当前林业改革的问题研究。其中，深度参与东北、内蒙古国有林区改革，共对改革方案提出修改意见23项；开展黑龙江省重点国有林区改革情况调研，提出的建议成为国有林区改革的重要指导和路径；集体林权制度改革监测研究荣获第七届梁希林业科学技术奖二等奖。

林业扶贫研究 2016年，经国家林业局人事司批复，正式成立了生态保护与扶贫研究室，围绕国家林业局定点帮扶的滇桂黔三省区以及甘肃、宁夏、四川等省区的贫困地区开展调查研究工作，指导帮助当地制定林业扶贫规划，提供产业发展等政策咨询，提出林业精准扶贫政策建议。开展国外生态扶贫政策机制和典型案例研究。启动了"信息化建设推进林业精准脱贫"研究，以期实现14个集中连片特困地区林业扶贫工作信息化。

实证研究 继续围绕集体林权制度改革、林业产业发展、国有林区民生改善、中央财政补贴等政策执行情况实施跟踪监测及实证研究。监测范围已经覆盖到全国28个省（区、市）、1万多农户、37个森工企业、40个国家级自然保护区、500多家林业加工企业。

国际合作研究与交流 2016年，先后承担了"一带一路建设与林业发展战略研究""周边国家林业外交战略研究""林业单位与涉林非政府组织合作规划研究""中国农村林业社会保障、体面工作与绿色就业的经验和实践研究""林业混合所有制背景下民间自然保护事业发展研究"等8项国际林业合作研究项目。先后派出14人次、邀请10多位外方专家相互交流研讨，主办了首届国际林业研究组织联盟亚太地区大会"中国林业政策追踪"主题分会。

工作品牌建设与成果应用 经过多年实践，逐步形成并完善了以服务决策为主导的研究和工作品牌，有效促进了研究成果的深化应用。

"六份年度报告" 继续做好《中国林业发展报告》《林业重大问题调查研究报告》《国家林业重点工程社会经济效益监测报告》《中国林业产业监测报告》《集体林权制度改革监测报告》的研究及出版发行工作，新出版了《中央财政林业补贴效益监测报告》。

"两本杂志" 《林业经济》期刊确保了刊发质量和刊文影响力双提升。《绿色中国》连续12年入选"全国两会"10大期刊。

"两份参考" 《决策参考》全年编发26期，多期得到国家林业局领导的批示。《气候变化、生物多样性与荒漠化问题动态参考》全年编发18期，多期向中央有关部门发送，其中"世行森林行动"和"绿色金融"两期被国家林业局选送提交中办、国办。

"一个年鉴" 《中国林业产业与林产品年鉴》已编撰出版8卷。

"一个论坛" 成功举办以"创新与协调理念下的林业经济发展"为主题的第十四届中国林业经济论坛。召开第八届中国林经学会会员代表大会，选举产生了第八届理事会，顺利完成学会换届工作。

"两项活动" "绿色中国行"相继走进七台河、瓮安、集安、常山等地，真正成为传播绿色理念、倡导绿色生活、促进绿色发展的有效载体。"绿色中国年度焦点人物"评选活动持续开展，对传播生态文化发挥了重要作用。

党建工作与队伍建设

党建工作 一是认真开展"两学一做"学习教育和"三强化两提升"学习实践，全面落实党风廉政建设责任。二是结合自身特点开展系列活动，充分发挥党支部作用，增强组织凝聚力。三是履行纪检监督职责，做好中心党风廉政建设。

队伍建设 一是通过公开招考方式吸收4名优秀硕博研究生充实到中心一线岗位；二是加大司处两级干部学习培训和其他人员在职教育培训力度；三是加强干部人事档案管理，定期核查干部档案信息；四是设立"青年科研项目基金"，支持中心青年骨干独立开展项目和课题研究；五是严格组织推荐国家林业局第三批"百千万人才工程"省部级人选和局职称评审委员会专家库委员人选等。

根统计，2016 年，经研中心共开展各类重大研究项目 80 余项，完成局重点工作 20 余项，提交政策建议 191 条，形成调查研究报告 72 篇，召开学术研讨会议 47 次，国内外刊物发表论文 17 篇，出版专著 4 部。荣获梁希科学技术奖二等奖 1 项，梁希青年论文二等奖、三等奖各 1 项，全国妇联“全国维护妇女权益先进集体”1 项；入选省部级百千万人才工程 1 人；荣获民革参政议政先进个人 1 人，九三学社优秀社员 1 人；荣获局优秀党员、优秀党务工作者各 1 人，先进基层党组织 1 个。（综合管理处）

【林业重大问题调查研究】 2016 年，林业重大问题调查研究选题方面坚持问题导向，在生态文明建设、林业与国家发展战略、生态安全、林业改革和基础保障 5 个方面设立了 11 项需要重点研究解决的重大问题。参加调研的单位既包括经研中心和国家林业局有关业务司局单位，也包括地方林业部门和高等院校。同时，林业重大问题调研工作加强管理，创新组织实施。一是调研任务的实施主体实现了“由外而内”的转变。由过去的调研任务主要以高校科研部门和业务司局承担为主，转变为以中心研究团队为主，兼顾外部研究力量共同协作发展。2016 年 11 项重大问题调研任务，中心承担了其中 9 项。二是调研过程管理更加规范有序。项目选题阶段经过了调研室研究酝酿、各处室申报、中心领导讨论研究、局领导把关决策的程序。三是首次推行了调研任务制管理。调研任务承担团队与调研室、中心主任签订项目任务书，实现任务内容明确、时间期限明确、责任人明确。四是调研任务实施过程中按照规定时间督促检查任务执行情况，加强项目成果结题管理，邀请匿名专家评审调研报告。起草了《林业重大问题调研工作管理办法》。

2016 年的林业重大问题调研成果全部通过检查验收，部分报告提出的政策建议通过《决策参考》刊发，供国家林业局领导和相关部门参阅。报告成果不仅为管理部门科学决策提供了详实的依据和可靠的参考，有些建议还被管理部门采纳，为推动林业改革发展发挥了重要作用。（林业调查研究室）

【国有林区改革监测】 自 2015 年 2 月 8 日中共中央、国务院印发《国有林区改革指导意见》和《国有林场改革方案》(中发〔2015〕6 号)后，东北、内蒙古重点国有林区改革进展如何、预期目标能否实现、面临哪些困难、政策需要怎样进行调整等，是相关管理部门和社会各界都非常关注的问题。为回应社会关切，国家林业局开展了国有林区改革跟踪监测工作，定期发布东北、内蒙古重点国有林区改革动态，评估改革成效，为完善政策提供决策参考。

2015 年，经研中心启动了国有林区改革和民生监测；2016 年，此项监测工作纳入当年林业重大问题研究。国有林区改革和民生监测对象为东北内蒙古重点国有林区五大森工集团，采用分层随机抽样方法，抽取 34 个样本企业(林业局)，每个林业局抽取 30 户职工(山上 20 户、山下 10 户)，共抽取职工家庭 1028 户；拟对 34 个样本企业(林业局)和 1028 户林业职工家庭进行连续跟踪监测，并依托东北林业大学经济管理学院，每年开展专题调研和入户访谈，收集东北、内蒙古重点国有林区改革进展和民生变化相关信息，反映改革中出现的新情况、新问题，为决策提供可信、可用、管用的依据。（林业改革研究室）

【集体林权制度改革跟踪监测】 2016 年，继续对辽宁、福建、江西、湖南、云南、陕西、甘肃 7 省、70 个样本县、350 个样本村、3500 个样本户进行集体林权制度改革跟踪监测，并开展了新型林业经营模式、重点区位商品林生态赎买、普惠制林业金融、林权流转、农民林业收入、农户承包宜林地造林履责情况、林业合作社经营效益、完善集体林权制度第三方评估研究、家庭林场发展及带动效应 9 个专题研究。结果显示：集体林地承包到户后，样本地区积极规范引导林权流转，加快发展新型林业经营主体、探索新型林业经营制度，大力发展林下经济，加大林业财政扶持，强化林业金融支撑，进一步完善集体林权制度，继续为集体林业发展注入强大活力，培育林业产业发展内生动力和林区农民增收的支撑点。

林地流转规模增长，流转率明显提高。截至 2016 年年底，样本县累计流转林地 267.09 万公顷，占林地总面积的 18.73%，与 2015 年相比，流转面积增长了 61.90%，流转率提高了 7.06 个百分点。

林权纠纷略有减少，纠纷调处力度加大。截至 2016 年年底，样本县林地权属和承包经营权纠纷调处 5.51 万起，纠纷调处率 98.15%，与 2015 年相比，纠纷调处共减少 33.53%，多数林权纠纷基本上做到当年发生，当年化解。调处的纠纷中，通过仲裁机构调处 1.73 万起，占调处总数的 31.34%。

新型林业经营主体发展促进林地规模化经营。截至 2016 年年底，样本县成立的专业大户、家庭林场、农民林业专业合作社和林业企业四类新型林业经营主体数量为 9050 个，共经营林地面积 178.37 万公顷，占集体林地面积的 15.56%；新型林业经营主体平均经营面积 197.09 公顷，达到规模经营面积。

林权抵押贷款稳步发展，抵押林地比重超过 5%。2016 年，样本县抵押林地面积 11.48 万公顷，年末共有抵押林地面积 71.08 万公顷，占集体林地面积的 6.20%；年末贷款余额 101.48 亿元，平均每公顷贷款额 14 276.7 元；不良贷款率 1.11%，比同期全国银行业金融机构不良贷款率低 0.80 个百分点。

投保林地面积减少，保险赔付率提高。截至 2016 年年底，样本县投保林地 813.33 万公顷，占林地总面积的 56.88%，保额 6732.6 元/公顷，保费 16.8 元/公顷，保费补贴 12.6 元/公顷，实际费率为 0.64‰，保险累计赔付率为 49.76%。与 2015 年相比，投保林地面积减少了 10.95%，投保林地比重下降了 7.74 个百分点，保险赔付率提高了 17.68 个百分点。

木材产量呈下降趋势，工程造林与新型经营主体造林面积比重明显提高。2016 年，70 个样本县木材产量为 352.05 万立方米，比 2015 年减少了 9.09%，其中，村及村以下各级组织和农民个人生产的木材产量为

255.42 万立方米，占木材总产量的 72.56%。2016 年，样本县造林总面积中，工程造林面积占 34.50%，比 2015 年增加 12.85 个百分点；新型经营主体造林面积占 15.56%，比 2015 年增加了 4.93 个百分点。

林业产业持续助推地区经济增长，林下经济平稳发展。2016 年，样本县的林业产业总产值为 1831.91 亿元，比 2015 年增加了 10.72%，其中，第二产业产值占林业产业总产值的 50.21%，居于主导地位。相比 2015 年，林业产业拉动地区经济增长 2.14 个百分点。2016 年，样本县林下经济产值 405.61 亿元，与 2015 年基本持平，占林业产业总产值的 22.14%。

林业补贴惠及六成林农。2016 年，样本县有 8.46% 的造林地获得造林补贴，平均每公顷补贴 3019.65 元；有 5.11 万户农户得到造林补贴，户均 2268.96 元；森林抚育补贴面积比重为 61.43%，平均每公顷 1522.2 元；有 2.92 万户农户得到补贴，户均 2644.11 元。在样本农户中，59.96% 的样本农户获了林业补贴，户均 1354.66 元，占当年林业生产经营投入的 6.87%。

林业就业增收效益显著。2016 年，样本农户户均林业收入 16139.26 元，比 2015 年增加了 17.00%；林业收入占家庭总收入的 16.12%，比 2015 年下降了 0.59 个百分点。2016 年，样本农户林业就业率为 14.93%，比 2015 年增长了 5.67 个百分点。（生态安全研究室）

【中国林业发展报告】 《2017 中国林业发展报告》（以下简称《报告》）是国家林业局发布的第十八部林业白皮书。《报告》包含生态建设，产业发展，生态公共服务，改革、政策与法制，林业投资，支撑与保障，区域林业，林业开放合作，林产品市场 9 个部分。

森林、湿地、荒漠化生态系统及野生动植物保护成效明显。2016 年完成造林面积 720.35 万公顷，义务植树尽责形式多样。全国共完成沙化土地治理面积 233.94 万公顷。湿地保护增强，国家做出湿地保护的顶层设计，印发《湿地保护修复制度方案》。新批准建立国家湿地公园试点 134 处，新增通过国家验收的湿地公园 76 处。生物多样性保护成效显现，新增林业系统自然保护区 73 处，重点安排 30 多种珍稀濒危野生动物的人工繁育项目和对近 30 种极小种群野生植物开展了野外救护与繁育工作。

林业产业规模加大，产出能力增强。2016 年实现林业产业总产值 6.49 亿元（按现价计算），比 2015 年增长 9.30%。林业三次产业的产值结构已由 2015 年的34∶50∶16 调整为 2016 年的 33∶50∶17，以林业旅游与休闲为主的林业服务业所占比重逐年提高。2016 年全国商品材产量 7775.87 万立方米，比 2015 年增加 7.73%。

生态服务载体丰富，生态文明宣传力度加大。2016 年，全国绿化委员会、国家林业局授予吉林省长春市等 22 个城市"国家森林城市"称号。全年各主要新闻单位和网站共刊播或转载生态文明建设宣传稿件 1.2 万条（次）。

林业改革步伐加快。大熊猫、东北虎豹两个国家公园体制试点方案获批复。

林业投资实现较高增速。全国林业完成投资 4509.57亿元，比 2015 年增长 5.11%。其中，国家预算资金 2151.73 亿元，占全年完成投资的 47.71%。

森林资源、林业种苗、林业科技、林业教育、林业安全生产、林业信息化、林业工作站等支撑保障体系逐步完善。林业开放合作成果丰富，履约尽责。

2016 年，"一带一路""长江经济带"和"京津冀区域"林业发展力度持续增强，传统的东、中、西和东北各地区及区域内的林业发展更趋均衡。林产品进出口小幅下降，贸易顺差微幅缩小。（林业法制研究室）

【林业重点工程社会经济效益监测】 连续 15 年对天然林资源保护工程、退耕还林工程、京津风沙源治理工程和野生动植物保护及自然保护区建设工程进行监测，监测范围增加至全国 28 个省（区、市）178 个县 283 个村 2215 个农户，以及 37 个森工企业、40 个自然保护区、79 个林场。

2016 年的监测结果显示，林业重点工程总体运行情况良好，工程区森林资源稳步增长，森林、荒漠、湿地生态系统和生物多样性得到有效保护，生态状况明显改善，工程建设的综合效益贡献日益显现。

天然林资源保护工程停伐政策深入贯彻，木材产量比 2015 年减少了 92.42%；样本企业职工年平均工资为 4.60 万元，增长 50.03%；林区经济基本稳定，林下经济继续增长，占企业总产值的 27.87%。林业职工富余与人力资源短缺问题并存、森林资源管护不足、社会管理职能移交困难、林区经济发展的"瓶颈"问题和盲目发展问题并存仍是天保工程二期面临的突出问题。

2016 年，退耕还林工程进入巩固前一轮成果和推进新一轮任务并重的关键阶段。2016 年退耕还林政策承前启后，为期 8 年的巩固退耕还林成果专项建设完成各项任务，完成基本口粮田建设样本县耕地面积的 7.77%，退耕区农业发展能力增强；新一轮退耕还林还草加快推进，退耕还生态林占 62.53%，生态优先目标基本执行，新一轮退耕在增进公平和减轻贫困方面均发挥独特作用，退耕还林任务在不同收入组农户之间均匀分布，退耕任务分配的集中度仅为 0.03；随着前一轮退耕还林补助陆续到期，巩固退耕还林成果任务艰巨，前一轮退耕还林工程区约45% 位于 14 片集中连片特困区，约 60% 的退耕农户因退耕还生态林而没有退耕地收入，复耕比例在 7% 左右。

京津风沙源治理工程在生态环境改善、社会经济发展、增加人民福祉等方面起到了重要的支撑作用。2000 ~ 2016 年，监测样本县（旗）森林覆盖率提高至 35.7%，森林蓄积量累计增长 72.00%，2016 年春季沙尘日数与 2015 年同期持平（约为 4.7 天），相比 2000 年减少近 2 天；工程区借助生态环境改善契机，拥抱消费升级，特色林果业、绿色养殖业、生态旅游业等为代表的新型业态，逐渐成为工程区经济增长的新引擎。2016 年，样本县（旗）森林旅游接待人数达 1175.72 万人次，是 2015 年的 2 倍多。

野生动植物保护及自然保护区建设工程监测发现，工程区野生动植物种类持续增加，2016 年 10 个样本保护区新记录到野生动物 186 种，8 个样本保护区新记录到野生植物 152 种；珍稀濒危野生动物得到有效保护，

9个样本保护区对13种珍稀濒危野生动物进行人工繁育，共成功繁育278只(头)；5个样本保护区对9种珍稀濒危护野生动物实施了放归自然，共放归133只(头)；极小种群野生植物保护工作继续推进，15个样本保护区对区内37种极小种群野生植物实施拯救。林业有害生物防治形势依然严峻，林业有害生物发生面积达2.90万公顷，比2015年增加1.05%。工程建设继续带动社会社区就业，2016年样本保护区带动社会就业人员57256人，比2015年增加1754人。

（重点工程监测室）

【《中国林业产业与林产品年鉴》】 该年鉴以收集县一级经统计部门核实的林业产业年度基础数据为主要任务，全面、准确及时反映中国林业产业资源分布、生产力布局状况，为中央和地方政府宏观调控，为林业企业发展提供决策依据。2016年3月，在重庆市召开全国林业产业年鉴工作会议，会议内容分析了林业产业发展形势和主要任务，总结了2015年林业产业年鉴编写工作，部署了2016年年鉴编写任务，交流了各省林业产业发展经验。（林业产业研究室）

【中国林业采购经理指数(FPMI)】 对全国530余家林业企业的调查结果显示，2016年全年林业采购经理平均指数48.96，比2015年全年平均指数上升5.98%，其中，3月、4月、5月、10月、11月、12月指数均超过50，其余月份均低于50，林业产业发展态势有所恢复，但仍然处于萎缩状态。同期由财新中国发布的全国制造业采购经理年平均指数为49.83，比林业采购经理年均指数高1.98个百分点。采购经理指数(FPMI)是判断行业发展状态的风向标，指数超过50，说明行业处于发展状态，等于50说明行业为停滞状态，小于50则说明行业为衰退状态。（林业产业研究室）

【农村林业理论与政策创新研究基地建设】 深化林业经济创新研究方面。农村林业理论与政策创新研究基地(以下简称“基地”)继续围绕林业重点工程与消除贫困、集体林权制度改革相关政策开展创新性林业经济理论与政策研究。采用跟踪入户模式获取了福建、浙江、湖南、江西、广西、四川、山东、辽宁和河南9省(区)、18个县、162个行政村、2430个样本农户2014～2015年的数据，更新了原有的长期、大样本、多层级数据库。采用现代经济学与政策分析的理论与方法，开展了林业重点工程、集体林产权制度改革及配套改革等重大林业政策对农民生产要素投入、收入及其不平等等方面的影响分析研究，研究成果发表在重要学术期刊上，中国集体林产权制度改革理论分析与政策实践研究获得2016年湖南省科技进步二等奖。

提升林业决策服务能力方面。一是“基地”研究人员多次参加国务院及国家有关部委组织的各种决策咨询活动。二是提炼出2篇有关“集体林产权制度改革问题”和“林业重点工程后续政策问题”的研究报告呈报国家林业局党组。三是直接或间接参与各级政府和相关部门的林业发展规划、相关政策设计、生态建设评估等方面的工作，先后为湖南省林业厅、四川省财政厅、江西省遂川县和崇义县政府以及湖南省平江县林业局等提供了政策指导。四是接受中央电视台、中国绿色时报社和凤凰卫视等媒体的专访，解读国家林业重大方针政策，进一步扩大决策服务的影响力。

拓展对外合作交流平台方面。进一步巩固了与美国、加拿大、日本、英国和瑞典等国家10多家科研院校的长期学术交流合作关系。“基地”完成了国外经典制度经济学专著《冲突与合作：制度与行为经济学》和林业经济专著《木材供给与土地配置及经济效率》的翻译和出版工作，并邀请美国、加拿大、日本等国际林业经济专家来华进行学术交流。“基地”研究人员赴加拿大参加森林产权与可持续森林经营的激励机制设计国际学术研讨会，就林业财政和社区林业问题与有关国际专家展开深入交流。（农村林业研究室）

【气候变化、生物多样性和荒漠化问题动态参考】 2016年，《气候变化、生物多样性和荒漠化问题动态参考》(以下简称《动态参考》)汇集了近百份有价值的重要信息资料，主要集中在5个方面：一是公约动态，重点关注相关国际公约的进展情况及其对林业的影响；二是林业维护生态安全，重点关注林业在维护生态安全、保护生物多样性、提高生态系统服务质量、保护湿地、推进森林城市和国家公园建设等方面的国际进展、成功案例和有效做法；三是林业生态扶贫，重点关注林业在减少贫困方面的重要作用及相关国际经验；四是绿色金融与林业产业，主要关注绿色金融创新和林业产业发展的国际潮流；五是林业宏观政策规划，重点关注各国在林业政策规划设计方面的着力点和创新点，以及对中国的启示等。

2016年，《动态参考》围绕提高决策服务水平这个中心，从选题把关、编译审校、专家咨询等多方面下功夫，使广大林业工作者及时了解国内外林业建设和生态治理的进程动态和政策信息，从中学习借鉴好经验、好做法，这些信息必将对广大林业工作者开拓国际视野，指导当前工作起到参考作用。（气候变化研究室）

【第十四届中国林业经济论坛】 于2016年11月12日在南京林业大学召开。论坛由中国林业经济学会和中国林业经济论坛组委会共同主办，南京林业大学承办。这次论坛的主题为“发展现代林业经济推进生态文明建设”，议题涵盖经济、社会、生态等多个研究领域。来自全国各高等院校、科研机构、政府机关的百余位专家学者围绕林业现实需要、未来发展方向及科学建设诸多议题展开了主题报告和专题研讨。论坛共收到论文150多篇，评选出25篇优秀论文。

（中国林业经济学会秘书处办公室）

【《林业经济》期刊】 策划组稿方面，2016年期刊推出深化集体林权制度改革专辑，得到国家林业局林改司和广大基层管理者的好评。先后策划并完成12期共13个精品栏目，落实重点组稿41篇，涉及林业与国家战略、森林保险与治理、国有与集体林业改革、一带一路与绿色发展、对外贸易与林业、生态文明建设等方面。对“研究报告”“产业发展”等传统优势栏目加强了组稿力度。对传统栏目的稿件实施专家匿名审稿制度，严把稿件质量关。

编辑出版及发行方面。2016 年，共收到网上投稿及邮箱来稿 560 篇，共刊登 263 篇。全年共发行 12 期正刊，每期均 4450 本；2016 年订阅部分 511 份，涉及 66 家单位。

对外合作方面。与中国林牧渔业经济学会林业经济专业委员会等 3 家单位联合举办了“绿水青山就是金山银山”有奖征文活动。正式启动“绿色发展联盟”，收效显著。 (林业经济期刊社)

【《绿色中国》杂志】 一是 2016 年 3 月 21 日，国家林业局副局长刘东生、彭有冬率宣传中心、科技司、经研中心等单位的领导到绿色中国杂志社、绿色中国网络电视中心调研指导工作。局领导对绿色中国杂志社给予了充分的肯定，同时要求《绿色中国》杂志作为新闻媒体要把握好正确的舆论导向，服务于国家林业局中心工作大局，找准自身定位，努力创新，开创杂志社发展的新局面。二是以综述式、大篇幅报道国家林业局局长张建龙在全国林业厅局长会上所作的重要报告，连续刊出各地林业发展的文章，宣传林业系统内外生态建设典型。三是围绕国家林业局中心工作完成各期选题，在“美丽中国”“人与自然”“聚焦”“视点”“特别策划”等栏目中，结合中国梦、林业应对气候变化、森林城市建设、油茶产业发展、生物多样性保护、植树造林、防沙治沙、森林康养等工作进行重点报道。四是编辑两会专刊，刊登了张建龙的专访文章等近 40 000 字的采访报道。五是委派 10 批次记者走进森林城市建设一线，宣传森林城市创建工作成就。六是配合第五次全国荒漠化和沙化土地监测结果推出防沙治沙的专题，从多角度深入宣传中国防沙治沙成果。 (绿色中国杂志社)

【绿色中国网络电视】 一是完成绿色中国新闻客户端系统(APP)、绿色中国网络电视演播室录制、绿色中国网络电视室内外视频直播系统设备购置项目的批复和前期工作。二是进行了 8 场大型直播活动；首次对绿色中国摄影联盟的活动进行全程跟踪报道，完成相关纪录片 12 集。三是《全国地方新闻联播》安全播出 47 期。其中自制新闻 98 条。其他的常设节目《焦点人物》《新闻会客厅》《明星面对面》《美丽使者》《书画名家》等栏目共播出 30 余期节目。四是开展了“庆祝中国共产党成立 95 周年”和“纪念红军长征胜利 80 周年”网络视听宣传工作，自制和转载新闻 130 余条。五是配合经研中心与国际林业研究中心(CIFOR)合作的退耕还林监测项目资料片的拍摄和制作，协助国际司《中国林业对外宣传册》编辑出版，协助局人才交流中心完成 2016 全国林业院校优秀毕业生的评选工作宣传片、会议采访等视频制作。六是携手中搜网络打造“中国第一绿色传播平台”，为中国第一绿色传播平台打造一条可持续发展的移动生态产业链。 (绿色中国杂志社)

【社会公益活动和对外合作项目】 一是先后在黑龙江省七台河市、贵州省瓮安县、吉林省集安市举办“绿色中国行”《走进美丽七台河》《走进美丽瓮安》和《走进美丽集安》大型系列主体公益活动。通过“百名公益明星助推绿色产品”“两山路上看变迁”“绿色公益晚会”以及“猴场万人听党课，千名党员重温入党誓词”等丰富多彩的活动宣传绿色发展。二是 2016 年 10 月 28 日在京启动“绿色中国地球乐园大自然影展”。这是有着“绿色奥斯卡”美誉的“Wildscreen Film Festival”首次来到中国。三是 2016 年 12 月 8 日，在浙江省常山县举行大型电视访谈节目《“8 + 1”对话：创建三个油茶中心 打造国家绿色油库》。四是在国家林业局资金支持下，国内生态文明研究领域知名专家学者共同承担国家生态文明建设电子出版平台的核心项目——《生态文明关键词》正式立项。 (绿色中国杂志社)

国家林业局人才开发交流中心

【综 述】 2016 年，人才中心在局党组的正确领导和人事司的具体指导下，认真贯彻全国林业厅局长会议精神，围绕局重点工作，加大林业行业人才开发力度，切实为局机关和局直属单位提供人事人才服务，积极做好巡视发现问题的整改工作，克服公益性工作任务重创收难等困难，各项工作成效显著。围绕林业重大改革和重点工程，大力培训急需紧缺人才，累计培训 5000 多人次；强化职业技能鉴定工作，提高技能人才队伍素质，全年共鉴定 32457 人次；做好职业技能大赛和中华技能大奖申报工作，组织相关人员参与了第四次国有林场职工职业技能竞赛活动，经申报，林业系统共有 2 人获全国技术能手称号；积极为基层林业发展提供人才支撑服务，先后与湖北省竹溪县、吉林森工露水河林业局等地区和单位签订了人才强林战略合作协议；积极推进林业院校大学生就业创业工作，开展了 2017 届全国林科十佳毕业生评选活动，组织林业院校参加了全国林业科技服务周系列活动；加强林业人才队伍建设基础数据的采集分析工作。主动适应深化改革创新要求，扎实做好局机关和直属单位人事人才服务工作，开展 2016 年度工程、会计经济和新闻出版系列职称评审工作；完成国家林业局 2016 年高校毕业生接收工作，根据中组部统一部署和人事司的安排，完成局干部人事档案“三龄二历”(“三龄”指年龄、工龄、党龄；“二历”指学历、工作经历。)专项审核工作，共审核干部人事档案 843 卷；做好局属单位因公出国(境)备案和人事统计工作，完成了局机关和局直属单位享受政府特殊津贴人员基本信息的采集工作，为享受政府特殊津贴人员及时发放了津贴；完成年度国家公派留学项目申报与受理工作。切实整改巡视发现的问题，针对巡视组指出的问题，大力加强财政资金管理，逐步完善制度建设，切实依据制度问

责，实现了靠制度管人管事。（王尚慧）

【职称评审】 2016年组织开展职称评审工作，共受理43个单位341人的申报材料，经资格审核，226人提交评审会评审。组织召开工程系列中、高级和会计、经济系列高级以及新闻、出版系列评审会议，共评审通过149人，其中教授级高级工程师25人，高级工程师51人，工程师53人，助理工程师6人，高级会计师4人，高级经济师4人，主任记者1人，副编审4人，记者1人。直接认定工程系列和新闻系列中初级职称97人。（李　伟）

【职称评委库】 组织25个局属及相关单位分系列分专业推荐评委206人，其中工程系列167人，具有正高级职称的110人，具有副高级职称的57人，年龄在55周岁以下的155人。专业分类情况分别是森林培育类28人，调查规划类51人，生态保护类18人，景观绿化类26人，林业产业类16人，勘察设计类15人，综合管理类13人。会计经济系列26人均为副高级职称，年龄在55周岁以下的25人。新闻出版系列13人，具有正高级职称的6人，具有副高级职称的7人，年龄在55周岁以下的10人。（李　伟）

【局属单位毕业生接收】 全年共向31个直属单位下达毕业生计划330名（在京单位155名，京外单位175名）。组织各单位填报计划与岗位对接方案，审核汇总了各单位拟接收毕业生人选基本情况，根据人选情况调整计划与岗位对接方案。协助各单位办理接收手续，共接收毕业生263名（在京单位119名、京外单位144名）。严格审核毕业生学历学位、报到证、户口迁移等落户材料，为在京单位接收的92名京外生源毕业生办理了落户手续。组织局属单位申报了2017年毕业生计划，组织核查了局属在京单位2013～2015年接收毕业生计划的落实、人选及留存情况。（李　伟）

【干部档案专项审核】 根据中组部要求，逐卷逐页逐项审核并记录存在的问题，确保信息登记齐全完整，准确无误。根据档案记载情况填写专项审核工作专用版《干部任免审批表》，对档案中“三龄二历一身份”的信息记载不一致的档案，制作认定表，对审核登记的问题进行汇总分类。共完成800多卷档案的初审复审工作，统计汇总778卷次存在的各类问题，补充材料1000多份，协助人事司完成了部分认定工作。（李　伟）

【因公出国（境）和赴台湾备案】 2016年共为600多人次办理了干部因公出国（境）和赴台湾备案登记。按照中央纪委驻农业部纪检组关于司局级干部因公临时出国（境）备案需向农业部纪检组报告的要求，起草了规范填写备案表的说明，加强了备案表的审核力度，及时向农业部纪检组提供了备案表。（李　伟）

【人事代理的非公林业企业接收毕业生】 为非公林业企业接收2015年毕业生办理落户手续，严格核查每个企业2015年接收毕业生的劳动合同签订、工资发放、社保缴纳等劳动关系手续材料以及毕业生报到证、接收函回执、户口迁移证或户口卡等材料原件，网上验证毕业生学历情况；认真落实企业接收毕业生时由法人代表、人力资源部负责人、承办人各个层级审核并通过企业领导班子集体研究的要求。与人事司组成联合工作组实地走访检查接收毕业生的企业，通过与毕业生本人、人力资源部门及毕业生所在部门负责人谈话，了解公司招聘流程、毕业生报到上岗、发挥作用情况；通过在中国绿色人才网面向社会公示拟落户毕业生信息，加强社会监督。完成了非公林业企业申报2016年度人事代理接收高校毕业生需求计划工作，核查了企业人员规模、注册资金、上缴利税等资质条件，检查了企业2012～2014年度接收毕业生劳动合同、缴纳社保和工资发放情况，审核并向人社部报送了2016年毕业生计划需求情况。（李　伟）

【国家公派出国留学选派】 为培养一支具有国际视野、熟悉国际规则的高层次人才队伍，按照国家留学基金委员会和国家林业局人事司的工作安排，人才中心开展了国家留学基金资助出国留学申请受理工作，共39人申报国家公派留学项目，19人获得国家公派留学资格。（范俊峰）

【留学人员科技活动项目择优资助】 为培养储备一批优秀留学回国青年人才，资助扶持一批优秀科研项目，按照人力资源和社会保障部及国家林业局人事司的工作安排，人才中心开展了留学人员科技活动项目择优资助工作，共16人申报留学人员科技活动择优资助项目，9人获得资助。（范俊峰）

【国有林区改革系列培训班】 为进一步提升国有林区工作人员政策理论水平和依法行政能力，做好国有林区改革富余人员安置和民生保障工作，优化人力资源配置，推进职工转岗就业，稳步推进国有林区改革，人才中心举办了国有林区人力资源管理、民生保障、领导干部能力提升培训示范班，共培训220多人。人社部、国家行政学院、中国人事科学研究院、中国人民大学等单位的知名专家进行授课和研讨交流。（范俊峰）

【人才强林合作项目】 为落实人才强林战略，提升林业现代化水平，充分发挥人才在林业产业结构调整、林区经济转型中的全过程、全方位支撑带动作用，促进林区经济社会的协调可持续发展，人才中心与湖北省竹溪县、吉林森工集团露水河林业局等地区和单位开展了人才强林合作项目。双方秉承优势互补、合作双赢、共同发展的意愿，在人才培训、专家咨询、电商服务等多个方面加强合作，整合资源，促进国有林区改革，为国有林区转型发展和林区长治久安奠定坚实的人才保障和智力支持。（范俊峰）

【林业职业技能鉴定和考评员培训】 2016年，林业行业职业技能鉴定合格32 457人次，其中，初级技能2524人次，中级技能11 490人次，高级技能13 936人次，技师3156人次，高级技师1351人次。2016年先后在银川、杨陵、苏州、沈阳举办考评员培训班4期，共培训考评人员329人，其中考评员202人、高级考评员

127人。在北京举办裁判员培训班1期，培训裁判人员15人。 （图星哲）

【全国技术能手推荐】 根据人力资源和社会保障部《关于推荐第十三届中华技能大奖和全国技术能手候选人的通知》，人才中心组织开展了该活动的申报工作。这次评选推荐范围涵盖了各省（区、市）林业厅（局）及内蒙古、龙江、吉林、大兴安岭森工（林业）集团等林业单位。经对内蒙古、龙江、吉林森工等7家单位12名候选人进行条件比对和筛选，确定了大奖候选人1人、能手候选人3人。最终经人社部评选，龙江森工的汪玲、吉林森工的张利荣获全国技术能手称号。 （李 斌）

【职业资格清理】 2016年，国务院先后分三批取消了222项职业资格许可和认定事项，其中包含由国家林业局实施的营林试验工、装卸归楞工、木材防腐师、木材及家具检验工、人造板饰面工、营造林工程监理员共6项技能人员职业资格许可和认定事项。 （关 震）

【职业技能大赛】 全国林业行业国有林场职业技能竞赛（国家级二类竞赛）于7月10～12日在甘肃省小陇山林业实验局百花林场举行。人才中心作为协办单位，为大赛培训国家级裁判员15名，并参与竞赛的组织管理、赛制安排、比赛场地设施布置及理论考试编排等一系列工作。来自各省份的32支代表队96名选手参赛，最终甘肃省代表队获得团体一等奖，河北省、黑龙江省、安徽省等3支代表队获得团体二等奖，内蒙古森工、江西省、湖北省、山西省、福建省、湖南省等6支代表队获得团体三等奖。其他参赛队分获优秀组织奖和竞赛精神风尚奖。来自甘肃省小陇山林业实验局摊歌林场的周小强荣获竞赛个人一等奖，甘肃省小陇山林业实验局严坪林场王永强和内蒙古森工集团吉文林业局陈广军荣获竞赛个人二等奖，黑龙江省尚志国有林场李宁等12名选手获得个人三等奖。按照国家级二类竞赛要求，本届竞赛第一名的选手周小强将由中华全国总工会授予“全国五一劳动奖章”；本届竞赛获得前三名的选手周小强、王永强、陈广军由人力资源和社会保障部授予“全国技术能手”荣誉称号。参加决赛的30名选手获颁《营林试验员》职业资格证书。 （吴秀平）

【毕业生就业创业】 12月20日组织举办了2016年中国林业教育学会毕业生就业创业促进分会年会和年度工作论坛。北京林业大学、山东农林大学、青岛理工大学、北美枫情木家居的代表作了报告。人才中心充分利用绿色中国网络电视、中国绿色人才网、中国林业教育学会毕业生就业创业促进分会网站、微信公众号、微信群、QQ工作群等平台，及时向林业院校推荐用人单位，介绍就业和招聘信息，及时发布林业大学生就业创业相关政策和信息，林业毕业生就业创业促进分会微信公众号固定会员数已经达到上百万人。5月15～22日人才中心组织北京林业大学等四所院校的大学生科普创业项目及博士生生态文明宣讲团参加了在南京举行的2016年全国林业科技活动周主会场科普展。11月5～9日组织林业院校参加了第23届杨凌国际农业高新技术博览会，重点展示了南京林业大学和浙江农林大学的3个创新创业项目。 （何乐观）

【全国林科十佳大学毕业生评选活动】 5月25日，由中国林业教育学会和人才中心主办，北美枫情木家居独家冠名的2017届全国林科十佳毕业生评选活动在云南林业职业技术学院启动，北京林业大学等近20所参评院校的领导和有关媒体代表200余人参加了启动仪式。12月20～21日“北美枫情杯”2017届全国林科十佳毕业生评选活动颁奖典礼在山东农业大学举行，国家林业局副局长、中国林业教育学会理事长彭有冬等领导出席活动并颁奖。活动从全国300多所涉林院校的8万多名2017届林科毕业生中评选出研究生组、本科生组和高职生组全国林科十佳毕业生各10名，优秀毕业生各40名。 （何乐观）

【高层次人才库及林业系统人才情况统计】 2016年对国家林业局高层次人才库又作了进一步的修改完善，对人才库系统部分功能进行了完善，对入库人才信息进行了更新，并对人才库进行了上线测试并正式启用。开发设计了2017版林业系统人才情况统计软件，针对2015版软件运行使用情况中发现的问题，对软件操作界面、使用功能等方面进行了全面升级改造，并对新版软件进行了功能测试。12月中旬组织举办了林业系统人才情况统计专题培训班，组织相关省、市、县级林业人才情况统计人员实际操作新版统计软件。 （何乐观）

【国家林业局直属单位人事人才统计】 2016年国家林业局直属单位人事人才统计工作顺利完成，其中，参公统计及事业单位领导统计年报在审核评比中取得99.8分的高分，在全国180多家参评单位中名列前茅。 （何乐观）

中国林业科学研究院

【综 述】 2016年，中国林业科学研究院按照《林业发展“十三五”规划》和《林业科技创新“十三五”规划》的总体部署和要求，积极谋划，稳步推进，各项工作取得新的成效。

服务全局 积极组织专家团队参与林业发展、林业科技创新、林业国际合作等“十三五”规划以及国家重点地区、重点工程生态建设规划等编制工作。组织专家参与《退耕还林工程生态效益监测国家报告（2015）》等数十项国家报告、标准、技术规程及法律法规的起草和修订。完成中东欧国家林业合作研究，参加中国东欧

16+1林业部高级别林业合作会议、中国—东盟林业合作论坛；牵头完成《丝绸之路经济带和21世纪海上丝绸之路林业合作规划》等履约文件；举办各类援外培训班14期，培训学员近300人次；牵头的科技部巴西竹业重点援外项目正式启动；林业生态建设与保护北斗示范应用系统工程项目完成初步设计，开展了高分卫星林业应用示范。

科技创新 2016年，新增项目(课题)218项、经费3.32亿元，新增国家自然科学基金项目71项，新增院基本科研业务费项目242项、总经费1.28亿元。突破了一批在遗传育种、森林培育、生态环境治理和生物质能源等方面的关键技术，筛选出影响木材形成与生长调控的关键基因。开发了桉树环保育苗技术体系，研发了低覆盖度治沙技术，突破了农林生物质废弃资源的降解产物定向调控、生产过程连续化、多联产高值化利用等工程化关键技术。"农林生物质定向转化制备液体燃料多联产关键技术"获国家科技进步二等奖，5项成果获省级科技奖，16项成果获第七届梁希科学技术奖，42篇学术论文入选第六届梁希青年论文奖。32项成果入选国家林业局2016年重点推广林业科技成果100项。评选出5项中国林科院重大科技成果奖。

基础保障 新增国家林业局、中国林科院生态站、质检中心等10个平台，林木遗传育种国家重点实验室评估答辩等各项工作进展顺利，10个种质资源保存基地入选国家林木种质资源库。木竹产业技术创新战略联盟连续三次获评高活跃度联盟，获批成立中国林学会松树分会。全年争取基本建设项目、财政修购项目38个，总投资2.33亿元。获批营口、东营、潍坊3个基地建设项目，局森林碳汇研究与实验中心取得建设用地土地权属证，建设方案获批。组织召开"森林资源管护工作研讨会"，编制和颁布实施"实验基地森林经营方案"，完成实验基地危旧房改造273户。完成中国林科院"十三五"信息化发展规划初稿编制工作，启动全院视频会议及综合办公系统建设。

院地合作 加强油茶、核桃、杜仲、板栗等经济林良种栽培和林业资源高效加工利用技术、设备等研发与推广。低覆盖度防沙治沙技术已在内蒙古等地推广400万公顷，低等级木材高得率制浆清洁生产关键技术在江苏、福建、四川等省区建立30余条生产线，成套技术与装备出口澳大利亚、马来西亚等国家。完成北京艾比蒂生物科技有限公司、亚林生物科技有限公司股权转让、回购工作。分别与湖北省农科院、西南林业大学等4家单位签订院级合作协议，合作共建辽宁分院、石漠化研究院和温州森林康养研究中心3个机构；组织专家承担了浙江、湖北等院地合作项目58项，举办或参加地方大型科技服务和科普惠民活动17次，共推介和应用中国林科院科技成果211项，组织专家共200多人次赴河南、陕西、台湾等17个省(市)林区进行技术指导和培训，开展林业精准扶贫，启动合作项目4个。

人才队伍建设 全年提任考核司局级领导干部12人、处级干部30人，推荐4人赴甘肃、贵州挂职锻炼，选派司局级领导干部参加中央党校选学，举办中国林科院领导干部能力建设和青年人才管理培训班。2人获国家"万人计划"科技创新领军人才，1人获国家"万人计划"百千万工程领军人才，8人获中国林科院"杰出青年"荣誉称号，8个单位和研究团队荣获"全国生态建设突出贡献先进集体"，16位专家荣获"全国生态建设突出贡献先进个人"称号。招聘毕业生116人，接收出站博士后9人。完成6名"西部之光"、4名"新疆青年英才"培训工作，9人入选首届中国林科院优秀青年创新人才。首次与京外企业共建创新实践基地，与华中农业大学联合创办首届"林学英才班"。新遴选博导6人，硕导17人。4个一级学科获评国家林业局重点学科，完成3个学位授权点自我评估工作，新设1个二级学科博士点。2016年，共录取各类研究生437人，目前在读研究生达到1333人。26人获研究生国家奖学金，16人被评为北京市优秀毕业生。

国际合作交流 与国际林联共同主办了国际林联亚洲和大洋洲区域大会，分别与世界林业研究所等3家国际科研院校签署合作协议，接待来访外国专家600多人次，中国林科院推荐的1位外籍专家获中国政府"友谊奖"。新增引智项目5项，亚林所亚热带珍优树种基地获评"国家引智示范基地"。组织中国林科院代表团参加联合国粮农组织第三届亚太林业周，并举办14场(次)学术活动。全年因公出国学习交流、合作研究、出席会议155团组，276人次。

项目资金管理 成立贯彻落实中央八项规定和巡视整改工作领导小组，组成4个检查组分赴全院各单位开展巡视整改专项检查和"四风"问题集中检查，通过开会听、对照查、逐项审、实地看、谈话核等方式，认真查找问题，推动落实整改。配合财政部进行国库集中支付资金核查，规范执行国库支付、预算管理及有关财政财务规定使用要求。认真贯彻落实中央财政科研项目资金管理有关政策，制修订了项目经费管理、会议培训、公务接待、出差出国等20余项规章制度。对院属10个单位进行内部审计，部署开展各单位内部控制建设工作，并起草内部控制制度。

党建及和谐院所建设 深入学习党的十八届五中、六中全会精神和习近平总书记系列重要讲话精神，扎实开展"两学一做"学习教育和"三强化两提升"学习实践，开展"两优一先"和"十佳党群活动"评选。推动基层党组织换届，举办领导干部作风建设培训班。组织丰富多彩的职工业余文体活动，认真落实离退休干部的政治待遇和生活待遇，启动院区治安防火综合整治系统改造项目，院区综合治理能力得到全面提升。

【彭有冬到碳汇中心调研】 1月7~8日，国家林业局党组成员、副局长彭有冬等到挂靠中国林科院热林所的国家林业局森林碳汇研究与实验中心考察，了解已开展的主要工作和建设过程中遇到问题，充分肯定了项目建设办公室所做的工作，要求该中心发挥自身优势，为地方林业建设提供服务；希望海南省林业厅和三亚市林业局加强与该中心的对接，进一步提升林业在海南生态环境建设中的地位。国家林业局计财司、调查规划设计院、中国林科院、国际竹藤中心等单位负责人参加调研。

【中国林科院2016年工作会议】 于1月14~15日，在中国林科院召开。国家林业局党组成员、副局长彭有冬出席会议，并在讲话中充分肯定了中国林科院“十二五”期间的工作，要求做好服务大局、着力解决科技供给侧结构性问题、加强人才队伍建设等六方面重点工作。中国林科院院长张守攻作工作报告，中国林科院分党组书记叶智作党建工作报告。中国林科院副院长储富祥作会议总结，副院长李岩泉、孟平、黄坚分别主持会议。国家林业局直属机关党委、办公室、科技司、计财司相关负责人出席会议。中国林科院各所(中心)、各部门党政主要负责人，京区副处以上干部、有关专家等100余人参加会议。会议期间，召开了中国林科院各所、中心党政主要负责人2015年度述职、测评会。

【林木遗传育种国家重点实验室第一届学术委员会第四次会议】 于1月16日，在中国林科院召开。中国林科院院长张守攻和东北林业大学校长杨传平分别致辞，中国林科院副院长储富祥主持会议。会议总结了实验室研究水平与贡献、代表性研究成果、队伍建设与人才培养以及开放交流与运行管理等建设5年来的成果。中国科学院上海生命研究院、遗传与发育生物学研究所、植物所等单位专家组成的学术委员会委员参加会议，并充分肯定了实验室取得的成果，提出了建议。

【中国治沙暨沙业学会沙漠科学考察专业委员会成立】 1月18日，专委会在北京成立。中国治沙暨沙业学会会长安丰杰，中国林科院院长、中国治沙暨沙业学会副会长张守攻出席大会并讲话。该专委会为中国治沙暨沙业学会的分支机构，由全国与沙漠科学有关的产、学、研科研机构、高等院校、企事业单位及人员等自愿组成，挂靠中国林科院荒漠化研究所，张守攻担任主任委员。专委会旨在繁荣中国沙漠科学技术事业、促进沙漠科学出成果出人才、提高中国沙漠科学整体水平。国家发改委农村经济司、国家林业局治沙办、调查规划设计院，中国治沙暨沙业学会、三北局、甘肃省治沙研究所、中国林科院等单位负责人和专家参加会议。

【《中国林业百科全书》专家咨询会】 于3月1日，在中国林科院召开。国家林业局总工程师封加平出席会议，中国林科院院长张守攻主持会议。会议强调了出版该书的重要意义、出版项目背景、工作进展、后期计划。与会专家深入探讨了该书的框架设计、分卷设置等，并对该书的编纂工作建言献策。中国林业出版社、中国林科院相关单位负责人和专家参加了会议。

【《中国大百科全书》第三版林业卷编委会第二次扩大会议】 于3月11日，在北京市举行。中国林科院院长张守攻主持会议，中国大百科全书出版社社长、三版执行副总主编龚莉、东北林业大学校长杨传平、中国林科院副院长储富祥出席会议。会议宣读了林业卷主编、副主编及分支主编、副主编任命，介绍了林业卷编写体例、编写说明、分类条目提纲、条目表初稿审查结果与反馈意见，形成了条目表基础，讨论了各分支提交的样条。北京林业大学、国家能源非粮生物质原料研发中心、东北林业大学、南京林业大学、中国林科院有关负责人和专家参加会议。

【广东省副省长邓海光到中国林科院热林所调研林业科技工作】 5月4日，广东省副省长邓海光率广东省政府副秘书长纪家琪、林业厅厅长陈俊光、农业厅厅长郑伟仪和科技厅副巡视员周木堂等到中国林科院热林所，参观了热带林业研究重点实验室等，听取了热林所发展方向和设想的汇报，重点了解了沉香珍贵树种优良无性系的组培快繁及高效栽培技术等情况，充分肯定了热林所在绿化广东大行动中作出的贡献，并表示，广东省将坚持林业生态的公益属性，加强林业科技研究，加大生态产品供给，推动绿色惠民；希望广东省林业、农业、科技部门进一步加强合作，带动广东林业转型升级，共同推动广东绿色发展。

【中国林科院8单位16人获全国生态建设突出贡献科技先进集体和个人】 5月9日，根据《国家林业局关于表彰全国生态建设突出贡献先进集体和先进个人的决定》，中国林科院以及中国林科院热林所、森环森保所、资昆所、资源所、湿地所、沙林中心、林化所“生物质能源创新团队”共8个单位和研究团队获“全国生态建设突出贡献奖先进集体”称号，郑勇奇、王成、王彦辉、张会儒、周玉成、陈绍志、傅万四、孙长忠、王开良、廖宝文、张燕平、房桂干、钟秋平、贾志清、杨文斌、杜红岩、钟哲科获“全国生态建设突出贡献奖先进个人”称号。

【中国林科院对外开放和科普惠民系列科普活动】 5月15~21日，组织专家参加了在南京市举行的2016年全国林业科技周系列活动启动仪式，中国林科院院长张守攻主持启动仪式，副院长黄坚等代表主办方赠送科普资料，竹子中心、亚林所、林化所分别与相关单位签署了5项科技合作协议，两位专家做科普报告，10多位专家开展了咨询互动活动。组织10多位专家参加2016年全国科技周“科技列车赤峰行”活动，赴内蒙古赤峰市开展了荒漠化防治、森林生态现场技术指导、专家报告等林业科技服务活动。在北京市举行了世界候鸟日公益宣传活动，在中国林科院举办了北京科技周青龙桥街道主场活动、培星小学温室探秘科普活动、北京四中学生赏花识木体验森林社会科学实践科普活动。

【中国林科院辽宁分院挂牌】 5月24日，挂牌仪式在辽宁省林科院举行。国家林业局副局长彭有冬、辽宁省政府副秘书长徐力达、国家林业局科技司司长胡章翠、宣传办主任程红，中国林科院院长张守攻出席仪式，并与辽宁省林业厅党组副书记、副厅长史凤友以及辽宁省林科院负责人和专家座谈。彭有冬希望辽宁分院充分利用中国林科院科研、人才资源，在辽宁省生态建设和林业可持续发展中发挥更大的作用。该分院由国家林业局批准成立，与辽宁省林科院实行一套人马、两块牌子的管理体制，为非独立法人机构，隶属关系、行政管理、经费渠道不变。

【竹子中心与南京林业大学战略合作协议】 5月27日，

合作协议签订仪式在南京林业大学举行，双方代表签署协议。根据协议，双方将充分利用南京林业大学丰富优质的教育科研资源和国家林业局竹子研究开发中心20多年援外培训经验、成效和国际合作平台，在国际培训教育、留学生培养、国际合作项目等方面资源共享，开拓创新，共谋发展。中国林科院院长张守攻，中国工程院院士、南京林业大学校长曹福亮见证签字仪式并讲话。南京林业大学相关学院、竹子中心负责人参加签约仪式。

【中国林科院代表团访问奥地利、匈牙利、罗马尼亚】 6月13～15日，中国林科院院长张守攻研究员率中国林科院代表团应邀访问奥地利，先后与国际林业研究组织联盟执行主任 Alexander Buck、奥地利林业研究所所长 Peter Maye、欧亚太平洋学术联盟主席 Wolf－Dieter Rausch 等就进一步加强双方在林业科学研究和教育培训等合作交流交换了意见。6月15～17日，代表团与匈牙利农业部副国务秘书 Akos Ugron 等就加强中国与匈牙利在林业科技领域的合作与交流交换了意见，接受了匈牙利国家电视台的采访，并与匈牙利林业研究所、西匈牙利大学等探讨和交流了加强双边林业科技合作事宜等。6月17～22日，代表团与罗马尼亚布拉索夫大学就加强在中国—中东欧林业合作机制下的林业教育和研究合作交换了意见，张守攻和校长 Ioan Abrudan 代表双方签署了林业科技合作谅解备忘录，布拉索夫省省长 Ciprian Bancila 见证了签字。

【中国林科院温州森林康养研究中心揭牌】 于6月23日，由中国林科院与温州市人民政府、乐清市人民政府联合共建的研究中心签约揭牌仪式在温州雁荡山举行。中国林科院分党组书记叶智、温州市委常委任玉明、乐清市副市长吴呈钱分别代表三方签署联合共建协议并揭牌。根据协议，该中心将在5年内建设成为集科学研究、产业开发、对外合作、交流展示、人才培养于一体的综合性创新驱动研发平台，逐步建设成为国际领先、国内一流的森林康养国际合作示范基地。

【中国林科院“两优一先”表彰暨党建工作推进会】 于6月29日，在中国林科院举行。会议表彰了中国林科院15个先进基层党组织、28名优秀共产党员和15名优秀党务工作者并颁奖。中国林科院分党组书记叶智出席会议并讲话，中国林科院分党组纪检组组长、副院长李岩泉主持会议，副院长孟平、黄坚出席会议。中国林科院各所(中心)、各职能处室汇报了上半年党建工作。会议对下半年党建工作的落实提出了要求。

【中国林科院第八届学位评定委员会第五次会议】 于7月6日，在中国林科院召开。中国林科院第八届学位评定委员会主席、院长张守攻主持会议，24位评委出席会议。会议审议了中国林科院15个学位授权点的学位授予标准等文件和管理办法，审议了应用化学、制浆造纸工程、生物化学与分子生物学3个试点评估学位授权点的自我评估总结报告，审议并通过了在“生态学”一级学科下设置“生态管理”学科方向的申请。审议通过了博士研究生、硕士研究生的学位申请。会议评选出中国林科院2016年度优秀博士论文1篇，新遴选博士生导师6人、硕士生导师17人。

【中国林科院第一届教学委员会第四次会议】 于7月7日，在中国林科院召开，中国林科院副院长储富祥主持会议，21名教学委员出席会议。会议审议了中国林科院《2015～2016学年教学工作总结报告》《博士、硕士研究生培养方案》《研究生课程管理办法》《研究生课程考核办法》和《研究生考试违纪与作弊处理办法》等文件和管理办法，提出了修改意见和建议。

【中国林科院2016届研究生毕业典礼暨学位授予仪式】 于7月8日，在中国林科院举行。仪式上，表彰了2016届优秀毕业生、2016年度中国林科院优秀博士学位论文获得者和指导教师并颁奖；宣读了2016届82名获得博士学位的研究生和232名获得硕士学位的研究生名单并颁发了学位证书。第八届学位评定委员会主席、中国林科院院长张守攻致辞，中国林科院副院长孟平主持仪式，导师代表发表离别赠言，毕业研究生代表发表感言。中国林科院第八届学位评定委员会委员，各所、中心和国际竹藤中心有关负责人出席仪式。毕业研究生、在校研究生，以及导师、亲友代表500多人参加仪式。

【中国林科院宣传及信息化工作培训班】 于7月14～15日，在北京举办。中国林科院副院长李岩泉出席开班仪式，并对进一步加强中国林科院宣传、政务信息、信息化、期刊、图书馆五方面工作提出了要求。培训期间，国家林业局办公室、信息办负责人分别做林业政务信息概述和编发、共建林业站群构建智慧门户报告。会议介绍了中国林科院图书馆学术资源及信息服务情况、信息共享平台建设项目、宣传工作以及政务信息报送要求，中国林科院热林中心、亚林所负责人分别作典型发言。与会人员进行了分组讨论，并提出了建设性的意见和建议。

【竹子中心与浙江省农科院援外培训合作协议】 7月26日，培训合作协议签约仪式在浙江省农科院举行。中国林科院院长张守攻、浙江省林业厅巡视员吴鸿、浙江省农科院院长陈剑平等出席签约仪式。根据协议，双方将本着互惠互利、平等合作、共赢发展的原则，按照双方的责任划分，浙江省农科院杨渡科研创新基地将为援外(技术)培训发挥重要作用。竹子中心、浙江省亚热带作物研究所及浙江省农科院负责人参加了签约仪式。

【竹子中心承办三期援外培训班】 2016年，国家林业局竹子研究开发中心在浙江杭州承办了国家商务部主办的三期援外培训班，分别是4月25日至7月23日举办的加纳竹子育苗与种植栽培技术培训班，来自加纳林业部官员、林业科技人员、非政府组织的专家和企业家共20人参加培训；5月19日至7月9日举办的ITTO成员国竹产业发展培训班，来自埃塞俄比亚、肯尼亚、刚果(金)、印度、老挝、东帝汶、巴拿马和巴西8个国家的

32名学员参加培训；7月26日至8月16日举办的非洲竹资源可持续经营与利用研修班，来自南非、肯尼亚、喀麦隆等非洲9个国家的24名学员参加培训、考察和研讨活动。

【中国气象局到中国林科院调研科技管理工作】 8月17日，中国气象局副局长宇如聪一行到中国林科院调研，座谈交流科技管理工作。国家林业局副局长彭有冬主持座谈会，并重点介绍了林业科技管理工作情况，回顾了国家林业局与中国气象局在科技、环境建设等方面的合作历史。中国林科院院长张守攻介绍了中国林科院概况，对未来双方的科技合作提出了建议。中国林科院副院长储富祥和黄坚等出席座谈会。宇如聪希望双方进一步深化已有合作，并围绕气候变化、遥感监测开拓新的合作领域，将双方的科技创新能力做大做强。中国气象局科技与气候变化司、中国气象科学研究院、国家林业局科技司以及中国林科院有关部门负责人和专家参加座谈会。

【全国杜仲产业发展座谈会】 8月28日，座谈会由中国林业产业联合会主办，国家林业局杜仲工程技术研究中心等在北京人民大会堂召开。国家林业局总工程师封加平、中国林科院院长张守攻等出席会议并讲话。与会专家围绕杜仲产业发展规划的编制与实施建言献策。中国林业产业联合会成立了杜仲产业发展促进会，表决通过了杜仲产业发展促进会《工作规则》，并选举产生了第一届理事会。中国社科院、国家发改委农经司、国家林业局有关司局、湖南省林业厅、安徽省林业厅负责人等出席会议，有关科研院所、高校及企业代表共200多人参加会议。

【中国林科院林业实验基地森林经营方案颁布】 9月18日，由中国林科院统一组织编制的中国林科院热林中心、亚林中心、沙林中心、华林中心以及亚林所庙山坞试验林场、热林所尖峰岭试验站的《森林经营方案》印发实施。该方案充分结合中国林科院科技工作总体规划和国有林场改革的总体要求，以森林可持续经营理论和现代林业思想为指导，根据各单位的实际情况，明确了未来10年森林经营的方针、目标和措施，是指导实验基地森林经营工作的纲领性文件。

【巴西科技部官员到中国林科院交流】 9月19日，巴西科技部官员以及巴西农科院专家到中国林科院座谈交流。双方详细商谈了中国林科院正在执行的科技部对发展中国家科技援助项目"中国向巴西提供竹子培育与高效利用技术"，部署下一步工作安排。考察组还赴内蒙古、浙江和云南，实地考察中国林科院沙林中心、竹子中心和亚林所干旱土地治理和竹材竹笋加工利用及竹子种质资源保存情况。

【全国人大农业与农村委员会调研组到中国林科院专题调研】 9月21日，全国人大农委主任委员陈建国带队的调研组到中国林科院，专题调研林业科技创新工作。国家林业局局长张建龙主持召开座谈会，并介绍了林业总体发展情况及全国林业科技创新有关工作。国家林业局科技司司长胡章翠和中国林科院院长张守攻分别汇报了全国林业科技及中国林科院林业科技创新工作。调研组肯定了国家林业局在深化林业科技体制改革、突破体制机制障碍、增强创新驱动能力等方面取得的显著成效。希望充分发挥科技引领作用，拓宽林业发展新模式，培育林业发展新动能，用林业科技创新驱动林业现代化建设。全国人大农委副主任委员龙庄伟、刘振伟、唐双宁，全国人大农委委员包克辛、何东平、陈传书、曹维新参加调研。国家林业局相关司局领导，中国林科院领导及京内所中心、相关职能处室主要负责人参加座谈。

【2016发展中国家林业产业部级研讨班】 9月22～28日，研讨班由商务部、国家林业局主办，中国林科院、国际竹藤中心等承办。国际竹藤组织董事会联合主席、国际竹藤中心主任江泽慧，中国林科院院长张守攻，商务部国际商务官员研修学院副院长邹传明出席在北京市举办的开班仪式并讲话。南京林业大学校长、中国工程院院士曹福亮，中国林科院副院长李岩泉，江苏省林业局副局长钟伟宏出席在南京市举行的结业典礼并讲话。研讨班为期7天，来自马拉维、南非、埃塞俄比亚、缅甸、卢旺达、马达加斯加、肯尼亚、斯威士兰、印度、巴西和瓦努阿图11个发展中国家的28名官员参加培训班，通过培训和考察，掌握了技术，开阔了眼界，加深了对中国的了解。

【《南阳森林城市建设总体规划(2016～2025)》通过专家评审】 9月29日，该《规划》评审会在北京市召开。国家林业局宣传办主任程红、副主任马大轶，中国林科院分党组书记叶智，河南省林业厅副厅长秦群立等出席会议。专家组听取了规划组的汇报，审阅了项目文本及相关材料，经质询和讨论，一致同意通过《规划》，评价《规划》思路新颖、理念先进，资料翔实，依据充分，设置科学、重点突出、目标明确、措施可行，具有较强的针对性和可操作性，是全国国家级森林城市规划的典范和样本。

【中国林科院与华中农业大学联合创办"林学英才班"】 10月15日，首届林学英才班开班仪式在华中农业大学举行。中国林科院院长张守攻、华中农业大学校长邓秀新出席并致词。张守攻希望以院校联合办学为契机，深化科教融合，加强协同创新，进一步推进双方在科学研究和人才培养等方面的合作。会议分别介绍了"林学英才班"的基本构想、中国林科院研究生教育的特色与优势。中国林科院与华中农业大学相关部门、院所负责人，以及首届"林学英才班"56名学生参加开班仪式。仪式后，中国林科院专家为学生授课。

【国际林联亚洲和大洋洲地区大会】 10月24～27日，大会由中国林科院和国际林联共同在北京国家会议中心举办。会议主题以"为了可持续发展的森林——研究的作用"为主题，是国际林联成立124周年以来规模最大、在亚洲和大洋洲的首次区域大会。来自60多个国家、地区的1200多位林学家、林务员、决策者参加会议，探讨了森林相关研究对于实现区域可持续发展目标的作用。会议组织完成4个主题报告会和约100场（次）学术分会，发表学术报告530篇，展示学术墙报200个，发布了《北京宣言》，提出了6项合作目标。会议评选出最佳学术墙报奖，表彰了为大会成功举办付出努力的单位和个人。中国林科院院长张守攻在大会上作主题报告，中国林科院副院长储富祥在院所长论坛分会上作主题报告，中国林科院副院长刘世荣作大会总结报告。

【10个林木种质资源库被确定为国家级林木种质资源保存库】 10月27日，国家林业局公布了第二批国家级林木种质资源保存库名单，中国林科院10个林木种质资源库入选，分别是：林业所的绿化树种国家林木种质资源库、滨海抗逆树种国家林木种质资源库、古巴加勒比松国家林木种质资源库，亚林所山茶、木兰国家林木种质资源库，热林所试验站热带珍贵树种国家林木种质资源库，热林中心热带与南亚热带珍贵树种国家林木种质资源库，亚林中心亚热带林木国家林木种质资源库，沙林中心沙棘国家林木种质资源库，华林中心华北地区代表性植物国家林木种质资源库，泡桐中心北方主要名优经济树种国家林木种质资源库。

【中国林科院2016年青年干部基层调研实践活动】 6月21日至10月28日，"根在基层·青春建功"调研实践活动圆满结束。中国林科院分党组书记叶智先后出席在中国林科院举行的启动仪式和总结汇报会并肯定了此次活动，副院长黄坚在启动仪式上为活动授旗。33名青年职工分两组赴甘肃省民勤治沙综合试验站、内蒙古绰源林业局开展了荒漠化形成原因与治理对策、经济转型期大兴安岭林区的发展之路调研，共完成2篇调研报告，采访3名基层林业先进人物，提交33篇调研心得体会。

【中国林科院与热带农业研究与高等教育中心合作协议】 10月28日，中国林科院院长张守攻与来访的热带农业研究与高等教育中心总干事 Muhammad Ibrahim座谈，介绍了各自单位在热带林业领域的研究重点、方向和进展，探讨了共同感兴趣的研究方向和合作方式，并分别代表双方签署了合作协议。根据协议，双方将在热带和亚热带森林的应用性生态研究、森林景观治理、经营和恢复、林业政策和经济、林产品价值链、气候变化和气候适应研究等领域加强科研合作和人员交流。

【中国林科院高层次人才交流座谈会】 11月10日，交流座谈会在江西省宜春市召开。第三批到中国林科院各实验中心开展交流工作的6名专家汇报了两年来工作情况，接收单位介绍了交流工作的相关情况，第四批接收单位为即将开展交流工作的专家颁发了聘书。会议深入讨论了人才交流聘期、科研团队建设和科研成果的推广示范以及如何更好地开展高层次人才交流工作等。中国林科院亚林所、热林所、森环森保所、资源所、热林中心、亚林中心、沙林中心、华林中心、荒漠化所及院科技处有关负责人和专家参加了会议。

【中国林科院与安徽农业大学战略合作协议】 11月16日，合作协议签约仪式在安徽农业大学举行。中国林科院院长张守攻、安徽农业大学校长程备久、安徽省林业厅副厅长吴建国、安徽省教育厅副厅长杨金龙等出席签约仪式并讲话。安徽农业大学党委书记宛晓春主持签约仪式，中国林科院副院长储富祥和安徽农业大学副校长马传喜分别代表双方签署协议。根据协议，双方将在创新平台共建共享、重点领域学科共建与协同创新、研究生培养、人才与学术交流、科技成果集成转化等方面开展合作，充分发挥林业科研机构和高等学校的学科、人才与技术优势，为促进安徽省生态建设、绿色发展提供强有力的科技和人才支撑。安徽农业大学副校长夏涛及其相关院、中心、部门以及中国林科院相关所、部门负责人参加了活动。

【国家林业局东盟林业研究合作中心成立】 11月18日，该研究合作中心揭牌仪式在广西林科院举行。国家林业局副局长彭有冬、广西壮族自治区政协副主席刘君揭牌，中国林科院院长张守攻出席。该研究合作中心依托中国林科院热林中心和广西林科院组建，将在中国南方及东盟地区收集热带、亚热带珍贵阔叶树种、速生用材树种、经济林树种及竹藤、花卉等优良林木（花卉）种质资源、分类保存，并开展林木（花卉）遗传改良等相关领域的合作研究与推广应用，旨在搭建中国与东盟国家开展林业科技交流合作的平台，建立长期稳定的合作。中国林科院相关所、中心负责人参加揭牌仪式。

【中国林科院与西南林业大学战略合作协议】 11月19日，合作协议签字仪式在西南林业大学举行。中国林科院院长张守攻与西南林业大学校长蒋兆岗分别代表双方签署合作协议并讲话，与会领导为双方合作共建的"石漠化研究院"揭牌。根据合作协议，双方将在科学研究、人才培养、学科建设、团队建设、平台建设、项目申报等方面开展全方位的合作，建立合作联动机制，推进双方在云南生态文明建设排头兵及绿色发展领域内的科技支撑作用，提升双方科研水平及社会经济发展过程中的科技服务能力。仪式后，专家们深入研讨了石漠化研究院建设方案。

【中国林科院森林资源管护工作研讨会】 于11月21～22日，在北京市召开。中国林科院院长张守攻出席会议，并要求落实执行有关森林经营方案，实现改革目标。中国林科院副院长黄坚汇报了中国林科院实验林场改革工作。国家林业局场圃总站、森林公安局负责人分别作主题报告；与会代表研讨了森林防火项目规划及组织申报、森林经营方案实施和新运行机制形成、森林经营项目组织和计划单列筹划、树木园以及种苗基地营建和种质资源保护、森林经营与科学试验关系、加强林地保护、为国有林场和国有林区改革服务7个议题。中国林科院属4个林业实验中心，相关所、部门负责人参加会议。

【林木遗传育种国家重点实验室与北京市计算中心战略合作协议】 11月25日，合作签约仪式在中国林科院举行。中国林科院副院长储富祥、北京市科学技术研究院副院长、北京市计算中心主任兼书记刘清珺出席签约仪式。根据协议，双方将依托各自在高通量测序(NGS)生物信息学分析和林木遗传育种方面的资源和技术优势，联合成立林木组学信息技术联合实验室，合作开展以杨树、落叶松、杉木、云杉、楸树等主要用材树种遗传改良研究为主的各组学研究，开展课题申报、高性能计算和生物云平台支撑、实验平台共享、人才培养、学术活动等方面合作。

【中国林科院代表团访问澳大利亚】 12月7日，中国林科院分党组书记叶智率热林中心、林业所、木工所、国际处负责人应邀访问澳大利亚默多克大学，与兽医和生命科学学院院长大卫·汉普森和专家等座谈，回顾了双方林业科技合作情况，广泛交流了进一步加强双边科研项目合作、科技人员互访、研究生联合培养等，深入探讨了科研人员管理和绩效评价方法等。默多克大学国际事务处、兽医和生命科学学院负责人参加座谈。

【中国林科院与浙江省农科院战略合作协议】 12月8日，合作框架协议签约仪式在中国林科院亚林所举行。中国林科院院长张守攻、浙江省农科院院长陈剑平、浙江省林业厅总工程师蓝晓光等出席签约仪式并讲话。中国林科院副院长储富祥、浙江省农科院副院长杨华分别代表双方签署协议。张守攻主持签约仪式并表示，此次协议的签订进一步深化了中国林科院与浙江省的合作，拓展了合作领域，中国林科院将落实组织结构，建立工作机制，围绕浙江发展需要，确定主题与方案，并建立长效机制。与会专家深入探讨了浙江省林业与生态建设及下一步重点工作等。浙江省农科院、中国林科院相关所和部门负责人和专家参加签约仪式。

【国家标准委到中国林科院调研林业标准化工作】 12月13日，国家标准委副主任崔钢一行到中国林科院调研，充分肯定了林业标准化工作取得的成绩，并希望落实好《深化标准化工作改革方案》精神、加强国际标准化工作、加强生态产品等标准制修订、进一步完善相关保障机制。国家林业局副局长彭有冬主持座谈会并表示，将进一步加强林业标准化工作的研究、林业标准的制修订以及宣贯工作。国家林业局科技司司长胡章翠、中国林科院院长张守攻分别介绍了林业标准化情况、中国林科院开展的工作，与会领导和专家讨论了林业标准化工作中存在的问题与困难，对进一步加强林业标准化工作提出了建议。

【中国林科院与湖北省农科院农林科技合作协议】 12月21日，科技合作协议签约仪式在中国林科院举行。中国林科院院长张守攻，湖北省农科院党委书记刘晓洪出席签字仪式并讲话。中国林科院副院长储富祥、湖北省农科院院长焦春海分别代表双方签署协议。根据协议，双方将充分发挥各自优势，以项目为纽带，搭建协同创新平台。主要开展林下中药材种质资源保护、研究与开发，农林生态复合模式研究，经济林果类新品种研究与开发，生物农药创制与林业应用，花卉资源研究与开发等方面合作。湖北省农科院、中国林科院相关部门和研究所负责人参加签约仪式。

【中国林科院代表团赴秘鲁调研援外培训项目】 12月19～24日，中国林科院副院长李岩泉率代表团应邀访问秘鲁国家森林与野生动植物管理局、竹子协会等，实地考察了竹子资源、种植和利用情况，了解了国家林业局竹子研究开发中心开展的竹业(林业)援外培训对促进秘鲁竹业发展所发挥的重要作用，以及秘鲁对援外培训的需求。双方探讨了今后双向国际培训、科学研究、产业开发、人员交流和信息共享等方面的合作可行性，达成了助力中秘林业深入合作的共识。

【农林生物质定向转化制备液体燃料多联产关键技术获国家科学技术进步二等奖】 该项目由中国林科院林化所研究员蒋剑春主持完成。项目突破了降解产物定向调控、生产过程连续化、多联产高值化利用等工程化关键技术，新研发了农林生物质热化学降解产物定向调控技术，创制了连续酯化和酯交换制备液体燃料关键技术、液体燃料联产高值化生物基新材料关键技术。获得授权发明专利47件，发表论文189篇，制定行业标准1项。建成了年处理8万吨木质纤维制备乙酰丙酸及酯、年产10万吨生物柴油、全球最大的年产5000吨催化裂解制备富烃燃油和国内外首条年产6万立方米木质素改性酚醛泡沫等4条连续化示范生产线。成果先后在江苏、浙江、山东、内蒙古、安徽等省(区、市)推广应用，建成生产线12条，主要产品总产能每年可达30万吨，每年可转化生物质50余万吨。

【5项成果获省级科技奖】 2016年，中国林科院获省级科技奖一等奖1项，二等奖2项，三等奖2项，分别是：林化所研究员蒋剑春主持完成的农林废弃物资源能源化多联产工程化关键技术获江苏省科学技术奖一等奖。林业研究所研究员惠刚盈主持完成的结构化森林经营技术研究与推广应用获甘肃省科技进步奖二等奖，盐碱地研究中心研究员张华新主持完成的省沽油良种选育及集约化高产栽培配套技术获河南省科学技术进步奖二等奖。木工所研究员刘君良主持完成的人工林软质木材提质优化技术研究与应用获北京市科学技术奖三等奖，林化所研究员房桂干主持完成的农林剩余物清洁制浆关键技术及产业化获江苏省科学技术奖三等奖。

【16项成果获第七届梁希林业科学技术奖】 中国林科院获一等奖1项、二等奖11项、三等奖4项。分别是：林化所房桂干研究员主持完成的低等级木材高得率制浆清洁生产关键技术获一等奖。木工所、森环森保所、北京林机所、亚林所、资源所完成的国产木材在轻型木结构中应用关键技术、西北干旱缺水地区森林植被的水文影响及林水协调管理技术、中国森林碳计量方法与应用、基于不同侵蚀驱动力的退耕还林工程生态连清技术研究与应用、抑烟型阻燃中(高)密度纤维板生产技术与应用、木材加工高速电主轴制造技术与应用、重要森林叶蜂生态学及综合调控技术、短周期工业用毛竹大径材的培育技术集成与示范、国际林产品贸易中的碳转移

计量与监测研究、山茶花新品种选育及产业化关键技术、人工林多功能经营技术体系共11项成果获二等奖。荒漠化所、木工所、亚林所完成的典型高寒沙区植被恢复技术体系研究与示范、木质材料表面高效阻燃技术及应用、覆盖雷竹林劣变土壤生态恢复技术研究与示范、茶油生产过程中质量安全控制共4项成果获三等奖。参与完成的7项成果获一等奖1项，二等奖1项，三等奖5项。　　（中国林业科学研究院由王秋丽供稿）

国家林业局调查规划设计院

【综　述】2016年，规划院按照全国林业厅局长会议的总体要求，围绕林业改革和局重点工作安排，以“两学一做”和“三强化两提升”教育实践为载体，以“抓机遇、调机制、提能力”为着力点，开拓创新，扎实工作，优质高效地完成各项工作，为林业现代化建设作出了应有的贡献。

参与林业重点工作　开展森林经营和生态保护修复技术服务，编制完成了《全国森林经营规划(2015~2050年)》《京津冀生态协同圈森林和自然生态保护与修复规划》等林业重大建设规划，为省级和县级森林经营规划编制提供技术指导。服务国家公园建设，编制完成《秦岭大熊猫国家公园总体规划》《雪豹国家公园总体规划》和《黑龙江伊春红松国家公园体制试点实施方案》，参与东北虎豹国家公园试点方案编制，编制了国家公园行业标准。积极落实涉林改革任务和局重点工作分工，制订了甘肃、宁夏等湿地产权确权试点方案，开展了中国农村林业改革发展监测，编制了《2015中国农村林业改革发展监测总报告》。完成了2016年东北、内蒙古重点国有林区森林资源二类调查技术方案编制和技术指导、质量检查。编制完成《全国森林防火规划(2016~2025)》《国家储备林建设规划(2016~2020)》《长江防护林体系建设“十三五”规划》和《极小种群野生植物拯救保护工程规划》等一批林业重点专项规划。

完成各项生产任务　全面完成森林资源监测、荒漠化和沙化土地监测、湿地资源监测、野生动植物及自然保护区监测、林业碳汇计量监测、生态监测评估等森林与生态监测任务。编写《第九次全国森林资源清查第二批6省(市)森林资源清查主要结果》和《全国森林资源宏观监测报告》。完成东北、内蒙古国有林区林地“一张图”数据脱密处理，建立了基于天地图框架的全国林地“一张图”数据库，推进林地“一张图”应用推广迈出新步伐。完成东北监测区营造林综合核查、森林资源管理情况检查、中央财政造林补贴试点检查验收和6个省天保工程二期核查及“四到省”检查。完成森林抚育补贴国家级抽查信息管理平台建设，编制森林可持续经营样板基地评估方案。编制《全国湿地保护“十三五”实施规划》《中国湿地资源》和《中国湿地资源电子图集》，研建了国家湿地公园数据库。完成2016年春季沙尘暴监测和灾情评估、编制《2016年度沙尘暴监测与灾情评估报告》，建立了丝绸之路经济带荒漠化和沙化专题数据库。研建全国负氧离子监测管理平台，开展7个城市负氧离子监测试点和设施设备建设。研究编制了生态文明建设林业考核评价指标体系方案。完成了陆地碳卫星工程先期攻关任务，解决了卫星有效载荷的关键技术问题。制修订《防护林造林工程投资估算指标》《造林技术规程》《国家沙漠公园总体规划编制导则》等林业标准。编制完成《中俄森林资源开发和利用第六期规划》《“一带一路”建设林业产业加工园区规划》和《俄罗斯远东地区木材工业园区政策研究》等规划，组织完成刚果(金)赤道省森林资源调查及资产评估项目和巴布亚新几内亚农林综合开发项目森林资源调查。

基础能力建设　完成了内设机构调整和岗位聘用工作。加强干部教育培训和监督管理，举办两期中层干部综合素质提升培训班，开展干部人事档案专项审核。积极选拔推荐享受政府特殊津贴专家、省部级百千万人选。高度重视业务培训，全院举办“湿地生态系统保护与管理”“国家森林城市创建”“信息化与网络安全”等专题讲座培训，受训人数达300余人次。修订完善《生产技术经济责任制实施办法》和《生产经营重点环节管理程序暂行规定》。优化技术质量考核指标，明确了各业务部门技术质量管理第一责任人和分管负责人。积极推动陆地碳卫星工程正式立项，着力推进卫星海南试验站和国林宾馆应用系统建设前期工作，研究制订了相关工作方案和组织方案。正在实施院涉密机房建设、自然保护区信息系统管理平台和空气负氧离子浓度监测试点建设等基建项目。扎实推进“两学一做”学习教育活动和十八届六中全会精神贯彻落实，制订了“两学一做”和“三强化两提升”实施方案和理论中心组学习计划。落实党风廉政建设主体责任和监督责任，开展“八项规定”执行情况自查和整改，院处两级签订了《2016年党风廉政建设责任书》。

【春季沙尘天气趋势会商】　1月6日，国家林业局和中国气象局联合召开了2017年春季沙尘天气趋势预测会商会，来自中国气象局、国家气候中心，国家林业局规划院、内蒙古草勘院等领域的多位专家参加会议，从各自专业角度对2017年春季中国北方地区沙尘天气趋势进行了分析预测。规划院有关技术人员参加会议并分别作了报告，分析了2016年北方地区植被生长状况、降水量、土壤墒情等影响沙尘天气的下垫面因子的特点及规律，为中国2017年春季沙尘天气趋势分析提供了重要的数据资料。

【全国林业厅局长会议】　1月6日，召开院务会议，传达学习全国林业厅局长会议精神。

会上，院书记刘国强传达了会议的主要内容，带领大家认真学习了国家林业局局长张建龙题为《把握新形势 抓住新机遇 推动林业现代化建设上新水平》的讲话。

结合工作实际，刘国强对进一步学习贯彻落实会议精神提出了具体要求：一是全院各部门要深入学习全国林业厅局长会议和张建龙局长讲话精神，深刻领会，深入思考，将会议精神融入到具体工作中，指导全年和今后一段时期的工作。二是对照会议提出的当前林业形势、任务和2016年的重点工作安排，开拓思路，进一步梳理、细化规划院2017年的重点工作，完善院工作要点，找准着力点，把服务大局和林业中心工作落到实处。三是各部门要做好年终工作总结和年初工作计划，强化监督检查，狠抓责任落实，确保各项工作目标落到实处。四是要高度重视春节期间的安全工作，做好节日期间的安全、保卫、保密、维稳、值班和困难职工、老干部的走访慰问等工作。五是要抓党风廉政工作常态化，抓实抓好抓细，全院干部职工要严格遵守法律法规和中央的各项廉政纪律规定，加强自我约束，厉行勤俭节约，树立节俭文明过节的新风尚。

【无人机开展造林验收核查工作】 2月，规划院首次将无人机技术实际用于造林验收业务，完成了张家口市怀来县和赤城县迎宾廊道绿化工程、国家储备林工程等工程项目验收核查工作。此次造林验收核查面积大、株数精度要求高、时间紧迫。规划院综合了无人机实验和平原造林验收检查工作经验，提出无人机应用方案，包括现场踏查抽样、无人机航测、正射影像生产、造林验收因子判读、现地核实与补充调查等内容。此次无人机应用重点解决了不规则混交造林株数清点费时费力、造林面积圈测难度大精度低、跨界或变更造林地核查难等难题，大大降低了山区复杂地形条件下造林核查工作的外业劳动强度，提高了整体工作效率和精度。

【三江源国家生态保护综合实验区生态建设效益评估报告】 2月1日，国家林业局计财司组织召开专家评审会，审议规划院编制完成的《三江源国家生态保护综合实验区生态建设效益评估报告》。

与会专家认为，三江源国家生态保护综合试验区是中国重要的生态功能区，被誉为“中华水塔”。21世纪以来，国家不断加大对三江源试验区的生态保护和建设投入，但受理论、实践等多种因素的限制，对生态建设成效未进行系统的定量评估。系统、科学地评估三江源试验区生态效益，对区域生态文明建设评价和考核具有重要意义，同时也可为其他生态区的生态建设效益评估提供技术示范。该《评估报告》采用遥感数据、历史调查数据和野外实测数据，数据翔实可靠；运用生态过程模型等方法，方法成熟得当；定量评估了三江源试验区生态系统服务的动态变化情况，确定了生态建设条件下的生态系统服务价值差异，定量评估了三江源试验区实施生态建设获得的生态效益，结果客观可信。专家组一致同意《评估报告》通过专家评审，并给予“国内领先水平”的评价。

【传达贯彻局直属机关两建工作会议精神】 2月19日，规划院召开院务会议，传达贯彻国家林业局直属机关两建工作会议暨党政主要负责同志培训班精神。

会上，院副书记严晓凌传达了局直属机关两建工作会议暨培训班的主要内容。带领大家认真学习了局党组成员陈述贤代表局党组在直属机关两建工作和反腐倡廉工作会议上作的工作报告，认真传达学习了国家林业局党组书记、局长张建龙和中央纪委、驻农业部纪检组长宋建朝的讲话精神。院书记刘国强传达了中央第九巡视组向国家林业局党组反馈专项巡视的情况及组长吴瀚飞、副主任玄洪云、局长张建龙在情况反馈会议上的讲话。

【全国森林经营规划(2016～2050年)】 2月22日，国家林业局科技委组织召开《全国森林经营规划(2016～2050年)》论证会。规划院总工程师张煜星代表规划编制组作了汇报。

与会专家指出，编制和执行《规划》是全面、科学、持续开展森林经营的重要基础，是贯彻中央关于建设生态文明、维护生态安全的重大举措，是落实习近平总书记关于精准提升森林质量重要指示的具体行动。《规划》明确了从2016到2050年未来35年森林质量提升的目标和任务，是继三北防护林工程规划后，又一个具有里程碑意义的林业建设长远规划，对于全面加强森林经营，建立健康稳定高效可持续的森林生态系统，促进提升森林多种功能，维护国家生态安全、国土安全、木材安全、淡水安全和物种安全，实现经济社会可持续发展具有十分重要的意义。

专家一致认为，《规划》在森林多功能经营理念、管理、政策体系以及森林经营类型和森林作业法技术体系方面具有创新。《规划》基础工作扎实、内容系统全面、指导思想正确、目标任务合理、技术体系科学、保障措施可行，针对性、科学性和可操作性强，并一致同意《规划》通过论证。

三峡库区生态屏障区生态效益监测技术与评价方法研究项目 2月23～24日，规划院组织召开“三峡库区生态屏障区生态效益监测技术与评价方法研究”项目研讨会。

会议进一步明确了项目研究的目标任务、责任分工和进度安排，落实了研究内容、关键技术和预期成果，下一步项目将进入全面实施阶段。该项目研究由规划院承担，院总工程师张煜星主持。项目通过生态屏障区森林植被时空变化快速提取技术研究、森林生态系统的生态效益监测技术研究和综合评价研究，以及森林生态系统与库区社会经济发展影响评价技术研究4个专题，攻克森林主要监测指标植被遥感协同反演及参数估计，生态效益监测评估周期长、指标单一、方法及结果难以应用，森林与土地利用变化对社会经济发展影响因素的合理确定与科学量测等难点，并通过编制三峡库区生态屏障区森林资源监测技术规定、森林生态系统生态效益监测网络体系优化设计方案、森林生态系统生态效益评价技术导则和森林生态系统与库区社会经济发展影响评价技术方案，形成三峡库区生态屏障区森林生态系统生态效益的评价成果，研究成果将于2017年完成。

【全国陆生野生动物资源调查单元区划】 3月8日，国家林业局保护司组织召开专家评审会，对规划院主持编制的《全国陆生野生动物资源调查单元区划》进行评审。

专家组一致认为：野生动物资源调查区划是野生动物保护管理的重要基础，对野生动物资源调查与监测、栖息地评估、生态红线划定、保护战略制定具有重要意义。《区划》首次系统地在宏观尺度上对中国野生动物资源调查单元进行了区划，是一项延续性、系统性的工作，具有显著的创新性。《区划》采用的资料丰富、数据详实，选取的指标得当，技术路线合理，依据充分，方法科学，结果正确，具有很强的可操作性。

【获国家林业局“男女平等基本国策”知识竞赛第一名】 3月7日，局直属机关妇工委举办了“男女平等基本国策”知识竞赛。规划院代表队以总分210分的优异成绩获得此次竞赛的第一名。

【中圭森林资源开发利用合作规划】 3月11日，国家林业局计财司在京组织召开专家评审会，审议规划院编制完成的《中圭森林资源开发利用合作规划》。

专家组一致认为，《规划》的编制符合中国“走出去”战略，对开展中圭两国林业领域投资合作、保障国家木材安全、促进两国经贸发展、实现资源与经济互补具有重要意义。《规划》全面分析了圭亚那的基本情况和森林资源本底，对中国、圭亚那乃至国际林产品市场需求进行了预测，提出了在圭亚那开展林产品开发的方向和产品方案，并对木材加工园区进行了规划设计。客观分析了潜在的投资风险，提出了开发方式和有关政策建议，具有较强的针对性和指导性，对中国企业赴圭亚那开展森林资源开发利用具有引导作用。《规划》资料详实、内容全面、思路清晰、目标明确，加工园区布局合理，林产品设计方案可行，符合圭亚那森林资源开发利用方向，具有科学性和可行性。

【湿地产权确权试点技术支撑】 1月底，国家林业局湿地办下发文件，确定规划院为湿地产权确权任务技术支持牵头单位，具体承担湿地产权确权试点方案编制等工作。

接到任务委托后，规划院高度重视湿地产权确权试点技术支撑工作，抽调精兵强将组建了项目组，邀请各湿地管理、湿地保护领域的相关专家、学者组成了专家组。为统一工作思路，1月和2月，项目组先后参加了湿地办在宁夏、北京召开的湿地产权确权座谈会，就湿地产权确权的技术路线图、目标、原则、内容、流程等与各方专家及试点省份相关人员进行了广泛交流和研讨。3月上旬和中旬，项目组与相关专家分赴宁夏吴忠市和甘肃酒泉市、碌曲县开展了河流湿地、湖泊湿地、沼泽化草甸和人工水库等湿地产权确权的调研工作，进一步完善了湿地产权确权试点方案，明确了湿地确权的路线图和工作流程，为湿地产权确权试点工作的正式启动打下基础。

【秦岭大熊猫国家公园总体规划】 3月18日，国家林业局保护司组织召开了专家评审会，审议规划院编制完成的《秦岭大熊猫国家公园总体规划(2016～2025年)》。

专家组一致认为，秦岭大熊猫国家公园位于秦岭地区核心区域，生态系统典型、完整，是中国重点保护的生态价值极高的区域。《规划》以党中央建立国家公园体制的决策为依据，以中央领导同志关于加强野生动植物保护的指示精神为指导，以保护大熊猫等珍稀濒危野生动物及其自然生态系统完整性和原真性为目的，依托现有的自然保护区，整合、连通国家森林公园、国有林场等大熊猫栖息地及潜在栖息地，理顺管理体制机制，创新野生动植物保护模式，是探索建立中国国家公园体制的生动实践，具有重要的示范意义。《规划》文本规范、思路清晰、目标明确、内容详实，具有较强的针对性、前瞻性和可操作性。

【2016年工作会议】 3月29日，规划院召开全院职工大会，部署2016年重点工作以及党建、纪检监察重点工作。国家林业局副局长刘东生出席会议并作讲话。

院书记刘国强从完成局指令性任务、配合做好中央和局工作要点分工任务、加强合作开发和自身能力建设四个方面，对规划院2016年的重点工作做了全面部署，并强调全院职工要以“两学一做”和“三强化两提升”为载体，以“抓机遇、调机制、提能力”为着力点，凝心聚力、求真务实，努力做好全年各项工作。副书记严晓凌部署了2016年党建和纪检监察重点工作。

最后，刘东生发表了重要讲话。刘东生指出，建院60年来，规划院在业务建设、科技研发、能力提升等方面均取得了巨大的进步，优质高效地完成国家林业局交给的各项工作任务。经过多年的发展，规划院形成了一个主体多个中心的发展格局，已经成为国家林业局重要的技术支撑和智库平台。刘东生要求，一要做深做精传统业务。二要做强做大新兴业务。三要做严做实党建工作。四要做细做优自身建设。

【全国重点区域大熊猫监测技术培训】 受国家林业局保护司委托，4月14～15日，由规划院主办、陕西省林业厅协办的全国重点区域大熊猫监测技术培训会议在西安市召开。

会上，规划院专家重点介绍了《重点区域大熊猫监测工作方案》和《重点区域大熊猫监测技术规程》的有关内容。与会专家对照《方案》和《规程》就大熊猫监测工作经验进行了交流和探讨。会议还对《野生大熊猫粪便样品采集及DNA提取技术规程》和《大熊猫遗传档案建立技术规程》进行了研究讨论。最后，保护司副司长贾建生对2016年监测任务做出了具体部署，他指出国家林业局保护司近期将正式印发《方案》和《规程》，全面启动重点区域大熊猫种群动态监测工作。

【林业行业标准】 4月19日，国家林业局科技司组织召开专家评审会，评审规划院编制完成的《乡村绿化技术规程》《通道绿化技术规程》和《城乡结合部绿化技术指南》3项林业行业标准。

专家组一致认为，3项标准是在经过充分调研和全面征求各地意见的基础上编制完成的，符合中国乡村绿化、通道绿化等建设的实际，送审材料齐全，文本规范，思路清晰，技术可行，具有可操作性。标准的颁布和实施对于贯彻落实中央关于生态文明建设、习近平总书记提出的“四个着力”等精神具有重要意义。

【自然资源资产评估专业委员会】 4月27日，自然资源资产评估专业委员会召开首次全体委员大会。自然资源资产评估专业委员会于2015年3月正式成立，是中国林业工程建设协会下设的专业委员会，挂靠单位为国家林业局调查规划设计院。

自然资源资产评估专业委员会由从事林业调查监测和资产评估工作的专家学者组成，其主要职责是推动自然资源资产评估体系建设，协助主管部门规范自然资源资产评估行为，制定自然资源资产评估相关标准、规范，为生态文明制度体系建设提供基础性服务。

【荣获2015“科蕾奖”多个奖项】 由国家广电总局电影局、国家新闻出版广电总局出版管理司和中国科教电影电视协会共同主办的中国科教影视2015“科蕾奖”评选结果揭晓。在全国各大电视台、新闻网站、影视传媒公司的几百部参评作品中，规划院摄制的专题片《再寻东北虎足迹》荣获三等奖，《果园巧打理轻松好赚钱》《给杉树“强身”效益高》和《阻击美国白蛾》获提名奖。

【云南省泥炭沼泽碳库调查】 根据国家林业局的总体部署，2016年全国泥炭沼泽碳库调查启动了云南和贵州两个重点省份的调查工作。作为全国泥炭沼泽碳库调查的技术支撑牵头单位，规划院负责云南省调查的技术支撑工作。

为做好云南省泥炭沼泽碳库调查的技术支持和服务工作，3月下旬，规划院技术人员会同云南省有关人员，就泥炭沼泽碳库调查相关事宜进行了交流和研讨，对《全国泥炭沼泽碳库调查技术规程》和《全国泥炭沼泽碳库调查工作指南》的主要内容、重点难点进行了细致分析和解读。并结合云南省的实际情况，制订了通过各州(市)、县(区)林业局和自然保护区管理机构，在全面收集资料、对遥感影像判读摸底排查和报送基本信息的基础上确定调查重点的前期工作思路。

5月初，规划院技术人员赴云南昆明，对遥感影像的区划判读、外业调查方法进行了现场指导，并就调查启动会及培训班的准备工作进行了沟通。对调查使用秋冬季遥感影像进行了前期判读，共区划出528个泥炭沼泽斑块。5月中旬，规划院完成了对云南省泥炭沼泽碳库调查工作方案和实施细则的审查工作。并在云南省调查启动会上就相关专题对省内调查技术人员开展了技术培训，进行了现场交流和答疑。

【京津冀协同发展林业生态建设规划(2016～2020年)】 5月18日，国家林业局计财司组织召开专家评审会，审议规划院编制的《京津冀协同发展林业生态建设规划(2016～2020年)》。

专家组认为，《规划》将京津冀林业生态建设划分为京津保核心生态屏障圈、京北高原生态防护区、燕山—太行山水源涵养区、蒙辽防风固沙区、低平原生态修复区和沿海生态防护区6个区域，构建了“一圈五区”的生态安全格局，并对重点生态区域生态建设、水源涵养林和防风固沙林建设、沿海基干生态带建设等重点任务进行了布局，充分反映了京津冀协同发展对林业生态建设的实际需求，是今后一个时期指导区域林业生态建设的重要文件。《规划》指导思想明确，总体布局合理，目标切实可行，建设重点突出，保障措施有力，具有科学性、创新性和可操作性。专组家一致同意《规划》通过评审。

【林业发展规划处获“全国生态建设突出贡献奖先进集体”荣誉称号】 根据《国家林业局关于表彰全国生态建设突出贡献先进集体和先进个人的决定》(林场发〔2016〕61号)精神，规划院林业发展规划处荣获国家林业局“全国生态建设突出贡献奖先进集体”荣誉称号。

【青海生态系统服务价值及生态资产评估项目】 青海省政府在西宁市召开发布会议，对规划院主持的“青海省生态系统服务价值及生态资产评估项目”成果予以正式发布。

该工作于2012年5月启动，基于联合国千年生态系统评估和环境经济核算体系等核算方法开展，通过整合青海省多来源、多尺度、多过程、多时相的生态环境数据，结合大规模的野外调查，利用3S技术，构建了生态评估专项和综合数据库，开发了定量测算省域生态系统服务价值的数据—模型融合平台，全面评估了青海生态系统服务价值和生态总资产，定量分析了其时空格局，并在此基础上提出了青海省生态系统可持续管理对策。该项目由青海省政府和青海省组织，国家林业局生态监测评估中心主持研究，中国科学院地理科学与资源研究所和北京林业大学参与，历时4年完成。

【三峡库区森林资源与生态状况监测成果(2015年)】 国务院三峡办水库司和国家林业局计财司共同组织召开会议，验收规划院承担的《三峡库区森林资源与生态状况监测成果(2015年)》。

会上，规划院技术人员对项目有关情况作了详细介绍。与会专家听取了2015年三峡库区森林资源与生态状况监测成果的汇报，并就相关内容进行了深入讨论和评议。专家组一致认为，2015年三峡库区森林资源监测重点站组织管理系统运行情况良好，工作开展有序，对三峡库区森林资源的数量、质量、分布状况、变化趋势和造林采伐等方面的监测成果全面详实，为分析三峡库区生态与环境状况提供了可靠的数据支持和技术支撑，达到了预期的要求，圆满完成了2015年度监测任务。专家组一致同意《监测成果》通过验收。

【《防护林造林工程投资估算指标》正式颁布实施】 为更加科学地确定和控制防护林造林工程投资，满足新形势下防护林造林工程建设与管理的需要，国家林业局委托规划院对《防护林造林工程投资估算指标(试行)》进行修订。该《指标》是中国防护林建设领域重要的技术文件，自2009年试行以来，在科学测算、确定造林投资指标，合理确定、控制防护林造林建设工程投资，提高造林投资效益和造林成效等方面发挥了重要作用。本次修订是在总结多年工程实践和进一步深入调研的基础上完成的，更具有科学性和可操作性。

《指标》于2015年12月通过评审，自2016年6月1日起正式颁布实施，原《防护林造林工程投资估算指标（试行）》同时废止。《指标》的正式发布实施，将对中国防护林造林工程的规划、设计、投资、建设、检查和验收起到重要的指导作用。

【2016年优秀成果奖评选】 6月22日，规划院科技委组织开展了院优秀成果奖（勘察设计类）的评选工作。本次评奖范围为工程勘察、工程设计、计算机软件和工程标准项目。各部门按照《关于评选2015年度院优秀成果奖（咨询类）的通知》要求积极组织申报。申报成果经过初审、专家评议、院科技委会议评选和公示等环节，评选出2016年院优秀成果奖（勘察设计类）13项，其中一等奖6项、二等奖6项、三等奖1项。根据评选结果，规划院将按照行业协会申报奖项要求，推荐获奖优秀成果参加行业评奖。

【林业工程建设国家标准复审】 受国家林业局计财司委托，中国林业工程建设协会工程标准化专业委员会于6月24～25日组织召开《中密度纤维板工程设计规范》等16项林业工程建设国家标准复审会议。

与会代表一致认为：本次复审的16项标准编制依据充分，具有很强的实用性、科学性，是林业工程建设标准体系中不可或缺的部分；16项标准自发布实施以来，对规范中国林业工程设计、提高中国林产工程建设水平发挥了重要作用。与会代表一致同意此16项标准复审意见为"继续有效"。

本次复审的16项林业工程建设国家标准包括：《中密度纤维板工程设计规范》《刨花板工程设计规范》《人造板工程节能设计规范》《人造板工程环境保护设计规范》《人造板工程职业安全卫生设计规范》《饰面人造板工程设计规范》《林产工业工程术语标准》《人造板生产热能中心工程设计规范》《农田防护林工程设计规范》《速生丰产用材林工程设计规范》《用材竹林工程设计规范》《水源涵养林工程设计规范》《水土保持林工程设计规范》《防风固沙林工程设计规范》《国家森林公园设计规范》和《冻土工程地质勘察规范》。

【工程建设标准编制方案】 6月28日，中国林业工程建设协会工程标准化专业委员会组织召开标准修订编制方案审定会，审查规划院完成的《森林火情瞭望监测设施建设标准》和《森林防火物资储备库工程项目建设标准》两项工程建设标准编制方案。

与会专家一致认为，两项《标准》自2009年正式颁布实施以来，对指导森林火情瞭望监测设施建设和物资储备库建设发挥了重要作用；两项工程建设标准的修订是为了更好地提高各地对森林火灾的综合预防能力和基础设施水平，增强应对突发森林火灾的保障能力，以适应现代化森林防火工作的需要。《标准》的编制方案具有较强的操作性和可行性，能够满足下一步收集资料、调查研究、编写征求意见稿等工作的要求。专家组一致同意两项工程建设标准编制方案通过审查。

【东北、内蒙古重点国有林区森林经营方案编制指南】 7月3日，国家林业局资源司（监督办）组织召开专家评审会，审议规划院编制完成的《东北、内蒙古重点国有林区森林经营方案编制指南》。

与会专家听取了规划院技术人员关于《指南》编制情况的汇报，经质询和讨论，一致认为，森林经营方案是开展森林经营活动，监督、检查和评价森林资源经营管理成效的重要依据。按照国家林业局的要求，东北、内蒙古重点国有林区将在3年内全面完成森林资源规划设计调查和森林经营方案编制工作。《指南》的颁布实施，将有效指导、规范东北内蒙古重点国有林区的森林经营方案编制工作。专家组一致同意《指南》通过评审。

【中国湿地资源系列图书及电子图集发布】 7月11日，由国家林业局组织编撰制作的中国湿地资源系列图书、中国湿地资源电子图集发布会在北京举行。

中国湿地资源系列图书是以第二次全国湿地资源调查数据为基础，结合中国湿地形成与演化、湿地生态系统评价的最新研究成果，以及中国湿地资源的保护管理实践编撰而成，是全方位介绍中国湿地资源的大型系列工具书。该系列图书包括1本总卷、31本分卷、1198万字，共有1610位专家学者参与了编写工作。全套图书分别系统阐述了全国和各省份湿地变迁、湿地类型、湿地生物资源、湿地资源利用、湿地资源评价、湿地保护与管理等内容。

中国湿地资源电子图集由规划院会同中南院、清华大学3S中心、中国地图出版社、北京锐宇博图科技有限公司等单位研制完成。电子图集共298万字，2562个图件，由全国湿地资源、重点生态功能区、鸟类迁徙通道、江河干流、其他重点区域、国际重要湿地、国家重要湿地、重点调查湿地、湖泊湿地和流域分区等10个专题部分组成。采用专题地图、统计图表与文字相结合的表示方式，全方位展示了中国5类34型湿地资源的分布、湿地面积、自然湿地面积、湿地率、湿地保护率等各类基础和统计成果，充分展示了第二次全国湿地资源调查的最新成果。

【获国家林业局"两优一先"多项表彰】 7月13日，国家林业局召开"两优一先"表彰大会，规划院赵中南、赵有贤、吴发云获国家林业局直属机关优秀共产党员称号，严晓凌、储菊香获优秀党务工作者称号，湿地与野生动植物监测中心党支部和荒漠化监测中心党支部获国家林业局先进基层党组织称号。

【中国野生动物保护协会野生动物疫源疫病专业委员会2016年年会】 7月25日，中国野生动物保护协会野生动物疫源疫病专业委员会2016年年会在内蒙古锡林浩特市召开。来自全国各地的50多名代表参加了会议。中国野生动物保护协会对专业委员会的工作给予了充分肯定。专业委员会秘书长阮向东汇报了专业委员会成立半年多来的工作进展，就相关事项进行了说明。会议研究讨论了专业委员会委员变更、标识设计、专家库建设、网站建立以及2017年重点工作，并就贯彻执行新修订《野生动物保护法》进行了讨论。

【第三届中俄森林资源开发合作圆桌会】 7月11～14日，第三届中俄森林资源开发合作圆桌会在俄罗斯叶卡捷琳堡召开。会议重点就中俄森林资源开发利用合作规划的实施以及布里亚特共和国规划编制进展情况进行了交流。作为中俄森林资源合作开发利用六期规划的编制单位，规划院应邀参加了会议。

规划院介绍了中俄森林资源合作开发利用六期规划——布里亚特共和国规划的编制情况。会议期间，规划院与布里亚特共和国工贸部部长米瑟林就赴布里亚特对接六期规划进行了沟通和确认，并与参会的俄方政府代表、企业代表就中俄森林资源开发规划及技术咨询合作开展了深入的交流和探讨。

【无人机应用综合实验】 8月10～26日，规划院在龙江森工苇河林业局开展了一系列无人机应用综合实验。

在两周多的实验中，累计完成了苇河林区39个架次无人机数据采集和51个样地精细调查任务。本次实验重点围绕本次东北、内蒙古国有重点林区二类调查，研究利用无人机获取的高分辨率影像辅助小班精细区划，探索利用激光雷达和摄影测量技术估算森林蓄积量的方法，还运用无人机视频图传、影像拍摄技术、探索利用无人机支撑监督执法工作发现和查办林地侵占、盗砍盗伐等问题。本次实验综合应用了激光超声波测高仪、MINI超站仪、RTK、全站仪等先进仪器开展地面调查，利用获取的精准地面调查数据，验证无人机摄影测量、激光雷达单木分割等技术获取的林下地形、树高、冠幅等数据，也为开展空地协同实验积累了经验。

【传达学习全国加快推进国土绿化现场会精神】 9月12日，规划院召开院务扩大会议，学习贯彻全国加快推进国土绿化现场会精神。

院书记刘国强介绍了现场会的主要内容，带领大家认真学习了张建龙在全国加快推进国土绿化现场会上的讲话。刘书记要求，全院干部职工要深入学习张建龙局长的讲话精神，充分认识着力推进国土绿化是贯彻绿色发展理念、全面建成小康社会、实施国家重大战略、维护森林生态安全和应对气候变化的有效举措，深刻理解国土绿化在认识程度、社会需求、体制机制、要素投入以及绿化难度等方面发生的深刻变化，准确把握生态优先、服务大局、尊重自然、改革创新、质量第一等五大原则，全力推动重大生态修复工程、全民义务植树、巩固国土绿化成果、森林质量精准提升工程、森林城镇和乡村建设、绿色富民产业六项重点工作，实现扩面、增绿、提质、增效的基本要求，为开创国土绿化事业新局面贡献更大的力量，为建设生态文明和美丽中国创造更好的生态条件。

【2016年度内蒙古大兴安岭重点国有林区森林资源二类调查检查】 为加强东北、内蒙古重点国有林区森林资源规划设计调查（简称二类调查）质量管理，按照国家林业局资源司的总体部署，规划院承担了2016年度内蒙古大兴安岭重点国有林区二类调查外业质量检查工作。

此次检查对象涉及阿龙山林业局、吉文林业局和汗马国家级自然保护区合计82.77万公顷的二类调查和乌尔旗汗林业局59.36万公顷的补充调查。规划院质量检查组根据调查单位外业工作进度情况，于7～8月分3次深入现地开展了外业质量检查工作，对调查单位全部工组进行了检查，并对外业调查工作进行了技术指导，及时解决调查单位在实际工作中遇到的技术问题，确保调查成果准确、可靠。

【非洲野生动物和森林保护援助项目调研】 9月16～24日，规划院组团赴非洲开展野生动物和森林保护援助项目调研。副院长唐小平率团考察了坦桑尼亚和肯尼亚野生动物保护和森林经营管理情况，了解坦、肯两国对中国的林业援助需求。代表团分别同坦桑尼亚自然资源与旅游部、野生动物保护局、林务局，以及肯尼亚野生动物管理局举行了会谈，中国驻坦桑尼亚和肯尼亚大使馆经商处相关人员参加了会谈。

访非期间，代表团通过与两国有关管理部门进行交流座谈和实地调研，代表团充分了解了坦、肯两国野生动物和森林保护现状与援助需求，沟通了中国援助项目申请流程和基本要求，为下一步有序推进中国对非林业援助工作奠定了良好基础。

【质量管理体系审核】 9月26日，规划院顺利通过了方圆标志认证集团有限公司进行的ISO9001质量管理体系2016年度外部监督审核。

专家一致认为规划院对质量管理工作高度重视，项目管理活动过程清晰，过程控制有效，认证体系运行良好，全院人员专业素质较高，未发现可追溯的设计风险问题，各项审核结果符合质量管理体系认证标准的要求。专家一致同意规划院质量管理体系认证证书继续有效。

【三峡后续科研项目工作座谈会】 9月28日，国务院三峡办组织召开三峡后续科研项目工作座谈会。会上，规划院总工程师张煜星围绕规划院承担的《三峡库区生态屏障区生态效益监测技术与评价方法研究》课题的研究内容，从课题的实施进展、完成情况、已取得的阶段性研究成果、经费使用、存在问题以及有关建议等方面进行了详细的介绍。出席专家及有关领导在听取汇报后，对目前课题进展和取得的成果予以充分肯定，并对下一步的工作提出了建设性的意见和建议。

【国家工程建设强制性标准体系（林业工程部分）】 10月12日，受国家林业局计财司委托，中国林业工程建设协会工程标准化专业委员会在北京市组织召开《国家工程建设强制性标准体系（林业工程部分）》专家评审会。

与会专家听取了规划院编制组对强制性标准体系编制过程、类别划分和各技术规范说明等方面的介绍，一致认为，《强标体系》是国家工程建设强制性标准体系的重要组成部分，事关人身健康和生命财产安全、生态安全，是林业工程建设管理的底线要求，编制工作十分必要；《强标体系》编制依据充分，思路清晰，内容全面，分类科学合理，符合林业工程建设的实际，具有较强的前瞻性、系统性和可操作性。与会专家一致同意《强标体系》通过评审。

【全国湿地保护“十三五”实施规划】 10月14日，国家林业局科技委在北京市组织召开会议，对规划院编制的《全国湿地保护“十三五”实施规划》进行评审。

与会专家一致认为，《规划》全面贯彻落实了党中央、国务院重大决策和习近平总书记系列重要讲话精神，全面落实《中华人民共和国国民经济和社会发展第十三个五年规划纲要》《全国湿地保护工程规划(2002～2030年)》《林业发展“十三五”规划》等有关湿地保护总体要求，按照新时期全面保护湿地的战略部署，根据中国湿地保护实际需求，在梳理总结“十二五”湿地保护基础上，提出了全面保护与恢复湿地、湿地保护与修复重大工程、科学规范利用湿地和湿地保护管理能力建设等建设内容，确保“到2020年湿地面积不低于8亿亩”等湿地保护的目标，对加大湿地保护与修复力度，扩大湿地面积，增强湿地功能，保护湿地生物多样性，提高湿地管理能力，促进中国湿地保护事业健康发展，具有十分重要意义。《规划》目标明确、思路清晰，内容全面，项目设置合理，符合中国湿地保护管理的实际需要，一致同意通过《规划》评审。

【全国秋季迁徙水鸟同步调查】 10月23日，按照国家林业局统一部署，全国各地2000多名调查队员奔赴各地水鸟秋季迁徙通道和停歇地点，按照统一的方法和程序，进行了全国秋季迁徙水鸟同步调查，这是中国首次开展的秋季迁徙水鸟同步调查的第一阶段调查，也是继2016年1月全国冬季水鸟调查后的又一次全国性水鸟同步调查。

相对于冬季水鸟同步调查，秋季迁徙水鸟同步调查技术难度更大，短期内涉及人员更多。为此，规划院组织各省进行了充分准备和精心安排，编制了《全国第二次陆生野生动物资源调查秋季迁徙水鸟同步调查技术方案》，要求各省提前组建队伍，编制调查方案，并全面了解水鸟秋季迁徙通道、停歇(路过)地点和停歇(路过)时间，为正式调查进行充分的组织和技术准备。为确保各地调查人员及时到位，确保各地调查同步进行，规划院有关技术人员一直紧密关注并督促各地的调查部署工作。

鸟类同步调查是全国第二次陆生野生动物资源调查的重要组成部分。本次调查，对全国近1000块秋季迁徙水鸟主要停歇(过路)地点和重要栖息地进行了调查，除野生动物专业人员外，“朱雀会”“鸟网”等许多观鸟组织和鸟类爱好者也参与了本次调查。

【国家林业局干部任命决定】 10月31日，规划院召开干部会议，宣布国家林业局关于规划院领导干部任免的决定。

人事司副司长郝育军宣读了国家林业局和局党组关于对规划院领导干部任免的通知：决定任命刘国强为规划院院长、党委副书记，任命张煜星为规划院党委书记、副院长。刘东生副局长代表局党组发表了讲话。他指出，刘国强、张煜星二人长期在规划院工作，熟悉规划院的业务工作和整体情况，在规划院领导岗位上带领干部职工做了大量卓有成效的工作。局党组对二人职务的任命，是对他们个人、规划院领导班子和规划院工作的肯定。刘东生副局长强调，在单位领导班子建设和推进事业发展工作中，一要讲政治，二要讲团结，三要出实绩，四要守纪律。刘国强、张煜星分别作了履职发言。

【长江湿地保护网络年会】 11月3日，2016年长江湿地保护网络年会在大理市开幕。国家林业局副局长陈凤学出席年会。规划院院长刘国强参加并主持会议第二单元主旨报告。

本次活动以“聚焦高原湿地　携手长江大保护”为主题，旨在解读建设生态文明背景下的长江大保护格局，加强长江湿地保护网络成员单位之间的交流合作，分享国内外湿地保护的成功经验，探讨湿地发展方式，实现“更新理念、交流经验、分享成果、促进合作”的目标。

长江对全国生态安全和经济社会发展有着举足轻重的作用。长江上游的金沙江流经云南1560千米，是长江流域生态保护的关键区域。云南长江流域湿地面积18.34万公顷，占全省湿地总面积的32.6%，在长江上游地区发挥着稳定径流、保持水土、蓄洪补水等重要的生态服务功能。“十二五”期间，《云南湿地保护条例》颁布实施，湿地保护资金投入大幅提升、工作机制体制不断创新，湿地恢复深入开展。近年来云南省湿地保护恢复工作取得了明显成效，积累了很多好的做法和经验，可以为长江流域各省份提供借鉴和参考。

【中俄森林资源合作开发利用六期规划】

9月5～12日，规划院《中俄森林资源合作开发利用六期规划》工作任务团按照商务部和国家林业局的要求，就《六期规划》初稿的主要内容赴布里亚特共和国开展对接工作。双方分别在俄罗斯外交部驻布里亚特共和国乌兰乌德市代表处和工业贸易部举行了2次正式会谈。中方代表团团长张剑向俄方介绍了此次访问的目的，中俄森林资源合作开发利用前五期规划编制及实施情况，并重点介绍了《六期规划》的主要内容。双方对《六期规划》的资源供给、木材加工产品方案、厂址选择等主要内容进行了深入讨论。布里亚特共和国政府相关部门全力配合中方规划组开展工作，并签署会谈纪要，正式确认了双方达成的各项共识。代表团实地调研了布里亚特共和国巴尔古津和近贝加尔林区。进一步了解和收集了林区的森林资源、森林经营管理、森林恢复、环境保护、林地租赁、生产加工、加工园区建设以及投资优惠政策等信息。代表团还赴伊尔库茨克州考察了三期规划的实施情况，了解中资企业的投资情况、企业困难和政策需求。

11月2日，商务部合作司、国家林业局计财司在北京组织召开专家评审会，审议规划院编制完成的《中俄森林资源合作开发利用六期规划》。专家组一致认为，《规划》依据中俄两国《关于共同开发森林资源合作的协定》编制，符合“一带一路”国家战略布局以及中国政府鼓励企业“走出去”开展境外林业投资合作方向，对深化中俄两国林业领域投资合作、促进两国经贸发展具有重要意义。《规划》全面分析了布里亚特共和国森林资源现状，对中国、俄罗斯乃至国际林产品市场需求进行了分析，提出了在布里亚特共和国开展林产品开发的方向和产品推荐方案，并对木材加工产业园区进行了合理布局规划。具有较强的针对性和指导性。《规划》以建设木材加工产业园区为基础，创新性地提出了重点建设中俄林产品交易所、物流运输平台及供应链金融服务平台的模式，以智慧园区模式打造大通道项目的物流与园区节点，具有前瞻性和合理性。与会专家一致同意《规划》通过评审。

【自然资源(森林)资产评价技术规范】 4月12日，国家林业局科技司组织召开专家评审会，审议规划院编制完成的林业行业标准《自然资源(森林)资产评价技术规范》。与会专家一致认为，标准的发布对规范自然资源(森林)资产评价行为，统一评价标准，科学评价森林资产价值，建立和完善生态文明制度体系，服务市场等方面具有重要的现实意义。标准在广泛征求相关单位和专家意见的基础上，借鉴了近年来森林资源资产评估理论研究和实践成果，遵循环境经济核算体系——中心框架的理念，与中国国民经济核算体系紧密衔接。《规范》编制原则正确，程序规范，内容全面，技术路线合理，可操作性强，能够满足实践需要。与会专家认为《规范》达到国内先进水平，一致同意标准通过审定。

由规划院主编的《自然资源(森林)资产评价技术规范》(LY/T 2735－2016)将于2017年1月1日起正式实施。标准的发布对规范森林生态系统价值评估行为，统一评价标准，科学评价森林生态系统服务与资产价值，为构建生态文明制度体系服务具有重要的现实意义。该标准借鉴了近年来森林资源资产评估理论研究和实践成果，遵循环境经济核算体系——中心框架的理念，与中国国民经济核算体系相衔接，是森林生态损害鉴定评估、生态工程绩效评价、编制自然资源资产负债表等的方法依据。

【中国林学会森林经理分会2016年学术研讨会暨理事会换届选举大会】 11月10日，中国林学会森林经理分会2016年学术研讨会暨理事会换届选举大会在贵阳召开。会议以“森林经理与森林质量精准提升”为主题，围绕森林资源规划设计调查方法、森林经理学科发展、森林质量提升技术创新和林业技术在生产实践中的应用等方面开展了学术交流，并进行了新一届理事会换届选举。

大会选举规划院院长刘国强为第八届理事会理事长，党委书记张煜星等7名森林经理领域知名专家任副理事长。国家林业局副局长刘东生出席会议并讲话，原林业部副部长刘于鹤出席会议并作学术报告。

【中国首个国家森林城市群建设规划】 11月14日，国家林业局和广东省人民政府在广州市召开专家评审会，评审由广东省主持、规划院参与完成的全国首个国家森林城市群建设规划——《珠三角国家森林城市群建设规划》及《珠三角国家森林城市群考核评价指标体系》。国家林业局副局长彭有冬出席会议并作讲话。

会议一致认为，《规划》全面贯彻党中央、国务院关于推进生态文明建设的决策部署和国家林业局关于着力开展森林城市建设的指导意见，对珠三角森林城市群进行了明确定位，为全国森林城市群建设提供了重要的示范和借鉴；《规划》和《评价指标》科学分析了珠三角国家森林城市群建设的现状和条件，创新性地提出国家森林城市群的概念、内涵、指导思想、评价指标、总体思路、空间布局，规划理念先进，亮点突出，具有独创性和前瞻性；《规划》围绕补齐短板和提质增效，基于珠三角山水林田湖的自然环境，提出“两屏、三网、九核、多点”的区域生态保护体系和十大建设工程，既满足了珠三角地区的现实需求，又符合珠三角森林城市群建设的实际，具有较强的指导性和可操作性。

规划院还将配合广东省林业厅开展珠三角国家森林城市群建设指标体系、目标任务、空间布局和森林小镇建设等相关研究，为建设好首个国家森林城市群提供技术支撑。

【传达学习全国森林质量提升工作会议精神】 11月21日，规划院召开会议传达学习全国森林质量提升工作会议精神。

会上，院长刘国强全文传达了张建龙在全国森林质量提升工作会议上的讲话精神。刘国强指出，森林质量提升是维护国家生态安全的迫切需要、是林业行业的重要使命，全院要按照张建龙的讲话要求，深入学习领会习近平总书记重要讲话精神，全力做好提高造林质量、加强森林抚育经营、推进退化修复、完善相关技术标准规程、强化森林资源保护5个方面的工作。刘国强要求，要站在国家生态安全和民生福祉的高度充分认识提高森林质量的重要性和紧迫性，按照局有关要求积极做好规划院各项工作。

【无人机数据采集与处理、多参数土壤监测仪和小型自动气象站培训会】 为促进森林生态和资源调查新技术应用，规划院于11月15～18日、11月21日举办了无人机数据采集与处理、多参数土壤监测仪、移动式小型自动气象站使用培训会。

此次培训的内容主要包括无人机激光雷达系统和无人机多角度多光谱系统结构组装与数据采集、ENVI Services Engine软件应用和二次开发、便携式多参数土壤监测仪HYDRA使用、移动式小型自动气象站HOBO－U30安装和使用。

【雪豹监测启动会】 受国家林业局保护司委托，规划院于11月24日在北京市组织召开了雪豹监测启动会。

会议听取了青海省和甘肃省前期雪豹调查(监测)初步情况的汇报，研究讨论了雪豹监测的技术方案，并就下一步雪豹监测工作的开展进行了部署。根据局保护司总体部署，雪豹监测项目将按照全国第二次陆生野生动物资源调查项目进行管理。根据分工，规划院将作为雪豹监测项目的技术管理部门，负责雪豹监测的技术组织、技术服务、检查和监督工作。

【中国荒漠化、沙化监测发出权威声音】 12月2日，《人民日报》《人民日报》(海外版)头版头条分别以“宁夏、甘肃、内蒙古三省(区)沙漠化治理成效显著 从‘沙进人退’到‘人沙和谐’”和“从‘沙进人退’到‘人沙和谐’中国治沙经验贡献全球”为标题，对中国目前荒漠化和沙化现状及监测方法进行了报道。规划院教授孙涛接受了《人民日报》记者的采访。

孙涛在采访中指出：最新监测数据显示中国荒漠化土地面积已从20世纪末年均扩展1.04万平方千米转变为目前的年均缩减2424平方千米，沙化土地面积由20世纪末年均扩展3436平方千米变为目前的年均缩减1980平方千米。沙化土地面积10年间“减少”了3个多上海的面积。中国境内丝绸之路经济带沿线的10个重点沙区省份，经过几十年的防沙治沙工作，到2014年年底，10省(区)荒漠化土地面积相比2009年缩减了10 227平方千米，沙化土地面积缩减了6337平方千米。

【中俄森林资源开发和利用常设工作小组第14次会议暨专家磋商会】 12月13～14日，商务部与俄罗斯工贸部联合主持召开中俄森林资源开发和利用常设工作小组第14次会议暨专家磋商会。规划院作为中俄森林资源合作开发利用六期规划的编制单位派员参加了会议。

会议重点讨论由规划院编制完成的中俄森林资源开发利用合作前四期规划的实施情况、问题和建议，审议规划院2016年刚编制完成的六期规划。规划院项目人员汇报了六期规划成果的主要内容。六期规划成果在中俄双方签署的第14次小组会议纪要中给予了高度评价。

会议期间，规划院积极与参会的中俄双方政府管理部门、林业企业代表进行交流，就中俄森林资源开发规划、技术咨询合作、园区设计、林业境外投资风险及扶持政策等方面开展了深入的讨论。

【青年职工业务技能展示比赛】 12月15日，规划院举办了首届青年职工业务技能展示比赛，来自9个部门的10个选手(团队)参加了比赛。院领导、相关处室负责人以及青年职工代表担任此次比赛的评委。

比赛过程中，参赛选手(团队)结合各自岗位的工作内容，利用PPT等软件介绍了工作业绩以及工作、生活、学习的收获与感悟，充分展示了青年人的朝气、才华和风采。

(国家林业局调查规划设计院由院办公室供稿)

国家林业局林产工业规划设计院

【综　述】 2016年，国家林业局林产工业规划设计院(以下简称设计院)全面贯彻落实党的十八大和十八届三中、四中、五中、六中全会精神，深入学习习近平总书记系列重要讲话精神。在国家林业局的正确领导下，设计院领导班子务实协作，全院干部职工辛勤耕耘，坚持以“人人创业”的经营文化为核心，真抓实干，同舟共济，力克时艰。巩固改革发展成果，加强党风廉政建设，完善健全经营制度。全力以赴强作风，打基础，拓市场，带队伍，惠民生，奋力实现振兴腾飞的“设计院之梦”。

【生产经营】 2016年，设计院总体收入为2.30亿元，较2015年增收2922万元，同比增长14.54%，再创新高。中国园林工程公司实现历史性突破，突破产值1566万元，成为新的经济效益增长点。

【资质平台建设】 2016年，设计院成功取得风景园林专项甲级资质，实现了资质平台建设的重大突破，为设计院创造了前所未有的市场机遇，使设计院拥有甲级资质达到了7项，“生态文明建设全产业链”布局已经初步成型。进一步加强了设计院的核心竞争力，极大提振了开拓市场的信心。

【质量管理】 2016年，设计院进行了年度内审工作，内审涉及全院19个业务及管理部门，共抽查了17个项目，进行了为期1个多月的现场审核，形成了《2016年管理评审报告》。在外审工作中，共配合抽查了10个管理及业务部门，未发现不合格项，审查组对设计院质量管理工作取得的成效给予了充分的肯定，并提出了适用的管理建议，顺利通过质量管理体系外审。全年共进行格式审查、技术审查项目近300个，组织院级施工图审查方案讨论会4次，为成果质量提供了技术保障。

【6个项目荣获2014～2015年全国林业优秀工程设计奖】 2016年，完成的“广西丰林人造板有限公司年产15万立方米特种人造板项目设计”荣获一等奖；“绥芬河国林木业城产业园区工程设计”荣获二等奖；“洛阳万安山项目山顶公园景观规划设计”“双瑞滨河花园景观绿化工程设计”和“衡水巴迈隆木业有限公司年产22万立方米刨花板及深加工项目设计”荣获三等奖。

【民生保障】 一是进一步保障离退休干部的各项补贴。2016年，设计院投入离退休干部费用在2015年基础上又新增300余万元，每年发放离退休干部补贴超过1000万元。二是保障职工的各项政策性补贴。2016年，设计院和各生产部门共同承担了干部职工的物业费和取暖费补贴，院里承担了离退休干部的物业费、取暖费160余万元。三是发放2015年度职工绩效奖励近400万元，把各所上缴管理费进行“三次分配”，在效率优先的基础上，兼顾公平，实现板块之间的再分配，向弱势板块和踏实苦干的员工倾斜。

【荣获“第七届梁希林业科学技术奖”】 2016年，由设计院、三峡大学和湖北省宜昌市林业局共同完成的“珍稀濒危植物巴东木莲繁育技术推广示范"获得第七届梁希林业科学技术奖三等奖，该成果以长江流域珍稀濒危植物巴东木莲为研究对象，开展了巴东木莲濒危机理研究，找到了巴东木莲的致濒机制，并在此基础上建立了巴东木莲的高效繁育体系和巴东木莲种质资源库，同时对巴东木莲繁育技术进行推广示范，取得了良好的生态、经济和社会效益。

【《林业产业发展"十三五"规划》通过专家评审】 10月17日，国家林业局计财司组织召开专家评审会，审议设计院编写的《林业产业发展"十三五"规划》(简称《规划》)。与会专家一致认为：《规划》指导思想明确，目标科学，数据翔实，战略意义定位准确，在林业改革、投融资政策、发挥市场决定性作用以及科技和人才保障等方面，提出完善林业产业保障体系的一系列措施，可操作性强。与会专家对《规划》给予了充分的肯定，一致同意通过评审。

【"呼伦贝尔自然博物馆展陈工程总承包项目"举行开工典礼】 9月26日，设计院副院长张全洲代表项目总承包单位参加了设计院承揽的《呼伦贝尔自然博物馆展陈工程总承包项目》在呼伦贝尔自然博物馆工地现场举行的施工开工典礼。

【贵州省独山县紫林山村开展捐资助学活动】 8月25日，设计院院长郭青俊、书记李鹏在紫林山村召开了国家林业局林产工业规划设计院捐资助学活动仪式。仪式中，8名被录取的本科学生接受了设计院的捐赠，同时还为即将进入小学学习的7位小朋友赠送了书包、文具盒等学习用品。

7月，院长郭青俊、书记李鹏代表设计院干部职工先后赴贵州省黔南州独山县专程看望慰问了张明吉。同时，为帮助解决紫林山村贫困生后顾之忧，郭青俊院长特意代表全院干部职工捐赠10 000元现金。

【赴乌兰察布森诺家居材料有限公司开展设计回访】 8月19～21日，设计院工业一所全体员工在国家级设计大师肖小兵、工业一所所长张忠涛的带领下，赴乌兰察布森诺家居材料有限公司考察对木材加工综合利用项目进行设计回访 。

此次设计回访，是对设计院设计工作的一种检验，聆听施工技术人员的介绍，了解施工工艺，对未来设计的周全考虑、高质高效地完成设计工作具有重要的意义。

【伊朗MST刨花板项目施工现场问题汇总及解决办法交流】 3月2日，设计院邀请亚联机械制造有限公司经理胡汝洋，就设计院参与设计的伊朗MST刨花板项目施工和安装情况进行交流。设计院工业板块分管领导总工程师肖小兵出席会议，工业一所MST项目全体成员参与了交流。

(林产工业规划设计院由孙靖供稿)

国家林业局管理干部学院

【综　述】 2016年，国家林业局管理干部学院(以下简称学院)深入学习贯彻习近平总书记系列重要讲话精神，坚决落实中央和局党组林业工作部署，紧紧围绕中心，主动服务大局，圆满完成各项目标任务，事业发展取得显著成绩，实现了"十三五"良好开局。

培训工作　坚持服务林业中心工作、服务机关能力建设、服务地方林业发展的工作思路，全年共举办各类培训班205期，培训规模达18 642人次，较2015年增长22.5%，各类培训班学员综合满意率达96.6%，培训规模、质量、效益显著提升。

党校教育　坚持党校姓党原则，严格按照加强国家林业局直属机关党员干部队伍建设的要求，以提高理论水平、加强党性修养、培育优良作风、提升素质能力作为切入点和着力点，精心组织实施第48、49期局党校党员领导干部进修班，局党校被中央党校授予"中央党校分校2014～2016学年教学管理先进集体"荣誉称号，董忆梅被授予"中央党校分校2014～2016学年教学管理先进个人"荣誉称号。

干部培训　突出抓习近平总书记系列重要讲话精神学习培训。按照中央和局党组部署要求，坚持把学习贯彻系列重要讲话精神作为培训工作重点，纳入培训计划和课程安排，全力推动系列重要讲话精神进教材进课堂进头脑。

服务机关能力建设抓培训。服务局机关领导干部素质能力提升，实施了国家林业局司局级领导干部和处级干部任职、公务员在职、新录用人员初任职及林业知识培训，开展了有关直属单位委托干部能力提升培训。

服务林业中心工作抓培训。紧跟国有林场林区改革进程，大力实施国有林场场长和国有林区改革系列培训，国有林场改革轮训任务已完成70%。围绕林业产业、野生动物保护、林业信息化等重点工作，以及天保工程、三北防护林、京津风沙源治理等重点林业工程建设，扎实开展林业骨干和专业技术人才培训。承担实施了中央组织部委托国家林业局主办的地方党政领导干部森林防火专题研究班。实施人社部委托的林业新型产业发展技术高级研究项目，承担林业科技创新与高级人才培养等3期国家林业局专业技术人员高级研修班，国家级专业技术人员继续教育基地建设不断加强。

服务基层林业发展抓培训。开展4期援疆和援青培训。面向北京、河北、山西、内蒙古、吉林、江苏、浙江、山东、河南、广东、重庆等14个省(区、市)林业部门和五大森工集团开展地方委托培训，为推动基层林业发展提供人才支持。

服务林业对外开放抓培训。承担实施森林执法与施政、森林可持续经营、野生动植物保护、“一带一路”林业项目开发等4期商务部援外培训项目，培训国际学员159人次，覆盖28个国家。开展亚太地区人力资源开发交流对话机制国内培训，举办“重点国有林区改革专题研究班”。与亚太林业社区培训中心合作举办了林地承包经营纠纷调处和林农权益维护研讨班、社区林业能力建设国际研讨班。

院省合作 与江苏、浙江、福建、吉林、广东5省林业厅(局)签订培训战略合作协议。与国家濒管办开展战略合作，在学院挂牌成立“中华人民共和国濒危物种进出口管理培训基地”。参与申报并进入内蒙古、河南两个省(区)的培训服务政府采购供应商库。

国际合作 与斯里兰卡野生动植物保护局签署人力资源开发与培训合作意向书，实现学院与外国政府相关部门培训合作的历史性突破。积极参与亚太森林组织举办的“亚太区域林业培训机构网络能力建设研讨会”。与亚太社区林业培训中心合作，面向院内职工举办“培训师引导技巧培训班”。

远程教育 积极谋划“中国林业干部网络学院”建设，起草并上报《中国林业干部网络学院可行性报告》。启动“全国林木种苗质检人员网络学习平台”“全国林业工程调查规划设计人员在线继续教育平台”和“浙江省非林专业干部在线学习平台”。网络课程累计达到500部，部分课程被选入中央组织部精品课程和地方农村党员远程学习平台。全年在线学习总时长达35万学时。

研究咨询 协助局人事司编制《全国林业人才发展“十三五”规划》和《全国林业教育培训“十三五”规划》。完成了“林业行业干部教育培训师资库信息管理”“林业系统人员及教育培训信息管理”“国家林业局干部培训项目管理”三个系统指标设计和功能开发等工作。组织完成《林业改革知识读本》《林业政策与法规知识读本》等4部教材编写，启动了《林业防火知识读本》《林业信息化知识读本》《林业教育培训基础知识读本》等教材编制。承担实施国家林业局科技司下达、各业务司局和地方部门单位委托项目及院内立项等各类课题20余项，重点承担了《面向公众的生态文明教育模式研究》等局级科研项目。强化院内科研管理，完成2016年年度院级科研项目中期考核及结题评审，开展2012～2015年度院内科研奖励。

合作办学 招生就业工作成效显著。加强与中南林业科技大学及各方面的沟通联系，落实年度招生计划800人，增加河北等3省的艺术设计专业招生计划。2016年报到新生591人，报到率74%。加强毕业生就业创业工作，不断拓宽就业渠道，2016届毕业生509人，一次就业率达到89.8%。截至2016年年底，在校生人数1693人，为历史最高纪录。按照新颁布的高职高专专业目录，重新修订了各专业人才培养方案。积极探索多元实践教学模式，实验室和实习实训基地建设不断加强。重视课程教学与取证相结合，各专业职业技能鉴定取证率均达到标准，提升了职业技能水平和就业竞争力。

党建工作 深入开展“两学一做”学习教育和“三强化两提升”学习实践，研究制订实施方案，并召开会议进行动员部署。全年组织集中学习17次，党政主要领导带头讲党课，院领导、党委委员、支部书记讲党课13次。举办2期“生态文明大讲堂”和1期工会、妇工委干部理论学习班。积极推广使用“支部工作”APP，实现在职党员全覆盖、全登录、全使用。召开庆祝中国共产党成立95周年暨“两优一先”表彰大会，表彰优秀共产党员15名，优秀党务工作者4名，先进党支部2个。院党委获得局直属机关“先进基层党组织”称号。

【2016年学院工作会议】 3月8日，学院召开2016年工作会议，总结学院“十二五”工作，谋划“十三五”发展思路，部署学院2016年工作重点。国家林业局党组成员陈述贤作重要讲话，国家林业局直属机关工会联合会主席蒋周明、局人事司教育培训处处长吴友苗出席会议。学院党委书记李向阳代表党委作学院工作报告，党委副书记、常务副院长张健民主持会议，党委副书记黄桂荣、副院长梁宝君出席会议。陈述贤要求，管理干部学院要认真贯彻落实局党组的部署，抢抓发展机遇，发挥培训优势，努力推动学院事业发展再上新台阶。

【第48期党员领导干部进修班】 4月6日，中共国家林业局党校第48期党员领导干部进修班在局管理干部学院举行开学典礼。国家林业局党组成员陈述贤在开学典礼上要求，林业系统的党员干部要深入学习贯彻习近平总书记系列重要讲话精神，着力加强党性教育，增强“四个意识”，争做“四个表率”。

局直属机关党委副书记、纪委书记柏章良传达中央组织部《关于在干部教育培训中进一步加强学员管理的规定》，局人事司副司长郝育军代表局党校提名推荐学员临时党支部支委会组成名单，局党校常务副校长、学院副院长陈道东部署教学安排。

【2016年学院党建工作会议】 3月18日，院党委组织召开2016年党建工作会，深入贯彻落实习近平总书记系列重要讲话精神，学习贯彻国家林业局机关“两建”工作和反腐倡廉工作会、局“四风”问题集中检查和中央巡视反馈意见整改落实工作推进会等系列会议精神，总结2015年工作，部署2016年任务。学院领导班子成员、党委委员、纪委委员、工会委员、妇工委委员、青工委委员，副处级以上干部，党支部委员和教工团支部委员参加会议。

院党委副书记、常务副院长张健民主持会议，传达了局党组“四风”问题集中检查和中央巡视反馈意见整改落实工作推进会精神，并就相关工作作出部署。张健民指出，要充分认识开展“四风”问题集中检查和落实中央巡视反馈意见工作的重要性，准确把握开展“四风”问题集中检查和落实中央巡视反馈意见工作的主要内容，加强组织领导，确保两项工作取得实效。

会上，党委副书记、纪委书记黄桂荣代表党委作工作报告，从深入学习党的十八届四中、五中全会精神和习近平总书记系列重要讲话精神，扎实开展“三严三实”专题教育，进一步落实从严治党要求，落实党风廉政建设“两个责任”，加强群团工作等方面总结学院2015年党建工作取得的主要成绩。以落实全面从严治党为主线，以“两学一做”学习教育为重点，以“三强化两提升”学习实践为抓手，强化监督执行问责，聚焦主业，精准施策，狠抓落实，从党的思想建设、组织建设、作风建设、党风廉政建设、群团建设等方面部署了2016年17项重点工作。

院党委书记李向阳就2016年党建工作提出要求。一是要增强看齐意识，坚定正确政治方向。二是要完善长效机制，夯实党建工作基础。三是要落实“两个责任”，深化从严治党要求。四是要强化创新引领，提升党建工作水平。五是要加强组织领导，持之以恒整改。

【“两学一做”学习教育和践行“三强化两提升”工作动员部署会】 4月8日，党委组织召开“两学一做”学习教育、践行“三强化两提升”工作动员部署会，会议由党委副书记、常务副院长张健民主持，党委书记李向阳对学院开展“两学一做”学习教育、践行“三强化两提升”工作进行动员部署，院领导班子成员、副处级以上领导干部参加会议。

他强调，各支部、各部门一定要加强组织领导，精心安排部署，灵活方式方法，突出特色品牌，强化推进措施，通过学习教育实践，切实提升广大党员的政治素质和工作水平，教育引导大家争做讲政治、有信念，讲规矩、有纪律，讲道德、有品行，讲奉献、有作为的合格党员。

【地方党政领导干部森林防火专题研究班】 7月12～20日，由中共中央组织部委托国家林业局主办的地方党政领导干部森林防火专题研究班在学院举办。国家森林防火指挥部专职副总指挥杜永胜出席开班仪式，并作专题报告。来自全国25个省(区)的44个县(市、区)的党政领导干部参加了此次森林防火专题研究班。

【学院新学期工作会议】 9月2日，学院召开2016年新学期工作会议，深入贯彻落实全国林业厅局长电视电话会议精神，总结上学期工作，部署新学期工作。学院领导班子成员，以及学院副处级以上干部、部门负责人和各党支部委员参加会议。各部门负责人认真总结了上学期工作，汇报了新学期工作计划。

党委书记李向阳代表党委作学院工作报告，报告就全面完成各项目标任务，确保“十三五”实现良好开局，提出新学期重点工作，要求结合事业发展需要，稳步推进体制机制改革；坚持服务大局宗旨，全力以赴抓好干部教育培训；加大战略合作力度，充分挖掘增长潜力；切实抓好科研咨询，着力提升创新能力；着眼保障能力建设，不断增强核心竞争力；着力强化内部管理，进一步夯实事业发展基础。

常务副院长张健民指出，一是要抓好新学期工作会议精神的传达贯彻。二是要继续总结经验和不足，推进各项工作。三是要以优良作风保障工作落实。

【第49期党员领导干部进修班】 10月9日，中共国家林业局党校第49期党员领导干部进修班在局管理干部学院举行开学典礼。国家林业局党组成员、副局长、局直属机关党委书记、局党校校长张永利在开学典礼上提出，林业系统党员干部要学习贯彻好习近平总书记“七一”重要讲话精神，充分认识“七一”讲话的重大意义，准确把握讲话的深刻内涵和本质要求，切实增强推动林业现代化建设的素质能力。

局直属机关党委副书记王永海主持开学典礼，学院党委书记、局党校副校长李向阳宣读中组部文件《关于在干部教育培训中进一步加强学员管理的规定》，局人事司副司长王浩宣读学员临时党支部支委会成员推荐名单，局党校常务副校长、学院副院长陈道东介绍这期进修班教学安排。

【学院工作汇报会】 10月9日，学院召开工作汇报会，国家林业局副局长张永利出席会议并作讲话。局直属机关党委副书记王永海、局人事司副司长王浩出席会议。学院党委书记李向阳就学院“十二五”期间改革发展取得的成绩、“十三五”发展思路和下一步重点工作作了全面汇报。常务副院长、党委副书记张健民主持会议，学院领导班子全体同志及各处室负责人参加会议。

张永利肯定了学院在“十二五”期间取得的成绩并对学院下一步工作提出要求。

【院党委荣获局直属机关“先进基层党组织”称号】 7月13日，国家林业局召开“两优一先”表彰大会，院党政主要负责人和受表彰教职工参加大会。学院党委荣获“先进基层党组织”称号，院党委书记李向阳荣获“优秀党务工作者”称号，党委副书记、纪委书记黄桂荣和党群工作部(办公室)主任赵同军荣获“优秀共产党员”称号。

【庆祝中国共产党成立九十五周年暨“两优一先”表彰大会】 7月1日，院党委召开庆祝中国共产党成立九十五周年暨“两优一先”表彰大会，表彰近年来工作中涌现出的优秀共产党员、优秀党务工作者及先进党支部，组织开展“两学一做”专题党课。学院领导班子成员、处级以上干部、普通党员、入党积极分子及递交入党申请书的教职工参加会议。党委书记李向阳讲专题党课。党委副书记、常务副院长张健民主持会议，黄桂荣宣读院党委表彰决定，对15名“优秀共产党员”、4名“优秀党务工作者”和2个“先进党支部”进行了表彰。

【与江苏省林业局、浙江省林业厅签署培训合作协议】 5月12日，学院与江苏省林业局签署干部教育培训合作协议，学院常务副院长张健民与江苏省林业局局长、党委书记夏春胜代表双方签署协议。

6月8日，学院与浙江省林业厅签署干部教育培训战略合作协议。学院常务副院长张健民和浙江省林业厅副厅长俞坚代表双方签署协议。

【与山东省乐陵市人民政府签订现场教学基地协议】 8月，学院与山东省乐陵市人民政府签订现场教学基地协议，合作开展“国家林业局管理干部学院林业产业(红枣)现场教学基地”建设。学院副院长方怀龙和山东省乐陵市副市长刘吉军代表双方签署协议。

【与吉、闽、粤三省签订教育培训战略合作协议】 11

月，学院分别与吉林、福建和广东3省林业厅签署教育培训战略合作协议，计划在林业干部培养、网络培训发展、培训研究咨询、教学基地建设等方面开展深入合作。

【局党校在山东原山林场设立现场教学基地】 11月9日，国家林业局党校现场教学基地授牌仪式、全国国有林场改革纪录片《生态树》开机仪式在山东原山艰苦创业教育基地举行。国家林业局党组成员、副局长、直属机关党委书记、党校校长张永利为山东原山艰苦创业纪念馆授牌"国家林业局党校现场教学基地"。国家林业局直属机关党委副书记柏章良，局国有林场和林木种苗工作总站总站长杨超，局管理干部学院党委书记、局党校副校长李向阳，局管理干部学院副院长、局党校常务副校长陈道东，国家林业局计财司副司长刘金富，山东省林业厅党组书记、副厅长崔建海，新华社山东分社副社长丁锡国，淄博市人民政府副市长王可杰，原山林场党委书记孙建博，国家林业局党校第49期全体学员出席仪式。

【与斯里兰卡野生动植物保护局签署人力资源开发与培训合作意向书】 11月29日，学院自组团组"双边国际培训需求及合作调研团"与斯里兰卡野生动植物保护局在其首都科伦坡，签署人力资源开发与培训合作意向书。院党委书记李向阳、斯里兰卡野生动植物保护局局长W. S. K. Pathirathne代表双方签署，国家林业局人事司副司长郝育军、斯里兰卡可持续发展与野生动植物部部长Gamini Jayawickrema Perera出席签署仪式。

合作意向书签署前，Gamini Jayawickrema Perera部长接见调研团一行，他介绍了斯里兰卡野生动植物保护及人力资源开发情况，希望以此意向书签署为契机，能够和中国国家林业局开展更广泛、更具执行力的合作。根据意向书内容，依托学院国际合作平台和人力资源开发机制，基于斯里兰卡野生动植物保护局需求，双方将开展双边和多边主题培训，加强人力资源开发和教育培训管理领域人员的交流合作，进而提升中国林业国际影响力，更好地服务国家"一带一路"战略。

【濒危物种进出口管理培训基地正式揭牌】 12月8日，中华人民共和国濒危物种进出口管理办公室和学院联合举办濒危野生动植物种履约执法培训班。开班仪式上，双方为中华人民共和国濒危物种进出口管理培训基地（北京）正式揭牌。

近年来，国家濒管办和学院在野生动植物进出口证书管理、贸易管理业务等方面，共同开展教育培训工作，取得一定成绩。在学院建立培训基地，是双方通过深化合作加强《濒危野生动植物种国际贸易公约》（CITES）履约能力建设，提升濒危物种进出口管理科学化水平的重要举措。学院将充分发挥自身优势，围绕濒危物种保护、进出口管理、执法打击能力建设，面向濒危物种进出口管理、执法队伍和企事业单位，着力做好教育培训、调查研究和教材编制等工作。

（国家林业局管理干部学院由赵同军供稿）

国际竹藤中心

【科学研究】 2016年，国际竹藤中心紧密围绕林业"十三五"发展规划和林业改革发展大局，以服务生态林业民生林业为目标，深化科技体制改革，增强科技创新活力，集中力量推进科技创新，竹藤科技创新成效显著。"十二五"国家科技支撑计划项目"竹藤资源培育与高附加值加工利用技术研究"和"竹藤种质资源创新利用研究"取得多项突破和成果；林业公益性行业科研专项重大项目"毛竹基因组测序研究"完成了预定的研究任务，准备验收；林业公益性行业科研专项重大项目"竹子等林源植物精油生物调控及其利用研究"完成了多种植物样品的植物精油制备；"毛竹核心种质重测序及竹壁发育调控基因研究"进展顺利，为系统开发竹子分子标记奠定了基础；"基于X射线成像技术的木竹材无损检测技术研究"完善了扫描、显微和荧光成像技术，开发出了识别准确率达到90%以上的木材内部结构和缺陷识别软件。"十三五"国家重点研发计划重点专项"竹资源全产业链增值增效技术集成与示范"立项实施；"十三五"国家重点研发计划重点专项"竹材高值化加工关键技术创新研究"的申报和立项进展顺利。与江苏宜兴亨达竹格填料有限公司合作完成的"竹格淋水填料技术研究与应用"技术通过鉴定。全年，共获批科研项目30项，结题、验收12项；发表期刊论文168篇；出版专著4部；获授权专利10项；鉴定（认定）科技成果8项；1项成果通过国家科技进步奖申请网评，2项成果入选重点推广林业科技成果，4项成果获梁希科学技术奖，4项成果入选国家"十二五"科技创新成就展。

"竹藤资源培育与高附加值加工利用技术研究"项目 2016年，"十二五"国家科技支撑计划项目"竹藤资源培育与高附加值加工利用技术研究"项目进展顺利，筹备查定验收。在竹质工程材料制造、竹材制浆造纸及其剩余物综合利用、植物源农药制剂研制与检测、竹林高效经营、竹子愈伤组织再生体系建立以及抗性生理和分子标记鉴定等多项技术研发方面取得新突破。截至2016年，项目出版专著2部（共37.1万字），发表核心期刊论文246篇（其中SCI、EI收录61篇），申请专利67项，授权专利32项，研制标准8项；形成新产品3项、新材料1项、新工艺5项、新装置2项；建立中试线10条，生产线5条，建立试验示范基地23个；培养研究生101人；获得省部级奖励6项。

"竹藤种质资源创新利用研究"项目 2016年，"十二五"国家科技支撑计划项目"竹藤种质资源创新利用研究"进展顺利。在快速繁殖与容器育苗、棕榈藤研究、竹类研究及竹类数据库等研究方面，开展试验、样地调查、基础数据的采集等工作，挖掘重要性状基因1个，开发实用分子标记1个，建立棕榈藤种保存基地0.67公顷、厚竹优质母竹繁育基地4公顷、麻竹子代测定试验林1公顷、示范丛生竹优质壮苗繁育基地(圃)0.67公顷、丛生竹组培生产线(年生产能力5万株)1条。截至2016年年底，竹类数据库已经包含200个以上竹种、30个以上藤种，关键信息较全，功能强大、维护简单的竹藤种质资源基础数据库，为合理开发利用竹藤资源提供极为重要的基础信息和科学依据。

"优良棕榈藤种质资源及培育技术引进"项目通过现场查定 4月2日，国际竹藤中心承担的国家林业局"948"项目"优良棕榈藤种质资源及培育技术引进"现场查定会在云南省德宏州林业科学研究所召开。中国林科院副院长孟平研究员，国际竹藤中心科技处处长范少辉研究员以及来自国家林业局科技司、北京林业大学、云南省林科院、德宏州林业局的专家及项目组相关人员参加会议。会上，项目组详细汇报了引进资源、消化吸收、取得的研究成果、经费执行情况、组织管理和机制创新经验、存在的问题等方面工作。各位专家对照项目任务书的内容，认真检查各项研究任务完成情况，对后续引进藤种的示范推广等提出了意见和建议，并一致通过了查定意见。

"竹资源全产业链增值增效技术集成与示范"项目 10月9日，由国际竹藤中心承担的"竹资源全产业链增值增效技术集成与示范"项目在北京启动。全国政协人口资源环境委员会副主任、国际竹藤中心主任江泽慧出席启动会并讲话。"竹资源全产业链增值增效技术集成与示范"项目是"十三五"国家重点研发计划"林业资源培育及高效利用技术创新"重点专项里首批启动的9个项目之一，是该重点专项中唯一一个集成与示范类项目。项目设置竹子优良种苗规模化扩繁、材用竹林高效培育及规模经营、笋用竹林精准培育及高效利用、竹质建筑用材连续化成套制造、竹质家具用材连续化成套制造和竹质管道用材连续化制造共6个技术集成示范课题。会上，来自国际竹藤中心、中国林科院、东北林业大学、浙江农林大学、南京林业大学、北京纺织环境保护中心等单位的专家对项目及其6个课题的相关内容进行了问询与讨论。

"竹格淋水填料技术研究与应用"通过科技成果鉴定 11月12日，中国电力企业联合会组织召开成果鉴定会，对江苏宜兴亨达环保有限公司与国际竹藤中心共同申报的科技成果——"竹格淋水填料技术研究与应用"进行鉴定。来自中国林业科学研究院、协鑫电力(集团)、中科实业集团(控股)有限公司、华东电力设计院、华电电力科学研究院、南京林业大学等相关单位的专家出席成果鉴定会，并在会上提出了指导意见和建议。相关代表出席了鉴定会。鉴定会前，专家组到东风汽车热电有限公司实地考察了竹格淋水填料在火力发电厂冷却塔中的使用现状，并针对填料的实际使用问题提出了指导性意见。鉴定会上，介绍了竹格淋水填料的使用优点、制作工艺流程及其意义，专家组在质询和讨论后，一致认为，竹格淋水填料具有亲水、喜油、抗寒、耐热、抗老化和抗冷热交变应力强，换热效果优越，原料资源丰富、可再生等优点，认为该项技术总体达到了中国国内领先水平，同意通过科技成果鉴定，并建议研发单位进一步提高产品制造工艺水平，加快技术成果推广应用。

国际竹藤中心与深圳华大基因战略合作签约仪式 于12月30日在北京举行。全国政协人口资源环境委员会副主任、国际木材科学院院士、国际竹藤中心主任江泽慧教授，中科院院士、深圳华大基因理事长杨焕明研究员出席签约仪式并讲话。国际竹藤中心常务副主任费本华、科技处处长范少辉，深圳华大基因研究院院长徐讯、副院长刘心等出席签约仪式。江泽慧在讲话中指出，希望双方科研人员珍惜难得的合作机遇，倍加努力，多出成果，出好成果，为中国竹藤事业发展贡献力量。杨焕明回顾了两家单位的合作历程并对双方下一步的合作前景寄予厚望。费本华和徐讯分别代表双方签署协议。

【研究生教育】 研究生教育工作扎实推进。进一步加强完善招生计划、学科建设、能力培养、科研实践和学习、生活条件。扩大招生规模，全年共招收博、硕士研究生45名，比往年增加25名，截至2016年年底，在读研究生100名。材料加工工程、林学2个一级学科获国家林业局"重点学科"。11名研究生获得"茅以升木材科技教育奖学金"和北京市优秀毕业生等称号。

【机构和人才队伍建设】 根据国际竹藤中心事业发展和人才梯队建设的需要，研究提出新一轮岗位聘任方案。完成2名海外高端人才的引进工作，制定出台《人才引进实施细则》，开展新一轮海外高端人才的引进工作。加强人才培养，选派6名青年科研管理人员到国外进修和挂职锻炼，积极组织干部职工参加各类政策、业务知识培训。认真做好毕业生、博士后接收和人员聘用工作，加强博士后科研工作站的规范运行和在站博士后管理。积极开展人才推荐选拔工作，1人获得政府特殊津贴，1人入选"百千万人才工程"省部级人选，3个内设机构获评全国生态建设突出贡献先进集体，7人次分获全国生态建设突出贡献先进个人、中青年科技创新领军人才称号和林业青年科技奖。

【国际合作交流】 积极开展国际科技合作与交流。全年接待了美国、俄罗斯、德国、加拿大、韩国、巴西、土耳其、尼泊尔、埃塞俄比亚、东帝汶等多国政府部门、知名大学、科研机构和社会团体来访，积极创造合作空间。参加和承办"东亚生态学学会大会""世界生态高峰论坛""非洲竹子，南南合作与多边合作国际研讨会""国际林联亚洲和大洋洲区域大会"等国际学术研讨会，了解世界科技前沿动态和南南合作需求。成功举办"首届国际森林城市大会"并通过《深圳宣言》。积极开展竹藤援外培训，举办3期竹藤国际培训班。完成商品共同基金"竹人造板预制房"项目最终研讨和评估。

美国华盛顿州立大学专家来访开展学术交流 6月27日，美国华盛顿州立大学土木与环境工程学院J·丹尼尔·多兰博士来国际竹藤中心进行学术交流，并作了题为"跨层压木材：制造、设计和施工"的专题报告，国际竹藤中心常务副主任费本华会见了J・丹尼尔・多兰博士，并就绿色建筑材料的研发、结构设计与施工、研究生联合培养等合作话题进行了交流。10月21日，美国华盛顿州立大学土木工程学院维克拉姆・亚达马副教授来访进行学术交流，并作专题报告，重点介绍了木质纤维素材料开发、性能表征和模型构建，利用低质木材，如小径级木材、木材剩余物、昆虫破坏后的木材制备高附加值的非结构和结构木质复合料和建筑建材，并详细解答了科研人员和研究生提出的问题。

德国弗劳恩霍夫建筑物理研究所专家来访进行学术交流 7月5日，德国弗劳恩霍夫建筑物理研究所热湿学研究部主任哈特维希・迈克尔・孔泽尔博士一行应邀到国际竹藤中心开展学术交流。国际竹藤中心常务副主任费本华及相关科研人员和研究生参加。交流会上，哈特维希・迈克尔・孔泽尔博士作学术报告，对德国弗劳恩霍夫建筑物理研究所的主要研究领域进行了详细介绍，并重点介绍了其所在团队自主研发的WUFI ©软件的应用情况，分析了不同形式的建筑材料及构件在热湿传递性能方面的测试和建模结果。国际竹藤中心介绍了中心科研情况和国内竹产业的发展现状和竹基复合材料在建筑中的应用及相关科研成果。与会人员就WUFI ©软件的应用条件、竹材相关参数测试、竹基复合材料的应用等问题进行了交流探讨。

2016年加纳竹藤制品开发与加工技术培训班 7月21日，由商务部主办、国际竹藤中心承办、国际竹藤组织协办的“2016年加纳竹藤制品开发与加工技术培训班”在北京开班。国际竹藤中心党委书记刘世荣、国际竹藤组织总干事费翰思博士参加开班仪式并致辞。该培训班是国际竹藤中心和国际竹藤组织首次联合承办的双边培训班，来自加纳共和国的19名学员参加培训。培训班为期90天，课程包括在北京、“中国竹乡”浙江安吉、“中国竹编艺术之乡”四川青神及海南等地开展的课堂授课、现场技术培训、参观考察以及座谈交流和研讨等。其中技术培训包括竹炭生产加工工艺、竹藤编织工艺、竹家具制作等。

8月9～11日，培训班访问了国际竹藤中心热带森林植物研究所，了解了热带森林植物研究所的地理区位、规划布局、研究定位、研究方向等基本情况，以及热带竹藤资源概况与利用现状，考察了甘什岭热带攀援竹、棕榈藤原生及引种资源情况，参观了竹藤家具制品市场。

10月12日，培训班在四川眉山市青神县举行结业仪式。全国政协人口资源环境委员会副主任、国际竹藤组织董事会联合主席、国际竹藤中心主任江泽慧教授，国际竹藤组织总干事费翰思，国家林业局党组成员谭光明，商务部国际商务官员研修学院联络办处长徐凯出席结业仪式并讲话。四川省相关领导、国际竹藤组织成员国驻华使节及培训班全体学员共140余人参加。

巴西联邦参议院副议长率团访问竹藤中心 7月29日，巴西联邦参议院副议长豪尔赫・维亚纳率巴西参议院代表团一行访问国际竹藤中心。国际竹藤中心党委书记、生物资源利用科学研究院院长刘世荣研究员会见了代表团一行。刘世荣首先向维亚纳转达了国际竹藤中心主任江泽慧对代表团一行的问候和欢迎，并感谢维亚纳对2015年中国林业代表团访问巴西时的热情接待，希望进一步加强中巴之间在林业特别是在竹资源培育利用方面的合作交流。维亚纳表示，中国竹产业的发展成就给他留下了深刻印象，巴西的阿克里州等地区也有着丰富的竹子资源，当地居民也希望能有效利用这些资源，发挥竹子的价值。双方就建立科研及培训合作进行了交流。

国际竹藤中心参加“国际林联亚洲和大洋洲区域大会” 10月24～27日，“国际林联亚洲和大洋洲区域大会”在北京国家会议中心召开，来自60多个国家近1000名专家学者参加大会。国际竹藤中心党委书记刘世荣研究员担任大会的科学技术委员会主席。国际竹藤中心分别与国际竹藤组织、美国林务局林产品实验室、西弗吉尼亚大学联合承办了“竹藤资源的可持续管理与应用”“竹木生物质能源与生物质产品的管理与应用”2个分会场。其中，国际竹藤中心高健、王戈研究员等7名科研人员在大会上作报告，国际竹藤中心展出的墙报被评选为9个优秀墙报之一。

江泽慧率团访问美国西弗吉尼亚大学 10月29日，全国政协人口资源环境委员会副主任、国际竹藤中心主任江泽慧率团访问美国西弗吉尼亚大学，会见了美国西弗吉尼亚大学农业、自然资源与设计学院院长提莫斯・菲普斯一行，探讨双方合作事宜并签署双边科研合作谅解备忘录。提莫斯・菲普斯和江泽慧分别介绍了各自机构的总体情况，并就双方各自的优势领域和未来在竹生物质能源和景观设计等方向的合作进行了交流。江泽慧表示期待未来与西弗吉尼亚大学在木、竹、藤等多个领域展开全方位的交流与合作。会谈后，江泽慧代表国际竹藤中心与西弗吉尼亚大学签署了双边合作谅解备忘录。外交部参赞乐爱妹，国家林业局科技司司长胡章翠，国际竹藤中心常务副主任费本华及中国驻美大使馆科技一秘吴飞鸣陪同参加。

江泽慧率团访问加拿大英属哥伦比亚大学 11月1日，全国政协人口资源环境委员会副主任、国际竹藤中心主任江泽慧率代表团访问加拿大英属哥伦比亚大学（UBC）林学院并开展学术交流。UBC林学院院长约翰・英尼斯介绍了学院概况、中加林业合作情况、双方未来的合作方向等，相关专家就竹子基因改良、竹子与气候变化、竹建筑结构材和竹材生物质能源等方面的研究进行了简要介绍。江泽慧表示，UBC林学院与国际竹藤中心过去几年已经开展了多层次的学术交流和人员互访，UBC林学院在竹子研究领域取得了许多重要进展，相信合作协议的签署将为双方进一步加强科研合作奠定良好基础。会谈后，UBC大学校长小野三太会见了江泽慧一行。在小野三太的见证下，英尼斯向江泽慧颁发了特殊贡献奖，表彰其为促进加拿大与中国之间林业合作做出的杰出贡献。国际竹藤中心党委书记刘世荣和英尼斯分别代表国际竹藤中心和UBC林学院签署了科研合作协议。中国驻温哥华总领事馆总领事刘菲、教育参赞于长学，国家林业局科技司司长胡章翠，国际竹藤组织副总干事李智勇陪同参加。

首届国际森林城市大会 11月29～30日，由国家林业局、全国政协人口资源环境委员会、深圳市人民政府联合主办，国际竹藤中心、深圳市林业局、国家林业局城市森林研究中心、国际竹藤组织承办的“首届国际森林城市大会”在广东省深圳市举行。全国政协副主席、民建中央常务副主席马培华出席大会开幕式并讲话。广东省省长朱小丹，全国政协人口资源环境委员会副主任、国际竹藤组织董事会联合主席、国际竹藤中心主任江泽慧，深圳市委书记马兴瑞、深圳市市长许勤，国家林业局副局长彭有冬等出席开幕式。来自美国、英国、德国、加拿大、意大利、马来西亚等40多个国家和国际组织的生态学、环境保护、城市林业、景观设计规划及市政管理领域的专家学者、官员、市长近500人参会。大会围绕“森林城市与人居环境”主题，就城市森林生态系统服务和评价、森林城市建设理论与实践、森林城市设计与景观规划、森林城市政策制定与管理、城市森林文化与教育等议题展开了深入研讨交流。大会设置了市长论坛等6个分会场，安排了1个大会主旨报告、4个大会特邀报告以及40多个分会场报告。江泽慧以《中国森林城市建设的回顾与展望》为题做大会主旨报告，并对未来森林城市建设给出了意见建议。大会通过了《首届国际森林城市大会深圳宣言》，与会代表就森林城市未来在发展模式、创新实践、监测评价、国际合作等方面需要采取的行动达成一致意见。会议还安排了森林城市建设及竹木结构建筑的成果展示活动。

11月29日，在大会期间，举行“中国森林生态网络体系建设”系列丛书赠书仪式。“中国森林生态网络体系建设”系列著作由我国著名林业科学家彭镇华教授和江泽慧教授牵头编著，是由国际竹藤中心申报的“十二五”国家重点图书和国家出版基金资助项目。全套著作共20卷，紧密联系中国实际，首次以全国国土区域为单元，建立了中国森林生态网络体系理论体系；全面总结了20年以来团队在中国林业生态建设与科学研究方面取得的系列丰硕成果，是彭镇华教授及其团队多年来在森林生态网络体系工程建设方面研究的重大成果结晶。2016年，该丛书获得“十二五”国家出版基金优秀图书奖，部分成果已为制定中国林业战略发展规划和林业中长期发展规划提供了重要的决策依据。

【技术培训】 按照习近平总书记“六个精准”的扶贫攻坚要求，继续开展好面向重点贫困地区、林业基层和林农的科技培训，为广西、贵州、湖北、四川和江西举办了8期培训班，培训学员共计650余人，为促进南方贫困山区经济社会发展，推动竹产业可持续多样化经营培训了科技人才，作出了积极贡献。

2016年林业扶贫专项培训班 3～6月，国际竹藤中心为贵州省、湖北省、广西壮族自治区举办了林业扶贫专项培训班。来自3个省(区)的林业部门及生产第一线管理人员、技术人员、企业相关人员等314名学员参加培训。国际竹藤中心充分利用科研、技术优势，连续第11年为贵州、广西举办扶贫技术培训班。培训班结合国家林业局扶贫工作总体规划要求，并结合当地的资源情况、区域特点和未来发展方向，有针对性地制订教材，邀请国内知名专家讲授了“竹资源培育技术”“油茶良种及繁殖技术”“竹林病虫害防治技术”等专题课程，帮助学员解决了许多生产实践中面临的难题，使学员看到了竹子、油茶、刺梨、天麻等的广阔发展前景，坚定了脱贫致富的信心，为促进贫困省(区)的林业发展和农村经济发展发挥了积极作用。

2016年竹编艺术扶贫培训班 9～12月，国际竹藤中心在四川青神培训基地分别为贵州、广西、江西、四川等省(区)举办了5期竹编技术培训班，205余名贫困竹农参加了培训。针对学员特点，国际竹藤中心制订了相应的教学方案，专门设置了“平面竹编艺术”和“竹编家具艺术”等专业实用技术课程，达到了较好的培训效果。

【科技产业】 与湖北咸宁市签署了科技合作协议，牵头编制完成《深圳市国家森林城市建设总体规划(2016～2025年)》并通过专家评审。充分利用科技人才和技术优势为企业服务，与浙江鑫宙竹基复合材料公司大力开展竹缠绕复合压力管技术联合攻关，成立了国家林业局竹缠绕材料工程技术中心，在湖北、山东和内蒙古建成3条生产线，应用效果良好。认真实施科技推广和知识产权产业化推进项目，竹束单板复合板加工技术和产品的改进与推广工作取得显著进展。配合国家林业局完成全国竹产业调研，为竹产业发展服务。

《深圳市国家森林城市建设总体规划》编制工作 2016年初，受深圳市人民政府委托，由国际竹藤中心作为项目承担单位组织开展《深圳森林城市建设总体规划(2015～2025年)》(以下简称《规划》)编制工作。国际竹藤中心高度重视，组成了由国际竹藤中心、国家林业局城市森林研究中心、中国生态文化协会、清华大学规划设计院、广东省岭南综合勘察设计院、北京林业大学6家单位30多位专家组成的调研编制组。7月9日，组织召开《规划》编写工作研讨会。国际竹藤中心常务副主任费本华研究员主持会议，党委书记刘世荣研究员出席会议并讲话，调研编制组专家参加研讨。会上，国家林业局城市森林研究中心主任王成研究员代表项目组介绍了《规划》工作方案，重点介绍了总体规划的框架、相关图件制作、专题研究报告的主要内容及任务分工情况，与会专家进行讨论，并达成共识。会上还讨论细化了实地考察、规划初稿提交、项目评审等具体工作的时间节点和工作要求。

7月24日至8月3日，国际竹藤中心组织专家组赴深圳市开展了《规划》编制调研工作。专家组实地调研考察了深圳市的森林生态保护建设、生态文化、生态水网、森林旅游等方面情况，走访了大鹏半岛国家地质公园、坝光银叶树湿地园、梧桐山风景区、国家兰科植物种质资源保护中心等47个具有代表性的典型区域，以及龙岗区、宝安区、坪山新区等10个区，并分别与各区城管局、市人居委、市水务局等多家单位进行了18次座谈，重点考察了深圳森林生态修复系统、立体绿化、绿道管理、公园建设、生态水网建设等。在调研考察结束后，专家组依据《国家森林城市评价指标》和《深圳市创建国家森林城市工作方案》要求，结合深圳市委市政府建设美丽深圳和东进战略决策部署，提出《规划》编制思路及框架，得到深圳市城管局及林业局的充分认可与肯定。

10月16日，召开《规划》专家评审会。全国政协人口资源环境委员会副主任、国际竹藤中心主任、国际木材科学院院士江泽慧，国家林业局副局长彭有冬，深圳市委常委刘庆生，国家林业局总工程师封加平、总经济师张鸿文，以及来自国家林业局、中国生态学学会、中国林学会、中国生态文化协会、广东省林业厅、国际竹藤组织、ISO 竹藤技术委员会，以及《规划》编制调研组的专家代表 40 余人出席评审会。调研编制组通过实地调研、规划编制、意见征集及修订等工作，经多次研讨和完善，形成了《规划》文本。

【竹藤标准化】

全国竹藤标准化技术委员会 2015 年年会 2 月 25 日，全国竹藤标准化技术委员会（以下简称竹藤标委会）2015 年年会在国际竹藤中心召开。全国政协人口资源环境委员会副主任、国际竹藤中心主任、国际竹藤标委会主任江泽慧，国家林业局科技司副司长杜纪山，国家林业局对外合作项目中心常务副主任吴志民，国际竹藤中心常务副主任费本华，中国竹产业协会副会长刘红，以及竹藤标委会委员出席会议。费本华主持会议，江泽慧、杜纪山分别讲话。江泽慧要求竹藤标委会立足于中国竹藤产业发展实际，紧跟国际竹藤产业发展趋势，加强竹藤领域国际标准的研究，推动中国竹藤标准国际化。杜纪山对竹藤标准化工作的开展给予了肯定，并对竹藤标委会的下一步工作提出了希望与要求。会上，竹藤标委会秘书处汇报了 2015 年工作总结及 2016 年工作计划，全体委员对“竹集成材地板”等 4 项已完成专家审查标准、“竹产品术语”等 3 项拟提交国际标准化组织（ISO）标准计划和“竹材物理力学性质试验方法”等 4 项国家标准复审计划进行了讨论和投票，并讨论通过了 2016 年工作计划。

国际标准化组织竹藤技术委员会成立大会 4 月 26 日，国际标准化组织竹藤技术委员会（ISO/TC 296）成立大会在国际竹藤中心召开。国际标准化组织（ISO）主席张晓刚，全国政协人口资源环境委员会副主任、国际竹藤组织董事会联合主席、国际竹藤中心主任江泽慧，国家林业局局长张建龙，国家质检总局党组成员、国标委主任田世宏出席会议并致辞，共同为 ISO/TC 296 秘书处揭牌。国家林业局副局长彭有冬主持成立大会。国际竹藤组织总干事费汉斯、哥伦比亚驻华大使卡尔门萨·哈拉米略以及来自国际标准化组织中央秘书处、ISO/TC 296 成员国标准专家、有关国家驻华使馆代表等共 190 余人参加成立大会。大会还邀请国内外知名专家围绕竹产业可持续发展、竹藤产品国际贸易、东南亚藤产业及标准化、中国竹藤标准现状及标准国际化等方面作了主题报告。

国际标准化组织竹藤技术委员会第一次年会 4 月 26～27 日，国际标准化组织竹藤技术委员会第一次年会在国际竹藤中心召开。来自哥伦比亚、法国、埃及、印度尼西亚、尼泊尔、菲律宾、荷兰、马来西亚、中国等成员国和观察员国的标准专家，国际竹藤组织代表及 ISO/TC 296 秘书处相关人员参会。会上，ISO 中央秘书处技术项目经理安娜·罗西详细介绍了 ISO 的工作程序。ISO/TC 296 主席费本华和秘书长余雁分别作了主席和秘书处报告。与会的各国技术专家就 ISO/TC 296 的工作范围、工作计划、组织架构及新标准提案展开讨论。会议通过了 14 项决议，包括：接受国际竹藤组织为 ISO/TC 296 的 A 类联络组织，明确了 ISO/TC 296 工作范围，通过了 ISO/TC 296 战略工作计划和中国代表团提交的竹产品术语、竹碳和竹地板 3 个新标准提案，建立了竹产品术语与分类、竹炭、竹地板 3 个工作组，商定了 2017 年和 2018 年年会的举办地点等。

【创新平台建设】 竹藤科学与技术重点实验室运行管理不断完善，空间布局得到优化。国家竹藤工程中心试验用房及附属设施项目建设完成。安徽太平试验中心信息化和南区基础设施项目有序实施，优良种质资源繁育、新品种测试和保存库管理不断加强；热带森林植物研究所一期项目启动竣工验收工作，二期项目进展顺利，两个基地的竹藤展厅建设积极推进。国际竹藤组织青岛科技基地项目一期工程启动，二期项目正在申报筹备。竹林生态定位站建设取得积极进展，安徽太平和海南三亚生态定位站已进行初步设计。图书馆项目建设进展顺利。

国际竹藤组织青岛科技基地项目协调会 1 月 20 日，国际竹藤组织青岛科技基地建设项目召开项目协调会，国家林业局副局长彭有冬主持会议并发表讲话。会议汇报了项目背景及进展情况，讨论了项目当前重点工作及亟需解决的问题，研究部署下一步工作计划。国家林业局计财司副司长杨冬、国际竹藤中心常务副主任费本华、青岛市政府副秘书长韩守信、青岛市林业局局长曹友强、即墨市副市长管元江，以及青岛市林业局、即墨市林业局、项目筹建办等相关人员出席会议。

竹藤科学与技术重点实验室 2016 年学术交流会 1 月 22 日，竹藤科学与技术重点实验室召开 2016 年第一次学术交流会。国际竹藤中心常务副主任、竹藤科学与技术重点实验室主任费本华研究员参会并讲话。会议报告包括竹材加工利用、遗传育种、基因组学、竹林培育、碳汇、保健品研发等内容，共安排学术报告 14 个。中国林科院木材所于文吉研究员、北京林业大学刘勇教授、北京中医药大学张宏桂教授、国际竹藤中心王戈研究员分别作特邀报告。

国家林业局计财司调研组检查指导竹藤中心三亚基地建设 9 月 7～10 日，国家林业局计财司建设处处长闫春丽一行对热带森林植物种质资源保存与研究基地建设工作进行了检查调研。调研组听取了三亚基地建设办关于热带森林植物种质资源保存与研究基地项目批复、项目建设、资金使用、存在的主要困难与问题以及下一步重点工作等情况的汇报，对项目的总体执行情况表示肯定。调研组分析了项目建设过程出现的有关问题，并对下一步建设工作提出要求。

【中美共建中国园项目】

2016 年，中美共建中国园项目取得重要进展，连续第七次列入中美战略与经济对话成果清单，并列入 2016 年 G20 杭州峰会中美成果清单。江泽慧作为项目总执行人受邀参加了第八轮中美战略与经济对话开幕式等活动。经过中美双方不懈努力，中国园项目于 10 月 28 日在美国华盛顿国家树木园举行开工典礼。

中国园项目中方建设领导小组会议 于 1 月 29 日

在北京召开。全国政协人口资源环境委员会副主任、国际竹藤中心主任、中国园项目中方总执行人江泽慧主持会议，国家林业局党组书记、局长、中国园项目中方建设领导小组组长张建龙出席会议并讲话。会议汇报了中国园项目近期进展情况，研究了开工前准备工作的安排与落实、项目筹资方案的落实等议题，讨论了项目下一步工作部署。国家林业局副局长彭有冬、总工程师封加平，以及国家林业局、江苏省林业局、扬州市人民政府、扬州市林业局有关领导和专家参加会议。

江泽慧会见全美中国园基金会主席莫天成 5月12日，全国政协人口资源环境委员会副主任、中国园项目中方总执行人、国际竹藤中心主任江泽慧在北京会见了全美中国园基金会主席莫天成一行。双方通报了中国园项目中美近期工作进展、研究了10月底开工前中美双方准备工作、讨论了第八轮中美战略与经济对话期间续签备忘录补充协议等事宜。国家林业局对外合作项目中心常务副主任、中国园项目中方建设领导小组成员吴志民，国际竹藤中心常务副主任、中国园项目中方建设领导小组办公室主任费本华，中国花卉协会副秘书长、中国园项目施工设计工程建设组副组长彭红明等参加会见。

中美共建中国园开工典礼 于10月28日在美国首都华盛顿国家树木园举行。中国国家林业局局长张建龙，国际竹藤中心主任、中国园项目中方总执行人江泽慧，中国驻美国大使崔天凯，美国农业部副部长凯瑟琳·沃塔基，美国国务院副国务卿凯瑟琳·诺维莉等中美两国代表共200余人出席典礼。张建龙、沃塔基、诺维莉分别发表讲话。当晚，中国驻美国大使馆举行了中国园晚餐招待会暨文化交流联谊会。

【党建和机关建设】 切实抓好党建工作。认真学习贯彻十八届六中全会、中央纪委六次全会、全国"两会"、习近平总书记关于森林生态安全的重要讲话以及国家林业局两建工作会议精神；深入开展"两学一做"学习教育和"三强化两提升"学习实践活动；积极组织参加纪检干部业务培训、司局长理论研修、党委书记培训、党校进修等学习培训；严格执行"三会一课"等制度，建立完善中心支部工作APP，创建"竹藤党建"微信群，加强学习交流；召开中心两建工作会议；加强党支部建设，积极开展支部活动，认真学习党支部工作法，申报国家林业局优秀学习品牌案例；认真开展党员组织关系集中排查，加强对入党积极分子的教育培养，完善建档和定期考查，培养入党积极分子17名，完成预备党员转正和发展审批4名；认真开展党费使用管理专项检查，完成党费补缴上报工作；积极开展纪念建党95周年系列活动和"两优一先"评选，中心党委和3个支部分获国家林业局、国际竹藤中心优秀基层党组织称号，15人次分获局、中心优秀党务工作者和优秀共产党员称号。切实开展"四风"问题集中检查，抓好巡视整改意见落实，在加强资金资产监管、公务用车、公务接待、人才引进、因公出国和科研资金管理等方面制修订出台7项规章制度。

加强机关精神文明建设。切实做好工青妇和统战工作，完成团委换届，荣获2013～2015年度中央国家机关五四红旗团委称号，在国家林业局群团工作会议上作工会工作典型发言，"播种绿色理念，传递生态文明行动"活动被国家林业局工会推荐上报为中央国家机关"主题家庭日"好案例。赴美举行中美文化交流联谊会，举办京剧大讲堂，弘扬国粹文化。开展纪念长征80周年主题参观、各类体育比赛和妇女节、青年节、儿童节等活动，加强革命传统教育，丰富职工文化生活。参加局演讲比赛和公文写作技能比赛并获优秀组织奖，1人获一等奖，3人获三等奖。开展"恒爱行动"公益捐赠活动，做好困难党员帮扶、退休职工慰问和职工生活福利等工作。被北京市朝阳区评为"群众性精神文明创建工作规范化建设文明单位"。加强机关自身建设。扎实做好综合管理、宣传教育、资金预算、基本建设、资产管理、后勤保障、安全稳定、节能减排等工作，顺利配合完成了局8个直属单位入驻宝能中心办公的相关工作，不断提高工作水平和服务能力，为事业发展提供坚实保障。

【重要会议和活动】

江泽慧会见尼泊尔森林与土壤保护部部长 1月15日，全国政协人口资源环境委员会副主任、国际竹藤组织(INBAR)董事会联合主席、国际竹藤中心主任江泽慧教授在国际竹藤组织总部会见了来访的尼泊尔森林与土壤保护部部长阿格尼·萨普科塔一行，双方就竹藤领域尤其是竹子用于震后重建方面的合作交换了意见。江泽慧介绍了中尼竹子合作和中国抗震竹预制房的情况，以及国际竹藤中心为国际竹藤组织成员国培训竹藤领域技术和管理人才的成果等。目前，中尼双方合作，由国际竹藤中心执行的商品共同基金"竹人造板预制房在亚非的开发和商品化"项目进展顺利，竹子加工中心和预加工中心运转良好，已开始投产。2005年以来，国际竹藤中心为来自尼泊尔的共20余名高层政府官员、企业高层主管和高级技术人员提供了竹藤培训，帮助尼泊尔等发展中国家开发竹藤资源，发展区域经济，消除贫困。阿格尼·萨普科塔充分肯定了国际竹藤中心和国际竹藤组织近年来在尼泊尔开展竹藤项目取得的成果，对中国提供的技术支持，特别是尼泊尔2015年4月地震后中国政府第一时间提供的大力援助表示感谢。他说尼政府非常重视发展竹产业，希望继续得到中国政府以及国际竹藤组织的技术和项目支持。国际竹藤组织总干事费翰思感谢尼泊尔政府，特别是森林与土壤保护部，作为最初的9个创始国之一，给予国际竹藤组织的一贯支持。并邀请萨普科塔部长及尼泊尔总理出席2017年国际竹藤组织与国际竹藤中心共同举办的世界竹藤大会。会见后，国际竹藤中心党委书记刘世荣带领竹藤中心相关人员与尼方进行座谈，就中国竹子加工利用情况，尤其是竹子用于抗震用竹预制房的情况进行交流，就竹藤技术转让、能力建设培训、高附加值产品研发、竹产品商业化等方面的合作达成共识。国家林业局国际司副司长章红燕、竹藤中心党委书记刘世荣、尼泊尔驻华大使马赫什·马斯吉、国际竹藤组织总干事费翰思、副总干事李智勇陪同会见。

2016年工作会议 2月26日，国际竹藤中心召开2016年工作会议。全国政协人口资源环境委员会副主任、竹藤中心主任江泽慧，国家林业局党组成员、副局长彭有冬出席会议并讲话。国际竹藤中心常务副主任费本华、党委书记刘世荣、党委副书记李晓华以及竹藤中心全体干部职工参加会议。刘世荣主持会议。会上，费本华作了竹藤中心年度工作报告，回顾总结了2015年的各项工作，提出了2016年工作的总体思路，安排部署了2016年重点工作。李晓华作了竹藤中心两建工作报告，梳理和回顾了2015年"两建"工作，并对2016年工作进行了部署和安排。

江泽慧会见埃塞俄比亚环境、林业和气候变化部部长 3月13日，全国政协人口资源环境委员会副主任、国际竹藤组织董事会联合主席、竹藤中心主任江泽慧会见了来访的埃塞俄比亚环境、林业和气候变化部部长希费劳·德科里马里姆一行。江泽慧主任回顾了国际竹藤组织、竹藤中心与埃塞俄比亚在竹藤领域的合作概况，介绍了中埃竹藤培训和商品共同基金竹预制房项目的进展情况，重点就"中非竹子中心"、埃塞参与国际标准化组织竹藤标准技术委员会和2018年世界竹藤大会等事宜进行了深入交流。她表示，经过十几年的推动和发展，埃塞的竹产业取得了显著进展，已成为非洲地区的典范。希费劳部长说，埃塞新近成立了环境、林业和气候变化部，并已经将林业列为国家重点发展领域，希望中国政府和国际竹藤组织帮助埃塞充分利用丰富的竹资源，以更好地发挥林业在保护环境、应对气候变化和增加就业方面的作用，埃塞政府将大力支持"中非竹子中心"建设项目。国家林业局科技司司长胡章翠，对外合作项目中心常务副主任吴志民，竹藤中心常务副主任费本华、党委书记刘世荣，国际竹藤组织副总干事李智勇等陪同会见。

第六届中国竹种园联席会议 10月13日，由竹藤中心和中国林学会竹藤资源利用分会主办，中国竹产业协会和四川省林业厅协办，眉山市林业局承办的第六届中国竹种园联席会议在四川眉山召开。该次会议是第九届中国竹文化节系列活动之一。由竹藤中心科技处处长范少辉主持开幕式，竹藤中心常务副主任、竹藤资源利用分会主任委员费本华，国家林业局场圃总站副总站长杨连清，国际竹藤组织副总干事、竹藤资源利用分会副主任委员李智勇，四川省林业厅副厅长包建华，眉山市林业局副局长钟利东以及来自全国竹种园、科研院所等60余名代表出席会议，会议围绕"竹种园助力竹产业发展"的主题进行了深入的研讨交流。专家交流会上，邀请来自成都市望江楼公园、湖南森林公园竹园、陕西省楼观台实验林场、浙江省临安太湖源观赏竹种园和广西壮族自治区林科院的5位专家作专题报告。与会代表就竹种园的种质资源收集、保存、评鉴、利用和园区康养等展开讨论。

【林业大事】

2月21日 为加快推进国家林业局、国家统计局联合开展的"新一轮中国森林资源核算及绿色经济评价体系研究"项目，国家林业局科技司组织召开项目秘书处会议。国家林业局科技司司长胡章翠、副司长杜纪山，中国林科院副院长储富祥，竹藤中心党委书记刘世荣，国际竹藤组织副总干事李智勇，以及局资源司、计财司和专题研究承担单位的相关人员参加会议。

3月15日 在四川成都召开的全国林学会秘书长会议上，表彰了2015年度学术交流、科学普及、决策咨询、组织建设等先进单位。中国林学会竹藤资源利用分会荣获"学术交流先进单位"称号。

3月25日 竹藤中心与来访的深圳市林业局局长王国宾一行进行工作座谈。全国政协人口资源环境委员会副主任、国际竹藤组织董事会联合主席、竹藤中心主任江泽慧主持座谈会，双方就深圳市创建国家森林城市、森林城市规划以及计划在深圳市召开首届国际森林城市大会等几个重要会议的安排和衔接落实工作进行座谈。竹藤中心常务副主任费本华、党委书记刘世荣、党委副书记李晓华，中国生态文化协会常务副会长汪绚，国际竹藤组织副总干事李智勇，国家林业局城市森林研究中心常务副主任王成，以及竹藤中心、深圳市林业局相关处室负责人参加座谈。

5月15日 中国林学会竹藤资源利用分会与竹藤中心联合以"竹编科技创新、引领精准扶贫"为主题参加了2016年全国林业科技活动周。

5月16日 科技部公布了2015年创新人才推进计划入选名单。竹藤中心余雁研究员入选"中青年科技创新领军人才"。

6月21日 由东帝汶国会教育卫生青年工作委员会主席维吉洛·德克斯塔·霍尔内率领东帝汶国会议员代表团一行访问国际竹藤中心。东帝汶驻华大使本迪托·多斯·桑托斯·费迪托陪同访问。竹藤中心党委书记刘世荣会见代表团。

6月23日 竹藤中心常务副主任费本华会见了来访的埃塞俄比亚政策研究中心主任、国务部长埃勒贝尔·戴思·莫吉一行。

6月24日 俄罗斯联邦林务局局长瓦连基克率团访问国际竹藤中心。国家林业局对外合作项目中心常务副主任吴志民、国际竹藤中心常务副主任费本华、中国生态文化协会副会长汪绚、国际竹藤组织副总干事李智勇博士陪同瓦连基克一行参观了国际竹藤展厅。

7月5日 德国弗劳恩霍夫建筑物理研究所热湿学研究部主任哈特维希·迈克尔·孔泽尔博士一行应邀到竹藤中心开展学术交流，竹藤中心常务副主任费本华及相关科研人员和研究生参加。

7月9~12日 竹藤中心党委书记刘世荣带队到竹藤中心热带森林植物研究所调研指导。

10月13~15日 竹藤中心组织相关科研人员参加在四川省青神县召开的中国林学会竹子分会五届五次全委会暨第十二届中国竹业学术大会。

10月24~27日 "国际林联亚太地区会议"在北京召开。国际竹藤中心和美国西弗吉尼亚大学联合承办第5会议议题——生物质能源与材料创新技术。该议题由竹藤中心常务副主任费本华研究员和美国西弗吉尼亚大学王景欣教授共同主持。

11月16~18日 竹藤中心党委书记刘世荣调研指导海南三亚竹藤伴生林生态系统国家定位观测研究站、热带竹藤展厅、热带森林植物种质资源研究与保存基地二期工程建设和热带所工作。

11月19日 竹藤中心党委书记刘世荣带队到安徽

太平试验中心调研指导工作。

12月16～18日 竹藤中心常务副主任费本华对热带森林植物研究所科研综合楼运行和固定资产管理、热带森林植物种质资源研究与保存基地二期工程建设、海南三亚竹藤伴生林生态系统国家定位观测研究站、甘什岭作业道路沿线排水沟维修改造和科研项目实施等进行了调研指导，并对热带所下一步重点工作提出要求。

（国际竹藤中心由王丹供稿）

国家林业局森林病虫害防治总站

【概　述】 2016年，国家林业局森林病虫害防治总站（以下简称"森防总站"）深入学习习近平总书记系列重要讲话精神，认真贯彻国家林业局党组决策部署，牢固树立创新、协调、绿色、开放、共享的发展理念，围绕林业现代化建设，完成松材线虫病和美国白蛾防治、全国林业有害生物普查、高致病性禽流感监测防控督导，开展基于大数据融合的松材线虫病和美国白蛾时空测报等试点示范项目12项，完成新药剂产品登记的林间药效生物测定试验17个，编发《病虫快讯》10期和《野生动物疫源疫病监测信息报告》372期，编制美国白蛾、马尾松毛虫等13种主要有害生物监测工作历，举办松材线虫病监测鉴定和疫源疫病监测等专题培训班13期，获省部级科技二等奖2项，修订完善党务和站务公开、办公用房、物资采购和招投标等规章制度7项。

机构队伍建设 1月6日，森防总站召开党员大会，进行换届选举，党政班子、在职党员、离退休支部委员73人参加。经选举，中国共产党森防总站新一届党委由张克江、宋玉双、闫峻、曲苏、成吉、郭文辉、吴长江组成，张克江任党委书记、宋玉双和曲苏任党委副书记；中国共产党森防总站新一届纪律检查委员会由曲苏、才玉石、郭文辉、柴守权、董振辉组成，曲苏任纪委书记、才玉石任纪委副书记。

1月28日，森防总站授予防治处、测报处、计财处2015年度"先进处室"称号，授予才玉石、曲涛、郭文辉、方国飞、王云霞2015年度"先进工作者"称号，授予缪凯2015年度"扶贫先进个人"称号。方国飞入选国家林业局"百千万人才工程"省部级人选、获辽宁省直机关优秀共产党员称号，才玉石获辽宁省直机关优秀党务工作者称号，李涛获辽宁省直机关"五一劳动奖章"。森防总站获辽宁省直机关"先进党委""文明机关""文明单位标兵"称号。

科学技术成果 "林木害虫天敌姬蜂资源研究及采集设备研制与应用项目"获2016年辽宁省政府科技进步二等奖，"林木枝梢及果类蛀虫寄生天敌研究"获第七届梁希林业科学技术二等奖，"荒漠林有害生物天敌种类及利用"获2016年辽宁省林业科学技术一等奖。3月18日，党委研究决定，新一届森防总站学术委员会由曲涛、闫峻、初冬、吴长江、宋玉双、张旭东、陈国发、赵杰、赵铁良、郭文辉、崔永三、常国彬、盛茂领13人组成。新一届学术委员会选举宋玉双为主任委员，闫峻、盛茂领、赵铁良为副主任委员。副总站长闫峻任《中国森林病虫》主编。

国际交流合作 世界茧蜂分类学家Prof. van Achterberg教授和中国知名昆虫学家李后魂教授、王明霞教授，分别来森防总站进行学术交流。12月4～17日，森防总站组织的跨境野生动物疫源疫病监测防控技术引智培训，赴俄罗斯莫斯科、圣彼得堡，拜访有关大专院校和科研院所，考察学习野生动物迁徙研究、动物疫病研究等方面知识，森防总站曲苏、初冬及内蒙古、重庆等地15名监测技术骨干参加引智培训。

信息化建设 1月4日，森防总站承担的"林业有害生物及野生动物疫源疫病监测预报国家级信息系统改扩建项目"通过辽宁中平会计师事务所有限公司的竣工财务决算审计。3月18日，林业有害生物及野生动物疫源疫病监测预报信息管理系统、中国森防信息网通过辽宁省公安厅评审，被定为信息系统安全等级保护备案第二级标准。7月4～8日，在黑龙江省哈尔滨市举办林业有害生物防治信息管理系统推广应用培训班。12月6～8日，在云南省腾冲市举行林业有害生物防治信息系统应用启动会暨全国林业有害生物信息化建设培训班。

行业宣传培训 举办国家级中心测报点专职测报员、松材线虫病检测鉴定、新药剂药械、信息系统应用和野生动物疫源疫病监测等专题技术研训班13期，培训基层业务人员1200多人次。中国森防信息网发布动态信息2万余条，编发《森防工作简报》12期。组织开展记者行活动、森防知识竞赛、最美森林医生演讲比赛等系列宣传活动。出版《中国森林病虫》6期。

"两学一做" 3月22日，召开"两学一做"暨党风廉政建设专题推进会，传达国家林业局"四风"问题集中检查动员部署暨中央巡视反馈意见整改落实工作推进会精神，部署"两学一做"学习教育实践。7月24～27日，国家林业局造林司司长、支部书记王祝雄等一行7人来到辽宁，开展"两学一做"联学共进活动，参观周恩来纪念馆、"信仰的力量"主题展览，召开"两学一做"联学共进座谈会。11月20日，举办"两学一做"学习教育知识竞赛。

【林业有害生物发生】 2016年中国林业有害生物偏重发生，累计发生1186.69万公顷，同比下降1.15%。①发生面积得到一定缩减，但发生水平仍处在高位；②重大危险性林业有害生物扩散蔓延势头迅猛，潜在危险性有增无减，对生态安全的威胁巨大；③多种常发性病虫危害程度总体有所减轻，但仍对局部地区造成严重危害，生态和经济损失严重。

发生特点 ①重大危险性林业有害生物扩散迅猛，松材线虫病、美国白蛾、薇甘菊等新增县级发生区95个。②林业有害生物灾害突发频繁，超过50次。③经济林病虫害造成的损失巨大。④林木病害持续加重。⑤

常发性病虫害发生面积和危害程度总体得到有效控制，但局部仍有成灾情况出现。

成因分析 ①全球性气候变暖，经济贸易快速发展带来的物流活动频繁。②森林资源及经济林果发展迅速。③现有森林生态环境脆弱、林分质量较差、抵御有害生物能力较低。④林业有害生物防控整体能力还不能完全满足生产需要，重救灾轻预防的情况普遍存在。

松材线虫病 16个省(区、市)、246个县，共有发生面积79.11万公顷，病死树70.20万株，同比分别增长28.2%和36.3%。新增1个省级、45个县级疫情发生区，疫情突破传统适生区北线，发生北端向北推移了200多千米，首次在辽宁省大连市出现疫情。

美国白蛾 发生88.93万公顷，同比上升30.65%；危害程度整体以轻度发生为主，占比91.59%。苏豫皖3省增幅显著，同比上升107.07%；京津冀辽鲁等老发生区疫情发生总体平稳。新增1个省级(湖北省)、31个县级疫情发生区。

森林鼠(兔)害 发生195.51万公顷，同比下降8.99%，但仍处在高位。鼢鼠类在甘肃、宁夏、青海等局部地区形成边栽边吃、常补常缺、造林不成林的局面；沙鼠类在新疆准噶尔盆地周边、甘肃省河西地区危害严重；兔害在西藏拉萨、内蒙古森工金河、辽宁朝阳、河北坝上等地区局部成灾。

有害植物 发生19.19万公顷，同比上升12.36%。在华南进一步扩散，新增8个县级疫情发生区，中度以下危害程度发生占比达95%。金钟藤发生同比略有下降，主要发生在海南省中部天然次生林区。金钟藤在湖北的十堰、鄂州、黄石、武汉等地局部成灾。

经济林病虫害 发生187.97万公顷，同比上升20.02%。竹类病虫危害整体有所减轻，但黄脊竹蝗在湖南多地严重发生。板栗、枣等木本粮食病虫在新疆、山西、云南、浙江等地呈高发态势。油茶、核桃等木本油料病虫害在湖南、江西、浙江持续加重。槟榔黄化病在海南中部地区造成较大经济损失。桉树病虫危害日益加重，已影响速生桉产业发展。

松树钻蛀害 发生87.14万公顷，同比上升2.11%。松褐天牛发生面积连续多年持续攀升，重庆、浙江、贵州、四川等省(市)发生面积较大。切梢小蠹在云贵川轻度危害，红脂大小蠹以轻度发生为主，萧氏松茎象危害减轻，华山松大小蠹以轻度发生为主。

松树食叶害虫 发生76.55万公顷，同比下降9.33%。马尾松毛虫在局部地区危害程度仍然严重。云南松毛虫在云南、四川局部地区造成危害。落叶松毛虫在黑龙江伊春和鹤岗危害较重。油松毛虫以轻度发生为主。松茸毒蛾在皖南、赣东北以及浙江丽水等地突发成灾。叶蜂类在陕西陕南、山西太行山、黑龙江鸡西等地危害较重，局地成灾。

松蚧虫 发生56.28万公顷，同比上升1.95%，中度以下发生面积占比98.07%。松突圆蚧以轻度发生为主。湿地松粉蚧在湖南郴州、永州危害较重，首次在江西安福发现危害。日本松干蚧在辽宁、山东主要以轻度发生为主。中华松梢蚧在贵州咸宁大面积暴发。

杨树蛀干害虫 发生38.62万公顷，同比下降2.54%，发生面积连续9年下降，轻度发生占比76.59%。光肩星天牛在内蒙古巴彦淖尔严重发生。青杨天牛在内蒙古、吉林、辽宁等地轻度发生。桑天牛在安徽、河南危害较轻。杨干象在冀东北、内蒙古通辽和赤峰有加重趋势。

杨树食叶害虫 发生133.15万公顷，同比上升0.36%，中度以下发生面积占比超过95%。春尺蠖在新疆、宁夏发生面积增加，在西藏“一江两河”流域持续高发、局部成灾1.75万公顷。杨树舟蛾在江苏、安徽等主要发生区发生面积明显下降，在山东、河北不同程度上升、整体多以轻度发生，在湖北江汉平原局部、江苏部分高速公路两侧树木危害较重。

林木病害 发生134.14万公顷，同比略有下降(3.53%)，但危害程度加重。杨树腐烂病在西藏局部地区造成大量新植幼树枯死。桦树黑斑病在内蒙古部分地区暴发成灾，在内蒙古森工仍偏重流行。旱柳枯萎病在内蒙古鄂尔多斯偏重发生。松针红斑病在内蒙古呼伦贝尔市危害严重。落叶松落叶病在吉林中东部地区危害严重。

其他有害生物 舞毒蛾发生10.19万公顷，同比下降5.73%，主要发生在内蒙古及东北地区。蜀柏毒蛾发生26.74万公顷，同比下降9.45%，以轻度发生为主。黄褐天幕毛虫发生10.05万公顷，同比下降6.42%，主要发生在华北及东北地区。栗山天牛发生16.19万公顷，同比下降3.10%，主要发生在东北地区。模毒蛾发生8.69万公顷，同比下降51.43%，主要发生在内蒙古森工和内蒙古其他地区。

【林业有害生物防治】 据统计，中国2016年共采取各种措施防治林业有害生物795.53万公顷，主要林业有害生物成灾率控制在4.5‰以下。9个县级疫区松材线虫病得到根除，24个县级疫区未出现病死树。防治美国白蛾74万公顷、426万公顷次。

防治督导 以新发疫区、重点生态区、国家战略区等为重点，与造林司组成联合督导组，深入25个省(区、市)93个区(县)，对松材线虫病、美国白蛾、鼠(兔)害等重大林业有害生物防治，以及全国林业有害生物普查、产地和调运检疫开展督导。认真落实国家林业局领导重要批示，开展云贵川渝长江上游地区重大林业有害生物发生防治专题调研，以及新疆杨树病害专家组现场指导。

监测预报 编发《病虫快讯》10期，及时发布美国白蛾等发生趋势动态。报送林业生物灾害应急周报50份、月报12份、季报4份，通过中央电视台播放美国白蛾、鼠害等林业有害生物预警信息3期。分析指出全国主要林业有害生物2015年发生情况及2016年发生趋势，通过《灾害与控制灾害咨询报告》上报国务院，国家林业局领导对《报告》中林业有害生物内容做出重要批示。编制美国白蛾、马尾松毛虫等13种主要有害生物监测工作历。

检疫监管 拟定2016年中国松材线虫病疫区和疫区撤销公告，分别以国家林业局第6号和7号公告发布。拟定2016年中国美国白蛾疫区公告，以国家林业局第8号公告发布。召开全国林业有害生物普查工作会，全国共采集标本300余万套，拍摄影像资料100余万份，累计发现国内、省内新记录病虫种类300余种。开展产地检疫、调运检疫抽查及涉木企业登记，完成全国8.57万家涉木企业(个人)，以及6.89万家苗木生产、经营单位(个人)信息统计整理。

试点示范 开展基于大数据融合的松材线虫病和美国白蛾时空测报、松材线虫病与鼠(兔)害防治示范、华山松大小蠹“推拉”防治、信息管理系统应用等试点12项，完成杀虫剂、除草剂登记林间药效试验17项。组织召开现场会，全面总结生物防治示范区建设和社会化防治试点经验。召开检疫工作、美国白蛾防治等研讨会，加速推进新技术、新经验的应用。

【疫源疫病监测】 以管理促发展、加强疫病监测防控，以专家会商为基础、强化疫情风险评估与管理，以平台项目为依托、加快监测防控管理信息化进程，以服务为支撑、提升一线监测防控能力。

监测信息管理 严格执行信息日报告制度，编发《野生动物疫源疫病监测信息报告》339期。加大节假日期间对国家级监测站应急值守的抽查力度，691站(次)的应急值守平均在岗率88.3%，较2015年提高3个百分点。

发生趋势研判 密切跟踪国内外主要野生动物疫病发生动态，发挥专家智慧优势，会商月度、季度、半年和全年野生疫情发生趋势和措施建议，形成发生趋势和措施建议报告13份。制订印发《2016年重要野生动物疫病主动预警工作实施方案》，累计采集样品10 349份，发现70余株H5N8等野鸟源禽流感病毒。

突发疫情应对 利用电话抽查、直报系统督促等方式，加大对国家级监测站工作的督查力度。配合保护司共计派出20人次赴现场，指导了18个省(区、市)妥善处置75起异常情况，无害化处理35种6549只(头)死亡野生动物。督导科学应对青海等地禽流感、西藏藏羚羊传染性胸膜肺炎、新疆野生羊类小反刍兽疫等22起野生动物疫情，做到突发疫情“第一时间发现、第一现场处置”。

基础能力建设 完成野生动物疫源疫病监测信息直报系统向管理系统的升级改造，实现信息采集、汇总分析、应急响应、宣传教育等功能的集成。依托陆生野生动物疫源疫病监测防控信息管理系统服务架构，利用野外数据采集设备、Android软件架构和移动互联网络，结合全球定位系统和通信运营商定位服务混合定位技术，以及野外数据采集设备所具有的拍照、摄像、传感等特性，建成标准统一、接口统一的野生动物疫源疫病监测信息采集系统移动监测防控应用系统。编制《野生动物疫源疫病监测防控标准站建设指南》。举办系统应用等培训班3期及突发野生动物疫情应急演练1次。完成赴俄罗斯开展跨境野生动物疫源疫病监测引智培训。

（国家林业局森林病虫害防治总站由柴守权、刘枫、程相称供稿）

国家林业局北方航空护林总站

【综　述】 2016年，北航总站全面贯彻落实全国林业厅局长会议精神，认真学习党的十八届六中全会精神，扎实开展“两学一做”学习教育，以思想建设为先导，强化科学理论武装，以组织建设为基础发挥领导核心作用、以作风建设为重点营造良好发展环境；以党风廉政建设为引导落实两个主体责任，以制度建设为保障完善各项工作机制。在春航开始前，超前策划部署，在航期各项工作开展过程中强化措施，完善应急处置，强化卫星林火监测和火险预警预报；与民航黑龙江空管分局气象台签署协议，开创了林业自己承担编发航空护林机场预报的新纪元；完成火场侦查系统项目建设，并进行综合通信指挥车实战测试；开展无人机调研工作、与南京森林警察学院签订合作共建协议、完成干部人事档案专项审核工作、积极抓好“十三五”规划落实的前期工作、成立北方航空护林总站专家组、成立《中国绿色时报》驻北方航空护林总站记者站。

【周俊亮担任北航总站总站长】 12月14日，国家林业局工作组在北方航空护林总站主持召开全体干部职工大会，宣布周俊亮任北方航空护林总站总站长，张惠新任北方航空护林总站党委书记的任职决定。国家林业局人事司副司长郝育军，森林公安局副局长王新凯出席会议。

【森林航空消防】 东北、内蒙古林区的航空护林飞行保障工作自2016年3月14日开始，至2016年11月9日结束，历时241天。航管共接收处理各类飞行计划4722条，取消2152条，实飞2570条；其中临时计划334条，取消40条，实飞294条；指挥保障护林飞行共计5432架次；日均接打电话165个。气象部门共处理报文29 653份。其中接收航站本场实况报10 896份；转发本场实况报10 896份；接收航站预报2064份；转发航站预报3179份；接收区域报1146份。编发航站预报1472份。编发机场预报935份。为科学、安全组织东北航空护林飞行任务提供强有力的保障。

【春夏秋租机情况】 为确保北方航空护林工作的正常开展，经与各省(区)防火办协调，2016年，北方7个省(区)，即内蒙古、辽宁、吉林、黑龙江、河北、陕西、新疆开展了航空护林工作。共签订航空护林飞机195架，其中直升机124架，固定翼飞机71架。

【加大飞行密度】 截至12月31日，北方航空护林系统为“早发现”森林火灾实施巡护1561架次3549小时20分，直升机载人巡护375架次685小时07分，空中发现火情43起，为“早扑救”赢得时间，争取战机；为杜绝野外火源，预防人为森林火灾的发生，实施清山、清河套、清林作业32架次36小时55分；为保障点烧防火线工作的顺利进行，出动4架直升机和1架固定翼飞机，飞行29架次68小时01分。截至2016年12月31日，北方航空护林系统对34个不同火场，实施机降作业126架次177小时43分2050人次，吊桶264架次248小时06分、洒水1933吨，化学灭火78架次139小时34分、洒化灭药剂213吨等空中灭火措施，在各场扑火战斗中有效地控制了火势，直至扑灭林火。

【航行保障】 2016年开航前，总站总调度室积极与民航黑龙江空管分局气象台、民航东北空管局气象中心协调，经过反复沟通，在双方都认可的前提下，签订了《总站与民航黑龙江空管分局关于提供东北航空护林气象参考信息的协议》《总站与民航东北空管局气象中心关于航空气象服务协议》，保证了2016年全年航空护林气象情报的及时获得。

为了做好2016年的飞机用油保障工作，总站总调度室在春航前积极与中国航油东北公司、黑龙江分公司进行沟通，并于3月17日在吉林敦化与航油公司共同组织召开了2016年东北航空护林航油保障工作座谈会。会上，中国航油东北公司与北航系统各航空护林站签订了《2016年航空护林航油供应协议》，解决了2016年的航空护林飞机常规用油问题，为确保东北航空护林飞行工作顺利进行打下了坚实基础。

【应对突发森林火灾】 甘肃省甘南藏族自治州迭部县于3月2日发生森林火灾。3月5日晚，接到国家森防指赴火场命令后总站森防协调处按照领导要求迅速落实，快速组成赴火场工作组，明确任务分工，连夜制订行程和支援方案。次日连续转机于傍晚第一时间抵达了迭部县前指。由于甘肃省之前没有开展航空护林工作，经总站领导与相关部门协调调机支援工作后，陕西省航空护林站1架K-32、1架S-92及时抵达火场支援扑火。扑火期间工作组累计向国家森防指、火场前线指挥部、地方政府汇报火情20余次，参加前指会议9次，累计侦察火场飞行19架次27小时，指挥吊桶作业飞行24架次50小时，累计洒水173桶346吨，充分发挥了航空护林优势，为扑火取得全面胜利发挥了关键性作用，得到了国家森防指和地方政府的高度肯定。

春航期间，内蒙古金河林业局、大兴安岭呼中林场发生两处较大火灾，火灾发生后总站按照扑火需要，紧急向空军长春指挥所、沈阳运管中心、哈尔滨及海拉尔区调申请进入国境线中国侧10千米飞行，同时严格要求相关航站管制、气象人员坚决执行军、民航要求。在管制、气象各岗位的通力保障下，相关航站得以快速集结飞机将火场全面控制。为避免火情复燃，总站根据火场需要，凌晨三点即申请金河火场飞行计划，同时快速批复M-26TC、M-171对余火、余烟继续实施吊桶和化灭。火灾期间，总站与长春指挥所、海拉尔区调、沈阳管调、民航黑龙江空管分局气象台等部门进行密切的协调，顺利完成了这两场火灾的127架次飞行的保障工作。

【组织专家支援航站建设】 辽宁省开展航空护林业务在历史上尚属首次，航站没有相关专业人员，北航总站从总站业务处室和东北航空护林系统选派了航护调度、飞行观察、空中交通管制和气象观测等业务人员赴辽宁进行支援，具体承担保障航空护林工作的正常开展、航空护林业务指导和专业技术培训等任务。专家组积极应对、快速反应，协同金普航空护林站迅速组织开展空中直接灭火作业，及时将林火扑灭，充分展现了航空护林的空中优势，得到了当地政府的高度赞扬和一致认可。

【积极应对北方地区严峻的森林防火形势】 为加强赴火场工作组快速反应能力，总站森防协调处按总站工作安排和预案部署，在春秋两航期进驻加格达奇、黑河航空护林站，开展防火紧要期赴火场工作组靠前驻防工作，2016年全年累计参加11人次驻防50天、累计飞行50小时，顺利完成了靠前驻防、业务训练和设备测试任务。

【国家森防指应急处置森林火情实战演练】 4月20日，国家森林防火指挥部在黑龙江省伊春市红星区大平台举行了应急处置森林火情实战演练。此次演练是近年国家森防指组织的规模最大的一次，以检验国家森防指应急处置森林火情程序、黑龙江省、伊春市和红星区等各级森防指应急响应、北航总站启动《国家森林火灾应急预案》Ⅳ级响应后，在火场一线协调指导火灾扑救，现场进行火情报告和火灾态势实时视频传输，火场前指工作规范为演练的主要内容的实战演练。

【防火物资年度追加采购和扑火物资出入库工作】 按照《国家林业局对结余资金追加采购的通知》要求，总站及时联系厂家签订防火物资购销合同，2016年年底之前完成追加采购物资的入库及资金拨付工作。2016年，总站储备库入库各类防火物资9批次1466件，出库防火物资10批次3370件，调拨单位涵盖武警森林指挥部、黑龙江省防火办、黑龙江森工总局防火办等10多个北方重点森林防火单位。全年储备库雇用短途运输车辆28次、装卸工150人次，在运输和雇工时，厉行节约，认真负责，保证了运费和人工费降低，节省了费用支出。

【卫星林火监测热点核查工作】 按照《国家森林防火指挥部办公室关于组织开展卫星监测热点现场核查评估有关工作的通知》(国森防办发明电〔2015〕30号)的要求，由总站卫星林火监测处组织，由国家林业局林火预警监测信息中心派员参加，完成热点实地核查工作，对黑龙江省、内蒙古自治区的4个监测热点进行了实地核查。

【加强业务培训】 北方航空护林总站于7月18~22日在北戴河国林宾馆举办了卫星林火监测与应用调度员(第一期)培训班。国家林业局森林防火预警监测信息中心主任王元法、北方航空护林总站总工程师张喜忠出席开班式。河北、辽宁、吉林、黑龙江、陕西、新疆森林防火指挥部办公室、北航总站系统各航空护林站，北航总站航空护林处、卫星林火监测处等共31人参加此次培训班。

【保持全年高强度监测】 截至2016年12月31日，东北卫星林火监测分中心共发布卫星林火监测图像2066幅，其中公众东北监测图像1802幅，黑龙江原始监测图像119幅，内蒙古原始监测图像97幅，吉林原始监测图像12幅，辽宁原始监测图像36幅。共发现热点592个，其中黑龙江省323个，内蒙古168个，吉林16个，辽宁85个。热点反馈为林火54起，草原火6起，农用火359起。

【成立北方航空护林总站专家组】 为贯彻落实国家森防指领导关于加强森林航空消防工作的指示精神，构建北方航空护林行业主管部门、行业专家双结合的行业管理决策机制，全面履行好北方航空护林总站职能，北方航空护林总站召开北方航空护林总站专家组成立暨第一次全体会议。成立专家组是总站适应航空护林发展的新形势、新任务、新要求，全面推进北方航空护林发展的一项重要举措；是构建行业主管部门、行业专家双结合的管理决策机制，进一步加强北方航空护林行业管理的必要保证；是充分发挥专家组的决策咨询和技术指导作用，是推动北方航空护林事业科学化、规范化、标准化发展的有效手段。

【《中国绿色时报》驻北航总站记者站成立】 12月27日，为深入贯彻落实十八届六中全会精神，进一步加大航空护林工作宣传力度，提高各级党委、政府和广大人民群众对航空护林工作关注度、认知度，使社会更加支持航空护林工作，关心森林防火工作，增强保护生态的意识，同时便于上级机关随时了解北方航空护林总站工作动态，更进一步增强总站领导力度，促进航空护林工作职能的充分发挥，成立《中国绿色时报》驻北方航空护林总站记者站。

【按要求进行资产清查】 总站按上级单位要求进行资产清查，由于2015年6月上级审计已经进行了资产的全面盘点，此次的资产清查重点是对资产以及固定资产的手续进行了全面核实，总体掌握了资产具体情况，为下一步的资产管理创造条件。总站对应报废的资产进行统计，按要求进行了上报并积极协调有关部门按要求上报政府性资产情况。按实际需要购置总站办公设备，提高总站的资产管理水平和办公设备水平。

【进行档案审核】 按照人事司的统一部署，总站人事处历时3个月，审核档案98本，包括聘用制干部人员档案，重点审核"三龄二历一身份"。通过初审、复审、再复审，认真、细致审核3次，逐一记录每本档案存在的问题并解决。在审核过程中对于难以解决问题及时与上级主管部门沟通请示，区分不同情况妥善及时处理，最终认定后，规范填写《干部任免审批表》《干部人事档案专项审核认定表》，并由本人签字确认，98本档案审核结果全部本人签字确认。按照档案审核和归档要求，有些档案缺失的材料该补充的进行了补充，最终如期完成此项工作，情况上报局人事司。9月，总站人事处开始对工人的档案进行了审核。

【完成职称认定工作】 2016年，申报评职人员共有20人，高级工程师申报3人，工程师申报8人，工程师认定1人，助理工程师认定7人，技术员认定1人。此项工作严格按照评审办的要求审核材料、公示后呈报。

【林业大事】

1月7日 北航总站召开了由北京、河北、辽宁、新疆维吾尔自治区(省、市)参加的航空护林行业管理工作会议。

1月19日 武警森林指挥部直升机支队支队长、政委等一行三人来到北方航空护林总站调研工作，并与总站领导班子成员进行座谈。

1月21～22日 北方航空护林总站在沈阳市组织召开2016年春季北方航空护林租机协调会议，国家森防办副主任柳学军，军民航、油料管理和保障等13个单位领导应邀到会指导工作。辽宁、河北、内蒙古、黑龙江、吉林、陕西、新疆维吾尔自治区及大兴安岭地区森林防火办领导，16个航空护林站以及27个供机单位的相关人员参加了会议。

1月31日 北方航空护林总站2015年秋、冬航期赴陕支援工作圆满结束。此次支援历时77天，共派出飞行观察、航行管制、气象等3个岗位6名专业技术人员，主要任务是保障陕西省航空护林工作的正常开展和进一步开展航空护林业务指导工作。

2月23日 黑龙江省森防指专职副总指挥郑怀玉、省防火办主任吴占杰一行来到北方航空护林总站，就2016年春防开展航空护林工作与总站领导进行了沟通交流。

3月9日 黑龙江省人民政府森林防火指挥部对2015年度森林草原防火先进集体和先进个人进行了表彰。北方航空护林总站赵文鹏、吴磊和丁宁三位同志被授予"2015年森林草原防火先进个人"称号。

3月17日 森林航空消防东北航油保障工作座谈会在吉林省航空护林中心召开。国家林业局北方航空护林总站副总站长张宝柱、总调度室主任董春林参加了此次会议。

3月25日 北航总站总站长张惠新在长春参加了"吉林省35年无重大森林火灾"表彰大会。

3月27日 北方航空护林总站总调度室支援人员抵达黑河航站对黑河航站航管工作给予指导。

4月1日 北方航空护林总站火场侦察系统建设项目实施方案论证会在天津中天高科特种车辆有限公司举行。项目建设方北航总站、监理方北京国研监理、承建方大陆康腾公司和车辆改装方中天高科、航天新长征五家单位的主要领导和项目负责人参加了会议。

4月7日 吉林省航空护林中心召开了主要领导人事变动会议。人事处处长宋大烨宣读了吉林省林业厅党组关于任命刘杰为吉林省航空护林中心主任的决定。

4月21日 武警黑龙江省森林总队推进"五联"部署会议在伊春市召开。国家森防指办公室副主任柳学军、北方航空护林总站总站长张惠新、黑龙江省森防指专职副指挥郑怀玉、武警黑龙江森林总队总队长韩亚民、伊春市副市长李忠培等领导同志出席会议。

4月29日 派出靠前驻防工作组，携带相关应急通信设备，进驻加格达奇航空护林站，开展2016年春防紧要期靠前驻防工作。

5月11日 第一份由北方航空护林总站总调度室编制和发布的航空护林气象预报，发往各东北航空护林站机场，结束了东北航空护林气象预报由民航编制和发布的历史。

6月17日 北方航空护林总站召开全体职工大会。受国家林业局党组委派，人事司副司长郝育军、副处长李建锋，森林公安局副局长李明等一行来到北方航空护林总站，宣布周俊亮的任职决定。周俊亮任北方航空护林总站党委副书记、副总站长。

6月21日 北方航空护林总站在黑龙江省黑河市组织召开2016年夏季北方航空护林租机协调会议，国家森防办处长张连生应邀到会指导了工作。内蒙古、黑龙江省(区)森林防火指挥部办公室、大兴安岭森林防火指挥部办公室及相关通用航空公司领导参加了会议。

7月7～8日 全国森林航空消防工作会议在北方航空护林总站召开。国家森防指办公室、国家林业局计财司行业处、南航总站、北航总站有关领导及相关人员参加了会议。

8月11日 由国家林业局计财司、防火办有关领导组成的工作组一行，到北方航空护林总站调研指导森林航空消防重点项目建设工作，并与总站领导和相关部门人员进行了座谈。

9月2日 北方航空护林总站在陕西省西安市组织召开2016年秋季北方航空护林租机协调会议。国家森防办、民航管理部门和军民航相关保障单位领导应邀到会。内蒙古、辽宁、吉林、黑龙江、陕西省(区)森林防火指挥部办公室，黑龙江大兴安岭林管局森林防火指挥部办公室、武警森林指挥部直升机支队，各相关通航公司、各航空护林站(中心)领导参加了会议。

9月3日 北方航空护林总站在陕西省西安市组织召开2016年北方航空护林行业管理会议。国家森防办处长张连生、北方航空护林总站总站长张惠新，副书记、副总站长周俊亮，副总站长张宝柱及北京、河北、内蒙古、辽宁、吉林、黑龙江、陕西、新疆维吾尔自治区(省、市)森林防火指挥部办公室，黑龙江大兴安岭林管局森林防火指挥部办公室、各航空护林站(中心)的领导参加了会议。

9月27日 北方航空护林总站火场侦察系统建设项目综合通信指挥车、通信车接收前期培训，在天津市武清开发区北京中天高科特种车辆有限公司结束。

9月27日 中国林学会在浙江农林大学召开第四届中国林业学术大会暨第十二届中国林业青年学术年会。年会主要任务是认真贯彻落实党的十八大、十八届三中、四中、五中全会精神，围绕创新驱动发展与全面提升现代林业发展水平，集中展示广大林业科技人员的最新研究成果，开展学术交流和专家建议活动等。北航总站总工程师张喜忠参加了此次年会。

9月30日 北方航空护林总站派出靠前驻防工作组，携带应急通信设备，进驻黑河航空护林站，执行2016年秋季防火紧要期靠前驻防任务。

10月9日 北方省(区)森林航空消防有关工作会议在北方航空护林总站召开。国家森防指办公室，北方航空护林总站，内蒙古、吉林、黑龙江、陕西省(区)森林防火办公室，黑龙江大兴安岭林管局森林防火指挥部办公室，陕西省航空护林站有关领导及相关人员参加了会议。

10月13日 北方航空护林总站森林航空消防火场侦查系统建设项目通信指挥车交车仪式，在天津中天高科特种车辆有限公司举行。国家森林防火指挥部专职副总指挥杜永胜，北方航空护林总站总站长张惠新、总工程师张喜忠，北京大陆康腾科技有限公司总经理陈阳，北京中天高科特种车辆有限公司销售总监刘冬梅，国家森防办、预警监测中心、北方航空护林总站相关处室负责人以及北京大陆康腾科技有限公司、北京国研信息工程监理咨询有限公司和林业调查规划设计院有关项目承建、监理、设计负责人参加了交车仪式。

10月20日 北方航空护林总站与南京森林警察学院签订合作共建协议。双方约定，充分发挥高等院校的教育、科研、培训等资源优势和北方航站的业务实践、装备与基地优势，在人才培养、教育培训、科技研发、学生实习与就业等方面开展全方位合作。北方航空护林总站总站长张惠新、副总站长周俊亮，南京森林警察学院书记王邱文、校长张高文出席签约仪式。

10月23日 北方航空护林总站接收交付的火场侦察项目综合通信指挥车和通信车抵达哈尔滨后，赶赴黑龙江省幸福航空护林站进行车辆交付后的首次功能性实战测试。由总工程师张喜忠亲临现场指挥实战测试。总站协调处、服务处有关操作人员和大陆康腾科技有限公司、北京中天高科特种车辆公司等项目承建方相关厂家技术人员参加了实战测试。

11月1～6日 2016年中国国际航空航天博览会(简称中国航展，亦称珠海航展)在珠海国际航展中心举行。北航总站总站长张惠新、副总站长周俊亮、副总站长李世奇等参加了此次航展。

11月8日 2016年度省级森林防火专职指挥座谈会在福建省厦门市召开，会议围绕深入贯彻落实森林防火行政首长负责制和国外森林防火对中国启示两个主题展开研讨。国家林业局副局长李树铭出席并作讲话，森林公安局(国家森防指办公室、预警中心)党支部书记、森林公安局局长王海忠主持会议，北方航空护林总站副总站长周俊亮参加了会议。

11月27～30日 国家林业局森林防火指挥部办公室在南京市举办全国森林防火规划培训班，北方航空护林总站总站长周俊亮等参加了此次培训。

11月28日 根据北京大陆康腾科技有限公司《项目验收申请》，北方航空护林总站成立了由总站、国家林业局调查规划设计院、黑龙江省森林保护研究所、黑龙江省森林防火办公室等单位5位专家组成的专家组，对北方航空护林总站森林航空消防火场侦察系统建设项目进行初步验收。

12月14日 北方航空护林总站召开全体职工大会，宣布了关于周俊亮任北方航空护林总站总站长，张惠新任北方航空护林总站党委书记的任职决定。国家林业局人事司副司长郝育军，森林公安局副局长王新凯出席会议。

12 月 24 日 北方航空护林总站召开北方航空护林总站专家组成立暨第一次全体会议。会议由总站党委书记张惠新主持，专家组首批成员，总站总站长周俊亮、书记张惠新、副总站长张宝柱、总工程师张喜忠及各处主要负责人参加了会议。

12 月 27 日 《中国绿色时报》驻北方航空护林总站记者站揭牌仪式在北航总站举行。《中国绿色时报》副社长刘宁、记者通联部主任刘继广、北方航空护林总站总站长周俊亮、党委书记张惠新、总工程师张喜忠及总站全体干部职工参加了揭牌仪式。揭牌仪式由总站长周俊亮主持。 （北航总站由石凤莉供稿）

国家林业局南方航空护林总站

【综 述】 2016 年，在国家林业局、国家森林防火指挥部领导下，南方航空护林总站认真履行航空护林、森林防火协调、防火物资储备、卫星林火监测、森林航空消防培训等职能，完成了南方 12 省(区、市)森林航空消防任务。其中，航空护林 2016 年租机 87 架(次)，租机数量突破往年数量，比 2015 年增加 27 架(次)，增幅 68.97%，全年飞行架次和小时数比 2015 年翻了一番，并且超过了“十二五”期间总和。

【航空护林】 2016 年，南航总站在南方 12 省(区、市)17 个航空护林站(局)开设了浙江建德，山东平阴、莱芜，福建福州(竹岐)，江西南昌、赣州，河南南阳，湖北老河口、咸宁，湖南长沙，广东梅州、河源、云浮，广西梧州、田阳、田林，重庆江北(龙兴)、黔江、万州，四川西昌、盐源、金川、九寨沟、泸州，云南普洱、保山、大理、丽江等 28 个森林航空消防基地。每个基地至少部署 1 架大中型直升机、1 架小型直升机，全年共租用飞机 87 架(次)，飞行 2083 架次 4404 小时，空中发现和参与处置林火 78 起，其中对 58 个火场实施空中扑救；吊桶洒水灭火飞行 113 架次 228 小时 49 分，洒水 1433 桶，约 5015 吨；投撒防火宣传单 26 万份，播放航空广播宣传防火 28 架次约 58 小时；向国家森防指上报火情报告 31 份、火场态势图及图片 54 份。

首次开航 2016 年，福建省组建了省航空护林总站，并首次开展航空护林工作，森林航空消防基地设在福州竹岐通航机场。同年，南航总站在广西壮族自治区田林县首次增设春航临时基地，在四川省泸州市首开直属航站夏季航空护林航期，并增设森林航空消防基地。

【森林防火协调】

火场应急演练 1 月 21 日，西南森林防火协调中心组织赴火场工作组成员在野外开展实战演练，演练模拟广东省发生森林火灾，协调中心受国家森防指委托派出火场工作组赴火场现场协调处置森林火灾扑救。演练启动了火场大型通信指挥车，并通过指挥车卫星视频传输系统向国家森防指领导汇报了火场态势及会同火场前指组织火灾扑救的实时情况，飞行观察员通过卫星图传系统将空中观察到的火场态势及时向国家森防指汇报，并进行了火场标绘、卫星林火监测、火情分析研判等综合演练。

火场应急培训 2016 年，西南森林防火协调中心多次组织火场工作组开展火场应急工作培训，并模拟卫星通讯链路不畅、远程视频通讯中断等情况进行专题演练及排故培训，根据演练情况，修改完善了通讯应急处置预案，增加了备份通讯手段。

火场应急处置 按照国家森防指的指示和要求，派出火场工作组成功处置了四川省冕宁县泸沽镇“3·19”、石龙镇“3·22”及云南省玉溪市澄江县阳宗海“3·20”等 3 起影响较大的森林火灾。

【森林防火物资储备】 西南森林防火物资储备中心对储备库区进行物资管理信息化改造；配合国家林业局政采中心和国家森防指办公室完成了 2016 年森林防火物资政府采购工作；全年共向云南、陕西、黑龙江、甘肃等林业主管部门和森林防火部门调拨各类防火物资 10 批次 3291 件(套)。特别是在扑救甘肃省迭部火场期间，及时向甘肃省林业厅和武警甘肃总队调拨防火物资，支援火场扑救。

【卫星林火监测】

监测区域恢复并扩大 西南卫星林火监测分中心从 9 月开始，全面恢复并扩大监测区域，承担西藏、四川、云南、重庆、贵州、广西、海南、广东、湖南、湖北、河南 11 个省(区、市)的卫星林火监测工作。全年共监测到卫星热点 1846 个，发布监测图像 460 幅，反馈为林火的 53 个，平均反馈率达到 99.89%。

卫星热点核查 国家林业局森林防火预警监测信息中心、西南卫星林火监测分中心分别抽调人员组成卫星林火热点核查工作组，对广西壮族自治区百色、柳州、桂林、贺州、梧州、钦州、南宁 7 个州(市)的 23 个卫星热点进行核查。

【森林航空消防培训】

航护业务培训 5 月 24 日至 6 月 5 日，“2016 年南方森林航空消防业务技能培训班”在丽江市开班，培训分为航护调度和飞行观察两个专题，邀请了中国民航大学、北京航空航天大学、中国林科院、北京林业大学等院校的知名专家、教授进行授课，并抽调丽江、成都、西昌站多名特级观察员担任教员。南方航空护林系统 11 个省属航站和丽江、保山、普洱、西昌等直属航站的 38 名学员参加培训。

空中交通管理培训 9 月，南航总站按照专业人才培养计划选送了 5 名在职人员，脱产参加中国民航飞行学院一年期“中小机场空中交通管制培训班”。

【两建工作】

巡视整改 总站认真对照中央第九巡视组延伸巡视反馈整改意见，切实加强党的领导，理顺党组织关系。总站及各航站(局)严格执行中央"八项规定"精神，反"四风"，坚持"三会一课"制度，加强"民主集中制"及党的基层组织建设，按照《党章》规定，如期完成各党支部及工青妇组织的换届选举工作。

专题讲座 6月2日，总站邀请云南省委党校副教授张光雄到站讲授"两学一做"专题讲座；9月12日，总站邀请云南省委党校副校长欧黎明教授到总站讲授习近平总书记"七一"重要讲话辅导讲座；10月25日，总站邀请北京国家会计学院教授郑洪涛讲授专题讲座。

青年组织及活动 4月27日，南航总站青年联合会召开全体会员大会，会议选举了新一届青联委员；9月18～23日，南航总站派出机关及百色站的2名青年干部，参加中央直属机关工委"根在基层——华侨农场农业产业化与归难侨精准扶贫"调研团。

脱贫攻坚 8月8～10日，按照云南省委和"挂包帮""转走访"工作领导小组相关要求，南航总站党委常务副书记许庆带队到怒江州开展回访及党支部共建工作，并与怒江州、泸水市、古登乡、腊斯底村等相关部门负责人座谈。丽江、普洱、保山等站专程或借巡护、地面调查等机会，多次到各站挂钩点回访。

2016年，南航总站为帮扶的乡、村两级捐赠笔记本7台，打印机1台，向腊斯底村适龄儿童捐赠安全教育手册等投入物资折款5.7万元；现金发放0.2万元。同时总站工会、青年联合会积极向职工倡议捐款、捐物，向腊斯底村捐赠衣物50多套。协调解决10户挂钩户每户一人参与生态护林员工作，基本解决了挂钩户温饱问题。

【航站建设】 2016年，南航总站下属的成都、西昌、丽江、保山、百色等航站实施"双机场"或"双基地"作业，作业基地分别为九寨沟基地、金川基地，西昌机场、盐源基地，丽江机场、白沙基地，保山机场、大理基地，田阳机场、田林基地，"双机场"或"双基地"作业进一步扩大航护覆盖区域、提升航护飞机飞行效益。

自建直升机场启用 2016年春季，南航总站自建的保山长岭岗、西昌盐源、丽江白沙等3个直升机场启用。

内部控制制度建设 2016年，国家林业局将南航总站纳入第一批开展内部控制制度建设工作的试点单位。总站成立了内控制度建设工作领导小组，拟定下发了实施方案，梳理了业务流程，进一步查找风险点，进行基础评奖打分，清理了各项规章制度；总站组织了内部控制专题培训，制定完善各项内控管理制度，并对基层航站进行内控指导调研。

项目建设 2016年12月，国家林业局批复同意了南航总站成都站直升机场初步设计调整方案，调整后核定项目总投资概算1822万元；同月，总站组织质检、设计、施工、监理、地勘等单位对江川直升机场暨南方森林航空消防训练基地建设项目进行初验，并顺利通过。

广东省航空护林站 广东省航空护林站、广东省广州省级森林防火物资储备库建设项目完成工程建设的相关报建手续；广东站2016年租用6架飞机，基本实现了广东省森林航空消防全覆盖，增购3辆加油车；广东森林航空消防纳入《广东林业发展"十三五"规划》。

重庆市森林航空护林站 重庆站建立了森林防火会商和森林火险预警信息发布机制；重庆市森林消防应急队与航站试行"站队一体化"管理模式，并组织应急队和驻站机组参加重庆市森林防火演练。

湖南省森林消防航空护林站 湖南站首次使用空军基地开展航空护林工作，并加强标准化、制度化建设，制定了《进出空军基地管理规范》《航空护林作业飞行进场程序》《机组人员在湘期间管理办法》《飞行任务完成目标管理办法》等规章；组织机组开展直升机仪表飞行训练，提升了在复杂气象条件下直升机的应急处置能力和安全保障能力；组织直升机到洞口靠前驻防，并与当地森防指联合开展地空配合扑救森林火灾实兵演练；湖南站派出K-32直升机首次参加长沙市林业生物灾害应急演练活动，从直升机上投放生物天敌取得成功。

湖北省航空护林站 重新划分了咸宁市航空护林站和武当山航空护林站的航护区域，加强了两个航站的联动配合；武当山站首开飞行区、办公区与民航机场合建先河。

浙江省航空护林管理站 浙江省防火办、森林公安和航站实行多部门联动，航站空中巡护、侦察，及时发布相关信息，防火办根据信息及时通报处置，森林公安根据情况及时执法，极大地提高了森林火灾当日扑灭率，规范了涉林违法用火管理；浙江省森防指办公室和航站在建德基地联合组织机降灭火集训班，全省20支机降灭火队队长、副队长及骨干等共68人参加集训；淳安县森防指和航站举行地空联合扑救森林火灾实战演练。

江西省航空护林局 编制完成江西省航空森林消防"十三五"规划，对全省"十三五"期间的航空护林发展目标、建设内容和森林航空消防力量布局进行具体明确；江西局完成了参公、更名工作，成为南方航空护林系统第二家参公管理单位。

山东省航空护林站 首架由政府出资购买的M-26TC直升机(B-70FW)落户山东站；在扑救蓬莱市村里集镇黄泥沟村森林火灾期间，山东站派出的AS-350B3直升机充分发挥机动灵活的特点和优势，单架次洒水102桶，在5小时内洒水201桶，创造了单架次和单位小时洒水桶数新纪录。

【应急救援】 2月8日，云南省大理白族自治州洱源县羊巴场发生4.5级地震，大理基地派出AS-350B3直升机载该州相关领导及记者飞赴震区参与救援。

野生动物监测 7月22日，湖南站派出K-32直升机飞赴东洞庭湖对受洪水围困的国家一级保护动物麋鹿种群的生存环境开展空中监测。

野生动物救助 10月9日，云南省西双版纳州勐旺镇大龙山有3头野象(2头成年象、1头幼象)不慎掉入一个人工蓄水池无法爬出，20余头象的象群一直守于池畔，施救人员无法靠近。南航空总站紧急调派保山站一架M-171直升机飞赴该地，采取低空盘旋飞行的方式，驱离野象群，经空中、地面人员密切配合，被困野象成功解救。

保障G20峰会 8月，为保障G20峰会，山东站及时将M-26直升机调抵浙江建德基地，湖南站调机洞口林业机场协防浙江周边林区；G20峰会期间浙江站成功处置3起敏感区域的森林火灾。

【重要会议】

工作会议 1月18~19日，“2016年南方航空护林总站工作会议”在昆明市召开，国家森林防火指挥部专职副总指挥杜永胜出席并讲话，南航总站党委书记、总站长史永林作了主题报告。会议表彰了2015年度机关和直属航站的先进集体和个人，签订了2016年党风廉政建设责任书和保密承诺书。会议期间，总站各站处(室)、各航站代表分别作了交流发言，对各站(处、室)2015年的主要工作作总结汇报，并就工作中遇到的问题和取得的经验进行了交流与探讨。

租机协调会 4月20日，南航总站在昆明市组织召开“2016年南方森林航空消防夏季租机协调会”，四川、重庆、江西、浙江4省(市)森防办、相关航空护林站(局)和相关通用航空公司负责人参加会议。

9月19日，南航总站在昆明市组织召开“2016年秋冬季南方森林航空消防租机协调会”。国家森林防火指挥部办公室相关处室及浙江、福建、河南、广东、广西5省(区)防火办负责人、11个航空护林站(局)负责人、12家通用航空公司领导，以及总站机关有关处(室)负责人出席了会议。会议期间，参会各方就引进新机型、山东省购置M-26直升机管理措施、国家飞行费投入机制改革后带来的问题等情况进行了交流讨论。

12月19日，南航总站在杭州市召开“2017年春季航空护林租机协调会”。国家森林防火指挥部办公室、国家林业局发展规划与资金管理司相关处室负责人，浙江省林业厅副厅长俞坚、山东省林业厅副厅长刘建武等领导出席会议。与会的南方12个省(区、市)防火办、航空护林站(局)负责人及相关通用航空公司负责人就扩大引进机源、航护任务执行、安全生产管理、飞行经费支付等方面进行交流探讨。

春航总结会 6月28日，南方航空护林系统2016年春季森林航空消防总结会在昆明市召开，南航总站总站长史永林在会上总结了上半年工作，并安排部署下半年工作，会上，南方各航空护林站(局)就春季森林航空消防工作中探索、创新出的新模式、新办法和所取得的成功经验与遇到的问题作总结交流。

南方航空护林协调会 11月18~19日，由国家森林防火指挥部办公室主办、南方航空护林总站承办的“南方航空护林协调会”在昆明市召开。国家林业局副局长李树铭出席会议并发表讲话，云南省人民政府副省长张祖林出席会议并致辞。会议安排了南航总站西昌站、山东航站、玉溪市森防指、广东省森防办、江西省森防指、浙江省森防指等6家单位作典型交流发言，并实地调研考察位于玉溪市江川区江城镇的南方航空护林总站江川直升机场暨南方森林航空消防训练基地建设项目。会议总结了“十二五”期间南方航空护林工作，研究了“十三五”期间南方航空护林发展规划；分析了新形势下航空护林面临的新情况、新问题、新机遇、新挑战，安排部署当前和今后一个时期南方航空护林及森林防火有关重点工作，此次会议是国家森防指办公室召开的首次南方18个省(区、市)航空护林专题会议。

【获奖与荣誉】

1月20日，全国林业信息化工作领导小组发文通报中国林业网建设保障情况，总站综合排名第八。

3月29日，国家森林防火指挥部、国家林业局发文表彰“2013~2015年度全国森林防火工作先进单位和先进个人”(国森防〔2016〕9号)，江西省航空护林局、南航总站航空护林处、南航总站保山站荣获“2013~2015年度全国森林防火工作先进单位”，南航总站丽江站友桑、南航总站西昌站林继平、南航总站办公室史磊等3人荣获“2013~2015年度全国森林防火工作先进个人”称号。

11月22日，国家林业局办公室发文表彰2015~2016年度《中国林业年鉴》先进工作单位，总站获此殊荣。

11月30日，江西省航空护林局获“鄱阳湖区越冬候鸟和湿地保护先进单位”，这是该局连续三年荣获此称号，同时，2名飞行观察员荣获“鄱阳湖区越冬候鸟和湿地保护先进个人”荣誉称号。

【组织领导】

1月19~20日，国家森林防火指挥部专职副总指挥杜永胜一行到四川省凉山州西昌青山机场，召集相关单位及通航公司负责人，研究加快推进M-26直升机故障排除事宜，要求尽快恢复执行航空护林任务。

1月25日，南航总站副总站长周俊亮到湖南调研EC225直升机适航情况。

3月16日，由国家林业局人事司副司长郝育军、人事司及云南省委组织部相关处室负责人等组成的工作组到南航总站宣布中共国家林业局党组任命许庆同志为中共国家林业局南方航空护林总站委员会常务副书记(正司局级)。

4月5~8日，国家森林防火指挥部办公室副主任、国家林业局森林公安局副局长柳学军率队赴重庆、成都等地，考察调研直升机在特殊气象条件下转场飞行及大型无人机在侦察火场中通讯链路选择等情况，期间，总站长史永林、常务副书记许庆陪同调研组到南航总站成都站看望慰问航站职工。

4月22日，由国家林业局人事司副司长王浩、人事司相关处室负责人组成的工作组到南航总站宣布国家林业局任命周万书为国家林业局南方航空护林总站总工程师(副司局级)。

5月6~8日，国家森林防火指挥部办公室副主任、国家林业局森林公安局副局长柳学军，北航总站总站长张惠新，南航总站总站长史永林、总工程师周万书，江西省森林公安局政委、省森防办专职副主任钟世富，以及浙江、江西、山东等省航空护林站(局)相关负责人应邀参加在杭州举办的“2016年第二届国际应急安防反恐装备博览会暨全国机器人无人机应用技术交流大会”。

5月13日，国家林业局局长张建龙到江西省航空护林局调研。张建龙视察了森林航空消防基地建设，并听取了江西航局工作汇报，对江西省航空护林工作表示肯定，要求江西航局充分发挥航空护林的独特优势，实施好航空护林“十三五”规划，在推进林业现代化建设中起到绿色生态保护的尖兵作用。

5月20日，云南省人民政府副省长丁绍祥、丽江市委书记罗杰到南航总站丽江站白沙直升机场调研。丁绍祥一行考察了直升机场飞行区、机场功能区、预留跑道区，查看了正在丽江执行森林航空消防任务的两架直升机，并对白沙直升机场的相关建设情况和飞行情况进行详细询问。

9月7日，国家林业局副局长李树铭一行到南航总站保山站长岭岗直升机场调研机场建设及航护开展工作情况。调研组一行到飞行区实地查看，与保山站职工及机组人员交流。李树铭在飞行区听取了史永林总站长及保山站站长杜小红关于机场建设的情况汇报，并察看了停机坪、机组宿舍、飞行区办公及业务设施设备。

9月26日，国家森林防火指挥部办公室副主任、国家林业局森林公安局副局长柳学军一行到湖南检查森林防火工作，着重对湖南航空护林工作和机场建设情况进行调研。柳学军一行检查了森林防火相关环节和应急战备情况，实地踏勘航空护林机场建设用地，专程赴航站察看基础设施建设。

11月25日，云南省人民政府副省长张祖林到南航总站调研航空护林工作，指出要深入贯彻落实习近平总书记重要指示精神，抓好林业工作，争当全国生态文明建设排头兵。

【林业大事】

1月9～12日　总站长史永林赴长沙参加全国林业厅局长会议。

1月14～15日　副总站长吴灵赴福州参加《福建省航空护林总站综合基地建设项目可行性研究报告》评审论证会。

1月18日　总站在昆明召开飞行观察员评定委员会评审会议，会议增补了委员，并对符合申报条件的飞行观察员进行审议。

1月21～22日　总站长史永林、副总站长周俊亮赴北京参加K－MAX（卡曼）直升机进入中国市场签约仪式。

2月3日　中央第九巡视组反馈巡视国家林业局情况，总站党委、纪委全体成员在总站调度指挥中心分会场参会。

2月29日至3月4日　财政部驻云南监察专员办现场审核南航总站2015年部门决算。

3月21日　受国家森林防火指挥部委派，副总站长周俊亮带领火场工作组第一梯队赴云南省玉溪市澄江县与昆明市阳宗海管委会交界处火场协调指导火灾扑救。

3月21～25日　受国家森林防火指挥部委派，吴灵副总站长带领火场工作组第一梯队赴四川省凉山州冕宁县泸沽镇王家祠村火场协调指导火灾扑救。

3月23日至4月1日　《中国绿色时报》派出记者，赴广东、江西、丽江、西昌航站（基地）采访，并发“走进南方航空护林”专题报道。

5月27日　史永林、许庆、吴灵、袁俊杰、杨涛出席总站干部职工会议，会议考核、测评了试用期满4名副处级干部，推荐产生和测评1名正处级干部人选。

5月30日　总站召开干部职工会议，史永林受国家林业局人事司委托，宣布局党组关于周俊亮调任北方航空护林总站党委副书记、副总站长的任职决定。

7月1日　总站党政领导班子及全体职工在指挥中心收看庆祝中国共产党成立95周年大会，并表彰总站系统2015～2016年优秀党员和优秀党务工作者。

7月1日　史永林、许庆、袁俊杰在总站会见贵州省林业厅副厅长向守都一行。

7月20～22日　吴灵赴湖北省武汉市参加《湖北省航空护林站建设项目可行性研究报告》评审会。

7月22日　中共云南省委省直机关工委派出第八考核组到总站检查考核年中省直机关党建工作目标责任落实情况。

8月4日　许庆、周万书出席总站内部控制建设工作安排会议，牵头处室负责人根据内控建设工作要求，组织各处室梳理总站相关规章制度，进行内部控制基础性评价打分，并结合总站实际安排下半年内控建设工作。

8月16日　总站开通了“南方航空护林”（微信ID：xnslfh）微信公众订阅号。

8月17～18日　周万书被聘为广东省森林防火指挥部专家组成员。

8月24～26日　史永林、周万书陪同杜永胜专职副总指挥到浙江检查G20期间森林防火工作，并到建德航空护林基地看望慰问机组人员。

9月7日　周万书到云南省政府参加“云南省应急体系建设‘十三五’编制工作座谈会”。

9月22～25日　总站组织火场工作组第一梯队赴滇东北林区开展应急演练。

10月15～17日　史永林、周万书、杨涛到百色站宣布总站党委会决定：谢应敏主持百色站工作、代理百色站党支部书记。

10月25日　西南森林防火物资储备库取得不动产权证书。

11月7～9日　史永林赴厦门参加2016年度省级森林防火专职指挥座谈会。

12月26日　史永林、吴灵、袁俊杰、周万书赴江川，参加江川直升机场暨南方森林航空消防训练基地项目竣工验收工作。

（南航总站由史　磊、刘　蕾供稿）

国家林业局华东林业调查规划设计院

【综　述】 2016年，国家林业局华东林业调查规划设计院(简称华东院)全年完成国家林业局指令性任务24项，对外提供技术服务392项，获奖项目9个，全面实现年度各项目标。

【森林资源监测工作】 承担并完成了包括森林资源清查，林地年度变更调查，森林资源管理情况检查，营造林综合核查，东北、内蒙古重点国有林区森林资源管理情况检查、森林资源清查信息系统优化完善、全国湿地监测评估和评价、森林抚育补贴试点抽查和碳汇计量监测、森林资源宏观监测等国家林业局下达的各项指令性任务。

森林资源连续清查工作 承担并完成华东监测区森林资源清查相关工作。完成江苏省森林资源连续清查扫尾工作，提交成果报告。开展江西省森林资源连续清查工作，完成指导性检查样地38个、固定样地检查85个、验收样地卡片2608份。

全国林地年度变更调查工作 承担并完成华东监测区林地变更督导指导检查工作以及试点工作，检查、指导华东监测区试点省和县。完成安徽、山东、江西、河南、上海5省(市)2016年度林地变更调查《工作方案》和《操作细则》的审核、技术培训。完成福建、河南、江苏、山东、浙江5省上年度结转的林地变更调查的技术指导、进度督促和检查验收。完成安徽省金寨县、福建省尤溪县、江西省铜鼓县3个全国试点县林地保护利用规划修编的试点指导工作。

森林资源管理情况检查工作 承担并完成华东监测区森林资源管理情况检查工作。开展江苏、浙江、安徽、福建、江西、山东、河南7省2015年以来的林地管理情况检查工作，共抽取36个受检县(市、区)，抽取已审核(批)项目107项，到期临时使用林地项目44项，疑似使用林地图斑288个，移交地方自查图斑2463个。开展林木采伐管理情况检查工作，抽取江苏省睢宁县、安徽省东至县、山东省茌平县、河南省商城县、浙江省淳安县、江西省婺源县和安福县、福建省建瓯市和将乐县等9个受检单位，检查遥感判读疑似采伐图斑2297个，核对林木采伐许可证10 095份，现地检查90个有证采伐伐区，伐区总面积475.30公顷，实测样地(带)面积36.64公顷，现地查验疑似无证采伐图斑72个，其中无证伐区19个(含6起使用林地项目中的无证采伐)，无证采伐面积54.63公顷，实测样地(带)面积10.94公顷。

全国营造林综合核查工作 承担并完成华东监测区各省市营造林综合核查任务。共抽查县级单位46个，乡级单位76个，外业调查小班2533个、面积12 473.64公顷。对核查单位相关年度重点工程造林作业设计、自查验收等技术档案资料进行了全面查对，同时完成核查成果报告编写。

东北、内蒙古重点国有林区森林资源管理情况检查工作 参加并完成东北内蒙古重点国有林区森林资源管理情况检查。完成13个林业局的自2013年以来四期影像的变化图斑判读区划任务和11个林业局的变化图斑复判任务。

森林资源清查信息系统优化完善 承担并完成森林资源清查信息系统优化完善工作，提出“单独建立检查样地数据库，记录检查样地的基本情况，为今后逐步扩大检查样地的覆盖范围提供依据”的建议。完善主要增量的统计学意义上的显著性检验。在全国森林资源清查统计程序中，根据森林资源主要增量的正负以及“判断统计量”的大小，直观判断消长趋势。

全国湿地监测评估和评价工作 完成全国湿地监测评估和评价的相关工作。编制完成了《中央财政湿地补贴项目监测评估细则》。完成了新疆艾比湖湿地、安徽升金湖国家级自然保护区生态效益补偿试点实施情况调研工作。完成了吉林、甘肃、四川、黑龙江、贵州、安徽等6省12个湿地的中央财政湿地补贴项目监测评估和湿地生态系统评价工作。

森林抚育补贴试点抽查工作 完成森林抚育补贴试点抽查工作。抽查了江西、安徽、河南、江苏、浙江、湖南、新疆等7个省(区)以及宁波市的58个县201个乡433个小班。

碳汇计量监测工作 开展指导安徽、山东、江苏3省LULUCF林业碳汇计量监测工作。安徽省完成2005、2013年的遥感图斑判读，山东省完成所有遥感图斑判读，两省提交了各类数据库；完成安徽、福建、山东、上海4省(市)LULUCF外业验证工作；协助国家林业局碳汇计量监测中心编制完成《2016年全国林业碳汇计量监测体系建设工作方案》《林业碳汇计量监测成果质量检查方案(试行)》。

全国森林资源宏观监测工作 承担并完成华东监测区8省(市)森林资源宏观监测工作。共抽查大样地596个，提交了《华东监测区森林资源宏观监测报告》；开展森林资源宏观监测辅助分析工作，编制相关数据提取程序，提取统计分析了全部72套数据。

其他森林资源监测工作 ①修改完善《全国沿海防护体系工程建设规划(2016～2025年)》和《森林资源清查与动态监测项目支出定额标准》《森林资源管理与检查项目支出定额标准》《全国林地保护利用年度变更调查及林业双增指标年度考核项目支出定额标准》《林政执法与监督项目支出定额标准》定额标准。②审查提交了2015年完成的江苏、浙江、宁波等10个省(市)中央财政2014年度森林抚育补贴国家级抽查工作报告。③参与全国绿委办开展的部门系统造林绿化检查督导等工作。

【技术咨询服务】 全院注重科技发展和对外技术服务，

牢固树立"指令性任务是立院之本，创收是强院之路"的发展观念和"院荣我荣、院衰我辱"的思想意识，在完成好指令性任务的前提下，发挥专业优势，积极为地方林业发展提供技术服务。全年共签订对外技术服务合同392份，合同金额14 986.4万元，产值14 320.9万元。

【思想政治建设】 围绕国家林业局党组和浙江省委的重大决策部署，结合华东院中心工作，院党委全面推进班子自身的思想政治建设，增强班子和干部队伍的创造力、凝聚力和战斗力，为各项目标任务的完成提供了坚强的思想、政治和组织保证。坚持党委中心组学习制度，全年集中学习6次，4位院领导带头作辅导报告、讲党课。12月举办了一期领导干部理论培训班。下发《关于学习宣传贯彻党的十八届六中全会精神的安排意见》，组织全体党员通读《准则》和《条例》。认真开展"两学一做"学习教育和"三强化两提升"学习实践，制订《实施方案》和《细化落实方案》。认真开展"四风"问题自查，并针对上级检查意见进行积极整改。

【全国林地"一张图"建设】 完成华东监测区林地"一张图"分县网络发布技术研究；完成安徽省县级林地"一张图"公网查询系统，并获国家图书馆科技查新确认，同时浙江省查询系统正在建立；研发林地"一张图"移动系统。该系统已经基本成型，正在用浙江、安徽2省数据进行试用测试。

【林业科技工作】 完成ISO9001：2008质量管理体系年度监审工作。整理和归档全年技术成果档案，出版发行《华东森林经理》4期，发行学术论文58篇。开展2015年度优秀成果和优秀论文评选。共评出优秀成果一等奖3项、二等奖5项、三等奖7项；优秀论文一等奖1篇、二等奖2篇、三等奖2篇。

【人才队伍建设与管理】 完成3年届满后的新一届中层领导干部续聘和一般职工岗位聘用工作。完成对3名新选拔任用和两名试用期满中层干部的考核考察测评工作。完成2016年度公开招聘高校毕业生工作。完成工作人员专业技术资格评审（认定）申报工作。完成2016年度"百千万人才工程"省部级人选和"享受政府特殊津贴"人选的推荐工作。开展了干部人事档案专项审核和档案归档工作。

【财务管理】 2016年度财务收入总计9927万元，完成年度预算9788万元的101.4%；财务支出总计9384万元，完成年度预算的95.9%。完成2016年度国有资产清查工作；配合财政部驻浙江省财政监察专员办对院2015年度部门决算审核工作，并针对决算审核工作中指出的问题进行整改。

【行政后勤管理】 完善物业管理，完成职工食堂建设，改善职工工作环境和生活质量；加强群团工作，院团支部升格为团委；工会通过成立5个文体协会，使得职工业余生活更加丰富多彩，进一步增强干部职工的团队协作精神和凝聚力。

【林业大事】

4月29日 华东院通过ISO9001：2008质量管理体系年度监审。

5月6日 华东院召开全院干部职工大会，会上国家林业局党组宣布任命刘裕春为华东院院长，傅宾领为党委书记。

6月22日 华东院联合国家林业局驻福州、武汉、合肥、上海等4个森林资源监督专员办事处，在杭州召开华东监测区森林资源管理情况检查工作协调会。

8月10日 华东院召开全院干部职工大会，会上国家林业局党组宣布任命刘道平为华东院副院长。

9月8～14日 中央纪委驻农业部纪检组副组长刘伯林到华东院调研深化落实中央八项规定精神、纠正"四风"工作。

（华东林业调查规划设计院由刘　强、张溪芸供稿）

国家林业局中南林业调查规划设计院

【综　述】 2016年，中南林业调查规划设计院（简称中南院）围绕中心工作，切实履行资源监测等职能职责，承担完成国家林业局下达的西藏自治区森林资源连续清查第三次复查、湖南等6省（区）营造林综合核查、林地管理情况检查、林木采伐管理情况检查、东北、内蒙古重点国有林区森林资源管理情况检查、西藏自治区林地变更检查、林业双增指标考核评价、未成林地自然灾害受损核定、"十二五"全国造林质量问题分析、荒漠化（石漠化）监测、岩溶石漠化综合治理工程二期规划、《全国绿化规划纲要》修编、全国重点省份泥炭沼泽碳库调查、国家级公益林监管、退耕还林工程核查管理、天然林保护工程核查、《全国古树名木保护规划编制（2016～2025年）》、湿地监测与管理和国家储备林核查等指令性任务和对外技术服务与指导项目261项，全面完成2016年度工作目标。

【完成岩溶地区第三次石漠化监测前期工作】 2016年，由中南院承担的岩溶地区第三次石漠化监测前期工作基本完成。一是完成第三次石漠化监测湖南、湖北、广西、广东、贵州、云南、四川、重庆8个省（区）的遥感影像数据处理，石漠化监测数据采集系统进入调试与操作指南编制阶段。二是完成《岩溶地区石漠化监测技术规定》（2015年修订）和《岩溶地区第三次石漠化监测工作方案》修改完善工作，并上报国家林业局审查。三是构建了石漠化监测联系机制，落实各省主要监测人员联系方式；建立了石漠化工作简报与反馈机制，进一步提高了工作效率，加强了信息交流。

【承担完成2014年度中央财政森林抚育补贴国家级抽查工作】 按照国家林业局有关要求，中南院组织技术人员从2015年10月中旬开始到2016年1月底结束，历时3个半月，承担完成了湖北、湖南、贵州、云南、西藏、广东、海南、内蒙古等8省(区)2014年度中央财政森林抚育补贴国家级抽查任务，外业工作共抽查51个县级单位、386个小班，抽查面积0.8447万公顷；累计收集查阅各类文件档案材料1118份，实地检查获取的数据及影像资料3097份；并按要求完成了上述8省(区)数据统计分析和成果报告编制等内业汇总工作。

【承担完成西藏自治区新增公益林区划界定工作】 西藏自治区新增公益林区划界定工作涉及西藏全区74个县。该项目于2015年3月正式启动，中南院组织技术人员编制了技术方案、操作细则等规范性文本，从2015年4月至2016年3月，开展了资料收集、外业调查核实及数据处理等项目技术工作，并于2016年4月完成了内业数据汇总及报告编制等工作，形成了西藏自治区新增公益林区划界定成果。

4月19日，西藏自治区林业厅组织召开了“西藏自治区新增公益林区划界定成果”专家评审会。参加会议的有西藏自治区财政厅、林业厅等单位的领导和专家。与会专家一致认为此次区划界定在已认定的区划界定成果的基础上，以西藏第二次森林资源二类调查成果数据为依据，结合西藏森林资源增长的实际情况，将尚未分类区划的新增林地进行区划界定，区划过程中严格执行了《西藏自治区公益林区划界定办法》，工作思路清晰，生态区位定为准确，数据真实可靠；对西藏生态公益林实施有效保护，进一步巩固和扩大西藏生态建设成果，并构筑稳固的西藏生态安全屏障具有重要的现实意义；该区划界定成果与西藏林地保护利用规划“一张图”、前期公益林区划界定及林业重点工程建设等成果进行了有效衔接，为西藏“多规合一”工作推进奠定了良好的基础。

会议同意西藏自治区新增公益林区划界定成果通过评审，已上报国家林业局审批。

【完成国家森林资源清查西藏第三次复查工作】

外业工作 中南院和西藏林规院共130名调查技术人员，经过2个月努力，于6月23日完成了西藏自治区森林资源连续清查第三次复查外业调查工作。

本次西藏森林资源清查外业工作，一是领导重视，抓好动员。国家林业局资源司、西藏自治区林业厅多次召开工作会议和动员会议，安排部署工作；中南院党政领导班子高度重视此项工作，院总工程师、副院长熊智平，院党委副书记、副院长周学武在外业开展期间全程坐镇指挥，为此项工作的圆满完成提供了坚强有力的组织保障。二是合理分工，明确责任。成立西藏连清第三次复查外业调查工作指挥部，设立东西两个项目部、业务技术组和后勤保障组，确保了工作进度。三是严格管理，确保调查质量。在外业调查期间，调查队员始终坚持把“质量第一”贯穿于复查工作的全过程，使外业调查质量均符合技术规定要求。四是积极预防，确保安全。西藏连清复查工作的自然环境恶劣、条件艰苦，指挥部牢固树立“安全第一”的意识，始终把人身安全摆在首位，认真抓好安全生产，确保调查工作的顺利进行。

内业工作 按照国家林业局的工作部署和具体安排，中南院承担了2016年西藏自治区森林资源连续清查第三次复查的内业统计分析工作。为优质高效完成此项工作，中南院成立了内业统计分析工作组，制订了内业工作实施方案。10～12月，中南院工作组在对遥感判读数据多次复核和全部调查数据逻辑检查的基础上，对初步统计成果进行了分析，多次组织召开专题分析讨论会，由中南院领导和清查专家组成员进行技术剖析和讨论，对前后期数据异常变化情况进行了专题研究。组织专业技术人员，对影像数据异常变化的遥感判读样地采用不同时相和分辨率的卫星影像进行了全面复核。通过对比，准确确定各项调查因子，产出了符合西藏森林资源真实情况的统计分析数据成果。经过近两个月的工作，统计分析成果通过中南院审核，已报送国家林业局资源司全国清查汇总组，全面完成了西藏自治区森林资源连续清查第三次复查的内业统计分析各项工作。

【承担完成新疆维吾尔自治区阿尔泰山国有林区综合科学考察外业调查工作】 截至8月8日，由中南院承担的新疆维吾尔自治区阿尔泰山国有林区综合科学考察项目外业调查工作全面完成。该项目外业调查工作自2015年开始，历时两年，由中南院牵头组织新疆大学、新疆师范大学、中国科学院新疆生态与地理研究所、中国科学院昆明植物研究所等单位20余名专家学者，对阿尔泰山国有林管理局下属的哈巴河、布尔津、阿勒泰、福海、富蕴、青河管理分局以及阿尔泰山两河源自然保护区进行详细调查，了解该区域的自然地理、社会经济、生物多样性、旅游资源等各方面本底资源情况。在此基础上，各学科专业根据调查成果的初步整理分析，再分阶段陆续开展点和面上的补充调查，确保整个考察工作的完整和全面，为该区域的自然生态保护以及生态文明建设提供可靠依据，为阿尔泰山国有林管理局各项建设提供本底资料。

【完成海南省公益林落界完善集中会审工作】 根据海南省生态公益林管理中心工作安排，8月15～19日，由海南省生态公益林管理中心牵头，中南院组织专业技术人员组成集中会审专家组，对海南省18个市县(不含三沙市)的公益林落界与完善情况进行了会审，审查的基础数据为各市县“多规合一”形成的初步成果，审查的方式采用多媒体投影演示，分别对国家级公益林和省级公益林，严格按照生态区位逐市县审查。对没有严格按生态区位区划的公益林，以及区划时对操作细则理解有误的区位均现场予以纠正。会审期间，会审专家组还根据海南省政府、海南省林业主管部门提出的有关要求，制订了《海南省国家级公益林、省级公益林落界成果统计表》和《海南省拟调入公益林情况统计表》，对符合生态区位中的公司浆纸林和农民自有林，以及对愿意纳入公益林管理的其他重要生态功能区分别进行了统计和分析，为海南省生态公益林管理及决策提供了科学依据。

【承担完成西藏自治区2015年度生态公益林成效监测外业工作】 为进一步建立健全西藏公益林生态服务功能监测体系，更好地促进区域生态系统安全与生态环境的建设保护，西藏自治区2015年生态公益林成效监测工作由中南院和西藏院共同承担完成，主要针对2015年度西藏公益林建设、管理、数量、质量、生态状况、生物多样性和动态变化及其变化原因进行监测，在充分考虑监测连续性同时，利用高分辨率卫星影像资料全面判读核实公益林图层，通过纠偏纠错和实施现场调查、核对，对65个县系统抽取1242个方形样地开展变化调查，开展气象、水文、森林生态效益指标定位站数据收集、分析，产出监测成果。

从2016年初开始，中南院项目组着手开展工作方案、技术方案及操作细则制定，经过与西藏林业厅、西藏院多次沟通讨论后形成了正式文件。4月，项目组十多名专业技术人员，利用高分辨率卫星影像资料全面判读核实公益林图层，采用上期公益林小班图层叠加高分辨率卫星影像、叠加森林资源二类调查图层、叠加2016年西藏自治区上报新增公益林图层，共核实完成65个县177 863个公益林小班图层的预判读工作，对于有错误的小班界线、不准确的属性因子进行了更正。在完成了实施方案、操作细则编制、技术培训、遥感判读、外业准备等各项工作的基础上，9月底，中南院组织12名专业技术人员分成6个工作组，历时52天全面完成了西藏自治区2015年生态公益林成效监测的外业工作，主要内容包括更新调查、抽样调查、建设管理调查、生态功能效益调查，共完成西藏自治区5个地级市、2个地区的65个县(市/区)的野外调查工作。

【完成2016年度国家储备林核查工作】 2016年，国家林业局速丰办组织开展了全国8个省(市)的国家储备林核查工作，该项核查工作全部由中南院承担完成。

按照国家林业局速丰办统一部署和专题培训座谈会精神，中南院8月初启动了相关核查工作，分解落实核查任务，按照要求开展技术培训和考核，组织40多名专业技术人员开展核查外业工作。截至11月底，所有核查工作全部按时完成。一是技术组认真履行技术培训、咨询与指导工作职责，及时与国家林业局速丰办、各核查省(市)和核查工组之间加强联系与沟通，积极配合国家林业局速丰办修订《国家储备林核查办法》，整理上报数据，抽取核查样本，汇编核查资料，编制核查统计软件，完成全国核查数据建库、汇总、分析和总报告的编写工作。二是按时完成浙江、安徽、山东、湖北、海南、四川、重庆、贵州8个省(市)的外业核查和内业整理与报告编写任务，共核查国家储备林划定面积17 869.68公顷，核查承储主体44个，核查小班2263个；在《全国木材战略储备生产基地建设规划(2013～2020年)》范围内，核查2014年中央基建投资实施的现有林改培面积584.86公顷，核查实施单位16个，核查小班48个；在《全国木材战略储备生产基地建设规划(2013～2020年)》范围内，核查2014年中央基建投资实施的新造林面积134.67公顷，核查实施单位7个，核查小班15个。2016年度国家储备林核查数据库、各省核查报告、全国核查总报告等各项核查成果已按要求正式上报国家林业局速丰办，核查成果质量得到了国家林业局速丰办有关部门的充分肯定。

【完成2016年营造林综合核查工作】 为扎实推进2016年营造林综合核查工作，中南院高度重视，通过强化组织领导、加强技术培训、统筹协调安排，整个外业工作自2016年8月初开始至9月底结束，历时2个月，共抽查6个省、36个县，调查监测2012～2015年度重点工程造林小班4196个，面积1.3067万公顷。内业期间，中南院组织相关人员集中进行营造林综合核查汇总工作。一是对各工组抽乡表、小班卡片、小班数据库、小班调查图、小班照片、县级调查监测报告进行全面检查；二是对省级报告实行处室领导、院技术负责人、副总工、总工程师逐级审核，评定质量等级。较之以往，2016年更加注重与资源监测相衔接，以作业设计为依据，调查监测重点工程造林小班的实施情况，较好地落实了技术方案要求，反映了地方重点工程造林特点，关注了除草剂污染土壤等问题，提出了近自然营造林、保育土壤等建议，有力提升了营造林综合核查工作成果质量水平。

【2016年西藏自治区森林资源连续清查第二次工作会议】 3月27～29日，在湖南省长沙市召开了西藏连清复查第二次工作会议，会议由中南院党委书记彭长清主持，来自国家林业局资源司、西藏自治区林业厅、中南院和西藏林业调查规划研究院等有关单位的领导和专家参加了此次会议。

会上，西藏自治区林业厅副厅长索朗旺堆和中南院总工程师熊智平分别汇报了西藏连清复查工作技术准备、队伍组织、物资准备、组织保障、资金筹措和安全措施等工作开展情况，以及准备工作中还存在的困难和下一步工作计划。国家林业局资源司副司长徐济德再三强调西藏连清复查工作是2016年全国连清第一位的工作。一是西藏森林资源连续清查的重要性。二是西藏森林资源连续清查的特殊性。

会议针对西藏连清复查启动工作存在的问题，研究提出了文件签发、工作依据、高分辨率遥感数据使用的解决办法，研究了连清体系优化方案，强调了优化方案应满足人工林监测精度要求。讨论制订了《西藏自治区森林资源连续清查第三次复查工作方案》《技术方案》和《实施方案》，明确了任务分工，协调了工作安排，全面部署了清查工作，为西藏森林资源连续清查第三次复查外业工作顺利开展奠定了基础。

【岩溶地区石漠化监测技术骨干培训班】 按照国家林业局《关于开展岩溶地区第三次石漠化监测工作的通知》和《岩溶地区第三次石漠化监测工作方案》要求，4月5～9日，国家林业局防治荒漠化管理中心在湖南省长沙市举办了岩溶地区石漠化监测技术骨干培训班，国家林业局防治荒漠化管理中心主任潘迎珍、总工程师屠志方，中南院院长周光辉、总工程师熊智平及湖南省林业厅有关领导出席开班仪式。来自岩溶地区8省（区、市）林业厅（局）主管石漠化监测工作的处长，石漠化监测工作承担单位的主要负责人、技术负责人及系统软件应用人员共52人参加了此次培训。

培训班上，潘迎珍作了第三次石漠化监测工作正式启动的动员报告，屠志方对第三次石漠化监测工作提出了具体要求。中南院但新球、吴照柏、吴协保、罗为俭、彭检贵等专家和技术人员分别就第三次石漠化监测技术规定、第三次石漠化监测实施方案和内外业关键技术、石漠化监测野外数据采集系统操作、石漠化监测信息管理系统操作等内容进行了培训授课。中国科学院亚热带农业生态研究所王克林研究员就石漠化定位监测技术及发展方向进行了主题讲座。培训班还在湖南涟源组织开展了外业调查实习。

此次培训不仅统一了监测技术、监测标准，而且明确了第三次石漠化监测的意义、任务，具体完成时间与质量要求，取得了预期效果，标志着岩溶地区第三次石漠化监测工作正式启动。

【中南监测区森林资源管理情况检查联合工作协调会】 7月25日，在中南院召开，会议由中南院副院长周学武主持，中南院院长周光辉，国家林业局驻武汉、贵阳、广州森林资源监督专员办事处领导和相关业务处室负责人参加了此次会议。

与会人员对由中南院编制完成《国家林业局中南监测区森林资源管理情况检查联合工作方案》及有关工作进行了讨论研究，在充分发表意见的基础上，会议就办院联合工作机制、组织机构、联合行文方式、培训组织形式、前期遥感判读的参与程度和联合工作内容以及进度安排等有关事项达成一致意见，并就此形成了会议纪要，为中南监测区森林资源管理情况检查联合工作的顺利推进奠定了坚实基础。

【2016年国家储备林核查培训座谈会】 7月15日，国家林业局速丰办在中南院组织召开了2016年国家储备林核查培训座谈会。会议由国家林业局速丰办储备林处处长李瑞林主持，局速丰办副主任石敏和浙江、安徽、山东、湖北、海南、四川、重庆、贵州等8省（市）速丰办主要领导与技术负责人及中南院项目负责人共30余人参加了会议。

会上，石敏作了主题讲话。中南院项目负责人对《国家储备林核查办法（试行）》进行了解读。各省（市）速丰办领导汇报了本省（市）国家储备林建设情况，并就核查工作提出了意见与建议。

【2017年林地年度变更调查直属院工作会议】 为贯彻落实《林地变更调查工作规则》（林资发〔2016〕57号）和《国家林业局办公室关于开展林地年度变更调查工作的通知》（办资字〔2016〕128号）要求，及时开展2017年林地年度变更调查准备工作，10月19～20日，国家林业局资源司在湖南省长沙市组织召开了2017年林地年度变更调查直属院工作会议。国家林业局资源司副司长王洪波等参加了此次会议。中南院等国家林业局直属院林地变更调查工作主管领导和技术负责人等20余人参加了此次会议。

会上，国家林业局资源司副司长王洪波讲话，局各直属院对2012年以来各监测区省（区、市）的林地变更调查工作情况进行了交流，与会代表认真研讨了《2017年林地变更调查工作方案》和《林地年度变更调查技术规程》。

【岩溶地区石漠化监测外业采集系统和管理信息系统培训班】 为使从事岩溶地区第三次石漠化监测工作的广大技术人员熟练掌握外业采集系统和管理信息系统，规范野外数据采集及数据入库和应用，按照《国家林业局关于开展岩溶地区第三次石漠化监测工作的通知》（林沙发〔2016〕41号）要求，10月10～10月12日，国家林业局石漠化监测中心在湖南省长沙市召开了8省（区、市）岩溶地区石漠化监测外业采集系统和管理信息系统培训班，参加培训技术人员达40人，国家林业局防治荒漠化管理中心处长李梦先、中南院副院长周学武、副总工程师柯善新参加了此次会议。

培训班上，李梦先、周学武就开展岩溶地区第三次石漠化监测工作分别讲话。中南院相关专家分别进行了专题授课。培训内容包括外业平板采集系统、桌面版信息管理系统的安装、功能及注意事项，开展了疑问解答和实际操作演练。

通过培训，进一步规范了野外数据采集及数据入库和应用，提高了石漠化监测工作的信息化水平，为圆满完成岩溶地区第三次石漠化监测工作奠定了良好的基础。

【《岩溶地区石漠化综合治理工程“十三五”建设规划》通过专家论证】 1月30日，国家发展改革委员会委托中国国际工程咨询公司组织召开了《岩溶地区石漠化综合治理工程“十三五”建设规划》（以下简称《规划》）专家论证会，来自国家林业局、国家发展改革委员会、中国科学院、中国林科院、农业部规划设计研究院、北京林业大学、北京师范大学和国家林业局石漠化监测中心等单位的专家和领导参加了此次会议。

会上，中南院项目负责人介绍了《规划》编制的相关情况与主要规划内容。该《规划》以《岩溶地区石漠化综合治理规划大纲》和国家财政投资规模为引导，以国家林业局组织完成的岩溶地区石漠化第二次监测成果为依据，突出了国家生态敏感地区、国家贫困地区的集中治理；突出了以国家财政投资为主，引导其他投资进行石漠化综合治理的途径；突出了石漠化综合治理与区域生态文明建设、精准扶贫、一带一路、长江经济带、民生改善等内容的结合与协调；突出了通过石漠化综合治理来拓展绿色空间，加快区域经济可持续发展以及惠及“三农”，加快区域脱贫。旨在通过“十三五”期间的石漠化综合治理，初步遏止岩溶地区石漠化的发展，为区域精准扶贫脱贫、构建两江中上游生态屏障、巩固前期治理成果、应对国家一路一带、长江经济带战略实施，为下一步全面进行石漠化综合治理积累经验，打下基础。

专家通过论证后一致同意通过该《规划》。

【《西藏噶尔河湿地自然保护区湿地保护与恢复建设工程项目初步设计》通过专家评审】 3月30日，由中南院、西藏自治区林业调查规划研究院和西藏自治区建筑勘察设计院联合编制的《西藏噶尔河湿地自然保护区湿地保护与恢复建设工程项目初步设计》参加了由西藏自治区发改委组织的专家评审会，参加评审会议的有西藏自治区林业厅、西藏自治区阿里地区林业局、森林公安局等相关专家和领导。

与会评审专家认真听取了中南院项目组有关初步设计编制情况和成果汇报，对相关材料进行了认真审查。一致认为：西藏噶尔河湿地位于西藏西部高寒干旱荒漠区，属于国际河流印度河的源头区，对防止下游季节性泛滥的洪水、阻截上游冲积物、调蓄水量，净化水质、防风固沙、改善区域气候等方面发挥重要作用，同时，这里水草茂盛、水禽成群，是黑颈鹤、赤麻鸭、斑头雁等多种珍稀鸟类的繁殖栖息地和迁徙走廊，分布有丰富的珍稀濒危野生动物，是中国高原野生物种、濒危灭绝物种的避难所，也是自然生命的基因库。该项目的建设对保护雅鲁藏布江流域生态安全和构建西藏生态安全屏障有着极其重要的作用和意义。该项目调查全面深入，设计资料齐全、内容完整、图表规范、依据充分，符合《国家湿地公园总体规划导则》等编制要求。

评审专家组一致同意《西藏噶尔河湿地自然保护区湿地保护与恢复建设工程项目初步设计》通过评审。

【《广西灌阳灌江国家湿地公园总体规划》通过专家评审】 5月24日，广西壮族自治区林业厅在南宁市组织召开了《广西灌阳灌江国家湿地公园总体规划》(以下简称《总体规划》)专家评审会。评审专家组由广西大学、广西水产畜牧学校、广西林业勘测设计院、广西陆生野生动物救护研究中心、自治区国土厅、自治区环保厅、自治区水利厅等单位的专家和领导组成。

评审专家组一致认为《总体规划》基础资料翔实，材料齐全，图文表规范，达到《国家湿地公园总体规划导则》的要求。广西灌阳灌江湿地位于长江一级支流湘江的源头区和广西三大候鸟迁徙通道之一，地处中国35处生物多样性保护优先区的南岭区内，毗邻广西千家洞国家级自然保护区和海洋山自治区级自然保护区，是保护水生态资源和区域生物多样性的重要区域，生态区位突出，生物多样性地位重要，生态保护意义重大，在全国范围内具有典型性。拟建广西灌阳灌江国家湿地公园湿地资源和生物资源丰富，特色鲜明，景观优美，历史文化厚重。湿地公园建设有利于维护灌江生态安全和促进灌阳自治区级贫困县群众脱贫致富，对区域生态环境和生态文明建设具有重要作用，示范意义重大。评审专家组一致同意《总体规划》通过评审。

【《全国造林绿化规划纲要(2016～2020年)(修订)》通过国家林业局验收】 为全面贯彻落实党的十八届五中全会精神和习近平总书记系列重要讲话精神，强化与国家重大发展战略、规划的衔接，全国绿化委员会、国家林业局决定开展《全国造林绿化规划纲要(2011～2020年)》(以下简称《纲要》)修订工作，由国家林业局造林司负责组织领导，中南院承担具体工作。

自2015年1月《纲要》修订工作正式启动，中南院项目组广泛收集"十二五"期间造林绿化完成情况的数据和各省、各部门"十三五"相关规划，认真总结"十二五"经验教训，科学确定"十三五"任务，在反复征求各省区、各部门意见的基础上，对《纲要》的规划目标、建设任务、建设重点、保障措施等均进行了较大幅度的修订。《纲要》修订成果深入贯彻了党和国家重要会议精神，紧密衔接了《林业发展"十三五"规划》等重要规划文件，保持与国家重大战略和政策的高度一致。修订工作期间，中南院项目组与国家林业局造林司、计资司等司局以及全绿委有关部委保持密切联系，与各省(区)及时沟通交流，多次更新完善指导思想和规划目标，调整建设重点和建设任务。同时，国家林业局造林司就《纲要》修订工作多次征求相关部委和司局意见，组织召开数次专家咨询会议，广泛听取各部委、各司局和各专家的意见和建议，确保《纲要》修订成果的针对性、科学性和可操作性。

目前，由中南院编制完成的《全国造林绿化规划纲要(2016～2020年)(修订)》已通过国家林业局验收，并提交全国绿化委员会审查印发。

【《海南省昌江县"多规合一"林地专项规划》获首批通过】 5月20日，中南院承担完成的《海南省昌江县"多规合一"林地专项规划(2015～2030)》顺利通过海南省加快推进"多规合一"工作领导小组第九次会议审议，成为全省首批通过的两个市县之一。

按照昌江县委、县政府的统一部署，该项目自2015年初启动，中南院派出技术人员长期驻扎在昌江县开展工作。以原林地规划落界"一张图"为基础，前期收集相关资料进行梳理分析，摸清昌江县林地资源现状；后期利用卫星影像判读，室内区划重新修正林地范围，配合环保部门落实生态红线指标，并对部分地块进行外业补充调查。同时，对公益林规划成果进行完善，形成了新的林地规划落界成果。期间，中南院项目组多次与昌江县住建局，国土局及其相关技术单位进行沟通衔接，将林地保护利用总体规划与城乡规划、土地利用总体规划的重叠地块逐一甄别，确定地块归属，解决各项规划矛盾，形成了《海南省昌江县"多规合一"林地专项规划(2015～2030)》。

该项目成果经过省级主管部门的三轮技术审查，在"多规合一"工作领导小组办公室主任会议上讨论通过，最终提交"多规合一"工作领导小组第九次会议审议通过。

【《海南省三亚市"十三五"林业发展规划》通过专家评审】 6月14日，中南院承担完成的《海南省三亚市"十三五"林业发展规划》(以下简称《规划》)项目评审会在海南省三亚市召开，会议由三亚市林业局副局长陈业思主持，专家评审委员会由来自海南省林业厅、海南川海土地科学研究院、海南天际林业规划设计公司、三亚市林业科学研究院、海南省三亚林场等单位的专家组成。

与会评审专家认为《规划》从全球气候变化、绿色发展理念、"一带一路"战略、国际旅游岛建设等方面入手，对三亚市"十三五"时期林业发展面临的形势进行了深入分析，对三亚市"十三五"时期林业发展的热点、难点和重点问题进行了深入研究，提出了"优化生态系统、完善生态服务、丰富生态文化、强化基础支撑"的总体发展思路，设置了沿海景观防护林、红树林湿地生态修复、山地生态景观修复、绿色景观通道、城市景观森林、生态博览园等建设工程，对指导三亚市"十三五"林业发展具有重要意义。专家组一致同意《海南省三亚市"十三五"林业发展规划》通过专家评审。

【《湖南省湘西土家族苗族自治州国家森林城市建设总体规划》通过专家评审】 7月21日，湖南省湘西自治州人民政府组织召开了《湖南省湘西土家族苗族自治州国家森林城市建设总体规划》(以下简称《总体规划》)专家评审会，评审专家组由来自中国林业科学研究院、北京林业大学、中南林业科技大学、林产工业规划设计院等单位的专家组成。

评审专家一致认为该规划在对湘西自治州自然条件、区域经济、社会发展等进行了深入的调查分析的基础上，提出的森林城市建设理念、建设目标符合实际，森林城市的空间布局科学合理，提出的生态、产业、文化和支撑四大体系内容全面，建设工程重点突出、任务明确，措施具体，工程投资概算合理，保障措施有力，具有较强的针对性和可操作性。评审专家组一致同意《湖南省湘西土家族苗族自治州国家森林城市建设总体规划》通过评审。

【《林业生态工程施工监理规范》编制工作大纲通过审定】 8月31日，受国家林业局计财司委托，中国林业工程建设协会工程标准化专业委员会在北京组织召开《林业生态工程施工监理规范》编制工作大纲审定会。来自国家林业局、中国林业工程建设协会工程标准化专业委员会、国家林业局规划院、西北院、山西省林业厅、河北省林业厅、辽宁省林业厅、湖南省林业调查规划设计院等单位的专家和领导参加了此次会议。

与会专家一致认为《林业生态工程施工监理规范》编制工作大纲基本符合国家和行业标准的行文格式及内容要求，并针对各章节和条款的编写要求提出了具体的意见和建议，一致同意《林业生态工程施工监理规范》编制工作大纲通过审定。

【全国首家国家石漠公园《湖南安化云台山国家石漠公园规划》通过国家林业局专家评审】 9月21日，全国第四次沙漠公园评审会在北京召开，会议由国家林业局治沙办主任潘迎珍主持。国家林业局副局长张永利出席会议并作重要讲话。

评审会上，由中国科学院院士李文华任组长的评审专家委员会对包括湖南安化云台山国家石漠公园等在内的15个公园进行了审议与论证，中南院项目负责人对湖南安化云台山国家石漠公园区位状况、建设条件、资源特色、发展定位、功能分区等内容进行了全面详细的汇报，获得了与会评审专家的一致好评，为全面推进中国岩溶地区石漠公园建设奠定了良好基础，并顺利通过了专家评审。

【《西藏自治区林木良种繁育中心建设项目可行性研究报告》通过专家评审】 9月26日，西藏自治区林业厅在拉萨组织召开了《西藏自治区林木良种繁育中心建设项目可行性研究报告》专家评审会。评审专家组由中国科学院青藏高原研究所、国家林业局林产工业规划设计院、西藏自治区林木科学研究院、西藏自治区高原生物研究所、西藏自治区国土资源厅等11个单位的专家和领导组成。

评审专家组一致认为拟建的《西藏自治区林木良种繁育中心建设项目》，将对挖掘西藏自治区乡土林木种质资源，发展乡土林木良种，满足林业生态建设需求起到积极作用。中心的建成，必将极大提升西藏自治区优良乡土苗木的生产供应能力，有效缓解西藏自治区造林绿化良种壮苗需求与本土苗木供应不足之间的矛盾；必将提高西藏自治区种质资源的收集和保存能力，促进优良乡土树种广泛应用，维护西藏林木遗传改良的可持续性和树种多样性，实现西藏造林从量的扩张到质的提升。

评审专家组一致同意《西藏自治区林木良种繁育中心建设项目可行性研究报告》通过评审。

【《西藏营造林系统升级及野外数据采集系统开发》项目通过验收】 12月12日，西藏自治区林业调查规划研究院组织专家对中南院承担完成的《西藏营造林系统升级及野外数据采集系统开发》项目成果进行审查验收。

专家组一致认为，升级后的营造林系统运行稳定，操作简便，从核心架构、系统功能到系统界面进行了全面的升级改造，不仅解决了原系统存在的各类问题，完善了数据库结构及其内容，还根据用户提出的最新功能需求，增加了多项实用功能，特别是系统的成果文档产出功能，运行高效、结果准确，为用户营造林作业设计内业工作节省了大量宝贵时间。同时，野外数据采集系统功能设计符合实际工作需求，减轻了大量造林作业设计外业工作量，实现了调查数据的电子化采集，软件各功能运行具有较好的稳定性，操作易于掌握，运行流畅高效，与传统的方法相比，软件的运行真正地提高了营造林外业调查工作效率。

专家组一致同意《西藏营造林系统升级及野外数据采集系统开发》项目通过验收。

【《新疆天山东部综合科学考察》正式出版】 中南院编写完成的《新疆天山东部综合科学考察》一书已由中国林业出版社正式出版发行。该书是中南院牵头组织新疆大学、新疆师范大学、中国科学院新疆生态与地理研究所、中国科学院昆明植物研究所、山东师范大学等多家单位专家学者共同完成的，是对自2012年以来天山东部国有林管理局包括哈密、木垒、奇台、吉木萨尔、米泉、板房沟、乌鲁木齐南山、呼图壁、玛纳斯南山、沙湾、乌苏等11个管理分局的国有林区历次野外科学考察的成果总结，也是对天山东部山地的地质、地貌、气候、水文、土壤、植物、动物、社会经济、旅游资源等各个方面展开全面、专业、细致的考察和研究。该书不仅内容系统全面，数据翔实，探索论证严谨，成果学术性强，而且它的正式出版为新疆生态建设和天山东部山地的自然环境保护、野生动植物保护管理、周边区域社会可持续发展以及区域生态文明建设，提供丰富、最新的基础数据和资料。

【中南院9项成果分获国家级和省部级优秀成果奖】 2016年，中南院承担完成的9项成果分别荣获国家级和省部级优秀成果奖，分别是《西藏自治区营造林管理信息系统》获全国林业优秀工程勘查设计奖二等奖，《湖南张家界大鲵国家级自然保护区功能调整申报规划》《岩溶地区石漠化综合治理工程二期规划思路研究》获湖南省2015～2016年度优秀工程咨询成果一等奖，《重庆南川山坪喀斯特国家生态公园总体规划》《吉林省通化市森林城市建设总体规划(2014～2024)》和《拟设立湖南沅陵国家级森林公园可行性研究报告》获湖南省2015～2016年度优秀工程咨询成果二等奖，《福建永春桃溪国家湿地公园总体规划(2016～2020)》《西藏卓玛朗措国家湿地公园总体规划》和《湖南省赫山区来仪湖国家湿地公园总体规划》获湖南省2015～2016年度优秀工程咨询成果三等奖。

【中南院荣获“湖南省全民健康生活方式行动健康单位”称号】 为响应湖南省《全民健康生活方式行动健康支持性环境建设指导方案》提出的“加强全民健康教育，积极倡导健康生活方式”，创建“健康单位”的号召，中南院成立了由院党委书记彭长清为组长的中南院全民健康生活方式行动领导小组，制订了《中南院全民健康生活方式行动实施方案》和职工健身制度、工间操制度、职工健康生活方式激励制度等促进健康生活方式的规章制度，通过切实加强组织领导、加强宣传发动力度、开展健康文体活动等一系列措施，广泛开展全民健身活动。

2016年，经湖南省全民健康生活方式行动领导小组评选，授予中南院“湖南省全民健康生活方式行动健康单位”荣誉称号。

【召开第四届妇女大会】 1月21日，中南院组织召开第四届妇女大会，听取第三届院妇委会工作报告，按照有关组织程序进行新一届妇委会换届选举。中南院院长周光辉、院党委副书记周学武、党群人事处主要负责人和女职工共51人参加了此次会议。

会议宣读了中南院党委《关于院第四届妇委会委员候选人预备人选的批复》。会上，中南院妇委会主任肖微代表第三届妇女工作委员会作工作报告。引领女职工先后荣获了全国巾帼文明岗、湖南省级巾帼文明岗、湖南省级芙蓉标兵岗、湖南省第七届“五好文明家庭”创建活动先进协调组织、湖南省直机关先进妇委会组织等多项国家级、省级奖励，为推动全院妇女工作创新发展和服务中心工作作出了重要贡献。会议选举产生了国家林业局中南院第四届妇女工作委员会。

【中南院召开2016年院党的群团工作会议】 5月23日，中南院组织召开2016年院党的群团工作会议，会议由中南院党委副书记周学武主持，院领导、各处室主要负责人、各党支部书记、工会委员、团委书记及团委委员、妇委会主任及妇委会委员参加了此次会议。

会议组织学习了习近平总书记在中央党的群团工作会议上的重要讲话精神和国家林业局局长张建龙在国家林业局党的群团工作会议上的讲话精神。中南院工会、院团委、院妇委会负责人进行了工作汇报和典型发言。此次会议在中南院历史上是第一次，充分体现了中南院领导班子对党的群团工作的重视。

【通过省级文明卫生单位“两查”】 按照《湖南省爱卫办关于对省级文明卫生单位开展五年定期复查的通知》《长沙市爱国卫生运动委员会办公室关于开展省级文明卫生单位复查的通知》要求，在中南院爱国卫生运动委员会的统一领导下，后勤处等多个部门收集整理了近5年来中南院有关爱卫工作资料，为院职工食堂、院区安放了灭蚊、灭蝇灯，整治了院区、楼道，通过宣传栏进一步宣传、普及爱卫知识等，全院爱卫工作取得了显著成效。

5月10～18日，长沙市雨花区和长沙市爱卫会分别对中南院爱卫工作进行了初查和全面复查，赞扬了中南院在院区、食堂安放灭蚊、灭蝇灯的生态除“四害”做法，通过了省级文明卫生单位“两查”工作。

【召开庆祝中国共产党成立95周年大会暨“两学一做”专题党课】 7月1日，中南院召开庆祝中国共产党成立95周年大会暨“两学一做”专题党课。会议由中南院党委副书记周学武主持，全体在职党员和离退休党员代表70多人参加了此次会议。

会议宣读了中共湖南省直属机关工委《关于表彰省直机关优秀共产党员、优秀党务工作者、优秀党支部书记、先进基层党组织决定》，中南院一名同志被授予“湖南省直机关优秀党务工作者”称号，核查处党支部被授予“湖南省直机关先进基层党组织”称号。会上，中南院院长周光辉、院党委书记彭长清分别讲“两学一做”专题党课。

【中南院党委办公室荣获“湖南省巾帼文明岗”称号】 中南院党委办公室在院党委的领导下，在院妇委会(女工委)的支持下，认真组织、积极参加湖南省妇女“巾帼建功”活动。根据《关于表彰湖南省巾帼文明岗、巾帼建功标兵和巾帼建功先进集体的决定》(湘妇字〔2016〕4号)精神，中南院党委办公室被湖南省妇联授予“巾帼文明岗”荣誉称号。

(中南林业调查规划设计院由齐建文供稿)

国家林业局西北林业调查规划设计院

【综　述】　2016年，西北院认真贯彻党的十八大及十八届三中、四中、五中、六中全会精神和全国林业厅局长会议精神，深入推进"项目带动、科技兴院、人才强院"发展战略，坚持"安全、高效、和谐"的发展理念，切实履行资源监测职能，积极服务地方生态林业建设，顺利完成了各项年度工作任务，为林业改革发展和生态文明建设作出了新贡献。

【思想政治工作】

"两学一做"学习教育　西北院积极组织制定"两学一做"学习教育实施方案，及时传达中央领导、国家局和省直机关工委关于"两学一做"的新动态、新精神、新要求。学习教育活动以"基础在学、关键在做"为总主线，分4个专题研讨，通过集中培训学习、个人自学、座谈讨论、辅导报告会、绿色大讲堂、机关讲书堂、撰写学习体会、搭建网络教育平台等多种形式和途径，严格按照实施方案扎实开展。

精神文明建设　西北院先后开展"厚德陕西"活动、"道德讲堂"系列活动、推荐"身边好人"暨"最美职工"评选活动、"读好书、强素质、促发展"征文活动以及"中华魂·家国情深"经典诵读比赛，倡导职工多读书、读好书，全面提升综合素质；为丰富职工业余文化生活，先后开展职工运动会，组队参加省直机关足球赛、全国林业职工第十四届乒乓球赛等；积极组织开展美丽秦岭植树活动、青年护林志愿者服务活动、走访慰问留守儿童和智障人士等一系列志愿者服务活动，激发青年干事创业的热情和奉献社会的意识。

党员积分制管理工作　从2015年起，西北院开始了党员管理积分制试点工作。经过办公室党支部率先开启为期一年的试点后，西北院于2016年开始了13个党支部全覆盖的党员积分制管理。

贯彻落实"中央八项规定"　认真贯彻中央八项规定，完善规章制度，强内部控制建设。梳理完善了公务接待、业务用车、物资采购等一系列规章制度，清理整改了办公用房、车辆租赁、房屋出租等重点事项，杜绝了违规行为发生；进一步严格财经纪律、加强财务管理。相继出台了5项财务管理制度，有效地落实了国家相关规定，保障了资金安全高效使用。

【资源监测】　完成国家林业局资源司及相关司（局、办）安排部署的指令性任务26大项，128小项。截至2016年年底，所有任务均按计划完成。

森林资源清查　完成了第九次全国森林资源清查山西、宁夏两省（区）成果报告编制、审查，甘肃、新疆两省（区）森林资源清查工作方案和技术方案审核、操作细则审定、岗前技术培训、外业技术指导、质量检查、内业资料验收、数据逻辑检查、统计分析以及报告编写工作。

森林资源管理联合检查　2016年，林地管理情况检查和林木采伐管理情况检查首次采用院办联合检查方式。西北院与4个专员办共同承担完成了监测区内7个省（市、区）和兵团31个县级单位的全国林地管理情况检查和全国汇总工作。共判读疑似林地变化图斑1284个，其中直接验证抽查312个图斑，共查处违法违规使用林地项目104起，面积849.7公顷，移交地方林业主管部门自查图斑972个。在西北监测区6个省级单位7个县开展了林木采伐管理情况检查，处理卫星遥感数据87景；核对2015～2016年度林木采伐许可证4115份；抽查有证成片伐区60个，检查伐区面积576.59公顷；判读疑似采伐图斑数128个，抽查疑似无证成片采伐伐区41个，面积691.44公顷，发现无证采伐伐区25个（包括林地管理情况检查发现无证采伐伐区10个），无证采伐面积83.29公顷。协同资源司，开展了检查成果全国汇总工作，整理分析、统计汇总了成果数据，完成了成果报告、图件、数据的核对与编制。

营造林综合核查　2016年共抽查山西、重庆、陕西、甘肃、青海、宁夏、新疆、新疆建设兵团8个省级单位的49个县级单位，90个乡级单位，共抽查重点工程人工造林面积43 111公顷，调查小班8480个；参与完成了《全国营造林综合核查办法》等技术方案修订，以及成果报告编制工作。

林地年度变更调查工作　承担并完成西北监测区8个省（市、区、兵团）林地年度变更调查的工作督导和技术指导，审查了各省（区）林地年度变更调查工作方案、技术方案和操作细则，为各省（区）提供了变更调查、遥感图像处理、内业统计分析等方面的技术培训。

重点工程检查验收　承担完成了大兴安岭林业集团公司、黑龙江省森林工业总局、内蒙古森工集团、吉林省、海南省、新疆维吾尔自治区、新疆生产建设兵团、岭南八局的天然林资源保护工程二期实施情况国家级核查，并对大兴安岭林业集团公司、黑龙江省森林工业总局、内蒙古森工集团、吉林省的森林改造培育进行了绩效考评。会同规划院、中南院、昆明院完成了天然林资源保护工程二期实施情况核查的全国汇总工作。

荒漠化监测　参加并完成"十二五"全国防沙治沙期末综合考核工作，对吉林、陕西、甘肃3省防沙治沙目标责任履行情况进行督促检查和综合考核，参与完成全国数据汇总工作，全国沙化典型地区定位监测2015年度总报告汇编。收集、整理、分析了2016年度全国沙化典型地区定位监测数据，为全国和省级监测分析及监测技术方法改进提供了科学依据；编制完成了《"十三五"防沙治沙建设实施方案》《丝绸之路经济带防沙治沙规划》《一带一路防沙治沙建设工程规划》。

湿地监测　参与完成"十二五"国家湿地保护与恢复工程评估。包括内蒙古哈素海自然保护区湿地保护工程、湖南金州湖国家湿地公园湿地保护与恢复工程、重庆汉丰湖国家湿地公园湿地保护与恢复工程、陕西千渭之会国家湿地公园湿地保护恢复工程等10个湿地保护恢复工程的监测评估工作；完成青海隆宝国家级自然保护区、青海卓乃湖湿地、青海可鲁克湖—托素湖自然保护区、青海冬给措纳湖湿地等4处湿地生态系统健康、功能和价值评价工程。

【服务地方林业建设】 在全面完成各项指令性任务的同时，发挥技术优势，为地方林业建设提供技术服务，2016年共签订技术服务合同423个，产值和到位资金均创历史新高，产生了良好的生态效益、社会效益和经济效益。

坚持以服务项目为依托，大力普及推广“3S”技术应用，提升西北监测区林业整体技术水平和信息化管理水平。共承担完成了青海、新疆等省（区）及市、县级20余个单位的遥感数据处理、林业生态工程信息管理系统开发和专题性调查研究工作；根据地方生态建设需求，在新疆、山西、青海、重庆等（省、市、区）独立或合作承担了200多项林地变更调查、二类调查等重点工作，保证了国家和地方年度重点任务的有效落实；结合地方生态建设及经济发展需要，积极响应国家精准扶贫政策，发挥西北院在资源调查、规划设计方面的技术优势，积极投身陕西贫困山村旅游扶贫工作，其中《山阳县法官庙村旅游扶贫规划》被国家旅游局确定为全国乡村旅游扶贫规划示范项目；结合项目合作，组织开展技术培训服务。先后在生态文明、生态红线、无人机应用、倾斜摄影测量的应用、调查技术等方面开展培训17批次，培训人员150人次，为基层培养了一批实用性专业技术人才。

【新技术研发】 2016年，西北院对原有的森林资源管理、公益林管护、林政管理等林业综合信息管理系统进行了全面升级优化，完成了青海公益林资源信息管理系统升级改造和新疆维吾尔自治区森林资源信息管理系统研建，在数据库管理平台、系统功能实现、中心运维管理等方面有了新突破；采用开源GIS开发平台，研建基于智能终端的森林资源调查、林地变更调查、集体林权勘界、公益林巡护、调查规划设计、林地征占用调查等数据采集系统，改变了传统调查方式，降低了劳动强度，提高了工作效率及成果质量；与西北工业大学、北京林业大学、南方测绘等单位合作，开展了无人机航拍、航测、飞控、地面控制、像控点测设、后期数据处理等方面的研究，采用固定翼和旋翼无人机完成了延川县四条通道绿化工程区大比例尺航测和视频拍摄任务，满足园林绿化工程施工图设计。

【人才培养和队伍建设】 强化人才培养和队伍建设，2016年共组织开展或参加院内外业务培训50批、400余人次，专题质量教育2批次300余人；同时加强新技术、新理论应用培训，积极鼓励职工参加相关技术资质考试；加强人才信息库建设，已有15人进入国家林业局人才库，金万洲于2016年荣获“百千万人才工程省部级人选”称号。

【通过ISO9001质量管理体系再认证】 10月20～21日，北京中大华远认证中心审核组专家对西北院ISO9001质量管理体系进行了为期两天的审核再认证。本次审核认证依据ISO9001: 2008标准和组织管理体系文件，对西北院质量管理体系的持续符合性、有效性、适宜性进行了详细审核，审核范围覆盖院管理层领导和11个部门。在末次审核认证会议上，审核组通报了审核结论，认定西北院质量管理体系运行持续有效，符合标准要求，建议授予新的认证书。

【西北院3项成果获全国林业优秀勘察设计奖】 根据中国林业工程建设协会新修订的《林业优秀工程勘察设计奖评审标准》，西北院承担完成的《延川县森林重点火险区综合治理三期工程建设项目初步设计》获一等奖、《延川乾坤湾景区旅游线路绿化工程设计》获二等奖，《太白县重点区域景观绿化设计》获三等奖。

【林业大事】

2月26日 国家林业局人事司副司长郝育军代表局党组宣布任命许辉为西北院常务副书记，原党委书记陈道东另有任用。

3月10日 三北防护林体系建设五期工程中期评估座谈会在西安召开。西北院与三北局就评估进展情况、评估基本观点及存在问题进行了交流，明确了评估数据汇总、报告编制、专家典型考察、成果审定等问题。

3月11日 西安市石化农林工会在西安召开2015年度表彰大会，西北院荣获2015年度“西安市石化农林工会系统先进职工之家”称号。

3月23日 西北院组织召开院党委纪委换届选举大会。会议听取并审议通过了上一届党委工作报告、纪委工作报告，并以无记名、差额选举方式选举产生了中国共产党国家林业局西北林业调查规划设计院第五届委员会和纪律检查委员会。

3月27日 国家林业局人事司副司长郝育军代表局党组宣布任命周欢水、李谭宝2人为西北院副院长。

4月27日 西北院编制完成的《丝绸之路经济带防沙治沙工程建设规划（2016－2030年）》在北京通过专家论证评审。

6月13日 西北院编制完成的三北防护林体系建设五期工程中期评估报告在北京通过评估论证。

7月26～27日 宁夏回族自治区党委十一届八次全会在银川召开，西北院编制完成的《宁夏生态保护与建设规划2015～2020》通过了党委会审议。

8月1～2日 西北院常务副书记许辉及扶贫工作队的2名同志，参加了省级单位驻延长县扶贫团2016年联席会议。

（西北林业调查规划设计院由李娜供稿）

国家林业局昆明勘察设计院

【综　述】 2016年，昆明院牢固树立创新、协调、绿色、开放、共享的发展理念，深入实施生态建设工作，认真履行"一院三个中心"的职能；坚持"立足林业、服务社会"的宗旨，发挥综合性勘察设计院的技术优势，全方位服务生态建设和经济建设，完成了指令性任务。

【森林资源连续清查工作】 完成了云南、四川两省历次连清相关基础数据的接收，在资源司指导下，制订了清查工作方案和技术方案，与云南、四川两省林业厅研究了连清工作实施方案；完成了云南、四川两省森林资源宏观监测数据汇总分析。完成了四川省遥感大样地调查工作，完成了凉山州、雅安市、攀枝花市三州市208个样地的判读和32个样地实地验证工作。

【森林资源调查(核查、检查)工作】 完成了昆明市14个县(市、区)和昭通市11个县(区)共434.88万公顷的森林资源规划设计调查工作，完成了森林资源二类调查数据采集系统开发并运用到二调工作中，推动了信息化技术在中国森林资源二调工作中应用。完成了云南省18个县(市、区)的林地变更调查成果数据内业检查和外业核查，以及昆明院监测区林地变更调查成果报告的编制和成果数据的汇总；继续开展对四川省的林地变更调查指导检查工作，已完成22个县(市、区)的内业检查和18个县(市、区)的外业核查。完成了云南、四川两省2016年的全国营造林综合核查。参与国家林业局2016年东北、内蒙古重点国有林区森林资源管理情况检查；完成了云南、四川两省2016年全国森林资源管理情况检查，共完成了16个县级检查单位的林地管理情况检查和4个县级单位的林木采伐情况检查；完成了内蒙古和山西两省(区)16个县的天保工程二期实施情况核查工作。

【林业专项调查工作】 一是第二次重点野生植物资源调查工作取得阶段性成果。完成了西藏自治区隆子县、错那县、扎达县和珠峰国家级自然保护区4个单位的调查工作；完成了历时两年的丽江市第二次重点保护野生植物资源调查工作；玉溪市和红河州第二次陆生野生动物资源调查通过外业检查验收。二是启动并开展了首次西藏林业有害生物普查工作，完成了西藏5地(市)20个县林业有害生物的首次野外调查。

【林业碳汇计量与监测工作】 完成了四川、云南和西藏三省(区)共150株西南地区山杨生物量建模的全部外业数据样本采集、含水率测定以及后期样本处理和制样等工作；与国家林业局直属4个碳汇计量监测中心共同完成土地利用、土地利用变化与林业碳汇计量监测成果检查验收方案编制；完成对四川省2015年度土地利用变化与林业碳汇计量监测的技术指导和成果审核工作；完成了广西贺州国有大桂山林场近10万亩林业碳汇项目设计，并顺利通过国家发改委的专家审核；配合第三方完成昆明院设计的湖南资兴市4万亩碳汇造林项目的审定；积极与相关单位开展林业碳汇技术交流，先后与中国科学院广州能源研究所、普洱市绿色经济试验示范区管理办公室以及国家林业局华东院开展有关碳抵减、生态效益补偿机制等方面的技术交流和研讨。

【承担林业工程标准编制工作】 2016年，完成了《湿地公园工程设计规范》《生物质能源林造林技术规程》《森林火险预警监测系统建设标准》3个标准的编制工作；参与完成国家工程建设强制性标准体系(林业工程部分)修改及13个强制性标准项目编制要求说明的编写工作。参与《陆生野生动物重要栖息地评估认定规程》和《人工繁育国家重点保护野生动物名录》标准的制定，为云南省林业厅提出了27处陆生野生动物重要栖息地以及3种人工繁育国家重点保护野生动物。

【《林业建设》期刊编辑出版发行工作】 完成《林业建设》全年六期期刊的编辑和出版发行工作。

【服务林业生态建设工作】 充分发挥昆明院多专业、多资质综合设计院的特色和优势，在国家公园建设、自然保护区建设、湿地公园建设、水土保持与荒漠化治理等方面提供了多元化、全方位的技术服务。

一是继续加强国家公园规划及研究，保持昆明院在该领域处于国内领先水平。2016年，承担了大量的国家公园项目的规划和设计；举办《生态文明与国家公园建设——云南经验》学术研讨会，传播了国家公园试点建设的林业经验、云南经验，坚持正确的国家公园建设方向，引领中国国家公园实践。二是在自然保护区建设方面继续承担大量的项目规划和调查工作；三是在湿地保护规划设计方面成果突出，项目遍及全国十余个省；四是在水土保持与荒漠化治理方面成效显著，承担了"喀斯特断陷盆地石漠化驱动机制与综合治理技术"科技部国家重点专项中"断陷盆地石漠化综合治理技术集成与规范"专题的申报工作；参与了河北、青海、西藏三省(区)的"十二五"省级政府防沙治沙目标责任制考核工作；承担了《文山州岩溶地区石漠化"十三五"建设规划》及《昆明市石林县岩溶地区石漠化生态治理及产业发展规划》；成功承办了"国家沙漠公园试点建设培训班"。五是主动融入国家"一带一路"战略，援外项目取得新进展。受商务部委托，昆明院承担了贝宁、刚果(金)、几内亚比绍、利比里亚、马拉维、科特迪瓦、古巴7个国家的农业技术合作项目相关咨询任务，项目领域涉及水稻、旱作物、咖啡、橡胶、竹藤编、水产养殖等多项农业技术。完成了在老挝的3个中国烈士陵园修缮工程项目设计，并受到民政部门好评。

【服务社会工作】 在积极为林业服务的同时，发挥多元化专业优势，跨行业积极开拓业务，在农业、交通、建筑、市政、水利等行业承担了大量的咨询、勘察设计、施工、监理业务，多元化、全方位服务社会。新签合同457项，合同产值1.85亿元，生产形势保持平稳增长。

昆明院2016年共组织选拔推荐援藏挂职干部3次，向西藏自治区共派出了12名优秀干部。其中向拉萨市人民政府派出援藏干部1人，向西藏自治区林业厅派出援藏干部5人，向交通运输厅派出援藏干部5人，向那曲地区交通局派出援藏干部1人，为西藏生态安全屏障和交通运输事业的发展作出了积极贡献。

【职工队伍建设】 加强人才队伍建设，充分发挥专业技术优势。在队伍建设上，坚持"干部能上能下、人员能进能出、收入能多能少"的管理模式，并形成昆明院独有的特色，坚持给优秀年轻人提供更多的平台和施展的空间。根据国家林业局下达计划，依照严格的程序，2016年昆明院分博士招聘、硕士、本科招聘、补充招聘3次共公开招聘人员25人，其中博士研究生3人，硕士研究生14人，本科生8人，涉及21个专业，14个院校，体现了专业的多样化和招录院校的多元化，使全院职工队伍达到306人，其中博士研究生26人，硕士研究生157人，95%左右的职工具有大学本科以上学历；享受国务院特殊津贴的专家2人，教授级高级工程师9人，高级工程师70人，各类注册执业资格人员141人，涵盖30多个专业。

【质量技术管理】 根据ISO9001：2015质量管理体系，对各类项目进行全面的质量控制及管理，做好事前指导，实行全过程管理，及时解决规划设计中遇到的技术问题，抓好质量监督与检查指导工作，全年质量管理安全运行，没有发生质量事故。

【学术交流及科研工作】 邀请院外专家，组织技术交流活动；定时开展绿色大讲坛活动，特别邀请到了美国北卡州立大学副校长李百炼博士作《世界林业研究前沿问题》的讲座并进行了深入交流，研讨了昆明院学术发展方向；开展了2016年博士毕业论文交流活动。

完成了《沥青路面再生旧料最佳掺配比例的确定及其方法》专利的申请工作并取得发明专利授权通知书。完成了森林资源二类调查数据采集系统和建设项目使用林地调查数据处理系统的开发工作并取得国家版权局计算机软件著作权登记证书；开展无人机应用研究，完成"低空无人机森林资源调查与监测系统研发"科技查新和申报准备工作；自主研发编写的二调小班编号、数据导入、导出，二调成果插表统计，遥感影像自动融合处理，遥感影像和空间位置信息提取等应用程序极大提高了工作效率和准确性；首次获得云南省科技厅2016年度1项重点新产品开发科技项目立项——《数据化多功能测树仪研究》。

【思想政治工作】 完成了党委纪委换届工作；召开院党风廉洁建设工作会，落实党风廉政建设责任制。加强纪检监察队伍建设，完成整治"四风"集中检查工作。精心组织"两学一做"学习教育和"三强化，两提升"学习实践。组织开展了建党95周年主题纪念活动。

【精神文明建设工作】 在云南省勘察设计系统体育比赛中，昆明院男子足球赛进入八强，篮球赛取得了男女双冠的优异佳绩。在云南省林业职工2016乒乓球比赛，昆明院获得男子团体及女子团体小组第二的佳绩，女子单打1人进入8强，并获得优秀组织奖。完成了"昆明市网络文明传播志愿者(信息员)"推选登记并积极开展工作；昆明院方俊杰在第二届"五华榜样"推选工作中入选"爱岗敬业"模范。

【精准扶贫工作】 根据省委、省政府以及省直机关工委的安排，昆明院挂联扶贫点为丽江市永胜县大安乡梓里村的3个村民小组。昆明院从智力支持、经济帮扶、爱心助学等方面进行真心实意的帮扶，精准扶贫。深入开展"转走访"，全面准确摸清贫困户基本情况，完成了《永胜县大安乡扶贫攻坚规划》，并投入扶贫资金15万元用于梓里村基础设施建设。开展爱心助学，向梓里村12个村民小组中在校就读的52名学生发放了生活补助费，全院捐款助学近40万元。组织人员完成贫困村、贫困户建档立卡和动态管理工作；逐户制订帮扶措施，组织开展实用技术培训，提升贫困群众能力素质，拓宽贫困户增收渠道；推进扶贫开发与基层党建"双推进"工作。

【林业大事】

2月 昆明院成立西藏分院，积极投身高原生态文明建设。

4月22日 国家林业局人事司副司长王浩到昆明院宣布任命杨菁为国家林业局昆明勘察设计院副院长、纪委书记。

5月20日 国家林业局资源司副司长徐济德(正司局级)一行来昆明院宣布林地管理情况检查工作，同时开展林地、林木采伐管理情况检查改革调研。

7月19日 昆明院与拉萨市人民政府签订《合作备忘录》。

8月9日 昆明院与西南林业大学绿色发展研究院共同在昆明举办了"生态文明与国家公园建设——云南经验"学术研讨会。

8月16日 昆明院与红河州人民政府签订《合作框架协议书》，携手助力绿色发展，共同打造大美红河。

9月8日 国家林业局党组成员、副局长李树铭到昆明院调研指导工作。

10月22日 昆明院承办的国家沙漠公园试点建设培训班圆满结束。

11月22日 国家林业局昆明勘察设计院与北京绿冠科技集团有限公司在北京举行签约仪式，共建"国家林业局昆明勘察设计院北京所"。

12月10～12日 国家林业局离退休干部局局长薛全福等一行到昆明院对离退休干部工作进行调研指导。

（昆明勘察设计院余丽华供稿）

国家林业局驻各地森林资源监督专员办事处工作

26

内蒙古自治区专员办(濒管办)工作

【综　述】 2016年，坚持严格执法、热情服务的工作原则，按照"履行好一个职责、突出两大重点、推进三项检查、强化四项工作、加强五方面建设"的总体工作计划，突出案件督查督办第一职责，加强对森林资源和野生动植物进出口监管，通过直接督查督办、重点地区治理、联合开展专项行动等方式，督查督办各类森林案件7508起，打击处理人员7614人。收回林地1.6万公顷，退耕还林还湿7.8万公顷。核发林木采伐许可证21 135份，面积22.99万公顷，蓄积量31.26万立方米。核发允许进出口证明书18份，总金额754万元。

【督查督办案件】 按照派驻森林资源监督机构要切实担负起督查督办破坏森林资源案件第一职责等要求，建立健全执法监督机制，进一步落实案件登记报告、办理程序和责任部门，加强群众举报线索搜集核实，明确案件处理要求，主动出击，通过直接督查督办、重点地区治理、联合开展专项行动等方式，对涉林案件做到了件件有调查、有处理、有结果。督查督办各类森林案件7508起，打击处理人员7614人。其中，直接督查督办案件241起，其中，国家林业局批转检查整改案件132起，信访举报案件15起，监督检查发现案件94起；刑事案件25起，行政案件216起；打击处理人员295人，处罚金215万元。通过督查各专项行动，查处案件7267起，打击处理7319人。收回林地1.6万公顷，莫力达瓦达斡尔族自治旗退耕还林还湿7.8万公顷。

【问题整治和专项打击】 采取专项督查与开展森林资源管理情况检查相结合、国家级自然保护区"绿箭行动"整改验收等与检查工作相结合开展督查督办，督查内蒙古自治区8个旗(县)和13个重点国有林区林业局，向内蒙古各级林业主管部门移交涉林违法案件线索298起。通过督查专项行动，内蒙古自治区森林公安机关共查处涉林案件2508起。其中，刑事案件301起，行政案件2507起。清理非法征占用林地项目216个，清理木材、野生动物非法交易场所227处，清理木材、野生动物加工经营场所748处，检查野生动物活动区域1538处；共打击处理人员2494人，收缴涉案财物共计43.87万元；内蒙古大兴安岭森林公安机关共破获刑事案件90起，查处林业行政案件1191起，追究刑事责任93人，打击处理违法犯罪人员1280余人次，收回林地746.58公顷。

【打击重点国有林区涉林违法专项行动】 与内蒙古森工集团(林管局)、内蒙古大兴安岭森林公安局联合，在内蒙古大兴安岭林区范围内开展严厉打击毁林开垦和非法侵占林地违法犯罪行为专项行动。组织召开由当地政府、公检法机关、林业主管部门、森工林业局参加的座谈会、现场会，达成共识，形成合力。专项打击行动期间，林区森林公安机关共立涉林案件4864起，打击处理4859人。其中，刑事案件158起，打击处理161人；行政案件4706起，打击处理4698人；收缴林地2281.73公顷；收缴野生动物126头(只)。

【督促指导地方政府开展打击毁林专项行动】 针对呼伦贝尔市森林资源管理的实际，建议并力促呼伦贝尔市政府在全市范围内开展打击侵占林地和毁林违法犯罪专项行动。呼伦贝尔市政府于2016年3～12月，在全市范围内开展打击毁林违法犯罪专项行动。期间，内蒙古专员办多次派出工作组，深入各旗(县)检查指导专项行动工作，组织召开由地方政府、公检法机关和国有林区林业局及监督单位等参加的打击毁林专项行动督促会议，强化指导，明确要求，形成合力，确保专项行动取得明显成效：全面查清了森林资源管理中的问题。研究解决历史遗留问题，对1998～2015年违法开垦林地形成的10.66万公顷耕地编制退耕还林还湿规划。解决林牧矛盾，采取禁牧、限牧、林牧结合等措施，在大兴安岭向呼伦贝尔草原过度的林木交错地带，推行"造林带—草原带—造林带"造林模式，实施林草结合，建立稳定的生物群落；建立国有林场和牧民保护利用林地的责任制，解决33.33万公顷林地的林牧矛盾问题。依法打击涉林违法犯罪，查处涉林案件2403起，其中：刑事案件127起，行政案件2276起，打击处理违法犯罪人员2460人次，收回林地452.5公顷，行政罚款402.3万元。

【跟踪督办毁林开垦案件】 对内蒙古莫力达瓦达斡尔族自治旗毁林开垦案件持续跟踪督办，取得了显著成效。对全旗范围内林地进行彻底清查，查清了有关问题。根据编制的《莫旗1998～2015年开垦的林地退耕还林还湿规划》《莫旗2016～2020年林地保护利用规划》，规划退耕还林还湿面积7.83万公顷。2016年，完成退耕还林地块11 069块，退耕还林面积1.32万公顷。依法查处侵占林地案件146起，打击处理183人，追究刑事责任109人。查处行政案件74起，行政处罚74人，罚款56.5万元。对内蒙古自治区、呼伦贝尔市、莫力达瓦达斡尔族自治旗旗三级纪检监察部门追溯问责，对35名干部和工作人员进行严肃问责。追究涉嫌职务犯罪人员10人，其中，判刑3人，完成受案、审查、立案的刑事司法程序7人。12月28日，国家林业局副局长刘东生在《关于莫旗破坏森林资源问题整改情况的报告》(局内林监字〔2016〕83号)上作了重要批示。

【林地监管】 提前介入，加强对在建和拟建征占用林地重点工程项目监督检查；加强对各级政府、国有森工企业林地保有量和征占用林地定额目标考核监督，从严控制征占用林地规模，严把审查关。共受理占用征收林地项目申请66项，经现场查验发现有未批先占行为6项，要求补充调查占地设计2项，对存在问题的项目均要求交由森林公安机关依法进行处罚，累计罚款10.24万元，收取森林植被恢复费4858.77万元。内蒙古自治区征占用林地总量控制在了定额之内。

【森林经营源头监管】 加强对内蒙古大兴安岭林区19个林业局(公司)森林综合抚育伐区调查设计核查。审核抚育调查设计24 971份，现地抽查抚育调查设计小班317个，占提报小班总数的1.27%，调查设计合格率为94.01%。共提出监督意见128条，要求废除、补充设计和内业修正小班4015个。指导督促内蒙古森工集团(林管局)下发《关于进一步加强森林抚育工作的通知》(内兴林办发〔2016〕33号)。

【林木采伐许可证审核】 依法核发林木采伐许可证21 135份，面积22.99万公顷，蓄积量31.26万立方米。

【森林可持续经营试点监管】 对内蒙古乌尔旗汉林业局森林可持续经营试点进行跟踪指导和检查，完成《关于对内蒙古乌尔旗汉林业局2016年森林可持续经营试点工作情况的检查报告》，对存在问题等提出意见建议。

【停止天然林商业性采伐政策执行情况监管】 对内蒙古森工集团(林管局)所属5个林业局、呼伦贝尔市所属3个林业局和四个盟(市)所属6个旗(县)的天然林保护管理情况进行巡查，检查结果及时通报有关林业主管部门，天然林资源保护管理工作得到进一步加强。

【检查整改情况督查】 根据国家林业局《关于2015年东北、内蒙古重点国有林区森林资源管理情况检查结果的通报》要求，集中约谈通报所涉及的6个林业局和林管局驻局监督办主要领导，督促整改，共追究99名相关责任人员的党纪、政纪、经济责任。

【占用征收林地行政许可监督检查】 对2015年7个盟(市)和内蒙古大兴安岭林管局经国家林业局行政许可的20个项目、2015年以前国家林业局许可的4个指定竣工项目使用林地情况进行监督检查。检查审核(批)面积2486.21公顷，实际占地面积1528.64公顷。其中，违法占用林地案件9起，违法占用林地5.81公顷，处理8起，处理人员9人，处罚金和罚款合计15.5万余元。抽查2015年内蒙古林业厅行政许可项目5个，审核(批)面积77.2公顷，实际占地面积72.2公顷。其中，违法占用林地案件2起，违法占用林地6.85公顷，处理1起，处理人员1人，处罚款1.56万元。

【森林资源管理情况检查和保护发展森林资源目标责任制检查】 与国家林业局调查规划设计院共同组成检查组，对内蒙古自治区敖汉旗、科尔沁右翼中旗、陈巴尔虎旗、四子王旗、奈曼旗、清水河县、五原县、伊金霍洛旗8个旗(县)保护发展森林资源目标责任制及森林资源管理情况进行检查。制订《2016年内蒙古森林资源管理情况检查组织方案》，在赤峰市敖汉旗主持召开检查工作领导小组会议，印发《2016年内蒙古森林资源管理情况检查领导小组会议纪要》。10月16日，召开检查结果反馈会，向内蒙古林业厅通报检查结果，指出了存在的问题并提出整改意见，要求林业厅及时整改并上报整改报告。

9月6日至10月20日，对内蒙古根河、金河、阿龙山、满归、得耳布尔、莫尔道嘎、阿尔山、绰尔、甘河、阿里河、大杨树、毕拉河、伊图里河13个林业局2012年7月1日至2015年6月30日期间的“森林资源管理情况”进行全面检查。成立领导小组，开展廉政纪律和检查业务培训，以检查工作为平台和载体，深入开展“两学一做”学习教育。对2013年、2014年资源管理情况检查存在问题林业局整改落实情况同步进行督查。共检查科室(部门)52个，走访森林公安局13个。累计查阅审核管理台账1953册，审核各类野账135 543份，录入检查野账170 234份；检查林场(所)80个、小班600个(其中：遥感判读斑块377个、已审批占地小班217个、已审批采挖小班6个)，检查总面积1244.75公顷。

【濒危物种进出口管理和履约】 协调满洲里海关、呼和浩特海关等部门，落实《国家濒管办关于做好刺猬紫檀列入CITES附录Ⅲ履约管理工作的通知》。扩大履约执法协调小组范围，内蒙古出入境检验检疫局加入“内蒙古自治区CITES履约执法协调小组”。加强进出口业务审查。共核发允许进出口证明书18份，总金额754万元。推进大宗敏感物种监测评估工作，完成《内蒙古2015～2016年度肉苁蓉物种监测评估项目报告》。举办濒危物种履约执法管理培训班，召开内蒙古CITES履约执法协调小组联席会议，就进一步加强濒危物种进出口监管，共同遏制和打击走私濒危物种活动等事宜相互交流，加强协作，共同搞好履约执法管理工作达成共识。加强宣传。在口岸、市场等张贴和发放“保护濒危物种，履行国际公约”宣传画和宣传折页千余份。

【野生动植物保护管理监管】 对内蒙古大兴安岭重点国有林区的5个林业局和自治区范围内的7个旗(县、区)、11个野生动物驯养场、3个湿地保护区和6个监测站野生动物保护、疫源疫病防控和监测情况进行重点抽查。对检查中发现的基层野生动物保护机构不健全、野生动植物保护管理立法滞后、野生动物驯养繁殖及产品经营不规范等问题提出了相关意见和建议。

【打击乱捕滥猎和非法经营鸟类等野生动物违法犯罪行为督查】 11月9日，派出3个督查组，深入赤峰市、锡林郭勒盟等5个盟(市)和内蒙古大兴安岭林区对乱捕滥猎野生动物及候鸟疫源疫病监测防控等情况进行再布置、再落实、再督查，重点抽查了候鸟越冬地、迁徙通道、集群活动区、集贸市场、餐馆饭店和野生动物驯养繁殖场所。督查锡林郭勒盟正蓝旗“10·19”猎杀候鸟案，要求全区各地要以此案为鉴，举一反三，建立健全盟、旗(县)两级野生动物保护机构，配备专职人员，强化森林公安警力，加强对鸟类等野生动物迁徙地、停息地、集群活动区巡查，建立常态化工作机制，严厉打击滥捕滥猎鸟类及野生动物违法犯罪行为。

【自然保护区整改检查验收】 根据国家林业局《关于国家级自然保护区“绿剑行动”监督检查结果的通报》要求，在2015年整治工作基础上，协调内蒙古林业厅在全区范围内进一步加强林业自然保护区清理整治工作，印发了《内蒙古自治区林业厅关于进一步加强全区林业自然保护区清理整治工作的通知》，监督指导相关单位加强对自然保护区监管，督促5处国家级自然保护区完成了“绿剑行动”整改报告。与国家林业局野生动植物保护与自然保护区管理司联合，完成内蒙古大青山国家级自然保护区呼和浩特分局整改验收工作。

【党建和机关建设】 深入开展“两学一做”学习教育和“三强化两提升”教育实践。成立“两学一做”学习教育领导小组，制定《学习教育实施方案》《“两学一做”学习制度》，扎实开展“两学一做”学习教育和“三强化两提升”学习实践。全年组织专题学习50余次，党课学习15次，讲党课7人次，发放相关学习材料6套，组织知识测验1次。

认真查找制度建设中的不足和缺陷，对2010年以来的各项制度进行全面整理、完善、补充、修订，重新编印《内蒙古专员办制度汇编》。

按照中共中央组织部《关于在“两学一做”学习教育中开展党费收缴工作专项检查的通知》要求，进一步完善党费收缴、使用和管理制度，按时完成了党费收缴及补缴工作。29名党员（包括6名退休党员）共补交2008年4月至2015年12月党费2.43万元。

落实党政机关厉行节约反对浪费条例。突出经费和预算编制、国内差旅和因公临时出国（境）、公务接待、公务用车、会议活动、资源节约、政府采购等重点环节，加强宣传教育、落实人员责任，将落实情况列为领导班子民主生活会和领导干部述职述廉的重要内容并接受评议。与2015年同期相比，耗电降低10.2%，办公用品支出下降17%，车辆运行费用降低7%。

【林业大事】

2月25～27日 参加内蒙古自治区林业局长会议和全区国有林场改革推进会。内蒙古专员办专员刘树人在会议上作了讲话。

3月2日 刘树人参加内蒙古呼伦贝尔市政府召开打击毁林毁草专项行动动员会并讲话。

3月14日 刘树人参加内蒙古森工集团（林管局）召开的内蒙古大兴安岭重点国有林区2016年春季森林防火工作会议并讲话。

5月17日 刘树人参加内蒙古自治区清理整治非法侵占国有林地专项行动视频会并讲话。

9月14日 内蒙古专员办巡视员李国臣参加内蒙古森工集团（林寡酒局）召开的林区秋季森林防火工作视频会议并讲话。

9月3日 根据国家林业局《2016年全国森林资源管理情况检查工作方案》要求，举办森林资源管理情况检查培训班，对全体参加检查人员进行全面系统的业务、政策法规和廉政自律培训。

12月7日 召开内蒙古CITES执法协调小组联席会。来自国家濒管办内蒙古办事处、内蒙古自治区林业厅、农牧业厅等所有成员单位的领导和从事履约执法管理工作的31人出席了会议。

12月7～8日 在呼和浩特市举办“2016年濒危物种履约执法管理培训班”。来自内蒙古自治区林业厅、农牧业厅、工商行政管理局等单位的102人参加了培训。

（内蒙古专员办由夏宗林供稿）

长春专员办（濒管办）工作

【综　述】 2016年，长春专员办坚持抓森林资源管理检查、抓大案要案督查督办、抓履约管理三项重点工作，共督查督办各类林政案件172起（国家林业局批转督办案件30起，受理群众信访举报案件6起，监督检查中发现案件136起），督促相关部门依法处罚问责353人（追究刑事责任77人，纪律处分19人，行政处分152人，行政处罚105人），下达整改建议96条，行政处罚1573.37万元，收回林地71.81公顷；全年组织开展县级政府和国有林区森林资源管理情况检查等大型检查5次，检查60余个林业局（乡镇）、200余个林场（村屯），向吉林、辽宁两省政府提交2015年森林资源监督报告，得到两省政府主管领导的肯定；受理濒危物种进出口行政许可申请750件，核发进出口行政许可6082份，涉及濒危物种进出口贸易额60.52亿元。扎实开展机关“两建”和省级文明单位创建活动，被吉林省直机关工委命名为“先进基层党组织”，连续4年在吉林省政府考核中被评为优秀，领导班子连续6年被国家林业局评为优秀班子。

【查办林政案件】 持续加大监督力度，以严厉打击各类破坏林业资源的违法犯罪为首要任务，突出严，狠抓管，努力做到“督办一案，教育一片，警示一方”。3个业务处室全年共督查督办各类林政案件172起，督促相关部门依法处罚问责353人，追究刑责77人，行政处罚1573.37万元，追究刑责人员数量和行政处罚数量分别是2015年的1倍和3倍。全年共查处国家林业局批转督办案件30起。特别是根据国家林业局提供的判读卫片，严肃查处了抚松县松江河镇新建长白山大街工程违法使用林地问题，先后4次约谈抚松县人民政府，督促依法补办了占用征收林地手续，并启动问责机制，对负有直接和间接领导责任的11人给予行政处分。受理信访举报案件6起（30人次），全部结案。特别是联合吉林省林业厅、吉林省森林公安局、延边朝鲜族自治州林管局、延边州专员办，对群众举报的长白山腹地违规建筑破坏森林资源问题进行了严厉查处。联合吉林省林业厅先后3次约谈延边州林管局、白河林业局，促进主管部门强力推进，拆除7栋违章建筑。独立查办案件136起。特别是严肃查处蛟河市滥伐林木系列案、通化县私开参地系列案、长岭县滥伐国家重点公益林系列案、辽中县特大滥伐林木案等。协调辽宁省将5起重点案件、吉林省将4起系列案件挂牌督办，多次启动约谈机制，对蛟河市、长岭县实施了暂停建设项目使用林地和林木采伐限额的调控措施。

【林木采伐监督】 2016年，尽管吉林省重点国有林区已经全面停伐，全年仅审批林木采伐许可证1831份，但长春专员办对林木采伐管理丝毫没有放松，对森工单位和地方都采取了一些超常规措施。一是狠抓中幼林抚育出材试点监督检查。两次与吉林省林业厅召开协调会，共同制定了中幼林抚育出材试点技术规程，召开了全省试点工作会议，吉林省两大森工集团董事长在会上作表态发言，并与各林业局局长当场签订责任状，确保不突破规程。专员王志高在会上讲话，提出了最严厉的监管措施，无论哪个局出了问题，全省的试点工作立即停止，出问题的单位主要领导先免职再处理。同时，对伐区调查设计进行人工微机双重检查，严格审查核发采伐许可证并深入试点地区对伐区设计进行现场核验，确保试点工作不出现问题。二是及时开展停伐检查。抽调业务骨干，对辽宁省凤城、本溪、抚顺和清原4个林业重点县(市)采伐管理情况进行了检查，下发了整改通知，依法依纪处理相关责任人16人，切实起到了警告和震慑作用。三是周密部署森林资源管理情况检查。与国家林业局各规划院密切合作，历时30余天，分别对吉林省12个国有森工企业局实施了森林资源管理情况检查，并对2015年检查的6个林业局存在问题整改情况和临江林业局、敦化林业局的森林可持续经营试点工作进行了检查，纠正了违规问题，严肃处理了相关责任人。

【打击非法侵占林地专项行动】 国家林业局召开打击非法侵占林地等涉林违法犯罪专项行动视频会议召开后，长春专员办立即在监督区进行了全面部署。一是向各基层专员办发出紧急通知，落实责任，分解任务。截至11月30日，各基层专员办出动各类林业执法人员2.2万多人次、车辆6700余台次，查处涉林案件254起，清理非法征占用林地项目148个，清理木材、野生动物非法交易和加工经营场所18处，打击处理人员347人(追究刑事责任108人，行政处罚239人)。打掉犯罪团伙4个，涉案总价值44.51万元。二是主动出击，利用监督检查时机，严肃查处白河林业局违法占地案、通化县毁林种参等系列案件，并积极主动向主管副省长和省委组织部、纪检监察部门汇报，启动了问责机制，停止了涉事单位的林业行政审批事项，给予严厉的行政制裁。三是由主管副专员带队，对监督区专项行动部署开展情况进行辐射督导，听取各地专项行动情况的汇报，对长兴岛恒力石化、中石油天然气股份有限公司输油、输气管道建设项目等非法使用林地案件进行现地复核，了解案件办理情况并提出具体意见和建议。四是将专项行动向深度推进。与吉林省林业厅联合印发通知，在吉林省人参种植重点县(市)继续开展打击毁林种参专项行动，重点查处内外勾结、权钱交易、暗箱操作、失职渎职等公职人员违纪违法行为，将十多名涉案公职人员提起公诉，回收违法违规参地5028.13公顷。

【两省县级政府森林资源管理情况检查】 与国家林业局规划院分工协作，密切配合，历时40多天，对国家林业局确定的吉林省磐石市、农安县、抚松县、通化县、公主岭市、长岭县6个县(市)和辽宁省绥中县、昌图县、北票市、桓仁满族自治县、抚顺县、彰武县、辽中县7个县(市)2015年度地方政府森林资源管理情况进行全面检查。检查期间召开汇报会、通报会30次，检查乡镇26个、林场4个、村屯34个、林业站26个，查阅文件资料2100余份，判读出疑似无证图斑1457个，现地检查图斑147个，查出违法侵占林地、无证采伐、毁林开垦等问题121个，提出整改意见113条。对辽中县、长岭县目标责任制考核评定为不合格，督促13个县(市)认真制订整改方案，调查处理相关责任人85人(其中追究刑事责任22人)，通报批评单位14个。

【濒危物种进出口管理工作】 把握标准，严审细查，热情服务，全年共受理濒危物种进出口行政许可申请750件，核发进出口行政许可6082份，其中公约证书2680份，非公约证书1850份，物种证明1552份，涉及濒危物种进出口贸易额60.52亿元；在“世界野生动植物日”与辽宁省林业厅一同开展履约管理宣传教育活动；完成国家濒管办2015～2016年度大宗贸易和敏感物种监测评估工作；对办证企业实施了专项监督检查，为两省海关和企业提供技术咨询服务百余次；首次推出“被许可人信誉评估”，对123家企业进行了评定打分，评出3家“信誉评估优秀企业”，极大提高了企业证书申报、签注、返还效率；与世界爱护动物基金会共同出资，对海关一线49名执法人员开展了濒危野生动植物及其制品识别培训；“进出口许可证网上申报管理系统”上线运行，并为企业专门举办了两次培训班，提高了企业办证效率，降低了企业办证成本，为濒管业务进入国家电子口岸奠定了基础；借助“互联网+”的新型办公手段，采用“线上申请，线下邮寄”的方式为松茸进出口企业开启“绿色通道”，松茸进出口许可即申即审，有效节约了时间成本和经济成本，提高了证书使用率。

【机关“两建”工作】 在党建工作方面，认真贯彻落实中央和国家林业局党组的部署要求，扎实开展“两学一做”和“三强化两提升”学习实践活动。研究制订活动实施方案，召开动员大会，对学习实践活动进行周密安排。统一购买学习材料，为每名党员统一配备学习笔记，要求学原文，每月撰写一篇心得体会。党组理论中心组积极行动，在自学基础上集中开展了7次理论中心组学习，组织党员集体学习17次。班子成员、各处处长充分发挥模范带动作用，认真总结学习体会，为全体党员分别讲党课。利用工作之余，参加了国家林业局“绿色大讲堂”和吉林省直机关工委“法治文化讲坛”等专题学习。参加了吉林省直工委和纪委组织的党的知识答题活动。在机关建设方面，自1月1日起，正式启动实施公务用车制度改革方案，封存上缴1辆公务用车，保留1辆执法车和1辆机要通信车，正式为职工发放公务交通补贴。成功举办野生动植物进出口证书管理系统培训班、CITES执法业务培训班、森林资源监督专员暨监督干部能力提升培训班，为监督区培训业务干部230多人次。新招录2名公务员，招收1名军队转业干部，改善了干部队伍结构。召开全体职工大会，选举产生第一届工会委员会。启动内部控制建设试点工作，拟定试点方案，明确工作目标、主要任务，成立领导小组和工作小组，细化分工，规划工作步骤，编制完成《长春专员办内部控制指导手册》，上报国家林业局。

【林业大事】

1月27日 长春专员办和辽宁省林业厅对大连市工程项目违法占地问题进行约谈，副专员傅俊卿就生态文明建设重要性和紧迫性作讲话。

2月2日 国家林业局领导对长春专员办联合吉林省林业厅开展打击非法侵占林地专项行动的做法和经验给予充分肯定，要求在《中国绿色时报》刊发专稿。

3月14日 吉林省副省长隋忠诚对《2015年度吉林省森林资源监督报告》作出批示，要求吉林省林业厅对报告中提出的意见和建议高度重视，认真研究，加快整改步伐，并及时向长春专员办和国家林业局汇报，争取国家的支持。

3月30日 长春专员办完成辽宁省2015年林木采伐管理情况检查，这次检查共现地实测4个县(市)8个国有林场16个作业小班，踏查小班24个，内业抽检卷宗120余本，有关账册300余册，现地核查征占用林地项目6个，并沿途对森林防火宣传、组织、调动情况进行明察暗访。

4月11日 长春专员办督办吉林省林地和林木采伐管理情况检查存在问题整改工作，要求存在问题单位要在规定期限内及时上报整改结果，并建立落实林地保护管理的长效机制，坚决遏制违法占用林地行为。

4月22日 国家濒管办长春办事处通报2015年度被许可人信誉评估结果，2015年吉林、辽宁两省共有123家企业进入参评范围，最终被评为A级的企业(90～100分)103家，B级(75～89分)8家，C级(60～74分)7家，D级(60以下)5家。

5月25～27日 国家濒管办长春办事处分别在长春市和大连市举办“野生动植物进出口证书管理系统”培训班。

6月22～25日 国家濒管办长春办事处在哈尔滨举办“2016吉林、辽宁两地海关CITES执法业务培训班”，共培训大连海关、沈阳海关、长春海关一线关员49人。

6月28日至7月6日 长春专员办组成2个检查组，对吉林、辽宁两省2016年度建设项目使用林地情况实施监督检查。

7月1日 由海关总署数据中心和国家濒管办联合研发建设的“野生动植物进出口证书管理系统”上线运行，长春濒管办全面启用该系统开展行政许可申报审批工作。

8月5日 长春濒管办召开松茸进出口企业座谈会，讲解“野生动植物进出口证书管理系统”的具体操作步骤，了解松茸进出口企业需求，为即将开始的松茸贸易做好前期准备工作。

8月17～28日 长春专员办与国家林业局规划院组成联合检查组，对辽宁省2016年森林资源管理情况和县级人民政府保护发展森林资源目标责任制建立执行情况实施检查。此次检查，在辽宁省抽检绥中县、昌图县、北票市、桓仁满族自治县、抚顺县、彰武县、辽中县7个县(市)。

8月28日 长春专员办与国家林业局规划院联合检查组向辽宁省林业厅通报森林资源管理检查情况，通报了对辽宁省7个县(市、区)保护发展森林资源目标责任制检查和林地、林木管理情况检查结果，重点通报了检查中发现的突出问题。

9月2日 长春专员办在监督区部署开展打击非法占用林地专项行动，坚决打击违法占用林地行为。

9月3～28日 长春专员办组成检查组，对吉林国有森工局实施森林资源管理情况检查。

9月5～27日 长春专员办与国家林业局规划院联合检查组对吉林省磐石市、农安县、抚松县、通化县、公主岭市、长岭县6个县(市)2016年森林资源管理情况实施检查。

9月30日 国家林业局副局长刘东生到和龙林区调研，长春专员办专员王志高陪同。

10月8日 长春专员办与吉林省林业厅召开林政案件督查协调会，对国家林业局挂牌督办的蛟河市、长岭县特大盗伐林木案商讨侦破意见。

11月2日 长春专员办成立督查组，结合大连长兴岛恒力石化、中石油天然气股份有限公司输油、输气管道建设项目非法使用林地问题，对辽宁省大连市打击非法占用林地等涉林违法犯罪专项行动开展情况进行现地督办。

11月5日 长春专员办成立督查组，结合开原市2起群众信访举报未结案件，对辽宁省铁岭市打击非法占用林地等涉林违法犯罪专项行动开展情况进行现地督办。

11月17日 长春专员办举办森林资源监督专员暨监督干部能力提升培训班，培训班邀请国家林业局监督办、国家林业局政策法规司、北京林业大学工学院、全国高校创新创业投资服务联盟的专家和教授课程。

12月30日 吉林省政府绩效考核工作领导小组对长春专员办2016年度绩效管理指标完成情况实施考核。副专员李伟明代表领导班子进行工作汇报。

（长春专员办由陈晓才供稿）

黑龙江省专员办(濒管办)工作

【综　述】 2016年，黑龙江专员办(濒管办)在国家林业局党组的领导下，认真贯彻党的十八届五中、六中全会和全国林业厅局长会议精神，深入开展“两学一做”学习教育和“三强化两提升”学习实践，紧紧围绕局党组中心工作和林业改革发展大局，不断强化监管职能、规范监管行为、完善监管机制、提升监管能力，推进森林资源和濒危物种进出口监管工作再上一个新水平。

【督查督办毁林案件】 坚持把督查督办破坏森林资源案件作为“第一职责”，全面加大对毁林案件督查督办力度，有效地保护了森林资源。2016年，专员办共督办查办各类破坏森林资源案件801起，其中：督办查办国家林业局批转案件15件、信访举报案件112起、森林资源管理情况检查等发现的案件674起。向黑龙江省林业厅和森工总局移交重点案件76起，向各地市、森工各林业局下达《整改通知书》87份。共督办处理各类案件相关责任人488人，其中：给予党纪处分83人，政纪处分380人，追究刑事责任25人。共约谈地方市县政府、林业主管部门和国有林区有关森工企业局26次。

【专项行动】 将森林资源管理情况检查与“严厉打击非法侵占林地等涉林违法犯罪专项行动”结合起来，实行同部署、同落实、同推进、同督办。结合具体实际，制订了行动工作方案，成立了行动领导小组以及3个督导组和5个检查组，先后深入7个县、30个重点国有林区林业局进行检查和推进。全省共排查发现非法采伐、违法占地、违法开垦等破坏森林资源案件674起，对发现的问题线索做到了即时通报、即时督办，并首次将林地检查、采伐林木检查发现的案件直接作为目标责任制检查的评价依据，对发生重大破坏森林资源案件的县级单位实行一票否决，进一步提高了县级目标责任制检查的客观性、真实性。

【核查检查】 一是认真完成地方林业和国有重点林区森林资源管理情况检查任务。与国家林业局林业调查规划设计院组成联合检查组，对东宁县等7个县(区)2015年度森林资源管理情况进行检查；对国有重点林区林口等30个林业局2012～2015年森林资源管理情况进行检查，现地核查1190个疑似图斑，面积3019.43公顷。二是认真完成征占用林地项目的现地查验和行政许可监督检查任务。对带岭等8个项目使用林地情况进行现地查验及材料审核，对经国家林业局批准的20个征占用林地行政许可项目进行监督检查。三是认真完成2015～2017年度森林抚育作业和调查设计质量1%核查。共检查357个林班386个小班，检查面积5341.5公顷。

【履约宣传】 认真完成濒危物种进出口履约宣传工作，把宣传的窗口、阵地前移到机场、海关、港口和进出口企业等地点，设立宣传窗口，配备动植物图片、画册、展板、进出口行政审批工作流程图文资料等，宣传展示濒危物种进出口管理的公约、法律法规和生物多样性保护知识，在多个口岸开展履约宣传活动，在同江等口岸安装各类宣传展板42块，累计发放各类宣传资料18 000余册(页)。

【部门联动】 按照国家林业局关于保护森林资源要建立“联防、联查、联打”工作机制的指示精神，在与省林业厅、森工总局建立5项联合工作机制的基础上，2016年进一步强化“四项制度”。一是强化监督报告制度。坚持问题导向，及时向省政府提交《2015年黑龙江省森林资源监督报告》，黑龙江省省长陆昊和副省长吕维峰分别做出批示，省政府召开专题会议研究整改落实。二是强化目标监管制度。对全省69个县(市、区)保护发展森林资源目标责任制执行情况进行网上审核，并对考核结果整改情况进行公示。三是强化联合行动制度。与省林业厅、森工总局联合下发《关于严格禁止以各种名目毁林种参破坏森林的通知》，切实加强对森林资源特别是林地资源的保护，有效遏制毁林种参等破坏森林资源行为的上升势头。四是强化联席会议制度。多次与省林业厅、森工总局召开联席会议，就加强林地资源监管、森林抚育经营监管、各项核查检查监督发现问题整改情况的跟踪问效和加大破坏森林资源案件的督查督办力度等进行研究部署。组织召开了由近20个部门参加的黑龙江省CITES公约执法协调小组联席会议，就进一步建立协调配合机制、定期开展执法巡查工作作出全面部署。

【规范许可优化服务】 以更有力的举措推进简政放权、放管结合、优化服务改革，对专员办承担的2项行政许可，进一步简化手续，规范流程。一是重新梳理完善《林木采伐许可证办理指南》《林木采伐许可证核发工作制度》《濒危进出口许可办理指南》《濒危物种进出口许可证核发工作制度》4项制度并在网站进行公开。二是规范高效做好审核发证工作，全年累计核发《林木采伐许可证》1756份，核发CITES公约证书11 000多份，物种证明800多份。三是坚持每月2次往返绥芬河的办证室，为企业一线办理进出口许可，绥芬河办证室设立以来，已为企业办理公约证17 236份，为企业每年节约费用600余万元。《中国绿色时报》于6月10日对绥芬河办证室进行了采访，黑龙江省对俄林业产业协会代表所有进出口企业向专员办赠送了锦旗。

【提升素质】 按照中央和局党组“两学一做”学习教育和“三强化两提升”学习实践的总体要求，制订了具体学习教育实施方案，精心组织党员干部开展学党章党规、学系列讲话，积极组织全体党员开展“手抄党章

100天”活动，以“品读好书——共兴龙江”“为林业改革发展建言献策”等为主题，引导广大党员开展形式多样和丰富多彩的阅读体验活动；定期确定不同的专题，交流观点、分享体会，互相启发、达成共识。制订党组中心组学习计划，围绕习近平总书记系列重要讲话和党的十八届六中全会精神以及林业改革发展重大问题进行专题辅导7次、集中学习10次、交流研讨22次，一把手带头讲专题党课，发挥示范作用，达到了“四个提升”，即党的理论水平有了新提升，业务知识有了新提升，责任担当意识有了新提升，履行监督职责的水平有了新提升。

【管理转变作风】　一是坚持把制度建设放在首位。高度重视规章制度建设，在原有39项工作制度基础上，重点加强了内部控制制度建设，制定并向国家林业局上报了《黑龙江专员办内部控制制度》。二是加强安全、保密、信息报送和文件归档立卷。全年发布办内工作动态信息131条，基层工作动态信息1358条；全年形成正式文件60份，停发各类简报，与2012年同期相比，文件简报数量减少了51%，质量得到全面提升。三是实行全员学习全面培训。采取集中学与不定期例会学相结合，全年专题学习24次，参加国家林业局举办的各类培训班42人次，举办濒危物种鉴定培训班和全省森林资源监督联络员培训班共2期，培训人数达150余人次。四是领导班子带队，紧紧围绕保护生态、深化改革，强化监督、产业转型，改善民生、加快发展等重点内容，多次深入重点林区和国有林场进行专题调研。五是认真贯彻落实局领导3条电话指示精神。严格遵守中央八项规定，认真开展“四风”问题集中整治，全年公务接待支出为零，办公用房低于国家规定标准。落实戴牌上岗、门牌知岗和桌牌示岗规定，进一步改变了机关工作作风。

【党建工作】　一是深入开展“两学一做”学习教育和“三强化两提升”学习实践，争做“四讲四有”合格党员，实施党支部规范化建设计划，严格落实党内生活制度。严格党组织和党员管理，进行党组织关系集中排查，规范党组织关系管理，强化党员组织观念，建立党费收缴台账。二是落实党建工作责任。制定党建工作要点，细化职责分工，着力推动落实。切实加强对党的政治纪律、组织纪律、廉政纪律、作风纪律执行情况的监督检查，始终与党中央保持高度一致。三是在加强党风廉政建设上下功夫。加强党员干部的日常监督，党组书记逢会必讲党的建设和廉政建设，认真落实主体责任、监督责任和“一岗双责”。严肃执行党纪党规，深化反腐倡廉教育，完善工作考核机制。全体干部下基层检查必须携带“五书一卡”，严格执行国家林业局制定的“十不准”，坚守党纪国法和道德品质“两条底线”。

【林业大事】

1月1日　在黑龙江省全面实施CITES允许进出口证明书、中华人民共和国濒危物种进出口管理办公室野生动植物允许进出口证明书和非《进出口野生动植物种商品目录》物种证明网上申请、受理和审批工作。

1月14日　认真传达贯彻全国林业厅局长会议精神，并对全年工作作出具体安排部署。

3月2日　向黑龙江省人民政府提交《2015年黑龙江省森林资源监督报告》，就黑龙江省森林资源保护监督管理工作提出意见和建议。

4月14日　出席黑龙江省政府召开的专题会议，对《2015年黑龙江省森林资源监督报告》中提出的主要问题和意见建议进行整改落实。

4月19日　组织召开黑龙江省部门间CITES执法协调工作小组第二次联席会议，安排部署履约执法工作。

4月20日　国家林业局人事司到办宣布国家林业局党组决定，任命武明录为国家林业局驻黑龙江省森林资源监督专员办事处（中华人民共和国濒危物种进出口管理办公室黑龙江省办事处）党组成员、副巡视员（副司局级）。

4月21日　与黑龙江省林业厅、黑龙江省森工总局联合下发《严格禁止以各种名目毁林种参破坏森林资源的通知》，切实加强对森林资源特别是林地资源的保护，遏制毁林种参等破坏森林资源行为的上升势头。

5月21日至7月4日　对黑龙江省森工林区40个林业局进行2016年度森林抚育质量和伐区作业质量核查。

5月25日　组织召开与省林业厅、森工总局联席会议，学习贯彻国家林业局和省政府主要领导关于黑龙江省森林资源管理的批示，分析当前黑龙江资源管理面临的形势和存在的突出问题，研究新形势下加强资源管理的对策和措施。

6月27～28日　举办濒危物种鉴定培训班，从履约知识、履约国内外形势，濒危动物、植物及制品的鉴别，网络非法贸易形式与识别等方面对哈尔滨海关（缉私局）、黑龙江省森林公安局和出入境检验检疫局选派的一线业务骨干83人进行培训。

8月11～23日　与国家林业局规划院成立联合检查组，赴汤原县、东宁县、鸡东县等7个县（市）共同开展黑龙江省森林资源管理情况检查。

9月2日至10月7日　赴上甘岭、东京城、山河屯等30个林业局开展2016年度重点国有林区森林资源管理情况检查和非法占用林地等涉林违法犯罪专项行动。

10月9～29日　完成对鹤北、林口、方正等40个林业局2016年度森林抚育经营调查设计质量核查工作。

11月25日　与省林业厅和相关地市林业主管部门及森林公安机关召开涉林违法案件移交会，集中移交了26起涉林重点违法案件线索。

11月29日　与省森工总局召开2016年森林资源管理检查情况通报和重点案件移交对接会，移交检查中发现的50起破坏森林资源重点案件线索，并明确8个重点督办林业局。

12月8日　与省林业厅共同举办了全省森林资源监督联络员培训班，并对2016年度全省森林资源监督联络工作先进个人进行了表彰。

12月15日　在同江口岸开展冬季履约宣传活动。

12月23日　会同绥芬河海关、出入境检验检疫局、绥芬河林业局等部门，在绥芬河口岸开展冬季履约宣传活动。　（黑龙江省专员办由沈庆宇、叶强供稿）

大兴安岭专员办工作

【综　述】 2016年在国家林业局党组的正确领导和有关职能部门的指导下，按照全局的统一部署和国家林业局资源司、监督办的总体工作安排，紧紧围绕森林资源监督的中心任务，切实转变作风，进一步加强机关五大建设，强化资源监管、执法监督和林地保护，深入开展“两学一做”学习教育和“三强化两提升”学习实践活动，圆满完成了各项森林资源监督工作任务，为促进大兴安岭生态建设发挥了积极作用。

【森林资源监管】 落实停伐政策和严格保护天然林要求，巩固停伐成果。对生态脆弱和生态区位重要的区域天然林保护管理进行重点巡查，“坚持保护优先、自然修复为主”的原则，要求森林经营中“多做加法、少做减法”，抚育过程中不准以任何形式出材，确保停伐工作稳步推进。认真执行林木采伐许可证核发程序和管理办法，发挥采伐证在控制资源消耗中的作用。全年核发林木采伐许可证16 827份、采伐面积226 279公顷、采伐蓄积347 253立方米。利用科技手段强化监督，应用卫星遥感技术和无人机航拍，组织对松岭、十八站、韩家园、加格达奇4个林业局的资源管理检查。通过卫片判读和现地核实，确认违法违规占用林地和毁林开垦地块16个。

【森林抚育监管】 加大森林经营抚育核查力度。严把生产作业质量关，共核查抚育作业小班81个，有42个小班达到合格标准，占核查小班的51.85%。加大封山育林力度，尽量减少人工干扰，强化对天然林森林抚育监管。往年出现的灌木和幼苗幼树过量采伐问题得到解决，森林生态系统得以改善。就此问题，约谈有关林业局，提出整改要求。7月举办全区森林经营管理矢量化技术培训班，为建立林业大数据和全面提升林区森林经营管理水平奠定技术基础。10月在专项调研的基础上，举办全区森林抚育工作座谈会，对全区推进综合抚育、降低资源消耗、加强队伍培训、强化项目资金管理等提出具体而明确的要求。

【林地利用监管】 加强占用林地项目监督。对近两年批准的42个占用林地项目、8个待批项目进行监督检查，现地检查80个地块。检查中发现8个项目存在违规使用林地情况，使用林地4.43公顷，针对发现问题下达整改通知书12份。完成9个占用林地项目的现地审核，上报核查意见。督办“非法侵占林地清理排查专项行动”问题整改。对大兴安岭林业集团公司专项行动中排查出的105起中的59起案件进行了复查，对3起省级挂牌案件进行重点督办。“专项行动”期间未查结的5起案件中，督办查结3起、1起移交公安机关、1起继续侦查办理。清理排查案件所涉及的林地已全部收回，部分已恢复植被。

【野生动植物保护监督】 对破坏野生动物违法犯罪和疫源疫病监测防控专项行动进行督查，对野生植物保护进行1次巡察。与大兴安岭林业集团公司共同开展“爱鸟周”宣传活动和打击非法猎捕、贩卖、运输野生动物违法犯罪行动。

【湿地及自然保护区监督】 召开专业座谈会8次，对国家级保护区进行监督检查2次。深入南翁河、多布库尔湿地查看保护情况，针对湿地数据不完善，缺少资金支撑等五方面问题提出意见和建议。针对保护区存在历史遗留的种养殖户问题向相关保护区下达整改通知书。

【案件督查督办】 认真执行《督查督办破坏森林资源案件管理规定》，提高查办实效。共受理案件14起，其中国家林业局批转督办案件4起，办结3起，进入司法程序1起；举报案件5起，办结1起，移交森保3起，督办1起；督查发现5起，办结4起，继续督办1起。下达监督通知书7份，收回林地187.51公顷。落实《进一步加强森林资源监督工作的意见》，建立完善监督巡查、约谈、联合办案和联席会等工作机制。积极宣传林业法律法规，编印林政案件模拟案卷。

【木材加工监督】 对从区外购买木材的加工企业、利用剩余物的生物质能源企业进行监督检查，规范区外购进木材的流通秩序和生产经营，严格监督原料来源，消除破坏森林资源隐患。

【资源管理检查】 组成3个检查组，对大兴安岭林业集团公司8个林业局森林资源管理情况进行检查。检查前召开动员会，开展业务培训，对检查人员进行廉政教育。实行检查组长负责制，专员带队对各组工作质量进行流动稽查。外业量驱车里程2.9万千米，步行踏查1650余千米，现地完成核实图斑、地块695个。共查出违法开垦、少批多占、无证采伐、超证采伐等破坏森林资源地块217个。结合大兴安岭林业集团公司严厉打击非法占用林地等涉林违法犯罪专项行动开展情况，派出2个工作组，督办整改。

【林地许可检查】 认真开展林地行政许可被许可人检查，共检查12个占用林地项目，其中，国家林业局指定10个，专员办抽取2个，获许可面积56.19公顷，实际使用56.36公顷。12个项目中有3项存在临时改变设计违法违规占用林地现象，违法使用林地0.17公顷，下达整改通知书3份。

【专项行动督查】 按照国家林业局“打击非法占用林地等涉林违法犯罪专项行动”的部署，由大兴安岭专员办主要领导带队，对各林业局进行专项督查2次。召开联席会、下达督查意见，提出加强组织领导、加大宣传力度、强化部门配合、全面排查到位、提高查办力度、加强野生动物保护、严肃责任追究、建立长效机制等意见。建议大兴安岭林业集团公司既要严厉打击非法占用林地等涉林违法犯罪行为，又要深刻反思在森林资源保护管理中存在的不足和教训，建立打防管控长效机制，遏制重大破坏林地案件发生。经过督查督办，全区查处的林政案件数量由起初的71起增至210起。

【资源管理问题督办】 按照《森林资源管理情况检查结果的通报》要求，通过下达督办意见、召开督办会议、审查整改追责材料，跟踪督办等措施，推进整改。其中，通报的37起案件，已办结27起，处理犯罪嫌疑人31人，收回林地18.47公顷，问责42人。

【资源监督报告】 向大兴安岭林业集团公司提交《2016年度森林资源监督通报》，通报肯定大兴安岭林业集团公司森林资源保护管理成效，停伐成果得到巩固，资源管理日趋规范，森林资源持续恢复增长，林区干部职工生态意识明显增强。同时指出存在违法开垦历史问题较多、工程建设项目存在违法情况、隐形消耗威胁停伐成果、森林抚育割灌破坏生态等问题。建议大兴安岭林业集团公司继续巩固停伐成果、整治违法开垦问题、加强工程占地监管、严格林地资产管理、加强保护体系建设、建立健全长效机制。大兴安岭林业集团公司剖析问题形成原因，针对存在问题采取措施进行整改。

【联合办案机制】 建立大兴安岭专员办、大兴安岭林业集团公司、大兴安岭检察分院联合办案机制，研究解决工作协作配合方面的重大问题。加强日常联系，具体工作中相互支持和帮助，并对一方所掌握的破坏森林资源违法犯罪案件线索，根据情况需要，共享给其他一方或两方。建立并实行督办查处破坏森林资源违法犯罪案件联席会议制度，联合督办查处领导关切、群众关心、社会关注的重大破坏森林资源犯罪案件。成员单位围绕国家有关法律法规贯彻落实情况、涉林违法犯罪案件查处等开展联合监督检查。

【监管约谈机制】 为切实做好森林资源监管工作，有效规范森林资源保护行为，建立林政资源监管约谈机制，对森林资源保护管理存在问题的单位，采取约谈主要领导的方式，促进森林资源管理水平提高。约谈对象以社会反映森林资源管理问题较多、案件多发的地区所在林业局为主，针对突出问题深入剖析，宣讲政策、敲响警钟，督促相关人员履职尽责。2016年，约谈林业局和有关主管部门8次，对存在的问题限期整改，跟踪督办。

【监督管理业务培训】 8月4～5日，举办森林资源监督管理业务培训班。邀请国家林业局资源监督办、大兴安岭检察分院、大兴安岭规划院5名同志进行业务辅导。邀请的专家和学者长期从事森林资源管理、调查规划、森林资源监测监督、林政执法办案等工作，有着丰富的林业工作经验。举办森林资源监督管理业务培训对于提高大兴安岭林区森林资源监督管理水平具有重要和现实意义。大兴安岭林业集团公司驻各林业局监督办主任，各林业局主管资源和营林的副局长、资源科长、营林处主任，大兴安岭林业集团公司资源局、营林局、野生动植物保护处、规划院负责同志，专员办各处处长、副处长共60余人参加培训。

【开展调查研究】 开展对林业调查规划、森林经营抚育、野生动植物保护、自然保护区建设、湿地管理、林地管理调研，提出坚持保护优先、加强队伍建设、强化营林质量监管、完善执法体系，加大森林资源巡护和保护宣传力度，依法依规使用林地，严厉打击非法猎捕、运输野生动物犯罪活动，制止侵占和破坏林地等意见建议。

【工作制度建设】 制定《大兴安岭专员办工作规则》，开展内控制度建设，资产清查，财务审计自查、预算执行情况检查，办公用房清理，公务用车制度改革，OA内网和网站建设，办公室维修、职工活动室建设，强化信息宣传，及时迅速反映专员办的工作动态。

【主题教育实践】 深入开展“两学一做”学习教育和“三强化两提升”学习实践。以落实国家林业局决策部署、增强单位工作成效，来检验专题学习教育效果，确保不虚不空、不走过场。教育活动开展以来，集中学习51次，讲授党课6次，专题讲座3次，收看专题片5次，组织党章党规考试3次、赠爱国书籍1次。对普通党员，重点强化党员意识，按照党员标准规范言行，着力解决不像党员、不起作用、不守规矩等问题；对处级以上党员领导干部，重点提高党性觉悟，增强政治意识、大局意识、核心意识、看齐意识，着力解决理想信念模糊动摇，在党不言党，不作为、不会为、不善为等问题，树立清风正气和勇于担当的良好风气。

【林业大事】

1月11日 专员陈彤在湖南长沙参加全国林业厅局长会议。

2月19日 专员陈彤参加国家林业局机关两建工作和反腐倡廉工作会议。

3月27日 副专员杜晓明参加全区森林资源管理暨保护森林资源“十三五”行动电视电话会议。

4月21日 国家林业局副局长刘东生率国家林业局国有林区和国有林场改革督察组到大兴安岭专员办检查指导工作。

6月21日至8月1日 开展对大兴安岭林业集团公司林地行政许可被许可人检查。

8月4日 举办全区森林资源监督管理工作会议暨监督业务培训班。

8月12日 专门听取加格达奇林业局关于加格达奇区城市周边资源管理情况汇报，提出监督意见。

9月5～23日 开展对大兴安岭林业集团公司森林资源管理检查。

9月 对大兴安岭林业集团公司开展严厉打击非法占用林地等涉林违法犯罪专项行动情况进行2次督查

督办。

11 月 8 日 与大兴安岭林业集团公司召开联席会议，专题听取严厉打击非法占用林地等涉林违法犯罪专项行动进展情况汇报，对专项行动提出督办意见。

（大兴安岭专员办由赵树森供稿）

成都专员办（濒管办）工作

【综　述】 2016 年成都专员办在国家林业局党组领导下，深入学习贯彻落实党的十八届三中、四中、五中、六中全会精神和习近平总书记系列重要讲话精神，扎实开展“两学一做”学习教育，全力推动森林资源监督和濒危物种保护管理工作，圆满完成年度工作目标。相继开展占用征收林地行政许可监督检查、森林资源管理情况检查、贯彻国家林业局 35 号令及重大建设项目使用林地情况检查、森林防火检查，严肃督查督办涉林案件，积极开展濒危物种保护宣传和进出口管理及履约执法工作。党建和机关建设全面推进，成都专员办被中共四川省直机关工委评为落实党建工作责任制先进单位，办党组被评为“四好”活动先进班子，第一党支部被评为先进基层党组织，野生动植物进出口行政许可及证书办理窗口被命名为“共产党员示范窗口”；专员办被中共四川省直机关工委和四川省文明办评为省级文明单位。

【森林资源监督】 紧紧围绕林业改革发展大局，始终坚持以保护森林资源、维护生态安全为核心，强化监督职能，规范监督行为，完善监督机制，提升监管能力，确保森林资源得到有效保护。

森林资源监督报告 分别向四川省、重庆市、西藏自治区人民政府提交三省（市、区）2015 年度森林资源监督报告，肯定了成绩，分析了存在的问题，有针对性地提出了建议。四川省副省长曲木史哈、重庆市副市长刘强、西藏自治区副主席边巴扎西分别做出重要批示，要求相关部门认真研究，落实有关意见和建议。

督查督办涉林案件 2016 年川渝藏监督区立案涉林案件 14 312 起，查处 13 962 起，打击处理各类违法犯罪人员 17 910 人次。成都专员办重点督查督办涉林案件 104 起，办结 100 起。一是督查督办国家林业局通报问题，对局通报 2015 年四川省和重庆市林地和林木采伐管理情况检查存在问题的整改情况进行督办，先后对两省（市）存在问题的 11 个县（区、市）共计 80 个项目通过听取汇报、查阅资料、现场查看等方式逐一督办。二是督查督办局领导批转和群众举报案件，共计对 10 个案件进行了督查督办，包括泸州市叙永县群众举报非法采伐、《农村情况》反映重庆市彭水县鹿鸣乡十几公顷森林成“光头山”等案，截至 2016 年年底已办结 8 个。三是督查督办重大问题，配合参与严厉打击非法占用林地等涉林案件犯罪行为，与国家林业局森林公安局一起带队分赴四川省凉山彝族自治州、乐山市开展采石采矿、招商企业违规侵占林地重点案件调查，督促当地林业主管部门按照“专项行动”精神和要求深入清理和严肃查处。四是着力推进旧案存案查处，协调凉山彝族自治州政府及下属林业、森林公安、检察院等部门加快推进四川省凉山彝族自治州攀钢钒钛资源综合利用及产业结构调整规划工程建设项目违法使用林地等旧案、难案的查处进程。

检查森林资源管理情况 分别与国家林业局中南林业调查规划设计院、西北林业调查规划设计院、昆明勘察设计院就林地、森林采伐和保护发展森林资源目标责任制检查合并为森林资源管理情况检查工作进行沟通协调，制订 2016 年四川省、重庆市森林资源管理情况检查实施方案。与昆明院一起完成四川省盐源县等 8 个县（市）的森林资源管理情况检查，与西北院一起完成重庆市綦江区等 3 个区（县）的森林资源管理情况检查。此外还单独开展了西藏自治区类乌齐县保护发展森林资源目标责任制检查。

检查建设项目使用林地行政许可 完成 15 个建设项目使用林地行政许可监督检查，涉及审核审批林地面积 1423.77 公顷，收取森林植被恢复费合计 12 263.72 万元。检查共耗用 215 个工作日，召开座谈会 15 次，情况反馈会 14 次，开展社会调查 16 次。其中 2 个项目存在违法使用林地情况，分别是四川茂县九鼎山国际高山滑雪场（一期）建设项目和西藏华泰龙矿业开发有限公司甲玛铜多金属矿（二期）建设项目，成都专员办对这两家单位依法进行了行政处罚。

检查贯彻国家林业局 35 号令及重大建设项目使用林地情况 从 4 月下旬开始，在监督区范围内开展贯彻落实国家林业局令第 35 号暨临时占用林地审批管理情况监督检查，同时在四川省 2016 年集中宣布开工建设的 740 个项目中，按照线性工程 10 千米以上、块状用地面积 100 亩以上、水库库容 100 万立方米以上的原则，对 14 个市 58 个县（市、区）的 90 个重大建设项目进行集中检查。对其中存在违法使用林地的项目及时督促依法查处到位，这种提前、主动的检查方式避免了大规模违法使用林地的情况发生，受到地方政府和项目业主的普遍欢迎。

调查研究 一是赴四川省乐山市犍为县、市中区、峨眉山市就木材经营加工企业、政务服务中心林业窗口开展调研与检查；二是对西藏自治区山南市曲松县、桑日县光伏电站项目使用林地情况进行调研和检查；三是对西藏自治区山南市措美县藏野驴等野生动物栖息地保护情况进行调研；四是与国家林业局保护司及相关专家对珠峰国家级自然保护区进行调研检查，促使当地政府恢复了保护区管理机构级别，充实了保护区人员力量。

森林资源管理培训班 一是 8 月 24 ~ 27 日在拉萨市举办西藏森林资源管理培训班，二是 11 月 8 ~ 10 日在四川广元市举办了森林资源监督管理培训班。培训班邀请来自检察院和资源管理、林地审批等部门的专家授课，受到参训学员的好评。

【濒危物种进出口管理保护和履约执法】 以做好野生动植物进出口行政审批为重点，加强行政许可管理，认真开展行政许可检查，积极协调 CITES 履约执法，开展野生动植物保护和濒危物种履约执法宣传，严防非法贸易，为合法经营的野生动植物进出口企业提供简便、快捷的服务。

行政审批 2016 年全年共办理允许进出口证明书 2045 份(其中公约证 327 份，非公约证 1718 份)，物种证明 199 份。

履约执法宣传教育 一是利用“世界野生动植物日”开展以“保护濒危野生动植物、维护生物多样性”为主题的履约宣传；二是与四川省林业厅等单位联合举办以“依法保护鸟类，建设美丽中国”为主题的四川省第三十五届“爱鸟周”活动，来自有关单位、社会团体、中小学校的 700 余名干部群众及师生代表参加活动；三是加大保护濒危动植物宣传力度，有的放矢分发相关识别手册，2016 年度共计向 CITES 履约执法协调单位(人员)分发资料 200 余套。

企业信用评估 依据《中华人民共和国濒危物种进出口管理办公室成都办事处行政许可事项被许可人信用评估管理办法》，首次对业务辖区内登记注册并申请办理进出口许可证的企业(单位)进行了评分、评级，并将评级结果通过文件、网络、展示屏等形式进行公示。此项工作成果在 2016 年度全国履约管理工作会议上进行了交流。

证书管理系统培训 5 月 11 日在成都举办“野生动植物进出口证书管理系统”应用培训班，辖区内共计 83 家企业参加。培训班介绍新系统开发的背景、使用方法和注意事项，与会企业领用测试秘钥登录网络证书管理系统进行实际操作，为 2017 年新系统上线运行做前期准备。

CITES 履约执法培训 11 月 9～11 日在四川遂宁举办“川渝 CITES 履约执法培训班”，两省(市)林业厅(局)、森林公安、工商、海关、出入境检验检疫、水产及检察院等履约执法协调小组成员单位人员及一线履约执法人员共计 80 余人参加培训班。

进出口企业行政许可检查与调研 针对辖区内与重点进出口物种鲟鱼、灵长类实验动物、松茸、冬虫夏草、欧洲红豆杉、西洋参、海洋活体动物等相关的企业进行现场检查和调研，听取企业在进出口经营活动中存在的问题和困难，以及对加强与改善野生动植物进出口管理工作的意见建议，形成报告上报国家濒管办。

大宗贸易和敏感物种监测评估 开展 2015～2016 年度大宗贸易和敏感物种监测评估项目工作，对规定的物种进行认真监测。重点监测物种是实验用猴、松茸和蛇类，没有重点评估物种。

【“两建”工作】 以开展“两学一做”学习教育为抓手，进一步落实党建工作格局，强化全面从严治党主体责任，认真研究解决机关和党建工作中存在的突出问题，全面推进机关党的思想、制度、组织、作风和纪律建设，切实提高党建科学化水平，为推动各项工作打下良好的思想基础。

党建工作 一是深入贯彻落实党建工作责任制，成立党建工作领导小组，推动全面从严治党要求落实；二是认真开展“两学一做”学习教育及“三强化两提升”学习实践，研究制订实施方案，开展丰富多样的学习教育活动；三是认真学习十八届六中全会精神，组织集中学习习近平总书记在会上的讲话精神、《关于新形势下党内政治生活的若干准则》和《中国共产党党内监督条例》的主要内容以及国家林业局党组的要求；四是认真开展“四风”问题集中检查、党组织关系排查、党费收缴情况检查等一系列重点工作；五是强化党风廉政建设意识，全体干部职工严格遵守各项规定，强化廉洁从政意识，自觉接受监督，管好配偶、子女，坚决抵制各种不良风气。

机关建设 一是进一步建立健全规章制度，新制订《公务接待管理办法》等制度，完善财务管理制度，积极开展内控制度建设，探索建立适合实际情况的内部控制体系；二是充分发挥工会组织作用，以解决干部职工最关心的问题为重点，积极开展“送温暖、献爱心”活动，维护职工权益，丰富职工精神文化生活；三是加强法治机关建设，严格依法办事，开展各项检查、督查督办涉林案件、办理野生动植物进出口行政审批等工作都严格按照法律法规进行；四是树立良好的机关形象，不断改善机关工作条件和环境面貌，营造整洁、卫生、现代、文明的环境。2016 年成功创建四川省省级文明单位。

【林业大事】

1 月 13 日 成都专员办召开全办大会，传达学习全国林业厅局长会议精神。

3 月 3 日 成都专员办利用“世界野生动植物日”开展以“保护濒危野生动植物、维护生物多样性”为主题的履约宣传。

4 月 1 日 成都专员办与四川省林业厅、野生动植物保护协会、成都市林业和园林管理局等单位在成都联合举办以“依法保护鸟类，建设美丽中国”为主题的四川省第三十五届“爱鸟周”活动。

5 月 11 日 成都专员办在成都举办野生动植物进出口证书管理系统企业培训班。

5 月 18 日 国家林业局人事司和四川省委组织部组成的工作组到成都专员办召开全办大会，宣布任职决定：龚继恩任成都专员办副巡视员、党组成员，副司局级。

7 月 8 日至 9 月 26 日 成都专员办对国家林业局审核审批的四川、重庆、西藏占用征收林地行政许可被许可人进行监督检查。

8 月 1 日 成都专员办召开全办大会，传达学习全国林业厅局长电视电话会议精神。

8 月 24～27 日 成都专员办在拉萨举办西藏森林资源管理培训班。

9 月至 10 月 成都专员办会同国家林业局西北林业调查规划设计院和昆明勘察设计院分别完成四川省和重庆市森林资源管理情况检查，成都专员办单独完成西藏自治区类乌齐县保护发展森林资源目标责任制检查。

11月8～10日 成都专员办在四川广元市举办森林资源监督管理培训班。

11月9～11日 成都专员办在四川遂宁举办川渝CITES履约执法培训班。

11月17日 国家林业局工作组到成都专员办召开全办大会，宣布任职决定：免去黄建华党组书记、专员（主任）职务，苏宗海任成都专员办负责人。

12月12日 成都专员办与国家林业局昆明勘察设计院联合召开会议，共同向四川省林业厅通报2016年四川省森林资源管理情况检查结果。

12月21日 成都专员办与四川省林业厅召开第三十五次联席会议，成都专员办负责人苏宗海、副巡视员龚继恩，四川省林业厅厅长尧斯丹、副厅长邹连顺参加会议。

12月27日 成都专员办在重庆召开与四川省、重庆市、西藏自治区林业厅（局）第十次联席会议，互相通报工作情况，研究提出下一步工作要求。

（成都专员办由周赞辉供稿）

云南省专员办（濒管办）工作

【综　述】 2016年，在国家林业局党组的领导和云南省委、省政府的大力支持下，认真学习贯彻落实党的十八届六中全会和习近平总书记系列重要讲话精神，扎实开展“两学一做”学习教育、“三强化两提升”实践活动，加强机关“两建”，狠抓干部队伍建设。紧紧围绕生态林业建设目标任务、国家重大战略部署和云南经济社会发展实际，认真履行职责，深入基层开展专题调研，与相关部门加强沟通协调，积极探索工作新理念、新机制、新手段，强化履约执法协调和监督服务工作，成效显著，在维护国家生态安全和生物多样性安全、加强森林资源及濒危物种保护、加快云南林业发展中发挥了重要作用。

【“两学一做”主题教育】 按照国家林业局党组和云南省委部署要求，组织全体干部认真开展“两学一做”学习教育、“三强化两提升”实践活动，学习贯彻党章党规、习近平总书记系列重要讲话和十八届六中全会精神，开展专题学习讨论，自查自纠，分析梳理班子和机关“两建”中存在的问题并进行积极整改。组织党员干部开展革命传统教育、党风廉政建设和警示教育，坚定理想信念。把“两学一做”引入扶贫攻坚实践，组织党员干部到扶贫联系点开展“挂包帮”“转走访”，与帮扶村党支部开展“双联系一共建双推进”活动，推进机关联系基层、党员联系群众、党支部结对共建，实现基层组织建设和脱贫攻坚双推进，在国家林业局开展的优秀学习品牌征集活动中，云南专员办上报的扶贫工作学习品牌荣获国家林业局基层党组织十大学习品牌。

【创新理念督办查处违法违规案件】 创新监督理念，认真履行督办查处破坏森林资源案件第一职责。对于重点工程、民生项目违法案件，在依法查处前提下，注重对党政领导的执纪问责；对于经营性项目违法案件，在依法查处前提下，注重收回林地。如大理白族自治州祥云县园丁小区非法占用林地案和曲靖市罗平至师宗高速公路违法占用林地案，前者依法强制拆除了林地上的违法建筑，收回林地限期恢复了植被并通过新闻媒体曝光；后者对两县政府分管领导进行了严肃问责。2016年，云南专员办直接督查督办国家林业局批转以及群众举报、新闻媒体曝光、监督检查工作中发现的案件374起。案件查处及问责引起了社会各界的关注，起到了很好的警示作用。为探索建立领导干部生态建设考核评价、责任追究相结合的工作机制打下了基础。

【监督与执法相结合的工作机制】 通过与云南省人民检察院、省林业厅召开联席会议和多轮协商，7月7日，正式出台《云南省人民检察院、国家林业局驻云南专员办、云南省林业厅关于加强协作配合的意见》，建立了三方协调联合办案工作机制。8月10日和8月15日，国家林业局局长张建龙、副局长刘东生分别作出批示，对云南专员办与省检察院、林业厅建立的协调配合机制给予高度评价和充分肯定。

【专员办与林业工作站协同监督工作机制】 为贯彻落实《国家林业局关于进一步加强森林资源监督工作的意见》精神，在全省开展了森林资源监督联络员试点工作，聘请16个州（市）32个林业工作站站长为森林资源监督联络员，制订了管理办法和工作方案，邀请国家林业局相关司局领导进行了培训并颁发聘书，探索建立与林业工作站协同监督工作机制。

【专项行动常态化工作机制】 始终把督促地方政府开展清理排查、查处大案要案、促进和规范森林资源管理作为首要工作来抓，提前谋划，积极行动。一是从3月开始，与云南省林业厅共同组织开展了一次为期3个月的打击破坏林地专项行动，查处了一批破坏森林资源的违法案件。二是监督与监测、执法检查与专项行动有机结合，严厉打击非法占用林地等涉林违法犯罪。2016年与国家林业局昆明院联合对云南省景谷、腾冲等8个县开展了为期2个月的森林资源管理情况检查，现地检查并督办查处案件73起，督促地方立案查处案件269起。在开展征占用林地行政许可检查中，对24个被许可人进行了为期1个月的现地检查，发现并直接督办立案9起。三是集全办之力，积极投入到严厉打击非法占用林地等涉林违法犯罪专项行动中。8月28日播出的《焦点访谈》曝光大理问题后，云南专员办派员参加了国家林业局督办工作组和国家林业局副局长李树铭带队的专项行动第二督查组，先后与省林业厅、昆明市、保山市和怒江傈僳族自治州人民政府召开会议，听取专项行动进展情况汇报；到昆明市晋宁县、经济开发区和怒江傈僳族自治州泸水县，对部分涉林违法案件进行了现场督查督办。在云南省政府专项办挂牌督办的41起案件中，由云南专员办提供线索的案件达到10起，占挂牌案件的近25%；李树铭带队的督查组到云南现场督查的4个案件，有3个是云南专员办在日常监督中发现的案件线索，局领导对云南专员办的工作给予了充分肯定。在对重点案件督查督办的同时，云南专员办单独或联合省林业厅，分别到楚雄等9个州（市）18个县（市、区），对专项行动进行督查。通过案件督办与跟踪问效，给各级地方党委、政府、林业主管部门、执法机关和社会各界起到了很好的警示作用，引起了社会各界的高度关注，真正起到了"查处一案，教育一片"的作用。专项行动期间，先后约谈了红河哈尼族彝族自治州、大理白族自治州、德宏傣族景颇族自治州、丽江市等政府领导，云铜集团、云南省公路投资公司等企业领导，祥云县、师宗县、景谷傣族彝族自治县、耿马傣族佤族自治县政府主要负责同志共计15次，初步实现了约谈工作公开化、常态化。

【森林资源监督报告】 按照监督职责，完成并向国家林业局和云南省人民政府报送了《2015年森林资源监督工作报告》，对云南省各级政府、林业主管部门履行森林资源保护管理职责的情况进行了客观评价，引起了省委、省政府领导的重视，省长陈豪、主管副省长张祖林分别做出批示，要求有关部门对监督报告反映的问题提出切实可行的措施进行整改，进一步加强森林资源管理。云南专员办将批示及落实情况向国家林业局进行了专报。

【调查研究】 一是开展云南国有林场改革调研。为进一步摸清和掌握云南省国有林场基本情况，在2015年年底调研的基础上，2016年年初，与省林业厅组成3个联合调研组，分赴玉溪、临沧、保山、红河、文山5州（市）12县（市、区）的17个国有林场开展调研。调研报告分别报送到国家林业局、云南省委和省人民政府，得到上级部门领导的充分肯定。二是开展停止天然林商业性采伐给云南带来的影响调研。针对国家林业局新出台的"十三五"采伐政策，4月下旬，与省林业厅相关处室组成调研组，对云南天然林停伐可能产生的影响进行了深入细致的调研，并提出意见和建议，向国家林业局上报了专题报告。三是开展云南灾害木专项调研。针对2016年1月，云南遭遇严重的冰冻寒潮、大风等自然灾害，导致大量林木死亡急需清理等情况，云南专员办与省林业厅共同开展调研，如实向国家林业局上报了专题报告。12月底，云南省人民政府报请国务院批准，同意增加云南省470万立方米灾害木采伐限额。四是对云南省各地工业园区使用林地定额情况开展调研，指出存在的突出问题，向云南省政府提出了意见建议，引起政府分管领导的高度重视，并在报告上作出批示。

【征占用林地审查】 全年对云南省上报国家林业局审批的26个征占用林地材料进行了审查，派专人对每个项目使用林地情况进行现地核查，对项目用地现状及真实性进行核查，指出问题，坚持原则，依法办事，进一步规范和完善了上报审批材料。 （陈上华）

【严格行政许可办证】 结合《濒危野生动植物种国际贸易公约》决议的修订和国家濒管办与海关总署《进出口野生动植物商品目录》的调整，及时修订完善云南专员办相关制度，保证国际公约要求和国内监管措施的衔接及行政许可的执行。2016年共办理两类三种证书2794份，其中：公约证书411份（包括对港证书），商品贸易额超1.28亿元；允许进出口证明书1521份，商品贸易额超20亿元；物种证明862份，商品贸易额超1.30亿元。积极配合国家濒管办进出口许可网上审批暨联网核销系统的试运行，在两次对进出口单位进行前期联网办证培训的基础上，全面启动云南省联网办证试点工作。

【行政许可监督检查】 在调取证书打印系统数据的基础上，抽取16家被许可人（动物养殖企业4家、木材进口企业12家），对从事行政许可事项进行实地监督检查。分析比较进出口办证数量与实际进出口数量、核实申报价格与实际报关价格以及未完成或部分完成进出口业务的原因。初步掌握云南全省野生动植物进出口主要贸易物种及其产品的来源与流向，包括物种的野外获得、人工繁殖（培植）种群流向市场情况。及时发现问题，提出了整改措施，进一步规范了企业依法经营行为。对涉及经营实验用猴、鲟鳇鱼、沉香、松茸的企业，抽取具有一定代表性的5家，开展大宗贸易和敏感物种监测与评估。通过到企业实地调研，收集到比较完整、情况真实、数据准确的大宗贸易和敏感物种资源及数量等信息，全面掌握了云南省大宗贸易和敏感物种的动态。

【部门间履约协调联合执法】 开展联合执法检查：按照部门间履约协调联席会议精神，加强与相关管理部门和执法单位的沟通协作与配合，组织云南省公安厅、农业厅、林业厅、商务厅、工商局、昆明海关、出入境检验检疫局、边防总队、森林公安局9个协调小组成员单位人员，组成联合执法检查小组，对中越边境口岸地区开展了联合执法检查。对当地各相关部门和单位就口岸缉私与执法、口岸地区濒危野生动植物经营与相关产业情况、濒危物种进出口贸易中存在的问题、企业在报关通关时存在的问题等征求意见和建议并提出整改措施。开展专项清理行动：云南省部门间履约执法工作协调小组于2016年3月1日至5月30日在全省组织开展"清理整顿濒危物种非法贸易专项行动"。据不完全统计：昆明海关查获象牙、濒危木材等珍贵动植物及其制品，案值合计14.9万元；云南出入境检验检疫部门在中越、中缅边境口岸共查获禁止进境物品60多批次。森林公安、海关、武警等单位在边境便道开展防堵卡工作，出动执法人员56人次、执法车辆8辆，行程700余千米。云南森林公安机关成功侦破了一起特大非法收购、运输、出售珍贵、濒危野生动物案，打掉了一个以昆明、红河为据点的中转站，切断了一条从越南经河口、昆明走私出售野生动物的重要交易链。云南省工商部门在开展专项行动中，共出动执法人员3936人次，出动执法车辆1049台次，检查市场(含边境口岸市场、农贸市场和花鸟市场)783个，检查各类市场主体9938户。云南省公安边防总队共查获各类走私野生动植物案件164起，总案值1317.94万元。跨境履约迈出坚实一步：经与有关部门协商，在西双版纳傣族自治州与老挝建立跨境保护合作机制的基础上，增加了两国进一步加强在边境一线开展宣传、非法贸易监控、执法互助等合作，以及规范合法贸易、打击非法贸易等跨境履约执法的内容。

【履约执法培训】 应部门间履约执法成员单位对履约专题培训的迫切要求，积极协调相关部门，多方筹措经费，成功举办针对海关、边防、检疫、森林公安等一线执法人员共计100余人的履约执法培训班。主要培训内容为生物多样性保护、履行国际公约、野生动植物进出口管理、物种知识与物种识别。（郑　重）

【林业大事】

1月28日 云南专员办分别向国家林业局和云南省委省政府报送了《云南省国有林场改革调研报告》。

1月29日 云南专员办分别向国家林业局和云南省政府上报了《2015年度森林资源监督报告》。

2月27日 云南专员办在昆明召开森林资源监督工作会议。云南省林业厅、16个州(市)林业局负责同志及林政科长，国家林业局中南院、昆明院，云南省人民检察院、省发改委等单位负责同志参加了会议。

6月22~24日 云南专员办在昆明举办森林资源监督联络员培训班，全省16个州(市)、32个县(市)的32个基层林业工作站的32个森林资源监督联络员参加了培训并被授予聘书。

6月28~30日 云南专员办与西安专员办在甘肃天水联合举办"CITES履约业务培训班"暨"一带一路"建设野生动植物贸易监管研讨班，两个办事处首次就履约执法业务开展培训合作，建立协作机制，进一步提高履约执法成效。

7月22日 云南省人民检察院、云南专员办、云南省林业厅在昆明召开联席会议。省检察院检察长李宁、副检察长施建邦，云南专员办专员张松丹，省林业厅厅长冷华出席会议并讲话，三方有关部门负责人参加了会议。

7月27日 云南专员办、昆明林业勘察设计院在昆明共同举办2016年云南省森林资源管理情况检查培训班，双方首次联合开展的森林资源管理检查工作正式启动。

8月29~31日 国家林业局派出督办工作组，对《焦点访谈》曝光的大理市凤仪镇非法占用公益林采砂采石违法案件进行督办。云南专员办专员张松丹带领有关处室人员，全程参与这次督办工作。

10月18日 云南专员办、云南省林业厅、大理白族自治州林业部门对祥云县佳利投资有限公司非法占用林地的建筑物拆除情况进行实地核查，对拆除未完成到位的建筑现场进行强制拆除，这在云南省林业执法中尚属首例。

11月7日 为进一步贯彻落实国家林业局10月25日在昆明召开的专项行动推进会议精神和云南省专项办的相关要求，云南专员办与省林业厅共同对曲靖、文山、保山、德宏4州(市)9县(市、区)专项行动清理排查及推进情况进行督查并对部分项目进行实地督办。

11月25日 云南省副省长张祖林到云南专员办调研指导工作。云南省政府、省财政厅、省林业厅等部门领导陪同调研。云南专员办处级以上领导干部参加了调研座谈会。（李　洁）

福州专员办(濒管办)工作

【综　述】 2016年，国家林业局驻福州专员办在局党组的正确领导下，深入贯彻落实习近平总书记系列重要讲话精神，求真务实，开拓创新，认真履行森林资源监督和履约管理职责，各项工作取得新成绩。全年共督查督办案件247起，涉案林地351.82公顷，涉案林木7083.54立方米；追究刑事责任48人，罚金4万元；行政处罚189人，罚款3316.96万元；对国家林业局审核审批的闽赣两省14个建设项目使用林地情况开展检查，共发现非法占用林地面积47.15公顷；首次与国家林业局华东院组成联合检查组，完成两省的12个县(市、区)2015年度保护发展森林资源目标责任制的建立和执行情况的检查工作，促使31起破坏森林资源案件得到依法查处；积极参与严厉打击非法占用林地等涉林违法犯罪专项行动，提供24条案件线索，联合两省林业厅督办16起重点案件；共办理进出口公约证书、野生动植物进出口证明书1908份，物种证明445份，涉及野生动植物进出口贸易额17.4亿元；发放行政许可监督检查书面通知240份，实地检查通知书16份，完成了2015年度行政许可监督检查；协助国家濒管办对14个办事处(办证点)辖区的进出口企业进行证书管理系统培训；举办履约执法培训班5个，共培训履约协调小组成员单位骨干和企业申报员330人次；协调两省履约执法协调小组成员单位深入开展工作并取得突出成绩，在"2016打击野生动植物非法贸易卫士行动"中，1个单位获"卓越卫士奖"，1个人获"优秀卫士奖"。

【建立完善监督工作机制】 主动与国家林业局华东院建立森林资源监督与监测联合工作机制；与福建省公检法部门及林业厅建立联合打击破坏森林资源违法犯罪工作机制；修改森林资源监督联络员管理办法，完善与林业工作站协同监督工作机制。

【履行督查督办破坏森林资源案件第一职责】 全年共督查督办各类案件247起。其中：刑事案件53起，行政案件189起，其他案件5起，涉案林地351.82公顷，涉案林木7083.54立方米。已办结案件225起，追究刑事责任48人，罚金4万元；行政处罚189人，罚款3316.96万元。

【保护发展森林资源目标责任制检查】 8～10月，根据国家林业局的统一部署，与国家林业局华东院组成联合检查组，通过听取被检查的县(市、区)人民政府及有关部门的汇报，查阅核对相关资料，在对抽取的乡镇、行政村现地检查和对有关单位开展社会调查的基础上，完成对闽赣两省12个县(市、区)2015年度保护发展森林资源目标责任制的建立和执行情况的检查(结果均为合格)，促使引起破坏森林资源案件得到依法查处。

【建设项目使用林地行政许可监督检查】 对国家林业局审核审批的闽赣两省14个建设项目使用林地情况进行检查。检查结束后，及时向两省林业厅通报检查发现的问题，并共同督促基层限期依法查处和整改到位。检查共发现非法占用林地面积47.15公顷，到2016年年底大部分违法占用问题已处理到位。

【打击非法占用林地等涉林违法犯罪专项行动督导】 9～11月，按照国家林业局电视电话会议和几次推进会精神，把专项行动与森林资源管理情况检查结合起来。将群众举报件6件、检查中发现的18起非法占用林地及采伐林木问题移送两省林业厅，作为专项行动案件线索。与福建省林业厅联合下发挂牌督办15起重点案件通知，联合组织15人分4个组开展督导；对江西省婺源、德兴、贵溪等3县(市)专项行动开展情况进行督导，对泰和县1起被局里挂牌督办的案件进行督办。

【濒危物种进出口行政许可】 全年共受理申请件609份；办理进出口公约证书、野生动植物进出口证明书1908份，物种证明445份，涉及野生动植物进出口贸易额17.4亿元。发放行政许可监督检查书面通知240份，实地检查通知书16份，完成了2015年度行政许可监督检查；协助国家濒管办对14个办事处(办证点)辖区的进出口企业进行证书管理系统培训；举办2期闽赣两省进出口企业申报员培训班，培训申报员130多名。

【CITES履约执法协调】 召开闽赣两省CITES履约执法联席会及江西省部门间CITES执法工作协调小组座谈会；加强与各部门沟通交流，提供政策咨询、物种信息和案件线索等，在“2016打击野生动植物非法贸易卫士行动”中，1个单位获“卓越卫士奖”，1个人获“优秀卫士奖”；举办闽赣履约执法培训班、海关培训班等，并派员或联系相关专家为海关总署监管司、福建省工商局、福州海关等单位和部门开展培训；联合两省森林公安、主管部门开展了野生动物联合执法检查；与福州海关联合在平潭、黄岐、马尾等口岸开展现场查验。

【履约执法宣传教育活动】 加大口岸宣传力度，在厦门、长乐、南昌等机场、连江、马尾、平潭等重要港口设立一批宣传牌；联合开展“世界野生动植物日”、爱鸟周、湿地日、野生动物保护月等宣传活动，走进中小学校园和社区开展“保护濒危动植物，维护生物多样性”等主题公益宣传活动。

【干部队伍素质培养】 支持干部参加学习培训，有1位司级干部参加中央党校学习，1位处级干部参加国家林业局党校学习，1位业务干部到西班牙进行为期3个月的濒危物种履约管理知识学习，全办15位干部共计参加各类培训101人次。积极开展“两优一先”创建活动，有2名党员被评为2015年度优秀共产党员，办党支部书记建办以来首次当选为福建省林业厅直属机关党委委员。

【林业大事】

1月6日 福州专员办专员尹刚强一行深入江西省靖安县山头地块，对靖安县森林可持续经营试点进行调研督导。

1月27日 国家林业局驻福州专员办与财政部驻福建专员办座谈会在福州召开，两办全体领导和相关处室负责人参加会议。

2月23日 专员办与江西省林业厅召开2016年度第一次联席会议。双方重点通报介绍有关工作，并就江西省2015年林地和林木采伐管理情况检查存在问题的整改和下一步督办工作进行商议。

2月24日 专员办(濒管办)在南昌召开江西省部门间CITES执法工作协调小组座谈会，交流讨论2015年以来各成员单位利用履约平台，在联合执法、宣传培训、信息交流等方面所做的工作，提出2016年履约执法工作建议。

2月24～26日 专员办对环鄱阳湖地区的九江县、鄱阳县、余干县、进贤县的湿地、自然保护区、鸟类监测点等地的冬春季候鸟保护和疫源疫病监测防控工作情况开展监督检查。

3月3日 专员办(濒管办)联合福建省林业厅、省野生动植物保护协会、福建观鸟协会开展主题为“保护濒危动植物，维护生物多样性”的走进中小学校园“世界野生动植物日”公益宣传活动，分别到福州一中、三中和市实验小学等学校开展宣传。

3月16～18日 专员办对福建省宁德市蕉城区、福鼎市和莆田市城厢区开展破坏森林资源案件督查督办工作。

3月31日 专员办(濒管办)会同福建省林业厅、省森林公安局、省林业执法总队、省野生动植物保护中心和福州市有关执法人员，对福州市花鸟市场进行联合执法检查，共检查花鸟店15家，对超范围经营的123只鸟进行野外放生。

6月21日和23日 专员办(濒管办)分别在福州和厦门举办两期野生动植物进出口企业培训班，重点向来自福建、江西的130多家企业代表讲解和演示证书管理系统使用。

6月20～24日 专员办应用卫星遥感影像及手持北斗智能终端等新技术手段，分3个组对福清市的阳下、音西、江阴镇、龙田镇等15个乡镇、街道开展林地保护管理情况监督检查。

7月中旬 专员办与华东林业调查规划设计院建立森林资源监督与监测联合工作机制，包括联席会议制度、联合监督检查机制、培训互助机制和信息分享机制。

8月3～4日 专员办专员尹刚强到江西省吉安市调研林业工作，并参加昌吉赣高铁征占用林地行政许可巡查反馈会。

11月23～24日 专员办(濒管办)在福建省厦门市举办2016年闽赣CITES履约执法培训研讨班。

12月13～15日 专员办(濒管办)在江西鄱阳湖国家级自然保护区举办海关履约执法培训班。

12月21～23日 专员办在江西省宜春市先后举办2016年度闽赣两省森林资源管理监督工作交流暨业务培训会、2016年度闽赣两省森林资源监督联络员培训班。

（福州专员办由宋师兰供稿）

西安专员办(濒管办)工作

【综　述】 2016年，在国家林业局党组的正确领导、有关司局指导及四省(区)各级党委政府和林业主管部门的大力支持配合下，西安专员办认真学习贯彻党的十八大及十八届历次全会精神，深入学习领会习近平总书记系列重要讲话精神，以开展“两学一做”学习教育和“三强化两提升”活动为载体，以监督服务并重和涉林案件“全结案、双落实、双提高”为总要求，坚决落实“事前服务、事中监督、事后反馈”的督办机制，立足实际，勇于创新，较好地完成了全年工作任务。

牢固树立督查督办破坏森林资源案件第一职责理念，强力督办涉林案件；会同国家林业局西北院全面完成陕、甘、青、宁四省(区)森林资源管理情况检查工作；在甘肃庆阳市创新开展例行督查试点工作；与青海省人民检察院、林业厅、公安厅建立预防和惩治涉林违法犯罪行为协同工作机制；督导四省(区)开展严厉打击非法占用林地等涉林违法犯罪专项行动；组织专家对2015年以来“绿剑”行动查出问题的整改工作进行检查验收；完成四省(区)占用征收林地项目行政许可被许可人监督检查任务和全国汇总工作；认真抓好森林火灾防控措施落实情况督查和野生动物保护及疫源疫病监测防控工作督查；积极开展四省(区)国有林场改革调研、青海祁连山自然保护区矿区整治及民生工程等问题、国家公园体制改革试点和乡镇林业站建设3个方面专题调研工作；全力做好四省(区)野生动植物保护宣传和进出口管理及履约执法工作。

【督办案件】 全程督查四省(区)破坏森林资源案件108起，涉及违法采伐林木702.5立方米，涉及违法占用破坏林地1169.41公顷。其中，陕西47起、宁夏15起、甘肃41起、青海4起。截至2016年年底已结案104起，结案率96.3%。行政问责42人，刑事处理7人，共收缴行政罚款1164.06万元；制订《西安专员办督导地方开展严厉打击非法占用林地等涉林违法犯罪专项行动工作方案》，先后派出9个工作组分赴陕、甘、青、宁四省(区)的18个市25个县(区)、国有林业单位开展督查，督促地方查处各类行政案件2178起、刑事案件345起，处理违法人员2149人次。

【例行督查试点】 对甘肃省庆阳市7县1区和4个林业总场2014年森林资源利用和管理自查情况进行全面督查，共督查各类违法违规项目354个，涉及林地面积178.07公顷，收缴植被恢复费1100多万元，罚款近800万元，收回林地53.12公顷，行政追责153人，对全市各县(区)政府领导和林业局局长集中进行了约谈，进一步规范了地方森林资源保护管理。

【协同工作机制】 与青海省人民检察院、林业厅、公安厅建立预防和惩治涉林违法犯罪行为协同工作机制，完善协同工作机制运行规则，理顺成员单位与协同工作关系、成员单位之间的信息交流和工作协同渠道。以协同工作机制领导小组名义向各市(州)检察院、公安局、林业局下发了建立启动市、县级协同工作机制的通知，力争实现协同机制在青海省、市(州)、县(市、区)三级全覆盖，建立行政执法与刑事司法相衔接，教育、预防和惩处相结合，信息联通、工作协同、联动执法为一体的生态资源保护机制。

【督查检查】 落实国家林业局统一部署，会同国家林业局西北院全面完成陕、甘、青、宁四省(区)16个县(区)森林资源管理情况检查工作，共检查出涉嫌违法违规使用林地和采伐林木问题186个，及时移交地方，依法处理和整改；落实国家林业局统一部署，组织专家对2015年以来“绿剑”行动查出问题的整改工作进行检查验收，共验收甘肃、宁夏两省(区)的3个国家级自然保护区，按期提交验收报告；完成四省(区)16个占用征收林地项目行政许可被许可人监督检查任务和全国汇总工作；对四省(区)9个市、20个县(区)和4个林业总场森林防火、野生动植物保护及疫源疫病监测防控工作进行督察检查，督促地方完善制度，落实责任，加强和规范了监管措施。

【协调服务】 与四省(区)林业厅、检察院及市县政府召开座谈会议近40次，主动沟通情况研究问题，密切工作关系；及时向省(区)政府报送年度森林资源监督报告，陕西省常务副省长，青海省省长、副省长，甘肃省副省长及宁夏回族自治区主席均批示，要求落实问题。举办四省(区)森林资源监督联络员培训班，集中讲授林业行政执法、占用征收林地行政许可办理、新的野生动物法解读以及联络员工作方法等，提高了全体联络员的工作能力。

【开展调研】 对陕西省1个市、2个县林地变更调查和“双退”工作进行调研；开展四省(区)国有林场改革调研，摸清四省(区)国有林场基本情况、改革进展情况及存在的问题；完成青海祁连山自然保护区矿区整治及民生工程等问题、国家公园体制改革试点和乡镇林业站建设3个方面专题调研工作，向国家林业局提交三篇调研报告，为上级工作决策提供参考。

【履约监管服务工作】 强化与公安、海关、工商等部门履约执法协调机制，坚持明察暗访和网络监测，积极拓宽邮寄、物流等敏感重点领域履约执法，统筹督导各部门开展联合执法工作；办理进出口许可证书247份，进出口贸易额2000万元；完成丝绸之路经济带建设对西北濒危物种进出口管理的影响及对策调研项目，并通过专家论证，向国家濒管办提交成果报告。制作多媒体宣传短片，利用240多台梯载电视开展为期半年的宣传活动。

【机关建设和党的建设】 一是扎实开展“两学一做”学习教育和“三强化两提升”活动。成立领导小组，制订方案；集中学习教育25次，深入学习党的十八大及十八届历次全会、习近平总书记系列重要讲话精神，切实增强政治意识、大局意识、核心意识、看齐意识。派员参加培训20期23人次，全面提升综合素质；开展党员“手抄党章”、写学习心得文章和创新开展“党员人人讲党课”活动；开展“学党史、感党恩、跟党走”教育活动，开展警示教育；利用宣传栏、职工之家微信群等加强宣传；开展党员组织关系和党费收缴使用集中排查；积极配合局巡视组巡视及财经纪律检查2次，接受陕西省直机关工委“两学一做”督查4次，整改问题10余项；开展文体及体验森林等活动。二是严格落实“两个责任”。强化落实主体、监督责任。签订党风廉政建设责任书，加强风险防控，重点监督；严格执行《关于新形势下党内政治生活的若干准则》、中央八项规定，严格预算执行和财务报销制度，严格控制“三公”经费支出；开展“四风”问题集中检查、贯彻执行中央八项规定精神检查，及时整改问题。三是完善内部管理机制。制订全办年度目标责任书；制定内部控制建设实施方案，对办内各项制度重新梳理评估，查漏补缺，完善西安专员办接待管理、财务管理、固定资产管理等办法，加强制度执行力。

【林业大事】

1月 向国家林业局和陕西、宁夏、甘肃、青海四省(区)人民政府提交了2015年度森林资源监督报告。

3~4月 完成森林资源例行督查试点工作；与陕西省林业厅、西安市农委等7部门和单位联合举办了陕西省暨西安市第三届“世界野生动植物日”纪念宣传活动。

4~6月 完成陕西、宁夏两省(区)林地变更和多规合一、“双退”调研督查工作。

5月 完成陕、甘、青、宁四省(区)森林资源管理和保护区监督检查工作。

6月 与云南专员办、北京师范大学、国际野生物贸易研究组织在甘肃召开甘肃、青海、宁夏三省(区)培训及调研研讨班，来自各成员单位50多人参加了培训。

7月 与青海省人民检察院、公安厅和林业厅在青海西宁召开青海省预防和惩处涉林违法犯罪协同工作机制启动会暨第一次领导小组会议。

9月 参加国家林业局副局长刘东生牵头的督察组，对青海省严厉打击非法占用林地等涉林违法犯罪专项行动进行督察；完成2016年占用征收林地行政许可被许可人监督检查工作。

10月 完成“绿箭行动”国家级自然保护区违法违规占用林地验收工作；

完成森林资源管理情况检查；

完成全办县级政府保护发展森林资源目标责任制检查汇总工作；

完成陕西、宁夏两省(区)关于严厉打击非法侵占林地专项行动的督查工作；

开始实施与中国电子口岸对接的网上证书办理工作，经前期的双轨运行，现已全面正式开始网上证书办理工作；

开展甘肃祁连山国家级自然保护区矿区整治及民生工程实施存在问题的调研工作；

完成监督区森林资源监督联络员培训工作。

(西安专员办由潘自力供稿)

武汉专员办(濒管办)工作

【综　述】 2016年，武汉专员办深入学习贯彻党的十八大及十八届历次全会精神、习近平总书记系列重要讲话精神和全国林业厅局长会议精神，全面加强林业监管工作，积极创新机制，较好地完成了各项工作任务。

【案件督查督办】 2016年调查督办各类涉林案件235起，结案212起，结案率90.21%。一是高度重视国家林业局批转案件。调查督办河南省博爱县光伏毁林占地、鲁山县光伏毁林占地和采沙毁林等案件。二是对专项行动重点案件进行督办。将2起国家林业局挂牌督办案件和2016年建设项目使用林地和森林资源管理检查中发现的26起重点案件列为重点督办案件，进行通报和重点督办。三是严肃查处舆论曝光案件。调查督办河南省舞阳县“退林还耕”、湖北省随县“石材开发毁林”

等媒体曝光案件。四是做好群众信访举报案件查处。根据群众举报，督办处理湖北省汉十高铁十堰武当山段项目临时违法占地等案件。五是实行案件分级管理、“约谈”“诚信榜”“办厅联合办案”“跟踪督办”等制度，提高了案件查办效率。

【林地保护管理监督】 一是密切关注和跟踪国家大中型建设项目使用林地情况。积极跟踪豫鄂两省在建大型项目(如汉十高铁等项目)进展情况，在评审论证、资源占用等方面加强监管服务，确保工程依法顺利实施。二是高效完成建设项目使用林地行政许可监督检查。检查豫鄂两省2015年国家级审批项目11个和往年项目2个，抽检省级审批项目12个，发现3个建设项目存在违法使用林地问题，督办查处10起违法侵占林地案件，面积2.97公顷，行政处罚44.60万元。

【森林资源管理情况检查】 武汉专员办分别与华东院、中南院联合对豫鄂两省10个县(市、区)开展森林资源管理情况检查，同时进驻、同步开展工作、共同反馈检查结果。武汉专员办侧重目标责任制情况监督检查，共召开座谈会80多次，深入29个乡镇、88个行政村、27个基层林业站所、10个国有林场开展实地调查走访，抽查118个图斑、11个临时占地项目。依据两院的检查结果，对检查中发现的违法占用林地、违法采伐等案件和行政执法不规范等问题进行督办，要求相关部门限期整改，督促地方政府规范、完善责任制考核办法和结果运用，进一步强化森林资源保护管理。

【办站协同试点工作】 武汉专员办贯彻落实《国家林业局关于进一步加强森林资源监督工作的意见》，创新监督机制，积极探索“办站协同”监督体制。一是积极启动试点工作。召开试点工作启动会，选取豫鄂两省4个地级市和8个县市作为试点单位，下发《办站协同监督机制试点方案》。二是深入基层实地调研。在试点县(市)召开林业站长座谈会，听取基层一线同志关于“办站联动”“交流互动”和“执法推动”等方面的意见建议。三是联系实际分工落实。认真落实国家林业局副局长刘东生关于“办站协同”的批示精神，对后续工作进行部署和推动。

【森林资源监督网格化管理】 推行在监督区域实行分片管理和责任到人的网格化管理模式，实行巡查制度。结合林地检查和森林资源管理情况检查，对豫鄂两省24个县(市、区)开展以采伐、运输、林业行政执法为主要内容的专项巡查，有力促进基层行政办案能力和意识的提升，进一步强化监管职能，提升监管能力。

【野生动植物监管工作】 一是加强《野生动物保护法》等法律法规的学习、宣传，增强全社会野生动物保护意识。二是开展野生动物保护管理专项检查。结合贯彻国家林业局关于野生动物保护的有关意见、会议精神，积极配合“清网行动”等专项行动，开展专项监督检查，切实推进辖区候鸟等野生动物保护工作。三是积极推进地方建立自然保护区和国家公园建设。

【编制森林资源监督报告】 在总结2015年森林资源监督工作的基础上，编制了河南省、湖北省2015年度森林资源监督报告，分别上报两省人民政府，呈送两省党委、人大、政协及有关部门。两省政府分管领导分别对武汉专员办监督报告做出重要批示，两省林业厅制定整改方案，积极组织整改落实，进一步加强森林资源保护管理工作。

【濒危物种进出口管理】 一是强化行政许可职能。3月，武汉办事处正式接管湖北省野生动植物进出口行政许可证书核发业务。2016年年底，豫鄂两省共办理野生动植物进出口证书169份，其中，《允许进出口证明书》130份、《物种证明》39份，进出口贸易总额1.2亿元。二是开展行政许可监督检查和重要贸易物种监测评估工作。对豫鄂两省2015年度野生动植物进出口行政许可执行情况开展专项监督检查，共检查29家单位，对检查中发现的问题进行督促整改，并提交专项检查报告；办领导带队赴广东省开展了濒管业务工作调研检查；对鲟鳇鱼、实验猕猴两个重要物种开展了监测评估研究。三是推进履约协调执法工作。协调组织豫鄂两省履约执法协调小组成员单位开展联合执法行动，开展罚没野生动植物制品的移交活动；和郑州、武汉海关举行“罚没野生动植物制品移交及加强履约监管合作备忘录签约仪式”；召开鄂豫两省部门间CITES执法协调小组联席会议。四是开展履约宣传培训活动。举办“野生动植物进出口证书管理系统”培训班，对湖北省野生动植物进出口企业的相关人员进行培训；参加第三届“世界野生动植物日”“爱鸟周”野生动物保护宣传月系列宣传活动和珍稀鱼类增殖放流活动，发放濒危物种保护及履约方面的宣传资料，提高全社会的濒危物种保护及履约意识。

【党建廉政建设】 一是加强理论学习。认真学习十八届五中、六中全会精神和习近平总书记系列重要讲话精神，组织党员干部多次开展政治理论学习和专业知识培训，促进党员干部学习经常化、自觉化和常态化。二是抓好“两学一做”。认真组织开展“两学一做”学习教育和“三强化两提升”学习实践活动，成立领导小组，制订《实施方案》，坚持领导干部带头讲党课，组织专题学习讨论和党章党规知识测试；认真开展党员干部学习教育“灯下黑”问题专项整治活动，按有关文件要求完成党费专项清理工作；开展贯彻执行中央八项规定精神自查工作，推动形成机关作风建设新常态。三是加强基层组织建设。完成机关党总支和党支部换届选举工作，进一步充实和健全党建工作领导班子；加强干部队伍建设，完成处级干部选拔任用工作；开展创先争优、谈心谈话和“家访”活动，增强党组织的凝聚力和战斗力。四是加强党风廉政建设。认真落实两个责任，党组对全办党风廉政建设负主体责任，处长对所在处室职责范围内的反腐倡廉工作负直接责任，党总支设立纪检委员，形成层层抓落实的工作格局。开展反腐倡廉警示教育，认真执行廉政信息反馈制度，认真落实湖北省纪委对口的相关工作，切实强化反腐倡廉的各项要求，营造风清气正的良好氛围。

【林业大事】

1月21日 武汉专员办受邀参加湖北省野生动植物保护协会会员代表大会。

3月10日 武汉专员办参加湖北省第三届世界野生动植物日宣传活动。

3月30日 武汉专员办与郑州海关举行罚没濒危野生动植物制品移交暨合作备忘录签署仪式，副巡视员闫顺利出席签字仪式并讲话。

4月29日 武汉办证点为湖北天佛食品有限公司办出第一份野生动植物进出口证书，标志着国家濒管办武汉办事处正式履行行政审批职能。

6月7日 武汉专员办与国家林业局林业工作总站协同监督机制试点工作座谈会暨启动会议在武汉召开，专员周少舟主持会议。

6月13日 国家林业局监督办副主任丁晓华到武汉专员办检查指导工作。

7月19日 专员周少舟主持召开全办干部大会，学习习近平总书记"七一"重要讲话精神。

8月2日 武汉专员办应邀赴国家林业局中南林业调查规划设计院参加会议，研讨办、院合作开展森林资源管理情况检查有关事宜。

9月7日 武汉专员办组织干部在湖北、河南分会场收看国家林业局严厉打击非法占用林地等涉林违法犯罪专项行动电视电话会议，并召开专题会议安排部署。

11月23日 武汉专员办参加第十二届敏感物种履约执法联席会议。

12月30日 国家濒管办武汉办事处接收郑州、武汉海关移交的罚没野生动植物制品，副巡视员闫顺利参加会议并讲话。

（武汉专员办由胡进供稿）

贵阳专员办（濒管办）工作

【综　述】 2016年，国家林业局驻贵阳森林资源监督专员办事处（中华人民共和国濒危物种进出口管理办公室贵阳办事处）（以下简称贵阳专员办）紧紧围绕国家林业局总体工作部署，紧密结合黔湘两省实际，创新监督举措，强化以林地为核心的森林资源监督，认真履行森林资源案件督查督办"第一职责"，积极开展国家林业局部署的严厉打击非法侵占林地等涉林违法犯罪专项行动和贵州省委、省政府部署的森林保护"六个严禁"执法专项行动，全年督办各类案件187起；扎实开展森林资源管理情况检查、建设工程占用征收林地被许可人监督检查、濒危物种进出口管理和野生动植物保护管理监督、森林防火督查等工作。

2015年度监督报告 2月，分别向国家林业局、贵州省和湖南省人民政府呈报《2015年度森林资源监督报告》。两省人民政府主管领导审阅监督报告后，分别对各自省监督报告作出批示，两省林业厅及有关部门按照省领导批示，采取系列有效措施，认真抓好贵阳专员办所提六条监督建议的落实。对贵州省，贵阳专员办提出"国有林场改革需加快推进""加强公益林补偿资金管理和兑现""加强国家湿地公园试点建设"三条建议。对湖南省，贵阳专员办提出"解决国土整理、耕地'占补平衡'非法占用林地问题""解决国家湿地公园试点建设资金严重不足问题""理顺基层林业站管理体制，促进林业站职能的有效发挥"三条建议。

创新监督机制和举措 一是加强林业行政执法与刑事司法及纪检监察机关的工作衔接。4月，组织召开有贵州省检察院、省林业厅和省纪委（监察厅）分管领导及有关处室负责人参加的"2016年林业行政执法与刑事司法衔接联席会议"，就深入做好林业行政执法与刑事司法衔接、行政问责等达成新的共识。二是建立森林资源监督联络员制度。3月，制订《国家林业局驻贵阳专员办森林资源监督联络员管理办法》。5月，组织召开贵州省森林资源监督联络员工作启动会暨业务培训会议，向首批21名联络员颁发了聘书。各联络员认真履职，单独或协助贵阳专员办督查督办所在辖区破坏森林资源案件累计108起。三是开展建设工程使用林地重点巡查。先后深入湖南省怀化市及其鹤城区、贵州省赤水市等5个市（州）7个县（市、区）开展现地巡查，对巡查中发现的违法使用林地问题，已全部依法查处。四是协调配合贵州省黔东南苗族侗族自治州人民政府主办"湘桂黔边界地区第六届森林资源保护管理协作会议"。三省（区）林业厅和八市（州）人民政府、林业局交流了森林资源保护管理工作经验，贵阳专员办和广州专员办就进一步加强边界地区森林资源保护管理工作协作提出了意见和建议。

案件督查督办 以深入开展国家林业局部署的严厉打击非法侵占林地等涉林违法犯罪专项行动和贵州省森林保护"六个严禁"执法专项行动为抓手，认真贯彻落实《国家林业局派驻森林资源监督机构督查督办资源林政案件管理规定》和《国家林业局关于切实加强对非法侵占林地案件查处问责的通知》精神，把督查督办破坏森林资源案件作为"第一职责"，全年共督查督办各类破坏森林资源案件187起，其中刑事案件96起、行政案件91起，涉及违法使用林地面积累计462.7公顷、违法违规采伐林木蓄积累计5638.5立方米；查结案件186起，查结率99.5%。通过案件督查督办，共追究刑事责任38人、并处罚金6.1万元，实施行政处罚141人（单位）、处罚款5654.2万元，累计追究党纪政纪责任54人（其中县处级干部5人），收回林地462.7公顷，补收森林植被恢复费3318.5万元。主要措施：一是现场督办。先后深入黔湘两省46个县（市、区）开展现地案件督办。二是约谈督办。对问题突出、查办案件迟缓的贵州黔西南布依族苗族自治州等3个市（州）、湖南绥宁县等9个县（市、区）人民政府领导和有关部门负责人进行了约谈。三是严肃问责。建立案件查办跟踪制度，坚持做到"四个不放过"，即案件不查清不放过、问题不整改不放过、刑事案件不处理不放过、责任追究不到位不放过，特别是对案发多、查处不力地区负有领导和监管责任的领导干部坚持追踪问责。

林地管理监督检查 一是开展占用征收林地行政许可被许可人监督检查。6～7月，对黔湘两省20个建设项目使用林地情况进行了现场监督检查。实地抽查23个县(市、区)的1952个林地小班，检查发现8个项目存在的违法使用林地、违法采伐林木等问题，全部督促依法查处。二是开展黔湘两省森林资源管理情况监督检查。8至9月，与国家林业局中南林业调查规划院联合，对贵州开阳、湖南资兴等11个县(市、区)森林资源管理情况进行了检查。对检查发现的57起破坏森林资源案件做到及时督办，并督促地方纪检监察部门对26名负有相关责任的领导干部实施了党纪政纪问责。三是开展临时占用林地项目专项检查。共抽查建设工程项目22个，对检查发现的6个项目未办理临时使用林地手续问题，督促依法查处。四是开展风电使用林地专项监督检查。检查了黔湘两省2013～2015年8个风电建设项目，检查发现的4个项目超审核(批)范围使用林地违法行为已督促依法查处。五是开展年森林采伐限额执行情况检查。对湖南张家界永定区、贵州荔波县等8个县(市、区)森林采伐限额执行情况、木材运输、木材经营加工等情况进行实地检查。六是开展林业工作站调研。针对现阶段林业工作站机构设置、职能作用发挥等方面问题赴湖南绥宁、贵州荔波等县开展专题调研。

濒危物种进出口管理和野生动植物保护监督 一是分别在贵阳、长沙举办野生动植物进出口证书管理系统培训班和贵州省级部门间CITES履约执法协调小组联席会议暨业务培训班。二是与贵州省林业厅、贵阳市人民政府联合举办2016年“爱鸟周”暨“世界野生动植物日”宣传活动，与贵州省农委举办以“关爱水生动物，共建和谐家园”为主题的水生野生动物保护科普宣传月启动仪式。三是对黔湘两省13家野生动植物进出口企业开展行政许可被许可人监督检查，参加国家濒管办对福州办事处2015年度野生动植物进出口行政许可等执行情况检查。四是开展候鸟迁徙和野生动物疫源疫病监测防控监督检查。先后检查贵州草海、茂兰和湖南借母溪3个国家级自然保护区，南洞庭湖省级自然保护区，贵州荔波黄江河、湖南五强溪2个国家级湿地公园，以及湖南新宁县和贵州安龙县。五是配合国家林业局“清网行动”督查组开展贵州省秋季候鸟等野生动物保护情况监督检查，与湖南省林业厅联合对沅陵、沅江等县(市)开展“清网行动”督查。六是启动并审核发放野生动植物及其产品允许进出口证明书59份。

森林防火督查 2015年冬至2016年春，先后对贵州黔南布依族苗族自治州及独山县、铜仁市及松桃县，湖南邵阳市及新宁县、炎陵县、汝城县、道县、城步县、沅陵县等10个市(州)17个县(市、区)森林防火情况进行督查，重点检查各地落实《贵州省森林防火条例》《湖南省森林防火实施办法》情况，推进地方政府深入落实行政首长负责制。

【2016年度贵州省林业行政执法与刑事司法衔接联席会议】 根据《贵州省人民检察院、国家林业局驻贵阳专员办、贵州省林业厅行政执法与刑事司法衔接工作制度》有关约定，4月6日，贵阳专员办组织召开贵州省2016年林业行政执法与刑事司法衔接联席会议。贵州省林业厅厅长金小麒、省检察院副检察长余敏、省纪委监察厅副厅长张霞出席会议并讲话，就涉林案件查处、问责及有关工作的相互配合等事项提出了要求。贵阳专员办党组成员、副专员喻泽龙主持会议并讲话。省人民检察院生态环境保护检察处主要负责人及有关同志，贵阳专员办贵州处主要负责人及有关同志，省林业厅森林资源管理处、森林公安局、法规处、森林资源管理站主要负责人参加会议。

会上，省林业厅通报了2015年森林保护“六个严禁”*执法专项行动工作情况，贵阳专员办通报了2015年涉林案件督查督办情况，省检察院介绍了2015年林业领域案件办理相关情况，与会人员就当前森林资源保护管理中出现的新情况、新问题和困难进行了充分讨论，就强化疑难案件查处、责任追究等事宜达成了共识。

【贵州省森林资源监督信息员(联络员)工作启动会暨业务培训会议】 为深入贯彻《国家林业局关于进一步加强森林资源监督工作的意见》，5月30日，贵阳专员办在贵阳召开贵州省森林资源监督信息员(联络员)工作启动会暨业务培训会议。

贵阳专员办党组成员、副专员喻泽龙，贵州省林业厅党组成员、总工程师聂朝俊，贵州省人民检察院检委会专职委员(副厅级)李伟出席会议并讲话。贵阳专员办贵州工作处全体同志，贵州省人民检察院生态环境保护检察处和贵州省林业厅森林资源管理处、森林公安局、森林资源管理站主要负责人，各市(州)林业(绿化)局、贵安新区农林水务局主管领导及首批聘任的21名森林资源监督信息员(联络员)参加会议。会议由贵阳专员办党组成员、副巡视员宋云民主持。

会上，贵阳专员办给首批21名森林资源监督信息员(联络员)颁发了聘书；各市(州)林业(绿化)局、贵安新区农林水务局汇报了2016年开展森林保护“六个严禁”执法专项行动开展情况，就支持信息员(联络员)工作发表了意见和建议；省林业厅森林资源管理处、森林公安局和省人民检察院生态环境检察处主要负责人就森林资源保护、案件督查督办、重点案件检察监督等相关工作提出了指导意见和建议；与会人员结合会议主题进行了相关工作讨论，就下一步深入做好森林资源保护与监督达成了新的共识；贵阳专员办对森林资源监督信息员(联络员)进行了业务培训。

【林业大事】

1月21日 贵州省林业厅组织召开全省市(州)林业局长会议。贵阳专员办副专员喻泽龙出席会议并讲话。

---

* 严禁盗伐滥伐林木，严禁掘根剥皮等毁林活动，严禁非法采集野生植物，严禁烧荒野炊等容易引发林区火灾行为，严禁擅自破坏植被从事采石采砂取土等活动，严禁擅自改变林地用途造成生态系统逆向演替。

3 月 26 日 贵阳专员办与贵州省林业厅、贵阳市政府联合在贵阳黔灵山公园举办以“依法保护鸟类，建设美丽中国；保护濒危野生动植物，维护生物多样性”为主题的2016 年“爱鸟周”暨“世界野生动植物日”宣传活动。副专员喻泽龙出席活动并讲话。

4 月 15 日 国家林业局人事司副司长郝育军一行到贵阳专员办宣布国家林业局任命决定：任命宋云民为贵阳专员办党组成员、副巡视员。

4 月 18 日 水利部、国家林业局组织有关部委及广西、云南、贵州三省(区)政府在贵州安顺市召开滇桂黔石漠化片区区域发展与扶贫攻坚现场推进会。贵阳专员办副专员喻泽龙参加会议。

4 月 21 日 继 4 月 6 日贵阳专员办长沙办证点核发出第一份证明书后，贵阳专员办贵阳办证点也正式核发出第一份物种证明，标志着贵阳专员办濒危野生动植物行政许可业务正式开启。

7 月 8 ~ 10 日 生态文明贵阳国际论坛 2016 年年会在贵阳召开。贵阳专员办副专员喻泽龙陪同国家林业局局长张建龙出席论坛系列活动。

8 月 23 日 贵州省林业厅在贵阳召开全省市(州)林业局局长座谈会。贵阳专员办副专员喻泽龙出席会议并提出工作要求。

8 月 25 日 湘桂黔边界地区第六届森林资源保护管理协作会议在贵州省黔东南苗族侗族自治州凯里市召开。贵阳专员办副专员喻泽龙出席会议并讲话。

9 月 8 日 贵阳专员办和国家林业局中南院联合向贵州省林业厅反馈 2016 年森林资源管理情况检查结果。副专员喻泽龙、副巡视员宋云民参加会议并讲话。

10 月 9 ~ 13 日 副专员喻泽龙带队深入贵州省松桃县和湖南省永定区，对国家林业局严厉打击非法占用林地等违法犯罪专项行动通报的 2 起挂牌督办案件进行现场督办。

(贵阳专员办由陈学锋供稿)

广州专员办(濒管办)工作

【综　述】 2016 年，广州专员办在国家林业局党组的正确领导下，深入学习领会习近平总书记系列重要讲话精神，认真贯彻落实中央系列会议和全国林业厅局长会议精神，切实加强资源监督和物种管理工作，全面加强机关党的建设，圆满完成了各项工作任务。2016 年共督查督办涉林违法案件 471 起，其中，刑事案件 149 起，行政案件 322 起。涉案林木 6985.8 立方米，涉案林地 748.26 公顷。结案 328 起，办结率为 69.6%。共处理违法违纪人员 497 人，其中刑事处理 18 人，行政处理 268 人，追究党政机关行政责任人 211 人。罚款 2304.8 万元，收回林地 67.09 公顷。

对广东、广西、海南三省(区)16 个占用征收林地项目进行了检查，实际检查林地面积 2630.07 公顷，发现违法使用林地案件 17 宗，面积 10.1 公顷。与国家林业局中南林业调查规划设计院组成联合检查组，分批次对三省(区)15 个县(区)森林资源管理情况进行检查，共发现非法占用林地面积 386.42 公顷，非法采伐蓄积量 4709.05 立方米；共核发进出口证书 16 532 份，进出口贸易总额达 24.53 亿元；对三省(区)106 家企业和 25 个进出口者进行了实地检查；开展履约执法培训，在三省(区)多地对海关、边防、工商等一线执法和工作人员开展培训，培训人员累计 500 余人次，培训野生动植物进出口企业和物流企业 100 多家。

【提交 2015 年度森林资源监督通报】 分别向三省(区)人民政府提交了 2015 年度森林资源监督通报，监督通报对三省(区)林业建设及资源保护管理情况进行了客观评价，指出了三省(区)森林资源及湿地和野生动植物保护管理中存在的困难和问题，提出了改进和完善的相关建议和意见。监督通报得到三省(区)人民政府的高度重视，政府主要领导均作出重要批示，三省(区)均以办公厅专函反馈了整改落实情况。

广东监督报告指出，一是湿地保护管理工作亟待加强；二是自然保护区内的集体林地问题日益凸显。监督报告建议，一是提高湿地保护管理水平；二是解决自然保护区集体林地权属问题。

广西监督报告指出，一是非法占用林地问题仍然突出；二是国有林场林地被侵占现象非常严重；三是自然保护区管理工作亟待强化。监督报告建议，一是建议进一步加强林地保护管理；二是尽快部署全区非法侵占国有林地回收工作；三是切实加强自然保护区建设和管理。

海南监督报告指出，一是省政府尚未与市县政府签订《保护发展森林资源目标责任制》；二是设施农业项目非法占用林地行为时有发生。监督报告建议，一是省政府与市县政府签订目标责任状；二是省政府引导设施农业项目依法依规使用林地。

【林地保护管理监督检查】 对三省(区)16 个占用征收林地项目进行了检查，检查涉及 17 个县(市、区)，实际检查林地面积 2630.07 公顷，发现违法使用林地案件 17 宗，面积 10.1 公顷。对存在的问题立即开展督办，当年 11 宗已经整改到位。

广东省检查情况。监督一处于 6 月 27 日至 7 月 11 日，对广东省获得国家林业局行政许可的 5 个占用征收林地建设项目行政许可执行情况进行了监督检查。5 个建设项目共涉及 6 个县(市、区)，获得国家林业局征占用林地行政许可审核(批)的面积为 2486.73 公顷，涉及征占用林地小(细)班 1849 个。现地检查面积 927.27 公顷，涉及占用征收林地小(细)班 684 个。截至检查结束时，5 个建设项目主体工程实际使用林地面积 928.7 公顷[其中：国家林业局行政许可审核(批)范围内使用林地面积927.27公顷，超审核(批)使用林地3宗，面积1.43公顷]。辅助工程、附属设施违规临时使用林地9宗，面积共计1.47公顷。从检查的总体情况看，大部分受检建设项目实施征占用林地行政许可行为比较规范，申请办理占用征收林地行政许可所提供的材料真实有效；建设项目大部分主体工程能够按照行政许可的要求使用林地，落实了工程周边森林和野生动植物资源保护措施；采伐林地上的林木能够依法办理采伐许可证；森林植被恢复费足额缴纳，林地三项补偿费用也已按标准发放到村民小组(村民)。

广西区检查情况。监督二处于6月12日至7月2日对广西壮族自治区获得国家林业局行政许可的8个占用征收林地项目进行了监督检查。经统计，8个被检查的建设项目审核(批)面积共计741.15公顷，项目共收取森林植被恢复费5548.17万元。现地检查审核(批)征占用林地面积629.25公顷，实际使用林地面积636.18公顷。8个建设项目大部分能按照行政许可确定的地点、面积、范围、用途、期限使用林地。绝大多数附属设施和辅助工程都能按规定办理临时占地手续；但部分项目仍存在未办理采伐证、临时用地未恢复林业生产条件、超审核(批)使用林地等问题。

海南省检查情况。监督三处于6月1～15日对海南省3个占用征收林地项目行政许可执行情况进行了监督检查，审核(批)面积共计1073.55公顷，实际检查项目审核(批)征占用林地面积1073.55公顷，建设项目实际使用林地面积1073.87公顷，共收取森林植被恢复费7834.98万元。通过全线实地踏查和GPS实地测量，从检查的总体情况看，实施征占用林地行政许可行为比较规范。3个建设项目申请材料真实齐全、手续完备，不存在弄虚作假骗取行政许可的行为，基本能按照行政许可审批的地点、面积、范围、用途、期限使用林地。

【森林资源管理情况检查】 按照国家林业局相关要求，广州专员办与国家林业局中南林业调查规划设计院(以下简称“中南院”)组成联合检查组，分别对广东阳春，广西武鸣，海南海口等15个县(区)保护发展森林资源目标责任制的建立和执行情况进行了检查。13个县被评为合格等次，2个县被评为不合格等次。具体检查结果如下：

广东被抽检的6个县(市)均为合格等次。广西7个被检县中，5个合格，2个不合格。海南被抽检的2个县均合格。

【涉林违法案件督查督办】 2016年，广州专员办共督查督办涉林违法案件471起，其中，刑事案件149起，行政案件322起。涉案林木6985.8立方米，涉案林地748.26公顷。结案328起，办结率为69.6%。共处理违法违纪人员497人，其中刑事处理18人，行政处理268人，追究党政机关行政责任人211人。罚款2304.8万元，收回林地67.09公顷。

案件按来源分，国家林业局批转案件226起，监督检查发现和省(区)林业厅请求专员办配合督办案件240起，媒体报道和群众信访5起。按监督区域分，广东81起，广西359起，海南31起。

专项督办国家林业局通报和要求整改及查办案件。对于重大、重点案件，办领导都亲自带队进行督办。如对国家林业局通报的崇左市江州区和挂牌督办的梧柳高速柳江段非法占用林地案以及资源司下发查办通知要求督办的深圳龙华新区违法建“私家皇宫”案、惠州博罗罗浮山违法用地案、阳江江城区破坏森林资源案、茂名市电白区破坏森林资源等案件，专员办都第一时间由办领导带队督办。特别是针对被国家林业局通报的崇左市江州区，副专员关进敏多次带队赴崇左市对通报中要求整改的案件进行督办。在案件督办过程中，督办组除要求依法依规追究违法责任人外，还要求对县级人民政府负有领导责任的相关人员和涉及部门(乡镇)的相关负责人及工作人员依法依纪严肃问责。江州区区委书记、区长、分管副区长、林业局局长、森林公安局局长等受到党纪政纪处分。

重点督办非法采石采矿、城市开发非法占用林地以及毁林开垦问题。监督检查发现，广西的武鸣区、宁明县、藤县和广东的新丰县，都存在比较严重的非法采石采矿等破坏森林资源问题，办领导高度重视，副专员关进敏、副专员贾培峰分别多次带队到实地现场督办。对梧州市、南宁市、崇左市分管副市长以及藤县、武鸣区、宁明县县(区)委书记、县(区)长进行了集体约谈，督促地方政府进一步加强整改工作。对宁明县、藤县、武鸣区105名党政机关行政责任人追究责任，其中处级干部7人。针对广东省新丰县云髻山片区瓷土矿开采违法占用林地问题，专员办联合广东省林业厅、国土厅、森林公安局、林业调查规划院等，采取卫片对比、GPS现场实测、无人机配合等手段，认真进行现场调查督办。刑事拘留违法责任人2人，取保候审1人，行政处罚24.01万元。新丰县委启动问责追责机制，对违规审批等负有行政责任的相关单位通报批评，对相关责任人停职处理。

重点督办风电项目肆意违法占用林地问题。针对风电项目存在的突出问题，办领导多次带队深入实地进行督办，约谈问题所在地市县级政府领导，还向广西壮族自治区人民政府提交了监督建议书。在2016年的森林资源监督检查中，专员办发现茂名的高州市、电白区和河源市龙川县的风电项目存在严重违法使用林地行为。专员办联合广东省林业厅组成督查组，对茂名市高州、电白两地的风电项目和龙川山门前风电场项目违法使用林地情况进行了督查督办。11月4日，办领导约谈了龙川县委县政府主要领导，对案件整改情况提出具体要求和意见。针对2015年广西恭城县等地风电项目严重破坏森林资源问题问责不到位的情况，专员办多次到桂林市跟踪督办，要求桂林市政府对恭城县政府领导进行问责。

重点督办保护区、湿地非法占用林地问题。对广西元宝山保护区外旅游公路和千家洞保护区内建设水电站项目非法使用林地案件，副专员关进敏多次带队深入实地进行督办，要求严肃查处违法责任人并对相关政府和部门领导进行问责。此外，对文昌市和澄迈县毁坏红树林案件，专员办明确要求要对违法责任人从严从重处罚。文昌市林业局责令文昌市水务局30天内拆除占用林地5832平方米(公益林1894平方米、商品林地3938平方米)内的所有建筑与设施，恢复原貌，并按公益林100元/平方米与商品林地50元/平方米处以38.63万元的罚款。对海南富力房地产开发有限公司毁坏红树湾红树林21株，按每株800元进行行政处罚，罚款1.68万元。

【严厉打击非法占用林地等涉林违法案件专项行动督查】 根据《国家林业局关于开展严厉打击非法占用林地等涉林违法犯罪专项行动的紧急通知》(林安发〔2016〕121号)要求，专员办按照"预防为主、标本兼治、打防并举、健全机制"的原则，在深挖监督区域存在的突出问题上下功夫，在案件督查督办上动真格，多措并举，敢于碰硬，专项行动取得实实在在的成效。

国家林业局电视电话会议后，结合森林资源管理情况检查"回头看"工作，专员办分别与三省(区)林业厅组成联合督查组，由副专员关进敏、副专员贾培峰分别带队，分批次对14个市15个县专项行动开展情况进行督查，督查重点为市、县开展专项行动的具体情况、专员办和中南院联合开展的森林资源管理情况检查中存在问题的整改情况、森林资源管理情况检查中移交给地方的疑似非法占用林地及采伐图斑的自查和整改情况。

【濒危物种行政许可管理】 认真、及时、准确开展行政许可证书核发工作，有力保障野生动植物及其产品贸易活动的有序进行。全年共核发进出口证书16 532份，进出口贸易总额达24.53亿元。及时开展行政许可后续监管，对三省(区)106家企业和25个进出口者进行了实地检查，进一步掌握企业基本情况，确保企业行政许可信息的一致性。

【履约宣传培训】 一是开展履约执法培训，在三省(区)多地对海关、边防、工商等一线执法和工作人员开展培训，培训人员累计500余人次，培训野生动植物进出口企业和物流企业100多家。二是利用"世界湿地日""爱鸟周""野生动物宣传月"等活动，宣传《濒危野生动植物种国际贸易公约》(CITES)相关知识。

【履约执法协调与沟通】 一是深化CITES执法协调小组平台建设，加强与协调小组成员单位沟通交流与合作。协调广西打私办开展"广西打击走私国门利剑2016专项联合行动"，全程监管第13届中国－东盟博览会，主动为广西森林公安查处互联网非法贸易濒危物种案件提供线索，积极配合参与海南省海关缉私局查处案值2.1亿元的蟒蛇皮走私大案，与海南省工商局配合开展琼海潭门镇砗磲市场的整顿工作。二是协助国家濒管办在广西桂林开展了"中、老、越三国打击野生动物非法贸易执法合作考察调研活动"以及中越CITES履约执法交流会。三是深化粤港澳履约交流，三方合作日趋紧密。

【巡查和监测】 一是开展边境巡查。副专员关进敏带领检查组，先后对广西东兴市和凭祥市开展了濒危物种非法贸易巡查工作。二是开展网上涉嫌非法交易濒危物种监测以及大宗贸易敏感物种监测评估工作。三是完成了大宗贸易敏感物种监测年度总结和实验猴专题评估报告。

【林业大事】

3月8～15日 广州专员办与广西壮族自治区林业厅组成督查组，对广西2015年林地和林木采伐管理情况检查存在问题的整改情况进行督查。

3月20日 广州专员办、广东省林业厅、广州市林业和园林局、广东省野生动植物保护协会等单位在南沙湿地公园联合举办了以"依法保护鸟类，建设美丽中国"为主题的广东省暨广州市第35届"爱鸟周""鸟节"活动。

4月21日 广州专员办联合北京师范大学、国际野生物贸易研究组织(TRAFFIC)在广西东兴市举办东兴海关履约执法业务培训班，来自东兴海关审单、旅检、缉私等业务部门的一线关员100多人参加了培训。

4月26日 广州专员办在广州举办野生动植物进出口企业培训班，广东省进出口企业代表160余人参加了培训。

5月下旬 广州专员办结合开展2015年度行政许可实地监督检查工作，先后对广西边境地区的东兴市和凭祥市开展了濒危物种非法贸易巡查工作。

6月6～7日 广州专员办副专员贾培峰率领检查组到广东省封开县检查林地管理情况。

7月1～2日 广州专员办副专员关进敏率领检查组到惠州市博罗县检查仁化(湘粤界)至博罗高速公路(博罗段)项目使用林地情况。

8月3日至9月上旬 广州专员办和中南林业调查规划设计院组成联合检查组，对广西藤县等三省(区)15个县(区)森林资源管理情况开展检查。

9月11～14日 第13届中国－东盟博览会在广西南宁市举办。广州专员办作为博览会保知打假联合执法组成员单位，全程参与了对博览会参展濒危物种制品的监管巡查，严防濒危物种制品非法展出。

10月9～12日 广州专员办与广东省林业厅林政处、保护办和省森林公安局组成督查组，对广东省打击非法占用林地和涉林违法犯罪专项行动开展督查。

10月21日 广州专员办在广州召开会议，针对森林资源保护管理情况检查中存在的问题，约谈广东省梅州市政府和五华县政府。

10月25～31日 广州专员办对广东阳春、信宜、开平、五华、惠东、广宁6县森林资源管理检查移交的疑似非法占用林地图斑自查情况、保护与发展森林资源目标责任制及林地管理检查存在问题整改查处情况进行了检查，并对以上6县所属地级市开展打击非法占用林地等涉林违法犯罪专项行动、"清网行动"进行了督导。

11月16～20日 广州专员办配合国家林业局第五督导组开展候鸟等野生动物保护情况专项督导。

12月5～7日 广州专员办与广东、广西、海南三省(区)林业厅召开第11次联席会议。三省(区)林业厅分管林政资源的副厅长以及森林公安局、林政处、保护处、防火办、资源监测站、林业调查设计院等部门主要负责人参加了会议。

(广州专员办由李金鑫供稿)

合肥专员办(濒管办)工作

【综　述】 2016年，合肥专员办在国家林业局的正确领导下，在资源司、监督办、国家濒管办的具体指导下，以党的十八大和十八届三中、四中、五中、六中全会精神为指引，认真贯彻落实国家林业局2016年林业厅局长会议精神，以林地保护管理为重点，切实加大监督检查和破坏森林资源案件查办督办力度，创新监督方式、拓展监督领域、深化监督成果运用、提升监督效能。以濒危物种进出口行政许可为重点，规范行政许可秩序、加强行政许可执法检查、积极协调履约执法、夯实履约管理基础、提升履约管理能力。以深入开展“两学一做”和“三强化两提升”活动为抓手，切实加强专员办(濒管办合肥办事处)机关党的建设、干部队伍建设、思想政治建设、业务能力建设和机关自身建设，进一步提高履职能力和水平。

【完成森林资源监督年度报告】 按时向国家林业局和皖、鲁两省人民政府提交了2015年度森林资源监督报告，客观评价了两省在林业建设和森林资源保护管理工作中的成绩和突出问题，获两省党委、政府高度重视。山东省副省长赵润田对报告作出重要批示。两省均制定整改措施，积极对照整改并及时反馈整改落实情况。

【林地和林木采伐管理专项检查整改】 根据国家林业局对2015年开展的林地和林木采伐管理专项检查通报，对监督区山东、安徽两省存在的23处问题专题研究整改措施。其中非法占用林地9起，乱砍滥伐林木14起。整改工作分别由专员、副专员带队赴两省实地督办，于2016年3月底之前全部依法整改到位。

【案件督查督办】 2016年全年共督办各类破坏森林资源案件125起(其中国家林业局交办或批转案件42起，媒体曝光3起，专员办监督发现80起)，涉及破坏林地面积329.34公顷，乱砍滥伐林木蓄积1934.8立方米，行政处罚65人，罚款670.7万元，收回林地37.89公顷，刑事立案33件，行政或纪律处分40人。

在案件督办过程中，坚持案件督办协调制度，坚持依靠地方党委政府，减少查办阻力。坚持开门办案，主动听取当事人和当地干部群众意见，自觉接受群众监督。通过坚持不懈地加大打击力度，两省森林资源管理秩序明显好转，大案要案的发生率明显下降，在2016年开展的打击非法占用林地等涉林违法犯罪专项行动中，合肥专员办监督区在国家林业局无一件挂牌案件。

【建设项目使用林地行政许可检查】 认真开展国家林业局委托的建设项目使用林地行政许可检查工作。按照国家林业局下达的任务，2016年检查任务涉及国家林业局审核、审批的13个建设项目。其中，山东省7个，安徽省6个，检查总面积970.76公顷，涉及11个市14个县(市、区)。同时，根据两省资源管理的实际，同步检查了省级行政许可建设项目使用林地情况，两省共抽查了8个项目，每个省4个，检查总面积110.52公顷，通过检查，发现问题3个，涉及非法使用林地32.44公顷。对检查发现的问题及时向两省林业厅反馈，督促整改，并向国家林业局提交了检查报告。

【森林资源管理情况检查】 按照国家林业局的统一安排，合肥专员办与国家林业局华东院联合开展了森林资源管理情况检查，共检查了两省10个县政府保护发展森林资源目标责任制的建立和执行情况，检查了10个县的林地管理和2个县的林木采伐管理情况。检查中，注重成果共享，充分将林地、林木采伐管理检查结果用于目标责任制检查评价之中。同时主动将目标责任制检查评价结果函告华东院征求意见，以便华东院更好地分析研究林地、林木采伐管理问题产生的根源。通过检查，在目标责任制方面4个县被评为优秀等级，6个县被评为合格等级。在林地和林木采伐管理方面，发现违法使用林地12起，其中安徽9起，山东3起，涉及林地面积34.78公顷；发现乱砍滥伐林木问题7起，其中，山东3起，安徽4起，涉及蓄积量440.3立方米。

【专项行动】 认真督导安徽、山东两省开展严厉打击非法占用林地等涉林违法犯罪专项行动。召开会议专题研究专项打击行动的督导工作，形成以过程督导为主线、兼顾结果督导的基本思路。明确重点领域，督促两省出台专项行动工作方案。在各地自查基础上，会同两省林业厅组成督导工作组，对山东菏泽市、日照市，安徽安庆市、宣城市开展专项行动检查，重点检查了案件零报告县或发生破坏森林资源大案要案的县。从中发现案件线索1498条，其中山东659条，安徽839条。对发现的这些案件线索实行分级分类管理，形成专员办、省林业厅、市林业局分级督办的责任体系。山东省林业厅挂牌督办案件28起，安徽省林业厅挂牌督办案件9起。

【濒危物种进出口管理】 一是认真组织开展行政许可办证工作，密切与林业、农业、水产等部门联系，做好行政审批与办证的有效衔接。全面梳理办证流程，全力做好业务咨询，做好对办证企业的主动服务工作。2016年全年共办理各类证明书1142份，其中进出口证明书846份，物种证明296份。二是抓好行政许可监督检查工作，对山东的烟台、威海、潍坊、青岛、临沂、淄博以及安徽的亳州、阜阳等25个进出口企业开展了执法检查，为进一步加强履约管理提供参考。三是积极开展网上办证试点。截至2016年年底，通过濒管办合肥办事处网上备案登记的企业已达30家，为在鲁、皖两省全面推广使用野生动植物进出口证书管理系统打下了坚实的基础。

【执法协作平台建设】 一是加强信息沟通，发挥协调小组办公室的服务职能，坚持每月编发一期《山东省CITES执法协调小组活动简报》，及时反映各成员单位最新履约工作动态和工作经验。二是加强联合执法，2016年7月，组织亳州市林业局、中药材市场管理办公室开展对安徽亳州中药材市场的执法检查活动；2016年第三季度，配合安徽、山东开展了国家林业局部署的清网行动。三是加强联合宣传。在2016年世界动植物日，会同安徽省林业厅、宣城市人民政府在安徽扬子鳄国家级自然保护区开展了以“保护濒危物种，构建美好家园”为主题的公益宣传活动；牵头组织山东省执法协调小组成员单位在济南市野生动物园开展了以“情系濒危物种，共建生态家园”为主题的为期一周的大型宣传活动；开展了“情系濒危物种，共建生态家园”万人签名活动；举办了保护濒危物种的专题展览，发放各类宣传材料近万份，扩大了CITES公约组织社会影响力，营造了浓厚的野生动植物保护氛围，收到了良好的社会效果。四是加强履约能力建设。年初在青岛举办了网上办证培训班，山东省40余家进出口企业参加了培训，为推进以“濒管办系统与海关系统联网、实现相关部门间贸易管理信息交换”为主要内容的“电子口岸建设”做好准备。2016年11月下旬，联合北京师范大学在安徽举办了CITES履约执法培训班，专题讲解了履约执法相关知识，并结合动植物标本讲解了关区常见贸易物种的识别知识，济南、青岛、合肥海关和山东森林公安局一线执法人员等40人参加了培训。

【机关党建】 一是成立了以专员向可文为组长的党建工作领导小组，明确了职能、职责和工作机制。二是加强了党建工作领导力量，明确副专员潘虹分管机关党建工作并兼任机关党总支书记。三是办党组专门研究、制定了《2016年党建工作要点》，改变了以往在专员办年度工作计划中单列一条讲党建的做法。四是完成了两个党支部的换届工作。五是加强机关党建工作的经费保障，从行政办公经费中安排专门经费用于保障党员教育、党组织活动和困难党员慰问等方面的经费需求。六是全面清理了全办党员从2008年以来党费缴纳情况。七是深入开展学习教育，抓好“两学一做”和“三强化两提升”学习教育实践活动。研究制定了《合肥专员办党组织“三会一课”制度》《合肥专员办党员干部作风状况考核评价办法》《合肥专员办党务公开办法》等系列党内制度规范，强化了制度约束和纪律约束。八是把党风廉政建设作为办党组的中心工作常抓不懈。

【林业大事】

3月3日 由中华人民共和国濒危物种进出口管理办公室合肥办事处、安徽省林业厅、宣城市人民政府主办，安徽扬子鳄国家级自然保护区管理局、宣州区政府承办的2016年安徽“保护濒危物种 构建美好家园”公益宣传活动启动仪式在宣城中国鳄鱼湖隆重举行。濒管办合肥办事处主任向可文、安徽省林业厅厅长程中才、宣城市人民政府副市长张黎勇等出席活动并讲话。安徽部门间CITES执法协调小组成员单位，宣城市及宣州区有关单位和部分民营企业的代表，以及志愿者和部分游客参加了本次宣传活动。《安徽日报》《中国绿色时报》《新安晚报》、宣城电视台等新闻媒体作现场报道。

3月9日 合肥专员办向国家林业局和安徽、山东两省人民政府提交了2015年度森林资源监督报告。

3月14日 专员向可文带队赴山东省实地督办林地和林木采伐管理专项检查的整改工作。

7月13日 专员向可文带队赴华东院就认真开展森林资源管理情况检查一事沟通联系。在组织领导、检查队伍组建、决策协调机制、前期准备工作、时间安排、结果运用等方面达成一致，为联合检查打下了组织基础。

8月3日 会同山东省厅联合开展“保护青山专项行动”。

11月9日 在济南会同山东省林业厅专项行动领导小组召开会议专题研究专项行动的督导工作，并赴山东日照、菏泽等地实地督办。重点检查了案件零报告县或发生破坏森林资源大案要案的县。

12月1日 召开皖、鲁两省资源管理监督联席会议，华东院领导到会指导。

12月5~7日 北京、天津、河北、山西、山东、安徽六省(市)CITES履约执法协调小组工作联席会议在安徽歙县召开，来自六省(市)有关部门的80多人参加了会议。会议由合肥办事处、北京办事处共同举办，办事处主任向可文和副主任钱能志分别主持了会议。

(合肥专员办由夏倩供稿)

乌鲁木齐专员办(濒管办)工作

【综　述】 在国家林业局党组、新疆维吾尔自治区党委的正确领导下，在国家林业局有关司局和新疆林业厅、新疆生产建设兵团林业局的全力支持下，乌鲁木齐专员办圆满完成了森林资源监督管理、濒危物种保护管理及“访惠聚”等工作任务，扎实有效地开展机关党的建设和工会工作，完善工作管理制度，历练干部队伍，为完成工作任务奠定基础。

【森林资源监督】 认真学习贯彻全国林业厅局长会议精神，学习习近平总书记系列重要讲话，特别是关于生态文明、林业工作的重要指示及对非法侵占林地专项清理排查行动的批示，贯彻落实《国家林业局派驻森林资源监督机构督查督办破坏森林资源案件管理规定》，切实加强森林资源监督工作。

高度重视案件督办工作，认真贯彻国家林业局领导对监督工作的指示精神，按照《国家林业局派驻森林资源监督机构督查督办破坏森林资源案件管理规定》要求，专员办主要领导对案件督办工作总负责，以查处非法占用林地和毁林开垦为重点，对重点案件，专员办领导都亲自带队督办，确保案件依法及时查处。2016 年专员办共督查督办破坏森林资源案件 60 起，其中国家林业局发函督办 26 起，国家林业局领导批转信访督办 1 起，专员办开展森林资源管理情况检查发现案件督办 12 起，专员办开展征占用林地行政许可检查中发现案件督办 5 起，专员办卫片执法发现案件督办 14 起，群众信访督办 2 起。截至 2016 年 12 月底，已结案 54 起，2 人被追究刑事责任，纪律处分行政问责 80 人次，罚款 500 万元，收回林地 1000 公顷。在案件查处和督办中，专员办副专员张东升均带队赴现地，采取明察暗访、会议座谈、约谈政府领导等方式，促使案件及时查处，相关责任人得到追究。

创新监督工作机制，提高监督效率，专员办加强与自治区检察院和森林公安机关的联合办案机制。在 2015 年与自治区检察院建立工作机制的基础上，与自治区检察院召开联席会议，就涉林渎职案件的发生、检诉情况以及 2016 年双方合作重点等问题进行了深入交流探讨，共同开展调研，联合督办案件，形成了会议纪要。在对国家林业局挂牌督办的案件上，专员办加强与森林公安机关合作，要求涉嫌犯罪的必须移送司法机关，充分发挥其职能作用，推动案件依法查处。2016 年，专员办还将两起涉林案件涉及领导违反纪律、追责问责的案件线索移交自治区纪委。建立与网络舆情相结合的监督机制。与人民网新疆分公司达成协议，双方就正面宣传、舆论监督、案件督办、共同调研、互相支持等方面展开合作，互相颁发监督信息员与通讯员证书。

建立利用现代手段和监测数据，提高监督效率的工作机制。为应对监督工作新形势、新特点，强化自身能力建设，专员办领导及相关处室同志学习 ArcGIS 地理信息系统、卫星遥感技术的应用，利用国家林业局规划院提供给专员办的林保数据、国土数据，提前对监督区域资源情况进行分析，增强了监督工作的针对性、科学性和时效性。2016 年在开展的严厉打击非法占用林地等涉林违法犯罪专项行动和专员办行政许可检查中，先利用林保图、ArcGIS 软件、九一卫图等做好检查地块的内业工作，再配合无人机的使用，大大提高外业监督检查工作的针对性和准确性。

强化案件督办跟踪制度。建立和完善专员办督办案件的档案管理，对督办案件按地区、发生时间等进行分类，对案件实行"销号"制度，对未办结的案件持续跟踪，做到对案件不查清不放过、问题不整改不放过、刑事案件不移交不放过、责任追究不处理不放过。同时保持与林业主管部门的案件督办信息沟通，及时掌握案件办理动态。

2016 年专员办总结全年监督工作，认真撰写森林资源监督报告并分别报国家林业局、自治区党委政府、新疆兵团司令部，对自治区和兵团存在的森林资源管理突出问题进行了深入研究，提出了解决问题的建议。

【濒危物种进出口管理】 以网上受理和专题培训为契机，有效开展进出口管理工作。

一是切实做好濒危物种进出口管理和履约执法协调工作。全年核发进出口证明书 122 份，其中公约证 4 份，《物种证明》118 份，《不予受理行政许可申请通知单》1 份。印制各类宣传品 9 万份。加强进出口证明书的签注、证书核发和核销工作，规范企业进出口活动。完成了"丝绸之路经济带建设对新疆濒危物种进出口管理的影响及对策研究"项目的成果验收。

二是举办 CITES 履约和进出口证书管理系统培训班。对乌鲁木齐海关、新疆边防总队、新疆出入境检验检疫局、自治区工商局、自治区林业厅、森林公安等新疆部门间 CITES 履约执法协调小组成员单位 90 余人进行了知识培训。15 家有野生动植物经营业务需求的报关单位了解掌握了进出口证书管理新系统的使用方法。

三是开展进出口单位信用评估和大宗贸易敏感物种监测评估工作。收录了近 30 家进出口企业的相关信息，为信用评级管理奠定了基础。完成对梭梭、柽柳、肉苁蓉物种分布区和人工种植梭梭接种区的摸底调查工作，并上报了《肉苁蓉监测评估报告》。

四是组织开展濒危野生动植物种识别鉴定专家摸底调查工作，配合乌鲁木齐海关、乌鲁木齐市森林公安局完成涉案物种识别 7 起，为森林公安提供非法养殖和展览野生动物案件线索 1 起。

五是开展业务检查工作。配合国家濒管办检查组来专员办开展业务检查工作，肯定了进出口管理、野生动植物保护、湿地管理和自然保护区建设管理监督取得的成绩。乌鲁木齐专员办副专员张东升带队赴内蒙古专员办开展濒管办业务工作检查，完成了检查任务，交流了工作经验。

六是组织乌鲁木齐市林业局、森林公安局对在乌鲁木齐举办的亚欧博览会进行了濒危物种的非法贸易检查，展会期间共检查展位 1 万多家，对个别展位的非法贸易进行查处并收缴部分涉案野生动物制品。

【访民情惠民生聚民心】 专员办第三批工作组，按照自治区"访惠聚"工作要求，以"三项重点工作"统领"八项任务"，以带班子、强基础，"去极端化"、促稳定和服务改善民生、脱贫致富为抓手，积极推进各项工作，使村干部党性觉悟、责任意识、担当意识有了一定的提高，工作作风有了明显转变。"去极端化"工作得到有效推进，在全村形成了共同维护社会稳定和创造村民幸福美满生活的氛围。开展提高村民果树管理技术培训，为村里提供化肥 65 吨，引进 1 万株优质葡萄苗建立采穗圃等惠民工作，为村民脱贫致富奠定基础。

【党建和机关建设】 认真开展"两学一做"教育活动，推进"两建"工作上新台阶。一是抓好理论武装，强化党员意识。多次组织干部学习中央和自治区有关文件精神，参加机关党委举办的司局级干部、处级干部"两学一做"专题培训班和林业厅组织的"两学一做"学习教育、民族团结进步年、纪律教育年专题培训班，参观自治区"两学一做"图片展，专员办内部设立"两学一做"宣传橱窗和党支部微信群。

二是结合"三强化两提升"活动，开展处级干部轮岗，制定了绩效考核工作方案，各处将任务细化落实到各处和每位党员干部头上，明确工作步骤、完成时限和预期效果，年底对照检查，促进工作的完成。开展民族团结进步年活动，所有干部分别联系一户基层少数民族困难家庭，进行帮扶。

三是严格落实"两个责任"。签订党风廉政建设责任书，剖析各个岗位职责和履职环节，将重大案件督查督办、大额经费支出和干部选拔推荐作为领导班子和主要负责同志风险防控点。严格执行《中国共产党廉洁自律准则》、中央八项规定，印制了监督卡，将国家林业局机关工作人员六不准和森林资源监督检查十项纪律印在卡上，到基层督办案件和检查时出示，防止出现不廉洁现象。严格遵守财务预算和来往接待、出差报销、车辆使用等财务管理制度，严控"三公"经费支出。配合国家林业局行政稽查办公室审计组完成了对刘家顺任期履行经济责任情况的审计，没有发现违法违纪问题，对管理中存在的不足，已按照要求整改到位。

四是自2016年12月2日起由张东升主持乌鲁木齐专员办(濒管办)工作后，专员办制订《乌鲁木齐专员办安全生产管理办法》《乌鲁木齐专员办工作汇报制度》《乌鲁木齐专员办考勤管理制度》、《乌鲁木齐专员办车辆管理制度》等一系列管理工作制度并进行试运行。

五是学习党中央关于新疆工作的大政方针和自治区党委关于实现新疆社会稳定和长治久安的决策部署，加深对社会稳定和长治久安总目标、民族团结生命线、稳定发展两个关键点和各项重大措施的理解，增强了做好驻村工作、服务大局的自觉性和守住前沿阵地、共圆祖国梦想的坚定性。

(乌鲁木齐专员办由张彦刚供稿)

上海专员办(濒管办)工作

【综　述】 2016年，上海专员办在国家林业局党组和上海市委的正确领导下，在有关司局、单位的关心指导下，深入学习贯彻习近平总书记系列重要讲话、十八届中央历次全会和2016年全国林业厅局长会议精神，贯彻落实国家林业局党组的决策部署，强化责任、敢于担当，务实创新、依法履职，完成了全年各项目标任务。

【森林资源监督管理】 始终坚持把督查督办苏浙沪三省(市)各类破坏森林资源案件作为第一职责，扎实有效地推进森林资源监督管理。

督查督办涉林违规违法案件。贯彻落实《国家林业局关于进一步加强森林资源监督工作的意见》要求和局领导指示批示精神，牢固树立"第一职责"理念，严格督查督办各类破坏森林资源案件，动真格、敢碰硬、重效果，确保依法依规查处到位。2016年共督查督办案件52起，其中刑事案件4起，行政案件48起；涉案林地268.84公顷，林木824.1立方米；追究刑事责任4人，行政罚款305.9万元。

完成年度森林资源监督报告。按时分别向国家林业局、苏浙沪三省(市)政府提交森林资源监督报告，总结成效、指出问题，提出下一步强化保护管理的建议。三省(市)政府领导都作出批示并要求将问题整改落实。浙江省副省长黄旭明批示各级政府和有关部门严格按照上海专员办的有关要求，进一步采取有力措施，严守森林、湿地和物种三条"红线"，加大生态保护、修复和建设力度，为经济社会发展提供更加有力的生态支撑。

推进专项督查工作常态化。一是完成对三省(市)10个县(市、区)保护发展森林资源目标责任制建立和执行情况的监督检查，总体情况良好。二是完成2016年三省(市)13个县(市、区)10个建设项目使用林地监督检查。检查征占用林地总面积452.42公顷；查处违法违规使用林地案件1起，面积1.4公顷；非法采伐林木3起，蓄积136.2立方米。三是完成三省(市)12个县(市、区)春、秋冬季森林防火，疫源疫病防控和野生动物保护执法专项检查，狠抓源头防控。

探索森林资源监督新机制。一是做好义务森林资源监督员的提质扩面工作，进一步开辟监督信息来源渠道。2016年在浙江省衢州市、上海市青浦区和嘉定区启动义务监督员制度试点工作。新增26名义务监督员，其中人大代表5名，政协委员6名。义务监督员队伍人数已达97人，其中非林业从业人员占78%，市(县)党代表、人大代表、政协委员39人。二是举办2期义务森林资源监督员培训班，提高了义务监督员的履职能力。三是建立与国家林业局华东院联合工作机制，将监测技术导入监督，增加量化指标，提升考核水平。四是加强与林业工作站的深度合作。在上海开展前期调研、拟定试点方案。五是召开三省(市)林业厅(局)森林资源监督管理联席会、地市林业局长工作座谈会，分析林地、湿地、野生动物等保护形势任务，研究对策、部署举措。六是召开三省(市)野生动物保护及疫源疫病监测防控联席会。贯彻新的野生动物保护法，深化野生动植物保护及疫源疫病监测防控信息共享平台建设。七是与上海电力学院、浙江省永康市、杭州市富阳区等单位和地区的党政领导行政约谈，加大案件查处、追责力度。

主动为森林资源保护献计献策。一是赴浙江省湖州市、衢州市等地开展自然资源资产负债表编制试点调研。找准编制中存在的"林业地位不凸显、指标体系不完善、价值标准不合理、数据采集不科学、监测体系不健全"等问题，提出了有前瞻性、针对性的建议。二是开展"义务森林资源监督员制度"试点"会诊式"调研，提炼做法成效、分析问题、提出对策措施，使之逐步走向成熟与完善。上述两项调研成果得到国家林业局领导肯定，并在《中国绿色时报》全文刊发。

【濒危物种进出口管理】 围绕"目标明确、制度完善、运行规范、管理高效、监督有力”的总体要求，内强管理，外树形象，濒危物种进出口管理各项工作扎实推进。

行政许可管理工作。共核发进出口证书20 378份，其中，《允许进出口证明书》16 594份，涉及货物贸易额21.9亿元；《物种证明》3784份，涉及货物贸易额9.52亿元。完成2015年度证书归档工作，立卷105卷。强化事中事后监管。书面检查70余家进出口企业，实地检查15家企业。开展企业信用评估。继续开展大宗贸易敏感物种评估工作，完成年度监测数据的收集和录入工作。

履约宣传工作。杭州G20峰会期间，制作公益宣传片，印制张贴保护濒危物种宣传海报6千余份，发放宣传折页2万余份、宣传书签5千余张。在长三角地区四大国际机场摆放实物宣传展柜，并在义乌国际商贸城举办宣传活动。组织“纪念世界野生动植物日暨履约研讨会”，开展“依法保护鸟类，建设美丽浙江”主题宣传，参与“大地巨子”展览和“绿螺讲堂”“野趣100讲”“地球一小时”等公益讲座。建成国内首家CITES公约宣教中心。有关公约宣教活动被新华社等主流媒体报道并在相关会议上作为典型经验进行了交流。

履约执法协作工作。举办3次协调小组年度联席会议。编印2期《苏浙沪履约执法动态》。联合林业、海关、检验检疫等部门开展履约管理培训8次，培训企业300余家。组织保障G20峰会多部门联合检查活动，协助有关执法部门鉴定近150批次的截获标本，并组织研发截获濒危物种网上快速识别软件。开展“盘羊二号行动”，成效显著，相关工作获得国家履约执法协调小组肯定。

【机关党的建设】 抓思想理论武装，坚定理想信念。学习贯彻十八届六中全会精神和习近平总书记系列重要讲话精神。扎实开展“两学一做”学习教育，尽好责、抓到位。成立督查组，做好督学督做督改。开展“三强化两提升”学习实践活动。组织党员重温入党誓词和“红船”精神，参观四行仓库、梁希纪念馆等。

抓基层组织建设，打造坚强战斗堡垒。落实国家林业局“两建”会议精神和《上海市级机关党支部建设纲要》，开展服务型党组织建设。严格执行“三会一课”、党员民主评议、党员党性分析、领导干部双重组织生活会等制度。深化“双联系”制度。开展创先争优，抓好先进典型培树、宣传。发挥群团组织桥梁纽带作用。

抓党风廉政建设，压实管党治党责任。严格执行中央八项规定和国家林业局十八条实施意见。落实党风廉政建设主体责任和“一岗双责”。构建党建工作责任体系，党建、业务工作同部署同落实。完善廉政风险防控体系，专员办党组和各处签订《党风廉政建设责任书》。开展反腐倡廉警示教育和“清风送廉进我心”党日活动。

抓基层党建7项重点任务落实。开展党员组织关系排查。1名退休党员经个人申请，党组织关系转入社区。结合专员办三地办公实际，理顺党员支部归属，规范支部组织生活，提高组织生活质量。对党员（党代表）违纪、党组织换届情况进行检查并及时上报。规范党费收缴工作，按时足额上缴。落实党员关爱机制。1个处被评为上海市级机关法制宣传教育工作先进集体；1名同志被表彰为上海市“海上最美家庭”，1名同志被市级机关工委表彰为“优秀共产党员”，1名预备党员按期转正。

【林业大事】

1月20日 分别向国家林业局和江苏省、浙江省、上海市人民政府提交2016年度森林资源监督报告。

3月3日 与上海市林业局共同举办“纪念世界野生动植物日暨履约研讨会”。

3月4~12日 赴浙江桐庐县、临安市、苍南县督查督办国家林业局要求查处的破坏森林资源案件。

3月29~31日 赴江苏连云港市督查督办破坏林地案件。同时，对海州区、连云区、云台山林场、锦屏山林场等野生动物保护执法、疫源疫病监测和森林防火进行监督检查。

3月31日 召集上海林业、海关、出入境检验检疫等部门以及沪苏两地20余家重点进出口企业，召开刺猬紫檀监管工作专题研讨会。

4月9日 联合杭州市林业水利局、富阳区政府、杭州日报社等，在杭州野生动物世界共同主办2016杭州市野生动植物保护宣传月暨“爱鸟周”活动。

4月15日 联合杭州海关、义乌海关、义乌市林业局在浙江义乌国际商贸城举办2016年野生动植物保护宣传活动。

5月12~13日 在江苏扬州市召开2016年苏浙沪三省市森林资源管理工作联席会议。国家林业局监督办副主任丁晓华出席。

5月18~19日 赴浙江缙云县、永康市，对国家林业局要求查处的永康市等垦造耕地项目存在破坏森林资源问题开展现地督查督办。

5月23日 赴上海市嘉定区调研“非规划林地”保护管理，与上海市林业站会商建立协同监督试点工作；赴青浦区开展春季野生动物保护执法、疫源疫病监测和森林防火监督检查。

5月27日 组织召开2016年上海市部门间CITES执法工作协调小组联席会议。

6月 赴浙江省磐安、新昌、仙居、淳安、建德、富阳、北仑、象山，江苏省睢宁县、大丰区、射阳县、灌云县、灌南县等地开展2016年度建设项目使用林地行政许可被许可人检查。

6月14日 组织召开2016年江苏省部门间CITES执法工作协调小组联席会议。

6~9月 在苏浙沪三省市组织开展代号为“盘羊二号行动”的严厉打击非法猎捕、经营利用和走私野生动植物的专项行动。

7~8月 赴浙江武义县、开化、淳安、临海、遂昌，江苏盱眙、丹阳、泗洪、睢宁等地开展建立和执行保护发展森林资源目标责任制情况监督检查。

8月4~5日 在浙江省德清县举办“2016年苏浙沪野生动物保护及疫源疫病监测防控工作联席会议暨培训班”。

8月11~12日 在浙江省杭州市举办“浙江省大宗敏感物种贸易监测培训班”。

9月19～20日 赴上海市青浦区开展2015年保护发展森林资源目标责任制监督检查。

10月9～12日 赴浙江衢州、温州、宁波等地有关企业开展行政许可检查现地核查。

10月27～28日 在浙江衢州市召开"2016苏浙沪森林资源保护管理工作交流暨培训班"和"衢州市义务森林资源监督员聘任仪式"。

11月1～4日 赴江苏无锡市锡山区，苏州市吴中区、吴江区，南通市如东县等地检查秋冬季野生动植物保护、野生动物疫源疫病监测防控和森林防火工作。

11月15～16日 "盘羊二号行动"总结会在浙江衢州市召开。国家濒管办常务副主任孟宪林、浙江省林业厅副巡视员卢苗海和三省(市)部门间CITES执法工作协调小组各成员单位派员参加会议。

11月23～24日 在上海市青浦区举办2016年苏浙沪义务森林资源监督员工作交流座谈暨培训会议；举行上海市义务森林资源监督员聘任仪式。

11月30日 国内首家CITES宣教培训中心在上海专员办上海自贸区外高桥办公点建成开放。

12月9日 在杭州召开浙江省部门间CITES执法工作协调小组成员单位联席会议。宣布自2017年1月1日起，监督管理二处不再承担浙江省濒危物种进出口管理业务工作。

12月13日 赴上海市崇明东滩鸟类国家级自然保护区，检查候鸟等野生动物保护、疫源疫病监测防控及自然保护区管理工作情况。

(上海专员办由沈影峰供稿)

北京专员办(濒管办)工作

【综　述】 2016年，在国家林业局党组的坚强领导下，北京专员办以党的十八届三中、四中、五中、六中全会精神和习近平总书记系列重要讲话精神为指导，加强机关党建，完善工作机制，突出廉政建设，提升监督实效，全面完成了森林资源监督和濒危物种进出口管理工作。

【党建工作】

一是明确党建工作责任目标。年初制定系统的党建工作计划、措施和实施意见，办党组每月至少研究一次党建工作。办党组书记与各支部书记签订2016年党风廉政建设工作目标责任书，实行党建工作目标化管理，落实总支支部委员、各支部书记的工作职责，层层落实目标责任，形成了一级抓一级、层层抓落实的工作格局。

二是强化领导班子自身建设。坚持民主生活会制度，年初组织召开了2016年度领导班子民主生活会，征求到意见建议6条，并制订了整改方案。

三是开展学习实践活动。结合建党95周年，扎实开展"两学一做"和"三强化两提升"系列活动。召开总支生活会，重温入党誓词；专员办领导分别讲专题党课；主动与监督区基层党支部开展共建活动，赴现地学习李保国同志先进事迹；开展"监督工作走基层"专题党日活动，强化宗旨意识和群众意识。

四是加强干部培训学习。组织全办认真学习习总书记关于森林生态安全重要讲话，党的十八届五中、六中全会及全国林业厅局长会议精神。两位办领导分别参加了中央党校和国家行政学院组织的司局级干部理论研修班，委派处级干部参加局党校党员领导干部培训班、纪检干部业务培训、处级干部任职等培训学习，还派员到长春专员办、福州专员办重点学习督查督办案件先进经验。全年组织干部培训共计64人次。

五是注重干部培养。认真执行干部年度考核，将考核结果作为诫勉、任用的重要依据，不断加强干部培养力度，在完成对2015年提任的4名处级干部试用期满考察的同时，又进行了4名处级干部的选拔推荐工作。

六是充分发挥工会职能。把关心职工生活、解决职工关切和迫切需要解决的问题，作为增强职工队伍凝聚力的一项重要工作来抓。专员办领导在春节期间慰问看望了特困职工。组织干部职工参加羽毛球比赛、乒乓球比赛、健步走等活动；组织全办干部参加首都义务植树活动；为每位职工发放生日贺卡。

【机制创新】 以贯彻落实《国家林业局关于进一步加强森林资源监督工作的意见》为准则，着力完善和创新监督工作机制，不断提高监督工作质量与成效。

一是落实《通报》实效，紧抓问题整改。以《京津冀晋2015年度森林资源监督通报》为抓手，积极与四省(市)林业主管部门沟通，帮助分析原因，查找薄弱环节，提出了整改建议。监督区政府高度重视和积极响应，省(市)分管领导分别批阅《通报》，林业厅(局)会同财政、编办等部门认真研究制定了一系列有效整改措施，以文件向北京专员办进行了反馈，这些举措有力地促进了监督区森林资源管理水平的整体提升。

二是制定约谈制度，强化责任落实。出台《北京专员办森林资源监督约谈制度》，规范约谈管理和监督的落实。针对检查发现的突出问题，2016年对河北省易县、承德县人民政府落实森林资源管理主体责任，保定市、承德市林业主管部门落实监管责任，分别进行了约谈。

三是建立协同机制，创新监督体系。启动了北京专员办与监督区林业工作站森林资源协同监督机制试点工作。在北京市选取4个乡镇林业工作站，建立由专员办延伸到林业站的森林资源监督网络体系，制定资源监督事件报告制度，提升监督能力，形成"全方位""全动态"监督管理。

四是突出调研指导，增强服务意识。针对首都新机场、北京城市副中心、冬奥会、世园会等大事项，专员办领导带队调研，与各建设主体会商，主动靠前服务，开展森林资源管理法律法规及政策宣传，促进经济社会与生态文明协调发展。

五是培训重点地市林业局局长，提高履职能力。为使基层林业部门领导准确认清当前森林资源管理面临的严峻形势，分别举办了监督区重点资源县林业局局长及地市林业局长培训班。通过培训，使市、县林业局长在落实国家和上级林业方针政策的执行力、生态安全保障能力以及保护发展森林资源的责任感、使命感都有较大幅度的提高。

【廉政建设】

一是加强党性锻炼和从政道德修养。办党组带头遵守党章，带头求真务实，身体力行，抓好落实。要求全办党员干部追求积极向上的生活情趣，养成良好的生活作风，坚持做人有准则，做事有原则，工作有规则，做到讲党性、重品行、作表率。自重、自省、自警、自励，严守思想道德防线，严守纪律约束底线。

二是自觉执行领导干部廉洁自律的各项规定。认真学习贯彻《中国共产党廉洁自律准则》《中国共产党纪律处分条例》《关于新形势下党内政治生活的若干准则》和《中国共产党党内监督条例》，严格遵守中央“八项规定”和森林资源监督工作“十不准”，认真执行领导干部收入申报制度、重大事情报告制度，认真履行“一岗双责”，切实落实党风廉政建设主体责任和监督责任，把廉政要求落实到监督工作始终。

三是认真落实党风廉政建设责任制。专员办党组书记是党风廉政建设的第一责任人，坚持每年年初与各支部签订党风廉政建设责任状，年终召开以廉洁自律为专题的民主生活会。按照局党组部署先后完成了中央巡视组反馈问题整改落实、“四风”问题集中检查、资金情况使用自查自纠的工作，制订了北京专员办内控机制建设实施方案及操作指导手册，坚持用制度管人、用制度管事、用制度管钱。

【案件督查督办和履约执法】 坚持督查督办案件为第一职责，共督查督办各类林业案件167起，11次向监督区有关省（市）林业厅（局）函发查办通知，办结案件143起，办结率85.63%。行政处罚77人，刑事处罚13人，采取刑事强制措施22人，罚款（金）464万元，党纪政纪处分34人；总计涉案林地563.67公顷，涉案林木1336立方米，收回林地362.93公顷。共核发进出口许可证明书2271份，总贸易额为24.98亿元，有效推动监督区濒危物种进出口管理工作的健康发展。

一是派出督查组对河北省承德市、衡水市及北京市怀柔区专项行动开展情况进行督查。重点监督各种经营性工程建设项目施工中非法占用林地、湿地、沙地等违法行为，对甄选出的10起案件予以重点督办，并要求限时上报处理结果。

二是与国家林业局规划院合作，应用卫星遥感影像及手持智能终端等高科技手段，对河北省兴隆县森林资源管理情况开展专项巡视督查。查实涉嫌违法的13起变化图斑，全部立案。

三是先后完成了国家林业局下达的建设项目使用林地行政许可检查、保护发展森林资源目标责任制检查以及张家口市退化林分采伐更新采伐限额使用情况检查。按时提交了监督报告，客观公正地指出存在问题，提出了强化管理、加强执法等保护资源安全的建议。

四是积极开展履约执法宣传。强化CITES履约执法协调小组优势，推动全社会共同关注保护野生动植物。

五是开展2015年度进出口证书行政许可实施情况监督检查、大宗贸易及敏感物种的监测评估工作；完成了对西安办事处、成都办事处行政许可情况检查。

【林业大事】

1月21日 北京专员办党组书记、专员苏祖云主持召开办务会议，按照全国林业厅局会议部署，研究谋划2016年重点工作。

2月17日 苏祖云带队到北京市园林绿化局，就加强北京市森林资源保护和服务首都建设等进行座谈交流。

2月23日 专员办就河北承德县、易县存在破坏森林资源问题，与河北省林业厅联合约谈了承德市、保定市林业局主管局长和承德县、易县人民政府主管县长。

3月3日 派员参加河北省以“保护濒危野生动植物，维护生物多样性”为主题的世界野生动植物日公益宣传活动。

3月13～14日 专员办与山西省林业厅组成联合督导组赴大同市阳高县，督导林地和林木采伐管理情况检查存在问题的整改情况。

3月14～17日 专员办举办森林资源义务监督员培训班，来自北京、天津和河北的森林资源义务监督员及相关区、县林业局资源林政人员参加了培训。

3月18日 苏祖云带队赴北京延庆区调研冬奥会和园博会建设用地情况。北京市园林绿化局副局长朱国城和延庆区副区长刘明利参加调研。

4月6日 苏祖云赴北京市园林绿化局督办林政案件，专题研究昌平破坏森林资源案件“一案双查”问题。

5月5日 苏祖云带队赴北京市大兴区实地调研北京新机场建设情况。

5月19～20日 北京专员办派员参加由国家林业局资源司、西北院组成的调研组到山西省开展林地变更等督导调研工作。

5月20日 国家林业局气候办副主任、中国绿色碳汇基金会秘书长李怒云来北京专员办，作《林业应对气候变化与碳汇交易》讲座。

5月26日 组织召开京津冀晋森林资源监督工作第四次联席会议。国家林业局监督办副主任丁晓华、林业工作总站副站长何美成和天津林业局副局长高红电出席会议并讲话。

6月12～14日 苏祖云带队检查濒管办西安办事处行政许可工作。

6月12～17日 北京专员办副专员钱能志带队赴河北省张家口市崇礼区，坝上康保、沽源，就建设项目使用林地情况和退化林分采伐更新限额使用管理情况进行专项监督检查。

7月4～13日 按照国家林业局安排部署，对山西省2016年度建设项目使用林地行政许可开展监督检查工作。

7月6日 钱能志带队检查北京市城市副中心建设项目使用林地情况。

7月11日 苏祖云带队赴北京大兴区调研林地管理情况。

7月16日 苏祖云调研北京延庆世界园艺博览会建设使用林地情况。

8~9月 专员办与国家林业局规划院组成联合检查组，对北京市大兴区，河北省滦县、围场县、涞源县、井陉县、赤城县、冀州区，山西省平陆县、壶关县开展了森林资源管理情况的检查。

8月8~12日 专员办举办监督区地市林业局长培训班。来自京津冀晋地市林业局局长共34人参加。

8月30日至9月2日 苏祖云陪同国家濒管办副主任马爱国调研河北省森林资源暨濒危物种保护管理工作。

9月8日 钱能志出席北京市严厉打击非法占用林地等涉林违法犯罪专项行动视频会议。同日，北京专员办派员参加河北省严厉打击非法占用林地等涉林违法犯罪专项行动视频会议。

10月13~14日 钱能志带队赴太原，会同国家林业局西北院向山西省林业厅通报森林资源管理情况检查结果。

10月27日 钱能志带队会同国家林业局规划院，向河北省林业厅通报森林资源管理情况检查结果。

11月2日 钱能志及相关处室负责同志参加河北省严厉打击非法占用林地等涉林违法犯罪专项行动推进视频会议。

11月3~5日 钱能志带队赴河北省石家庄、衡水、保定等市，检查督导保护候鸟清网行动。

11月8日 北京专员办与监督区林业工作站森林资源协同监督机制试点启动会在北京市延庆区永宁镇林业工作站召开，标志着办站协同监督机制试点正式启动。

11月18日 组织天津自贸区项目的专家评审工作，通过了"天津自贸区野生动植物进出口贸易制度创新研究项目"。

11月25日 钱能志带领相关人员对北京怀柔区森林资源管理专项巡查整改落实工作进行督办。

12月5~8日 与合肥办事处联合召开京津冀晋鲁皖六省(市)CITES履约执法协调小组会议，构建跨区域工作交流平台。

(北京专员办由于伯康供稿)

林业社会团体

27

中国林学会

【综　述】 2016年，中国林学会稳步推进学会创新和服务能力提升工程——优秀科技社团建设项目，在学术交流、决策咨询、科学普及、人才举荐、科技奖励、技术服务、国际合作、期刊编辑、组织建设等各方面都取得了新进展。2016年学会受到中宣部、科技部、中国科协和国家林业局的表彰奖励，获得"全国科普工作先进集体""全国生态建设先进集体""全国学会科普工作优秀单位""全国科普日特色活动优秀单位"称号，被列入中国科协创新驱动工程试点学会；主办期刊《林业科学》第14次被评为"百种中国杰出期刊"，并被EI和Scopus数据库收录，继续巩固林业科技期刊之首的地位，实现了"十三五"规划的良好开局。

学会建设　扎实开展"两学一做"专题教育活动和党建强会活动，创办"学习与实践"专题教育平台，学会"党建强会"计划被评为国家林业局基层党组织十大学习品牌。新成立了松树分会、杉木专业委员会，并开展学术活动，加强分支机构管理和省级学会业务指导。制订颁发《中国林学会中央财政预算类(非财政预算类)项目经费管理办法》《中国林学会分支机构财务报账暂行办法》《中国林学会关于委托业务财务管理的暂行规定》等规章制度，加强学会制度建设。启动"森林中国"林业科普频道和微信公众号的筹建工作，申请开通"中国林学会资讯"订阅号，完成学会网站改版升级的重建工作，基本完成会员管理系统的网站开发工作，学会信息化能力建设进一步加强。

国内主要学术会议　2016年学会及各分会共举办综合性和专题性国内学术交流会议80余次，参会人数达9000余人，交流论文5000余篇。举办了第四届中国林业学术大会暨第十二届林业青年学术研讨会；组织了中国林下经济发展高峰论坛、全国珍贵树种人工林培育学术研讨会、林药与医药健康发展学术研讨会、湿地保护与绿色发展学术研讨会、经济林产业创新发展与"一带一路"建设高层学术研讨会、首届全国毛梾产业发展学术研讨会、首届中国杉木学术研讨会等多个专题学术交流活动，促进了学科建设和生态林业民生林业发展。组织召开第十二届中国竹业学术大会，为破解目前中国竹产业发展与产业转型升级所面临的瓶颈建言献策；组织召开第六届中国森林保护学术大会，通过《第六届中国森林保护学术大会长沙共识》；协调指导分会举办了经济林分会2016年学术年会暨成立30周年庆祝活动、第十六届全国森林培育学术研讨会等品牌学术活动。

国际学术会议与交流　2016年，学会共举办境内国际交流1次，参加人数200余人次，其中境外专家学者30余人次，交流论文110篇。2016年，学会共完成美国、法国、韩国、菲律宾等6个出国(境)任务，接待国际林联及芬兰、法国、德国、奥地利等5次国际组织(专家团队)来访。10月24日，在国际林联亚洲和大洋洲区域大会上，学会主办了第四届森林科学论坛。8月31日至9月12日，学会副秘书长刘合胜率团赴美国参加2016年IUCN世界自然保护大会，提交了"自然资本"和"生态文明"2个提案。

科普活动　2016年，学会共举办科普宣讲活动12次，受众人数达3600人次，参加活动科技人员303人次，其中专家69人次。结合实际积极搭建林业科普服务平台，组织召开了林业科普信息化建设座谈会，制定了"1357"模式(1个林业科学传播公众服务平台，3个科普资源系统，5个方面的科普资源内容，7个科普展示版块)的林业科普信息化年度工作计划；组织开展了2016年林业科普示范活动征集工作，发挥重大林业科普活动的示范引导集群效应；充实了林业科普信息化综合服务平台图片900余幅、视频7部；"王康聊植物"科普公众号发布120篇原创科普文章，约40万字，1000幅图片。利用"植树节""科技活动周""科普日"等科普节日，开展了9次"线上线下"互动交流科普活动，近2000名青少年直接参与了活动，植树造林4000余棵，发放各种宣传资料5000份，完成手工设计作品200余个；在海南省和四川省分别举办了第32届和第33届青少年林业科学营活动，来自北京、海南19个学校的200余名青少年参加；联合南京大学组织举办了主题为"城市与森林"的首届"憧憬·美丽中国"艺术设计大赛活动，汇集科普作品近1000件；推动CCTV-13、CCTV-14、《中国绿色时报》《中国教育报》《中国中学生报》《中国少年报》等50家平面媒体和网络媒体对学会举办的科普活动进行了14次宣传报道。

决策咨询　全年共编印5期《林业专家建议》，编撰出版了《林业专家建议汇编》；开展了"天然林全面保育的科学内涵、风险与对策""秦岭国家公园建设与秦岭立法保护""白山市森林生态系统修复""非国有林业企业在人工林经营中的政策问题"4个重大林业问题调研并提出对策建议；完成了《2016年预防与控制生物灾害咨询报告》林业部分工作。联合中华文化促进会、IUCN等组织在呼伦贝尔市举办了"2016~2017生态影像公益行"活动；联合光明日报社举办了"寻找中国生态英雄""发现森林文化小镇"和"绘美家园"大型生态公益活动；组织开展"寻找最美树王"活动，评选出了100棵树王。召开林业大数据专题研讨会、大数据林业应用高级研讨班；举办第四届中国(邳州)银杏节，评选出全国"十大最美古银杏"；举办桉树产业发展研讨会，颁发"2016年中国桉树发展突出贡献奖"。组织专家开展重大生态问题调研考察。受中国科协创新战略研究院委托，赴大兴安岭开展森林生物灾害情况调研，提出了有害生物防治的指导思想和可行建议。

学术期刊　学会主办期刊《林业科学》全年收稿1069篇，发稿266篇。2016年1月起被EI数据库收录，2016年5月起被Scopus数据库收录，第14次被评为"百种中国杰出期刊"，在中国科技信息所全国核心科技期刊综合评价的排名由第78位升至第23位。首次承担中国科协年度期刊审读项目，完成191种样刊审读，《林业科学》获评优秀；向2012年45篇高被引频次论文作者颁发证书，向2015年度528位审稿专家颁发审稿专家证书，并继续按年代顺延颁发。启动网刊HTML全文制作工作，发布2013～2015年过刊数据和现刊数据；参加中国科协开展的学术期刊实名认证活动，抵制假冒期刊网站侵权行为；第二次向中国绿化基金会捐款支持“幸福家园——西部绿化行动”生态公益项目。

学科发展研究　2016年8月正式出版了《林学名词》(第二版)，编辑出版了《中国林业优秀学术报告2016》；制定《林下经济术语》1个林业行业标准，牵头制订并发布《古树名木普查技术规范》和《古树名木鉴定规范》2个林业行业标准；开展林学学科发展报告项目研究，完成《中国科协绿皮书》等编写任务。召开了2016学科发展研究座谈会。

表彰举荐优秀科技工作者　组织开展了第七届梁希林业科学技术奖的评选工作，评出获奖项目71项，其中，一等奖4个，二等奖33个，三等奖34个；完成了第六届梁希青年论文奖的评选工作，评选出获奖论文214篇，其中一等奖14篇，二等奖54篇，三等奖146篇。向社会募集梁希奖100余万元，梁希奖基金总额突破1000万元。继续实施2015～2017年中国科协青年人才托举工程，积极申报2016～2018年中国科协青年人才托举工程并获得2个名额；与光明日报社联合开展“森林中国·2016中国生态英雄”评选活动。

实施创新驱动助力工程　作为中国科协创新驱动助力工程试点学会之一，学会稳步推进创新和服务能力提升工程——优秀科技社团建设项目，积极开展“会省合作”“会市协作”“会企协作”等创新驱动助力活动，应邀组织专家提供技术服务，重点在木材加工、林下经济、竹产业、珍贵树种培育等领域开展示范推广。加强对宁波服务站和乡土专家队伍建设的指导。举办2016中国(宁波)竹产业高层论坛暨科技成果对接会，并与宁波市林业局达成协议，联合共建宁波市中林竹产业研究院；应宁波市林业局邀请，组织专家开展四明山区域生态修复与产业发展学术考察活动，形成了专家咨询意见和建议，宁波市委市政府领导对专家建议给予批示。学会理事长赵树丛、中国科协书记处书记项昌乐等先后对宁波服务站、乡土专家建设和宁波市中林竹产业研究院建设进行考察，并就下一步工作提出要求。组织开展多项创新驱动助力对接活动并签署了合作协议。组织专家赴山东日照开展创新驱动助力工程；在日照市建立“中国林学会现代林业科技园”，拓展了学会与地方的合作；组织参加福建“6·18”创新驱动助力工程暨院士专家项目签约，开展“一带一路”项目咨询对接活动，与南平市科协签约共同推进创新驱动助力工程实施；在中国(赣州)第三届家具博览会期间举办2016全国家具产业创新发展学术研讨会，进一步促进家具企业创新发展。

【中国林业学术大会暨中国林业青年学术年会】　9月27日，第四届中国林业学术大会暨第十二届中国林业青年学术年会在浙江农林大学举行。大会由中国林学会主办，主题是“创新引领　绿色发展”。中国林学会理事长赵树丛、国家林业局副局长张永利、浙江省人大常委会副主任程渭山、中国工程院院士李文华等领导出席大会开幕式。大会开幕式由中国林学会副理事长兼秘书长陈幸良主持。

赵树丛在开幕式上发表讲话，并对今后一段时期的学会工作提出了四点明确要求。张永利对如何做好林业科技工作提出要求。

这次学术大会共设12个分会场，研讨内容涉及林木遗传育种、森林培育、森林生态学、森林碳汇、森林生态安全等众多学科领域，林业发展改革、林业扶贫攻坚等多个问题。与会代表及媒体记者1300余人参加这次大会。会议期间，颁发了第七届全国优秀科技工作者证书、第十三届中国林业青年科技奖、第七届梁希林业科学技术奖、第六届梁希青年论文奖。

【第四届森林科学论坛】　于10月24日在北京召开。论坛由中国林学会主办，主题为“森林的多目标服务”。中国林学会理事长赵树丛、国际林联主席迈克尔·温菲尔德、中国工程院院士曹福亮为大会致辞。论坛开幕式由中国林学会副理事长兼秘书长陈幸良主持。

这届森林科学论坛共设置了6个分会场，涉及多功能林业与多功能森林、森林改造、育种、育种与生理、病虫害等6个方面的议题。论坛首次设置了学会在林业创新中的作用边会，中国、澳大利亚、加拿大、日本、韩国、英国及美国林学会代表分别作了报告。

【中外林学会签署合作备忘录】　10月25日，学会理事长赵树丛在北京会见澳大利亚、韩国、加拿大、日本四国林学会代表。学会副理事长兼秘书长陈幸良与四国林学会代表分别签署了合作备忘录。

赵树丛指出，在经济全球化、全球气候变暖的背景下，森林问题已成为人类共同关注的问题。许多全球性的森林问题，需要各国林业科学家和科技工作者携手应对。各国林学会之间的合作是一个很好的平台和载体，中国林学会愿意学习各国林学会的经验和做法，愿与各国林学会一道应对人类在保护森林方面所面临的问题。

【中国林下经济发展高峰论坛】　于7月15～17日在黑龙江伊春召开。论坛由中国林学会与东北林业大学共同主办，东北林业大学校长杨传平，伊春市委书记、市人大常委会主任高环，国家林业局国有林场和林木种苗工作总站总站长杨超，国家林业局科技发展中心常务副主任王伟，江苏省林业局局长夏春胜，浙江省林业厅巡视员吴鸿，黑龙江省科技厅副厅长于立河等领导、专家出席会议。论坛开幕式由中国林学会副理事长兼秘书长陈幸良主持。

作为2016中国(东北亚)森林博览会期间的重要活动之一，论坛以“林下经济与天然林保护”为主题，主要围绕林下经济发展理论研究，农林复合经营与林下经济，林下经济发展与国有林区改革，林下经济规划与政策支持等方面进行研讨，开展林下经济学术交流，总结林下经济发展经验，推广林下经济典型发展模式。会议期间，杨传平、杨超、王伟等4名领导、专家及中国林学会冯彩云等10名专家分别作了特邀报告与专题报告。

论坛结束后，与会人员参加了2016中国(东北亚)森林博览会主会场开幕式并参观了森博会，了解林下经济产品种类及价格等产业发展情况。特邀嘉宾及与会代表共计200余人参加了这次论坛。

【首届全国毛株产业发展学术研讨会】 于10月9～11日在山东新泰召开。会议由中国林学会主办，中国林学会理事长赵树丛，山东省人民政府副省长赵润田，山东省林业厅厅长刘均刚，山东省泰安市委书记王云鹏，国家林业局造林司副司长王剑波，山东林学会名誉理事长高洪波，新泰市委书记、市长刘钦海等领导、专家出席会议。会议开幕式由中国林学会副理事长兼秘书长陈幸良主持。

国家林业局造林司副司长王剑波，中科院合肥物质科学研究院首席科学家余增亮研究员、湖南省林科院院长李昌珠研究员、山东省林科院院长徐金光研究员、北京林业大学林学院苏淑钗教授、山东万路达园林科技有限公司总经理张帆作了特邀报告，其他7位专家作了专题报告。

研讨会期间，召开了毛株油企业标准新闻发布会。山东万路达园林科技有限公司总经理张帆、齐鲁工业大学教授王成忠、山东省食品发酵工业研究设计院副院长、山东省食品质量监督检验站站长苏理、山东师范大学教授赵遵田分别就毛株产业发展及毛株籽油企业标准相关问题回答了记者提问。

会后，与会领导、专家和代表们实地考察了新泰市毛株良种繁育基地。特邀嘉宾及与会代表共计150余名参加了这次研讨会。

【2016森林中国大型公益系列活动】 6月21日，由中国林学会、光明日报社共同主办，国家林业局、共青团中央特别支持的"2016森林中国大型公益系列活动"在北京正式启动。学会理事长赵树丛，国家林业局党组成员、副局长彭有冬，光明日报社总编辑杜飞进，共青团中央书记处书记傅振邦，中国光华科技基金会理事长兼秘书长任晋阳，中国高科技产业化研究会副理事长刘延宁等领导出席了这本次活动。来自《光明日报》《中国绿色时报》、新华网、中国网等100多家新闻媒体参加了启动仪式。彭有冬、杜飞进、傅振邦分别致辞。

2016年森林中国大型公益系列活动的内容和形式更加丰富，在主体活动"寻找中国生态英雄"之外，新设置了"绘美家园""发现森林文化小镇"两个系列活动。其中，"绘美家园"活动共征集了来自全国16个省、市、自治区的近万件作品，作品的艺术形式涵盖了儿童画、剪纸、皮影、泥塑等十余种作品形式。经过专家评审和筛选，近500幅作品于10月20日在北京巡展上展出。"寻找中国生态英雄"和"发现森林文化小镇"公益活动共收到各地申报的中国生态英雄65个、森林文化小镇77个。经形式审查、专家初审和专家委员会评议，最终遴选出10名中国生态英雄和10个森林文化小镇。

【第四届中国(邳州)银杏节】 于11月8～9日在江苏省邳州市开幕。这届中国银杏节由中国林学会、江苏省林业局和徐州市人民政府共同主办。中国林学会理事长赵树丛，十一届全国人大民族委员会主任委员、宁夏回族自治区政府原主席、中国草学会理事长马启智，江苏省政协副主席、党组副书记徐鸣，中国林学会副理事长兼秘书长陈幸良，江苏省林业局局长夏春胜，南京林业大学党委书记封超年，南京森林警察学院党委书记王邱文，中国工程院院士、南京林业大学校长曹福亮，中国林学会副秘书长刘合胜，徐州市委副书记杨时云，邳州市委副书记、代市长唐健等领导出席开幕式。

陈幸良致开幕词，刘合胜宣读了《中国林学会关于"寻找十大最美古银杏"活动结果的通报》，夏春胜宣布江苏省"最美银杏"评选结果，曹福亮为国家林业局银杏工程技术研究中心邳州分中心授牌。

银杏节期间，还举办了中国林学会银杏分会理事会会议，银杏产业高峰论坛、银杏盆景展、银杏摄影展等活动。

【经济林产业创新发展与"一带一路"建设高层学术研讨会】 于8月16～18日在新疆乌鲁木齐召开。会议由中国林学会主办，中国林学会理事长赵树丛，新疆维吾尔自治区林业厅党委书记、副厅长曹志文，新疆维吾尔自治区科协党组副书记、副主席陶鹏，国家林业局资源司副司长王洪波，新疆维吾尔自治区林业厅党组成员、副厅长吾拉孜别克·索力坦，浙江省林业厅巡视员吴鸿等领导专家出席会议。会议开幕式由中国林学会副理事长兼秘书长陈幸良主持。

赵树丛在讲话中提出三点意见：一是要充分发挥林业的功能作用；二是要高度重视经济林产业创新；三是要搭建高质量的创新平台。

会议期间，5名专家、研究人员及中国林科院等的8位专家分别作了特邀报告和专题报告。特邀嘉宾及与会代表共计180余人参加了这次会议。

【林业大数据学术研讨会】 于10月12～14日在湖南长沙召开。研讨会由中国林学会主办，原科技部部长、中国科学院院士徐冠华，中国林学会副理事长兼秘书长陈幸良，中南林业科技大学校长廖小平，湖南省林业厅副巡视员桂小杰等领导、专家出席会议。大会开幕式由中国林学会计算机分会主任委员鞠洪波主持。

研讨会围绕"促进林业大数据应用、共赢物联网时代机遇"主题，与会专家从林业大数据、云计算、物联网和3S技术研究及应用等方面进行汇报交流。徐冠华和鞠洪波分别作了大会特邀报告和主题报告，浪潮集团有限公司技术总监付金涛、国家林业局调查规划设计院高显莲教授等作了专题报告。特邀嘉宾及与会代表共计170余名专家学者参加了这次研讨会。

11月24～25日，学会在安徽合肥举办大数据林业应用高级研讨班，邀请中国林科院资源信息研究所、北京大学、南京大学等的6位专家深入讲述，进一步研讨交流大数据最新应用成果，拓宽大数据在林业技术创新和产业发展中的应用。

【林药与医药健康发展学术研讨会】 于5月12～13日在北京召开。会议由中国林学会和中国药学会联合主办，中国药学会副秘书长王爱国、章光101控股集团有限公司董事长赵章光等有关领导和专家出席会议。会议开幕式由中国林学会副理事长兼秘书长陈幸良主持。与会代表围绕林药产业培育、中药提取物及药物研发、林药质量标准体系等内容展开深入研讨，交流了学术研究成果，分享了产业发展经验。

【湿地保护与绿色发展学术研讨会】 于6月6~8日在黑龙江抚远召开。会议由中国林学会主办，主题为“湿地保护与绿色发展”，中国林学会副秘书长刘合胜、黑龙江省林业厅副厅长张凤仙、抚远市人民政府副市长布延庆、宁夏回族自治区林业厅副巡视员李安等领导出席会议并讲话。会议期间，中国林科院湿地研究所所长崔丽娟、黑龙江省湿地保护管理中心主任王仁春、内蒙古师范大学毕俊怀、黑龙江省科学院自然与生态研究所所长倪红伟、沈阳农业大学苏芳莉5位专家、领导及南京林业大学韩建刚等9位专家、研究人员分别作了特邀报告和专题报告。特邀嘉宾及与会代表共计80余人参加了这次研讨会。会后，参会人员实地考察了三江国家级自然保护区湿地保护及植被恢复情况。

【第33届林学夏令营暨2016年青少年林业科学营】 于7月20~24日在四川都江堰举行。四川省林业厅总工程师、四川省林学会副理事长骆建国，中国大熊猫保护研究中心副主任朱涛，四川农业大学副校长、都江堰校区党委书记王曙光，四川农业大学都江堰校区校长陈先林等领导出席并讲话。来自北京四中、北京八中等18所学校的76名师生参加了活动。

活动期间，营员划分为珙桐组、大熊猫组、飞沙堰组3个活动小组，分别在四川农业大学、中国大熊猫保护研究中心都江堰基地、映秀地震博物馆、保护国际湿地基金会和成都市活水公园等专家的指导下，开展了亚热带树木识别、森林定向越野、灌溉和防洪工程原理探秘、大熊猫救援示范、大熊猫营养师体验、夏令营纪念树种植、北京汶川两地青少年互动交流、无动力污水小实验操作、专题科普报告、营员分享会议等11项专题性体验与实践活动。

CCTV－14《心里有数》栏目组派出团队对活动进行了全程跟踪拍摄，并制作成专题科普节目在央视播出。

【林业大事】

1月16~21日 由学会主办的第32届林业科学冬令营暨2016青少年海南科学实践活动在海南举办，央视全程跟拍并于2月17日在CCTV－13《新闻直播间》播出。北京9所中小学46名学生参营。

2月11日 从2016年第1期起《林业科学》被EI收录，成为唯一被收录的林业类中文科技期刊。

3月2日 学会在北京召开常务理事会议，总结2015年工作，部署2016年工作。会议听取和审议了学会“十三五”发展规划，研究讨论了分支机构相关事宜，选举产生科协九大代表和科协第九届全国委员会委员候选人。学会理事长赵树丛出席会议并讲话。国家林业局副局长、学会副理事长彭有冬主持会议。

3月15日 全国林学会秘书长会议暨部分省级林学会、分支机构理事长（主任委员）座谈会在四川省成都市召开。会议表彰了2015年度优秀省级学会与分支机构和2015年度学会专项工作先进单位。学会理事长赵树丛、国家林业局副局长彭有冬出席会议并讲话。

3月25日 学会在北京林业大学召开青年人才托举工程签字仪式暨座谈会。秘书长陈幸良出席会议并讲话，副秘书长刘合胜主持会议。

3月27日 学会首次成功申请到国家外专局引进境外技术、管理人才项目“竹材生物质能源研究、天然栎类资源保护及非木质林产品认证”项目（编号：20160327002）。

3月30日 学会在北京召开全国优秀科技工作者候选人评审委员会会议，评选出施季森、陈晓鸣、李俊清3名全国优秀科技工作者。国家林业局副局长彭有冬担任评委会主任并主持会议，秘书长陈幸良、副秘书长刘合胜参加会议。

5月13日 学会与中国药学会联合举办林药与医药健康发展学术研讨会，60余人参加座谈。

5月27~29日 由学会主办的2016全国家具产业创新发展学术研讨会在江西南康召开，100余人参加研讨。秘书长陈幸良参加会议并讲话。

6月6~8日 由学会主办的湿地保护与绿色发展学术研讨会在黑龙江抚远召开，80余人参加研讨。

6月12日 《林业科学》被Scopus数据库收录，是经中国科技信息研究所第一批推荐的35种期刊中首批被收录的7种期刊之一。

6月18日 国家林业局科技司组织有关专家在北京召开行业标准专家审定会，对学会负责起草的《古树名木鉴定规范》和《古树名木普查技术规范》行业标准项目进行评审。

6月21日 由学会与光明日报社共同主办的“2016森林中国大型公益系列活动”在北京启动。活动设置了“绘美家园”“寻找生态英雄”“发现森林文化小镇”等活动。100多家新闻媒体参加启动仪式。

7月15~17日 由学会主办的中国林下经济发展高峰论坛在黑龙江伊春召开，会议与2016中国（东北亚）森林博览会一同举行，200余人参加会议。

7月15~19日 学会组织林业智库专家赴陕西开展“秦岭国家公园建设与秦岭立法保护”专题调研。尹伟伦院士担任专家组组长，副秘书长刘合胜参加调研。

7月20~24日 由学会主办的第33届林学夏令营暨2016年青少年林业科学营在四川都江堰开营。北京70余名中学生参加。

7月29日 经中国科协批示（科协办函学字〔2016〕178号），中国林学会正式成为中国科协2016年度创新驱动助力工程“链”状试点学会。

8月1日 由学会联合主办的“2016~2017生态影像公益行”在内蒙古呼伦贝尔举行，100多位代表参加活动。秘书长陈幸良出席启动仪式。

8月16~18日 由学会主办的经济林产业创新发展与“一带一路”建设高层学术研讨会在新疆乌鲁木齐召开，180余人参加会议。

8月23日 秘书长陈幸良会见了法国巴黎高科农业学院的栎类经营专家Yves Ehrhart教授和澳大利亚林学会前理事长David Wettenhall先生，与两位专家就中国栎类经营的情况进行的探讨。

8月24~27日 副秘书长刘合胜带队组织林业智库专家赴吉林白山开展森林生态系统修复专题调研。

8月28日至9月1日 理事长赵树丛率团参加第五届世界生态高峰会。代表团与大会主席阿丽莎·斯多克等交流了学会的工作经验。70多名中国学者参加了这次峰会。期间，代表团访问法国蒙特利埃农业研究中心(CIRAD)。

9月1~11日 副秘书长刘合胜一行2人赴夏威夷参加2016世界自然保护大会。中国林学会作为IUCN的会员参加。

9月12~16日 学会申请经费资助卢孟柱研究员赴德国都柏林参加了国际杨树委员会(IPC)第48届执委会及26届国际杨树大会，会上卢孟柱在大会发言并连任为执委。

9月24日 由学会主办的2016年林业科普日活动在中国林科院华林中心举行，近150人参加了活动。

9月26日 学会松树分会成立大会暨首届中国松树学术研讨会在浙江杭州召开，150多名代表参加会议。

9月26日 学会获"全国生态建设突出贡献先进集体"称号。

9月27~29日 由学会主办的第四届中国林业学术大会暨第十二届中国林业青年学术年会在浙江农林大学举行。

9月27~28日 由学会主办的优秀青年科技人才培养与成长座谈会在浙江临安成功召开。

10月10日 由学会主办的首届全国毛株产业发展学术研讨会在山东新泰举办，150位代表参加研讨。

10月11日 学会在北京召开古树名木保护标准制定与寻找最美树王活动咨询座谈会。

10月12~14日 由学会主办的林业大数据学术研讨会在湖南长沙召开，170多位专家学者参加会议。

10月19日 理事长赵树丛带队赴宁波考察学会服务站与林业乡土专家森林公园建设和竹材加工龙头企业，并为宁波服务站、宁波市中林竹产业研究院揭牌。

10月20日 由学会联合主办的2016森林中国·绘美家园儿童艺术作品公益巡展在北京开幕，近500幅作品在巡展上展出。

10月23日 理事长赵树丛在北京会见国际林联迈克尔主席、法国农业科学研究院米歇尔所长等人。秘书长陈幸良陪同会见。

10月24~27日 第四届森林科学论坛作为国际林联亚洲大洋洲区域大会的一个分会场在北京召开，主题是"森林的多目标服务"，共设6个分会场。

10月24~26日 栎类经营研讨会在北京举行，来自德国、奥地利、美国、韩国等国内外从事栎类经营的20余名专家学者参加研讨，秘书长陈幸良主持会议。

10月30~31日 学会在北京召开中国生态英雄和森林文化小镇评审会。共有20人入围中国生态英雄和30个入围森林文化小镇。

11月1日 由学会主办的杉木专业委员会成立大会在福州召开，120余名代表参加会议。副秘书长刘合胜出席会议并讲话。

11月2日 学会开展了"寻找十大最美古银杏"活动并召开专家评审会，湖北恩施土家族苗族自治州巴东县清太坪镇郑家园村等10棵古银杏被评为"十大最美古银杏"。

11月3~4日 由学会主办的2016年全国桉树研讨会在福建厦门召开，200余名代表参会。期间，副秘书长刘合胜主持了第五届桉树专业委员会总结和换届选举工作。

11月8~9日 由学会主办的第四届中国(邳州)银杏节在江苏省邳州开幕。

11月9~12日 由学会主办的第六届中国森林保护学术大会在湖南长沙召开。会议讨论并通过了《第六届中国森林保护学术大会长沙共识》，300余人参加会议。

11月10~12日 由学会主办的2016学科发展研究座谈会在云南昆明召开。理事长赵树丛出席会议并讲话，秘书长陈幸良主持会议。

11月13~19日 刘合胜副秘书长率团赴台湾参加了"2016两岸林业论坛"，论坛的主题为"森林疗育与环境教育"。

11月14~16日 由学会与有关单位联合主办的2016年中国(宁波)竹产业高层论坛暨科技成果对接会在浙江奉化召开，80余人参加论坛，秘书长陈幸良出席论坛。

11月18日 《林业科学》荣获2015年"百种中国杰出学术期刊"称号，这是《林业科学》第14次获得该荣誉。

11月21~23日 由学会主办的中国珍贵树种人工林培育学术研讨会在广西凭祥召开，180人参加会议。

11月24~25日 由学会主办的大数据林业应用高级研讨班在安徽合肥开班，120多人参加研讨班。

11月29日至12月1日 由学会主办的首届森林防火论坛暨森林消防新技术新装备展示研讨会在福建厦门召开，700余人参加论坛。秘书长陈幸良出席开幕式并致辞。

12月2日 学会获2016年全国科普日特色活动优秀单位称号。

12月2日 学会在北京召开林下经济发展暨林下经济术语标准专家研讨会，20余名专家参加会议。秘书长陈幸良主持会议。

12月5日 学会召开天然林示范区栎类项目总结咨询会。

12月8日 《林业科学》连续5年入选"中国国际影响力优秀学术期刊"。

12月10日 学会组织200余名科技工作者在北京汽车博物馆开展以"用'互联网+'建起我们会员的'家'"为主题的会员日活动。

12月13日 学会连续第六年获中国科协颁发的"全国学会科普工作优秀单位"称号。

12月17~23日 学会与中华林学会共同发起的两岸林业基层交流项目在北京和四川成功执行。12月19日在北京召开"两岸森林疗养与森林管护研讨会"，12月18日、12月20~23日在北京和四川进行实地学术调研与交流。

12月18日 学会召开"寻找最美树王"活动专家评

审会。72 棵古树被评为 72 个树种的“最美树王”。

12 月 27 日 学会与广西人工林种植协会联合在广西钦州农校设立现代林业实用技术人才培训基地，并举行挂牌仪式。

（中国林学会由林昆仑供稿）

中国野生动物保护协会

【综 述】 中国野生动物保护协会成立于 1983 年，是一个全国性的非营利社会团体。协会的宗旨是促进中国野生动物资源的可持续发展。其主要任务是提高公众的野生动物保护意识，开展国内外野生动物保护的学术交流和保护野生动物的国际合作。1984 年协会成为世界自然保护联盟(IUCN)的非政府组织成员。截至 2016 年年底，在全国建立了 832 个基层野生动物保护协会，拥有 36 万多名会员。

中国野生动物保护协会通过野生动物保护教育项目、物种保护项目、野生动物贸易监测项目，与政府、企业、非政府组织开展广泛地合作，为推动野生动植物的保护和人口、资源和环境的可持续发展而努力。

学会建设 2016 年，协会切实加强组织建设。截至 2016 年 10 月底，全国范围内会员总数达到 36 万人，团体会员 3892 个，全国各级协会达到 832 个，资深会员总数达 275 名。加强组织建设，积极筹备协会会员代表大会、秘书长工作会议等日常工作事宜。

不断扩大深入大熊猫国际合作。协会与 12 个国家 14 家合作单位开展了大熊猫合作研究项目，并同步做好检查评估、研修交流等工作，务实深化合作。

组织普法培训、野外放归、企业座谈等活动。获 200 万元和价值 20 万元的电子产品捐赠、174 件野生动物标本，支持了基层保护单位的能力建设，丰富了中小学自然科学教育素材。

公益活动 协会着力创新科普宣传、扩大国内外科技交流与合作、提升自身服务水平，进一步组织动员社会力量参与到野生动植物保护中来，如：全国“爱鸟周”“世界野生动植物日”“保护野生动物宣传月”“亚洲自然保护论坛”等，号召共计 460 万余民众参与其中。协会与联合国计划开发署等多家单位联合主办熊猫使者全球招募活动，累计相关新闻报道 150 余篇次，微博、微信等平台报道超过 800 万次。举办“珍稀野生动植物摄影作品暨打击野生动植物非法贸易查没实物巡回展”“候鸟保护志愿者行动”等活动，组织起草《阿里巴巴野生动物产品网络交易管控规则》《陆生野生动物保护实施条例》等多项法规。

学术交流 组织开展“第十二届全国野生动物生态与资源保护学术研讨会”“野生动物疫源疫病专业委员会 2016 年年会暨第九届亚太地区野生动物疫病区域监测与研究国际研讨会”等 11 次专业技术交流会，组织起草《中国野生动植物保护白皮书》，开展中国、老挝、越南三国打击非法野生动物贸易执法合作调研。

新媒体宣传 以会员通讯杂志、协会官网、微信公众号为平台，加强野生动物保护方面的宣传与交流，发布微信公众号 130 多期信息，关注人数达到 2 万多人。

【第五次全国会员代表大会】 12 月 21 日，中国野生动物保护协会第五次全国会员代表大会在北京市召开，选举产生协会第五届理事会、第五次全国会员代表大会监事会。国家林业局副局长陈凤学当选协会会长，张习文当选理事会监事长，李青文当选理事会副会长、秘书长。大会审议通过了第四届理事会工作报告和财务工作报告。审议了《中国野生动物保护协会章程》(修改草案)和《中国野生动物保护协会会员管理办法》(草案)。

【普法宣传教育】 为广泛开展《野生动物保护法》宣传普及工作，协会联合国家林业局保护司与央视《动物世界》栏目合作，于 12 月初开始在每期《动物世界》片尾插播一条《野生动物保护法》1 分钟宣传视频，对该法律进行逐条介绍。

协会还印制了《野生动物保护法》宣传手册 20 000 册，向广大群众普及《野生动物保护法》内容。

【“世界野生动植物日”大型宣传活动】 3 月 3 日，根据国家林业局部署安排，协会以“世界野生动植物日”为契机开展野生动植物科普宣传活动，旨在全国范围内形成关爱野生动植物的良好社会氛围。以科普宣传为主要内容，以走基层为主要形式，以未成年人为主要对象，采取多点宣传的方式，让“关爱野生动植物”这一生态意识植根于孩子们心中。

【打击珍稀野生动植物非法贸易查没实物巡回展】 6 月 6 日，为呼吁全民关爱珍稀濒危野生动物，动员全民加入到保护野生动植物、打击非法贸易的行列中来，协会在北京中华世纪坛开展了“和谐生态自然精灵——珍稀野生动植物摄影作品暨打击野生动植物非法贸易查没实物巡回展”。国家林业局副局长陈凤学、美国国务院助理国务卿嘉伯等参加“中美战略与经济对话”打击野生动植物非法贸易磋商活动的中美两国政府有关代表、北京市民以及青年志愿者代表共计 150 多人参加了开幕式。本巡回展展示了 100 余种中国濒危野生动植物种图片，图文并茂地展现了中国政府在法治建设、监督执法以及专项打击等方面所作出的不懈努力与取得的突出成绩。

【“弘扬生态文明、传播熊猫文化”系列活动】 7 月 11 日，由国家林业局主办，中国野生动物保护协会、中国大熊猫保护研究中心、中国绿化基金会、艺术家生态文化工作委员会、四川省雅安市人民政府、四川卧龙国家级自然保护区管理局承办的“弘扬生态文明、传播熊猫文化”系列活动之“大熊猫书画邀请展”开幕式在四川省雅安市举行，国家林业局副局长陈凤学、全国政协常委、中国书法家协会主席苏士澍出席开幕式并致辞。

国家林业局原局长、中国绿化基金会主席王志宝，全国政协委员、中国书法家协会党组书记赵长青，原林业部副部长、中国绿化基金会顾问蔡延松，以及国家林业局相关司局、直属单位、四川省林业厅、雅安市政府等相关领导出席了开幕式。

开幕式上，陈凤学向中央电视台主持人李修平、张宏民颁发了"中国大熊猫文化推广形象大使证书"。本次书画邀请展共有来自全国各地百位艺术家参加。

【全国"爱鸟周"系列宣传活动】 为了扩大"爱鸟周"活动的影响力，3月26日，协会在广州长隆野生动物世界举办了2016年全国"爱鸟周"活动启动仪式。来自海峡两岸暨香港澳门黑脸琵鹭自然保育论坛与会代表、江西、湖北、四川、海南等省野生动植物保护协会代表、"未成年人生态道德教育示范学校"代表、广州深圳部分学校师生、新闻媒体和游客朋友3000多人参加了现场活动。据统计，2016年全国共有1028个市、县开展活动3818次，共计457万余人参与。其中7位省部级领导参加，全国举办科普知识讲座719次，科普展览654次，制作、摆放宣传展板182 774块，保护区开展活动2531次，开展观鸟活动或观鸟比赛383次，在1454所学校开展活动8671次，举办征文比赛64次、演讲比赛42次，开展网络"爱鸟周"活动5300次。

【签署"白金汉宫声明"】 3月15日，由英国威廉王子和"野生动物保护联盟"国际运输特别工作组主席黑格先生牵头，全球运输行业和环保组织的40位代表在伦敦白金汉宫签署了《白金汉宫声明》。协会以及中远集团、中国邮政、中国国际航空货运公司派员参加会议并签署声明，向国际社会展示了中国政府主动参与打击野生动物非法贸易活动的立场和决心。

【与阿里巴巴集团合作推动野生动物网络交易规范化】

在国家林业局保护司指导下，协会帮助国内阿里巴巴集团研究拟定了《野生动物产品网络交易审核标准》，并于3月8日与阿里巴巴集团在其杭州总部共同主办了"野生动物产品网络交易管控标准研讨会"，来自国家林业局、国家农业部、国家网信办、国家海关以及国家濒科委等部门领导和专家参加了研讨会，提出多项建设性建议，对政府规范管理、企业自律经营具有指导意义。

【组织召开"海峡两岸暨香港澳门黑脸琵鹭自然保育论坛"】 3月24日，协会与广东省林业厅、广东省野生动植物保护协会、深圳市林业局、广州长隆集团有限公司在深圳联合举办了首届"海峡两岸暨香港澳门黑脸琵鹭自然保育论坛"。来自海峡两岸100多名代表和新闻媒体记者参加了论坛，19位专家学者作了大会报告，收录论文22篇。

【候鸟保护志愿者行动】 10月中旬协会联系了全国20家候鸟保护民间组织和志愿者团队，在全国开展候鸟保护志愿者行动与普法宣传工作，协会派出3个候鸟保护行动小组前往候鸟迁徙重要地点与当地志愿者共同参与候鸟保护和普法宣传，组织志愿者候鸟保护宣传车队，共计20多人参加，驱车8辆，历时3天，行程近千米进行沿秦皇岛—唐山—天津滨海湿地沿途宣传，讲解候鸟保护知识，宣传野生动物保护法律法规，向民众发放宣传资料。

11月12日，湖北省京山县举办了第七届亚洲赏鸟博览会，来自国内17个省、22个国家和地区的79个生态保护机构爱鸟人士、社会各界人士以及各级媒体记者1000多人云集，共同分享交流了自然保育经验与成果。

【"共绘千米黑脸琵鹭迁徙画卷"大型公益宣传活动】
为进一步加强未成年人生态道德教育，5月28日协会在深圳市盐田区外国语学校开展了"全国林业科技活动周暨千名学生共绘千米黑脸琵鹭迁徙画卷"挑战吉尼斯世界纪录大型公益宣传活动。来自深圳、厦门、香港和台湾等地的2000余名师生专家、社会各界代表以及志愿者参加了活动。

【积极参与2016年世界自然保护大会】 9月1～10日，IUCN第六届世界自然保护大会（WCC）在美国夏威夷召开，来自190多个国家和地区的政府机构、商业机构、非政府组织等代表共计11 000多人参加了大会。现任IUCN理事会主席、中国教育部原副部长章新胜任新一届理事会主席。

协会作为IUCN的会员单位全程参加了本届会议，一是积极参与自然保护论坛活动，特别是打击野生动物非法贸易、野生动物可持续利用、中非野生动物保护等议题的讨论；二是举办了中国野生动物保护和自然保护区展览，展示了中国在大熊猫和藏羚羊等野生动物保护工作中作出的巨大努力以及在自然保护区建设60周年当中所取得的成绩；三是积极参与动议磋商、投票和选举，行使会员权利，履行会员义务。

【第五届中国·北戴河国际观鸟摄影大展】 10月15日，协会在"中国观鸟之都"秦皇岛举办了第五届中国·北戴河国际观鸟摄影大展暨颁奖仪式。来自世界各地的观鸟爱好者共计150余人参会。

【斯巴鲁生态保护奖评选工作、生态保护公益活动】
10月24日，协会向全国各省（区、市）野生动植物保护协会、自然保护区等单位发出评选2016年度"斯巴鲁生态保护奖"的通知，继续开展评选工作。协会积极组织开展了"2016森林中国·寻找中国生态英雄""'发现森林文化小镇'推选标准审定会""森林中国·艺术家委员会筹备会""绘美家园松花湖公益写生"等系列公益活动，大力宣传了林业生态保护建设成果，提升了社会公众的生态保护意识。

【"中国三星携手野生动物保护三周年"系列宣传交流活动】 10月23日，协会与中国三星在陕西省联合举办"中国三星携手野生动物保护三周年"纪念暨系列宣传交流活动。近三年协会共获得中国三星600万元资金和价值70万元的三星电子产品捐赠，用于支持陕西等地基层野生动物保护事业。

【组织建设】 2016年协会举办了"猴年话猴·中国灵长类动物摄影作品展""雉鹑至美·中国雉鸡""北极熊·四季""企鹅家园"等野生动物会员摄影作品系列展，启动"自然影像中国"项目。

2016年，共编辑出版了3期《中国野生动植物保护》通讯，分发理事和会员，同时及时做好协会网站栏目信息更新工作。2016年，通过微信公众号平台推送了130多期动植物保护信息，关注人数达20 335名，比2015年翻了一番。

（中国野生动物保护协会由斯　萍、黄　玲供稿）

中国花卉协会

【综　述】 2016年，中国花卉协会以党的十八大和十八届三中、四中、五中、六中全会精神和习近平总书记系列重要讲话精神为指导，以推进生态文明、美丽中国建设为目标，以推动实施《全国花卉产业发展规划(2011～2020年)》为重点，服务国家战略和花卉产业发展大局，攻坚克难，顽强拼搏，完成各项工作任务。据统计，截至2015年年底，全国花卉种植面积130.55万公顷，销售额1302.57亿元，出口额6.20亿美元，相比2014年，全国花卉种植面积增长2.78%，销售额增长1.81%，出口额与上年持平。

【行业指导取得新突破】

确定首批国家花卉种质资源库　经充分调查研究，制订管理办法、组织各地申报，进行科学评定和实地考察，国家林业局和中国花卉协会公布了首批国家花卉种质资源库37处，包括牡丹、梅花、兰花等传统名花，金花茶、野生蕨类等珍稀濒危花卉，石蒜、鸢尾、玉簪等新优特品种和有潜在利用价值的花卉等。首批国家花卉种质资源库的发布，标志着中国花卉种质资源的保护利用工作站到了新的起点，对于促进中国花卉品种创新，推动现代花卉产业发展将发挥重要作用。

发布《2016全国花卉产销形势分析报告》　通过全国面上调查、重点地区调研，组织召开"2016全国花卉产销形势分析会"，分析新形势，抓住新机遇，谋求新发展，指导全国花卉产业转型升级、健康发展。

出版《2014中国花卉产业发展报告》　在原有《总论篇》《地方篇》和《典型篇》的基础上，新增《专题篇》，反映中国花卉协会各分支机构内容。《报告》内容更全面，针对性和指导性更强，为全国花卉行业管理部门、协会组织、科研院校、重点产区、龙头企业提供参考。

推进标准制订工作　审定通过了花卉种质资源库建设导则和马拉巴栗盆花生产、三色堇盆花生产、杜鹃花绿地栽培养护技术规程4项林业行业标准及银杏盆景栽培技术规程1项国家花卉标准。

推选典型，发挥示范作用　确定首批国家重点花文化基地8个；推荐的昆明虹之华园艺有限公司和上海源怡种苗有限公司分获2016年度国际种植者种苗类银奖和铜奖，天津大顺国际花卉股份有限公司获得成品花木类铜奖；与中国绿色时报社联合，组织评选了2015年中国花木产业年度人物；与国家林业局造林司共同推荐了关于全国"互联网＋花卉产品"营销模式典型14个县(市、区)。

在国家林业局和国家海关总署的大力支持下，首次获得全国主要花卉商品进出口量海关统计数据并对数据进行分析，形成分析报告。

【展会活动】

举办2016唐山世界园艺博览会　经国务院批准，由国家林业局、中国贸促会、中国花卉协会、河北省人民政府主办，唐山市人民政府承办的2016唐山世界园艺博览会(A2＋B1类，简称"唐山世园会")于4月29日至10月16日举行，为期171天，主题是"都市与自然·凤凰涅槃"，理念是"时尚园艺、绿色环保、低碳生活、都市与自然和谐共生"，参观游客520多万人次，赢得国内外游客和业界的广泛赞誉。7月28日纪念唐山抗震40周年之际，习近平总书记来到唐山，考察了唐山世园会园区，称赞唐山世园会："这是一个很好的作品，可以积极促进唐山绿色发展，提高唐山市建设管理水平"，并要求"善始善终办好这次博览会，向世界展示新唐山建设的成就，借此提高城市治理和运营水平"。

完成参展2016土耳其安塔利亚世界园艺博览会任务　2016土耳其安塔利亚世界园艺博览会(A1类，简称安塔利亚世园会)于2016年4月23日至10月30日在土耳其安塔利亚举行，主题是"鲜花与儿童"，理念是"绿色生活惠及人类未来"，园区总面积112公顷，有53个国家和地区及国际组织参展。应土耳其政府邀请，经国务院批准，由国家林业局代表中国政府参加、中国花卉协会负责组织实施参展工作。设计建造的"中国华园"荣获国际园艺生产者协会(AIPH)大奖和2016土耳其安塔利亚世界园艺博览会组委会国际室外展园金奖(总分第一)，山东菏泽牡丹、江苏如皋盆景、宁夏银川菊花，分别获得安塔利亚世园会组委会特别奖。中国取得赴境外参加历届世园会首次赢得大满贯的好成绩，为国家赢得了荣誉。

筹备2019北京世园会(A1类)　北京世界园艺博览会(A1类)，将于2019年4月29日至10月7日在北京市延庆区举办。主要工作为制定特殊规章，在国际展览局(BIE)全体会议通过；全面完成规划制定、展览策划、植物储备、招展方案、宣传推介、奠基开工等阶段性工作，进入国际招展、内容策展和基本建设阶段。

成功申办2021年扬州世界园艺博览会(B类)　9月28日，在安塔利亚召开的AIPH第68届年会上，中国申办代表团作了精彩的申办陈述，首先播放了扬州申办宣传片，然后申办代表团成员进行致辞和申办陈述。

9月30日，在AIPH全体会议上，会议代表一致通过批准江苏省扬州市在2021年举办世界园艺博览会(B类)。这将是在中国共产党成立100周年之际，中国举办的世界花卉园艺盛会。

举办第四届中国杯插花花艺大赛 由中国花卉协会、唐山市人民政府主办，中国花卉协会零售业分会、河北省花卉协会、2016唐山世园会执委会办公室承办的第四届中国杯插花花艺大赛，于2016年7月2～9日在唐山市举办。全国22个省(区、市)的56位花艺选手参赛，经过初赛、复赛和决赛的激烈角逐，产生冠、亚、季军。大赛期间，邀请了欧洲杯冠军花艺师塔马斯，俄罗斯著名花艺师埃克进行花艺表演。这是中国插花花艺界最高级别的全国性赛事，大赛的成功举办，促进世界花艺交流，普及花艺知识，对于进一步弘扬和传承中国插花技艺，提升中国花艺水平具有深远意义。

举办品牌展会

主办2016中国·大理国际茶花大会 由国际茶花协会、中国花卉协会和云南省大理白族自治州人民政府共同主办的2016中国·大理国际茶花大会，于2月21～26日在云南大理举办。大会期间还举办了第十届中国茶花博览会和第二十六届中国兰花博览会。

主办2016世界月季洲际大会 由世界月季联合会、中国花卉协会、北京市人民政府共同主办的2016年世界月季洲际大会于5月19日至6月18日在北京大兴举办。大会期间还举办了第14届世界古老月季大会、第七届中国月季展和第八届北京月季文化节。

举办第十八届中国国际花卉园艺博览会 由中国花卉协会主办的第十八届中国国际花卉园艺展览会于5月11～13日在北京市举办。来自30个国家和地区的700多家企业参展，展出面积首次突破3万平方米。展会期间，举办了新品种发布会、技术交流会、家庭园艺论坛、大型插花表演等多项专业活动。

举办2016中国(萧山、夏溪)花木节 4月1～3日，由中国花卉协会主办的2016中国(萧山)花木节在浙江萧山举办。展出内容有花卉新优品种、容器苗、植物造景、造型苗木、盆花盆景、观赏植物、基质肥药、园林材料、机械设施等绿化工程、家庭园艺和园艺资材用品，以及中国传统插花和现代插花作品等，汇聚了1000多家花卉苗木企业参展，举办了10多场产品推介、信息发布、技术交流等专题活动。10月21～23日，由中国花卉协会主办的2016中国(夏溪)花木节在江苏省常州市武进区夏溪花木市场举办，来自全国各地的500多家单位及1万余农户参会。举行了中国花木产业论坛、中国花木营销大会、华东精品盆景展等活动。

举办2016广州国际盆栽植物及花园花店用品展览会 展会于12月2～4日在广州花卉之都举办。有16个国家和地区的160多单位参展，展出总面积1万多平方米。期间还举行了插花表演、海绵城市绿化论坛、花卉新品种发布会等多项活动，对集中展示盆栽及花园花店用品发展趋势，加强国内外交流合作，引导花卉消费，促进花卉产业转型升级等发挥了积极作用。

【信息化建设】 2016年，中国花卉协会网站点击量已达835.2万人次，在国家林业局50个子网站中位居前十名。更新维护局网站《林业产业》栏目点击量达1156万人次，在国家林业局49个栏目中排第八位；中国花卉协会微信公众号阅读人数达3.2万人；按时保质保量出版中国花卉园艺杂志(半月刊)24期，杂志全年共出版12个专题。

【国际话语权日益提升】 与国际园艺生产者协会(AIPH)联合主办首届AIPH世园会论坛。来自荷兰、英国等11个国家和地区的100多位代表参加，交流了世园会举办经验，提出了引领世园会发展的新对策。

积极参加国际园艺生产者协会(AIPH)活动。参加在加拿大召开的春季会议和土耳其召开的第68届年会，了解国际花卉产业发展新趋势和发展新动向，介绍中国花卉产业发展现状、特色和需求，积极发表中方意见。参与AIPH组织的国际花卉园艺发展趋势调研项目，体现中国花卉园艺的国际地位和作用。

参加2016年香港花卉展览会。中国花卉协会代表团参加3月在香港维多利亚公园举办的2016年香港花卉展览会，期间组织国内参展代表召开了座谈会，研究探讨下一步参展模式和内容方式，学习了香港花展的办展经验，对于改进中国花卉博览会的举办具有借鉴意义。

赴美国、哥伦比亚为国际花展招展。中国花协代表团于6月赴美国、哥伦比亚为2017年在上海举办的中国国际花卉园艺展览会招展，拜访了美国最大的种子集团——泛美种子和哥伦比亚玫瑰展商，走访了美国花卉协会和哥伦比亚花卉商会，对于美国和哥伦比亚的花卉产业有了深入的了解，宣传了展览，并学习了协会的一些成功经验和做法，对于促进中国花卉产业现代化发展和充实提高国际花展具有重大意义。

(中国花卉协会由宿友民供稿)

中国绿化基金会

【综　述】 2016年，在国家林业局党组和理事会的领导下，中国绿化基金会紧紧围绕林业现代化发展，促进生态中国建设这一中心任务，践行绿色发展理念，积极扩大募集资金规模、提高社会认知度和参与度，开拓创新，团结务实，取得了新的较好成绩。截至2016年年底，中国绿化基金会共募集资金5445.19万元，实施绿化公益项目38个，签订捐赠合作、实施协议224个，为中国林业生态建设作出积极贡献。2016年11月，中国绿化基金会召开换届大会，产生第七届理事会，陈述贤担任中国绿化基金会主席。

【“云上中国影像自然保护计划”公益项目】 3月3日，中国绿化基金会联合新浪微公益、阿里巴巴公益基金会等机构在世界野生动植物日，共同发起“云上中国影像自然保护计划”活动，该活动在微博上吸引1000万人次参与。

8月21～26日，由中国绿化基金会联合中国（林业）生态摄影协会、阿里巴巴公益基金会在青海湖鸟岛国际湿地共同举办云上中国自然生态摄影培训营第二期活动，10月17日，第三期自然生态摄影培训营在四川唐家河国家自然保护区举办。

“云上中国影像自然保护计划”通过对影像数据的收集传播，提供云计算和地图服务的资源，形成由公众和自然保护者共同运营的自然图片库。该活动定期为保护区工作人员举办摄影训练营，为保护区培养自然摄影师，同时为保护区配备红外相机、数码相机等先进影像监测基础设备，帮助保护区获取更多生物多样性监测资料，建立完善保护区生物物种影像资料库。

【中国绿化基金会荣获“中欧十佳绿荫基金会奖”】 3月13日，中国绿化基金会荣获第一届“中欧十佳绿荫基金会奖”。该奖项是由中欧社会论坛和中国公益研究院共同主办的“生态文明与绿色转型”研讨会暨“中欧十佳绿荫基金会奖”颁奖典礼所颁发，活动在深圳证券交易所举行。

此次10家国内基金会荣获中欧绿荫奖，是国内慈善基金组织按照欧洲标准甄别评选得出，意味着国内公益慈善基金组织得到国际认同，标志着中国公益慈善组织在标准、运作管理方面走向国际化。

【左右沙发助力“百万森林计划”】 3月19日，左右家私有限公司在第31届深圳国际家具展现场召开新闻发布会，宣布助力“中国绿化基金会——百万森林计划”。左右沙发将在全国的销售门店发起“每售出一套沙发，即向百万森林计划捐种一棵树”的公益活动。

发布会前一天，中国绿化基金会、中国家具协会等单位领导，红星美凯龙家居集团、北京居然之家投资控股集团等家居业界代表专程到惠州左右综合产业园植树，以实际行动开启左右沙发2016“绿色幸福”之旅。

【“幸福家园·绿色西海固——全国志愿者生态扶贫植树交流活动”启动】 3月30日，由中国绿化基金会、联合国环境规划署、东南卫视、全国绿化委员会办公室、宁夏回族自治区林业厅等机构联合主办的“幸福家园·绿色西海固——全国志愿者生态扶贫植树交流活动”在宁夏回族自治区海原县举办。中国绿化基金会、宁夏回族自治区林业厅等单位领导，《中国绿色时报》《新京报》、新华社宁夏分社等媒体，以及项目地受益家庭代表等100多人，参加幸福家园生态扶贫项目落地种植活动。

【“冬奥会志愿者林”植树公益活动】 于4月16日，在河北省张家口市崇礼区举办。此次活动由中国绿化基金会、中国志愿服务联合会、中央国家机关户外健身运动协会、国家林业局宣传办公室、河北省文明委、张家口市人民政府联合举办。中共中央政治局原委员、中国志愿服务联合会会长刘淇，国家林业局党组成员陈述贤，河北省委书记、省人大常委会主任赵克志等，同京冀两地“绿化志愿者”代表等近300多人一起，在规划中的冬奥会森林公园植绿。

第24届冬季奥林匹克运动会将于2022年2月4～20日在中国北京和张家口联合举行。为弘扬“绿色奥运”“绿色发展”理念，动员公众参与生态建设与保护，中国绿化基金会与张家口市人民政府联合设立“中国绿化基金会绿色张家口专项基金”，并在该基金下设立绿色冬奥会纪念林专项，面向全社会募集资金建设绿色冬奥会纪念林等绿色公益项目。此次，中国绿化基金会出资200万元，在2022冬奥会会址所在地——张家口市崇礼区冬奥会场区域，营造200亩针叶树和阔叶树混交的冬奥会志愿者高标准示范纪念林。

【“乐享森林·嘉年华”公益活动】 由中国绿化基金会、联合国环境规划署、东南卫视、全国绿化委员会办公室、首都绿化委员会办公室等单位联合主办。

4月23日第一站北京站活动在北京通州大运河森林公园启动。7月23日第二站上海站活动，十方“绿色上海——乐享森林·嘉年华”在上海世纪公园举办。11月19日第三站南京站活动在南京森林警察学院举行。11月26日第四站长沙站活动“乐享湿地·嘉年华”在湖南松雅湖国家湿地公园举行。

【防治荒漠化 民间组织在行动——防治荒漠化日全球纪念活动民间组织边会】 6月17日，由中国绿化基金会主办的“防治荒漠化 民间组织在行动——防治荒漠化日全球纪念活动民间组织边会”在北京召开。中国绿化基金会、联合国防治荒漠化公约秘书处等单位领导，联合国防治荒漠化公约（UNCCD）旱地大使等嘉宾出席活动。

此次边会是为了响应“世界防治荒漠化和干旱日”的全球纪念活动，针对“保护地球 恢复土地 人人参与”的主题，以如何更好发挥民间组织在防治荒漠化行动中的作用为出发点，分别就土地可持续管理、保护和恢复土地、公众意识教育等问题进行案例分享，通过民间组织的交流与了解，促进防治荒漠化多元化机制的发展。会上，中国绿化基金会与各家民间机构代表共同签署发布《6·17防治荒漠化日民间组织共同行动纲领》。

【绿色公民行动一带一路“绿色地球”公益活动暨项目发布会】 6月17日，由中国绿化基金会、联合国环境规划署、全国绿化委员会、国家林业局主办，联合国防治荒漠化公约秘书处支持的绿色公民行动一带一路“绿色地球”公益活动暨项目发布会在北京举行。中国绿化基金会、国家林业局、联合国防治荒漠化公约执行处、联合国环境规划署等单位领导出席本次活动。此次会议是对中国防治荒漠化成就的总结和宣传，也是对中国绿化事业的肯定。基于此，《联合国防治荒漠化公约》第13次缔约方大会决定在中国召开，以凸显中国在荒漠化防治工作中的突出表现。

【"绿色公民行动"爱心探访团走进甘肃刘家峡】 6月22日，中国绿化基金会带领爱心探访团，赴甘肃省永靖县刘家峡地区，进行为期三天的绿色公民行动"绿色扶'苹'精准扶贫公益项目"实地探访活动。中国绿化基金会绿色公民行动针对甘肃永靖县刘家峡地区推出"绿色扶'苹'精准扶贫公益项目"，旨在募集社会资金营造苹果经济林，为当地农民带来持续稳定的经济收入，同时减少留守儿童数量，实现当地的生态效益。

【中国绿化基金会项目获公益指数大奖】 6月28日，由新浪微公益、新浪微博主办的2016中国公益新媒体"蓝V沙龙"在北京举行，中国绿化基金会获得3项中国公益指数大奖。其中中国绿化基金会"@CGF－保护自然"行动荣获中国公益指数周榜周冠军；易烊千玺的公益粉丝团"@易烊千玺V公益"荣获中国公益指数周榜冠军；"千度暖烊公益基金"项目荣获中国公益指数新媒体传播奖。

9月14日，2016年第三季中国公益新媒体"蓝V沙龙"在北京举办。中国绿化基金会"@CGF－保护自然"荣获中国公益指数月榜6月冠军；易烊千玺的公益粉丝团"@易烊千玺V公益"荣获中国公益指数榜周榜冠军。

12月6日，"2016中国公益新媒体沙龙暨新浪微公益年度颁奖典礼"在北京举行。中国绿化基金会"易烊千玺V公益"的"我为千玺种棵树"项目、免费午餐的"爱心一碗饭"等项目被评为2016新浪微公益十大最具影响力公益项目。

【"共植胡杨·共享绿色"公益活动】 9月1日，中国绿化基金会联合甘肃金塔县委县政府联合主办的"共植胡杨·共享绿色"公益活动在北京启动。中国绿化基金会、国家林业局防治荒漠化管理中心、海军航空兵部队、团中央学校部、中国网络电视台、华鼎奖、金塔县委县政府等单位领导以及相关企业家、新闻媒体记者共200余人参加本次启动仪式。启动仪式上，现场接收爱心企业及爱心人士捐赠善款近40万元。

"共植胡杨·共享绿色"公益活动是金塔县委县政府响应生态先行的理念，按照"南护水库，西北防沙，东治黑河，中保农田"的生态建设方针，结合该县实际，开展以胡杨为主的乡土种植，号召企业参与林业建设和防沙治沙的义举。

【中国绿化基金会等获颁首批慈善组织证书】 9月2日，中国绿化基金会、中国人口福利基金会、中国扶贫基金会等16家全国性社会组织成为9月1日《慈善法》实施后被民政部认定的首批拥有公募资格的慈善组织。

2016年8月31日，民政部发布《慈善组织认定办法》和《慈善组织公开募捐管理办法》，其中《慈善组织认定办法》中明确了基金会、社会团体、社会服务机构申请认定为慈善组织应当符合的条件和程序。《慈善组织公开募捐管理办法》中规定依法取得公开募捐资格的慈善组织可以面向公众开展募捐。不具有公开募捐资格的组织和个人不得开展公开募捐。

【幸福家园暨网络植树生态扶贫（金秀）项目结项】 9月27日，中国绿化基金会"幸福家园暨网络植树"生态扶贫（广西）公益项目结项评估活动，在广西金秀瑶族自治县举行。中国绿化基金会、广西壮族自治区政府、广西壮族自治区林业厅、柳州市政府等单位领导，以及山水自然保护中心、山寨城市等机构的专家、新闻媒体、项目区群众代表等约30人出席该项目总结会，并开展专家评议。

"幸福家园暨网络植树"项目不仅是绿色扶贫公益项目，也是从输血向造血转变的一种新公益方式。由单纯地强调生态建设转向把生态保护与增加农户收入、可持续发展相结合；由单纯地发动农户种树转向引导农户把种树和增加自身收入相结合，最终实现可持续发展目标。

【"绿色屋顶、蓝色天空"公益行动捐赠仪式】 10月10日，由中国绿化基金会和河南省郑州市郑东新区管委会发起的"绿色屋顶、蓝色天空"公益行动捐赠仪式在郑东新区如意湖文化广场召开。中国绿化基金会、郑东新区管委会、如意湖办事处、全国新能源节能减排公共服务平台等单位领导出席。

此次"绿色屋顶、蓝色天空"公益行动主要面向企业、社会公众募集资金，支持郑东新区内部中小学校园的屋顶与立体绿化。活动共计募集捐款280余万元。

中国绿化基金会设立的"城市屋顶及立体绿化"专项基金旨在动员海内外社会力量，推动以屋顶和立体绿化为主的城市生态建设绿色公益事业，为实现人与环境相和谐的可持续发展目标而努力。

【"互联网＋全民义务植树"网络平台建立】 10月，中国绿化基金会、全国绿化委员会、国家林业局共同发起设立"互联网＋全民义务植树"网络平台。通过网络平台推动实体参与和网络参与两部分活动。实体参与是通过身体力行参与义务植树，尽责形式包含造林绿化、抚育管护、自然保护、认捐认养、基础设施、志愿服务等形式。公民劳动按实际完成量折算植树株树。网络参与是通过网络捐款开展国土绿化、植树造林相关项目，完成义务植树。捐赠资金按照地方标准折算植树株树。

【中国绿化基金会第七届理事会成立大会】 于11月16日在北京人民大会堂河南厅召开。此次会议，选举产生了中国绿化基金会第七届理事会、监事和领导机构，共产生理事20名，监事2名。

中国绿化基金会主席王志宝对第六届理事会工作进行总结，指出：截至2016年9月，第六届理事会共筹集资金6.5亿元，是上届筹资总额的1.7倍。第六届理事会支出资金6.25亿元，是第五届的1.89倍。同时王志宝对第七届理事会提出了建议。

此外，全国政协副主席林文漪，国家林业局党组书记、局长张建龙，中国绿化基金会第七届理事会主席陈述贤，中国绿化基金会第六届理事会常务副秘书长陈蓬等出席会议。

【中国绿化基金会第七届理事会第一次全体（扩大）会议】 于11月16日在北京召开。该次会议旨在落实中国绿化基金会第七届理事会成立大会（第六届理事会第十三次会议）会议精神，总结回顾工作经验，研究分析当前绿化公益事业形势，安排部署今后重点工作。

会议邀请大连市林业局、北京华阳信创科技有限公司、大自然家居（中国）有限公司等单位分别作典型项目介绍。同时参会理事就基金会今后工作谏言献策。最后，中国绿化基金会第七届理事会主席陈述贤作会议总结。

【中国绿化基金会绿色攀枝花专项基金】 于12月2日由中国绿化基金会联合攀枝花市委市政府共同设立。中国绿化基金会、攀枝花市委市政府、中国保健协会、中国老科学技术工作者协会、内蒙古自治区政协、中国生态道德教育促进会等单位领导出席本次活动。

仪式上宣读了“共建绿色家园，共享森林城市”倡议，倡议在攀枝花市深入开展“共建绿色家园 共享森林城市”行动，广泛栽植树木，扩散生命与绿色。

中国绿化基金会绿色攀枝花专项基金旨在动员国内外各方力量积极参与攀枝花绿化行动。中国绿化基金会将采取基金会搭台、政府引导、社会参与的共建共治模式，立足攀枝花市，面向全国乃至国外，广泛募集社会资金，用于攀枝花市绿化造林、生态建设等绿色公益事业。专项基金的启动推动了攀枝花市“国家森林城市”和“中国康养胜地”的建设进程，为加快建成长江上游生态屏障积聚力量。

中国绿化基金会现场接受热心企业、人士的捐赠45.2万元。《人民日报》、新华社、中央电视台、《光明日报》、中央人民广播电台、中新社、中视金桥国际传媒、《四川日报》、四川电视台等30余家媒体应邀参加该活动并进行宣传报道。

【中国绿化基金会绿色公益联盟】 12月27日，“中国绿化基金会绿色公益联盟启动仪式暨绿色公益大讲堂”在北京举行。中国绿化基金会、国家林业局宣传中心、中国林业产业联合会、中国绿色时报社、中国互联网新闻中心、中国网、《人民日报》、北青集团宣传事业群等单位领导，绿色公益联盟首批成员企业家代表、社会公益人士等出席此次活动。

绿色公益联盟是在全国绿化委员会、国家林业局的支持和指导下，由中国绿化基金会、《北京青年报》联合发起成立的公益联盟。以传播绿色生态公益理念为宗旨，通过公益开放平台的搭建，聚集、整合多方公益资源，推动绿色生态公益文化知识的普及、绿化公益事业的发展，促进生态文明的建设。该联盟向成员单位提供绿色生态公益方向的专业培训及实践活动，为个人参与公益活动提供专业指导及资源支持。启动仪式上，共有20家具有环保理念、积极践行社会责任的企业被授予首批“绿色公益联盟”成员荣誉称号。

【“2016寻找最美生态公益人物（企业）”专家评审会】 12月27日，中国绿化基金会和中国绿色时报社联合举办“2016寻找最美生态公益人物（企业）”彰示活动。该活动旨在促进生态文明公益事业发展，传播生态文明建设正能量，倡导人人参与建设绿色家园的新风尚。该活动自2016年7月30日正式启动后，严格按照坚持面向基层、坚持鼓励创新和坚持绩效优先的三原则，于12月15日推选出公益人物特别奖2人、公益人物15人、公益企业10家，并于12月27日在国家林业局举行彰示活动。

（中国绿化基金会由张怡然供稿）

中国林业产业联合会

【综　述】 2016年，中国林业产业联合会（以下简称“中产联”）认真贯彻生态文明建设和绿色文明发展理念，紧扣国家林业局工作重点，顺应市场发展需求，抓大事，干实事。主要完成了以下工作：

国家森林生态标志产品体系建设 2016年进一步完善《中国林业产业特色区域认定管理办法》《国家森林生态产品生产基地和供应商认定管理办法》等实施规则，启动了国家森林生态标志产品体系试点工作，发布了首批国家森林生态产品生产基地和供应商认定结果。2016年9月国家林业局发文正式委托中产联组织开展国家森林生态标志产品体系建设试点工作。

中国林业产业新兴战略发展基金组建 根据近年来林业企业转型升级普遍遇到资金困难的实际情况，认真筹划成立新兴产业发展私募基金工作。2016年7月29日，经国家林业局局长张建龙批准，中产联加快了此项工作步伐。从下半年开始，组织18家上市林业龙头企业召开了两次中国林业新兴战略产业发展私募基金筹备工作座谈会，讨论研究基金建设方案和投向，开始意向遴选相关项目，组建基金专家咨询委员会和基金公司。

中国林产品交易中心筹备 2010年开始，中国已成为世界上最大的林产品生产大国和贸易大国，但由于传统贸易体系和标准体系长期由西方国家控制，中国林产品定价权、标准解释权等受到不平等对待。为了争取中国的话语权，在国家林业局和商务部支持下，中产联积极筹备中国林产品交易中心，并得到上海市自由贸易区管委会的响应。经过一年的磋商，中产联与上海自贸区管委会共同起草了《战略合作框架协议》，并经国家林业局领导审批，拟在第三届全国林业产业大会上正式签署协议。

全国林产品电子商务平台 为了有效解决林产品“远在深山人未识”的难题，中产联经广泛调研，认定“互联网+林业”是破解的重要途径，林产品电子商务这一新业态将成为林业与时俱进的新选择，对于林业精准扶贫具有重要意义。中产联主题调研了安徽芜湖“三只松鼠”公司、浙江湖州“电商村”和阿里巴巴商学院，对于原有的全国重点林产品信息综合服务平台和产业大数据平台进行了改进续建，安徽池州林产品电子商务平台正式上线试运行。

中国林业产业行业信用建设 为了解决林产品市场鱼目混珠、假劣产品横行、绿色产品遭受信任危机的局面，中产联自2014年启动了“林产品绿色中国行”行动。2015年，中产联牵头编制并发布了国内第一个行业信用发展规划《中国林业产业信用建设发展规划（2015～2030）》。2016年，中产联继续加大力度，经商务部授权，启动了林业企业“信用等级评价”工作，并于8月28日在人民大会堂表彰首批28家诚信企业，国家林业局总工封加平到会讲话，商务部市场秩序司发来贺信；编纂出版《2015～2016中国林业产业信用建设调查研究报告》《2014～2015中国林业产业信用体系调查研究报告（白皮书）》；组织评选了第一批中国林业产业诚信企业品牌。11月3日，商务部召开信用企业专题会议，特邀中产联代表作典型发言，林业产业行业信用建设得到充分肯定。

助力“森林康养” 中产联认真学习习近平总书记关于“健康中国”的重要指示，积极贯彻落实党中央、国务院《“健康中国”2030规划纲要》精神和国家林业局规划安排，按照中产联会长贾治邦指示，把森林康养作为2016年重点工作。根据森林康养集旅游、休闲、医疗、度假、娱乐、运动、养生、养老等健康服务于一体的特点，中产联统一规划、适当分工、动员组织相关分支机构分头行动，举办了一系列活动，分别有：开展森林体验养生基地命名工作，举办了全国森林教育辅导员和森林疗养技术培训班、2016中国森林食品暨休闲食品产业发展高峰论坛，协办了第二届中国森林旅游节筹备工作、主办第二届“中林杯”全国森林旅游摄影大赛、组织第二批森林旅游示范县（市）申评活动。12月10日，在北京召开的首届中国森林康养与医疗旅游论坛上，为全国首批36个森林康养基地颁牌，国家林业局局长张建龙发表了森林康养应为“健康中国”作出贡献的重要讲话，新华社、《人民日报》、中央电视台等重要媒体都做了报道，与会人员除了林业系统的代表，更多的是体育、卫生医疗、医药等系统代表。

国际交流和国际维权 配合完成中国－中东欧“16＋1”林业合作相关工作。1月底组织相关企业，先行赴斯洛文尼亚举办双方林业企业经贸洽谈会进行实质性对接和磋商；5月组织10余家企业赴斯洛文尼亚参加中斯林业企业经贸合作洽谈会，随团企业大自然家居与斯方企业签订了经贸合作协议。组织企业参加了米兰国际家居与配套设施展览会和木材加工机械及家具配件展；承办了国家林业局赴俄罗斯参加林业高层会议相关事宜，并组织安排随团企业与俄罗斯木材生产商和出口商联盟进行经贸合作洽谈；与澳大利亚林业方面的交流更加深入，10月应澳大利亚林学会邀请，组织企业赴澳参加中澳林业合作企业研讨会。参加中美打击非法采伐和相关贸易双边论坛第七次会议，积极推动国际森林可持续发展。

有效开展国际交流与国际维权，确保中国林业企业国际主体地位。一是就奥古曼胶合板日落复审事宜积极与政府有关部门沟通，争取依法取消针对中国的奥古曼胶合板反倾销措施；二是针对“林木宝”事件，积极掌握美国方面动态，采取应对措施与CBS电视台有序接洽，并组织重点企业开展培训，使企业全面了解出口目的国的各项法规和标准，指导企业进一步规范出口行为。

其他工作 完成国家林业局委托的第三届林业产业突出贡献奖、创新奖评选工作，并在第三届全国林业产业大会上颁奖表彰。

完成国家林业局委托的中国林业产业重大问题调研报告和中国林业产业发展指南（2015年）编撰工作和2016年开题工作。

配合国家林业局林改司完成了《林业“十三五”规划》和《关于推进农村一二三产业融合发展的总报告》。

配合国家林业局造林司完成中国竹产业发展情况专项调研，形成调研报告。

与中国纸业集团、世界自然基金会合作，举办首届中国国际林浆纸可持续发展高峰论坛，共同推动林浆纸行业可持续发展。

与中国林业出版社合作“中华木作”信息库建设项目，逐步分阶段完成项目工作。

中产联组织成立了竹木企业发展促进会、杜仲产业发展促进会、龙脑产业分会、森林果酒饮品促进会，同时加强了对分支机构的规范管理，完成分支机构考评。

积极为企业争取国家各项优惠政策补贴，积极对接环保部、国家税务总局等部门，将符合相关标准的人造板产品从“双高”目录中删除，为人造板企业争取了相关人造板产品可以继续享受70%即征即退税率的政策。

配合国家林业局办公室完成了高层次人才库首批入库人选信息采集工作，组织入选会员单位进行信息采集工作。

主办、承办了第十八届中国国际地面材料及铺装技术展览会，第十五届中国国际门业展览会，首届全国油茶文化节，香榧文化节，第十一届中国（东阳）木雕竹编工艺美术博览会，2016中国红木家具发展大涌论坛。

组织专家、企业家在云南省玉溪市召开了中国生态文明促进计划走进玉溪研讨会，围绕玉溪林业生态建设和林业产业发展建言献策，并与玉溪市林业部门和林业企业进行深入的对接交流。

【国家林业局林产品国际贸易研究中心专家委员会年终汇报会】 2016年1月24日，国家林业局林产品国际贸易研究中心（以下简称中心）专家委员会年终汇报会在北京举行，中心主任、中国林业产业联合会副会长兼秘书长王满、国家林业局计财司副司长张艳红以及专家委员会成员、中心领导及专家共30余人参加了会议。

专家委员会对中心成立以来的快速发展和取得的成果给予积极评价，认为中心充分发挥了为国家林业局相关部门决策提供支撑和为国家谈判提供支持的重要作用，同时也为行业和企业提供了大量信息和切实指导。对于中心以后的发展，专家委员会成员各抒己见，希望中心能够拓展研究领域和深度，进一步发挥智库作用，服务国家林业发展战略决策，为产业界提供更多有益的信息，指导林业产业在经济新常态下健康发展。张艳红对专家委员的意见和建议表示感谢并作讲话。为不断拓展研究领域和充分发挥智库，专家委员会增聘中国工程院院士尹伟伦、商务部合作司商务参赞陈林、中国国际工程咨询公司副总经理窦皓为成员。

【中国林业产业联合会木本油料分会第一届第二次代表大会暨精准扶贫行业交流研讨会】 于3月31日在湖南永顺县芙蓉镇召开。国家林业局各相关司局、地方领导及全国十余个相关省份林业厅代表、分会会员单位代表、合作单位代表、媒体记者等共170余人出席了大会。中国林业产业联合会副秘书长陈圣林对分会一年来充分发挥桥梁纽带作用、积极开展各项工作给予了充分肯定。湖南省林业厅巡视员唐苗生，国家农业综合开发办公室处长姜玉明，永顺、花垣县政府及地方企业代表，分别针对木本油料行业的发展、现状和扶贫政策实施的经验作了相关报告。分会理事长杨超对即将开展的全国木本油料展示交易平台、重点宣传推广工作、行业标准制定等做了工作部署和大会总结。湖南省科学研究院、湖南证监局、舟山交易所、国家防伪工程技术研究中心、湖南大三湘等企业和单位，围绕木本油料行业产业发展和全国木本油料展示交易平台建设等工作，做了经验交流及产业规划设计研讨。中国林业产业联合会木本油料分会与中南林业科技大学、国家防伪工程技术研究中心、地方政府、企业代表现场签订合作协议，为运用大数据科技转化产能和带动精准扶贫奠定基础，同时也确立了分会以“政府＋社团＋企业＋市场”合作的新模式。大会代表还考察了当地精准扶贫项目，参加了沃康生态工业园开园仪式。

【《全国杜仲产业发展规划》研讨会】 于4月10日在庄子故里——安徽蒙城县召开。20多位与会领导、专家和企业界代表围绕中国林业产业联合会受国家林业局委托编制的《全国杜仲产业发展规划（2016～2030年）》展开研讨。国家林业局党组成员、总工程师封加平到会并讲话，会议由中国林业产业联合会副会长兼秘书长王满主持。

封加平就杜仲产业的未来发展定位、杜仲产业如何发展、杜仲产业推动过程中的步骤及需要注意的问题等发表了具体意见。

与会专家一致认为，杜仲产业的科学化发展，有利于生态文明建设、维护国家安全；杜仲产业的规模化发展，有利于促进供给侧结构性改革，推进军民深度融合发展；合理开发中国特有的杜仲橡胶资源，有利于扭转中国天然橡胶供应受制于人的状况；杜仲产业的新型化发展，将有利于国家实施的精准扶贫战略，让百姓切实享受到“绿水青山就是金山银山”的实惠。

【全国林业产业信用建设暨诚信企业品牌交流座谈会】 于8月28日在北京召开，国家林业局总工程师封加平出席座谈会，并充分肯定了中国林业产业信用体系建设取得的成绩。他指出，通过这些具体工作的开展，增强了林业产业自律水平，规范了林业产业竞争秩序，树立了“诚信守法为荣，失信违法为耻”的企业经营道德，促进了林业产业健康发展。中国林业产业信用体系建设工作开展以来，编制了《中国林业产业信用体系建设规划纲要》，制订了《林业产业行业诚信评价标准》和《林业企业信用评价规范》，出版了《中国林业产业信用体系建设调查研究报告》，开展了林业产业行业信用评价、诚信企业品牌评定及推广等工作，先后有125家企业品牌获得“中国林业产业诚信企业品牌”荣誉，有29家林业企业获得了A级以上信用评级。

会议期间，与会林业企业发起“中国林业产业诚信企业品牌”宣言，郑重向社会承诺：将积极履行“中国林业产业诚信企业品牌”各项义务，发挥“中国林业产业诚信企业品牌”成员的主体和示范作用，积极参加“中国林业产业诚信企业品牌”标识的推广、林业产业征信系统和大数据建设，并提供相关信息。将继续坚持合法经营，自觉加强自律管理，继续积极支持并参与林业产业诚信企业品牌建设推广工作，主动维护“中国林业产业诚信企业品牌”声誉，严格遵守法律法规，信守合同，依法纳税，不制假、不掺假、不售假，产品达到国家相关环保、食品质量与服务标准，产品属性按国家标准命名并对原材料属性（尤其是转基因原材料）进行标注，不侵害其他企业与消费者的权益，杜绝虚假宣传，主动接受行业组织和全社会的监督。

【全国杜仲产业发展座谈会】 中国林业产业联合会主办的全国杜仲产业发展座谈会暨中国林业产业联合会杜仲产业发展促进会成立大会于8月28日在北京人民大会堂召开。国家发展改革委、国务院参事室、中国社会科学研究院、国务院发展研究中心等有关部委及国家林业局相关司局领导和部分省（区、市）林业厅（局）林业产业主管领导，中国林业产业联合会杜仲产业发展促进会会员代表200余人出席会议。中国林业产业联合会副会长兼秘书长王满主持会议，国家林业局总工程师封加平出席会议并发表讲话并对杜仲产业发展提出了几点要求：一是各相关部门要为产业发展创造有利的环境。二是要大力开展科技研发和创新，不断培育新品种和创新栽培技术，保持杜仲产业发展后劲。三是杜仲产业的社会组织要充分发挥桥梁纽带作用。四是要通过多种形式和渠道加大对杜仲产业的宣传力度。与会专家围绕杜仲产业发展规划的编制与实施，结合各自专业发言。专家们特别强调，大量种植杜仲林既具有良好的生态环境绿化美化功能，又具有良好的碳汇功能，有利于“碳增汇”产业持续发展。

会上，成立了杜仲产业发展促进会，并通过了《工作规则》，选举产生第一届理事会。国家林业局科技发展中心原主任黎云昆为理事长，王国熙等任副理事长，中国林业产业联合会秘书长助理李志伟任执行副理事长，中林九九杜仲产业发展研究院执行院长滕小平当选为副理事长兼秘书长。国家林业局总工程师封加平为中国林业产业联合会杜仲产业发展促进会和中林九九杜仲产业发展研究院授牌。

【中国林业产业联合会林浆纸分会换届暨全国林浆纸骨干企业座谈会】 于10月27日在湖南长沙举行。国家林业局总工程师、中国林业产业联合会副会长封加平出席会议并讲话，国家林业局林业产业领导小组办公室副主任、中国林业产业联合会副会长兼秘书长王满，国家林业局林业产业领导小组办公室副主任、国家林业局发展规划和资金管理司副司长张艳红等部门和企业领导以及来自全国各地的林浆纸骨干企业代表近百人参加会议。

中国纸业投资有限公司董事长黄欣当选为理事长、中国纸业投资有限公司副总经理梁明武当选为常务副理事长，岳阳纸业股份有限公司总经理刘雨露、山东太阳纸业股份有限公司董事长李洪信、山东华泰纸业股份有限公司董事长李晓亮、泰格林纸集团股份有限公司董事长蒋利亚等21位林浆造纸相关领域人员当选为副理事长，中国纸业新能源投资有限公司顾问徐远梅当选为秘书长，中国林业产业联合会干部李近等当选为副秘书长。

在听取了林浆纸骨干企业反映的困难和问题后，封加平通报了当前中国林业发展总体情况，提出了加快林浆纸一体化发展的意见。

【首届中国国际林浆纸可持续发展高峰论坛】 于10月28日在长沙举行。此次论坛由中国林业产业联合会、世界自然基金会（瑞士）北京办事处、中国纸业投资有限公司联合主办，由中国林业产业联合会林浆纸分会、岳阳林纸股份有限公司承办。国家林业局林业产业领导小组办公室副主任、中国林业产业联合会副会长兼秘书长王满主持会议。国家林业局总工程师封加平出席会议并发表讲话国家林业局发展规划与资金管理司副司长、国家林业局林业产业工作领导小组办公室副主任张艳红作了题为"《林业'十三五'规划》助推林浆纸行业可持续发展"的主旨演讲，中国纸业投资有限公司董事长黄欣作了"加快转型升级，推动绿色发展"专题报告。论坛还举行了中国林业产业诚信企业品牌颁牌仪式和2014～2015年度中国林业产业创新奖颁奖仪式。岳阳林纸股份有限公司"岳阳楼"牌等7家企业7个品牌获得中国林业产业诚信企业品牌（林浆纸类）；山东太阳纸业股份有限公司等9家单位获得2014～2015年度中国林业产业创新奖（林浆纸类），有关领导为获奖企业代表颁发了奖牌。

【首届全国沉香产业发展高峰论坛】 于11月16日在广东省中山市大涌镇召开。这次会议由中国林产工业协会与木材工业研究所主办，得到了中国（大涌）红木文化博览城、中山市森宝沉香综合技术研究所、广东宝盛沉香种植有限公司、福建省沉香协会、海南省沉香产业协会等的大力支持。与会专家为代表们呈现了9个精彩报告，内容丰富，涵盖了中国沉香产业发展动向、进出口管理、育苗种植、人工结香、新产品开发、药理活性、精油提取分离、雕刻品开发、质量与标准等领域，为与会者提供了全新的行业升级发展思路。

【中国林业产业联合会龙脑产业分会成立仪式暨天然龙脑高峰论坛】 于12月3日在江西省吉安市举行。中国林业产业联合会副会长兼秘书长王满代表中国林业产业联合会到会祝贺，并宣读国家林业局总工程师封加平致辞。江西省林业厅巡视员魏运华、江西省科技厅副巡视员贺志胜、吉安市政府副市长王大胜、中国中药协会副会长张世臣出席。来自省（市）有关部门、大专院校、科研院所、医药企业、新闻媒体代表等共200余人参加。这次会议商讨了龙脑樟发展推广以及精准脱贫产业等议题。同时，还举行龙脑产业分会授牌、天然龙脑高峰论坛、龙脑产业发展战略签约等活动。

【首届中国森林康养与医疗旅游论坛】 由中国林业产业联合会森林医学与健康促进会和生态与健康研究院联合主办的首届中国森林康养与医疗旅游论坛于12月10～11日在北京召开。全国政协常委、人口资源环境委员会主任贾治邦，国家林业局局长张建龙、总工程师封加平出席会议。论坛邀请了国家卫生计生委、国家开发银行、北京中医药大学、北京中医药管理局、中国旅游研究院、国家林业局调查规划院、中国财政科学研究院专家出席并演讲。

国家林业局局长张建龙发表主旨讲话要求各级林业部门深入贯彻落实习近平总书记系列重要讲话精神，坚持以人民为中心的发展思想，坚持以"五大发展新理念"为指导，不断探索总结森林康养产业发展的新模式、新路径、新经验，为推进绿色发展、建设"健康中国"作出新贡献。

论坛宣布了中国林业产业联合会森林医学与健康促进会副理事长单位名单和全国首批森林康养试点单位名单，并为15家副理事长单位和36个试点建设单位授牌。中国林业产业联合会森林医学与健康促进会和中港建设集团签订投资合作框架协议，吉林集安五女峰国家森林公园与集安市中医院签订合作共建协议，中国林业产业联合会森林医学与健康促进会西部森林康养推广中心与四川七曲山国家森林公园签订合作共建协议，湖南青羊湖国营林场与浙江雁荡山国家级森林公园签订了资源共享合作协议。

【第三届全国林业产业大会】 于12月23日在北京举行。国家林业局局长张建龙，副局长张永利、刘东生、李树铭，局总工程师封加平，总经济师张鸿文，国家森林防火指挥部专职副总指挥马广仁出席会议。

张建龙讲话强调，做大做优做强林业产业，是深化林业供给侧结构性改革、培育林业发展新动能的战略选择。张建龙对努力实现林业产业由大变强的历史性跨越，提出了必须着力抓实抓好的八项重点工作：一是大力发展新兴产业和富民产业。二是实施重点工程带动产业发展。三是加快林业产业集群发展和示范园区建设。四是推进林业产业与互联网深度融合。五是继续深化林业产业国际合作。六是着力完善林业产业扶持政策。七是切实加强指导和服务。八是进一步加强组织领导。

会上，张建龙与中国建设银行行长王祖继签署了《国家林业局与中国建设银行全面战略合作暨林业产业发展投资基金合作协议》，双方将合作建立总规模为1000亿元的林业产业发展投资基金。会议颁发了第三届中国林业产业突出贡献奖和创新奖，为第二批国家林业重点龙头企业和国家花椒产业示范园区授牌。

【全国林业电子商务现场会暨互联网和林业产业发展培训班】 由国家林业局农村林业改革发展司、国家林业局林业产业办公室主办，中国林业产业联合会、国家林业局管理干部学院、安徽省林业厅、池州市人民政府承办的全国林业电子商务现场会暨互联网和林业产业发展培训班于12月27日在池州举行。国家林业局林业产业领导小组副组长、总工程师封加平出席会议并作主旨演讲，国家林业局林改司司长刘拓主持会议，安徽省林业厅厅长程中才、池州市市长雍成瀚出席会议并致辞。国家林业局管理干部学院副院长梁宝君，中国建设银行总行机构部总经理黄曦分别在会上发言，国家林业局林改司副司长李玉印、中国林业产业联合会副秘书长陈圣林、池州市副市长夏吉苗等也出席了本次会议。

国家林业局总工程师封加平在讲话中指出，全国林业电子商务现场会是贯彻落实第三届全国林业产业大会精神的具体行动，也是推进林业供给侧结构性改革的具体行动，更是践行“绿水青山就是金山银山”理念的具体行动。

全国生态林产品电商交易平台依托“国家森林生态标志产品”品牌体系，将主要建设全国林业产业数据综合服务平台、全国重点林产品质量追溯平台、全国林产品品牌公众查询平台、商家交易平台、大宗现货交易平台及会展交易平台。2015年11月，项目落户池州市平天湖风景区，2016年5月正式启动电商交易平台及中国生态林产品电商产业园建设，2016年12月27日正式开园。产业园集国家森林生态标志产品品牌体系认证辅导、优质生态林产品展示销售、电商运营、商务办公、人才培训等功能服务于一体，将为入驻企业提供完善的综合配套服务。会上播放了中国林业产业发展专题片，封加平为池州市平天湖风景区管委会“中国生态林产品电商产业园”授牌，会议还表彰了第三届全国林业产业突出贡献奖、创新奖获得者。

（中国林业产业联合会由白会学供稿）

中国水土保持学会

【综　述】 中国水土保持学会是由全国水土保持科技工作者自愿组成、依法登记的全国性、学术性、科普性的非营利性社会法人团体。于1985年3月由国家体改委批准成立，并加入成为中国科学技术协会团体会员。

中国水土保持学会于1986年5月、1992年5月、2006年1月和2010年12月在北京市分别召开了第一、第二、第三和第四次全国会员代表大会，杨振怀任第一、第二届理事会理事长，鄂竟平任第三届理事会理事长，刘宁任第四届理事会理事长。2016年12月22日，在北京市召开了第五次全国会员代表大会，水利部副部长刘宁任第五届理事会理事长。

中国水土保持学会下设14个专业委员会，全国共有28个省级水土保持学会。

【党建工作】 12月26日，学会向中共中国科协科技社团委员会提交了《关于成立中国水土保持学会党委的请示》，12月29日，中国科协科技社团党委向学会下发了《关于同意中国水土保持学会成立党委及组成人选的批复》（科协社团党发〔2016〕106号）文件，批准学会成立功能型党委。

2016年，学会党支部开展了“两学一做”专题教育活动。学会党支部组织党员学习《习近平总书记七一讲话精神》《习近平书记教师节重要讲话》《学习李保国精神，做优秀共产党员》等系列专题党课，提高了党员的思想认识，强化了党性。

12月2～3日，学会党支部与李保国教授生前所在党支部河北农业大学林学院林学系党支部开展了主题为“学习李保国愚公精神，发挥水土保持专业优势，帮扶山区百姓精准扶贫，为京津冀一体化建设出力”的共建活动。

【第五次全国会员代表大会】 12月21～22日，学会在北京市召开第五次全国会员代表大会。会议选举产生了第五届理事会理事144名。在第五届理事会第一次会议上，选举产生了43名常务理事。在第五届常务理事会第一次会议上，选举产生了第五届理事会领导机构。来自相关单位的代表260余人参加了会议。

【学会建设】 2016年，学会组织力量积极申请中国科协开展的项目，共申报获批14项，获得项目资助260余万元。其中择优项目3项，承接政府转移职能与科技公共服务工程项目3项，学科发展引领与资源整合集成工程项目2项，第十八届中国科协年会分会场活动1项，第十八届中国科协年会咨询服务专题调研项目1项，创新驱动助理工程试点单位及调研课题1项，中国科协“十百千”特色活动1项，中国科协资助出国参加国际会议1项，2016年青年人才托举工程1项。

学会在中国科协信息中心2015卷《中国科学技术协会年鉴》编纂工作中表现优异，分别获得单位及个人表彰。

学会获得中国科协计划财务部“2015年度全国学会财务决算工作先进单位”荣誉称号。

4月13～15日，在西安市召开秘书长工作会议。14个专委会、29个省级学会的秘书长，尚未成立省级学会的3个省份主管水土保持工作的领导和学会秘书处人员70余人参加了会议。

2016年，泥石流滑坡专业委员会和小流域综合治理专业委员会完成了换届选举工作。

【国际学术交流】 6月14日，学会与JSPS（日本学术振兴会）中国同学会主办了“中日水土保持学术交流暨JSPS相关资助项目说明会”。围绕“山地灾害预测预报与灾后植被恢复、重建技术”主题，来自日本和国内的专家学者作了特约主题报告。来自大学、研究所和水土保持公司等单位的专家学者50人参加会议。

8月9～15日，由中国环境资源与生态保育学会主办，中国水土保持学会等单位协办的“可持续高产农业系统—东亚和北美的经验”在加拿大温哥华不列颠哥伦比亚大学举办，围绕“可持续高产农业系统—东亚和北美的经验”主题，74位专家学者参加会议。

8月22～26日，由世界水土保持学会主办，中国水土保持学会等单位协办的第三届国际水土保持科技大会在塞尔维亚贝尔格莱德举办，33个国家和地区的200多名水土保持科技工作者参加会议。

【两岸学术交流】 10月24～30日，学会与台湾中华水土保持学会在台湾中兴大学共同主办海峡两岸水土保持学术研讨会。会议主题是“水土保持提升生态环境永续能力”。来自大陆和台湾地区的100余名专家、学者参加了会议，大陆代表20人参加了学术交流。

12月21～25日，学会协办的第十七届海峡两岸三地环境资源与生态保育学术研讨会在香港召开。会议主题是“社会与自然和谐、城市与乡郊共荣”。

【国内学术交流】 恰逢学会成立30周年，12月22～24日，学会围绕当前中国水土保持科技发展、生产实践等热点问题，在北京市举办了全国水土保持领域高水平学术年会。会议主题为水土保持与生态文明，共设置8个分会场，分别为：林业生态与建设工程生态防护学术研讨会；小流域生态治理与生态文明建设学术研讨会；泥石流滑坡专业委员会换届暨学术研讨会；科技协作工作委员会2016年年会；水土保持生态修复理论与技术体系高端专题论坛；城市水土保持学术研讨会；水土保持产业论坛；第二届全国水土保持与荒漠化防治青年学术论坛。议题涵盖了防护林、水土保持规划、工程绿化、小流域综合治理、泥石流滑坡、科技协作、生态修复、城市水土保持、水土保持产业等水土保持领域的不同专题方向，以论坛、学术交流、专题讨论等形式，召集农业、林业、水利、地质、矿产、环保、电力、交通和城市建设等多行业的900多名专家学者，开展了水土保持与生态文明建设高水准交流会，同时组织了水土保持与生态文明建设高新技术成果及产品展览会。

7月28日，在西安市召开学会承担的第十八届中国科协年会咨询服务专题调研项目“渭河治理与保护——加强水库库区综合治理，提升渭河流域生态和经济安全”专题调研座谈会。会议围绕渭河流域水土保持与水资源保护问题，渭河流域内水库现状、功能和存在问题及渭河流域水库管理与流域综合功能提升等方面进行了探讨，参会代表30余人。

9月24～26日，学会与中国科学院水利部水土保持研究所、西北农林科技大学水土保持研究所、陕西省水土保持学会在西安联合承办第十八届中国科协年会分会场学术交流活动，主题为“水土保持与生态服务”。来自全国各地的8位专家学者和44位代表进行了交流。会议共收到论文和摘要66篇，参会代表200余人。

9月4日，学会在北京市召开“中国水土保持与荒漠化防治学科史研究”项目启动会暨学术研讨会。中国科学技术协会学术部领导出席会议并介绍了学科史研究的相关规定和要求，以及已实施项目的一些经验和教训，并对本项目提出一些期望和有意的建议。会议咨询专家、全体与会人员就项目实施方案、编写大纲、任务分工等进行了深入讨论，并部署了项目后续实施计划，明确本年度任务和关键时间节点，参会代表20余人。

9月14日，学会在北京市召开“水土保持与荒漠化防治学科发展研究”项目启动会暨学术研讨会。会议对项目主要任务进行交流和讨论，并制订了项目技术路线。同时，就项目实施方案、编写大纲、任务分工等进行了深入讨论，并部署了项目后续实施计划，明确本年度任务和关键时间节点。参会代表20余人。

11月4～8日，由学会主办，泥石流滑坡专业委员会、西南大学、重庆市水土保持学会等单位联合承办的“长江经济带水土保持与防灾减灾学术研讨会暨高层论坛”在重庆市召开。与会专家学者围绕长江水安全与小流域山洪灾害非线性预报方法、长江经济带绿色生态廊道建设策略、长江经济带生态环境保护战略的思考等热点作了主题报告。会议设置了“水土保持组”“生态恢复组”和“防灾减灾组”3个分会场，参会代表150余人。大渝网、新华社、凤凰网、重庆电视台、中旅社、《重庆晚报》、华龙网进行了宣传报道。

12月9日，由中国科协主办、中国水土保持学会等协办的第六届中国湖泊论坛在南昌市举行，本届论坛以“流域综合管理与生态文明”为主题。与会代表围绕湖泊流域水环境管理与生态修复、土壤环境污染防治、生态系统动态监测与环境健康诊断、绿色经济与产业发展、综合管理的探索与实践5个专题进行了交流研讨，收集并汇编学术论文58篇。

12月24日，由中国科协资助、学会主办的“水土保持生态修复理论与技术体系高端专题论坛”在北京市举行，论坛主题是“生态修复与生态建设”。中国科学院傅伯杰院士、刘昌明院士和中国工程院唐孝炎院士出席论坛，并作报告。来自全国各大高校、研究院所等48个单位的150余名代表参与此次论坛，与会代表与院士面对面就目前生态修复和生态建设方面的热点问题进行了深入探讨。

9月29日，由学会、中国科学院水利部成都山地灾害与环境研究所、中国科学院青藏高原研究所、水利部长江水利委员会长江科学院、西藏自治区水利厅联合主办的“把脉生态文明 问道雪域高原——西藏水土保持与生态文明高端论坛”在拉萨市举办。主题为“西藏水土保持与生态文明建设”，中国科学院王光谦院士、崔鹏院士作了主题报告，中国科学院院士姚檀栋委托人员在论坛宣读报告，中国工程院院士多吉出席论坛。来自国内的相关科研机构、高等院校和西藏区直相关单位、水利系统代表参会150余人。本次论坛是西藏首次以水土保持为主题的大型研讨活动。

7月9～10日，工程绿化专业委员会在北京市召开“存量垃圾无害化及其在工程绿化中资源化应用技术研讨会”。会议主题是“存量垃圾无害化、减量化、资源化利用的新理论、新技术、新成果”主题，8位专家学者进行了学术交流和经验交流。参会代表70余人。

10月26～28日，水土保持规划设计专业委员会在成都市召开“中国水土保持学会水土保持规划设计专业委员会2016年年会暨学术研讨会”。会议围绕中国水土保持规划设计、生产建设项目水土保持监测和验收、水土保持监测信息化、小流域综合治理、水土保持科技示范园建设、水土保持顶层设计、新形势下水利水电工程水土保持技术新要求等主题，29位专家进行了学术交流研究。会议共收到论文81篇，其中12篇被评为优秀论文并进行了奖励。参会代表160余人。会后，会议组织考察了紫坪铺水利枢纽工程。

【学术期刊】 2016年，学会完成了《中国水土保持科学》编委会的换届工作。学会会刊《中国水土保持科学》出版正刊6期，总印数6000余册，刊出文章112篇。经中国科协和国家新闻出版广电总局批复，《中国水土保持科学》由原来的中文版变更为中英文版。与中国知网签订优先出版协议，实现期刊纸质版印刷之前，电子版优先在线发表，有效缩短了文章的发表周期。

【科普工作】 2016年，《水土保持读本（小学版）》印刷2万册，截至目前，已累计印刷8次，发行9.5万册，在全国19个省（市）得到了广泛推广。

5月11日，学会联合四川省水土保持学会在四川大学开展了2016年全国防灾减灾日科普宣传活动。活动的主题是“减少灾害风险，建设安全城市”。特邀中科院成都山地灾害与环境研究所的两位专家进入现场咨询答疑，发放了“山地灾害防灾减灾科普知识”画册、水土保持科普读本、宣传水土保持法的扑克牌等科普宣传材料，悬挂了《中华人民共和国水土保持法》图解连环画，并进行了现场互动答题。400多名川大的学生参加了宣传活动。

【服务创新型国家和社会建设】 2016年，学会对原持有“生产建设项目水土保持方案编制资格证书”且自愿申请水土保持方案编制单位水平评价的1558家单位进行了水平评价，并统一换发生产建设项目水土保持方案编制单位水平评价证书，其中四星131家、三星694家、二星733家。

12月，学会印发《生产建设项目水土保持方案编制单位水平评价管理办法（试行）》（中水会字〔2016〕第64号）。

2016年，分3批次分别完成了生产建设项目水土保持方案编制单位和监测单位水平评价证书变更工作，其中方案编制单位212家，监测单位37家。

6月3～6日，在成都市举办“第一期生产建设项目水土保持设施验收技术评估技术人员培训班”，培训学员600余人。

7月16～19日，在西安市举办“第二期生产建设项目水土保持设施验收技术评估技术人员培训班”，培训学员360余人。

7月16～18日，在西安市举办“生产建设项目水土保持设施验收技术评估管理人员培训班”，培训学员100余人。

12月4～8日，防护林专业委员在南宁市举办“长江流域等防护林工程建设技术培训班”，培训学员100余人。

【评优表彰与举荐人才】 学会评选第八届中国水土保持学会科学技术奖8项，其中一等奖2项、二等奖3项、三等奖3项。

学会评选第十届中国水土保持学会青年科技奖，5位青年科技工作者获奖。

学会评选第一届中国水土保持学会突出贡献奖，共66位同志获奖。

学会向中国科协推荐的中国科学院水利部水土保持研究所刘国彬、北京师范大学刘宝元、北京林业大学余新晓三位同志荣获中国科协第七届“全国优秀科技工作者”称号。

学会向中国科协推荐的中国科学院水利部成都山地灾害与环境研究所苏立君研究员、北京林业大学水土保持学院王彬博士、中国科学院水利部水土保持研究所王飞研究员获得中国科协国际联络部“2016年中国科协青年科学家参与国际组织及相关活动”项目资助。

（中国水土保持学会由郑慧供稿）

中国林业教育学会

【概　述】 中国林业教育学会系国家一级学会，成立于1996年12月，是学术性、科普性、公益性、全国性的非盈利性社会团体。学会由教育部主管，业务挂靠国家林业局，秘书处设在北京林业大学，专职工作人员4人。2010年被民政部评为全国先进社会组织。学会设有高等教育分会（挂靠北京林业大学）、成人教育分会（挂靠国家林业局管理干部学院）、职业教育分会（挂靠南京森林警察学院）、基础教育分会（挂靠黑龙江森工总局）、教育信息化研究会（挂靠北京林业大学）、毕业生就业创业促进分会（挂靠国家林业局人才开发交流中心）6个二级分会，同时设有组织、学术、学科建设与研究生教育、专业建设指导、教材与图书资源建设、交流与合作等6个内设工作委员会。团体会员单位规模210个，覆盖全国设有林科专业的本科院校、科研机构和高职高专院校。涵盖70余个各级政府主管部门、20家涉林企业、20个基层林业管理部门和部分林区中小学。学会网址：http：//www. lyjyxh. net. cn，会刊《中国林业教育》。

截至2016年年底，中国林业教育学会共有理事179人，常务理事57人。

【学会第五次会员代表大会召开】 11月15～16日，

中国林业教育学会第五次会员代表大会在福建省福州市召开，完成学会理事会换届选举，系统部署今后5年的工作。全国部分省（区、市）林业厅（局）、林（农）业高等院校、中等职业院校、林区教育管理部门及林业企业等170名代表参加了会议。

会议选举产生了第五届理事会、常务理事及领导机构。国家林业局党组成员、副局长彭有冬当选第五届理事会理事长，北京林业大学校长宋维明当选常务副理事长，国家林业局管理干部学院党委书记李向阳当选副理事长（法人代表），北京林业大学副校长骆有庆当选副理事长兼秘书长，国家林业局人事司副司长王浩等19人当选为副理事长。于志明等57人当选为第五届常务理事会常务理事，丁贵杰等179人当选为第五届理事会理事。

会议审议通过了第四届理事会工作报告、财务工作报告、学会章程修订案、会费收取管理办法、聘请第五届副秘书长的决定，并对33个优秀团体会员单位，1名特殊贡献奖获得者进行了表彰。

表27-1　中国林业教育学会第五届理事会理事长、副理事长名单

学会职务	姓名	性别	所在单位及职务
理事长	彭有冬	男	国家林业局党组成员、副局长
常务副理事长	宋维明	男	北京林业大学校长
副理事长（法人代表）	李向阳	男	国家林业局管理干部学院党委书记
副理事长	胡章翠	男	国家林业局科学技术司司长
副理事长	王　浩	男	国家林业局人事司副司长
副理事长	黄正秋	男	国家林业局造林司副司长
副理事长	叶　智	男	中国林业科学研究院党组书记
副理事长	李凤波	男	国际竹藤网络中心副主任
副理事长	厉建祝	男	国家林业局科技司巡视员
副理事长	刘东黎	男	中国林业出版社总编辑
副理事长、秘书长	骆有庆	男	北京林业大学副校长
副理事长	李　斌	男	东北林业大学副校长
副理事长	王　浩	男	南京林业大学副校长
副理事长	罗　军	男	西北农林科技大学副校长
副理事长	杜官本	男	西南林业大学副校长
副理事长	廖小平	男	中南林业科技大学校长
副理事长	兰思仁	男	福建农林大学校长
副理事长	沈月琴	女	浙江农林大学副校长
副理事长	陈晓阳	男	华南农业大学校长
副理事长	张高文	男	南京森林警察学院院长
副理事长	范双喜	男	北京农学院副院长
副理事长	罗掌华	男	广西生态工程职业技术学院院长
副理事长	邹学忠	男	辽宁林业职业技术学院党委书记

【课题研究】　学会完成林业软科学课题《林业行业关键、特殊岗位建立准入制》的研究工作，组织开展结题验收。学会申报中国高等教育学会分支机构年度发展报告项目，组织编纂林业高等教育发展进展。成教分会成功申报“林业教育培训信息化管理系统建设研究”林业软科学课题。学会面向各个分会，认真做好学会立项的林业教育研究课题的检查、评审。

【创新创业教育】　学会会同毕业生就业创业促进分会组织北京林业大学、南京林业大学、浙江农林大学及杨凌职业技术学院等多所院校的十余项大学生绿色科普创业作品参加2016全国林业科普活动周、2016年杨凌国际农业高新技术博览会，为林科大学生绿色科普创新作品搭建了展示平台。学会秘书处申报的“林科大学生绿色科普创新项目”入选2016年国家林业局科普项目。

【服务中心工作】　学会发挥社团优势，为林业教育培训中心工作提供支撑服务。学会秘书处、国家林业局成教中心、职教中心及二级分会全面参与“十三五”林业教育培训规划、人才规划的制订工作；学会组织完成《国家林业局重点学科（2016）》的框架设计、材料汇编等工作；学会调动有关二级分会和相关高校力量，完成全国林业教学名师遴选工作方案、指标体系构建等前期工作，完成《国家林业局重点学科建设管理暂行办法》的起草工作，拟定涉林院校学生就业创业联盟工作方案，高效率完成国家林业局共建院校座谈会的会务工作。

【学术会议】　7月28～29日，学会联合国家林业局院校教材建设办公室、中国林业出版社组织召开“2016年农林高等教育教材工作研讨会”，来自46所农林院校及相关单位的110名代表参加了会议。会议围绕中国高等教育现状与教材“十三五”规划展开研讨，对“十三五”林业教育与教材建设工作进行了部署。

【期刊出版及信息】　2016年，学会编辑出版《中国林业教育》正刊6期，秘书处编辑发行《高等林业院校林业教育信息简讯》（电子版）2期，职教分会秘书处编辑、发行《林业职业教育动态》（纸质版）5期。

【分会特色工作】

高教分会　11月16日，分会在福建省福州市召开2016年工作会议，研讨筹备召开高教分会第四次会员代表大会相关工作。

成教分会　成功申报“林业教育培训信息化管理系统建设研究”林业软科学课题。组织相关会员单位开展《林业基础知识读本》《林业政策法规读本》《林业改革知识读本》《林业教育培训基础知识读本》、《森林防火知识读本》等干部培训教材建设。开展2011～2015年优秀论文评选、“绿水青山和金山银山”优秀微课程评选活动；举办全国林业行业教育培训师资微课程制作与PPT优化专题班。

11月17日，在福州召开“中国林业教育学会成人教育分会2016年年会”，总结前段分会工作，布置2017年工作，对成教分会2011～2015年优秀论文获奖者及优秀微课程获奖者共计23人进行了表彰并颁发证书。

职教分会 12月2～4日，职教分会第四次会员大会在湖北省武汉市召开，选举产生了第四届委员会，常务委员单位共计40家，南京森林警察学院校长张高文当选第四届委员会主任委员。

通过召开全国林业职业院校协作会2016年度会议、2016年林业工程类专业教学指导委员会工作会议，协同全国林业职业教育教学指导委员会围绕林业职业教育的教学改革、课程建设、教材建设等热点问题开展学术研讨。分会开展第二届全国职业院校林业职业技能大赛赛项征集工作。配合林业职业教育教学指导委员会修订林业类技工学校专业目录并上报国家人社部，完成涉林职业教育与培训数字化资源信息收集工作。

基教分会 组织林区“骨干教师送示范课活动”，积极开展走出去请进来的全方位教学交流活动。先后聘请黑龙江省不同学科专家、一线名师赴森工林区开展“送教下乡”活动。组织十几个林业局学校与哈尔滨师大附中、哈尔滨风华中学、哈尔滨第二十二中学、哈尔滨师范大学附小等学校建立校际交流协作体，加强林区教师队伍建设。

教育信息化研究会 5月20日，在南京林业大学召开第一届理事会第二次全体理事会议暨第一次学术年会。来自全国涉林行业的24家人才培养、科学研究、培训单位的40余名代表单位，围绕“信息技术和教育教学实践的深度融合”，进行专题报告和研讨。分会面向各理事单位开展教育信息化课题申报工作。

毕业生就业创业促进分会 启动分会就业创业网站改版，微信公众平台更新设计，全国林科十佳毕业生评选投票平台的完善。完成《全国涉林院校学生就业创业联盟工作方案》制订。

【全国林科十佳毕业生评选】 5～12月，经过个人申报、院校推荐、组委会审核、微信公众投票、专家组综合评审、向社会公示等环节，完成2017届全国林科十佳毕业生评选。评选出30名全国林科十佳毕业生、120名全国林科优秀毕业生。其中，研究生组十佳毕业生10名，优秀毕业生40名；本科生组十佳毕业生10名，优秀毕业生40名；高职生组十佳毕业生10名，优秀毕业生40名。活动于5月25日在云南林业职业技术学院启动，颁奖仪式和大学生就业创业论坛于12月20日在山东农业大学举行，中国林业教育学会理事长彭有冬亲临指导。

活动由北美枫情（上海）商贸有限公司冠名，中国林业教育学会、国家林业局人才开发交流中心联合主办，43家参评单位的414名候选人参评。

表27-2 “北美枫情杯”2017届全国林科十佳毕业生名单

2017届全国林科十佳毕业生（研究生组）

（按姓氏拼音排序）

序号	姓名	性别	单位
1	陈　仲	男	北京林业大学
2	邓健超	男	国际竹藤中心
3	邓丽丽	女	西南林业大学
4	黄　雄	男	四川农业大学
5	黄曹兴	男	南京林业大学
6	贾闪闪	女	中南林业科技大学
7	连博琳	女	东北林业大学
8	闫伟明	男	西北农林科技大学
9	姚秋芳	女	浙江农林大学
10	赵先海	男	华南农业大学

表27-3 2017届全国林科十佳毕业生（本科生组）

（按姓氏拼音排序）

序号	姓名	性别	单位
1	郭雅洁	女	福建农林大学
2	哈虹竹	女	东北林业大学
3	黄楚梨	女	四川农业大学
4	黄笑宇	女	浙江农林大学
5	李家琪	男	中南林业科技大学
6	刘　易	女	华南农业大学
7	刘同彦	男	北京林业大学
8	刘显娅	女	西南林业大学
9	秦昕璐	女	山东农业大学
10	史佳慧	女	南京森林警察学院

表27-4 2017届全国林科十佳毕业生（高职组）

（按姓氏拼音排序）

序号	姓名	性别	单位
1	何家岐	男	辽宁林业职业技术学院
2	黄美玲	女	福建林业职业技术学院
3	李　琦	女	广西生态工程职业技术学院
4	李秋烛	女	黑龙江生态工程职业学院
5	刘　佳	男	江苏农林职业技术学院
6	刘世文	男	江西环境工程职业学院
7	罗玛妮娅	女	云南林业职业技术学院
8	倪　喆	男	湖北生态工程职业技术学院
9	赵倩茹	女	杨凌职业技术学院
10	周　涛	男	丽水职业技术学院

（中国林业教育学会由田阳、陈涛供稿）

中国林场协会

【综　述】　2016年，是全国各地推进国有林场改革的关键之年。中国林场协会认真贯彻落实党和国家的方针、政策、法律、法规和林业建设方针，深入学习习近平总书记系列重要讲话精神，积极开展各项工作，不断提高服务能力和水平，充分发挥桥梁纽带作用，全年为助推国有林场改革发展做出了一定成绩。

调查研究　2016年，协会秘书处调研小组及部分会员林场场长代表，先后赴四川、浙江、江西、陕西、山东、贵州和广西等省份开展专题调研，了解各地国有林场改革发展的现状，掌握各地改革动态，研究探讨改革后国有林场体制机制创新等问题。在地方国有林场培训班上作专题报告，通报改革信息、宣传典型做法、研究探讨改革中涉及的森林经营、产业发展、内部管理的相关政策及实施方面的人员、经费落实等重点难点问题。

干部挂职工作　协会秘书处早部署、早安排、早落实，于2015年12月份就发函对2016年度的工作做出部署，经与省级林场主管部门、派出林场和接收林场及时进行沟通、协商、对接，顺利完成94名场级干部挂职工作。6月，协会在青海省西宁市组织召开了国有林场场级干部挂职锻炼基地建设工作座谈会。9月，协会还在山东省原山林场召开了纪念国有林场场级干部挂职锻炼十周年座谈会，对场级干部挂职锻炼工作进行阶段性总结，推先进、树典型。

宣传工作　首先是继续做好《林场信息》的编印和发行工作。截至2016年年底，共编辑《林场信息》21期，每期750份。其次是切实加强信息员队伍建设。2016年会同国家林业局场圃总站在四川洪雅县林场举办了全国国有林场信息员座谈会，邀请有关专家作专题讲座，组建了160人的信息员队伍，拓宽了信息来源，表彰了优秀工作单位。再次是加强协会网站建设，多渠道进行信息宣传。中国林场协会官网上及时更新要闻时事、会员林场动态、地方改革工作的亮点、提供林场信息电子版下载。编印“中国林场协会”折页、工作笔记本等千余册。做好“中国林场协会——全国林场之家”的微信公众账号推送，做到资源共享、多点覆盖。

完善制度　全年组织开展了4个国有林场片区年会及第四届会员代表大会暨四届一次理事会，表决通过了《中国林场协会第三届理事会工作报告》《中国林场协会第四届理事会组建方案》《中国林场协会第四届理事会常务理事会组建方案》《关于调整会费标准的议案》《中国林场协会第四届理事会会长、副会长及秘书长人选方案》，为2015年度26家“全国十佳林场”表彰授牌。

队伍建设　截至2016年12月，协会会员单位总数已达693家（其中2016年新发展会员39家），为协会的工作拓宽层面、夯实基础。　　　　（付光华）

中国生态文化协会

【综　述】　2016年是“十三五”开局之年，中国进入全面建成小康社会的决胜阶段和生态文明建设的关键时期。在国家林业局的正确领导下，在中国生态文化协会副会长单位、中国生态文化协会分会和省级生态文化协会的大力支持下，中国生态文化协会认真学习贯彻党的十八大、十八届五中、六中全会精神和党中央、国务院决策部署，秉承“弘扬生态文化，倡导绿色生活，建设生态文明”的理念，认真抓好年度工作计划的落实，各方面工作取得了显著进展和成效。

【中国生态文化理论研究和创新】　一是以《中国生态文化体系研究总论》为统领，推进系列丛书编撰研究。开展了《中国海洋生态文化》《草原生态文化》《中华茶生态文化》《中国园林文化》《中国湿地生态文化》《沙漠生态文化》6部系列丛书编撰工作，召开了《中华茶生态文化》初步成果研讨会，并对初步成果进行了审改和点评，《中华茶生态文化》统稿基本完成。二是发布《中国海洋生态文化》研究成果。11月29日，中国生态文化协会在深圳市召开《中国海洋生态文化》研究成果汇报会。全国政协副主席马培华与全国政协人口资源环境委员会副主任、中国生态文化协会会长江泽慧、国家林业局副局长彭有冬、国家海洋局副局长孙书贤，共同为《中国海洋生态文化》研究成果揭幕。成果的发布，对于加强海洋生态文化精品创作推广，挖掘海洋生态文化思想精髓，倡导海洋生态文明理念和推动构建人海和谐关系，意义重大。三是“森林的文化价值评价研究”项目取得阶段性成果。2016年10月25日，中国生态文化协会总项目组在北京组织召开了“森林的文化价值评价研究”年度总结汇报会，汇总第二阶段项目成果并编撰成册。中国生态文化协会总项目组研究撰写了《“森林文化价值评价”项目研究第二阶段成果总报告》，总结了第二阶段在第一阶段的基础上所取得的实质性中期成果，并对下一步拓展项目研究工作提出了要求，部署了任务分工，推进项目继续深入开展。四是“华夏古村镇生态文化纪实”项目研究深入开展。目前，中国生态文化协会总项目组已汇集17个省（区、市）63个华夏古村镇的生态文化纪实报告和14份项目子报告，并完成纪实报告的审改和编辑工作，形成了阶段性研究成果。

【完成编制《中国生态文化发展纲要（2016～2020）年》】 在国家林业局计资司和宣传办指导下，中国生态文化协会完成编制《中国生态文化发展纲要（2016～2020年）》。2016年4月，国家林业局正式印发。《纲要》共分5章，分别是生态文明时代的主流文化、“十三五”生态文化发展总体思路、生态文化发展的重点任务、推进生态文化发展的重大行动、生态文化发展的政策措施。《纲要》的发布为在全社会大力培育普及生态文化，形成推进生态文明建设的良好社会风尚发挥了巨大作用。

【第八届中国生态文化高峰论坛】 于8月26日在广西北海举行。该届论坛以“一带一路”海洋生态文化为主题。国家林业局、国家海洋局、广西壮族自治区政协、北海市委市政府等有关领导出席本届论坛。各省（区、市）林业厅（局）有关负责人，各省级生态文化协会，中国生态文化协会副会长单位、各分会，2016年“全国生态文化村”“全国生态文化示范基地”和“生态文化小标兵”代表，科研机构和高等院校的专家，相关新闻媒体人员共180余人参加了论坛。江泽慧作题为《弘扬海洋生态文化，延展海上丝绸之路，培育海洋强国的文化支撑》主旨报告，论坛特别邀请国内海洋生态文化和森林文化研究领域的3位专家学者，与大家一起分享、共同探讨海洋生态文化。论坛授予北京市丰台区卢沟桥乡小瓦窑村等122个行政村“全国生态文化村”称号，授予北海金海湾红树林生态旅游区“全国生态文化示范基地”称号，授予潘雅菲等23名小学生“生态文化小标兵”称号。

【“全国生态文化村”“全国生态文化示范基地”遴选命名活动】 根据《全国生态文化村遴选命名管理办法》的规定，2016年，中国生态文化协会认真履行“推荐—申报—初评—复评—公示”等规定程序，全国28个省（区、市）林业厅（局），各省级生态文化协会、中国生态文化协会各分会、中国生态文化协会会员单位推荐申报“全国生态文化村”的候选村共计171个，经专家组初评遴选和二次评审，最终确定“全国生态文化村”122个、“全国生态文化示范基地”1个。截至2016年，“全国生态文化村”已达563个，“全国生态文化示范基地”12个，为生态环境良好、生态文化繁荣、生态产业兴旺、人与自然和谐、示范作用突出的行政村作出了示范。

【“生态文化进校园”公益活动】 中国生态文化协会第五年组织开展内容丰富的“生态文化进校园”公益活动，生态文化科普工作取得新进展。8月27日，江泽慧率中国生态文化协会一行来到广西北海市实验学校，出席中国生态文化协会举办的“生态文化进校园”公益活动。在座谈会上，江泽慧分享了自己多年从事林业工作及生态文明建设工作中的心得，并用通俗易懂的语言、生动有趣的亲身经历，鼓励孩子们要珍惜优越的生活条件和学习环境，树立“前人栽树、后人乘凉”的思想。活动中，小标兵代表黄禹涵同学介绍了学校生态文化活动的开展情况，江泽慧一行为学校送上了科普教材和教学用品，全体来宾参观了校园橱窗学生作品、环保生态活动展板、学校办学概况展帘等。

【“中国美丽乡村”主题摄影展】 为贯彻落实习近平主席关于“共建丝绸之路经济带”的战略构想，2016年5月中国生态文化协会于土耳其安塔利亚世界园艺博览会“中国馆日”活动期间，举办了“中国美丽乡村”主题摄影展，宣传和弘扬了中华优秀生态文化，深化了丝路沿线国家和城市的生态文化交流与融合，反响良好。

【“丝绸之路生态文化万里行”系列活动】 2016年9月29日，中国生态文化协会在土耳其安塔利亚世界园艺博览会“中国华园”树立了“丝绸之路生态文化万里行”土耳其生态文化地标，进一步加深了中土两国人民的友好情谊，推动了中土两国的生态文化的务实交流与合作。

【首次组织中国选手赴俄罗斯参加第13届“国际青少年林业比赛”】 中国生态文化协会在国家林业局对外合作项目中心指导下组织召开“国际青少年林业比赛”中国选拔赛。并首次组织中国选手赴俄罗斯参加第13届“国际青少年林业比赛”，该比赛由俄罗斯联邦政府主办，俄罗斯联邦林务局承办。27个国家林业技术和综合院校的45名学生参与竞争，中国南京林业大学的方攀文同学荣获二等奖和圣彼得堡国立林业科技大学免试入学资格，北京林业大学的丁哲远同学荣获单项优秀奖（一等奖1个，二等奖2个，三等奖2个）。通过组织参加比赛，增进了国际交流，向各国评委和参赛者介绍了中国林业建设的情况，探讨和分享了保护环境理念，提升了中国国际影响力和话语权，同时也为国际青少年文化交流搭建了平台。

【《生态文明世界》期刊】 一是完成了《生态文明世界》2015年度期刊核验工作，并通过审核；二是根据国家新闻出版广电总局的要求，结合期刊年度核验，完成网上填报工作，并通过审核；三是根据期刊年度专题和专栏内容策划，派员赴广西金秀大瑶山、福建三明等地调研民族生态文化、华夏古村镇生态文化和森林的文化价值等，纪实文章《金秀大瑶山——乡土中国的深处》刊发于《生态文明世界》2016年第3期；四是成功出版发行了2016年全年4期期刊，开创性策划出版了“中国海洋生态文化”专刊，开辟了“纪念自然保护区成立60周年”专题，以广西大瑶山国家级自然保护区、中国最大的自然保护区青海三江源保护区创建和国家公园体制试点启动、青海湖国家级自然保护区，以及福建三明格氏栲自然保护区纪实，回眸中国自然保护区事业的辉煌与艰辛；五是成功进入中国邮政系统2017年《全国报刊简明目录》、2017年《中国报刊海外发行编目》，成功参展2016中国（武汉）期刊交易博览会，拓展了期刊的发行渠道，扩大了宣传影响；六是做好2017年度期刊征订工作。根据期刊年度专题和专栏内容策划，派员赴广西、福建等地调研民族生态文化、华夏古村镇生态文化和森林的文化价值，开辟“纪念自然保护区成立60周年”专题等科普宣传工作。

（中国生态文化协会由付佳琳供稿）

林业大事记与重要会议

28

2016年中国林业大事记

1月

1月10日 2016年全国林业厅局长会议在湖南省长沙市召开。会议的主要任务是，全面贯彻党的十八大和十八届三中、四中、五中全会精神，深入贯彻习近平总书记系列重要讲话精神，认真落实中央扶贫开发工作、中央经济工作、中央农村工作等会议精神，总结“十二五”林业工作，谋划“十三五”总体思路，部署2016年重点工作，大力推进林业现代化建设。国家林业局局长张建龙出席并讲话，国家林业局领导陈述贤、张永利、陈凤学、刘东生、彭有冬、谭光明、杜永胜、封加平、张鸿文，武警森林指挥部司令员沈金伦等出席会议。

1月13日 中国国家林业局局长张建龙在北京会见尼泊尔森林与土壤保护部部长萨普可塔一行。双方就野生动植物保护、物种引进、跨境生态保护、社区林业发展等共同关心的问题广泛交换了意见，并就共同推动两国林业合作交流达成了共识。

1月18日 国家林业局发布2016年第1号公告，批准发布《退耕还林工程生态效益监测与评估规范》等73项林业行业标准。

1月22日 全国政协副主席、民进中央常务副主席罗富和到国家林业局走访调研，召开座谈会听取林业工作汇报。国家林业局党组书记、局长张建龙介绍了林业改革发展情况，局领导陈述贤、陈凤学、刘东生、彭有冬、谭光明、封加平、张鸿文参加座谈会。

1月26日 习近平总书记主持召开中央财经领导小组第十二次会议，研究供给侧结构性改革方案、长江经济带发展规划、森林生态安全工作，李克强、刘云山、张高丽出席。会上，国家林业局党组书记、局长张建龙汇报森林生态安全工作。习近平强调，森林关系国家生态安全。要着力推进国土绿化，坚持全民义务植树活动，加强重点林业工程建设，实施新一轮退耕还林。要着力提高森林质量，坚持保护优先、自然修复为主，坚持数量和质量并重、质量优先，坚持封山育林、人工造林并举。要完善天然林保护制度，宜封则封、宜造则造，宜林则林、宜灌则灌、宜草则草，实施森林质量精准提升工程。要着力开展森林城市建设，搞好城市内绿化，使城市适宜绿化的地方都绿起来。搞好城市周边绿化，充分利用不适宜耕作的土地开展绿化造林；搞好城市群绿化，扩大城市之间的生态空间。要着力建设国家公园，保护自然生态系统的原真性和完整性，给子孙后代留下一些自然遗产。要整合设立国家公园，更好保护珍稀濒危动物。要研究制定国土空间开发保护的总体性法律，更有针对性地制定或修订有关法律法规。

1月27日 国家林业局召开党组扩大会议，传达学习习近平总书记在中央财经领导小组第十二次会议上的重要讲话精神，研究部署贯彻落实工作。国家林业局局长张建龙要求，要把学习宣传贯彻习近平总书记在中央财经领导小组第十二次会议上的重要讲话精神作为当前和今后一个时期的重要政治任务，切实用讲话精神指导林业改革发展，切实以讲话精神引领“十三五”规划，按照“四个着力”要求加快推进林业生态建设，全力维护国家生态安全。国家林业局领导陈述贤、张永利、陈凤学、刘东生、彭有冬、谭光明、杜永胜、封加平、张鸿文出席会议。

同日，国家林业局局长张建龙会见中国农业发展银行董事长解学智。双方一致表示，充分发挥中国农业发展银行政策性银行的优势，支持引导金融资本参与林业改革发展，为建设生态文明、美丽中国贡献力量。

2月

2月3~4日 国家林业局局长张建龙赴河北省张家口市调研造林绿化工作。张建龙强调，要按照习近平总书记提出的“绿色办奥”理念和京津冀协同发展战略的要求，加大生态保护力度，加快造林绿化步伐，为2022年冬奥会举办创造良好生态条件。

2月18日 国家林业局直属机关两建工作和反腐倡廉工作会议在北京召开。会议的主要任务是，深入贯彻落实习近平总书记系列重要讲话精神，学习贯彻中央纪委六次全会、中央国家机关第三十次党的工作会议暨第二十八次纪检工作会议等系列会议精神，总结2015年机关两建工作和反腐倡廉工作，部署2016年工作。党组书记、局长张建龙主持并讲话，中央纪委驻农业部纪检组组长宋建朝出席并讲话，国家林业局党组成员陈述贤对局机关两建工作和反腐倡廉工作作总结和部署。

2月18~19日 国家林业局举办党政主要负责同志培训班，连续举办两场专题讲座，就学习贯彻习近平总书记治国理政新理念新思想新战略和学习党章作专题辅导。

2月25日 国家林业局信息化工作领导小组会议在北京召开，审议通过《“互联网+”林业行动计划——全国林业信息化“十三五”发展规划》和《全国林业信息化工作管理办法》。

2月26日 中国国家林业局局长张建龙在北京会见蒙古环境、绿色发展与旅游部部长巴特策尔格一行。双方就建立小型植物园、野生动植物保护、荒漠化防治等共同关心的问题进行了商谈。会后，双方签署新的中蒙林业合作谅解备忘录。

2月29日 全国绿化委员会表彰全国绿化模范单位和颁发全国绿化奖章，对在国土绿化事业中做出突出成绩的城市(区)、县(市、区、旗)、单位和个人予以表彰，授予北京市昌平区等27个城市(区)，河北肥乡县等118个县(市、区、旗)，北京市通州区大运河森林公园等243个单位“全国绿化模范单位”荣誉称号；向褚玉红等929名同志颁发全国绿化奖章。

3月

3月2日 武警森林指挥部党委二届十七次全体(扩大)会议在北京召开。国家森林防火指挥部总指挥、国家林业局局长、武警森林指挥部第一政委张建龙出席会议并讲话，国家森林防火指挥部专职副总指挥杜永胜、国家林业局总经济师张鸿文等出席会议。

同日，国家林业局与河南省人民政府签署合作意见，进一步落实2011年签订的《共同推进中原经济区生态建设框架协议》，深化局省合作，加快推进中原经济区生态建设。

3月3日 在湖南东洞庭湖国家级自然保护区举行世界野生动植物日宣传活动暨麋鹿引种放归仪式，活动主题为“保护濒危野生动植物，维护生物多样性”，国家林业局党组成员、副局长陈凤学出席活动并讲话。

3月11日 发布《2015年中国国土绿化状况公报》。

3月14日 中国国家林业局局长张建龙在北京会见埃塞俄比亚环境、林业与气候变化部部长希费劳一行。双方就森林经营与恢复、林业应对气候变化、竹藤资源开发利用等问题深入交换意见。

3月18日 全国绿化委员会在北京召开第34次全体会议。国务院副总理、全国绿化委员会主任汪洋出席会议并讲话，汪洋在会上强调，要认真贯彻落实党中央、国务院关于加快推进生态文明建设的决策部署，坚持以创新、协调、绿色、开放、共享的新发展理念为引领，加快造林绿化，提升森林质量，发展绿色产业，筑牢国家生态安全屏障，为促进经济社会持续健康发展提供有力支撑。国务院副秘书长、全国绿化委员会副主任江泽林在会上宣读《全国绿化委员会关于调整组成人员的通知》，国家林业局局长、全国绿化委员会副主任张建龙汇报了“十二五”和2015年国土绿化工作、“十三五”工作思路和2016年重点工作安排。全国绿化委员会委员在会上发言。国家林业局党组成员陈述贤，党组成员、副局长张永利，副局长刘东生，局党组成员谭光明，国家森林防火指挥部专职副总指挥杜永胜，局总工程师封加平，局总经济师张鸿文参加会议。

同日，国家林业局发布2016年第2号公告，公布清理规范的行政审批中介服务事项。

3月19日 由全国绿化委员会、国家林业局、首都绿化委员会举办的中国纪念2016年“国际森林日”植树活动在在北京市海淀区园外园二期中坞地块举行。

3月20日 国家林业局发布2016年第3号公告，公告从2016年3月20日起至2019年12月31日止，中国临时禁止进口《濒危野生动植物种国际贸易公约》(以下简称《公约》)生效前所获的象牙及其制品、《公约》生效后所获的非洲象牙雕刻品以及在非洲进行狩猎后获得的狩猎纪念物象牙及其制品。象牙文物回流和科研教学、文化交流、公共展示、执法司法等非商业目的需要进口象牙及其制品的情况，不在此次临时禁止进口范围。

3月20~21日 全国春季农业生产暨森林草原防火工作会议在江苏省泰州市召开。国务院总理李克强作出重要批示。批示指出：毫不放松抓好农业农村工作特别是当前的春季农业生产，对于经济社会发展全局至关重要。各地区、各部门要牢固树立新的发展理念，按照党中央、国务院决策部署，通过深化改革，着力转变农业发展方式，加强现代农业建设，引导农民以市场为导向优化种养结构，加快发展多种形式农业适度规模经营，积极推进一二三产业融合发展，不断提高农业的综合效益和竞争力，多渠道增加农民收入。要抓住农时，扎实开展春耕备耕，强化政策扶持，统筹做好森林草原防火、脱贫攻坚、农田水利建设和防汛抗旱等各项工作，确保实现“十三五”农业农村发展良好开局。国务院副总理汪洋出席会议并讲话。农业部部长韩长赋、国家林业局局长张建龙在会上发言。国家林业局副局长张永利，国家森林防火指挥部专职副总指挥杜永胜，武警森林指挥部司令员沈金伦出席会议。

3月21日 国家发展改革委、国家林业局、农业部、水利部联合印发《岩溶地区石漠化综合治理工程“十三五”建设规划》。

3月22日 中国国家林业局局长张建龙在北京会见了芬兰农业和环境部部长凯莫·蒂卡宁先生一行。双方就中芬林业双边合作、林业产业合作、大熊猫科研合作等议题交换意见。国家林业局总工程师封加平出席会见。

3月24日 国家林业局发布2016年第4号公告，公布取消的中央指定地方实施行政审批事项目录。

3月26日 以“开展大规模国土绿化 加快林业现代化进程”为主题的2016年共和国部长义务植树活动在北京市通州区台湖镇文化旅游区举行。150名省部级领导干部参加植树活动。

3月29日 国家林业局发布2016年第5号公告，公布允许从事象牙加工及象牙制品销售活动的单位及场所变更情况，有效期至2016年12月31日。

3月30日 习近平主席特使、中国国家林业局局长张建龙在中非首都班吉出席中非共和国总统福斯坦-阿尔尚热·图瓦德拉就职仪式。

3月31日 中非共和国总统福斯坦-阿尔尚热·图瓦德拉在首都班吉会见习近平主席特使、中国国家林业局局长张建龙。

4月

4月4日 中国国家林业局局长张建龙在北京会见联合国副秘书长吴红波一行。双方就深化实现联合国2030年可持续发展议程领域合作交换意见。

4月5日 党和国家领导人习近平、李克强、张德江、俞正声、刘云山、王岐山、张高丽等在北京市大兴区西红门镇植树点参加首都义务植树活动。习近平强调，义务植树是全面参与生态文明建设的一项重要活动，不仅要把全民义务植树抓好，生态文明各项工作都要抓好，动员全社会参与。要着力推进国土绿化、建设美丽中国，还要通过“一带一路”建设等多边合作机制，互助合作开展造林绿化，共同改善环境，积极应对气候变化等全球性生态挑战，为维护全球生态安全做出应有贡献。

4月8日 国家林业局发布2016年第6号、第7号、第8号、第9号公告，公布2016年松材线虫病疫区分布和撤销情况、2016年美国白蛾疫区分布和撤销情况。

4月18日 滇桂黔石漠化片区区域发展与扶贫攻坚现场推进会在贵州省安顺市举行。国家林业局局长张建龙、水利部部长陈雷、国务院扶贫办副主任郑文凯、贵州省省长孙志刚出席会议并讲话，国家林业局总工程师封加平等出席会议。

4月19日 国家林业局局长张建龙签署第40号令，公布《林木种子生产经营许可证管理办法》，并自2016年6月1日起施行。

4月26日 国际标准化组织竹藤技术委员会(ISO/TC296)在北京成立。

同日，国家林业局发布《国家林业局关于废止部分规范性文件的通知》(林策发〔2016〕54号)，集中废止41项规范性文件。

4月29日 2016唐山世界园艺博览会开幕。

5月

5月4日 国家林业局印发《林地变更调查工作规则》，该规则自2016年6月1日起施行，有效期至2021年12月31日。

5月9日 国家林业局对全国生态建设突出贡献先进集体和先进个人作出表彰。授予北京市延庆区林木种苗管理站等181各单位"全国生态建设突出贡献奖先进集体"荣誉称号，授予姜英淑等303人"全国生态建设突出贡献奖先进个人"荣誉称号。

5月12日 全国林木种苗工作会议在广西桂林市召开，国家林业局副局长张永利出席会议并讲话。

5月13日 国家林业局办公室印发《湿地保护修复制度工作方案》，系统提出了湿地保护修复对象、原则、具体制度等，并成立由国家林业局牵头，国土资源部、环境保护部、水利部、农业部、国家海洋局等部门组成的湿地保护修复制度方案领导小组及办公室。

5月15日 以"推进生态文明，建设美丽中国——湿地让生活更美好"为主题的2016年全国林业科技活动周在江苏南京启动。

同日，科技创新与牡丹产业发展高峰对话会在北京举行。

5月24日 中国国家林业局副局长陈凤学在荷兰瓦格宁根会见湿地国际主席安德鲁·万德赞和首席执行官珍妮·玛德维克。双方签署《中华人民共和国国家林业局和湿地国际关于湿地保护和可持续发展五年合作框架协议》。

5月27日 中俄林业工作组第八次会议暨投资政策论坛在俄罗斯首都莫斯科召开。中国国家林业局局长张建龙、俄罗斯林务局局长瓦连基克出席会议，双方高度评价了两国在林业投资贸易、森林防火、生态保护、打击木材非法采伐、林业科研教育等方面的交流与合作，并愿意进一步加强对话，在年内重新签署《中俄林业合作谅解备忘录》。

5月30日 首届大中亚地区林业部长级会议在哈萨克斯坦首都阿斯塔纳召开。中国国家林业局局长张建龙出席会议并致开幕词。

6月

6月2日 中共中央政治局委员、新疆维吾尔自治区党委书记张春贤在乌鲁木齐会见国家林业局局长张建龙，张建龙表示，国家林业局将按照中央安排部署，把新疆列为生态建设的战略重点全力以赴给予支持，为建设生态文明、美丽新疆贡献力量。国家林业局总经济师张鸿文出席会见。

6月6日 第八轮中美战略与经济对话在北京举行。中国国家林业局局长张建龙出席开幕式和欢迎晚宴，并分别与美国副国务卿诺维莉、助理国务卿嘉伯进行会面。

6月8日 国家林业局发布2016年第11号公告，公布注销林木种子经营许可证的企业名单。

6月16日 国家林业局举办司局级干部"两学一做"专题培训班，国家林业局党组书记、局长张建龙以《深入开展"两学一做"学习教育 充分发挥党员先锋模范作用》为题讲党课。国家林业局党组成员陈述贤主持，局领导张永利、陈凤学、谭光明、张鸿文出席。

6月17日 世界防治荒漠化日纪念活动暨"一带一路"共同行动高级别对话在北京举行。国务院副总理汪洋出席开幕式并发表主旨演讲。国家林业局局长张建龙与联合国防治荒漠化公约秘书处执行秘书塔里娅·哈洛宁、莫妮卡·巴布共同发布了《"一带一路"防治荒漠化共同行动倡议》。国家林业局局领导张永利、张鸿文等出席纪念活动。

6月22日 国家林业局与中国农业发展银行在河北省张家口市签署《全面支持林业发展战略合作协议》。

6月23日 京津冀协同发展生态率先突破推进会在河北省张家口市举行。国家林业局与北京市、天津市、河北省签署《共同推进京津冀协同发展林业生态率先突破的框架协议》，并成立京津冀协同发展生态率先突破工作领导小组。

6月24日 国家林业局发布2016年第12号公告，公布27项林业行政许可项目服务指南，同时废止国家林业局公告(2006年第6号)。

6月25日 在中俄两国元首习近平和普京的共同见证下，中国国家林业局和俄罗斯联邦林务局在北京签署《中华人民共和国国家林业局和俄罗斯联邦林务局关于林业合作的谅解备忘录》。

7月

7月1日 国家林业局发布2016年第13号公告，公布允许使用人工繁育麝类所获天然麝香生产、销售含天然麝香成分中成药的企业及其产品。

7月2日 第十二届全国人大常委会第二十一次会议审议通过了修订后的《中华人民共和国野生动物保护法》，并于2017年1月1日起实施。

7月4日 全国林业法治工作会议在北京召开，会议对全面贯彻实施新修订的《中华人民共和国野生动物保护法》作安排部署。国家林业局局长张建龙出席并讲话，局领导陈述贤、张永利、陈凤学、彭有冬、封加平、张鸿文出席会议。

同日，国家林业局发布2016年第14号公告，公布苏柳172等31个品种和天楸1号等8个品种为林木良种。

7月5日 国家林业局和国家统计局在北京联合启动新一轮"中国森林资源核算及绿色经济评价体系研究"。国家林业局局长、项目领导小组组长张建龙，国家统计局局长、项目领导小组组长宁吉喆出席启动会并讲话。国家林业局副局长彭有冬主持启动会。

7月8日 在贵州省贵阳市举办生态文明贵阳国际论坛2016年年会“干旱半干旱区生态系统治理主题论坛”。全国政协副主席罗富和出席。国家林业局局长张建龙、世界自然保护联盟主席章新胜在论坛上致辞。国家林业局与世界自然保护联盟亚洲区签署了《加强干旱半干旱区生态修复技术合作框架协议》。

7月9日 生态文明贵阳国际论坛2016年年会“国家公园建设与绿色发展”高峰论坛在贵州省贵阳市举办，全国政协副主席罗富和出席，国家林业局局长张建龙出席并作主旨演讲，国家林业局副局长陈凤学发布《国家公园建设与绿色发展贵阳共识》，国家林业局总经济师张鸿文出席。

7月15～17日 国家林业局局长张建龙在黑龙江伊春市调研国有林区改革发展情况。张建龙强调，要始终牢记习近平总书记5月23日视察伊春时的重要讲话精神，加快推进国有林区转型发展绿色发展。调研前，张建龙与黑龙江省委书记王宪魁、省长陆昊等就国有林区改革及转型发展情况交换意见。国家林业局总经济师张鸿文一同调研。

7月17日 第四届中国(东北亚)森林博览会在黑龙江省伊春市开幕。全国政协原副主席张梅颖出席。国家林业局局长张建龙出席开幕式。国家林业局总经济师张鸿文、黑龙江省副省长孙永波讲话。

7月25日 国家林业局发布2016年第15号公告，公布外国人对国家重点保护野生动物进行野外考察、标本采集或在野外拍摄电影、录像审批事项服务指南。

国家林业局发布2016年第16号公告，公布自2016年7月1日起，国家林业局行政许可受理中心投入使用，国家林业局网上行政审批平台正式上线运行。

7月27日 国家林业局发布2016年第17号公告，公布《乡村绿化技术规程》等109项林业行业标准，自2016年12月1日起实施。

7月28日 全国林业厅局长电视电话会议召开。会议主要任务是，深入学习领会习近平总书记系列重要讲话精神，全面贯彻落实党的十八大和十八届二中、三中、四中、五中全会精神，总结上半年工作，部署下半年工作，确保全面完成全年任务。国家林业局党组书记、局长张建龙主持会议并作讲话，要求贯彻中央精神，坚持改革创新，坚定不移推进林业现代化建设。国家林业局党组成员陈述贤，国家林业局党组成员、副局长张永利、陈凤学，副局长刘东生，党组成员、副局长彭有冬，党组成员谭光明，国家森林防火指挥部专职副总指挥杜永胜，总工程师封加平，总经济师张鸿文，武警森林指挥部、中央纪委驻农业部纪检组相关负责同志出席会议。

8月

8月16日 中共中央组织部决定，李树铭任国家林业局党组成员。

同日，国家林业局办公室、财政部办公厅、国家扶贫办人事司联合印发《关于开展建档立卡贫困人口生态护林员选聘工作的通知》。

8月18日 国家林业局局长张建龙签署第41号令，公布《中华人民共和国主要林木目录(第二批)》。

8月25～26日 全国加快推进国土绿化现场会在内蒙古自治区呼和浩特市召开，会议总结了国土绿化的成功经验，对今后一个时期的国土绿化工作提出新的要求。

国家林业局局长张建龙出席会议并讲话，国家林业局副局长张永利主持会议，国家林业局总经济师张鸿文出席会议。

8月26日 国务院决定，任命李树铭为国家林业局副局长。

8月31日 国家林业局发布2016年第18号公告，公布2016年第一批授予植物新品种权名单。

9月

9月1日 国家林业局召开严厉打击非法占用林地等涉林违法犯罪专项行动电视电话会议，全面部署加强林地和森林资源保护管理工作，启动严厉打击非法占用林地等涉林违法犯罪专项行动。

9月6～13日 国家林业局副局长张永利作为中国政府代表团团长，赴美国出席世界自然保护联盟(IUCN)第六届世界自然保护大会。

9月9日 印发《国家林业局关于着力开展森林城市建设的指导意见》。

9月9～10日 国家林业局局长张建龙在广西调研林业精准扶贫工作时指出，各级林业部门要深入学习贯彻习近平总书记重要指示精神，充分发挥林业在精准扶贫中的特殊重要作用，加大对贫困地区和贫困群众的帮扶力度，加强对定点帮扶地区的倾斜支持，不断提高林业精准扶贫成效，为全面建成小康社会贡献力量。

9月10日 国家开发银行广西分行与广西壮族自治区林业厅在广西南宁市签署《广西国家储备林扶贫项目合作协议》。

9月11日 2016年中国—东盟林业合作论坛在广西南宁开幕，论坛主题为“维护森林生态安全，提高国民绿色福祉”。

9月12日 中国国家林业局局长张建龙在广西南宁市会见柬埔寨农林渔业部林业局局长程金生。双方签署双边林业合作协议。张建龙还分别与越南农业与农村发展部副部长何功俊、老挝农林部副部长冯玛尼·统帕、马来西亚自然资源与环境部副部长哈明·萨穆里举行了双边会谈，并与越南签署了双边林业合作协议。

同日，国家林业局与广东省人民政府在广东省广州市签署合作框架协议，推进广东林业现代化建设，支持广东率先建设全国绿色生态省，全面提升生态文明建设水平。中共中央政治局委员、广东省委书记胡春华出席签字仪式，国家林业局局长张建龙、广东省省长朱小丹代表双方签字。国家林业局总经济师张鸿文出席签字仪式。

9月19日 2016森林城市建设座谈会和关注森林活动组委会2016年主任工作会议在陕西省延安市召开。关注森林活动组委会主任王刚出席会议并讲话，陕西省省长胡和平致辞，国家林业局局长张建龙主持会议，国家林业局副局长彭有冬宣读国家森林城市称号批准决定，陕西省政协主席韩勇、国家林业局总经济师张鸿文出席会议。

9月22日 国家林业局局长张建龙签署第42号令，公布《国家林业局关于修改部分部门规章的决定》，修改《森林公园管理办法》《大熊猫国内借展管理规定》等部门规章，自公布之日起施行。

9月23日 全国林业科技创新大会在北京召开，国务院副总理汪洋出席会议并讲话。国家林业局局长张建龙主持会议并宣读《国家林业局关于表彰全国生态建设突出贡献科技先进集体和先进个人的决定》。国家林业局副局长陈凤学、彭有冬、李树铭，局党组成员谭光明，国家森林防火指挥部专职副总指挥杜永胜，局总工程师封加平，局总经济师张鸿文出席会议。

同日，国家林业局与吉林省人民政府在吉林长春市签署推进国有林管理现代化局省共建示范项目战略合作协议。国家林业局局长张建龙和吉林省人民政府省长蒋超良代表双方签字。

9月24日 2016中国森林旅游节暨长白山国际生态论坛在吉林省长白山隆重开幕，主题为"绿水青山就是金山银山，冰天雪地也是金山银山"。全国政协副主席罗富和、国家林业局局长张建龙，副局长张永利、总经济师张鸿文出席开幕式。

10月

10月9日 三北防护林体系建设工作会议在北京举行。全国政协副主席罗富和、国家林业局局长张建龙出席会议并讲话，国家林业局副局长张永利作报告。国家林业局党组成员谭光明主持会议。国家林业局领导刘东生、李树铭、杜永胜、封加平、张鸿文出席会议。

10月12日 国家林业局林业产业工作领导小组成立，国家林业局局长张建龙任组长。

10月17日 国家林业局和中央纪委驻农业部纪检组联合召开全国退耕还林突出问题专项整治行动电视电话会议，启动全国退耕还林突出问题专项整治工作，标志着"林业重大工程专项整治行动计划"正式开展实施。

10月18日 在中国国家主席习近平和乌拉圭总统巴斯克斯共同见证下，中国国家林业局局长张建龙和乌拉圭东岸共和国牧农渔业部部长塔瓦雷·阿格雷·隆巴尔多在北京签署《中华人民共和国国家林业局和乌拉圭东岸共和国牧农渔业部关于林业合作的谅解备忘录》。

10月19日 国家林业局发布2016年第19号公告，公布《自然资源(森林)资产评价技术规范》等33项林业行业标准，自2017年1月1日起实施。

10月21日 国家林业局与宁夏回族自治区政府在银川签署《共同推进宁夏生态林业建设合作协议》，国家林业局局长张建龙、宁夏回族自治区政府主席咸辉分别代表双方签字。宁夏回族自治区党委书记李建华、党委副书记崔波，国家林业局副局长刘东生、局总工程师封加平出席签字仪式。

10月26日 国家林业局局长张建龙签署第43号令，公布《中华人民共和国植物新品种保护名录(林业部分)(第六批)》，自2016年11月30日起施行。

10月28日 中美共建"中国园"项目开工典礼在美国首都华盛顿国家树木园举行。中国国家林业局局长张建龙、美国农业部副部长沃塔基在"中国园"分别代表中美双方发言。中国园项目中方总执行人江泽慧、美国国务院副国务卿诺维利等出席。

11月

11月3日 国家林业局召开党员领导干部大会，学习贯彻党的十八届六中全会精神，局党组书记、局长张建龙要求，充分认识党的十八届六中全会的重大意义，迅速掀起学习宣传贯彻全会精神的热潮，以全会精神引领林业现代化建设，以优异成绩迎接党的十九大胜利召开。局领导张永利、李树铭、杜永胜、张鸿文，局离退休老领导王志宝、刘广运、沈茂成、蔡延松、刘于鹤、李育材、马福、陈述贤、卓榕生、姚昌恬出席会议。

11月9日 中国林业经济学会召开第八次会员代表大会及八届一次理事会会议，选举产生新一届理事会，国家林业局总经济师张鸿文当选为第八届理事会理事长。

11月10日 中国国家林业局局长张建龙在北京会见了奥地利农业、林业、环境和水利部部长安德烈·鲁佩莱希特。

同日，国家林业局同意河北省围场县阿鲁布拉克等15个沙漠(石漠)国家公园开展试点建设。

11月11日 国务院调整河北小五台山、吉林雁鸣湖、黑龙江五大连池、黑龙江东方红湿地等4处林业国家级自然保护区的范围，并将黑龙江东方红湿地国家级自然保护区更名为黑龙江东方红国家级自然保护区。

11月15日 中国林场协会理事会完成换届改选，局原总工程师姚昌恬当选中国林场协会第四届理事会理事长。

11月15~16日 国家林业局连续召开会议，贯彻落实习近平总书记等中央领导同志重要批示指示精神，专题研究部署做好新形势下防沙治沙工作。国家林业局局长张建龙主持会议并讲话，局领导张永利、刘东生、张鸿文出席会议。

11月16日 国务院办公厅印发《关于完善集体林权制度的意见》(国办发〔2016〕83号)，针对集体林业发展中的主要问题提出相应政策措施，充分发挥集体林业在维护生态安全、实施精准脱贫、推动农村经济社会可持续发展中的重要作用。这是继2008年以来，国家再次对集体林权制度改革工作进行全面部署。

同日，召开中国绿化基金会第七届理事会成立大会，换届选举产生中国绿化基金会第七届理事会、监事和领导机构，国家林业局原党组成员陈述贤当选为中国绿化基金会第七届理事会主席。全国政协副主席林文漪、国家林业局局长张建龙出席第七届理事会成立大会并讲话，国家林业局原局长、中国绿化基金会第六届理事会主席王志宝在大会上作第六届理事会工作报告。

11月16~18日 第三届打击野生动植物非法贸易会议在越南河内召开，中国国家森林防火指挥部专职副总指挥杜永胜率团出席。

11月17日 中国国家林业局副局长李树铭在北京会见法国内政部公民保护与危机应对总局洛朗·普雷沃斯特，双方就森林防火政策法规与队伍建设等交换意见。

11月18日 全国森林质量提升工作会议在江西省赣州市崇义县召开。会议研究部署森林质量提升工作，强调要着力构建健康稳定的森林生态系统，维护国土生态安全。

11 月 23 日　中国国家林业局局长张建龙在北京会见了欧盟环境委员卡梅努·维拉一行。双方回顾了中欧在打击野生动物非法贸易、非法采伐和防治荒漠化等方面的合作，并就深化下一步合作交换了意见。

同日，中国治沙暨沙业协会第四次全国代表大会在北京召开，选举产生新一届领导机构；全国人大常委会原副委员长许嘉璐致信祝贺，国家林业局副局长张永利出席大会并讲话。

11 月 25 日　国家林业局党组决定，马广仁任国家森林防火指挥部专职副总指挥。

11 月 29 日　首届国际森林城市大会在广东省深圳市开幕，主题是“森林城市与人居环境”。

11 月 30 日　国务院办公厅印发《湿地保护修复制度方案》(国办发〔2016〕89 号)。《方案》指出，湿地是生态文明建设的重要内容，事关国家生态安全，要实行湿地面积总量管控，到 2020 年，全国湿地面积不低于 8 亿亩，确保湿地面积不减少。

12 月

12 月 1～2 日　长江经济带“共抓大保护”林业工作会议在重庆万州区举行。国家林业局局长张建龙要求，全面加快推进长江流域林业生态保护修复，为长江经济带发展创造更好的生态条件。

12 月 10～11 日　首届中国森林康养与医疗旅游论坛在北京举行，主题为“森林·健康·跨界·融合”。

12 月 15 日　部门间 CITES 执法工作协调小组第六次联席会议在北京召开，会议要求，面对新形势新任务，各成员单位和有关部门要加倍努力，深化合作，提升执法合力，打击有效犯罪，使中国 CITES 履约更上新台阶、再做新贡献，会议还审议通过国家旅游局加入部门间 CITES 执法工作协调小组，成员已包括公安部、农业部、海关总署、国家工商总局、国家质检总局、国家林业局、国家旅游局、中国海警局、国家邮政局 9 个部门。国家林业局副局长刘东生出席会议并讲话。

12 月 19 日　国家林业局、国家发展改革委、财政部联合发布印发《全国森林防火规划(2016～2025 年)》。《规划》指出，未来 10 年，我国规划投资 450.95 亿元，重点实施林火预警监测系统、通信和信息指挥系统、森林消防队伍能力、森林航空消防、林火阻隔系统、森林防火应急道路六大建设任务等，形成完备的预防、扑救、保障三大体系建设，全面提高森林火灾综合防控能力，24 小时火灾扑灭率超过 95%，森林火灾受害率稳定在 0.9‰以内，推进森林防火治理体系和治理能力现代化。

同日，国家林业局副局长彭有冬在北京会见大自然保护协会(TNC)首席执行官马克·特瑟克，双方就自然保护区管理与能力建设、生物多样些保护、国家公园建设及如何加强合作深入交换意见。

12 月 21 日　国家林业局发布 2016 年第 20 号公告，国家林业局批准发布《野外大熊猫救护及放归规范》等 19 项林业行业标准，自 2017 年 3 月 1 日起实施。

12 月 23 日　国家林业局发布 2016 年第 21 号公告，公布 2016 年第二批授予植物新品种权名单。

同日，第三届全国林业产业大会在北京召开。

12 月 27 日　国家林业局社团工作会议在北京召开。国家林业局党组书记、局长张建龙对林业社团工作作出批示。国家林业局党组成员、副局长张永利出席会议并讲话。

同日，中共中央组织部决定，李春良任国家林业局党组成员。

12 月 28 日　国家林业局发布 2016 年第 22 号公告，根据《国家沙化土地封禁保护区管理办法》(林沙发〔2015〕66 号)有关规定，将内蒙古自治区新巴尔虎左旗嵯岗等 61 个沙化土地封禁保护区，统一划定为国家沙化土地封禁保护区。

12 月 29 日　国家林业局举行首次宪法宣誓仪式，局长张建龙监誓并讲话，副局长张永利主持宣誓仪式，总经济师张鸿文领誓，国家森林防火指挥部专职副总指挥马广仁和直属机关 2016 年新提任的司局级干部依法进行宪法宣誓。国家林业局领导班子成员及直属机关主要负责人参加仪式，中央纪委驻农业部纪检组相关负责同志出席。

同日，国家林业局召开司局级干部廉政建设集体谈话会，与有关单位党政主要负责人签订廉政建设责任书。

12 月 30 日　国务院决定，任命李春良为国家林业局副局长。

同日，国家林业局发布通知，公布北京、河北、江西、西藏、甘肃、新疆 6 省(区、市)的森林资源清查主要结果。

(韩建伟)

2016 年林业重要会议

【2016 年全国林业厅局长会议】　1 月 10 日，2016 年全国林业厅局长会议在湖南长沙召开。会议的主要任务是，全面贯彻党的十八大和十八届三中、四中、五中全会精神，深入贯彻习近平总书记系列重要讲话精神，认真落实中央扶贫开发工作、中央经济工作、中央农村工作等会议精神，总结“十二五”林业工作，谋划“十三五”总体思路，部署 2016 年重点工作，大力推进林业现代化建设。国家林业局党组书记、局长张建龙出席并讲话，湖南省人民政府省长杜家毫到会并讲话。

湖南省人民政府副省长戴道晋，国家林业局领导陈述贤，国家林业局党组成员、副局长张永利、陈凤学，副局长刘东生，党组成员、副局长彭有冬，党组成员谭光明，武警森林指挥部司令员沈金伦，国家森林防火指挥部专职副总指挥杜永胜，国家林业局总工程师封加平、总经济师张鸿文出席会议。国家发改委农经司司长吴晓，财政部农业司副司长凡科军讲话。

张建龙指出，党中央、国务院对林业工作高度重视，习近平总书记多次作出重要批示指示，把林业的地位作用提升到前所未有的战略高度，中央采取了一系列重大举措加快林业改革发展。五年来，全国林业系统认真贯彻落实中央决策部署，改革创新，扎实工作，圆满完成各项任务，林业改革发展取得明显成效，为推动经济社会发展和生态文明建设作出了重要贡献：林业改革全面展开；国土绿化加快推进；资源管理不断强化；生态保护更加有力；灾害防控成效明显；林业产业蓬勃发展；政策体系逐步完善；保障能力不断提升；国际合作继续深化。

张建龙说，“十三五”是全面建成小康社会的决胜阶段，也是推进林业改革发展的关键时期。各级林业部门要准确把握林业的新形势新任务，切实增强加快林业改革发展的责任和信心，主动适应经济发展新常态，创新发展理念，完善发展举措，补齐发展短板，全面开创我国林业现代化建设新局面。

张建龙指出，“十三五”全国林业工作的总体思路是：高举中国特色社会主义伟大旗帜，全面贯彻党的十八大和十八届三中、四中、五中全会精神，深入贯彻习近平总书记系列重要讲话精神，牢固树立创新、协调、绿色、开放、共享的发展理念，深入实施以生态建设为主的林业发展战略，以维护森林生态安全为主攻方向，以增绿增质增效为基本要求，深化改革创新，加强资源保护，加快国土绿化，增进绿色惠民，强化基础保障，扩大开放合作，加快推进林业现代化建设，为全面建成小康社会、建设生态文明和美丽中国作出更大贡献。力争到“十三五”期末，森林覆盖率提高到23.04%，森林蓄积量增加到165亿立方米以上，森林生态服务价值达到15万亿元，森林植被碳储量达到95亿吨，湿地面积不低于8亿亩，林业自然保护地面积占国土比例稳定在17%以上，治理沙化土地1000万公顷，2020年林业旅游休闲康养突破25亿人次、林业产业总产值达到9万亿元、林产品进出口额达到1800亿美元，林业现代化建设取得明显成效。

张建龙要求，“十三五”要继续坚持大工程带动大发展，确保林业发展的速度和质量。林业发展“十三五”规划确定了九大重点工程，绝大多数已经列入国家规划，各级林业部门要认真组织实施，并着力抓好以下6项重点任务：以改革创新破解发展难题；以加强保护落实生态优先；以加快绿化增加资源总量；以共建共享增进绿色惠民；以强基固本推动协调发展；以开放合作拓展发展空间。

张建龙强调，2016年是“十三五”规划的开局之年，各级林业部门要按照党中央、国务院决策部署和“十三五”林业发展规划，重点抓好以下工作：全面深化林业改革；大力开展造林绿化；加大资源保护力度；做好灾害防控工作；加快发展绿色产业；增强科技支撑能力；提升依法治林水平；强化林业基础保障；抓好林业宣传工作；扩大对外开放合作；加强机构队伍建设。

国务院办公厅，公安部等有关方面的负责同志出席会议。各省（区、市）林业厅（局），五大森工集团，新疆生产建设兵团林业局的主要负责同志，各计划单列市林业局主要负责同志，国家林业局各司局、各直属单位党政主要负责同志，北京林业大学、东北林业大学、南京林业大学、中南林业科技大学、西北农林科技大学、西南林业大学和中国林业集团公司、中国福马机械集团有限公司的负责同志参加会议。

【2016年全国林业厅局长电视电话会议】 7月28日，全国林业厅局长电视电话会议举行。国家林业局局长张建龙要求，深入学习领会习近平总书记系列重要讲话精神，认真总结上半年工作，全面完成今年各项林业建设任务，不断开创林业现代化建设新局面，为建设生态文明和美丽中国、全面建成小康社会作出新的更大贡献。

张建龙说，党的十八大以来，习近平总书记对生态文明建设和林业改革发展作出了一系列重要论述，提出了许多重大战略思想。各级林业部门深入学习贯彻习近平总书记系列重要讲话精神，坚持用党的最新理论成果武装头脑、统一思想、指导实践，推动林业改革发展不断取得新的成效。近一年来，习近平总书记又先后在中央财经领导小组第十二次会议、中央扶贫开发工作会议，以及参加首都义务植树、视察伊春国有林区等重要活动时，对林业改革发展作出许多重要指示。这些重要论述和重要指示内容丰富、一脉相承、融为一体，集中体现了新一届党中央关于林业的重大战略思想，为林业工作提供了基本遵循，为林业现代化建设确立了根本指针。

张建龙强调，要深入学习领会习近平总书记关于林业地位作用的战略思想，切实把林业放到国家战略全局中来谋划和推动；深入学习领会习近平总书记关于林业改革创新的战略思想，不断推进林业体制机制创新；深入学习领会习近平总书记关于“四个着力”的战略思想，全力保障国家森林生态安全；深入学习领会习近平总书记关于生态保护修复的战略思想，全面加强自然生态系统保护修复；深入学习领会习近平总书记关于野生动植物保护的战略思想，全力维护生物多样性；深入学习领会习近平总书记关于林业生态扶贫的战略思想，林业要为精准扶贫和精准脱贫作出重大贡献；深入学习领会习近平总书记关于林区转型发展的战略思想，积极探索林区可持续发展之路。要全面贯彻落实习近平总书记重大战略思想，深入学习领会其精神实质和丰富内涵，准确把握中央对林业的新定位新要求，更加自觉地把思想和行动统一到中央的决策部署上来，坚定不移地推进林业现代化建设，全面提升林业改革发展水平，为服务国家大局、服务人民群众作出更大贡献。

张建龙说，上半年，按照党中央、国务院的决策部署和年初全国林业厅局长会议的安排，各级林业部门全力推进林业改革发展，林业现代化建设取得了明显成效：一是林业改革深入实施；二是造林绿化加快推进；三是生态保护全面加强；四是灾害防控成效明显；五是林业产业健康发展；六是科技信息化法治水平稳步提高；七是宣传出版活动深入开展；八是国际交流合作逐步深化；九是政策保障能力进一步增强。但是，林业现代化建设仍然面临着国有林场和国有林区改革进展不均衡、生态修复难度增大、资源保护压力加大、林区林场基础设施建设和公共事业欠账太多等许多困难和问题。

张建龙强调，下半年，各地各单位要按照年初的安排部署，加强组织领导，明确责任分工，狠抓工作落实，确保如期完成全年各项工作任务。一是大规模推进国土绿化。认真抓好秋冬季造林、雨季造林和补植补造，实施好三北防护林、京津风沙源治理、石漠化综合治理等重点工程，扩大新一轮退耕还林规模，大力推进开发性政策性金融贷款，完成1000万亩储备林建设任务。二是着力提高森林质量。认真落实《全国森林经营规划(2016～2050年)》，加强森林抚育，强化质量监管，开展全国森林经营样板示范基地、履约示范单位试点建设；推进林木种苗供给侧结构性改革，加强林木良种培育使用，推进国家林木种质资源设施库(主库)建设。三是全面深化林业改革。抓紧落实国有林场和国有林区省级改革实施方案，加快组建重点国有林区国有林管理机构，妥善化解国有林区和国有林场金融债务；规范集体林权流转，抓好集体林业综合改革试验示范；加快建立大熊猫、东北虎豹等重点物种国家公园；抓紧完善湿地产权确权试点、湿地保护修复制度、沙化土地封禁保护制度等改革方案，继续取消下放一批林业行政审批事项。四是严格保护生态资源。认真实施湿地保护与恢复、沙化土地封禁保护、濒危野生动植物抢救性保护及自然保护区建设等重点工程，加快推动各地划定生态红线并落地实施；开展林地管理、采伐管理、县级政府保护发展森林资源任期目标责任制检查，实现重点国有林区卫片检查全覆盖；加强古树名木保护管理，严禁移植天然大树进城。五是加快发展林业产业。制定加快林业产业发展的指导意见，抓好森林认证制度试点，推进国家森林生态标志产品体系和林产品质量追溯体系建设；推动竹缠绕复合材料、森林生物质深度综合利用等产业发展，开展森林体验和森林养生基地建设试点。六是切实抓好森林防火。健全预防、扑救、保障三大体系，加强国有林区防火道路等基础设施建设，健全基层森林防火指挥机构；强化火源管控，科学布防扑火队伍和航空消防飞机，推进高火险地区森林防火力量驻防常态化，确保森林防火不出现大的问题。七是继续强化依法治林。加快修订《森林法》，配合做好《湿地保护条例》审查工作，修订完善《野生动物保护法》《种子法》相关配套规章制度，推进天然林保护、国有林场等立法；充分发挥森林公安、专员办(濒管办)、林业工作站等单位的职能作用，严厉打击破坏林业资源的违法违规行为；加强资金项目监管和稽查审计，依法依规管好用好林业资金。八是稳步提升科技信息化水平。启动“十三五”林业科技创新工程，加强生态定位站、工程技术研究中心、重点实验室、质检中心、长期科研实验基地等科技平台建设；继续做好植物新品种权审批、林业标准化工作，抓好森林资源核算研究和大气负离子监测，大力推进“互联网+”林业建设。九是深入开展国际合作。办好中国—东盟林业合作论坛等重要国际会议，支持国际竹藤组织和亚太森林组织深化相关领域的国际合作；落实《“一带一路”防治荒漠化共同行动倡议》后续行动，创建“一带一路”防沙治沙对话机制，推进中非野生动植物保护和中吉、中埃荒漠化防治合作等援外项目建设。十是全面加强党的建设。深入学习贯彻习近平总书记“七一”重要讲话精神，认真落实《廉洁自律准则》《纪律处分条例》，继续抓好中央巡视整改并巩固整改成果；扎实开展“两学一做”学习教育和“三强化两提升”学习实践，用党的建设推动业务工作，用林业改革发展水平检验党的建设成效，不断把党的建设新的伟大工程推向前进。

国家林业局领导陈述贤，国家林业局副局长张永利、陈凤学、刘东生、彭有冬，局党组成员谭光明，武警森林指挥部司令员沈金伦，中央纪委驻农业部纪检组副组长刘柏林，国家森林防火指挥部专职副总指挥杜永胜，局总工程师封加平，局总经济师张鸿文出席会议。会上，河北、内蒙古、重庆、云南4个省(区、市)作交流发言。

(韩建伟)

附　录

国家林业局各司（局）和直属单位等全称简称对照

1. 国家林业局办公室（办公室）
2. 政策法规司（政法司）
3. 造林绿化管理司（造林司）
   长江流域防护林体系设管理办公室（长防办）
4. 森林资源管理司（资源司）
5. 野生动植物保护与自然保护区管理司（保护司）
   野生动植物保护及自然保护区建设工程管理办公室（保护办）
6. 农村林业改革发展司（林改司）
7. 森林公安局（公安局）
   国家森林防火指挥部办公室（防火办）
8. 发展规划与资金管理司（计资司）
   全国木材行业管理办公室（行管办）
9. 科学技术司（科技司）
10. 国际合作司（国际司）
11. 人事司（人事司）
12. 直属机关党委（机关党委）
13. 离退休干部局（老干部局）
14. 机关服务局（服务局）
15. 国家林业局信息中心（信息中心）
16. 国有林场和林木种苗工作总站（场圃总站）
17. 林业工作站管理总站（工作总站）
    国家林业局森林资源行政案件稽查办公室（稽查办）
18. 林业基金管理总站（基金总站）
    审计稽查办公室
19. 宣传中心（宣传办）
20. 濒危物种进出口管理中心（濒管办）
21. 天然林保护工程管理中心（天保办）
22. 西北华北东北防护林建设局（三北局）
23. 退耕还林（草）工程管理中心（退耕办）
24. 防治荒漠化管理中心（治沙办）
25. 世界银行贷款项目管理中心（世行中心）
    速生丰产用材林基地建设工程管理办公室（速丰办）
26. 科技发展中心（科技中心）
    植物新品种办公室（新品办）
27. 经济发展研究中心（经研中心）
28. 人才开发交流中心（人才中心）
29. 对外合作项目中心（合作中心）
30. 森林防火预警监测信息中心（预警中心）
31. 森林资源监督管理办公室（监督办）
32. 湿地保护管理中心（湿地办）
33. 中国林业科学研究院（林科院）
34. 调查规划设计院（规划院）
35. 林产工业规划设计院（设计院）
36. 管理干部学院（林干院）
37. 中国绿色时报社（报社）
38. 中国林业出版社（出版社）
39. 国际竹藤中心（竹藤中心）
40. 亚太森林网络管理中心（亚太中心）
41. 中国林学会（林学会）
42. 中国野生动物保护协会（中动协）
    中国植物保护协会（中植协）
43. 中国花卉协会（花协）
44. 中国绿化基金会（中绿基）
45. 中国林业产业联合会（中产联）
46. 驻内蒙古自治区森林资源监督专员办事处（内蒙古专员办）
47. 驻长春森林资源监督专员办事处（长春专员办）
48. 驻黑龙江省森林资源监督专员办事处（黑龙江专员办）
49. 驻大兴安岭森林资源监督专员办事处（大兴安岭专员办）
50. 驻成都森林资源监督专员办事处（成都专员办）
51. 驻云南省森林资源监督专员办事处（云南专员办）
52. 驻福州森林资源监督专员办事处（福州专员办）
53. 驻西安森林资源监督专员办事处（西安专员办）
54. 驻武汉森林资源监督专员办事处（武汉专员办）
55. 驻贵阳森林资源监督专员办事处（贵阳专员办）
56. 驻广州森林资源监督专员办事处（广州专员办）
57. 驻合肥森林资源监督专员办事处（合肥专员办）
58. 驻乌鲁木齐森林资源监督专员办事处（乌鲁木齐专员办）
59. 驻上海森林资源监督专员办事处（上海专员办）
60. 驻北京森林资源监督专员办事处（北京专员办）
61. 森林病虫害防治总站（森防总站）
62. 北方航空护林总站（北航总站）
63. 南方航空护林总站（南航总站）
64. 南京森林警察学院（南京警院）
65. 华东林业调查规划设计院（华东院）
66. 中南林业调查规划设计院（中南院）
67. 西北林业调查规划设计院（西北院）
68. 昆明勘察设计院（昆明院）

书中部分单位、词汇全称简称对照

北京林业大学（北林大）
长江流域防护林（长防林）
东北林业大学（东北林大）
国家发展和改革委员会（国家发展改革委）
国家工商行政管理总局（国家工商总局）
国家开发银行（国开行）
环境保护部（环保部）
国家森林防火指挥部（国家森防指）
国务院法制办公室（国务院法制办）
国有资产监督管理委员会（国资委）
林业工作站（林业站）
南京林业大学（南林大）
全国绿化委员会（全国绿委）
全国绿化委员会办公室（全国绿委办）
全国人大常委会法制工作委员会（全国人大常委会法工委）
全国人大环境与资源保护委员会（全国人大环资委）
全国人大农业与农村委员会（全国人大农委）
全国普及法律常识办公室（全国普法办）
全国政协人口资源环境委员会（全国政协人资环委）
森林病虫害防治（森防）
森林病虫害防治检疫站（森防站）
森林防火指挥部（森防指）
森林工业（森工）
世界银行（世行）
速生丰产林（速丰林）
天然林资源保护工程（天保工程）
西北、华北北部、东北西部风沙危害和水土流失严重地区防护林建设（三北防护林建设）
亚洲开发银行（亚行）
中国光彩事业促进会（中国光彩会）
中国吉林森林工业集团有限责任公司（吉林森工集团）
中国科学院（中科院）
中国龙江森林工业（集团）总公司（龙江森工集团）
中国内蒙古森林工业集团有限责任公司（内蒙古森工集团）
中国农业发展银行（中国农发行）
中国农业科学院（中国农科院）
中国银行业监督管理委员会（中国银监会）
中国证券监督管理委员会（中国证监会）
中央机构编制委员会办公室（中央编办）
珠江流域防护林（珠防林）

书中部分国际组织中英文对照

濒危野生动植物种国际贸易公约（CITES，Convention on International Trade in Endangered Species of Wild Fauna and Flora）
大自然保护协会（TNC，The Nature Conservancy）
泛欧森林认证体系（PEFC，Pan European Forest Certification）
国际热带木材组织（ITTO，International Tropical Timber Organization）
国际野生生物保护学会（WCS，Wildlife Conservation Society）
国际植物新品种保护联盟（UPOV，International Union For The Protection of New Varieties of Plants）
联合国防治荒漠化公约（UNCCD，United Nations Convention to Combat Desertification）
联合国粮食及农业组织（FAO，Food and Agriculture Organization of the United Nations）
欧洲投资银行（EIB，European Investment Bank）
全球环境基金（GEF，Global Environment Facility）
森林管理委员会（FSC，Forest Stewardship Council）
森林认证认可计划委员会（PEFC，Programme for the Endorsement of Forest Certification）
湿地国际（WI，Wetlands International）
世界自然保护联盟（IUCN，International Union for Conservation of Nature）
世界自然基金会（WWF，旧称 World Wildlife Fund——世界野生动植物基金会，现在更名 World Wide Fund for Nature）
亚太经济合作组织（APEC，Asia-Pacific Economic Cooperation）
亚太森林恢复与可持续管理组织（APFNet，Asia-Pacific Network for Sustainable Forest Management and Rehabilitation）
亚洲开发银行（ADB，Asian Development Bank）

附表索引

索　引

M

N

P

Q

R

S

T

W

X

Y

Z